Economia de empresas e estratégias de negócios

B357e   Baye, Michael R.
            Economia de empresas e estratégias de negócios / Michael
        R. Baye ; tradução técnica: André Fernandes Lima ... [et al.]. –
        6. ed. – Porto Alegre : AMGH, 2010.
            xxxii, 624 p. : il. ; 21 x 25 cm.

            ISBN 978-85-63308-14-6
            1. Economia. 2. Administração de empresas. I. Título.

                                                                CDU 330

Catalogação na publicação: Renata de Souza Borges CRB-10/1922

Michael R. Baye
Professor de Economia de Empresas e Políticas Públicas
da Kelley School of Business, Indiana University

Economia de empresas e estratégias de negócios

6ª edição

Tradução Técnica

André Fernandes Lima
Economista, mestre e doutor em Finanças. Professor do Departamento
de Economia da Universidade Presbiteriana Mackenzie.

Joaquim Carlos Racy
Economista, mestre e doutor em História. Professor do Departamento de Economia
da Universidade Presbiteriana Mackenzie e da Pontifícia Universidade Católica de São Paulo.

Marcel Guedes Leite
Economista, mestre e doutor em Economia. Professor do Departamento de Economia da
Pontifícia Universidade Católica de São Paulo e da Universidade Presbiteriana Mackenzie.

Márcia Flaire Pedroza
Economista, mestre em Economia e doutora em Ciências Sociais. Professora do Departamento
de Economia da Pontifícia Universidade Católica de São Paulo.

AMGH Editora Ltda.
2010

Obra originalmente publicada sob o título
Managerial Economics and Business Strategy, 6th Edition.
ISBN 0073375683 / 9780073375687

©2008, The McGraw-Hill Companies, Inc., New York, New York 10021.

Coordenadora Editorial: *Guacira Simonelli*
Editora de Desenvolvimento: *Marileide Gomes*
Produção Editorial: *Nilcéia Esposito e Gisele Moreira – ERJ Composição Editorial*
Supervisora de Pré-impressão: *Natália Toshiyuki*
Preparação de Texto: *Mônica Aguiar*
Leitura final: *Ronald Saraiva de Menezes*
Design de Capa: *Cara David*
Diagramação: *ERJ Composição Editorial*

Reservados todos os direitos de publicação, em língua portuguesa, à
AMGH Editora Ltda (AMGH Editora é uma parceria entre Artmed® Editora S.A. e McGraw-Hill Education)
Av. Jerônimo de Ornelas, 670 – Santana
90040-340 – Porto Alegre – RS
Fone: (51) 3027-7000   Fax: (51) 3027-7070

É proibida a duplicação ou reprodução deste volume, no todo ou em parte, sob quaisquer
formas ou por quaisquer meios (eletrônico, mecânico, gravação, fotocópia, distribuição na Web
e outros), sem permissão expressa da Editora.

Unidade São Paulo
Av. Embaixador Macedo Soares, 10.735 – Pavilhão 5 – Cond. Espace Center
Vila Anastácio – 05095-035 – São Paulo – SP
Fone: (11) 3665-1100   Fax: (11) 3667-1333

SAC 0800 703-3444

IMPRESSO NO BRASIL
PRINTED IN BRAZIL

Para Mitchell e seus colegas da turma de 2009

O autor

Michael Baye é professor de Economia de Empresas e de Políticas Públicas na Cátedra Bert Elwert da Kelley School of Business da Indiana University. Ele recebeu seu B.S. em Economia na Texas A&M University, em 1980, e obteve seu Ph.D. em Economia na Purdue University, em 1983. Antes de integrar a Indiana University, lecionou em cursos de graduação na Pennsylvania State University, na Texas A&M University e na Kentucky University.

O professor Baye recebeu inúmeros prêmios e ministra regularmente cursos de Economia de Empresas e de Organização Industrial em níveis de graduação, MBA e Ph.D. Baye tem fornecido variada contribuição no campo da teoria dos jogos e da organização industrial. Seus trabalhos sobre fusões, leilões e concorrência foram publicados em diversos veículos especializados como *American Economic Review*, *Review of Economic Studies* e *Economic Journal*. Os trabalhos sobre estratégias de formação de preços em ambientes *on-line* e em outros meios em que os consumidores buscam informação sobre preços foram publicados em veículos de economia (como *American Economic Review*, *Econometrica* e *Journal of Political Economy*), na grande imprensa (inclusive no *The Wall Street Journal*, no *New York Times* e na *Forbes*) e nos principais periódicos de *marketing*. Sua pesquisa é apoiada pela National Science Fundation, pela Fulbright Commission e por outras organizações.

Baye foi professor visitante em Cambridge, Oxford, Erasmus University, Tilburg University e na New Economic School de Moscou, Rússia. Participou de numerosos conselhos editoriais das áreas de economia e também de *marketing*, incluindo *Economic Theory* e *Journal of Public Policy and Marketing*. Quando não está lecionando ou fazendo pesquisa, Michael gosta de atividades que variam de acampamento a compras de aparelhos eletrônicos.

Prefácio da sexta edição

Graças à receptividade de usuários do mundo inteiro, *Economia de empresas e estratégias de negócios* continua sendo o texto de gestão mais vendido nos Estados Unidos; sou grato a todos vocês por me permitirem oferecer este produto aprimorado e atualizado. Antes de destacar algumas das novas características da sexta edição, gostaria de realçar que o objetivo fundamental deste livro – proporcionar aos estudantes as ferramentas de microeconomia intermediária, teoria dos jogos e organização industrial de que eles precisam para tomar decisões gerenciais – não mudou.

Este livro começa ensinando a utilidade prática de ferramentas de economia básica, como análise de valor presente, oferta e demanda, regressão, curvas de indiferença, isoquantas, produção, custos e os modelos básicos de concorrência perfeita, monopólio e concorrência monopolista. Usuários e críticos desta obra também a elogiam por seus exemplos do mundo real e pela inclusão de tópicos modernos, não presentes em qualquer outro livro-texto de economia de empresas como: oligopólio, cálculo de preço de penetração, jogos de vários estágios e jogos repetidos, execução hipotecária, contratação, integração vertical e horizontal, redes, compra de ocasião, cálculo de preço predatório, problemas principal-agente, elevação de custos de concorrentes, seleção adversa, leilões, proteção e sinalização, pesquisa, cálculo de preço-limite e cálculo de preço estratégico para empresas que desfrutam o poder de mercado. Essa abordagem equilibrada de instrumentos microeconômicos tradicionais e modernos torna o livro apropriado para uma ampla variedade de aulas sobre economia de empresas. Um crescente número de escolas de negócios o está adotando para substituir (ou complementar) textos de estratégias carregados de histórias, mas destituídos dos instrumentos microeconômicos necessários para identificar e implementar as melhores estratégias de negócios em determinada situação.

A sexta edição deste livro mantém todo o conteúdo que fez das edições anteriores um sucesso, mas acrescenta novas características testadas em sala de aula. Inclui recursos de ensino como objetivos didáticos de cada capítulo; exemplos novos e atualizados no quadro *Por dentro dos negócios*; problemas adicionais de fim de capítulo; melhor desenvolvimento do texto; e dados atualizados.

Características chave

A sexta edição mantém todas as características-chave das edições anteriores e incorpora novidades para reforçar as experiências de aprendizado dos estudantes e facilitar o ensino por meio deste livro.

Manchetes

Como nas edições anteriores, cada capítulo começa com um texto intitulado Manchete, baseado em um problema econômico do mundo real – um problema que os estudantes devem saber resolver depois de ler o capítulo. Esses textos são essencialmente "minicasos" escolhidos cuidadosamente, desenvolvidos para motivar os estudantes a na leitura do capítulo. As manchetes são respondidas no final do capítulo – quando o estudante estará mais bem preparado para lidar com as complicações dos problemas reais. Tanto os críticos como os usuários das edições anteriores elogiam o recurso não somente porque motiva os estudantes, mas também porque as respostas ao final ajudam os alunos a utilizar o instrumental econômico para tomar decisões de negócios.

Objetivos didáticos

Novidade na sexta edição, o quadro foi incluído em cada início de capítulo para aprimorar a experiência didática.

Demonstração (de problemas econômicos)

A melhor forma de aprender economia é treinar a solução de problemas econômicos. Assim, além da seção Manchete, cada capítulo contém um grande número de *Demonstração (de problemas econômicos)* com respostas detalhadas. Isso proporciona aos estudantes um mecanismo para verificar se dominaram o conteúdo, além de reduzir o tempo que alunos e professores precisam se encontrar, em horários de trabalho, para discutir respostas para os problemas.

Quadros *Por dentro dos negócios*

Cada capítulo contém material destacado num quadro chamado *Por dentro dos negócios* para ilustrar como as teorias explicadas no texto se relacionam com diferentes situações de negócios. Como nas edições anteriores, tentei alcançar um equilíbrio entre aplicações apresentadas com base na literatura econômica corrente e na imprensa.

Alternativas que envolvem e que não envolvem cálculo

Os usuários podem facilmente incluir ou excluir o material baseado em cálculo sem perder conteúdo ou continuidade. Isso ocorre porque os princípios básicos e as fórmulas necessárias para resolver uma classe particular de problemas econômicos (do tipo, $RMg = CMg$) são inicialmente estabelecidos sem recorrer à notação de cálculo. Logo após cada princípio estabelecido ou fórmula, encontra-se uma alternativa de cálculo claramente assinalada. Cada uma dessas *Alternativas de cálculo* demonstra o princípio anterior ou fórmula na notação de cálculo e explica a relação entre a formulação que envolve cálculo e a que não envolve cálculo. Mais derivações de cálculos são disponibilizadas nos apêndices. Assim, o livro está estruturado para uso tanto de professores que desejam integrar cálculo à economia de empresas como por aqueles que não exigem dos estudantes o uso de cálculo.

Termos-chave e definições mínimas

Os capítulos terminam com uma lista de termos-chave e conceitos. Tal recurso facilita aos professores a revisão da matéria abordada e ajuda os estudantes a conferir seu domínio da terminologia. As definições também estão dispostas na margem lateral em todo o livro.

Problemas de fim de capítulo

Três tipos de problemas são oferecidos. Altamente estruturadas e desafiadoras, as *Questões conceituais e computacionais* reforçam os fundamentos. Elas são acompanhadas por *Problemas e aplicações*, muito menos estruturados, e, assim como o ambiente das decisões no mundo real, podem conter mais informações do que necessário para resolver o problema. Muitos desses problemas aplicados baseiam-se em eventos reais de negócios

Além disso, o caso da Time Warner, na sequência do Capítulo 14, inclui 14 problemas denominados *Memos* e que dão a "sensação de mundo real" e complementam o texto. Todos esses problemas baseados em casos podem ser trabalhados capítulo a capítulo, conforme a introdução de novos tópicos ou como parte de uma experiência referencial. Novidade nesta sexta edição, as soluções de todos os *Memos* estão contidas no CD do Professor (consulte a seção Suplementos para mais informações).

As respostas para *Questões conceituais e computacionais* selecionadas ao final de cada capítulo são apresentadas no final do livro; respostas detalhadas de todos os problemas – incluindo os *Problemas e aplicações* e os *Memos* do caso da Time Warner estão disponíveis para os professores no CD do Professor.

Estudo de caso

Um estudo de caso em estratégia de negócios – *Desafios na Time Warner* –, apresentado no Capítulo 14, foi preparado por Kyle Anderson, Michael Baye e Dong Chen especialmente para este texto. Ele pode ser usado como um caso referência para o curso ou para completar capítulos individuais. O caso permite aos estudantes aplicar os principais elementos da economia de empresas em um ambiente de negócios incrivelmente fértil. Os professores podem usar o caso como base para uma discussão aberta sobre estratégia de negócios ou podem assinalar *Memos* específicos (apresentados no final do caso) que exigem que os alunos apliquem ferramentas específicas de economia de empresas ao caso.

Flexibilidade

Os professores de economia de empresas precisam de livros-texto heterogêneos. Os críticos e usuários continuam a elogiar o livro por sua flexibilidade e nos garantem que as seções ou mesmo capítulos inteiros podem ser excluídos sem perda de continuidade. Por exemplo, um professor que deseja enfatizar os fundamentos microeconômicos pode escolher apenas os Capítulos 2, 3, 4, 5, 8, 9, 10, 11 e 12. Já aquele que ministra um curso mais aplicado, focado em estratégia de negócios, pode escolher os Capítulos 1, 2, 3, 5, 6, 7, 8, 10, 11 e 13. Cada um pode selecionar capítulos adicionais (por exemplo, o Capítulo 14 ou o caso Time Warner) se o tempo permitir. De forma mais geral, professores podem facilmente omitir tópicos como análise de valor presente, regressão, curvas de indiferença, isoquantas ou funções de reação sem perda de continuidade.

Recursos *on-line* em www.mhhe.com/baye6e

A novidade para esta edição é que todos os recursos para estudantes estão disponíveis *on-line* no *site* www.mhhe.com/baye6e. Isso inclui arquivos para os Memos do caso Time Warner, dados necessários para vários problemas de final de capítulo, questões de múltipla escolha, versões em planilhas de tabelas-chave que estão no texto para que os alunos entendam como conceitos econômicos-chave – por exemplo, custo marginal e maximização de lucro – podem ser colocados em planilhas padronizadas, bem como as macros de planilhas que os estudantes podem usar para encontrar o preço ótimo e a quantidade sob várias situações de mercado, incluindo monopólio, oligopólio de Cournot e oligopólio de Stackelberg. O *site* também inclui dez casos adicionais completos (em formato pdf) descritos a seguir. Além do material para o estudante, há recursos para o professor também. Todos esses materiais estão disponíveis em inglês e alguns são vendidos; para mais informações, visite o *site* www.mhhe.com/baye6e e consulte os *links* Instructor Edition e Student Edition. O material gratuito para o professor é protegido por senha; os professores brasileiros poderão se cadastrar no site da Bookman Editora (www.bookman.com.br), na área exclusiva para docentes, a fim de obter a sua senha.

Mudanças na sexta edição

Esforcei-me ao máximo para atualizar e melhorar *Economia de empresas e estratégias de negócios*, assegurando uma transição suave para a sexta edição. A seguir, há um resumo dos aperfeiçoamentos pedagógicos, suplementos melhorados e mudanças de conteúdo que tornam esta edição uma ferramenta ainda mais poderosa para o ensino e a aprendizagem de economia de empresas e estratégias de negócios.

- Introdução e conclusão revisadas para os estudos de caso – Desafios da Time Warner – para ajudar os estudantes a focar no problema em questão. O caso permite que os alunos compreendam a utilidade prática da economia de empresas ao moldarem estratégias de negócios.
- Objetivos didáticos para cada capítulo para aprimorar o aprendizado.
- Todos os problemas testados em aula contidos nas edições anteriores mais 25 problemas e aplicações.
- Quadros Manchete atualizados.
- Novos quadros atualizados em Por Dentro dos Negócios.
- Os recursos do CD do Professor agora oferecem notas de aula completas e soluções para os Memos do caso da Time Warner – mais uma variedade de suplementos adicionais. Estes incluem dez casos complementados com notas de aula e *links* para o conteúdo do capítulo, soluções completas para todos os problemas de final de capítulo, um banco de teste eletrônico atualizado e expandido, apresentações animadas em PowerPoint, resumos de capítulos, esquemas dos capítulos, transparências do professor e mais.
- O **Capítulo 1** agora inclui o quadro Objetivos Didáticos e proporciona aplicações atualizadas no quadro Por Dentro dos Negócios com dois novos problemas e aplicações de final de capítulo.
- O **Capítulo 2** também inclui o quadro Objetivos Didáticos com uma introdução revisada destinada a tornar a oferta e a demanda mais relevantes para os estudantes. O capítulo contém uma discussão aprimorada sobre perda de peso morto e uma aplicação atualizada dos quadros Por Dentro dos Negócios que

proporciona exemplos de preço-teto existentes do mundo real. Problemas e aplicações adicionais também estão incluídos.

- O **Capítulo 3** oferece o quadro Objetivos Didáticos e um introdução revisada, assim como aplicações atualizadas do quadro Por Dentro dos Negócios. Uma seção nova foi adicionada proporcionando algumas advertências quanto ao uso de análise de regressão. O capítulo também inclui dois novos problemas e aplicações de final de capítulo.

- Os **Capítulos 4 a 13** incluem o quadro Objetivos Didáticos, aplicações atualizadas de Por Dentro dos Negócios, dados atualizados e problemas e aplicações de final de capítulo. O Capítulo 7 contém extensa discussão, em texto, do quebra-cabeça da fusão conglomerada.

- O **Capítulo 14** agora inclui o quadro Objetivos Didáticos, problemas e aplicações de final de capítulo adicionais, e uma nova aplicação de Por Dentro dos Negócios aplicada à desregulamentação dos mercados de eletricidade.

- **Desafios da Time Warner** inclui introdução e conclusão revista para melhor definir o problema a ser resolvido. As operações da Time Warner incluem cinco grandes áreas de negócios: AOL, filmes de entretenimento, publicações, redes de programação e sistemas a cabo. Compreender os Desafios da Time Warner exige o domínio da estratégia de negócios em estruturas de mercado referente aos vários graus de concorrência e de oligopólio (em alguns segmentos de mercado) para o monopólio. Requer também conhecimento de todos os conceitos de economia deste texto – precificação, relevância dos custos fixo e marginal, reação dos concorrentes, vantagens do primeiro movimento, análise de elasticidade, economias de escopo, custos complementares, venda em pacotes (*bundling*), estrutura vertical, contratação, acordos comerciais, preço-limite, coordenação, efeitos de rede, informações assimétricas, antitruste, regulamentação governamental e assim por diante. Por essas razões, o capítulo pode ser usado como caso referencial para o curso de economia de empresas. Como alternativa, o texto inclui 14 Memos que podem ser usados como problemas de final de capítulo de modo *à la carte*, para permitir aos estudantes demonstrar instrumentos específicos numa situação que simula um verdadeiro ambiente de negócios.

Agradecimentos

Agradeço a muitos usuários deste livro que proporcionaram retorno direto e indireto, ajudando a aprimorá-lo. Incluem-se aqui milhares de estudantes da Kelley School of Business da Indiana University e professores de todo o mundo que utilizaram *Economia de empresas e estratégia de negócios* em sala de aula, colegas que, desinteressadamente, despenderam valioso tempo para fornecer comentários e sugestões e críticos que disponibilizaram sugestões detalhadas para melhorar esta versão e as prévias do livro. Agradeço especialmente aos seguintes professores por me esclarecerem sobre diversas necessidades do mercado e por proporcionarem sugestões e críticas construtivas para aperfeiçoar a obra:

Fatma Abdel-Raouf, Goldey-Beacom
Rashid Al-Hmoud, Texas Tech University
Anthony Paul Andrews, Governors State University
Sisay Asefa, Western Michigan University
Simon Avenell, Murdoch University
Joseph P. Bailey, University of Maryland
Dean Baim, Pepperdine University
Sheryl Ball, Virginia Polytechnic University
Richard Beil, Auburn University
Barbara C. Belivieu, University of Connecticut
Dan Black, University of Chicago
Louis Cain, Northwestern University
Leo Chan, University of Kansas
Robert L. Chapman, Florida Metropolitan University
Kwang Soo Cheong, Johns Hopkins University
Christopher B. Colburn, Old Dominion University
Michael Conlin, Syracuse University
Keith Crocker, Penn State University
Ian Cromb, University of Western Ontario
Dean Croushore, Federal Reserve
Ron Deiter, Iowa State University
Eric Drabkin, Hawaii Pacific University
Martine Duchatelet, Barry University
Keven C. Duncan, University of Southern Colorado
Yvonne Durham, Western Washington University
Ibrahim Elsaify, Goldey-Beacom College
Mark J. Eschenfelder, Robert Morris University
David Ely, San Diego State University
David Figlio, University of Florida
Ray Fisman, Graduate School of Business, Columbia University
Silke Forbes, University of California – San Diego
Sharon Gifford, Rutgers University
Lynn G. Gillette, Northeast Missouri State University
Otis Gilley, Lousiana Tech University
Roy Gobin, Loyola University
Stephan Gohmann, University of Louisville
Thomas A. Gresik, Mendoza College of Business (University of Notre Dame)
Andrea Mays Griffith, California State University
Madhurima Gupta, University of Notre Dame
Carl Gwin, Pepperdine University

Gail Heyne Hafer, Lindenwood College
Karen Hallows, George Mason University
Mehdi Harian, Bloomsburg University
Nile W. Hatch, Marriott School (Brigham Young University)
Cliffor Hawley, West Virginia University
Ove Hedegaard, Copenhagen Business School
Steven Hinson, Webster University
Hart Hodges, Western Washington University
Jack Hou, California State University – Long Beach
Lowel R. Jacobsen, William Jewell College
Thomas D. Jeitschko, Texas A&M University
Jaswant R. Jindia, Southern University
Paul Kattuman, Judge Business School (Cambridge University)
Brian Kench, University of Tampa
Audrey D. Kline, University of Louisville
W. J. Lane, University of New Orleans
Daniel Lee, Shippensburg University
Thomas Lyon, University of Michigan
Richard Marcus, University of Wisconsin – Milwaukee
Vincent Marra, University of Delaware
John Maxwell, Indiana University
David May, Oklahoma City University
Alan McInnes, California State University, Fullerton
John Moran, Syracuse University
John Morgan, Haas Business School (University of California – Berkeley)
Ram Mudambi, Temple University
Albert A. Okunade, University of Memphis
Darrell Parker, Georgia Southern University
Stephen Pollard, California State University, Los Angeles
Dwight A. Porter, College of St. Thomas
Stanko Racic, University of Pittsburgh
Eric Rasmusen, Indiana University
Christian Roessler, National University of Singapore
Bansi Sawhney, University of Baltimore
Craig Schulman, University of Arkansas
Karen Schultes, University of Michigan – Dearborn
Peter M. Schwartz, University of North Carolina
Edward Shinnick, University College Ireland
Dean Showalter, Southwest Texas State University
Karen Smith, Columbia Southern University

Mark Stegeman, Virginia Polytechnic University
Ed Steinberg, New York University
Barbara M. Suleski, Cardinal Stritch College
Roger Tutterow, Kennesaw State College
Nora Underwood, University of Central Florida
Lskavyan Vahe, Ohio University
Lawrence White, Stern School of Business (New York University)
Leonard White, University of Arkansas
Mike Williams, Bethune Cookman College
Richard Winkelman, Arizona State University
Eduardo Zambrano, University of Notre Dame
Rick Zuber, University of North Carolina, Charlotte

Agradeço a Anne Hilbert, Kim Hooker, Doug Hughes, Douglas Reiner e Harvey Yep da McGraw-Hill por tudo o que fizeram para tornar este projeto um sucesso, e a Alexander V. Borisov e Lan Zhang por me darem assistência em vários estágios da revisão. Um agradecimento especial a Kyle Anderson e Dong Chen pela ajuda com o caso da Time Warner. Mais uma vez, sinto-me eternamente grato ao colega e amigo Patrick Scholten cujas impressões digitais se encontram em todo o livro e seus suplementos. Por fim, agradeço a minha família – M'Lissa, Natalie e Mitchell – por seu carinhoso apoio a este projeto que exigiu muito tempo.

Como sempre, seus comentários e sugestões para a próxima edição são bem-vindos. Visite meu site, http://mypage.iu.edu/~mbaye, ou escreva diretamente para mbaye@indiana.edu.

Michael R. Baye
Bloomington, Indiana

Sumário Resumido

Capítulo 1. Fundamentos da economia de empresas 1

Capítulo 2. Forças de mercado: demanda e oferta 35

Capítulo 3. Análise quantitativa da demanda 73

Capítulo 4. A teoria do comportamento individual 117

Capítulo 5. O processo e os custos de produção 156

Capítulo 6. A organização da empresa 203

Capítulo 7. A natureza da indústria 235

Capítulo 8. A gestão em mercados competitivos, monopolísticos e monopolisticamente competitivos 265

Capítulo 9. Modelos básicos de oligopólios 315

Capítulo 10. Teoria dos jogos: por dentro do oligopólio 352

Capítulo 11. Estratégias de precificação para empresas com poder de mercado 397

Capítulo 12. A economia da informação 435

Capítulo 13. Tópicos avançados em estratégia de negócios 475

Capítulo 14. Um guia sobre a interferência governamental no mercado 509

Estudo de caso. Desafios na Time Warner 548

Apêndice A Respostas dos problemas selecionados de final de capítulo 584

Apêndice B Leituras adicionais e referências 587

Índice de nomes 605

Índice 610

Sumário

CAPÍTULO UM
Fundamentos da economia de empresas   1

Manchete: Amcott perde 3,5 milhões e gerente é demitido   1
Introdução   2
   O gerente   3
   Economia   3
   Economia de empresas definida   3
Os princípios econômicos da gestão eficaz   4
   Identificar objetivos e obstáculos   4
   Reconhecer a natureza e a importância dos lucros   5
      Lucros econômicos *versus* lucros contábeis   5
      O papel dos lucros   6
      A estrutura de cinco forças e a rentabilidade da indústria   8
   Compreender os incentivos   11
   Compreender os mercados   12
      Rivalidade consumidor-produtor   13
      Rivalidade consumidor-consumidor   13
      Rivalidade produtor-produtor   13
      Governo e o mercado   13
   Reconhecer o valor do dinheiro no tempo   14
      Análise do valor presente   14
      Valor presente de ativos com vida indefinida   16
   Usar a análise marginal   19
      Decisões discretas   20
      Decisões contínuas   22
      Decisões incrementais   24
Aprendendo a economia de empresas   25
Respondendo à manchete   26
Conceitos e palavras-chave   26
Questões conceituais e computacionais   27
Problemas e aplicações   28
Exercícios baseados em casos   32
Referências   33
Apêndice: O cálculo da maximização dos benefícios líquidos   33
Por dentro dos negócios 1–1: Os objetivos das empresas na economia global   7
Por dentro dos negócios 1–2: Lucros e a evolução da indústria dos computadores   11
Por dentro dos negócios 1–3: Juntando-se ao *jet set*   19

CAPÍTULO DOIS
Forças de mercado: demanda e oferta 35

Manchete: Samsung e Hynix Semiconductor cortam a produção de *chips* 35
Introdução 36
Demanda 36
    Fatores que deslocam a demanda 38
        Renda 39
        Preços de bens relacionados 40
        Propaganda e gostos do consumidor 40
        População 41
        Expectativas do consumidor 41
        Outros fatores 42
    A função de demanda 42
    Excedente do consumidor 44
Oferta 46
    Deslocadores de oferta 47
        Preços dos insumos 47
        Tecnologia ou regulamentações governamentais 47
        Número de empresas 48
        Substitutos na produção 48
        Impostos 48
        Expectativas do produtor 49
    A função de oferta 50
    Excedente do produtor 51
Equilíbrio de mercado 52
Restrições de preço e equilíbrio de mercado 54
    Preço-teto 55
    Preço-piso 59
Comparações estáticas 60
    Mudanças na demanda 60
    Mudanças na oferta 62
    Deslocamentos simultâneos na oferta e na demanda 63
Respondendo à manchete 65
Resumo 65
Conceitos e palavras-chave 66
Questões conceituais e computacionais 67
Problemas e aplicações 68
Exercícios baseados em casos 72
Referências 72
Por dentro dos negócios 2–1: Asahi Breweries Ltd. e a recessão asiática 39
Por dentro dos negócios 2–2: NAFTA e a curva de oferta 47
Por dentro dos negócios 2–3: Preços-teto e preços-piso ao redor do mundo 58
Por dentro dos negócios 2–4: Globalização e a oferta de refrigerantes 62

CAPÍTULO TRÊS
Análise quantitativa da demanda   73

Manchete: Vencedores de leilão sem fio pagam $7 bilhões   73
Introdução   74
O conceito de elasticidade   74
Elasticidade-preço da demanda   75
   Elasticidade e receita total   76
   Fatores que afetam a elasticidade-preço da demanda   80
      Substitutos disponíveis   81
      Tempo   82
      Divisão das despesas   82
   Receita marginal e a elasticidade-preço da demanda   83
Elasticidade-preço cruzada   85
Elasticidade-renda   88
Outras elasticidades   90
Obtendo elasticidades por meio das funções de demanda   90
   Elasticidades por meio de funções de demanda linear   91
   Elasticidades por meio de funções de demanda não linear   92
Análise de regressão   95
   Avaliando a significância estatística dos coeficientes estimados   98
      Intervalos de confiança   99
      A estatística t 99
   Avaliando a qualidade geral da reta de regressão   100
      O R-quadrado   100
      A estatística F 102
   Regressões não lineares e múltiplas   102
      Regressões não lineares   102
      Regressão múltipla   104
   Um aviso   107
Respondendo à manchete   107
Resumo   109
Conceitos e palavras-chave   109
Questões conceituais e computacionais   110
Problemas e aplicações   111
Exercícios baseados em casos   116
Referências   116
Por dentro dos negócios 3–1: Calculando e utilizando a elasticidade em arco: uma aplicação no mercado imobiliário   80
Por dentro dos negócios 3–2: Demanda inelástica por medicamentos prescritos   84
Por dentro dos negócios 3–3: Usando a elasticidade-preço cruzada da demanda para aumentar as vendas de carros novos apesar do aumento nos preços da gasolina   87
Por dentro dos negócios 3–4: Comprando *on-line* na Europa: elasticidades da demanda por assistentes pessoais digitais baseadas em técnicas de regressão não linear   103

CAPÍTULO QUATRO
A teoria do comportamento individual 117

Manchete: Empresa de embalagens utiliza pagamento de horas extras para amenizar o efeito de diminuição no número de trabalhadores 117
Introdução 118
Comportamento do consumidor 118
Restrições 123
   A restrição orçamentária 123
   Mudanças na renda 126
   Mudanças nos preços 126
Equilíbrio do consumidor 128
Estática comparativa 129
   Mudanças nos preços e comportamento do consumidor 129
   Mudanças na renda e comportamento do consumidor 132
   Efeito renda e substituição 133
Aplicações da análise da curva de indiferença 135
   Escolhas dos consumidores 135
      Pague um, leve dois 135
      Presentes em dinheiro, presentes em mercadoria e vale-presente 137
   Escolhas dos trabalhadores e gerentes 140
      Um modelo simplificado da escolha renda-lazer 140
      As decisões dos gerentes 142
A relação entre a análise da curva da indiferença e as curvas de demanda 143
   Demanda individual 143
   Demanda de mercado 145
Respondendo à manchete 145
Resumo 147
Conceitos e palavras-chave 147
Questões conceituais e computacionais 148
Problemas e aplicações 150
Exercícios baseados em casos 153
Referências 153
Apêndice: Uma aproximação numérica do comportamento individual 154
Por dentro dos negócios 4–1: Curvas de indiferença e preferências por risco 122
Por dentro dos negócios 4–2: Mudança nos preços e gerência de estoques para empresas com vários produtos 130
Por dentro dos negócios 4–3: Efeito renda e ciclo de negócios 135
Por dentro dos negócios 4–4: A "perda de peso morto" dos presentes em produtos 140

CAPÍTULO CINCO
O processo e os custos de produção 156

Manchete: GM e UAW discutem possíveis demissões 156
Introdução 157

A função de produção   157
   Decisões de curto prazo *versus* decisões de longo prazo   157
   Medidas de produtividade   159
      Produto total   159
      Produto médio   159
      Produto marginal   159
   O papel do gerente no processo de produção   161
      Produzir na função de produção   161
      Uso do nível certo de insumos   162
   Formas algébricas de funções de produção   165
   Medidas algébricas de produtividade   166
   Isoquantas   169
   Isocustos   171
   Minimização de custos   173
   Substituição ótima dos insumos   175
A função de custo   177
   Custos de curto prazo   178
   Custo médio e marginal   180
   Relações entre custos   182
   Custos fixos e custos irrecuperáveis   183
   Formas algébricas das funções de custo   184
   Custos de longo prazo   185
   Economias de escala   187
   Um lembrete: custos econômicos *versus* custos contábeis   187
   Funções de custo de múltiplos produtos   188
      Economias de escopo   188
      Complementaridade de custo   189
Respondendo à manchete   191
Resumo   191
Conceitos e palavras-chave   192
Questões conceituais e computacionais   193
Problemas e aplicações   195
Exercícios baseados em casos   199
Referências   199
Apêndice: O cálculo de produção e custos   200
Por dentro dos negócios 5–1: De onde vem a tecnologia?   164
Por dentro dos negócios 5–2: Ford perde $1 bilhão   170
Por dentro dos negócios 5–3: Benefícios superficiais e substituição de insumos   178
Por dentro dos negócios 5–4: Companhias internacionais exploram economias de escala   188

CAPÍTULO SEIS
A organização da empresa   203

Manchete: Empresas coreanas investem 30 trilhões de wons em integração vertical   203
Introdução   204

Métodos de aquisição de insumos 205
    Aquisição de insumos por meio do mercado de fatores 205
    Aquisição de insumos por meio de contrato 206
    Produção dos insumos internamente 206
Custos de transação 207
    Tipos de investimentos especializados 208
        Especificidade do local 208
        Especificidade de ativos físicos 208
        Ativos dedicados 208
        Capital humano 209
    Implicações dos investimentos especializados 209
        Barganha custosa 209
        Subinvestimento 209
        Oportunismo e o "problema de aprisionamento" 210
Aquisição ótima de insumos 211
    Mercado de fatores 211
    Contratos 213
    Integração vertical 216
    O *trade-off* econômico 216
Remuneração gerencial e o problema principal-agente 219
Forças que disciplinam os gerentes 222
    Contratos de incentivo 222
    Incentivos externos 223
        Reputação 223
        Aquisições 223
O problema gerente-trabalhador principal-agente 224
    Soluções para o problema gerente-trabalhador principal-agente 224
        Participação nos lucros 224
        Participação nas receitas 224
        Taxa de produtividade 225
        Marcação de ponto e monitoramento no local de trabalho 226
Respondendo à manchete 227
Resumo 227
Conceitos e palavras-chave 228
Questões conceituais e computacionais 228
Problemas e aplicações 229
Exercícios baseados em casos 231
Referências 232
Apêndice: Uma abordagem pela curva de indiferença quanto aos incentivos empresariais 232
Por dentro dos negócios 6–1: O custo de utilizar um método ineficiente de aquisição de insumos 211
Por dentro dos negócios 6–2: Fatores que afetam a duração de contratos de carvão e gás natural 218
Por dentro dos negócios 6–3: A evolução das decisões quanto aos insumos na indústria automobilística 220
Por dentro dos negócios 6–4: Remuneração por desempenho 226

CAPÍTULO SETE
A natureza da indústria 235

Manchete: Microsoft coloca freio em fusão com Intuit 235
Introdução 236
Estrutura de mercado 236
  Tamanho da empresa 236
  Concentração da indústria 237
    Medidas de concentração da indústria 238
    A concentração da indústria norte-americana 239
    Limitações das medidas de concentração 241
  Tecnologia 243
  Demanda e condições de mercado 243
  Potencial de entrada 245
Conduta 246
  Comportamento de preços 247
  Atividades de fusões e integrações 248
    Integração vertical 249
    Integração horizontal 249
    Fusões conglomeradas 251
  Pesquisa e desenvolvimento 251
  Publicidade 252
Desempenho 252
  Lucros 252
  Bem-estar social 252
O paradigma estrutura–conduta–desempenho 253
  A visão causal 254
  A crítica de *feedback* 254
  Relação com a estrutura de cinco forças 254
Visão geral dos próximos capítulos 255
  Competição perfeita 255
  Monopólio 256
  Competição monopolística 256
  Oligopólio 256
Respondendo à manchete 258
Resumo 258
Conceitos e palavras-chave 259
Questões conceituais e computacionais 259
Problemas e aplicações 260
Exercícios baseados em casos 263
Referências 263
Por dentro dos negócios 7–1: O Sistema Norte-Americano de Classificação Industrial (NAICS) 242
Por dentro dos negócios 7–2: A elasticidade da demanda nos níveis da empresa e do mercado 246
Por dentro dos negócios 7–3: A linguagem das aquisições corporativas 250
Por dentro dos negócios 7–4: A evolução da estrutura de mercado na indústria de computadores 257

CAPÍTULO OITO
A gestão em mercados competitivos, monopolísticos e monopolisticamente competitivos   265

Manchete: McDonald's adiciona novos sabores e produtos ao cardápio   265
Introdução   266
Competição perfeita   266
    Demanda nos níveis do mercado e da empresa   267
    Decisões de produção de curto prazo   268
        Maximizando lucros   268
        Minimizando perdas   272
        As curvas de oferta da empresa e da indústria a curto prazo   275
    Decisões de longo prazo   276
Monopólio   278
    Poder de monopólio   279
    Fontes de poder de monopólio   280
        Economias de escala   280
        Economias de escopo   281
        Complementaridade de custo   282
        Patentes e outras barreiras legais   282
    Maximizando lucros   283
        Receita marginal   283
        A decisão de produção   287
        A ausência de uma curva de oferta   290
        Decisões de multiplanta   290
    Implicações das barreiras à entrada   292
Competição monopolística   294
    Condições para a competição monopolística   294
    Maximização de lucro   295
    Equilíbrio de longo prazo   297
    Implicações da diferenciação de produto   300
Decisões publicitárias ótimas   301
Respondendo à manchete   303
Resumo   303
Conceitos e palavras-chave   304
Questões conceituais e computacionais   304
Problemas e aplicações   307
Exercícios baseados em casos   311
Referências   311
Apêndice: O cálculo de maximização do lucro   312
Apêndice: A álgebra das funções de oferta perfeitamente competitivas   313
Por dentro dos negócios 8–1: Peugeot-Citroën da França: um tomador de preços no mercado automotivo da China   274
Por dentro dos negócios 8–2: Patente, marca registrada e proteção de direitos autorais   284
Por dentro dos negócios 8–3: Diferenciação de produto, canibalização e o sorriso Colgate   297

CAPÍTULO NOVE
Modelos básicos de oligopólios 315

Manchete: Preço do petróleo bruto cai, mas em algumas áreas os consumidores não observam queda na bomba de combustível 315
Introdução 316
Condições para o oligopólio 316
O papel das crenças e a interação estratégica 316
Maximização de lucro em quatro configurações de oligopólio 318
   Oligopólio de Sweezy 318
   Oligopólio de Cournot 320
      Funções de reação e equilíbrio 320
      Curvas de isolucro 325
      Mudanças nos custos marginais 328
      Cartel 330
   Oligopólio de Stackelberg 332
   Oligopólio de Bertrand 336
Comparando modelos de oligopólios 338
   Cournot 338
   Stackelberg 339
   Bertrand 339
   Cartel 339
Mercados contestáveis 341
Respondendo à manchete 342
Resumo 343
Conceitos e palavras-chave 344
Questões conceituais e computacionais 344
Problemas e aplicações 346
Exercícios baseados em casos 349
Referências 350
Apêndice: Oligopólio de Bertrand de produto diferenciado 350
Por dentro dos negócios 9–1: Comprometimento no oligopólio de Stackelberg 334
Por dentro dos negócios 9–2: Competição de preços e o número de vendedores: evidências *on-line* e de mercados de laboratório 337
Por dentro dos negócios 9–3: Usando uma planilha para calcular as produções de Cournot, de Stackelberg e de cartel 340

CAPÍTULO DEZ
Teoria dos jogos: por dentro do oligopólio 352

Manchete: Companhias aéreas pedem regulamentação governamental sobre bagagem de mão 352
Introdução 353
Visão geral de jogos e do pensamento estratégico 353
Jogos de apenas um estágio e de movimentos simultâneos 354
   Teoria 354
      Aplicações de jogos de apenas um estágio 357

Decisões de precificação 357
Decisões de propaganda e qualidade 360
Decisões de coordenação 361
Monitorando funcionários 362
Barganha de Nash 363
Jogos repetidos infinitamente 365
  Teoria 365
    Revisão do valor presente 365
    Apoiando o cartel com estratégias de gatilho 366
  Fatores que afetam o cartel em jogos de precificação 369
    Número de empresas 369
    Tamanho da empresa 369
    Histórico do mercado 370
    Mecanismos de punição 371
  Uma aplicação de jogos repetidos infinitamente na qualidade dos produtos 371
Jogos repetidos finitamente 372
  Jogos com um período final incerto 372
  Jogos repetidos com um período final conhecido: o problema de final de período 375
  Aplicações do problema de final de período 377
    Demissões e saídas 377
    O vendedor de "óleo de cobra" 377
Jogos de multiestágio 378
  Teoria 378
  Aplicações de jogos de multiestágio 381
    Jogo de entrada 381
    Inovação 382
    Barganha sequencial 383
Respondendo à manchete 386
Resumo 387
Conceitos e palavras-chave 387
Questões conceituais e computacionais 388
Problemas e aplicações 390
Exercícios baseados em casos 396
Referências 396
Por dentro dos negócios 10–1: Mente (não tão) brilhante de Hollywood: equilíbrio de Nash ou de "Opie"? 358
Por dentro dos negócios 10–2: Estratégias de gatilho na indústria do desperdício 370
Por dentro dos negócios 10–3: Estratégia de entrada em mercados internacionais: *sprinkler* ou *waterfall*? 382

CAPÍTULO ONZE
Estratégias de precificação para empresas com poder de mercado 397

Manchete: Mickey Mouse leva você para passear "de graça" na Disney World 397
Introdução 398
Estratégias de precificação básicas 398

Revisão da regra básica de maximização de lucro   398
Uma regra simples de precificação para monopólio e competição monopolística   399
Uma regra de precificação simples para o oligopólio de Cournot   402
Estratégias que rendem lucros ainda maiores   404
Extraindo excedente dos consumidores   404
Discriminação de preço   404
Precificação bipartite   410
Precificação em bloco   412
Venda casada   414
Estratégia de precificação para estruturas especiais de custo e demanda   417
Fixação de preços de pico   417
Subsídios cruzados   419
Preço de transferência   419
Estratégia de precificação em mercados com intensa competição de preços   422
Compatibilidade de preços   422
Induzindo fidelidade à marca   424
Precificação aleatória   424
Respondendo à manchete   426
Resumo   427
Conceitos e palavras-chave   427
Questões conceituais e computacionais   427
Problemas e aplicações   430
Exercícios baseados em casos   433
Referências   433
Por dentro dos negócios 11–1: *Markups* de precificação utilizados como regra básica   400
Por dentro dos negócios 11–2: Agrupamento e "estrutura de preços" em mercados *on-line*   416
Por dentro dos negócios 11–3: A prevalência de políticas de compatibilidade de preços e outras garantias de preço baixo   423
Por dentro dos negócios 11–4: Precificação aleatória no setor aéreo   425

CAPÍTULO DOZE
A economia da informação   435

Manchete: Empresas abandonam leilão de banda de frequência da FCC   435
Introdução   436
A média e a variância   436
Incerteza e comportamento do consumidor   439
Aversão ao risco   439
Decisões empresariais com consumidores avessos ao risco   439
Pesquisa do consumidor   441
Incerteza e a empresa   444
Aversão ao risco   444
Pesquisa do produtor   448
Maximização de lucro   448
Incerteza e o mercado   450

Informação assimétrica   450
   Seleção adversa   451
   Risco moral   452
Sinalização e classificação   454
Leilões   456
   Tipos de leilão   457
      Leilão inglês   457
      Leilão de primeiro preço com lance selado   457
      Leilão de segundo preço com lance selado   458
      Leilão holandês   458
   Estruturas de informação   459
      Valores privados independentes   459
      Estimativas de valor correlacionadas   460
   Estratégias de lance ótimas para lançadores indiferentes ao risco   460
      Estratégia para leilões de valores privados independentes   461
      Estratégias para leilões com valores correlacionados   463
   Receitas esperadas em tipos alternativos de leilões   465
Respondendo à manchete   467
Resumo   467
Conceitos e palavras-chave   468
Questões conceituais e computacionais   468
Problemas e aplicações   470
Exercícios baseados em casos   473
Referências   474
Por dentro dos negócios 12–1: Aversão ao risco e o valor de venda da empresa: o paradoxo de São Petersburgo   440
Por dentro dos negócios 12–2: O valor da informação em mercados *on-line*   445
Por dentro dos negócios 12–3: Leilão de segundo preço no eBay   458
Por dentro dos negócios 12–4: Leilões com lançadores avessos ao risco   466

CAPÍTULO TREZE
Tópicos avançados em estratégia de negócios   475

Manchete: Barkley e Sharpe anunciam planos em feira de negócios   475
Introdução   476
Precificação-limite para prevenir a entrada   477
   Base teórica para a precificação-limite   477
   Precificação-limite pode não conseguir deter a entrada   479
   Vinculando o preço pré-entrada aos lucros pós-entrada   480
      Mecanismo de comprometimento   480
      Efeitos de curva de aprendizado   481
      Informação incompleta   482
      Efeitos de reputação   482
      Considerações dinâmicas   483
Precificação predatória para reprimir a competição   485

Aumentando o custo dos concorrentes para reprimir a competição 488
   Estratégias envolvendo custo marginal 488
   Estratégias envolvendo custos fixos 489
   Estratégias para empresas verticalmente integradas 490
      Distanciamento vertical 491
      O aperto preço-custo 491
Discriminação de preço como uma ferramenta estratégica 491
Mudando o momento das decisões ou a ordem dos movimentos 492
   Vantagens de primeiro movimento 492
   Vantagens de segundo movimento 495
Precificação de penetração para superar efeitos de rede 495
   O que é uma rede? 496
   Externalidades de redes 497
   Vantagem de primeiro movimento em virtude de aprisionamento do consumidor 498
   Usando a precificação de penetração para "mudar o jogo" 500
Respondendo à manchete 501
Resumo 502
Conceitos e palavras-chave 502
Questões conceituais e computacionais 502
Problemas e aplicações 505
Exercícios baseados em casos 508
Referências 508
Por dentro dos negócios 13–1: Estratégias de negócio na Microsoft 478
Por dentro dos negócios 13–2: Precificação-limite dinâmica 484
Por dentro dos negócios 13–3: Primeiro a vender, primeiro a ter sucesso? Ou primeiro a fracassar? 494
Por dentro dos negócios 13–4: Externalidades de rede e precificação de penetração em leilões da Yahoo! 499

CAPÍTULO CATORZE
Um guia sobre a interferência governamental no mercado 509

Manchete: FTC aprova condicionalmente fusão de $10,3 bilhões 509
Introdução 510
Falha de mercado 510
   Poder de mercado 510
      Política antitruste 511
      Regulação de preço 515
   Externalidades 520
      A lei do Ar Limpo 521
   Bens públicos 524
   Informação incompleta 528
      Regras contra *insider trading* 529
      Certificação 529

Honestidade no empréstimo   530
Honestidade na propaganda   531
Fiscalização de contratos   531
Caça à renda   533
Política governamental e mercados internacionais   534
Cotas   534
Tarifas   536
Tarifas fixas únicas   537
Impostos de importação   537
Respondendo à manchete   539
Resumo   539
Conceitos e palavras-chave   539
Questões conceituais e computacionais   540
Problemas e aplicações   543
Exercícios baseados em casos   546
Referências   546
Por dentro dos negócios 14–1: Comissão Europeia pede explicações a companhias aéreas a respeito de práticas de discriminação de preços   514
Por dentro dos negócios 14–2: Desregulamentação da eletricidade   519
Por dentro dos negócios 14–3: Agência de Competição do Canadá   532

ESTUDO DE CASO
Desafios na Time Warner   548

Nota do autor sobre o caso   547
Manchete   548
Histórico   549
Visão geral da indústria e das operações da Time Warner   550
America Online   550
Condições de mercado   551
Operações da AOL   552
AOL Europa   553
Filmes de entretenimento   553
Produção e distribuição de filmes   554
A indústria de filmes   554
Competição   556
Programação de televisão   557
Distribuição doméstica de vídeo   557
Publicação   557
Publicação de revistas   558
Revistas *on-line*   559
Publicação de livros   559
Redes de programação   560
Sistemas a cabo   561

TV a cabo digital e analógica   561
Serviços de Internet de alta velocidade   562
Serviço de telefonia   562
Competição   563
   Operadoras de satélites de *broadcast* direto   563
   Overbuilders   563
Agrupamento   564
Considerações regulatórias   565
Considerações tecnológicas   565
   Televisão de alta definição (HDTV)   565
   Gravadores de vídeo digitais (DVRs)   566
Desafios   567
Exercícios baseados em casos   567
Memorandos   567
Referências   576
Apêndice: Demonstrativos   578

Apêndice A Respostas dos problemas selecionados de final de capítulo   584

Apêndice B Leituras adicionais e referências   587

Índice de nomes   605

Índice   610

CAPÍTULO UM
Fundamentos da economia de empresas

Manchete

Amcott perde $3,5 milhões e gerente é demitido

Na terça-feira, a gigante do *software*, Amcott, divulgou um prejuízo operacional anual de $3,5 milhões, sendo $1,7 milhão registrados por sua divisão de língua estrangeira.

Com taxas de juros de curto prazo de 7%, a empresa decidiu utilizar $20 milhões de seus lucros retidos para a compra de direitos de três anos do Magicword, um pacote de *software* que converte arquivos de texto do francês para o inglês. A receita do primeiro ano foi de $7 milhões, depois disso as vendas foram interrompidas em virtude de uma acusação de violação de direitos autorais impetrada pela Foreign, Inc. A Amcott perdeu a ação e pagou indenização de $1,7 milhão. Analistas da indústria dizem que a violação de direitos autorais se referiam a "um componente insignificante do Magicword".

Ralph, gerente da Amcott, demitido em função do incidente, afirmou "eu sou um bode expiatório dos advogados [da Amcott] que não fizeram sua lição de casa antes de comprar os direitos do Magicword. Projetei vendas anuais de $7 milhões por ano para os três anos. Minhas projeções estavam corretas".

Você sabe por que Ralph foi demitido?

Objetivos didáticos

Ao final deste capítulo, você poderá:

- Responder à pergunta da manchete.
- Explicar o que é economia e como aprendê-la.
- Resumir como os objetivos, obstáculos, incentivos e rivalidades de mercado afetam as decisões econômicas.
- Distinguir lucros e custos contábeis da economia e explicar o papel dos lucros em uma economia de mercado.
- Empregar a estrutura de cinco forças para analisar a sustentabilidade dos lucros de uma indústria.
- Aplicar a análise do valor presente na tomada de decisões de investimentos e determinar o valor de ativos e empresas.
- Usar a análise marginal para determinar o nível ótimo de uma variável de controle empresarial.
- Identificar e aplicar seis princípios da tomada de decisão empresarial efetiva.

Introdução

Muitos estudantes de economia de empresas perguntam "por que devo estudar economia? Ela vai me dizer o que o mercado de ações fará amanhã? Informará onde investir meu dinheiro e como ficar rico?" Infelizmente, a economia de empresas por si só não oferece respostas definitivas a tais questões. Obtê-las pode requerer uma bola de cristal. Por outro lado, a economia de empresas é uma ferramenta útil para analisar situações de negócio como aquelas encontradas nas manchetes que abrem os capítulos deste livro.[1]

De fato, se você navegar pela Internet pesquisando publicações como *Business Week* ou *The Wall Street Journal*, ou ler algo especializado como *Restaurant News* ou *Supermarket Business*, encontrará várias histórias que envolvem economia de empresas. Uma pesquisa recente encontrou as seguintes manchetes:

"iPod continua a manter importante fatia de mercado"

"Companhia aérea processada por prática de preços predatórios"

"Microsoft perde batalha – será mesmo?"

"Fusão entre FTC e Office Superstores – especuladores perdem $150 milhões"

"Preço de acesso ilimitado resulta em sinal ocupado AOL paga $24 milhões em indenizações"

"Nasdaq paga $30,6 milhões em ajuste de fixação de preços"

"Empresas de telecomunicações planejam reduzir tarifas para aumentar o número de ligações"

"Guerra de preço dos refrigerantes de Cola continua"

"A recessão: grande novidade?"

"Software livre na Internet"

Infelizmente, bilhões de dólares são perdidos a cada ano em decorrência de falhas dos gestores no uso de ferramentas básicas de economia de empresas para formação de preços e tomada de decisões, otimização do processo de produção e opções de insumos, escolha da qualidade do produto, decisões de integração horizontal e vertical, ou desenho ótimo de incentivos internos e externos. Felizmente, se você aprender alguns princípios básicos de economia de empresas, estará apto a ensinar os gerentes a fazer seu trabalho! Você também vai entender por que as últimas recessões supreenderam algumas empresas e por que determinadas companhias de *software* despenderam milhões em desenvolvimento, mas permitiram aos consumidores baixar seus produtos gratuitamente.

A economia de empresas não é útil apenas aos gestores testados na *Fortune 500*; também é importante para gestores de empresas sem fins lucrativos. É útil para administradores de bancos de alimentos, que devem decidir a melhor forma de chegar a pessoas carentes. É útil para o coordenador de abrigos para moradores de rua cujo objetivo é ajudar o maior número de indivíduos, com um orçamento apertado. De fato, a economia de empresas fornece importantes ideias para todos os segmentos, inclusive nas decisões domésticas.

---

[1] Cada capítulo, ao final, apresenta a solução de sua manchete. Ao terminar de lê-lo, tente resolver a manchete e, então, compare sua solução com a do livro.

Por que a economia de empresas é tão necessária para um grupo tão diverso de tomadores de decisão? A resposta a essa questão recai sobre o sentido ou significado da expressão *economia de empresas*.

O gerente

gerente
Uma pessoa que destina recursos para o alcance de uma meta estabelecida.

O *gerente* é aquele que destina recursos para o alcance de metas estabelecidas. Essa definição inclui todos os indivíduos que (1) orientam os esforços dos outros, incluindo os que delegam tarefas em uma organização como uma empresa, uma família ou um clube; (2) compram insumos para serem utilizados na produção de bens e serviços por uma organização, alimento para os necessitados ou abrigo para os moradores de rua; ou (3) são encarregados de tomar outras decisões, como preço ou qualidade de produtos.

Um gerente costuma ter responsabilidade por suas próprias decisões, bem como sobre as ações dos indivíduos, máquinas e outros recursos. Esse controle pode envolver responsabilidades sobre os recursos de uma multinacional ou de uma simples residência. Porém, em cada instância, o gerente deve posicionar recursos e o comportamento dos indivíduos voltados ao cumprimento de alguma tarefa. Embora grande parte deste livro considere que o trabalho do gerente é maximizar os lucros da empresa que o emprega, os princípios fundamentais são válidos praticamente para qualquer processo de decisão.

Economia

economia
A ciência de tomada de decisões na presença de recursos escassos.

O enfoque deste livro recai sobre o primeiro termo que compõe a expressão *economia de empresas*. *Economia* é a ciência de tomada de decisões na presença de recursos escassos. *Recurso* é qualquer coisa usada na produção de um bem ou serviço, ou, de maneira mais ampla, para atingir uma meta. As decisões são importantes porque a escassez implica que, ao tomar uma decisão, você abandona outra. Uma empresa de computadores que despende mais recursos na propaganda possui menos recursos para investir em pesquisa e desenvolvimento. Um banco de alimentos que gasta mais para servir sopa tem menos para gastar com frutas. As decisões econômicas envolvem a alocação dos recursos escassos, e a tarefa dos gerentes é alocar recursos para melhor alcançar suas metas.

Uma das melhores formas de compreender a natureza da escassez é imaginar que um gênio apareceu e concedeu a você três desejos. Se os recursos não fossem escassos, você diria ao gênio que não teria absolutamente nada para desejar; você já teria tudo o que quisesse. Certamente, ao começar este curso, você reconhece que o tempo é um dos recursos mais escassos. Seu primeiro problema de decisão é alocar um recurso escasso – tempo – para atingir uma meta – como dominar o assunto de interesse ou obter um A no curso.

Economia de empresas definida

economia de empresas
Estudo de como direcionar recursos escassos para atingir mais eficientemente uma meta empresarial.

Economia de empresas, portanto, é o estudo de como direcionar recursos escassos para atingir mais eficientemente as metas da empresa. É uma disciplina bastante ampla em que se descrevem métodos úteis para direcionar todos os recursos de uma família para maximizar o seu bem-estar ou os recursos de uma empresa para maximizar lucro.

Para entender a natureza das decisões que confrontam os gerentes, imagine-se trabalhando em uma empresa da *Fortune 500* que fabrica computadores. Você deve tomar uma série de decisões para ter sucesso como gerente: deve comprar componentes como *drives* de discos e *chips* de outros fabricantes ou produzi-los internamente? Deve se especializar em produzir um único tipo de computador ou diversos tipos diferentes? Quantos computadores deve produzir e a qual preço deve vendê-los? Quantos funcionários deve contratar e como vai remunerá-los? Como pode se assegurar de que eles vão se dedicar e produzir produtos de qualidade? Como as ações de empresas rivais afetarão suas decisões?

A chave para tomar decisões de impacto é saber qual informação é necessária para uma resolução embasada e, então, coletar e processar os dados. Se você trabalha para uma grande empresa, o departamento jurídico pode fornecer dados sobre consequências legais de decisões alternativas. O departamento de contabilidade pode oferecer conselhos sobre impostos e dados básicos de custo; o departamento de *marketing* podem lhe dar os dados sobre as características do mercado para seu produto; e os analistas financeiros podem fornecer elementos para métodos alternativos para obtenção de capital financeiro. Porém, acima de tudo, os gerentes devem integrar todas essas informações, processá-las e chegar a uma decisão. O restante do livro mostrará como desenvolver essa importante função empresarial utilizando seis princípios que levam a uma gestão eficaz.

Os princípios econômicos da gestão eficaz

A natureza das decisões empresariais varia de acordo com os objetivos dos gestores. Uma vez que este curso é destinado principalmente a gerentes, enfocaremos as decisões empresariais referentes à maximização do lucro, ou genericamente, do valor da empresa. Antes de embarcarmos no uso especial da economia de empresas, oferecemos uma visão geral dos princípios básicos que levam a uma gestão eficaz. Em particular, um gerente eficaz deve (1) identificar objetivos e obstáculos; (2) reconhecer a natureza e a importância dos lucros; (3) compreender os incentivos; (4) compreender os mercados; (5) reconhecer o valor do dinheiro no tempo e (6) usar a análise marginal.

Identificar objetivos e obstáculos

O primeiro passo para a boa tomada de decisões é ter *objetivos* bem-definidos; atingir diferentes objetivos implica tomar decisões diferentes. Se o objetivo é maximizar sua nota nesta disciplina em detrimento de maximizar sua média geral, seus hábitos de estudo vão diferir de acordo com seus objetivos. Similarmente, se o objetivo de um banco de alimentos é distribuir alimentos às pessoas necessitadas nas áreas rurais, suas decisões e sua rede de decisões ótima vão diferir daquelas utilizadas na distribuição de alimento aos necessitados residentes na área urbana. Observe que em ambas as situações o tomador de decisões se depara com *obstáculos* que afetam à habilidade em atingir um objetivo. O fato de o dia ter 24 horas afeta sua habilidade em obter um A neste curso; um orçamento afeta a habilidade de um banco de alimentos de distribuir alimentos aos necessitados. Os obstáculos são um subproduto da escassez.

Diferentes unidades de uma empresa podem ter diferentes objetivos; funcionários do departamento de *marketing* podem ser instruídos a utilizar seus recursos para maximizar vendas ou fatia de mercado, enquanto os do grupo financeiro podem focar-se em estratégias de crescimento dos lucros ou redução de risco. Adiante, veremos como o objetivo geral da organização – maximizar o lucro – pode ser atingido ao se oferecer a cada unidade um incentivo a atingir objetivos potencialmente diferentes.

Infelizmente, os obstáculos dificultam aos gerentes alcançarem objetivos como maximizar lucros ou incrementar a participação de mercado. Esses obstáculos incluem questões como tecnologia disponível e preços dos insumos utilizados na produção. O objetivo de maximizar lucros requer que o gerente decida o preço ótimo a se cobrar por um produto, quanto produzir, que tecnologia utilizar, quanto de cada insumo utilizar, como reagir a decisões tomadas por competidores e daí por diante. Este livro oferece ferramentas para responder a esses tipos de questões.

Reconhecer a natureza e a importância dos lucros

O objetivo geral da maioria das organizações é maximizar os lucros ou o valor da empresa. O restante deste livro detalhará estratégias que os gerentes podem utilizar para atingir esse objetivo. Antes de entrarmos nesses detalhes, examinemos a natureza e a importância dos lucros em uma economia de mercado.

Lucros econômicos *versus* lucros contábeis

Quando a maior parte das pessoas escuta a palavra *lucro*, pensa em lucros contábeis. *Lucro contábil* é um montante total de dinheiro obtido das vendas (receita total, ou preço vezes quantidade vendida) menos o custo em dinheiros dos bens produzidos ou dos serviços. Lucros contábeis são aqueles que aparecem nos demonstrativos de resultado do exercício e, normalmente, são reportados ao gestor pelo departamento contábil da empresa.

lucros econômicos
A diferença entre receita total e o custo de oportunidade total.

Uma maneira mais geral de definir lucros é em termos do que os economistas chamam lucros econômicos. *Lucros econômicos* são a diferença entre a receita total e o custo de oportunidade total da produção de bens e serviços da empresa. O *custo de oportunidade* de utilizar um recurso ou um insumo inclui tanto o *custo explícito* (ou *contábil*) quanto o *custo implícito* de abdicar da melhor alternativa de uso do recurso. O custo de oportunidade de produzir um bem ou serviço é geralmente mais elevado que os custos contábeis, já que inclui tanto o valor em dinheiro dos custos (custo explícito, ou contábil) e quaisquer custos implícitos.

custo de oportunidade
O custo dos recursos explícitos e implícitos que são abdicados quando uma decisão é tomada.

Custos implícitos são muito difíceis de mensurar e, portanto, são frequentemente ignorados. Gerentes eficientes, no entanto, continuamente procuram dados de outras fontes para identificar e quantificar custos implícitos. Gerentes de grandes empresas podem utilizar fontes da própria companhia, incluindo departamento financeiro, de *marketing*, e/ou jurídico, para obter dados de custos implícitos de decisões. Em outras instâncias, os gerentes devem coletar dados por si próprios. Por exemplo, qual é o custo de ler este livro? O preço pago na livraria por este livro é um custo explícito (ou contábil), enquanto o custo implícito é o valor daquilo que se abdica ao lê-lo. Você poderia estar estudando algum outro assunto ou assistindo TV, e ambas as alternativas tem algum valor. A "melhor" alternativa é seu custo implícito na leitura;

você está abdicando dessa alternativa para ler o livro. De forma similar, o custo de oportunidade de ir à escola é muito mais alto do que o custo com mensalidades e livros; ele também inclui o montante de dinheiro que você poderia ganhar se decidisse trabalhar em vez de ir à escola.

No mundo dos negócios, o custo de oportunidade de abrir um restaurante é o melhor uso alternativo dos recursos utilizados no estabelecimento do restaurante – por exemplo, abrir um salão de cabeleireiro. Mais uma vez, esses recursos incluem não somente os recursos financeiros explícitos necessários à abertura do negócio, mas também qualquer custo implícito. Suponha que você possua um imóvel em Nova York em que estabeleceu uma pequena pizzaria. Os suprimentos de alimentos são seus únicos custos contábeis. No fim do ano, o contador informa que esses custos foram de $20 mil e suas receitas, $100 mil. Então, seu lucro contábil foi de $80 mil.

Contudo, o lucro contábil supera o lucro econômico porque os custos incluem somente os custos contábeis. Primeiro, os custos não incluem o tempo despendido no negócio. Se você não estivesse envolvido no negócio, poderia ter trabalhado para alguém; tal fato refletiria um custo econômico não contabilizado nos lucros contábeis. Para exemplificar, suponha que você tivesse trabalhado para alguém por $30 mil. Seu custo de oportunidade de tempo teria sido de $30 mil por ano. Assim, $30 mil dos seus lucros contábeis não são lucros, mas um dos custos implícitos de manter a pizzaria.

Segundo, custos contábeis não consideram o fato de que, se não tivesse mantido a pizzaria, poderia ter alugado o imóvel para alguém. Se o valor do aluguel é de $100 mil por ano, você abriu mão desse montante para ter seu próprio negócio. O custo de manter a pizzaria inclui não somente o custo dos suprimentos ($20 mil), mas os $30 mil que poderiam ter sido obtidos em algum outro negócio *e* os $100 mil que poderiam ter sido obtidos no aluguel do imóvel. O custo econômico de manter a pizzaria é de $150 mil – o montante de que você abriu mão para manter seu negócio. Considerando a receita de $100 mil, você, na verdade, perde $50 mil por manter a pizzaria.

Quando falamos em custos, nos referimos a custos econômicos. Ou seja, custos de oportunidade que incluem não apenas custos explícitos (contábeis), mas também custos implícitos dos recursos utilizados na produção.

O papel do lucro

Uma confusão comum de conceitos é de que o objetivo de maximizar o lucro da empresa é necessariamente ruim para a sociedade. Indivíduos que querem maximizar lucros são, com frequência, considerados como guiados pelo autointeresse, uma qualidade vista como não desejável. No entanto, considere a frase clássica de Adam Smith em *A riqueza das nações*: "não é em função da benevolência do açougueiro, do fermentador ou do padeiro que esperamos o nosso jantar, mas de sua observação ao seu próprio interesse".[2]

---

[2]Adam Smith, *An Inquiry Into the Causes of the Wealth of Nations*. Edição Edwin Cannan. Chicago: University of Chicago Press, 1976.

> **Por dentro dos negócios 1-1**
>
> ## Os objetivos das empresas na economia global
>
> Tendências recentes de globalização têm forçado negócios ao redor do mundo a se concentrarem mais avidamente na lucratividade. Essa inclinação está presente também no Japão, onde ligações históricas entre bancos e empresas têm tradicionalmente desfocado os objetivos das organizações. Por exemplo, a Mitsui & Co. Ltd., empresa japonesa de negócios de engenharia, recentemente atingiu o "Challenge 21", um plano direcionado a ajudar as companhias emergentes a atingir a liderança no grupo de empresas de engenharia no Japão. De acordo com um relações públicas da companhia, "[Esse plano nos permite] criar novo valor e maximizar a lucratividade ao tomarmos ações como renovar nosso sistema de gerenciamento e priorizar a alocação de nossos recursos em áreas estratégicas. Estamos comprometidos com a maximização do valor ao acionista por meio do equilíbrio entre a busca dos lucros e o comportamento social responsável".
>
> Uma visão similar é mantida por Lord Hanson, CEO da Hanson PLC, que afirma que a responsabilidade inicial dos gerentes é "incrementar o valor para os acionistas". No fim das contas, o objetivo de qualquer empresa que queira permanecer no mercado deve ser maximizar seu valor. Esse objetivo é frequentemente alcançado ao se tentar atingir alvos intermediários, como a minimização de custos ou o incremento da fatia de mercado. Se você – como um gerente – não maximiza o valor de sua empresa ao longo do tempo, estará em risco de falir, ser comprado por outras empresas (como em uma aquisição alavancada), ou ter outras pessoas eleitas para substituí-lo e outros gerentes.
>
> Fontes: Mitsui & Co., Ltd. UK Regulatory Announcement: Final Results. *Business Wire,* 13 maio, 2004; Lord Hanson, "Shareholder Value: Touchstones of Managerial Capitalism." *Harvard Business Review,* n. 69, p. 142, nov./dez. 1991.

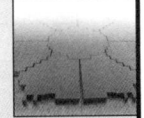

Smith está dizendo que, ao perseguir o autointeresse – o objetivo de maximizar lucros –, uma empresa acaba suprindo as necessidades da sociedade. Se você não pode viver como um cantor de rock, provavelmente é porque a sociedade não aprecia sua música; a sociedade poderia valorizar mais seus talentos em alguma outra atividade. Se você quebra cinco pratos ao lavar a louça após o jantar, seus talentos talvez estejam mais bem alocados em verificar as finanças ou aparando o gramado. Similarmente, os lucros dos negócios sinalizam onde os recursos escassos da sociedade são mais bem alocados. Quando organizações em uma indústria obtêm lucros econômicos, o custo de oportunidade de alocar recursos fora da indústria se eleva. Proprietários de outros recursos em breve reconhecem que, ao continuarem a operar seus negócios, estão abrindo mão de lucros. Isso induz novas empresas a entrar nos mercados em que os lucros econômicos estejam disponíveis. À medida que mais empresas entram na indústria, o preço de mercado cai e os lucros econômicos declinam.

Dessa forma, os lucros sinalizam aos proprietários dos recursos onde estes são mais altamente valorizados pela sociedade. Ao mover recursos escassos para a produção de bens mais valorizados pela sociedade, o bem-estar de todos é melhorado. Como Adam Smith observou pela primeira vez, esse fenômeno não se deve à benevolência por parte dos gestores das empresas, mas ao objetivo autointeressado de maximizar o lucro das organizações.

Princípio	**O lucro é um sinal**
	O lucro sinaliza aos detentores de recursos onde estes são mais valorizados pela sociedade.

Figura 1-1 A estrutura de cinco forças

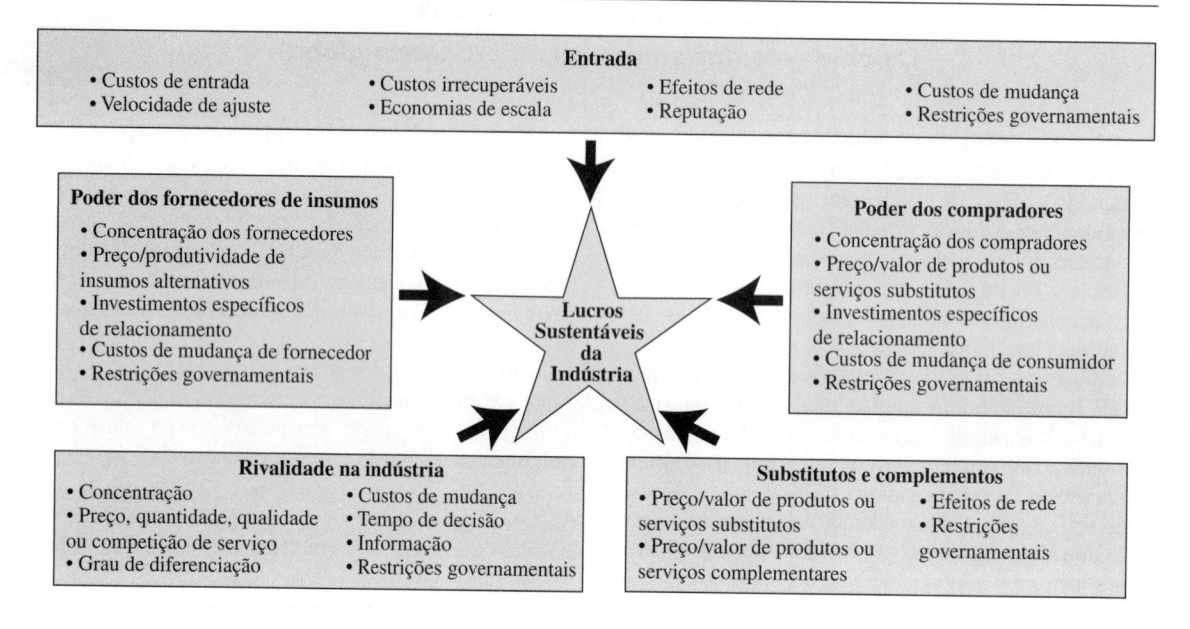

Entrada
- Custos de entrada
- Velocidade de ajuste
- Custos irrecuperáveis
- Economias de escala
- Efeitos de rede
- Reputação
- Custos de mudança
- Restrições governamentais

Poder dos fornecedores de insumos
- Concentração dos fornecedores
- Preço/produtividade de insumos alternativos
- Investimentos específicos de relacionamento
- Custos de mudança de fornecedor
- Restrições governamentais

Lucros Sustentáveis da Indústria

Poder dos compradores
- Concentração dos compradores
- Preço/valor de produtos ou serviços substitutos
- Investimentos específicos de relacionamento
- Custos de mudança de consumidor
- Restrições governamentais

Rivalidade na indústria
- Concentração
- Preço, quantidade, qualidade ou competição de serviço
- Grau de diferenciação
- Custos de mudança
- Tempo de decisão
- Informação
- Restrições governamentais

Substitutos e complementos
- Preço/valor de produtos ou serviços substitutos
- Preço/valor de produtos ou serviços complementares
- Efeitos de rede
- Restrições governamentais

A estrutura de cinco forças e a rentabilidade da indústria

Um tema-chave deste livro é que muitas forças e decisões inter-relacionadas influenciam o nível, o crescimento e a sustentabilidade dos lucros. Se você ou outros gerentes na indústria são espertos o suficiente para identificar estratégias que gerem rentabilidade aos acionistas neste trimestre, não há garantia de que esses lucros serão sustentados a longo prazo. Você deve reconhecer que os lucros são um sinal – se seu negócio gera lucros superiores, competidores existentes e potenciais farão seu melhor para obter uma fatia ou uma parte da ação. Nos próximos capítulos, examinaremos uma variedade de estratégias de negócios desenhadas para incrementar suas perspectivas de lucros crescentes e sustentáveis. Antes disso, no entanto, é construtivo oferecer uma estrutura conceitual para pensarmos a respeito de alguns dos fatores que afetam a rentabilidade da indústria.

A Figura 1–1 ilustra a *estrutura de "cinco forças"* desenvolvida por Michael Porter.[3] Ela organiza muitas questões complexas de economia de empresas em cinco categorias ou "forças" que afetam a sustentabilidade dos lucros da indústria: (1) entrada, (2) poder dos fornecedores, (3) poder dos compradores, (4) rivalidade na indústria e (5) substitutos e complementares. A discussão a seguir ilustra como essas forças influenciam a rentabilidade da indústria e iluminam as conexões entre elas e o material dos próximos capítulos.

Entrada. Como veremos nos Capítulos 2, 7 e 8, a entrada de empresas acarreta competição e reduz suas margens em uma grande variedade de configurações industriais. Por essa razão, a habilidade das organizações em sustentar lucros depende de

---
[3] Michael Porter, *Competitive Strategy*. New York: Free Press, 1980.

como as barreiras à entrada afetam a facilidade com a qual outras empresas podem entrar na indústria. Os entrantes podem vir de diversas direções, incluindo a formação de novas companhias (a Wendy's entrou na indústria de *fast-food* na década de 1970 após seu fundador, Dave Thomas, sair da KFC); estratégias de globalização de empresas estrangeiras (a Toyota vende veículos no Japão desde a década de 1930, mas esperou até a metade do último século para entrar no mercado automotivo norte-americano); e a introdução de novas linhas de produtos por empresas existentes (a indústria de telefones celulares recentemente entrou no mercado de assistentes pessoais digitais).

Como mostra a Figura 1–1, diversos fatores econômicos afetam a habilidade dos entrantes em corroer os lucros da indústria existente. Nos próximos capítulos, você vai aprender por que os entrantes são menos aptos a capturar fatias de mercado de forma suficientemente rápida para justificar os custos de entrada em ambientes em que existem custos irrecuperáveis elevados (Capítulos 5 e 9), significativas economias de escala (Capítulos 5 e 8) ou significativos efeitos de rede (Capítulo 13), ou onde as empresas existentes já investiram em forte reputação ao gerar valor a uma grande base de consumidores leais (Capítulo 11) ou agressivamente combater entrantes (Capítulos 10 e 13). Além disso, você vai ganhar maior apreciação do papel que o governo desempenha em estabelecer entradas por meio de patentes de licenças (Capítulo 8), políticas comerciais (Capítulos 5 e 14) e legislação ambiental (Capítulo 14). Identificaremos ainda uma variedade de estratégias para aumentar os custos dos consumidores na "troca" para possíveis entrantes, reduzindo assim a possibilidade de que estes diminuam os lucros das empresas existentes.

Poder dos fornecedores. Os lucros da indústria tendem a ser menores quando os fornecedores têm o poder de negociar termos favoráveis para os seus insumos. O poder dos fornecedores tende a ser menor quando os insumos são relativamente padronizados e os investimentos em relacionamentos específicos são mínimos (Capítulo 6), os mercados de insumos não são altamente concentrados (Capítulo 7), ou insumos alternativos estão disponíveis com produtividade marginal similar por dólar despendido (Capítulo 5). Em muitos países, o governo controla o preço dos insumos por meio de teto de preços e outros controles (Capítulos 2 e 14), os quais limitam de certa maneira a habilidade de alguns fornecedores de expropriar lucros das empresas na indústria.

Poder dos compradores. Similar ao caso dos fornecedores, os lucros da indústria tendem a ser menores quando consumidores ou compradores têm o poder de negociar termos favoráveis para os produtos ou serviços produzidos na indústria. Em muitos mercados consumidores, os compradores estão fragmentados e a concentração é baixa. A concentração de compradores e o consequente poder dos consumidores tendem a ser altos em indústrias que servem relativamente a poucos consumidores que demandam "altos volumes". O poder dos compradores tende a ser menor em indústrias em que o custo dos consumidores passarem a utilizar outros produtos é alto – como acontece quando há investimentos específicos em relacionamento e problemas de fidelização (Capítulo 6), informação imperfeita que leva à pesquisa custosa por parte do consumidor (Capítulo 12), ou poucos substitutos semelhantes para o produto (Capítulos 2, 3, 4 e 11). Regulamentações governamentais como tetos de preço (Capítulos 2 e 14) também podem afetar a habilidade dos compradores em obter termos mais favoráveis.

Concorrentes na indústria. A sustentabilidade dos lucros da indústria também depende da natureza e intensidade da concorrência entre as empresas que competem na indústria. A concorrência tende a ser menos intensa (e por isso a confiança na sustentabilidade dos lucros é maior) em indústrias concentradas – aquelas com relativamente poucas organizações. No Capítulo 7, examinaremos mais atentamente várias medidas que podem ser utilizadas para medir a concentração industrial.

O nível de diferenciação de produtos e a natureza do jogo desenvolvido na indústria – quer as estratégias das empresas envolvam preços, quantidades, capacidade ou atributos de qualidade/serviços, por exemplo – também afetam a rentabilidade. Você verá por que a concorrência tende a ser mais intensa em configurações industriais em que há menos diferenciação de produtos, e as organizações competem em preços (Capítulos 8, 9, 10 e 11) e em situações em que os custos de mudança dos consumidores são baixos (Capítulos 11 e 12). Você também aprenderá como a informação imperfeita e o sincronismo das decisões afetam a rivalidade entre empresas (Capítulos 10, 12 e 13).

Substitutos e complementares. O nível e a sustentabilidade dos lucros na indústria também dependem do preço e do valor dos produtos e serviços inter-relacionados. A estrutura original de cinco forças de Porter enfatiza que a presença de substitutos semelhantes corrói a lucratividade da indústria. Nos Capítulos 2, 3, 4 e 11, você aprenderá como quantificar o grau em que produtos são substitutos semelhantes utilizando análise de elasticidade e modelos de comportamento do consumidor. Verá que as políticas governamentais (com restrições limitadoras de importação e prescrição de medicamentos canadenses nos Estados Unidos) podem afetar diretamente a disponibilidade de substitutos e, dessa maneira, os lucros da indústria.

Trabalhos mais recentes de economistas e estrategistas de negócio enfatizam que a complementariedade também afeta a lucratividade da indústria.[4] A rentabilidade da Microsoft no mercado de sistemas operacionais é incrementada pela presença de produtos complementares variando desde *hardwares* de computador baratos até um aplicativo compatível com o Windows para fins médicos. Nos capítulos 3, 5, 10 e 13 você aprenderá como quantificar essas complementariedades ou "sinergias" e identificar estratégias para criar e explorar complementariedades e efeitos de rede.

Concluindo, é importante reconhecer que muitas forças que afetam o nível e a sustentabilidade dos lucros da indústria são inter-relacionadas. A indústria automobilística norte-americana sofreu um rápido declínio na rentabilidade durante a década de 1970 como resultado do rápido aumento de preço da gasolina (um complemento aos automóveis). Essa mudança no preço de um produto complementar possibilitou aos fabricantes de veículos japoneses *entrar* no mercado dos Estados Unidos por meio de uma estratégia de diferenciação ao venderem seus carros eficientes no consumo de combustível, comparados aos beberrões norte-americanos produzidos naquele período. Esses eventos, por sua vez, tiveram impacto profundo sobre a rivalidade da indústria no segmento automobilístico – não apenas nos Estados Unidos, mas mundialmente.

É também importante frisar que o sistema de cinco forças é primordialmente uma ferramenta para ajudar gerentes a entender o "contexto"; é um esquema que você pode utilizar para organizar várias condições da indústria que afetam sua lucratividade e verificar a eficácia de estratégias de negócio alternativas. No entanto, pode ser um erro ver esse esquema como uma lista de todos os fatores que afetam a lucratividade

---

[4]Veja, por exemplo, os seguintes autores: Barry J. Nalebuff e Adam M. Brandenburger, *Co-opetition*. New York: Doubleday, 1996; e R. Preston McAfee *Competitive Solutions*. Princeton: Princeton University Press, 2002.

> **Por dentro dos negócios 1-2**
>
> **Lucros e a evolução da indústria dos computadores**
>
> Quando os lucros em uma indústria são mais altos do que em outras, novas empresas tentarão entrar nessa nova indústria. Quando perdas são registradas, algumas organizações tentarão sair da indústria. Esse tipo de "evolução" tem mudado o cenário global do mercado de computadores pessoais.
>
> No início da era PC, fabricantes de computadores pessoais desfrutaram de lucros econômicos positivos. Esses lucros elevados levaram à entrada de novos competidores e a uma disputa mais acirrada. Ao longo das últimas duas décadas, os entrantes provocaram um declínio nos preços dos PCs e na rentabilidade da indústria, apesar dos significativos incrementos em capacidade de armazenamento dos PCs. As organizações menos eficientes foram forçadas a sair do mercado.
>
> No início da década de 2000, a IBM – a companhia que lançou a era PC quando introduziu o IBM PC no início da década de 1980 – vendeu seu negócio de PC para a Lenovo, baseada na China. A Compaq – uma das líderes no mercado de PCs – foi adquirida pela Hewlett-Packard. Algumas pequenas fabricantes de PCs obtiveram certo sucesso competindo com os produtores tradicionais remanescentes, os quais incluem Dell e Hewlett-Packard. Em 2007 organizações menores procuravam estratégias de nicho – focar em segmentos específicos de mercado (como computadores portáteis). Embora ainda não possamos saber como essas estratégias afetarão a viabilidade a longo prazo dos fabricantes tradicionais, como Dell e Gateway, pressões competitivas continuam a empurrar os preços dos PCs e os lucros da indústria para baixo.

da indústria. A estrutura das cinco forças não é um substituto para o entendimento de princípios econômicos que estão por trás de decisões de negócios.

Compreender os incentivos

Na nossa discussão sobre o papel dos lucros, enfatizamos que eles sinalizam aos proprietários de recursos quando entrar e sair de determinada indústria. De fato, mudanças nos lucros oferecem um incentivo aos proprietários dos recursos para alterar o uso destes. Em uma empresa, os *incentivos* afetam a maneira como os recursos são utilizados e com que intensidade os trabalhadores executam suas tarefas. Para obter sucesso como gerente, você deve compreender bem o papel dos incentivos em uma organização e como desenvolver incentivos para induzir o máximo esforço por parte daqueles que você gerencia. O Capítulo 6 é dedicado a esse aspecto especial da tomada de decisão empresarial, mas é útil oferecer aqui uma síntese de como construir bons incentivos.

O primeiro passo na construção de incentivos é distinguir entre a realidade do mundo, ou do local de negócios, e a maneira como você gostaria que ele fosse. Muitos profissionais e proprietários de pequenos estabelecimentos têm dificuldades porque não compreendem a importância e o papel que os incentivos têm em guiar as decisões dos outros.

Um amigo meu – Sr. O – abriu um restaurante e contratou um gerente para cuidar dos negócios, de modo que ele pudesse desfrutar as atividades de que gosta. Recentemente, perguntei como estava seu empreendimento, e ele falou que estava perdendo dinheiro desde a abertura do restaurante. Quando questionei se achava que o gerente estava fazendo um bom trabalho, ele respondeu: "pelos $75 mil de salário que eu pago ao gerente ao ano, ele *deve* estar fazendo um bom trabalho".

Sr. O acredita que o gerente "deve estar fazendo um bom trabalho". Esta é a maneira que ele deseja que o mundo fosse. Mas os indivíduos frequentemente são motivados pelo autointeresse. Isso não significa dizer que as pessoas nunca agem por bondade ou caridade, mas que a natureza humana é de tal forma que as pessoas tendem a cuidar do seu interesse. Se o Sr. O tivesse feito um curso de economia de empresas, saberia como oferecer ao gerente incentivos para realizar aquilo que interessasse o Sr. O. A chave é desenhar um mecanismo por meio do qual o gerente, ao fazer o que está de acordo com o *seu* próprio interesse, indiretamente fará aquilo que é melhor para o Sr. O.

Uma vez que o Sr. O não está fisicamente presente no restaurante para ver o que o gerente faz, não tem como saber como ele age. Realmente, sua indisponibilidade de despender tempo no restaurante é a principal razão que o levou a contratar o gerente. Que tipo de incentivo ele criou ao pagar $75 mil por ano ao funcionário? O gerente recebe $75 mil por ano independentemente de dedicar-se 12 ou 2 horas por dia. Ele não recebe nenhuma recompensa por se empenhar e não é penalizado se falhar em sua tomada de decisão. O gerente recebe os mesmos $75 mil independentemente da lucratividade do restaurante.

Felizmente, a maioria dos empresários entende o problema que acabamos de descrever. Os proprietários de grandes empresas são acionistas, e a maioria nunca pisou no chão da fábrica. Como eles oferecem incentivos aos executivos (CEOs) para serem gestores eficazes? Muito simples, oferecem "planos de incentivos" na forma de bônus. Os bônus estão em proporção direta à lucratividade da empresa. Se a organização vai bem, o CEO recebe um grande bônus. Se a organização não vai bem, o CEO não recebe bônus e corre o risco de ser demitido pelos acionistas. Esses tipos de incentivos também estão presentes em empresas menores. Alguns indivíduos recebem comissões com base na receita que geram para o proprietário. Se eles se empenham pouco, recebem um pagamento pequeno; se se empenham muito e geram muitas vendas, recebem uma comissão generosa.

A mola propulsora da economia de empresas é oferecer-lhe uma série de habilidades que o tornem apto a tomar boas decisões econômicas e a estruturar incentivos apropriados na sua organização. Começaremos considerando que todos com quem você mantém contato sejam gananciosos, isto é, interessados apenas em si mesmos. Nesse caso, entender os incentivos é uma necessidade. Obviamente, este é um cenário pessimista; provavelmente alguns dos seus contatos de negócios não serão tão egoístas. Se você tiver sorte, seu trabalho será muito mais fácil.

Compreender os mercados

No estudo da microeconomia, em geral, e da economia de empresas em particular, é importante ter em mente que existem dois lados em qualquer transação em um mercado: para todo comprador de um produto existe um profissional de vendas correspondente. O resultado final do processo de mercado depende do poder relativo dos compradores e profissionais de venda no mercado. O poder, ou capacidade de barganhar, dos consumidores e produtores no mercado é limitado por três fontes de rivalidade existentes nas transações econômicas: rivalidade consumidor-produtor, rivalidade consumidor-consumidor, rivalidade produtor-produtor. Cada forma de rivalidade funciona como um dispositivo disciplinador que guia o processo de mercado, e cada um afeta diferentes mercados de forma diferente. Sua habilidade como gerente em atingir objetivos de desempenho vai depender da extensão em que seu produto é afetado por essas fontes de rivalidade.

Rivalidade consumidor-produtor

A *rivalidade consumidor-produtor* existe em função dos interesses diferentes dos consumidores e dos produtores. Os consumidores buscam negociar para obter preços baixos, enquanto os produtores buscam negociar preços elevados. Colocado de forma extrema, os consumidores buscam "levar vantagem" sobre os produtores e os produtores buscam "levar vantagem" sobre os consumidores. É claro, existem limites às habilidades dessas partes em atingir seus objetivos. Se um consumidor oferece um preço que é muito baixo, o produtor se recusará a vender o produto ao consumidor. Similarmente, se o produtor cobra um preço que excede o valor do bem para o consumidor, este se recusará a comprar o bem. As duas forças oferecem um equilíbrio natural no processo de mercado, mesmo em mercados em que o produto é oferecido por uma única empresa (um monopolista).

Rivalidade consumidor-consumidor

Uma segunda fonte de rivalidade que guia o processo de mercado ocorre entre consumidores. A *rivalidade consumidor-consumidor* reduz o poder de negociação dos consumidores no mercado. Isso acontece em virtude da doutrina econômica da escassez. Quando quantidades limitadas de bens estão disponíveis, consumidores competem entre si pelo direito de comprar os bens disponíveis. Aqueles que estão dispostos a pagar preços mais altos pelos bens escassos oferecem preços mais altos pelo direito de consumir os bens. Novamente, essa fonte de rivalidade está presente mesmo em mercados em que uma única empresa esteja vendendo um produto. Um bom exemplo de rivalidade consumidor-consumidor é o leilão, tópico que examinaremos em detalhe no Capítulo 12.

Rivalidade produtor-produtor

Uma terceira fonte de rivalidade no mercado é a *produtor-produtor*. Diferentemente dos outros, esse dispositivo disciplinador funciona apenas quando múltiplos profissionais de vendas de um produto competem em um mercado. Considerando-se que os consumidores sejam escassos, os produtores competem entre si pelo direito de atender os consumidores disponíveis. As empresas que oferecem o produto de melhor qualidade ao menor preço ganham o direito de atender os consumidores.

Governo e o mercado

Quando os agentes de qualquer dos lados do mercado se encontram em desvantagem no processo de mercado, frequentemente tentam induzir o governo a intervir por seu interesse. Por exemplo, o mercado de eletricidade na maioria das cidades é caracterizado por um único fornecedor, de modo que não há rivalidade produtor-produtor. Grupos de consumidores podem iniciar uma ação por meio de uma comissão de utilidade pública para limitar o poder do fornecedor em estabelecer preços. Da mesma maneira, os produtores podem fazer *lobby* com o governo para que os ajudem a obter melhor posição de barganha em relação aos consumidores e produtores de fora. Em economias modernas, o governo também exerce o papel de disciplinar o processo de mercado. O Capítulo 14 explora como o governo afeta as decisões empresariais.

Reconhecer o valor do dinheiro no tempo

A duração de muitas decisões envolvem um intervalo entre o momento em que os custos do projeto são efetivados e quando os benefícios do projeto são recebidos. Nessas situações, é importante reconhecer que $1 hoje vale mais do que $1 recebido no futuro. A razão é simples: o custo de oportunidade de receber $1 no futuro é o juro abdicado que poderia ter sido obtido se esse $1 fosse recebido hoje. Esse custo de oportunidade reflete o *valor do dinheiro no tempo*. Para contabilizar adequadamente o tempo de ocorrência das receitas e despesas, os gerentes devem entender a análise do valor presente.

Análise do valor presente

valor presente
O montante que pode ser investido hoje à taxa de juros prevalecente para gerar o valor futuro dado.

O *valor presente* (*PV*) de um montante recebido no futuro é um montante que deve ser investido hoje à taxa de juros prevalecente para gerar o valor futuro dado. Por exemplo, suponha que alguém tenha oferecido a você $1,10 daqui a um ano. Qual é o valor hoje (o valor presente) de $1,10 a ser recebido daqui a um ano? Note que, se você pode investir $1,00 hoje, a uma taxa de juros de 10%, daqui a um ano $1,00 será igual a $1,00 × 1,1 = $1,10. Em outras palavras, durante o período de um ano, seu $1,00 pode gerar $0,10 de juro. Quando a taxa de juros for de 10%, o valor presente a receber de $1,10 daqui a um ano será de $1,00.

Fórmula (*Valor Presente*). O valor presente (*PV*) de um valor futuro (*FV*) a receber de *n* anos no futuro será

$$PV = \frac{FV}{(1+i)^n} \qquad (1\text{--}1)$$

onde *i* é a taxa de juros.

Por exemplo, o valor presente de $100,00 em 10 anos, se a taxa de juros for de 7%, será de $50,83, uma vez que

$$PV = \frac{\$\,100}{(1+0{,}07)^{10}} = \frac{\$\,100}{1{,}9672} = \$\,50{,}83$$

Essencialmente, isso significa que se você investir $50,83 hoje a uma taxa de juros de 7%, em 10 anos o seu investimento será de $100.

Observe que a taxa de juros aparece no denominador da expressão na Equação 1–1. Isso significa que, quanto maior a taxa de juros, menor o valor presente de um montante futuro, e vice-versa. O valor presente de um pagamento futuro reflete a diferença entre o *valor futuro* (*FV*) e o *custo de oportunidade da espera* (*OCW*): $PV = FV - OCW$. Intuitivamente, quanto maior a taxa de juros, maior o custo de oportunidade da espera de receber o montante futuro, e menor o valor presente do montante futuro. Por exemplo, se a taxa de juros for zero, o custo de oportunidade da espera será zero, e o valor presente e o valor futuro serão iguais. Isso é consistente com a Equação 1–1, uma vez que $PV = FV$, quando a taxa de juros é zero.

A ideia básica do valor presente de um montante futuro pode ser estendida a uma série de pagamentos futuros. Por exemplo, se você tem a promessa de FV_1 daqui a um ano, FV_2 daqui a dois anos e assim sucessivamente em *n* anos, o valor presente dessa soma de pagamentos futuros é

$$PV = \frac{FV_1}{(1+i)^1} + \frac{FV_2}{(1+i)^2} + \frac{FV_3}{(1+i)^3} + \cdots + \frac{FV_n}{(1+i)^n}$$

Fórmula (Valor Presente de uma Série). Quando a taxa de juros é *i*, o valor presente de uma série de pagamentos futuros de $FV_1, FV_2, \ldots, FV_n$ é

$$PV = \sum_{t=1}^{n} \frac{FV_t}{(1+i)^t}$$

Dado o valor presente da série de recebimentos correspondentes a um projeto, você pode facilmente computar o valor presente líquido do projeto. O *valor presente líquido* (*NPV*) de um projeto é apenas o valor presente (*PV*) de uma série de recebimentos gerados pelo projeto menos o custo corrente (C_0) do projeto: $NPV = PV - C_0$. Se o valor presente líquido de um projeto é positivo, o projeto é rentável, já que o valor presente dos recebimentos futuros do projeto excede o custo corrente do projeto. Por outro lado, o gerente deve rejeitar um projeto que possua um valor presente líquido negativo, visto que o custo de tal projeto excede o valor presente da série de recebimento que o projeto gera.

valor presente líquido
O valor presente de uma série de recebimentos gerados por um projeto menos o custo corrente do projeto.

Fórmula (Valor Presente Líquido). Suponha que ao investir C_0 dólares em um projeto hoje, uma empresa gerará receitas de FV_1 daqui a um ano, FV_2 daqui a dois anos e assim ao longo de *n* anos. Se a taxa de juros for *i*, o valor presente do projeto será

$$NPV = \frac{FV_1}{(1+i)^1} + \frac{FV_2}{(1+i)^2} + \frac{FV_3}{(1+i)^3} + \cdots + \frac{FV_n}{(1+i)^n} - C_0$$

Demonstração 1–1

O gerente da Automated Products está considerando a compra de uma nova máquina que custará $300 mil e que tem uma vida útil de cinco anos. A máquina renderá (no fim do ano) reduções de custo para a Automated Products de $50 mil no ano 1, $60 mil no ano 2, $75 mil no ano 3 e $90 mil nos anos 4 e 5. Qual é o valor presente da economia de custos da máquina, se a taxa de juros for de 8%? O gerente deve comprar a máquina?

Resposta:

Ao despender $300 mil hoje em uma nova máquina, a empresa vai reduzir os custos em $365 mil ao longo de cinco anos. Contudo, o valor presente dos custos economizados é de apenas

$$PV = \frac{50.000}{1,08} + \frac{60.000}{1,08^2} + \frac{75.000}{1,08^3} + \frac{90.000}{1,08^4} + \frac{90.000}{1,08^5} = \$284.679$$

Consequentemente, o valor presente da nova máquina é

$$NPV = PV - C_0 = \$284.679 - \$300.000 = -\$15.321$$

Uma vez que o valor presente da máquina é negativo, o gerente não deve comprá-la. Em outras palavras, o gerente poderia ganhar mais investindo os $300 mil a 8% do que gastando dinheiro na compra da máquina que economizará custos.

Valor presente de ativos com vida indefinida

Algumas decisões geram fluxos de caixa que continuam indefinidamente. Por exemplo, considere um ativo que gere um fluxo de caixa de CF_0 hoje, CF_1 daqui a um ano, CF_2 daqui a dois anos e assim sucessivamente por um período indefinido. Se a taxa de juros é i, o valor desse ativo é dado pelo valor presente desses fluxos de caixa:

$$PV_{Ativo} = CF_0 + \frac{CF_1}{(1+i)} + \frac{CF_2}{(1+i)^2} + \frac{CF_3}{(1+i)^3} + \ldots$$

Dado que essa fórmula contém termos que continuam indefinidamente, para alguns padrões de fluxos de caixa futuros, você pode prontamente encontrar o valor presente do ativo. Por exemplo, suponha que o fluxo de caixa corrente seja 0 ($CF_0 = 0$) e que todos os fluxos de caixa futuros sejam idênticos ($CF_1 = CF_2 = \ldots$). Nesse caso, o ativo gera uma série perpétua de fluxos de caixa idênticos no final de cada período. Se cada um desses fluxos de caixa futuros é CF, o valor do ativo é o valor presente da *perpetuidade*:

$$PV_{Perpetuidade} = \frac{CF}{(1+i)} + \frac{CF}{(1+i)^2} + \frac{CF}{(1+i)^3} + \ldots$$
$$= \frac{CF}{i}$$

Exemplos desse tipo de ativo incluem títulos perpétuos e ações preferenciais. Cada um deles paga ao proprietário uma quantia fixa no final de cada período, indefinidamente. Com base na fórmula anterior, o valor de um título perpétuo que paga ao proprietário $100 ao final de cada ano quando a taxa de juros é fixa em 5% é dado por

$$PV_{Título\ perpétuo} = \frac{CF}{i} = \frac{\$100}{0,05} = \$2.000$$

A análise do valor presente também é útil na determinação do valor de uma empresa, uma vez que ele representa o valor presente do fluxo de lucros (fluxos de caixa) gerados pelos ativos físicos, humanos e intangíveis da empresa. Em particular, se π_0 é o nível corrente de lucros da empresa, então π_1 é o lucro do próximo ano e assim sucessivamente. Dessa forma, o valor da empresa é:

$$PV_{Empresa} = \pi_0 + \frac{\pi_1}{(1+i)} + \frac{\pi_2}{(1+i)^2} + \frac{\pi_3}{(1+i)^3} + \ldots$$

O valor da empresa hoje é o valor presente dos seus lucros corrente e futuros. Na medida em que existe o consenso de que a empresa vive para sempre mesmo após a morte de seus fundadores, sua propriedade representa o direito sobre ativos com uma série indefinida de lucros.

Observe que o *valor de uma empresa* leva em consideração o impacto de longo prazo das decisões empresariais sobre os lucros. Quando os economistas dizem que o objetivo da organização é maximizar lucros, isso pode ser entendido como: o objetivo da organização é maximizar seu valor, o qual é o valor presente dos lucros correntes e futuros.

Princípio	**Maximização de lucro** Maximizar lucros significa maximizar o valor da empresa, representado pelo valor presente dos lucros correntes e futuros.

Embora esteja além do escopo deste livro apresentar todas as ferramentas que os analistas de *Wall Street* usam para estimar o valor da empresa, é possível ganhar entendimento sobre os assuntos envolvidos por meio de algumas considerações simplificadoras. Suponha que o lucro corrente de uma empresa seja π_0, e que ainda não tenha sido pago aos acionistas na forma de dividendos. Imagine que se espere que esses lucros cresçam a uma taxa constante de g por cento a cada ano, e que esse crescimento dos lucros seja menor que a taxa de juros ($g < i$). Nesse caso, os lucros daqui a um ano serão $(1+g)\pi_0$, os lucros daqui a dois anos serão $(1+g)^2\pi_0$ e assim sucessivamente. O valor da empresa, sob essas considerações, é

$$PV_{Empresa} = \pi_0 + \frac{\pi_0(1+g)}{(1+i)} + \frac{\pi_0(1+g)^2}{(1+i)^2} + \frac{\pi_0(1+g)^3}{(1+i)^3} + \ldots$$
$$= \pi_0\left(\frac{1+i}{i-g}\right)$$

Para uma dada taxa de juros e uma dada taxa de crescimento, segue-se que a maximização do valor da empresa ao longo da sua vida (lucros de longo prazo) é equivalente à maximização dos lucros correntes (curto prazo) de π_0.

Você pode querer saber como essa fórmula muda se os lucros correntes já tiverem sido pagos como dividendos. Nesse caso, o valor presente da empresa é o valor presente dos lucros futuros (desde que os lucros correntes já tenham sido pagos). O valor da empresa imediatamente após o pagamento dos lucros correntes na forma de dividendos terem sido pagos (chamada *data ex-dividendo*) pode ser obtido pela simples subtração de π_0 da equação anterior:

$$PV_{Empresa}^{Ex\text{-}dividendo} = PV_{Empresa} - \pi_0$$

Isso pode ser simplificado por meio da seguinte fórmula:

$$PV_{Empresa}^{Ex\text{-}dividendo} = \pi_0\left(\frac{1+g}{i-g}\right)$$

Assim, contanto que a taxa de juros e a taxa de crescimento sejam constantes, a estratégia de maximizar lucros correntes também maximiza o valor da empresa na data ex-dividendo.

Princípio	**Maximizar lucros de curto prazo pode maximizar lucros de longo prazo** Se a taxa de crescimento dos lucros é menor que a taxa de juros e ambas são constantes, a maximização dos lucros de longo prazo é igual à maximização dos lucros correntes (curto prazo).

Demonstração 1-2

Suponha que a taxa de juros seja de 10% e que a empresa espere crescer a uma taxa de 5% no futuro próximo. Os lucros correntes da empresa são de $100 milhões.

(a) Qual é o valor da empresa (o valor presente dos seus lucros correntes e futuros)?

(b) Qual é o valor da empresa imediatamente depois de ter pago dividendos iguais a seus lucros correntes?

Resposta:

(a) O valor da empresa é

$$PV_{Empresa} = \pi_0 + \frac{\pi_0(1+g)}{(1+i)} + \frac{\pi_0(1+g)^2}{(1+i)^2} + \frac{\pi_0(1+g)^3}{(1+i)^3} + \ldots$$

$$= \pi_0\left(\frac{1+i}{i-g}\right)$$

$$= \$\,100\left(\frac{1+0{,}1}{0{,}1-0{,}05}\right) = (\$\,100)(22) = \$\,2.200 \text{ milhões}$$

(b) O valor da empresa na data ex-dividendo é este montante ($2.200 milhões) menos os lucros correntes pagos como dividendos ($100 milhões) ou $2.100 milhões. Como alternativa, isso pode ser calculado como

$$PV_{Empresa}^{Ex\text{-}dividendo} = \pi_0\left(\frac{1+g}{i-g}\right)$$

$$= (\$\,100)\left(\frac{1+0{,}05}{0{,}1-0{,}05}\right) = (\$\,100)(21) = \$\,2.100 \text{ milhões}$$

> **Por dentro dos negócios 1-3**
>
> **Juntando-se ao *jet set***
>
> Recentemente, uma grande companhia aérea ofereceu um ano de filiação ao seu Air Club por $125, ou filiação de três anos por $300. Muitos gestores e executivos filiam-se a clubes aéreos por proporcionarem um lugar tranquilo para trabalhar ou relaxar durante as viagens, o que resulta em maior produtividade.
>
> Imaginemos que você deseje se juntar ao clube por três anos. Você deve pagar uma taxa de $300 imediatamente por uma filiação de três anos ou pagar $125 ao ano ao longo de três anos, ou um total de $375? Para simplificar, suponhamos que a companhia aérea não mude a taxa anual de $125 nos próximos três anos.
>
> A princípio, você economizará $75 ao pagar pelos três anos antecipadamente. Mas essa visão ignora o valor do dinheiro no tempo. Pagar por todos os três anos antecipadamente é realmente tão rentável quando você leva em consideração o valor do dinheiro no tempo?
>
> O valor presente do custo de filiação se você pagar pelos três anos antecipadamente, é de $300, considerando que todo o dinheiro é pago hoje. Se você pagar por ano, despenderá $125 hoje, $125 daqui a um ano e $125 daqui a dois anos. Dada uma taxa de juros de 5%, o valor presente desses pagamentos é
>
> $$PV = \$125 + \frac{\$125}{1,05} + \frac{\$125}{(1,05)^2}$$
>
> ou
>
> $$PV = 125 + 119,05 + 113,38 = \$357,43$$
>
> Em termos de valor presente, você economiza $57,43 se fosse pagar pelos três anos antecipadamente. Se você deseja se filiar por três anos e espera que as taxas anuais permaneçam constantes ou aumentem ao longo dos próximos três anos, é melhor pagar antecipadamente. Pela taxa de juros corrente, a companhia aérea está oferecendo um bom negócio, mas o valor presente da economia é de $57,43, não $75,00.

Ainda que a noção do valor presente de uma empresa seja muito geral, a fórmula simplificada apresentada é baseada na consideração de que a taxa de crescimento dos lucros da organização é constante. Na realidade, no entanto, as estratégias de investimento e de *marketing* da empresa afetarão sua taxa de crescimento. Além disso, as estratégias adotadas pelos concorrentes em geral afetam sua taxa de crescimento. Em tais situações, não há substituto ao uso da fórmula geral do valor presente e à compreensão dos conceitos desenvolvidos nos próximos capítulos deste livro.

Usar a análise marginal

A análise marginal é uma das ferramentas empresariais mais importantes – um recurso que utilizaremos repetidamente ao longo deste livro em contextos alternativos. Simplificando, a *análise marginal* estabelece que as decisões empresariais ótimas envolvem a comparação dos benefícios marginais (ou adicionais) de uma decisão com seus custos marginais (ou adicionais). Por exemplo, o tempo ótimo de estudo para este curso é determinado pela comparação (1) da melhoria em sua nota que resultará de uma hora adicional de estudo com (2) os custos adicionais de estudar uma hora a mais. Contanto que os benefícios de estudar uma hora adicional excedam os custos de estudar essa hora adicional, é interessante continuar a estudar. No entanto, uma vez que uma hora adicional de estudo gere mais custos do que benefícios, você deve parar de estudar.

Mais genericamente, considere que $B(Q)$ denota os benefícios totais derivados do uso de Q unidades de alguma variável que esteja sob controle do gerente. Esta é uma ideia bastante geral: $B(Q)$ pode ser a receita gerada da produção de Q unidades de um produto; pode ser os benefícios associados à distribuição de Q unidades de alimentos aos necessitados; ou, no contexto de nosso exemplo anterior, pode representar os benefícios derivados de estudar Q horas para um exame. Considere que $C(Q)$ represente os custos totais do nível correspondente Q. Dependendo da natureza do problema de decisão, $C(Q)$ pode ser o custo total de uma empresa na produção de Q unidades de um produto, o custo total de um banco de alimentos em distribuir Q unidades de alimentos aos necessitados, ou o custo total de você estudar Q horas para um exame.

Decisões discretas

Consideremos, em primeiro lugar, uma situação em que a variável de controle empresarial seja discreta. Nesse caso, o gerente se encontra em uma situação resumida nas colunas 1 a 3 da Tabela 1–1. Observe que o gerente não pode utilizar unidades fracionárias de Q; apenas valores inteiros são possíveis. Isso reflete a natureza discreta do problema. No contexto de uma decisão de produção, Q pode ser o número de garrafas de refrigerantes produzido. O gerente deve decidir quantas garrafas de refrigerante produzir (0, 1, 2 e assim por diante), mas não pode escolher produzir unidades fracionárias (por exemplo, uma dose). A coluna 2 da Tabela 1–1 oferece dados hipotéticos para os benefícios totais; a coluna 3, dados hipotéticos para os custos totais.

Suponha que o objetivo do gerente seja maximizar os benefícios líquidos

$$N(Q) = B(Q) - C(Q),$$

os quais representam o prêmio dos benefícios totais sobre os custos totais de utilizar Q unidades da variável de controle empresarial, Q. Os benefícios líquidos – $N(Q)$ – para

Tabela 1–1 Determinando o nível ótimo de uma variável de controle: o caso discreto

(1) Variável de controle Q	(2) Benefícios totais $B(Q)$	(3) Custos totais $C(Q)$	(4) Benefícios líquidos $N(Q)$	(5) Benefício marginal $MB(Q)$	(6) Custo marginal $MC(Q)$	(7) Benefício marginal líquido $MNB(Q)$ $\Delta(4)$ ou $(5) - (6)$
Dado	Dado	Dado	(2) − (3)	$\Delta(2)$	$\Delta(3)$	(5) − (6)
0	0	0	0	—	—	—
1	90	10	80	90	10	80
2	170	30	140	80	20	60
3	240	60	180	70	30	40
4	300	100	200	60	40	20
5	350	150	200	50	50	0
6	390	210	180	40	60	−20
7	420	280	140	30	70	−40
8	440	360	80	20	80	−60
9	450	450	0	10	90	−80
10	450	550	−100	0	100	−100

benefício marginal
A mudança nos benefícios totais decorrente de uma mudança na variável de controle empresarial, Q.

custo marginal
A mudança nos custos totais decorrente de uma mudança na variável de controle empresarial, Q.

nosso exemplo são mostrados na coluna 4 da Tabela 1–1. Observe que os benefícios líquidos na coluna 4 são maximizados ao tornarem-se iguais a 200, o que ocorre quando 5 unidades de Q são escolhidas pelo gerente.[5]

Para ilustrar a importância da análise marginal na maximização dos benefícios líquidos, é útil definir alguns termos. *Benefício marginal* refere-se aos benefícios adicionais que surgem do uso de uma unidade adicional de uma variável de controle empresarial. Por exemplo, o benefício marginal da primeira unidade de Q é 90, uma vez que a primeira unidade de Q aumenta os benefícios totais de 0 para 90. O benefício marginal da segunda unidade de Q é 80, uma vez que aumentar o uso de Q de 1 para 2 eleva os benefícios totais de 90 para 170. O benefício marginal de cada unidade de $Q - MB(Q) -$ é apresentado na coluna 5 da Tabela 1–1.

Custo marginal, por outro lado, é o custo adicional incorrido pelo uso de uma unidade adicional da variável de controle empresarial. Os custos marginais – $MC(Q)$ – são dados na coluna 6 da Tabela 1–1. Por exemplo, o custo marginal da primeira unidade de Q é 10, uma vez que a primeira unidade de Q eleva os custos totais de 0 para 10. Similarmente, o custo marginal da segunda unidade de Q é 20, uma vez que o aumento em Q de 1 para 2 eleva os custos totais em 20 (os custos sobem de 10 para 30).

Por fim, os *benefícios marginais líquidos* de $Q - MNB(Q) -$ são a mudança nos benefícios líquidos decorrentes da mudança unitária em Q. Por exemplo, ao se incrementar Q de 0 para 1, os benefícios líquidos sobem de 0 para 80 na coluna 4 da Tabela 1–1, e o benefício marginal líquido da primeira unidade de Q é 80. Ao se aumentar Q de 1 para 2, os benefícios líquidos sobem de 80 para 140, de forma que o benefício marginal líquido devido à segunda unidade de Q seja 60. A coluna 7 da Tabela 1–1 apresenta os benefícios marginais líquidos para o nosso exemplo. Observe que eles podem também ser obtidos como a diferença entre os benefícios marginais e os custos marginais:

$$MNB(Q) = MB(Q) - MC(Q)$$

Um olhar mais atento à Tabela 1–1 revela um padrão notável nas colunas. Observe que ao utilizar 5 unidades de Q, o gerente assegura-se de que os benefícios líquidos são maximizados. No nível de maximização do benefício líquido de Q (5 unidades), os benefícios marginais líquidos de Q são zero. Além disso, no nível de maximização do benefício líquido de Q (5 unidades), os benefícios marginais se igualam aos custos marginais (ambos são iguais a 50 neste exemplo). Há uma razão importante porque $MB = MC$ no nível em que Q maximiza os benefícios líquidos: pelo fato de os benefícios marginais excederem os custos marginais, o incremento em Q adiciona mais aos benefícios totais que aos custos totais. Nessa situação, é lucrativo ao gerente incrementar o uso da variável de controle empresarial. Em outras palavras, quando os benefícios marginais excedem os custos marginais, os benefícios líquidos de elevar o uso de Q são positivos; ao utilizar-se mais Q, os benefícios líquidos aumentam. Por

---

[5]Na verdade, os benefícios líquidos são iguais a 200 tanto para 4 quanto para 5 unidades de Q. Isso se deve à natureza discreta dos dados na tabela, que restringem Q a ser selecionado em unidades adicionais unitárias. Na próxima seção, mostramos que quando Q pode ser selecionado em pequenas adições arbitrariamente (por exemplo, quando a empresa pode produzir partes de garrafas de refrigerantes), os benefícios líquidos são maximizados em um único nível de Q. Nesse nível de Q, os benefícios marginais líquidos são iguais a zero, correspondendo a 5 unidades de Q na Tabela 1–1.

exemplo, considere o uso de 1 unidade de Q na Tabela 1–1. Ao aumentar-se o uso de Q para 2 unidades, os benefícios totais aumentam em 80 e os custos totais aumentam em apenas 20. Aumentar o uso de Q de 1 para 2 unidades é rentável, pois adiciona mais aos benefícios totais que aos custos totais.

> **Princípio**
>
> **Princípio marginal**
> Para maximizar os benefícios líquidos, o gerente deve aumentar a variável de controle empresarial até o ponto em que os benefícios marginais sejam iguais aos custos marginais. Esse nível de variável de controle empresarial corresponde àquele no qual os benefícios marginais líquidos são zero; nada mais pode ser ganho por meio de outras mudanças nesta variável.

Observe na Tabela 1–1 que, embora 5 unidades de Q maximizem os benefícios líquidos, não maximizam os benefícios totais. De fato, os benefícios totais são maximizados com 10 unidades de Q, em que os benefícios marginais são zero. A razão de o nível de maximização do benefício líquido de Q ser menor que o nível de Q que maximiza os benefícios totais é que há custos associados ao alcance de mais benefícios totais. O objetivo de maximizar os benefícios líquidos leva em consideração os custos, enquanto o objetivo de maximizar os benefícios totais não. No contexto empresarial, a maximização dos benefícios totais é equivalente à maximização das receitas sem considerar os custos. No contexto de estudar para um exame, a maximização dos benefícios totais requer que você estude até que maximize sua nota, independentemente de quanto lhe custe estudar.

Decisões contínuas

Os princípios básicos para a tomada de decisão quando a variável de controle é discreta também se aplicam ao caso de uma variável de controle contínua. As relações básicas da Tabela 1–1 são representadas graficamente na Figura 1–2. A parte superior apresenta os benefícios totais e os custos totais do uso de diferentes níveis de Q sob a suposição de que Q seja infinitamente divisível (em vez de permitir à empresa produzir refrigerantes apenas em garrafas, como na Tabela 1–1, ela pode agora produzir unidades fracionárias). A parte do meio da figura apresenta os benefícios líquidos, $B(Q) - C(Q)$, e representa a diferença vertical entre B e C da parte superior. Observe que os benefícios líquidos são maximizados no ponto em que a diferença entre $B(Q)$ e $C(Q)$ é maior na parte superior. Além disso, a inclinação de $B(Q)$ é $\Delta B/\Delta Q$, ou benefício marginal, e a inclinação de $C(Q)$ é $\Delta C/\Delta Q$, ou custo marginal. As inclinações das curvas de benefícios totais e custo total são iguais quando os benefícios líquidos são maximizados. Esta é apenas uma maneira alternativa de dizer que quando os benefícios líquidos são maximizados, $MB = MC$.

> **Princípio**
>
> **As curvas de valor marginal são as inclinações das curvas de valor total**
> Quando a variável de controle é infinitamente divisível, a inclinação de uma curva de valor total em dado ponto é o valor marginal naquele ponto. Em particular, a inclinação da curva de benefício total a dado Q é o benefício marginal correspondente a esse nível de Q. A inclinação da curva de custo total a dado Q é o custo marginal correspondente a esse nível de Q. A inclinação da curva de benefício líquido a dado Q é o benefício marginal líquido a esse nível de Q.

Fundamentos da economia de empresas **23**

Figura 1-2 Determinando o nível ótimo de uma variável de controle: o caso contínuo

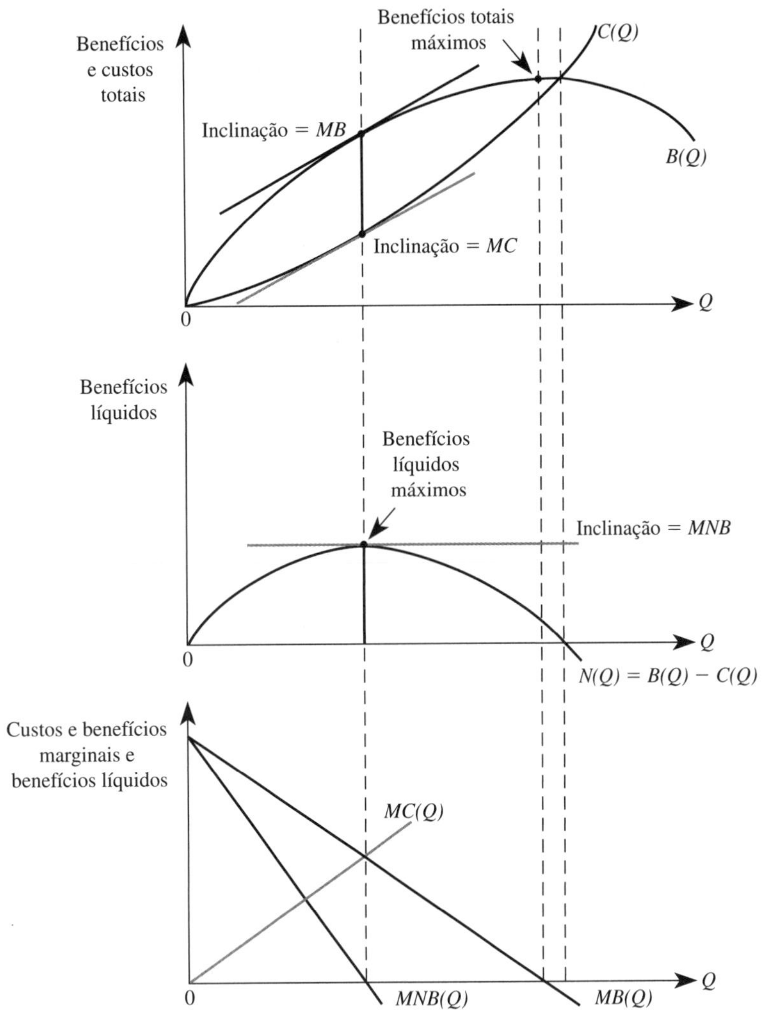

[Gráfico superior: Benefícios e custos totais, com curvas C(Q) e B(Q), mostrando Inclinação = MB, Inclinação = MC, e Benefícios totais máximos]

[Gráfico central: Benefícios líquidos, com curva N(Q) = B(Q) − C(Q), mostrando Benefícios líquidos máximos e Inclinação = MNB]

[Gráfico inferior: Custos e benefícios marginais e benefícios líquidos, com curvas MC(Q), MB(Q) e MNB(Q)]

| **Uma alternativa de cálculo** | Dado que a inclinação de uma função é a sua derivada, o princípio precedente significa que a derivada de uma função é o seu valor marginal. Por exemplo, |

$$MB = \frac{dB(Q)}{dQ}$$

$$MC = \frac{dC(Q)}{dQ}$$

$$MNB = \frac{dN(Q)}{dQ}$$

A parte inferior da Figura 1-2 representa os benefícios marginais, os custos marginais e os benefícios marginais líquidos. No nível de Q em que a curva de benefício marginal cruza a curva de custo marginal, os benefícios marginais são zero. Esse nível de Q maximiza os benefícios líquidos.

Demonstração 1-3

Uma firma de engenharia recentemente realizou um estudo para determinar sua estrutura de custos e benefícios. Os resultados são os seguintes:

$$B(Y) = 300Y - 6Y^2$$
$$C(Y) = 4Y^2$$

de modo que $MB = 300 - 12Y$ e $MC = 8Y$. Foi pedido ao gerente que determinasse o nível máximo de benefícios líquidos e o nível de Y que levasse a esse resultado.

Resposta:

Igualando MB e MC, obtém-se $300 - 12Y = 8Y$. Resolvendo a equação para Y, revela-se que o nível ótimo de Y é $Y^* = 15$. Colocando $Y^* = 15$ na relação de benefício líquido, obtém-se o nível máximo dos benefícios líquidos:

$$NB = 300(15) - (6)(15^2) - (4)(15^2) = 2.250$$

Decisões incrementais

Algumas vezes os gerentes se deparam com propostas que requerem uma simples decisão positiva ou negativa. A análise marginal é a ferramenta adequada para se usar em tais decisões; o gerente deve adotar um projeto se as receitas adicionais que serão obtidas se o projeto for adotado excederem os custos adicionais requeridos na implementação do projeto. Em caso de decisões sim-ou-não, as receitas adicionais derivadas de uma decisão são chamadas *receitas incrementais*. Os custos adicionais que derivam da decisão são denominados *custos incrementais*.

Para ilustrar, imagine que você seja o CEO da Slick Drilling Inc. e deve decidir procurar ou não por petróleo com perfurações na área de Twin Lakes, em Michigan. Você está quase certo de que há 10 mil barris de petróleo no local. Seu contador preparou as informações contidas na Tabela 1-2 para ajudá-lo a decidir sobre a aceitação ou não do novo projeto.

Apesar de o contador ter apresentado uma série de informações (veja a Tabela 1-2), os únicos dados relevantes para sua decisão são as receitas e custos incrementais de adotar o novo projeto de perfuração. Em particular, observe que seus custos fixos diretos e indiretos são os mesmos independentemente de adotar o projeto e, portanto, são irrelevantes para sua decisão. Por outro lado, observe que suas receitas crescem $183.200 se você adotar o projeto. A mudança nas receitas oriundas da

receitas incrementais
As receitas adicionais que derivam de uma decisão sim-ou-não.

custos incrementais
Os custos adicionais que derivam de uma decisão sim-ou-não.

Tabela 1-2 Custos e receitas incrementais do novo projeto de perfuração

	Situação atual	Após o novo projeto de perfuração	Receitas e custos incrementais
Receita total	$1.740.400	$1.923.600	**$183.200**
Custo variável			
Brocas de perfuração	750.000	840.000	90.000
Trabalhadores temporários	500.000	575.000	75.000
Custo variável total	1.250.000	1.415.000	**165.000**
Custos diretos fixos			
Depreciação – equipamentos	120.000	120.000	
Custo direto fixo total	120.000	120.000	0
Custos indiretos fixos			
Salários dos supervisores	240.000	240.000	
Suprimentos de escritório	30.000	30.000	
Custo indireto fixo total	270.000	270.000	0
Lucro	$100.400	$118.600	**$18.200**

adoção do projeto representa suas receitas incrementais. Para obtê-las, no entanto, você deve despender $90.000 em brocas de perfuração e $75.000 com trabalhadores temporários. A soma dos custos – $165.000 – representa o custo adicional do novo projeto de perfuração. Uma vez que suas receitas incrementais de $183.200 excedem os custos incrementais de $165.000, você deve aprovar o novo projeto. Fazendo isso, você adiciona $18.200 aos seus resultados.

Aprendendo a economia de empresas

Antes de continuarmos nossa análise da economia de empresas, é útil darmos algumas dicas sobre como estudar economia. Aprender sobre economia é como aprender a tocar música ou a andar de bicicleta: a melhor forma é praticar, praticar e praticar mais um pouco. A prática da economia de empresas é a prática de tomada de decisões, e a melhor maneira para isso é fazer e refazer os problemas apresentados no texto e ao final de cada capítulo. Antes de dominar a prática, no entanto, você deve entender a linguagem da economia.

A terminologia da economia tem dois propósitos. Primeiro, as definições e fórmulas que os economistas usam são necessárias para precisão. A economia lida com questões muito complexas, e muita confusão pode ser evitada pelo uso da linguagem que os economistas desenvolveram para transformar questões complexas em componentes gerenciáveis. Segundo, a terminologia exata ajuda os praticantes de economia a se comunicarem de maneira eficiente. Seria difícil nos comunicarmos se, como o Dr. Seuss,* cada um de nós criasse palavras que significassem o que quiséssemos. No entanto, a terminologia não é um fim em si, mas simplesmente uma ferramenta que facilita a comunicação e análise de situações econômicas diferentes.

Entender as definições usadas em economia é como conhecer a diferença entre uma nota inteira e uma colcheia em música. Sem tal entendimento, seria muito difícil para qualquer um que não tivesse ouvido absoluto aprender a tocar um instrumento musical e se comunicar com outros músicos para tocar uma nova música. Dado o entendimento da linguagem musical, qualquer pessoa que esteja disposta a dedicar tempo a praticar pode tornar-se um bom músico. A mesma situação é verdadeira em economia: qualquer pessoa que esteja disposta a aprender a linguagem da economia e despender tempo para praticar a tomada de decisões pode aprender e tornar-se um gerente eficiente.

Respondendo à manchete

Por que Ralph foi demitido de sua posição de gerente da Amcott? Como gerente da divisão de língua estrangeira, ele provavelmente contou com seu departamento de *marketing* para as projeções de vendas e com o departamento jurídico para as questões relativas a contratos e direitos de propriedade. A informação que ele obteve sobre as vendas futuras foi efetivamente acurada, mas aparentemente o departamento jurídico não antecipou todas as questões legais da distribuição do Magicword. Algumas vezes, os gerentes recebem informações erradas.

No entanto, o problema real nesse caso é que Ralph não agiu adequadamente com relação à informação que lhe foi passada. Os planos de Ralph eram de gerar $7 milhões por ano em vendas ao pagar $20 milhões pelo Magicword. Considerando que não existissem outros custos associados ao projeto, o valor presente líquido projetado para a compra do Magicword pela Amcott seria:

$$NPV = \frac{\$7.000.000}{(1 + 0,07)^1} + \frac{\$7.000.000}{(1 + 0,07)^2} + \frac{\$7.000.000}{(1 + 0,07)^3} - \$20.000.000$$
$$= -\$1.629.788$$

o que significa que Ralph deveria ter esperado que a Amcott perdesse $1,6 milhão pela compra da Magicword.

Ralph não foi demitido por causa dos erros do departamento jurídico, mas por sua falta de aptidão empresarial. A ação mostrou aos acionistas da Amcott, entre outros, que Ralph não havia processado a informação que recebeu: ele não reconheceu o valor do dinheiro no tempo.

Conceitos e palavras-chave

análise marginal
barreiras
benefício marginal

benefícios marginais líquidos
custo contábil
custo de oportunidade

---

*N. de R.T.: Theodor Seuss Geisel, conhecido como Dr. Seuss, grande autor norte-americano de literatura infantil, falecido em 1991. Duas de suas obras foram transformadas em filme: *O Grinch* (baseado no livro *Como Grinch roubou o Natal*), com Jim Carry no papel-título, e *O gato* (baseado no livro *O gatola da cartola*), com Mike Myers.

custo explícito
custo implícito
custos incrementais
custo marginal
data ex-dividendo
economia
economia de empresas
estrutura de cinco forças
gerente
incentivos
lucro
lucro contábil
lucros econômicos
objetivos
perpetuidade
receitas incrementais
recurso
rivalidade consumidor-consumidor
rivalidade consumidor-produtor
rivalidade produtor-produtor
valor de uma empresa
valor do dinheiro no tempo
valor futuro (FV)
valor presente (PV)
valor presente líquido (NPV)

Questões conceituais e computacionais

1. A Levi Strauss & Co. pagou $46.532 por uma calça jeans Levi's de 110 anos – considerado o par mais velho de jeans do mundo –, oferecendo o preço mais alto em um leilão *on-line* da eBay. Essa situação representa melhor a rivalidade produtor-produtor, consumidor-consumidor ou produtor-consumidor? Explique.

2. Qual é o montante máximo que você poderia pagar por um ativo que gerasse a receita de $150 mil ao final de cada um dos próximos cinco anos, se o custo de oportunidade dos fundos utilizados fosse de 9%?

3. Suponha que o benefício total e o custo total de uma atividade sejam, respectivamente, dados pelas seguintes equações: $B(Q) = 150 + 28Q - 5Q^2$ e $C(Q) = 100 + 8Q$. (Observe que: $MB(Q) = 28 - 10Q$ e $MC(Q) = 8$.)
    a. Escreva a equação para os benefícios líquidos.
    b. Quais são os benefícios líquidos quando $Q = 1$? $Q = 5$?
    c. Escreva a equação para os benefícios marginais líquidos.
    d. Quais são os benefícios marginais líquidos quando $Q = 1$? $Q = 5$?
    e. Qual é o nível de Q que maximiza os benefícios líquidos?
    f. Ao valor de Q que maximiza os benefícios líquidos, qual é o valor dos benefícios marginais líquidos?

4. Os lucros correntes de uma empresa são de $550 mil. Espera-se que eles cresçam indefinidamente a uma taxa anual constante de 5%. Se o custo de oportunidade dos fundos for de 8%, determine o valor da empresa:
    a. No instante anterior ao pagamento dos lucros correntes na forma de dividendos.
    b. No instante posterior ao pagamento dos lucros correntes na forma de dividendos.

5. Qual é o valor de uma ação preferencial que paga um dividendo perpétuo de $75 ao final de cada ano quando a taxa de juros é de 4%?

6. Complete a tabela a seguir e responda às questões.

Variável de controle Q	Benefícios totais B(Q)	Custos totais C(Q)	Benefícios líquidos N(Q)	Benefício marginal MB(Q)	Custo marginal MC(Q)	Benefício marginal líquido MNB(Q)
100	1200	950		210	40	
101	1400				50	
102	1590				60	
103	1770				70	
104	1940				80	
105	2100				90	
106	2250				100	
107	2390				110	
108	2520				120	
109	2640				130	
110	2750				140	

    a. Em que nível da variável de controle os benefícios líquidos são maximizados?
    b. Qual é a relação entre benefício marginal e custo marginal nesse nível da variável de controle?

7. Estima-se que mais de 90 mil estudantes vão prestar exames para os 30 melhores programas de MBA nos Estados Unidos este ano.
    a. Usando o conceito de valor presente líquido e custo de oportunidade, explique quando é racional para um indivíduo tentar obter um diploma de MBA.
    b. O que você espera que aconteça ao número de vestibulandos se o salário inicial de gerentes com MBA permanecer constante, mas os salários dos gerentes sem tal diploma aumentar 15%? Por quê?

8. Jaynet, artista plástica, gasta $20 mil por ano em suprimentos para pintura e espaço para armazenamento. Ela recentemente recebeu duas ofertas de trabalho de uma famosa empresa de *marketing* – uma de $100 mil por ano e a outra de $90 mil. No entanto, Jaynet rejeitou ambas as propostas para continuar sua carreira de pintora. Se Jaynet vender 20 quadros por ano ao preço de $10 mil cada:
    a. Quais são seus lucros contábeis?
    b. Quais são seus lucros econômicos?

Problemas e aplicações

9. Você recentemente ficou sabendo que a empresa em que trabalha está sendo vendida por $275 mil. O demonstrativo de resultados da organização mostra lucros correntes de $10 mil, os quais ainda devem ser pagos como dividendos. Considerando o consenso de que a empresa "continuará a existir" indefinidamente e que a taxa de juros permanecerá constante em 10%, a que taxa constante os proprietários acreditam que os lucros crescerão? Essa crença parece razoável?

10. Você está à procura de um novo refrigerador para a copa de sua empresa e está para decidir entre dois modelos. O modelo com consumo eficiente de energia

está à venda por $500 e economizará $25 ao final de cada um dos próximos cinco anos em custos com eletricidade. O modelo-padrão possui características similares ao de consumo eficiente, mas não oferece economia com eletricidade. Seu preço é de apenas $400. Considerando que seu custo de oportunidade dos fundos é de 5%, qual refrigerador você deve comprar?

11. Você é o gerente de recursos humanos de uma famosa loja de varejo e está tentando convencer o presidente da empresa a mudar a estrutura de benefícios dos funcionários. Atualmente, a área de vendas de varejo recebe um salário de $18 por hora, para cada turno de oito horas trabalhadas. Você propõe uma nova estrutura de pagamento em que cada profissional de vendas deve receber $8 por hora mais cinco décimos de 1% dos lucros diários da loja. Suponhamos que, quando operadas de forma eficiente, os lucros diários máximos de cada loja sejam de $40 mil. Exponha os argumentos que dão suporte a seu plano.

12. Tara está considerando deixar seu emprego atual, o qual paga $56 mil por ano, para iniciar uma nova empresa que produz uma linha de canetas especiais para assistentes pessoais digitais (PDAs). Baseada em pesquisa de mercado, ela pode vender mais de 160 mil unidades durante o primeiro ano, ao preço de $20 por unidade. Com custos gerais e despesas operacionais anuais de $3.160.000, Tara espera uma margem de lucro de 25%. Essa margem é 6% superior à de seu principal concorrente, Pens, Inc.

    a. Se Tara decidir embarcar na nova empreitada, quais serão seus custos contábeis durante o primeiro ano de operação? Seus custos implícitos? Seus custos de oportunidade?

    b. Suponha que o preço de venda estimado por Tara seja menor do que o originalmente projetado durante o primeiro ano. Que receita ela precisará auferir para obter lucros contábeis positivos? E para obter lucros econômicos positivos?

13. Aproximadamente 14 milhões de norte-americanos são dependentes de drogas e álcool. O governo federal estima que esses dependentes custem à economia norte-americana $300 bilhões em despesas médicas e perda de produtividade. Apesar do enorme mercado potencial, muitas empresas de biotecnologia têm aberto mão de despender recursos no custeio de iniciativas de pesquisa e desenvolvimento (P&D) para encontrar uma cura para a dependência de drogas e álcool. Sua empresa – DrugAbuse Sciences (DAS) – é uma notável exceção. Ela já gastou $170 milhões à procura de uma cura, mas está agora em uma encruzilhada: pode tanto abandonar o programa como investir outros $30 milhões hoje. Infelizmente, o custo de oportunidade dos fundos da empresa é de 7% e demorará outros cinco anos até que a aprovação da Federal Drug Administration seja obtida e o produto, efetivamente vendido. Os lucros (anuais) esperados da venda do remédio são apresentados na tabela. A DAS deve continuar com seu plano de colocar o remédio no mercado ou deve abandonar o projeto? Explique.

Projeção de lucros para fins de ano

Ano 1	Ano 2	Ano 3	Ano 4	Ano 5	Ano 6	Ano 7	Ano 8	Ano 9
$0	$0	$0	$0	$15.000.000	$16.500.000	$18.150.000	$19.965.000	$21.961.500

14. Como gerente de *marketing* de uma das maiores empresas automobilísticas do mundo, você é responsável pela campanha de publicidade para um novo veículo utilitário esportivo com consumo eficiente de energia. Sua equipe preparou a seguinte tabela, a qual resume a rentabilidade (anuais), o número estimado de veículos vendidos e o preço de venda médio estimado para diferentes níveis de propaganda. O departamento contábil projeta que a melhor alternativa para os fundos aplicados na campanha seja um investimento com retorno de 10%. Em função da repartição dos custos de propaganda (que aponta para a projeção de lucros menores nos anos 1 e 2 para intensidades altas e moderadas de publicidade), o líder da equipe recomenda uma baixa intensidade de propaganda, de forma que maximize o valor da empresa. Você concorda? Explique.

Rentabilidade por intensidade de propaganda

	Lucros (em milhões)			Unidades vendidas (milhares)			Preço de venda médio		
	Ano 1	Ano 2	Ano 3	Ano 1	Ano 2	Ano 3	Ano 1	Ano 2	Ano 3
Intensidade da propaganda									
Alta	$15	$90	$270	10	60	120	$24.000	$25.500	$26.000
Moderada	30	75	150	5	12,5	25	24.500	24.750	25.000
Baixa	70	105	126	4	6	7,2	24.800	24.850	24.900

15. A gerente do departamento contábil de uma das mais importantes empresas de *software* pediu-lhe que calculasse o valor da empresa sob diversos cenários de possibilidades de crescimento, considerando que as muitas divisões permanecerão uma única entidade para sempre. A gerente tem consciência de que, apesar de os concorrentes serem comparativamente pequenos, coletivamente o crescimento anual de sua receita excede 50% em cada um dos últimos cinco anos. Ela solicitou que os valores projetados sejam baseados nos lucros correntes da empresa de $2,5 bilhões (ainda a serem pagos aos acionistas), com a taxa de juros média ao longo dos últimos 20 anos (8%), em cada um dos seguintes cenários de crescimento dos lucros:
    a. Crescimento dos lucros a uma taxa anual de 10%. (Este é capcioso.)
    b. Crescimento dos lucros a uma taxa anual de 3%.
    c. Crescimento dos lucros a uma taxa anual de 0%.
    d. Declínio dos lucros a uma taxa anual de 3%.
16. Iniciando em 2002, a contribuição máxima permitida à IRA (Conta Individual de Aposentadoria) crescerá para $3 mil por ano, gradualmente aumentando até $5 mil em 2008. Após isso, as contribuições máximas serão indexadas pela inflação e crescerão em incrementos de $500. Suponha que uma de suas clientes esteja a quatro anos de se aposentar e possua apenas $1.500 de renda antes dos impostos para aplicar em uma IRA do tipo Roth ou em uma IRA tradicional. A tradicional permite ao investidor contribuir com o valor líquido de $1.500, uma vez que as contribuições a essa conta são dedutíveis de impostos, mas ela deve pagar impostos sobre todos os rendimentos futuros. Em contraste, as contribui-

ções à IRA Roth não são dedutíveis de impostos, significando que, a uma taxa de impostos de 25%, um investidor pode contribuir com apenas $1.125 após os impostos; no entanto, os rendimentos, no caso, são livres de impostos. Sua empresa decidiu abrir mão da taxa única de $25 para a abertura de uma IRA Roth; contudo, a abertura de uma IRA tradicional requer a taxa de $25. Considerando que sua cliente antecipou-lhe que a alíquota de imposto sobre seus investimentos permanecerá em 17% na aposentadoria, e que estes renderão um retorno estável de 8%, ela preferirá uma IRA tradicional ou do tipo Roth?

17. Você é o gerente responsável pelas operações globais no BankGlobal – uma grande instituição comercial que opera em diversos países. Você deve decidir entre lançar ou não uma campanha de publicidade no mercado norte-americano. Seu departamento contábil elaborou o relatório a seguir, o qual resume o impacto financeiro da campanha sobre suas operações nos Estados Unidos. Além disso, você recebeu recentemente uma ligação de uma colega responsável pelas operações estrangeiras, informando que sua unidade perderia $6 milhões se a campanha nos Estados Unidos fosse lançada. Seu objetivo é maximizar o valor do BankGlobal. Você deve lançar a nova campanha? Explique.

Impacto financeiro sobre as operações nos Estados Unidos

	Antes da campanha publicitária	Após a campanha publicitária
Receitas totais	$20.540.100	$30.347.800
Custo variável		
Tempo na televisão	6.100.000	9.045.700
Desenvolvimento de trabalho de propaganda	2.357.100	3.536.200
Custos variáveis totais	8.457.100	12.581.900
Custo fixo direto		
Depreciação – equipamento de informática	1.500.000	1.500.000
Custo fixo direto total	1.500.000	1.500.000
Custo fixo indireto		
Salários dos gerentes	8.458.100	8.458.100
Material de escritório	2.003.500	2.003.500
Custo fixo indireto total	$10.461.600	$10.461.600

18. De acordo com *The Wall Street Journal*, a atividade de fusões e aquisições atingiu $5,3 bilhões no primeiro trimestre de 2004 – um nível de investimento nunca visto desde o segundo trimestre de 2001. Cerca de três quartos dos 78 negócios ocorridos no primeiro trimestre aconteceram entre empresas de tecnologia de informação (TI). A maior transação de TI do trimestre foi a aquisição da VMWare pela EMC por $625 milhões. Tal aquisição ampliou o principal negócio da EMC, dispositivos de armazenamento de dados, ao incluir a tecnologia de *software* compatível com diversos sistemas operacionais – como Microsoft Windows, Linux e rede da Novell Inc. –, para simultânea e independentemente rodar o mesmo servidor ou esta-

ção de trabalho com tecnologia Intel. Suponha que à época da aquisição, a situação frágil da economia tenha levado a maioria dos analistas a projetar um crescimento a uma taxa constante de 1% dos lucros da VMWare, e que a receita líquida anual da empresa estava em $50,72 milhões. Se o custo de oportunidade estimado dos fundos da EMC for de 10%, como você, enquanto analista, enxerga a aquisição? Sua conclusão mudaria se soubesse que a EMC tinha informação confiável de que a economia estava em vias de entrar em um período de expansão que poderia levar a taxa de crescimento anual projetada da VMWare para 3%? Explique.

19. O Brasil tem em sua indústria de criação de camarão um exemplo de como pode competir nos mercados mundiais. Em 1998, exportou escassas 400 toneladas de camarão; hoje, exporta mais de 58 mil toneladas. Os criadores de camarão brasileiros, no entanto, encontram-se diante de um novo desafio para os próximos anos. A Southern Shrimp Alliance – organização norte-americana que representa os criadores de camarão – estabeleceu uma ação de *dumping* alegando que o Brasil e outros cinco outros países produtores estão vendendo camarão abaixo do "preço justo de mercado". A organização está solicitando aos Estados Unidos a implementação de uma tarifa de 300% sobre todo camarão que for importado por esse país. Os produtores brasileiros e dos outros cinco países responderam à ação dizendo possuírem uma vantagem competitiva natural, como baixos custos de mão de obra, disponibilidade de terra a baixo custo, além de um clima mais favorável, resultando em maior rentabilidade por acre e permitindo três ciclos de produção anual. No que muitos veem como uma jogada ousada, a American Seafood Distributors Association – organização que representa supermercados, produtores de camarões e restaurantes – tem apoiado os produtores brasileiros e dos outros países, argumentando que é a Southern Shrimp Alliance que está adotando práticas de comércio desleais. Descreva as várias rivalidades retratadas neste cenário e, em seguida, utilize a estrutura de cinco forças para analisar a indústria.

20. Você é gerente da Local Electronics Shop (LES), uma pequena loja de varejo de câmeras fotográficas e equipamentos eletrônicos. Um de seus funcionários propôs uma nova estratégia relativa à Internet, em que a LES relacionaria seus produtos na Pricesearch.com – uma página de comparação de preços que permite aos consumidores checar os preços de dezenas de profissionais de venda para os mesmos itens. Você espera que essa estratégia permita à LES atingir lucros econômicos sustentáveis? Explique.

21. Dois meses atrás, o proprietário de uma revendedora de veículos (e atual estrela do futebol) mudou radicalmente os planos de remuneração de seu gerente de vendas. No plano antigo, o gerente recebia um salário de $6 mil por mês; no novo plano, ele recebe 2% do preço de venda de cada carro vendido. Durante os últimos dois meses, o número de carros vendidos cresceu 40%, mas a margem da loja (assim como os lucros) declinou de maneira significa. De acordo com o gerente de vendas: "Os consumidores estão pechinchando mais e eu precisei autorizar preços bem mais baixos para permanecermos competitivos". Que conselho você daria ao proprietário da loja?

Exercícios baseados em casos

Seu instrutor pode atribuir exercícios adicionais (chamados memos), que requerem a aplicação de algumas das ferramentas aprendidas neste capítulo para fazer recomendações baseadas em cenários reais de negócios. Alguns desses memos acompanham o Caso Time Warner (páginas 548–583 do seu livro). Memos adicionais, assim como dados que podem ser úteis para a sua análise, estão disponíveis *on-line* em www.mhhe.com/baye6e.

Referências

Anders, G. C.; Ohta, H., Sailors, J. "A Note on the Marginal Efficiency of Investment and Related Concepts. "*Journal of Economic Studies,* v. 17, n. 2, p. 50–57, 1990.

Clark, G. "Factory discipline." *Journal of Economic History*, v. 54, n. 1, p. 128–163, mar. 1994.

Fizel, J. L.; Nunnikhoven, T. S. "Technical Efficiency of For-Profit and Non-Profit Nursing Homes." *Managerial and decision economics*, v. 13, n. 5, p. 429–439, set./out. 1992.

Gifford, S. "Allocation of Entrepreneurial Attention." *Journal of Economic Behavior and Organization*, v. 19, n. 3, p. 265–284, dez. 1992.

McNamara, J. R. "The Economics of Decision Making in the New Manufacturing Firm." *Managerial and Decision Economics*, v. 13, n. 4, p. 287–293, jul./ago. 1992.

Mercuro, N.; Sourbis, H.; Whitney, G. "Ownership Structure, Value of the Firm and the Bargaining Power of the Manager." *Southern Economic Journal*, v. 59, n. 2, p. 273–283, out. 1992.

Parsons, G. R.; WU, Y. "The Opportunity Cost of Coastal Land-Use Controls: An Empirical Analysis. *Land Economics*," n. 67, p. 308–316, ago. 1991.

Phillips, O. R.; Battalio, R. C.; Kogut, C. A. "Sunk Costs and Opportunity Costs in Valuation and Bidding." *Southern Economic Journal*, n. 58, p. 112–128, jul.1991.

Pindyck, R. S. "Irreversibility, Uncertainty, and Investment." *Journal of Economic Literature*, n. 29, p. 1110–1148, set. 1991.

Apêndice
O cálculo da maximização dos benefícios líquidos

Este apêndice oferece uma derivação baseada em cálculo da importante regra de que, para maximizar benefícios líquidos, um gerente deve igualar benefícios marginais e custos marginais.

Considere que $B(Q)$ represente os benefícios de utilizar Q unidades da variável de controle empresarial, e que $C(Q)$ represente os custos correspondentes. Os benefícios líquidos são $N(Q) = B(Q) - C(Q)$. O objetivo é encontrar Q de forma a maximizar

$$N(Q) = B(Q) - C(Q)$$

A condição de primeira ordem para um número máximo é

$$\frac{dN}{dQ} = \frac{dB}{dQ} - \frac{dC}{dQ} = 0$$

Mas

$$\frac{dB}{dQ} = MB$$

não é nada mais que os benefícios marginais, enquanto

$$\frac{dC}{dQ} = MC$$

é apenas o custo marginal. Assim, a condição de primeira ordem para um número máximo implica que

$$\frac{dB}{dQ} = \frac{dC}{dQ}$$

ou $MB = MC$.

A condição de segunda ordem requer que a função $N(Q)$ seja côncava em Q ou, em termos matemáticos, que a segunda derivada da função dos benefícios líquidos seja negativa:

$$\frac{d^2N}{dQ^2} = \frac{d^2B}{dQ^2} - \frac{d^2C}{dQ^2} < 0$$

Observe que $d^2B/dQ^2 = d(MB)/dQ$, enquanto $d^2C/dQ^2 = d(MC)/dQ$. Assim, a condição de segunda ordem pode ser reescrita como

$$\frac{d^2N}{dQ^2} = \frac{d(MB)}{dQ} - \frac{d(MC)}{dQ} < 0$$

Em outras palavras, a inclinação da curva de benefício marginal deve ser menor que a inclinação da curva de custo marginal.

Demonstração 1-4

Suponha que $B(Q) = 10Q - 2Q^2$ e $C(Q) = 2 + Q^2$. Qual valor da variável de controle empresarial, Q, maximiza os benefícios líquidos?

Resposta:

Os benefícios líquidos são

$$N(Q) = B(Q) - C(Q) = 10Q - 2Q^2 - 2 - Q^2$$

Tomando a derivada de $N(Q)$ e igualando-a a zero, temos

$$\frac{dN}{dQ} = 10 - 4Q - 2Q = 0$$

Resolvendo para Q, temos $Q = 10/6$. Para verificar se este é realmente um número máximo, temos de confirmar que a segunda derivada de $N(Q)$ é negativa:

$$\frac{d^2N}{dQ^2} = -4 - 2 = -6 < 0$$

Portanto, $Q = 10/6$ é realmente um valor máximo.

CAPÍTULO DOIS

Forças de mercado: demanda e oferta

Manchete

Samsung e Hynix Semiconductor cortam a produção de chips

Sam Robbins, proprietário e CEO da PC Solutions, chegou ao seu escritório e deu uma olhada na primeira página do *The Wall Street Journal* que estava sobre sua mesa. Um dos artigos continha declarações de executivos de duas das maiores empresas sul-coreanas produtoras de semicondutores – Samsung Electronic Company e Hynix Semiconductor – indicando que deveriam suspender toda a sua produção de *chips* de memória por uma semana. O artigo dizia, ainda, que outra grande produtora de semicondutores seguiria essa decisão. Coletivamente, essas três produtoras de *chips* fabricam cerca de 30% dos *chips* semicondutores básicos do mundo.

A PC Solutions é uma pequena companhia em fase de crescimento, que monta PCs e os vende no mercado altamente competitivo de "clones". A PC Solutions obteve 100% de crescimento no último ano e está em processo de contratação de recém-graduados para dobrar sua força de trabalho.

Após a leitura do artigo, Sam ligou para alguns de seus contatos de negócio para verificar a informação do *Journal*. Satisfeito com o fato de que a informação estava correta, chamou a diretora de pessoal, Jane Remak. O que você acha que eles discutiram?

Objetivos didáticos

Ao final deste capítulo, você poderá:

- Responder à manchete.

- Explicar as leis de demanda e de oferta e identificar fatores que causam mudanças nessas duas forças.

- Calcular o excedente do consumidor e do produtor e descrever, de maneira simples, o que eles significam.

- Explicar e ilustrar a determinação de preços em um mercado competitivo e mostrar como o equilíbrio de mercado muda em resposta a mudanças nas determinantes da demanda e da oferta.

- Explicar e ilustrar como as ações do governo – impostos sobre produtos, impostos *ad valorem*, tabelamento de preços – afetam o funcionamento de um mercado competitivo.

- Usar a análise da oferta e da demanda como uma ferramenta de projeção qualitativa para ter uma visão abrangente em mercados competitivos.

Introdução

Este capítulo descreve *oferta* e *demanda*, que são forças direcionadoras das economias de mercado que existem não apenas nos Estados Unidos, mas ao redor do globo. Como sugerido na manchete de abertura deste capítulo, a análise da oferta e da demanda é uma ferramenta que os gerentes podem utilizar para ter uma visão abrangente dos mercados. Muitas empresas fracassam porque seus gerentes se dedicam apenas às decisões do dia-a-dia dos negócios, sem ter uma clara imagem das tendências de mercado e das mudanças que estão no horizonte.

Para ilustrar, imagine que você gerencie uma pequena loja de varejo que vende PCs. Um gênio mágico aparece e diz: "Durante o próximo mês, o preço de mercado dos PCs vai cair e os consumidores comprarão poucos PCs". O gênio revelou o panorama geral: os preços dos PCs e as vendas cairão. Se você se preocupar com *detalhes* dos seus negócios, sem o conhecimento das tendências futuras em preços e vendas, estará em uma significativa desvantagem competitiva. Sem uma visão do "todo", possivelmente negociará preços errados com fornecedores e clientes, ficará com estoque enorme, demitirá muitos funcionários e – se seu negócio gastar mais dinheiro em campanhas publicitárias – sua propaganda mostrará que seus preços não estarão competitivos durante o tempo em que ela estiver em veiculação.

A análise da oferta e da demanda é uma ferramenta qualitativa que, como o gênio citado, dá suporte aos gerentes ao habilitá-los a enxergar o "todo". É uma ferramenta de projeção qualitativa que você pode utilizar para predizer tendências em mercados competitivos, incluindo mudanças nos preços dos produtos de sua empresa, nos produtos relacionados (tanto substitutos como complementares) e no preço de insumos (como custos com mão de obra) que são necessários para suas operações. Como veremos nos próximos capítulos, após a utilização da análise da oferta e da demanda para enxergar o todo, ferramentas adicionais estarão disponíveis para ajudá-lo com detalhes – determinando *quanto* e *quando* o preço mudará, *quanto* as vendas e as receitas mudarão e assim sucessivamente.

Para aqueles que já estudaram os princípios em um curso de economia, algumas partes deste capítulo serão uma revisão. No entanto, certifique-se de que tenha compreendido as ferramentas de oferta e de demanda: o restante deste livro considerará que você tem um conhecimento pleno a respeito do assunto

Demanda

Suponha que um produtor de roupas busque informações sobre o impacto das suas decisões de preço sobre a demanda por seus jeans em um pequeno mercado estrangeiro. Para obter essa informação, é necessário se envolver em pesquisas de mercado para determinar quantos jeans os consumidores podem comprar anualmente, a diferentes preços alternativos. Os números da pesquisa de mercado podem mostrar algo como o estabelecido na Tabela 2–1. A pesquisa de mercado revela que se o jeans for precificado a $10, 60 mil jeans serão vendidos por ano; a $30, 20 mil serão vendidos anualmente.

Observe que a única diferença entre as linhas da Tabela 2–1 é a mudança no preço do jeans e na quantidade de jeans vendidos. Tudo o mais que possa influenciar na decisão dos compradores, como sua renda, propaganda e os preços de outros bens como camisetas, é mantido constante. Na verdade, a pesquisa de mercado não pergunta quanto

Tabela 2-1 A demanda esperada por jeans em um pequeno mercado estrangeiro

Preço do jeans	Quantidade vendida de jeans	Renda média do consumidor	Despesas com propaganda	Preço médio de camiseta
$0	80.000	$25.000	$50.000	$20
5	70.000	25.000	50.000	20
10	60.000	25.000	50.000	20
15	50.000	25.000	50.000	20
20	40.000	25.000	50.000	20
25	30.000	25.000	50.000	20
30	20.000	25.000	50.000	20
35	10.000	25.000	50.000	20
40	0	25.000	50.000	20

os consumidores gostariam de comprar com diferentes níveis de renda ou propaganda; simplesmente busca determinar quanto pode ser comprado a preços alternativos. A pesquisa de mercado revela que, tudo o mais constante, a quantidade de jeans que os consumidores desejam e estão aptos a comprar diminui à medida que o preço se eleva. Esse princípio econômico fundamental é conhecido como *lei da demanda*: preço e quantidade demandada são inversamente relacionados. Isto é, à medida que o preço de um bem sobe (cai) e tudo o mais permanecendo constante, a quantidade demandada do bem cai (sobe).

A Figura 2–1 mostra os dados da Tabela 2–1. A linha reta, chamada *curva de demanda de mercado*, interpola as quantidades que os consumidores estão dispostos e podem comprar a preços não explicitamente estabelecidos na pesquisa de mercado.

curva de demanda de mercado
Uma curva que indica a quantidade total de bens que todos os consumidores desejam e podem comprar a cada preço possível, mantendo o preço dos bens relacionados à renda, à propaganda e a outras variáveis constantes.

Figura 2-1 A curva de demanda

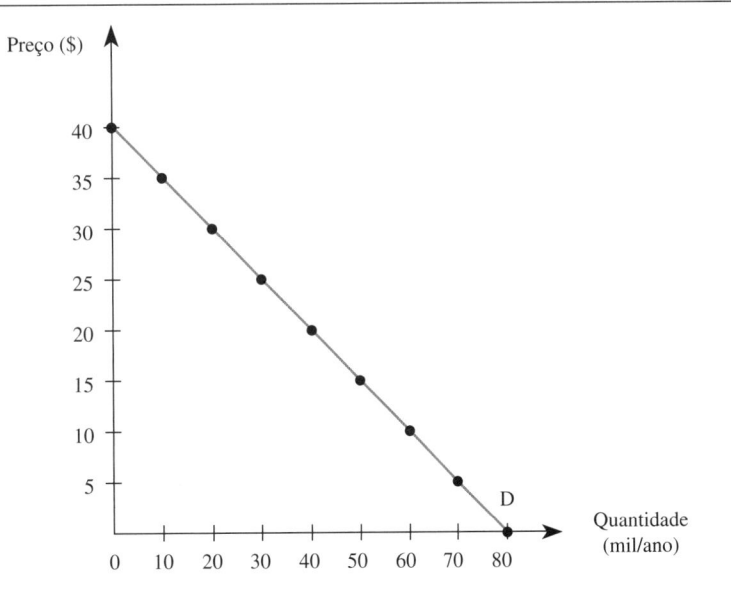

Observe que a linha tem inclinação negativa, o que reflete a lei da demanda, e que todos os outros fatores que influenciam a demanda são mantidos constantes a cada ponto sobre a linha.

Fatores que deslocam a demanda

Economistas reconhecem que outras variáveis, além do preço de um bem, influenciam a demanda. Por exemplo, o número de jeans que os indivíduos estão dispostos e, financeiramente, aptos a comprar também depende do preço de camisetas, da renda do consumidor, das despesas com propaganda e assim sucessivamente. Outras variáveis além do preço de um bem que influenciam a demanda são conhecidas como *fatores que deslocam a demanda*.

Quando traçamos o gráfico da curva de demanda para um produto X, podemos esperar que tudo menos o preço de X permaneça constante. Uma curva representativa da demanda é dada por D^0 na Figura 2–2. O movimento ao longo da curva de demanda, assim como o movimento de A para B, é conhecido como *mudança na quantidade demandada*. Toda vez que a propaganda, a renda ou o preço de bens relacionados muda, isso leva a uma *mudança na demanda*; a posição da curva de demanda como um todo se altera. Um deslocamento à direita da curva de demanda é chamado de *aumento na demanda*, uma vez que mais bens são demandados a cada nível de preços. Uma mudança para a esquerda na curva de demanda é conhecida como *diminuição na demanda*.

Agora que entendemos a distinção geral entre mudança em uma curva de demanda e movimento ao longo de uma curva de demanda, é útil explicar como cinco fatores que deslocam a demanda – renda do consumidor, preço de bens relacionados, propaganda, gostos do consumidor, população, expectativas dos consumidores – afetam a demanda.

mudança na quantidade demandada
Mudanças no preço de um bem levam a mudanças na quantidade demandada desse bem. Isso corresponde ao movimento ao longo de uma curva de demanda.

mudança na demanda
Mudanças nas outras variáveis que não o preço de um bem, como a renda ou o preço de outros bens, levam à mudança na demanda. Isso corresponde a deslocamentos de toda a curva de demanda.

Figura 2–2 Mudanças na demanda

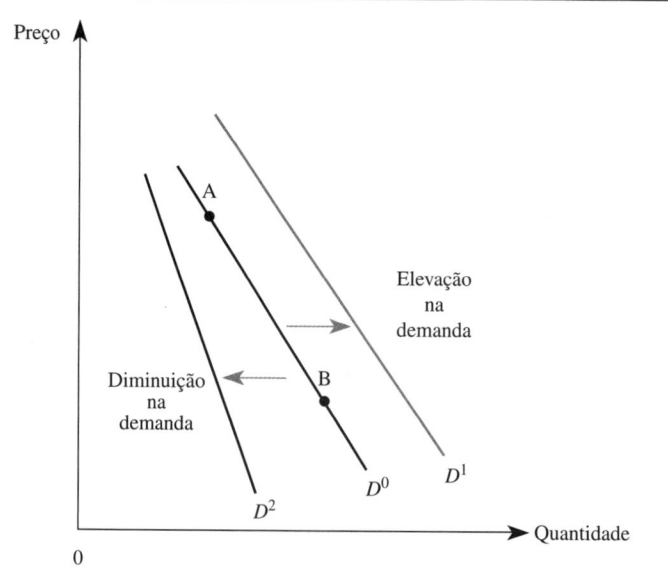

> **Por dentro dos negócios 2-1**
>
> ## Asahi Breweries Ltd. e a recessão asiática
>
> Há alguns anos, a recessão que atingiu o Japão levou muitas empresas à falência. Mesmo empresas que tradicionalmente se saem bem durante recessões econômicas, como a indústria cervejeira, foram duramente atingidas. Os analistas colocam a culpa pela recessão no mercado de cerveja em dois fatores: (1) a renda japonesa (PIB) declinou significativamente como resultado da recessão, e (2) o governo japonês impôs uma taxa sobre a cerveja para aumentar a arrecadação.
>
> Como resultado desses eventos, as principais cervejarias japonesas, como a Kirin Brewery Company Ltd. e a Sapporo Breweries Ltd. experimentaram um rápido declínio nas vendas domésticas de cerveja. Enquanto isso, seu competidor – Asahi Breweries – obteve um crescimento de dois dígitos e incrementou sua fatia de mercado. A Asahi atribui o crescimento à sua rede de vendas superior e à forte campanha de *marketing* para a sua principal cerveja, a *Asahi Super Dry*.
>
> Embora parte do crescimento da Asahi e seu sucesso sejam atribuíveis às forças de venda da empresa e às atividades de *marketing* – ambas aumentam a percepção dos consumidores –, isso não explica completamente por que a Asahi comportou-se especialmente bem durante a recessão asiática recente. Uma possibilidade é que a cerveja Asahi seja um bem inferior. Isso não significa que a cerveja Asahi seja ruim ou de baixa qualidade; na verdade, a *Super Dry* é a escolha de muitos apreciadores de cerveja japonesa. O termo *bem inferior* apenas significa que, quando a renda dos japoneses declina durante uma recessão, a demanda pela cerveja Asahi aumenta.
>
> Fontes: Relatórios anuais da Asahi Breweries Ltd., Sapporo Breweries Ltd. e Kirin Brewery Company, Ltd.

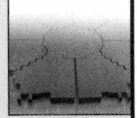

Renda

Uma vez que a renda afeta a capacidade dos consumidores em comprar um bem, mudanças na renda afetam quanto os consumidores comprarão a qualquer nível de preço. Em termos gráficos, uma mudança na renda altera a curva de demanda inteira. Se um aumento na renda desloca a curva de demanda para a direita ou para a esquerda depende da natureza dos padrões de consumo do consumidor. Em função disso, os economistas distinguem dois tipos de bens: bens normais e bens inferiores.

bem normal
Um bem para o qual um aumento (redução) da renda leva a um aumento (redução) da quantidade demandada deste bem.

bem inferior
Um bem para o qual um aumento (redução) da renda leva a uma redução (aumento) da quantidade demandada deste bem.

Um bem cuja demanda aumenta (desloca-se para a direita) quando a renda do consumidor aumenta é chamado *bem normal*. Bens normais podem incluir artigos como carne, viagens de avião, jeans de marca: à medida que a renda se eleva, os consumidores típicos compram mais desses bens a qualquer nível de preço. Por outro lado, quando a renda do consumidor declina, a demanda por um bem normal também decrescerá (desloca-se para a esquerda).

Mudanças na renda tendem a ter efeitos profundos sobre a demanda de bens duráveis, e esses efeitos são tipicamente ampliados em países em desenvolvimento e em áreas rurais. Em 2004, por exemplo, fazendeiros na Índia obtiveram rendas mais altas graças aos ventos favoráveis sobre suas colheitas. Como resultado, a demanda em áreas rurais na Índia por tratores e motocicletas aumentou, praticamente triplicando em relação ao ano anterior.

Em algumas situações, o aumento na renda reduz a demanda por um bem. Economistas se referem a esse bem como um *bem inferior*: mortadela, viagens de ônibus, jeans "genéricos" são possíveis exemplos de bens inferiores. À medida que a renda se eleva, os consumidores normalmente consumirão menos desses bens a cada nível de preço. É importante esclarecer que chamar tais bens de *inferiores* não significa que eles sejam de qualidade ruim; usamos esse termo apenas para definir produtos que os consumidores compram menos quando sua renda se eleva, e compram mais quando sua renda diminui.

Preços de bens relacionados

Mudanças nos preços de bens relacionados em geral deslocam a curva de demanda de um bem. Por exemplo, se o preço da Coca-Cola aumenta, muitos consumidores começarão a substituí-la por Pepsi, pelo fato de o preço relativo da Coca-Cola ser mais alto do que antes. À medida que mais e mais consumidores substituem Coca-Cola por Pepsi, a quantidade de Pepsi demandada a cada preço tenderá a aumentar. De fato, o incremento no preço da Coca-Cola aumenta a demanda por Pepsi. Isso é ilustrado por um deslocamento da demanda por Pepsi para a direita. Bens que interagem dessa maneira são conhecidos como *substitutos*.

substitutos
Bens para os quais um aumento (declínio) no preço leva a um aumento (declínio) na demanda pelo outro bem.

Muitos pares de bens vêm logo à mente quando pensamos em substitutos: carne branca e carne vermelha, carros e caminhonetes, capas de chuva e guarda-chuvas. Tais pares são substitutos para a maioria dos consumidores. No entanto, os substitutos não precisam servir para a mesma função; por exemplo, automóveis e casas podem ser substitutos. Bens são substitutos quando o aumento no preço de um bem aumenta a demanda por outro bem.

complementares
Bens para os quais um aumento (declínio) no preço leva a um declínio (aumento) na demanda de outro bem.

Nem todos os bens são substitutos; na verdade, o aumento no preço de um bem como um *software*, pode levar consumidores a comprar menos computadores a cada nível de preço. Bens que interagem dessa maneira são chamados *complementares*. Cervejas e amendoins são exemplos de bens complementares. Se o preço da cerveja aumenta, muitos apreciadores de cerveja diminuirão seu consumo de amendoins. Observe que, quando um bem X é um complemento do bem Y, a redução no preço de Y, na verdade, aumenta (desloca para a direita) a demanda pelo bem X. Mais do bem X é comprado a cada preço em função da redução do preço do complementar, o bem Y.

Propaganda e gostos do consumidor

Outra variável que se mantém constante quando desenhamos uma curva de demanda é o nível de propaganda. Um aumento na propaganda desloca a curva de demanda para a direita, de D^1 para D^2, como na Figura 2–3. Observe que o impacto da propaganda sobre a demanda pode ser interpretado de duas formas. Sob a curva de demanda inicial, D^1, os consumidores podem comprar 50 mil unidades de roupas de grife por mês quando o preço for $40. Após a propaganda, a curva de demanda desloca-se para D^2, e os consumidores vão, agora, comprar 60 mil unidades do bem ao mesmo preço de $40. De maneira alternativa, quando a demanda for D^1, os consumidores pagarão um preço de $40 quando 50 mil unidades estiverem disponíveis. A propaganda desloca a curva de demanda para D^2, de modo que os consumidores pagam um preço mais alto – $50 – por 50 mil unidades.

Por que a propaganda desloca a demanda para a direita? A propaganda frequentemente oferece aos consumidores informações sobre a existência ou a qualidade de um produto, o que induz mais consumidores a comprá-lo. Esse tipo de mensagem é conhecido como *propaganda informativa*.

A propaganda também pode influenciar a demanda ao alterar o gosto dos consumidores. Por exemplo, uma propaganda que promova a última moda em roupa pode incrementar a demanda por uma roupa ou por um item de moda específico ao fazer os consumidores perceberem esse bem como "o" bem a se comprar. Esse tipo de mensagem é conhecido como *propaganda persuasiva*.

Figura 2–3 Propaganda e demanda por vestuário

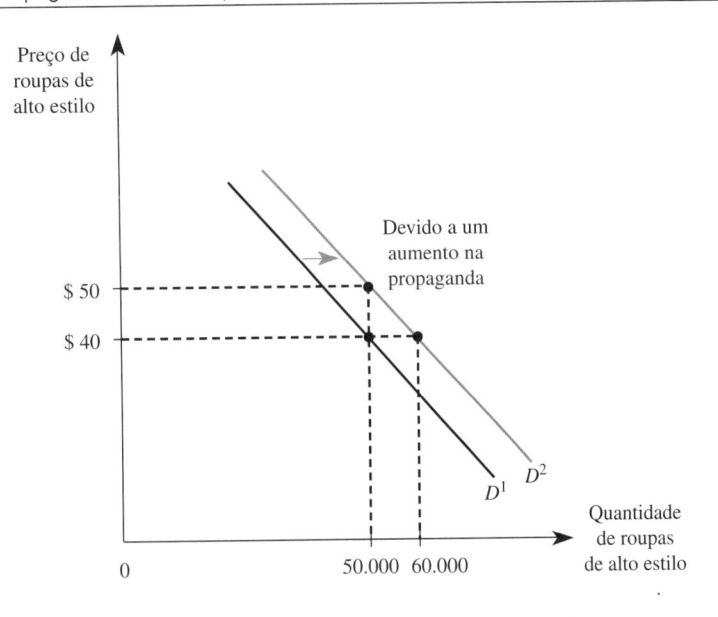

[Gráfico: Eixo vertical "Preço de roupas de alto estilo", eixo horizontal "Quantidade de roupas de alto estilo". Curva D^1 desloca-se para D^2 "Devido a um aumento na propaganda". A $50, quantidade passa de 50.000 para 60.000; linha tracejada também em $40.]

População

A demanda de mercado por um produto é também influenciada por mudanças no tamanho e na composição da população. Em geral, à medida que a população cresce, mais e mais indivíduos desejam comprar determinado produto, e isso tem o efeito de deslocar a curva de demanda para a direita. Ao longo do século 20, a curva de demanda para produtos alimentícios deslocou-se para a direita proporcionalmente ao aumento da população.

É importante notar que mudanças na composição da população também podem afetar a demanda por um produto. À medida que consumidores de meia-idade desejam tipos de produtos diferentes daqueles que aposentados almejam, um aumento no número de consumidores na idade dos 30 a 40 anos elevará a demanda por produtos, por exemplo, imóveis. De maneira similar, conforme uma maior proporção da população envelhece, a demanda por serviços médicos tende a se elevar.

Expectativas do consumidor

Mudanças nas *expectativas do consumidor* também podem mudar a posição da curva de demanda por um produto. Por exemplo, se os consumidores repentinamente passam a esperar que os preços de automóveis se tornem significativamente mais altos no próximo ano, a demanda por automóveis hoje aumentará. Com efeito, comprar um carro hoje é um substituto de comprar um carro no próximo ano. Se os consumidores esperam preços futuros mais elevados, eles substituirão as compras atuais por compras futuras. Esse comportamento do consumidor é conhecido como *estocagem* e quase sempre ocorre quando os produtos são duráveis por natureza. A demanda corrente por um produto perecível, como bananas, em geral não é afetada pelas expectativas de preços futuros mais altos.

Outros fatores

Concluindo nossa lista de fatores que deslocam a demanda, observamos que qualquer variável que afete o desejo ou capacidade dos consumidores de comprar um bem em particular é um fator que potencialmente desloca a demanda. Problemas de saúde afetam a demanda por cigarros. O nascimento de um bebê afeta a demanda por fraldas.

A função de demanda

A esta altura você deve entender os fatores que afetam a demanda e como utilizar gráficos para ilustrar essas influências. O passo final na nossa análise do lado da demanda de mercado é mostrar que os fatores que influenciam a demanda podem ser resumidos no que os economistas chamam *função de demanda*.

A função de demanda pelo bem X descreve quanto de X será comprado a preços alternativos de X e de bens relacionados, níveis alternativos de renda e valores alternativos de outras variáveis que afetam a demanda. Formalmente, considere que Q_x^d representa a quantidade demandada do bem X, P_x o preço do bem X, P_y o preço de um bem relacionado, M a renda, e H o valor de qualquer outra variável que afete a demanda ou as expectativas dos consumidores. Então, a função de demanda pelo bem X pode ser escrita como

$$Q_x^d = f(P_x, P_y, M, H)$$

Assim, a função de demanda explicitamente reconhece que a quantidade consumida de um bem depende de seu preço e de deslocadores da demanda. Produtos diferentes terão funções de demanda diferentes. Uma forma bastante simples, mas útil, é a representação linear da função de demanda: a demanda é *linear* se Q_x^d é uma função linear dos preços, renda e outras variáveis que influenciam a demanda. A equação a seguir é o exemplo de uma *função de demanda linear*:

$$Q_x^d = \alpha_0 + \alpha_x P_x + \alpha_y P_y + \alpha_M M + \alpha_H H$$

Os α_is são números fixos que o departamento de pesquisa da empresa ou um consultor econômico normalmente apresentam aos gerentes. (O Capítulo 3 oferece uma visão sobre as técnicas estatísticas utilizadas para obter esses números.)

Pela lei da demanda, um aumento em P_x leva a um decréscimo na quantidade demandada do bem X. Isso significa que $\alpha_x < 0$. O sinal de α_y será positivo ou negativo dependendo de os bens X e Y serem substitutos ou complementares. Se α_y é um número positivo, um aumento no preço do bem Y levará a um aumento no consumo do bem X; assim, o bem X é um substituto para o bem Y. Se α_y é um número negativo, um aumento no preço de Y levará a um declínio no consumo do bem X; dessa maneira, X é um bem complementar ao bem Y. O sinal de α_M também pode ser positivo ou negativo dependendo de X ser um bem normal ou um bem inferior. Se α_M é um número positivo, um aumento na renda (M) levará a um incremento no consumo do bem X, e X é um bem normal. Se α_M é um número negativo, um incremento na renda levará a um declínio no consumo do bem X, e X é um bem inferior.

---

função de demanda
Uma função que descreve quanto de um bem será comprado a preços alternativos do próprio bem e de bens relacionados, níveis de renda alternativos e valores alternativos de outras variáveis que afetam a demanda.

função de demanda linear
Uma representação da função de demanda na qual a demanda por um bem é uma função linear dos preços, níveis de renda e outras variáveis que influenciam a demanda.

Demonstração 2-1

Um consultor econômico da X Corp. recentemente ofereceu ao gerente de *marketing* uma estimativa da função de demanda para o produto da empresa:

$$Q_x^d = 12.000 - 3P_x + 4P_y - 1M + 2A_x$$

onde Q_x^d representa o montante consumido do bem X, P_x é o preço do bem X, P_y é o preço do bem Y, M é a renda e A_x representa o montante gasto em propaganda sobre o bem X. Suponha que o bem X seja vendido a $200 a unidade, o bem Y é vendido a $15 a unidade, a empresa utiliza 2 mil unidades de propaganda e a renda do consumidor é de $10 mil. Quanto do bem X o consumidor comprará? Os bens X e Y são substitutos ou complementares? O bem X é um bem normal ou um bem inferior?

Resposta:

Para encontrarmos quanto do bem X os consumidores comprarão, substituímos os valores dados sobre preços, renda e propaganda na equação de demanda linear para obter

$$Q_x^d = 12.000 - 3(200) + 4(15) - 1(10.000) + 2(2.000)$$

Fazendo a conta, encontramos que o consumo total de X é de 5.460 unidades. Uma vez que o coeficiente de P_y na equação de demanda é $4 > 0$, sabemos que o aumento de $1 no preço do bem Y aumentará o consumo do bem X em 4 unidades. Então, os bens X e Y são substitutos. Uma vez que o coeficiente de M na equação de demanda é $-1 < 0$, sabemos que com um incremento de $1 na renda, o consumo do bem X diminuirá em 1 unidade. Assim, o bem X é um bem inferior.

A informação resumida em uma função de demanda pode ser utilizada para demonstrar graficamente a curva de demanda. Pelo fato de a curva de demanda ser a relação entre preço e quantidade, a curva representativa da demanda mantém tudo, menos o preço, constante. Isso significa que alguém pode obter a fórmula para a curva de demanda ao inserir valores dos deslocadores da demanda na função de demanda, mas mantendo P_x na equação para permitir variações em seus valores. Se fizermos isso para a função de demanda do Demonstração 2–1 (onde $P_y = \$15$, $M = \$10.000$, e $A_x = 2.000$), teremos

$$Q_x^d = 12.000 - 3P_x + 4(15) - 1(10.000) + 2(2.000)$$

que pode ser simplificado como

$$Q_x^d = 6{,}060 - 3P_x \qquad (2\text{--}1)$$

Já que normalmente demonstramos essa relação graficamente com o preço do bem no eixo vertical, é útil representar a Equação 2–1 com o preço do lado esquerdo e tudo o mais do lado direito. Essa relação é chamada *função de demanda inversa*. Para esse exemplo, a função de demanda inversa é

$$P_x = 2{,}020 - \frac{1}{3}Q_x^d$$

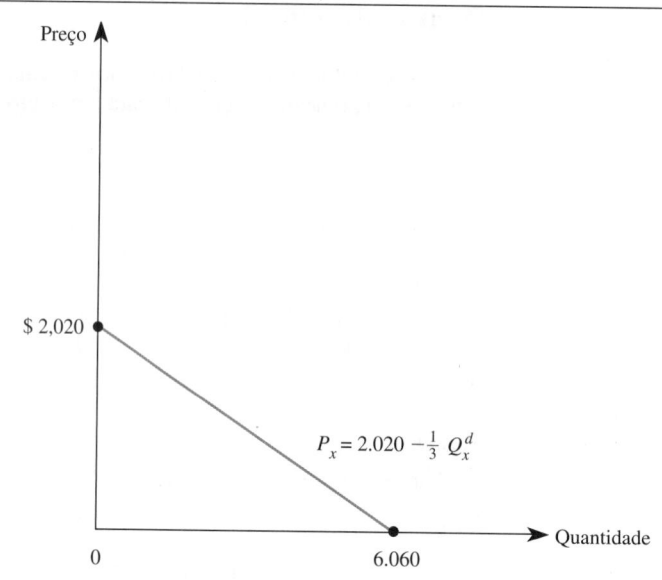

Figura 2–4 Demonstrando graficamente a função de demanda inversa

$$P_x = 2.020 - \frac{1}{3} Q_x^d$$

Pontos: $2.020 no eixo Preço; 6.060 no eixo Quantidade.

Isso revela quanto os consumidores estarão dispostos e podem pagar para cada unidade adicional do bem X. Essa curva de demanda é demonstrada graficamente na Figura 2–4.

Excedente do consumidor

Mostraremos agora como um gerente pode utilizar a curva de demanda para determinar o valor que um consumidor ou grupo de consumidores recebe de um produto. O conceito desenvolvido nesta seção é particularmente útil em *marketing* e outras disciplinas que enfatizam estratégias como *valoração de preço* e *discriminação de preços*.

Pela lei da demanda, o montante que o consumidor está disposto a pagar por unidade adicional de um bem diminui à medida que mais do bem é consumido. Por exemplo, imagine que a curva da demanda na Figura 2–5(a) represente sua demanda por água imediatamente após participar de uma corrida de 10 km. Inicialmente, você está disposto a pagar um preço bastante alto – nesse caso, $5 por litro – pelo primeiro gole de água. À medida que consome mais água, o montante que está disposto a pagar por um gole adicional declina de $5 para $4,99 e assim sucessivamente, à medida que você se move para baixo na curva de demanda. Observe que depois de ter consumido um litro inteiro de água, você está disposto a pagar $4 por litro para outro gole. Uma vez que tenha bebido 2 litros de água, você está disposto a pagar somente $3 por litro para outro gole.

Para encontrarmos o seu valor total (ou benefício) de 2 litros de água, simplesmente somamos o montante máximo que você está disposto a pagar para cada um desses goles de água entre 0 e 2 litros. Esse montante corresponde à área tracejada abaixo da curva de demanda na Figura 2–5(a) até a quantidade de 2 litros. Uma vez que a área dessa região é $8, o valor total que você recebe de 2 litros de água é $8.

Felizmente, você não vai ter de pagar preços diferentes para diferentes goles de água que consome. Na verdade, você se depara com o preço por unidade de, digamos,

Figura 2–5 Excedente do consumidor

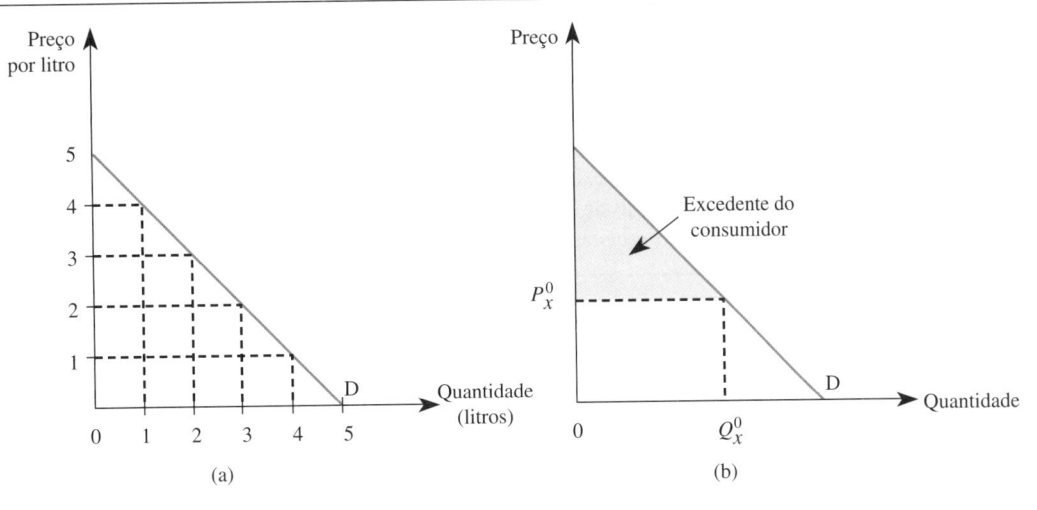

(a) Gráfico com eixo vertical "Preço por litro" (valores 1 a 5) e eixo horizontal "Quantidade (litros)" (valores 0 a 5), mostrando curva de demanda D que passa de (0,5) a (5,0), com linhas tracejadas indicando os pontos (1,4), (2,3), (3,2), (4,1).

(b) Gráfico com eixo vertical "Preço" e eixo horizontal "Quantidade", com curva de demanda D; área triangular hachurada acima de P_x^0 e à esquerda de Q_x^0 identificada como "Excedente do consumidor".

excedente do consumidor
O valor que os consumidores obtêm de um bem, mas pelo qual não precisam pagar.

$3 por litro e pode comprar e tomar quantos goles (ou mesmo litros) quiser a esse preço. Dada a curva de demanda na Figura 2–5(a), quando o preço é $3, você decide comprar 2 litros de água. Nesse caso, sua despesa total para os 2 litros de água é de $6. Como você valoriza 2 litros de água a $8 e apenas tem de pagar $6, está ganhando $2 em valor sob o montante que tem de pagar pela água. O valor "extra" é conhecido como *excedente do consumidor* – o valor que os consumidores obtêm de um bem, mas não têm de pagar por isso. Esse conceito é importante para os gerentes porque informa quanto de dinheiro extra os consumidores poderiam estar dispostos a pagar por um montante de um bem comprado.

De maneira geral, o excedente do consumidor é a área acima do preço pago por um bem, mas abaixo da curva de demanda. Por exemplo, o triângulo hachurado na Figura 2–5(b) ilustra o excedente de um consumidor que compra Q_x^0 unidades ao preço P_x^0. Para saber por quê, lembre-se de que cada ponto da curva de demanda indica o valor para o consumidor de outra unidade do bem. A diferença entre cada preço ao longo da curva de demanda e o preço P_x^0 pago representa o excedente (o valor que o consumidor recebe, mas pelo qual não tem de pagar). Quando calculamos o "excedente" recebido por unidade entre 0 e Q_x^0 (essa soma é igual à região hachurada no triângulo), obtemos o excedente do consumidor associado à compra de Q_x^0 unidades ao preço de P_x^0 cada.

Os gerentes podem utilizar o conceito de excedente do consumidor para determinar o montante que os consumidores estarão dispostos a pagar por uma quantidade de produtos. Discutiremos esse assunto em detalhe no Capítulo 11, no qual examinaremos estratégias de preço; por enquanto, ilustramos apenas a ideia básica no problema a seguir.

Demonstração 2–2

A demanda de um consumidor típico pelo produto da Happy Beverage Company é parecida com o demonstrado na Figura 2–5(a). Se a empresa cobra o preço de $2 por litro, qual receita obterá e quanto excedente o consumidor típico desfrutará? Qual é o máximo que um consumidor estaria disposto a pagar por uma garrafa contendo exatamente 3 litros da bebida?

Resposta:

Ao preço de $2 por litro, um consumidor típico comprará 3 litros da bebida. Assim, a receita da empresa será de $6 e o excedente do consumidor, $4,50 (a área do triângulo do excedente do consumidor é a metade da multiplicação da base pela altura, ou $0,5(3)(\$5 - \$2) = \$4,50$). O valor total de 3 litros da bebida para um consumidor típico é, então, $6 + $4,50, ou $10,50. Isso também representa o montante máximo que um consumidor estaria disposto a pagar por uma garrafa contendo exatamente 3 litros da bebida. Em outras palavras, se a empresa vender o produto em garrafas de 3 litros em vez de unidades menores, poderia vender cada garrafa por $10,50 para obter receitas mais elevadas e extrair todo o excedente do consumidor.

Oferta

curva de oferta de mercado
Uma curva que indica a quantidade total de um bem que os produtores de um mercado competitivo podem produzir a cada preço, mantendo constantes os preços dos insumos, da tecnologia, e outras variáveis que afetam a oferta.

mudança na quantidade ofertada
Mudanças no preço de um bem levam a mudanças na quantidade ofertada desse bem. Isso corresponde a um movimento ao longo da curva de oferta dada.

Na seção anterior nos concentramos na demanda, a qual representa metade das forças que determinam o preço em um mercado. A outra determinante é a oferta de mercado. Em um mercado competitivo existem muitos produtores, cada um produzindo produtos similares. A *curva de oferta de mercado* resume a quantidade total que todos os produtores estão dispostos e aptos a produzir a preços alternativos, mantendo constantes outros fatores que afetam a demanda.

Uma vez que a oferta de mercado de um bem em geral depende de muitas variáveis, quando demonstramos graficamente uma curva de oferta, mantemos tudo constante, com exceção do preço do bem. O movimento ao longo da curva de oferta como aquele de A para B na Figura 2–6 é chamado *mudança na quantidade ofertada*. O fato de que a oferta de mercado possui uma curva com inclinação positiva reflete a *lei da oferta* inversa: à medida que o preço de um bem aumenta (cai) e os outros fatores permanecem constantes, a quantidade ofertada do bem aumenta (cai). Os produtores estão dispostos a produzir mais quando o preço é mais elevado do que quando o preço é baixo.

Figura 2–6 Mudanças na oferta

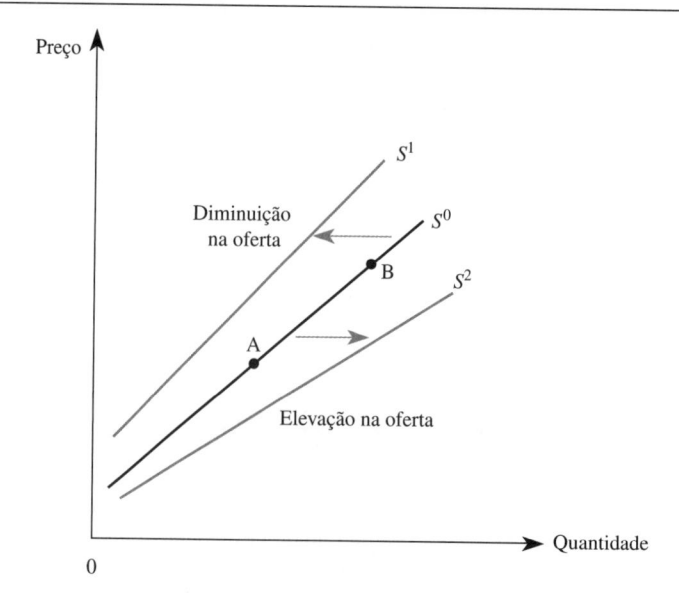

Por dentro dos negócios 2–2

O Nafta e a curva de oferta

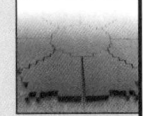

O Acordo de Livre Comércio da América do Norte (Nafta) entre Estados Unidos, Canadá e México contém regulamentações que são projetadas para reduzir o custo dos produtos produzidos tanto domesticamente quanto no exterior e que, portanto, aumentam a oferta norte-americana de bens e serviços. Os aspectos-chave do Nafta são:

- Eliminação da maioria das barreiras tarifárias e não tarifárias nos produtos industriais ao longo de dez anos, incluindo têxteis e vestimentas que tenham composição regional.
- Eliminação da maior parte das barreiras tarifárias e não tarifárias em produtos agrícolas por 15 anos.
- Regras de investimento assegurando tratamento nacional, eliminando a maioria dos requerimentos de desempenho em todos os setores e reduzindo barreiras ao investimento nos setores mexicanos petroquímico e de serviços financeiros.
- Liberalização de mercados de serviços financeiros, transportes terrestres e telecomunicações.
- Um mecanismo de soluções de disputa.
- Proteção de direitos de propriedade intelectual.
- Fundos para preservação ambiental e ajustes das comunidades ao longo das fronteiras.

Fonte: *Economic Report of the President*. Washington, D.C.: U.S. Government Printing Office, fev. 1995, p. 220–221.

Deslocadores de oferta

mudança na oferta
Mudanças nas variáveis que não o preço do produto, como preços dos insumos ou avanços tecnológicos, levam a uma mudança na oferta. Isso corresponde a um deslocamento de toda a curva de oferta.

Variáveis que afetam a posição da curva de oferta são chamadas *deslocadores de oferta*, e entre os principais estão o preço de insumos, o nível de tecnologia, o número de empresas no mercado, impostos e expectativas dos produtores. Sempre que uma ou mais dessas variáveis muda, a posição da curva de oferta como um todo se desloca. Tal deslocamento é conhecido como *mudança na oferta*. O deslocamento de S^0 para S^2 na Figura 2–6 é denominado *aumento na oferta*, uma vez que os produtores vendem mais bens a cada preço dado. O deslocamento de S^0 para S^1 na Figura 2–6 representa um *declínio na oferta*, uma vez que os produtores vendem menos do produto a cada preço.

Preços dos insumos

A curva de oferta revela quanto os produtores estão dispostos a produzir a preços alternativos. À medida que os custos de produção mudam, a disposição dos produtores em produzir bens a determinado preço muda. Em particular, à medida que o preço de um insumo se eleva, os produtores estão dispostos a produzir menos bens a cada preço dado. Esse decréscimo na oferta é demonstrado por um deslocamento à esquerda da curva de oferta.

Tecnologia ou regulamentações governamentais

Mudanças tecnológicas e mudanças nas regulamentações governamentais também afetam a posição da curva de oferta. Mudanças que tornam possível produzir determinada quantidade a um custo mais baixo, como aquelas apresentadas no quadro Por Dentro dos Negócios 2–2, tem efeito de aumentar a oferta. De modo oposto, desastres naturais que destroem a tecnologia existente e regulamentações governamentais, como aquelas relativas a padrões de emissões que têm efeito adverso sobre os negócios, deslocam a curva de oferta para a esquerda.

Número de empresas

O número de empresas em uma indústria afeta a posição da curva de oferta. À medida que empresas adicionais entram em uma indústria, mais e mais produtos estão disponíveis a diferentes preços. Isso é refletido por um deslocamento à direita na curva de oferta. Similarmente, à medida que empresas saem da indústria, menos unidades são vendidas a diferentes preços, e a oferta diminui (deslocamento para a esquerda).

Substitutos na produção

Muitas empresas têm tecnologias rapidamente adaptáveis a produtos bastante diferentes. Por exemplo, a General Motors pode converter uma planta para a montagem de caminhões em uma planta para a montagem de carros ao alterar seus equipamentos produtivos. Quando o preço do carro se eleva, a General Motors pode converter algumas de suas linhas de montagem de caminhões em linhas de montagem de carros, incrementando a quantidade de carros ofertados. Isso tem efeito de deslocar a curva de oferta de caminhões para a esquerda.

Impostos

A posição da curva de oferta também é afetada pelos impostos. Um *imposto sobre bens produzidos* é um imposto sobre cada unidade vendida de produto, em que a receita dos impostos é recolhida pelo fornecedor; por exemplo, suponha que o governo estabeleça uma taxa de $0,20 por galão de gasolina. Uma vez que cada fornecedor deve pagar ao governo $0,20 para cada galão de gasolina vendido, cada um deve receber um adicional de $0,20 por galão para estar disposto a oferecer a mesma quantidade de gasolina anterior ao imposto. Um imposto sobre produtos industrializados desloca a

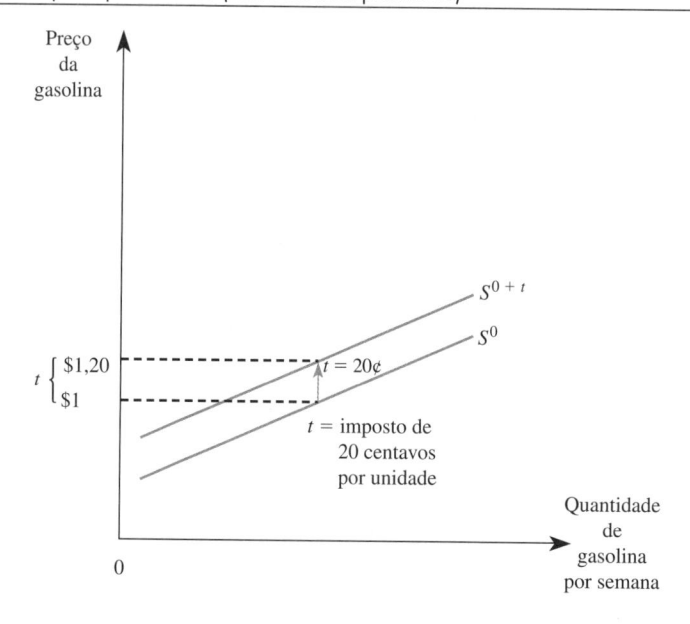

Figura 2-7 Imposto por unidade (sobre um bem produzido)

Figura 2-8 Imposto *ad valorem*

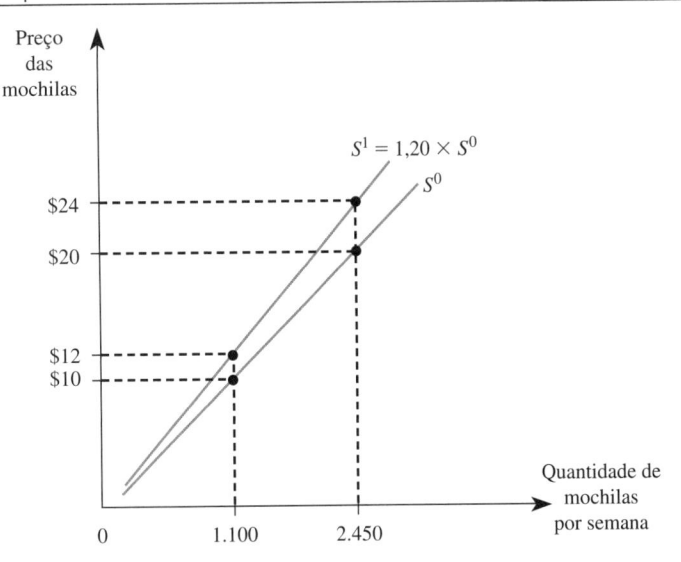

curva de oferta para cima no montante do imposto, como se pode observar na Figura 2–7. Note que, a qualquer preço dado, os produtores estarão dispostos a vender menos gasolina após o imposto do que antes. Assim, um imposto sobre um bem produzido tem o efeito de diminuir a oferta de um bem.

Outra forma de imposto frequentemente utilizada por uma agência governamental é o imposto *ad valorem*. *Ad valorem* literalmente significa "de acordo com o valor". Um *imposto ad valorem* é um imposto percentual; um imposto sobre as vendas é um exemplo bem conhecido. Se o preço de um bem é de $1 e o imposto *ad valorem* de 10% é atrelado àquele bem, o preço após o imposto é de $1,10. Como o imposto *ad valorem* é percentual, ele será mais elevado para itens com preços mais altos.

Na Figura 2–8, S^0 representa a curva de oferta de mochilas antes da incidência de um imposto *ad valorem* de 20%. Observe que 1.100 mochilas são oferecidas para venda quando o preço da mochila é de $10 e 2.450 mochilas são oferecidas quando o preço é de $20. Se o imposto de 20% é implementado, o preço requerido para produzir cada unidade subirá em 20% para qualquer nível de produção. Consequentemente, o preço subirá $2 quando a quantidade for de 1.100 e $4 quando a quantidade for de 2.450. Um imposto *ad valorem* rotacionará a curva de oferta no sentido anti-horário, e a nova curva se afastará cada vez mais da curva original à medida que o preço se eleva. Isso explica por que S^1 é mais inclinado que S^0 na Figura 2–8.

Expectativas do produtor

As *expectativas do produtor* sobre os preços futuros também afetam a posição da curva de oferta. De fato, vender uma unidade de um bem hoje e vendê-la amanhã são substitutos em produção. Se a empresa repentinamente espera que os preços se tornem mais altos no futuro e se o produto não for perecível, os produtores podem estocar a produção de hoje e vendê-la mais tarde a um preço mais alto. Isso tem o efeito de deslocar a curva de oferta atual para a esquerda.

A função de oferta

Podemos agora entender a diferença entre oferta e quantidade ofertada e reconhecer os fatores que influenciam a posição da curva de oferta. O passo final da nossa análise é mostrar que todos os fatores que influenciam a oferta de um bem podem ser resumidos em uma função de oferta.

A *função de oferta* de um bem descreve quanto dele será produzido a preços alternativos do próprio bem, a preços alternativos dos insumos e a valores alternativos de outras variáveis que afetam a oferta. Formalmente, considere que Q_x^s representa a quantidade ofertada de um bem, P_x o preço do bem, W o preço de um insumo (como o salário sobre o trabalho), P_r o preço dos bens tecnologicamente relacionados, e H o valor de alguma outra variável que afeta a oferta (como a tecnologia existente, o número de empresas no mercado, os impostos, as expectativas dos produtores). Então a função da oferta para o produto X pode ser escrita como

$$Q_x^s = f(P_x, P_r, W, H)$$

A função de oferta reconhece explicitamente que a quantidade produzida em um mercado depende não apenas do preço do bem, mas também de todos os fatores potencialmente deslocadores da oferta. Como existem muitas formas funcionais diferentes para diferentes tipos de produtos, uma representação particularmente útil de uma função de oferta é a relação linear. A oferta é *linear* se Q_x^s é uma função linear das variáveis que influenciam a oferta. A equação a seguir é representativa de uma função de oferta linear:

$$Q_x^s = \beta_0 + \beta_x P_x + \beta_r P_r + \beta_w W + \beta_H H$$

Os coeficientes (os β_is) representam os números estimados pelo departamento de pesquisa da empresa ou por um consultor econômico.

função de oferta
Uma função que descreve quanto de um bem será produzido a preços alternativos do bem, a preços alternativos de insumos e a valores alternativos de outras variáveis que afetam a oferta.

função de oferta linear
Uma representação da função de oferta na qual a oferta de um bem é uma função linear dos preços e de outras variáveis que afetam a oferta.

Demonstração 2-3

Seu departamento de pesquisa estima que a função de oferta para televisores é dada por

$$Q_x^s = 2.000 + 3P_x - 4P_r - P_w$$

onde P_x é o preço da televisão, P_r representa o preço do monitor de computador e P_w é o preço de um insumo utilizado na produção de televisores. Suponha que o televisor seja vendido por $400 a unidade, os monitores de computadores, por $100 a unidade, e que o preço de um insumo seja de $2 mil. Quantos televisores serão produzidos?

Resposta:

Para descobrirmos quantos televisores serão produzidos, inserimos os valores dos preços na função de oferta para obter

$$Q_x^s = 2.000 + 3(400) - 4(100) - 1(2.000)$$

Somando os números, a quantidade total de televisores produzida é de 800.

A informação resumida na função de oferta pode ser utilizada para demonstrar graficamente uma curva de oferta. Se uma curva de oferta é a relação entre preço e quantidade, uma curva de oferta representativa mantém constante tudo que não seja o preço. Isso significa que se pode obter a fórmula para a curva de oferta ao se inserir os valores dos deslocadores de oferta na função de oferta, mas mantendo P_x na equação para permitir que seu valor varie. Se fizermos isso para a curva de oferta do Demonstração 2–3 (onde $P_r = \$100$ e $P_w = 2.000$), teremos

$$Q_x^s = 2.000 + 3P_x - 4(100) - 1(2.000)$$

que simplificando é igual a

$$Q_x^s = 3P_x - 400 \qquad (2\text{–}2)$$

Pelo fato de geralmente o gráfico dessa relação apresentar o preço do bem no eixo vertical, é útil representar a Equação 2–2 com o preço do lado esquerdo e o restante do lado direito. Isso é conhecido como *função de oferta inversa*. Para este exemplo, a função de oferta inversa é

$$P_x = \frac{400}{3} + \frac{1}{3} Q_x^s$$

que é a equação para a curva de oferta representada na Figura 2–9. A curva revela quanto os produtores devem receber para estarem dispostos a produzir cada unidade adicional do bem X.

Excedente do produtor

Da mesma maneira que os consumidores querem que os preços sejam os mais baixos possíveis, os produtores querem que os preços sejam os mais altos possíveis. A curva de oferta revela o montante que os produtores estarão dispostos a produzir a dado preço. Isso indica o preço que a empresa deve receber para estar disposta

Figura 2–9 Excedente do produtor

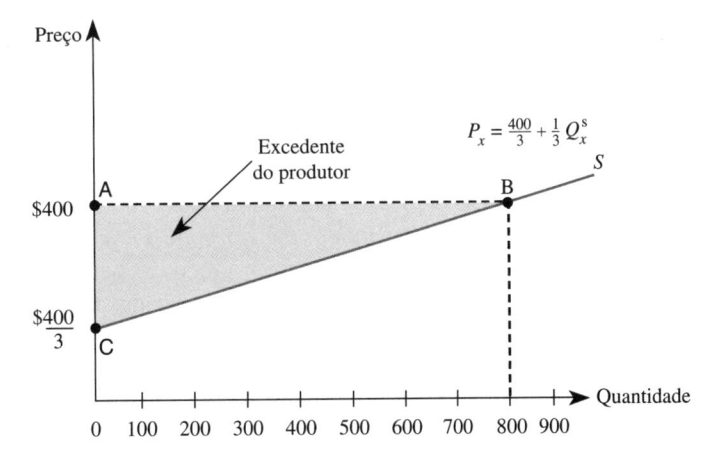

a produzir uma unidade adicional de um bem. Por exemplo, a Figura 2–9 informa que o total de 800 unidades será produzido quando o preço for de $400. Alternativamente, se 800 unidades forem produzidas, os produtores terão de receber $400 para serem induzidos a produzir outra unidade do bem.

excedente do produtor
O montante que os produtores recebem além do necessário para induzi-los a produzir o bem.

O *excedente do produtor* é o análogo ao excedente do consumidor para o produtor. É o montante de dinheiro que os produtores recebem além do necessário para induzi-los a produzir o bem. Mais especificamente, observe que os produtores estão dispostos a vender cada unidade produzida abaixo das 800 unidades a um preço inferior a $400. Mas se o preço for $400, os produtores receberão o montante de $400 por unidade produzida abaixo de 800, mesmo que estejam dispostos a vender essas unidades individualmente por um preço mais baixo.

Geometricamente, o excedente do produtor é a área acima da curva de oferta, mas abaixo do preço de mercado do bem. A área destacada na Figura 2–9 representa o excedente dos produtores recebido pela venda de 800 unidades a um preço de $400 – montante acima do que seria requerido para produzir cada unidade do bem. A área destacada, ABC, é o excedente do produtor quando o preço é de $400. Matematicamente, representa a metade de 800 vezes $266,67, ou $106.668.

O excedente do produtor pode ser uma ferramenta importante para os gestores. Suponha que o gerente de um grande restaurante de *fast-food* atualmente compre 10 mil libras de carne moída por semana de um fornecedor ao preço de $1,25 por libra. O excedente do produtor que o fornecedor de carne obtém ao vender 10 mil libras a $1,25 por libra informa ao gerente do restaurante o montante em dinheiro que o fornecedor está recebendo sobre aquilo que ele estaria disposto a aceitar pela carne. Em outras palavras, o excedente do produtor do fornecedor de carne é o montante máximo que o restaurante poderia economizar em custo com a carne, barganhando com o fornecedor sobre o acordo estabelecido de 10 mil libras pela carne. Os capítulos 6 e 10 oferecerão detalhes sobre como os gerentes podem negociar tal barganha.

Equilíbrio de mercado

O preço de equilíbrio em um mercado competitivo é determinado pelas interações entre todos os compradores e os profissionais de vendas. Os conceitos de oferta de mercado e demanda de mercado tornam a noção de interação mais precisa: o preço de um bem em um mercado competitivo é determinado pela interação da oferta de mercado e da demanda de mercado pelo bem.

Pelo fato de nos concentrarmos no mercado para um único produto, é conveniente abandonarmos os subscritos neste ponto e deixarmos P representar o preço desse bem e Q, sua quantidade. A Figura 2–10 mostra as curvas de oferta e demanda de mercado para o bem. Para entender como o preço competitivo é determinado, considere que o preço do bem seja P^L. Esse preço corresponde ao ponto B na curva de demanda de mercado; os consumidores desejam comprar Q^1 unidades do bem. Similarmente, o preço P^L corresponde ao ponto A na curva de oferta de mercado; os produtores estarão dispostos a produzir apenas Q^0 unidades a esse preço. Enquanto o preço for P^L, existirá uma *carência* do produto, isto é,

Figura 2-10 Equilíbrio de mercado

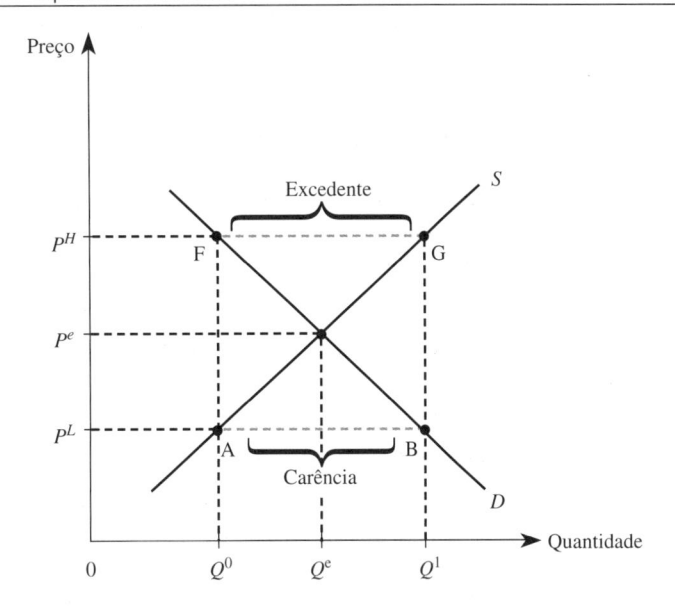

não existirá produto suficiente para satisfazer o desejo de todos os consumidores de comprá-lo a esse preço.

Em situações em que existe falta de produto, há uma tendência natural à elevação do preço. À medida que o preço sobe de P^L para P^e na Figura 2–10, os produtores têm o incentivo de expandir a produção de Q^0 para Q^e. Da mesma maneira, à medida que o preço se eleva, os consumidores estão dispostos a comprar menos do bem. Quando o preço sobe para P^e, a quantidade demandada é Q^e. A esse preço, apenas o suficiente do bem é produzido para satisfazer a todos os desejos e disposições dos consumidores em comprar; a quantidade demandada é igual à quantidade ofertada.

Suponha o preço em um nível mais elevado – digamos, P^H. Esse preço corresponde ao ponto F na curva de demanda de mercado, indicando que os consumidores desejam comprar Q^0 unidades do bem. O preço P^H corresponde ao ponto G na curva de oferta de mercado; os produtores estão dispostos a produzir Q^1 unidades a esse preço. Assim, quando o preço é P^H, existe um *excedente* do bem; as empresas estão produzindo mais do que podem vender ao preço P^H.

Embora exista um excedente, há uma tendência natural à diminuição do preço para igualar a quantidade ofertada à quantidade demandada. À medida que o preço cai de P^H para P^e, os produtores têm um incentivo para reduzir a quantidade ofertada para Q^e. Similarmente, à medida que o preço cai, os consumidores estão dispostos a comprar mais do bem. Quando o preço cai para P^e, a quantidade demandada é Q^e; a quantidade demandada é igual à quantidade ofertada.

A interação da oferta e da demanda, por fim, determina um preço competitivo, P^e, ao qual não existe nem falta nem excedente do bem. Esse preço é conhecido como *preço de equilíbrio* e a quantidade correspondente, Q^e, é chamada *quantidade de equilíbrio* para o mercado competitivo. Quando esses preços e quantidades são adotados, as forças de mercado de oferta e de demanda são balanceadas; não existe tendência de os preços subirem ou caírem.

Princípio	**Os lucros são um sinal**

O equilíbrio em um mercado competitivo é determinado pela intersecção das curvas de oferta e de demanda de mercado. O preço de equilíbrio é o preço que iguala quantidade demandada à quantidade ofertada. Matematicamente, se $Q^d(P)$ e $Q^s(P)$ representam a quantidade demandada e ofertada quando o preço é P, o preço de equilíbrio, P^e, é o preço em que

$$Q^d(P^e) = Q^s(P^e)$$

A quantidade de equilíbrio é simplesmente $Q^d(P^e)$ ou, de maneira equivalente, $Q^s(P^e)$.

Demonstração 2-4

De acordo com um artigo do *China Daily*, a China recentemente acelerou seu plano de privatização de dezenas de milhares de empresas estatais. Imagine que você esteja auxiliando um senador no Comitê de Relações Internacionais do Senado norte-americano, e lhe foi pedido que ajudasse o comitê a determinar preço e quantidade que prevalecerão quando for permitido que as forças competitivas equilibrem o mercado. As melhores estimativas da demanda e da oferta de mercado para o bem (em preços equivalentes em dólares norte-americanos) são dadas por $Q^d = 10 - 2P$ e $Q^s = 2 + 2P$, respectivamente. Determine o preço e a quantidade de equilíbrio competitivo.

Resposta:

O equilíbrio competitivo é determinado pela intersecção das curvas de demanda e de oferta de mercado. Matematicamente, isso apenas significa que $Q^d = Q^s$. Igualando as curvas de oferta e de demanda, tem-se

$$10 - 2P = 2 + 2P$$

ou

$$8 = 4P$$

Resolvendo essa equação para P, temos o preço de equilíbrio, $P^e = 2$. Para determinarmos a quantidade de equilíbrio, colocamos esse preço em ambas as funções, tanto na função de oferta como na função de demanda (uma vez que, em equilíbrio, a quantidade ofertada é igual à quantidade demandada). Por exemplo, usando a função de oferta, encontramos

$$Q^e = 2 + 2(2) = 6$$

Restrições de preço e equilíbrio de mercado

A seção anterior mostrou como os preços e quantidades são determinados em um mercado livre. Em algumas situações, o governo estabelece limites a respeito de quanto os preços podem subir ou descer, de forma que essas restrições podem afetar o equilíbrio de mercado. Nesta seção, examinamos o impacto de valores máximos e valores mínimos para os preços nas alocações de mercado.

Preço-teto

Uma implicação básica da doutrina econômica da escassez é que não há bens suficientes para satisfazer a necessidade de todos os consumidores a um preço zero. Como consequência, algum método deve ser utilizado para determinar quem deve consumir bens e quem não deve. Pessoas que não consomem bens são essencialmente discriminadas. Uma maneira de determinar quem pode obter um bem e quem não pode é alocar os bens, por exemplo, com base na cor de cabelo: se você é ruivo, obtém o bem; se você não é ruivo, não pode obter o bem.

O sistema de preços utiliza preços para determinar quem obtém um bem e quem não o obtém. O sistema de preços aloca bens entre os consumidores que estão dispostos e aptos a pagar pela maioria dos bens. Se o preço de equilíbrio competitivo de uma calça jeans é $40, os consumidores dispostos e aptos a pagar $40 comprarão o bem; consumidores não dispostos ou não aptos a pagar essa quantia por um jeans não comprarão o bem.

É importante ter em mente que não é o sistema de preços que é "injusto" se alguém não pode pagar o preço de mercado por um bem; aliás, injusto é que vivamos em um mundo com escassez. Qualquer método de alocação de bens vai parecer injusto para alguém, porque não há recursos suficientes para satisfazer às necessidades de todos. Por exemplo, se o jeans fosse alocado às pessoas com base na cor do cabelo, independentemente do sistema de preços, você poderia pensar que essa regra de alocação é injusta, a não ser que tivesse nascido com a cor de cabelo "certa".

Com frequência, indivíduos discriminados pelo sistema de preços tendem a persuadir o governo a intervir no mercado ao requerer que produtores vendam a preços mais baixos. Isso é natural, pois, se não fôssemos aptos a possuir uma casa por termos a cor de cabelo errada, certamente poderíamos pleitear para que o governo estabelecesse uma lei permitindo a pessoas com a nossa cor de cabelo a terem uma casa. Mas assim haveria um número muito pequeno de casas e, então, seria necessário estabelecer outra maneira de alocar casas entre as pessoas.

Suponha que, por qualquer razão, o governo considere "alto demais" o preço de equilíbrio de P^e da Figura 2–11 e estabeleça uma lei proibindo as empresas de cobrar valores superiores a P^c. Tal preço é chamado *preço-teto*.

preço-teto
O preço máximo legal que pode ser cobrado em um mercado.

Não fique confuso com o fato de o preço-teto estar abaixo do preço de equilíbrio inicial; o termo *teto* refere-se ao preço máximo permitido no mercado. Ele não se refere a um preço necessariamente acima do preço de equilíbrio. De fato, se um teto for imposto acima do preço de equilíbrio, ele seria ineficiente; o preço de equilíbrio ficaria abaixo do preço máximo legal.

Dado o preço regulamentado de P^c, a quantidade demandada excede a quantidade ofertada pela distância de A a B na Figura 2–11; existe uma escassez de $Q^d - Q^s$ unidades. A razão para essa escassez é dupla. Primeiro, os produtores estão dispostos a produzir menos a um preço mais baixo, de modo que a quantidade disponível é reduzida de Q^e para Q^s. Segundo, os consumidores desejam comprar mais a preço mais baixo; então, a quantidade demandada aumenta de Q^e para Q^d. O resultado é que não há quantidade suficiente de bens para satisfazer a todos os consumidores dispostos e aptos a comprar o bem ao preço máximo estabelecido.

Como, então, os bens serão alocados, agora que seu racionamento baseado no preço é ilegal? Na maioria das vezes, os bens são racionados com base no "primeiro que chega, primeiro a ser atendido". Como consequência, os preços-teto

Figura 2–11 Preço-teto

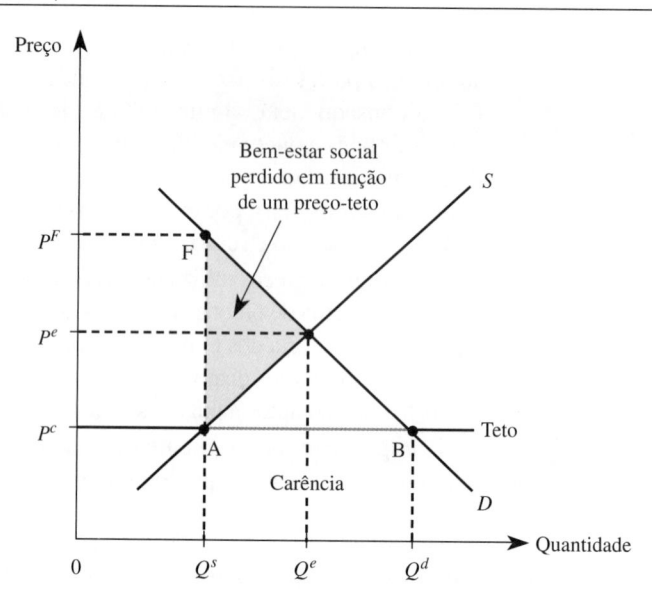

[Gráfico: eixo vertical Preço, eixo horizontal Quantidade. Curva de oferta S e curva de demanda D cruzam-se em P^e, Q^e. Linha horizontal "Teto" em P^c abaixo do equilíbrio. Ponto A em (Q^s, P^c), ponto B em (Q^d, P^c), ponto F em (Q^s, P^F). Área sombreada triangular entre F, equilíbrio e A indica "Bem-estar social perdido em função de um preço-teto". Segmento entre A e B rotulado "Carência".]

tipicamente resultam em longas filas, como aquelas criadas na década de 1970 em razão dos preços-tetos da gasolina. Preços-teto discriminam as pessoas que têm um elevado custo de oportunidade de tempo e não gostam de esperar em filas. Se um consumidor precisa esperar em uma fila duas horas para comprar 10 litros de gasolina e seu tempo custa $5 por hora, isso custa ao consumidor $2 \times \$5 = \$10$ por esperar na fila. Como são comprados 10 litros de gasolina, há uma adição de $1 por litro em virtude da espera na fila para comprar o bem.

Essa ideia básica pode ser demonstrada graficamente. Sob o preço-teto P^c, apenas Q^s unidades do bem estão disponíveis. Pelo fato de essa quantidade corresponder ao ponto F na curva de demanda da Figura 2–11, observamos que os consumidores estão dispostos a pagar P^F por outra unidade do bem. Pela lei, no entanto, eles não podem pagar à empresa mais do que P^c. A diferença, $P^F - P^c$, reflete o preço por unidade que os consumidores estão dispostos a pagar pela espera na fila. O *preço econômico pleno* pago por um consumidor (P^F) é, então, o montante pago à empresa (P^c) mais o montante implícito pago pela espera na fila ($P^F - P^c$). O último preço é pago não em dinheiro, mas pelo custo de oportunidade denominado *preço não pecuniário*.

preço econômico pleno
Montante em dinheiro pago a uma empresa sob o preço-teto mais o preço não pecuniário.

$$\underset{\substack{\text{Preço} \\ \text{econômico} \\ \text{pleno}}}{P^F} = \underset{\substack{\text{Preço} \\ \text{em} \\ \text{dinheiro}}}{P^c} + \underset{\substack{\text{Preço não} \\ \text{pecuniário}}}{(P^F - P^c)}$$

Como mostra a Figura 2–11, P^F é maior que o preço de equilíbrio inicial, P^e. Quando os custos de oportunidade são considerados, o preço econômico pleno pago por um bem é, na verdade, mais elevado depois da imposição do preço-teto.

Uma vez que o preço-teto reduz a quantidade disponível no mercado, tal regulamentação reduz o bem-estar social, mesmo que ele não resulte em longas filas. O valor em dinheiro da perda de bem-estar social é dado pela área sombreada do triângulo na Figura 2–11. Intuitivamente, cada ponto da curva de demanda representa o montante que os consumidores podem estar dispostos a pagar por uma unidade adicional, enquanto cada ponto na curva de oferta indica o montante que os produtores devem receber para ser induzidos a vender uma unidade adicional. A diferença vertical entre as curvas de oferta e de demanda para cada unidade representa a mudança no bem-estar social (o valor do consumidor menos os custos de produção relevantes) associado a cada unidade adicional de produção. Tomando essas diferenças verticais para todas as unidades entre Q^e e Q^s, temos o triângulo destacado na Figura 2–11, e este representa o valor total em dinheiro da perda de bem-estar social devido ao preço-teto.

Demonstração 2–5

Baseado na sua resposta ao Comitê de Relações Internacionais (Demonstração 2–4), um dos senadores argumenta que o preço livre no mercado pode ser muito elevado para o cidadão chinês pagar. Em função disso, pede-lhe que explique o que poderia acontecer se o governo chinês procedesse à privatização, mas estabelecendo um preço-teto, na China, equivalente a $1,50. Como você responderia? Considere que as curvas de oferta e de demanda de mercado (em preços equivalentes a dólares norte-americanos) ainda sejam dadas por

$$Q^d - 10 - 2P \quad \text{e} \quad Q^s - 2 + 2P$$

Resposta:

Uma vez que o preço-teto esteja abaixo do preço de equilíbrio de $2, isso resultará em carência. Mais especificamente, quando o preço-teto for de $1,50 a quantidade demandada é

$$Q^d = 10 - 2(1,50) = 7$$

e a quantidade ofertada é

$$Q^s = 2 + 2(1,50) = 5$$

Dessa maneira, existe uma carência de $7 - 5 = 2$ unidades.

Para determinarmos o preço econômico pleno, simplesmente estabelecemos o preço máximo que os consumidores estão dispostos a pagar pelas 5 unidades produzidas. Para tanto, primeiro, deixamos a quantidade igual a 5 na fórmula da demanda:

$$5 = 10 - 2P^F$$

ou

$$2P^F = 5$$

Em seguida, resolvemos essa equação para P^F de forma a obter o preço econômico pleno, $P^F = \$2,50$. Portanto, os consumidores pagam o preço econômico pleno de $2,50 por unidade; $1,50 do preço é em dinheiro, e $1 representa o preço não pecuniário do bem.

Baseado na análise precedente, alguém pode se perguntar por que o governo poderia, mesmo assim, impor preços-teto. Uma resposta poderia ser que esses políticos não entendem os princípios básicos de oferta e de demanda. No entanto, esta provavelmente não seja a resposta.

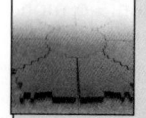

> **Por dentro dos negócios 2-3**
>
> ## Preços-teto e preços-piso ao redor do mundo
>
> Autoridades federais, estaduais e locais ao redor do mundo são frequentemente persuadidas a criar leis que restrinjam os preços que as empresas podem legalmente cobrar de seus consumidores. Muitos estados norte-americanos possuem leis de usura – limites máximos de taxa de juros – que restringem a taxa que bancos e outros emprestadores podem legalmente cobrar de seus clientes. A Itália também possui leis de usura, e as penalidades aos fornecedores de crédito que não atendem à lei incluem multas de 30 milhões de liras e seis anos na prisão. A Tailândia permitiu que o preço da gasolina fosse determinado pelas forças de mercado durante a década de 1990, mas seu ministro de Comércio impôs um preço-teto para segurar a rápida elevação dos preços da gasolina no início da década de 2000.
>
> Mais de 20 estados norte-americanos estabeleceram, em legislação, o salário-mínimo – um preço mínimo pela hora trabalhada que a empresa tem de pagar a seus funcionários. Essas restrições são adicionais ao salário-mínimo estabelecido pelo governo federal; têm o efeito similar ao daquele mostrado na Figura 2–12. No entanto, a menos que os governos contratem trabalhadores que não conseguem encontrar emprego ao salário artificialmente elevado, a "oferta" de trabalho se transforma em desemprego. Em mais de uma dúzia de províncias canadenses também existem leis de salários mínimos. Ontário, Colúmbia Britânica e Quebec estabeleceram preços-piso (chamados "preços mínimos de varejo") sobre a cerveja, para manter o preço artificialmente elevado a fim de desencorajar o consumo de álcool e proteger as cervejarias canadenses das marcas norte-americanas mais baratas.
>
> Fontes: "Oil Sales: Ceiling Set on Retail Margin." *The Nation,* 15 jun. 2002; "An Oil Shock of Our Own Making." *The Nation,* 20 maio 2004; "Italian Usury Laws: Mercy Strain'd." *The Economist,* 23 nov. 2000; "Democrats Look to Keep Minimum Wage on Table." *The Wall Street Journal,* 20 jun. 2006; "Beer Price War Punishes Mom-and-Pop Shops." *The Gazette,* 4 nov. 2005.

A resposta recai em quem se beneficia e quem é prejudicado pelas limitações de preços. Quando as filas se desenvolvem em função de uma escassez causada por um preço-teto, as pessoas com custos de oportunidade mais elevados são prejudicadas, enquanto pessoas com baixos custos de oportunidade podem, na verdade, ser beneficiadas. Por exemplo, se você não tem nada melhor a fazer do que esperar em uma fila, será beneficiado pelo preço em dólar mais baixo; seu preço não pecuniário é próximo a zero. Por outro lado, se você tiver alto custo de oportunidade em função de o seu tempo ser caro, será prejudicado pelo limite de preços. Se um constituinte, em particular, tende a ter um custo de oportunidade mais baixo, esse político naturalmente tenderá a defender um preço-teto.

Algumas vezes, quando a carência é criada por um preço-teto, os bens não são alocados com base nas filas. Os produtores podem discriminar os consumidores com base em outros fatores, dependendo de os consumidores serem regulares ou não. Durante a crise dos combustíveis da década de 1970, muitos postos venderam gasolina somente para os clientes habituais. Na Califórnia, no final da década de 1990, preços-tetos foram impostos nas taxas que os bancos cobravam de não correntistas por utilizar seus caixas eletrônicos. Os bancos responderam recusando-se a deixar que não correntistas utilizassem seus caixas eletrônicos. Em outras situações, como limites máximos de taxas de juros, os bancos podiam alocar dinheiro apenas aos consumidores que fossem relativamente prósperos.

A questão principal é que, na presença de uma carência criada por um teto, os gerentes devem utilizar algum método, que não o preço, para alocar os bens. Dependendo de qual método é utilizado, alguns consumidores serão beneficiados e outros, prejudicados.

Figura 2–12 Preço-piso

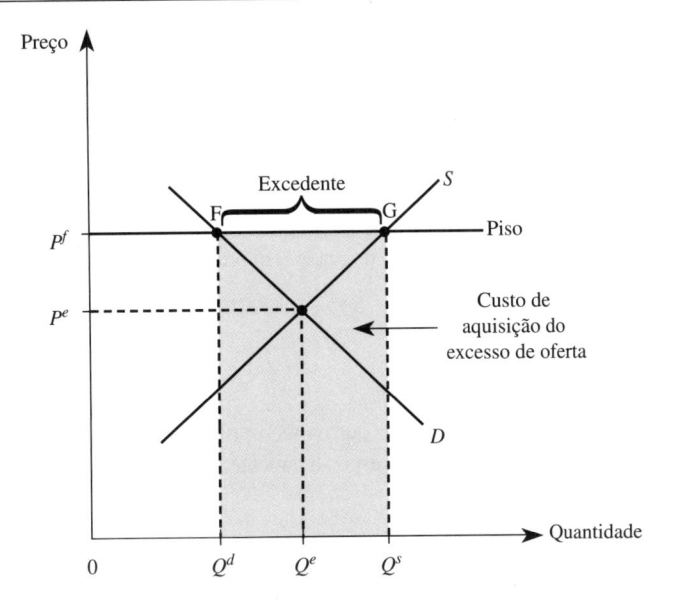

[Gráfico: eixos Preço (vertical) e Quantidade (horizontal). Curva de oferta S ascendente e curva de demanda D descendente se cruzam em P^e, Q^e. Linha horizontal em P^f acima de P^e representa o preço-piso. No nível P^f, a quantidade demandada é Q^d (ponto F sobre a curva D) e a quantidade ofertada é Q^s (ponto G sobre a curva S). A distância FG é indicada como "Excedente". A área sombreada FGQ^sQ^d é identificada como "Custo de aquisição do excesso de oferta".]

Preço-piso

preço-piso
Preço mínimo legal que pode ser cobrado em um mercado.

Em contraste com o caso de um preço-teto, em algumas vezes o preço de equilíbrio competitivo pode ser considerado muito baixo para os produtores. Nessas situações, os indivíduos podem fazer *lobby* para que o governo legisle um preço mínimo legal para um bem. Tal preço é conhecido como *preço-piso*. Talvez o preço-piso mais conhecido seja o salário-mínimo, o salário legal mais baixo que pode ser pago aos trabalhadores.

Se o preço de equilíbrio está acima do preço-piso, este não possui efeito no mercado. Mas se o preço-piso for estabelecido acima do nível de equilíbrio competitivo, assim como P^f na Figura 2–12, então ele terá efeito. Especificamente, quando o preço-piso é estabelecido em P^f, a quantidade ofertada é Q^s e a quantidade demandada é Q^d. Nessa situação, a produção será maior que aquilo que os consumidores estão dispostos a comprar a tal preço, e um excedente se estabelecerá. No contexto do mercado de trabalho, existem mais pessoas procurando trabalho do que existem empregos a determinados salários, e temos como resultado o desemprego. No contexto do mercado de produtos, o excedente se traduz em estoques não vendidos. Em um mercado livre, o preço pode cair para aliviar o desemprego ou os estoques excessivos, mas o preço-piso impede que esse mecanismo funcione. Os compradores acabam pagando um preço mais alto e comprando menos unidades.

O que acontece com os estoques não vendidos? Algumas vezes o governo concorda em comprar o excedente. Este é o caso de preços-pisos de muitos produtores de lacticínios, como o queijo. Sob o preço-piso, a quantidade de produtos não vendidos é dada pela distância entre G e F na Figura 2–12, ou $Q^s - Q^d$. Se o governo comprar esse excedente ao preço-piso, o custo total do governo será $P^f(Q^s - Q^d)$. Visto que a área do retângulo é a base vezes a altura, o custo do governo, ao comprar o excedente, é dado pela área sombreada FGQ^sQ^d da Figura 2–12.

Demonstração 2-6

Um dos representantes do Comitê de Relações Internacionais do Senado estudou sua análise da privatização chinesa (Demonstração 2–4 e 2–5), mas está preocupado que o preço de mercado livre possa ser muito baixo a permitir aos produtores obter alguma taxa de retorno sobre seus investimentos. Ele pede a você que explique o que poderia acontecer se o governo chinês privatizasse o mercado, mas concordasse em comprar os bens dos produtores a um preço-piso de $4. O que você poderia dizer ao senador? Considere que as curvas de oferta e de demanda de mercado (em preços equivalentes em dólares norte-americanos) ainda sejam dadas por

$$Q^d = 10 - 2P \quad \text{e} \quad Q^s = 2 + 2P$$

Resposta:

Uma vez que o preço-piso está acima do preço de equilíbrio de $2, o piso resulta em um excedente. Mais especificamente, quando o preço for de $4, a quantidade demandada será dada por

$$Q^d = 10 - 2(4) = 2$$

e a quantidade ofertada será

$$Q^s = 2 + 2(4) = 10$$

Portanto, existe um excedente de $10 - 2 = 8$ unidades. Os consumidores pagam um preço mais alto ($4), e os produtores têm estoques não vendidos de 8 unidades. No entanto, o governo chinês deve comprar o montante que os consumidores não estão dispostos a comprar pelo preço de $4. O custo para o governo chinês comprar o excedente de 8 unidades é $4 \times 8 = 32$.

Comparações estáticas

Agora você entende como o equilíbrio é determinado em um mercado competitivo e como políticas governamentais, como preços-teto e preços-piso, afetam o mercado. A seguir, mostramos como os gerentes podem utilizar a oferta e a demanda para analisar impactos de mudanças nas condições de mercado sobre preço e quantidade de equilíbrio competitivo. O estudo do movimento de um equilíbrio para o outro é conhecido como *análise estática comparativa*. Ao longo dessa análise, consideramos que restrições legais, como preços-teto ou preços-piso, não são adotadas e que o sistema de preços é livre para trabalhar na alocação de bens entre os consumidores.

Mudanças na demanda

Suponha que *The Wall Street Journal* reporte que é esperado que a renda dos consumidores cresça cerca de 2,5% ao longo do próximo ano e que, no fim do ano, o número de indivíduos com mais de 25 anos será o mais elevado de todos os tempos. Podemos utilizar todo o nosso conhecimento sobre oferta e demanda para examinar como tais mudanças nas condições de mercado afetarão as agências de aluguel de veículos, como Avis, Hertz e National. Parece razoável presumir que as locadoras de veículos sejam bens normais: um aumento na renda dos consumidores

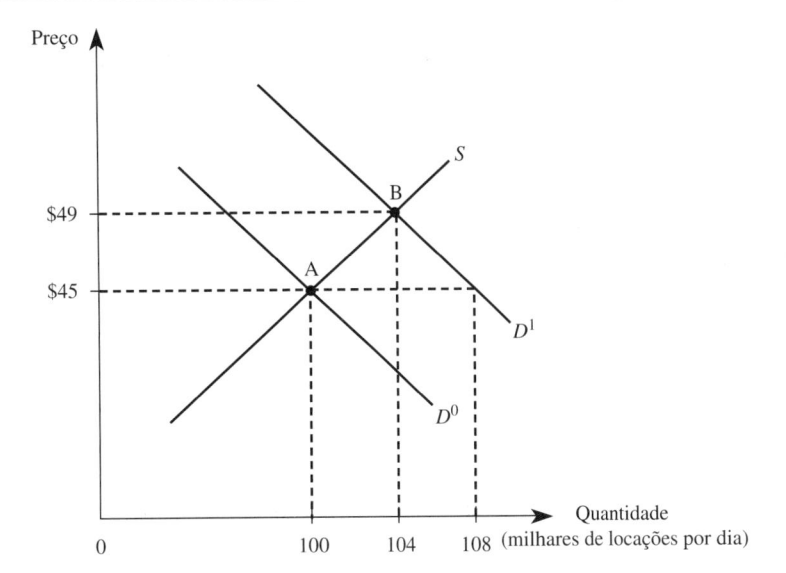

Figura 2–13 Efeito de uma mudança na demanda por carros de aluguel

levará a um aumento na demanda por veículos alugados. Um número elevado de consumidores com idade acima de 25 anos também eleva a demanda, dado que, em muitos locais, aqueles que alugam carros devem ter no mínimo 25 anos.

Ilustramos o efeito final da elevação na demanda por carros alugados na Figura 2–13. O equilíbrio inicial do mercado para aluguel de carros está no ponto A, em que a curva de demanda D^0 cruza a curva de oferta de mercado, S. As mudanças relatadas no *The Wall Street Journal* sugerem que a demanda por carros de aluguel vá aumentar ao longo do próximo ano, de D^0 para uma curva como D^1. O equilíbrio move-se para o ponto B, onde as locadoras alugam mais carros a um preço mais alto do que antes do aumento da demanda.

A razão para o aumento nos preços dos carros alugados é a seguinte: o crescimento no número de consumidores com mais de 25 anos, aliado ao aumento na renda do consumidor, aumenta a demanda por aluguel de carros. Ao preço antigo de $45 por dia, existem apenas 100 mil carros disponíveis. Isso é menos que os 108 mil carros que os consumidores querem alugar a esse preço. As locadoras de veículos acham interessante aumentar os preços e a quantidade ofertada de carros para aluguel até que, por fim, carros suficientes estejam disponíveis ao novo preço de equilíbrio de $49, de forma a igualar a quantidade demandada a esse preço mais elevado.

Demonstração 2–7

A gerente de uma locadora de veículos atualmente aluga-os a um preço de mercado de $49 ao dia; os custos de gasolina e óleo são arcados pela locadora. Em um artigo de primeira página de jornal, a gerente lê que os economistas esperam que o preço da gasolina aumente

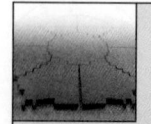

> **Por dentro dos negócios 2–4**
>
> ### Globalização e a oferta de refrigerantes
>
> Na economia global de hoje, o número de empresas no mercado depende, de maneira crítica, das decisões de entrada e de saída de organizações estrangeiras. Por exemplo, a Rasna Ltd. – um líder no concentrado mercado indiano de refrigerantes, que vende aproximadamente 3 bilhões de garrafas de produto a cada ano – recentemente anunciou planos de aumentar suas exportações em 30%. A empresa hoje exporta produtos para cerca de 40 países e está agora de olho nos mercados dos Estados Unidos e do Reino Unido.
>
> A entrada da Rasna nos Estados Unidos e no Reino Unido pode mudar a curva de oferta nesses mercados para a direita. Tudo o mais constante, tal fato afetará negativamente a situação das empresas que vendem nesses mercados: o aumento na oferta reduzirá os preços de equilíbrio de refrigerantes e os lucros das produtoras existentes.
>
> Fonte: "Rasna Plans Exports to US, UK, and Africa." *Financial Express*, India, 26 maio 2004.

drasticamente ao longo do próximo ano, devido ao aumento das tensões no Oriente Médio. O que a gerente deveria esperar que acontecesse com o preço dos aluguéis de carros de sua empresa?

Resposta:

Como a gasolina e o aluguel de carros são complementares, o aumento no preço da gasolina diminuirá a demanda por aluguéis de carros. Para entender o impacto sobre o preço e a quantidade de carros alugados, considere que D^1 na Figura 2–13 representa a demanda inicial por carros de aluguel, de forma que o equilíbrio inicial está no ponto B. Um aumento no preço da gasolina deslocará a curva de demanda por aluguéis de carros para a esquerda (para D^0), resultando em um novo equilíbrio no ponto A. Ela deveria esperar, então, que o preço dos aluguéis de carro caísse.

Mudanças na oferta

Podemos também utilizar nosso sistema de oferta e de demanda para prever como mudanças em uma ou mais das variáveis que deslocam a demanda afetarão o preço de equilíbrio e a quantidade de bens ou serviços. Por exemplo, considere uma decisão do Congresso que determina que todos os empregadores varejistas, tanto pequenos quanto grandes, ofereçam planos de saúde a seus funcionários. Como essa decisão afetaria os preços cobrados pelos bens das empresas no mercado varejista?

A nova lei de saúde poderia aumentar o custo dos revendedores e de outras organizações na contratação de trabalhadores. Muitos varejistas dependem de trabalhadores com pouca qualificação que recebem salários relativamente baixos, e o custo de oferecer planos de saúde a esses trabalhadores seria alto, relativamente aos seus ganhos anuais na forma de salário. Embora as empresas possam diminuir salários para, de alguma maneira, arcar com seus custos, ao obedecerem à nova lei de planos de saúde, o efeito líquido seria de elevação no custo total na contratação de trabalhadores. Os custos mais altos, por sua vez, poderiam diminuir a oferta de bens no varejo. O resultado da legislação seria o aumento dos preços cobrados pelos revendedores varejistas e a redução na quantidade de bens vendidos.

Figura 2–14 Efeito de uma mudança na oferta

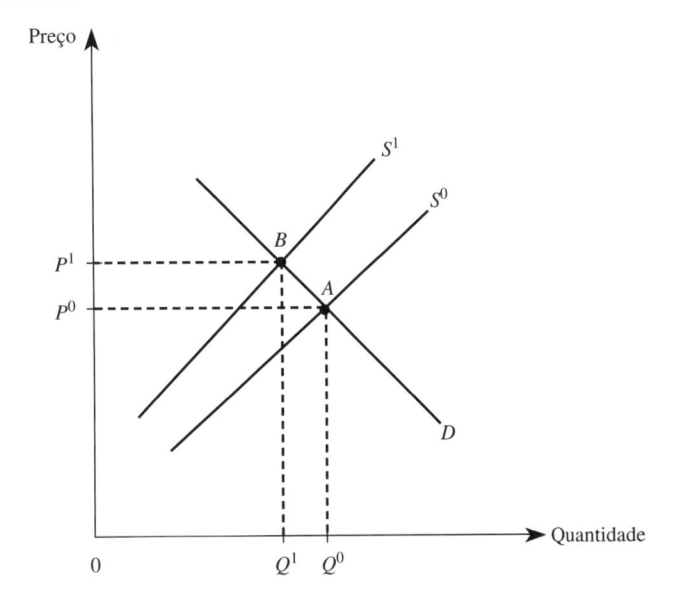

Podemos ver isso mais claramente na Figura 2–14. O mercado está inicialmente em equilíbrio no ponto A, onde a curva de demanda D cruza a curva de oferta de mercado, S^0. Preços dos insumos mais altos diminuem a oferta de S^0 para S^1, e o novo equilíbrio competitivo move-se para o ponto B. Nessa situação, o preço de mercado sobe de P^0 para P^1 e a quantidade de equilíbrio cai de Q^0 para Q^1.

Deslocamentos simultâneos na oferta e na demanda

Gerentes do setor público e do setor privado algumas vezes se deparam com eventos que levam a deslocamentos simultâneos tanto na oferta quanto na demanda. Um exemplo trágico ocorreu no final do século passado, quando um terremoto atingiu Kobe, no Japão. O tremor causou danos consideráveis à indústria de saquê japonesa, e a oferta nacional do produto diminuiu como resultado do evento. Infelizmente, o estresse causado pelo terremoto levou muitos japoneses a aumentar seu consumo de saquê e de outras bebidas alcoólicas. Podemos utilizar as ferramentas deste capítulo para examinar como essas mudanças simultâneas na oferta e na demanda afetaram o preço e a quantidade de equilíbrio de saquê.

Na Figura 2–15, o mercado está inicialmente em equilíbrio no ponto A, em que a curva de demanda D^0 cruza a curva de oferta S^0. Como o terremoto levou a uma simultânea diminuição na oferta e elevação na demanda por saquê, suponha que a oferta caia de S^0 para S^1 e a demanda aumente de D^0 para D^1. Nessa situação, o novo equilíbrio competitivo ocorre no ponto B; o preço do saquê aumenta de P^0 para P^1 e a quantidade consumida aumenta de Q^0 para Q^1.

Da forma como as curvas são desenhadas na Figura 2–15, o efeito da diminuição na oferta e o aumento na demanda elevam tanto o preço quanto a quantidade. Mas o que aconteceria se, em vez de se deslocar de S^0 para S^1, a curva de oferta se deslocasse

Figura 2-15 Um aumento na demanda simultâneo a um declínio na oferta eleva o preço de equilíbrio

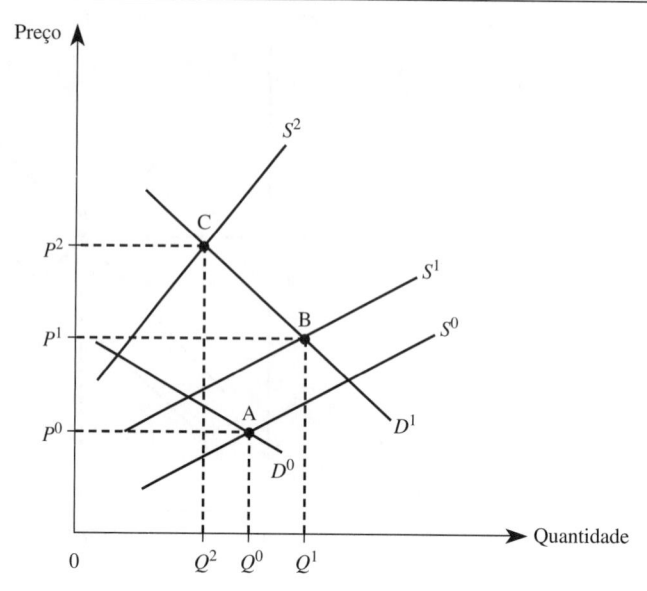

muito mais para a esquerda, chegando a S^2, cruzando-se com a nova curva de demanda no ponto C em vez de B? Nessa situação, o preço ainda seria mais elevado que o de equilíbrio inicial, P^0. Mas a quantidade resultante poderia ser menor que a de equilíbrio inicial (o ponto C implica uma quantidade menor que no ponto A). Portanto, vimos que, quando a demanda se eleva e a oferta diminui, o preço de mercado aumenta, mas a quantidade de mercado pode aumentar ou diminuir, dependendo da magnitude relativa dos deslocamentos.

Quando utilizamos a análise da oferta e da demanda para prever os efeitos de mudanças simultâneas na demanda e na oferta, devemos ser cuidadosos ao fazer tais previsões, no sentido de não serem enganadoras quanto à magnitude dos deslocamentos das curvas. Como mostra a Tabela 2–2, mudanças simultâneas na demanda e na oferta em geral levam a ambiguidades relativas tanto ao preço de equilíbrio quanto ao fato de a quantidade subir ou descer. Um exercício útil é desenhar vários deslocamentos simultâneos na oferta e na demanda para verificar os resultados resumidos na Tabela 2–2.

Tabela 2-2 Preço e quantidade de equilíbrio: o impacto de deslocamentos simultâneos na demanda e na oferta

Natureza da mudança	Aumento na demanda	Diminuição na demanda
Aumento na oferta	Preço: ambíguo Quantidade: aumenta	Preço: diminui Quantidade: ambígua
Diminuição na oferta	Preço: aumenta Quantidade: ambígua	Preço: ambíguo Quantidade: diminui

Demonstração 2-8

Suponha que você seja o gerente de uma rede de lojas de computadores. Por razões óbvias, você busca estar informado sobre os desenvolvimentos desse segmento, e acabou de saber que o Congresso aprovou dois programas designados a melhorar a posição da indústria de computadores norte-americana na economia global. Esses programas oferecem fundos crescentes para educação em informática nas escolas primárias e secundárias, bem como a diminuição de impostos para empresas que desenvolvem *software*. Como resultado dessa legislação, o que você espera que aconteça ao preço de equilíbrio e à quantidade de *software*?

Resposta:

A quantidade de equilíbrio certamente aumentará, mas o preço de mercado pode elevar-se, permanecer o mesmo ou diminuir, dependendo das mudanças relativas na demanda e na oferta. Note que os fundos incrementais para educação em informática nas escolas primárias e secundárias levarão a um aumento na demanda por *software* de computadores, dado que estes são um bem normal. A redução nos impostos sobre os produtores de *software* levará a uma elevação na oferta desse bem. Você deve desenhar uma figura para verificar que o deslocamento para a direita na oferta é pequeno comparado ao deslocamento para a direita na demanda; tanto o preço de equilíbrio quanto a quantidade aumentarão. Se a oferta aumentar no mesmo montante que a demanda, não haverá mudanças no preço, mas a quantidade de equilíbrio se elevará. Por fim, se a oferta aumentar mais do que a demanda, o equilíbrio resultante estabelecerá um preço mais baixo e uma quantidade mais alta. Em todos os casos, a quantidade de equilíbrio se eleva. Mas o efeito sobre o preço de mercado depende das magnitudes relativas dos aumentos na demanda e na oferta.

Respondendo à manchete

Agora que desenvolvemos um conjunto formal para a compreensão de como trabalham os mercados, retornaremos à história que deu abertura a este capítulo.

Sam reconheceu que uma diminuição na produção de *chips* elevará os preços. Dado que os *chips* são um insumo fundamental na produção de PCs, um aumento no preço dos *chips* pode levar a uma diminuição na oferta de mercado de PCs, como indicado pela mudança na oferta de S^0 para S^1 na Figura 2-16. Observe que a quantidade total de PCs vendidos no mercado diminui à medida que o equilíbrio se move do ponto A para o ponto B. Para anteciparem o declínio na venda de PCs, Sam e Jane discutiram a possibilidade de seguir com seus planos de dobrar a força de trabalho da PC Solutions.

Resumo

Este capítulo ofereceu uma visão geral sobre a oferta e a demanda e a interação dessas forças. Abordamos aplicações de oferta, demanda, preços-teto, preços-piso e comparações estáticas. Ao trabalhar com as Demonstrações de problemas econômicos apresentadas aqui, você deve ter uma compreensão básica de como analisar os mecanismos de um mercado competitivo.

O modelo de oferta e de demanda é apenas o ponto de partida. Ao longo deste livro, consideraremos que você tem uma compreensão plena dos conceitos apresentados neste capítulo. No próximo capítulo, apresentaremos os conceitos de elasticidade e

Figura 2-16 Elevação no preço dos *chips* diminui a oferta de PCs

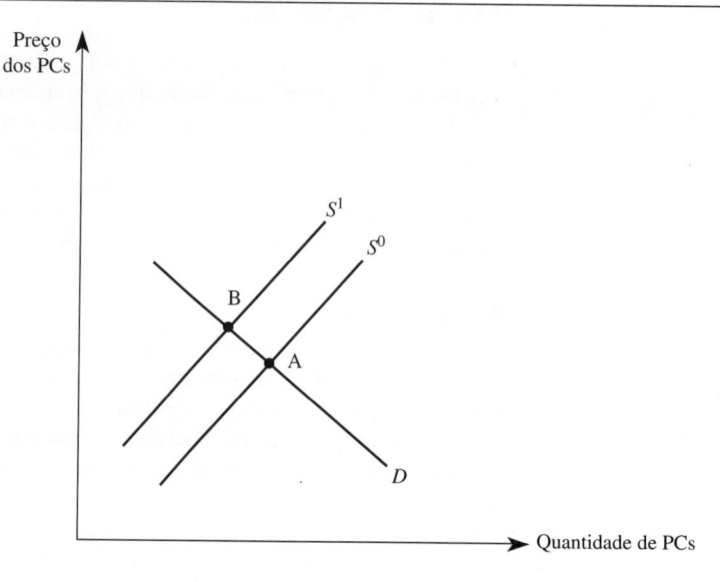

[Gráfico: eixo vertical "Preço dos PCs", eixo horizontal "Quantidade de PCs", curvas de oferta S^1 e S^0, curva de demanda D, com pontos de equilíbrio B (em $S^1 \cap D$) e A (em $S^0 \cap D$)]

mostraremos como utilizá-los na tomada de decisões empresariais. Também apresentaremos algumas ferramentas quantitativas adicionais para ajudar os gerentes a tomar decisões melhores.

Conceitos e palavras-chave

- análise estática comparativa
- aumento na demanda
- bem inferior
- bem normal
- bens complementares
- bens substitutos
- carência
- demanda
- deslocadores de demanda
- deslocadores de oferta
- diminuição na demanda
- estocagem
- excedente
- excedente do consumidor
- excedente do produtor
- expectativas do consumidor
- expectativas do produtor
- função de demanda
- função de oferta
- função de demanda inversa
- função de oferta inversa
- função de demanda linear
- função de oferta linear
- imposto *ad valorem*
- imposto sobre produto
- lei da demanda
- lei da oferta
- fatores que deslocam a demanda
- deslocamento na oferta
- mudança na quantidade demandada
- mudança na quantidade ofertada
- oferta
- preço de equilíbrio
- preço econômico pleno
- preço não pecuniário
- preço-piso
- preço-teto
- propaganda informativa
- propaganda persuasiva
- quantidade de equilíbrio

Questões conceituais e computacionais

1. A X Corporation produz um bem normal (chamado X). Sua concorrente, Y Corp., produz um bem substituto, que vende sob o nome "Y". O bem Y é um bem inferior.
   a. Como mudará a demanda pelo bem X se a renda dos consumidores aumentar?
   b. Como mudará a demanda pelo bem Y se a renda dos consumidores diminuir?
   c. Como mudará a demanda pelo bem X se o preço do bem Y diminuir?
   d. O bem Y é um produto de qualidade inferior à do bem X? Explique.

2. O bem X é produzido em um mercado competitivo utilizando o insumo A. Explique o que poderia acontecer com a oferta do bem X em cada uma das situações a seguir:
   a. O preço do insumo A aumenta.
   b. Um imposto sobre produto de $1 é cobrado sobre o bem X.
   c. Um imposto *ad valorem* de 5% é cobrado sobre o bem X.
   d. Uma mudança tecnológica reduz o custo de produzir unidades adicionais do bem X.

3. Suponha que a função de oferta para o produto X é dada por $Q_x^s = -50 + 0{,}5P_x - 5P_z$.
   a. Quanto do produto X é produzido quando $P_x = \$500$ e $P_z = \$30$?
   b. Quanto do produto X é produzido quando $P_x = \$50$ e $P_z = \$30$?
   c. Suponha que $P_z = \$30$. Determine a função de oferta e a função de oferta inversa para o bem X. Demonstre graficamente a função de oferta inversa.

4. A demanda pelo bem X é dada por

$$Q_x^d = 1.200 - \frac{1}{2}P_x + \frac{1}{4}P_y - 8P_z + \frac{1}{10}M$$

Pesquisas mostram que os preços de bens relacionados são dados por $P_y = \$5.900$ e $P_z = \$90$, enquanto a renda média dos consumidores desse bem é $M = \$55.000$.
   a. Indique se os bens Y e Z são substitutos ou complementares do bem X.
   b. X é um bem inferior ou um bem normal?
   c. Quantas unidades do bem X serão compradas quando $P_x = \$4.910$?
   d. Determine a função de demanda e a função de demanda inversa para o bem X. Demonstre graficamente a curva de demanda pelo bem X.

5. A curva de demanda para o produto X é dada por $Q_x^d = 460 - 4P_x$.
   a. Encontre a curva de demanda inversa.
   b. Quanto de excedente do consumidor os consumidores recebem quando $P_x = \$35$?
   c. Quanto de excedente do consumidor os consumidores recebem quando $P_x = \$25$?
   d. Em geral, o que acontece com o nível do excedente do consumidor à medida que o preço do bem cai?

6. Suponha que a demanda e a oferta sejam dadas por $Q^d = 50 - P$ e $Q^s = \frac{1}{2}P - 10$.
   a. Quais são o preço e a quantidade de equilíbrio nesse mercado?
   b. Determine a quantidade demandada, a quantidade ofertada e a magnitude do excedente se um preço-piso de $42 for imposto nesse mercado.
   c. Determine a quantidade demandada, a quantidade ofertada e a magnitude da carência se um preço-teto de $30 for imposto nesse mercado. Determine, também, o preço econômico pleno pago pelos consumidores.

7. Use o gráfico a seguir para responder estas questões.
   a. Suponha que a demanda seja D e a oferta, S^0. Se um preço-teto de $6 for imposto, quais são o preço econômico pleno e a carência resultante?
   b. Suponha que a demanda seja D e a oferta, S^0. Se um preço-piso de $12 for imposto, qual é o excedente resultante? Qual é o custo do governo na compra de qualquer unidade e de todas não vendidas?
   c. Suponha que a demanda seja D e a oferta, S^0, de forma que o preço de equilíbrio seja $10. Se for cobrado um imposto de $6 sobre esse produto, o que acontece com o preço de equilíbrio pago pelos compradores? O preço recebido pelos produtores? O número de unidades vendidas?

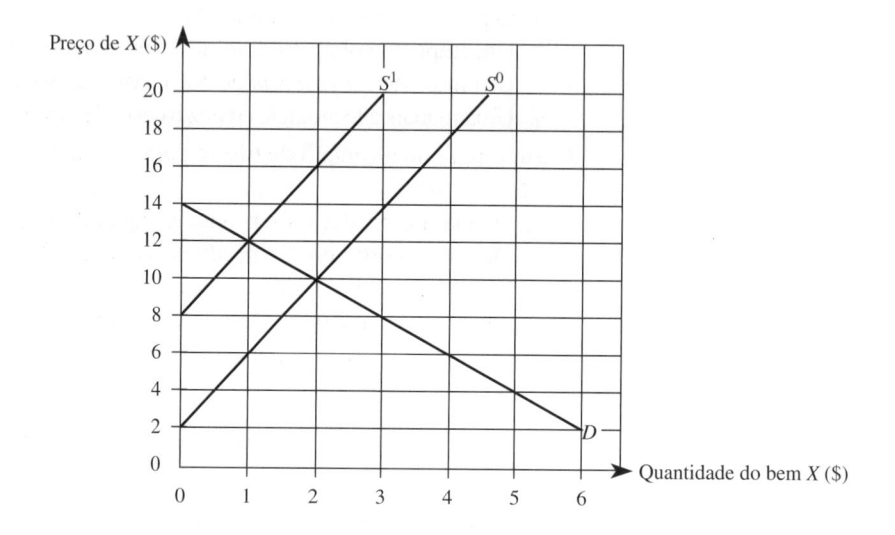

   d. Calcule o nível do excedente do consumidor e o do produtor quando a demanda e a oferta são dadas por D e S^0, respectivamente.
   e. Suponha que a demanda seja D e a oferta, S^0. Um preço-teto de $2 beneficiaria algum consumidor? Explique.

8. Suponha que a demanda e a oferta sejam dadas por

   $$Q_x^d = 7 - \frac{1}{2}P_x \quad \text{e} \quad Q_x^s = \frac{1}{4}P_x - \frac{1}{2}$$

   a. Determine o preço e a quantidade de equilíbrio. Mostre o equilíbrio graficamente.
   b. Suponha que um imposto de $6 seja cobrado sobre o bem. Determine os novos preço e quantidade de equilíbrio.
   c. Qual é a receita com impostos que o governo obtém dado o imposto de $6?

Problemas e aplicações

9. Você é o gerente de uma empresa de médio porte que monta computadores pessoais e compra a maior parte dos componentes – como memória de acesso aleatório (RAM) – em um mercado competitivo. Conforme sua pesquisa de mercado, consumidores com renda acima de $75.000 compram 1,3 vez mais RAM

que consumidores com renda inferior. Certa manhã, você lê no *The Wall Street Journal* um artigo indicando que uma nova tecnologia permitirá que produtores produzam RAM a um custo unitário menor. Com base nessa informação, o que você pode esperar que aconteça com o preço que você paga pela memória de acesso aleatório? Sua resposta poderia mudar se, adicionalmente a essa nova tecnologia, o artigo indicasse um crescimento na renda dos consumidores ao longo dos próximos dois anos à medida que a economia saísse da recessão? Explique.

10. Você é o gerente de uma empresa que produz e vende um tipo genérico de refrigerante em um mercado competitivo. Além do grande número de produtos genéricos em seu mercado, você também compete com marcas maiores, como Coca-Cola e Pepsi. Suponha que, devido aos esforços de *lobby* bem-sucedidos de produtores de açúcar nos Estados Unidos, o Congresso está impondo uma taxa de $0,50 por libra de todo o açúcar bruto importado – o insumo primário para o seu produto. A Coca-Cola e a Pepsi planejam lançar uma agressiva campanha de propaganda desenvolvida para persuadir os consumidores de que seus produtos de marca são superiores às bebidas genéricas. Como esses eventos afetarão o preço de equilíbrio e a quantidade de refrigerantes genéricos?

11. Algumas pessoas afirmam que um preço mais elevado dos cigarros não inibe o hábito de fumar. Embora existam muitos argumentos, tanto favoráveis quanto contrários a essa visão, alguns podem considerar o seguinte argumento como o mais persuasivo de todos: "As leis de oferta e demanda indicam que preços mais elevados são ineficientes na redução do hábito de fumar. Em particular, preços de cigarros mais elevados reduzirão a demanda por cigarros. Essa redução na demanda empurrará o preço de equilíbrio para baixo de seu nível original. Uma vez que o preço de equilíbrio permanecerá inalterado, os fumantes consumirão o mesmo número de cigarros". Você concorda ou discorda dessa visão? Explique.

12. Você é o gerente de uma organização norte-americana que distribui sangue para hospitais em todos os 50 estados e no Distrito de Columbia. Um relatório recente indica que cerca de 50 norte-americanos contraem HIV a cada ano por meio de transfusões. Embora cada dose de sangue doado nos Estados Unidos seja submetida a uma bateria de nove testes diferentes, os métodos de classificação existentes podem detectar apenas os anticorpos produzidos pelo sistema imunológico do corpo – mas não agentes externos no sangue. Uma vez que leva semanas ou mesmo meses para esses anticorpos se desenvolverem no sangue, doadores recentemente infectados pelo HIV podem transmitir o vírus através do sangue aprovado pelos testes de classificação existentes. Felizmente, os pesquisadores desenvolveram uma série de novos testes destinados a detectar e a remover infecções de sangue doado antes de seu uso em transfusões. O benefício óbvio desses testes é a redução da incidência de infecção por meio de transfusões de sangue. O relatório indica que o preço corrente do sangue não contaminado é de $80 por dose. No entanto, se os novos métodos de classificação forem adotados, a demanda e a oferta por sangue não contaminado mudará para $Q^d = 175 - P$ e $Q^s = 2P - 200$. Que preço você espera que prevaleça se os novos métodos forem adotados? Quantas unidades de sangue serão utilizadas nos Estados Unidos? Qual é o nível do excedente do consumidor e do produtor? Ilustre suas respostas em um gráfico.

13. Como resultado do aumento da tensão no Oriente Médio, a produção de petróleo caiu 1,21 milhão de barris por dia – uma redução de 5% na oferta mundial

de óleo bruto. Explique o impacto esperado desse evento sobre o mercado de gasolina e o mercado de carros compactos.

14. Você está assessorando um senador que integra um comitê *ad hoc* sobre reforma tributária nos serviços de telecomunicações. Com base na sua pesquisa, a AT&T despendeu mais de $15 milhões em custos de *compliance* e questões relacionadas. Além disso, dependendo da localização, os impostos sobre telecomunicações podem chegar a 25% do valor de uma conta de telefone. Essas elevadas alíquotas de impostos sobre os serviços de telecomunicações têm-se tornado controversas, pelo fato de a desregulamentação da indústria de telecomunicações ter levado a um mercado altamente competitivo. Suas melhores estimativas indicam que, baseado nas alíquotas fiscais atuais, a demanda mensal de mercado por serviços de telecomunicação é dada por $Q^d = 250 - 5P$ e a oferta de mercado (incluindo os impostos) é $Q^s = 4P - 110$ (ambas em milhões), em que P é o preço mensal dos serviços de telecomunicações. O senador está considerando uma reforma tributária que poderia cortar drasticamente as alíquotas de impostos, resultando em uma função de oferta sob a nova política de impostos de $Q^s = 4.171P - 110$. Quanto dinheiro um consumidor típico poderia economizar a cada mês como resultado da legislação proposta?

15. A G. R. Dry Foods Distributors é especializada na distribuição, no atacado, de alimentos como arroz e feijão. O gerente da empresa está preocupado com um artigo que leu pela manhã no *Wall Street Journal* indicando que é esperado que a renda da parcela da população de poder aquisitivo mais baixo cresça 10% ao longo do próximo ano. Embora esteja contente em ver esse grupo de pessoas progredir, está preocupado com o impacto na G. R. Dry Foods. O que você acha que pode acontecer com o preço dos produtos que a G. R. Dry Foods vende? Por quê?

16. Da Califórnia a Nova York, os corpos legislativos estão considerando eliminar ou reduzir os acréscimos que os bancos impõem sobre os não correntistas que fazem $10 milhões em retiradas em caixas automáticos de outros bancos. Na média, os não correntistas recebem salário de $20 por hora e pagam taxas nos caixas automáticos de $2,75 por transação. É estimado que os bancos estariam dispostos a manter serviços para 4 milhões de transações a $0,75 por transação, enquanto os não correntistas desejariam realizar 16 milhões de transações a esse preço. As estimativas sugerem que, para cada lacuna de 1 milhão entre as transações desejadas e disponíveis, um consumidor típico terá de passar um minuto extra deslocando-se a outra máquina para efetuar a retirada de dinheiro. Com base nessa informação, use um gráfico para ilustrar o impacto da legislação que poderia estabelecer um limite de $0,75 para as tarifas que os bancos podem cobrar pelas transações de não correntistas.

17. O Vale do Rapel, no Chile, é uma região renomada por sua capacidade de produzir vinho de alta qualidade a uma fração do custo da maioria das outras vinícolas ao redor do mundo. A região produz mais de 20 milhões de garrafas anualmente, das quais 5 milhões são exportadas para os Estados Unidos. Cada garrafa que entra nos Estados Unidos é sujeita a uma taxa por produto de $0,50, o que gera cerca de $2,5 milhões em receitas com impostos. A condição climática austera do La Niña tem causado temperaturas frias além do comum, devastando muitos dos produtores de vinhos daquela região do Chile. Como o fenômeno afetará o preço do vinho chileno? Considerando que o La Niña não afete a região produtora de vinho da Califórnia, como afetará o mercado para os vinhos californianos?

18. A Viking InterWorks é uma das muitas fabricantes de produtos de memória para montadoras de equipamentos originais (OEMs) de sistemas de computadores de mesa. O CEO da empresa recentemente leu um artigo em uma publicação especializada que noticiava uma demanda projetada para os sistemas *desktop* de $Q^d_{desktop} = 1.000 - 2P_{desktop} + 0,6M$ (em milhões de unidades), em que $P_{desktop}$ é o preço de um computador *desktop* e M é a renda do consumidor. O mesmo artigo informava que a renda do consumidor primário de *desktop* deveria crescer 4,2% este ano, para $52.500, e que o preço de venda de um *desktop* deveria cair para $940; ambas as informações foram vistas, pelo CEO, como favoráveis para a Viking. Em um artigo relacionado, o executivo leu que a demanda projetada para os próximos anos para módulos de memória de 512 MB para *desktops*, é $Q^d_{memória} = 10.000 - 80P_{memória} - P_{desktop}$ (em milhares de unidades), em que $P_{memória}$ é o preço de mercado para um módulo de 512 MB e $P_{desktop}$ é o preço de venda de um sistema *desktop*. A reportagem também indica que cinco pequenas novas produtoras de módulos de memória entraram no mercado de módulos de 512 MB, levando o número total de competidores para 100 empresas. Além disso, suponha que o CEO da Viking tenha participado de um estudo comissionado de toda a sua indústria para examinar a capacidade dos fabricantes de módulos de memória de 512 MB. Os resultados indicam que, quando a indústria está operando com eficiência máxima, esse mercado competitivo oferta módulos de acordo com a seguinte função: $Q^S_{memória} = 1.000 + 20P_{memória} + N$ (em milhares), em que $P_{memória}$ é o preço de um módulo de memória de 512 MB e N é o número de produtores de módulos de memória no mercado. O CEO da Viking oferece a você, o gerente de produção, a informação anterior e solicita um relatório contendo o número de unidades a serem produzidas no próximo ano, baseado na consideração de que todas as empresas que produzem módulos de 512 MB possuem uma participação igual do mercado e o mesmo preço de mercado para seus módulos de memória. Como seu relatório poderia mudar se o preço dos *desktops* fosse de $1.040? O que isso indica a respeito da relação entre módulos de memória e sistemas *desktop*?

19. 72% dos membros do United Food and Commercial Workers Local 655 votaram por fazer greve contra o supermercado Stop 'n Shop na área de St. Louis. Com medo de reação semelhante, dois grandes concorrentes do Stop 'n Shop no mercado de St. Louis – Dierbergs e Schnucks – decidiram cancelar suas uniões de funcionários. As ações desses supermercados, não surpreendentemente, causaram piquetes e boicotes por parte dos membros da união Local 655. Conquanto o gerente da Mid Towne IGA – uma das muitas pequenas mercearias – tenha encarado a greve como um infortúnio para ambos os lados, ele rapidamente percebeu que a manifestação ofereceu uma oportunidade para sua loja aumentar sua participação de mercado. Para tirar vantagem da greve, o gerente da Mid Towne IGA aumentou o volume de propaganda em jornais chamando a atenção para o fato de que a Mid Towne empregava membros da união Local 655 e que operava sob um contrato diferente das "outras" mercearias da área. Use um gráfico para descrever o impacto esperado da propaganda da Mid Towne IGA (como o preço e a quantidade de equilíbrio mudam). Identifique o tipo de propaganda em que a Mid Towne se engajou. Você acredita que o impacto da propaganda será permanente? Explique.

20. A Flórida, como muitos outros estados, aprovou uma lei que proíbe "manipulação de preços" um pouco antes, durante ou depois da declaração de um estado de emergência. A manipulação de preços é definida como "...vender as *commodities* necessárias como comida, gasolina, gelo, óleo e madeira a um preço que exceda muito o preço médio de venda praticado nos 30 dias anteriores à situação de emergência". Muitos consumidores buscam estocar suprimentos, como garrafas d'água, logo antes ou depois de um furacão ou algum outro desastre natural atingir a área. Além disso, muitas entregas aos profissionais de venda são interrompidas durante um desastre natural. Considerando que a lei é estritamente obrigatória, quais são os efeitos econômicos do estatuto da manipulação de preços? Explique detalhadamente.

21. Em um discurso recente, o governador do seu estado anunciou: "Uma das maiores causas da delinquência juvenil neste estado é a alta taxa de desemprego dos indivíduos entre 16 e 19 anos. Os baixos salários oferecidos pelos empregadores no estado têm dado a poucos adolescentes o incentivo a procurar por empregos de verão. Em lugar de trabalhar o verão todo, o que fizemos no passado, os adolescentes de hoje ficam sem ocupação e causam problemas. Para resolver essa questão, proponho aumentar o salário-mínimo estadual em $1,50 por hora. Isso dará aos adolescentes o incentivo para sair e encontrar empregos quando não estão na escola". Avalie o plano do governador para reduzir a delinquência juvenil.

Exercícios baseados em casos

Seu instrutor pode dar exercícios adicionais (chamados memos), que requerem a aplicação de algumas das ferramentas aprendidas neste capítulo, para fazer recomendações baseadas em cenários reais de negócios. Alguns desses memos acompanham o Caso Time Warner (páginas 548–583 do seu livro). Memos adicionais, assim como dados que podem ser úteis para sua análise, estão disponíveis on-line em www.mhhe.com.baye6e.

Referências

Ault, Richard W.; Jackson, John D.; Saba, Richard P. "The Effect of Long-Term Rent Control on Tenant Mobility." *Journal of Urban Economics*, v. 35, n. 2, p. 140–158, mar. 1994.

Espana, Juan R. "Impact of the North American Free Trade Agreement (NAFTA) on U.S.–Mexican Trade and Investment Flows." *Business Economics*, v. 28, n. 3, p. 41–47, jul. 1993.

Friedman, Milton. *Capitalism and Freedom.* Chicago: University of Chicago Press, 1962.

Katz, Lawrence F.; Murphy, Kevin M. "Changes in Relative Wages, 1963–1987: Supply and Demand Factors." *Quarterly Journal of Economics*, v. 107, n. 1, p. 35–78, fev. 1992.

Oslon, Josephine E.; Frieze, Irene Hanson. "Job Interruptions and Part-Time Work: Their Effect on MBAs' Income." *Industrial Relations*, v. 28, n. 3, p. 373–386, 1989.

O'Neill, June; Polachek, Solomon. "Why the Gender Gap in Wages Narrowed in the 1980s." *Journal of Labor Economics*, v. 11, n. 1, p. 205–228, jan. 1993.

Simon, Herbert A. "Organizations and Markets." *Journal of Economic Perspectives*, v. 5, n. 2, p. 25–44, 1991.

Smith, Vernon L. "An Experimental Study of Competitive Market Behavior." *Journal of Political Economy*, v. 70, n. 2, p. 111–139, abr. 1962.

Williamson, Oliver. *The Economic Institutions of Capitalism.* New York: Free Press, 1985.

CAPÍTULO TRÊS

Análise quantitativa da demanda

Manchete

Vencedores de leilão sem fio pagam $7 bilhões

O CEO de uma companhia telefônica regional leu a seguinte notícia na edição de 14 de março do *The New York Times*:

> O governo federal realizou o maior leilão da história hoje, vendendo parte das redes aéreas nacionais por $7 bilhões para grandes empresas de comunicação que planejam oferecer à nação novos serviços via redes sem fio para telefones e computadores...

O CEO leu o artigo com interesse, em virtude de sua empresa estar em busca de empréstimos para comprar uma das licenças dos planos da Federal Communications Commission – FCC – em leilão para sua região no próximo ano. A região servida pela empresa tem uma população 7% maior que a média onde as licenças foram vendidas, embora os planos da FCC em leilão estabeleçam o mesmo número de licenças. Isso preocupou o CEO, já que o leilão mais recente, de 1999, atingiu um total de $7 bilhões – uma média de $70,7 milhões por uma única licença.

Felizmente para o CEO, o artigo do *The New York Times* continha uma tabela resumindo o preço pago por licença em dez diferentes regiões, bem como o número de licenças vendidas e a população de cada região. O CEO rapidamente lançou esses dados em sua planilha, fazendo uma regressão e encontrando a seguinte relação entre o preço de uma licença, a quantidade de licenças disponíveis e o tamanho da população regional (os preços são expressos em milhões de dólares):

$$\ln P = 2{,}23 - 1{,}2 \ln Q + 1{,}25 \ln POP$$

Objetivos didáticos

Ao final deste capítulo, você poderá:

- Responder à manchete.

- Usar várias elasticidades da demanda como ferramentas quantitativas para projetar mudanças em receitas, preços e/ou unidades vendidas.

- Ilustrar a relação entre a elasticidade da demanda e receitas totais e discutir três fatores que influenciam o fato de a demanda por um produto ser relativamente elástica ou inelástica.

- Explicar a relação entre receita marginal e a elasticidade-preço da demanda.

- Mostrar como determinar elasticidades com base em funções de demanda linear e log-linear.

- Explicar como a análise de regressão pode ser usada para estimar funções de demanda, bem como interpretar e utilizar os resultados de uma regressão.

Com base na análise do CEO, quanto ele espera que sua companhia tenha de pagar para comprar uma licença? Qual é a confiança que você coloca nessas estimativas? (Os dados requeridos para responder à segunda questão estão disponíveis *on-line* em www.mhh.com/baye6e no arquivo chamado AUCTION_DATA.XLS.)

Introdução

No Capítulo 2, vimos que a demanda pelo produto de uma empresa (Q_x^d) depende do seu preço (P_x), do preço de bens substitutos ou complementares (P_y), renda do consumidor (M), e outras variáveis (H) como propaganda, tamanho da população ou expectativas do consumidor:

$$Q_x^d = f(P_x, P_y, M, H)$$

Até agora, nossa análise do impacto da mudança de preços e da renda sobre a demanda do consumidor tem sido mais qualitativa do que quantitativa; isto é, nos concentramos em identificar apenas as direções das mudanças e dissemos pouco sobre sua magnitude.

Ainda que uma visão mais genérica seja um primeiro passo importante para tomar boas decisões empresariais, o gerente de sucesso também deve oferecer respostas quantitativas "detalhadas" a questões como estas:

- Em quanto temos de cortar nossos preços para atingir um crescimento de 3,2% nas vendas?
- Se cortarmos nossos preços em 6,5%, quantas unidades a mais venderemos? Temos estoques suficientes para acomodar essa elevação nas vendas? Se não, temos pessoal suficiente para aumentar a produção? Quanto nossas receitas e fluxos de caixa mudarão como resultado desse corte de preço?
- Quanto nossas vendas mudarão se os concorrentes reduzirem seus preços em 2% ou uma recessão acontecer e a renda da população cair 2,5%?

A primeira metade deste capítulo mostra de que maneira um gerente pode utilizar as elasticidades da demanda como ferramenta quantitativa para fazer projeções, para responder a essas e a centenas de outras questões colocadas a cada dia pelos gerentes, bem como tomar decisões de preço, gerenciar estoques, receitas, tomar decisões de produção, analisar estratégias (competidores), além de outras operações, incluindo a gestão de recursos humanos.

A segunda metade do capítulo descreve a análise de regressão, técnica que os economistas utilizam para estimar os parâmetros das funções de demanda. O foco primário é sobre como um gerente pode utilizar a economia de empresas para realizar estimativas com base em informações disponíveis em relatórios ou oferecidas pelo departamento de pesquisa da empresa. Assim, explicaremos como interpretar os resultados da regressão e como os gerentes podem utilizar as ferramentas de regressão contidas em programas de planilha, como Excel, para efetivamente estimar simples relações de demanda.

O conceito de elasticidade

Suponha que alguma variável, como o preço de um produto, cresça 10%. O que pode acontecer com a quantidade demandada do bem? Com base na análise do Capítulo 2 e na lei da demanda, sabemos que a quantidade deve cair. Mas pode ser útil para um gerente saber se a quantidade demandada cairá 5%, 10% ou algum outro montante.

A ferramenta básica para determinar a magnitude dessa mudança é a análise da elasticidade. De fato, o conceito mais importante introduzido neste capítulo é a elasticidade. Elasticidade é um conceito bastante geral. A *elasticidade* mede o efeito de mudanças em uma variável sobre outra variável. Por exemplo, a elasticidade de sua nota com relação a estudar, representada por $E_{G,S}$, é a mudança percentual em sua nota ($\%\Delta G$) que resultará de uma mudança percentual no tempo que você despende com estudo ($\%\Delta S$). Em outras palavras,

$$E_{G,S} = \frac{\%\Delta G}{\%\Delta S}$$

elasticidade
Uma medida da resposta de uma variável a mudanças em outra variável; a variação percentual em uma variável que surge devido a uma variação percentual em outra variável.

Uma vez que $\%\Delta G = \Delta G/G$ e $\%\Delta S = \Delta S/S$, podemos escrever essas relações como $E_{G,S} = (\Delta G/\Delta S)(S/G)$. Observe que $\Delta G/\Delta S$ representa a inclinação da relação funcional entre G e S; ele mede a mudança em G que resulta de uma mudança em S. Ao multiplicarmos isso por S/G, convertemos cada uma das mudanças em porcentagens, o que significa que a medida da elasticidade não depende das unidades com as quais mensuramos as variáveis G e S.

Um cálculo alternativo

Se a variável G depende de S de acordo com a relação funcional $G = f(S)$, a elasticidade de G em relação a S pode ser encontrada usando o cálculo:

$$E_{G,S} = \frac{dG}{dS}\frac{S}{G}$$

---

elasticidade-preço
Uma medida da sensibilidade da quantidade demandada por um bem em função da mudança no preço desse bem; a variação percentual em quantidade demandada dividida pela variação percentual no preço do bem.

A elasticidade possui dois aspectos importantes: (1) o fato de ela ser positiva ou negativa e (2) ela ser maior ou menor que 1 em valor absoluto. O sinal da elasticidade determina a relação entre G e S. Se a elasticidade é positiva, um aumento em S leva a um aumento em G. Se a elasticidade é negativa, um aumento em S leva a uma diminuição em G.

O valor absoluto da elasticidade determinará a magnitude da mudança em G em função de uma mudança em S. Se o valor absoluto da elasticidade for maior que 1, o numerador será maior que o denominador na fórmula da elasticidade, e sabemos que uma pequena mudança percentual em S levará a uma mudança percentual relativamente grande em G. Se o valor absoluto da elasticidade for menor que 1, o numerador será menor que o denominador na fórmula da elasticidade. Nessa situação, uma mudança percentual em S levará a uma mudança percentual menor em G. É útil mantermos essas considerações em mente à medida que definimos algumas elasticidades específicas.

Elasticidade-preço da demanda

Começamos com um conceito de elasticidade muito importante: a *elasticidade-preço da demanda*, que mede a resposta da quantidade demandada a uma mudança no preço. Mais adiante nesta seção, veremos que os gerentes podem utilizar essa medida para determinar o impacto quantitativo de aumentos ou cortes nos preços sobre as vendas e receitas da empresa. A elasticidade-preço da demanda pelo bem X, representada por E_{Q_x, P_x} é definida como

$$E_{Q_x, P_x} = \frac{\%\Delta Q_x^d}{\%\Delta P_x}$$

Se a elasticidade-preço da demanda por um produto for -2, por exemplo, sabemos que um aumento de 10% no preço do produto leva a uma diminuição de 20% na quantidade demandada pelo produto, uma vez que $-20\%/10\% = -2$.

Um cálculo alternativo

A elasticidade-preço da demanda por um bem com a função de demanda $Q_x^d = f(P_x, P_y, M, H)$ pode ser encontrada usando-se o cálculo:

$$E_{Q_x, P_x} = \frac{\partial Q_x^d}{\partial P_x} \frac{P_x}{Q_x}$$

Lembre-se de que dois aspectos de uma elasticidade são importantes: (1) o seu sinal e (2) se é maior ou menor que 1 em valor absoluto. Pela lei da demanda, existe uma relação inversa entre preço e quantidade demandada; assim, a elasticidade-preço da demanda é um número negativo. O valor absoluto da elasticidade-preço da demanda pode ser maior ou menor que 1, dependendo de diversos fatores que discutiremos em seguida. No entanto, é útil introduzir alguma terminologia para ajudar nesta discussão.

Primeiro, a demanda é dita *elástica* se o valor absoluto da elasticidade-preço da demanda for maior que 1:

$$|E_{Q_x, P_x}| > 1$$

demanda elástica
A demanda é elástica se o valor absoluto da elasticidade-preço da demanda for maior que 1.

demanda inelástica
A demanda é inelástica se o valor absoluto da elasticidade-preço da demanda for menor que 1.

demanda com elasticidade unitária
A demanda possui elasticidade unitária se o valor absoluto da elasticidade-preço da demanda for igual a 1.

Segundo, a demanda é considerada *inelástica* se o valor absoluto da elasticidade-preço da demanda for menor que 1:

$$|E_{Q_x, P_x}| < 1$$

Por fim, a demanda é dita com *elasticidade unitária* se o valor absoluto da elasticidade-preço da demanda for igual a 1:

$$|E_{Q_x, P_x}| = 1$$

Conceitualmente, a quantidade consumida de um bem é relativamente sensível a mudanças no preço do bem quando a demanda é elástica e relativamente insensível a mudanças no preço quando é inelástica. Isso significa que aumentos de preço levarão os consumidores a reduzir muito pouco o consumo quando a demanda for inelástica. No entanto, quando for elástica, um aumento no preço reduzirá o consumo consideravelmente.

Elasticidade e receita total

A Tabela 3–1 mostra preços e quantidades demandadas hipotéticos de um *software*, a elasticidade-preço da demanda e a receita total ($TR = P_x Q_x$) para a função de demanda linear $Q_x^d = 80 - 2P_x$. Observe que o valor absoluto da elasticidade-preço

Tabela 3-1 Receita total e elasticidade ($Q_x^d = 80 - 2P_x$)

	Preço do software (P_x)	Quantidade de software vendido (Q_x)	Elasticidade-preço (E_{Q_x,P_x})	Receita total ($P_x Q_x$)
A	$0	80	0,00	$0
B	5	70	−0,14	350
C	10	60	−0,33	600
D	15	50	−0,60	750
E	20	40	−1,00	800
F	25	30	−1,67	750
G	30	20	−3,00	600
H	35	10	−7,00	350
I	40	0	−∞	0

da demanda torna-se maior à medida que o preço se eleva. Em particular, a inclinação dessa função de demanda linear é constante ($\Delta Q_x^d / \Delta P_x = -2$), o que implica que $E_{Q_x,P_x} = (\Delta Q_x^d / \Delta P_x)(P_x / Q_x)$ aumenta em valores absolutos à medida que P_x se eleva. Assim, a elasticidade-preço da demanda varia ao longo de uma curva de demanda linear.

Quando o valor absoluto da elasticidade-preço da demanda é menor que 1 (pontos A a D na Tabela 3–1), um aumento no preço eleva a receita total. Por exemplo, um aumento no preço de $5 para $10 por unidade aumenta a receita total em $250. Observe que, para esses dois preços, a elasticidade da demanda correspondente é menor que 1 em valor absoluto.

Quando o valor absoluto da elasticidade-preço da demanda é maior que 1 (pontos F a I da Tabela 3–1), um aumento no preço leva a uma redução na receita total. Por exemplo, quando o preço aumenta de $25 (em que a elasticidade-preço da demanda é −1,67) para $30 (em que a elasticidade-preço da demanda é −3,00), observamos que a receita total diminui $150. A combinação preço-quantidade que maximiza a receita total na Tabela 3–1 é aquela do ponto E, em que a elasticidade-preço da demanda é igual a −1.

A curva de demanda correspondente aos dados da Tabela 3–1 é apresentada na parte superior da Figura 3–1, enquanto a receita total associada a cada combinação preço-quantidade sobre a curva de demanda é mostrada na parte inferior da figura. À medida que nos movemos para cima, do ponto A ao ponto I, na curva de demanda, esta se torna cada vez mais elástica. No ponto E, em que a demanda tem elasticidade unitária, a receita total é maximizada. Nos pontos à esquerda de E, a demanda é elástica e a receita total diminui à medida que os preços se elevam. Nos pontos à direita de E, a demanda é inelástica e a receita total aumenta quando os preços diminuem. Essa relação entre mudanças no preço, elasticidade e receita total é chamada *teste da receita total*.

Princípio	**Teste da receita total** Se a demanda for elástica, um aumento (diminuição) no preço levará a uma diminuição (aumento) na receita total. Se a demanda for inelástica, uma elevação (diminuição) no preço levará a uma elevação (diminuição) na receita total. Por fim, a receita total é maximizada no ponto em que a demanda possui elasticidade unitária.

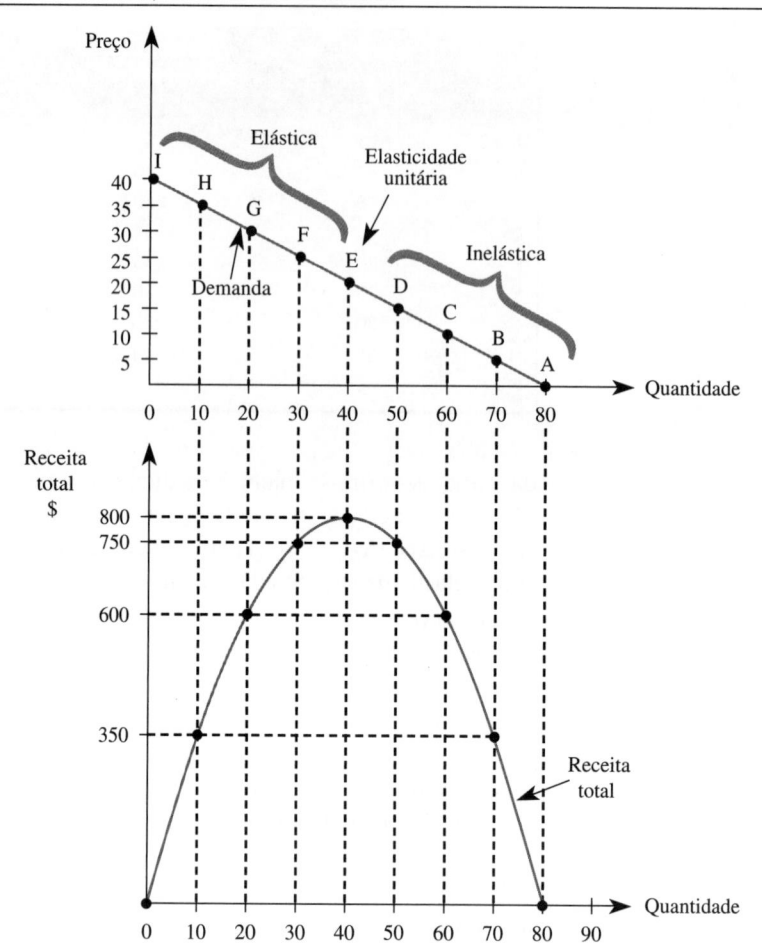

Figura 3-1 Demanda, elasticidade e receita total

Empresas de todo o mundo utilizam o teste da receita total para ajudar a gerenciar seus fluxos de caixa. No meio desta década, por exemplo, a Singapore Airlines defrontou-se com um dilema relativo à sua estratégia de preço para as rotas de Bangcoc e Hong Kong: deveria aumentar as tarifas para aumentar o fluxo de caixa ou adotar uma estratégia de diminuição nos preços que levasse a um aumento no volume de bilhetes vendidos? Com base em uma análise cuidadosa da demanda, a companhia aérea decidiu adotar a última estratégia e diminuir os preços de forma que aumentasse as receitas.

Para entender por quê, suponha que o departamento de pesquisa de uma companhia aérea estime que a elasticidade-preço da demanda para uma rota em particular seja $-1,7$. Se a companhia aérea reduzir as tarifas em 5%, as vendas de bilhetes aumentarão o suficiente para aumentar as receitas totais? Podemos responder essa questão tornando $-1,7 = E_{Q_x P_x}$ e $-5 = \%\Delta P_x$ na fórmula elasticidade-preço da demanda:

$$-1,7 = \frac{\%\Delta Q_x^d}{-5}$$

demanda perfeitamente elástica
A demanda é perfeitamente elástica se a elasticidade-preço da demanda for infinita em valor absoluto. Nesse caso, a curva de demanda é horizontal.

demanda perfeitamente inelástica
A demanda é perfeitamente inelástica se a elasticidade-preço da demanda for zero. Nesse caso, a curva de demanda é vertical.

Resolvendo essa equação para $\%\Delta Q_x^d$, temos $\%\Delta Q_x^d = 8{,}5$. Em outras palavras, a quantidade de bilhetes vendidos aumentará 8,5% se os preços forem reduzidos 5%. Uma vez que o aumento percentual na quantidade demandada é maior que a diminuição percentual nos preços ($|E_{Q_x,P_x}| > 1$), a diminuição nos preços efetivamente aumentará as receitas de venda da empresa. Em outras palavras, se a demanda for elástica, uma diminuição nos preços resultará em um aumento nas vendas mais que proporcional, aumentando, então, as receitas totais da empresa.

Em casos extremos, a demanda por um bem pode ser perfeitamente elástica ou perfeitamente inelástica. A demanda é *perfeitamente elástica* se a elasticidade-preço da demanda for infinita em valor absoluto. A demanda é *perfeitamente inelástica* se a elasticidade-preço da demanda for zero.

Quando a demanda é perfeitamente elástica, um gerente que aumente preços, mesmo que pouco, perceberá que nenhuma unidade do bem será vendida. Nessa situação, a curva de demanda é horizontal, como ilustrado na Figura 3–2(a). Em contraste, quando a demanda é perfeitamente inelástica, os consumidores não respondem a mudanças no preço. Nesse caso, a curva de demanda é vertical, como mostra a Figura 3–2(b).

Em geral, no entanto, a demanda não é nem perfeitamente elástica nem perfeitamente inelástica. Nessas situações, o conhecimento do valor específico da elasticidade pode ser útil para um gerente. Grandes empresas, o governo e universidades normalmente contratam economistas ou estatísticos para estimar a demanda por produtos. O trabalho do gerente é saber como interpretar e utilizar tais estimativas.

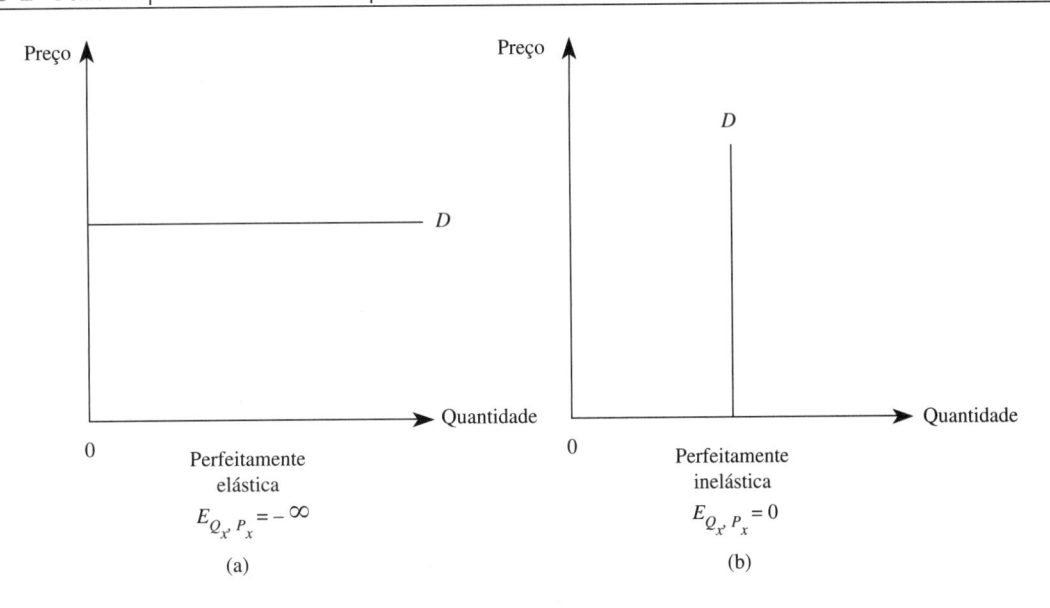

Figura 3–2 Demanda perfeitamente elástica e perfeitamente inelástica

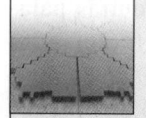

Por dentro dos negócios 3-1

Calculando e utilizando a elasticidade em arco: uma aplicação no mercado imobiliário

Ainda que em muitas situações os gerentes possam obter estimativas da elasticidade por meio de dados fornecidos pela área de pesquisa das empresas, algumas vezes os gerentes se confrontam com circunstâncias em que as estimativas de elasticidade não estão prontamente disponíveis. Felizmente, nem tudo está perdido nesses casos, graças a um conceito chamado *elasticidade da demanda em arco*.

Suponha que um gerente possua informações que mostrem que quando o preço de um bem era P_1, os consumidores compravam Q_1 unidades do bem, e quando o preço mudou para P_2, Q_2 unidades dos bens foram vendidas. Tudo o mais constante, esses dados podem ser utilizados para obter uma aproximação da elasticidade-preço da demanda pelo bem com o uso da fórmula da elasticidade em arco:

$$E^{Arco}_{Q_x, P_x} = \frac{\Delta Q^d_x}{\Delta P_x} \times \frac{P \text{ Médio}}{Q \text{ Médio}}$$

Na fórmula, o Q médio é $(Q_1 + Q_2)/2$ e P médio é $(P_1 + P_2)/2$.

Para ilustrar como essa fórmula pode ser utilizada para calcular a elasticidade baseada em dados do mundo real, realizei uma rápida pesquisa na Internet e constatei que o preço médio de residências nos Estados Unidos era de \$127.100 em março, e a esse preço 4 milhões e 890 mil casas foram vendidas. Assim, $P_1 = \$127.100$ e $Q_1 = 4.890.000$ representam um ponto na curva de demanda – o preço e quantidade de residências existentes em março.

De maneira similar, $P_2 = \$128.200$ e $Q_2 = 4.770.000$ representam o preço e a quantidade de residências um mês depois. Taxas de juros e renda – dois principais determinantes da demanda por residência – foram mantidas constantes entre março e abril. Assim, é razoável considerar que a demanda estava estável (não se alterou) ao longo do período de um mês e que esse par preço/quantidade representa outro ponto na curva de demanda por residências nos Estados Unidos.

Com base nesses dois pontos sobre a curva de demanda, podemos estimar a elasticidade-preço da demanda pelas residências nos Estados Unidos com o uso da fórmula da elasticidade em arco:

$$E^{Arco}_{Q_x, P_x} = \frac{(Q_1 - Q_2)(P_1 + P_2)/2}{(P_1 - P_2)(Q_1 + Q_2)/2}$$

$$= \frac{4.890.000 - 4.770.000}{127.100 - 128.200}$$

$$\times \frac{(127.100 + 128.200)/2}{(4.890.000 + 4.770.000)/2}$$

$$= -2,9$$

A elasticidade-preço da demanda é maior que 1 em valor absoluto, de forma que, com o teste da receita total, sabemos que um aumento no preço das residências ao longo do período resultou em menos despesas na aquisição de residências. Também podemos especular que a renda de corretores de imóveis diminuiu ao longo desse período, devido às menores comissões geradas pela redução nas despesas com residências.

É importante estabelecer que a técnica da elasticidade em arco descrita aqui apenas estima a real elasticidade da demanda por residências. A qualidade da estimativa depende crucialmente da suposição de que a curva de demanda não se alterou entre os meses de março e abril. Se a demanda por residências nos Estados Unidos tiver se alterado ao longo do período, devido a situações não usuais, a verdadeira elasticidade da demanda será diferente da nossa estimativa.

Fatores que afetam a elasticidade-preço da demanda

Agora que você entende o que é a elasticidade-preço da demanda e como ela pode ser utilizada para obter o impacto de mudanças nos preços sobre o volume de vendas e as receitas, discutiremos três fatores que afetam a magnitude da elasticidade-preço da demanda por um bem: substitutos disponíveis, tempo e divisão das despesas.

Substitutos disponíveis

Um fator determinante da elasticidade da demanda por um bem é seu número de substitutos semelhantes. Intuitivamente, quanto mais substitutos estiverem disponíveis para o bem, maior a elasticidade da demanda por esse bem. Nessas circunstâncias, um aumento de preço leva os consumidores a substituir o bem por outro produto, reduzindo consideravelmente a quantidade demandada do bem. Quando existem poucos substitutos semelhantes de um bem, a demanda tende a ser relativamente inelástica. Isso acontece porque os consumidores não podem rapidamente mudar para um substituto semelhante quando o preço se eleva.

Uma implicação importante do efeito do número de substitutos semelhantes sobre a elasticidade da demanda é que a demanda por categorias amplas de produtos, como *commodities*, tende a ser mais inelástica do que a demanda por *commodities* específicas. Por exemplo, a demanda por comida (uma *commodity* ampla) é mais inelástica do que a demanda por carne bovina. Salvo em casos de grave fome, não existem substitutos próximos para a comida, então a quantidade demandada de alimento é muito menos sensível a mudanças no preço do que um tipo particular de alimento, como a carne bovina. Quando o preço da carne bovina se eleva, os consumidores podem substituí-la por outros tipos de alimento, como frango, porco e peixe. Assim, a demanda por carne bovina é mais elástica do que a demanda por alimentos em geral.

A Tabela 3–2 mostra algumas elasticidades-preço de estudos de mercado nos Estados Unidos. Esses estudos revelam que categorias mais genéricas de bens efetivamente têm demandas mais inelásticas do que categorias definidas especificamente. A elasticidade-preço de alimento é levemente inelástica, enquanto a elasticidade por cereal, um tipo mais específico de alimento, é elástica. Podemos esperar que isso aconteça pelo fato de que existem muitos substitutos para cereais, mas não existem substitutos para alimento. A Tabela 3–2 também revela que a demanda por roupas femininas é mais elástica que a demanda por roupas em geral (uma categoria mais genérica).

Por fim, considere as estimativas relatadas da elasticidade-preço para motocicletas e bicicletas, veículos e transporte. Transporte é o grupo genérico, seguido por veículos e, então, motocicletas e bicicletas. Assim, podemos esperar que a demanda por motocicletas e bicicletas seja mais elástica que a demanda por veículos, e que a demanda por

Tabela 3–2 Elasticidades-preço selecionadas

Mercado	Elasticidade-preço
Transporte	−0,6
Veículos	−1,4
Motocicletas e bicicletas	−2,3
Alimentos	−0,7
Cereal	−1,5
Roupas	−0,9
Roupas femininas	−1,2

Fontes: M. R. Baye; D. W. Jansen; J. W. Lee. "Advertising Effects in Complete Demand Systems." *Applied Economics*, n. 24, p. 1087–1096, 1992; W. S. Commanor; T. A. Wilson. *Advertising and Market Power*. (Cambridge, MA: Harvard University Press, 1974).

veículos seja mais elástica que a demanda por transporte. Os números na Tabela 3–2 são consistentes com essas expectativas; estudos de mercado confirmam a ideia de que a demanda é mais elástica quando existem mais substitutos semelhantes para um produto.

Tempo

A demanda tende a ser mais inelástica a curto prazo do que a longo prazo. Quanto mais tempo os consumidores têm para reagir a uma mudança no preço, mais elástica torna-se a demanda pelo bem. Conceitualmente, o tempo permite que o consumidor encontre substitutos disponíveis. Por exemplo, se um consumidor tem 30 minutos para pegar um voo, ele é muito menos sensível ao preço cobrado por uma corrida de táxi ao aeroporto do que no caso em que o voo parta várias horas depois. Com tempo suficiente, o consumidor pode buscar modos alternativos de transporte, como ônibus, uma carona, ou mesmo ir a pé. Porém, a curto prazo, o consumidor não tem tempo para buscar substitutos disponíveis e, assim, a demanda por corridas de táxi torna-se mais inelástica.

A Tabela 3–3 apresenta a elasticidade-preço de curto prazo e de longo prazo por transporte, alimento, álcool e tabaco, recreação e vestuário. Observe que todas as elasticidades de curto prazo são menores (em valor absoluto) do que as correspondentes a longo prazo. A curto prazo, todas as elasticidades-preço são menores que 1 em valor absoluto, com exceção da elasticidade-preço para recreação. Os valores absolutos de longo prazo das elasticidades-preço são todos maiores que 1, exceto para álcool e tabaco.

Divisão das despesas

Bens que compreendem uma parcela pequena do orçamento do consumidor tendem a ser mais inelásticos que bens com os quais os consumidores despendem uma parcela considerável de sua renda. Em um caso extremo, em que o consumidor despende todo o seu orçamento em um bem, o consumidor deve diminuir o consumo quando o preço se eleva. Em essência, não há nada do que desistir a não ser do próprio bem. Quando um bem compromete apenas uma pequena parcela do orçamento, o consumidor pode reduzir o consumo de outros produtos quando o preço do bem se eleva. Por exemplo, muitos consumidores despendem pouco com sal; uma pequena elevação no preço do produto deve

Tabela 3–3 Elasticidades-preço da demanda selecionadas de curto prazo e de longo prazo

Mercado	Elasticidade-preço de curto prazo	Elasticidade-preço de longo prazo
Transporte	−0,6	−1,9
Alimento	−0,7	−2,3
Álcool e tabaco	−0,3	−0,9
Recreação	−1,1	−3,5
Vestuário	−0,9	−2,9

Fontes: M. R. Baye; D. W. Jansen; J. W. Lee. "Advertising Effects in Complete Demand Systems." *Applied Economics*, n. 24, p. 1087–1096, 1992.

reduzir pouco a quantidade demandada, uma vez que o sal constitui uma pequena fração do orçamento do consumidor.

Você deve esperar que a elasticidade-preço da demanda por alimento seja mais ou menos elástica do que a elasticidade-preço da demanda por transporte? Uma vez que o alimento representa uma necessidade muito maior que o transporte (afinal de contas, não se pode viver sem alimento), você pode esperar que a demanda por alimento seja mais inelástica do que a demanda por transporte. No entanto, a Tabela 3–3 revela que a demanda por transporte é mais inelástica (tanto a curto prazo quanto a longo prazo) do que a demanda por alimento. Como isso pode ser verdadeiro?

A resposta recai na porcentagem da renda que os norte-americanos gastam em alimento e em transporte. O consumidor norte-americano médio gasta quase quatro vezes mais recursos em alimentos do que em transporte. Mesmo que o alimento seja mais "importante" em termos biológicos que o transporte, a demanda por alimentos tende a ser mais elástica porque uma proporção muito maior da renda das pessoas é gasta com alimento.

Receita marginal e a elasticidade-preço da demanda

Aprendemos no Capítulo 1 que a *receita marginal* (*MR*) é a mudança na receita total em virtude da mudança na produção, e que para maximizar os lucros, uma empresa deve produzir até o ponto em que a receita marginal se iguale ao custo marginal. Exploraremos a relação entre maximização de lucro e as decisões de preço em detalhes mais adiante neste livro, mas é útil, agora, mostrar como, em uma organização, a receita marginal está ligada à elasticidade-preço da demanda pelo produto.

A curva chamada *MR* na Figura 3–3 é a receita marginal associada a cada preço-produção ao longo da curva de demanda. Observe que, para uma curva de demanda linear, a receita marginal está exatamente no meio do caminho entre a curva de demanda e o eixo vertical. Além disso, a receita marginal é menor que o preço para cada unidade vendida.

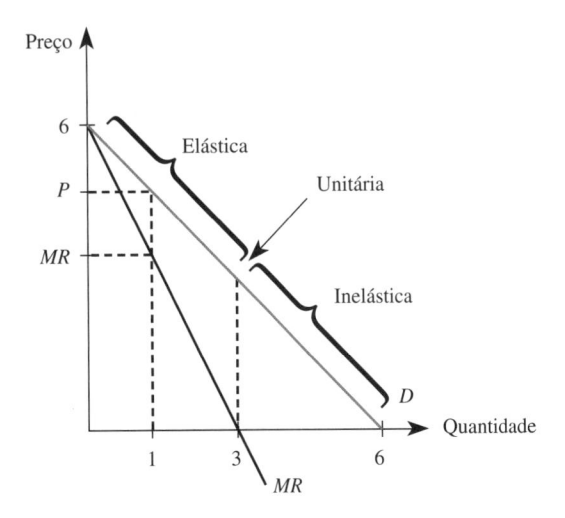

Figura 3–3 Demanda e receita marginal

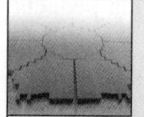

Por dentro dos negócios 3-2

Demanda inelástica por medicamentos prescritos

Muitas pessoas imaginam que a demanda por medicamentos prescritos e outros produtos farmacêuticos seja perfeitamente inelástica. Afinal de contas, um paciente que necessita de um remédio cardiovascular pode morrer se não se submeter a tratamento. Além disso, o custo da medicação, em muitos casos, é pago por um plano de saúde e não pelo paciente. Esses dois fatores tendem a tornar a demanda por muitos produtos farmacêuticos relativamente inelástica. No entanto, uma vez que a realização de cirurgias e mudanças no estilo de vida são substitutos para muitos remédios que salvam vidas, a teoria econômica prevê que a demanda por tais produtos não seja perfeitamente inelástica.

A tabela a seguir resume os resultados de dois estudos recentes que confirmam essa previsão: a demanda por produtos farmacêuticos é inelástica, mas não perfeitamente. Por exemplo, a elasticidade-preço da demanda por remédios contra úlcera é −0,7, enquanto a elasticidade-preço da demanda por remédios cardiovasculares é levemente mais inelástica, −0,4. Consequentemente, um aumento de 10% no preço de remédios contra úlcera reduz o seu uso em 7%. Um aumento de 10% no preço de remédios cardiovasculares resulta em uma redução de apenas 4% na quantidade demandada.

As elasticidades-preço das demandas reportadas aqui são baseadas nas demandas da indústria para cada tipo de remédio. A demanda por marcas específicas em cada indústria é mais sensível a mudanças nos preços.

Tipo de remédio	Elasticidade-preço
Cardiovascular	−0,4
Anti-inflamatórios	−0,9
Psicoterapêuticos	−0,3
Antiúlcera	−0,7

Fontes: M. Baye; R. Maness; S. Wiggins. "Demand Systems and the True Subindex of the Cost of Living for Pharmaceuticals." *Applied Economics*, n. 29, p. 1179–1189, 1997; E. Berndt; L. Bui; D. Reiley; G. Urban. "Information, Marketing, and Pricing in the U.S. Anti-Ulcer Drug Market", *American Economic Review*, v. 85, n. 2, p. 100–105, maio 1995.

Por que a receita marginal é menor que o preço cobrado pelo bem? Para induzir os consumidores a comprar mais de um bem, uma empresa deve diminuir o seu preço. Quando cobra o mesmo preço por cada unidade vendida, esse preço menor é recebido não apenas na última unidade vendida, mas também sobre aquelas que poderiam ter sido vendidas ao preço mais alto caso a empresa não houvesse diminuído o preço. Em termos práticos, suponha que os consumidores comprem uma unidade de um produto ao preço de \$5 por unidade, com despesas totais (receita dos produtores) de \$5 × 1 = \$5. Os consumidores comprarão uma unidade adicional do bem apenas se o preço cair, digamos que de \$5 para \$4 por unidade. Agora a organização recebe \$4 pela primeira unidade vendida, e \$4 na segunda unidade vendida. De fato, ela perde \$1 na venda em função de a primeira unidade agora custar \$4 em vez de \$5. A receita total aumenta de \$5 para \$8 à medida que a produção aumenta em 1 unidade, de forma que a receita marginal é de \$8 − \$5 = \$3, que é menor que o preço.

Observe no nosso exemplo que ao diminuir o preço de \$5 para \$4, a quantidade demandada aumentou de uma para duas unidades, e as receitas totais aumentaram de \$5 para \$8. Pelo teste da receita total, isso significa que a demanda é elástica entre esses valores. Em contraste, se a redução de preço aumentasse a quantidade demandada, mas diminuísse a receita total, a demanda seria inelástica a esses preços, e a receita marginal seria negativa. De fato, quanto mais inelástica for a demanda por um produto, maior a diminuição na receita que resultará de uma elevação na quantidade demandada em função de uma diminuição de preço.

Essa intuição leva à seguinte relação geral entre receita marginal e elasticidade da demanda:

Análise quantitativa da demanda **85**

$$MR = P\left[\frac{1 + E}{E}\right]$$

Essa fórmula, que é formalmente desenvolvida no Capítulo 8, simplifica a notação por não utilizar subscritos: P é o preço do bem e E é a elasticidade-preço da demanda pelo bem. Observe que quando $-\infty < E < -1$, a demanda é inelástica, e a fórmula implica que MR é positivo. Quando $E = -1$, a demanda possui elasticidade unitária e a receita marginal é zero. Como aprendemos no Capítulo 1, o ponto em que a receita marginal é zero corresponde à produção em que a receita total é maximizada. Por fim, quando $-1 < E < 0$, a demanda é inelástica e a receita marginal é negativa. Esses resultados gerais são consistentes com o que você viu anteriormente na Tabela 3–1 para o caso da demanda linear.

Elasticidade-preço cruzada

elasticidade-preço cruzada
Uma medida da sensibilidade da demanda por um bem a mudanças no preço de um bem relacionado; a variação percentual na quantidade demandada de um bem dividida pela variação percentual no preço de um bem relacionado.

Outra elasticidade importante é a *elasticidade-preço cruzada* da demanda, a qual revela a sensibilidade da demanda por um bem a mudanças nos preços de bens relacionados. Essa elasticidade ajuda os gerentes a se certificarem de quanto a sua demanda por seu produto subirá ou diminuirá em função de mudanças nos preços do produto de outras empresas. A elasticidade-preço cruzada da demanda entre os bens X e Y, representada por E_{Q_x, P_y}, é matematicamente definida como

$$E_{Q_x, P_y} = \frac{\%\Delta Q_x^d}{\%\Delta P_y}$$

Por exemplo, se a elasticidade-preço cruzada da demanda entre o Corel WordPerfect e o Microsoft Word é 3, uma elevação de 10% no preço do Word aumentará a demanda pelo WordPerfect em 30%, uma vez que 30%/10% = 3. Esse aumento na demanda pelo WordPerfect ocorre porque os consumidores substituem o Word pelo WordPerfect, devido a um aumento no preço.

Um cálculo alternativo

Quando a função de demanda é $Q_x^d = f(P_x, P_y, M, H)$, a elasticidade-preço cruzada da demanda entre os bens X e Y pode ser encontrada usando o cálculo:

$$E_{Q_x, P_y} = \frac{\partial Q_x^d}{\partial P_y}\frac{P_y}{Q_x}$$

De maneira geral, sempre que os bens X e Y forem substitutos, uma elevação no preço de Y levará a uma elevação na demanda por X. Assim, $E_{Q_x, P_y} > 0$ sempre que X e Y forem substitutos. Quando os bens X e Y forem complementares, uma elevação no preço de Y levará a uma diminuição na demanda por X. Assim, $E_{Q_x, P_y} < 0$ sempre que os bens X e Y forem complementares.

A Tabela 3–4 oferece uma representação das elasticidades-preço cruzadas. Por exemplo, vestuário e alimento têm elasticidade-preço cruzada de −0,18. Isso significa que se o preço do alimento aumentar em 10%, a demanda por vestimentas diminuirá em 1,8%; alimento e vestimentas são complementares. Mais importante, esses dados oferecem uma medida quantitativa do impacto de uma mudança no preço de alimento sobre o consumo de vestimentas.

Tabela 3-4 Elasticidades-preço cruzadas selecionadas

	Elasticidade-preço cruzada
Transporte e recreação	−0,05
Alimento e recreação	0,15
Vestuário e alimento	−0,18

Fonte: M. R. Baye; D. W. Jansen; J. W. Lee. "Advertising Effects in Complete Demand Systems". n. 24, p. 1.087–1.096, 1992.

Com base nos dados da Tabela 3–4, alimento e recreação são complementares ou substitutos? Se o preço da recreação aumentar em 15%, o que pode acontecer com a demanda por alimento? Essas questões estão contidas no problema a seguir.

Demonstração 3-1

Você acabou de abrir uma mercearia. Todos os itens oferecidos são genéricos (cervejas genéricas, pães genéricos, frango genérico etc.). Recentemente você leu um artigo no *The Wall Street Journal* informando que é esperado que o preço da recreação cresça 15%. Como isso afetará as vendas da sua loja de alimentos genéricos?

Resposta:

A Tabela 3–4 revela que a elasticidade-preço cruzada da demanda entre alimento e recreação é de 0,15. Se inserirmos essa informação na fórmula para elasticidade-preço cruzada da demanda, teremos

$$0,15 = \frac{\%\Delta Q_x^d}{15}$$

resolvendo a equação para $\%\Delta Q_x^d$, temos

$$\%\Delta Q_x^d = 2,25$$

Logo, alimento e recreação são substitutos. Se o preço da recreação aumentar 15%, você pode esperar que a demanda por alimentos genéricos aumente em 2,25%.

A elasticidade-preço cruzada possui um papel importante nas decisões de preços das empresas que vendem produtos diversos. De fato, muitos restaurantes de *fast-food* oferecem hambúrgueres por menos de $1 porque seus gerentes acreditam que hambúrgueres e refrigerantes sejam complementares: quando os consumidores compram hambúrguer, normalmente compram refrigerante. Ao diminuir o preço dos hambúrgueres, um restaurante afeta sua receita tanto das vendas de hambúrgueres quanto das vendas de refrigerantes. O impacto preciso sobre essas receitas depende da elasticidade-preço e da elasticidade-preço cruzada da demanda.

Especificamente, sabemos, com base no teste da receita total, que uma redução no preço dos hambúrgueres aumentará (diminuirá) as receitas das vendas de hambúrger quando a elasticidade-preço da demanda por hambúrgueres for elástica (inelástica).

> **Por dentro dos negócios 3–3**
>
> **Usando a elasticidade-preço cruzada da demanda para aumentar as vendas de carros novos apesar do aumento nos preços da gasolina**
>
> No final do último século, os aumentos no preço da gasolina levaram à diminuição na demanda por produtos complementares à gasolina, como os automóveis. A razão disso foi que o preço da gasolina mais elevado motivou os consumidores a substituir os veículos por transporte público, bicicletas e caminhadas. Um estudo econométrico de Patrick McCarthy oferece informação quantitativa sobre o impacto do custo dos combustíveis sobre a demanda por automóveis. Um dos determinantes mais importantes da demanda por automóveis é o custo dos combustíveis, definido como o custo do combustível por milha dirigida. O estudo revela que para cada 1% de aumento nos preços dos combustíveis, a demanda por automóveis diminui em 0,214%. Um aumento de 10% no preço da gasolina aumenta o custo do combustível por milha dirigida em 10%, reduzindo, então, a demanda por veículo em 2,4%.
>
> O que os fabricantes de automóveis fizeram durante esse período para mitigar o impacto negativo do aumento dos preços da gasolina sobre a demanda por novos automóveis? Eles tornaram os carros mais eficientes no consumo de combustível. Os resultados expostos implicam que para cada 10% de aumento na eficiência de consumo de combustível (mensurado por aumento em milhas por galão (galão = 3,78l)), a demanda por automóveis aumenta em 2,14%. As montadoras de veículos puderam reduzir completamente o impacto negativo dos preços mais altos da gasolina por meio do aumento na eficiência no consumo de combustível dos novos carros, no mesmo percentual do aumento nos preços da gasolina. De fato, ao aumentarem a eficiência no consumo de combustível em uma porcentagem maior do que o aumento no preço da gasolina, eles podem efetivamente *aumentar* a demanda por novos automóveis.
>
> Fonte: Patrick S. McCarthy, "Consumer Demand for Vehicle Safety: An Empirical Study". n. 28, p. 530–543, jul. 1990.

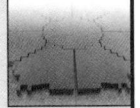

Além disso, uma vez que os hambúrgueres e os refrigerantes são complementares, reduzir o preço dos hambúrgueres aumentará a quantidade demandada de refrigerantes, aumentando, assim, as receitas com as bebidas. A magnitude do incremento nas receitas com refrigerantes dependerá da magnitude da elasticidade-preço cruzada da demanda entre hambúrgueres e refrigerantes.

De maneira geral, suponha que as receitas de uma empresa sejam derivadas das vendas de dois produtos, X e Y. Podemos expressar as receitas como $R = R_x + R_y$, em que $R_x = P_x Q_x$ representa as vendas do produto X e $R_y = P_y Q_y$ representa as receitas do produto Y. O impacto de uma pequena variação percentual no preço do produto X ($\%\Delta P_x = \Delta P_x / P_x$) sobre as receitas totais da empresa é[1]

$$\Delta R = [R_x(1 + E_{Q_x, P_x}) + R_y E_{Q_y, P_x}] \times \%\Delta P_x$$

Para ilustrar como utilizar essa fórmula, suponha que um restaurante ganhe $4.000 por semana na venda de hambúrgueres (produto X) e $2.000 por semana pelas vendas de refrigerantes (produto Y). Assim, $R_x = \$4.000$ e $R_y = \$2.000$. Se a elasticidade-preço da demanda por hambúrgueres é $E_{Q_x, P_x} = -1,5$ e a elasticidade-preço-cruzada entre refrigerantes e hambúrgueres é $E_{Q_y, P_x} = -4,0$, o que aconteceria com as receitas totais da empresa se ela reduzisse o preço dos hambúrgueres em 1%? Inserindo esses números na fórmula anterior, temos

---

[1] Essa fórmula é uma aproximação para grandes mudanças no preço.

$$\Delta R = [\$\,4.000(1-1,5) + \$\,2.000(-4,0)](-1\%)$$
$$= \$\,20 + \$\,80$$
$$= \$\,100$$

Em outras palavras, diminuir o preço dos hambúrgueres em 1% aumenta as receitas totais em $100. Observe que $20 do aumento vem da elevação nas receitas com hambúrgueres (a demanda por hambúrguer é elástica, de forma que a redução no preço dos hambúrgueres eleva a receita com a venda desse produto) e $80 do aumento é devido às vendas adicionais de refrigerantes (a demanda por refrigerantes aumenta 4%, resultando em receitas adicionais de $80 na venda de refrigerantes).

Elasticidade-renda

A *elasticidade-renda* é uma medida da sensibilidade da demanda do consumidor a mudanças na renda. Matematicamente, a elasticidade-renda da demanda, representada por $E_{Q_x, M}$, é definida como

$$E_{Q_x, M} = \frac{\%\Delta Q_x^d}{\%\Delta M}$$

Um cálculo alternativo

A elasticidade-renda para um bem com uma função de demanda $Q_x^d = f(P_x, P_y, M, H)$ pode ser encontrada utilizando-se o cálculo:

$$E_{Q_x, M} = \frac{\partial Q_x^d}{\partial M} \frac{M}{Q_x}$$

elasticidade-renda
Uma medida da sensibilidade da demanda por um bem a mudanças na renda do consumidor; a variação percentual na quantidade demandada dividida pela variação percentual na renda.

Quando o bem X é um bem normal, uma elevação na renda leva a uma elevação no consumo de X. Assim, $E_{Q_x, M} > 0$ quando X é um bem normal. Quando X é um bem inferior, um aumento na renda leva à diminuição no consumo de X. Assim, $E_{Q_x, M} < 0$ quando X é um bem inferior.

A Tabela 3–5 apresenta algumas estimativas de elasticidade-renda para vários produtos. Considere, por exemplo, a elasticidade-renda para transporte, 1,8. Esse número nos oferece duas informações importantes a respeito da relação entre a renda e a demanda por transporte. Primeiro, dado que elasticidade-renda é positiva, sabemos que os consumidores aumentam o montante que gastam com transporte quando sua renda aumenta. O transporte, então, é um bem normal. Segundo, uma vez que a elasticidade-renda é maior que 1, sabemos que os gastos com transporte aumentam mais rapidamente do que a renda.

A segunda linha da Tabela 3–5 revela que alimento também é um bem normal, uma vez que a elasticidade-renda do alimento é 0,8. Pelo fato de a elasticidade-renda ser menor que 1, um aumento na renda aumentará as despesas com alimento em uma

Tabela 3-5 Elasticidades-renda selecionadas

	Elasticidade-renda
Transporte	1,80
Alimento	0,80
Carne de segunda	−1,94

Fontes: M. R. Baye; D. W. Jansen; J. W. Lee. "Advertising Effects in Complete Demand Systems". *Applied Economics*, n. 24, p. 1.087–1.096, 1992; G. W. Brester; M. K. Wohlsenant. "Estimating Interrelated Demands for Meats Using New Measures for Ground and Table Cut Beef". *American Journal of Agricultural Economics*, n. 73, p. 21, nov. 1991.

porcentagem menor do que um aumento percentual na renda. Quando a renda diminui, as despesas com alimento diminuem menos rapidamente do que a renda.

A terceira linha da Tabela 3-5 apresenta a elasticidade-renda por carne de segunda. A carne de segunda provém de gado que não recebeu uma dieta especial. A maior parte do gado é alimentada com milho por 90 a 120 dias antes de ser abatido e, então, produz carne de melhor qualidade. A elasticidade-renda por carne de segunda é negativa; assim, sabemos que a carne de segunda é um bem inferior. O consumo de carne de segunda diminuirá 1,94% para cada 1% de aumento na renda do consumidor. Os gerentes de lojas de alimentos devem diminuir suas compras de carne de segunda durante períodos de expansão econômica e aumentar suas compras durante recessões.

Demonstração 3-2

O departamento de pesquisa de sua empresa estimou que a elasticidade da demanda por carne de segunda é −1,94. Você acabou de ler no *The Wall Street Journal* que, devido a um crescimento na economia, espera-se que a renda dos consumidores cresça 10% ao longo dos próximos três anos. Como gerente de uma unidade de processamento de carne, como isso afetará as projeções de suas compras de gado que fornece carne de segunda?

Resposta:

Estabeleça $E_{Q_x, M} = -1,94$ e $\%\Delta M = 10$ na fórmula da elasticidade-renda da demanda para obter

$$-1,94 = \frac{\%\Delta Q_x^d}{10}$$

Resolver a equação para $\%\Delta Q_x^d$ cresulta em −19,4. Uma vez que a carne de segunda possui uma elasticidade-renda de −1,94 e espera-se que a renda do consumidor cresça 10%, você pode esperar vender 19,4% menos carne de segunda ao longo dos próximos três anos. Você deve diminuir suas compras de carne de segunda em 19,4%, a menos que algo se altere.

Outras elasticidades

Segundo o conceito geral de elasticidade, não é difícil formular como o impacto de mudanças em outras variáveis, como propaganda, pode ser analisado em termos de elasticidade. Por exemplo, a *elasticidade-propaganda* da demanda pelo bem X define a variação percentual no consumo de X que resulta de uma mudança percentual na propaganda ou nos gastos com propaganda para o bem X. A *elasticidade-propaganda cruzada* entre os bens X e Y mensura a variação percentual no consumo de X que resulta de uma variação percentual na propaganda direcionada ao bem Y.

Tabela 3–6 Elasticidades-propaganda de longo prazo selecionadas

	Elasticidade-propaganda
Vestimenta	0,04
Recreação	0,25

Fonte: M. R. Baye; D. W. Jansen; J. W. Lee. "Advertising Effects in Complete Demand Systems", *Applied Economics*, n. 24, p. 1.087–1.096, 1992.

A Tabela 3–6 mostra estimativas das elasticidades-propaganda para vestimenta e recreação. Ambas as elasticidades são positivas e menores que 1. O fato de elas serem positivas revela, como você pode esperar, que um aumento na propaganda leva a um aumento na demanda pelos produtos; isto é, se os produtores de vestimentas aumentarem seus gastos com propaganda, podem esperar vender mais vestimentas a qualquer nível de preço. No entanto, o fato de que a elasticidade – propaganda para vestimentas é de 0,04 significa que um aumento de 10% em propaganda aumentará a demanda por vestimenta em apenas 0,4%. Como uma categoria geral de bens, as vestimentas não possuem uma grande elasticidade-propaganda.

Para ilustrar como os gerentes podem usar estimativas como essas, imagine que você tenha acabado de ser contratado pelo Departamento Americano de Comércio para ajudar a direcionar o turismo nos Estados Unidos. Sua chefe sabe que você recentemente fez um curso de economia de empresas e pergunta a você quanto ela deve aumentar a propaganda para elevar a demanda por recreação nos Estados Unidos em 15%.

Da Tabela 3–6, sabemos que $E_{Q_x A_x} = 0,25$. Colocando essa informação e $\%\Delta Q_x^d = 15$ na fórmula geral para elasticidade de Q_x^d com relação a A_x, temos

$$0,25 = \frac{\%\Delta Q_x^d}{\%\Delta A_x} = \frac{15}{\%\Delta A_x}$$

Resolvendo a equação para a variação percentual na propaganda, obtém-se que a propaganda deve ser aumentada em elevados 60% para aumentar a demanda por recreação em 15%.

Obtendo elasticidades por meio das funções de demanda

Agora que você entendeu o que são as elasticidades e como usá-las para tomar decisões empresariais, verificaremos como calcular as elasticidades por meio das funções de demanda. Primeiro, consideraremos as elasticidades baseadas nas funções de demanda linear. Depois, veremos como calcular elasticidades com base nos casos particulares de funções de demanda não linear.

Elasticidades por meio de funções de demanda linear

Dada uma estimativa de uma função de demanda linear, é relativamente fácil calcular as várias elasticidades da demanda.

Fórmula: elasticidades por meio da demanda linear. Se a função de demanda é linear e dada por

$$Q_x^d = \alpha_0 + \alpha_x P_x + \alpha_y P_y + \alpha_M M + \alpha_H H$$

as elasticidades são

elasticidade-preço: $\quad E_{Q_x, P_x} = \alpha_x \dfrac{P_x}{Q_x}$

elasticidade-preço cruzada: $\quad E_{Q_x, P_y} = \alpha_y \dfrac{P_y}{Q_x}$

elasticidade-renda: $\quad E_{Q_x, M} = \alpha_M \dfrac{M}{Q_x}$

Um cálculo alternativo

As elasticidades de uma curva de demanda linear podem ser encontradas utilizando-se cálculos. Especificamente,

$$E_{Q_x, P_x} = \frac{\partial Q_x^d}{\partial P_x} \frac{P_x}{Q_x} = \alpha_x \frac{P_x}{Q_x}$$

e do mesmo modo para elasticidade-preço cruzada e elasticidade-renda.

Assim, para uma curva de demanda linear, a elasticidade da demanda com relação a uma variável é simplesmente o coeficiente da variável multiplicado pela taxa da variável em relação à quantidade demandada. Por exemplo, a elasticidade-preço da demanda é simplesmente o coeficiente de P_x (que é α_x na função de demanda) multiplicado pela taxa do preço de X em relação à quantidade consumida de X.

Para uma curva de demanda linear, o valor da elasticidade depende do preço em particular e da quantidade em que ela é calculada. Isso significa que a elasticidade-preço não é a mesma que a inclinação na curva de demanda. De fato, para uma função de demanda linear, a demanda é elástica a preços mais altos e inelástica a preços mais baixos. Para entender, observe que quando $P_x = 0$, $|E_{Q_x, P_x}| = |\alpha_x \frac{0}{Q_x}| = 0 < 1$. Em outras palavras, para preços próximos a zero, a demanda é inelástica. Por outro lado, quando o peço sobe, Q_x diminui e o valor absoluto da elasticidade aumenta.

Demonstração 3–3

A demanda diária de sapatos da Invigorated PED é estimada como

$$Q_x^d = 100 - 3P_x + 4P_y - 0{,}01M + 2A_x$$

onde A_x representa um montante de propaganda despendida nos calçados (X), P_x é o preço do bem X, P_y é o preço do bem Y e M é a renda média. Suponha que o bem X seja vendido a $25 o par e o bem Y seja vendido a $35, a empresa utiliza 50 unidades em propaganda e a renda média do consumidor é de $20 mil. Calcule e interprete a elasticidade-preço, a elasticidade-preço cruzada e a elasticidade-renda da demanda.

Resposta:

Para calcularmos a elasticidade-preço para a demanda linear, utilizamos a fórmula

$$E_{Q_x, P_x} = \alpha_x \frac{P_x}{Q_x}$$

Onde $\alpha_x = -3$ e $P_x = 25$. A única outra informação de que precisamos para calcular a elasticidade é a quantidade consumida de X. Para encontrar Q_x, substituímos os valores dos preços, renda e propaganda na equação de demanda para obter

$$Q_x^d = 100 - 3(25) + 4(35) - 0{,}01(20.000) + 2(50) = 65 \text{ unidades}$$

Consequentemente, a elasticidade-preço da demanda é dada por

$$E_{Q_x, P_x} = -3\left(\frac{25}{65}\right) = -1{,}15$$

Se a Invigorated PED aumentar os preços do calçado, a porcentagem de declínio na quantidade demandada por seus produtos será maior em valor absoluto do que a porcentagem de aumento nos preços. Consequentemente, a demanda é elástica: as receitas totais diminuirão se os preços do calçado aumentar.

De maneira similar, a elasticidade-preço cruzada da demanda é

$$E_{Q_x, P_y} = 4\left(\frac{35}{65}\right) = 2{,}15$$

Dada que ela é positiva, o bem Y é um substituto para o calçado da Invigorated PED. A elasticidade-renda da demanda pelo calçado da Invigorated PED é

$$E_{Q_x, M} = -0{,}01\left(\frac{20.000}{65}\right) = -3{,}08$$

O calçado da Invigorated PED é um bem inferior, porque sua elasticidade-renda é um número negativo.

Elasticidades por meio de funções de demanda não linear

Os gerentes frequentemente lidam com situações em que a demanda por um produto não é uma função linear de preços, renda, propaganda e outros deslocadores da demanda. Nesta seção, demonstramos que as ferramentas que desenvolvemos podem ser facilmente adaptadas para essas situações mais complexas.

Suponha que a função de demanda não seja linear, mas seja dada por

$$Q_x^d = c P_x^{\beta_x} P_y^{\beta_y} M^{\beta_M} H^{\beta_H}$$

onde C é uma constante. Nesse caso, a quantidade demandada do bem X não é uma função linear dos preços e da renda, mas uma função não linear. Se calcularmos o logaritmo natural dessa equação, obtemos uma expressão que é linear nos logaritmos das variáveis:[2]

$$\ln Q_x^d = \beta_0 + \beta_x \ln P_x + \beta_y \ln P_y + \beta_M \ln M + \beta_H \ln H$$

em que $\beta_0 = \ln(c)$ e os β_i's são números reais arbitrários. Essa relação é chamada de função de *demanda log-linear*.

> **demanda log-linear**
> A demanda é log-linear se o logaritmo da demanda for uma função linear dos logaritmos dos preços, renda e outras variáveis.

Como no caso da demanda linear, o sinal do coeficiente de $\ln P_y$ determina se os bens X e Y são substitutos ou complementares, enquanto o sinal do coeficiente de $\ln M$ determina se X é um bem normal ou inferior. Por exemplo, se β_y é um número positivo, um aumento no preço do bem Y levará a um aumento no consumo do bem X; nessa situação, X e Y são substitutos. Se β_y é um número negativo, o aumento no preço do bem Y levará a uma diminuição no consumo do bem X; nessa situação, os bens X e Y são complementares.

De maneira similar, se β_M é um número positivo, um aumento na renda leva a uma elevação no consumo do bem X, e X é um bem normal. Se β_M é um número negativo, o aumento na renda leva a uma diminuição no consumo do bem X, e X é um bem inferior.

Fórmula: elasticidades por meio de demandas log-lineares. Quando a função de demanda pelo bem X é log-linear e dada por

$$\ln Q_x^d = \beta_0 + \beta_x \ln P_x + \beta_y \ln P_y + \beta_M \ln M + \beta_H \ln H$$

as elasticidades são

elasticidade-preço: $\quad E_{Q_x, P_x} = \beta_x$

elasticidade-preço cruzada: $\quad E_{Q_x, P_y} = \beta_y$

elasticidade-renda: $\quad E_{Q_x, M} = \beta_M$

Um cálculo alternativo

O resultado acima também pode ser derivado com o uso de cálculo. Tomando o antilogaritmo da equação para a demanda log-linear, temos

$$Q_x^d = c P_x^{\beta_x} P_y^{\beta_y} M^{\beta_M} H^{\beta_H}$$

onde C é uma constante. Usando a fórmula de cálculo para uma elasticidade, temos

$$E_{Q_x, P_x} = \frac{\partial Q_x^d}{\partial P_x}\left(\frac{P_x}{Q_x}\right) = \beta_x c P_x^{\beta_x - 1} P_y^{\beta_y} M^{\beta_M} H^{\beta_H} \left(\frac{P_x}{c P_x^{\beta_x} P_y^{\beta_y} M^{\beta_M} H^{\beta_H}}\right) = \beta_x$$

e do mesmo modo para as elasticidades-preço cruzada e renda.

Observe que quando a demanda é log-linear, a elasticidade com relação a uma variável é apenas o coeficiente do logaritmo correspondente. A elasticidade-preço da

---

[2] Aqui, ln representa o *logaritmo natural*. Em algumas planilhas de cálculo (como o Excel) essa função é representada por LN.

Tabela 3–7 A demanda log-linear para cereal matinal

$\ln(Q_c) = -7{,}256 - 1{,}647 \ln(P_c) + 1{,}071 \ln(M) + 0{,}146 \ln(A)$

Q_c = consumo *per capita* de cereal matinal
P_c = preço do cereal
M = renda *per capita*
A = uma medida da propaganda dos quatro principais produtores de cereais

Fonte: Adaptado de Michael R. Baye, *The Economic Effects of Proposed Regulation of TV Advertising Directed at Children: A Theoretical and Empirical Analysis*, Senior Honors Thesis. Texas A&M University, 1980.

demanda é o coeficiente de $\ln(P_x)$ e, de fato, o coeficiente de *qualquer* outro logaritmo do lado esquerdo da relação de demanda log-linear nos mostra a elasticidade da demanda com relação a tal deslocador da demanda. Uma vez que todos esses coeficientes são constantes, nenhuma das elasticidades depende dos valores das variáveis como preços, renda ou propaganda.

A Tabela 3–7 mostra os resultados de um estudo estatístico que constatou que a demanda por cereais matinais é log-linear. Uma vez que essa é uma relação de demanda log-linear, sabemos que os coeficientes podem ser interpretados como elasticidades.

O estudo resumido na Tabela 3–7 concentrou-se principalmente no efeito da propaganda sobre a demanda por cereais matinais. Outros fatores que afetam a demanda por cereais incluem seu preço e a renda (*per capita*) média dos consumidores. De maneira surpreendente, o estudo constatou que o preço do leite não é um determinante da demanda por cereais matinais.

Na Tabela 3–7, o coeficiente do logaritmo do preço é $-1{,}647$. Isso mostra que a demanda por cereal é elástica e com inclinação negativa. Além disso, uma diminuição de 10% no preço do cereal aumentará a quantidade demandada de cereal em 16,47% e, então, aumentará as receitas de venda dos produtores de cereais. O coeficiente do logaritmo da renda é $+1{,}071$, indicando que o cereal é um bem normal. Um aumento de 10% na renda *per capita* dos consumidores deve resultar em um aumento de 10,7% na demanda por cereais. O coeficiente do logaritmo da propaganda é positivo, indicando que um incremento na propaganda dos cereais aumentará a demanda por eles. No entanto, observe que a elasticidade da propaganda é relativamente pequena. Um aumento de 10% na propaganda de cereais aumenta a demanda de cereais em apenas 1,46%. Aparentemente, a propaganda dos cereais não induz os consumidores a comer cereais no almoço e no jantar.

Como uma verificação final da sua habilidade em utilizar elasticidades, tente resolver o seguinte problema.

Demonstração 3–4

Um analista de uma grande companhia estima que a demanda por suas capas de chuva seja dada por

$$\ln Q_x^d = 10 - 1{,}2 \ln P_x + 3 \ln R - 2 \ln A_y$$

onde R representa o montante diário de chuva e A_y representa o nível de propaganda sobre o bem Y. Qual pode ser o impacto de um aumento de 10% no volume diário de chuva sobre a demanda por capas de chuva? Qual pode ser o impacto de uma redução de 10% no montante de propaganda do bem Y? Você pode imaginar qual produto pode ser o bem Y neste exemplo?

Resposta:

Sabemos que para funções de demanda log-linear, o coeficiente do logaritmo de uma variável nos fornece a elasticidade da demanda com relação a essa variável. Assim, a elasticidade da demanda por capas de chuva com relação à chuva é

$$E_{Q_x, R} = \beta_R = 3$$

Além disso,

$$E_{Q_x, R} = \beta_R = \frac{\%\Delta Q_x^d}{\%\Delta R}$$

Assim,

$$3 = \frac{\%\Delta Q_x^d}{10}$$

Resolvendo essa equação, temos $\%\Delta Q_x^d = 30$. Em outras palavras, o aumento de 10% nas chuvas levará a um aumento de 30% na demanda por capas de chuva.

Para examinar o impacto na demanda por capas de chuva resultante de uma diminuição de 10% na propaganda do bem Y, novamente observe que, para funções de demanda log-lineares, cada coeficiente oferece a elasticidade da demanda com relação àquela variável. Assim, a elasticidade da demanda por capas de chuva com relação à propaganda do bem Y é

$$E_{Q_x, A_y} = \beta_{A_y} = -2$$

Além disso,

$$E_{Q_x, A_y} = \beta_{A_y} = \frac{\%\Delta Q_x^d}{\%\Delta A_y}$$

Assim,

$$-2 = \frac{\%\Delta Q_x^d}{-10}$$

Resolvendo essa equação, obtém-se $\%\Delta Q_x^d$. Em outras palavras, a redução de 10% na propaganda relativa ao bem Y leva a um aumento de 20% na demanda por capas de chuva. Talvez o bem Y seja guarda-chuva, de forma que se pode esperar que a demanda por capas de chuva aumente quando menos propaganda de guarda-chuvas for feita.

Análise de regressão

A seguinte análise considera que o gerente conhece a demanda pelo produto da empresa. Mostramos diversos estudos que oferecem estimativas explícitas das elasticidades da demanda e formas funcionais para as funções de demanda. Como gerente, você deve obter estimativas de demanda e elasticidade por meio de estudos publicados ou por meio de um consultor contratado para estimar a função de demanda baseada nas especificidades do produto. Como alternativa, você pode lançar os dados em um programa de processamento de planilhas e clicar no botão de regressão para obter uma função de demanda estimada, assim como alguns diagnósticos da regressão. Independentemente de como os gerentes obtêm as estimativas, é útil possuir um entendimento geral de como as funções de demandas são estimadas e quais são os vários diagnósticos estatísticos que acompanham as informações reportadas. Esse conjunto de conhecimento é aquilo que a economia chama de econometria.

Econometria é a análise estatística de fenômenos econômicos. Está muito além do escopo deste livro ensinar você a estimar as funções de demanda, mas é possível transmitir as ideias básicas que os econometristas usam para obter tal informação. Seu trabalho principal como gerente é utilizar as informações para tomar decisões similares às dos exemplos oferecidos nas seções anteriores deste capítulo.

Examinemos rapidamente as ideias básicas que estão por trás da estimativa da demanda por um produto. Suponha que existam alguns dados a respeito da relação entre a variável independente, Y, e alguma variável explanatória, X. Suponha que quando os valores de X e Y são colocados em um gráfico, eles apareçam com os pontos A, B, C, D, E e F na Figura 3–4. Claramente os pontos não seguem uma linha reta, ou mesmo uma linha inclinada (tente formas alternativas de conectar os pontos se não estiver convencido disso).

O trabalho do econometrista é encontrar uma curva inclinada ou uma reta que ofereça uma "melhor" aproximação dos pontos. Por exemplo, suponha que o econometrista acredite que, na média, exista uma relação linear entre Y e X, mas que também exista alguma variação aleatória nessa relação. Matematicamente isso pode implicar que a relação verdadeira entre Y e X seja

$$Y = a + bX + e$$

Figura 3–4 A reta de regressão

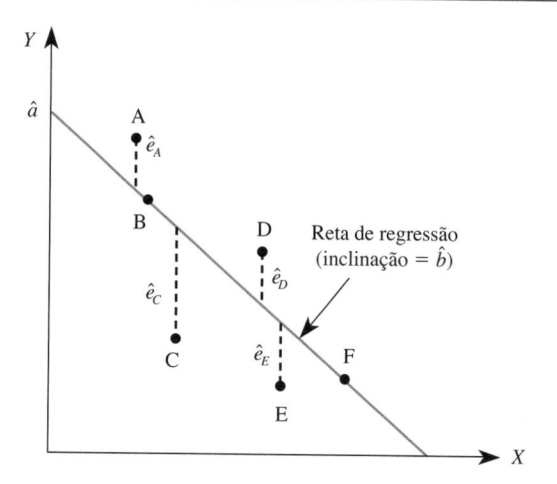

onde *a* e *b* são parâmetros desconhecidos e *e* é uma variável aleatória (um termo de erro) que possui média zero. Uma vez que os parâmetros que determinam a relação esperada entre *Y* e *X* são desconhecidos, o econometrista deve encontrar os valores para os parâmetros *a* e *b*.

Observe que para qualquer linha desenhada através dos pontos, existirá alguma discrepância entre os pontos e a linha. Por exemplo, considere a linha na Figura 3–4, que faz um trabalho razoável em aproximar-se dos dados. Se um gerente utilizar a linha para aproximar a relação verdadeira, poderá existir alguma discrepância entre os dados verdadeiros e a linha. Por exemplo, os pontos A e D efetivamente estão acima, enquanto os pontos C e E estão abaixo dela. Os desvios entre os pontos verdadeiros e a linha são dados pela distância das linhas tracejadas na Figura 3–4, chamadas $\hat{e}_A$, $\hat{e}_C$, $\hat{e}_D$ e $\hat{e}_E$. Como a linha representa a relação esperada, ou média, entre *Y* e *X*, esses desvios são análogos aos desvios da média utilizados no cálculo da variância de uma variável aleatória.

O econometrista usa um *software* de regressão para encontrar os valores de *a* e *b* que minimizem a soma dos quadrados dos desvios entre os pontos verdadeiros e a linha. Em essência, a *reta de regressão* é a reta que minimiza o quadrado dos desvios entre a reta (a relação esperada) e os pontos verdadeiros. Esses valores de *a* e *b*, que frequentemente são representados por $\hat{a}$ e $\hat{b}$, são chamados de *parâmetros estimados*, e a reta correspondente é chamada de *regressão dos mínimos quadrados*.

regressão dos mínimos quadrados
A reta que minimiza a soma dos quadrados dos desvios entre a reta e os pontos verdadeiros.

A reta de regressão dos mínimos quadrados para a equação

$$Y = a + bX + e$$

é dada por

$$Y = \hat{a} + \hat{b}X + e$$

Os parâmetros estimados, $\hat{a}$ e $\hat{b}$, representam os valores de *a* e *b* que resultam na menor *soma dos quadrados dos desvios* entre a reta e os dados verdadeiros.

Softwares de planilhas de cálculos, como Excel ou Lotus, facilitam a utilização da análise de regressão para estimar funções de demanda. Para ilustrar, suponha um produtor de televisores que possua dados sobre o preço e quantidade de televisores vendidos no último mês em dez lojas na cidade de Pittsburgh. Aqui utilizamos preço e quantidade como nossas variáveis explanatória e dependente, respectivamente. Os dados lançados em uma planilha são representados nas primeiras 11 linhas da Tabela 3–8. Com alguns cliques no *mouse*, a planilha calcula o preço médio e a quantidade reportados na linha 12. A partir daí, clicar no botão de regressão levará aos dados de regressão mostrados nas linhas 16 a 33. A célula 32-B mostra que o intercepto da função de demanda estimada por televisores é 1631,47, e a célula 33-B mostra que o coeficiente estimado do preço é −2,60. Assim, a função linear de demanda por televisores que minimiza a soma dos quadrados dos desvios entre os pontos verdadeiros e a reta estimada através desses pontos é

$$Q = 1631,47 - 2,60P$$

Observe que o programa de planilha também produz informações detalhadas a respeito da regressão e dos coeficientes estimados enquanto produto da regressão. Como discutido a seguir, essas estatísticas permitem ao gerente testar a significância estatística dos coeficientes estimados e acessar o desempenho da regressão geral.

Tabela 3-8 Usando uma planilha para realizar uma regressão

	A	B	C	D	E	F	G
1	Observação	Quantidade	Preço				
2	1	180	475				
3	2	590	400				
4	3	430	450				
5	4	250	550				
6	5	275	575				
7	6	720	375				
8	7	660	375				
9	8	490	450				
10	9	700	400				
11	10	210	500				
12	Média	450,50	455,00				
13							
14							
15							
16	Estatísticas da regressão						
17							
18	R múltiplo	0,87					
19	R-Quadrado	0,75					
20	R-Quadrado ajustado	0,72					
21	Desvio-padrão	112,22					
22	Observações	10,00					
23							
24	Análise de variância						
25		df	Soma dos quadrados	Média dos quadrados	F	Significância de F	
26	Regressão	1,00	301470,89	301470,89	23,94	0,0012	
27	Residual	8,00	100751,61	12593,95			
28	Total	9,00	402222,50				
29							
30		Coeficientes	Desvio-padrão	Estatística t	P-Valor	95% inferiores	95% superiores
31							
32	Intercepto	1631,47	243,97	6,69	0,0002	1068,87	2194,07
33	Preço	−2,60	0,53	−4,89	0,0012	−3,82	−1,37

Avaliando a significância estatística dos coeficientes estimados

As linhas 30 a 33 da regressão mostrada na Tabela 3–8 apresentam informações a respeito da precisão com a qual os parâmetros da função de demanda são estimados. Os coeficientes apresentados nas células 32-B e 33-B são meramente os parâmetros estimados – estimativas dos coeficientes verdadeiros e desconhecidos. Em virtude de diferentes informações geradas pela mesma relação verdadeira de demanda, podem ser obtidas diferentes estimativas dos verdadeiros coeficientes. O *desvio-padrão* de cada coeficiente estimado é uma medida de quanto cada coeficiente estimado pode variar nas regressões baseadas na mesma relação verdadeira de demanda que lhe dá suporte, mas com diferentes observações. Quanto menor o desvio-padrão de um coeficiente estimado, menor é a variação na estimativa dada de diferentes lojas (diferente amostra dos dados).

Os parâmetros estimados pelos mínimos quadrados são estimadores não viesados dos verdadeiros parâmetros de demanda sempre que os erros (os e_i's) na verdadeira relação de demanda tiverem média zero. Se, adicionalmente, os e_i's forem variáveis aleatórias normais independente e identicamente distribuídas (variáveis aleatórias *iid normais*), os desvios-padrão reportados dos coeficientes estimados podem ser utilizados para construir intervalos de confiança e para desenvolver testes de significância. Essas técnicas são discutidas a seguir.

Intervalos de confiança

Dado um parâmetro estimado, seu desvio-padrão e a suposição de normalidade (*iid normal*), o gerente da empresa pode construir limites superiores e inferiores sobre os verdadeiros valores dos coeficientes estimados ao construir um intervalo de confiança de 95%. Uma regra útil é apresentada no princípio apresentado a seguir, mas felizmente o *software* estatísticos de regressão computa os intervalos de confiança precisos para cada coeficiente estimado em uma regressão. Por exemplo, as últimas duas células da Tabela 3–8 indicam que os limites superior e inferior do intervalo de confiança a 95% para o coeficiente do preço são $-3,82$ e $-1,37$. O parâmetro estimado para o coeficiente de preço, $-2,60$, está no meio desses limites. Portanto, sabemos que a melhor estimativa do coeficiente de preço é $-2,6$, e que existe 95% de confiança de que o verdadeiro valor esteja entre $-3,82$ e $-1,37$.

Princípio

Regra para um intervalo de confiança de 95%
Se os parâmetros estimados de uma equação de regressão são $\hat{a}$ e $\hat{b}$, os intervalos de confiança de 95% para os verdadeiros valores de a e b podem ser aproximados por

$$\hat{a} \pm 2\sigma_{\hat{a}}$$

e

$$\hat{b} \pm 2\sigma_{\hat{b}}$$

onde $\sigma_{\hat{a}}$ e $\sigma_{\hat{b}}$ são os desvios-padrão de $\hat{a}$ e $\hat{b}$, respectivamente.

---

estatística *t*
A taxa do valor de um parâmetro estimado em relação ao desvio-padrão desse valor estimado.

A estatística *t*

A estatística *t* de um parâmetro estimado é a taxa do valor do parâmetro estimado em relação ao seu desvio-padrão. Por exemplo, se os parâmetros estimados são $\hat{a}$ e $\hat{b}$ e os desvios-padrão correspondentes são $\sigma_{\hat{a}}$ e $\sigma_{\hat{b}}$, a estatística *t* para $\hat{a}$ é

$$t_{\hat{a}} = \frac{\hat{a}}{\sigma_{\hat{a}}}$$

e a estatística t para $\hat{b}$ é

$$t_{\hat{b}} = \frac{\hat{b}}{\sigma_{\hat{b}}}$$

Quando a estatística t para um parâmetro estimado é grande em valor absoluto, você pode estar certo de que o verdadeiro parâmetro não é zero. A razão para isso é que quando o valor absoluto da estatística t é grande, o desvio-padrão do valor estimado é pequeno relativamente ao valor absoluto do parâmetro estimado. Assim, você pode ficar mais seguro de que, dada uma diferente amostra dos dados coletados do verdadeiro modelo, o novo parâmetro estimado estará próximo do correto.

Uma regrinha útil é que se o valor absoluto da estatística t é maior ou igual a 2, o parâmetro estimado correspondente é estatisticamente diferente de zero. Pacotes de regressão reportam os *P-valores*, que são uma medida muito precisa da significância estatística. Por exemplo, na célula 33-E da Tabela 3–8 vemos que o *P*-valor para o coeficiente estimado do preço é 0,0012. Isso significa que existe uma chance de apenas 12 em 10 mil de que o verdadeiro coeficiente do preço seja efetivamente zero. Observe que quanto menor o *P*-valor para um coeficiente estimado, maior a confiança na estimativa.

Normalmente, *P*-valores de 0,05 ou menos são considerados baixos o suficiente para um pesquisador estar seguro de que o coeficiente estimado seja estatisticamente significante. Se o *P*-valor é 0,05, dizemos que o coeficiente é estatisticamente significante ao nível de 5%. Observe que o *P*-valor reportado na Tabela 3–8 para o coeficiente do preço implica que ele é estatisticamente significante ao nível de 0,12%: o coeficiente estimado é altamente significante. É importante observar que, como os intervalos de confiança, os *P*-valores reportados presumem que os erros na verdadeira equação de regressão são *iid normais*.

Princípio	**Regrinha para o uso das estatísticas *t*** Quando o valor absoluto da estatística t é maior que 2, o gerente pode estar 95% seguro de que o verdadeiro valor do parâmetro que lhe dá suporte na regressão não é zero.

Avaliando a qualidade geral da reta de regressão

Adicionalmente à avaliação da significância estatística de um ou mais coeficientes, pode-se mensurar a precisão com a qual a regressão geral ajusta os dados. Dois parâmetros frequentemente utilizados para medir o ajuste geral da reta de regressão – o *R*-quadrado e a estatística *F* – são discutidos a seguir.

O *R*-quadrado

As linhas 18 a 20 da Tabela 3–8 oferecem diagnósticos que indicam quão bem a reta de regressão explica a amostra das observações da variável dependente (no exemplo, a quantidade é a variável dependente e o preço é a variável explanatória). O *R-quadrado* (também conhecido como *coeficiente de determinação*) informa quanto da variação total na variável dependente é explicado pela regressão. Isso é computado como a taxa da soma dos quadrados dos desvios na regressão ($SS_{regressão}$) em relação à soma total dos quadrados dos desvios (SS_{total}):

$$R^2 = \frac{\text{Variação explicada}}{\text{Variação total}} = \frac{SS_{regressão}}{SS_{total}}$$

Por exemplo, na célula 26-C da Tabela 3–8 vemos que a soma dos quadrados dos desvios da regressão é 301470,89, enquanto a célula 28-C revela que a soma do total dos quadrados dos desvios é 402222,50. Assim, o R-quadrado é 0,75 (= 301470,89/402222,50). Isso significa que a equação de demanda estimada (a reta de regressão) explica 75% da variação total das vendas de televisores, por meio da amostra de 10 lojas. A maioria dos *softwares* estatísticos de regressão automaticamente calcula o R-quadrado, como visto na célula 19-B da Tabela 3–8.[3]

O valor de um R-quadrado varia entre 0 e 1:

$$0 \leq R^2 \leq 1$$

Quanto mais próximo o R-quadrado for de 1, "melhor" será o ajuste geral da equação de regressão estimada aos dados verdadeiros. Infelizmente, não existe nenhum atalho que possa ser utilizado para determinar quando um R-quadrado será próximo o suficiente de 1 para indicar um "bom" ajuste. Com dados dispostos em série temporal, o R-quadrado é frequentemente superior a 0,9; com dados em cortes transversais, 0,5 pode ser considerado um ajuste razoavelmente bom. Assim, uma grande desvantagem do R-quadrado é que ele é uma medida subjetiva da qualidade do ajuste.

Outro problema com o R-quadrado é que ele não diminui quando variáveis explanatórias adicionais são incluídas na regressão. Se incluirmos a renda, propaganda e outras variáveis explanatórias em nossa regressão, mas mantivermos outras variáveis constantes, podemos, quase que com certeza, obter um R-quadrado mais elevado. Eventualmente, quando o número de coeficientes estimados aumenta o número de observações, podemos obter um R-quadrado de 1. Algumas vezes, o R-quadrado é muito próximo a 1 meramente porque o número de observações é pequeno comparado ao número de parâmetros estimados. Essa situação é indesejável do ponto de vista estatístico porque pode oferecer um indicador errado da qualidade do ajuste da reta de regressão. Por essa razão, muitos pesquisadores usam o R-quadrado ajustado reportado na célula 20-B da Tabela 3–8 como uma medida da qualidade do ajuste.

O *R-quadrado ajustado* é dado por

$$\overline{R^2} = 1 - (1 - R^2)\frac{(n-1)}{(n-k)}$$

onde n é o número total de observações e k é o número de coeficientes estimados. Ao rodar uma regressão, o número de parâmetros a serem estimados não pode exceder o número de observações. A diferença, $n-k$, representa os *graus de liberdade residuais* após a condução da regressão. Observe que o R-quadrado ajustado "penaliza" o pesquisador por rodar uma regressão com apenas alguns graus de liberdade

---

[3] A raiz quadrada do R-quadrado, conhecida como R múltiplo, é também reportada pela maioria dos *softwares* estatísticos. Ela é apresentada na célula 18-B da Tabela 3–8.

(isto é, estimando coeficientes numerosos a partir de relativamente poucas observações). De fato, a penalidade pode ser tão alta em algumas circunstâncias que o R-quadrado ajustado torna-se efetivamente negativo.

No nosso exemplo, a célula 22-B da Tabela 3–8 mostra-nos que $n = 10$. As células 32-B e 33-B indicam que estimamos dois parâmetros, de forma que $k = 2$. Com 8 graus de liberdade residuais, o R-quadrado ajustado na nossa regressão é $1 - (1 - 0,75)(9/8) = 0,72$. Esse número é reportado na célula 20-B. Para esses dados, existe pouca diferença entre o R-quadrado e o R-quadrado ajustado, de modo que não parece que o R-quadrado "elevado" é resultado de um número excessivo de coeficientes estimados em relação ao tamanho da amostra.

A estatística F

Enquanto o R-quadrado e o R-quadrado ajustado de uma regressão oferecem uma medida do ajuste geral de uma regressão, observamos que não existe regra universal para determinar quão "elevados" eles devem ser para indicar um bom ajuste. Uma medida alternativa da qualidade do ajuste, chamada *estatística F*, não sofre desse problema. A estatística F oferece uma medida da variação total explicada por uma regressão em relação à variação total não explicada. Quanto maior a estatística F, melhor o ajuste geral da reta de regressão através dos dados verdadeiros. No nosso exemplo, a estatística F é reportada como 23,94 na célula 26-E da Tabela 3–8.

A primeira vantagem da estatística F está no fato de que suas propriedades estatísticas são conhecidas. Pode-se objetivamente determinar a significância estatística de qualquer valor F. O valor da significância para nossa regressão, 0,0012, é reportado na célula 26-F da Tabela 3–8. Esse número baixo significa que existe apenas uma chance de 0,12% de que o modelo de regressão estimado ajuste os dados puramente por acidente.

Assim como os P-valores, quanto mais baixo o valor da significância da estatística F, maior a confiança que você pode ter no ajuste geral da equação de regressão. Regressões que possuem estatísticas F com valores de significância de 5% ou menos são geralmente consideradas significantes. Com base no valor da significância reportado na célula 26-F da Tabela 3–8, nossa regressão é significante ao nível de 0,12%. A regressão é altamente significante.

Regressões não lineares e múltiplas

As técnicas descritas para estimar uma função de demanda linear com uma única variável explanatória podem também ser utilizadas para estimar funções de demanda não lineares. Essas mesmas ferramentas podem ser utilizadas para estimar funções de demanda nas quais a quantidade demandada depende de diversas variáveis explanatórias, como preço, renda, propaganda e assim por diante. Esses assuntos são discutidos a seguir.

Regressões não lineares

Algumas vezes o gráfico dos dados revelará que eles não são lineares, como visto na Figura 3–5. Na figura, aparentemente o preço e a quantidade não são linearmente relacionados: a função de demanda é uma curva. A curva de demanda log-linear que examinamos anteriormente neste capítulo possui o formato curvado.

Por dentro dos negócios 3-4

Comprando *on-line* na Europa: elasticidades da demanda por assistentes pessoais digitais baseadas em técnicas de regressão não linear

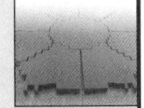

Graças à Internet, os consumidores podem levar seu *mouse* às compras, sem necessitar pagar tarifas de ônibus ou abastecer seus carros a fim de visitar lojas. Até que ponto a demanda dos compradores *on-line* é sensível aos preços cobrados por essas lojas? Recentemente, economistas da Haas School of Business at Berkeley, da Cambridge University e da Kelley School of Business at Indiana University usaram técnicas de regressão não lineares e dados *on-line* da Europa para responder a essa questão.

Os economistas estimaram funções de demanda para uma variedade de diferentes marcas e modelos de assistentes pessoais digitais (PDAs) vendidos por diferentes lojas *on-line* no principal *site* de compras da Europa, o Kelkoo.com. Esse *site* permite aos usuários, na Europa, comprar uma variedade de produtos *on-line*, desde dispositivos eletrônicos a aspiradores de pó e máquinas de lavar. Embora a Kelkoo.com possa não ser familiar aos compradores do outro lado do oceano, sua empresa-parente – Yahoo! – é conhecida mundialmente.

A tabela a seguir resume as estimativas econométricas dos autores quanto à elasticidade da demanda diante das vendas de empresas de seis diferentes modelos de PDAs.

Observe que uma loja *on-line* vendendo o IPAQ 1940 possui a demanda mais elástica (−14,7), enquanto uma vendendo o Clié SJ22 se depara com a demanda menos elástica (−3,3). Dependendo da marca e do modelo, uma loja *on-line* que reduzisse os preços em 10% poderia esperar um crescimento de 33% a 147% nas vendas *on-line*. A estatística *t* em todos os casos excede 2 em valores absolutos, o que indica que as estimativas são estatisticamente significantes ao nível de 5%.

Marca/Modelo	Elasticidade	Estatística *t*
HP Compaq IPAQ 1940	−14,7	−20,39
HPCompaqIPAQ2210	−11,7	−10,54
Palm Tungsten T2	−6,1	−11,9
Palm Zire 71	−11,1	−11,47
Sony Clié NX73V	−5,9	−10,82
Sony Clié SJ22	−3,3	−8,65

Fonte: Michael R. Baye; J. Rupert J. Gatti; Paul Kattuman; John Morgan. "Clicks, Discontinuities, and Firm Demand Online". Cambridge University Working Paper, 2006.

Figura 3-5 Reta de regressão log-linear

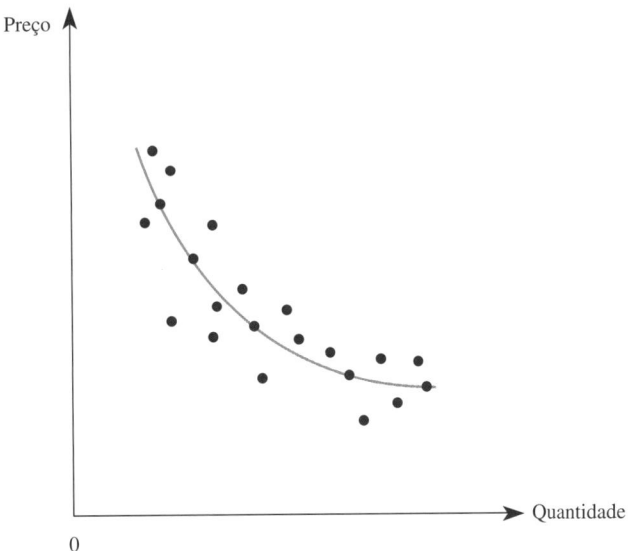

Para estimar uma função de demanda log-linear, o econometrista calcula o logaritmo natural dos preços e das quantidades antes de executar a rotina de regressão que minimize a soma dos quadrados dos erros (e):

$$\ln Q = \beta_0 + \beta_P \ln P + e$$

Em outras palavras, utilizando-se uma planilha para computar $Q' = \ln Q$ e $P' = \ln P$, essa especificação de demanda pode ser vista de maneira equivalente a

$$Q' = \beta_0 + \beta_P P' + e$$

a qual é linear em Q' e P'. Assim, pode-se proceder de forma idêntica àquela descrita anteriormente e calcular os Q' e P' transformados para obter os parâmetros estimados. Lembre-se de que o parâmetro estimado resultante para β_P, neste caso, é a própria elasticidade-preço da demanda, dado que é uma função de demanda log-linear.

Demonstração 3-5

Durante os 31 dias do último mês de março, um agente de ingressos *on-line* ofereceu vários descontos nos preços de ingressos para a Broadway, com o objetivo de obter informações necessárias para estimar a demanda por seus ingressos. Um arquivo chamado Demo_3_5.xls está disponível *on-line* em www.mhhe.com.baye6e. Se você abrir esse arquivo e olhar os dados na planilha chamada *Data*, encontrará informações sobre a quantidade de ingressos da Broadway que a empresa vendeu a diferentes preços em março. Use esses dados para estimar uma função de demanda log-linear. Use uma equação para resumir suas descobertas.

Resposta:

O primeiro passo é transformar os dados de preço e quantidade em logaritmos naturais, usando o comando apropriado do seu processador de planilhas. Você pode entender esse processo consultando a guia chamada *Transformed* no arquivo Demo_3_5.xls. O segundo passo é rodar uma regressão linear com os dados transformados. A regressão resultante é apresentada na guia *Results* no arquivo. O passo final é demonstrar os resultados da regressão em uma equação de demanda. Nesse caso, a estimativa na guia *Results* implica a seguinte função log-linear:

$$\ln Q^d = 8{,}44 - 1{,}58 \ln P$$

Escrito dessa maneira, o *logaritmo* da quantidade demandada é a função linear do *logaritmo* do preço, e a elasticidade da demanda por ingressos da empresa é $-1{,}58$. Como alternativa, pode-se expressar a verdadeira quantidade demandada como uma função *não linear* do preço ao calcular o exponencial de ambos os lados da equação anterior:

$$\exp[\ln Q^d] = \exp[8{,}44]\exp[-1{,}58 \ln P]$$
$$Q^d = \exp[8{,}44]P^{-1{,}58}$$
$$Q^d = 4629 P^{-1{,}58}$$

Regressão múltipla

Em geral, a demanda por um bem dependerá não apenas do preço do bem, mas também de fatores deslocadores da demanda. As técnicas de regressão também podem ser utilizadas para rodar regressões múltiplas – regressões com uma variável dependente e diversas variáveis explanatórias. Para o caso de uma relação de demanda linear, pode-se especificar a função de demanda como

$$Q_x^d = \alpha_0 + \alpha_x P_x + \alpha_y P_y + \alpha_M M + \alpha_H H + e$$

onde os α's são os parâmetros a serem estimados, P_y, M e H são deslocadores da demanda, e e é o termo de erro aleatório que possui média zero. Como alternativa, uma especificação log-linear pode ser apropriada se a quantidade demandada não for linearmente relacionada com as variáveis explanatórias:

$$\ln Q_x^d = \beta_0 + \beta_x \ln P_x + \beta_y \ln P_y + \beta_M \ln M + \beta_H \ln H + e$$

Certificando-se de que o número de observações seja maior do que o número de parâmetros estimados, pode-se utilizar os aplicativos de regressão incluídos nos programas de planilha para encontrar os valores dos parâmetros que minimizem a soma dos quadrados dos erros da regressão. O R-quadrado, a estatística F, a estatística t e os intervalos de confiança para as regressões múltiplas têm o mesmo uso e interpretações descritos anteriormente no caso da regressão simples com uma variável explanatória. O demonstração a seguir ilustra tal fato.

Demonstração 3-6

A FCI possui 10 prédios residenciais em uma cidade universitária, os quais aluga exclusivamente a estudantes. Cada prédio contém 100 apartamentos para aluguel, mas o proprietário tem enfrentado problemas de fluxo de caixa devido a uma ocupação média abaixo de 50%. Os apartamentos em cada prédio têm plantas equivalentes, mas alguns são mais próximos do *campus* do que outros. O proprietário da FCI possui dados do último ano sobre o número de apartamentos alugados, o preço de aluguel (em dólares) e o montante despendido em propaganda (em dezenas de dólares) para cada um dos 10 prédios. Esses dados, relativos a distância (em milhas) de cada prédio do *campus*, são apresentados nas linhas 1 a 11 da Tabela 3–9. O proprietário calculou a regressão da quantidade demandada por apartamentos com relação a preço, propaganda e distância. Os resultados da regressão são reportados nas linhas 16 a 35 da Tabela 3–9. Qual é a função de demanda estimada para os apartamentos da FCI? Se a FCI aumentar os aluguéis de um prédio em \$100, o que você pode esperar que aconteça com o número de unidades alugadas? Se a FCI aumentar os aluguéis em um prédio de apartamentos médio, o que pode acontecer com as receitas totais da FCI? O que se pode inferir a partir desta análise?

Resposta:

Considerando que P, A e D representam preço, propaganda e distância do *campus*, os coeficientes estimados implicam a seguinte função de demanda por aluguel de unidades em um prédio:

$$Q_x^d = 135,15 - 0,14P + 0,54A - 5,78D$$

Uma vez que o coeficiente do preço é $-0,14$, um aumento de \$100 reduz a quantidade demandada em um prédio em 14 unidades. A elasticidade-preço da demanda pelos apartamentos da FCI, calculados aos preços e quantidades médias, é $(-0,14)(420/53,10) = -1,11$. Uma vez que a demanda é elástica, aumentar o aluguel em um prédio médio diminui não apenas o número de unidades alugadas, mas também a receita total.

O R-quadrado de 0,79 indica que a regressão explica 70% da variação na quantidade de apartamentos alugados em todos os 10 prédios. A estatística F sugere que a regressão é

Tabela 3-9 Dados e resultados de uma regressão múltipla

	A	B	C	D	E	F	G
1	Observação	Quantidade	Preço	Propaganda	Distância		
2	1	28	250	11	12		
3	2	69	400	24	6		
4	3	43	450	15	5		
5	4	32	550	31	7		
6	5	42	575	34	4		
7	6	72	375	22	2		
8	7	66	375	12	5		
9	8	49	450	24	7		
10	9	70	400	22	4		
11	10	60	375	10	5		
12	Média	53,10	420,00	20,50	5,70		
13							
14							
15							
16	Estatísticas da regressão						
17							
18	R múltiplo	0,89					
19	R-Quadrado	0,79					
20	R-Quadrado ajustado	0,69					
21	Desvio-padrão	9,18					
22	Observações	10,00					
23							
24	Análise de variância						
25		df	Soma dos quadrados	Média dos quadrados	F	Significância de F	
26	Regressão	3,00	1920,99	640,33	7,59	0,0182	
27	Residual	6,00	505,91	84,32			
28	Total	9,00	2426,90				
29							
30		Coeficientes	Desvio-padrão	Estatística t	P-Valor	95% inferiores	95% superiores
31							
32	Intercepto	135,15	20,65	6,54	0,0006	84,61	185,68
33	Preço	−0,14	0,06	−2,41	0,0500	−0,29	0,00
34	Propaganda	0,54	0,64	0,85	0,4296	−1,02	2,09
35	Distância	−5,78	1,26	−4,61	0,0037	−8,86	−2,71

significativa ao nível de 1,82%, de forma que o gerente pode estar razoavelmente confiante de que o bom ajuste da equação não é devido à sorte. Observe que todos os parâmetros estimados são estatisticamente significativos ao nível de 5%, exceto para o coeficiente da propaganda. Aparentemente a propaganda não possui efeito estatisticamente significativo sobre a demanda pelas unidades alugadas.

A distância do *campus* parece ser uma determinante significativa da demanda por apartamento. A estatística *t* para esse coeficiente está acima de 4 em valor absoluto, e o *P*-valor é de 0,37%. Com base nos limites inferior e superior do intervalo de confiança, o proprietário pode ter 95% de confiança de que, para cada milha que um apartamento esteja longe do *campus*, a FCI perde entre 2,71 e 8,86 locatários.

Uma vez que a FCI não pode realocar seus apartamentos mais próximos do *campus*, uma propaganda não possui impacto estatisticamente significativo sobre as unidades alugadas, o que levaria a crer que tudo que a FCI poderia fazer para reduzir o seu problema no fluxo de caixa é alugar os apartamentos em que a demanda é elástica a preços menores.

Um aviso

Agora você sabe como interpretar o resultado de uma regressão e como utilizar esse resultado para analisar a demanda por um produto em uma equação simples. As funções de demanda não são construtos fictícios de livros técnicos – são equações que os gerentes podem efetivamente obter pelo uso de técnicas econométricas e dados adequados.

É importante observar, no entanto, que a econometria é um segmento especializado da economia em que são necessários anos de estudo para se graduar. Pela mesma razão que pode não ser prudente você fazer uma cirurgia ocular após simplesmente ler um capítulo chamado "O Olho" em seu livro-texto de biologia, gerentes prudentes baseiam-se na *expertise* de "especialistas" (*experts* em economia ou consultores) para obter estimativas de demanda. A menos que você se dedique a um curso de graduação em assuntos econométricos que estejam além do escopo de qualquer livro-texto de economia de empresas (questões como endogeneidade, seleção de amostras, heterocedasticidade, autocorrelação e efeitos não observados) ou programa de planilhas, provavelmente é melhor que você utilize seu conhecimento econométrico principalmente como uma ferramenta para comunicar-se com especialistas econométricos (e interpretar o resultado oferecido por eles).

Respondendo à manchete

No início do capítulo perguntamos quanto dinheiro o CEO de uma companhia telefônica regional precisaria para obter uma nova licença em um leilão da FCC. Com base na regressão oferecida, o preço que se espera pagar por uma licença é negativamente relacionado ao número de licenças disponíveis e positivamente relacionado ao tamanho da população na região:

$$\ln P = 2{,}23 - 1{,}2 \ln Q + 1{,}25 \ln \text{Pop}$$

Uma vez que essa é uma regressão log-linear, os coeficientes são as elasticidades. Em particular, o coeficiente de ln Pop (1,25) mostra a variação percentual no preço resultante de 1% de mudança na população. Uma vez que a população na região relevante é 7% maior do que a média, isso significa $1{,}25 = \%\Delta P/7$, ou $\%\Delta P = 8{,}75$. Em outras palavras, o preço que o CEO espera pagar na sua região é 8,75% maior do que a média de preço do leilão de 14 de março. Como o preço era de 70,7 milhões de dólares, o preço necessário esperado para vencer o leilão na sua região é, tudo o mais constante, de 76,9 milhões de dólares. O modelo do CEO prevê que a demanda por licenças será maior em sua região devido ao maior tamanho do mercado efetivamente atendido pelos detentores de licenças.

No entanto, o CEO deve ser cauteloso em utilizar sua estimativa. A regressão não inclui informações sobre a renda regional e o número de concorrentes – duas informações que podem ser úteis para projetar o preço. Pode-se esperar que a renda média de uma região tenha um efeito positivo sobre os preços que as empresas estejam dispostas a pagar, uma vez que rendas mais elevadas em uma região se traduzem em preços mais altos dos serviços de comunicação sem fio. Adicionalmente, quanto maior o número de concorrentes por licença, maior a competição e, consequentemente, maior pode ser o preço realizado esperado. Se essas duas variáveis diferem significativamente entre regiões, a regressão estimada do CEO será viezada.

Sujeitos a esse sinal de atenção, no entanto, os resultados da regressão resumidos na Tabela 3–10 sugerem que o modelo do CEO faz um bom trabalho ao explicar os preços das licenças. O R-quadrado de 0,85 indica que 85% da variação total nos preços é explicada pelo modelo, e a estatística F indica que a regressão é altamente significativa (ao nível de 0,13%). Os valores absolutos das estatísticas t estão todos bastante acima de 2, com P-valores abaixo de 5%. Isso sugere que o CEO pode estar razoavelmente seguro de que os verdadeiros coeficientes são diferentes de zero e, de fato, razoavelmente próximos dos coeficientes estimados.

Apesar de tudo, as previsões baseadas nessa equação de regressão não revelarão perfeitamente o preço que a empresa do CEO terá de pagar no próximo ano para obter uma licença. Como o limite superior do intervalo de confiança de 95% para

Tabela 3–10 Resultados da regressão baseada em dados do leilão da FCC

	A	B	C	D	E	F	G
1	*Estatísticas da regressão*						
2							
3	R múltiplo	0,92					
4	R-Quadrado	0,85					
5	R-Quadrado ajustado	0,81					
6	Desvio-padrão	0,32					
7	Observações	10,00					
8							
9	*Análise de variância*						
10		df	Soma dos quadrados	Média dos quadrados	F	Significância de F	
11	Regressão	2,00	4,02	2,01	19,95	0,0013	
12	Residual	7,00	0,71	0,10			
13	Total	9,00	4,73				
14							
15		**Coeficientes**	**Desvio-padrão**	**Estatística t**	**P-Valor**	**95% inferiores**	**95% superiores**
16							
17	Intercepto	2,23	0,43	5,24	0,0012	1,23	3,24
18	ln Pop	1,25	0,20	6,11	0,0005	0,77	1,73
19	ln Q	−1,20	0,20	−6,10	0,0005	−1,66	−0,73

o coeficiente de ln Pop é 1,73, o CEO pode estar 95% confiante de que 79,3 milhões de dólares serão suficientes para obter a licença. Isso porque $1{,}73 = \%\Delta P/7$, então $\%\Delta P = 12{,}11$. Em outras palavras, ele irá precisar de 12,11% mais do que 70,7 milhões de dólares pagos por uma licença no leilão de 14 de março, com 95% de confiança. Dada a magnitude do montante envolvido, o CEO pode querer chamar o seu departamento de pesquisa ou um consultor econômico para elaborar uma análise mais detalhada da situação.

Resumo

Neste capítulo abordamos aspectos quantitativos da análise da demanda, incluindo elasticidade-preço, elasticidade-renda e a elasticidade-preço cruzada da demanda. Examinamos formas funcionais para funções de demanda, incluindo especificações lineares e log-lineares, e discutimos os procedimentos de regressão utilizados para estimar relações de demanda. Com essas ferramentas, um gerente pode prever não apenas a direção nas mudanças da demanda, mas quanto a demanda se moverá quando alguma das determinantes mudar. Conhecer os conceitos de elasticidade, o uso de estatística t, bem como intervalos de confiança, é extremamente importante ao tomar decisões sobre quanto manter de estoque, quantos funcionários contratar e quantas unidades de um produto produzir quando diferentes determinantes da demanda mudam.

Neste capítulo, vimos que o aumento nos preços nem sempre aumenta a receita. Se o valor absoluto da elasticidade-preço é maior que 1, um aumento no preço diminuirá a receita total. Também abordamos a magnitude das mudanças causadas por uma mudança no preço de um bem substituto ou complementar.

Por fim, introduzimos os conceitos de regressão e intervalos de confiança. Ao utilizar as elasticidades baseadas em uma função de demanda estimada e construir um intervalo de confiança, um gerente pode ter 95% de certeza sobre o montante em que a demanda se moverá quando uma variável como a renda ou propaganda mudar.

Conceitos e palavras-chave

- análise de regressão
- demanda com elasticidade unitária
- demanda elástica
- demanda inelástica
- demanda linear
- demanda log-linear
- demanda perfeitamente elástica
- demanda perfeitamente inelástica
- desvio-padrão
- econometria
- elasticidade
- elasticidade-preço da demanda
- elasticidade-preço cruzada
- elasticidade-propaganda
- elasticidade-propaganda cruzada
- elasticidade-renda
- estatística F
- estatística t
- estimativa de parâmetros
- graus de liberdade residuais
- intervalo de confiança
- R-quadrado
- R-quadrado ajustado
- regressão de mínimos quadrados
- regressão múltipla
- regressão não linear
- reta de regressão
- suposição de normalidade iid
- teste da receita total
- valor P

Questões conceituais e computacionais

1. Responda as questões a seguir com base no diagrama.
   a. Quanto deve mudar a receita da empresa se o preço for diminuído de $12 para $10? A demanda é elástica ou inelástica nessa variação?
   b. Quanto deve mudar a receita da empresa se o preço for diminuído de $4 para $2? A demanda é elástica ou inelástica nessa variação?
   c. Qual preço maximiza a receita total da empresa? Qual é a elasticidade da demanda a esse ponto na curva de demanda?

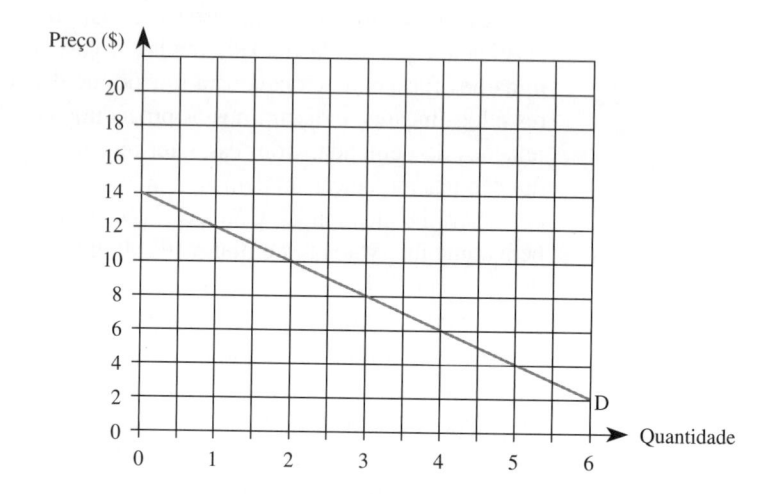

2. A curva de demanda de um produto é dada por $Q_x^d = 1.000 - 2P_x + 0{,}02P_z$ onde $P_z = \$400$.
   a. Qual é a elasticidade-preço da demanda quando $P_x = \$154$? A demanda é elástica ou inelástica a esse preço? O que aconteceria com a receita da empresa se ela decidisse cobrar um preço abaixo de $154?
   b. Qual é a elasticidade-preço da demanda quando $P_x = \$354$? A demanda é elástica ou inelástica a esse preço? O que aconteceria com a receita da empresa se ela decidisse cobrar um preço acima de $354?
   c. Qual é a elasticidade-preço cruzada da demanda entre o bem X e o bem Z quando $P_x = \$154$? Os bens X e Z são substitutos ou complementares?

3. Suponha que a função de demanda pelo produto de uma empresa seja dada por

$$\ln Q_x^d = 3 - 0{,}5 \ln P_x - 2{,}5 \ln P_y + \ln M + 2 \ln A$$

onde
$P_x = \$10$
$P_y = \$4$
$M = \$20.000$
$A = \$250$

a. Determine a elasticidade-preço da demanda e diga se a demanda é elástica, inelástica ou de elasticidade unitária.
b. Determine a elasticidade-preço cruzada da demanda entre o bem X e o bem Y, e diga se são bens substitutos ou complementares.
c. Determine a renda da demanda e estabeleça se o bem X é um bem normal ou um bem inferior.
d. Determine a elasticidade-propaganda da demanda.

4. Suponha que a elasticidade-preço da demanda pelo bem X seja −2, a elasticidade-renda seja 3, a elasticidade-propaganda seja 4 e a elasticidade-preço cruzada da demanda entre ele e o bem Y seja –6. Determine quanto o consumo do bem mudará se:
    a. O preço do bem X aumentar 5%.
    b. O preço do bem Y aumentar 10%.
    c. A propaganda diminuir 2%.
    d. A renda cair 3%.

5. Suponha que a elasticidade-preço cruzada da demanda entre os bens X e Y seja de –5. Quanto você espera que o preço do bem Y tenha de mudar de forma que aumente o consumo do bem X em 50%?

6. Você é o gerente de uma empresa que tem receitas anuais de $30 mil com o produto X e $70 mil com o produto Y. A elasticidade-preço da demanda pelo produto X é de –2,5 e a elasticidade-preço cruzada da demanda entre os produtos Y e X é de 1,1. Em quanto a receita total da sua empresa (a receita com ambos os produtos) mudará se você aumentar o preço do bem X em 1%?

7. Um analista de sua empresa usou uma especificação de demanda linear para estimar a demanda pelo produto e enviou-lhe uma cópia impressa dos resultados. Infelizmente, algumas informações foram perdidas porque a tinta da impressora estava acabando. Use as informações apresentadas na parte superior da tabela da próxima página (página 112) para encontrar os valores perdidos intitulados '1' – '7' (arredonde sua resposta ao centesimal mais próximo). Depois, responda as questões a seguir.
    a. Com base nas estimativas, escreva uma equação que resuma a demanda pelo produto da empresa.
    b. Quais coeficientes de regressão são estatisticamente significantes ao nível de 5%?
    c. Comente quão bem a reta de regressão ajusta os dados.

8. Suponha que a relação de demanda inversa pelo bem X seja $P = a + bQ + e$, e que você estimou os parâmetros como $\hat{a} = 10$, $\hat{b} = -2,5$, $\sigma_{\hat{a}} = 1$ e $\sigma_{\hat{a}} = 0,5$. Encontre o intervalo de confiança aproximado de 95% para os verdadeiros valores de a e b.

Problemas e aplicações

9. A receita da Palm Inc. foi de $1,4 bilhão no período de 9 meses que terminava em 2 de março, mais de 97% das receitas no mesmo período do ano anterior. A gerência atribui o fato a uma elevação de 137% nas vendas de assistentes pessoais digitais (PDA), apesar de uma diminuição de 17% no preço médio de PDAs da Palm. Dada essa informação, é surpreendente que a receita da Palm tenha aumentado enquanto o preço médio dos PDAs diminuiu? Explique.

	A	B	C	D	E	F	G
1	**RESUMO DOS RESULTADOS**						
2							
3	*Estatísticas da regressão*						
4	R múltiplo	0,62					
5	R-quadrado	'1'					
6	R-quadrado ajustado	'2'					
7	Desvio-padrão	190,90					
8	Observações	100,00					
9							
10	*Análise de variância*						
11		Graus de liberdade	Soma dos quadrados	Média dos quadrados	F	Significância de F	
12	Regressão	2,00	'3'	1.111.508,88	30,50	0,00	
13	Resíduo	97,00	3.535.019,49	36.443,50			
14	Total	'4'	5.758.037,26				
15							
16		Coeficientes	Desvio-padrão	Estatística t	P-Valor	95% inferiores	95% superiores
17	Intercepto	187,15	'5'	0,35	0,73	−880,56	1.254,86
18	Preço de X	−4,32	0,69	'6'	0,00	−5,69	−2,96
19	Receita	'7'	0,02	4,47	0,00	0,05	0,14

10. Você é o gerente de uma empresa que vende uma marca líder de baterias. Um arquivo chamado Q10.xls com dados sobre a demanda pelo seu produto está disponível *on-line* em www.mhhe.com/baye6e. Especificamente, o arquivo contém dados sobre o logaritmo natural da sua quantidade vendida, preço e a renda média dos consumidores em várias regiões ao redor do mundo. Use essa informação para rodar uma regressão log-linear e, então, determinar o impacto de um declínio de 3% na renda global sobre a demanda geral por seu produto.

11. Pela primeira vez em dois anos, a Big G (divisão de cereais da General Mills) aumentou o preço dos cereais em 2%. Se, como resultado desse aumento, o volume de todo o cereal vendido pela Big G diminuir 3%, o que você poderia inferir a respeito da elasticidade-preço da demanda pelo cereal Big G? Você poderia prever se as receitas de vendas da marca Lucky Charms aumentaria ou diminuiria? Explique.

12. Este ano foi próspero para a Starbucks Coffee Company. As receitas aumentaram 9%, excluindo as vendas das novas 1.035 lojas que foram abertas. Suponha que a gerência atribua essa elevação na receita a um aumento de 5% na quantidade de café comprado. Se o departamento de *marketing* da Starbucks estima que a elasticidade-renda da demanda por seu café seja de 1,75, como os temores de uma recessão (é esperado que a renda dos consumidores diminua 4% ao longo do próximo ano) afetarão a quantidade de café que a Starbucks espera vender?

13. Você é um gerente na divisão Chevrolet da General Motors. Se seu departamento de *marketing* estima que ademanda semestral pelo Chevy Tahoe seja

$Q = 100.000 - 1,25P$, que preço você deveria cobrar de forma a maximizar as receitas das vendas do Tahoe?

14. Você é o gerente responsável pelo monitoramento do fluxo de caixa na Kodak. Os equipamentos fotográficos tradicionais são responsáveis por 80% das receitas da Kodak, as quais crescem cerca de 2% por ano. Recentemente, você recebeu um relatório preliminar que sugere que os consumidores tiram três vezes mais fotografias digitais do que fotografias com filme tradicional, e que a elasticidade-preço cruzada da demanda entre câmeras digitais e tradicionais é de $-0,2$. Ao longo dos últimos anos, a Kodak investiu mais de \$5 bilhões para desenvolver e iniciar a produção de câmeras digitais. Em 2000, a Kodak obteve cerca de \$400 milhões com vendas de câmeras digitais e cerca de \$600 milhões com vendas de câmeras tradicionais. Se a elasticidade-preço da demanda por câmeras tradicionais for de $-2,5$, como uma diminuição de 1% no preço de câmeras tradicionais afeta as receitas totais da Kodak provenientes das vendas de câmeras tradicionais e digitais?

15. Como apontou recentemente a "Energy Czar", seu objetivo é reduzir a demanda total por combustível para aquecimento residencial no seu estado. Você deve escolher uma das três propostas legislativas destinadas a atingir esse objetivo: (*a*) um imposto que deve efetivamente aumentar o preço do combustível para aquecimento residencial em \$2; (*b*) um subsídio que deve efetivamente reduzir o preço do gás natural em \$1; ou (*c*) um imposto que deve efetivamente aumentar o preço da eletricidade (produzida por usinas hidrelétricas) em \$5. Para ajudá-lo nessa decisão, um economista em seu escritório estimou a demanda por combustível de aquecimento residencial utilizando uma especificação de demanda linear. Os resultados da regressão são apresentados na tabela da próxima página (página 114). Com base nessa informação, a que proposta você seria favorável? Explique.

16. Como proprietário da Barney's Broilers – uma cadeia de *fast-food* – você interpreta um aumento na demanda por frango grelhado como consequência do fato de os consumidores se tornarem mais preocupados com a saúde, reduzindo seu consumo de carne vermelha e de alimentos fritos. Como resultado, você acredita que seja necessário comprar outro forno para atender ao aumento da demanda. Para financiar o forno, você vai ao banco buscar um empréstimo. O gerente de crédito lhe diz que suas receitas de \$750 mil são insuficientes para suportar despesas adicionais. Para se qualificar ao empréstimo, a receita da Barney's Broilers precisa ser elevada em pelo menos \$50 mil. No desenvolvimento de uma estratégia para gerar receita adicional, você coleta dados sobre o preço (em centavos) por libra que cobra dos consumidores e a quantidade relativa de frango consumido por ano em libras. Essa informação está contida no arquivo chamado Q16.xls disponível *on-line* em www.mhhe.com/baye6e. Use esses dados e uma especificação de demanda log-linear para obter a estimativa de mínimos quadrados da demanda por frango grelhado. Escreva uma equação que resuma a demanda por frango grelhado e, então, determine o aumento ou diminuição percentual no preço necessário para aumentar as receitas em \$50 mil.

17. Dadas as restrições de sua capacidade armazenamento, a Kalamazoo Brewing Company (KBC) atualmente vende suas cervejas em uma área de sete estados: Illinois, Indiana, Michigan, Minnesota, Mississippi, Ohio e Wisconsin. O departamento de *marketing* da empresa coletou dados de seus distribuidores em cada estado. Esses dados consistem na quantidade e preço (por garrafa) de cervejas vendidas em cada estado, bem como na renda média em milhares de dólares dos consumidores que vivem em várias regiões de cada estado. Os dados para cada

	A	B	C	D	E	F	G
1	**RESUMO DOS RESULTADOS**						
2							
3	*Estatísticas da regressão*						
4	R múltiplo	0,76					
5	R-quadrado	0,57					
6	R-quadrado ajustado	0,49					
7	Desvio-padrão	47,13					
8	Observações	25					
9							
10	*Análise de variância*						
11		*Graus de liberdade*	*Soma dos quadrados*	*Média dos quadrados*	*F*	*Significância de F*	
12	Regressão	4	60936,56	15234,14	6,86	0,03	
13	Resíduo	20	44431,27	2221,56			
14	Total	24	105367,84				
15							
16		*Coeficientes*	*Desvio-padrão*	*Estatística t*	*P-Valor*	*95% inferiores*	*95% superiores*
17	Intercepto	136,96	43,46	3,15	0,01	50,60	223,32
18	Preço do combustível de aquec. residencial	−91,69	29,09	−3,15	0,01	−149,49	−33,89
19	Preço do gás natural	43,88	9,17	4,79	0,00	25,66	62,10
20	Preço da eletricidade	−11,92	8,35	−1,43	0,17	−28,51	4,67
21	Receita	−0,050	0,3500	−0,14	0,90	−0,75	0,65

estado estão disponíveis em www.mhhe.com/baye6e no arquivo Q17_STATE.xls, em que "STATE" refere-se a um dos sete estados em que a Kalamazzo Brewing Company vende as suas cervejas. Por exemplo, os dados para Michigan estão contidos no arquivo chamado Q17_MI.xls. Considerando que a relação de demanda correspondente seja uma função linear do preço e da renda, use seu programa de planilhas para obter estimativas de mínimos quadrados da demanda estadual pelas cervejas da KBC. Analise os resultados da regressão e faça uma interpretação econômica desses resultados.

18. Um trecho da Lei de Estabilização do Produto Lácteo de 1983 autorizou o estabelecimento de um programa nacional para produtos lácteos desenvolvido para aumentar o consumo humano de leite e produtos lácteos, bem como reduzir a dependência da indústria com relação aos suportes de preços do governo. As atividades da (então) recém-estabelecida organização – Comissão Nacional de Promoção e Investigação do Produto Lácteo– foram financiadas por meio de um sistema obrigatório de 15 centavos por cada cem libras sobre todo o leite produzido e comercializado pelos fazendeiros (em 1997, os produtores receberam aproximadamente $13,00 por cem libras de leite). A primeira campanha publicitária da Comissão "Got Milk?" buscou atingir consumidores com idade entre 13 e 34 anos, pagando celebridades para estimular o consumo de leite. De acordo com um artigo de fevereiro de 2004 da CNN.com, os produtores de leite Joseph e Brenda Cochran contestaram a legalidade dos recursos da campanha "Got

Milk?". Os Cochrans argumentaram que a campanha "Got Milk?" fez pouco para estimular a produção de leite de vacas que não houvessem recebido hormônios e outras substâncias utilizadas na cultura sustentável e, por conseguinte, violava seus direitos (e de outros fazendeiros) estabelecidos na Primeira Emenda. O Terceiro Tribunal de Apelações concordou com os Cochrans e concluiu que os fazendeiros não poderiam ser obrigados a financiar campanhas publicitárias. Um dos recuos óbvios da Comissão foi a redução dos financiamentos para as campanhas publicitárias. Para avaliar o impacto provável sobre o consumo de leite, suponha que a Comissão tenha coletado dados sobre o número de galões de leite que as famílias consumiram semanalmente (em milhões), o preço semanal por galão e as despesas semanais com publicidade sobre o leite (em centenas de dólares). Esses dados para estimar tanto o modelo linear quanto o log-linear estão disponíveis *on-line* em www.mhhe.com/baye6e em um arquivo chamado Q18.xls. Use-os para rodar duas regressões: uma regressão linear e uma log-linear. Compare os resultados das regressões dos dois modelos. Comente a respeito de qual modelo faz um melhor ajuste dos dados. Suponha que o preço semanal do leite seja de $3,10 e as despesas semanais da Comissão com publicidade caiam 25% após a decisão judicial para $100 (em centenas). Use o modelo de regressão com melhor ajuste para estimar a quantidade semanal consumida de leite após a decisão judicial.

19. Em fevereiro de 2004, a Comissão Federal de Comunicações (FCC) desregulamentou a indústria de banda larga em uma votação de 3 a 2 que mudou as regras do Telecommunications Act de 1996. Entre outras coisas, a decisão elimina uma regra que requer que as Baby Bells – BellSouth, Qwest Communication International, SBC Communications e Verizon Communications – ofereçam aos concorrentes descontos e acesso às facilidades de rede e outros serviços que podem construir no futuro. Os provedores de Linhas Digitais Subscritas (DSL) que utilizam a rede de telefones local são particularmente afetados. Alguns argumentam que o acordo resultará em elevação de custos para os provedores de DSL e reduzirá a competitividade. Os provedores de serviços de Internet de alta velocidade via cabo, satélite ou tecnologia sem fio não serão afetados diretamente, uma vez que tais setores não estão sujeitos às mesmas obrigações de compartilhamento de facilidades que as empresas que utilizam as redes de telefonia locais. À luz da regra recente da FCC, suponha que a News Corp., que controla a maior rede de transmissão via satélite para TV dos Estados Unidos, esteja considerando lançar um satélite no espaço que pode oferecer serviços de Internet de alta velocidade. Antes do lançamento do satélite, suponha que a News Corp. tenha utilizado os mínimos quadrados para estimar a reta de regressão da demanda por serviços de Internet via satélite. Os resultados com melhor ajuste indicam que a demanda é $Q_{sat}^d = 152,5 - 0,9P_{sat} + 1,05P_{DSL} + 1,10P_{cabo}$ (em milhares), onde P_{sat} é o preço do serviço de Internet via satélite, P_{DSL} é o preço do serviço de Internet via DSL e P_{cabo} é o preço do serviço de Internet de alta velocidade via cabo. Suponha que após a FCC regulamentar o preço do DSL, o P_{DSL} é $30 por mês e o preço mensal da Internet de alta velocidade via cabo, P_{cabo}, é $30. Além disso, a News Corp. identificou que suas receitas mensais devem ser de pelo menos $14 milhões para cobrir seus custos mensais. Se a News Corp. estabelecer o preço de sua assinatura mensal para serviços de Internet via satélite em $50, suas receitas serão suficientemente altas para cobrir seus custos? É possível para a News Corp. cobrir seus custos dada a atual função de demanda? Justifique sua resposta.

20. No início de 2007, a Pacific Cellular realizou um teste de preços com o objetivo de estimar a elasticidade da demanda por seus serviços. O gerente selecionou três estados que eram representativos de toda a área de abrangência de seus serviços, e aumentou preços em 5% para os clientes dessas áreas. Uma semana depois, o número de clientes aderentes aos planos da Pacific Cellular nesses estados caiu 4%, enquanto a adesão nos estados em que os preços não aumentaram permaneceu constante. O gerente utilizou essas informações para estimar a elasticidade-preço da demanda e, com base em sua análise, imediatamente aumentou os preços em todas as áreas em 5%, com o objetivo de impulsionar as receitas anuais da empresa em 2007. Um ano depois, o gerente estava perplexo, pois as receitas anuais de 2007 da Pacific Cellular foram 10% menores do que as de 2006 – o aumento de preço aparentemente levou a uma redução nas receitas da empresa. O gerente cometeu um erro? Explique.

21. O proprietário de uma pequena rede de postos de gasolina em uma grande cidade do Centro-Oeste norte-americano leu um artigo em um jornal especializado que estabelecia que a elasticidade-preço cruzada da demanda por gasolina nos Estados Unidos é de −0,2. Em virtude dessa demanda altamente inelástica, ele está pensando em aumentar os preços para incrementar as receitas e lucros. Com base na informação do jornal, você recomendaria essa estratégia? Explique.

Exercícios baseados em casos

Seu instrutor pode dar exercícios adicionais (chamados memos), que requerem a aplicação de algumas das ferramentas aprendidas neste capítulo, para fazer recomendações baseadas em cenários reais de negócios. Alguns desses memos acompanham o *case* Time Warner (páginas 548–583 do seu livro). Memos adicionais, assim como dados que podem ser úteis para sua análise, estão disponíveis on-line em www.mhhe.com/baye6e.

Referências

Chiles, Ted W.; Sollars, David L. "Estimating Cigarette Tax Revenue." *Journal of Economics and Finance*, v. 17, n. 3, p. 1–15, 1993. Crandall, R. "Import Quotas and the Automobile Industry: The Cost of Protectionism." *Brookings Review*, v. 2, n. 4, p. 8–16, 1984.

Houthakker, H.; Taylor, L. *Consumer Demand in the United States: Analyses and Projections*. 2. ed. Cambridge, MA: Harvard University Press, 1970.

Maxwell, Nan L.; Lopus, Jane S. "The Lake Wobegon Effect in Student Self-Reported Data." *American Economic Review*, v. 84, n. 2, p. 201–205, maio 1994.

Pratt, Robert W. "Forecasting New Product Sales From Likelihood of Purchase Ratings: Commentary." *Marketing Science*, v. 5, n. 4, p. 387–388, 1986.

Sawtelle, Barbara A. "Income Elasticities of Household Expenditures: A U.S. Cross Section Perspective." *Applied Economics*, v. 25, n. 5, p. 635–644, maio 1993.

Stano, Miron; Hotelling, Harold. "Regression Analysis in Litigation: Some Overlooked Considerations." *Journal of Legal Economics*, v. 1, n. 3, p. 68–78, dez. 1991.

Williams, Harold R.; Mount, Randall I. "OECD Gasoline Demand Elasticities: An Analysis of Consumer Behavior With Implications for U.S. Energy Policy." *Journal of Behavioral Economics*, v. 16, n. 1, p. 69–79, 1987.

CAPÍTULO QUATRO
A teoria do comportamento individual

Manchete

Empresa de embalagens utiliza pagamento de horas extras para amenizar o efeito de diminuição no número de trabalhadores

A Boxes Ltd. produz recipientes de papel ondulado em uma pequena fábrica em Sunrise Beach, Texas. Sunrise Beach é uma comunidade de aposentados com uma população idosa, e ao longo da última década o número de habitantes economicamente ativos diminuiu. No meio da década de 2000, essa redução comprometeu a necessidade da Boxes Ltd. de contratar trabalhadores para atender a sua demanda crescente e suas metas de produção. Isso apesar do fato de pagar $10 por hora – praticamente 30% mais do que a média local – a seus trabalhadores.

No último ano, a Boxes Ltd. contratou um novo gerente que instituiu um plano de pagamento de horas extras na empresa. Pelo novo plano, os trabalhadores recebem $10 por hora pelas primeiras oito horas trabalhadas a cada dia, e $15 para cada hora trabalhada além das oito horas em um dia. Esse plano resolveu o problema da organização, dado que os níveis de produção e lucro cresceram 20% este ano.

Por que o novo gerente instituiu o plano de horas extras em vez de aumentar o salário, para atrair mais trabalhadores à empresa?

Objetivos didáticos

Ao final deste capítulo, você poderá:

- Responder à manchete.

- Explicar as quatro propriedades básicas da ordenação das preferências de um consumidor e suas ramificações para as curvas de indiferença do consumidor.

- Ilustrar como mudanças nos preços e na renda afetam as oportunidades de um indivíduo.

- Ilustrar a escolha de equilíbrio do consumidor, e como ela muda em resposta a mudanças nos preços e na renda.

- Decompor o impacto de uma mudança de preço em efeito substituição e efeito renda.

- Mostrar como derivar uma curva de demanda individual a partir da análise da curva de indiferença e a demanda de mercado a partir da demanda de um grupo de indivíduos.

- Ilustrar como promoções do tipo "pague um, leve dois" e vale-presentes afetam as decisões de compra de um consumidor.

- Utilizar um sistema de escolha renda-lazer para ilustrar as oportunidades, os incentivos e as escolhas dos trabalhadores/gerentes.

Introdução

Este capítulo desenvolve ferramentas que ajudam o gerente a entender o comportamento de indivíduos, tanto de consumidores quanto de trabalhadores, e o impacto de incentivos alternativos sobre suas decisões. Isso não é tão simples como você pode imaginar. O ser humano utiliza raciocínios complicados para tomar decisões e o cérebro humano é capaz de processar grande quantidade de informação. Nesse momento, seu coração está bombeando sangue através de seu corpo, seus pulmões estão fornecendo oxigênio e expelindo dióxido de carbono e os seus olhos estão lendo esta página enquanto seu cérebro processa as informações dela. O cérebro humano pode fazer o que supercomputadores e sofisticados sistemas de "inteligência artificial" são incapazes de fazer.

Apesar da complexidade dos processos de pensamentos humanos, os gerentes precisam de um modelo que explique como os indivíduos se comportam no mercado e no ambiente de trabalho. Certamente, buscar modelos de comportamento individual pode não capturar todas as possibilidades de comportamento da vida real. A vida seria mais fácil para os gerentes se o comportamento dos indivíduos não fosse tão complicado. Por outro lado, as recompensas de ser um gerente seriam muito menores. Se você conseguir compreender comportamento individual, obterá habilidades de mercado que o ajudarão a obter sucesso no mundo dos negócios.

Nosso modelo do comportamento será, necessariamente, uma abstração dos caminhos através dos quais os indivíduos realmente tomam decisões. Começaremos com um modelo simples que se concentra na base do comportamento, que pode nos levar a aumentar, ao menos um pouco, nossa compreensão. Mantenha esses pensamentos em mente à medida que começamos nossos estudos de um modelo econômico do comportamento do consumidor.

Comportamento do consumidor

Agora que está claro que qualquer teoria a respeito do comportamento individual deve ser uma abstração da realidade, podemos começar a desenvolver um modelo que nos ajude a entender como os consumidores responderão a escolhas alternativas com as quais se defrontam. *Consumidor* é um indivíduo que compra bens e serviços das empresas com o propósito de consumo. Como gerente, você está interessado não apenas em quem consome os bens, mas em quem os compra. Um bebê de seis meses consome bens, mas não é responsável por decisões de compra. Se você é funcionário de uma empresa que produz alimentos para bebês, é o comportamento dos pais que deve entender, não o do bebê.

Na caracterização do comportamento do consumidor, existem dois fatores importantes, porém distintos, a considerar: oportunidades do consumidor e preferências do consumidor. As *oportunidades do consumidor* representam os bens e serviços possíveis de serem consumidos pelo indivíduo. As *preferências do consumidor* determinam quais bens serão consumidos. A distinção é muito importante: embora eu possa pagar por (e, então, tenho a oportunidade de consumir) um quilo de bife de fígado a cada semana, minhas preferências são tais que eu escolho não consumir bife de fígado. Mantendo essa distinção em mente, vamos começar a modelar as preferências do consumidor.

Na economia global de hoje, literalmente milhões de bens são oferecidos para venda. No entanto, a fim de nos concentrarmos nos aspectos essenciais do comportamento individual e manter isso gerenciável, consideraremos que apenas dois bens existem na economia. Essa consideração é feita puramente para simplificar nossa análise: todas as conclusões que tirarmos dessa configuração de dois bens permanecerão válidas quando existirem muitos bens. Deixemos que X represente a quantidade de um bem e Y a quantidade de outro bem. Ao utilizarmos essa notação para representar os dois bens, temos um modelo muito geral, de forma que X e Y podem ser quaisquer dois bens, ao invés de restritos a, por exemplo, carne bovina e carne suína.

Considere que um consumidor esteja apto a ordenar suas preferências por cesta de bens ou combinações alternativas de bens do melhor para o pior. Consideremos que $>$ denote essa ordenação e escreveremos $A > B$ sempre que o consumidor preferir a cesta A à cesta B. Se o consumidor vir as duas cestas como igualmente satisfatórias, diremos que ele é indiferente entre as cestas A e B e utilizaremos a $A \sim B$ como uma notação simplificada. Se $A > B$, então, se é dada escolha entre a cesta A e a cesta B, o consumidor escolherá a cesta A. Se $A \sim B$, o consumidor, dada uma escolha entre a cesta A e a cesta B, não se importará com qual cesta ele obtém. A ordenação da preferência é utilizada para satisfazer quatro propriedades básicas: integralidade, mais é melhor, taxa marginal de substituição decrescente e transitividade. Examinaremos essas propriedades e suas implicações em mais detalhes.

Propriedade 4–1: integralidade. Para quaisquer duas cestas – digamos, A e B – sendo $A > B$, $B > A$, ou $A \sim B$.

Ao considerarmos que as preferências são completas ou *integrais,* assumimos que o consumidor é capaz de expressar uma preferência ou indiferença entre todas as cestas. Se as preferências não fossem completas, poderiam existir casos em que um consumidor não saberia se preferiria a cesta A à B, se preferiria B à A, ou se seria indiferente entre as duas cestas. Se o consumidor não pudesse expressar suas preferências ou indiferenças entre os bens, o gerente dificilmente preveria os padrões de consumo individual com uma qualidade razoável.

Propriedade 4–2: mais é melhor. Se a cesta A possui os mesmos bens que a cesta B e mais de algum outro bem, a cesta A é preferível à cesta B.

Se *mais é melhor*, o consumidor vê os produtos como "bons" em vez de "ruins". Graficamente, isso implica que à medida que nos movemos para a esquerda na Figura 4–1, nos dirigimos para a cesta que os consumidores veem como a melhor opção. Por exemplo, na Figura 4–1, a cesta A é preferível à cesta D, porque possui o mesmo montante de bens X e mais do bem Y. A cesta C é também preferida à cesta D, porque possui mais de ambos os bens. De maneira similar, a cesta B é preferível à cesta D.

Embora a consideração de que *mais é melhor* ofereça informação importante sobre as preferências do consumidor, não nos ajuda a determinar a preferência do consumidor para todas as cestas possíveis. Por exemplo, observe na Figura 4–1 que a propriedade "mais é melhor" não revela se a cesta B é preferida à cesta A ou se a cesta A é preferida à cesta B. Para tais comparações, necessitamos de algumas considerações adicionais.

Uma *curva de indiferença* define as combinações dos bens X e Y que proporcionam ao consumidor o mesmo nível de satisfação; isto é, o consumidor é indiferente entre

curva de indiferença
Uma curva que define as combinações de dois bens que proporcionam a um consumidor o mesmo nível de satisfação.

Figura 4–1 A curva de indiferença

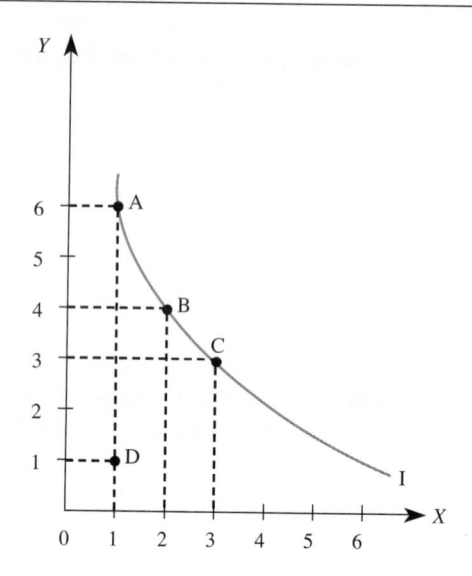

[Figure: Indifference curve with points A(1,6), B(2,4), C(3,3), D(1,1) on axes X and Y, curve labeled I]

qualquer combinação de bens ao longo de uma curva de indiferença. Uma curva de indiferença típica é desenhada na Figura 4–1. Por definição, todas as combinações de X e Y localizadas na curva de indiferença proporcionam ao consumidor o mesmo nível de satisfação. Por exemplo, se você perguntar ao consumidor, "o que você prefere: a cesta A, a cesta B ou a cesta C?", ele responderia "tanto faz", porque as cestas A, B e C estão todas na mesma curva de indiferença. Em outras palavras, o consumidor é indiferente entre as três cestas.

O formato da curva de indiferença depende das preferências do consumidor. Diferentes consumidores em geral terão curva de indiferença com diferentes formatos. Uma maneira importante de resumir informações sobre as preferências de um consumidor é em termos da taxa marginal de substituição. *Taxa marginal de substituição (TMgS)* é o valor absoluto da inclinação de uma curva de indiferença. A taxa marginal de substituição entre dois bens é a taxa à qual um consumidor está disposto a substituir um bem por outro e ainda manter o mesmo nível de satisfação.

O conceito de taxa marginal de substituição é, de fato, bastante simples. Na Figura 4–1, o consumidor é indiferente entre as cestas A e B. Ao mover-se de A para B, o consumidor ganha uma unidade do bem X. Para manter-se na mesma curva de indiferença, ele abre mão de duas unidades do bem Y. Ao mover-se do ponto A ao ponto B, a taxa marginal de substituição entre os bens X e Y é 2.

Um leitor atento observará que a taxa marginal de substituição associada ao movimento de A para B na Figura 4–1 difere da taxa à qual o consumidor está disposto a substituir dois bens ao mover-se de B para C. Em particular, ao mover-se de B para C, o consumidor recebe uma unidade do bem X. Mas agora ele está disposto a abrir mão de apenas uma unidade do bem Y para obter a unidade adicional de X. A razão é que essa curva de indiferença satisfaz a propriedade da *taxa marginal de substituição decrescente*.

taxa marginal de substituição (TMgS)
A taxa à qual um consumidor está disposto a substituir um bem por outro, mantendo o mesmo nível de satisfação.

Propriedade 4–3: taxa marginal de substituição decrescente. À medida que um consumidor obtém mais do bem X, o montante do bem Y de que ele está disposto a abrir mão para obter outra unidade do bem X diminui.

Essa consideração implica que as curvas de indiferença são convexas a partir da origem; isto é, elas se parecem com a curva de indiferença da Figura 4–1. Para compreendermos como a alocação de várias curvas de indiferença podem ser utilizadas para ilustrar diferentes níveis de satisfação do consumidor, devemos fazer uma consideração adicional: as preferências são *transitivas*.

Propriedade 4–4: transitividade. Para quaisquer três cestas, A, B e C, se $A > B$ e $B > C$, então $A > C$. Similarmente, se $A \sim B$ e $B \sim C$, então $A \sim C$.

A consideração de transitividade das preferências, com a consideração de que mais é melhor, implica que as curvas de indiferença não se cruzam. Isso também elimina a possibilidade de que o consumidor esteja aprisionado em um ciclo perpétuo no qual ele nunca toma uma decisão.

Para entender isso, suponha que as preferências de Billy sejam tais que ele prefira gelatina a pudim, pudim a chocolate e chocolate à gelatina. Ele pede à atendente que encha uma sacola com gelatina, porque prefere gelatina a pudim. Quando a atendente entrega a ele a sacola cheia de gelatina, Billy diz a ela que prefere chocolate à gelatina. Então a atendente oferece-lhe uma sacola cheia de chocolates, mas ele diz que prefere pudim a chocolate. Quando a atendente oferece uma sacola cheia de pudim, Billy diz que prefere gelatina a pudim. A atendente pega de volta o pudim e oferece a Billy a sacola cheia de gelatina. Agora Billy está de volta ao início! Ele não tem como escolher o "melhor" tipo de doce porque suas preferências para tais tipos de doces não são transitivas.

As implicações dessas quatro propriedades estão ilustradas na Figura 4–2, que apresenta três curvas de indiferença. Qualquer cesta na curva de indiferença III é preferível

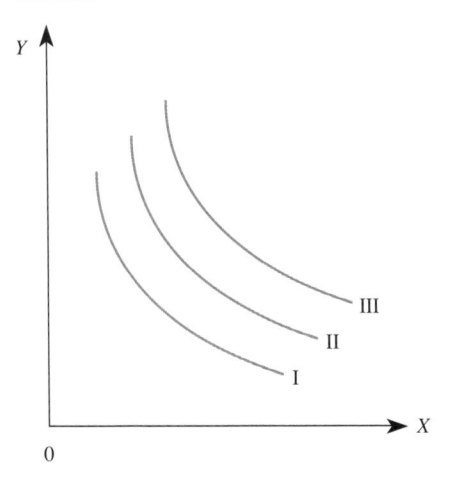

Figura 4–2 Uma família de curvas de indiferença

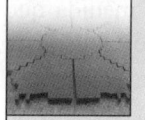

Por dentro dos negócios 4-1
Curvas de indiferença e preferências por risco

Você já se perguntou por que alguns indivíduos escolhem alternativas mais arriscadas, como saltar de paraquedas e investir em ativos financeiros arriscados, enquanto outros escolhem atividades mais seguras? A análise da curva de indiferença oferece uma resposta a essa questão.

A tabela a seguir apresenta o retorno médio anual de cinco anos e a qualidade de três opções de investimentos oferecidas por T. Rowe Price.

Seleção do retorno médio anual de cinco anos e qualidade de três opções de investimentos oferecidas por T. Rowe Price

	Nome do fundo	Retorno anual médio em cinco anos	Segurança
A	Tax-Free Short-Intermediate	2,94%	Mais alta
B	Summit Municipal Intermediate	4,49%	Moderada
C	Summit Municipal Income	6,00%	Mais baixa

Fonte: Site de T. Rowe Price, acesso em 15 jan. 2007.

O fundo A é o investimento mais seguro, mas oferece o menor retorno; o fundo B oferece segurança média, com retorno moderado; e o fundo C é o menos seguro, porém oferece o maior retorno. Os pontos A, B e C na figura a seguir caracterizam essas três opções de investimento.

Os investidores veem a segurança e o nível de retorno de um investimento como "bens"; investimentos com altos retornos e altos níveis de segurança são preferíveis a investimentos com baixos retornos e baixos níveis de segurança. Os investidores estão dispostos a substituir o nível de retorno pelo nível de segurança. Dadas as três opções, do ponto de vista de um investidor, existe um *trade-off* entre o retorno elevado e o nível de segurança do investimento.

As curvas de indiferença relativamente mais inclinadas, desenhadas no painel (*a*), descrevem um investidor que possui uma elevada taxa marginal de substituição entre retorno e segurança; ele deve obter um grande retorno para ser induzido a abrir mão de uma pequena parcela de segurança. As curvas de indiferença relativamente pouco inclinadas, desenhadas no painel (*b*), indicam o investidor com baixa taxa marginal de substituição entre retorno e segurança. Esse indivíduo está disposto a abrir mão de grande quantidade de segurança para obter uma pequena elevação no retorno. Um investidor com curvas de indiferença como aquelas do painel (*a*) considera a opção de investimento A mais atrativa, pois está associada à curva de indiferença mais alta. Em contraste, um investidor com curvas de indiferença como aquelas do painel (*b*) atinge a curva de indiferença mais elevada com a opção de investimento C. Ambos os tipos de investidores são racionais, mas um deles está disposto a abrir mão de algum retorno financeiro adicional por mais segurança.

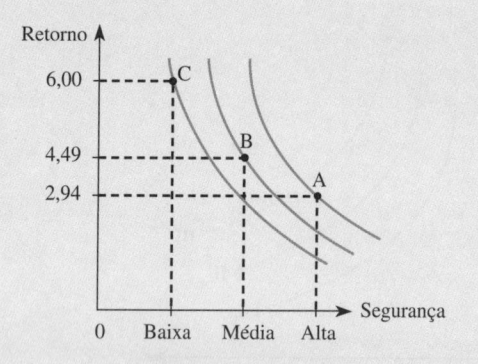

(*a*): Escolha mais segura

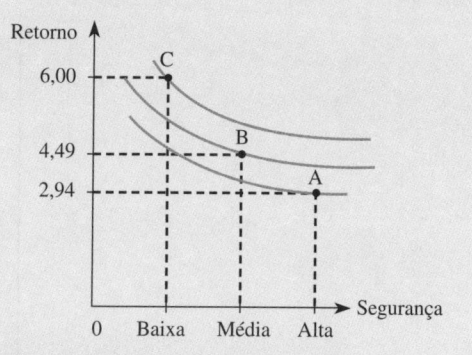

(*b+*): Escolha mais arriscada

a qualquer uma na curva II, e qualquer cesta na curva de indiferença II é preferível àquelas na curva I. As três curvas de indiferença são convexas e não se cruzam; as curvas mais afastadas da origem implicam níveis de satisfação mais elevados do que as curvas mais próximas da origem.

Restrições

Ao tomar decisões, os indivíduos lidam com *restrições*. Existem restrições legais, restrições de tempo, restrições físicas e, é claro, restrições orçamentárias. Para mantermos nosso foco na essência da economia de empresas sem nos aprofundarmos em assuntos além do escopo deste curso, examinaremos o papel que os preços e a renda desenvolvem nas restrições ao comportamento do consumidor.

A restrição orçamentária

Colocado de maneira simples, a *restrição orçamentária* limita o comportamento do consumidor ao forçá-lo a selecionar uma cesta de bens que esteja dentro de seus recursos. Se um consumidor possui apenas $30 em seu bolso quando vai à fila do caixa no supermercado, o valor total dos bens que o consumidor apresenta ao caixa não pode exceder $30.

Para demonstrarmos como a presença de uma restrição orçamentária limita as escolhas do consumidor, precisamos de algumas notações adicionais. Considere que M represente a renda do consumidor, que pode ser qualquer montante. Ao utilizarmos M em lugar de um valor particular de renda, ganhamos uma generalização em que a teoria é válida para um consumidor com qualquer nível de renda. Deixemos que P_x e P_y representem os preços dos bens X e Y, respectivamente. Dada essa notação, o conjunto de oportunidades (também chamado *conjunto orçamentário*) pode ser expresso matematicamente como

$$P_x X + P_y Y \leq M$$

conjunto orçamentário
A cesta de bens que um consumidor pode pagar.

Em outras palavras, o conjunto orçamentário define as combinações dos bens X e Y que estão dentro do orçamento do consumidor: as despesas do consumidor com o bem X, mais as despesas com o bem Y, não excedem a renda do consumidor. Observe que, se o consumidor gasta sua renda inteira nos dois bens, essa equação passa a ter sinal de igual. Tal relação é chamada *linha orçamentária*:

$$P_x X + P_y Y = M$$

linha orçamentária
As cestas de bens que consomem toda a renda de um consumidor.

De outro modo, a linha orçamentária define todas as combinações dos bens X e Y que consomem exatamente a renda do consumidor.

É útil usar a equação da linha orçamentária para obter uma expressão alternativa para a restrição orçamentária na forma inclinação-interseção. Se multiplicarmos ambos os lados da linha orçamentária por $1/P_y$, temos

$$\frac{P_x}{P_y} X + Y = \frac{M}{P_y}$$

Figura 4–3 O conjunto orçamentário

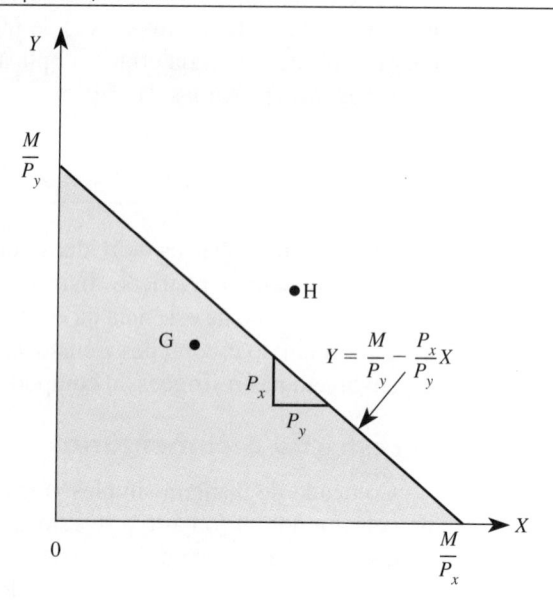

$$Y = \frac{M}{P_y} - \frac{P_x}{P_y}X$$

Resolvendo para Y, temos

$$Y = \frac{M}{P_y} - \frac{P_x}{P_y}X$$

Observe que Y é uma função linear de X com um intercepto vertical de M/P_y e uma inclinação de $-P_x/P_y$.

A restrição orçamentária do consumidor é demonstrada graficamente na Figura 4–3. A área sombreada representa o conjunto orçamentário do consumidor, ou o conjunto de oportunidades. Em particular, qualquer combinação dos bens X e Y dentro da área sombreada, como o ponto G, representa uma combinação dos bens X e Y passível de ser consumida. Qualquer ponto acima da área sombreada, como o ponto H, representa uma cesta de bens que não é passível de ser consumida.

O limite superior do conjunto orçamentário na Figura 4–3 é a linha orçamentária. Se um consumidor gastar toda a sua renda no bem X, a despesa com o bem X será exatamente igual à renda do consumidor:

$$P_x X = M$$

Trabalhando com essa equação, vemos que a quantidade máxima do produto X consumida é

$$X = \frac{M}{P_x}$$

Isso porque o intercepto horizontal da linha orçamentária é

$$\frac{M}{P_x}$$

Figura 4-4 A linha orçamentária

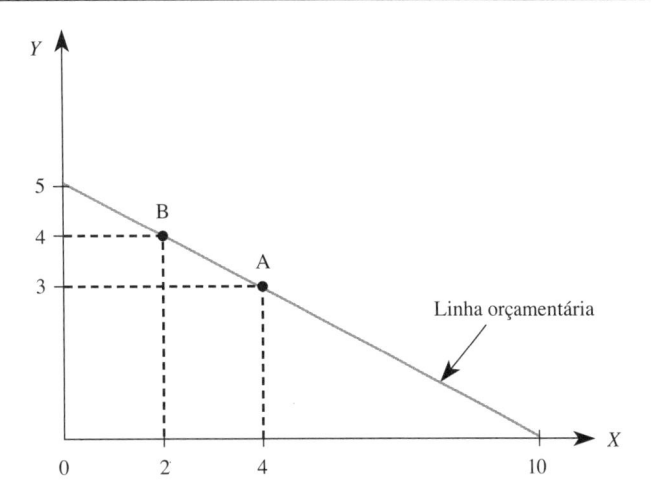

[Gráfico: eixo Y com valores 3, 4, 5; eixo X com valores 2, 4, 10. Ponto B em (2, 4), ponto A em (4, 3). Linha orçamentária decrescente de (0,5) a (10,0).]

Da mesma maneira, se o consumidor gasta toda a sua renda no bem Y, as despesas com Y serão exatamente iguais à renda:

$$P_y Y = M$$

Consequentemente, a quantidade máxima do bem Y que pode ser adquirida é

$$Y = \frac{M}{P_y}$$

taxa de substituição de mercado
A taxa à qual um bem pode ser trocado por outro no mercado; inclinação da linha orçamentária.

A inclinação da linha orçamentária é dada por $-P_x/P_y$ e representa a *taxa de substituição de mercado* entre os bens X e Y. Para compreender melhor a taxa de substituição de mercado entre os bens X e Y, considere a Figura 4-4, que apresenta uma linha orçamentária para um consumidor que possui $10 de renda e se depara com o preço de $1 para o bem X e um preço de $2 para o bem Y. Se substituirmos os valores de P_x, P_y e M na fórmula da linha orçamentária, observamos que o intercepto vertical da linha orçamentária (o montante máximo do bem Y que pode ser consumido) é $M/P_y = 10/2 = 5$. O intercepto horizontal é $M/P_x = 10/1 = 10$ e representa o montante máximo do bem X que pode ser comprado. A inclinação da linha orçamentária é $-P_x/P_y = -(1/2)$.

A razão pela qual a inclinação da linha orçamentária representa a taxa de substituição de mercado entre dois bens é a seguinte. Suponha que um consumidor tenha comprado a cesta A da Figura 4-4, a qual representa a situação em que o consumidor compra três unidades do bem Y e quatro unidades do bem X. Se o consumidor houvesse comprado a cesta B em vez da cesta A, poderia ganhar uma unidade do bem Y. Mas para tornar isso possível, deveria abrir mão de duas unidades (4 − 2 = 2) do bem X. Para toda unidade do bem Y que o consumidor compra, deve abrir mão de duas unidades do bem X de forma que possa pagar pela unidade adicional do bem Y. Assim, a taxa de mercado de substituição é $\Delta Y/\Delta X = (4 − 3)/(2 − 4) = −1/2$, que é a inclinação da linha orçamentária.

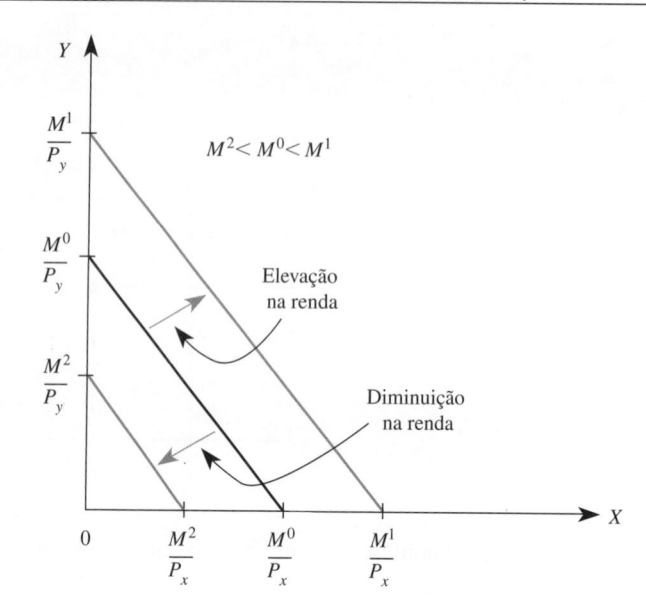

Figura 4–5 Mudanças na restrição orçamentária ou expansão de oportunidades

Mudanças na renda

O conjunto de oportunidades do consumidor depende dos preços de mercado e de sua renda. À medida que esses parâmetros se alteram, também se alteram as oportunidades do consumidor. Agora, vamos examinar os efeitos de mudanças na renda sobre o conjunto de oportunidades, considerando que os preços permaneçam constantes.

Suponha que a renda inicial do consumidor na Figura 4–5 seja M^0. O que acontece se M^0 aumentar para M^1 enquanto os preços permanecem inalterados? Lembre-se de que a inclinação da linha orçamentária é dada por $-P_x/P_y$. Sob a consideração de que os preços permanecem inalterados, a elevação na renda não afetará a inclinação da linha orçamentária. No entanto, os interceptos vertical e horizontal da linha orçamentária aumentarão à medida que a renda do consumidor se elevar, uma vez que mais de cada bem pode ser comprado à renda mais elevada. Quando a renda aumenta de M^0 para M^1, a linha orçamentária se desloca para a direita de forma paralela. Isso reflete uma elevação no conjunto de oportunidades do consumidor, já que mais bens estão disponíveis após a elevação na renda do que anteriormente. De maneira similar, se a renda do consumidor diminui de M^2 para M^0, a linha orçamentária se desloca em direção à origem e a inclinação da linha orçamentária permanece inalterada.

Mudanças nos preços

Agora suponha que a renda do consumidor permaneça fixa em M, mas o preço do bem X diminua para $P_x^1 < P_x^0$. Além disso, suponha que o preço do bem Y permaneça inalterado. Uma vez que a inclinação da linha orçamentária é dada por $-P_x/P_y$, a

Figura 4–6 Diminuição no preço do bem X

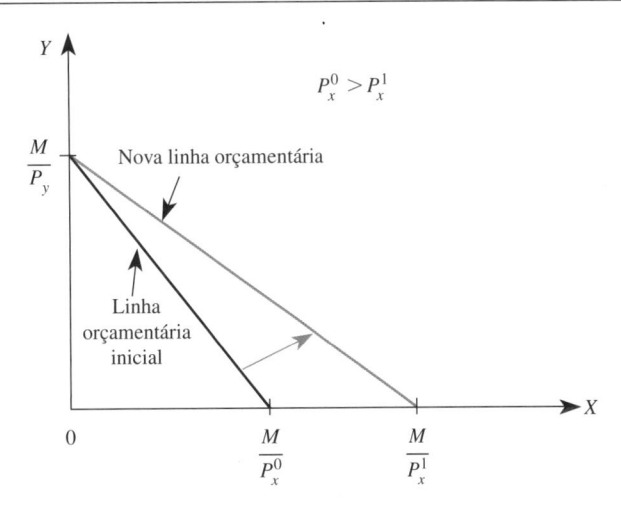

redução no preço do bem X altera a inclinação, fazendo que ela se torne menos inclinada do que anteriormente. Pelo fato de a quantidade máxima a ser comprada do bem Y ser M/P_y, uma redução no preço do bem X não altera o intercepto Y na linha orçamentária. Mas o montante máximo do bem X que pode ser comprado ao menor preço (o intercepto de X na linha orçamentária) é M/P_x^1, o qual é maior que M/P_x^0. Assim, o efeito final de uma redução no preço do bem X é girar a linha orçamentária ao redor do eixo no sentido anti-horário, como na Figura 4–6.

De maneira similar, uma elevação no preço do bem X leva a uma rotação no sentido horário da linha orçamentária, como o próximo Demonstração indica.

Demonstração 4–1

Um consumidor possui renda inicial de $100 e se depara com preços de $P_x = \$1$ e $P_y = \$5$. Demonstre graficamente a linha orçamentária e mostre como ela se altera quando o preço do bem X aumenta para $P_x^1 = \$5$.

Resposta:

Inicialmente, se o consumidor gasta toda a sua renda no bem X, ele pode comprar $M/P_x = 100/1 = 100$ unidades de X. Este é o intercepto horizontal da linha orçamentária inicial na Figura 4–7. Se o consumidor gasta toda a sua renda no bem Y, ele pode consumir $M/P_y = 100/5 = 20$ unidades de Y. Este é o intercepto vertical na linha orçamentária inicial. A inclinação da linha orçamentária inicial é $-P_x/P_y = -1/5$.

Quando o preço do bem X aumenta para 5, o montante máximo de X que o consumidor pode comprar é reduzido para $M/P_x = 100/5 = 20$ unidades de X. Este é o intercepto horizontal da nova linha orçamentária na Figura 4–7. Se o consumidor gastar toda a sua renda no bem Y, ele pode comprar $M/P_y = 100/5 = 20$ unidades de Y. Assim, o intercepto vertical da linha orçamentária permanece inalterado; a inclinação muda para $-P_x^1/P_y = -5/5 = -1$.

Figura 4–7 Um aumento no preço do bem X

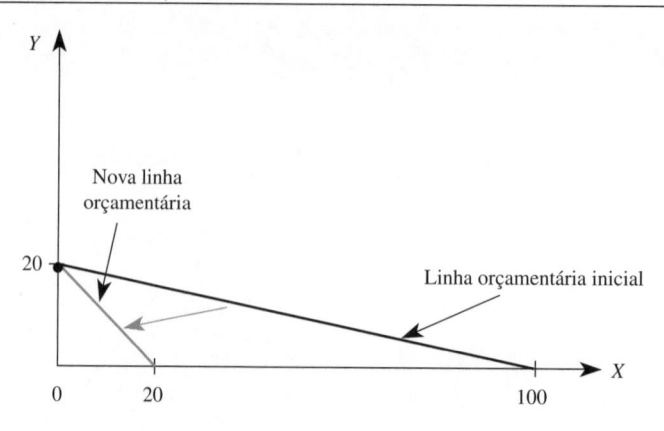

Equilíbrio do consumidor

O objetivo do consumidor é escolher a cesta de consumo que maximize sua utilidade, ou satisfação. Se não houvesse escassez, a propriedade *mais é melhor* poderia implicar que o consumidor gostaria de consumir cestas que contivessem montantes infinitos de bens. No entanto, uma implicação da escassez é que o consumidor deve selecionar uma cesta que esteja dentro do seu conjunto orçamentário, isto é, uma cesta passível de ser consumida. Combinemos nossa teoria de preferências do consumidor com nossa análise de restrições para entender como o consumidor age para selecionar a melhor cesta passível de ser consumida.

Considere a cesta A da Figura 4–8. A combinação dos bens X e Y se encontra sobre a linha orçamentária, de forma que o custo da cesta A exaure completamente a renda

Figura 4–8 Equilíbrio do consumidor

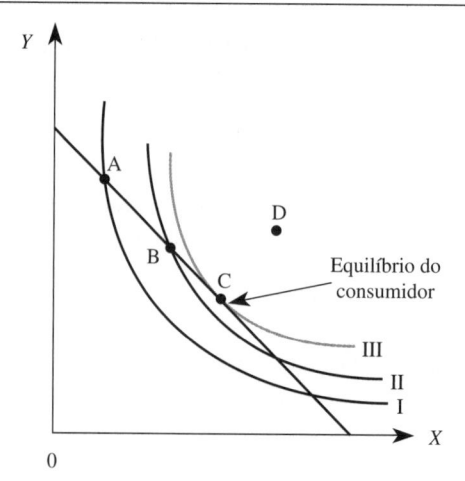

do consumidor. Dados a renda e os preços correspondentes à linha orçamentária, o consumidor pode atingir uma curva de indiferença mais elevada? Claramente, se o consumidor houvesse consumido a cesta *B* em vez da cesta *A*, poderia estar em melhor situação, uma vez que a curva de indiferença que cruza *B* está acima daquela que cruza *A*. Além disso, a cesta *B* está sobre a linha orçamentária e, portanto, é passível de ser consumida. De maneira resumida, é ineficiente para o consumidor consumir a cesta *A* porque a cesta *B*, além de ser passível de ser consumida, oferece um nível mais elevado de bem-estar.

A cesta *B* é ótima? A resposta é não. A cesta *B* consome todo o orçamento do consumidor, mas existe outra cesta passível de ser consumida que é ainda melhor: a cesta *C*. Observe que existem cestas, como a *D*, que o consumidor prefere à cesta *C*, mas essas cestas não são passíveis de ser consumidas. Assim, dizemos que a cesta *C* representa a escolha de *equilíbrio do consumidor*. O termo *equilíbrio* refere-se ao fato de o consumidor não ter incentivo para mudar para uma cesta diferente uma vez que esse ponto seja alcançado.

equilíbrio do consumidor
A cesta de consumo de equilíbrio é a cesta passível de ser consumida que oferece o mais elevado nível de satisfação ao consumidor.

Uma propriedade importante do equilíbrio do consumidor é que na cesta de equilíbrio do consumidor, a inclinação da curva de indiferença é igual à inclinação da linha orçamentária. Relembrando que o valor absoluto da inclinação da curva de indiferença é chamado *taxa marginal de substituição* e a inclinação da linha orçamentária é dada por $-P_x/P_y$, vemos que, no ponto de equilíbrio do consumidor,

$$TMgS = \frac{P_x}{P_y}$$

Se essa condição não fosse mantida, a taxa pessoal à qual o consumidor estaria disposto a realizar substituições entre os bens *X* e *Y* poderia ser diferente da taxa de mercado à qual estaria apto a substituir os bens. Por exemplo, no ponto *A* na Figura 4–8, a inclinação da curva de indiferença é maior que a inclinação da linha orçamentária. Consequentemente, é de interesse do consumidor consumir menos do bem *Y* e mais do bem *X*. Essa substituição continua até que, por fim, o consumidor esteja em um ponto como C na Figura 4–8, em que *TMgS* seja igual à taxa de preços.

Estática comparativa

Mudanças nos preços e comportamento do consumidor

Uma mudança no preço de um bem levará a uma mudança na cesta de consumo de equilíbrio. Para entender isso, lembre que uma redução no preço do bem *X* leva a linha orçamentária a uma rotação em sentido anti-horário. Se o consumidor inicialmente está em equilíbrio no ponto A na Figura 4–9, quando o preço do bem *X* cai para P_x^1, seu conjunto de oportunidades se expande. Dado esse novo conjunto de oportunidades, o consumidor pode atingir um nível mais elevado de satisfação. Isso é ilustrado como um movimento para um novo ponto de equilíbrio, B, na Figura 4–9.

Figura 4–9 Mudança no equilíbrio do consumidor devido a uma diminuição no preço do bem X (observe que o bem Y é um substituto de X)

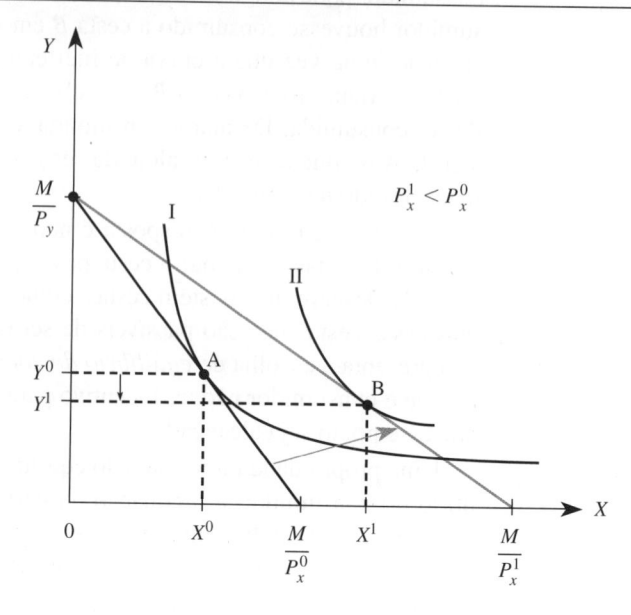

Por dentro dos negócios 4–2

Mudança nos preços e gerência de estoques para empresas com vários produtos

Uma das decisões mais importantes que um gerente deve tomar refere-se a quanto manter em estoque. Estoques muito baixos significam uma quantidade insuficiente de produtos para atender à demanda dos consumidores, de forma que seus clientes podem ir para outra loja. O custo de oportunidade dos estoques é o juro de que se abre mão que poderia ser obtido com o dinheiro investido em estoques. Ao realizar a gestão de estoques, um gerente eficiente reconhece a relação que existe entre produtos na loja e o impacto de uma mudança no preço de um produto sobre os estoques requeridos de outros produtos. Por exemplo, um declínio no preço de *consoles* de videogames não apenas aumenta a quantidade demandada por consoles, como também aumenta a demanda por *jogos*, que são bens complementares. Esse resultado possui implicações óbvias para a gestão de estoques.

Um aspecto mais sutil de uma redução no preço de um produto é seu impacto sobre a demanda por bens substitutos, e também com relação aos seus estoques ótimos. Se um varejista vende muitos produtos, e alguns deles são substitutos, a redução no preço de um produto levará a uma redução nas vendas do varejista dos bens substitutos. Por exemplo, quando o preço do console Xbox 360 é reduzido, o consumo de consoles Xbox 360 aumenta como uma consequência direta da redução de preço. No entanto, observe que o consumo de substitutos como console de PlayStation 3 diminuirá como resultado da redução no preço do console Xbox 360. Se o gerente não considerar o impacto de uma redução de preços sobre o consumo de bens substitutos, ele se deparará com um aumento nos estoques de consoles PlayStation 3 quando o preço do console Xbox 360 diminuir.

Figura 4-10 Quando o preço do bem X cai, o consumo do bem complementar Y aumenta

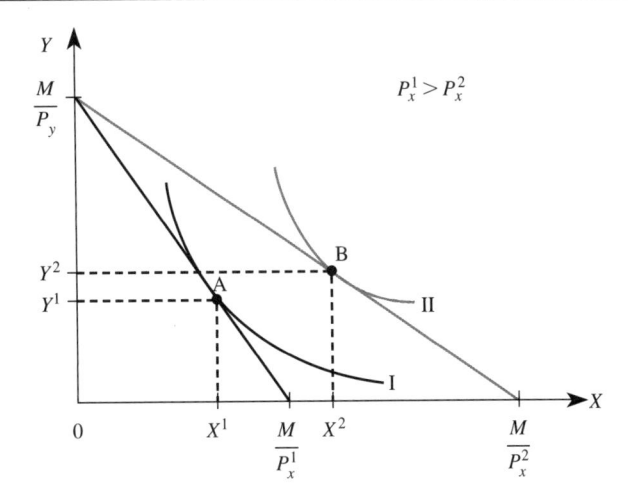

Precisamente onde o novo ponto de equilíbrio se situará ao longo da nova linha orçamentária após uma mudança no preço dependerá das preferências do consumidor. Em função disso, é útil relembrar as definições de bens substitutos e bens complementares introduzidas no Capítulo 2.

Primeiro, os bens X e Y são chamados *substitutos* se um aumento (diminuição) no preço de X levar a um aumento (diminuição) no consumo de Y. A maioria dos consumidores pode considerar Coca-Cola e Pepsi como substitutos. Se o preço da Pepsi aumentar, grande parte das pessoas tenderá a consumir mais Coca-Cola. Se os bens X e Y forem substitutos, uma redução no preço de X poderá levar o consumidor a mover-se do ponto A na Figura 4-9 para um ponto como B, em que menos de Y é consumido do que no ponto A.

Segundo, os bens X e Y são chamados *complementares* se um aumento (diminuição) no preço do bem X levar a uma diminuição (aumento) no consumo do bem Y. Cerveja e amendoins são exemplos de bens complementares. Se o preço da cerveja aumentar, a maioria dos consumidores de cerveja diminuirá seu consumo de amendoins. Quando os bens X e Y são complementares, uma redução no preço de X pode levar o consumidor a mover-se do ponto A na Figura 4-10 a um ponto como B, em que mais de Y é consumido do que anteriormente.

De uma perspectiva empresarial, o aspecto-chave a se observar é que mudanças nos preços afetam a taxa de mercado à qual um consumidor pode substituir vários bens. No entanto, alterações nos preços mudarão o comportamento do consumidor. Mudanças nos preços podem ocorrer em função de novas estratégias de precificação na própria empresa. Ou podem surgir em função de mudanças nos preços feitas por concorrentes, ou empresas em outros setores. Por fim, mudanças de preços alteram os incentivos dos consumidores em comprar bens diferentes, alterando a combinação de bens que eles compram no equilíbrio. A vantagem principal da análise da curva de indiferença é que ela permite ao gerente entender como mudanças nos preços afetam a cesta de bens que os consumidores compram em uma situação de equilíbrio.

Como veremos a seguir, a análise da curva de indiferença também permite observar como mudanças na *renda* afetam a cesta de bens que os consumidores compram.

Mudanças na renda e comportamento do consumidor

Uma mudança na renda também levará a uma mudança nos padrões de consumo dos consumidores. A razão é que mudanças na renda podem tanto expandir quanto contrair a restrição orçamentária dos consumidores, e os consumidores, então, mudarão sua escolha ótima por uma nova cesta de equilíbrio. Por exemplo, considere que o consumidor inicialmente esteja em equilíbrio no ponto A na Figura 4–11. Agora, suponha que a renda do consumidor aumente para M^1 de forma que sua linha orçamentária desloque-se para fora. Claramente, o consumidor pode agora atingir um nível mais alto de satisfação do que anteriormente. Esse consumidor em particular tem o seu interesse em escolher a cesta *B* na Figura 4–11, em que a curva de indiferença que cruza o ponto B tange a nova linha orçamentária.

Como no caso de uma mudança de preço, o local exato do novo ponto de equilíbrio dependerá das preferências do consumidor. Vamos agora rever nossas definições de bens normais e inferiores.

Lembre-se de que o bem X é um *bem normal* se uma elevação (diminuição) na renda levar a uma elevação (diminuição) no consumo do bem X. Bens normais incluem carne, viagens de avião e jeans de marca. À medida que a renda se eleva, um consumidor típico compra mais desses bens. Observe na Figura 4–11 que o consumo de ambos os bens, X e Y, aumenta devido ao aumento na renda do consumidor. Então, o consumidor os vê como bens normais.

Além disso, lembre-se de que o bem X é um *bem inferior* se uma elevação (diminuição) na renda leva a uma diminuição (elevação) no consumo do bem X. Mortadela, viagens de ônibus, jeans genéricos são exemplos de bens inferiores. À medida que a renda se eleva, consumidores típicos consumirão menos desses bens e serviços.

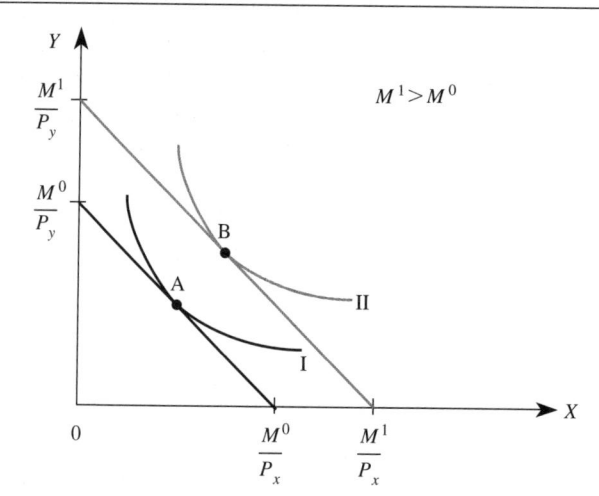

Figura 4–11 Um aumento na renda aumenta o consumo de bens normais

Figura 4–12 Um aumento na renda diminui o consumo de equilíbrio do bem X – um bem inferior

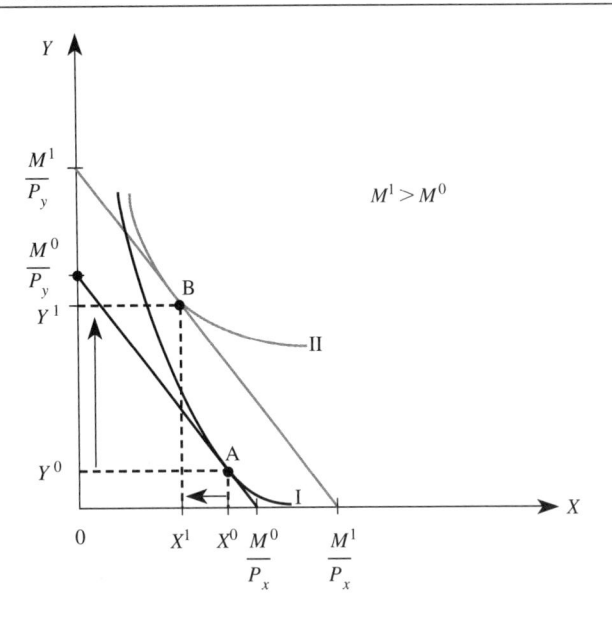

É importante repetir que ao chamarmos um bem de *inferior* não queremos dizer que ele seja de qualidade ruim; é simplesmente um termo que utilizamos para definir um produto que os consumidores compram menos quando sua renda se eleva.

A Figura 4–12 mostra o efeito de uma elevação na renda para o caso em que o bem X é um bem inferior. Quando a renda se eleva, o consumidor move-se do ponto A para o ponto B, para maximizar sua satisfação dada a renda mais elevada. Uma vez que no ponto B o consumidor consome mais do bem Y do que no ponto A, sabemos que o bem Y é um bem normal. No entanto, observe que no ponto B menos do bem X é consumido do que no ponto A, de forma que sabemos que o consumidor percebe X como um bem inferior.

Efeito renda e substituição

Podemos combinar nossa análise de mudanças no preço e na renda para melhor compreensão do efeito de mudanças nos preços sobre o comportamento do consumidor. Suponha que um consumidor inicialmente esteja em equilíbrio no ponto A na Figura 4–13, ao longo da linha orçamentária que conecta os pontos F e G. Suponha que o preço do bem X se eleve de forma que a linha orçamentária gire em torno de seu eixo no sentido horário e faça que a linha orçamentária conecte os pontos F e H. Existem dois aspectos a observar a respeito dessa mudança. Primeiro, uma vez que o conjunto orçamentário é menor devido ao aumento no preço, o consumidor estará em pior situação após a elevação dos preços. Uma "renda real" menor será obtida, à medida que curvas de indiferença mais baixas são tudo o que pode ser atingido após a elevação de preços. Segundo, o aumento no preço do bem X leva a uma linha orçamentária com uma inclinação mais alta, refletindo uma taxa de substituição de mercado mais elevada entre os dois bens. Esses dois fatores levam o consumidor a se mover do consumo de equilíbrio inicial (ponto A) para um novo equilíbrio (ponto C) na Figura 4–13.

Figura 4-13 Um aumento no preço do bem X leva a um efeito substituição (A para B) e a um efeito renda (B para C)

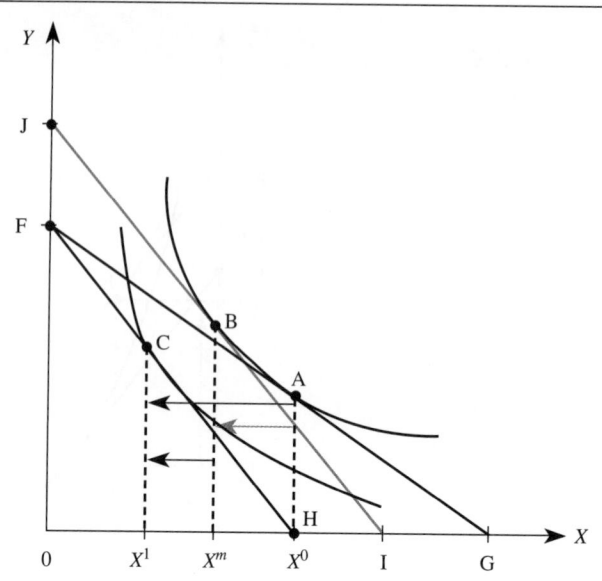

efeito substituição
O movimento ao longo de dada curva de indiferença que resulta de uma alteração nos preços relativos dos bens, mantendo a renda real constante.

efeito renda
O movimento de uma curva de indiferença para outra que resulta de uma mudança na renda real causada por uma alteração de preço.

É útil isolar os dois efeitos de uma mudança no preço para entender como cada efeito afeta individualmente a escolha do consumidor. Por enquanto, ignore o fato de que o preço se eleva devido a uma curva de indiferença mais baixa. Suponha que após o aumento no preço o consumidor tenha renda suficiente para atingir a linha orçamentária que conecta os pontos J e I na Figura 4–13. Essa linha orçamentária possui a mesma inclinação que a linha orçamentária FH, mas implica uma renda mais elevada do que a FH. Dada essa linha orçamentária, o consumidor atingirá o equilíbrio no ponto B, em que menos do bem X é consumido do que na situação inicial, o ponto A. O movimento de A para B é chamado *efeito substituição*; ele reflete como um consumidor reagirá a uma diferente taxa de substituição de mercado. O efeito substituição é a diferença $X^0 - X^m$ na Figura 4–13. É importante observar que o movimento de A para B mantém o consumidor na mesma curva de indiferença, de forma que a redução no consumo do bem X decorrente de tal movimento reflete a taxa de substituição de mercado mais elevada, não a "renda real" reduzida do consumidor.

O consumidor na verdade não se depara com a linha orçamentária JI quando o preço se eleva, mas sim com a linha orçamentária FH. Consideremos novamente a renda que demos ao consumidor para compensar a elevação de preços. Quando essa renda é considerada, a linha orçamentária desloca-se de JI para FH. Tal deslocamento reflete apenas uma redução na renda; as inclinações das linhas orçamentárias JI e FH são idênticas. Assim, o movimento de B para C é chamado *efeito renda*. O efeito renda é a diferença $X^m - X^1$ na Figura 4–13; ele reflete o fato de que quando os preços se elevam, a "renda real" do consumidor diminui. Uma vez que o bem X é um bem normal na Figura 4–13, a redução na renda leva a uma redução no consumo de X.

> **Por dentro dos negócios 4–3**
>
> ### Efeito renda e ciclo de negócios
>
> Uma consideração importante na gestão de uma empresa é o impacto de mudanças nos preços sobre a demanda pelos seus produtos. Suponha que você seja o gerente de uma organização que venda um produto que é um bem normal e está pensando em expandir sua linha para incluir outro bem. Existem várias questões que você deve levar em consideração ao tomar sua decisão. Pelo fato de seu produto ser um bem normal, você venderá mais desse bem quando a economia estiver em expansão (a renda do consumidor é alta) do que em tempos de recessão (a renda é baixa). Seu produto é cíclico, isto é, as vendas variam diretamente com a economia. Essa informação pode ser útil quando estiver considerando produtos alternativos para incluir em sua loja. Se você expandir suas ofertas para incluir mais bens normais, continuará tendo uma operação que vende mais durante a expansão econômica do que durante a recessão. Mas se incluir em sua operação alguns bens inferiores, a demanda por esses produtos aumentará durante períodos econômicos ruins (quando a renda é baixa) e talvez amenizar o declínio na demanda por bens normais. Isso não significa que a combinação ótima de produtos envolva uma combinação de 50–50 de bens normais e de bens inferiores; na verdade, a combinação ótima dependerá de sua preferência pessoal por risco. A análise sugere que uma *delicatessen* estará mais disposta a correr riscos mais elevados que um supermercado. Em particular, esse tipo de estabelecimento vende mais bens normais, enquanto supermercados têm um portfólio mais equilibrado de bens normais e inferiores. Isso explica por que, durante recessões, muitas *delicatessens* fecham suas portas enquanto supermercados não.
>
> Também é útil conhecer a magnitude do efeito renda quando estiver desenvolvendo uma campanha de *marketing*. Se o produto for um bem normal, provavelmente seu público-alvo serão indivíduos com renda mais elevada. Esses fatores também devem ser considerados ao determinar as melhores mídias para veicular suas mensagens publicitárias.

O efeito total de uma elevação no preço é composto pelos efeitos substituição e renda. O efeito substituição reflete um movimento ao longo de uma curva de indiferença, isolando o efeito de uma mudança relativa de preço sobre o consumo. O efeito renda resulta de um deslocamento paralelo na linha orçamentária; ele isola o efeito de uma "renda real" sobre o consumo e é representado pelo movimento de B para C. O efeito total de uma elevação no preço, aquela que observamos no mercado, é o movimento de A para C. O efeito total de uma mudança no comportamento do consumidor resulta não apenas do efeito de um preço relativo mais alto do bem *X* (movimento de A para B), mas também da renda real reduzida do consumidor (movimento de B para C).

Aplicações da análise da curva de indiferença

Escolhas dos consumidores

Pague um, leve dois

Uma técnica de venda muito popular em pizzarias é oferecer o seguinte negócio:

Compre uma pizza grande, leve outra grátis (limitada a uma pizza por cliente).

É tentador concluir que esta seja uma simples redução de 50% no preço da pizza que faz que a linha orçamentária gire em torno do seu eixo da forma como acontece com

Figura 4–14 Oferta "compre uma pizza, ganhe outra"

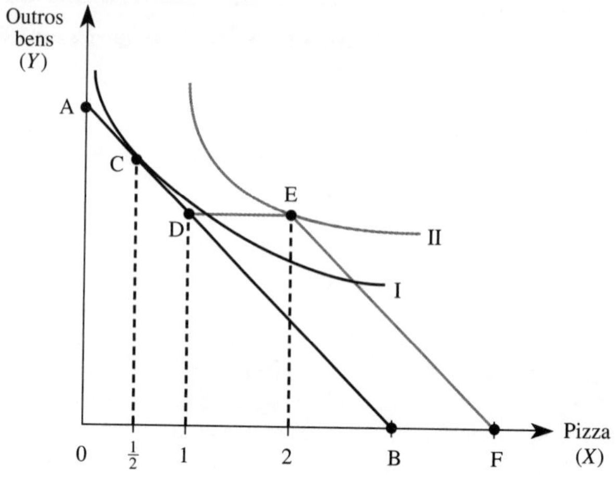

qualquer diminuição de preços. Tal conclusão é inválida, no entanto. Uma redução diminui o preço de cada unidade comprada. O tipo de negócio descrito reduz apenas o preço da segunda unidade comprada (de fato, isso reduz o preço da segunda pizza grande a zero). A oferta não muda o preço das unidades abaixo de uma pizza e acima de duas pizzas.

O esquema de *marketing pague um, leve dois* é bastante fácil de analisar no nosso esquema. Na Figura 4–14 o consumidor inicialmente se depara com uma linha orçamentária conectando os pontos A e B e está em equilíbrio no ponto C. O ponto C representa metade de uma pizza grande (digamos, uma pizza pequena), de forma que ele decide que é melhor comprar uma pizza pequena no lugar de uma grande. O ponto D representa o ponto em que o consumidor compra uma pizza grande, mas, como podemos ver, prefere a cesta C à cesta D, uma vez que ela está sobre curva de indiferença mais elevada.

Quando é oferecida ao consumidor uma oferta "pague um, leve dois", sua linha orçamentária se torna ADEF. A razão é a seguinte: se ele comprar menos do que uma pizza grande, não usufruirá a oferta e sua linha orçamentária à esquerda de uma pizza permanecerá como anteriormente, isto é, AD. Entretanto, se ele comprar uma pizza grande, receberá uma segunda gratuitamente. Nessa situação, a linha orçamentária torna-se DEF assim que compra uma pizza. Em outras palavras, o preço da pizza é zero para unidades entre uma e duas pizzas grandes. Isso implica que a linha orçamentária por pizza é horizontal entre uma e duas unidades (lembre-se de que a inclinação da linha orçamentária é $-(P_x/P_y)$, e para essas unidades P_x é zero). Se o consumidor quer consumir mais do que duas pizzas grandes, deve comprá-las ao preço regular. Porém, observe que se gastar toda a sua renda em pizza, pode comprar mais do que poderia anteriormente (uma vez que uma das pizzas será gratuita). Assim, para pizzas acima de duas unidades, a restrição orçamentária é a linha que conecta os pontos E e F. Após a promoção ser oferecida, o conjunto de oportunidades aumenta. De fato, a cesta E é agora passível de ser consumida. Além disso, é claro que a cesta E é preferível à C, e que a escolha ótima do consumidor é consumir a cesta E, como na Figura 4–14. A técnica de vendas induziu o consumidor a comprar mais pizzas do que compraria em outra situação.

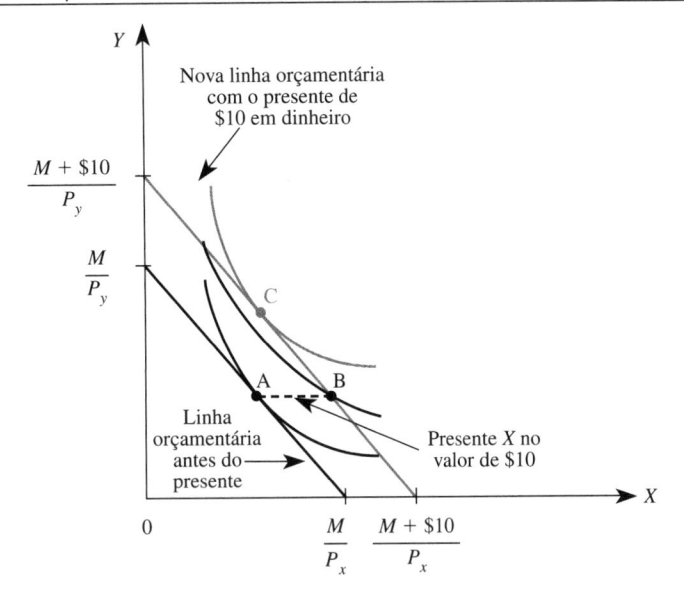

Figura 4–15 Um presente em dinheiro oferece maior utilidade que um presente em produto

Presentes em dinheiro, presentes em mercadoria e vale-presente

Assim como a morte e os impostos, as filas nos departamentos de trocas após o Natal parecem ser um aspecto desagradável, porém necessário, da vida. Para entender o porquê, e para estar apto a apresentar uma solução potencial ao problema, considere a história a seguir.

Em uma manhã de Natal, um consumidor chamado Sam está em equilíbrio, consumindo a cesta A como na Figura 4–15. Ele abre um pacote e, para sua surpresa, contém um bolo de frutas de $10 (bem X). Sam sorri e diz a Sarah que ele sempre quis um bolo de frutas. Graficamente, quando Sam recebe o presente, seu conjunto de oportunidade se expande para incluir o ponto B na Figura 4–15. A cesta B é exatamente como a cesta A, exceto pelo fato de possuir mais uma unidade de bolo de frutas (bem X) do que a cesta A. Dado esse novo conjunto de oportunidade, Sam move-se para a curva de indiferença mais elevada através do ponto B após receber o presente.

Embora Sam goste de bolo de frutas e esteja em melhor situação após recebê-lo, esse presente não é o que teria comprado se Sarah houvesse dado a ele o dinheiro que gastou para comprar o bolo de frutas. De maneira concreta, suponha que o custo do bolo de frutas fosse $10. Se Sam tivesse recebido $10, sua linha orçamentária teria se deslocado para fora, paralelamente à antiga linha orçamentária, mas passando pelo ponto B, como na Figura 4–15. Para entender por quê, observe que quando Sam obtém renda adicional, os preços não se alteram, de forma que a inclinação da linha orçamentária permanece inalterada. Observe também que se Sam utilizasse o dinheiro para comprar mais um bolo de frutas, ele teria consumido totalmente a sua renda. Assim, a linha orçamentária após o presente em dinheiro deveria ir para o ponto B – e, dado o presente em dinheiro, Sam poderia atingir um nível mais alto de satisfação no ponto C, comparado ao bolo de frutas recebido como presente (ponto B).

Dessa maneira, um presente em dinheiro é preferível a um presente em produto de igual valor, a menos que o presente em produto seja exatamente o que o consumidor

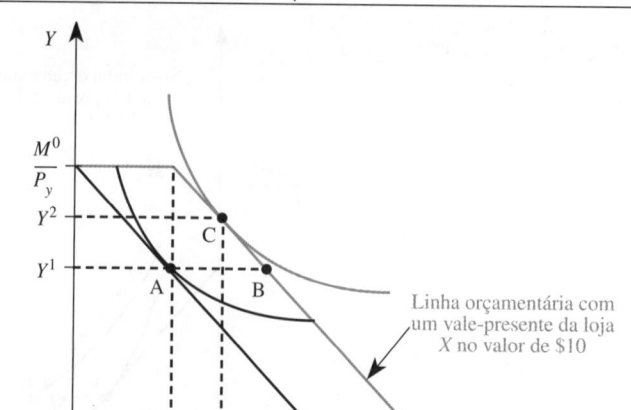

Figura 4–16 Um vale-presente válido na loja X

[Gráfico: eixo Y com marcações M^0/P_y, Y^2, Y^1; eixo X com marcações X^1, X^2, M^0/P_x, $(M^0+\$10)/P_x$; pontos A, B, C; Linha orçamentária com um vale-presente da loja X no valor de $10]

teria comprado pessoalmente. Isso explica por que os departamentos de troca ficam tão cheios após os feriados de Natal; os norte-americanos trocam presentes por dinheiro, de forma que possam comprar cestas de sua preferência.

Um meio de as lojas buscarem reduzir o número de presentes retornados é vender *vale-presente*. Para entender o processo, suponha que Sam tenha recebido um vale-presente equivalente a $10 em produtos da loja X, que vende o produto X, em vez do bolo de frutas de $10. Além disso, suponha que o vale não seja aceito na loja Y, a qual vende o produto Y. Ao receber um vale-presente, Sam não pode comprar mais do bem Y do que poderia antes de receber o vale. Mas se ele gastar toda a sua renda com o bem Y, pode comprar o equivalente a $10 do bem X, uma vez que ele possui um vale de $10 da loja X. Se Sam gastar toda a sua renda no bem X, pode comprar $10 a mais do que poderia anteriormente por ter recebido o vale-presente. De fato, o vale é como dinheiro que é válido apenas na loja X.

Graficamente, o efeito de receber um vale-presente da loja X é demonstrado na Figura 4–16. A linha preta é a linha orçamentária antes de Sam receber o vale-presente. Quando ele recebe o vale de $10, a restrição orçamentária se torna a linha cinza. De fato, o vale-presente permite ao consumidor gastar a importância de $10 do bem X sem despender um centavo do seu próprio dinheiro.

O efeito do vale-presente sobre o comportamento do consumidor depende, entre outras coisas, de o bem X ser um bem normal ou um bem inferior. Para examinarmos o que acontece quando se recebe um vale-presente, suponhamos que um consumidor esteja inicialmente em equilíbrio no ponto A na Figura 4–16, gastando $10 no bem X. O que acontece se o consumidor recebe um vale-presente de $10 válido apenas para produtos na loja X? Se tanto X quanto Y forem bens normais, o consumidor desejará gastar mais em ambos os bens à medida que a renda se eleva. Assim, se ambos os bens forem normais, o consumidor move-se de A para C na Figura 4–16. Nessa situação, o consumidor reage ao vale-presente da forma como teria reagido a um presente em dinheiro de igual valor.

Figura 4–17 Aqui, um presente em dinheiro proporciona maior utilidade do que um vale-presente de valor equivalente em dólares

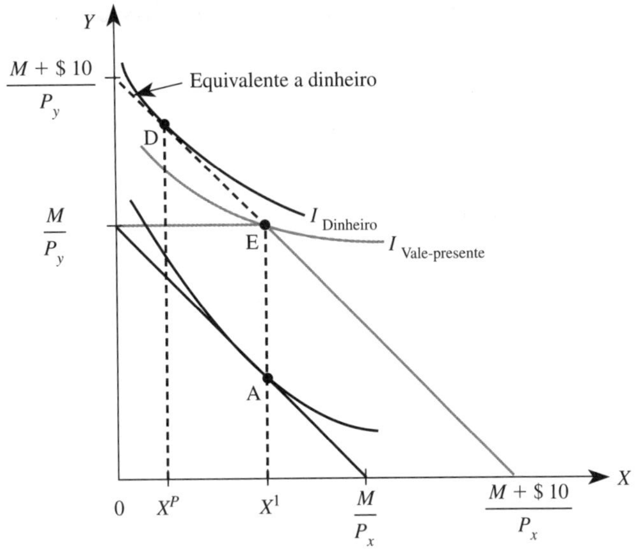

Demonstração 4–2

Como a análise do vale-presente recém-apresentada mudaria se o bem X fosse um bem inferior?

Resposta:

Nessa situação, um presente de $10 em dinheiro resultaria em um movimento do ponto A na Figura 4–17 para um ponto como D, uma vez que X é um bem inferior. No entanto, quando um vale-presente de $10 é recebido, a cesta D não está disponível, e o melhor que o consumidor pode fazer é consumir a cesta E. Em outras palavras, se o consumidor houvesse recebido dinheiro, sua linha orçamentária teria se estendido ao longo da linha tracejada, e o ponto D teria se tornado uma cesta possível. Se houvesse recebido dinheiro, o consumidor poderia ter comprado menos do produto X do que faria com o vale-presente. Além disso, observe que o consumidor poderia ter atingido uma curva de indiferença mais elevada com dinheiro do que haveria atingido com o vale-presente. (Um problema de final do capítulo pergunta se um vale-presente sempre leva a uma curva de indiferença mais baixa e vendas mais altas do que um presente em dinheiro quando o bem é inferior.)

Essa análise revela dois benefícios importantes para uma empresa que vende vale-presentes. Primeiro, como um gerente, você pode reduzir a fila no seu departamento de trocas ao oferecer vales aos consumidores que procuram bens para presentear. Isso é válido tanto para bens normais quanto para bens inferiores. Segundo, se você vende um bem inferior, oferecer os vales àqueles que procuram por presentes pode resultar em maior quantidade vendida do que se os consumidores resolvessem oferecer presentes em dinheiro. (Isso pressupõe que você não permitirá que os indivíduos troquem seus vales por dinheiro.)

> **Por dentro dos negócios 4-4**
>
> ## A "perda de peso morto" dos presentes em produtos
>
> Aqueles que dão presentes estão preferindo oferecer vales-presentes. Uma pesquisa mostrou que mais de dois terços dos compradores de presentes de Natal planejam dar vales-presentes. O valor total em dólares desses certificados soma elevados $25 bilhões. Por que os vales vêm se tornando um meio popular de presentear?
>
> Recentemente, um economista ofereceu uma explicação. Baseado em dados de um grupo de estudantes universitários, o pesquisador estimou que entre 10% e 30% do valor monetário de um presente em produto típico é "perdido". Essa perda deriva da discrepância entre o montante efetivamente pago pelo presente e quanto de valor o presenteado percebe. Esses dados do mundo real indicam que é de fato difícil dar um presente que corresponda exatamente às preferências do presenteado. Por essa razão, os presentes em produto criam uma "perda de peso morto" em média de 10% a 30% do montante gasto com presentes.
>
> Como mostra o texto, uma forma de evitar a perda de peso morto é dar dinheiro no lugar de presentes em produtos. Infelizmente, isso cria um tipo diferente de perda em que existe um estigma associado a dar dinheiro: o presente é "descontado" porque o presenteado sente que recebeu pouco dinheiro. Os vales-presentes são uma medida feliz. Idealmente, permitem eliminar tanto o estigma associado a presentes em dinheiro e a perda de peso morto que deriva de dar presentes que não atingem exatamente as preferências do presenteado.
>
> Fontes: "Harried Shoppers Turn to Gift Certificates." *New York Times*, 4 jan. 1997; J. Waldfogel, "The Deadweight Loss of Christmas." *American Economic Review*, v. 83, n. 5, p. 1328-1336, dez. 1993; "National Retail Federation Gift Card Survey: 2006 Holiday Consumer Intentions and Actions Survey." BIGresearch, dez. 2006.

Escolhas dos trabalhadores e gerentes

Até agora, nossa análise das curvas de indiferença concentrou-se nas decisões dos consumidores de bens e serviços. Gerentes e trabalhadores também são indivíduos e, desse modo, possuem preferências entre alternativas com as quais se deparam. Nesta seção, veremos que a análise da curva de indiferença desenvolvida anteriormente para os consumidores pode facilmente ser modificada para analisar o comportamento de gerentes e outros funcionários contratados pelas organizações. No Capítulo 6, veremos como a percepção sobre o comportamento dos trabalhadores e gerentes pode ser utilizada para elaborar contratos de trabalho eficientes.

Um modelo simplificado da escolha renda-lazer

A maioria dos trabalhadores encara o lazer e a renda como bens que podem substituir entre si a uma taxa decrescente ao longo de uma curva de indiferença. Assim, um trabalhador típico possui curva de indiferença com o formato usual da Figura 4–18, em que medimos a quantidade de lazer consumida por um funcionário no eixo horizontal e a renda do funcionário no eixo vertical. Observe que embora os trabalhadores apreciem o lazer, eles também apreciam renda.

Para induzir os trabalhadores a abrir mão do lazer, as empresas devem compensá-los. Suponha que uma organização ofereça a um trabalhador $10 por hora de lazer de que ele abre mão (por exemplo, trabalhando). Nessa situação, as oportunidades com as quais os gerentes se defrontam são dadas pela linha reta na Figura 4–18. Se o funcionário escolher trabalhar 24 horas por dia, ele não consome lazer, mas obtém $10 \times 24 = \$240$ por dia, que é o intercepto vertical da linha. Se o funcionário optar

Figura 4–18 Escolha trabalho-lazer

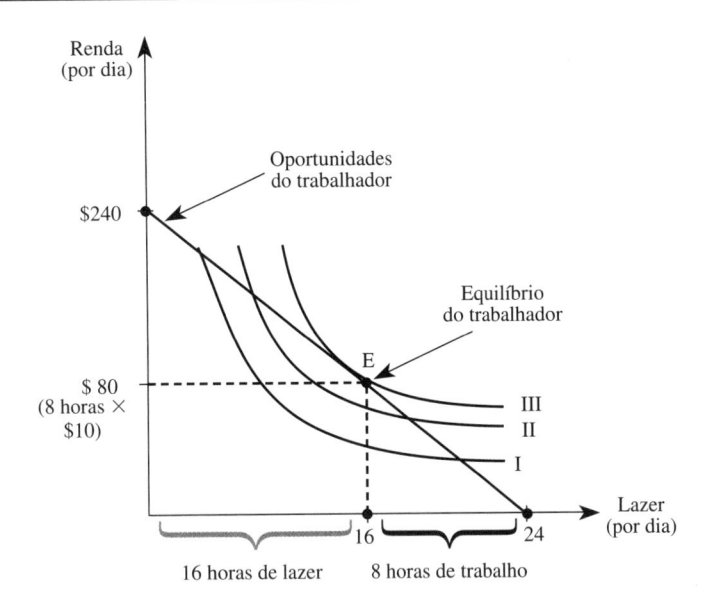

[Figura: Gráfico de escolha trabalho-lazer com eixo vertical "Renda (por dia)" e eixo horizontal "Lazer (por dia)". Linha de orçamento de $240 (em L=0) a 24 horas (renda 0), rotulada "Oportunidades do trabalhador". Ponto de equilíbrio E em L=16, renda=$80 (8 horas × $10), tangente à curva de indiferença II. Curvas I, II, III mostradas. Marcações: 16 horas de lazer, 8 horas de trabalho.]

por não trabalhar, ele consome 24 horas de lazer, mas não obtém renda. Este é o intercepto horizontal da linha na Figura 4–18.

O comportamento do trabalhador pode ser examinado de maneira muito semelhante ao do consumidor. O trabalhador busca atingir uma curva de indiferença mais elevada, até que ele atinja uma que seja tangente ao seu conjunto de oportunidades no ponto E na Figura 4–18. Nessa situação, o trabalhador consome 16 horas de lazer e trabalha 8 horas para obter um total de $80 por dia.

Demonstração 4–3

Suponha que um trabalhador tenha recebido a proposta de um salário de $5 por hora, mais um pagamento fixo de $40. Qual é a equação do conjunto de oportunidades do trabalhador em um dia de 24 horas? Qual é a renda total que o trabalhador pode obter em um dia? E a mínima? Qual é o preço, para o trabalhador, de consumir uma hora adicional de lazer?

Resposta:

A receita total (E) de um trabalhador que consome L horas de lazer em um dia de 24 horas é dada por

$$E = \$40 + \$5\,(24 - L)$$

assim a combinação da renda (E) e do lazer (L) satisfaz

$$E = \$160 - \$5L$$

Figura 4–19 As preferências de um gerente podem depender de:

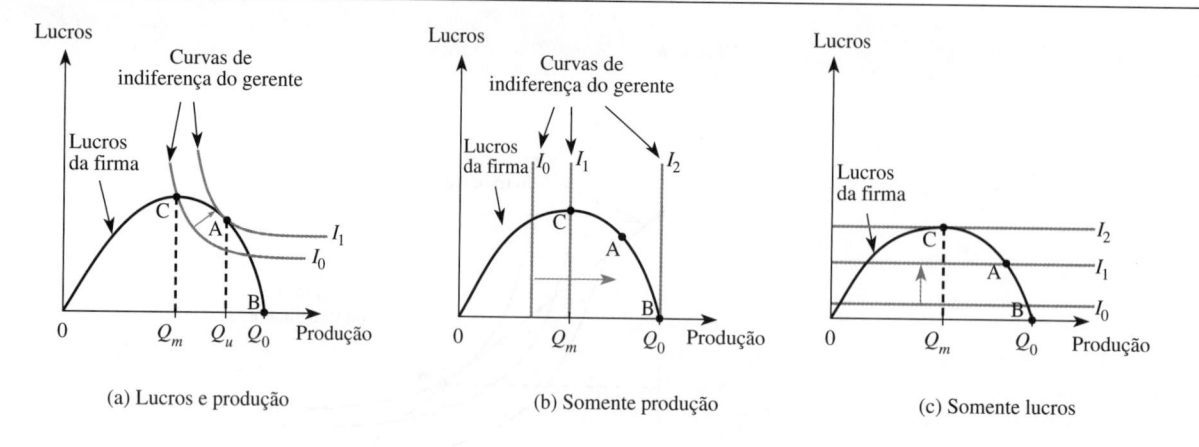

(a) Lucros e produção

(b) Somente produção

(c) Somente lucros

Então, o máximo que um trabalhador pode receber em um dia de 24 horas é $160 (ao não consumir lazer); o mínimo que ele pode receber é $40 (ao não trabalhar). O preço de uma unidade de lazer é $5, uma vez que o custo de oportunidade de uma hora de lazer é uma hora de trabalho.

As decisões dos gerentes

William Baumol[1] argumentou que muitos gerentes obtêm satisfação pela produção e pelo lucro de suas empresas. De acordo com Baumol, vendas e lucros mais altos levam a uma empresa maior, e empresas maiores oferecem mais "benefícios" como escritórios espaçosos, planos de saúde executivos, jatos corporativos, entre outros.

Suponha que as preferências de um gerente sejam tais que ele encare os "lucros" e a "produção" da empresa como "bens", de forma que mais de cada um é preferível a menos. Não estamos sugerindo que seja ótimo para você, como gerente, ter esses tipos de preferências, mas podem existir situações nas quais suas preferências sejam semelhantes. Muitos vendedores, por exemplo, recebem um bônus dependendo da rentabilidade geral da organização. Mas a habilidade do vendedor em receber um reembolso por certas despesas relacionadas aos negócios pode depender da produtividade total do indivíduo (por exemplo, o número de carros vendidos). Nessa situação, o indivíduo pode valorizar tanto a produção quanto os lucros. De maneira alternativa, benefícios como plano corporativo, carro e outros podem ser alocados aos indivíduos com base nos resultados da empresa. Nesse caso, as preferências empresariais podem depender dos lucros tanto quanto da produção.

Os gráficos a, b e c da Figura 4–19 mostram a relação entre lucros e produção ao longo de uma curva intitulada "lucro da empresa". Essa curva parte da origem, passando pelos pontos C, A e B, e representa os lucros como uma função da produção.

---

[1] William J. Baumol, *Business Behavior, Value, and Growth*. Ed. rev. New York: Harcourt, Brace and World, 1967.

Quando a empresa não tem produção, os lucros são zero. À medida que ela expande sua produção, os lucros crescem, atingem o máximo em Q_m e, então, começam a declinar até o ponto Q_0, quando são novamente iguais a zero.

Dada essa relação entre produção e lucro, uma gerente que encare a produção e os lucros como "bens" (hipótese de Baumol) possui curvas de indiferença como aquelas da Figura 4–19(a). Ela procura atingir curvas de indiferença cada vez mais elevadas até que eventualmente atinja o equilíbrio no ponto A. Observe que esse nível de produção, Q_u, é maior que o nível de maximização do lucro da empresa, Q_m. Assim, quando a gerente entende tanto os lucros como a produção como "bens", produz mais do que o nível de produção que maximiza o lucro.

Em contraste, quando as preferências da gerente dependem unicamente da produção, as curvas de indiferença serão semelhantes àquelas da Figura 4–19(b), as quais são linhas verticais. Um exemplo dessa situação ocorre quando um proprietário de uma concessionária de veículos paga ao gerente baseado unicamente no número de carros vendidos (o gerente não recebe nada se a companhia for à falência). Uma vez que o gerente não se preocupa com os lucros, suas curvas de indiferença são linhas verticais, e a satisfação aumenta à medida que as linhas se movem para a direita. Um gerente com tais preferências buscará obter curvas de indiferença cada vez mais à direita até que a curva de indiferença I_2 seja atingida. O ponto B representa equilíbrio para esse gerente, em que Q_0 unidades de bens são produzidas. Novamente, nessa situação, o gerente produz mais que o nível de produção que maximiza os lucros.

Por fim, suponha que o gerente preocupe-se unicamente com os lucros da empresa. Nessa situação, as curvas de indiferença do gerente são linhas horizontais como mostra a Figura 4–19(c). O gerente maximiza satisfação no ponto C, em que a curva de indiferença I_2 é a mais alta possível, dado o conjunto de oportunidades. Desse modo, os lucros são maiores e a produção é menor que nos outros dois casos.

Uma questão importante para o proprietário é induzir o gerente a preocupar-se unicamente com os lucros de forma que isso resulte na maximização do valor da empresa, como na Figura 4–19(c). Examinaremos essa questão mais detalhadamente no Capítulo 6.

A relação entre a análise da curva da indiferença e as curvas de demanda

Vimos que os padrões de consumo de um indivíduo dependem de variáveis que incluem os preços de bens substitutos, os preços de bens complementares, gostos (o formato das curvas de indiferença) e a renda. A abordagem da curva de indiferença desenvolvida neste capítulo, de fato, é a base para as funções de demanda que estudamos nos capítulos 2 e 3. Concluímos examinando a ligação entre a análise da curva de indiferença e as curvas de demanda.

Demanda individual

Para entender de onde vem a curva de demanda para um bem normal, considere a Figura 4–20(a). O consumidor inicialmente está em equilíbrio no ponto A em que a renda é fixada em M e os preços são P_x^0 e P_y. Mas quando o preço do bem X cai

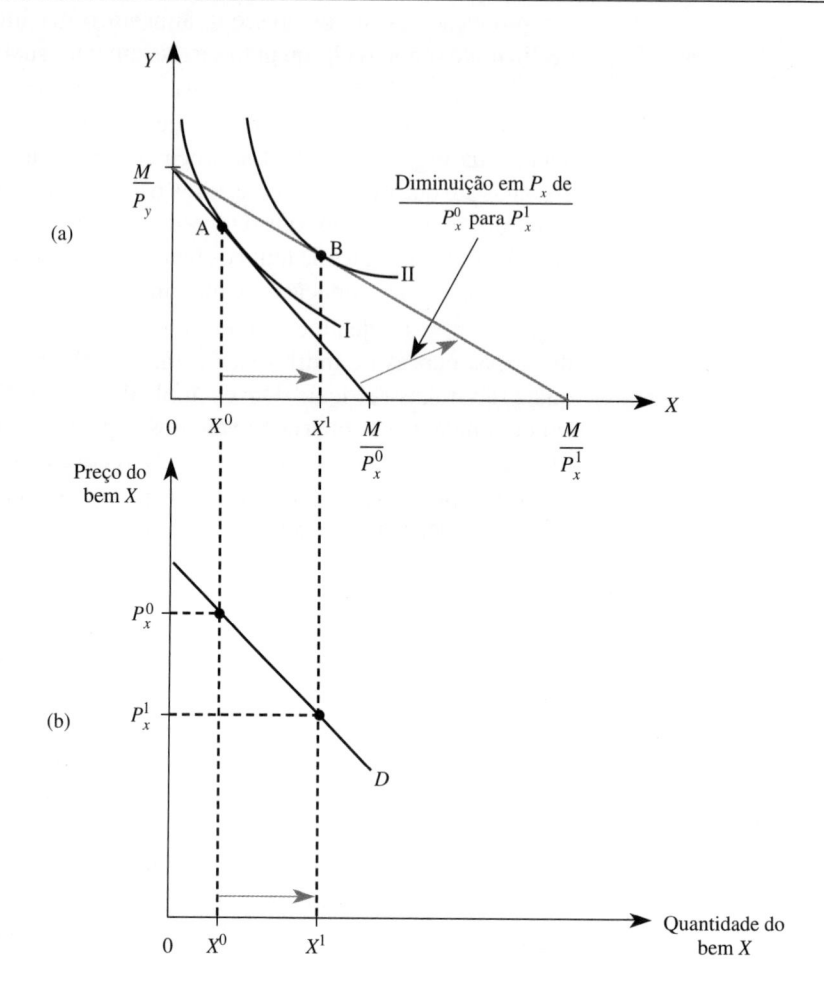

Figura 4–20 Derivando uma curva de demanda individual

ao nível mais baixo, indicado por P_x^1, o conjunto de oportunidades se expande e o consumidor atinge um novo equilíbrio no ponto B. É importante observar que a única mudança que causou a movimentação do consumidor de A para B foi uma mudança no preço do bem X; a renda e o preço do bem Y são mantidos constantes no diagrama. Quando o preço do bem X é P_x^0, o consumidor consome X^0 unidades do bem X; quando o preço cai para P_x^1, o consumo de X aumenta para X^1.

A relação entre o preço do bem X e sua quantidade consumida é demonstrada graficamente na Figura 4–20(b) e é a curva de demanda individual pelo bem X. A curva de demanda do consumidor pelo bem X indica que, mantendo tudo o mais constante, quando o preço do bem X é P_x^0, o consumidor comprará X^0 unidades de X; quando o preço do bem X é P_x^1, o consumidor comprará X^1 unidades de X.

Figura 4–21 Derivando a curva de demanda de mercado

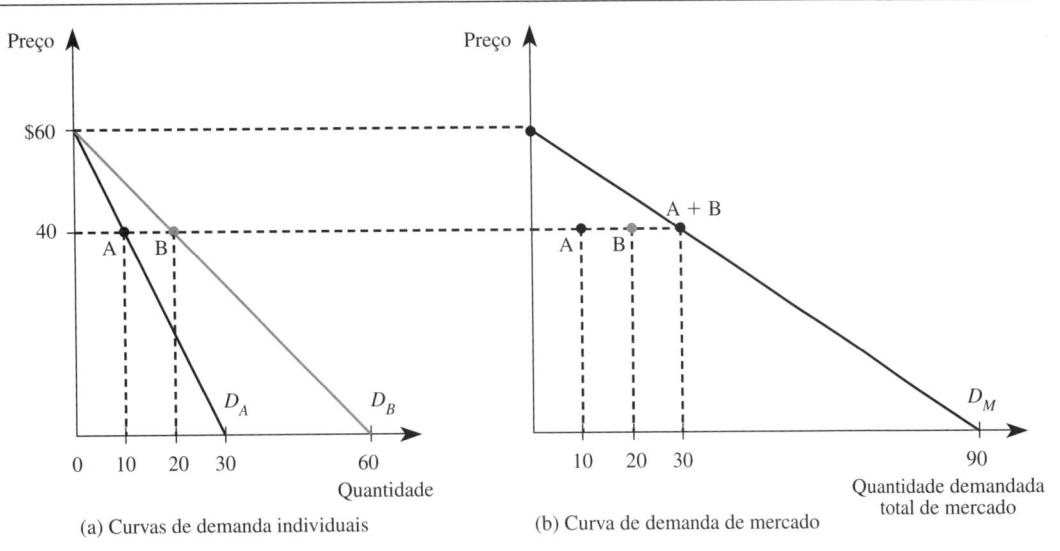

(a) Curvas de demanda individuais

(b) Curva de demanda de mercado

Demanda de mercado

Em geral, enquanto desenvolve seu trabalho de gerente, você estará interessado em determinar a demanda total de todos os consumidores pelo produto da empresa. Essa informação é resumida na curva de demanda de mercado. A curva de demanda de mercado é a soma horizontal das curvas de demanda individuais e indica a quantidade total que todos os consumidores no mercado podem comprar a cada preço possível.

Esse conceito é ilustrado graficamente nas Figuras 4–21(a) e 4–21(b). As curvas D_A e D_B representam as curvas de demanda individuais de dois consumidores hipotéticos, Sra. A e Sr. B, respectivamente. Quando o preço é $60, a Sra. A compra 0 unidade e o Sr. B compra 0 unidade. Assim, no nível de mercado, 0 unidade é vendida quando o preço é $60, e este é um ponto sobre a curva de demanda de mercado (intitulada D_M na Figura 4–21(b)). Quando o preço é $40, a Sra. A compra 10 unidades (ponto A) e o Sr. B compra 20 unidades (ponto B). Então, no nível de mercado (Figura 4–21(b)), 30 unidades são vendidas quando o preço é $40, e este é outro ponto (ponto A+B) sobre a curva de demanda de mercado. Quando o preço do bem X é 0 a Sra. A compra 30 unidades e o Sr. B compra 60 unidades; no nível de mercado, 90 unidades são vendidas quando o preço é $0. Se repetirmos a análise para todos os preços entre $0 e $60, teremos a curva intitulada D_M na Figura 4–21(b).

Portanto, as curvas de demanda que estudamos nos capítulos 2 e 3 são baseadas na análise de curva de indiferença.

Respondendo à manchete

A questão colocada no início do capítulo perguntava por que a Boxes Ltd. pagou um salário mais elevado ao longo do tempo apenas sobre as horas extras além das oito horas diárias, em vez de oferecer aos trabalhadores um salário mais alto para cada hora trabalhada durante um dia.

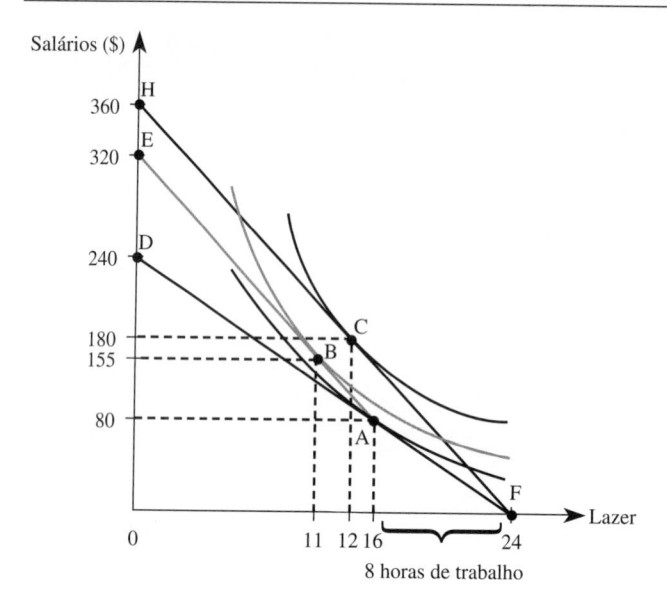

Figura 4–22 O pagamento de horas extras aumenta as horas trabalhadas

A Figura 4–22 apresenta a análise da escolha renda–lazer para um trabalhador hipotético. Quando o salário é de $10 por hora, o conjunto de oportunidades do trabalhador é dado pela linha DF. Se o trabalhador não consumir lazer, sua renda será $10 × 24 = $240. No entanto, dado o salário de $10, o trabalhador maximiza satisfação no ponto A, em que consome 16 horas de lazer (trabalha 8 horas por dia) para receber $80 na forma de salário.

Com o pagamento de $15 para cada hora trabalhada além das 8 horas, o conjunto de oportunidades torna-se EAF. A razão é simples. Se o trabalhador trabalha 8 horas ou menos, ele não recebe o pagamento de horas extras, e essa parte da sua linha orçamentária (AF) permanece a mesma. Mas se ele consome menos de 16 horas de lazer, ele recebe $15 no lugar de $10 para essas horas trabalhadas, de forma que a linha orçamentária é mais inclinada (EA). Quando não consome lazer (ponto E), as primeiras 8 horas abdicadas geram $10 × 8 = $80 de salário, enquanto as outras 16 horas de lazer abdicadas geram $15 × 16 = $240 em salários. Portanto, o ponto E sobre a linha orçamentária das horas adicionais corresponde a ganho de $80 + $240 = $320. Dada a opção de hora extra, esse trabalhador maximiza satisfação no ponto B, em que trabalha 13 horas para ganhar $155. O pagamento de horas extras aumenta o montante de trabalho de 8 horas para 13 horas.

Por que a empresa simplesmente não aumenta o salário para $15 em vez de adotar um sistema de horas extras mais complicado? Se esse trabalhador recebesse um salário de $15, sua linha orçamentária seria HF. Ele poderia obter uma curva de indiferença mais elevada no ponto C, em que 12 horas de lazer são consumidas (12 horas de trabalho). Quando o lazer é um bem normal, o salário de $15 leva a menos horas trabalhadas por trabalhador do que no sistema de hora extra. Além disso, os custos do trabalho são menores com o pagamento de horas extras (ponto B) do que com salário de $15 (ponto C).

Para resumir, mostramos que o gerente poderia recrutar os funcionários que entendem o lazer como um bem normal para trabalhar por mais tempo com o pagamento de horas extras do que simplesmente oferecer um salário mais alto por todas as horas trabalhadas.

Resumo

Neste capítulo, apresentamos um modelo básico de comportamento individual que possibilita ao gerente entender o impacto de várias decisões empresariais sobre as ações dos consumidores e trabalhadores.

Após ler e trabalhar com as Demonstrações de problemas econômicos deste capítulo, você deve entender o que é uma restrição orçamentária e como ela se altera quando os preços ou a renda mudam. Você também deve entender que, quando existe uma mudança no preço de um bem, os consumidores modificam seu comportamento porque há uma alteração na taxa de preços (que leva ao efeito substituição) e uma alteração na renda real (que leva ao efeito renda). O modelo do comportamento do consumidor também articula as considerações subjacentes à curva de demanda.

Em equilíbrio, os consumidores ajustam seus comportamentos de compra de forma que a taxa de preços que eles pagam seja igual à taxa marginal de substituição. Essa informação, juntamente com as relações de comportamento do consumidor, ajuda o gerente a determinar quando utilizar uma estratégia de preços "pague um, leve dois" no lugar de uma oferta de 50% de desconto. Durante os feriados de fim de ano, o mesmo gerente terá uma base sólida para determinar se oferecer vale-presente é uma estratégia inteligente.

Gerentes bem-sucedidos também usam a teoria do comportamento do consumidor para direcionar o comportamento dos funcionários. Neste capítulo, examinamos os benefícios para a empresa em pagar horas extras; questões adicionais serão discutidas no Capítulo 6.

Concluindo, lembre-se de que os modelos de comportamento individual desenvolvidos neste capítulo são ferramentas básicas para analisar o comportamento dos seus consumidores e funcionários. Ao despender tempo para familiarizar com os modelos e trabalhar com as Demonstrações de problemas econômicos e do final do capítulo, você estará mais bem embasado para tomar decisões que maximizarão o valor da sua empresa.

Conceitos e palavras-chave

conjunto orçamentário
curva de indiferença
efeito renda
efeito substituição
equilíbrio do consumidor
escolha renda–lazer
integralidade
mais é melhor

ofertas (pague um, leve dois)
restrição orçamentária
linha orçamentária
taxa de substituição de mercado
taxa marginal de substituição (TMgS)
taxa marginal de substituição decrescente
transitividade
vale-presente

Questões conceituais e computacionais

1. Um consumidor possui $400 para gastar com os bens *X* e *Y*. Os preços de mercado para esses bens são $P_x = \$10$ e $P_y = \$40$.
   a. Qual é a taxa de substituição de mercado entre os bens *X* e *Y*?
   b. Ilustre o conjunto de oportunidades do consumidor em um diagrama cuidadosamente desenhado.
   c. Mostre como o conjunto de oportunidades do consumidor se altera se a renda se elevar em $400. Como o acréscimo de $400 na renda altera a taxa de substituição de mercado entre os bens *X* e *Y*?

2. Um consumidor deve dividir $250 entre o consumo dos produtos *X* e *Y*. Os preços de mercado relevantes são $P_x = \$5$ e $P_y = \$10$.
   a. Escreva a equação para a linha orçamentária do consumidor.
   b. Ilustre o conjunto de oportunidades do consumidor em um diagrama cuidadosamente desenhado.
   c. Mostre como o conjunto de oportunidades do consumidor muda quando o preço do bem *X* se eleva para $10. Como essa mudança altera a taxa de substituição de mercado entre os bens *X* e *Y*?

3. Um consumidor está em equilíbrio no ponto A na figura a seguir. O preço do bem *X* é $5.
   a. Qual é o preço do bem *Y*?
   b. Qual é a renda do consumidor?
   c. No ponto A, quantas unidades do bem *X* o consumidor compra?
   d. Suponha que a linha orçamentária mude, de forma que o consumidor atinja um novo equilíbrio no ponto B. Que mudança no ambiente econômico levaria a esse novo equilíbrio? O consumidor está em melhor ou em pior situação como resultado da mudança de preço?

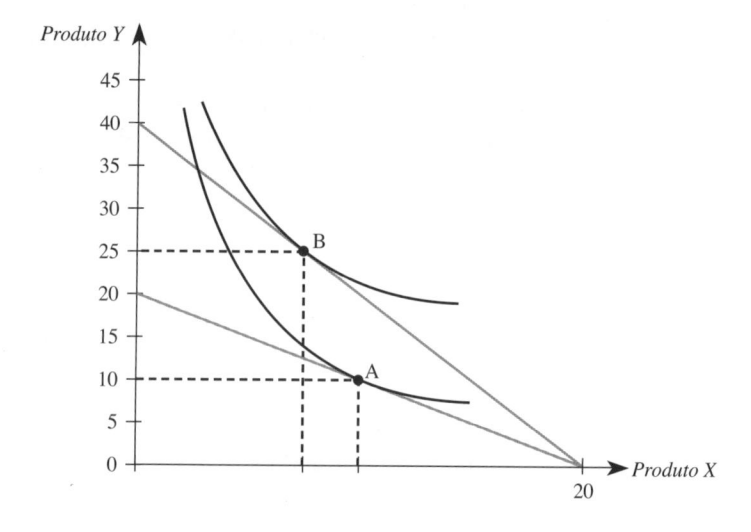

4. Na resposta ao Demonstração 4–2, mostramos uma situação na qual um vale-presente leva um consumidor a comprar uma quantidade maior de um bem infe-

rior do que poderia consumir se recebesse um presente em dinheiro no mesmo valor. Isso sempre acontece dessa maneira? Explique.

5. Ofereça uma explicação intuitiva sobre por que uma oferta "pague um, leve dois" não é o mesmo que uma oferta "metade do preço".

6. Na figura a seguir, uma consumidora está inicialmente em equilíbrio no ponto C. A renda da consumidora é de $300 e a linha orçamentária no ponto C é dada por $300 = $50X + $100Y. Quando a consumidora recebe um vale-presente de $50 que é válido apenas na loja X, ela se move para um novo equilíbrio no ponto D.
   a. Determine os preços dos bens X e Y.
   b. Quantas unidades do produto Y podem ser compradas no ponto A?
   c. Quantas unidades do produto X podem ser compradas no ponto E?
   d. Quantas unidades do produto X podem ser compradas no ponto B?
   e. Quantas unidades do produto X podem ser compradas no ponto F?
   f. Com base nas preferências dessa consumidora, elenque as cestas A, B, C e D em ordem da mais preferível à menos preferível.
   g. O produto X é um bem normal ou inferior?

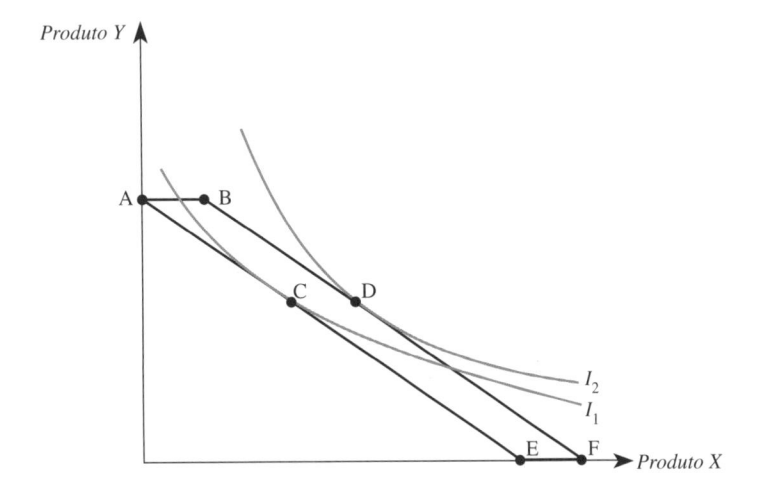

7. Uma consumidora deve gastar toda a sua renda em dois bens (X e Y). Em cada um dos cenários a seguir, indique se o consumo de equilíbrio dos bens X e Y aumentará ou diminuirá. Considere que o bem X é um bem inferior e o bem Y é um bem normal.
   a. A renda dobra.
   b. A renda quadruplica e todos os preços dobram.
   c. A renda e todos os preços quadruplicam.
   d. A renda cai pela metade e todos os preços dobram.

8. Determine quais, se houver alguma, das Propriedades 4–1 a 4–4 são violadas pelas curvas de indiferença apresentadas no diagrama a seguir.

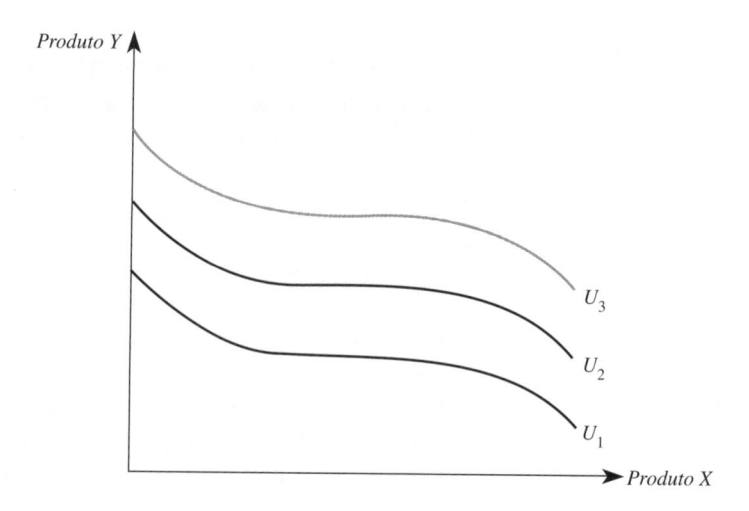

Problemas e aplicações

9. É comum os supermercados venderem produtos, como açúcar e outros, tanto genéricos (de marca própria) quanto de marca (de produtores conhecidos). Muitos consumidores veem esses produtos como substitutos perfeitos, significando que os consumidores estão sempre dispostos a substituir uma proporção constante de produtos da loja por produtos de marca. Considere um consumidor que esteja sempre disposto a substituir três quilos de uma marca genérica de açúcar por dois quilos de um açúcar de marca. Essas preferências exibem uma taxa marginal de substituição decrescente entre o açúcar "genérico" e o açúcar de marca? Considere que esse consumidor tenha $10 de renda para gastar em açúcar, e que o preço do açúcar genérico seja $1 por quilo e o preço do açúcar de marca seja $2 por quilo. Quanto de cada tipo de açúcar será comprado? Como mudaria sua resposta se o preço do açúcar genérico fosse $2 por quilo e o preço do açúcar de marca fosse $1 por quilo?

10. O governo dos Estados Unidos gasta mais de $15,8 bilhões em seu Programa de Selo Alimentício para oferecer a milhões de norte-americanos a possibilidade de comprar alimento. Esses selos podem ser trocados por alimentos em cerca de 160 mil lojas em todo o país, e não podem ser vendidos por dinheiro ou utilizados para comprar itens não-alimentícios. O selo alimentício gera um benefício mensal de cerca de $170. Suponha que, na ausência de selos alimentícios, o consumidor médio deve dividir $500 de sua renda mensal entre alimentos e "todos os demais bens" de forma que atenda à seguinte restrição orçamentária: $500 = $10A + $5F$, em que A é a quantidade de "todos os demais bens" e F é a quantidade de alimento comprado. Usando o eixo vertical para "todos os demais bens", desenhe a linha orçamentária na ausência do Programa de Selo Alimentício. Qual é a taxa de substituição de mercado entre alimento e "todos os demais bens"? No mesmo gráfico, mostre como o Programa de Selo Alimentício altera a linha orçamentária do consumidor médio. Esse consumidor poderia se beneficiar da troca ilegal de selos por alimento? Explique.

11. Um jornal recentemente anunciou a seguinte oferta de pneus Goodyear: "Compre três, leve grátis o quarto pneu – limite de um pneu gratuito por cliente". Se um consumidor possui $500 para gastar em pneus e em outros bens, e cada pneu é geralmente vendido por $50, como essa oferta afeta o conjunto de oportunidades do consumidor?

12. Algumas redes de hotel nos Estados Unidos recentemente reduziram seus preços em 20% numa tentativa de combater a taxa de ocupação decrescente entre os viajantes "a negócios". Uma pesquisa desenvolvida por uma grande entidade indicou que as empresas são cautelosas quanto às condições econômicas conjunturais e estão, agora, recorrendo à mídia eletrônica, como a Internet e o telefone, para realizar transações. Considere que o orçamento de uma empresa permita a ela despender $5 mil por mês em viagens de negócios ou em mídias eletrônicas para realizar transações. Demonstre graficamente como um declínio de 20% no preço das viagens poderia afetar o conjunto orçamentário dessa empresa se o preço das viagens fosse inicialmente de $1.000 por viagem e o preço da mídia eletrônica fosse de $500 por hora. Suponha que, após o preço das viagens cair, a empresa emita um relatório indicando que sua taxa marginal de substituição entre mídia eletrônica e viagens é -1. A empresa está alocando recursos eficientemente? Explique.

13. Um relatório do Census Bureau indica que mais de 62% da população dos Estados Unidos está coberta por planos de saúde patrocinados pelo empregador. Considere uma funcionária que não possua plano de saúde patrocinado e tenha de dividir sua renda líquida semanal de $700 entre plano de saúde e "outros bens". Projete o conjunto de oportunidades dessa trabalhadora se o preço do plano de saúde for de $100 por semana e o preço dos "outros bens" for de $100 por semana. No mesmo gráfico, ilustre como o conjunto de oportunidades poderia mudar se o empregador concordasse em oferecer à profissional um plano de saúde que custasse $100 por semana (sob a legislação tributária vigente, essa forma de benefício é livre de impostos). A funcionária estaria em melhor ou em pior situação se, em vez do plano de saúde, o empregador lhe oferecesse um aumento de $100 por semana que fosse sujeito a um imposto de 25%? Explique.

14. Um estudo interno da Mimeo Corporation – uma fabricante de fotocopiadoras – revelou que cada um de seus trabalhadores monta três fotocopiadoras por hora e recebe $3 por máquina montada. Embora a empresa não possua os recursos necessários para supervisionar os funcionários, um inspetor em tempo integral verifica a qualidade de cada unidade produzida antes de o trabalhador ser pago por sua produção. Seu supervisor pediu-lhe que avaliasse uma nova proposta destinada a cortar custos. Sob esse plano, os trabalhadores receberiam um salário fixo de $8 por hora. Você é a favor do plano? Explique.

15. A Einstein Bagel Corp. oferece um programa de fidelização de clientes em que o consumidor recebe um selo toda vez que compra uma dúzia de biscoitos por $5. Ao obter 10 selos, ele recebe grátis uma dúzia de biscoitos. Essa oferta é válida por um ano. A gerente sabe que seus produtos são bens normais. Dada a informação, construa o conjunto orçamentário para um consumidor que tenha $150 para gastar em biscoitos e outros bens ao longo do ano. Será que o programa de fidelização da Einstein tem o mesmo efeito sobre o consumo de seus

biscoitos que teria uma simples redução de preço de uma dúzia de biscoitos em 3%? Explique.

16. Adolescentes de 15 anos compram 12 CDs e 15 pizzas de mozarela em um ano típico. Se as pizzas de mozarela fossem bens inferiores, os adolescentes seriam indiferentes entre receber um vale-presente de $30 de uma loja de CDs e $30 em dinheiro? Explique.

17. Uma tática de *marketing* comum entre muitas lojas de bebidas é oferecer a seus clientes descontos por quantidade (ou volume). Por exemplo, a marca vice-líder de vinhos do Chile é vendida nos Estados Unidos por $8 a garrafa se o consumidor comprar mais de oito garrafas. O preço de cada garrafa adicional é de apenas $4. Se um consumidor possuir $100 para dividir entre a compra dessa marca de vinho e outros bens, ilustre graficamente como a tática de *marketing* afeta o conjunto orçamentário do consumidor se o preço dos outros bens for de $1. Um consumidor comprará exatamente oito garrafas de vinho? Explique.

18. Em 2004, o *Washington Post* noticiou que os lucros e vendas da CACI International, Inc. aumentaram durante os três meses findos em 31 de março. O *Washington Post* atribuiu o resultado positivo à demanda aquecida por redes de telecomunicações, sistemas de informação inteligentes e sistemas navais eletrônicos produzidos pela CACI International para o governo. Representantes da empresa dizem que as vendas ao Pentágono cresceram 37% durante o primeiro trimestre de 2004. Em contraste, as vendas a agências civis durante o mesmo período aumentaram cerca de 17%. Suponha que o objetivo do CEO da CACI seja incrementar a lucratividade e a produção de seu setor de agência civil, ao estimular suas forças de vendas, e que seja conhecido que os lucros são uma função da produção em que $\pi = 25q - q^2$ (em milhões de dólares americanos). Demonstre graficamente a função de lucros da CACI. Compare e contraste a produção e os lucros usando os esquemas de compensação baseados na suposição de que os gerentes de vendas veem a produção e os lucros como "bens": (*a*) a CACI compensa os gerentes de vendas somente com base na produção; (*b*) a CACI compensa os gerentes de vendas somente com base nos lucros; (*c*) a CACI compensa os gerentes de vendas com base em uma combinação de produção e lucros.

19. De acordo com um artigo de 2004 do *The Wall Street Journal*, "O sistema de remuneração de trabalhadores na Califórnia é um dos mais dispendiosos do país, enquanto simultaneamente paga alguns dos benefícios mais baixos". O artigo atribui esse resultado a reclamações judiciais e a litígios. De fato, os prêmios dos empregadores aumentaram 70% nos últimos dois anos. Como resultado, muitos empregadores têm forçado o corte de salários, demitido funcionários ou mudado para outros estados. Suponha que o proprietário da Boyer Construction esteja se sentindo incomodado pelos prêmios crescentes associados à remuneração dos trabalhadores e tenha decidido reduzir os salários de seus dois funcionários (Albert e Sid) de $20 por hora para $18 por hora. Considere que Albert e Sid veem a renda e o lazer como "bens", que ambos possuam uma taxa marginal de substituição decrescente entre renda e lazer, e que os trabalhadores tenham a mesma restrição orçamentária antes e depois dos impostos a cada salário. Projete o conjunto de oportunidades de cada trabalhador para cada salário por hora. Ao salário de $20 por hora, tanto Albert quanto Sid consomem 14 horas de lazer

(e, de maneira equivalente, ofertam 10 horas de trabalho). Após os salários serem cortados para $18, Albert consome 12 horas de lazer e Sid consome 16 horas de lazer. Determine o número de horas de trabalho que cada funcionário oferta ao salário de $18 por hora. Como você pode explicar o resultado aparentemente contraditório de que os trabalhadores ofertam um número diferente de horas de trabalho?

20. Um estudo recente da Web Mystery Shoppers International indica que o vale-presente de Natal vem se tornando cada vez mais popular entre lojas *on-line*. Dois anos atrás, os compradores *on-line* tinham de "caçar" lojas virtuais das quais pudessem comprar vale-presente, mas hoje é mais fácil comprar de lojas na Web do que de lojas físicas. Você acha que o vale-presente *on-line* é meramente moda? Explique detalhadamente.

21. No início da década de 2000, a AOL UK implementou um plano de acesso à Internet com taxa fixa em que os assinantes obtinham acesso via *dial-up* por uma taxa mensal fixa de £14,99. Sob os termos do "plano antigo", a Alistair Willoughby Cook, em um mês típico de 30 dias, despendia 1.499 minutos *on-line* e pagava £14,99 em taxas de uso. Se todos os clientes da AOL UK fossem exatamente como a Alistair, qual seria o impacto de um plano de taxa fixa sobre o bem-estar dos consumidores e sobre os lucros das empresas? Explique.

Exercícios baseados em casos

Seu instrutor pode dar exercícios adicionais (chamados memos), que requerem a aplicação de algumas das ferramentas aprendidas neste capítulo, para fazer recomendações baseadas em cenários reais de negócios. Alguns desses memos acompanham o Caso Time Warner (páginas 548–583 do seu livro). Memos adicionais, assim como dados que podem ser úteis para a sua análise, estão disponíveis *on-line* em www.mhhe.com/baye6e.

Referências

Baumol, William J. *Business Behavior, Value and Growth.* Nova York: Macmillan, 1959.

Battalio, Raymond C.; Kagel, John H.; Kogut, Carl A. "Experimental Confirmation of the Existence of a Giffen Good." *American Economic Review*, v. 81, n. 4, p. 961–970, set. 1991.

Davis, J. "Transitivity of Preferences." *Behavioral Science,* p. 26–33, 1958.

Evans, William N.; Viscusi, W. Kip. "Income Effects and the Value of Health." *Journal of Human Resources*, v. 28, n. 3, p. 497–518, 1993.

Gilad, Benjamin; Kaish, Stanley; Loeb, Peter D. "Cognitive Dissonance and Utility Maximization: A General Framework." *Journal of Economic Behavior and Organization*, v. 8, n.1, p. 61–73, mar. 1987.

Lancaster, Kelvin. *Consumer Demand: A New Approach.* Nova York: Columbia University Press, 1971.

MacKrimmon, Kenneth; Toda, Maseo. "The Experimental Determination of Indifference Curves." *Review of Economic Studies*, n. 37, p. 433–451, out. 1969.

Smart, Denise T.; Martin, Charles L. "Manufacturer Responsiveness to Consumer Correspondence: An Empirical Investigation of Consumer Perceptions." *Journal of Consumer Affairs* v. 26, n. 1, p. 104–128, 1992.

Apêndice
Uma aproximação numérica do comportamento individual

A função utilidade

Suponha que as preferências de um consumidor sejam representadas por uma função utilidade $U(X,Y)$. Considere que $A = (X^A, Y^A)$ seja a cesta com X^A unidades do bem X e Y^A unidades do bem Y, e considere que $B = (X^B, Y^B)$ seja uma cesta diferente dos dois bens. Se a cesta A é preferida à cesta B, então $U(A) > U(B)$; o consumidor recebe maior nível de utilidade da cesta A do que da cesta B. Similarmente, se $U(B) > U(A)$, o consumidor enxerga a cesta B como uma cesta "melhor" que a cesta A. Por fim, se $U(A) = U(B)$, o consumidor vê as duas cestas como igualmente satisfatórias; ele é indiferente entre as cestas A e B.

Maximização de utilidade

Dados os preços de P_x e P_y e um nível de renda M, o consumidor busca maximizar a utilidade sujeita à restrição orçamentária. Formalmente, esse problema pode ser resolvido pela formação lagrangiana:

$$\mathcal{L} \equiv U(X, Y) + \lambda(M - P_x X - P_y Y)$$

em que λ é o multiplicador de Lagrange. As condições de primeira ordem para esse problema são:

$$\frac{\partial \mathcal{L}}{\partial X} = \frac{\partial U}{\partial X} - \lambda P_x = 0 \tag{A-1}$$

$$\frac{\partial \mathcal{L}}{\partial Y} = \frac{\partial U}{\partial Y} - \lambda P_y = 0 \tag{A-2}$$

$$\frac{\partial \mathcal{L}}{\partial \lambda} = M - P_x X - P_y Y = 0$$

As Equações (A–1) e (A–2) implicam que

$$\frac{\partial U/\partial X}{\partial U/\partial Y} = \frac{P_x}{P_y} \tag{A-3}$$

ou, em termos econômicos, a taxa da utilidade marginal é igual à taxa de preços.

A taxa marginal de substituição

Ao longo de uma curva de indiferença, a utilidade é constante:

$$U(X, Y) = \text{constante}$$

Tomando a derivada total desta relação, temos

$$\frac{\partial U}{\partial X} dX + \frac{\partial U}{\partial Y} dY = 0$$

Resolvendo para dY/dX ao longo de uma curva de indiferença, temos

$$\left. \frac{dY}{dX} \right|_{\text{utilidade constante}} = - \frac{\partial U/\partial X}{\partial U/\partial Y}$$

Portanto, a inclinação de uma curva de indiferença é

$$-\frac{\partial U/\partial X}{\partial U/\partial Y}$$

O valor absoluto da inclinação de uma curva de indiferença é a taxa marginal de substituição (TMgS). Então,

$$TMgS = \frac{\partial U/\partial X}{\partial U/\partial Y} \qquad (A-4)$$

A regra $TMgS = P_x/P_y$

Substituir a Equação (A–4) em (A–3) revela que para maximizar utilidade, um consumidor iguala

$$TMgS = \frac{P_x}{P_y}$$

CAPÍTULO CINCO

O processo e os custos de produção

Objetivos didáticos

Ao final deste capítulo, você poderá:

- Responder à pergunta da manchete.

- Justificar caminhos ou formas alternativas de mensurar a produtividade dos insumos e o papel dos gestores no processo de produção.

- Determinar a demanda por insumos e as combinações destes que minimizem os custos para certas funções de produção e utilizar as análises isoquanta/isocusto para ilustrar a substituição ótima de insumos.

- Derivar uma função de custo de uma função de produção e explicar como os custos econômicos diferem dos custos contábeis.

- Explicar a diferença entre a relevância econômica dos custos fixos, dos custos irrecuperáveis, dos custos variáveis e dos custos marginais.

- Calcular custos médios e marginais por meio de dados de custos algébricos ou organizados em tabela e ilustrar a relação entre os custos marginais e médios.

- Distinguir entre decisões de produção de curto prazo e de longo prazo e ilustrar seus impactos sobre os custos e economia de escala.

- Determinar se um processo de produção de diversos produtos apresenta economia de escopo ou complementaridades de custos e explicar sua importância para as decisões empresariais.

Manchete

GM e UAW discutem possíveis demissões

Em uma tentativa de interromper a queda no número de associados, a União dos Trabalhadores da Indústria Automobilística (UAW) começou uma greve de dois meses contra a General Motors. A divergência está na proposta da GM de mudar seu sistema de pagamento de salários e cortar 40 mil postos de trabalho nos Estados Unidos ao longo de quatro anos. O sistema de pagamento de salários da GM permite aos trabalhadores da fábrica com uma carga horária diária de cinco ou seis horas ir para casa ao final desse período ou trabalhar o restante do dia e receber o pagamento de horas extras – um sistema que, segundo a GM, cria grandes ineficiências na produção. A GM acredita que a eliminação desse sistema de pagamento de salários e a redução do número de trabalhadores tornará sua operação mais eficiente e aumentará a produtividade. No entanto, a UAW está lutando com unhas e dentes contra ambas as propostas, de forma a não perder ainda mais associados.

Como argumentos em favor de sua posição, a GM citou a baixa eficiência e os elevados salários, comparativamente a outras empresas automobilísticas. Os trabalhadores da Ford produziram uma média de 33,2 veículos por dia e receberam salários médios de $43 por hora. Já os trabalhadores da GM produziram uma média de 27,9 veículos por dia e receberam $45 por hora.

Essas informações justificam as ações propostas pela GM? Sim ou não?

Fontes: Jay Palmer "Reviving GM." *Barron's Online*, 22 jun. 1998; Ingrassia, P. "A Long Road to Good Labor Relations at GM." *The Wall Street Journal Interactive Edition*, 30 jun. 1998.

Introdução

Tanto empresas quanto organizações sem fins lucrativos têm como objetivo produzir bens e oferecer serviços, de forma que seu sucesso nas operações requer que os gerentes escolham de maneira ótima a quantidade e os tipos de insumos utilizados nos processos de produção. O sucesso de uma empresa de consultoria, por exemplo, implica grande número de funcionários e a substituição ótima entre eles e outros insumos de que a empresa dispõe, levando em consideração mudanças nos salários e nos preços dos demais insumos.

Este capítulo apresenta os fundamentos econômicos necessários para o sucesso em posições empresariais, como a gestão de produção e de preços. Os conceitos de produção e custos apresentados a seguir também são importantes, dado que funcionam como "blocos de construção" básicos para as áreas de negócios, que incluem recursos humanos, operações, contabilidade empresarial e gestão estratégica.

A função de produção

Começaremos descrevendo a tecnologia disponível para a produção de bens. A tecnologia resume os meios possíveis para a conversão de insumos brutos, como aço, trabalho e maquinário, em um produto como o automóvel. A tecnologia resume o conhecimento de engenharia. Decisões empresariais, como aquelas concernentes a gastos com pesquisa e desenvolvimento, podem afetar a tecnologia disponível. Neste capítulo, veremos como um gerente pode explorar uma tecnologia existente em seu potencial pleno. Nos próximos, analisaremos a decisão de melhoria da tecnologia.

Para iniciarmos nossa análise, consideremos um processo de produção que utiliza dois insumos, *capital* e *trabalho*, para produzir um bem. Deixemos que K denote a quantidade de capital; L, a quantidade de trabalho; e Q, o nível de bens produzidos no processo de produção. Embora chamemos os insumos de capital e trabalho, as ideias gerais apresentadas aqui são válidas para quaisquer dois insumos. No entanto, a maioria dos processos de produção envolve máquinas de algum tipo (que os economistas chamam *capital*) e pessoas (*trabalho*), e essa terminologia servirá para solidificar as ideias básicas.

A tecnologia disponível para converter capital e trabalho em produtos é resumida na função de produção. A *função de produção* é uma relação de engenharia que define o volume máximo de bens que pode ser produzido com determinado conjunto de insumos. Matematicamente, a função de produção é denotada como

$$Q = F(K, L)$$

isto é, o montante máximo de bens que pode ser produzido com K unidades de capital e L unidades de trabalho.

função de produção
Uma função que define o volume máximo de bens que pode ser produzido com um dado conjunto de insumos.

Decisões de curto prazo *versus* decisões de longo prazo

Como um gerente, seu trabalho é utilizar a função de produção disponível de maneira eficiente; isso significa que você deve determinar quanto de cada insumo utilizar para produzir bens. A curto prazo, alguns fatores de produção são *fixos*, e eles limitam suas escolhas no que se refere às decisões de utilização dos insumos.

fatores de produção fixos e variáveis
Fatores fixos são os insumos que o gerente não pode ajustar a curto prazo. Fatores variáveis são os insumos que o gerente pode ajustar para alterar a produção.

Por exemplo, são necessários vários anos para que a Ford construa uma linha de produção. O nível de capital é geralmente fixo a curto prazo. No entanto, a curto prazo, a Ford pode ajustar o uso dos insumos como trabalho e aço; tais insumos são chamados fatores de produção *variáveis*.

O *curto prazo* é definido como o período no qual existem fatores de produção fixos. Para ilustrar, suponha que o capital e o trabalho sejam os únicos dois insumos na produção e que o nível de capital seja fixo a curto prazo. Nesse caso, a única decisão de insumos de curto prazo tomada pelos gerentes é quanto utilizar de trabalho. A função de produção de curto prazo é essencialmente apenas uma função do trabalho, uma vez que o capital é fixo e não variável. Se K^* é o nível fixo de capital, a função de produção de curto prazo pode ser escrita como

$$Q = f(L) = F(K^*, L)$$

As colunas 1, 2 e 4 da Tabela 5–1 mostram os valores dos componentes de uma função de produção de curto prazo em que o capital é fixo em $K^* = 2$. Para essa função de produção, 5 unidades de trabalho são necessárias para produzir 1.100 unidades de bens. Dada a tecnologia disponível e o nível fixo de capital, se o gerente deseja produzir 1.952 unidades de bens, 8 unidades de trabalho devem ser utilizadas. A curto prazo, mais trabalho é necessário para produzir mais bens, já que o aumento do capital não é possível.

O *longo prazo* é definido como o horizonte ao qual o gerente pode ajustar todos os fatores de produção. Se a Ford demorar três anos para adquirir bens de capital adicionais, o longo prazo para o gerente da Ford será de três anos, e o curto prazo será menor que três anos.

Tabela 5–1 A função de produção

(1) K^* Insumo fixo (Capital) [Dado]	(2) L Insumo variável (Trabalho) [Dado]	(3) ΔL Variação no trabalho [$\Delta(2)$]	(4) Q Produção [Dado]	(5) $\frac{\Delta Q}{\Delta L} = MP_L$ Produto marginal do trabalho [$\Delta(4)/\Delta(2)$]	(6) $\frac{Q}{L} = AP_L$ Produto médio do trabalho [(4)/(2)]
2	0	—	0	—	—
2	1	1	76	76	76
2	2	1	248	172	124
2	3	1	492	244	164
2	4	1	784	292	196
2	5	1	1.100	316	220
2	6	1	1.416	316	236
2	7	1	1.708	292	244
2	8	1	1.952	244	244
2	9	1	2.124	172	236
2	10	1	2.200	76	220
2	11	1	2.156	−44	196

Medidas de produtividade

Um componente importante na tomada de decisão empresarial é a determinação da produtividade dos insumos utilizados no processo de produção. Como veremos, essas medidas são úteis para estimar a efetividade de um processo de produção e tomar decisões de insumo que maximizem os lucros. As três medidas mais importantes da produtividade são produto total, produto médio e produto marginal.

Produto total

Produto total (TP) é simplesmente o nível máximo de produtos que pode ser obtido por meio de dado montante de insumos. Por exemplo, o produto total do processo de produção descrito na Tabela 5-1, quando 5 unidades de trabalho são empregadas, corresponde a 1.100. Como a função de produção define o montante máximo de bens que pode ser produzido com dado nível de insumos, este é o montante que pode ser produzido se 5 unidades de trabalho despenderem seu esforço máximo. É certo que, se os trabalhadores não se empenharem o máximo possível, a produção pode ser menor. Cinco trabalhadores que bebem café o dia todo podem não produzir qualquer bem, ao menos com essa função de produção.

produto total
O nível máximo de produção que pode ser obtido por meio de dado montante de insumos.

Produto médio

Em muitas situações, os tomadores de decisão empresariais estão interessados na produtividade média de um insumo. Por exemplo, um gerente pode querer conhecer, com relação à média, quanto cada trabalhador contribui para o volume total de produção da empresa. Essa informação é resumida no conceito econômico de produto médio. O *produto médio* (AP) de um insumo é definido como o produto total dividido pela quantidade utilizada do insumo. Em particular, o produto médio do trabalho (AP_L) é

produto médio
Uma medida da quantidade produzida por unidade de insumo.

$$AP_L = \frac{Q}{L}$$

e o produto total do capital (AP_K) é

$$AP_K = \frac{Q}{K}$$

O produto marginal é uma medida dos bens produzidos por unidade de insumo. Na Tabela 5-1, por exemplo, cinco trabalhadores podem produzir 1.100 unidades de bens; isso representa 200 unidades de produto por trabalhador.

Produto marginal

O *produto marginal* (MP) de um insumo é a mudança na produção total devida à última unidade de um insumo. O produto marginal do capital (MP_K), portanto, é a mudança no produto total dividido pela mudança no fator capital:

produto marginal
A mudança na produção total atribuível à última unidade de um insumo.

$$MP_K = \frac{\Delta Q}{\Delta K}$$

O produto marginal do trabalho (MP_L) é a mudança no produto total dividido pela mudança no trabalho:

$$MP_L = \frac{\Delta Q}{\Delta L}$$

Por exemplo, na Tabela 5–1, a segunda unidade de trabalho aumenta a produção em 172 unidades, então o produto marginal da segunda unidade de trabalho corresponde a 172.

A Tabela 5–1 ilustra uma característica importante do produto marginal de um insumo. Observe que, à medida que unidades de trabalho são adicionadas de 0 a 5 na coluna 2, o produto marginal do trabalho aumenta na coluna 5. Isso ajuda a explicar por que linhas de produção são utilizadas em vários processos produtivos: ao utilizar muitos trabalhadores, cada tarefa pode ser realizada de forma potencialmente diferente, de maneira que um gerente pode evitar ineficiências associadas à interrupção de uma tarefa para iniciar outra. Mas observe, na Tabela 5–1, que após 5 unidades de trabalho o produto marginal de cada unidade de trabalho declina e por fim torna-se negativo. Um produto marginal negativo significa que a última unidade do insumo *reduziu* o produto total. Isso é consistente com o senso comum. Se um gerente continuasse a expandir o número de trabalhadores em uma linha de produção, ele poderia, ocasionalmente, atingir um ponto em que a força de trabalho se encontrasse como *sardinha em lata* ao longo da linha de produção, um entrando no caminho do outro e resultando em menor produção do que antes.

A Figura 5–1 demonstra graficamente a relação entre produto total, produto marginal e produto médio. O primeiro ponto a observar a respeito das curvas é que o

Figura 5–1 Retornos marginais crescentes, decrescentes e negativos

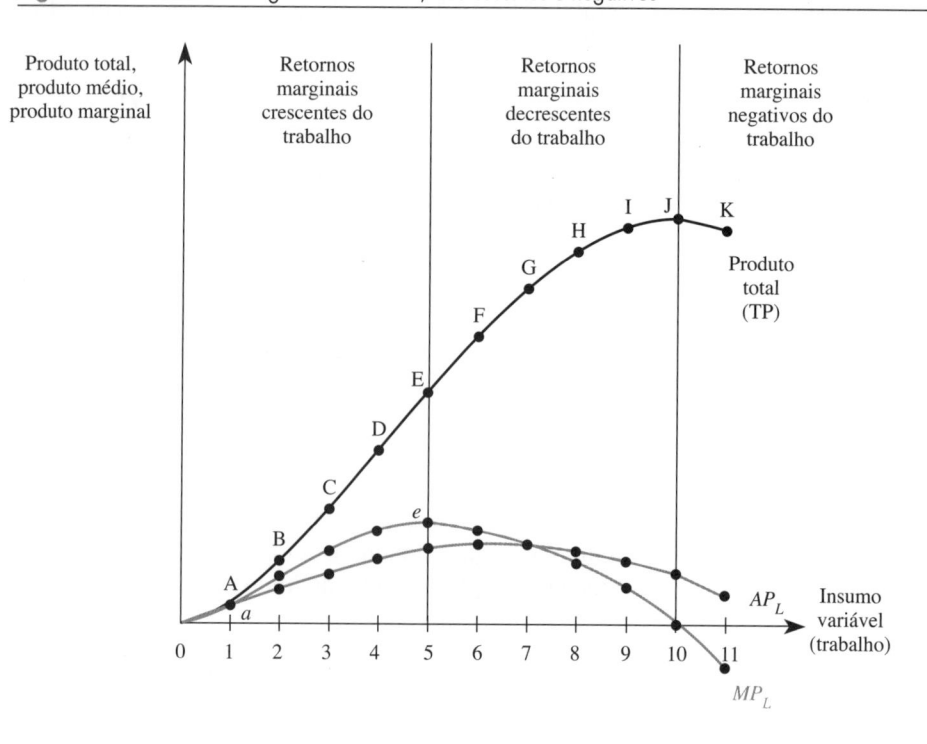

retorno marginal crescente
Intervalo de uso de insumos ao longo do qual o produto marginal aumenta.

retorno marginal decrescente
Intervalo de uso de insumos ao longo do qual o produto marginal diminui.

retorno marginal negativo
Intervalo de uso de insumos ao longo do qual o produto marginal é negativo.

produto total aumenta e sua inclinação se torna mais elevada à medida que nos movemos do ponto A para o ponto E ao longo da curva de produto total. À medida que o uso de trabalho aumenta entre os pontos A e E, a inclinação da curva de produto total diminui (torna-se menos inclinada); o produto marginal aumenta à medida que nos movemos do ponto *a* para o ponto *e*. O intervalo por meio do qual o produto marginal se eleva é conhecido como *retorno marginal crescente*.

Na Figura 5–1, observamos que o produto marginal atinge seu máximo no ponto *e*, em que 5 unidades de trabalho são empregadas. À medida que o uso do trabalho aumenta de 5 unidades para 10 unidades, o produto total se eleva, mas a uma taxa decrescente. Isso porque o produto marginal declina entre 5 unidades e 10 unidades de trabalho, mas ainda é positivo. O intervalo por meio do qual o produto marginal é positivo, mas declinante, é conhecido como *retorno marginal decrescente* do insumo variável.

Na Figura 5–1, o produto marginal torna-se negativo quando mais de 10 unidades de trabalho são empregadas. Após esse ponto, utilizar unidades adicionais do insumo efetivamente reduz o produto total, o que significa que o produto marginal torna-se negativo. O intervalo por meio do qual o produto marginal é negativo é conhecido como *retorno marginal negativo*.

Princípio	**Fases dos retornos marginais** À medida que o uso de um insumo se eleva, o produto marginal inicialmente se eleva (retornos marginais crescentes), depois começa a declinar (retornos marginais decrescentes) e por fim torna-se negativo (retornos marginais negativos).

Ao estudar para um exame, você pode experimentar várias fases dos retornos marginais. As primeiras horas despendidas no estudo aumentam sua nota muito mais do que as últimas horas. Por exemplo, suponha que você tirará zero se não estudar, e 75 pontos se estudar 10 horas. O produto marginal das primeiras 10 horas serão 75 pontos. Se você estudar 20 horas para obter 100 pontos no exame, o produto marginal do segundo período de 10 horas será apenas de 25 pontos. A melhora marginal na sua nota diminui à medida que você despende horas adicionais nos estudos. Se você já estudou a "noite toda" e no final acabou dormindo durante o exame ou saiu-se mal devido ao forte sono, você estudou no intervalo dos retornos marginais negativos. Claramente, nem estudantes nem empresas devem empregar recursos nesse intervalo.

O papel do gerente no processo de produção

O papel do gerente em dirigir o processo de produção descrito anteriormente possui dois objetivos: (1) assegurar que a empresa opere em sua função de produção e (2) garantir que a empresa utilize níveis corretos dos insumos. Esses dois aspectos asseguram que a organização opere no ponto correto do processo de produção. Ambos os aspectos da eficiência da produção são discutidos a seguir.

Produzir na função de produção

O primeiro papel empresarial é relativamente simples de explicar, mas é um dos mais difíceis de ser desempenhados por um gerente. A função de produção descreve a produção máxima possível que pode ser obtida com dados insumos. No caso do trabalho, isso significa que os trabalhadores devem aplicar o máximo esforço. Para assegurar-se de que estejam, de fato, trabalhando com todo o seu potencial, o gerente deve instituir uma estrutura de incentivos que os induza a despender o nível desejado de empenho. Por exemplo, o gerente de um restaurante deve instituir um esquema de incentivos que assegure que os garçons forneçam um bom atendimento às mesas. A maioria dos restaurantes paga a seus trabalhadores baixos salários, mas permite-lhes receber gorjetas, o que oferece a eles um incentivo para desempenhar bem o seu trabalho. De maneira geral, muitas empresas instituem planos de participação nos lucros para oferecer aos trabalhadores um incentivo para produzir na função de produção. Uma discussão mais detalhada do papel do gerente é apresentada no Capítulo 6.

Uso do nível certo de insumos

O segundo papel do gerente é assegurar-se de que a empresa opere no ponto correto na função de produção. Para um gerente de um restaurante, isso significa contratar o número "certo" de garçons. Para entendermos, consideremos que a produção de uma empresa possa ser vendida em um mercado ao preço de $3. Além disso, consideremos que cada unidade de trabalho custe $400. Quantas unidades de trabalho o gerente deve contratar para maximizar os lucros? Para respondermos essa questão, devemos primeiro determinar o benefício de contratar um trabalhador adicional. Cada trabalhador incrementa a produção da empresa por sua produção marginal, e esse incremento pode ser vendido no mercado ao preço de $3. Então, o benefício de cada unidade de trabalho é $3 \times MP_L$. Esse número é chamado *valor do produto marginal* (VMP) do trabalho. O valor do produto marginal de um insumo é, então, o valor do bem produzido pela última unidade daquele insumo. Por exemplo, se cada unidade de produto pode ser vendida ao preço de P, o valor marginal do trabalho é

valor do produto marginal
O valor da produção gerada pela última unidade de um insumo.

$$VMP_L = P \times MP_L$$

e o valor do produto marginal do capital é

$$VMP_K = P \times MP_K$$

No nosso exemplo, o custo, para a empresa, de uma unidade adicional de trabalho é de $400. Como mostra a Tabela 5–2, a primeira unidade de trabalho gera $VMP_L = \$228$, e o VMP_L da segunda unidade é de $516. Se o gerente tivesse considerado apenas a primeira unidade do trabalho e o seu VMP_L correspondente, nenhum trabalhador poderia ser contratado. No entanto, uma avaliação cuidadosa na tabela mostra que o segundo trabalhador adicionará $116 em valor acima do seu custo. Se o primeiro trabalhador não for contratado, o segundo não será contratado.

De fato, cada trabalhador entre o segundo e o nono produz bens adicionais cujos valores excedem o custo de sua contratação. É lucrativo contratar unidades de trabalho enquanto o VMP_L for maior que $400. Observe que o VMP_L da décima unidade de trabalho é de $228, menor que o custo da décima unidade de trabalho. Não seria vantajoso para a empresa contratar essa unidade de trabalho, porque o custo de contratação excederia os benefícios. O mesmo é verdadeiro para unidades adicionais de trabalho. Dadas as informações na Tabela 5–2, o gerente deve contratar nove trabalhadores para maximizar os lucros.

Tabela 5-2 O valor marginal do produto do trabalho

(1) L Insumo variável (Trabalho) [Dado]	(2) P Preço do insumo [Dado]	(3) $\frac{\Delta Q}{\Delta L} = MP_L$ Produto marginal do trabalho [Coluna 5 da Tabela 5-1]	(4) $VMP_L = P \times MP_L$ Valor marginal do produto do trabalho [(2)×(3)]	(5) w Custo unitário do trabalho [Dado]
0	$3	–	–	$400
1	3	76	$228	400
2	3	172	516	400
3	3	244	732	400
4	3	292	876	400
5	3	316	948	400
6	3	316	948	400
7	3	292	876	400
8	3	244	732	400
9	3	172	516	400
10	3	76	228	400
11	3	–44	–132	400

Princípio	**Uso dos insumos que maximiza os lucros** Para maximizar lucros, um gerente deve utilizar insumos nos níveis em que o benefício líquido se iguale ao custo marginal. Especificamente, quando o custo de cada unidade adicional de trabalho for w, o gerente deve continuar a empregar trabalho até o ponto em que $VMP_L = w$ no intervalo do produto marginal decrescente.

O *uso dos insumos que maximiza os lucros* define a demanda por um insumo por parte de uma empresa que maximiza os lucros. Por exemplo, na Figura 5–2, o valor marginal do produto do trabalho é demonstrado graficamente como uma função da quantidade

Figura 5-2 A demanda por trabalho

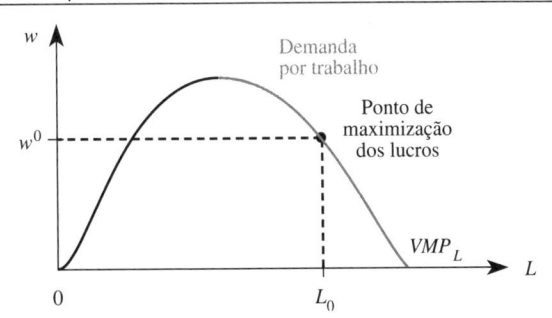

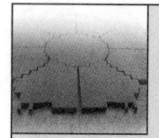

> **Por dentro dos negócios 5-1**
>
> ## De onde vem a tecnologia?
>
> Neste capítulo, consideramos que o gerente apenas conhece a tecnologia disponível para a produção de bens. Como os gerentes adquirem informações a respeito da tecnologia? Um estudo de Richard Levin sugere que existem sete métodos principais.
>
> **P&D independente**
>
> Os meios mais importantes para adquirir inovações de produtos e processos são pesquisa e desenvolvimento independentes (P&D). Isso essencialmente envolve engenheiros da empresa que desenvolvam novos processos de produção ou produtos.
>
> **Licenciamento da tecnologia**
>
> A empresa que originalmente era responsável pelo desenvolvimento de tecnologia e que, por conseguinte, possui os direitos sobre essa tecnologia, frequentemente vende a função de produção para outras organizações por uma taxa de licenciamento. A taxa pode ser fixa, caso em que o custo é fixado por produção de tecnologia; ou pode envolver pagamentos baseados na quantidade produzida. Nessa situação, o custo da tecnologia é um custo variável da produção.
>
> **Publicações ou reuniões técnicas**
>
> Publicações de negócios e reuniões oferecem um fórum para disseminação de informação a respeito de processos de produção.
>
> **Engenharia reversa**
>
> Como sugere o termo, a engenharia reversa envolve trabalhar às avessas: obter um produto produzido por um competidor e desenvolver um método para produzir algo similar. O resultado típico é um produto que difere pouco do já existente e envolve uma função de produção pouco diferente daquela utilizada pelo desenvolvedor original.
>
> **Contratar funcionários de empresas inovadoras**
>
> Contratar profissionais de outras empresas que, frequentemente, possuem informações a respeito dos processos de produção.
>
> **Divulgação de patentes**
>
> Uma *patente* oferece a seu possuidor os direitos exclusivos sobre uma invenção por um período determinado – 17 a 20 anos na maioria dos países. No entanto, para obter uma patente, o inventor deve oferecer informações detalhadas a respeito da invenção, que se tornam informações públicas. Praticamente qualquer pessoa pode consultar a informação arquivada, inclusive os concorrentes. Em muitas situações, essa informação pode permitir a um competidor "clonar" o produto de forma que não infrinja a patente. É interessante observar que enquanto uma patente está pendente, suas informações não estão publicamente disponíveis. Por essa razão, alongar o período pelo qual uma patente é pendente em geral oferece maior proteção para o inventor do que efetivamente adquirir a patente.
>
> **Encontros com profissionais de empresas inovadoras**
>
> Apesar dos benefícios óbvios de manter os segredos de produção, funcionários inadvertidamente oferecem informações a respeito dos processos de produção aos concorrentes. Isso é especialmente comum em indústrias em que as empresas estão concentradas na mesma região geográfica e os profissionais de diferentes organizações encontram uns aos outros em situações que não sejam de negócios.
>
> Fonte: Richard C. Levin, "Appropriability, P&D Spending, and Technological Performance." *American Economic Review*, n. 78, p. 424-428, maio 1988.

de trabalho utilizada. Quando a taxa de salário é w^0, a quantidade de trabalho que maximiza lucros é aquela quantidade para a qual $VMP_L = w^0$ no intervalo dos retornos marginais decrescentes. Na figura, observamos que a quantidade de trabalho que maximiza lucros é L_0 unidades.

A parcela com inclinação negativa da curva VMP_L define a demanda por trabalho pela empresa maximizadora de lucros. Uma propriedade importante da demanda por um insumo é a inclinação negativa em virtude da lei dos retornos marginais decrescentes. Como o produto marginal de um insumo declina à medida que mais do insumo é utilizado, o valor do produto marginal também declina à medida que mais insumo é utilizado. Pelo fato de a demanda por um insumo ser o valor do produto marginal do insumo no intervalo dos retornos marginais decrescentes, a demanda por um insumo inclina-se para baixo. De fato, cada unidade adicional de um insumo adiciona menos lucros do que a unidade anterior. Empresas que maximizam lucros buscam pagar menos por cada unidade adicional de insumo.

Formas algébricas de funções de produção

Até agora, baseamo-nos em tabelas e gráficos para ilustrar os conceitos de produção. A noção fundamental de uma função de produção pode ser expressa matematicamente e, de fato, é possível utilizar técnicas estatísticas como aquelas discutidas no Capítulo 3 para estimar uma forma funcional particular para uma função de produção. Nesta seção, ilustramos algumas formas algébricas mais comumente encontradas de funções de produção. Iniciamos com a função de produção mais simples: a função linear dos insumos.

A *função de produção linear* é

função de produção linear
Uma função de produção que assume uma relação linear perfeita entre todos os insumos e a produção total.

$$Q = F(K, L) = aK + bL$$

onde a e b são constantes. Com uma função de produção linear, os insumos são substitutos perfeitos. Existe uma relação linear perfeita entre todos os insumos e a produção total. Suponha, por exemplo, que se utilizem trabalhadores em uma fábrica por quatro horas para produzir o que uma máquina poderia produzir em uma hora. Nesse caso, a função de produção é linear com $a = 4$ e $b = 1$:

$$Q = F(K, L) = 4K + L$$

Esta é a forma matemática de mostrar que o capital é sempre quatro vezes mais produtivo que o trabalho. Enquanto $F(5,2) = 4(5) + 1(2) = 22$, sabemos que 5 unidades de capital e 2 unidades de trabalho produzirão 22 unidades de produtos.

A *função de produção de Leontief* é dada por

função de produção de Leontief
Uma função de produção que considera que os insumos são utilizados em proporções fixas.

$$Q = F(K, L) = \text{mín} \{bK, cL\}$$

onde b e c são constantes. A função de produção de Leontief também é conhecida como *função de produção de proporções fixas*, porque implica que os insumos são utilizados em proporções fixas. Para entender isso, suponha que a função de produção para uma empresa de digitação seja Leontief, com $b = c = 1$; pense em K como número de teclados e L o número de digitadores. A função de produção, então, implica que um digitador e um teclado podem produzir uma folha por hora, dois digitadores e dois teclados podem produzir duas folhas por hora e assim por diante. Mas quantas folhas um digitador e cinco teclados podem produzir por hora? A resposta é apenas uma folha. Teclados adicionais são úteis apenas à medida que digitadores adicionais estejam disponíveis para utilizá-los. Em outras palavras, digitadores e teclados devem ser utilizados em proporções fixas de um digitador para um teclado.

Demonstração 5-1

Os engenheiros da Morris Industries obtiveram a seguinte estimativa da função de produção da empresa:

$$Q = F(K, L) = \text{mín}\{3K, 4L\}$$

Quanto pode ser produzido quando duas unidades de trabalho e cinco unidades de capital forem empregadas?

Resposta:

Simplesmente, calculamos $F(5, 2)$. Mas $F(5, 2) = \text{mín}\{3(5), 4(2)\} = \text{mín}\{15, 8\}$. Uma vez que o mínimo dos números "15" e "8" é 8, sabemos que 5 unidades de capital e 2 unidades de trabalho produzem 8 unidades de produção.

Uma função de produção que recai entre os extremos de uma função de produção linear e a função de produção de Leontief é a função de produção Cobb-Douglas. A *função de produção Cobb-Douglas* é dada por

$$Q = F(K, L) = K^a L^b$$

em que a e b são constantes.

Diferentemente do caso da função de produção linear, a relação entre produção e insumos não é linear. Diferentemente da função de produção de Leontief, os insumos não precisam ser utilizados em proporções fixas. A função de produção Cobb-Douglas assume algum grau de substituição entre os insumos, ainda que não perfeitamente substituíveis.

Função de produção Cobb-Douglas
Uma função de produção que assume algum grau de substituição entre insumos.

Medidas algébricas de produtividade

Dada uma forma algébrica de uma função de produção, podemos calcular várias medidas de produtividade. Por exemplo, aprendemos que o produto médio de um insumo é a produção dividida pelo número de unidades utilizadas do insumo. Esse conceito pode facilmente ser estendido a processos de produção que utilizam mais de um insumo.

Suponha que um consultor ofereça a você a seguinte estimativa da função de produção Cobb-Douglas de sua empresa:

$$Q = F(K, L) = K^{1/2} L^{1/2}$$

Qual é o produto médio do trabalho quando 4 unidades de trabalho e 9 unidades de capital são empregadas? Uma vez que $F(9,4) = 9^{1/2} 4^{1/2} = (3)(2) = 6$, sabemos que 9 unidades de capital e 4 unidades de trabalho produzem 6 unidades de produção. Portanto, o produto médio de 4 unidades de trabalho é $AP_L = 6/4 = 1,5$ unidade.

Observe que, quando o produto é produzido tanto com capital quanto com trabalho, o produto médio do trabalho dependerá não apenas de quantas unidades de trabalho são utilizadas, mas também do número de unidades de capital empregado. Uma vez que a produção total (Q) é afetada pelos níveis de ambos os insumos, a medida correspondente do produto médio depende tanto do capital quanto do trabalho.

Da mesma forma, o produto médio do capital depende não apenas do nível de capital, mas também do nível de trabalho utilizado para produzir Q.

Lembre-se de que o produto marginal de um insumo é a mudança no produto que resulta de uma mudança dada no insumo. Quando a função de produção é linear, o produto marginal de um insumo possui uma representação bastante simples, como a fórmula a seguir revela.

Fórmula: produto marginal para uma função de produção linear. Se a função de produção é linear e dada por

$$Q = F(K, L) = aK + bL$$

então

$$MP_K = a$$

e

$$MP_L = b$$

Um cálculo alternativo

O produto marginal de um insumo é a derivada da função de produção com relação ao insumo. Então, o produto marginal do trabalho é

$$MP_L = \frac{\partial Q}{\partial L}$$

e o produto marginal do capital é

$$MP_K = \frac{\partial Q}{\partial K}$$

Para o caso da função de produção linear, $Q = aK + bL$, então

$$MP_K = \frac{\partial Q}{\partial K} = a \quad \text{e} \quad MP_L = \frac{\partial Q}{\partial L} = b$$

Assim, para uma função de produção linear, o produto marginal de um insumo é simplesmente o coeficiente de um insumo na função de produção. Isso implica que o produto marginal de um insumo independe da quantidade de insumo utilizada sempre que a função de produção for linear; funções de produção lineares não obedecem à lei dos produtos marginais decrescentes.

Em contraste com o caso linear, o produto marginal de um insumo para uma função de produção Cobb-Douglas depende do montante de insumo utilizado, como mostra a fórmula a seguir.

Fórmula: produto marginal para uma função de produção Cobb-Douglas. Se a função de produção é Cobb-Douglas e dada por

$$Q = F(K, L) = K^a L^b$$

então

$$MP_L = bK^a L^{b-1}$$

e

$$MP_K = aK^{a-1} L^b$$

Um cálculo alternativo

O produto marginal de um insumo é a derivada da função de produção com relação ao insumo. Tomando a derivada da função de produção Cobb-Douglas, temos

$$MP_K = \frac{\partial Q}{\partial K} = aK^{a-1} L^b$$

e

$$MP_L = \frac{\partial Q}{\partial L} = bK^a L^{b-1}$$

a qual corresponde às equações anteriores.

Lembre-se de que o uso de um insumo que maximiza lucros ocorre no ponto em que o valor marginal do produto de um insumo é igual ao preço do insumo. Como mostra o próximo problema, podemos aplicar o mesmo princípio das formas funcionais algébricas de funções de produção para obter o uso de um insumo para maximizar lucros.

Demonstração 5-2

Uma empresa produz bens que podem ser vendidos ao preço de $10. A função de produção é dada por

$$Q = F(K, L) = K^{1/2} L^{1/2}$$

Se o capital é fixo em 1 unidade a curto prazo, quanto de trabalho a empresa deve empregar para maximizar lucros se a taxa de salários é de $2?

Resposta:

Simplesmente igualamos o valor marginal do produto do trabalho à taxa de salário e resolvemos a equação para L. Uma vez que a função de produção é Cobb-Douglas, sabemos que $MP_L = bK^a L^{b-1}$, em que $a = 1/2$, $b = 1/2$ e $K = 1$. Logo, $MP_L = 0{,}5 L^{1/2 - 1}$. Agora, se $P = \$10$, sabemos que $VMP_L = P \times MP_L = 5 L^{-1/2}$. Ao igualarmos o valor marginal ao salário, o qual é $2, obtemos $5 L^{-1/2} = 2$. Se elevarmos ambos os lados da equação ao quadrado, obtemos $25/L = 4$. Portanto, a quantidade de trabalho que maximiza lucros é $L = 25/4 = 6{,}25$ unidades.

Figura 5–3 Uma família de isoquantas

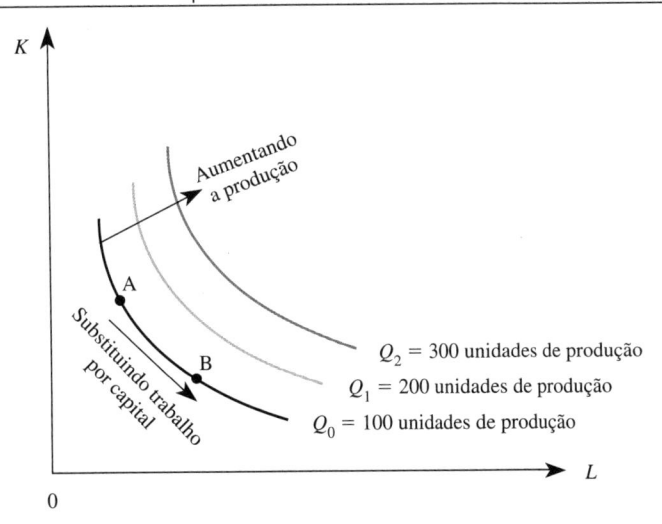

K

Aumentando a produção

A

Substituindo trabalho por capital

B

$Q_2 = 300$ unidades de produção
$Q_1 = 200$ unidades de produção
$Q_0 = 100$ unidades de produção

0 → L

Isoquantas

Nossa próxima tarefa é examinar a escolha ótima de capital e trabalho a longo prazo, quando ambos os insumos são livres para variar. Na presença de variáveis múltiplas de produção, muitas combinações de insumos permitem ao gerente produzir o mesmo nível de bens. Por exemplo, uma linha de produção de automóveis pode produzir mil carros por hora ao utilizar 10 trabalhadores e um robô. Também produz mil carros ao utilizar apenas dois trabalhadores e três robôs. Para minimizar o custo de produzir mil carros, o gerente deve determinar a combinação eficiente de insumos a empregar na sua produção. A ferramenta básica para entender como insumos alternativos podem ser utilizados para produzir um bem é a isoquanta. Uma *isoquanta* define a combinação de insumos (K e L) que oferecem a produção da mesma quantidade de bens; isto é, qualquer combinação de capital e trabalho ao longo de uma isoquanta gera o mesmo nível de produção.

Figura 5–3 mostra um conjunto típico de isoquantas. Já que as cestas de insumos A e B estão na mesma isoquanta, cada uma produzirá o mesmo nível de produção, chamado Q_0 unidades. A combinação de insumos A implica uma planta mais intensiva em capital do que a combinação de insumos B. À medida que mais insumos são utilizados, uma isoquanta mais elevada é obtida. À medida que nos movemos para a direita na figura, cada nova isoquanta é associada a níveis mais elevados de produção.

Observe que as isoquantas na Figura 5–3 são convexas. A razão pela qual elas são tipicamente desenhadas em uma forma convexa é que os insumos, como capital e trabalho, não são substitutos perfeitos. Na Figura 5–3, por exemplo, se começarmos no ponto A e substituirmos trabalho por capital, tomaremos montantes crescentes de trabalho para repor cada unidade de capital de que se abre mão. A taxa à qual trabalho e capital podem ser substituídos é chamada *taxa marginal de substituição técnica* (TMgST). A TMgST do capital pelo trabalho é o valor absoluto da inclinação da isoquanta e é simplesmente a taxa dos produtos marginais:

$$TMgST_{KL} = \frac{MP_L}{MP_K}$$

isoquanta
Define as combinações de insumos que rendem o mesmo nível de produção.

taxa marginal de substituição técnica (TMgST)
A taxa à qual um produtor pode substituir dois insumos e manter o mesmo nível de produção.

> ### Por dentro dos negócios 5-2
> ### Ford perde $1 bilhão
>
> Embora possa ser tentador concluir que as decisões de produção são relevantes para os engenheiros mas não para os gerentes, um exemplo recente da indústria automotiva ilustra que nada pode estar mais errado.
>
> Em 2002, as publicações de negócios ao redor do mundo noticiavam que a Ford estava despendendo $1 bilhão de seus estoques de paládio. O paládio é um metal precioso utilizado como insumo na produção de catalisadores. Os catalisadores ajudam as indústrias automotivas a atingir os padrões ambientais estabelecidos pelo governo ao removerem poluentes da exaustão de seus veículos. Entre 1992 e 2000, os preços do paládio aumentaram de cerca de $80 para mais de $750 por onça. Em resposta a esses preços dos insumos mais elevados, os engenheiros da Ford buscaram formas de reduzir o montante de paládio utilizado para produzir catalisadores.
>
> Enquanto isso, gerentes da Ford decidiram estocar paládio para se proteger contra elevações futuras nos preços. Infelizmente, a oferta de paládio é muito inelástica: à medida que o departamento de compras da Ford iniciou a compra em maior volume de paládio, o aumento na demanda resultante levou o preço de equilíbrio a crescer ainda mais. Em 2001, a Ford continuava a estocar paládio a preços de $1 mil por onça. Alguns analistas estimavam que os estoques da Ford somavam mais de 2 milhões de onças.
>
> Logo em seguida, os engenheiros da Ford – principalmente Haren Gandi, que ganhou em 2002 a Medalha Nacional de Tecnologia por sua pesquisa – obtiveram sucesso em desenvolver métodos de substituir o paládio na produção de catalisadores. A partir dos modelos 2003, a Ford cortou o uso do insumo pela metade. A substituição ótima reduziu drasticamente a demanda por parte da Ford e por outros fabricantes de veículos, de forma que o preço do metal caiu abaixo dos $300 por onça. A falha dos gerentes em antecipar a substituição dos insumos levou a Ford a manter estoques de paládio de que não necessitava, o qual passou a valer uma fração de seu custo de aquisição.
>
> Fontes: Jeff Bennett, "Ford Engineer Wins Top Award." *Detroit Free Press*, 24 out. 2003; Gregory L. White, "Mismanaged Palladium Stockpile Was Catalyst for Ford's Write-Off." *The Wall Street Journal*, 6 fev. 2002; Rich Whiting, "Moving Closer to Real-Time Financial Planning." *Information Week*, 13 maio 2002.

Funções de produção diferentes implicarão taxas marginais de substituição técnica diferentes. Por exemplo, a função de produção linear implica isoquantas *lineares*, como na Figura 5–4(a). Isso porque os insumos são os substitutos perfeitos entre si e a taxa à qual o produtor pode substituí-los é independente do nível de uso. Especificamente, para a função de produção linear $Q = aK + bL$, a taxa marginal de substituição técnica é b/a, uma vez que $MP_L = b$ e $MP_K = a$. Tal resultado independe do nível de utilização dos insumos.

A função de produção de Leontief, por outro lado, implica isoquantas em *forma de L*, como na Figura 5–4(b). Nesse caso, os insumos devem ser utilizados em proporções fixas; o gerente não pode substituir entre capital e trabalho e manter o mesmo nível de produção. Para a função de produção de Leontief, não existe TMgST, pois não há substituição entre os insumos ao longo de uma isoquanta.

Para a maioria das relações de produção, as isoquantas estão em alguma posição entre os casos de substituição perfeita e de proporções fixas. Nessas situações, os insumos são substitutos entre si, mas não perfeitamente, e a taxa à qual um gerente pode substituir um insumo pelo outro mudará ao longo de uma isoquanta. Por exemplo, ao mover-se do ponto A para o ponto B na Figura 5–5, o gerente substitui uma unidade de capital por uma unidade de trabalho e ainda produz 100 unidades de bens. Mas ao mover-se do ponto C para o ponto D, o gerente deve substituir 3 unidades de capital

Figura 5-4 Isoquantas linear e Leontief

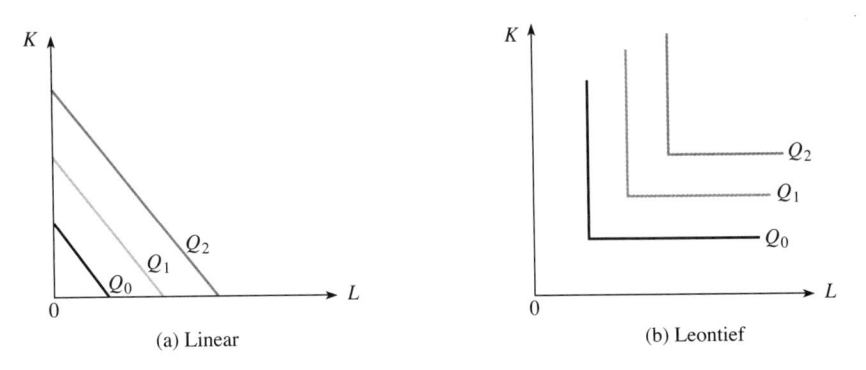

(a) Linear

(b) Leontief

por uma unidade de trabalho para produzir as mesmas 100 unidades. A função de produção satisfaz a *lei da taxa marginal de substituição técnica decrescente*: à medida que um produtor utiliza menos de um insumo, mais de outro insumo pode ser empregado para um mesmo nível de produção. Isso pode ser demonstrado uma vez que a função de produção Cobb-Douglas implica isoquantas com uma taxa marginal de substituição técnica decrescente. Sempre que uma isoquanta exibir taxas marginais de substituição técnica decrescentes, as isoquantas correspondentes são convexas a partir da origem, isto é, elas se parecem com a isoquanta da Figura 5–5.

Isocustos

As isoquantas descrevem a combinação de insumos que produzem dado nível de bens. Observe que diferentes combinações de capital e trabalho acabam custando à empresa o mesmo montante. As combinações de insumos que custarão à organização o mesmo montante estabelecem uma *linha isocusto*.

lei da taxa marginal de substituição técnica decrescente
Propriedade de uma função de produção que estabelece que, à medida que menos de um insumo é utilizado, montantes crescentes de outro insumo devem ser empregados para produzir a mesma quantidade de bens.

linha isocusto
Uma linha que representa as combinações de insumos que custarão ao produtor o mesmo montante de dinheiro.

Figura 5-5 Taxa marginal de substituição técnica

Inclinação $= \frac{\Delta K}{\Delta L} = -\frac{3}{1} = -TMgST_{KL}$

Inclinação $= \frac{\Delta K}{\Delta L} = -\frac{1}{1} = -TMgST_{KL}$

$Q_0 = 100$

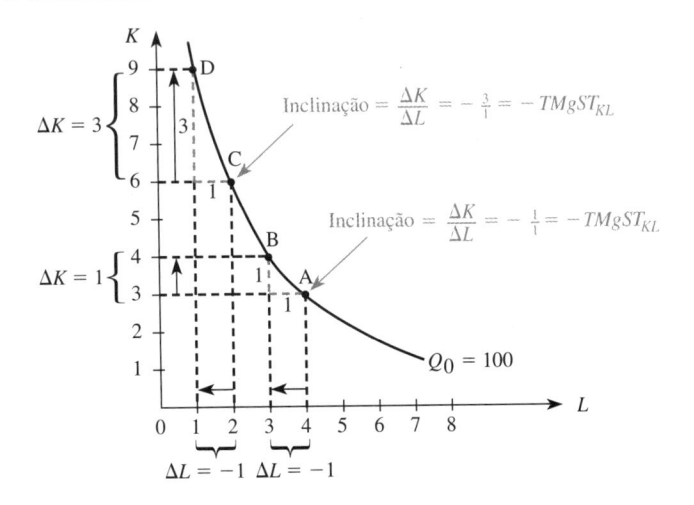

Figura 5-6 Isocustos

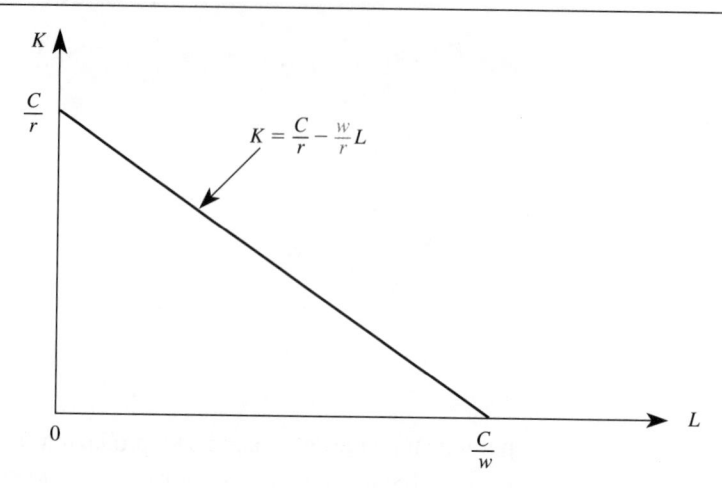

[Gráfico com eixo vertical K e eixo horizontal L, mostrando linha isocusto descendente com intercepto vertical em C/r, intercepto horizontal em C/w, e equação $K = \frac{C}{r} - \frac{w}{r}L$]

A relação para uma linha isocusto é demonstrada graficamente na Figura 5–6. Para entender esse conceito, suponha que a empresa gaste $C em insumos. Então, o custo do trabalho mais o custo do capital é exatamente igual a $C:

$$wL + rK = C \quad (5\text{--}1)$$

onde w é a taxa de salário (o preço do trabalho) e r a taxa de aluguel (o preço do capital). Essa equação representa a fórmula para uma linha isocusto.

Podemos obter uma expressão mais conveniente para a inclinação e o intercepto de uma linha de isocusto conforme a seguir. Multiplicamos ambos os lados da Equação 5–1 por $1/r$ e obtemos

$$\frac{w}{r}L + K = \frac{C}{r}$$

ou

$$K = \frac{C}{r} - \frac{w}{r}L$$

Ao longo de uma linha isocusto, K é uma função linear de L com intercepto vertical de C/r e inclinação $-w/r$.

Observe que se o produtor deseja utilizar mais de ambos os insumos, será necessário gastar mais dinheiro. Os isocustos associados a custos mais elevados estão acima daqueles com custos mais baixos. Quando os preços dos insumos são constantes, as linhas isocusto serão paralelas umas às outras. A Figura 5–7(a) ilustra as linhas isocusto para os níveis de custos C^0 e C^1, onde $C^0 < C^1$.

Similarmente, mudanças nos preços dos insumos afetam a posição da linha isocusto. O aumento no preço do trabalho faz com que a curva isocusto se torne mais inclinada, enquanto uma elevação no preço do capital a torna menos inclinada. Por exemplo, a Figura 5–7(b) revela que a linha isocusto gira em torno do eixo no sentido horário quando a taxa de salário aumenta de w^0 para w^1.

Figura 5-7 Mudanças nas linhas isocustos

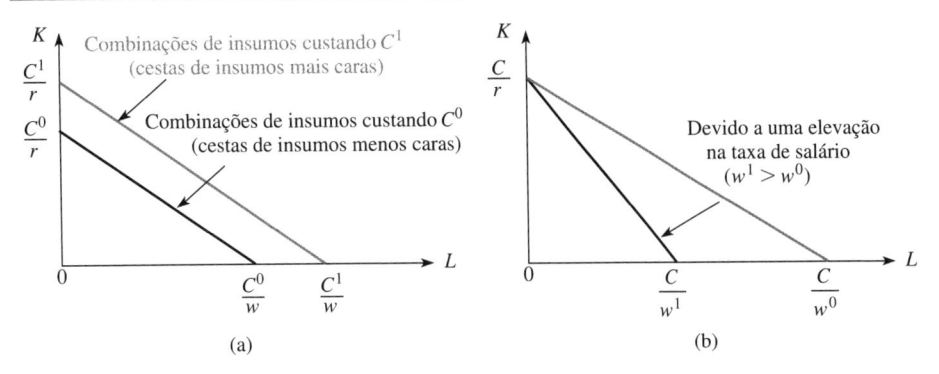

(a) Combinações de insumos custando C^1 (cestas de insumos mais caras)
Combinações de insumos custando C^0 (cestas de insumos menos caras)

(b) Devido a uma elevação na taxa de salário ($w^1 > w^0$)

Princípio	**Mudanças nas isocustos** Para determinados preços dos insumos, as isocustos mais longe da origem são associadas a custos mais elevados. Mudanças nos preços dos insumos alteram a inclinação das linhas isocustos.

Minimização de custos

As isocustos e as isoquantas que acabamos de definir podem ser utilizadas para determinar o uso dos insumos que minimizam os custos de produção. Se não houvesse escassez, o produtor não precisaria se importar com os custos de produção. Pelo fato de a escassez ser uma realidade econômica, os produtores estão interessados na *minimização de custo*, isto é, produzir um bem ao menor custo possível. Para maximizar lucros, a empresa deve, primeiro, produzir seus bens da maneira que lhe custe menos. Mesmo organizações sem fins lucrativos podem atingir seus objetivos de oferecer dado nível de serviços ao menor custo possível. Vejamos juntas as ferramentas desenvolvidas até aqui para entender como escolher a combinação ótima de capital e trabalho.

Considere uma cesta de insumos como aquela do ponto A na Figura 5-8. A combinação de L e K está na isoquanta Q_0, que produz Q_0 unidades de bens. Ela também está na curva isocusto que passa pelo ponto A. Se o produtor utilizar a combinação de insumos A, ele produzirá Q_0 unidades de bens a um custo total de C^1. Esta é uma forma de produzir certa quantidade de produtos com a minimização de custos? Claramente não, pois ao utilizar a cesta de insumos B em vez da A, o produtor pode produzir mesma quantidade de bens a um custo mais baixo, chamado C^2. Resumidamente, é ineficiente para o produtor utilizar uma combinação de insumos A, porque a combinação de insumos B produz a mesma quantidade e situa-se em uma curva isocusto mais baixa.

Com uma combinação de insumos que minimize os custos, a inclinação da isoquanta é igual à inclinação da linha isocusto. Lembrando que o valor absoluto da inclinação de uma isoquanta reflete a taxa marginal de substituição técnica e que a inclinação da linha isocusto é dada por $-w/r$, observamos que com a combinação de insumos que minimiza os custos,

$$TMgST_{KL} = w/r$$

Figura 5–8 Combinação de insumos B minimiza o custo de produzir 100 unidades de produto

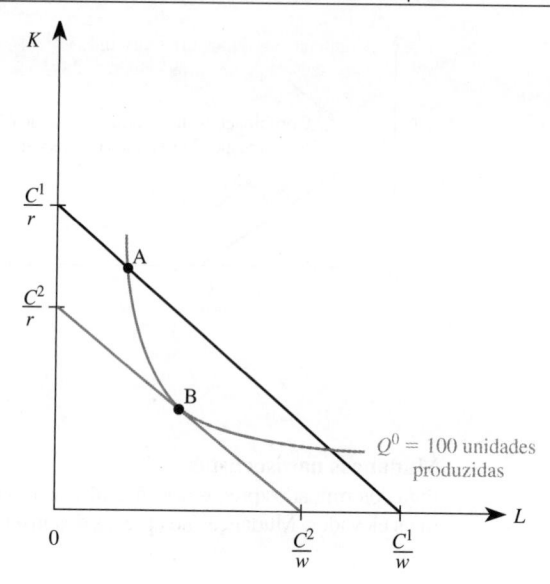

[Gráfico com eixos K e L, mostrando pontos A e B, com interceptos $\frac{C^1}{r}$, $\frac{C^2}{r}$ no eixo K e $\frac{C^2}{w}$, $\frac{C^1}{w}$ no eixo L, e isoquanta $Q^0 = 100$ unidades produzidas]

Se essa condição não for mantida, a taxa técnica à qual o produtor pode substituir entre L e K poderá ser diferente da taxa de mercado à qual ele poderá substituir os insumos. Por exemplo, no ponto A da Figura 5–8, a inclinação da isoquanta é maior que a inclinação da isocusto. Consequentemente, o capital é "caro demais"; o produtor considera interessante utilizar menos capital e mais trabalho para produzir a mesma quantidade de bens. Essa substituição continua até que finalmente o produtor esteja em um ponto como B, em que TMgST é igual à taxa de preços dos insumos. A condição para a minimização de custos no uso dos insumos pode também ser estabelecida em termos de produto marginal.

Princípio	**Regra de minimização de custos dos insumos** Para minimizar o custo de produzir uma quantidade de bens, o produto marginal por dólar despendido deve ser igual para todos os insumos: $$\frac{MP_L}{w} = \frac{MP_K}{r}$$ De maneira equivalente, para minimizar o custo de produção, uma empresa deve empregar insumos de maneira que a taxa marginal de substituição técnica seja igual à taxa de preços dos insumos: $$\frac{MP_L}{MP_K} = \frac{w}{r}$$

Para entender por que essa condição deve ser mantida para que se esteja apto a minimizar o custo de produzir uma quantidade de bens, suponha que MP_L/w

$> MP_K/r$. Com base no último dólar despendido, o trabalho é melhor negócio do que o capital, e a empresa deve utilizar menos capital e mais trabalho para minimizar custos. Em particular, se ela reduzir suas despesas com capital em $1, poderá produzir a mesma quantidade de bens que se houvesse aumentado suas despesas com trabalho em menos do que $1. Ao substituir capital por trabalho, a organização pode reduzir seus custos enquanto produz a mesma quantidade de bens. Essa substituição claramente pode continuar até que o produto marginal por dólar despendido em capital seja exatamente igual ao produto marginal por dólar despendido em trabalho.

Demonstração 5-3

A Temporary Services utiliza quatro processadores de texto e dois digitadores para produzir relatórios. O produto marginal de um digitador é de 50 páginas por dia, e o produto marginal de um processador de texto é de 500 páginas por dia. O preço de aluguel de um digitador é de $1 por dia, enquanto o preço de aluguel de um processador de texto é de $50 por dia. A Temporary Services está utilizando digitadores e processadores de texto para minimizar os custos?

Resposta:

Considere que MP_T seja o produto marginal de um digitador e MP_W seja o produto marginal de um processador de texto. Se deixarmos que P_W e P_T sejam os preços de aluguel de um processador de texto e de um digitador, respectivamente, a minimização de custos requer que

$$\frac{MP_T}{P_T} = \frac{MP_W}{P_W}$$

Substituindo os valores apropriados, observamos que

$$\frac{50}{1} = \frac{MP_T}{P_T} > \frac{MP_W}{P_W} = \frac{500}{50}$$

Portanto, o produto marginal por dólar despendido com digitadores excede o produto marginal por dólar despendido com processadores. Os processadores de textos são 10 vezes mais produtivos que os digitadores, mas 50 vezes mais caros. A empresa claramente não está minimizando custos e, então, deve utilizar menos processadores de texto e mais digitadores.

Substituição ótima dos insumos

Uma mudança no preço de um insumo levará a uma mudança na cesta de insumos que minimize custos. Para entender melhor, suponha que a curva isocusto inicial na Figura 5–9 seja FG e que o produtor esteja minimizando custos com a combinação de insumos A, produzindo Q_0 unidades de bens. Agora suponha que a taxa de salários aumente de forma que se a empresa gastar o mesmo montante com insumos, a linha isocusto deve girar em torno do eixo em sentido horário para FH na Figura 5–9. Claramente, se ela gastar o montante que gastava anteriormente ao incremento na taxa de salário, não poderá produzir a mesma quantidade de bens.

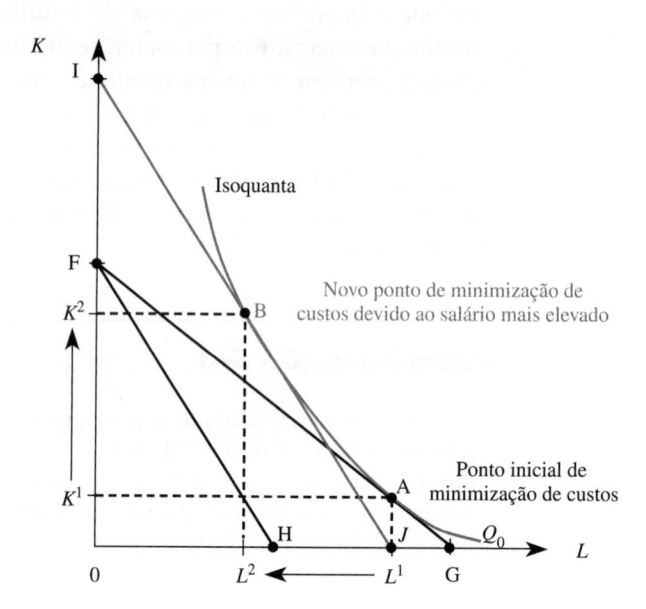

Figura 5-9 Substituindo trabalho por capital, devido ao incremento na taxa de salário

Dada a nova inclinação da curva isocusto, que reflete um preço relativo mais elevado do trabalho, a forma de manter a produção minimizando custos implicada pela isocusto inicial é aquela do ponto B, em que a linha isocusto IJ é tangente à isoquanta. Em virtude do aumento no preço do trabalho em relação ao capital, o produtor substitui trabalho por capital e adota um modo de produção mais intensivo em capital. Isso sugere o seguinte resultado importante:

Princípio	**Substituição ótima de insumos** Para minimizar o custo de produzir uma certa quantidade de produtos, a empresa deve utilizar menos de um insumo ou mais de outros quando o seu preço se eleva.

A Figura 5–10 mostra a curva isocusto (AB) e isoquanta para uma organização que produz tapetes utilizando computadores e trabalho. O ponto inicial de minimização de custo é aquele do ponto M, em que o gerente escolheu utilizar 40 unidades de capital (computadores) e 80 unidades de trabalho quando a taxa de salário é $w = \$20$ e a taxa de aluguel dos computadores (capital) é $r^0 = \$20$. Isso implica que no ponto M os custos totais são $C^0 = (\$20 \times 40) + (\$20 \times 80) = \$2.400$. Observe também que no ponto M a TMgST é igual à taxa do salário em relação à taxa de aluguel.

Agora suponha que, devido a uma diminuição na oferta de *chips*, a taxa de aluguel do capital aumente para $r^1 = \$40$. O que o gerente poderá fazer para minimizar custos? Uma vez que o preço do capital aumentou, a curva de isocusto girará no eixo no sentido anti-horário de AB para DB. Para produzir a mesma quantidade de

Figura 5-10 Substituindo computadores por trabalho, devido aos preços mais altos dos computadores

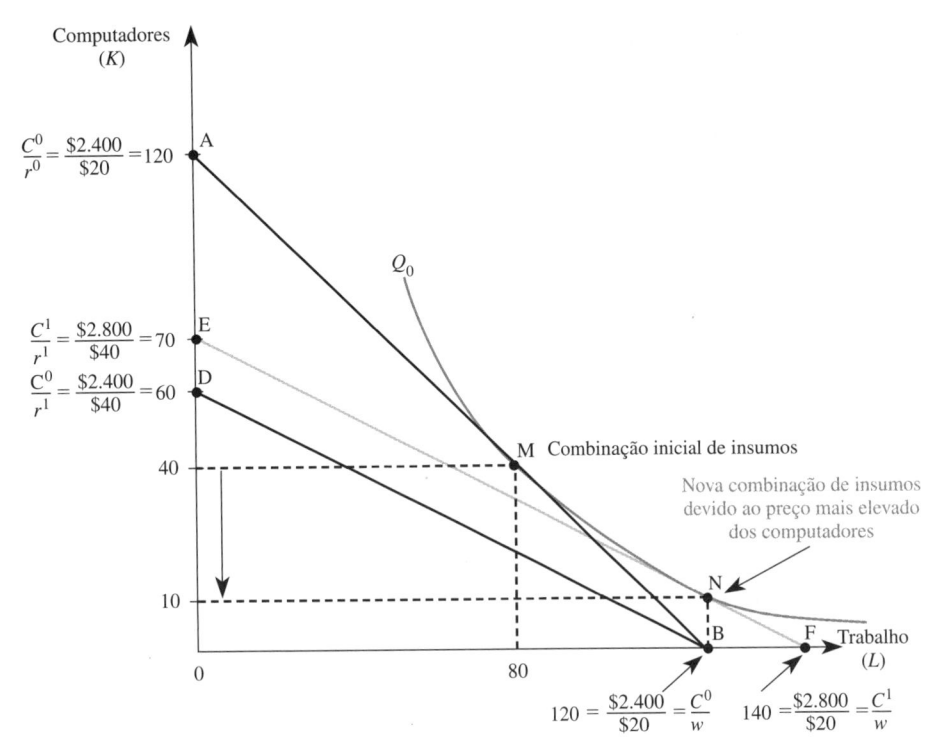

bens, o gerente deverá gastar mais do que $C^0 = \$2.400$. As despesas adicionais deslocarão a curva isocusto para EF na Figura 5–10. O novo ponto de minimização de custo está no ponto N, em que a empresa agora emprega mais trabalho (120 unidades) e menos capital (10 unidades) para minimizar os custos de produção de tapetes. Os custos agora são $C^1 = (\$40 \times 10) + (\$20 \times 120) = \$2.800$, que são mais elevados do que C^0.

A função de custo

Para cada preço de insumo, diferentes isoquantas estabelecerão diferentes custos de produção, mesmo havendo a substituição ótima entre capital e trabalho. Cada isoquanta corresponde a um nível diferente de produção, e a curva isocusto tangente às isocustas mais elevadas implicará custos de produção mais elevados, supondo ainda que organizações utilizem uma combinação de insumos que minimize os custos. Pelo fato de os custos de produção se elevarem à medida que isoquantas mais altas são atingidas, é útil considerar que $C(Q)$ denota o custo da empresa ao produzir isoquanta Q, de forma que minimize os custos. A função C é chamada *função de custo*.

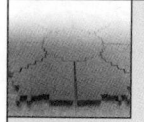

> **Por dentro dos negócios 5-3**
>
> **Benefícios superficiais e substituição de insumos**
>
> Regulamentações governamentais levam frequentemente a consequências não esperadas. Por exemplo, a legislação tributária federal atual requer que as empresas ofereçam benefícios líquidos de maneira que não se discriminem trabalhadores com baixa renda. Presumivelmente, o objetivo dessa regulação é assegurar que trabalhadores com baixa renda tenham acesso a planos de saúde, benefícios de pensão e outros benefícios. Infelizmente, essa política com frequência limita as oportunidades de emprego dos trabalhadores de baixa renda.
>
> Para entender, considere que uma companhia contrate programadores de computadores e secretárias. Suponha que o salário anual de um programador de computador seja de $30 mil, enquanto o de uma secretária seja de $15 mil. A companhia está considerando oferecer um plano de saúde familiar que custe $3.600 anualmente aos seus funcionários. Ignorando o custo desse benefício, o preço relativo de uma secretária com relação ao de um programador de computador é de $15 mil/$30 mil = 0,5. Mas quando o custo do plano de saúde é adicionado, o preço relativo de uma secretária aumenta para pouco mais de 0,55 daquele do programador de computador. A análise da isoquanta e do isocusto sugere que a organização deve substituir as secretárias que agora têm um preço mais elevado, para minimizar custos.
>
> Parece convincente? Recentemente, os economistas Frank Scott, Mark Berger e Dan Black examinaram a relação entre custos de planos de saúde e empregabilidade de trabalhadores de baixa renda. Eles descobriram que indústrias que ofereceram planos mais generosos a seus funcionários, principalmente assistentes, recepcionistas, secretárias e profissionais ligados a setores de alimento e limpeza, fizeram que suas indústrias tivessem custos com planos de saúde mais baixos. Além disso, indústrias com altos níveis de benefícios contrataram mais trabalhadores de meio período do que indústrias com níveis mais baixos de benefícios, uma vez que os governos não requerem das empresas que ofereçam fundo de pensão, planos de saúde e outros benefícios a trabalhadores de meio período.
>
> Fonte: Frank Scott; Mark Berger; Dan Black. "Effects of Fringe Benefits on Labor Market Segmentation." *Industrial and Labor Relations Review*, n. 42, p. 216-229, jan. 1989.

A função de custo é extremamente importante porque, como veremos nos próximos capítulos, oferece informações essenciais a um gerente que precisa determinar o nível de produção que maximize lucros. Além disso, a função de custo resume informações a respeito dos processos de produção. A função de custo, então, reduz o montante de informação de que o gerente precisa para proceder à tomada de decisão ótima quanto à produção.

Custos de curto prazo

Lembre-se de que o curto prazo é definido como o período ao longo do qual o montante de alguns insumos é fixo. A curto prazo, o gerente é livre para alterar o uso de insumos variáveis, mas está "preso" a níveis de insumos fixos. Pelo fato de os insumos serem custosos, sejam eles fixos ou variáveis, o custo total de produzir bens a curto prazo consiste (1) no custo dos insumos fixos e (2) no custo dos insumos variáveis. Esses dois componentes do custo total de curto prazo são chamados custos fixos e custos variáveis, respectivamente. *Custos fixos*, expressos como *FC*, são custos que não variam com a produção. Entre os custos fixos estão os custos de insumos fixos utilizados na produção. *Custos variáveis*, expressos como *VC(Q)*, são custos que mudam quando a produção é alterada. Entre os custos variáveis estão os custos de insumos que variam com a produção.

Uma vez que todos os custos devem ser classificados em uma ou outra categoria, a soma dos custos fixos e variáveis é a função de custo de curto prazo da empresa.

custos fixos
Custos que não variam com mudanças na produção; incluem os custos de insumos fixos utilizados na produção.

custos variáveis
Custos que variam com mudanças na produção; incluem os custos de insumos que variam com a produção.

Tabela 5–3 A função de custo

(1) K Insumo Fixo [Dado]	(2) L Insumo Variável [Dado]	(3) Q Produção [Dado]	(4) FC Custo Fixo [$1.000 × (1)]	(5) VC Custo Variável [$400 × (2)]	(6) TC Custo Total [(4) + (5)]
2	0	0	$2.000	$0	$2.000
2	1	76	2.000	400	2.400
2	2	248	2.000	800	2.800
2	3	492	2.000	1.200	3.200
2	4	784	2.000	1.600	3.600
2	5	1.100	2.000	2.000	4.000
2	6	1.416	2.000	2.400	4.400
2	7	1.708	2.000	2.800	4.800
2	8	1.952	2.000	3.200	5.200
2	9	2.124	2.000	3.600	5.600
2	10	2.200	2.000	4.000	6.000

função de custo de curto prazo
Uma função que define o custo mínimo possível em cada nível de produção quando fatores variáveis são empregados para minimizar custos.

Na presença de fatores fixos de produção, a *função de custo de curto prazo* resume o custo mínimo possível de produzir cada quantidade de bens quando os fatores variáveis estão sendo usados para minimizar os custos.

A Tabela 5–3 ilustra os custos de produção com a tecnologia utilizada na Tabela 5–1. Observe que as primeiras três colunas denotam uma função de produção de curto prazo, pois resumem o montante máximo de produção que pode ser obtida com 2 unidades do fator fixo (capital) e unidades alternativas do fator variável (trabalho). Supondo que o capital custe $1.000 por unidade e o trabalho custe $400 por unidade, podemos calcular os custos fixos e variáveis de produção, resumidos nas colunas 4 e 5 da Tabela 5–3. Observe que, independentemente da quantidade de bens produzidos, o custo do bem de capital é $1.000 × 2 = $2.000. Toda entrada na coluna 4 contém esse número, indicando o princípio de que os custos fixos não variam com a produção.

Para produzir mais bens, mais do fator variável deve ser empregado. Por exemplo, para produzir 1.100 unidades do produto, 5 unidades de trabalho são necessárias; para produzir 1.708 unidades do produto, 7 unidades de trabalho são requeridas. Uma vez que o trabalho é o único insumo variável nesse exemplo simples, o custo variável de produzir 1.100 unidades do produto é o custo de 5 unidades de trabalho, ou $400 × 5 = $2.000. Similarmente, o custo variável de produzir 1.708 unidades do produto é $400 × 7 = $2.800. Os custos totais, resumidos na última coluna da Tabela 5–3, são simplesmente a soma dos custos fixos (coluna 4) e custos variáveis (coluna 5) em cada nível de produção.

A Figura 5–11 ilustra graficamente a relação entre custos totais (*TC*), custos variáveis (*VC*) e custos fixos (*FC*). Pelo fato de os custos fixos não se alterarem com a produção, eles são constantes para todos os níveis de produção e devem ser pagos

Figura 5-11 A relação entre custos

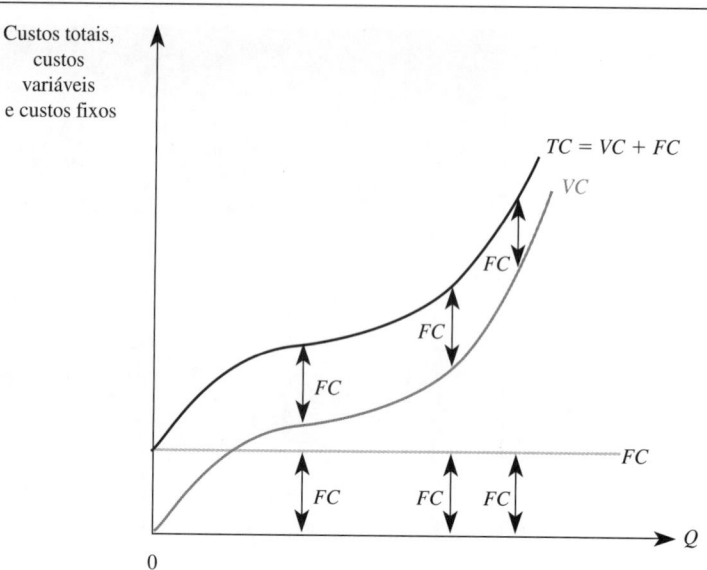

mesmo se zero unidade de produto for produzida. Os custos variáveis, por outro lado, são zero se nenhum bem é produzido, mas aumentam à medida que a produção se eleva acima de zero. O custo total é a soma dos custos fixos e variáveis. A distância entre as curvas *TC* e *VC* na Figura 5-11 corresponde simplesmente aos custos fixos.

Custo médio e marginal

Um erro frequente a respeito dos custos é acreditar que grandes empresas possuam custos menores do que pequenas porque elas produzem grandes quantidades de bens. Uma implicação fundamental da escassez é que, para produzir mais produtos, mais deve ser gasto. O que os indivíduos têm em mente quando consideram as vantagens de produzir grandes quantidades de produtos é que os custos são divididos em uma quantidade mais elevada de produção. Essa ideia está intrinsecamente relacionada ao conceito econômico de custo fixo médio. *Custo fixo médio* (*AFC*) é definido como os custos fixos (*FC*) divididos pelo número de unidades produzidas:

$$AFC = \frac{FC}{Q}$$

custo fixo médio
Custos fixos divididos pelo número de unidades produzidas.

Uma vez que os custos fixos não variam com a produção, à medida que mais produtos são produzidos, os custos fixos são alocados entre uma quantidade maior de produção. Como consequência, os custos fixos médios declinam continuamente à medida que a produção se expande. Esse princípio é revelado na coluna 5 da Tabela 5-4, em que vemos que os custos fixos médios declinam à medida que a produção total se eleva.

Os custos variáveis médios oferecem uma medida dos custos variáveis em uma base "por unidade". Os *custos variáveis médios* (*AVC*) são definidos como custos variáveis (*VC*) divididos pelo número de unidades produzidas:

$$AVC = \frac{VC(Q)}{Q}$$

custo variável médio
Custos variáveis divididos pelo número de unidades produzidas.

Tabela 5–4 Derivação dos custos médios

(1) Q Produção [Dado]	(2) FC Custo Fixo [Dado]	(3) VC Custo Variável [Dado]	(4) TC Custo Total [(2) + (3)]	(5) AFC Custo Fixo Médio [(2)/(1)]	(6) AVC Custo Variável Médio [(3)/(1)]	(7) ATC Custo Total Médio [(4)/(1)]
0	$2.000	$ 0	$2.000	–	–	–
76	2.000	400	2.400	$26,32	$5,26	$31,58
248	2.000	800	2.800	8,06	3,23	11,29
492	2.000	1.200	3.200	4,07	2,44	6,50
784	2.000	1.600	3.600	2,55	2,04	4,59
1.100	2.000	2.000	4.000	1,82	1,82	3,64
1.416	2.000	2.400	4.400	1,41	1,69	3,11
1.708	2.000	2.800	4.800	1,17	1,64	2,81
1.952	2.000	3.200	5.200	1,02	1,64	2,66
2.124	2.000	3.600	5.600	0,94	1,69	2,64
2.200	2.000	4.000	6.000	0,91	1,82	2,73

A coluna 6 da Tabela 5–4 apresenta o custo variável médio para a função de produção do nosso exemplo. Observe que à medida que a produção se eleva, o custo variável médio inicialmente declina, atinge o mínimo entre 1.708 e 1.952 unidades, e, então, começa a crescer.

O custo total médio é análogo ao custo variável médio, com exceção de que oferece uma medida do *custo total* em uma base por unidade. O *custo total médio* (ATC) é definido como o *custo total* (TC) dividido pelo número de unidades produzidas:

$$ATC = \frac{C(Q)}{Q}$$

A coluna 7 da Tabela 5–4 apresenta o custo total médio de vários níveis de produção do nosso exemplo. Observe que o custo total médio declina quando a produção se expande a 2.124 unidades e, então, começa a diminuir. Além disso, observe que o custo total médio é a soma do custo fixo médio e do custo variável médio (a soma das colunas 5 e 6) na Tabela 5–4.

O conceito de custo mais importante é o custo marginal (ou incremental). Conceitualmente, o *custo marginal* (MC) é o custo de produzir uma unidade adicional do bem, isto é, a mudança no custo em virtude da última unidade produzida:

custo marginal (incremental)
O custo de produzir uma unidade adicional de produção.

$$MC = \frac{\Delta C}{\Delta Q}$$

Para entender esse conceito importante, considere a Tabela 5–5, a qual resume a função de custo de curto prazo com a qual temos trabalhado. O custo marginal, demonstrado na coluna 7, é calculado como a mudança nos custos em virtude de uma mudança na produção. Por exemplo, aumentar a produção de 248 para 492 unidades

Tabela 5-5 Derivação dos custos marginais

(1) Q [Dado]	(2) ΔQ [Δ(1)]	(3) VC [Dado]	(4) ΔVC [Δ(3)]	(5) TC [Dado]	(6) ΔTC [Δ(5)]	(7) MC [(6)/(2) ou (4)/(2)]
0	–	0	–	2.000	–	–
76	76	400	400	2.400	400	400/76 = 5,26
248	172	800	400	2.800	400	400/172 = 2,33
492	244	1.200	400	3.200	400	400/244 = 1,64
784	292	1.600	400	3.600	400	400/292 = 1,37
1.100	316	2.000	400	4.000	400	400/316 = 1,27
1.416	316	2.400	400	4.400	400	400/316 = 1,27
1.708	292	2.800	400	4.800	400	400/292 = 1,37
1.952	244	3.200	400	5.200	400	400/244 = 1,64
2.124	172	3.600	400	5.600	400	400/172 = 2,33
2.200	76	4.000	400	6.000	400	400/76 = 5,26

($\Delta Q = 244$) eleva o custo de 2.800 para 3.200 ($\Delta C = \$400$). O custo marginal do aumento na produção de 492 unidades é $\Delta C/\Delta Q = 400/244 = \$1,64$.

Quando apenas um insumo é variável, o custo marginal é o preço daquele insumo dividido por seu produto marginal. Lembre-se de que o produto marginal aumenta inicialmente, atinge o máximo, e então diminui. Como o custo marginal é recíproco ao produto marginal vezes o preço dos insumos, ele diminui à medida que o produto marginal se eleva, e se eleva quando o custo marginal é decrescente.

Relações entre custos

A Figura 5–12 demonstra graficamente o custo médio total, o custo variável médio, o custo fixo médio e o custo marginal sob a hipótese de que a produção seja infinitamente divisível (a empresa não está restrita a produzir apenas as quantidades listadas nas tabelas 5–4 e 5–5, mas pode produzir qualquer quantidade). Os formatos das curvas indicam a relação entre os custos marginal e médio apresentados naquelas

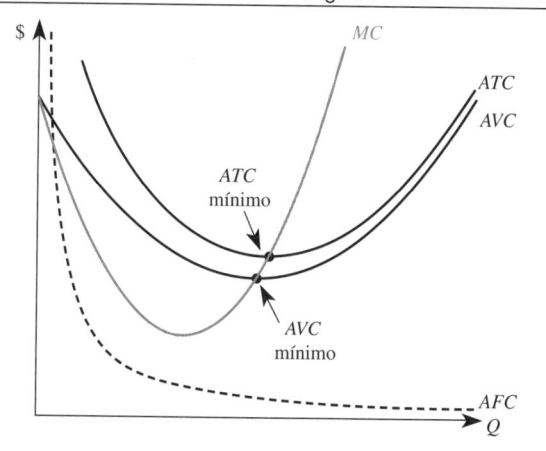

Figura 5-12 A relação entre custo médio e custo marginal

tabelas. Essas relações entre as curvas de custo, também demonstradas na Figura 5–12, são muito importantes. O primeiro aspecto a se observar é que a curva de custo marginal cruza as curvas *ATC* e *AVC* nos seus pontos mínimos. Isso significa que quando o custo marginal está abaixo de uma curva de custo médio, o custo médio é declinante, e quando o custo marginal está acima do custo médio, o custo médio é crescente.

Há uma explicação simples para essa relação entre as várias curvas de custos. Considere, novamente, sua nota neste curso. Se em um exame ela estiver abaixo da sua nota média, a nova nota diminuirá a média. Se a nota que você obtiver em um exame estiver acima da sua média, a nova nota aumentará a sua média. Em essência, a nova nota é a contribuição marginal para a sua nota total. Quando o valor marginal está acima da média, a média aumenta; quando o valor marginal está abaixo da média, a média diminui. O mesmo princípio se aplica aos custos marginal e médio; é por isso que as curvas na Figura 5–12 têm a forma que se observa.

A segunda questão a observar na Figura 5–12 é que as curvas *ATC* e *AVC* se aproximam entre si à medida que a produção se eleva. Isso acontece porque a única diferença entre *ATC* e *AVC* é *AFC*. Para tanto, observe que os custos totais são constituídos de custos variáveis e custos fixos:

$$C(Q) = VC(Q) + FC$$

Se dividirmos ambos os lados da equação pela produção total (Q), temos

$$\frac{C(Q)}{Q} = \frac{VC(Q)}{Q} + \frac{FC}{Q}$$

Mas $C(Q)/Q = ATC$, $VC(Q)/Q = AVC$ e $FC/Q = AFC$. Então,

$$ATC = AVC + AFC$$

A diferença entre o custo total médio e o custo variável médio é $ATC - AVC = AFC$. Uma vez que os custos fixos médios diminuem à medida que a produção se eleva, como na Figura 5–12, a diferença entre os custos totais médios e os custos variáveis médios diminui à medida que os custos fixos são divididos em quantidades mais elevadas de produção.

Custos fixos e custos irrecuperáveis

Faremos, agora, uma distinção importante entre os custos fixos e os irrecuperáveis. Lembre-se de que o custo fixo é aquele que não se altera quando a produção muda. Um conceito relativo, chamado *custo irrecuperável*, é um custo perdido para sempre, uma vez que ele tenha sido pago. Suponha que você seja o gerente de uma empresa de carvão e tenha acabado de pagar $10 mil para alugar um vagão por um mês. Essa despesa reflete um custo fixo para a sua empresa – o custo é de $10 mil independentemente de você utilizar o vagão para transportar 10 toneladas ou 10 mil toneladas de carvão. Quanto desses $10 mil representa custo irrecuperável depende dos termos do aluguel. Se o aluguel não lhe permitir reaver nada dos $10 mil uma vez que eles tenham sido pagos, toda a quantia representará custo irrecuperável – você já teve esse custo e não há nada que possa fazer para mudar. Se o aluguel estabelecer a possibilidade de reaver $6 mil caso você não precise utilizar mais o vagão, então apenas $4 mil dos $10 mil dos custos fixos são irrecuperáveis. Custos irrecuperáveis são uma parcela dos custos fixos que não podem ser recuperados.

custo irrecuperável
Um custo que é perdido para sempre depois de ter sido pago.

Pelo fato de os custos irrecuperáveis serem perdidos uma vez que tenham sido pagos, eles são irrelevantes na tomada de decisão. Para ilustrar, suponha que você pague um montante não recuperável de $10 mil para alugar um vagão por um mês, mas imediatamente após a assinatura do aluguel perceba que não precisará mais dele – a demanda por carvão é significativamente menor do que esperava. Nesse ínterim, um fazendeiro lhe oferece uma sublocação do vagão por $2 mil. Se os termos do aluguel permitirem a sublocação do vagão, você deve aceitar a proposta do fazendeiro?

Você pode acreditar que a resposta seja não, afinal, sua empresa aparentemente perderá $8 mil ao sublocar um vagão de $10 mil por meros $2 mil. *Esse raciocínio está errado.* O pagamento de aluguel não é recuperável: $10 mil representam um custo que você já teve. Como não existe nada que possa ser feito para eliminar o custo de $10 mil, a única questão relevante é fazer algo para aumentar a entrada de caixa. Nesse caso, a decisão ótima é sublocar o vagão, porque, desse modo, há um retorno de $2 mil de receita que não poderia ser obtido de outra maneira. Observe que, embora os custos irrecuperáveis sejam irrelevantes para a sua decisão, eles afetam o cálculo de lucros totais. Se você não sublocar o vagão, perderá $10 mil; se o sublocar, perderá apenas $8 mil.

| Princípio | **Irrelevância dos custos irrecuperáveis**
Um tomador de decisão deve ignorar os custos irrecuperáveis para maximizar lucros ou minimizar perdas. |

Demonstração 5-4

A ACME Coal pagou $5 mil para alugar um vagão da Reading Railroad. Sob os termos do aluguel, $1 mil do pagamento são retornáveis se o vagão for devolvido até dois dias após a assinatura do aluguel.

1. Sob a assinatura do aluguel e o pagamento de $5 mil, qual o valor dos custos fixos da ACME? E dos seus custos irrecuperáveis?
2. Um dia após a assinatura do aluguel, a ACME percebe que não terá uso para o vagão. Um fazendeiro possui um silo de milho e propôs a sublocação do vagão ao preço de $4.500. A ACME deve aceitar a oferta do fazendeiro?

Resposta:

1. Os custos fixos da ACME perfazem $5 mil. Para os primeiros dois dias, seus custos irrecuperáveis são de $4 mil (este é o montante que não pode ser recuperado). Após dois dias, todos os $5 mil se tornam custo irrecuperável.
2. Sim, a ACME deve sublocar o vagão. Note que a perda total da ACME é de $500 se ela aceitar a oferta do fazendeiro. Se não aceitar, suas perdas serão de $4 mil (supondo que o retorno do vagão ocorra no dia seguinte à assinatura do contrato do aluguel).

função de custo cúbica
Os custos são uma função cúbica da produção; esta oferece uma aproximação razoável de praticamente qualquer função de custo.

Formas algébricas das funções de custo

Na prática, as funções de custo podem assumir várias formas, mas a função de custo cúbica é considerada em geral válida para qualquer função de custo. A *função de custo cúbica* é dada por

$$C(Q) = f + aQ + bQ^2 + cQ^3$$

onde a, b, c e f são constantes. Observe que f representa os custos fixos.

Dada uma forma algébrica de uma função de custo cúbica, podemos diretamente calcular a função de custo marginal.

Fórmula: custo marginal para custos cúbicos. Para uma função de custo cúbico,

$$C(Q) = f + aQ + bQ^2 + cQ^3$$

a função de custo marginal é

$$MC(Q) = a + 2bQ + 3cQ^2$$

Um cálculo alternativo

O custo marginal é a derivada da função de custo com relação à produção:

$$MC(Q) = \frac{dC}{dQ}$$

Por exemplo, a derivada da função de custo cúbica com relação a Q é

$$\frac{dC}{dQ} = a + 2bQ + 3cQ^2$$

que é a fórmula para o custo marginal apresentada anteriormente.

Demonstração 5-5

A função de custo da Managerial Enterprises é dada por $C(Q) = 20 + 3Q^2$. Determine o custo marginal, o custo fixo médio, o custo variável médio e o custo total médio quando $Q = 10$.

Resposta:

Utilizando a fórmula para o custo marginal (aqui, $a = c = 0$), sabemos que $MC = 6Q$. Logo, o custo marginal quando $Q = 10$ é de $60.

Para encontrarmos os vários custos médios, devemos primeiro calcular os custos totais. O custo total de produzir 10 unidades de produto é

$$C(10) = 20 + 3(10)^2 = \$320$$

Os custos fixos são aqueles que não variam com a produção; os custos fixos são $20. Os custos variáveis são os que variam com a produção, notadamente $VC(Q) = 3Q^2$. Então, $VC(10) = 3(10)^2 = \$300$. O custo médio de produzir 10 unidades é de $2, o custo variável médio é de $30, e o custo total variável é de $32.

Custos de longo prazo

No longo prazo, todos os custos são variáveis, porque o gerente é livre para ajustar os níveis de todos os insumos. Na Figura 5–13, a curva de custo médio de curto prazo ATC_0 é desenhada sob a consideração de que existem alguns fatores fixos de produção.

Figura 5-13 Tamanho ótimo de empresa e custo médio de longo prazo

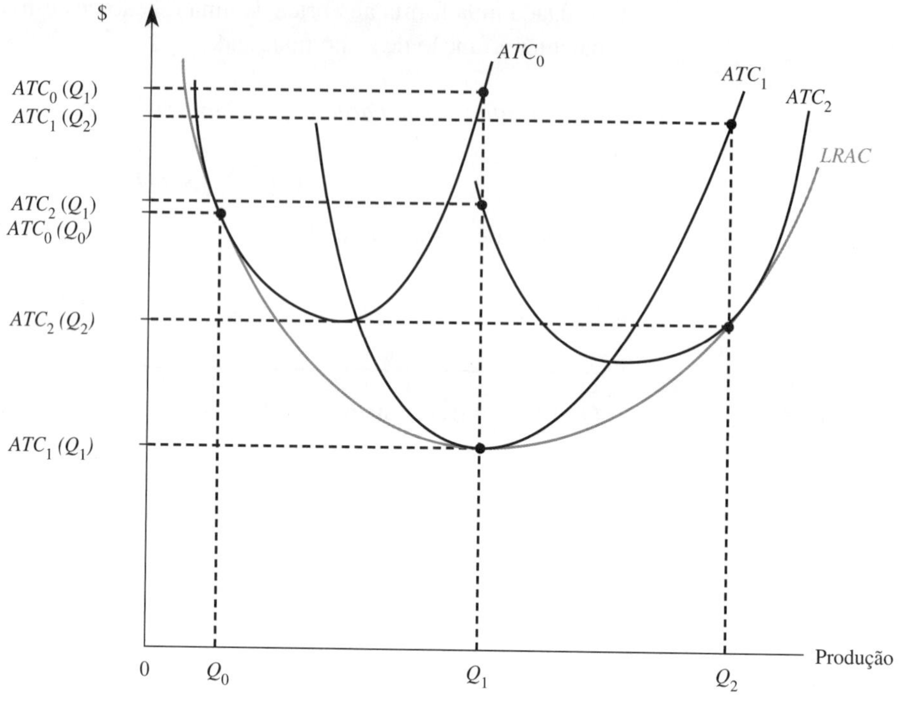

O custo total médio no nível da produção Q_0, dados os fatores fixos de produção, é $ATC_0(Q_0)$. A curto prazo, se a empresa aumentar a produção para Q_1, não poderá ajustar os fatores fixos, e os custos médios diminuirão para $ATC_0(Q_1)$. A longo prazo, no entanto, a empresa poderá ajustar os fatores fixos. Considere que ATC_1 represente a curva de custo médio após a empresa ajustar os fatores fixos de maneira ótima. Agora ela pode produzir Q_1 com a curva de custo médio ATC_1. Se produzir Q_1 com a curva de custo médio ATC_0, seus custos médios serão $ATC_0(Q_1)$. Ao ajustar os fatores fixos para otimizar a escala de operação, a empresa economizará na produção e poderá produzir Q_1 unidades do produto a um custo médio mais baixo, $ATC_1(Q_1)$. Observe que a curva intitulada ATC_1 é a curva de custo médio de curto prazo, baseada nos novos níveis de insumos fixos selecionados para minimizar o custo de produzir Q_1. Se a organização deseja expandir ainda mais a produção – digamos, para Q_2 –, ela deve seguir a curva ATC_1 a curto prazo para $ACT_1(Q_2)$ até que novamente altere seus fatores fixos para incorrer em custos médios mais baixos na produção de Q_2 unidades de produtos, chamada $ATC_2(Q_2)$.

A *curva de custo médio de longo prazo*, denominada *LRAC* na Figura 5–13, define o custo médio mínimo de produzir níveis alternativos de bens, permitindo a seleção ótima de todas as variáveis de produção (sejam fatores fixos ou variáveis). A curva de custo médio de longo prazo é menor que todas as curvas de custo médio de curto prazo. Isso significa que está abaixo de todos os pontos nas curvas de custo médio de curto prazo, exceto por ser igual a cada curva de custo médio de curto prazo nos pontos em que elas utilizam fatores fixos de maneira ótima. Em essência, podemos considerar cada curva de custo médio de curto prazo na Figura 5–13 como o custo

curva de custo médio de longo prazo
Uma curva que define o custo médio mínimo de produzir quantidades alternativas de produtos, permitindo uma seleção ótima tanto dos insumos fixos quanto variáveis de produção.

Figura 5-14 Economias de escala

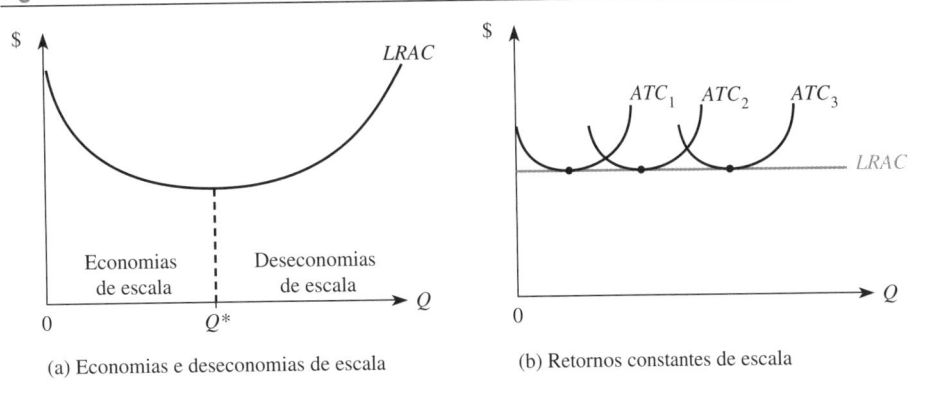

(a) Economias e deseconomias de escala

(b) Retornos constantes de escala

médio de se produzir em uma empresa com tamanho fixo. Curvas de custo médio de curto prazo diferentes são associadas a diferentes tamanhos de empresas. A longo prazo, o gerente é livre para escolher o tamanho de empréstimo para produzir a quantidade desejada de bens, e isso determina a curva de custo médio de longo prazo de produzir aquela quantidade de bens.

Economias de escala

Observe que a curva de custo médio de longo prazo na Figura 5-14(a) possui o formato em U. Isso implica que, inicialmente, uma expansão da produção permite à empresa produzir a um custo médio de longo prazo mais baixo, como mostrado para as produções entre 0 e Q^*. Essa condição é conhecida como *economia de escala*. Quando há economia de escala, um incremento no tamanho da operação diminui o custo médio mínimo. Depois de um certo ponto, como Q^* na Figura 5-14(a), novos incrementos no nível de produção levam a um aumento nos custos médios. Essa condição é conhecida como *deseconomia de escala*. Algumas vezes, a tecnologia em uma indústria permite a produção de diferentes quantidades ao mesmo custo médio mínimo, como na Figura 5-14(b). Essa condição é chamada *retorno constante de escala*.

Um lembrete: custos econômicos *versus* custos contábeis

Ao concluir esta seção, é importante lembrar a diferença entre custos econômicos e custos contábeis. Custos contábeis são os custos mais frequentemente associados aos custos de produção. Por exemplo, os custos contábeis incluem pagamentos diretos ao trabalho e ao capital para produzir bens. Os custos contábeis são os custos que aparecem nas demonstrações de resultados das empresas.

Esses custos não são os únicos na produção de um bem. A empresa pode utilizar os mesmos recursos para produzir outro bem. Ao escolher produzir um bem, os produtores abrem mão da oportunidade de produzir algum outro bem. Os custos de produção incluem não apenas os custos contábeis, mas também as oportunidades abdicadas para produzir determinado produto.

---

economias de escala
Existem quando o custo médio de longo prazo declina à medida que a produção aumenta.

deseconomias de escala
Existem quando o custo médio de longo prazo aumenta à medida que a produção aumenta.

retornos constantes de escala
Existem quando o custo médio de longo prazo permanece constante à medida que a produção aumenta.

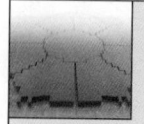

Por dentro dos negócios 5-4

Companhias internacionais exploram economias de escala

Em indústrias com economia de escala, as empresas que produzem quantidades maiores o fazem a custos médios mais baixos e, assim, possuem uma vantagem competitiva potencial sobre as rivais. Recentemente, duas empresas internacionais perseguiram tais estratégias para aumentar seus resultados.

A japonesa Matsushita Plasma Display Panel Company Ltd. investiu $831 milhões para construir a maior planta mundial de produção de telas de plasma. É esperado que a fábrica – uma *joint venture* entre a Panasonic e a Toray Industries – produza 250 mil painéis por mês em 2007. Essa estratégia foi implementada em resposta ao aquecimento na demanda global por telas de plasma, e um desejo por parte da companhia em ganhar vantagem competitiva sobre as rivais nessa indústria com competitividade crescente.

Um fabricante de automóveis na Índia – Maruti Udyog Ltd. – produziu evidências tangíveis de que as economias de escala são importantes nas decisões de negócios. Ela obteve um incremento nos lucros líquidos de 271% durante 2003–2004, graças à sua habilidade de explorar essas economias. O incremento foi gerado por uma elevação de 30% no volume de vendas, que lhe permitiu dividir seus custos fixos em um nível de produção mais elevado. E, mais importante, a redução nos custos médios decorrente da economia de escalas foi mais do que suficiente para fazer frente aos custos mais elevados em virtude do aumento no preço do aço.

Fontes: "Matsushita Plans Big Expansion of PDP Manufacturing." *IDG News Service*, 19 maio 2004; "MUL Gains from Cost-Saving Measures." *Sify India*, 18 maio 2004.

Funções de custo de múltiplos produtos

função de custo multiproduto
Uma função que define o custo de produzir determinados níveis de dois ou mais tipos de bens considerando que todos os insumos são utilizados eficientemente.

economias de escopo
Quando o custo total de produzir dois tipos de bens conjuntamente é menor que o custo total de produzir cada tipo de bem separadamente.

Até aqui, nossa análise do processo de produção concentrou-se em situações em que a empresa produz um único bem. Há também diversos exemplos de organizações que produzem vários produtos. A General Motors produz tanto carros como caminhões (e muitas variedades de cada um); a IBM produz muitos tipos diferentes de computadores e impressoras. Ainda que nossa análise para o caso de uma empresa que produz um único bem também se aplique àquelas com múltiplos produtos, essas últimas estabelecem algumas questões adicionais. Trataremos agora desses conceitos.

Nesta seção, assumiremos que a função de custo para uma empresa de múltiplos produtos é dada por $C(Q_1, Q_2)$, em que Q_1 é o número de unidades produzidas do produto 1 e Q_2 é o número de unidades produzidas do produto 2. A *função de custo multiproduto*, então, define o custo de produzir Q_1 unidades do produto 1 e Q_2 unidades do produto 2 supondo que todos os insumos sejam utilizados de maneira eficiente.

Observe que a função de custo multiproduto possui a mesma interpretação básica de uma função de custo de um único produto. Diferentemente da função de custo de um único produto, os custos de produção dependem de quanto de cada tipo de produto é produzido. Isso leva ao que os economistas chamam economias de escopo e complementaridades de custos, discutidos a seguir.

Economias de escopo

Economias de escopo existem quando o custo total de produzir Q_1 e Q_2 juntos é menor que o custo total de produzir Q_1 e Q_2 separadamente, isto é, quando

$$C(Q_1, 0) + C(0, Q_2) > C(Q_1, Q_2)$$

Em um restaurante, por exemplo, para produzir certas quantidades de pratos com carne vermelha e carne branca, é geralmente mais barato produzir ambos os produtos no mesmo restaurante do que ter dois restaurantes, um que venda apenas carne branca e um que venda apenas carne vermelha. A razão é que produzir pratos separadamente poderia requerer a duplicação de muitos dos fatores de produção comuns, como fornos, refrigeradores, mesas, cozinha e assim por diante.

Complementaridade de custo

complementaridade de custo
Quando o custo marginal de produção de um bem diminui no momento em que a produção de outro bem é incrementada.

Complementaridades de custo existem em uma função de custo multiproduto quando o custo marginal de produzir um bem é reduzido no momento em que a produção de outro bem é incrementada. Considere que $C(Q_1, Q_2)$ seja a função de custo para uma empresa multiproduto, e considere que $MC_1(Q_1, Q_2)$ seja o custo marginal de produzir o primeiro bem. A função de custo exibe complementaridade de custo se

$$\frac{\Delta MC_1(Q_1, Q_2)}{\Delta Q_2} < 0$$

isto é, se um incremento na produção do produto 2 diminuir o custo marginal de produzir o produto 1.

Um exemplo de complementaridade de custo é a produção dos recheios dos doces conhecidos como sonhos e o pão para o doce. A empresa pode elaborar os produtos separadamente ou em conjunto. Mas o custo de produzir pães para sonho é menor quando os trabalhadores enrolam a massa, fritam os pães e colocam o creme em vez de fazer isso separadamente.

Os conceitos de economia de escopo e complementaridade de custo também podem ser examinados no contexto de uma forma funcional algébrica para uma função de custo multiproduto. Por exemplo, suponha que a função de custo multiproduto seja quadrática:

$$C(Q_1, Q_2) = f + aQ_1Q_2 + (Q_1)^2 + (Q_2)^2$$

Para essa função de custo

$$MC_1 = aQ_2 + 2Q_1$$

Observe que quando $a < 0$, um incremento em Q_2 reduz o custo marginal de produzir o produto 1. Então, se $a < 0$, a função de custo exibe complementaridade de custo. Se $a > 0$ não existem complementaridades de custos.

Fórmula: função de custo multiproduto quadrática. A função de custo multiproduto

$$C(Q_1, Q_2) = f + aQ_1Q_2 + (Q_1)^2 + (Q_2)^2$$

possui as correspondentes funções de custo marginal

$$MC_1(Q_1, Q_2) = aQ_2 + 2Q_1$$

e

$$MC_2(Q_1, Q_2) = aQ_1 + 2Q_2$$

Para examinar se existem economias de escopo para uma função de custo multiproduto quadrática, lembre-se de que existem economias de escopo se

$$C(Q_1, 0) + C(0, Q_2) > C(Q_1, Q_2)$$

ou, rearranjando,

$$C(Q_1, 0) + C(0, Q_2) - C(Q_1, Q_2) > 0$$

Essa condição pode ser reescrita como

$$f + (Q_1)^2 + f + (Q_2)^2 - [f + aQ_1Q_2 + (Q_1)^2 + (Q_2)^2] > 0$$

a qual pode ser simplificada para

$$f - aQ_1Q_2 > 0$$

Portanto, as economias de escopo são realizadas na produção dos níveis de bens Q_1 e Q_2 se $f > aQ_1Q_2$.

Resumo das propriedades da função de custo multiproduto quadrática. A função de custo multiproduto $C(Q_1, Q_2) = f + aQ_1Q_2 + (Q_1)^2 + (Q_2)^2$

1. Exibe complementaridade de custo sempre que $a < 0$.
2. Exibe economias de escopo sempre que $f - aQ_1Q_2 > 0$.

Demonstração 5–6

Suponha que a função de custo da empresa A, a qual produz dois bens, seja dada por

$$C = 100 - 0{,}5Q_1Q_2 + (Q_1)^2 + (Q_2)^2$$

A empresa deseja produzir 5 unidades do bem 1 e 4 unidades do bem 2.

1. Existe complementaridade de custo? Existe economia de escopo?
2. A empresa A está considerando vender uma subsidiária que produz o bem 2 para a empresa B, situação na qual ela produzirá apenas o bem 1. O que acontecerá aos custos da empresa A se continuar a produzir 5 unidades do bem 1?

Resposta:

1. Para essa função de custo, $a = -1/2 < 0$, existe complementaridade de custo. Para verificarmos as economias de escopo, devemos determinar se $f - aQ_1Q_2 > 0$. Isso é claramente verdadeiro, uma vez que $a < 0$ neste problema. Há economias de escopo na produção de 5 unidades do bem 1 e 4 unidades do bem 2.
2. Para determinarmos o que acontecerá com os custos da empresa A se vender a subsidiária que produz o bem 2 para a empresa B, devemos calcular os custos sob cenários alternativos. Ao vender a subsidiária, a empresa A reduzirá sua produção do bem 2 de 4 unidades para 0 unidade; como existem complementaridades de custos, isso aumentará o custo marginal na produção do bem 1. Observe que os custos totais da empresa A em produzir 5 unidades do bem 1 caem de

$$C(5, 4) = 100 - 10 + 25 + 16 = 131$$

para

$$C(5, 0) = 100 + 25 = 125$$

Mas os custos da empresa B em produzir 4 unidades do bem 2 serão

$$C(0, 4) = 100 + 16 = 116$$

Os custos da empresa A cairão em apenas $6 quando ela parar de produzir o bem 2, e os custos da empresa B serão de $116 para produzir 4 unidades do bem 2. Os custos combinados das duas organizações na produção da quantidade originalmente realizada por uma única empresa serão $110 superiores ao custo de produção de uma única firma.

O Demonstração 5–6 ilustra alguns aspectos importantes de fusões e vendas de subsidiárias. Primeiro, quando existem economias de escopo, duas empresas que produzem bens distintos podem fundir-se e aproveitar uma redução nos custos. Segundo, a venda de uma subsidiária não lucrativa pode levar apenas a menor redução nos custos. De fato, quando existem economias de escopo, é difícil "alocar custos" entre linhas de produtos.

Respondendo à manchete

Os números divulgados na manchete que abre este capítulo indicam que os funcionários da Ford que trabalham por hora produzem uma média de 33,2 veículos por ano, enquanto os funcionários da GM produzem uma média de 27,9 veículos por ano. Observe que esses números representam o produto médio dos trabalhadores da GM e da Ford e indicam que a cada mil carros produzidos, a GM emprega cerca de 36 trabalhadores, ao passo que a Ford emprega cerca de 30. Uma vez que a GM paga aos trabalhadores um salário por hora mais elevado ($45) do que a Ford ($43), esses números sugerem que a GM não está produzindo de maneira que minimize os custos. Para minimizar custos, a GM precisa utilizar menos trabalho e mais capital.

Considere que a Ford e a GM produzam automóveis pelo uso de capital e trabalho. Além disso, considere que as duas possuam tecnologias similares e paguem taxas similares pelos bens de capital utilizados na produção. Sob essas considerações, o salário mais alto pago pela GM implica que ela possui uma linha de custo mais inclinada que a Ford; a GM deve utilizar mais capital e menos trabalho para reduzir o custo da produção de dado número de automóveis (por exemplo, para atingir dada isoquanta). Em outras palavras, os salários mais altos da GM levam à necessidade de substituir trabalho por capital para reduzir os custos de produção; para produzir certo número de automóveis, a GM deve empregar menos trabalhadores que a Ford. Uma vez que as figuras indicam que a GM está efetivamente utilizando mais trabalhadores que a Ford a cada mil automóveis produzidos, a GM necessita reduzir o uso de trabalho e aumentar o uso de capital para reduzir custos. Isso é precisamente o que a GM tentou fazer por meio das negociações com a União.

Resumo

Neste capítulo, introduzimos as funções de produção e custo, as quais oferecem informações importantes a respeito da conversão de insumos em produtos vendidos por uma empresa. Para organizações que utilizam muitos insumos para produzir bens, as curvas isoquantas e isocustos oferecem uma forma conveniente de determinar a combinação de insumos ótima.

Dividimos a função de custo em custo total médio, custo fixo médio, custo variável médio e custo marginal. Esses conceitos ajudam a construir um fundamento para o entendimento das decisões de insumo e produto que maximizam o lucro e que serão abordadas em mais detalhes nos próximos capítulos.

Dado o nível desejado de produção, as curvas isoquantas e isocustos oferecem a informação necessária para determinar o nível de insumos que minimiza custos. O nível de insumos que minimiza custos é determinado pelo ponto no qual a taxa de preços dos insumos se iguala à taxa marginal dos produtos para os vários insumos.

Por fim, mostramos como economias de escala, economias de escopo e complementaridades de custo influenciam o nível e a combinação de bens produzidos por uma empresa com produto único e por empresas com multiprodutos. No próximo capítulo examinaremos a aquisição de insumos. Veremos como os gerentes podem utilizar os mercados à vista, contratos ou integrações verticais para obter eficientemente os insumos necessários para produzir sua combinação desejada de produtos.

Conceitos e palavras-chave

- capital
- complementaridade de custos
- curto prazo
- curva de custo médio de longo prazo
- curva isocusto
- custo fixo médio (AFC)
- custo irrecuperável
- custo marginal (incremental) (MC)
- custo total
- custo total médio (ATC)
- custos variáveis médios (AVC)
- custos fixos
- custos variáveis
- deseconomias de escala
- economias de escala
- economias de escopo
- fatores de produção fixos
- fatores de produção variáveis
- função de custo
- função de custo cúbica
- função de custo de curto prazo
- função de custo multiproduto
- função de produção
- função de produção Cobb-Douglas
- função de produção de Leontief (ou de proporções fixas)
- função de produção linear
- isoquanta
- linha isocusto
- longo prazo
- minimização de custo
- patente
- produto marginal (MP)
- produto médio (AP)
- produto total (TP)
- retornos constantes de escala
- retorno marginal crescente
- retorno marginal decrescente
- retorno marginal negativo
- substituição ótima de insumos
- taxa marginal de substituição técnica (TMgST)
- taxa marginal de substituição técnica decrescente
- trabalho
- uso de insumos que maximize lucros
- valor do produto marginal

Questões conceituais e computacionais

1. Uma empresa pode manufaturar um produto de acordo com a função de produção

$$Q = F(K, L) = K^{3/4}L^{1/4}$$

   a. Calcule o produto médio do trabalho, AP_L, quando o nível de capital é fixo em 16 unidades e a empresa utiliza 16 unidades de trabalho. Como o produto médio do trabalho muda quando ela utiliza 81 unidades de trabalho?
   b. Encontre uma expressão para o produto marginal do trabalho, MP_L, quando o montante de capital está fixo em 16 unidades. Em seguida, mostre que o produto marginal do trabalho depende do montante de trabalho contratado pelo cálculo do produto marginal do trabalho para 16 e 81 unidades de trabalho.
   c. Suponha que o capital seja fixo em 16 unidades. Se a empresa pode vender sua produção ao preço de $100 por unidade e pode contratar trabalho a $25 por unidade, quantas unidades de trabalho ela deve contratar de forma que maximize lucros?

2. O produto de uma empresa é vendido a $2 a unidade em um mercado altamente competitivo. A empresa realiza sua produção utilizando capital (o qual é alugado a $75 por hora) e trabalho (ao qual é pago um salário de $15 por hora sob um contrato de 20 horas de serviços). Complete a tabela a seguir e use essas informações para responder as questões que se seguem.

K	L	Q	MP_K	AP_K	AP_L	VMP_K
0	20	0				
1	20	50				
2	20	150				
3	20	300				
4	20	400				
5	20	450				
6	20	475				
7	20	475				
8	20	450				
9	20	400				
10	20	300				
11	20	150				

   a. Identifique os insumos fixos e variáveis.
   b. Quais são os custos fixos da empresa?
   c. Qual é o custo variável na produção de 475 unidades de produtos?
   d. Quantas unidades do insumo variável devem ser utilizadas para maximizar os lucros?
   e. Quais são os lucros máximos que essa empresa pode obter?
   f. Ao longo de qual intervalo de uso do insumo variável existem retornos marginais crescentes?
   g. Ao longo de qual intervalo de uso do insumo variável existem retornos marginais decrescentes?
   h. Ao longo de qual intervalo de uso dos insumos existem retornos marginais negativos?

3. Explique a diferença entre a lei dos retornos marginais decrescentes e a lei da taxa marginal de substituição técnica decrescente.

4. Um economista estimou que a função de custo de uma empresa que produz um único bem é

$$C(Q) = 50 + 25Q + 30Q^2 + 5Q^3$$

Com base nessa informação, determine
a. O custo fixo de produzir 10 unidades de produtos.
b. O custo variável de produzir 10 unidades de produtos.
c. O custo total de produzir 10 unidades de produtos.
d. O custo fixo médio de produzir 10 unidades de produtos.
e. O custo variável médio de produzir 10 unidades de produtos.
f. O custo total médio de produzir 10 unidades de produtos.
g. O custo marginal quando $Q = 10$.

5. Um gerente contrata trabalho e aluga bens de capital em um mercado bastante competitivo. Atualmente, a taxa de salário é de $6 por hora e o capital é locado a $12 por hora. Se o produto marginal do trabalho é de 50 unidades de produção por hora e o produto marginal do capital é de 75 unidades de produção por hora, a empresa está utilizando a combinação de trabalho capital que minimiza custos? Do contrário, ela deve aumentar ou diminuir o montante de capital empregado nesse processo de produção?

6. Os custos fixos de uma empresa para 0 unidade de produção e seu custo total médio na produção de diferentes níveis de produtos são apresentados na tabela a seguir. Complete-a para encontrar o custo fixo, o custo variável, o custo total, o custo fixo médio, o custo variável médio e o custo marginal em todos os níveis relevantes de produção.

Q	FC	VC	TC	AFC	AVC	ATC	MC
0	$10.000					–	
100						$200	
200						125	
300						133 1/3	
400						150	
500						200	
600						250	

7. A função de custo de uma empresa que produz diversos bens foi recentemente estimada como

$$C(Q_1, Q_2) = 75 - 0{,}25Q_1Q_2 + 0{,}1Q_1^2 + 0{,}2Q_2^2$$

a. Existem economias de escopo na produção de 10 unidades do produto 1 e 10 unidades do produto 2?
b. Existem complementaridades de custo na produção dos produtos 1 e 2?
c. Suponha que a divisão de vendas do produto 2 esteja enfrentando dificuldades e outra empresa tenha feito uma oferta para comprar os direitos exclusivos de produzir o produto 2. Como a venda dos direitos de produção do produto 2 poderia mudar o custo marginal da empresa de produzir o produto 1?

8. Explique a diferença entre custos fixos, custos irrecuperáveis e custos variáveis. Ofereça um exemplo que ilustre que esses custos são, em geral, diferentes.

Problemas e aplicações

9. Em um esforço de interromper a migração da maioria das montadoras de automóveis da área de Detroit, a prefeitura está considerando criar um estatuto que possa oferecer crédito em impostos pelo investimento feito pelas montadoras. Efetivamente, isso pode reduzir os custos das montadoras no uso de capital e equipamento de alta tecnologia em seus processos de produção. Na noite da votação, os vereadores fizeram sérias objeções a esse estatuto. Apresente as bases dos argumentos mais utilizados pelos vereadores. (Sugestão: considere o impacto que o estatuto teria sobre a taxa capital/trabalho das montadoras de veículos.) Como representante de uma das montadoras, como você poderia contrariar os argumentos dos vereadores?

10. Você foi recentemente contratado como gerente da Divisão de Cilindros em uma grande empresa de produção de condutores, apesar do bom histórico de vendas externas do gerente anterior. A manufatura da Divisão de Cilindros é relativamente simples, requerendo apenas trabalho e máquinas que cortam e enrolam cilindros. À medida que começou a rever as informações de produção da empresa, você viu que é pago ao trabalho $8 por hora e que o último trabalhador contratado produziu 100 cilindros por hora. A empresa aluga cortadores de cilindros e máquinas de enrolamento por $16 por hora, e o produto marginal do capital é de 100 cilindros por hora. O que você acha que o gerente anterior deveria ter feito para manter seu emprego?

11. Você é um gerente da Herman Miller – uma grande produtora de móveis para escritório. Recentemente, você contratou um economista para trabalhar com especialistas em engenharia e operações para estimar a função de produção de uma linha particular de cadeiras de escritório. O relatório desses especialistas indica que a função de produção relevante é

$$Q = 2(K)^{1/2}(L)^{1/2}$$

onde K representa os bens de capital e L o trabalho. Sua empresa já gastou um total de $10 mil em 4 unidades de bens de capital que adquiriu. Devido às condições econômicas atuais, a empresa não tem a flexibilidade necessária para adquirir equipamentos adicionais. Se os trabalhadores recebem um salário competitivo de $100 e as cadeiras podem ser vendidas a $200 cada, qual o seu nível de produção e uso do trabalho que maximiza os lucros? Qual será o seu lucro máximo?

12. Recentemente, a Boeing Commercial Airline Group (BCAG) recebeu encomendas de mais de 15 mil companhias aéreas e entregou mais de 13 mil aviões. Para manter seu volume de produção, essa divisão da Boeing combina esforços de capital e mais de 90 mil trabalhadores. Suponha que a companhia européia Airbus possua uma tecnologia de produção similar e produza um número similar de aeronaves, mas que os custos do trabalho (incluindo os benefícios) sejam mais altos na Europa do que nos Estados Unidos. Você deve esperar que os trabalhadores da Airbus tenham o mesmo produto marginal que os trabalhadores da Boeing? Explique detalhadamente.

13. Você é um gerente da Donnelly Corporation – fornecedora de espelhos e vidros para as principais montadoras de automóveis. Recentemente, você conduziu

um estudo sobre os processos de produção para o seu vidro DirectBond preso a uma película de lado único (um produto utilizado pela primeira vez nas minivans da Chrysler). Os resultados do estudo estão resumidos na tabela apresentada a seguir, e são baseados nas 5 unidades de capital hoje disponível em sua empresa. Os trabalhadores recebem $50 por unidade, os custos do capital são de $10 por unidade, e seus vidros são vendidos por $5 cada. De acordo com essa informação, otimize seus recursos humanos e decisões de produção. Você antevê os resultados como lucros ou prejuízos? Explique detalhadamente.

Trabalho	Produção
0	0
1	10
2	30
3	60
4	80
5	90
6	95
7	95
8	90
9	80
10	60
11	30

14. A World of Videos opera um estabelecimento que vende e aluga vídeos em VCR e DVD. Em cada um dos últimos 10 anos, a empresa consistentemente obteve lucros superiores a $25 mil por ano. A loja, localizada em uma cidade universitária, paga $2 mil por mês no aluguel do seu prédio, mas utiliza apenas 50% da área. A outra parcela do espaço permanece vazia. Observando tal situação, uma corretora de imóveis sugeriu ao proprietário da World of Videos que poderia adicionar $1.200 por mês aos resultados da empresa se alugasse a parte não utilizada da loja. Embora essa possibilidade pareça interessante, o proprietário também está considerando o espaço adicional para alugar videogames. Qual é o custo de oportunidade de utilizar essa parcela do prédio para locação de videogames?

15. A proprietária de um restaurante local, que vem tendo sucesso em seus negócios há vários anos, recentemente comprou uma licença para vender bebida alcoólica. A licença, a um custo de $75 mil, dá a ela o direito legal de vender cerveja, vinho e vodca em seu restaurante. O custo de obtenção é alto, pois apenas 300 dessas autorizações são emitidas pelo Estado. Além disso, ela é transferível, contudo apenas $65 mil são retornáveis se o proprietário optar por não utilizá-la. Após vender bebidas alcoólicas por cerca de um ano, a proprietária observou que estava perdendo clientes no período do jantar e que seu restaurante estava se tornando um bar barulhento e não lucrativo. Desse modo, gastou cerca de $6 mil com propagandas em vários jornais e revistas de circulação estadual direcionadas a restaurantes, oferecendo a venda da licença por $70 mil. Após uma longa espera, finalmente recebeu uma oferta de $66 mil. Qual é sua opinião a respeito da decisão da proprietária do restaurante? Você recomendaria a ela aceitar a oferta de $66 mil?

16. Na esteira da crise de energia na Califórnia, muitas companhias fornecedoras por todo o país estão reavaliando suas projeções de demanda e capacidade de fornecimento futuras em seus respectivos mercados. Como um gerente da Flo-

rida Power & Light Company, você é responsável pela determinação do tamanho ótimo de duas usinas geradoras de eletricidade. A figura a seguir ilustra as curvas de custo total médio de curto prazo associadas a diferentes tamanhos de usinas. As projeções de demanda indicam que 6 milhões de quilowatts devem ser produzidos em sua usina no sul da Flórida, e 2 milhões devem ser produzidos em sua usina em Panhandle. Determine o tamanho ótimo da usina (P, M ou G) para as duas regiões e indique se existirão economias de escala, deseconomias de escala ou retornos constantes de escala se as usinas forem construídas de maneira ótima.

Custo médio total para vários tamanhos de empresas

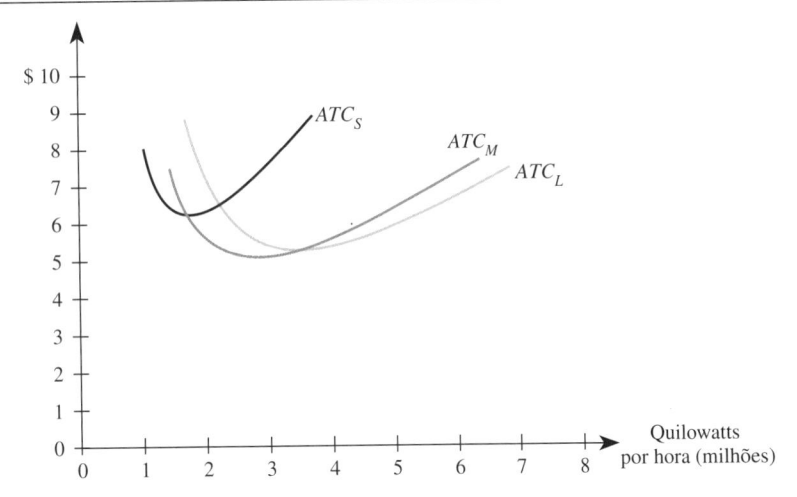

17. A A-1 Corporation fornece painéis de metal pré-moldados para montadoras de aviões, utilizados no exterior da aeronave. A manufatura dos painéis, que custam $300 cada, requer apenas máquinas de moldagem de metal e trabalhadores. Estes podem ser contratados, a $7 mil cada, à medida que são necessários. Dada a simplicidade do processo de manufatura, o mercado de painéis de metal pré-moldados é altamente competitivo. Assim, o preço de cada painel da A-1 é de $50. Com base nos dados de produção expostos na tabela a seguir, quantos trabalhadores a A-1 deve contratar para maximizar lucros?

Máquinas para pré-moldagem de painéis	Trabalhadores	Número de painéis produzidos
5	0	0
5	1	600
5	2	1.000
5	3	1.290
5	4	1.480
5	5	1.600
5	6	1.680

18. Segundo o *The Wall Street Journal*, a quarta montadora de veículos do Japão – a Mitsubishi Motors – anunciou um grande plano de reestruturação com o objetivo de reverter a queda de 6% em suas vendas globais. As vendas da companhia foram particularmente difíceis na América do Norte, onde caíram 29% devido à combinação de um número atipicamente grande de maus empréstimos e demanda reduzida resultante de enrijecimento em sua política de crédito. No Japão, as vendas caíram 56% (excluindo as minivans), em virtude, em grande parte, dos *recalls* dos automóveis para corrigir falhas de produção. Suponha que, como parte do plano de reestruturação, a Mitsubishi conduza uma análise de como o trabalho e o capital são utilizados em seus processos de produção. Anteriormente à reestruturação, a taxa marginal de substituição técnica da Mitsubishi era de 0,15 (em valor absoluto). Para contratar trabalhadores, suponha que a Mitsubishi tenha de pagar um salário/hora competitivo de ¥ 1.330. No estudo de seu processo de produção e mercados em que o capital é adquirido, considere que a Mitsubishi determine que sua produtividade marginal do capital seja de 0,5 carro pequeno por hora nesse novo nível de produção, e que o capital seja adquirido em um mercado altamente competitivo. O mesmo estudo indica que o preço médio de venda do menor carro da Mitsubishi é de ¥ 950 mil. Determine a taxa à qual a Mitsubishi pode alugar capital e a produtividade marginal do trabalho nesse novo nível de produção estabelecido como meta. Para minimizar custos, a empresa deve contratar capital e trabalho até que a taxa marginal de substituição técnica atinja qual proporção?

19. A Hyundai Heavy Industries Co. é uma das maiores produtoras industriais da Coreia. De acordo com um artigo da *Business Week Online*, a empresa não é apenas um dos maiores estaleiros do mundo, mas também produz outros produtos industriais, variando de equipamentos para construção e motores náuticos a motores para usinas e refinarias de petróleo ao redor do mundo. Apesar de ser uma grande força industrial na Coreia, diversas divisões não são lucrativas ou "estão sangrando tinta vermelha", segundo o artigo. De fato, no último ano, a divisão de motores para usinas e refinarias de petróleo registrou um prejuízo de $105 milhões ou 19% de suas vendas. A Hyundai Heavy Industries recentemente contratou um novo CEO, encarregado de trazer de volta as divisões não lucrativas a uma situação positiva. De acordo com a *Business Week*, o CEO direcionado ao lucro encaminhou o seguinte ultimato aos gerentes de divisões: "... parem de perder dinheiro nos negócios e gerem lucros no período de um ano – ou demitam-se". Suponha que você seja o gerente da divisão de motores náuticos, a qual não foi lucrativa em sete dos últimos 10 anos. Enquanto você atua na indústria de motores náuticos, altamente competitiva, seu principal cliente é a divisão altamente lucrativa de estaleiros da Hyundai. Esse estreito relacionamento acontece, em grande parte, devido às especificações técnicas relativas aos motores na construção de navios. Suponha que em seu relatório de fim de ano ao CEO você apresente que, embora sua divisão tenha reduzido custos em 10%, ela permaneceu não lucrativa. Escreva um argumento ao CEO explicando por que sua divisão não deve ser fechada. Que condições devem ser mantidas para que seu argumento resista às críticas do CEO?

20. Em consequência de um ciclone, uma executiva tirou licença (não remunerada) de um mês de seu trabalho, que paga um salário de $4 mil por mês, para admi-

nistrar um quiosque de venda de água potável fresca para consumo humano. Durante o mês em que se dedicou à sua iniciativa, a empreendedora pagou ao governo $2 mil de aluguel do quiosque e comprou água de um atacadista local ao preço de $1,23 por galão. Escreva uma equação que resuma a função de custo de sua operação, bem como equações que representem os custos marginal, variável médio, fixo médio e médio total da venda de água potável no quiosque. Se os consumidores estão dispostos a pagar $2,00 para comprar cada galão de água, quantas unidades ela deveria ter vendido para obter lucro? Explique detalhadamente.

21. Você é o gerente de uma grande (porém de capital fechado) loja *on-line* que atualmente utiliza 17 trabalhadores não especializados e 6 semi-especializados em seu estoque para empacotar e despachar os produtos vendidos *on-line*. Sua empresa paga aos trabalhadores não especializados o salário-mínimo e paga aos semi-especializados $7,75 por hora. Em 17 de janeiro de 2007, você leu no *The Wall Street Journal* que o Congresso havia aprovado (com uma margem de três para um) uma legislação que poderia aumentar o salário-mínimo de $5,15 para $7,25 por hora ao longo de dois anos. Discuta as implicações dessa legislação sobre as operações de sua empresa e, em particular, sobre sua combinação ótima de insumos e decisões de investimentos de longo prazo.

Exercícios baseados em casos

Seu instrutor pode dar exercícios adicionais (chamados memos), que requerem a aplicação de algumas das ferramentas aprendidas neste capítulo, para fazer recomendações baseadas em cenários reais de negócios. Alguns desses memos acompanham o Caso Time Warner (páginas 548-583 do seu livro). Memos adicionais, assim como dados que podem ser úteis para a sua análise, estão disponíveis *on-line* em www.mhhe.com/baye6e.

Referências

Anderson, Evan E.; Chen, Yu Min. "Implicit Prices and Economies of Scale of Secondary Memory: The Case Of Disk Drives." *Managerial and Decision Economics*, v. 12, n. 3, p. 241-248, jun. 1991.

Carlsson, Bo; Audretsch, David B.; Acs, Zoltan J. "Flexible Technology and Plant Size: U.S. Manufacturing and Metalworking Industries." *International Journal of Industrial Organization*, v. 12, n. 3, p. 359-372, 1994.

Eaton, C. "The Geometry of Supply, Demand, and Competitive Market Structure with Economies of Scope." *American Economic Review*, v. 81, p. 901-911, set. 1991.

Ferrier, Gary D.; Lovell, C. A. Knox. "Measuring Cost Efficiency in Banking: Econometric and Linear Programming Evidence." *Journal of Econometrics*, v. 46, n. 12, p. 229-245, out./nov. 1990.

Gold, B. "Changing Perspectives on Size, Scale, and Returns: An Interpretive Survey." *Journal of Economic Literature*, v. 19, n. 1, p. 5-33, mar. 1981.

Gropper, Daniel M. "An Empirical Investigation of Changes in Scale Economies for the Commercial Banking Firm, 1979–1986." *Journal of Money, Credit, and Banking*, v. 23, n. 4, p. 718-727, nov. 1991.

Kohn, Robert E.; Levin, Stanford L. "Complementarity and Anticomplementarity with the Same Pair of Inputs." *Journal of Economic Education*, v. 25, n. 1, p. 67-73, 1994.

Mills, D. "Capacity Expansion and the Size of Plants." *Rand Journal of Economics*, n. 21, p. 555-566, 1990.

Apêndice
O cálculo de produção e de custos

Uso de insumos que maximize lucro

Nesta seção, utilizamos o cálculo para mostrar que o nível de maximização de lucros de um insumo é o nível no qual o valor marginal do produto do insumo é igual ao preço do insumo. Considere que P represente o preço do produto, Q, o qual é produzido por meio da função de produção $F(K, L)$. Os lucros da empresa são

$$\pi = PQ - wL - rK$$

PQ é a receita da empresa, e wL e rK são os custos do trabalho e do capital, respectivamente. Uma vez que $Q = F(K, L)$, o objetivo do gerente é escolher K e L de forma que maximize

$$\pi = PF(K, L) - wL - rK$$

A condição de primeira ordem para maximizar essa função requer que tornemos a primeira derivada igual a zero:

$$\frac{\partial \pi}{\partial K} = P\frac{\partial F(K, L)}{\partial K} - r = 0$$

e

$$\frac{\partial \pi}{\partial L} = P\frac{\partial F(K, L)}{\partial L} - w = 0$$

Mas, uma vez que

$$\partial F(K, L)/\partial L = MP_L$$

e

$$\partial F(K, L)/\partial K = MP_K$$

isso implica que para maximizar lucros, $P \times MP_L = w$ e $P \times MP_K = r$; isto é, cada insumo deve ser utilizado no ponto em que seu valor marginal do produto seja igual a seu preço.

A inclinação de uma isoquanta

Nesta seção, utilizamos o cálculo para mostrar que a inclinação de uma isoquanta é o negativo da taxa do produto marginal de dois insumos.

Considere que a função de produção seja $Q = F(K, L)$. Se tomarmos a derivada total dessa relação, temos

$$dQ = \frac{\partial F(K, L)}{\partial K}dK + \frac{\partial F(K, L)}{\partial L}dL$$

Como o produto não se altera ao longo de uma isoquanta, $dQ = 0$. Assim,

$$0 = \frac{\partial F(K, L)}{\partial K}dK + \frac{\partial F(K, L)}{\partial L}dL$$

Resolvendo essa relação para dK/dL resulta

$$\frac{dK}{dL} = -\frac{\partial F(K, L)/\partial L}{\partial F(K, L)/\partial K}$$

Visto que

$$\partial F(K, L)/\partial L = MP_L$$

e

$$\partial F(K, L)/\partial K = MP_K$$

mostramos que a inclinação de uma isoquanta (dK/dL) é

$$\frac{dK}{dL} = -\frac{MP_L}{MP_K}$$

A combinação ótima de insumos

Nesta seção, utilizamos o cálculo para mostrar que, para minimizar o custo de produção, o gerente escolhe insumos de forma que a inclinação da curva isocusto seja igual à TMgST.

Para escolhermos K e L de forma que minimize

$$wL + rK \text{ sujeito a } F(K, L) = Q$$

formamos a lagrangiana

$$H = wL + rK + \mu[Q - F(K, L)]$$

onde μ é o multiplicador de Lagrange. As condições de primeira ordem para um mínimo são

$$\frac{\partial H}{\partial L} = w - \mu\frac{\partial F(K, L)}{\partial L} = 0 \qquad (A-1)$$

$$\frac{\partial H}{\partial K} = r - \mu\frac{\partial F(K, L)}{\partial K} = 0 \qquad (A-2)$$

e

$$\frac{\partial H}{\partial \mu} = Q - F(K, L) = 0$$

Tomando a taxa das Equações (A–1) e (A–2), temos

$$\frac{w}{r} = \frac{\partial F(K, L)/\partial L}{\partial F(K, L)/\partial K}$$

que é

$$\frac{w}{r} = \frac{MP_L}{MP_K} = TMgST$$

A relação entre custos marginais e médios

Por fim, utilizaremos o cálculo para mostrar que a relação entre os custos marginais e médios nos diagramas deste capítulo está, de fato, correta. Se $C(Q)$ é a função de custo (a análise que se segue é válida tanto para os custos totais quanto para os variáveis, de forma que não distinguimos entre eles aqui), o custo médio é $AC(Q) = C(Q)/Q$. A mudança no custo médio em virtude de uma mudança no insumo é simplesmente a derivada do custo médio com relação à produção. Tomando a derivada de $AC(Q)$ com relação a Q e usando a regra do quociente, observamos que

$$\frac{dAC(Q)}{dQ} = \frac{Q(dC/dQ) - C(Q)}{Q^2} = \frac{1}{Q}[MC(Q) - AC(Q)]$$

uma vez que $dC(Q)/dQ = MC(Q)$. Então, quando $MC(Q) < AC(Q)$, o custo médio declina à medida que a produção aumenta. Quando $MC(Q) > AC(Q)$, o custo médio aumenta à medida que a produção diminui. Por fim, quando $MC(Q) = AC(Q)$, o custo médio da empresa está em seu mínimo.

CAPÍTULO SEIS

A organização da empresa

Manchete

Empresas coreanas investem 30 trilhões de wons em integração vertical

A Samsung Electronics e a LG Electronics – dois fabricantes de produtos digitais sul-coreanos – recentemente anunciaram planos de integração vertical. De acordo com fontes ligadas à indústria, as empresas estão fazendo os investimentos necessários para fabricar produtos como telefones celulares e televisões digitais de maneira autossuficiente. A LG Electronics planeja investir 30 trilhões de wons até 2010 para tornar isso possível, esperando que a economia de custos e a redução de riscos associados à integração vertical justifiquem o investimento.

Se você fosse o responsável pelas decisões na LG Electronics, recomendaria a integração vertical? Explique.

Fonte: "Samsung, LG Speed Up Vertical Integration". *Korea Times*, 16 maio 2004.

Objetivos didáticos

Ao final deste capítulo, você poderá:

- Responder à pergunta da manchete.

- Discutir os *trade-offs* econômicos associados à obtenção de insumos por meio de mercados de fatores, contratos ou integração vertical.

- Identificar quatro tipos de investimentos especializados e explicar como cada um pode levar a barganha custosa, subinvestimento e/ou "problemas de aprisionamento".

- Determinar a maneira ótima de adquirir diferentes tipos de insumos.

- Descrever o problema principal-agente quanto à relação estabelecida entre proprietários e gerentes e discutir três forças que os proprietários podem utilizar para disciplinar os gerentes.

- Descrever o problema principal-agente quanto à relação estabelecida entre gerentes e trabalhadores e discutir quatro ferramentas que o gerente pode utilizar para mitigar os problemas de incentivos no local de trabalho.

Introdução

No Capítulo 5, vimos como um gerente pode selecionar a combinação de insumos que minimize os custos de produção. No entanto, nossa análise deixou sem solução duas questões importantes. Primeira, qual a forma ótima de adquirir a combinação eficiente de insumos? Segunda, como os proprietários de uma empresa podem assegurar-se de que os trabalhadores apliquem empenho máximo consistente com suas capacidades? Neste capítulo, tratamos dessas duas questões.[1]

A Figura 6–1 mostra por que é importante resolver essas duas questões. A função de custo define o custo mínimo possível para produzir cada nível de bens. O ponto A corresponde à situação em que a empresa possui custos excedentes ao custo mínimo necessário para produzir certa quantidade de produtos. No ponto A, 10 unidades estão sendo produzidas com um custo total de $100. Observe que esse custo é maior que os $80 correspondentes ao mínimo necessário para produzir 10 unidades de bens. Ainda que a empresa tenha a combinação correta de insumos, se ela não os obtém de maneira eficiente, ou se seus trabalhadores não estão despendendo o esforço máximo consistente com sua capacidade, os custos serão mais elevados que os mínimos possíveis.

Neste capítulo consideramos técnicas que uma empresa pode utilizar para assegurar-se de que esteja operando em sua função de custo (ponto B, na Figura 6–1) e não acima dele (ponto A). Começamos discutindo três métodos que os gerentes podem empregar para obter os insumos necessários na produção: mercado de insumos, contratos

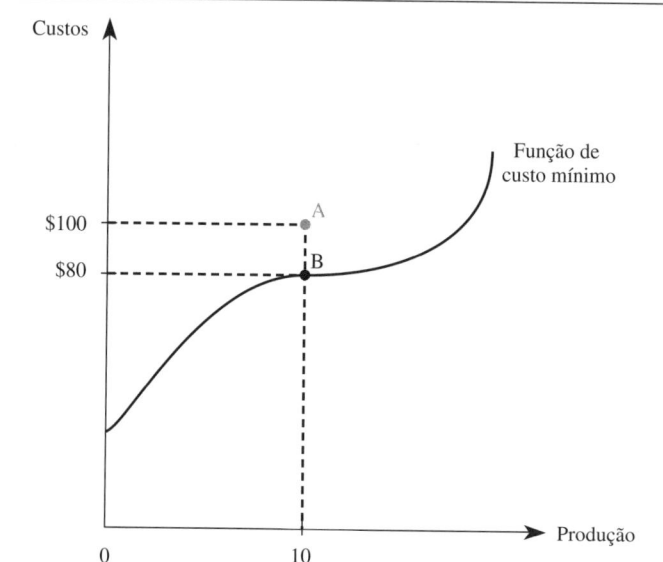

Figura 6–1 Produzindo com custo mínimo

---

[1] Outras dúvidas que permanecem incluem qual a quantidade a produzir e como precificar o produto. Essas questões importantes serão respondidas nos próximos capítulos do livro.

e integração vertical. Para minimizar custos, a organização deve não apenas utilizar todos os insumos eficientemente (a regra da $TMgST_{KL} = w/r$ discutida no capítulo anterior); ela também deve empregar o método com o menor custo para obtenção de insumos. Explicaremos quando é ótimo adquirir os insumos (1) via mercado de insumos, (2) assinando contrato com fornecedores de insumos, ou (3) produzindo-os internamente (integração vertical). Assim, a primeira parte deste capítulo oferece aos gerentes a informação necessária para adquirir dada configuração de insumos de maneira ótima.

A segunda parte do capítulo examina como a empresa pode assegurar-se de que os insumos de trabalho, incluindo gerentes e trabalhadores, estão se empenhando ao máximo conforme suas capacidades. Esta é uma consideração importante porque frequentemente surgem conflitos de interesses entre trabalhadores, gerentes e proprietários. Por exemplo, o gerente pode desejar despender os recursos da empresa em escritórios luxuosos ou em jatos corporativos, enquanto os proprietários preferem que os fundos sejam investidos para aumentar os lucros, o que é mais interessante para eles em função de sua posição como proprietários. Ou os funcionários podem desejar despender mais do seu dia conversando na lanchonete em vez de trabalhando. Quando trabalhadores e proprietários têm conflitos de interesses, existe um problema *principal-agente*. Veremos como os gerentes podem agir e como planos de incentivos aos trabalhadores podem ser desenvolvidos para assegurar que todos os funcionários se empenhem o máximo possível.

Métodos de aquisição de insumos

Um gerente pode utilizar diversas maneiras para obter os insumos necessários para produção do produto final. Considere o gerente de uma locadora de veículos. Um insumo necessário à sua produção (aluguel de carros) é serviço automotivo (troca de óleo, serviços de lubrificação, lavagem e manutenção). O gerente possui três opções: (1) simplesmente levar os carros a uma empresa de serviços automotivos e pagar o preço de mercado; (2) assinar um contrato com uma empresa de serviços automotivos e, quando for necessário, pagar o preço negociado no contrato pelo serviço em particular; ou (3) criar, na empresa, uma divisão de serviços automotivos. Cada um desses métodos em geral implicará diferentes funções de custos na realização de serviços nos carros de aluguel. O trabalho do gerente é escolher um método que minimize os custos. Antes de examinarmos como determinar o melhor método de adquirir certo tipo de insumo, é útil apresentarmos uma visão geral a respeito desses três métodos de aquisição de insumos.

Aquisição de insumos por meio do mercado de fatores

mercado de fatores
Relação informal entre comprador e vendedor em que nenhuma das partes é obrigada a aderir a termos específicos para troca.

Uma maneira de adquirir insumos é utilizar um mercado de fatores. O *mercado de fatores* existe quando o comprador e o vendedor de um insumo se encontram, realizam trocas e seguem seus caminhos distintos. Se o gerente de uma locadora de veículos simplesmente leva o carro a uma das várias empresas que oferecem serviços automotivos e paga pelo trabalho realizado, ele utilizou o mercado de fatores para obter os serviços automotivos. No mercado de fatores, compradores e vendedores são essencialmente "anônimos"; as partes podem realizar uma troca sem saber o nome da outra parte, e não existe relação formal (legal) entre comprador e vendedor.

Uma vantagem importante da aquisição de insumos no mercado de fatores é que a empresa começa a se especializar naquilo que ela faz melhor: converter insumos em produção. O produtor de insumos especializa-se no que ele faz melhor: produzir insumos. O mercado de fatores frequentemente é utilizado quando os insumos são "padronizados". Nesse caso, o agente apenas compra o insumo desejado de um entre muitos fornecedores que o venderão.

Aquisição de insumos por meio de contrato

Contrato é um documento legal que cria uma relação extensa entre comprador e vendedor de insumo. Ele especifica os termos sobre os quais as partes acordam em fazer trocas ao longo de determinado período, digamos, três anos. Por exemplo, o gerente de uma locadora de veículos pode formalizar por meio de um contrato sua relação com uma empresa que ofereça serviços automotivos. Tal contrato especifica a relação de serviços, o preço de cada serviço e as horas durante as quais os carros serão atendidos. À medida que as requisições nos automóveis acontecem, as partes podem estabelecer todas as questões importantes a serem escritas nos contratos. No entanto, se o número de serviços durante a vida do contrato for muito grande, ou se alguns tipos de questões não antecipadas ocorrerem, o contrato pode estar incompleto. Um contrato é incompleto se, por exemplo, um carro necessita de uma nova transmissão e o documento não especifica o preço ao qual a prestadora de serviço oferecerá esse reparo. É claro que isso abre portas para uma disputa entre as duas partes no que se refere ao preço do serviço necessário, porém não especificado no contrato.

Ao adquirir insumos por meio de contratos, a parte compradora aproveita os benefícios de se especializar naquilo que faz melhor, uma vez que a outra empresa efetivamente produz os insumos de que ela necessita. Esse método de obtenção de insumos funciona bem quando é relativamente fácil escrever um contrato que estabeleça as características dos insumos necessários. Uma desvantagem dos contratos é que são custosos; é necessário tempo e frequentemente devem ser pagas taxas legais a fim de se compor um documento que especifique precisamente as obrigações de ambas as partes. Além disso, pode ser extremamente difícil abranger todas as contingências que podem ocorrer no futuro. Desse modo, em ambientes contratuais complexos, os contratos necessariamente serão incompletos.

Produção dos insumos internamente

Por fim, um gerente pode escolher produzir os insumos dentro de sua empresa. Nessa situação, o gerente da locadora de veículos dispensa os serviços de terceiros completamente. Ele estabelece uma unidade de serviços para atender às necessidades automotivas com seus próprios funcionários. A empresa, então, dispensa os serviços de mercado e faz o trabalho internamente Ao abrir mão das ofertas de outros e optar por produzir um insumo internamente, ela está engajada em uma *integração vertical*.

Com a integração vertical, no entanto, a empresa perde os ganhos na especialização que poderia obter se os insumos fossem comprados de um fornecedor independente. Além disso, ela agora precisa gerenciar a produção dos insumos, além da produção do bem final a partir de tais insumos. Isso leva a custos burocráticos associados às organizações. Por outro lado, ao produzir internamente os insumos de que necessita, a empresa não precisa mais recorrer a outras empresas para obter os insumos necessários.

---

contrato
Relação formal entre comprador e vendedor que obriga ambos a realizar trocas nos termos especificados em documento legal.

integração vertical
Situação em que uma empresa produz os insumos requeridos para a realização de seu produto final.

Demonstração 6-1

Determine se as transações a seguir envolvem mercado de fatores, contrato ou integração vertical:

1. A Clone 1 PC é oficialmente obrigada a comprar 300 *chips* de computadores da AMI a cada ano pelos próximos três anos. O preço pago no primeiro ano é de $200 por *chip*, o qual aumentará ao longo do segundo e do terceiro ano à mesma porcentagem à qual os índices de preços aumentarem durante esse período.
2. A Clone 2 PC comprou 300 *chips* de uma empresa que veiculou propaganda na capa de uma revista especializada.
3. A Clone 3 PC produz suas próprias placas-mães e *chips* para seus computadores pessoais.

Resposta:
1. A Clone 1 PC está utilizando um contrato para comprar seus *chips* de computadores.
2. A Clone 2 PC usou um mercado de insumos para adquirir os seus *chips*.
3. A Clone 3 PC utiliza integração vertical para obter seus *chips* e placas-mães.

Custos de transação

custos de transação
Custos associados à aquisição de um insumo excedentes ao montante pago ao fornecedor.

Quando uma empresa adquire um insumo, ela pode incorrer em custos acima do montante efetivamente necessário a ser pago a seus fornecedores. Esses custos são conhecidos como *custos de transação* e desempenham um papel importante na determinação da aquisição ótima de insumos.

Os custos de transação na aquisição de um insumo implicam localizar um vendedor do insumo, negociar o preço e colocar o insumo em uso. Os custos de transação incluem:

1. O custo de procurar um fornecedor que venda determinado insumo.
2. Os custos de negociar um preço ao qual o insumo será comprado. Esses custos podem ser em termos de oportunidade, taxas legais e assim por diante.
3. Outros investimentos e despesas necessárias para facilitar a troca.

Muitos custos de transação são óbvios. Por exemplo, se o fornecedor cobrar um preço de $10 por unidade, mas exigir que você pague pelo transporte do insumo, os custos de transação incluirão a despesa com os caminhões e as pessoas necessárias para "entregar" o insumo em sua empresa. Claramente, o preço relevante do insumo envolve não apenas os $10 por unidade, mas também os custos de transação de transportar o insumo para sua empresa.

Alguns custos de transação importantes, no entanto, são menos óbvios. Para entendermos os custos "escondidos", devemos distinguir entre custos de transação específi-

investimento especializado
Despesa que deve ser feita para permitir a duas partes realizar trocas, mas que possui pouco ou nenhum valor em qualquer uso alternativo.

cos a uma relação de trocas e aqueles que são gerais por natureza. A chave é a noção de investimento especializado. Um *investimento especializado* ocorre em uma troca em particular que não pode ser recuperada em outra relação de troca. Por exemplo, suponha que, para se assegurar da qualidade de parafusos, seja necessário despender $100 em uma máquina que teste a força das peças. Se a máquina for útil apenas para testar um tipo de parafuso e o investimento na máquina for um custo irreparável (e, portanto, não recuperável), este é um investimento especializado. Em contraste, se a máquina pode ser vendida a seu preço de compra ou utilizada para testar a qualidade de parafusos produzidos por outras empresas, ela não representa um investimento especializado.

troca de relacionamento específico
Um tipo de troca que ocorre quando as partes de uma transação realizaram investimentos especializados.

Quando investimentos especializados são requeridos para facilitar uma troca, a relação resultante entre as partes é conhecida como *troca de relacionamento específico*. A característica que distingue uma troca de relacionamento específico é que as duas partes estão "amarradas" em função dos investimentos específicos realizados para facilitar as trocas entre elas. Como veremos, essa característica frequentemente cria custos de transação em virtude da natureza irreparável dos investimentos específicos.

Tipos de investimentos especializados

Antes de examinarmos como investimentos especializados afetam os custos de transação e o método ótimo de adquirir insumos, é importante reconhecer que eles ocorrem de diversas maneiras. Exemplos comuns de diferentes tipos de investimentos especializados são apresentados a seguir.

Especificidade do local

A *especificidade do local* acontece quando o comprador e o vendedor de um insumo devem estabelecer suas indústrias próximas uma da outra para poderem realizar as trocas. Por exemplo, indústrias de energia elétrica frequentemente estão localizadas próximo a uma mina de carvão, para minimizar os custos de transporte na obtenção do carvão; o produto (eletricidade) é menos dispendioso para ser carregado do que um insumo (o carvão). O custo de construir as duas fábricas próximas uma da outra representa investimento especializado que poderia ter pouco valor se as partes não estivessem envolvidas em trocas.

Especificidade de ativos físicos

A *especificidade de ativos físicos* se refere à situação em que os bens de capital necessários para produzir um insumo são projetados para atender às necessidades de um comprador em particular e não podem ser prontamente adaptados para produzir insumos de que outros compradores necessitem. Por exemplo, se a produção de um cortador de grama requer uma máquina especial que seja útil apenas para produzir motores para um único comprador, a máquina é um ativo físico específico para a produção de motores.

Ativos dedicados

Ativos dedicados são investimentos gerais realizados por uma empresa que permitem a ela realizar trocas com um comprador em particular. Por exemplo, suponha que um fabricante de computadores abra uma nova linha de produção para lhe permitir produzir equipamentos suficientes para um grande comprador estatal. Se a abertura dessa nova linha de produção for lucrativa apenas se o governo efetivamente comprar os computadores, o investimento representa um ativo dedicado.

Capital humano

Um quarto tipo de investimento especializado é o *capital humano*. Em muitas relações de emprego, os funcionários devem adquirir habilidades específicas para trabalhar em determinada empresa. Se essas habilidades não forem úteis ou transferíveis a outros empregadores, elas representam um investimento especializado.

Implicações dos investimentos especializados

Agora que você tem uma compreensão geral dos investimentos especializados e das relações específicas de troca, examinaremos como a presença de investimentos especializados pode afetar os custos de transação na aquisição de insumos. Os investimentos especializados aumentam os custos de transação porque levam a (1) barganha custosa, (2) subinvestimento e (3) oportunismo.

Barganha custosa

Em situações em que os custos de transação são baixos e o insumo desejado é de qualidade uniforme e vendido por muitas empresas, o preço do insumo é determinado pelas forças de oferta e de demanda. Quando os investimentos especializados não são requeridos para facilitar a troca, pouco tempo é despendido na negociação do preço. O cenário difere, no entanto, se investimentos especializados forem requeridos para obter o insumo.

Investimentos especializados implicam que apenas algumas partes estejam preparadas para uma relação de troca. Não existe outro fornecedor capaz de oferecer o insumo necessário no momento específico; obter um insumo de que o comprador necessita requer realizar um investimento especializado antes de o insumo se tornar disponível. Consequentemente, em geral não existirá "preço de mercado" para o insumo; cada uma das duas partes na relação específica de troca barganha com a outra em relação ao preço ao qual o insumo será comprado e vendido. O processo de barganha geralmente é custoso à medida que cada lado emprega negociadores para obter um preço mais favorável. As partes também podem comportar-se estrategicamente para melhorar suas posições de barganha. Por exemplo, o comprador pode recusar-se a aceitar a entrega para forçar o vendedor a oferecer um preço menor. Podem ser dados ultimatos. O fornecedor pode reduzir a qualidade do insumo e o comprador pode reclamar a respeito da qualidade por meio de advogados. Todos esses fatores geram custos de transação enquanto as duas empresas negociam um preço para o insumo.

Subinvestimento

Quando investimentos especializados são requeridos para facilitar trocas, o nível desse investimento com frequência é mais baixo que o considerado ótimo. Para entender por quê, suponha que o investimento especializado seja capital humano. Para trabalhar em determinada empresa, um funcionário deve primeiro investir seu tempo em aprender a realizar algumas tarefas. Se ele perceber que ficará pouco tempo na organização (devido à possibilidade de uma oferta melhor), não se dedicará a aprender as tarefas com tanto afinco. Por exemplo, se você planeja se transferir para outra universidade no final do semestre, não investirá pesadamente em aprender a utilizar os serviços da biblioteca da faculdade em que se encontra. Um investimento em aprendizado a respeito dos serviços da biblioteca é em capital humano específico para a universidade atual, e terá pouco valor em outra instituição com serviços bibliotecários completamente diferentes.

Problemas similares existem com outros tipos de investimentos especializados. Se o fornecedor deve investir em uma máquina específica para produzir um insumo utilizado por um comprador particular (especificidade de ativo físico), ele pode investir em uma máquina menos cara que produza um insumo de qualidade inferior. Isso acontece em função de o fornecedor reconhecer que a máquina não será útil se o comprador decidir negociar com outra empresa, situação na qual o fornecedor estará "preso" a uma máquina cara que não pode utilizar. Os investimentos especializados podem ser menores do que os ótimos, resultando em custos de transação mais elevados devido ao insumo produzido ser de qualidade inferior.

Oportunismo e o "problema de aprisionamento"

Quando o investimento especializado deve ser realizado para adquirir um insumo, tanto o comprador quanto o vendedor podem se sentir tentados a capitalizar sobre a natureza "irreversível" do investimento, ao se engajarem em *oportunismo*. Suponha que o comprador de um insumo deva realizar um investimento específico de $10 – digamos, o custo de verificar a qualidade de um insumo de um fornecedor em particular. O gerente sabe que existem muitas empresas dispostas a vender o insumo ao preço de $100, de forma que faz sua escolha de maneira aleatória e despende $10 inspecionando o insumo. Uma vez que o gerente tenha pago os $10, o fornecedor busca obter vantagem do investimento especializado e comporta-se de maneira oportunista: ele busca "aprisionar" o gerente pedindo um preço de $109 − $9 mais que o cobrado por todos os outros fornecedores. Pelo fato de o gerente já ter despendido $10 inspecionando o produto da empresa, é melhor pagar os $109 do que gastar $10 adicionais inspecionando os insumos de outros fornecedores. Afinal de contas, mesmo que outro fornecedor não se engaje em comportamento oportunista, custaria à empresa $10 + $100 = $110 inspecionar e comprar o insumo de outro fornecedor. Este é o "problema do aprisionamento": uma vez que a organização realize um investimento especializado, a outra parte pode buscar apropriar-se desse investimento ao tomar vantagem de sua natureza irreparável. Esse comportamento, é claro, pode tornar as empresas relutantes a se envolver em relações de investimento específico em primeiro lugar, a menos que possam estruturar contratos para mitigar o problema de aprisionamento.

Em muitas situações, ambos os lados de uma relação de troca necessitam realizar investimentos especializados; nesses casos, ambos podem engajar-se no oportunismo. Por exemplo, suponha que uma montadora de veículos necessite de virabrequins como insumo para montar um motor. Estes são insumos especializados projetados para uso específico de fabricantes de automóveis, e requerem um investimento por parte do produtor em um bem de capital altamente exclusivo para produzi-los. Se o fabricante não vender os virabrequins à montadora, o investimento da montadora de automóveis em continuar a produção do motor será efetivamente inútil. Do mesmo modo, se a montadora de veículos não comprar os virabrequins, o investimento no bem de capital do fornecedor será perdido, pois o equipamento não é projetado para

> **Por dentro dos negócios 6-1**
>
> **O custo de utilizar um método ineficiente de aquisição de insumos**
>
> Um estudo interessante de Scott Masten, James Meehan e Edward Snyder não apenas quantifica os custos de transação de adquirir insumos, mas aponta o custo elevado dos gerentes em utilizar um método inapropriado para adquiri-los.
>
> Com base nas decisões de aquisição de uma companhia de construção naval, o estudo revela que os custos de transação chegaram a 14% do total gasto na construção de um navio. Os custos de transação são componentes importantes; os gerentes devem considerá-los quando tomam decisões.
>
> Qual é o preço de não considerar cuidadosamente os custos de transação quando se está decidindo qual método utilizar para adquirir um insumo? Os autores do estudo informam que uma integração perdida – isto é, produzir internamente um componente que deveria ter sido comprado de terceiro – aumentou os custos de transação em uma média de 70%. Terceirizar trabalho, que poderia ser feito de maneira eficiente dentro da empresa, por outro lado, aumentou os custos de transação em cerca de 300%. A economia de custo potencial para uma companhia que escolhe o melhor método de adquirir insumos é, portanto, substancial.
>
> Fonte: Scott Masten, James Meehan e Edward Snyder. "The Costs of Organization." *Journal of Law, Economics and Organization*, n. 7, p. 1-25, 1991.

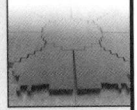

atender às necessidades de outro fabricante de veículo. Os investimentos de ambas as partes devem estar amarrados em uma relação de troca específica, o que oferece a cada empresa um incentivo potencial a se engajar no comportamento oportunista. Uma vez que o fornecedor investiu no equipamento para produzir virabrequins, a montadora de automóveis pode buscar capitalizar sobre a natureza irreparável do investimento pedindo um preço mais baixo. Por outro lado, se a montadora de automóveis atingir o estágio de produção em que deve utilizar virabrequins para terminar os carros, o fornecedor pode pedir um preço mais elevado para capitalizar sobre a natureza irreparável do investimento realizado pela montadora. O resultado é que as duas partes despendem tempo considerável negociando sobre quanto será pago pelos virabrequins, aumentando, então, os custos de transação na aquisição do insumo.

Aquisição ótima de insumos

Examinaremos agora como um gerente deve adquirir insumos para minimizar custos. O método de minimização de custos dependerá da dimensão da relação específica de troca.

Mercado de fatores

O caminho mais direto para uma empresa obter insumos para um processo de produção é utilizar o mercado de fatores. Se não existirem custos de transação e houver muitos compradores e vendedores no mercado de fatores, o preço de mercado (digamos, p^*) é determinado pela intersecção das curvas de oferta e de demanda pelo insumo. O gerente pode facilmente obter o insumo de um fornecedor escolhido de maneira aleatória ao pagar o preço de p^* por unidade do insumo. Se qualquer fornecedor cobra um preço maior que p^*, o gerente pode declinar e comprar o insumo de outro fornecedor ao preço de p^*.

Por que, então, um gerente pode querer utilizar um contrato ou ter de despender recursos em integração vertical e produzir os insumos internamente? A razão é que, em situações de investimentos especializados, o mercado de fatores não previne o comprador do oportunismo; as partes podem acabar despendendo tempo considerável barganhando preço e incorrer em substanciais custos se a negociação não gerar resultados. Esses problemas ocorrerão sempre que o comprador buscar unidades adicionais do insumo. Além disso, como notado anteriormente, o insumo comprado pode ser de qualidade inferior devido ao subinvestimento em investimentos especializados necessários para facilitar a troca.

Demonstração 6-2

Jiffyburger, um restaurante de *fast-food*, vende aproximadamente 8 mil hambúrgueres por semana. Para atender à demanda, a Jiffyburger necessita de 2 mil quilos de carne entregues em seu estabelecimento toda segunda-feira às 8 horas da manhã, pontualmente.

1. Como gerente da Jiffyburger, que problemas você poderia antecipar se adquirisse carne por meio de um mercado de fatores?
2. Como gerente de uma empresa que vende carne, que problema você anteciparia se ofertasse carne para a Jiffyburger por meio do mercado de fatores?

Resposta:

1. Embora a carne para hambúrguer seja um produto relativamente padronizado, a entrega de uma tonelada de carne para determinada loja envolve investimentos especializados (na forma de ativos dedicados) tanto por parte da Jiffyburger quanto do fornecedor. Em particular, a Jiffyburger pode se deparar com um problema se o fornecedor aparecer às 8 horas da manhã e decidir não entregar a carne, a menos que a Jiffyburger pague a ele uma "liberação"; seria difícil encontrar outro fornecedor que suprisse a quantidade desejada em tão pouco tempo. O fornecedor poderia até mesmo tentar entregar carne de qualidade inferior. Desse modo, a Jiffyburger não está protegida do oportunismo, barganha e subinvestimento em qualidade quando utiliza o mercado de fatores para adquirir uma quantidade grande de carne.
2. Ao aparecer na Jiffyburger às 8 horas da manhã com uma tonelada de carne, o fornecedor também está sujeito a um problema potencial. Suponha que a Jiffyburger se comporte de maneira oportunista e peça a 10 outros fornecedores que também apareçam com uma tonelada de carne às 8 horas da manhã. Se cada fornecedor preferir entregar a carne a um preço menor a deixá-la estragar, a Jiffyburger pode barganhar com eles para obter um grande negócio. Nesse caso, cada fornecedor está se arriscando a vender a um preço menor ou não vender, uma vez que não está protegido do oportunismo em virtude da utilização do mercado de fatores.

Quando a aquisição de um insumo requer investimentos especializados substanciais, o mercado de fatores leva a resultados com altos custos de transação devido ao oportunismo, custos de barganha e subinvestimento. Claramente, os gerentes devem considerar alternativas ao mercado de fatores quando os insumos requererem investimentos especializados substanciais.

Contratos

Dada a perspectiva do problema de aprisionamento e a necessidade de barganhar com relação ao preço toda vez que um insumo deve ser comprado, uma estratégia alternativa é adquiri-lo de um fornecedor sob contrato apropriadamente estruturado. Embora um contrato em geral requeira despesas substanciais em termos de negociações, honorários advocatícios, entre outros, ele oferece diversas vantagens. Primeiro, pode especificar os preços dos insumos antes que as partes realizem os investimentos especializados. Essa característica reduz a magnitude do oportunismo custoso. Por exemplo, se o gerente no Demonstração 6–2 houvesse escrito um contrato que especificasse um preço e uma quantidade de carne antes que os investimentos especializados tivessem sido realizados, poderia não estar sujeito ao problema de aprisionamento. Ambas as partes poderiam estar legalmente obrigadas a honrar preços e quantidades contratados.

Segundo, ao garantir um preço aceitável por ambas as partes por determinado tempo, o contrato reduz o incentivo para ambos, comprador ou vendedor, em restringir os investimentos especializados requeridos para a troca. Por exemplo, um trabalhador que tenha um contrato que garanta o emprego por três anos terá maiores incentivos a investir em capital humano específico àquela empresa. Similarmente, se a empresa sabe que o trabalhador estará lá por três anos, se disporá a investir em mais treinamento para o trabalhador.

Demonstração 6-3

No mundo real, praticamente todas as compras envolvem algum tipo de investimento especializado. Por exemplo, ao se dirigir a um supermercado, você investe tempo (e gasolina) que terá sido útil apenas se você comprar alimentos naquele supermercado. Por que, então, os consumidores não assinam contratos com os supermercados para evitar que estes se engajem em oportunismo uma vez que os clientes já estejam dentro da loja?

Resposta:

O custo de se dirigir a outro supermercado se você desistir daquela loja é relativamente baixo: o caixa pode estar apto a extrair alguns centavos extras de um saco de feijão, mas não muito mais. Quando os investimentos especializados envolvem apenas uma pequena soma de dinheiro, o custo potencial de desistir é muito baixo comparado ao custo de escrever um contrato para se proteger do oportunismo. Não faz sentido pagar a um advogado $200 para redigir um contrato que pode potencialmente levar você a economizar alguns centavos. Além disso, quando apenas um pequeno ganho pode ser obtido ao engajar-se em um comportamento oportunista, o supermercado não terá interesse em penalizar os consumidores. Se o supermercado busca vantagens de um investimento especializado minúsculo em relação ao consumidor, este pode tentar convencer outras pessoas a não mais comprar naquela loja. Nessa situação, os poucos centavos adicionais extraídos do consumidor não compensarão a perda de futuros negócios. Essencialmente, há um acordo implícito entre as duas partes – não um acordo que seja executável judicialmente, mas que pode ser compelido pelos consumidores em ações futuras. Quando os ganhos do comportamento oportunista são pequenos comparados aos custos de um contrato, contratos formais não se desenvolverão. No entanto, quando os ganhos do oportunismo forem suficientemente grandes, contratos formais serão necessários para prevenir o comportamento oportunista.

Figura 6–2 Duração ótima de um contrato

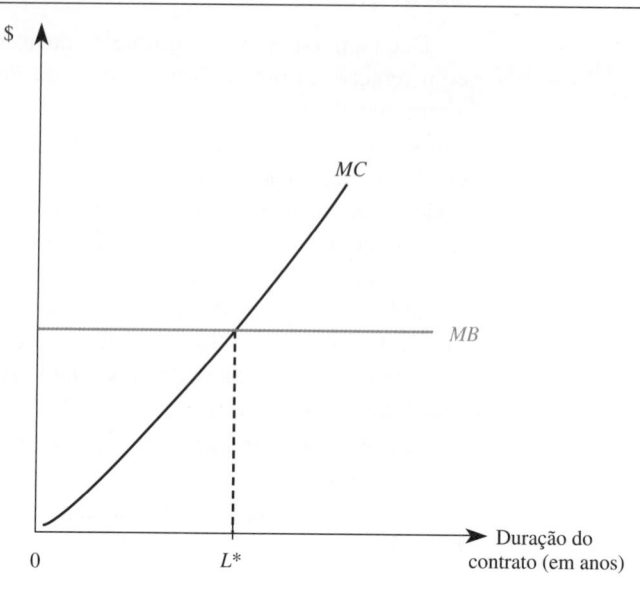

[Gráfico: eixo vertical $, eixo horizontal Duração do contrato (em anos); curva MC crescente e convexa; reta horizontal MB; interseção no ponto L^*]

Uma vez que se tenha decidido utilizar um contrato para a aquisição de um insumo, quanto deve durar o contrato? A duração "ótima" reflete um *trade-off econômico* fundamental entre os custos marginais e os benefícios marginais de estender a validade de um contrato. O custo marginal (*MC*) aumenta à medida que o contrato se torna mais longo, como mostra a Figura 6–2. Isso ocorre porque quanto mais longos os contratos, mais tempo e dinheiro devem ser despendidos em redigi-los, com um número maior de contingências hipotéticas (por exemplo, "se uma era do gelo começar, o preço será..."). Pode ser fácil especificar um preço mutuamente aceitável para um contrato que seja executado amanhã, mas em um acordo de 10 anos é difícil (e custoso) escrever cláusulas que incluam contingências e preços para cada ano do contrato. Além disso, quanto mais longo o contrato, mais preso o comprador está ao vendedor e maior a possibilidade de que outros fornecedores ofereçam um insumo a um custo menor no futuro. Em outras palavras, quanto mais longo o contrato, menor a flexibilidade da empresa em escolher um fornecedor. Por essas razões, o custo marginal do prazo de um contrato na Figura 6–2 é uma curva positivamente inclinada.

O benefício marginal (*MB*) de estender o contrato por outro ano são os custos de transação do oportunismo e da barganha que foram evitados. Os benefícios podem variar com a duração do contrato, mas para simplificar desenhamos uma curva *MB* reta na Figura 6–2. A duração ótima do contrato, L^*, é o ponto em que os custos marginais e os benefícios marginais da duração do contrato são iguais.

A duração ótima do contrato aumentará quando o nível de investimento especializado requerido para facilitar uma troca aumentar. Para entender por quê, observe que, à medida que os investimentos especializados se tornam mais importantes, as partes se deparam com custos de transação mais elevados quando o contrato expira. Pelo fato de esses custos poderem ser evitados ao se estabelecerem contratos mais longos,

Figura 6-3 Investimentos especializados e duração do contrato

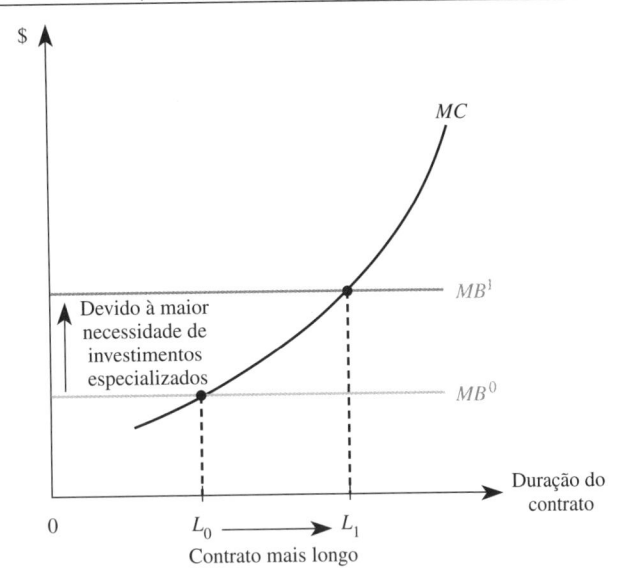

níveis mais elevados de investimentos especializados aumentam o benefício marginal de redigir contratos mais longos de MB^0 para MB^1 na Figura 6–3. O resultado é uma elevação no prazo ótimo do contrato de L_0 para L_1.

O prazo ótimo do contrato também depende de fatores que afetam o custo marginal de redigir contratos mais longos. Quando um insumo se torna mais padronizado e o ambiente econômico mais estável, o custo marginal dos contratos mais longos na Figura 6–4 diminui de MC^0 para MC^1. Isso reduz a complexidade do ambiente

Figura 6-4 Ambiente contratual e duração do contrato

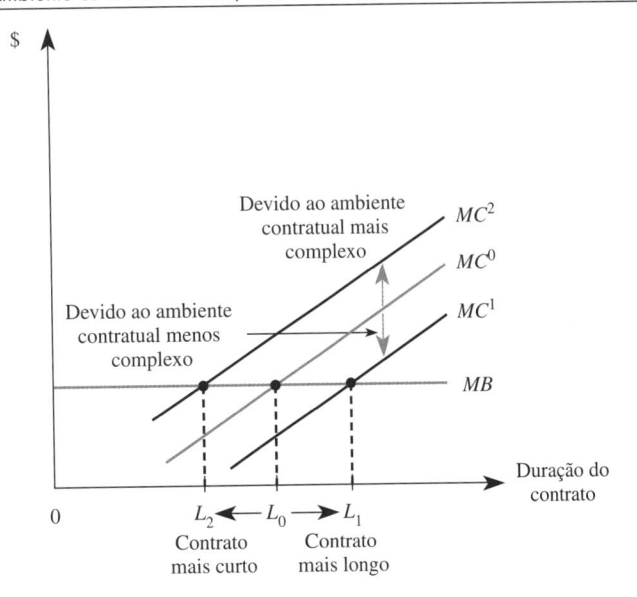

contratual e leva a prazos ótimos de contratos mais longos (de L_0 para L_1). Em contraste, à medida que o insumo se torna mais complexo e o ambiente econômico futuro mais incerto, os contratos devem ser elaborados com mais detalhes. Esse aumento na complexidade do ambiente contratual eleva o custo marginal de contratos mais longos de MC^0 para MC^2 na Figura 6–4. Contratos ótimos, nesse caso, terão duração mais curta.

Quando o prazo do contrato diminui em decorrência da complexidade do ambiente contratual, as empresas devem continuamente escrever novos contratos conforme os atuais expiram. Recursos consideráveis são despendidos em honorários advocatícios e barganha com relação aos termos dos contratos, e em razão da complexidade do ambiente contratual não é eficiente redigir contratos mais longos para reduzir custos. Uma vez visualizado tal aspecto, um gerente pode desejar utilizar outro método para adquirir o insumo necessário: pode integrar-se verticalmente e produzi-lo internamente.

Integração vertical

Quando investimentos especializados geram custos de transação (devido ao oportunismo, custos de barganha ou subinvestimento) e quando o produto em questão é extremamente complexo, ou o ambiente econômico é cheio de incerteza, contratos completos serão extremamente custosos ou mesmo impossíveis de serem redigidos. A única escolha para a empresa é se aparelhar para produzir um insumo internamente. Esse processo é chamado *integração vertical*, porque altera o fluxo de produção da empresa no sentido de produzir os insumos básicos. Por exemplo, a maioria das montadoras de automóveis produz seus próprios para-choques de aço e plástico, tendo integrado verticalmente o processo de produção da montagem de automóveis para a fabricação de partes de funilaria.

A vantagem da integração vertical é que a companhia "evita o intermediário" ao produzir seus próprios insumos. Isso reduz o oportunismo por unificar e integrar uma empresa anteriormente composta por divisões. Embora a estratégia pareça desejável, em geral, por mitigar os custos de transação pela eliminação do mercado, ela possui algumas desvantagens. Os gerentes devem trocar a disciplina do mercado por um mecanismo regulatório interno, tarefa formidável para qualquer um que esteja familiarizado com a falência do planejamento central, frequente em economias que não são de mercado. Além disso, a empresa deve assumir o custo de desenvolver toda a estrutura de fabricação de um produto que, no máximo, será tangencialmente relacionado à linha principal de negócios da organização; a empresa não mais se especializa naquilo que faz de melhor. Por causa dessas dificuldades, a integração vertical deve ser vista como última alternativa, adotada apenas quando o mercado de fatores ou os contratos tiverem falhado.

O *trade-off* econômico

O método de minimização de custo na aquisição de um insumo depende das características do insumo. O fato de um gerente optar pelo mercado de fatores ou por um método alternativo como o contrato ou a integração vertical depende da importância dos investimentos especializados que levam a uma troca de relacionamento específico. As questões básicas envolvidas são ilustradas na Figura 6–5.

Figura 6-5 Aquisição ótima de insumos

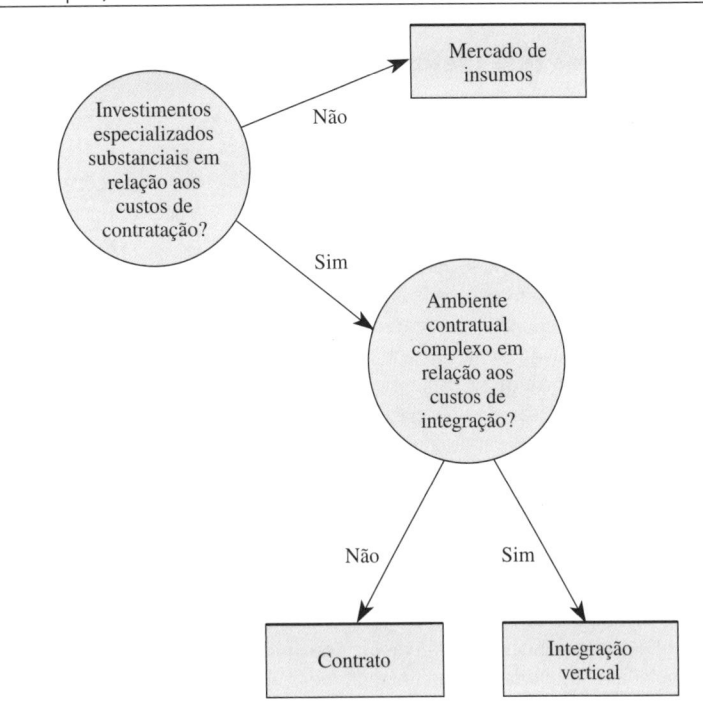

```
                    Não      ┌──────────┐
        ╭─────────╮─────────►│ Mercado de│
        │Investimentos│      │ insumos   │
        │especializados│     └──────────┘
        │substanciais em│
        │relação aos   │
        │custos de     │
        │contratação?  │
        ╰─────────╯
              │ Sim
              ▼
        ╭─────────╮
        │Ambiente  │
        │contratual│
        │complexo em│
        │relação aos│
        │custos de  │
        │integração?│
        ╰─────────╯
         Não    Sim
         ▼       ▼
    ┌────────┐ ┌──────────┐
    │Contrato│ │Integração│
    │        │ │vertical  │
    └────────┘ └──────────┘
```

Quando o insumo desejado não envolve investimentos especializados, a empresa pode utilizar o mercado de fatores para obtê-lo sem se preocupar com o oportunismo e os custos de barganha. Ao comprar o insumo de um fornecedor, ela pode especializar-se naquilo que faz de melhor em vez de despender dinheiro com contratos ou engajando-se na integração vertical.

Quando os investimentos especializados substanciais são requeridos para facilitar as trocas, gerentes devem pensar duas vezes em utilizar o mercado de fatores para comprar os insumos. Investimentos especializados levam a oportunismo, custos de barganha e subinvestimento; tais custos de transação por utilizar o mercado de fatores frequentemente podem ser reduzidos por meio de algum outro método de aquisição de insumo. Quando o ambiente contratual é simples e o custo de um contrato é menor que os de transação associados ao mercado de fatores, é ótimo adquirir o insumo por meio de um contrato. Nesse caso, a duração ótima do contrato é determinada pela interseção do custo marginal com os benefícios marginais de contratos mais longos, como previamente ilustrado na Figura 6-2.

Por fim, se investimentos especializados substanciais são requeridos e o insumo desejado possui características complexas, difíceis de especificar em um contrato, ou quando é muito custoso incluir todas as cláusulas necessárias para proteger as partes de mudanças futuras, o gerente deve integrar verticalmente para minimizar o custo de aquisição de insumos para a produção – desde que os custos de integração não sejam elevados demais. Nessa situação, a empresa produz o insumo internamente. Ela não se especializa no que faz de melhor, mas a eliminação do oportunismo, barganha e subinvestimento mais do que compensa a falta de especialização.

> **Por dentro dos negócios 6-2**
>
> ## Fatores que afetam a duração de contratos de carvão e gás natural
>
> Dois estudos examinaram como os investimentos especializados e o ambiente contratual afetam a duração de contratos. Paul Joskow estudou o efeito de investimentos especializados sobre a duração de contratos entre minas de carvão e fornecedores de eletricidade. À medida que aumenta a importância dos investimentos especializados, os custos de transação decorrentes do oportunismo e da barganha também se elevam, de forma que contratos mais longos são desejáveis. Joskow descobriu que a especificidade do local (a necessidade de as empresas de energia elétrica estarem localizadas próximo a minas de carvão) aumentou a duração dos contratos em uma média de 12 anos. Ele também concluiu que o grau de especificidade de ativos físicos afetou a duração dos contratos. Como cada etapa de geração de energia utiliza equipamentos projetados para queimar um tipo específico de carvão, indústrias projetadas para a queima de carvão de baixa energia estavam altamente ligadas a seus fornecedores porque havia poucas alternativas de transporte. Indústrias projetadas para utilizar alta energia, por outro lado, podiam comprar de numerosos fornecedores. Uma vez que a especificidade dos ativos físicos é mais pronunciada entre transações envolvendo o carvão da região oeste, o contrato médio para o carvão dessa região foi 11 anos mais longo do que os redigidos para o carvão da região leste.
>
> Keith Crocker e Scott Masten analisaram como mudanças no ambiente contratual afetaram a duração de contratos entre proprietários de poços de gás natural e proprietários de tubulações de gás natural. Historicamente, esses contratos eram longos em virtude dos investimentos especializados envolvidos na montagem das tubulações e exploração dos poços. Durante o início da década de 1970, no entanto, dois fatores afetaram o custo dos contratos. Primeiro, controles de preços estabelecidos sobre as vendas de gás natural pelo governo induziram os proprietários de tubulações a tentar compensar os proprietários de poços em termos não relativos a preços, como concordando em aceitar a entrega de gás quando preferiam não fazê-lo. Esses acordos estabeleceram contratos menos eficientes e aumentaram os custos de vinculação. Como resultado, os controles de preços reduziram os prazos dos contratos em uma média de 14 anos. Segundo, a incerteza elevada no mercado de gás natural causada pelo embargo árabe aumentou o custo de elaboração de contratos e reduziu seus prazos em mais três anos.
>
> Fontes: Paul Joskow. "Contract Duration and Relationship-Specific Investments: Empirical Evidence from Coal Markets." *American Economic Review*, n. 77, p. 168-185, mar. 1987; Keith Crocker e Scott Masten. "Mitigating Contractual Hazards: Unilateral Options and Contract Length." *Rand Journal of Economics*, n. 19, p. 327-343, 1988.

Demonstração 6-4

A Big Bird Air está legalmente obrigada a comprar 50 motores de jatos da ERUS no final de dois anos ao preço de $200 mil por motor. Confiante de que esteja protegida do oportunismo com esse contrato, a Big Bird começa a montar os chassis das aeronaves projetadas para os motores da ERUS. Em decorrência de eventos não previstos na indústria aeroespacial, no segundo ano do contrato a ERUS informa que está à beira da falência e afirma que a menos que aumentem o preço do motor para $300 mil, pedirá a falência.

1. O que o gerente da Big Bird Air deve fazer?
2. Como esse problema poderia ter sido evitado?
3. O gerente da Big Bird Air utilizou o método errado de aquisição de insumos?

Resposta:

1. A Big Bird está enfrentando um problema de aprisionamento em função de um contrato incompleto; o contrato não especifica o que aconteceria se a ERUS falisse. A ERUS

afirma que irá à falência se a Big Bird não pagar um preço de $300 mil por motor. Nesse caso, a Big Bird perderia seu investimento especializado nos chassis dos aviões. O gerente deve verificar se a ERUS está de fato à beira da falência. Do contrário, a Big Bird pode entrar com uma representação judicial contra a ERUS se ela não honrar o preço do contrato. Se a ERUS estiver em vias de falir, o gerente deve verificar quanto custaria obter os motores de outro fornecedor em vez de construí-los internamente. Uma vez que o gerente conheça o custo de cada alternativa, a Big Bird pode desejar barganhar com ERUS a respeito de quanto mais pagará pelos motores. Isso pode ser arriscado; quanto menor o preço negociado, maior a chance de a ERUS ir à falência. Novas cláusulas devem ser incluídas no contrato para proteger a Big Bird contra a falência da ERUS. O gerente deve resguardar-se especialmente contra a tentativa da ERUS de reduzir a qualidade dos motores para economizar recursos. Em qualquer situação, a Big Bird não deve despender mais dinheiro em um novo contrato e pagar pelos motores da ERUS mais do que custaria obtê-los a partir da fonte que representasse a melhor alternativa.
2. Esse problema ilustra que, quando os contratos são incompletos, eventos não antecipados podem ocorrer e levam à barganha e ao oportunismo custosos. O problema poderia ter sido evitado se a Big Bird houvesse estabelecido cláusulas no contrato que a protegessem contra a falência da ERUS. Se isso não fosse possível, ela poderia ter-se integrado verticalmente e produzido seus próprios motores.
3. O gerente da Big Bird não necessariamente escolheu um método errado de adquirir os motores. Se não foi possível (ou se fosse sair caro demais) incluir no contrato inicial cláusulas de proteção contra a possibilidade de falência da ERUS, e seus custos de integração vertical fossem maiores do que os de oportunismo devido a um contrato incompleto, o gerente tomou a decisão correta naquele momento. Algumas vezes, coisas ruins acontecem mesmo quando os gerentes tomam boas decisões. Se esse não foi o caso, tanto um contrato mais completo poderia ter sido assinado quanto a Big Bird poderia ter decidido fazer seus próprios motores.

Remuneração empresarial e o problema principal-agente

Você agora conhece os principais fatores na seleção do melhor método de aquisição de insumos. Nossa última tarefa neste capítulo é explicar como remunerar o insumo trabalho para nos assegurarmos de que ele aplique seus "melhores" esforços. Ao final desta seção, você entenderá melhor por que restaurantes lançam mão de gorjetas para compensar funcionários, por que secretárias geralmente recebem um salário por hora, e até mesmo por que escritores recebem *royalties*. Iniciaremos, no entanto, examinando a remuneração empresarial.

Uma característica de muitas grandes empresas é a separação da propriedade e do controle: proprietários frequentemente estão distantes e a organização é conduzida por um gerente. O fato de não estarem fisicamente presentes para monitorar os gerentes cria um problema de incentivo fundamental. Suponha que eles paguem ao gerente um salário de $50 mil por ano para gerenciar a empresa. Como não podem monitorar os esforços do gerente, se a empresa perder $1 milhão no fim do ano, não saberão se a perda é culpa do gerente ou de má sorte. A incerteza relativa ao fato de os baixos lucros serem devidos à baixa demanda ou a um baixo esforço por parte do gerente

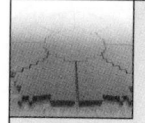

> **Por dentro dos negócios 6-3**
>
> **A evolução das decisões quanto aos insumos na indústria automobilística**
>
> Um interessante exemplo de uma empresa movendo-se do mercado de fatores para uma relação contratual de longo prazo e, finalmente, para a integração vertical é oferecido pela relação entre a General Motors e a Fisher Body, que foi extensivamente documentada por Benjamin Klein. No início do século, as carrocerias dos carros eram em sua maioria abertas, e suas estruturas de madeira eram construídas por trabalhadores que possuíam habilidades gerais. Investimentos especializados eram relativamente desimportantes, de maneira que a General Motors adquiria as carrocerias de seus carros utilizando o mercado de fatores.
>
> À medida que a indústria automobilística se desenvolveu, tornou-se evidente que estruturas de metal fechadas seriam um método melhor de montar carros. Essa descoberta introduziu alto grau de especificidade de ativos físicos, dada a requisição de investimento em muitas máquinas especializadas para prensar as partes da carroceria. Para evitar o oportunismo, a General Motors e a Fisher Body assinaram um contrato de 10 anos que estabeleceu o preço das carrocerias e obrigava a General Motors a comprar da Fisher Body todas as suas carrocerias de metal.
>
> Inicialmente, esse acordo funcionou bem o suficiente para permitir às partes fazer os investimentos especializados necessários. Porém, à medida que o tempo passou, tornou-se claro que o acordo original não estava completo, deixando inúmeras oportunidades para as partes se engajarem em oportunismo. Por exemplo, a fórmula de preços contida no contrato permitiu à Fisher Body receber um lucro de 17,6% sobre os custos de trabalho e de transportes. Isso encorajou a Fisher a produzir com tecnologias intensivas de trabalho ineficiente, em fábricas localizadas remotamente, repassando os custos de ineficiência à General Motors.
>
> Ao analisarmos os fatos, aparentemente tanto a General Motors como a Fisher Body subestimaram a dificuldade de redigir um contrato para administrar seu relacionamento. Em vez de despender tempo e dinheiro em um contrato mais detalhado, o problema foi resolvido em 1926, quando a General Motors integralizou-se verticalmente, por meio da compra da Fisher Body.
>
> Fonte: Benjamin Klein. "Vertical Integration, as Organizational Ownership: The Fisher Body-General Motors Relationship Revisited." *Journal of Law, Economics and Organization*, n. 4, p. 199-213, 1988. Para uma visão alternativa sugerindo que a fusão fora motivada por um desejo de melhorar a coordenação da produção e estoques, para assegurar à GM o fornecimento adequado de carrocerias e o acesso à expertise dos irmãos Fisher, veja: Ramon Casadesus-Masanell e Daniel F. Spulber. "The Fable of Fisher Body." *Journal of Law and Economics*, n. 43, p. 67-104, abr. 2000.

dificulta aos proprietários determinar precisamente por que os lucros são baixos. Mesmo se a falha estiver no gerente – talvez ele nunca tenha aparecido na fábrica, e em vez disso tenha viajado para pescar –, ele pode alegar que foi apenas um "mau ano". O gerente pode dizer: "Você deveria estar grato por ter me contratado. Se eu não tivesse trabalhado 18 horas por dia, sua empresa poderia ter perdido duas vezes o montante que perdeu. Tive sorte de manter nossas perdas no nível atual, mas estou confiante de que as coisas vão melhorar no próximo ano, quando a nova linha de produtos estiver no mercado". Como os proprietários não estão presentes, não saberão a verdadeira razão dos baixos resultados.

Ao criar uma empresa, o proprietário aproveita os benefícios de custos de transação reduzidos. Mas quando a propriedade é separada do controle, o *problema principal-agente* surge: se o proprietário não estiver presente para monitorar o gerente, como poderá se certificar de que este fará o que for de seu interesse?

A essência do problema é que o gerente gosta de obter receita, mas também gosta de lazer. Claramente, se o gerente despender todas as suas horas no trabalho, estará incapacitado de consumir qualquer quantidade de lazer. Porém, à medida que ele despende menos tempo no trabalho, mais tempo tem para jogar futebol, pescar e

Tabela 6-1 Rendas empresariais e lucros da empresa sob um esquema de salário fixo

Renda do gerente	Horas trabalhadas pelo gerente	Horas embromadas pelo gerente	Lucros da empresa
$50 mil	8	0	$3 milhões
50 mil	7	1	2,95 milhões
50 mil	6	2	2,8 milhões
50 mil	5	3	2,5 milhões
50 mil	4	4	2 milhões
50 mil	3	5	1,8 milhão
50 mil	2	6	1,3 milhão
50 mil	1	7	700 mil
50 mil	0	8	0

praticar outras atividades que aprecie. A descrição da função indica que se pressupõe que o gerente despenda oito horas por dia no trabalho. A questão importante, da perspectiva dos proprietários, é quanto de lazer o gerente consumirá enquanto está no trabalho. Ele pode evitar o trabalho com inúmeras pausas para o café, longas horas de almoço, saindo cedo do trabalho e, em casos extremos, não aparecendo para trabalhar. Note que, enquanto ele se esquiva do trabalho, o proprietário quer que ele trabalhe duro para aumentar os resultados.

Quando é oferecido ao gerente um salário de $50 mil e o proprietário não está fisicamente presente, ele receberá os mesmos $50 mil, independentemente de trabalhar um total de oito horas (isto é, empenho total) ou despender o dia todo em casa (nenhum empenho). Essa situação é ilustrada na Tabela 6–1. Do ponto de vista do proprietário, o salário fixo não oferece ao gerente um incentivo forte para monitorar os outros trabalhadores, e isso tem um efeito adverso sobre os resultados da empresa. Por exemplo, de acordo com a Tabela 6–1, se o gerente despender o dia todo monitorando os funcionários (certificando-se de que eles se empenhem ao máximo), a dedicação é total e os resultados são de $3 milhões. Se o gerente despender o dia todo enrolando no trabalho, os resultados serão zero. Se o gerente embromar duas horas e se empenhar por seis horas, o resultado será de $2,8 milhões. Uma vez que o salário fixo de $50 mil oferece ao gerente a mesma renda independentemente do seu nível de esforço, ele tem um grande incentivo a não se empenhar por todas as oito horas. Nesse caso, o resultado da empresa será zero, mas o gerente ainda receberá $50 mil.

O que o proprietário pode fazer para que o gerente despenda o tempo monitorando o processo de produção? Você pode pensar que se ele pagasse ao gerente um salário mais alto, este se empenharia mais. No entanto, isso não vai funcionar enquanto o proprietário não puder observar o esforço do gerente; o contrato de emprego é tal que não há custo ao gerente para embromar. Muitos gerentes prefeririam receber dinheiro sem ter de trabalhar, e tal contrato permite a eles que façam exatamente isso.

Suponha que o proprietário ofereça ao gerente o seguinte *contrato de incentivo*: o gerente recebe 10% dos resultados (brutos da remuneração empresarial) obtidos pela empresa. A Tabela 6–2 resume as implicações de tal contrato. Observe que, se o gerente embromar por oito horas, os lucros serão zero e ele não receberá nada. Mas, se o gerente não enrolar de maneira alguma, a empresa obterá $3 milhões em resultados brutos e o gerente receberá uma compensação de 10% desses resultados: $300 mil.

Tabela 6–2 Rendas empresariais e lucros da empresa sob um esquema de participação nos lucros

Horas trabalhadas pelo gerente	Horas embromadas pelo gerente	Lucros brutos da empresa (π)	Participação do gerente nos lucros ($0,10 \times \pi$)
8	0	$3 milhões	$300 mil
7	1	2,95 milhões	295 mil
6	2	2,8 milhões	280 mil
5	3	2,5 milhões	250 mil
4	4	2 milhões	200 mil
3	5	1,8 milhão	180 mil
2	6	1,3 milhão	130 mil
1	7	700 mil	70 mil
0	8	0	0

Exatamente o que o gerente fará sob o esquema de compensação de participação nos resultados dependerá de suas preferências por lazer e dinheiro. Mas uma coisa é certa: se ele quiser receber dinheiro, não poderá enrolar o dia todo. O gerente se depara com um *trade-off*: ele pode consumir mais lazer durante o trabalho, mas a um custo de menor compensação. Por exemplo, suponha que ele tenha cuidadosamente avaliado o *trade-off* entre lazer no trabalho e a renda na Tabela 6–2 e deseje receber $250 mil. Ele pode atingir isso trabalhando cinco horas em vez de embromar o dia todo. Qual é o impacto do plano de participação nos resultados sobre o proprietário da empresa? O gerente decidiu trabalhar cinco horas para receber $250 mil como remuneração. As cinco horas de empenho empresarial geram $2,5 milhões em resultados brutos para a empresa. Assim, tornando a remuneração empresarial dependente do desempenho, os resultados brutos para o proprietário vão de zero (sob o arranjo de salário fixo) a $2,5 milhões. Observe que, mesmo após a dedução da remuneração do gerente, o proprietário termina com um resultado de $2,5 milhões − $250 mil = $2,25 milhões. O bônus pelo desempenho aumentou não apenas os resultados do gerente, mas também os resultados líquidos do proprietário.

Forças que disciplinam os gerentes

Contratos de incentivo

Tipicamente, o CEO de uma companhia recebe opções de ações e outros bônus diretamente relacionados aos lucros. Pode ser tentador argumentar que um CEO que recebe mais de $1 milhão por ano esteja recebendo uma compensação excessiva. O importante, no entanto, é *como* o executivo recebe o $1 milhão. Se os ganhos forem decorrentes de um grande bônus por desempenho, pode ser um grande erro reduzir a remuneração do executivo. Esse ponto é importante, porque a mídia frequentemente argumenta que não é justo remunerar tanto os CEOs de grandes companhias. Lembre-se, no entanto, de que as recompensas baseadas no desempenho beneficiam tantos os CEOs quanto os acionistas, e reduzir tais recompensas pode resultar em declínio nos resultados da empresa.

Demonstração 6-5

Você está gerenciando o encontro anual de acionistas da PIC Company. Um acionista argumenta que o gerente da PIC recebeu $100 mil no último ano, enquanto o profissional de uma empresa rival, CUP Enterprises, recebeu apenas $50 mil. Um movimento é feito para diminuir o salário do gerente da PIC. Dada essa informação, o que você deve fazer?

Resposta:

Não há dados suficientes para tomar uma decisão apropriada. Você deve pedir informações adicionais. Se nada for oferecido, solicite aos acionistas dados adicionais a respeito das seguintes questões: lucros e vendas das duas empresas, quanto da renda de cada um dos gerentes decorre da participação dos resultados e de bônus por desempenho etc. Explique aos acionistas que o contrato ótimo será recompensar o gerente por altos lucros; se a alta renda do gerente da PIC decorre de um bônus pago sobre altos lucros, eliminar o bônus pode não ser prudente. Por outro lado, se o gerente da CUP gerou melhores resultados do que o seu gerente, você pode querer ajustar o contrato do seu gerente para refletir incentivos similares àqueles da empresa rival, ou até mesmo tentar contratar o gerente da CUP para trabalhar na PIC.

Incentivos externos

A análise anterior concentrou-se em fatores dentro da empresa que oferecem ao gerente um incentivo para maximizar resultados. Além disso, há forças externas à empresa que frequentemente oferecem aos gerentes um incentivo para maximizar resultados.

Reputação

Gerentes aumentam sua mobilidade de trabalho quando podem demonstrar a outras empresas que possuem habilidades empresariais necessárias para maximizar lucros. É custoso ser um gerente efetivo; muitas horas devem ser despendidas supervisionando trabalhadores e planejando estratégias de produção. Tais custos representam investimento por parte de gerentes e uma reputação por ser um excelente profissional. A longo prazo, essa reputação pode ser vendida a alto preço no mercado de gerentes, em que outras organizações competem pelo direito de contratar os melhores profissionais. Mesmo que o contrato explicitamente não inclua um bônus por desempenho, o gerente pode optar por fazer um bom trabalho se desejar ir para outra empresa futuramente.

Aquisições

Outra força externa que oferece aos gerentes um incentivo para maximizar lucros é o medo de uma aquisição. Se o gerente não operar a empresa de maneira que maximize lucros, investidores se sentirão tentados a comprá-la e, por conseguinte, substituir o profissional por alguém mais capaz. Ao fazê-lo, os resultados aumentarão, bem como o valor da ação da empresa. O custo de um trabalho ruim, para um gerente, é a probabilidade maior de uma aquisição. Para que isso não aconteça, os gerentes se empenharão muito, ainda que recebam apenas um salário fixo.

O problema gerente-trabalhador principal-agente

Quando introduzimos o problema principal-agente, o proprietário era visto com objetivos diferentes do gerente. Não há nada especial a respeito da relação entre proprietário-gerente que aumente o problema principal-agente; na verdade, há um problema similar entre o gerente e os funcionários que ele supervisiona.

Para entender, suponha que o gerente receba uma fração dos resultados e tenha um incentivo para aumentar os lucros da empresa. O gerente não pode estar em diversos lugares ao mesmo tempo, não pode monitorar todos os trabalhadores, mesmo que queira. Os trabalhadores, por outro lado, podem apenas conversar e tomar café no trabalho. Como pode o gerente (o principal) induzir os trabalhadores (os agentes) a se empenhar?

Soluções para o problema gerente-trabalhador principal-agente

Participação nos lucros

Um mecanismo que os gerentes podem utilizar para aumentar os esforços dos trabalhadores é a *participação nos lucros* – fazendo que a remuneração dos funcionários dependa da rentabilidade da empresa. Oferecer uma compensação vinculada à lucratividade e um incentivo aos trabalhadores para se esforçarem mais.

Participação nas receitas

Outro mecanismo para induzir maior esforço por parte dos trabalhadores é a *participação nas receitas* – vinculando a remuneração às receitas da empresa. Exemplos desse tipo incluem gorjetas e comissões por vendas. Garçons geralmente têm um salário baixo, mas recebem gorjetas. As gorjetas são uma comissão paga pela pessoa que é servida. Se o garçom faz um trabalho ruim, a gorjeta é baixa; se realiza um trabalho excelente, a gorjeta normalmente é alta. Do mesmo modo, vendedores de automóveis e agentes de seguros em geral recebem uma porcentagem das vendas que geram. Em outras palavras, é difícil, se não impossível, aos gerentes monitorar os esforços desses profissionais, então há incerteza com relação às vendas finais. Ao atrelar a renda desses trabalhadores ao seu desempenho, o gerente oferece um incentivo para que se empenhem mais do que em outro esquema. Trabalhando com afinco, eles beneficiam tanto a empresa quanto a si mesmos.

A participação nas receitas é particularmente efetiva quando a produtividade do trabalhador é relacionada mais às receitas do que aos custos. Por exemplo, o gerente

participação nos lucros
Mecanismo utilizado para aumentar o empenho dos trabalhadores, atrelando sua remuneração à lucratividade da empresa.

participação nas receitas
Mecanismo utilizado para aumentar o empenho dos trabalhadores, atrelando sua remuneração às receitas da empresa.

de um restaurante pode redigir um contrato em que os garçons recebam uma fração de uma gorjeta; presume-se que a gorjeta seja uma função crescente da qualidade do atendimento do garçom (produtividade). O gerente de uma empresa de vendas pode oferecer incentivos aos empregados pagando a eles uma porcentagem das vendas que geram.

Um problema com esse tipo de incentivo é que não oferece um estímulo aos trabalhadores para minimizar custos. Por exemplo, um garçom pode buscar uma grande gratificação ao oferecer ao cliente fartas porções, bebidas grátis e assim por diante, as quais aumentarão as gorjetas, mas também as despesas com relação aos custos do restaurante.

Taxa de produtividade

Um método alternativo de compensação é pagar os trabalhadores com base em uma *taxa de produtividade* em vez de um salário fixo por hora. Por exemplo, ao pagar a um digitador um valor fixo por página digitada, o pagamento dependerá da quantidade produzida. Para receber mais, o digitador deve digitar mais páginas durante um período.

Um problema com o pagamento com base em produtividade é que o esforço deve ser despendido em qualidade de controle; caso contrário, os trabalhadores podem buscar priorizar a quantidade em detrimento da qualidade. Uma vantagem da participação nos lucros ou nas receitas é que ela reduz o incentivo a produzir bens de baixa qualidade. Menor qualidade reduz as vendas, reduzindo assim a compensação daqueles que recebem incentivos baseados nas vendas ou nos lucros.

Demonstração 6-6

Sua chefe, que terminou recentemente o MBA, terminou de ler o Capítulo 6 de um livro-texto de economia. Ela pergunta a você por que a empresa paga às secretárias um salário por hora em vez de fazê-lo com base em produtividade ou uma porcentagem sobre os lucros. Como você responderia a ela?

Resposta:

Contratos de incentivo, como produtividade e participação nos lucros, são projetados para resolver o problema principal-agente quando o esforço não é observável. Existe pequena necessidade em oferecer "contratos de incentivo" a secretárias, dada a presença do chefe no local de trabalho. Em particular, é muito fácil monitorar o esforço dessas profissionais; em geral estão à vista de seus chefes, e existem numerosas oportunidades para observar a qualidade de seu trabalho (por exemplo, as correspondências que devem ser assinadas por seus chefes). Não há uma separação real entre o "principal" (o chefe) e o "agente" (a secretária); o "chefe" da secretária sabe quando ela não se engaja e pode demiti-la por seu baixo desempenho. Em muitas situações, essa relação oferece às secretárias um grande incentivo a se empenhar mais do que se uma fração dos resultados gerados pelo esforço de todos os funcionários da empresa fosse pago a elas.

Pagar às secretárias de acordo com a produtividade pode ser um pesadelo administrativo; é extremamente custoso manter controle de todas as páginas digitadas e tarefas desempenhadas durante uma semana. A produtividade pode, também, encorajá-las a se preocupar mais com a quantidade que com a qualidade do trabalho. Após considerar todos os aspectos, chega-se à conclusão de que o pagamento de salários por hora é uma forma razoável de compensar a maioria das secretárias – dado que os seus gerentes têm um incentivo em monitorá-las.

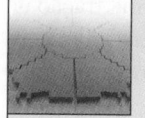

> **Por dentro dos negócios 6-4**
>
> ## Remuneração por desempenho
>
> Um estudo recente de Edward Lazear sobre as práticas de emprego da Safelite Glass Corporation documenta a importância dos incentivos estruturados adequadamente. A produção média do trabalhador da companhia aumentou em praticamente 50% quando ela mudou a remuneração de um salário por hora para um sistema baseado na produtividade. Além disso, o pagamento médio ao trabalhador aumentou cerca de 10% sob o esquema baseado na produtividade. Ao alinhar mais proximamente os incentivos dos trabalhadores aos da empresa, tanto esta quanto os seus funcionários se beneficiaram da mudança.
>
> Contratos que remuneram por desempenho são mais efetivos em ambientes em que as responsabilidades são claramente identificadas e a produção de cada trabalhador é objetivamente mensurada. Eles são menos efetivos quando a mensuração do esforço individual é difícil ou quando não é possível estabelecer um contrato para controlar aspectos importantes do comportamento do trabalhador. Por exemplo, os benefícios usuais de pagamento por desempenho são mitigados quando o processo de produção requer uma equipe de trabalhadores. Nesse caso, os funcionários podem "embromar", dado que são bem recompensados, uma vez que outros trabalhadores se empenharão muito (esse comportamento é chamado "caronista" na literatura econômica). Dessa maneira, quando os contratos são incompletos, podem levar a comportamentos disfuncionais. Por exemplo, os funcionários podem concentrar-se exclusivamente naqueles aspectos do trabalho em que o desempenho é recompensado.
>
> Por essas razões, a prevalência de esquemas de incentivos baseados em sistemas de alta produtividade pode variar em diferentes tipos de ocupações. Como mostra a tabela a seguir, o pagamento baseado na produtividade é mais comum em ocupações em que a produção é claramente mensurável e a qualidade é relativamente desimportante (como o trabalho em uma fazenda). É muito menos comum quando a qualidade é importante ou existe dificuldade em mensurá-la objetivamente.
>
> Porcentagem de trabalhadores jovens que recebem remuneração por produtividade em ocupações selecionadas
>
> | Ocupação | Porcentagem que recebe remuneração por produtividade |
> |---|---|
> | Trabalhador rural | 16,7 |
> | Artesão | 3,6 |
> | Auxiliar de escritório | 1,3 |
> | Gerente | 0,9 |
>
> Fontes: Edward P. Lazear. "Performance Pay and Productivity." *American Economic Review*, p. 1346-1361, dez. 2000; Canice Prendergast. "The Provision of Incentives in Firms." *Journal of Economic Literature*, p. 7-63, mar. 1999.

Marcação de ponto e monitoramento no local de trabalho

Muitas empresas utilizam a marcação de ponto para ajudar os gerentes no monitoramento dos trabalhadores. No entanto, os relógios de ponto são inúteis na solução do problema principal-agente. Relógios de ponto são desenvolvidos essencialmente para verificar quando um funcionário chega e quando vai embora. Eles não monitoram o esforço; pior, eles apenas mensuram a presença no local de trabalho no início e no fim do dia.

Um mecanismo mais útil é o gerente participar do monitoramento no local de trabalho. Nesse caso, ele vai ao local de trabalho de tempos em tempos para monitorar os funcionários. Esse recurso permite ao gerente verificar não apenas se os trabalhadores estão fisicamente presentes, mas também se estão se esforçando e se a qualidade do trabalho é satisfatória.

A vantagem dessa modalidade é que ela reduz o custo de monitorar os trabalhadores. Com monitoramento no local de trabalho, o gerente não precisa estar em diversos lugares ao mesmo tempo. Uma vez que os trabalhadores não sabem quando o gerente aparecerá, eles se esforçarão mais, dado que ser pego em flagrante pode levar a uma demissão ou redução no salário. Então, para que sejam efetivos, os monitoramentos no local de trabalho precisam ser aleatórios, isto é, os trabalhadores não podem ser capazes de prever quando o gerente monitorará o local.

Uma desvantagem do monitoramento no local de trabalho é que deve ocorrer com frequência a fim de induzir os funcionários a não se arriscar a embromar, bem como precisa estabelecer uma penalidade aos trabalhadores pegos "embromando". Monitoramentos no local de trabalho funcionam, de fato, por meio de ameaça. Bônus por desempenho, por outro lado, funcionam por meio de uma promessa de recompensa. Essas características podem ter efeitos psicológicos diferentes sobre os trabalhadores.

Respondendo à manchete

Pelo fato de as companhias utilizarem alguns componentes digitais incompatíveis com os de outras empresas, a fabricação de produtos digitais, como telefones celulares, requer investimentos especializados. A falta de padronização, aliada a incertezas que contribuem para um ambiente contratual complexo, pode tornar a integração vertical um modo mais eficiente de obter insumos do que por meio de mercados de fatores ou contratos. Embora exista uma racionalidade econômica na integração vertical, antes de fazer tal recomendação você deve verificar se os benefícios esperados ao evitar problemas de aprisionamento aos fornecedores e melhorias de qualidade justificam os custos da integração vertical.

Resumo

Neste capítulo, examinamos a escolha institucional ótima na obtenção de insumos, bem como o problema principal-agente referente à remuneração empresarial e aos incentivos dos trabalhadores. O gerente deve decidir quais insumos serão comprados de outras empresas e quais serão produzidos internamente. O mercado de fatores em geral é uma alternativa mais desejável quando há muitos compradores e vendedores e os custos de transação são baixos. Eles se tornam menos atrativos quando investimentos especializados substanciais geram oportunismo, resultando em custos de transação associados ao uso de um mercado.

Quando os custos de transação são altos, o gerente pode desejar comprar insumos de um fornecedor específico utilizando um contrato ou, como alternativa, abrindo mão por completo do mercado e transformando a empresa em subsidiária para produzir o insumo de que necessita internamente. Em um ambiente bastante simples, um contrato pode ser a solução mais eficiente. Porém, à medida que se torna mais complexo e incerto, a produção interna por meio da integração vertical passa a ser uma estratégia empresarial atrativa.

O capítulo também apresentou uma solução para o problema principal-agente: recompensas devem ser instituídas para induzir as atividades desejadas dos funcionários. Por exemplo, se o gerente quer de um trabalhador apenas que ele compareça ao local de trabalho, um salário pago por hora e um relógio de ponto constituem um esquema de incentivos excelente. Se for desejável elevada quantidade de produção com baixa ênfase na qualidade, os esquemas de pagamento por produtividade funcionarão bem. Porém, se tanto a quantidade quanto a qualidade da produção forem importantes, a participação nos lucros será um motivador excelente.

Conceitos e palavras-chave

ativos dedicados	investimento especializado
capital humano	mercado de fatores
contrato	oportunismo
contrato de incentivo	participação nas receitas
custo de transação	participação nos lucros
especificidade de ativos físicos	problema principal-agente
especificidade do local	taxa de produtividade
integração vertical	troca de relacionamento específico

Questões conceituais e computacionais

1. Discuta o método ótimo para obter insumos que tenham especificações de qualidade bem-definidas e mensuráveis e que requeiram altos investimentos especializados. Quais são as principais vantagens e desvantagens de adquirir insumos por meio dessas formas? Dê um exemplo não utilizado no texto que empregue esses métodos de obtenção.

2. Discuta o método ótimo para adquirir um número pequeno de insumos padronizados vendidos por muitas empresas no mercado. Quais são as principais vantagens e desvantagens de utilizar esse método para adquirir os insumos? Dê um exemplo não utilizado no texto que empregue esse método de obtenção.

3. Identifique se cada uma das transações a seguir envolve mercado de fatores, contrato ou integração vertical.
    a. A Barnacle Inc. possui uma obrigação legal de comprar 2 toneladas de aço estrutural para produzir sistemas de conversão.
    b. A Exxon-Mobil utiliza o petróleo extraído de poços para produzir polipropileno bruto, um tipo de plástico.
    c. A Boat Lifts R Us compra motores AC genéricos de um distribuidor local.
    d. A Kaspar Construction – uma empreiteira de construção de casas – compra 50 quilos de pregos da loja de materiais de construção local.

4. Explique por que os produtores de automóveis fabricam seus próprios motores, mas compram espelhos retrovisores de fornecedores independentes.

5. Identifique o tipo de investimento especializado que cada uma das situações a seguir requer.
    a. Você contrata um funcionário para operar uma máquina que só a sua empresa utiliza.
    b. Uma companhia de envasamento de aerossol projeta uma linha de envasamento que pode ser utilizada por apenas um produto de uma empresa específica.
    c. Uma companhia constrói uma unidade de produção diante do prédio de seu principal comprador.

6. Descreva como um gerente que usufrui tanto a renda quanto o fato de embromar distribui dez horas diárias entre essas atividades quando recebe um salário anual fixo de $125 mil. Quando esse mesmo gerente recebe um salário anual fixo de

$125 mil mais 3% dos lucros – somando $150 mil por ano –, ele opta por trabalhar sete horas e embromar as outras três horas. Explique qual esquema de compensação o gerente prefere.

7. Compare as vantagens e desvantagens de utilizar visitas ao local de trabalho/câmeras de vídeo escondidas, bem como esquemas de pagamento por desempenho como formas de influenciar o desempenho dos trabalhadores.

8. Discuta o impacto dos seguintes fatores com relação ao método ótimo de adquirir um insumo.
    a. Benefícios da especialização.
    b. Custos de burocracia.
    c. Oportunismo em ambos os lados da transação.
    d. Investimentos especializados.
    e. Eventos não especificados.
    f. Custos de barganha.

Problemas e aplicações

9. Durante o início do século 21, o crescimento nas vendas de computadores declinou pela primeira vez em quase duas décadas. Como um dos resultados, os mercados de PC reduziram drasticamente suas compras de *chips* da Intel e de outros vendedores. Explique por que montadoras como a Dell desejam estabelecer contratos mais curtos para aquisição de *chips*.

10. A DonutVille cuida de sua população idosa utilizando recursos provenientes da venda de 10 mil *donuts* a cada semana. Para produzir todos esses *donuts* semanalmente, a empresa utiliza mil quilos de farinha, a qual deve ser entregue toda sexta-feira às 5 horas da manhã. Como o gerente da DonutVille deve adquirir a farinha? Explique.

11. Gestores de fundos de pensão do estado de Michigan controlam mais de $45 bilhões em ativos. O gestor de um desses fundos é remunerado exclusivamente com base no desempenho do fundo; ele recebeu $1,2 milhão no ano passado. Como resultado, o fundo está considerando uma proposta de limitar a compensação dos gestores em $100 mil. Ofereça um argumento contrário à proposta.

12. Recentemente, a Pitney Bowes Office Services Inc. – a divisão de fax e copiadoras da Pitney Bowes Inc. – assinou um contrato de $25 milhões, com prazo de cinco anos, para a prestação de serviços de TI com a CGI Group, uma empresa canadense de tecnologia de informação. Se você fosse o gerente da divisão da Pitney Bowes, como justificaria a natureza de longo prazo de seu contrato com a CGI Group?

13. O *The Wall Street Journal* recentemente publicou que a Juniper Networks, Inc. – a fábrica de uma empresa de equipamentos de rede – planeja oferecer a seus mais de mil funcionários a oportunidade de reprecificar suas ações. O anúncio da Juniper é feito em uma época em que os preços estão caindo 90%, deixando sem valor muitas ações de funcionários. Como você acha que o CEO da Juniper justificou a reprecificação aos acionistas?

14. Suponha que a GM esteja em vias de assinar um contrato de 15 anos com a TRW para o fornecimento de *airbags*. Os termos do contrato incluem a provisão de 85% dos *airbags* utilizados em automóveis novos. Imediatamente antes

da assinatura do contrato, um gerente lê que um concorrente da TRW lançou um equipamento equivalente utilizando uma nova tecnologia que reduz os custos em 30%. Como essa informação afeta a duração ótima do contrato entre a GM e a TRW?

15. A *EFI* – empresa de equipamentos para manuseio de materiais – paga a cada um de seus vendedores um salário-base mais uma porcentagem da receita de vendas gerada. Para reduzir as despesas, a *EFI*, que antes oferecia um carro da empresa para cada vendedor, agora os reembolsa em $0,35 por milha dirigida. Os registros contábeis mostram que, na média, cada vendedor dirige 100 milhas por dia, 240 dias por ano. Você pode pensar em uma forma alternativa de reestruturar os incentivos da *EFI* à sua força de vendas que poderia, potencialmente, melhorar os resultados? Explique.

16. A Teletronics divulgou lucros recordes de $100 mil no ano passado e está a caminho de excedê-los neste ano. A Teletronics está em um mercado bastante concorrido em que muitas empresas estão se unindo a fim de ganhar vantagens competitivas. Atualmente, o gerente principal é remunerado com um salário fixo que não inclui qualquer bônus por desempenho. Explique por que esse gerente pode, apesar disso, ter um forte incentivo em maximizar os lucros da empresa.

17. Em 2008, um contrato de dez anos entre a Boeing Commercial Airplane Group (BCAG) e a Thyssen Inc. – uma distribuidora de alumínio bruto – expirará. O contrato, avaliado em $300 milhões quando de sua assinatura, originou-se do desejo da Boeing, no final da década de 1990, de reduzir gargalos de produção resultantes de falta de insumos. Os declínios recentes na demanda por aeronaves comerciais têm levado alguns analistas a questionar o bom senso da BCAG ao assinar um contrato de longo prazo como este. Você compartilha dessa visão? Explique.

18. De acordo com o *Boston Globe*, em 2004, a cidade de Boston planejou gastar $14 milhões para converter o ginásio de esportes e entretenimento FleetCenter em um local de encontro apropriado para a Convenção Eleitoral Democrática (DNC). A cidade se engajou em um relacionamento contratual com a Shawmut Design and Construction para realizar o trabalho, o qual deveria começar 48 dias antes do início da DNC em 26 de julho. No entanto, quando as negociações entre a prefeitura de Boston e a união policial fracassaram, a Associação dos Policiais de Boston realizou protestos ao redor do FleetCenter e impediu que as equipes de obras começassem o trabalho. O *Globe* informou que "um caminhão tentando entregar aço foi obrigado a dar meia-volta após os manifestantes fecharem o portão com uma corrente em frente ao ginásio, gritando 'pode voltar' e 'respeite a linha, amigo'". Ainda segundo o *Globe*, "policiais em serviço, que haviam sido instruídos a impedir as passeatas, não intervieram". Dado o apertado cronograma da obra, os atrasos na construção causaram um prejuízo de cerca de $100 mil por dia. Identifique o problema principal-agente que há nessa situação. O prefeito e a cidade de Boston estão se deparando com um clássico "problema de aprisionamento" ou outro problema? Explique.

19. De acordo com o *BusinessWeek Online*, é esperado que as despesas mundiais com serviços e terceirização de TI cresçam modestamente em 2008. O crescimento nos processos de terceirização de negócios (BPO) – a prática de contratar

um terceiro para administrar e gerenciar funções como recursos humanos e treinamento de vendas, *marketing*, finanças e contabilidade – é projetado como particularmente grande, atingindo $200 milhões em 2008. A competição no mercado de BPO é bastante acirrada. Empresas com sede nos Estados Unidos incluem a Electronic Data Services (EDS), a Affiliated Computer Services e a Automated Data Processing (ADP). Diversas empresas indianas, no entanto, também oferecem serviços de BPO, tais como a Infosys, a Wipro e a Satyam Computer Services. O artigo da *BusinessWeek* sugere que o BPO pode gerar economias entre 15% e 85% aos usuários finais. Isso contrasta com os serviços tradicionais de TI, os quais, sozinhos, oferecem economias entre 10% e 15%. Os fornecedores de serviços de BPO são particularmente atrativos, pois o trabalho terceirizado oferece uma economia adicional de 25% a 30%. Além disso, aproximadamente 25% das economias de custos resultam dos produtos de propriedade das companhias de BPO. Os demais 10% a 30% na redução de custos decorrem da consolidação de operações. Suponha que você seja o gerente de uma empresa norte-americana e precise decidir se deve terceirizar seu departamento de recursos humanos. Apresente argumentos que suportem e que se oponham à decisão de terceirizar essa função em sua empresa. De uma perspectiva puramente de negócios, podem surgir problemas relativos à contratação dos serviços de uma empresa não norte-americana, comparativamente à contratação de uma empresa norte-americana? Explique.

20. Você é um consultor-executivo de um associado de 30 anos em um grande escritório de advocacia. Em uma reunião, seu cliente diz: "De acordo com um artigo do *New York Times*, em 57% dos grandes escritórios de advocacia, os associados têm idade para aposentadoria compulsória. Antes de se aposentarem, são pagos diretamente em função do trabalho que realizam e, como proprietários, também recebem uma parcela dos lucros do escritório. Uma vez aposentados, não recebem nenhuma forma de compensação. Em função disso, acredito que devemos eliminar a aposentadoria compulsória para ganhar 'vantagem competitiva' em atrair advogados de alta qualidade para trabalhar em nosso escritório. É claro, você é o especialista". O que você recomenda? Explique.

21. A Automated Data Processing (ADP) oferece serviços de informática e *softwares* a diversas empresas, incluindo concessionárias de veículos. A ADP cobra das concessionárias um valor mensal por *hardware*, *software* e serviços de suporte, mas não pelo treinamento dos funcionários. As concessionárias precisam apenas pagar para que seus profissionais se dirijam ao escritório da ADP, onde são treinados para utilizar o "Software U" sem taxas adicionais. Discuta os investimentos especializados (se existirem) realizados por uma concessionária de veículos, seus funcionários e a ADP – e identifique duas vulnerabilidades com as quais uma concessionária se depara sob esse arranjo.

Exercícios baseados em casos

Seu instrutor pode dar exercícios adicionais (chamados memos), que requerem a aplicação de algumas das ferramentas aprendidas neste capítulo, para fazer recomendações baseadas em cenários reais de negócios. Alguns desses memos acompanham o Caso Time Warner (páginas 548–583 do seu livro). *Memos* adicionais, assim como dados que podem ser úteis para a sua análise, estão disponíveis *on-line* em www.mhhe.com/baye6e.

Referências

Alchian, Armen A.; Demsetz, Harold. "Production, Information Costs, and Economic Organization." *American Economic Review,* n. 62, p. 777–795, dez. 1972.

Antle, Rick; Smith, Abbie. "An Empirical Investigation of the Relative Performance Evaluation of Corporate Executives." *Journal of Accounting Research,* v. 24, n. 1, p. 1–39, 1986.

Coase, R. H. "The Nature of the Firm." *Economica,* p. 366–405, nov. 1937.

Gibbons, Robert; Murphy, Kevin J. "Relative Performance Evaluation for Chief Executive Officers." *Industrial and Labor Relations Review,* n. 43, p. 30–51, fev. 1990.

Jensen, Michael C. "Takeovers: Their Causes and Consequences." *Journal of Economic Perspectives,* n. 1, p. 21–48, 1988.

Jensen, Michael C.; Murphy, Kevin J. "Performance Pay and Top Management Incentives." *Journal of Political Economy,* v. 98, n. 2, p. 225–264, abr. 1990.

Klein, Benjamin; Crawford, Robert G.; Alchian, Armen A. "Vertical Integration, Appropriable Rents, and the Competitive Contracting Process." *Journal of Law and Economics,* v. 21, n. 2, p. 297–326, out. 1978.

Lewis, Tracy R.; Sappington, David E. M. "Incentives for Monitoring Quality." *Rand Journal of Economics,* v. 22, n. 3, p. 370–384, 1991.

Williamson, Oliver E. "Markets and Hierarchies: Some Elementary Considerations." *American Economic Review,* n. 63, p. 316–325, maio 1973.

Winn, Daryl N.; Shoenhair, John D. "Compensation Based (Dis)incentives for Revenue Maximizing Behavior: A Test of the 'Revised' Baumol Hypothesis." *Review of Economics and Statistics,* v. 70, n. 1, p. 154–158, fev. 1988.

Apêndice
Uma abordagem pela curva de indiferença quanto aos incentivos empresariais

A essência do problema com os pagamentos de incentivos que não estejam atrelados ao desempenho é demonstrada graficamente na Figura 6–6. O gerente encara tanto o lazer quanto a renda como bens. Além disso, está disposto a substituir entre lazer no trabalho (pouco empenho) e renda. Isso acontece porque a curva de indiferença possui o formato usual da Figura 6–6, em que mensuramos a quantidade de lazer consumida no local de trabalho no eixo horizontal e a renda no eixo vertical. Observe que, enquanto o gerente desfruta o ato de embromar, o proprietário não quer que o gerente aja dessa forma.

Quando é oferecido ao gerente um salário fixo de $50 mil, seu conjunto de oportunidades se torna a área sombreada na Figura 6–6. A razão é simples: uma vez que o proprietário não esteja fisicamente presente no local de trabalho, o gerente receberá os mesmos $50 mil independentemente de trabalhar um total de oito horas (muito empenho) ou ficará o dia inteiro em casa (nenhum empenho). Se os lucros forem baixos, o proprietário não saberá se é devido a pouco empenho empresarial ou simplesmente à má sorte. O gerente pode obter vantagem da separação da propriedade do controle empurrando sua curva de indiferença o mais distante à direita possível, até que esteja em equilíbrio no ponto A, em que ele não se empenha em nenhum dia do ano, mas ainda recebe os $50 mil.

Da perspectiva do proprietário, o salário fixo tem um efeito adverso sobre os lucros porque não oferece ao gerente um incentivo para monitorar os outros funcionários. Para entender isso,

Figura 6-6 Impacto de um salário fixo sobre o comportamento empresarial

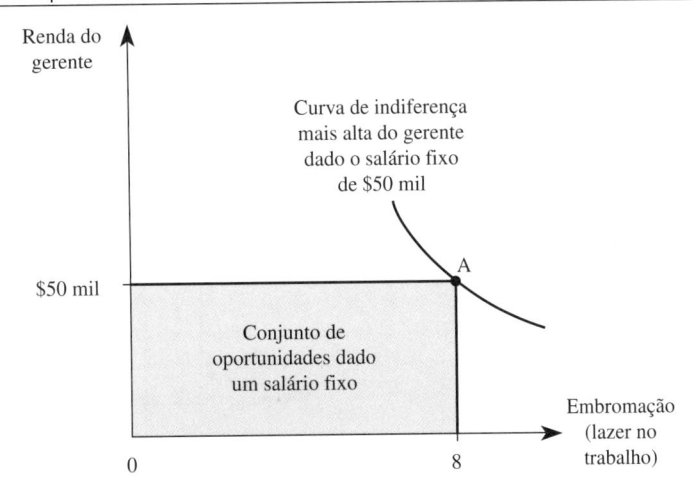

suponha que os lucros da empresa sejam uma função linear simples do montante de empenho do gerente durante um período de oito horas. Essa relação é demonstrada graficamente na Figura 6-7. A linha através do ponto C define o nível de lucros, o qual depende do grau de empenho do gerente. Por exemplo, se o gerente despende o dia todo monitorando os outros funcionários, o empenho é máximo e os lucros da empresa são de $3 milhões. Se o gerente passa o dia inteiro embromando, os lucros serão zero. Se o gerente enrola duas horas e trabalha seis, os lucros serão de $2,25 milhões. Pelo fato de o salário fixo de $50 mil oferecer ao gerente um incentivo a enrolar durante as oito horas, os lucros da empresa serão zero se ela utilizar tal plano de remuneração.

Como o proprietário estimula o gerente a despender tempo monitorando os processos de produção? Você pode pensar que se ele pagar ao gerente um salário maior, este se empenhará mais. Mas não é verdade; um salário maior apenas deslocaria o intercepto vertical do

Figura 6-7 Um bônus de incentivo baseado na participação nos lucros

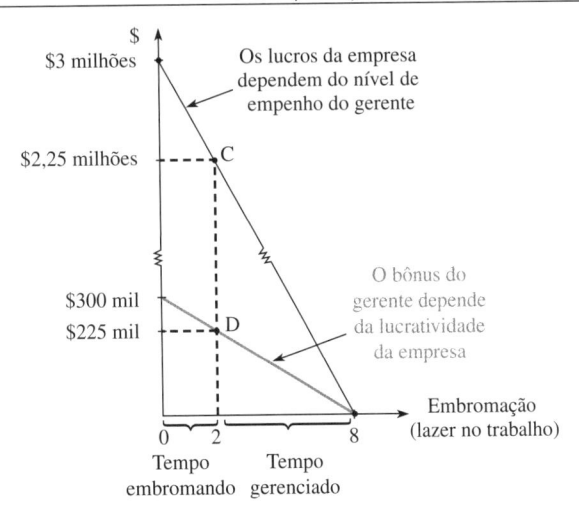

Figura 6–8 Um esquema de incentivo baseado na participação nos lucros aumenta o empenho empresarial

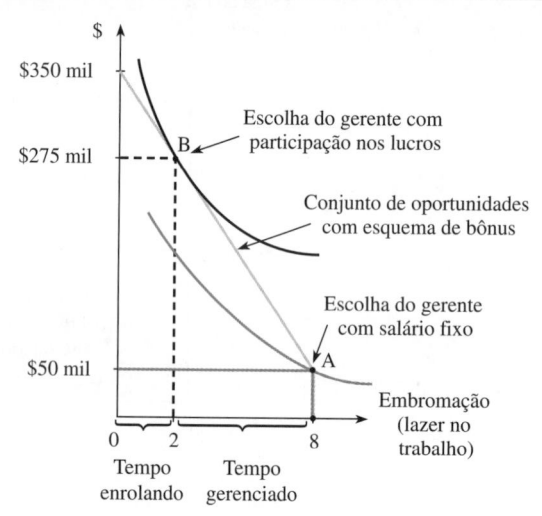

```
$
$350 mil ─┐
          │╲
          │ ╲         Escolha do gerente com
$275 mil ─┼──B◀────── participação nos lucros
          │   ╲
          │    ╲      Conjunto de oportunidades
          │     ╲◀──── com esquema de bônus
          │      ╲
          │       ╲   Escolha do gerente
          │        ╲◀── com salário fixo
$50 mil ──┼─────────A
          │              Embromação
          │              (lazer no
          0   2       8   trabalho)
              Tempo  Tempo
            enrolando gerenciado
```

conjunto de oportunidades mostrado na Figura 6–6 para acima de $50 mil, mas o equilíbrio ainda implicaria oito horas de embromação. Em essência, o contrato de trabalho é tal que não existe absolutamente nenhum custo ao gerente por embromar.

Suponha que o proprietário ofereça ao gerente o seguinte tipo de contrato de trabalho: um salário fixo de $50 mil mais um bônus de 10% dos lucros. Nessa situação, se o gerente embromar durante as oito horas, os lucros serão zero e o gerente receberá apenas $50 mil. Se o gerente não embromar em momento algum, a empresa lucrará $3 milhões e o gerente receberá um bônus de 10% desses lucros. Nessa situação, o bônus será de $300 mil. O bônus para o gerente, como uma função de seu nível de empenho, é demonstrado na Figura 6–7 como a linha que passa pelo ponto D. Observe que quando o gerente embroma por duas horas a cada dia, a empresa obtém $2,25 milhões em lucros brutos e o bônus do gerente é de $225 mil.

O efeito de um plano de compensação na forma de salário mais bônus é ilustrado na Figura 6–8. O conjunto de oportunidades do gerente é agora dado pela linha através dos pontos A e B. Por exemplo, se o gerente não se empenhar, os lucros serão zero e ele não receberá bônus; no entanto, sua renda será de $50 mil. Se o gerente se empenhar, um bônus de $300 mil será adicionado ao seu salário; então, o gerente poderá receber $350 mil se ele não embromar.

Exatamente o que o gerente fará sob o plano salário mais bônus dependerá de suas preferências. Porém, como vimos na Figura 6–8, ele pode atingir uma curva de indiferença mais elevada ao se empenhar mais e mover-se do ponto A ao ponto B. No ponto B, o gerente recebe $275 mil em renda – $225 mil na forma de pagamento de bônus e $50 mil como salário fixo. O gerente claramente preferirá esse esquema de remuneração. Observe, também, que o gerente ainda embromará durante duas horas por dia, mas a embromação é consideravelmente menor que sob o plano de remuneração baseado em um salário fixo e sem bônus.

Qual é o impacto do bônus sobre o proprietário da empresa? Na Figura 6–7, vimos que quando o gerente se empenha seis horas por dia, a empresa obtém $2,25 milhões em lucros brutos. Portanto, o salário mais o bônus aumenta os lucros brutos do proprietário de zero (sob o salário fixo) para $2,25 milhões. O bônus aumentou o bem-estar não apenas do gerente, mas também do proprietário; os lucros, líquidos da remuneração empresarial, são

$$\$2{,}250 \text{ milhões} - \$275 \text{ mil} = \$1{,}975 \text{ milhão}$$

CAPÍTULO SETE

A natureza da indústria

Manchete

Microsoft coloca freio em fusão com Intuit

Alguns anos atrás, o Departamento de Justiça dos Estados Unidos arquivou um processo para impedir os planos da gigante Microsoft de adquirir a produtora de *software* financeiro Intuit. Relatórios elaborados estimaram a participação da Microsoft em cerca de 20% no mercado de *software* para finanças pessoais, enquanto a Intuit possuía 70% de participação. Um mês depois de despender $4 milhões nos planos de fusão, a Microsoft anunciou que havia decidido abrir mão do negócio. Adicionalmente aos $4 milhões, a empresa pagou à Intuit mais $40 milhões por ter desistido do negócio.

Você acredita que a Microsoft deveria ter despendido os $4 milhões antecipadamente em planos de fusão? Explique.

Objetivos didáticos

Ao final deste capítulo, você poderá:

- Responder à manchete.

- Fornecer medidas alternativas de estrutura, conduta e desempenho da indústria e discutir suas limitações.

- Oferecer exemplos de integração vertical, horizontal e fusões de conglomerados, bem como explicar as bases econômicas para cada tipo de fusão.

- Explicar a relevância do índice Herfindahl-Hirschman para políticas antitruste sob as regras de fusões horizontais.

- Descrever o paradigma estrutura-conduta-desempenho, a crítica de *feedback* e sua relação com a estrutura de cinco forças.

- Determinar se uma indústria é mais bem descrita como perfeitamente competitiva, um monopólio, monopolisticamente competitiva, ou um oligopólio.

Introdução

Gerentes não tomam decisões em redomas. Diversos fatores afetam suas decisões com relação a quanto produzir, que preço cobrar e quanto gastar em pesquisa e desenvolvimento, publicidade etc. Infelizmente, não existe uma única teoria ou metodologia que lhes ofereça respostas a essas questões. A estratégia de precificação ótima para um produtor de automóvel em geral será diferente daquela de uma empresa de informática; o nível de pesquisa e desenvolvimento será diferente para produtores de alimentos e empresas de vigilância. Neste capítulo, mostraremos diferenças importantes que existem entre indústrias. Nos próximos, veremos por que essas distinções surgem e examinaremos como afetam as decisões empresariais.

Muito do material deste capítulo é factual e busca oferecer aspectos do "mundo real" que são relevantes aos gerentes. Você será exposto a estatísticas de diversas indústrias. Algumas dessas estatísticas resumem quantas empresas existem em várias indústrias; outras indicam quais empresas e indústrias são as maiores e quais indústrias tendem a cobrar as margens mais altas.

Os números apresentados neste capítulo mudarão ao longo do tempo; a maior empresa hoje poderá não ser a maior daqui a 40 anos. Consequentemente, a questão mais importante a captar neste capítulo é que as indústrias diferem substancialmente em natureza; nem todas são iguais. Nossa tarefa nos demais capítulos é determinar o que, nas empresas e nas indústrias, dá espaço a diferenças sistemáticas em margens de preço-custo, despesas com publicidade, entre outras variáveis de decisão empresarial. Isso será particularmente importante para você como um gerente, uma vez que não sabe em qual indústria trabalhará nos próximos 40 anos. Um gerente competente é capaz de se adaptar à natureza da indústria na qual a empresa compete. À medida que a natureza da indústria muda, também mudarão as decisões ótimas do gerente.

Estrutura de mercado

estrutura de mercado
Fatores que afetam a decisão empresarial, incluindo o número de empresas competindo em um mercado, o tamanho relativo delas, considerações tecnológicas e de custo, condições de demanda e a facilidade com que cada uma pode entrar ou sair da indústria.

Estrutura de mercado se refere a fatores como o número de organizações que competem em um mercado, o tamanho relativo delas (concentração), condições de custo e tecnológicas, condições de demanda, além da facilidade com a qual as empresas podem entrar ou sair da indústria. Diferentes indústrias apresentam diferentes estruturas e estas afetam as decisões que um gerente prudente tomará. As subseções a seguir oferecem uma visão geral da maior parte das variáveis estruturais que afetam as decisões empresariais.

Tamanho da empresa

Não é surpresa que algumas empresas sejam maiores do que outras. Considere a Tabela 7–1, que relaciona as vendas da maior organização em cada uma das 24 indústrias norte-americanas. Observe que existem diferenças consideráveis no tamanho da organização em cada indústria. A General Motors é a maior empresa na indústria de veículos automotivos e peças, com vendas de aproximadamente $193 bilhões. Em contraste, a maior empresa na indústria de móveis e utensílios é a Leggett and Platt,

Tabela 7–1 As maiores empresas em indústrias selecionadas

Indústria	Maior empresa	Vendas (milhões de dólares)
Aeroespacial	Boeing	$54.845
Acessórios de moda	Nike	13.740
Bebidas	Coca-Cola	23.104
Material de construção, vidro	Owens Corning	6.323
Química	Dow Chemical	46.307
Bancos comerciais	Citigroup	131.045
Computadores, equipamentos de escritório	IBM	91.134
Eletrônicos, equipamentos elétricos	Emerson Electric	17.305
Produção de alimentos	Archer Daniels Midland	35.944
Produtos de papel	International Paper	25.797
Móveis e utensílios	Leggett & Platt	5.299
Produtos domésticos e pessoais	Procter & Gamble	56.741
Equipamentos industriais e agrícolas	Caterpillar	36.339
Metais	Alcoa	26.601
Mineração, produção de óleo	Occidental Petroleum	16.286
Veículos automotivos e peças	General Motors	192.604
Refinamento de petróleo	Exxon Mobil	339.938
Farmacêutico	Pfizer	51.353
Publicação e impressão	RR Donnelley & Sons	8.651
Equipamentos fotográficos e de controle	Eastman Kodak	14.268
Têxteis	Mohawk Industries	6.620
Tabaco	Altria Group	69.148
Brinquedos, materiais esportivos	Mattel	5.179
Equipamento de transporte	Brunswick	5.924

Fontes: Lista da *Fortune 500*, 17 abr. 2006; cálculos do autor.

com vendas de apenas $5,3 bilhões. Uma lição importante para futuros gerentes é que algumas indústrias naturalmente levam a empresas maiores do que outras. O objeto dos próximos capítulos é explicar o porquê.

Concentração da indústria

Os dados na Tabela 7–1 revelam uma variação considerável no tamanho das maiores empresas em várias indústrias. Outro fator que afeta as decisões empresariais é o tamanho da distribuição das empresas em uma indústria; isto é, existem muitas organizações pequenas em uma indústria ou apenas algumas poucas grandes? Essa questão é importante porque, como veremos nos capítulos a seguir, as decisões ótimas de um gerente que se depara com pequena competição de outras empresas na indústria diferirão daquelas de um gerente que trabalhe em um setor em que existam muitas organizações.

Certas indústrias são dominadas por algumas grandes empresas, enquanto outras são compostas por um grande número de pequenas empresas. Antes de apresentarmos os dados de concentração para várias indústrias norte-americanas, examinaremos duas medidas que os economistas usam para mensurar o grau de concentração em uma indústria.

taxa de concentração de quatro firmas
A fração das vendas totais da indústria geradas pelas quatro maiores empresas da indústria.

Medidas de concentração da indústria

As *taxas de concentração* medem quanto da produção total de uma indústria é produzido por suas maiores empresas. A mais comum é a taxa de concentração de quatro firmas (C_4). A *taxa de concentração de quatro firmas* é a fração das vendas totais da indústria geradas pelas quatro maiores empresas da indústria.

Considere que S_1, S_2, S_3 e S_4 representem as vendas das quatro maiores empresas em uma indústria, e que S_T represente as vendas totais de todas as empresas na indústria. A taxa de concentração de quatro firmas é dada por

$$C_4 = \frac{S_1 + S_2 + S_3 + S_4}{S_T}$$

De maneira equivalente, a taxa de concentração de quatro firmas é a soma das parcelas de mercado das quatro maiores empresas:

$$C_4 = w_1 + w_2 + w_3 + w_4$$

onde

$w_1 = S_1/S_T$,
$w_2 = S_2/S_T$,
$w_3 = S_3/S_T$, e
$w_4 = S_4/S_T$

Quando uma indústria é composta por um número muito grande de empresas, e cada uma delas é muito pequena, a taxa de concentração de quatro firmas é próxima de zero. Quando quatro ou menos empresas produzem toda a produção de uma indústria, a taxa de concentração de quatro firmas é 1. Quanto mais próxima de zero for a taxa de concentração de quatro firmas, menos concentrada será a indústria; quanto mais próxima de 1, mais concentrada será a indústria.

Demonstração 7-1

Suponha uma indústria composta por seis empresas. Quatro firmas têm vendas de $10 cada, e duas têm vendas de $5 cada. Qual é a taxa de concentração de quatro firmas para essa indústria?

Resposta:

As vendas totais da indústria são $S_T = \$50$. As vendas das quatro firmas maiores são

$$S_1 + S_2 + S_3 + S_4 = \$ 40$$

Portanto, a taxa de concentração de quatro firmas é

$$C_4 = \frac{40}{50} = 0{,}80$$

Isso significa que as quatro maiores empresas na indústria respondem por 80% da produção total na indústria.

Índice Herfindahl-Hirschman (IHH)
A soma do quadrado das participações de mercado de empresas em dada indústria multiplicada por 10 mil.

As taxas de concentração oferecem uma medida bastante crua do tamanho estrutural de uma indústria. Taxas de concentração de quatro firmas próximas de zero indicam mercados nos quais há muitos vendedores, levando a muita competição entre os produtores pelo direito de vender aos consumidores. Indústrias com taxas de concentração de quatro firmas próximas a 1 indicam mercados em que existe pouca competição entre os produtores para vender aos consumidores.

Outra medida de concentração é o índice Herfindahl-Hirschman. O *índice Herfindahl-Hirschman (IHH)* é a soma dos quadrados das parcelas de mercado das empresas em dada indústria, multiplicada por 10 mil para eliminar a necessidade de decimais. Ao elevar ao quadrado as parcelas de mercado antes de somá-las, o índice pondera com maior peso as empresas com maior parcela de mercado.

Suponha que a parcela do mercado total em decorrência da produção da empresa i seja $w_i = S_i/S_T$, onde S_i representa as vendas da empresa i e S_T, as vendas totais na indústria. Então, o índice Herfindahl-Hirschman é

$$\text{IHH} = 10.000 \, \Sigma w_i^2$$

O valor do índice Herfindahl-Hirschman se situa entre 0 e 10 mil. Um valor de 10 mil surge quando uma única empresa (com uma parcela de mercado $w_1 = 1$) existe na indústria. Um valor de zero resulta quando existem numerosas empresas infinitamente pequenas.

Demonstração 7–2

Suponha que uma indústria consiste em três empresas. Duas têm vendas de $10 cada e uma tem vendas de $30. Qual o índice de Herfindahl-Hirschman para essa indústria? Qual é a taxa de concentração de quatro firmas?

Resposta:

Uma vez que as vendas totais da indústria são $S_T = \$50$, a empresa maior possui uma parcela de mercado de $w_1 = 30/50$ e as outras duas têm uma parcela de mercado de 10/50 cada. Então, o índice de Herfindahl-Hirschman para essa indústria é

$$\text{IHH} = 10.000 \left[\left(\frac{30}{50}\right)^2 + \left(\frac{10}{50}\right)^2 + \left(\frac{10}{50}\right)^2 \right] = 4.400$$

A taxa de concentração de quatro firmas é 1, uma vez que as três maiores empresas representam todas as vendas da indústria.

A concentração da indústria norte-americana

Agora que você entende a álgebra dos índices de concentração da indústria e de Herfindahl-Hirschman, podemos utilizá-los para examinar a concentração de indústrias representativas nos Estados Unidos. A Tabela 7–2 oferece as taxas de concentração (em porcentagem) e os índices de Herfindahl-Hirschman para indústrias norte-americanas selecionadas. Observe que existe variação considerável entre indústrias quanto ao grau de concentração. Os quatro maiores produtores de cereais matinais

Tabela 7–2 Taxas de concentração de quatro firmas e índices de Herfindahl-Hirschman para indústrias manufatureiras selecionadas dos Estados Unidos

Indústria	C_4	IHH
Cereais matinais	82	3.000
Cervejas	91	ND
Biscoitos	71	1.901
Destilados	79	2.090
Computadores	81	2.662
Leite	46	1.013
Bonecas, brinquedos e jogos	39	494
Refrigeradores e congeladores domésticos	82	2.107
Joalheria (excluindo roupas)	26	259
Malas	34	580
Roupas masculinas (adulto e infantil)	50	1.020
Veículos automotivos	85	N/D
Canetas e lapiseiras	74	1.957
Concreto armado	11	57
Semicondutores e outros componentes elétricos	48	908
Alimentos aperitivos	64	2.717
Sabonetes e detergentes	63	2.308
Refrigerantes	46	710
Pneus	73	1.645
Roupas femininas (adulto e infantil)	14	87
Embalagens e *pallets* de madeira	7	26

Fonte: *Taxas de Concentração*: 2002, U.S. Bureau of the Census, 2002.

respondem por 82% da produção total, sugerindo considerável concentração. Similarmente, os mercados para veículos automotivos, refrigeradores e congeladores residenciais, bem como cervejarias, também possuem altas taxas de concentração de quatro firmas. Em contraste, as taxas de concentração de quatro firmas para empresas de concreto armado, roupas femininas (adulto e infantil), embalagens e *pallets* de madeira são menores, sugerindo maior competição entre os produtores. Por exemplo, os quatro maiores produtores de embalagens e *pallets* de madeira respondem por apenas 7% do mercado total.

Analisando os dados, os índices Herfindahl-Hirschman apresentados na Tabela 7–2 revelam um padrão similar: as indústrias com altas taxas de concentração de quatro firmas tendem a ter os maiores índices de Herfindahl-Hirschman. Existem exceções, no entanto. Observe que de acordo com as taxas de concentração de quatro firmas, a indústria de pneus é mais concentrada que a de alimentos aperitivos. No entanto, o índice de Herfindahl-Hirschman para a indústria de alimentos aperitivos é maior do que para a indústria de pneus. Por que as conclusões projetadas com base nesses dois índices diferem?

Primeiro, as taxas de concentração de quatro firmas são baseadas nas fatias de mercado apenas das quatro maiores empresas de uma indústria, enquanto os índices de Herfindahl-Hirschman são baseados nas parcelas de mercado de todas as empresas em uma indústria. Em outras palavras, o C_4 não leva em consideração as 50 maiores empresas, enquanto o índice de Herfindahl-Hirschman o faz. Segundo, o IHH é baseado nos quadrados das parcelas de mercado, ao passo que a taxa de concentração de quatro firmas não é. Consequentemente, o índice de Herfindahl-Hirschman oferece maior peso às empresas com maior parcela de mercado do que a taxa de concentração de quatro firmas. Esses dois fatores podem levar a diferenças na classificação das empresas pelo C_4 e pelo IHH.

Limitações das medidas de concentração

Estatísticas e outros dados devem sempre ser interpretados com cuidado, e as medidas precedentes de concentração não são exceção. Para concluirmos nossa discussão sobre concentração das indústrias norte-americanas, é importante estabelecermos três limitações potenciais dos números reportados na Tabela 7–2.

Mercados globais. As taxas de concentração de quatro firmas e os índices de Herfindahl-Hirschman reportados na Tabela 7–2 são baseados em uma definição do produto de mercado que excluem produtos importados. Isto é, ao calcular o C_4 e o IHH, o Departamento de Estatísticas não leva em consideração a penetração de empresas estrangeiras nos mercados norte-americanos. Isso tende a superestimar o verdadeiro nível de concentração em indústrias nas quais um número significativo de produtores estrangeiros atende o mercado.

Por exemplo, considere a taxa de concentração de quatro firmas para a indústria cervejeira. Com base na Tabela 7–2, as quatro principais empresas norte-americanas respondem por 91% das vendas na indústria. No entanto, essa informação ignora a cerveja produzida por muitas cervejarias bastante conhecidas do México, Canadá, Europa, Austrália e Ásia. A taxa de concentração de quatro firmas baseada tanto nas cervejas domésticas quanto nas importadas poderia ser consideravelmente mais baixa.

Mercados locais, regionais e nacionais. Uma segunda deficiência nos números apresentados na Tabela 7–2 é que eles se baseiam em dados para todos os Estados Unidos. Em muitas indústrias, os mercados relevantes são locais e podem ser compostos por apenas poucas empresas. Quando os mercados relevantes são locais, o uso de dados nacionais tende a subestimar o nível efetivo de concentração nos mercados locais.

Por exemplo, suponha que cada um dos 50 estados possua apenas um posto de gasolina. Se todos os postos fossem do mesmo tamanho, cada empresa teria uma parcela de mercado de apenas 1/50. A taxa de concentração de quatro firmas, com base nos dados nacionais, seria 4/50, ou 8%. Isso poderia sugerir que o mercado por serviços de combustíveis não é muito concentrado. No entanto, para o consumidor do estado do Texas não há vantagem de comprar gasolina nos 49 outros estados, uma vez que o mercado relevante é o seu mercado local. Diferenças geográficas entre mercados podem levar a medidas de concentração tendenciosas.

Em resumo, os índices de estrutura de mercado baseados em dados nacionais tendem a subestimar o grau de concentração quando os mercados relevantes são locais.

Definições de indústria e classes de produtos. Já enfatizamos que a definição geográfica do mercado relevante (local ou nacional) pode levar a um viés nas taxas de concentração. Similarmente, a definição de classes de produtos utilizados para definir uma indústria também afeta os índices.

Especificamente, ao construir índices para estrutura de mercado, há uma agregação considerável entre classes de produtos. Considere a taxa de concentração de quatro firmas para refrigerantes, que é de 46% na Tabela 7–2. Esse número pode

> **Por dentro dos negócios 7-1**
>
> ## O Sistema Norte-Americano de Classificação Industrial (NAICS)
>
> Os sistemas de classificação industrial oferecem informações a respeito de diferentes negócios na economia norte-americana. Por exemplo, se você estivesse interessado em iniciar um negócio de venda de *pagers*, poderia querer saber quantas companhias já estão nesse negócio, ou qual o número de pessoas empregadas na indústria e o valor total das vendas. As respostas a estas e outras questões podem ser encontradas na utilização de um sistema de classificação como o Sistema Norte-Americano de Classificação Industrial (NAICS).
>
> O NAICS é um sistema padronizado adotado pelos três parceiros do Acordo de Livre Comércio da América do Norte (Nafta): Canadá, México e Estados Unidos. Ele utiliza um código de seis dígitos para classificar indústrias em 20 diferentes setores. Uma vez que os primeiros cinco dígitos do código NAICS são os mesmos para o Canadá, México e Estados Unidos, você pode comparar o comportamento das indústrias entre os países-membros do Nafta. O sexto dígito do código NAICS é específico do país; ele varia para acomodar necessidades de identificações especiais em diferentes países.
>
> O código de seis dígitos NAICS contém diversos níveis de especificidade a respeito da classificação de uma empresa. Dois dígitos se referem ao código do *setor*, três dígitos ao código do *subsetor*, o quarto dígito indica o código do *grupo da indústria*, o quinto dígito é o código da *indústria*, e o sexto dígito, o código da *indústria específica do país*. A classificação mais ampla é a do código de dois dígitos, que simplesmente categoriza a empresa em um dentre 20 possíveis setores. O código de seis dígitos oferece a informação mais específica a respeito da classificação de uma empresa: ele posiciona a empresa em uma indústria específica do país. Para ilustrar, suponha uma firma norte-americana que tenha um código NAICS 513321. Como mostra a tabela a seguir, os primeiros dois dígitos (51) desse código informam que a empresa pertence ao *setor de informação (51)* – uma classificação bastante ampla que inclui TV, rádio, jornais e telecomunicação. Os primeiros três dígitos oferecem uma classificação mais específica – a empresa pertence ao *subsetor de broadcasting e telecomunicações (513)*. Os quatro primeiros dígitos definem ainda mais a natureza da empresa: ela pertence ao *grupo indústria de telecomunicações (5133)*. Examinando o código de cinco dígitos, observamos que a empresa pertence à *indústria de telecomunicações sem fio (51332)*, uma classificação que inclui telefones celulares e *pagers*. Todos os dígitos juntos nos dizem que a empresa pertence à indústria que os Estados Unidos chamam *indústria de pagers (513321)*.
>
> Interpretando códigos NAICS
>
> | Nível NAICS | Códigos NAICS | Descrição |
> | --- | --- | --- |
> | Setor | 51 | Informação |
> | Subsetor | 513 | Broadcasting e telecomunicações |
> | Grupo de indústria | 5133 | Telecomunicações |
> | Indústria | 51332 | Telecomunicações sem fio, exceto por satélite |
> | Indústria nos Estados Unidos | 513321 | Pager |

parecer surpreendentemente baixo quando se considera quanto a Coca-Cola e a Pepsi dominam o mercado de refrigerantes. No entanto, a taxa de concentração de 46% é baseada em uma definição muito mais ampla de refrigerantes. De fato, as classes de produto que o Departamento de Estatísticas usa para definir a indústria incluem muito mais tipos de bebidas engarrafadas, incluindo sucos, *ginger ale*, chá gelado e limonada.

Como, então, pode-se determinar quais produtos pertencem a qual indústria? Em geral, os produtos substitutos próximos (que possuem elevada elasticidade-preço cruzada positiva) são considerados pertencentes a uma classe de indústria. Assim, podemos considerar as bebidas mencionadas anteriormente como substitutos próximos de refrigerantes, justificando sua inclusão na indústria antes de calcularmos as taxas de concentração.

Tecnologia

As indústrias também diferem com relação às tecnologias utilizadas para produzir bens e serviços. Algumas indústrias são bastante intensivas, requerendo muito trabalho para produzir bens e serviços. Outras indústrias são muito intensivas em capital, requerendo altos investimentos em estruturas, equipamentos e máquinas para estar aptas a produzir bens e serviços. Essas diferenças na tecnologia levam a diferenças nas técnicas de produção. Na indústria de refinamento de petróleo, por exemplo, as empresas utilizam cerca de um funcionário para cada $1 milhão em vendas. Em contraste, a indústria de bebida utiliza numerosos 17 trabalhadores para cada $1 milhão em vendas.

A tecnologia também é importante em dada indústria. Em algumas indústrias, as empresas possuem acesso a tecnologias idênticas e, portanto, têm estruturas de custos similares. Em outras, uma ou duas empresas têm acesso a tecnologia que não está disponível para outras firmas. Nessas situações, as empresas com tecnologia superior possuirão uma vantagem sobre as outras. Quando a vantagem tecnológica é significativa, a empresa (ou empresas) superior tecnologicamente dominará completamente a indústria. Nos próximos capítulos, veremos como essas diferenças em tecnologias afetam as decisões empresariais.

Demanda e condições de mercado

Indústrias também diferem com relação à demanda e às condições de mercado. Em indústrias com demanda relativamente baixa, o mercado pode estar apto a sustentar apenas poucas empresas. Em indústrias em que a demanda é elevada, o mercado pode requerer muitas empresas para produzir a quantidade demandada. Uma das nossas tarefas nos próximos capítulos é explicar como o grau de demanda de mercado afeta as decisões dos gerentes.

A informação acessível aos consumidores também tende a variar entre mercados. É bastante fácil a um consumidor encontrar a menor tarifa em um voo de Washington para Los Angeles; tudo o que ele deve fazer é ligar para um agente de viagens ou pesquisar na Internet para obter os preços. Em contraste, é muito mais difícil aos consumidores obter informações a respeito do melhor negócio com carro usado. O consumidor não apenas deve barganhar com os potenciais vendedores a respeito do preço, como também atentar na qualidade do veículo. Como veremos nos capítulos subsequentes, as decisões ótimas dos gerentes variarão dependendo do montante de informação disponível no mercado.

Por fim, a elasticidade da demanda por produtos tende a variar de indústria para indústria. Além disso, a elasticidade da demanda para o produto de uma empresa em particular geralmente será diferente da elasticidade da demanda de mercado pelo produto. Em algumas indústrias, existe uma grande discrepância entre a elasticidade de demanda de uma empresa em particular e elasticidade de mercado. A razão para isso pode ser facilmente explicada.

No Capítulo 3, aprendemos que a demanda por um produto específico depende do número de substitutos próximos disponíveis para o produto. Como consequência, a demanda por uma marca de produto particular (por exemplo, Seven Up) será mais elástica do que a demanda pelo grupo de produto em geral (refrigerantes). Em mercados em que não existem substitutos próximos para o produto de determinada empresa, a elasticidade da demanda para esse produto coincidirá com a elasticidade de demanda de mercado para o grupo de produtos (uma vez que exista apenas um produto no mercado). Em indústrias em que muitas organizações produzem substitutos para determinado produto, a demanda pelo produto de uma única empresa será mais elástica do que a da indústria como um todo.

Uma medida da elasticidade da demanda da indústria por um produto de uma única empresa é o índice de Rothschild. O *índice de Rothschild* oferece uma medida da sensibilidade ao preço do grupo de produtos como um todo relativo à sensibilidade da quantidade demandada de uma única empresa a mudanças em seu preço.

O índice de Rothschild é dado por

$$R = \frac{E_T}{E_F}$$

onde E_T é a elasticidade da demanda para o mercado total e E_F é a elasticidade da demanda pelo produto de uma única empresa.

O índice de Rothschild tem um valor que se situa entre 0 e 1. Quando o índice é 1, a empresa se depara com uma curva de demanda que possui a mesma sensibilidade ao preço que a curva de demanda de mercado. Em contraste, quando a elasticidade da demanda para o produto da empresa é muito maior (em valor absoluto) do que a elasticidade da demanda de mercado, o índice de Rothschild é próximo a zero. Nessa situação, a quantidade demandada de uma única empresa é mais sensível a aumentos no preço do que a indústria como um todo. Em outras palavras, quando o índice de Rothschild é menor que 1, um aumento de 10% no preço de uma empresa diminuirá sua quantidade demandada em mais do que a quantidade total da indústria poderia cair se todas as organizações aumentassem seus preços em 10%. O índice de Rothschild, portanto, é uma medida de quão sensível ao preço é a demanda de determinada empresa em relação ao mercado como um todo. Quando uma indústria é composta por muitas organizações, cada uma produzindo produtos similares, o índice de Rothschild será próximo a zero.

A Tabela 7–3 oferece estimativas de elasticidade de empresa e de mercado e os índices de Rothschild para dez indústrias norte-americanas. A tabela revela que empresas em algumas indústrias são mais sensíveis ao aumento de preço do que organizações em outras indústrias. Observe que os índices de Rothschild para tabaco e produtos químicos são unitários. Isso significa que a empresa representativa da indústria se depara com uma curva de demanda que possui exatamente a mesma elasticidade da demanda da indústria total. Em contraste, o índice de Rothschild para alimento é 0,26, o que significa que a demanda para determinado produto alimentício é aproximadamente quatro vezes mais elástica do que a da indústria como um todo. As empresas na indústria alimentícia se deparam com uma curva de demanda muito mais sensível ao preço do que a indústria como um todo.

índice de Rothschild
Medida da sensibilidade ao preço de um grupo de produtos como um todo, relativo à sensibilidade da quantidade demandada de uma única empresa a mudanças em seu preço.

Tabela 7-3 Elasticidades da demanda de empresas representativas e de mercado e os correspondentes índices de Rothschild para indústrias selecionadas dos Estados Unidos

Indústria	Elasticidade-preço da demanda de mercado	Elasticidade-preço da demanda pelo produto de empresas representativas	Índice de Rothschild
Alimento	-1,0	-3,8	0,26
Tabaco	-1,3	-1,3	1,00
Têxtil	-1,5	-4,7	0,32
Acessórios de moda	-1,1	-4,1	0,27
Papel	-1,5	-1,7	0,88
Impressão e publicação	-1,8	-3,2	0,56
Químicos	-1,5	-1,5	1,00
Petróleo	-1,5	-1,7	0,88
Borracha	-1,8	-2,3	0,78
Couro	-1,2	-2,3	0,52

Fonte: Shapiro, M. D. "Measuring Market Power in U.S. Industry." National Bureau of Economic Research, Working Paper nº 2.212, 1987.

Demonstração 7-3

A elasticidade da demanda da indústria por viagens aéreas é de −3, e a elasticidade da demanda para uma única companhia aérea é de −4. Qual é o índice de Rothschild para essa indústria?

Resposta:

O índice de Rothschild é

$$R = \frac{-3}{-4} = 0,75$$

Potencial de entrada

A variável estrutural final que discutimos neste capítulo é o potencial de entrada em uma indústria. Em algumas indústrias, é relativamente fácil para novas empresas entrar no mercado; em outras é mais difícil. As decisões ótimas dependerão da facilidade com a qual novas empresas podem entrar no mercado.

Diversos fatores podem criar uma *barreira à entrada*, dificultando que outras empresas entrem na indústria. Uma potencial barreira é o custo explícito de entrar em uma indústria, como as requisições de capital. Outras são patentes, as quais oferecem a seus proprietários direitos exclusivos de vender seus produtos por um período especificado.

Economias de escala também podem criar barreiras de entrada. Em alguns mercados, apenas uma ou duas empresas existem em função das economias de escala. Se outras procuram entrar, elas podem não estar aptas a gerar o volume necessário para usufruir os custos médios reduzidos associados às economias de escala. Como aprenderemos nos próximos capítulos, a barreira à entrada tem implicações importantes sobre os lucros de longo prazo que uma empresa obterá em um mercado.

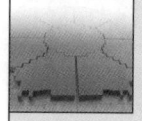

> **Por dentro dos negócios 7-2**
>
> ## A elasticidade da demanda nos níveis da empresa e do mercado
>
> Em geral, a demanda pelo produto de uma única empresa é mais elástica do que aquela para a indústria como um todo. A exceção é o caso do monopólio, em que uma única organização responde pelo mercado (a demanda pelo produto de um monopolista é a mesma da indústria). Quão mais elástica é a demanda pelo produto de uma única empresa comparada àquela do mercado?
>
> A Tabela 7-4 oferece uma resposta a essa questão. A segunda coluna apresenta a elasticidade-preço da demanda de mercado para uma dada indústria. Essa elasticidade mede a sensibilidade da quantidade demandada total da indústria a um aumento no preço na indústria. A terceira coluna oferece a elasticidade da demanda pelo produto de uma única empresa; ela mede a sensibilidade da quantidade demandada do produto de uma empresa a mudanças no preço da empresa.
>
> Observe, na Tabela 7-4, que a elasticidade de demanda de mercado na indústria de agricultura é de -1,8. Isso significa que o aumento de 1% no preço da indústria levará à redução de 1,8% na quantidade demandada total de produtos agrícolas. Em contraste, a elasticidade da demanda para o produto de uma empresa representativa é de -96,2. Se uma única organização aumentar seu preço em 1%, a quantidade demandada de seu produto deverá cair 96,2%. A demanda pelo produto de determinada empresa agrícola é muito mais elástica, já que existem numerosas empresas da indústria vendendo substitutos próximos. Quanto maior a competição entre os produtores de uma indústria, mais elástica será a demanda pelo produto de uma única empresa.
>
> **Tabela 7-4** Elasticidades da demanda de empresas representativas e do mercado para indústrias selecionadas dos Estados Unidos
>
> | Indústria | Elasticidade-preço da demanda de mercado | Elasticidade-preço da demanda pelo produto de empresas representativas |
> |---|---|---|
> | Agricultura | -1,8 | -96,2 |
> | Construção | -1,0 | -5,2 |
> | Manufatura de bens duráveis | -1,4 | -3,5 |
> | Manufatura de bens não duráveis | -1,3 | -3,4 |
> | Transporte | -1,0 | -1,9 |
> | Comunicação e utilidades | -1,2 | -1,8 |
> | Vendas no atacado | -1,5 | -1,6 |
> | Vendas no varejo | -1,2 | -1,8 |
> | Finanças | -0,1 | -5,5 |
> | Serviços | -1,2 | -26,4 |
>
> Fonte: Shapiro, M. D. "Measuring Market Power in U.S. Industry." National Bureau of Economic Research, Working Paper n° 2.212, 1987.

Conduta

Além das diferenças estruturais, a *conduta*, ou comportamento, das empresas também tende a diferir entre indústrias. Algumas cobram margens mais elevadas do que outras. Algumas são mais suscetíveis a fusões ou aquisições do que outras. Além disso, o montante despendido em propaganda e pesquisa e desenvolvimento tende a variar entre indústrias. As subseções seguintes descrevem diferenças importantes na conduta que há entre elas.

Comportamento de preços

índice de Lerner
Medida da diferença entre preço e custo marginal como uma fração do preço do produto.

As empresas em algumas indústrias cobram margens mais elevadas do que empresas em outras indústrias. Para ilustrar esse fato, introduzimos o que os economistas chamam índice de Lerner. O *índice de Lerner* é dado por

$$L = \frac{P - MC}{P}$$

onde P é o preço e MC é o custo marginal. O índice de Lerner mede a diferença entre preço e custo marginal como uma fração do preço do produto.

Quando uma organização estabelece seu preço igual ao custo marginal da produção, o índice de Lerner é zero; os consumidores pagam o preço pelo produto exatamente igual ao custo da empresa em produzir outra unidade do bem. Quando se cobra um preço mais elevado do que o custo marginal, o índice de Lerner assume um valor maior que zero, com o valor máximo possível sendo unitário. O índice de Lerner, portanto, oferece uma medida de quanto as empresas em uma indústria cobram como margem, em seus preços, sobre os custos marginais. Quanto mais alto o índice de Lerner, maior a margem da organização. Em indústrias nas quais as empresas rigorosamente competem pelas vendas buscando cobrar o menor preço no mercado, o índice de Lerner é próximo de zero. Quando elas não competem rigorosamente pelos consumidores no que diz respeito a preço, o índice de Lerner é próximo de 1.

O índice de Lerner é relativo à margem cobrada por uma empresa. Em particular, podemos rearranjar a fórmula para o índice de Lerner para obter

$$P = \left(\frac{1}{1-L}\right)MC$$

Nessa equação, $1/(1 - L)$ é o fator de margem. Ele define o fator pelo qual o custo marginal é multiplicado para obter o preço do bem. Quando o índice de Lerner é zero, o fator de margem é 1, e então o preço é exatamente igual ao custo marginal. Se o índice de Lerner é 1/2, o fator de margem é 2. Nesse caso, o preço cobrado é duas vezes o custo marginal da produção.

A Tabela 7–5 oferece estimativas do índice de Lerner e do fator de margem para 10 indústrias norte-americanas. Observe que existem diferenças consideráveis nos índices de Lerner e fatores de margem entre indústrias. A indústria com o índice de Lerner e o fator de margem mais elevados é a de tabaco. Nessa indústria, o índice de Lerner é de 76%. Isso significa que, para cada \$1 pago à empresa pelos consumidores, \$0,76 é margem. Alternativamente, o preço é 4,17 vezes a margem de custo efetiva da produção.

Em contraste, o índice de Lerner e o fator de margem para acessórios de moda são muito menores. Com base no índice de Lerner para os acessórios, observamos que, para cada \$1 recebido pelo produtor, apenas \$0,24 é margem. Alternativamente, o preço de um produto de acessório de moda é apenas 1,32 vezes o custo marginal efetivo de produção. Novamente, a mensagem para os gerentes é que a margem cobrada por um produto variará de acordo com a natureza do mercado em que o produto é vendido. O principal objetivo nos demais capítulos é ajudar os gerentes a determinar a margem ótima para um produto.

Tabela 7-5 Índices de Lerner e fatores de margem para indústrias selecionadas dos Estados Unidos

Indústria	Índice de Lerner	Fator de margem
Alimento	0,26	1,35
Tabaco	0,76	4,17
Têxtil	0,21	1,27
Acessórios de moda	0,24	1,32
Papel	0,58	2,38
Impressão e publicação	0,31	1,45
Químicos	0,67	3,03
Petróleo	0,59	2,44
Borracha	0,43	1,75
Couro	0,43	1,75

Fonte: Michael R. Baye; Jae-Woo Lee. "Ranking Industries by Performance: A Synthesis." Texas A&M University, Working Paper n. 90-20, mar. 1990; Matthew D. Shapiro. "Measuring Market Power in U.S. Industry." National Bureau of Economic Research, Working Paper n. 2.212, 1987.

Demonstração 7-4

Uma empresa na indústria de companhias aéreas possui um custo marginal de $200 e cobra o preço de $300. Quais são o índice de Lerner e o fator de margem?

Resposta:

O índice de Lerner é

$$L = \frac{P - MC}{P} = \frac{300 - 200}{300} = \frac{1}{3}$$

O fator de margem é

$$\frac{1}{1-L} = \frac{1}{1 - 1/3} = 1,5$$

Atividades de fusões e integrações

A atividade de fusões e integrações também difere entre indústrias. A *integração* refere-se aos recursos produtivos unitários. A integração pode ocorrer por meio de uma fusão, na qual duas ou mais empresas "se unem", ou se fundem, em uma única organização. Alternativamente (como discutido no Capítulo 6), a integração pode ocorrer durante a formação de uma empresa. Em função de sua natureza, a integração resulta em organizações maiores do que poderiam existir na ausência da integração.

Fusões podem resultar de uma tentativa de empresas em reduzir os custos de transação, ampliar os benefícios de economia de escala e escopo, aumentar o poder de mercado ou obter melhor acesso aos mercados de capitais. Certas fusões são "amigáveis", em que ambas as empresas desejam fundir-se e formar uma única organização. Outras são "hostis", significando que uma delas não deseja que aconteça a fusão.

Em algumas situações, as fusões ocorrem em função de má administração dos gestores de uma das empresas. Nessa situação, o benefício da aquisição é o aumento dos lucros que resulta da "limpeza da casa", isto é, a demissão dos gestores incompetentes. Muitos deles temem fusões e aquisições porque estão incertos a respeito do impacto de uma fusão sobre suas posições.

Economistas distinguem três tipos de integração ou fusões: vertical, horizontal e conglomerada.

Integração vertical

Integração vertical refere-se a uma situação em que vários estágios da produção de um único produto são executados em uma única empresa. Por exemplo, um produtor automotivo que produz seu próprio aço, utiliza o aço para fazer a carroceria e os motores e, por fim, vende o automóvel, é verticalmente integrado. Isso contrasta com uma empresa que compra carrocerias e motores de outras organizações e então monta essas partes fornecidas por diferentes fornecedores. Uma *fusão vertical* é a integração de duas ou mais empresas que produzem componentes para um único produto. Aprendemos no Capítulo 6 que organizações verticalmente integradas reduzem os custos de transação associados à aquisição de insumos.

Integração horizontal

Integração horizontal refere-se à fusão da produção de produtos similares em uma única empresa. Por exemplo, se duas organizações de computadores fundirem-se em uma única empresa, ocorrerá integração horizontal. A integração horizontal envolve a fusão de dois ou mais produtos finais em uma única empresa, enquanto a integração vertical envolve a fusão de duas ou mais fases da produção em uma única organização.

Em contraste com a integração vertical, a qual ocorre devido à estratégia de reduzir os custos de transação, as principais razões que levam as empresas à integração horizontal são (1) aproveitar a economia de custos provenientes das economias de escala ou escopo e (2) aumentar seu poder de mercado. Em algumas situações, a integração horizontal permite às empresas desfrutar de economias de escala e escopo, levando à economia de custos na produção de um bem. Como regra, esses tipos de fusões horizontais são socialmente benéficos. Por outro lado, uma *fusão horizontal*, por definição, reduz o número de organizações que competem no mercado do produto. Isso tende a aumentar tanto a taxa de concentração de quatro firmas quanto o índice de Herfindahl-Hirschman para a indústria, o que reflete um aumento no poder de mercado das empresas na indústria. Os benefícios sociais dos custos reduzidos em virtude de uma fusão horizontal devem ser pesados contra os custos sociais associados à maior concentração da indústria.

Quando os benefícios das reduções são menores, relativos aos ganhos em poder de mercado obtidos pela empresa integrada horizontalmente, o governo pode optar por não permitir a fusão. Especificamente, o Departamento de Justiça dos Estados Unidos pode impedir que empresas se fundam em uma única organização. Sob as atuais *Regras de Fusões*, o Departamento de Justiça entende que indústrias com índice de Herfindahl-Hirschman acima de 1.800 estão "altamente concentradas" e

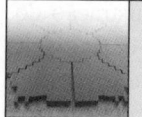

> **Por dentro dos negócios 7-3**
>
> ## A linguagem das aquisições corporativas
>
> **Acordo de paralisação:** contrato no qual um comprador ou empresa concorda em limitar suas propriedades na empresa-alvo e não tentar uma aquisição.
>
> **Alvo:** a companhia à qual a tentativa de aquisição é direcionada.
>
> **Aquisição alavancada:** compra das ações de uma empresa negociada publicamente pela gestão existente, com uma parcela do preço de compra financiada por investidores externos; a companhia deixa de ser listada em bolsa de valores e a negociação pública de suas ações cessa.
>
> **Briga outorgada:** solicitação de votação dos acionistas geralmente com o propósito de eleger um corpo de diretores para substituir os diretores atuais.
>
> **Cavaleiro branco:** parceiro de fusão, solicitado pelo gerente de uma companhia-alvo, que oferece um plano alternativo de fusão àquele sugerido pelo comprador hostil, protegendo a companhia-alvo da tentativa de aquisição.
>
> **Comprador hostil:** a(s) pessoa(s) ou corporação(ões) que empreende(em) uma aquisição.
>
> **Defesa de encerramento:** oferecer a uma parte amigável (veja *cavaleiro branco*) o direito de compra dos ativos da empresa, em particular a joia da coroa, dissuadindo, então, uma tentativa de aquisição.
>
> **Emenda de preço justo:** requer aprovação superior para oferta de aquisição não uniforme, não aprovada pelo corpo de diretores; pode ser evitada por meio de uma oferta uniforme por menos de todas as ações emitidas (sujeitas a enquadramento às leis federais se a oferta for superior à subscrição).
>
> **Joia da coroa:** o ativo mais valioso de um alvo de aquisição; espoliar esse ativo é frequentemente uma defesa suficiente para dissuadir uma aquisição.
>
> **Oferta de dois lados:** oferta de aquisição que oferece um preço em dinheiro por ações suficientes para obter o controle da corporação, além de um preço menor não em dinheiro (em títulos) pelas ações remanescentes.
>
> **Oferta frágil:** oferta feita diretamente aos acionistas para comprar parte ou todas as suas ações por um preço específico durante determinado período.
>
> **Paraquedas de ouro:** condições estabelecidas em contratos de trabalho dos principais gestores que asseguram pagamento de indenizações ou outras compensações caso percam seu emprego em função de uma aquisição.
>
> **Pílula envenenada:** oferecer aos acionistas não envolvidos em uma aquisição hostil o direito de compra dos títulos a um preço bastante favorável na eventualidade de uma aquisição.
>
> **Prêmio de aquisição:** prêmio pago por uma companhia-alvo a um comprador hostil na troca por suas ações da companhia-alvo.
>
> **Recompra direcionada:** recompra de ações ordinárias de um acionista individual ou uma tentativa de recompra que exclua um acionista individual; a primeira é a forma mais frequente de prêmio de aquisição, enquanto a última é uma tática defensiva comum.
>
> **Repelentes de tubarão:** emendas feitas na licença de uma empresa com objetivos antiaquisições, como termos para os diretores; requisição de emenda de preço justo para aprovação de fusões; ou determinação de que os ofertantes paguem o mesmo preço por todas as ações em uma aquisição.
>
> **Stripper:** comprador que obteve sucesso, o qual, uma vez que o alvo tenha sido adquirido, vende parte dos ativos da companhia-alvo.
>
> **Tornar-se privada:** compra das ações em poder do público de uma companhia pelo grupo empresarial existente ou por outro; a empresa não é mais listada na bolsa e a negociação das ações cessa.
>
> **Visada:** termo às vezes utilizado para referir-se à companhia à qual a aquisição é direcionada (alvo).
>
> Fonte: Reimpresso de Mack Ott; G. J. Santoni, "Mergers and Takeovers – The Value of Predators' Information." *Federal Reserve Bank of St. Louis Review*, p. 16-28, dez. 1985.

pode buscar impedir uma fusão horizontal se esta aumentar o índice de Herfindahl-Hirschman em mais de 100. No entanto, o Departamento de Justiça algumas vezes permite fusões em indústrias que possuem elevado índice de Herfindahl-Hirschman quando há evidência de competição estrangeira significativa, uma nova tecnologia emergente, aumento na eficiência, ou quando uma das organizações possui problemas financeiros.

Indústrias com índice de Herfindahl-Hirschman abaixo de 1.000 após uma fusão em geral são consideradas "não concentradas" pelo Departamento de Justiça, e fusões horizontais normalmente são permitidas. Se o índice de Herfindahl-Hirschman estiver entre 1.000 e 1.800, o Departamento de Justiça considera com maior peso outros fatores, como as economias de escala e a facilidade de entrada em uma indústria, na determinação de negar ou não uma fusão horizontal. No Capítulo 14, discutiremos estas e outras ações governamentais destinadas a reduzir o poder de mercado.

Fusões conglomeradas

Por fim, uma *fusão conglomerada* envolve a integração de diferentes linhas de produtos em uma única empresa. Por exemplo, se um produtor de cigarros e um produtor de refrigerantes fundirem-se em uma única firma, isso resultará em uma fusão conglomerada. Uma fusão conglomerada é similar a uma fusão horizontal por envolver a fusão de produtos finais em uma única organização. Ela difere de uma fusão horizontal porque os produtos finais não estão relacionados.

A racionalidade econômica para os conglomerados está longe de ser clara; fundir completamente linhas de negócios diferentes é em geral contraproducente, porque leva a perdas de especialização sem a criação dos benefícios de sinergia. Alguns argumentam que as fusões conglomeradas podem criar sinergias por meio de melhoras de fluxo de caixa para produtos com demandas cíclicas. Receitas derivadas de uma linha de produto podem ser utilizadas para gerar capital de giro quando a demanda por outro produto estiver baixa. Embora esta seja uma racionalidade potencial quando imperfeições no mercado de capitais impedem uma empresa de utilizar os mercados financeiros para obter capital de giro, engajar-se em fusões conglomeradas para esse propósito deve ser visto como última alternativa. Outros têm argumentado que, quando a oferta de talento empresarial é pequena, os lucros gerais de um conglomerado gerenciado por um CEO bem-sucedido podem exceder os lucros combinados de diversas (mas altamente focadas) empresas independentes gerenciadas por diferentes CEOs com talento médio.

Pesquisa e desenvolvimento

Anteriormente, observamos que empresas e indústrias diferem com relação às tecnologias utilizadas para produzir bens e serviços. Uma forma de ganharem vantagem tecnológica é se dedicarem a pesquisa e desenvolvimento (P&D) e, então, obter uma patente para a tecnologia desenvolvida por meio do P&D. A Tabela 7–6 apresenta

Tabela 7–6 P&D, propaganda e lucros como uma porcentagem das vendas de empresas selecionadas

Empresa	Indústria	P&D como porcentagem das vendas	Propaganda como porcentagem das vendas	Lucros como porcentagem das vendas
Bristol-Myers Squibb	Farmacêutica	14,3	7,7	15,6
Ford	Veículos automotivos e peças	4,5	2,8	1,1
Goodyear Tire & Rubber	Produtos de plástico e borracha	1,9	1,9	1,2
Kellogg	Alimento	1,8	8,4	9,6
Procter & Gamble	Sabonetes e cosméticos	3,4	10,4	12,8

Fonte: Relatórios anuais das empresas; cálculos do autor.

gastos com P&D como uma porcentagem das vendas para organizações selecionadas. Observe a variação nos gastos com P&D entre indústrias. Na indústria farmacêutica, por exemplo, a Bristol-Myers Squibb reinvestiu 14,3% das receitas de vendas em P&D; na indústria alimentícia, a Kellogg reinvestiu apenas 1,8% das receitas de vendas em P&D.

A mensagem para os gerentes é clara: o montante ótimo a despender em P&D dependerá das características da indústria na qual a empresa opera. Um objetivo dos capítulos seguintes é examinar os principais determinantes dos gastos com P&D.

Publicidade

Como mostra a Tabela 7–6, também existe variação considerável entre empresas no nível de publicidade utilizada. Na indústria alimentícia, empresas como a Kellogg despendem cerca de 8% de suas receitas de vendas em publicidade. Em contraste, na indústria de produtos plásticos e borracha, empresas como a Goodyear despendem menos de 2% de suas receitas de vendas em publicidade. Outro objetivo dos próximos capítulos é examinar por que a intensidade de publicidade varia entre organizações em diferentes indústrias. Também veremos como empresas determinam um montante ótimo e o tipo de publicidade a utilizar.

Desempenho

Desempenho se refere aos lucros e bem-estar social que resultam de dada indústria. É importante aos futuros gerentes reconhecer que lucros e bem-estar social variam consideravelmente entre indústrias.

Lucros

A Tabela 7–6 apresenta diferenças nos lucros entre organizações em diferentes indústrias. A Ford gerou mais vendas do que qualquer outra na lista, embora seus lucros como uma porcentagem das vendas estejam entre os mais baixos listados. Nos próximos capítulos, examinaremos por que "grandes" empresas não obtêm sempre grandes lucros. Como gerente, pode ser um erro acreditar que apenas porque sua firma é grande ela automaticamente gerará lucros.

Bem-estar social

índice de desempenho de Dansby-Willig
Elenca indústrias de acordo com o bem-estar gerado se a produção em uma indústria aumentar em um pequeno montante.

Outra medida do desempenho da indústria é o montante de excedente do consumidor e produtor gerado em um mercado. Ainda que esse tipo de desempenho seja difícil de mensurar, R. E. Dansby e R. D. Willig propuseram um índice útil. O *índice de desempenho de Dansby-Willig (DW)* mede quanto o bem-estar social (definido como a soma do excedente do consumidor e do produtor) deve aumentar se as organizações em uma indústria expandirem a produção de maneira socialmente eficiente. Se o índice de Dansby-Willig para uma indústria for zero, não existirão ganhos a serem obtidos ao induzir as empresas na indústria a alterar suas produções; os excedentes do consumidor e do produtor são maximizados de acordo com as condições de demanda e custos da indústria. Quando o índice é maior que zero, o bem-estar social pode ser aumentado se a produção da indústria for expandida.

Desse modo, o índice Dansby-Willig permite elencar indústrias de acordo com a variação do bem-estar social em relação à alteração na produção. Indústrias com

Tabela 7–7 Índices de desempenho de Dansby-Willig para indústrias selecionadas dos Estados Unidos

Indústria	Índice de Dansby-Willig
Alimento	0,51
Têxtil	0,38
Acessórios de moda	0,47
Papel	0,63
Impressão e publicação	0,56
Químicos	0,67
Petróleo	0,63
Borracha	0,49
Couro	0,60

Fonte: Michael R. Baye; Jae-Woo Lee, "Ranking Industries by Performance: A Synthesis." Texas A & M Working Paper n. 90–20, mar. 1990.

altos índices possuem desempenho pior do que aquelas com valores mais baixos. Na Tabela 7–7, por exemplo, vemos que a indústria química possui o mais alto índice DW. Isso sugere que uma pequena mudança na produção deve aumentar o bem-estar social mais do que o faria uma pequena mudança de produção em qualquer uma das outras indústrias. A indústria têxtil possui o índice DW mais baixo, revelando melhor desempenho.

Demonstração 7–5

Suponha que você seja o gerente de uma empresa na indústria têxtil. É de seu conhecimento que o governo tem colocado a indústria têxtil no topo de sua lista de indústrias que planeja regulamentar, e pretende forçá-la a expandir a produção e diminuir os preços dos produtos têxteis. Como você deve reagir?

Resposta:

Você deve mostrar ao conselho do governo que a indústria têxtil possui o índice de Lerner mais baixo das 10 maiores indústrias listadas na Tabela 7–5; apenas $0,21 de cada $1 pago pelos consumidores é margem. Além disso, o índice de Dansby-Willig para a indústria têxtil é o mais baixo das nove indústrias listadas na Tabela 7–7. A maneira eficiente de o governo aumentar o bem-estar social é alterar primeiro a produção de outras indústrias.

O paradigma estrutura–conduta–desempenho

Agora você possui uma visão geral da estrutura, conduta e desempenho da indústria norte-americana. A *estrutura* de uma indústria se refere a fatores como tecnologia, concentração e condições de mercado. A *conduta* se refere à maneira como as empresas, individualmente, se comportam no mercado; ela envolve decisões de preço, de publicidade e decisões de investir em pesquisa e desenvolvimento, entre outros fatores. O *desempenho* se refere aos lucros e bem-estar social resultantes do mercado. O *paradigma estrutura–conduta–desempenho* encara esses três aspectos da indústria como relacionados integralmente.

A visão causal

A *visão causal* da indústria estabelece que a estrutura de mercado "leva" as empresas a se comportar de determinada maneira. Por sua vez, esse comportamento, ou conduta, "leva" os recursos a serem alocados de determinadas formas, propiciando tanto um desempenho de mercado "bom" quanto "fraco". Para entender melhor a visão causal, considere uma indústria altamente concentrada na qual apenas algumas empresas competem pelo direito de vender produtos aos consumidores. De acordo com a visão causal, essa estrutura dá às organizações poder de mercado, habilitando-as a cobrar preços mais altos por seus produtos. O comportamento (cobrar preços mais altos) é causado pela estrutura de mercado (a presença de poucos competidores). Os preços altos, por sua vez, "causam" altos lucros e um pobre desempenho (baixo bem-estar social). Portanto, de acordo com a visão causal, um mercado concentrado "causa" altos preços e desempenho pobre.

A crítica de *feedback*

Atualmente, muitos economistas reconhecem que a visão causal oferece, no máximo, uma ideia incompleta da relação entre estrutura, conduta e desempenho. De acordo com a *crítica de feedback*, não há ligação causal única entre estrutura, conduta e desempenho. A conduta das empresas pode afetar a estrutura de mercado; o desempenho de mercado pode afetar a conduta, bem como a estrutura de mercado. Para ilustrar a crítica de *feedback*, vamos aplicá-la à análise anterior, que estabeleceu que a concentração causava altos preços e desempenho fraco.

De acordo com a crítica de *feedback*, a conduta das empresas em uma indústria pode, por si mesma, levar a mercados concentrados. Se as (poucas) organizações estão cobrando baixos preços e obtendo baixos lucros econômicos, não haverá incentivo para outras entrarem no mercado. Se esse fosse o caso, poderiam ser efetivamente os baixos preços que "causariam" a presença de poucas empresas na indústria. Em resumo, é uma simplificação da realidade afirmar que mercados concentrados levam a preços altos. No entanto, o comportamento de preços pode afetar o número de organizações. Como veremos nos próximos capítulos, preços baixos e bom desempenho podem ocorrer mesmo se apenas uma ou duas empresas estiverem operando em uma indústria. Uma explicação detalhada dessa possibilidade deverá esperar até que desenvolvamos modelos para várias estruturas de mercado.

Relação com a estrutura de cinco forças

O paradigma estrutura–conduta–desempenho e a crítica de *feedback* estão bastante relacionados à *estrutura de cinco forças* discutida no Capítulo 1. Lembre-se de que a estrutura de cinco forças sugere que cinco "forças" inter-relacionadas afetam o nível, crescimento e sustentabilidade dos lucros da indústria: (1) entrada, (2) poder dos fornecedores de insumos, (3) poder dos compradores, (4) rivalidade na indústria e (5) substitutos e complementares. Essas cinco forças capturam elementos da estrutura e conduta das organizações na indústria, enquanto o nível de crescimento e a sustentabilidade

Figura 7-1 A estrutura de cinco forças com efeitos de feedback

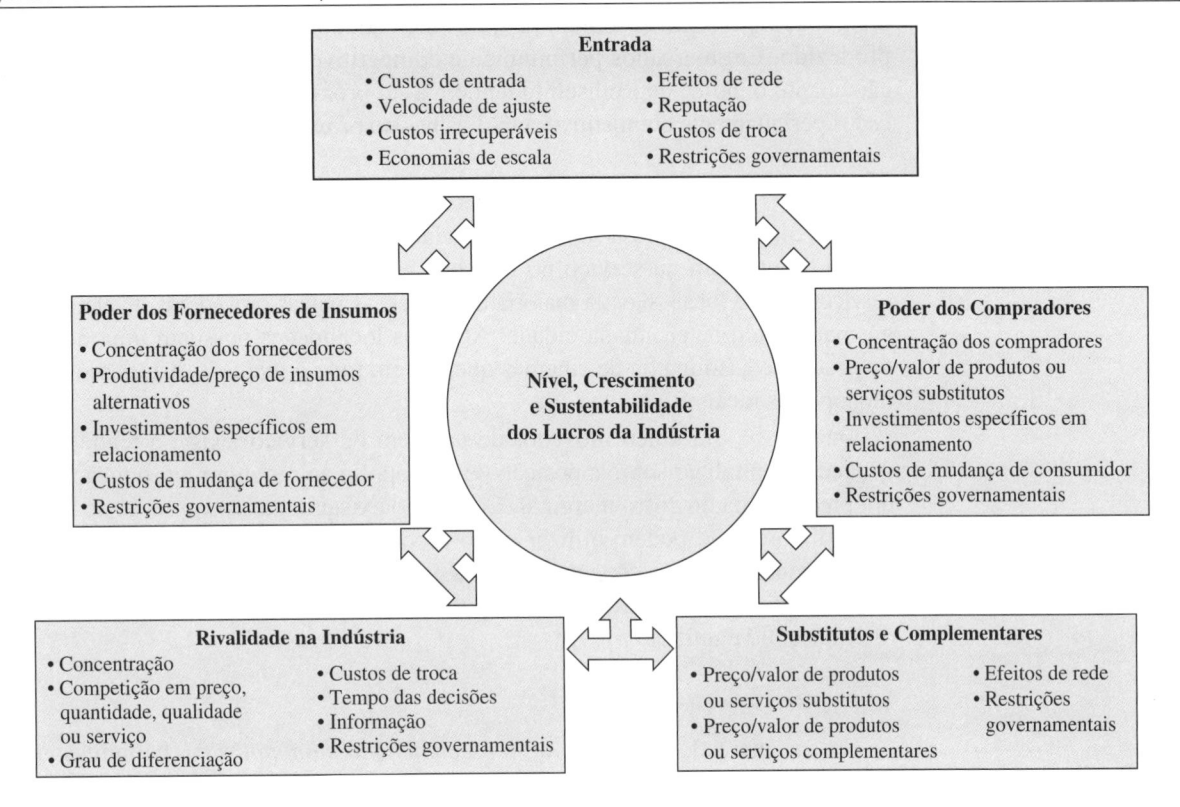

Entrada
- Custos de entrada
- Velocidade de ajuste
- Custos irrecuperáveis
- Economias de escala
- Efeitos de rede
- Reputação
- Custos de troca
- Restrições governamentais

Poder dos Fornecedores de Insumos
- Concentração dos fornecedores
- Produtividade/preço de insumos alternativos
- Investimentos específicos em relacionamento
- Custos de mudança de fornecedor
- Restrições governamentais

Nível, Crescimento e Sustentabilidade dos Lucros da Indústria

Poder dos Compradores
- Concentração dos compradores
- Preço/valor de produtos ou serviços substitutos
- Investimentos específicos em relacionamento
- Custos de mudança de consumidor
- Restrições governamentais

Rivalidade na Indústria
- Concentração
- Competição em preço, quantidade, qualidade ou serviço
- Grau de diferenciação
- Custos de troca
- Tempo das decisões
- Informação
- Restrições governamentais

Substitutos e Complementares
- Preço/valor de produtos ou serviços substitutos
- Preço/valor de produtos ou serviços complementares
- Efeitos de rede
- Restrições governamentais

dos lucros da indústria são elementos do desempenho. À luz da crítica de *feedback*, a estrutura de cinco forças pode ser modificada como mostra a Figura 7–1 para ilustrar que essas forças são interconectadas.

Visão geral dos próximos capítulos

Nos capítulos seguintes, examinaremos a conduta empresarial ótima sob uma variedade de estruturas de mercado. Para podermos distinguir entre vários tipos de estruturas de mercado, é útil introduzir agora os quatro modelos básicos que utilizaremos para atingir esse objetivo. No entanto, esta discussão oferece apenas uma visão geral; de fato, capítulos inteiros serão dedicados a tomadas de decisão empresarial em cada uma dessas situações.

Competição perfeita

Nos mercados caracterizados por *competição perfeita* existem muitas empresas, cada uma das quais é pequena em relação ao mercado como um todo. Elas têm acesso às mesmas tecnologias e produzem bens similares, de forma que ninguém possui qualquer vantagem real sobre o outro na indústria. Organizações em mercados perfeitamente competitivos não têm poder de mercado; isto é, nenhuma empresa possui um impacto perceptível sobre o preço de mercado, quantidade ou qualidade do bem produzido. Em mercados perfeitamente competitivos, tanto as taxas de concentração quanto o índice de Rothschild tendem a ser próximos de zero. Estudaremos mercados perfeitamente competitivos em detalhes no próximo capítulo.

Monopólio

Para que uma empresa seja considerada um *monopólio*, ela deve ser a única produtora de um bem ou serviço no mercado relevante. Por exemplo, as empresas de serviço público locais são, na maioria das vezes, as únicas provedoras de eletricidade e gás natural em determinada cidade. Algumas localidades possuem uma única rede de postos de gasolina ou de cinemas que servem todo o mercado. Tudo isso constitui monopólios locais.

Quando há um único provedor de um bem ou serviço, existe a tendência de o vendedor capitalizar sobre a posição de monopólio ao restringir a produção e cobrar um preço acima do custo marginal. Como não existem outras empresas no mercado, consumidores não podem utilizar outro produtor em função dos preços mais altos. Consequentemente, os consumidores ou compram o produto ao preço mais alto ou não o adquirem. Em mercados monopolísticos, há concentração extrema e o índice de Rothschild é unitário.

Competição monopolística

Em um mercado caracterizado por *competição monopolística*, há muitas empresas e consumidores, assim como na competição perfeita. Portanto, as medidas de concentração são próximas de zero. Diferentemente da competição perfeita, cada organização produz um bem sensivelmente diferente dos produzidos por outras empresas; os índices de Rothschild são maiores que zero. Aqueles que gerenciam restaurantes em uma cidade que tenha diversos estabelecimentos alimentícios operam em uma indústria monopolisticamente competitiva.

A organização em um mercado monopolisticamente competitivo possui algum controle sobre o preço cobrado por seu produto. Ao aumentar o preço, alguns consumidores permanecerão leais devido à sua preferência pelas características particulares de seu produto. Mas alguns mudarão para outras marcas. Por essa razão, empresas em indústrias monopolisticamente competitivas frequentemente despendem consideráveis somas em publicidade na tentativa de convencer os consumidores de que suas marcas são "melhores" do que outras. Isso reduz o número de consumidores que mudam para outras marcas quando a organização aumenta o preço de seu produto.

Oligopólio

Em um mercado *oligopolístico*, poucas empresas grandes tendem a dominar o mercado. Organizações em uma indústria altamente concentrada, como companhias aéreas, automóveis e indústria aeroespacial, operam em um mercado oligopolístico.

Quando a empresa em um mercado oligopolístico muda sua estratégia de preço ou de mercado, não apenas seus lucros, mas os lucros das outras empresas na indústria serão afetados. Como consequência, quando há mudança de conduta em uma empresa, outras organizações na indústria possuem incentivo para reagir, alterando sua

Por dentro dos negócios 7-4

A evolução da estrutura de mercado na indústria de computadores

As indústrias podem mudar drasticamente ao longo do tempo. Durante a evolução, determinada indústria pode passar por fases que incluem monopólio, oligopólio, competição monopolística e competição perfeita. Por essa razão, é importante entender como tomar decisões em todos os quatro ambientes, mesmo que você, leitor, "saiba" que trabalhará para um monopólio quando se formar. A seguinte descrição da evolução na indústria de computadores deve convencê-lo desse fato.

Na década de 1960, poucas grandes empresas produziam servidores de computadores para universidades, instituições científicas e organizações de porte. Cada computador era desenhado quase exclusivamente para um usuário específico, e custava, frequentemente, acima de $100 mil. Já que o equipamento tinha seus padrões próprios, o consumidor que necessitasse de reparos em sua máquina era forçado a dirigir-se ao fabricante original. Isso permitia que poucas companhias que produziam computadores agissem como virtuais monopolistas, uma vez que tinham uma base de consumidores. As primeiras empresas de computadores desfrutaram altas margens de lucros, em torno de 50% a 60%. Esses grandes lucros induziram diversas organizações a entrar no mercado.

Com a entrada veio a inovação em tecnologia, que reduziu o tamanho dos servidores, diminuiu os custos de produção e, em função da competição ampliada, reduziu o preço ao consumidor. O influxo de novos competidores e produtos fez com que o mercado de computadores se estabelecesse em uma estrutura tipicamente oligopolística. Como resultado, cada empresa se tornou cautelosa com relação aos competidores e suas ações. No entanto, cada empresa se ateve a *hardwares* e *softwares* especializados para cada usuário. Em função da natureza especializada das máquinas menores, consumidores ainda estavam sujeitos às suas compras originais quando precisavam fazer *upgrades*. Visto que o preço das máquinas originais estava menor no novo ambiente, era menos custoso trocar de fornecedor de peças. É claro que os fornecedores reconheceram esse fato, o que levou a uma competição mais acirrada. Na década de 1970, a combinação de preços menores com maior competição diminuiu os retornos para 20% a 40% na indústria.

A década de 1980 trouxe o computador pessoal para muitos negócios de médio porte que anteriormente não podiam pagar por um equipamento. Com o PC, vieram estações de trabalho e minicomputadores. Embora as margens de lucro tenham caído durante a década de 1970, ainda eram altas o suficiente na década de 1980 para atrair novos entrantes. O mercado na década de 1980 estava se movendo na direção de uma competição monopolística, com um pequeno número de grandes empresas e um grande número de pequenas, cada uma produzindo estilos sensivelmente diferentes de computadores. As máquinas se tornaram acessíveis a muitas famílias e pequenas empresas. À medida que mais empresas entraram no mercado, as margens de lucro diminuíram drasticamente e empresas começaram a abrir os sistemas; muitas partes tornaram-se intercambiáveis entre máquinas. Os lucros econômicos ainda eram obtidos, mas as margens de lucro diminuíram para cerca de 10% a 20%.

Durante a década de 1990, produtores de computadores buscaram manter margens ao diferenciarem seus produtos. Essa tática teve sucesso limitado, conforme os sistemas abertos da década de 1990 levaram a tecnologia padronizada para praticamente todos os níveis da indústria de computadores. No início da década de 2000, muitos componentes dos PCs se tornaram "*commodities*" que eram compradas e vendidas em mercados parecidos com aqueles de competição perfeita. Como consequência, havia poucas dimensões, além do preço, que os produtores de PC pudessem utilizar na diferenciação dos produtos. Essa competição altamente embasada em preço durante a década de 2000 reduziu significativamente os lucros de produtores de computadores, incluindo empresas-chave como Dell e Gateway. Em 2007, essa diminuição nos lucros começou a traduzir-se na saída e consolidação da indústria. Outras mudanças na estrutura da indústria são praticamente certas ao longo da próxima década. A indústria de computadores oferece uma visão clara das dinâmicas das indústrias.

Fontes: Simon Forge, "Why the Computer Industry Is Restructuring Now." *Futures*, n. 23, p. 960-977, nov. 1991; "Gateway CEO Out After Profit Miss." *Ecommerce Times*, 26 nov. 2006; relatórios anuais das empresas.

própria conduta. A característica que distingue o mercado oligopolístico é a *interdependência mútua* entre empresas na indústria.

A interdependência dos lucros em um oligopólio leva à estratégia de interação entre as organizações. Por exemplo, suponha que um gerente em um oligopólio esteja considerando aumentar o preço cobrado pelo seu produto. Para determinar o impacto do aumento do preço sobre os lucros, ele deve levar em consideração o modo como empresas rivais na indústria responderão ao aumento de preço. Os planos estratégicos de uma empresa em um oligopólio dependem de como ela espera que outras companhias na indústria respondam aos seus planos, se forem adotados. Por essa razão é bastante difícil o gerenciamento em um oligopólio. Uma vez que grandes salários são pagos aos gerentes que sabem como operar em mercados oligopolísticos, dedicaremos dois capítulos à análise das decisões empresariais em tais mercados.

Respondendo à manchete

Como a Microsoft não estava disposta a lutar na justiça, a estratégia mais segura seria não ter despendido $4 milhões nos planos de fusão. A fatia de mercado de *software* financeiro da Microsoft era de 20%, e da Intuit, 70%. Desse modo, a Microsoft deveria ter considerado que a única forma de a fusão ser permitida era por meio de uma consideração especial do Departamento de Justiça, em função de uma nova tecnologia emergente ou aumento de eficiência como resultado da fusão. Como aprendemos neste capítulo, o Departamento de Justiça em geral opõe-se às fusões quando o índice de Herfindahl-Hirschman relevante é maior que 1.800 e o aumento resultante do índice, como resultado da fusão, é maior que 100. Com base nas fatias de mercado da Microsoft e da Intuit, o índice de Herfindahl-Hirschman para o mercado de *software* financeiro pessoal era pelo menos de 5.300 antes da fusão proposta, e poderia ter aumentado para pelo menos 8.100 após a fusão. Portanto, parece que a Microsoft deveria ter percebido que o Departamento de Justiça tentaria proibir a fusão. Despender $4 milhões, como tentativa de justificar a fusão com bases tecnológicas ou de eficiência, foi uma aposta que não deveria ter sido paga pela Microsoft.

Resumo

Este capítulo revela que diferentes indústrias possuem diferentes estruturas de mercado e requerem diferentes tipos de decisões empresariais. A estrutura de uma indústria, e, portanto, o trabalho do gerente, é dependente do número de empresas, da estrutura de demanda e custos, da disponibilidade de informação e do comportamento de outras organizações na indústria.

A taxa de concentração de quatro firmas é uma medida da estrutura de mercado. Se a taxa é igual a um, a indústria é um monopólio ou oligopólio; se é zero, a indústria é competitiva. Outra medida da estrutura de mercado é a do índice de Herfindahl-Hirschman (IHH), que pode variar de 10 mil para um monopólio a zero para uma indústria perfeitamente competitiva. É claro que esses índices devem ser utilizados em conjunto com outras informações, incluindo se o mercado é local e se a empresa compete com organizações estrangeiras.

Outras estatísticas representativas incluem os índices de Lerner, de Rothschild e de Dansby-Willig. Eles oferecem a um gerente informações a respeito dos custos da indústria e das condições de demanda. Por exemplo, quanto maior o índice de Lerner em uma indústria, maior a capacidade de a empresa cobrar uma margem elevada em seu produto.

Os dados apresentados neste capítulo revelam diferenças nas indústrias em relação a atividades como publicidade e pesquisa e desenvolvimento. O restante do livro explicará por que essas diferenças existem e as decisões empresariais ótimas para estruturas de mercado alternativas. O próximo capítulo começa com um estudo sobre decisões empresariais sob competição perfeita, monopólio e competição monopolística.

Conceitos e palavras-chave

- barreira à entrada
- competição monopolística
- competição perfeita
- conduta
- crítica de *feedback*
- desempenho
- estrutura
- estrutura–conduta–desempenho
- estrutura de cinco forças
- estrutura de mercado
- fusão horizontal
- fusão vertical
- fusão conglomerada
- índice de desempenho de Dansby-Willig
- índice de Herfindahl-Hirschman (IHH)
- índice de Lerner
- índice de Rothschild
- integração
- monopólio
- oligopólio
- paradigma
- taxa de concentração de quatro firmas

Questões conceituais e computacionais

1. Dez empresas competem em um mercado para vender o produto X. As vendas de todas elas referentes a esse produto somam $1 milhão. Elencando as vendas das empresas da maior para a menor, encontramos as quatro principais: $175 mil, $150 mil, $125 mil e $100 mil, respectivamente. Calcule a taxa de concentração de quatro firmas no mercado para o produto X.

2. Uma indústria consiste em três empresas com vendas de $200 mil, $500 mil e $400 mil.
   a. Calcule o índice de Herfindahl-Hirschman (IHH).
   b. Calcule a taxa de concentração de quatro firmas (C_4).
   c. Com base nas *Regras de Fusões* do Departamento de Justiça dos Estados Unidos descritas no texto, você acredita que o Departamento de Justiça poderia negar uma fusão horizontal entre duas empresas com vendas de $200 mil e $400 mil? Explique.

3. Suponha que a elasticidade-preço da demanda de mercado por gasolina no varejo seja de $-0,9$, o índice de Rothschild seja de 0,6, e um posto de gasolina típico desfrute vendas anuais de $1,2 milhão. Qual é a elasticidade-preço da demanda para o produto de um posto de gasolina representativo?

4. Uma empresa que possui $1 milhão em vendas, um índice de Lerner de 0,65 e um custo marginal de $35 compete contra mil outras empresas no seu mercado relevante.
   a. Que preço ela deve cobrar de seus consumidores?
   b. Por qual fator a empresa estabelece a margem dos preços sobre o custo marginal?
   c. Você acredita que a companhia desfruta muito poder de mercado? Explique.
5. Avalie a seguinte afirmação: "Os gerentes devem se especializar adquirindo apenas as ferramentas necessárias para operar em uma estrutura de mercado particular. Isto é, os gerentes devem se especializar em gerenciar empresas em um mercado perfeitamente competitivo, um monopólio, uma competição monopolística ou um oligopólio".
6. Sob quais condições o Departamento de Justiça deve aprovar uma fusão entre duas companhias que operam em uma indústria com um índice de Herfindahl-Hirschman anterior à fusão de 2.900, se é esperado que esse índice, após a fusão, cresça em 225?
7. Com base no conhecimento de que a fatia de mercado antes da fusão de duas empresas que pretendem se fundir era de 20% cada, um economista que trabalha para o Departamento de Justiça consegue determinar que, se aprovado, o IHH poderia aumentar em 800. Como o economista conseguiria estabelecer essa conclusão sem conhecer as fatias de mercados de outras empresas? Com base nessa informação, você pode criar uma regra para explicar como o índice de Herfindahl-Hirschman é afetado quando exatamente duas companhias no mercado se fundem? (*Sugestão:* compare $a^2 + b^2$ com $(a + b)^2$.)
8. Considere uma empresa que opere em um mercado que concorra agressivamente em preços. Devido ao alto custo fixo de obtenção de tecnologia associada à entrada nesse mercado, apenas um número limitado de outras firmas existe. Além disso, cerca de 70% do produto vendido no mercado é protegido por patentes pelos próximos oito anos. Essa indústria se conforma à definição dos economistas de um mercado perfeitamente competitivo?

Problemas e aplicações

9. Você trabalha em uma empresa em Wall Street especializada em fusões e é o líder de uma equipe responsável por obter aprovação para uma fusão entre as duas principais cervejarias nos Estados Unidos. Enquanto a Tabela 7–2 indicou que a taxa de concentração de quatro firmas para as 494 cervejarias operando nos Estados Unidos é de 91%, sua equipe apresentou um relatório sugerindo que a fusão não apresenta questões antitruste, mesmo considerando que as duas companhias possuam, cada uma, 15% da fatia do mercado dos Estados Unidos. Estabeleça uma conclusão para o seu relatório.
10. A Forey Inc. concorre contra muitas outras empresas em uma indústria altamente competitiva. Ao longo da última década, várias organizações entraram nessa indústria e, como consequência, a Forey está obtendo um retorno sobre investimento que se tornou igual à taxa de juros. Além disso, a taxa de concentração de quatro firmas e o índice de Herfindahl-Hirschman são ambos bastante

pequenos, mas o índice de Rothschild é significativamente maior que zero. Com base nessa informação, qual estrutura de mercado melhor caracteriza a indústria na qual a Forey compete? Explique.

11. Empresas como Papa John's, Domino's e Pizza Hut vendem pizzas e outros produtos diferenciados por natureza. Embora existam inúmeras redes de pizzarias na maior parte dos locais, a natureza diferenciada dos produtos permite-lhes cobrar preços acima do custo marginal. Dadas essas observações, a indústria da pizza é mais bem caracterizada como monopólio, perfeitamente competitiva, monopolisticamente competitiva ou um oligopólio? Use a visão causal da estrutura, conduta e desempenho para explicar o papel da diferenciação no mercado de pizza. Aplique a crítica de *feedback* sobre o papel da diferenciação na indústria.

12. Qual das situações a seguir apresenta maiores condições de ser examinada pelo Departamento de Justiça, em função de suas *Diretrizes* para fusões horizontais?
    a. A fusão de duas montadoras de automóveis tradicionais – Daimler-Benz AG e Chrysler Corporation.
    b. A fusão do fabricante de cigarros Philip Morris com a cervejaria Miller Brewing Company.
    c. Os planos da Silicon Graphics Inc. de adquirir a Alias Research Inc. e a Wavefront Technologies, Inc. Essas companhias produzem animações e *software* gráfico utilizados pela indústria de entretenimento para produzir efeitos especiais como aqueles apresentados no filme *Jurassic Park*. A Silicon Graphics possui uma parcela de 90% do mercado para estações de trabalho que utilizam tal *software*.

13. O Nationwide Bank propôs ao Hometown Bank um plano de fusão. A tabela a seguir lista as vendas dos bancos na área. Use essa informação para calcular a taxa de concentração de quatro instituições e o índice de Herfindahl-Hirschman. Com base nas regras para fusões do Departamento de Justiça dos Estados Unidos descritas no texto, você acredita que o Departamento de Justiça negará a fusão proposta?

Nome do banco	Vendas (em milhões)
MegaBank	$900
City Bank	850
Nationwide Bank	735
Atlantic Savings	555
Bulk Bank	345
Metropolitan Bank	340
American Bank	265
Hometown Bank	120
Urban Bank	90

14. Recentemente, a Fiat aderiu a um acordo e plano de fusão com a Case por $4,3 bilhões. Anteriormente à fusão, o mercado para tratores de quatro rodas consis-

tia em cinco firmas. O mercado era altamente concentrado, com um índice de Herfindahl-Hirschman de 3.025. A fatia daquele mercado da Case era de 27%, enquanto a Fiat respondia por exatos 13%. Se aprovado, quanto aumentaria o índice de Herfindahl-Hirschman após a fusão? Com base nessa informação, você acha que o Departamento de Justiça aprovaria a fusão incondicionalmente? Explique.

15. Use as elasticidades estimadas na Tabela 7–4 para calcular o índice de Rothschild para cada indústria. Com base nesses cálculos, qual indústria mais se aproxima da competição perfeita? Qual indústria mais se aproxima da situação de monopólio?

16. Recentemente, a Pfizer e a Warner-Lambert entraram em acordo com relação a uma fusão de $90 bilhões, criando, assim, uma das maiores companhias farmacêuticas do mundo. A indústria farmacêutica tende a despender maior porcentagem das vendas em atividades de P&D do que outros setores. O governo encoraja tais atividades oferecendo-lhes patentes para remédios aprovados pelo Federal Drug Administration. Por exemplo, a Pfizer-Warner-Lambert despendeu grande soma de dinheiro desenvolvendo seu remédio popular para diminuição do colesterol, Lipitor, o qual é atualmente protegido por uma patente. O Lipitor é vendido por $3 por comprimido. Calcule o índice de Lerner considerando que o custo marginal de produzir o Lipitor seja de $0,30 por comprimido. O índice de Lerner faz sentido nessa situação? Explique.

17. Muitos profissionais com MBAs que se aventuraram no mundo das "pontocom" durante a década de 1990 encontraram-se desempregados em 2001 à medida que um grande número de empresas naquela indústria deixou de existir. No entanto, durante sua estada nessas companhias, os gerentes ganharam habilidades valiosas sobre como operar em ambientes altamente competitivos. Com base nos números da Tabela 7–3, quais indústrias representam a melhor alocação para a *expertise* desses gerentes? Observando as indústrias listadas na tabela, quais fatores levam a diferentes níveis de poder de mercado?

18. Na década de 1990, cinco empresas forneciam filme colorido para uso amador nos Estados Unidos: Kodak, Fuji, Konica, Agfa e 3M. De uma perspectiva técnica, havia pouca diferença na qualidade do filme produzido por essas empresas, embora a parcela de mercado da Kodak fosse de 67%. A elasticidade-preço da demanda pelo filme da Kodak era de −2 e a elasticidade de mercado da demanda era de −1,75. Suponha que, na década de 1990, o preço de varejo médio de um rolo de filme Kodak fosse de $6,95 e que o custo marginal da Kodak fosse de $3,475 por rolo. Com base nessa informação, discuta a concentração da indústria, as condições de mercado e de demanda, bem como o comportamento de precificação da Kodak na década de 1990. Você acredita que o ambiente industrial seja significativamente diferente hoje? Explique.

19. A Del Monte possui uma tradição longa e rica na indústria norte-americana de processamento de alimentos. Ela talvez seja mais bem conhecida pelo empacotamento de frutas e vegetais. Parte de seu sucesso envolveu a aquisição de outras marcas de frutas e vegetais. Suponha que a Del Monte prossiga com seus planos de expansão de negócios por meio de aquisições, e que a tabela a seguir resuma potenciais empresas a serem adquiridas. Como CEO e conselheiro

de aquisições e fusões horizontais, é sua tarefa guiar o processo de tomada de decisão. Com base apenas nas informações contidas na tabela, a fusão horizontal com uma dessas companhias passará pelo escrutínio do governo dos Estados Unidos e aumentará o desempenho da Del Monte? Justifique sua conclusão.

Empresa	Linha de produtos	Lucro como % das vendas	C_4	IHH	Índice de Rothschild	Índice de Lerner	Índice de Dansby-Willig
Unilever	Dove – cuidados pessoais	5,2	24,1%	874	0,11	0,94	0,01
TricorBraun	Alimentos enlatados	6,8	32,7%	1.065	0,64	0,67	0,40
Goya	Tomate em conserva	7,1	86,3%	3.297	0,74	0,32	0,66
Dole	Abacaxi em conserva	8,7	94,2%	5.457	0,76	0,14	0,72

20. Em janeiro de 2007, a XM detinha 58% dos assinantes de rádio por satélite, enquanto a Sirius detinha os 42% restantes. Diversos analistas da indústria observaram que nenhuma das empresas estava obtendo lucro, e sugeriram que deveriam fundir-se em uma única companhia. Você acredita que esses analistas estavam corretos em ignorar potenciais questões antitruste relativas a tal fusão horizontal? Explique.

21. Em 2005, a Comissão Federal de Comunicações (Federal Communication Commission – FCC) implementou regras de "portabilidade de número local" permitindo aos consumidores de telefones celulares trocar de operadora de telefonia, na mesma área geográfica, mantendo o mesmo número de telefone. Como você espera que a mudança afete o índice de Rothschild para a indústria de serviços de telefonia móvel?

Exercícios baseados em casos

Seu instrutor pode dar exercícios adicionais (chamados memos), que requerem a aplicação de algumas das ferramentas aprendidas neste capítulo, para fazer recomendações baseadas em cenários reais de negócios. Alguns desses memos acompanham o Caso Time Warner (páginas 548-583 do seu livro). Memos adicionais, assim como dados que podem ser úteis para a sua análise, estão disponíveis *on-line* em www.mhhe.com/baye6e.

Referências

Conant, John L. "The Role of Managerial Discretion in Union Mergers." *Journal of Economic Behavior and Organization*, v. 20, n. 1, p. 49-62, jan. 1993.

Dansby, R. E.; Willig R. D. "Industry Performance Gradient Indexes." *American Economic Review*, n. 69, p. 249-260, 1979.

Davis, Douglas D.; Holt, Charles A. "Market Power and Mergers in Laboratory Markets with Posted Prices." *Rand Journal of Economics*, v. 25, n. 3, p. 467-487, 1994.

Golbe, Devra L.; White, Lawrence J. "Catch a Wave: The Time Series Behavior of Mergers." *Review of Economics and Statistics*, v. 75, n. 3, p. 493-499, ago. 1993.

Hirschman, Albert O. "The Paternity of an Index." *American Economic Review*, v. 54, n. 5, p. 761, set. 1964.

Johnson, Ronald N.; Parkman, Allen M. "Premerger Notification and the Incentive to Merge and Litigate." *Journal of Law, Economics and Organization,* v. 7, n. 1, p. 145-162, 1991.

Kim, E. Han; Signal, Vijay. "Mergers and Market Power: Evidence from the Airline Industry." *American Economic Review,* v. 83, n. 3, p. 549-569, jun. 1993.

Lerner, A. P. "The Concept of Monopoly and the Measurement of Monopoly Power." *Review of Economic Studies,* p. 157-175, out. 1933.

O'Neill, Patrick B. "Concentration Trends and Profitability in U.S. Manufacturing: A Further Comment and Some New (and Improved) Evidence." *Applied Economics,* v. 25, n. 10, p. 1285-1286, out. 1993.

Rothschild, K. W. "The Degree of Monopoly." *Economica,* n. 9, p. 24-39, 1942.

"Symposia: Horizontal Mergers and Antitrust." *Journal of Economic Perspectives,* v. 1, n. 2, 1987.

CAPÍTULO OITO

A gestão em mercados competitivos, monopolísticos e monopolisticamente competitivos

Manchete

McDonald's acrescenta novos sabores e produtos ao cardápio

O McDonald's anunciou recentemente o lançamento de seu "New Tastes Menu" em todas as suas lanchonetes nos Estados Unidos. O McDonald's é um dos maiores vendedores de alimentos do mundo, servindo a mais de 43 milhões de consumidores a cada dia. Mais de 85% das lanchonetes do McDonald's ao redor do mundo pertencem a franqueados independentes e são por eles operadas.

O New Tastes Menu é um plano inovador com o objetivo de oferecer uma variedade de escolhas aos clientes, permitindo às lanchonetes apresentar itens de cardápio sazonais e regionais que atendam aos desejos dos consumidores locais. Com base em preferências, um restaurante pode oferecer o McRib Jr., o Mighty Wings ou o Sausage Breakfast Burrito em seu cardápio.

Você acredita que os últimos lançamentos do McDonald's terão um impacto sustentável sobre sua linha-chefe? Explique.

Objetivos didáticos

Ao final deste capítulo, você poderá:

- Responder à manchete.

- Identificar as condições sob as quais uma empresa opera como perfeitamente competitiva, monopolisticamente competitiva ou um monopólio.

- Reconhecer as fontes de (e as estratégias para obter) poder de monopólio.

- Usar o princípio marginal para determinar preço e produção maximizadores de lucro para empresas perfeitamente competitivas, monopolisticamente competitivas e monopólios.

- Mostrar a relação entre a elasticidade da demanda pelo produto de uma empresa e sua receita marginal.

- Explicar como os ajustes de longo prazo afetam as empresas perfeitamente competitivas, os monopólios e as empresas monopolisticamente competitivas; discutir as ramificações de cada uma dessas estruturas de mercado sobre o bem-estar social.

- Determinar se uma empresa com perdas a curto prazo deve continuar a operar ou interromper suas operações.

- Ilustrar a relação entre custo marginal, a curva de oferta de curto prazo de uma empresa competitiva e a oferta da indústria competitiva; explicar por que as curvas de oferta não existem para companhias com poder de mercado.

- Determinar a produção ótima de uma empresa que opera duas fábricas e o nível ótimo de propaganda para uma organização que detém poder de mercado.

Introdução

Nos capítulos anteriores, examinamos a natureza das indústrias e vimos que elas diferem com relação às suas estruturas subjacentes, conduta e desempenho. Neste capítulo, caracterizamos o preço ótimo, a produção e decisões de propaganda de gestores operando em ambientes de (1) competição perfeita, (2) monopólio e (3) competição monopolística. Analisaremos decisões de oligopólio nos capítulos 9 e 10 e estratégias mais sofisticadas de precificação no Capítulo 11. Com uma compreensão dos conceitos apresentados nesses capítulos, você estará preparado para gerenciar uma empresa que opera praticamente em qualquer ambiente.

Como este é o início de nossa análise de decisões de gestão de produção, é lógico começar com o caso mais simples: uma situação em que as decisões empresariais não têm impacto perceptível sobre o preço de mercado. Na primeira seção deste capítulo, analisaremos as decisões de produção dos gestores operando em mercados perfeitamente competitivos. Nas seções subsequentes, examinaremos decisões de produção de empresas com poder de mercado: monopólio e competição monopolística. O estudo deste capítulo servirá como ferramental para as demais análises do livro.

Competição perfeita

mercado perfeitamente competitivo
Mercado no qual (1) existem muitos compradores e vendedores; (2) cada empresa produz um bem homogêneo; (3) compradores e vendedores têm informação perfeita; (4) não existem custos de transação; e (5) existe livre entrada e saída.

Iniciaremos examinando as decisões de produção de gestores que operam em mercados perfeitamente competitivos. As condições fundamentais para a *competição perfeita* são as seguintes:

1. Existência de muitos compradores e vendedores no mercado, sendo cada um deles "pequeno" em relação ao mercado.
2. Cada empresa no mercado produz um bem homogêneo (idêntico).
3. Compradores e vendedores têm informação perfeita.
4. Não existem custos de transação.
5. Existência de livre entrada e saída do mercado.

Consideradas em conjunto, as primeiras quatro condições implicam que nenhuma organização em particular pode influenciar o preço do produto. O fato de existirem muitas empresas pequenas, cada uma vendendo um produto idêntico, significa que os consumidores veem os produtos no mercado como substitutos perfeitos. Uma vez que existe informação perfeita, os consumidores conhecem a qualidade e o preço do produto de cada empresa. Não há custo de transação (como os custos de ir à loja); se uma empresa cobrar um preço levemente superior ao das outras, os consumidores vão rejeitá-la e comprarão na empresa que oferece o preço mais baixo. Em um mercado perfeitamente competitivo, todos cobram o mesmo preço pelo bem, e esse preço é determinado pela interação de todos os compradores e vendedores no mercado.

A condição de *livre entrada* e *saída* simplesmente determina que outras empresas possam entrar no mercado se lucros econômicos estiverem sendo obtidos, e elas são livres para sair do mercado se obtiverem perdas. Como vamos mostrar, essa condição requer que, a longo prazo, as empresas operando em um mercado perfeitamente competitivo obtenham lucro econômico zero.

Um exemplo clássico de mercado perfeitamente competitivo é a agricultura. Há muitos fazendeiros, e cada um é tão pequeno em relação ao mercado que não possui impacto perceptível sobre os preços do milho ou do trigo. Os produtos agrícolas tendem a ser homogêneos; existe pouca diferença entre o milho produzido pelo fazendeiro Santos e o milho produzido pelo fazendeiro Souza. O mercado de varejo de *software* e de *chips* de memória via correio também está próximo da competição perfeita. Uma rápida leitura das revistas de informática revela que existem centenas de varejistas de produtos de computador, cada um vendendo pacotes de *software* ou marcas idênticas de *chips* de memória e cobrando o mesmo preço por dado produto. A razão para haver pouca variação de preço é que, se uma empresa que vende pelos correios cobrasse um preço mais alto do que um competidor, os consumidores iriam comprar de outro varejista.

Demanda nos níveis do mercado e da empresa

Nenhuma empresa que opere em um mercado competitivo exerce qualquer influência sobre o preço; este é determinado pela interação de todos os compradores e vendedores. O gestor deve cobrar o "preço de mercado" ou os consumidores vão atrás de um preço mais baixo. Antes de caracterizarmos as decisões de produção maximizadoras de lucro em mercados perfeitamente competitivos, é importante explicar a relação entre a demanda de mercado por um produto e a demanda por um produto de uma empresa perfeitamente competitiva.

Em mercados competitivos, o preço é estabelecido pela intersecção das curvas de oferta e de demanda. Como elas dependem de todos os compradores e vendedores, o preço de mercado está fora de controle de uma empresa perfeitamente competitiva. Em outras palavras, se uma empresa é "pequena" em relação ao mercado, não possui influência perceptível sobre o preço de mercado.

curva de demanda da empresa
A curva de demanda pelo produto de uma empresa; em um mercado perfeitamente competitivo, é apenas o preço de mercado.

A Figura 8–1 ilustra a distinção entre a curva de demanda de mercado e a *curva de demanda* com a qual se depara uma organização perfeitamente competitiva. O lado esquerdo demonstra o mercado em que o preço de equilíbrio, P^e, é determinado pela intersecção das curvas de oferta e de demanda de mercado. Do ponto de vista da empresa, ela pode vender tanto quanto desejar ao preço de P^e; a curva de demanda com a qual lida uma organização perfeitamente competitiva é dada pela linha horizontal no lado direito, D^f. O fato de a curva de demanda da empresa ser perfeitamente elástica reflete o fato de que se a empresa cobrar um preço levemente acima do preço de mercado ela não venderá nada. Em um mercado perfeitamente competitivo, a curva de demanda pelo produto de uma empresa é simplesmente o preço de mercado.

Uma vez que a curva de demanda pelo produto de uma empresa perfeitamente competitiva é perfeitamente elástica, a decisão de preço é trivial: cobrar o preço que todos os outros na indústria cobram. Tudo o que resta é determinar quanto produzir para maximizar lucros.

268 Economia de empresas e estratégias de negócios

Figura 8-1 Demanda nos níveis do mercado e da empresa sob competição perfeita

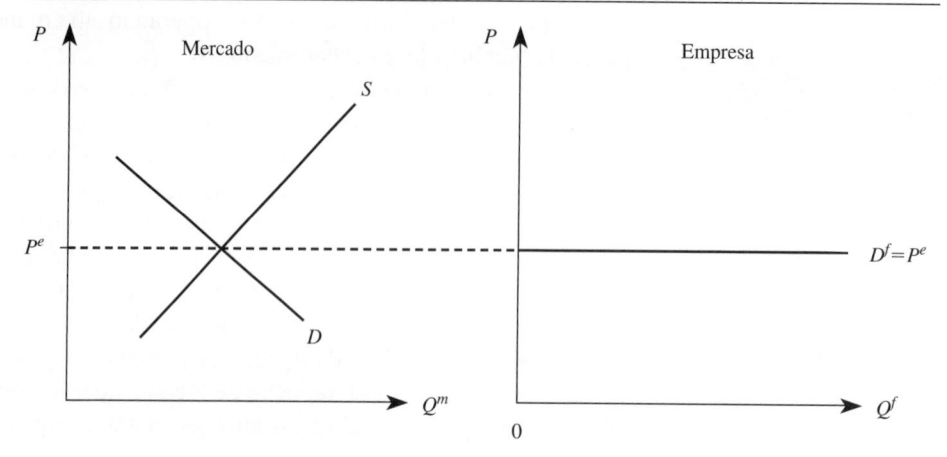

[Gráfico à esquerda: Mercado, com curvas S e D cruzando-se no preço P^e e quantidade Q^m. Gráfico à direita: Empresa, com linha horizontal $D^f = P^e$ no eixo Q^f.]

Decisões de produção de curto prazo

Lembre-se de que o curto prazo é o período ao longo do qual existem alguns fatores de produção fixos. Por exemplo, suponha que um prédio seja alugado a um custo de $10 mil por um período de um ano. A curto prazo (por um ano), esses custos são fixos e pagos independentemente de a empresa produzir zero ou um milhão de unidades de produto. A longo prazo (após o aluguel aumentar), o custo é variável; a organização pode decidir se renovará ou não o aluguel. Para maximizar lucros a curto prazo, o gestor deve considerar os insumos fixos (e também os custos fixos) e determinar quantos bens produzir de acordo com os insumos variáveis que estão sob seu controle. A subseção a seguir caracteriza a decisão de produção de maximização de lucro do gestor em uma empresa perfeitamente competitiva.

Maximizando lucros

Sob competição perfeita, a demanda pelo produto de uma empresa é o preço de mercado do produto, indicado por P. Se deixarmos que Q represente a produção, a receita total da organização ao produzir Q unidades é $R = PQ$. Uma vez que cada unidade de produto pode ser vendida ao preço de mercado de P, cada unidade adiciona exatamente P dólares à receita. Como mostra a Figura 8–2, existe uma relação linear entre receitas e a produção de uma empresa competitiva. *A receita marginal é a mudança na receita em virtude da última unidade de produção.* Geometricamente, é a inclinação da curva de receita. Em termos econômicos, a receita marginal para uma organização competitiva é o preço de mercado.

receita marginal
A mudança na receita em virtude da última unidade produzida; para uma empresa competitiva, a MR é o preço de mercado.

Um cálculo alternativo

A receita marginal é a derivada da função de receita. Se as receitas são uma função de produção,

$$R = R(Q)$$

então

$$MR = \frac{dR}{dQ}$$

Figura 8–2 Receita, custos e lucros para uma empresa perfeitamente competitiva

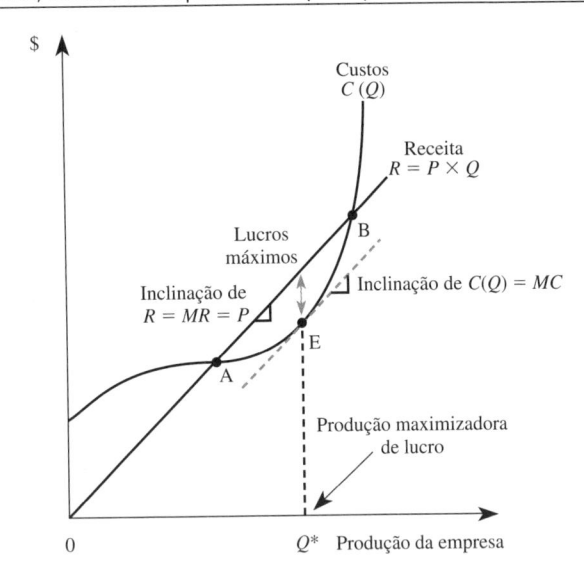

| Princípio | **Demanda da empresa competitiva**
A curva de demanda para o produto de uma empresa competitiva é uma linha horizontal ao preço de mercado. Esse preço é a receita marginal da empresa competitiva.

$$D^f = P = MR$$ |

| Um cálculo alternativo | A receita marginal é a derivada da função de receita. Para uma empresa perfeitamente competitiva, a receita é

$$R = PQ$$

onde P é o preço de equilíbrio de mercado. Então,

$$MR = \frac{dR}{dQ} = P$$ |

Os lucros de uma empresa perfeitamente competitiva são simplesmente a diferença entre as receitas e os custos:

$$\pi = PQ - C(Q)$$

Geometricamente, os lucros são dados pela distância vertical entre a função de custo, $C(Q)$ na Figura 8–2, e a linha de receita. Observe que, para níveis de produção à esquerda do ponto A, a curva de custo está acima da linha de receita, o que indica que a empresa teria prejuízo se produzisse qualquer quantidade à esquerda do ponto A. O mesmo é verdadeiro para níveis de produção à direita do ponto B.

Para níveis de produção entre os pontos A e B, a linha de receita está acima da linha de custo. Isso indica que essas produções geram níveis positivos de lucro.

O nível de produção maximizador de lucro é aquele em que a distância vertical entre a linha de receita e a curva de custo é maior. Isso é dado pelo nível de produção Q^* na Figura 8–2.

Existe uma propriedade geométrica muito importante no nível de produção maximizador de lucro. Como vemos na Figura 8–2, a inclinação da curva de custo no nível de produção maximizador de lucro (ponto E) é exatamente igual à inclinação da linha de receita. Lembre-se de que a inclinação da curva de custo é o custo marginal, e a inclinação da linha de receita é a receita marginal. A produção maximizadora de lucro é a produção em que o custo marginal se iguala à receita marginal. Como a receita marginal é igual ao preço de mercado para uma empresa perfeitamente competitiva, o gerente deve equalizar o preço ao custo marginal para maximizar lucros.

Uma forma alternativa de expressar a regra de produção competitiva é apresentada na Figura 8–3, em que as curvas de custo médio e de custo marginal estão desenhadas. Se o preço de mercado é dado por P^e, ele cruza a curva de custo marginal a uma produção de Q^*. Então, Q^* representa um nível de produção maximizador de lucro. Para produções abaixo de Q^*, o preço excede o custo marginal. Isso implica que, ao expandir a produção, a empresa pode vender unidades adicionais a um preço que excede o custo dessa produção. Uma organização maximizadora de lucros não escolherá produzir níveis de produção abaixo de Q^*. Do mesmo modo, níveis de produção acima de Q^* correspondem à situação em que o custo marginal excede o preço. Nessa circunstância, a redução na produção diminui os custos mais do que reduz a receita. Por isso, Q^* é um nível de produção maximizador de lucros.

O retângulo sombreado na Figura 8–3 representa o lucro máximo da empresa. Para entender o processo, observe que a área do retângulo sombreado é dada por sua base

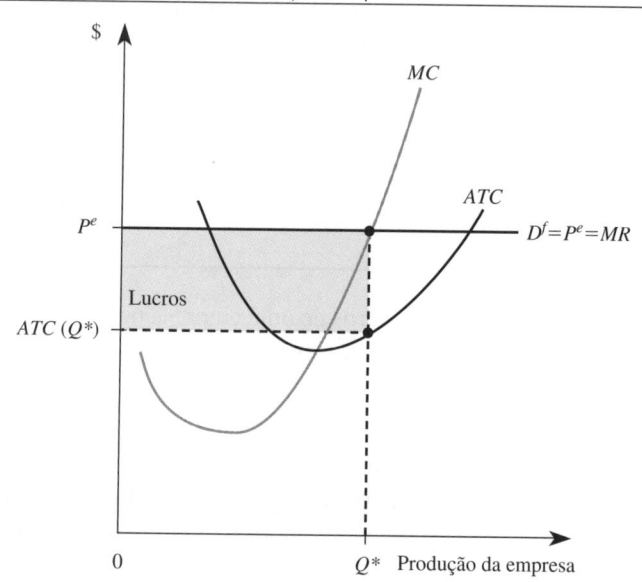

Figura 8–3 Maximização de lucro sob competição perfeita

(Q^*) vezes a altura [$P^e - ATC(Q^*)$]. Lembre-se de que $ATC(Q^*) = C(Q^*)/Q^*$; isto é, o custo médio total é o custo total dividido pela produção. A área do retângulo sombreado é

$$Q^*\left[P^e - \frac{C(Q^*)}{Q^*}\right] = P^e Q^* - C(Q^*)$$

que é a definição de lucros. Intuitivamente, [$P^e - ATC(Q^*)$] representa os lucros por unidade produzida. Quando é multiplicado pelo nível de produção maximizador de lucros (Q^*), o resultado é o montante total de lucros obtidos pela empresa.

Princípio

Regra da produção competitiva
Para maximizar lucros, uma empresa perfeitamente competitiva produz um nível de produção em que o preço se iguala ao custo marginal no intervalo ao longo do qual o custo marginal é crescente:

$$P = MC(Q)$$

Um cálculo alternativo

Os lucros de uma empresa perfeitamente competitiva são

$$\pi = PQ - C(Q)$$

A condição de primeira ordem para maximização de lucros requer que o lucro marginal seja zero:

$$\frac{d\pi}{dQ} = P - \frac{dC(Q)}{dQ} = 0$$

Assim, obtemos a regra de maximização de lucro para uma empresa em competição perfeita:

$$P = \frac{dC}{dQ}$$

ou

$$P = MC$$

Demonstração 8–1

A função de custo para uma empresa é dada por

$$C(Q) = 5 + Q^2$$

Se ela vender produtos em um mercado perfeitamente competitivo e outras empresas na indústria venderem sua produção a um preço de $20, que preço o gerente deve estabelecer sobre o produto? Qual nível de produção deve ser produzido para maximizar lucros? Quanto de lucro será obtido?

(Sugestão: lembre-se de que para uma função de custo cúbica

$$C(Q) = f + aQ + bQ^2 + cQ^3$$

a função de custo marginal é

$$MC(Q) = a + 2bQ + 3cQ^2$$

Se $a = 0$, $b = 1$ e $c = 0$ para a função de custo deste problema, vemos que a função de custo marginal da empresa é $MC(Q) = 2Q$.)

Resposta:

Como a organização compete em um mercado perfeitamente competitivo, ela deve cobrar o mesmo preço que as outras; o gerente deve precificar o produto em $20. Para encontrarmos a produção maximizadora de lucros, devemos igualar o preço ao custo marginal. Os custos marginais dessa empresa são $MC = 2Q$. Igualando isso ao preço, temos

$$20 = 2Q$$

Portanto, o nível de produção maximizador de lucro é 10 unidades. Os lucros máximos são

$$\pi = (20)(10) - (5 + 10^2) = 200 - 5 - 100 = \$95$$

Minimizando perdas

Na seção anterior, demonstramos o nível ótimo de produção para maximizar lucros. Em algumas situações, as perdas de curto prazo são inevitáveis. Agora, analisaremos os procedimentos para minimizar as perdas a curto prazo; se elas forem sustentadas a longo prazo, o melhor para a empresa é sair da indústria.

Perdas operacionais de curto prazo. Considere, primeiro, uma situação em que existam alguns custos fixos de produção. Suponha que o preço de mercado, P^e, esteja abaixo da curva de custo médio total, mas acima da curva de custo variável médio, como na Figura 8–4. Nessa situação, se a empresa produzir a quantidade Q^*, onde $P^e = MC$, uma perda da área sombreada será resultante. No entanto, caso o preço exceder o custo variável médio, cada unidade vendida gerará mais receita do que custo por unidade dos insumos variáveis. Desse modo, a empresa deve continuar a produzir a curto prazo, mesmo que incorra em perdas.

Observe que a organização na Figura 8–4 possui custos fixos que devem ser pagos mesmo que decida parar sua operação. Ela *não* deve obter lucro econômico zero se fechar, mas deve, no entanto, sofrer uma perda semelhante a esses custos fixos.

Figura 8–4 Minimização de perdas

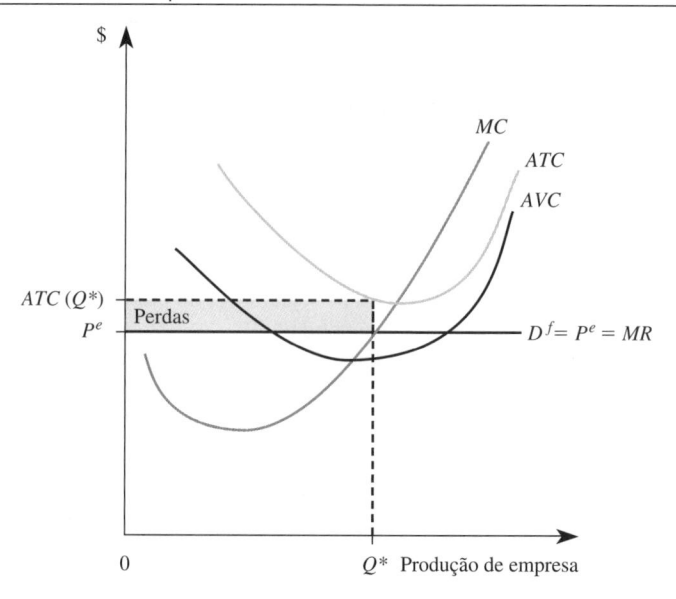

Se o preço na Figura 8–4 exceder o custo variável médio de produzir Q^* unidades de produto, a empresa obterá receitas em cada unidade vendida, mais do que suficientes para cobrir o custo variável de produção. Ao produzir Q^* unidades de produtos, ela está apta a colocar em seu caixa um montante de dinheiro que excede os custos variáveis de produção e, então, contribui para o pagamento de seus custos fixos. Resumindo: embora a empresa na Figura 8–4 sofra perdas de curto prazo para operar, essas perdas são menores do que se ela interrompesse completamente sua operação.

A decisão de parar. Suponha agora que o preço de mercado seja tão baixo que se encontre abaixo da curva do custo variável médio, como na Figura 8–5. Se a organização produzir Q^*, onde $P^e = MC$ no intervalo do custo marginal crescente, ela deve incorrer em uma perda igual à soma dos dois retângulos sombreados na Figura 8–5. Em outras palavras, para cada unidade vendida, a empresa deve perder

$$ATC(Q^*) - P^e$$

Quando a perda por unidade é multiplicada por Q^*, resultam lucros negativos que correspondem à soma dos dois retângulos sombreados na Figura 8–5.

Suponha que, em vez de produzir Q^* unidades de produto, essa empresa decida parar sua operação. Nessa situação, suas perdas devem igualar-se a seus custos fixos, isto é, o montante que deve ser pago ainda que nada seja produzido. Geometricamente, os custos fixos são representados pelo retângulo superior na Figura 8–5, já que a área desse retângulo é

$$[ATC(Q^*) - AVC(Q^*)]Q^*$$

Figura 8–5 O caso do fechamento

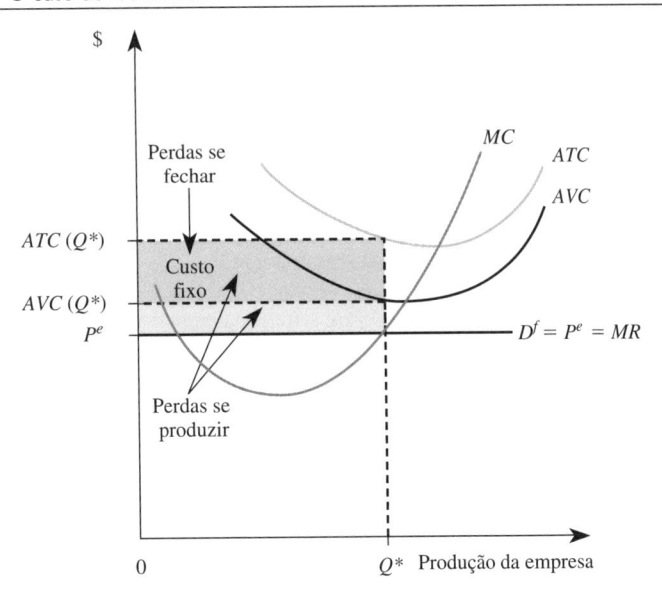

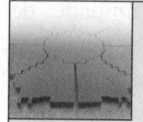

Por dentro dos negócios 8-1

Peugeot-Citroën da França: um tomador de preços no mercado automotivo da China

A competição nos mercados internacionais é frequentemente maior do que nos mercados domésticos. Isso é especialmente verdadeiro em economias em desenvolvimento, em que o preço, mais do que a diferenciação do produto, é o principal direcionador das decisões de compra dos consumidores.

Considere, por exemplo, a montadora francesa PSA Peugeot-Citroën. Sua divisão Citroën possui uma minúscula fatia do mercado automotivo chinês – principalmente comparado com a fatia de mercado que tem na França e na Europa. Em uma recente entrevista com relação ao mercado da China, um dos seus gerentes ressaltou: "Se os preços caírem, também baixaremos, mas não mais do que a diminuição no mercado". Outro gerente acrescentou: "Este é um mercado muito competitivo... temos de pensar na capacidade da fábrica...".

Essas considerações sugerem que, na China, a Citroën possui pequeno controle sobre o preço; em essência, ela opera como uma "tomadora de preços" no mercado automotivo chinês. Como tomadora de preço, não possui incentivo para precificar abaixo do preço de mercado. Além disso, a Citroën perderia clientes para outras montadoras se tentasse cobrar um preço mais elevado no mercado em desenvolvimento da China.

Como tomadora de preço, a principal decisão da Citroën é quantos carros produzir ao preço de mercado. Gestores na China devem assegurar-se de que a capacidade da fábrica seja suficiente para produzir o volume ótimo de carros. Considerando a grande capacidade da GM e de outras montadoras com operações na China, a Peugeot-Citroën deve continuar a ter poder limitado sobre seus preços por muitos anos no futuro.

Fontes: "Citroën Forecasts Slowdown in Sales Growth in China this Year." *Channel News Asia,* 9 jun. 2004; "General Motors' China Success." *BusinessWeek,* 8 jan. 2006.

---

que é igual aos custos fixos. Quando o preço é menor que o custo variável médio de produção, a organização perde menos ao interromper sua operação (e produzir zero unidades) do que ao produzir Q^* unidades. Por fim, demonstramos o seguinte princípio:

Princípio	**Decisão de produção de curto prazo sob competição perfeita** Para maximizar lucros de curto prazo, uma empresa perfeitamente competitiva deve produzir no intervalo do custo marginal crescente em que $P = MC$, dado que $P \geq AVC$. Se $P < AVC$, ela deve interromper a produção para minimizar suas perdas.

Demonstração 8–2

Suponha que a função de custo de uma empresa seja dada por $C(Q) = 100 + Q^2$. Se a ela vende produtos em um mercado perfeitamente competitivo e outras na indústria vendem sua produção ao preço de $10, que nível de produção a empresa deve realizar para maximizar lucros ou minimizar perdas? Qual deve ser o nível de lucros ou perdas se optar pela decisão ótima?

Resposta:

Primeiro, observe que existem custos fixos de 100 e custos variáveis de Q^2, de forma que a questão lida com um cenário de curto prazo. Se a empresa apresenta um nível de produção positivo, ela produzirá até o ponto em que o preço se iguala ao custo marginal. Os custos marginais são $MC = 2Q$. Igualando esse valor ao preço, temos $10 = 2Q$, ou $Q = 5$ unidades.

O custo variável médio de produzir 5 unidades é $AVC = 5^2/5 = 25/5 = 5$. Se $P \geq AVC$, a empresa deve produzir 5 unidades a curto prazo. Ao produzir 5 unidades de bens, incorre em uma perda de

$$\pi = (10)(5) - (100 + 5^2) = 50 - 100 - 25 = -\$75$$

que é menor do que a perda de $100 (custos fixos) que deve resultar se ela interromper suas atividades a curto prazo.

As curvas de oferta da empresa e da indústria a curto prazo

Agora, examinaremos como derivar as curvas de oferta da empresa e da indústria a curto prazo.

Lembre-se de que a organização perfeitamente competitiva maximizadora de lucros produz no nível em que o preço se iguala ao custo marginal. Por exemplo, quando o preço é dado por P_0, como na Figura 8-6, ela produz Q_0 unidades de bens (o ponto em que $P = MC$ no intervalo do custo marginal crescente). Quando o preço é P_1, a empresa produz Q_1 unidades. Para preços entre P_0 e P_1, a produção é determinada pela interseção do preço com o custo marginal.

Quando o preço cai abaixo da curva AVC, no entanto, a organização produz zero unidades, pois não cobre seus custos variáveis de produção. Para indicarmos quanto uma empresa perfeitamente competitiva produzirá a cada preço, simplesmente determinamos a produção à qual o custo marginal se iguala àquele preço. Para assegurar que ela produzirá uma quantidade positiva de bens, o preço deve estar acima da curva de custo variável médio.

Princípio	**A curva de oferta de curto prazo da empresa** A curva de oferta de curto prazo para uma empresa perfeitamente competitiva é sua curva de custo marginal acima do ponto de mínimo da curva AVC, como mostra a Figura 8-6.

Figura 8-6 A curva de oferta de curto prazo para uma empresa competitiva

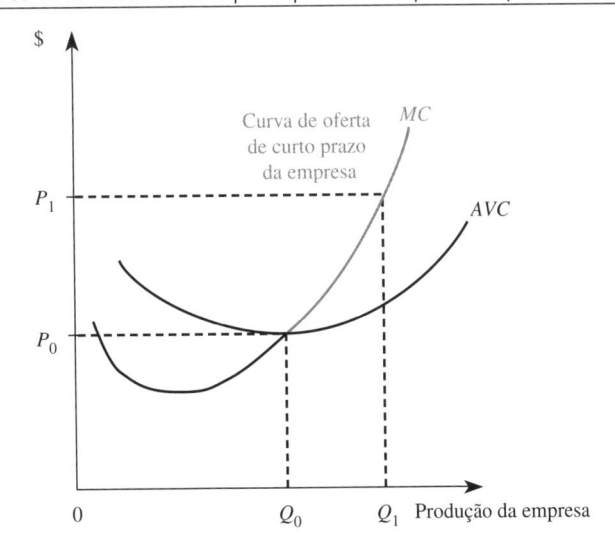

Figura 8–7 A curva de oferta de mercado

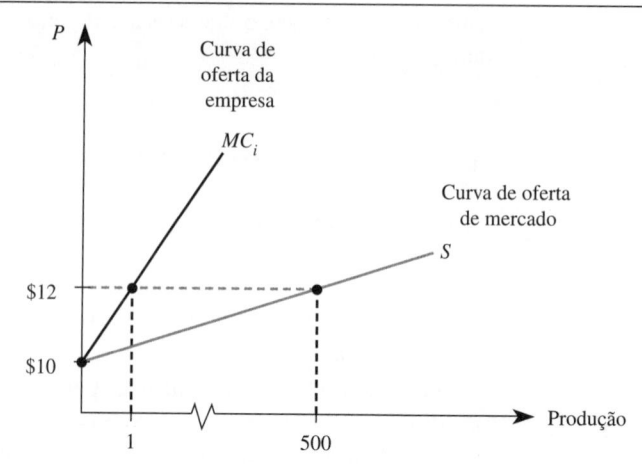

A curva de oferta de mercado (ou indústria) é bastante parecida com a curva de oferta das empresas em uma indústria perfeitamente competitiva. Lembre-se de que a curva de oferta de mercado revela a quantidade total a ser produzida no mercado a cada preço possível. Como o montante que uma empresa produzirá a dado preço é determinado pela sua curva de custo marginal, a soma horizontal dos custos marginais de todas as organizações determina a quantidade total que deve ser produzida a cada preço. Mais especificamente, se a curva de oferta de cada empresa é sua curva de custo marginal sobre o AVC mínimo, a curva de oferta de mercado para uma indústria perfeitamente competitiva é a soma horizontal dos custos marginais individuais sobre suas respectivas curvas AVC.

A Figura 8–7 mostra a relação entre a curva de oferta de uma empresa individual (MC_i) e a curva de oferta de mercado (S) para uma indústria perfeitamente competitiva composta por 500 empresas. Quando o preço é de $10, cada organização produz zero unidades, e a produção total da indústria também é zero. Quando o preço é de $12, cada empresa produz uma unidade, de forma que o total produzido por todas as 500 organizações seja de 500 unidades. Observe que a curva de oferta da indústria é menos inclinada que a curva de oferta de uma única empresa; à medida que mais empresas estão na indústria, mais afastada para a direita está a curva de oferta de mercado.

Decisões de longo prazo

Uma condição importante subjacente à teoria de competição perfeita é a da livre entrada e saída. Se as organizações obtêm lucros econômicos de curto prazo, a longo prazo outras empresas entrarão na indústria para se apropriar de parte desses lucros. À medida que mais organizações entram na indústria, a curva de oferta se desloca para a direita. Esse fato é ilustrado na Figura 8–8 pelo deslocamento de S^0 para S^1, o qual diminui o preço de equilíbrio de mercado de P^0 para P^1. Isso desloca para baixo a curva de demanda pelo produto de uma empresa individual que, por sua vez, tem seus lucros diminuídos.

Se as empresas em uma indústria competitiva sustentam perdas de curto prazo, a longo prazo sairão do mercado, uma vez que não estarão cobrindo seus custos de

Figura 8–8 Entrada e saída: a demanda da empresa e do mercado

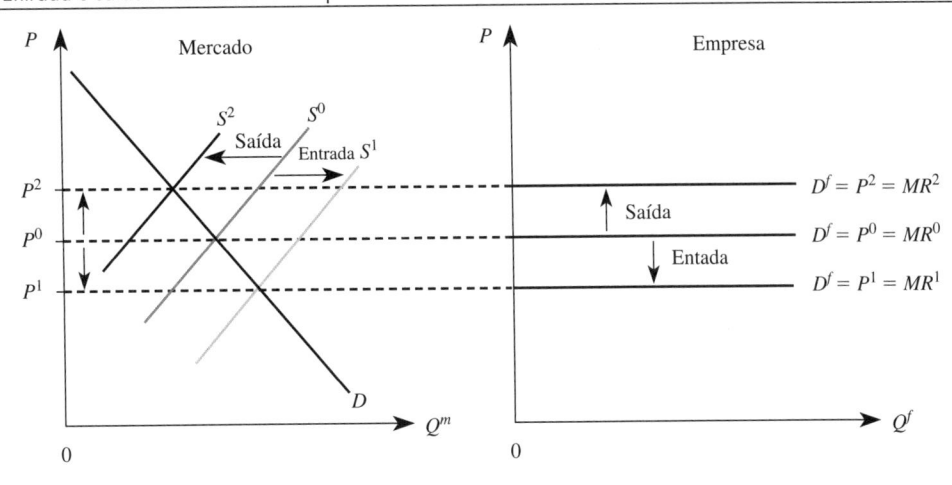

oportunidade. À medida que saem da indústria, a curva de oferta de mercado diminui de S^0, na Figura 8–8, para S^2, aumentando, então, o preço de mercado de P^0 para P^2. Isso, por sua vez, desloca para cima a curva de demanda pelo produto de uma empresa individual, o que aumenta os lucros das organizações remanescentes.

O processo descrito continua até que o preço de mercado faça com que todas as empresas obtenham lucros econômicos iguais a zero. Este é o caso na Figura 8–9. Ao preço de P^e, cada organização recebe apenas o suficiente para cobrir os custos médios de produção (AC é utilizado, pois, a longo prazo, não existe distinção entre custos fixos e custos variáveis), e os lucros econômicos são zero. Se os lucros econômicos fossem positivos, a entrada de novas empresas poderia ocorrer e o preço de mercado deveria cair até que a curva de demanda para o produto de determinada empresa fosse exatamente tangente à curva AC. Se os lucros econômicos fossem negativos, deveria ocorrer a saída de empresas, aumentando o preço de mercado até que a curva de demanda da organização fosse tangente à curva AC.

Figura 8–9 Equilíbrio competitivo de longo prazo

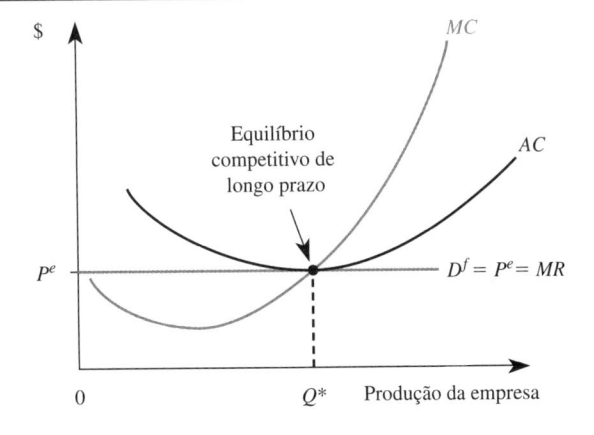

Princípio	**Equilíbrio competitivo de longo prazo**

A longo prazo, organizações perfeitamente competitivas produzem uma quantidade tal que

1. $P = MC$
2. $P =$ mínimo de AC.

Essas propriedades de longo prazo para mercados perfeitamente competitivos possuem duas importantes implicações sobre o bem-estar. Primeiro, observe que o preço de mercado é igual aos custos marginais de produção. O preço de mercado reflete o valor, para a sociedade, de uma unidade adicional de produto. Essa valoração é baseada nas preferências de todos os consumidores no mercado. O custo marginal reflete o custo para a sociedade de produzir outra unidade do produto. Esses custos representam os recursos que devem ser tirados de algum outro setor da economia para produzir mais unidades nessa indústria.

Para entender por que é importante, de uma perspectiva social, que o preço se iguale ao custo marginal, suponha que o preço exceda o custo marginal em equilíbrio. Isso pode implicar que a sociedade deve valorizar outra unidade do produto mais do que o custo de produzir outra unidade deste. Se a indústria produzisse uma quantidade tal que o preço excedesse o custo marginal, seria ineficiente; o bem-estar social poderia ser melhorado expandindo-se a produção. Como em uma indústria competitiva o preço se iguala ao custo marginal, a indústria produz um nível de produção socialmente eficiente.

O segundo ponto a notar a respeito do equilíbrio competitivo de longo prazo é que o preço se iguala ao ponto mínimo da curva de custo médio. Isso indica não apenas que as empresas estão obtendo lucros econômicos zero (isto é, apenas cobrindo seu custo de oportunidade), mas também que todas as economias de escala foram exauridas. Não há forma de produzir uma quantidade a um custo de produção médio mais baixo.

É importante lembrar a distinção que fizemos nos capítulos 1 e 5 entre lucros econômicos e lucros contábeis. O fato de uma empresa em uma indústria perfeitamente competitiva obter lucros econômicos zero a longo prazo não significa que os lucros contábeis sejam zero; particularmente, lucros econômicos zero implicam que lucros contábeis sejam altos apenas o suficiente para cobrir quaisquer custos de produção implícitos. A empresa não obtém mais ou menos do que poderia obter utilizando os recursos em alguma outra posição. É por isso que as organizações continuam a produzir a longo prazo ainda que seus lucros econômicos sejam zero.

Monopólio

Na seção anterior, examinamos as decisões de produção ótimas de empresas que são pequenas relativamente ao tamanho total do mercado. Nesse contexto, *pequenas* significa que não possuem controle sobre os preços que cobram pelo produto.

monopólio
Uma estrutura de mercado na qual uma única empresa atende a todo o mercado por um bem que não possui substitutos próximos.

Nesta seção, consideraremos o extremo oposto: monopólio. *Monopólio* refere-se a uma situação em que uma única organização atende a um mercado inteiro de um bem para o qual não existem substitutos próximos.

Poder de monopólio

Ao determinar se um mercado é caracterizado por monopólio, é importante especificar o mercado relevante para o produto. Por exemplo, empresas concessionárias de serviços são monopólios locais em que apenas uma empresa oferece o serviço a dada região. Para se assegurar disso, existem praticamente tantas empresas concessionárias quanto existem cidades no mundo, mas as concessionárias não competem diretamente contra outras por consumidores. Os substitutos por serviços elétricos em uma cidade são poucos, e, a não ser que mudem para uma cidade diferente, os consumidores devem pagar o preço pelos serviços locais ou ficar sem eletricidade. É nesse sentido que uma companhia concessionária é um monopólio no mercado local por serviços concessionários.

Quando alguém pensa em um monopólio, normalmente tem em mente uma empresa muito grande. No entanto, isso não é necessariamente verdadeiro; a consideração relevante é se existem outras organizações vendendo substitutos próximos para o bem em determinado mercado. Por exemplo, um posto de gasolina em uma pequena cidade a várias centenas de quilômetros de outro posto de gasolina é um monopolista naquela cidade. Em uma grande cidade existem muitos postos de gasolina, de forma que o mercado de gasolina não é caracterizado como monopólio.

O fato de uma empresa ser a única vendedora de um bem em um mercado claramente oferece a ela maior poder de mercado do que teria se competisse pelos consumidores. Se existe apenas um produtor no mercado, a curva de demanda de mercado é a curva de demanda para o produto do monopolista. Este é o contrário do caso da competição perfeita, em que a curva de demanda para uma empresa individual é perfeitamente elástica. No entanto, um monopolista não tem poder ilimitado.

A Figura 8–10 apresenta a curva de demanda para um monopolista. Como todos os consumidores no mercado demandam um bem do monopolista, a curva de demanda de mercado, D^M, é a mesma que a demanda pelo produto da empresa, D^f. Na ausência de restrições legais, o monopolista é livre para cobrar qualquer preço pelo produto. Isso não significa que ele possa vender quanto queira a dado preço. Em função do preço estabelecido pelo monopolista, os consumidores decidirão quanto comprar. Por exemplo, se um monopolista estabelece o preço relativamente baixo de P^1, a quantidade demandada pelos consumidores é Q^1. O monopolista pode estabelecer um preço mais alto P^0, mas existirá menor quantidade demandada de Q^0 a esse preço.

Em resumo, o monopolista é limitado pelos consumidores a escolher apenas aquelas combinações de preço-quantidade ao longo da curva de demanda de mercado. O monopolista pode escolher um preço ou uma quantidade, mas não ambos. Ele pode vender quantidades mais elevadas apenas diminuindo o preço. Se o preço estiver muito elevado, os consumidores podem optar por não comprar nada.

Figura 8-10 A demanda do monopolista

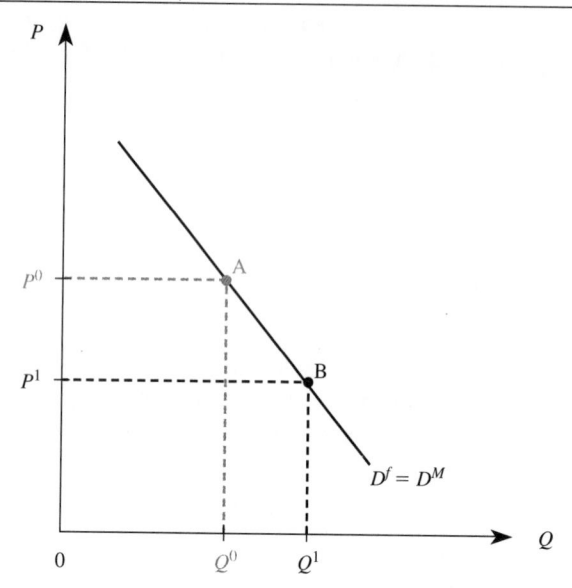

[Gráfico: eixo P vertical, eixo Q horizontal. Curva de demanda decrescente rotulada $D^f = D^M$. Ponto A em (Q^0, P^0) e ponto B em (Q^1, P^1), com $P^0 > P^1$ e $Q^0 < Q^1$.]

Fontes de poder de monopólio

A próxima questão que discutiremos é como uma empresa obtém poder de monopólio, isto é, por que um monopolista não possui competidores. Há quatro fontes principais de poder de monopólio. Uma ou mais dessas fontes criam uma barreira para a entrada que evita que outras organizações entrem no mercado para competir contra um monopolista.

Economias de escala

A primeira fonte de monopólio que discutiremos é tecnológica por natureza. No entanto, é útil relembrar alguma terminologia importante. *Economias de escala* existem sempre que os custos médios de longo prazo caem à medida que a produção aumenta. *Deseconomias de escala* existem sempre que os custos médios de longo prazo aumentam à medida que a produção aumenta. Para muitas tecnologias há um intervalo ao longo do qual existem economias de escala e um intervalo longo do qual existem deseconomias. Por exemplo, na Figura 8–11 há economias de escala para níveis de produção abaixo de Q^* (uma vez que ATC é declinante nesse intervalo) e deseconomias de escala para níveis de produção acima de Q^* (uma vez que ATC é crescente nesse intervalo).

Observe na Figura 8–11 que, se o mercado fosse composto por uma única empresa que produzisse Q^M unidades, os consumidores poderiam estar dispostos a pagar um preço de P^M por unidade para Q^M unidades. Uma vez que $P^M > ATC(Q^M)$, a empresa vende os bens ao preço maior que o custo médio de produção, e assim obtém lucros positivos. Agora, suponha que outra organização tenha entrado no mercado e que as duas acabem por partilhá-lo (cada uma produzindo $Q^M/2$). A quantidade total produzida deve ser a mesma, e o preço deve permanecer em P^M. Mas com duas empresas, cada uma produzindo apenas $Q^M/2$ unidades, cada uma possui um custo médio

---

economias de escala
Existem sempre que os custos médios a longo prazo caem à medida que a produção se eleva.

deseconomias de escala
Existem sempre que os custos médios a longo prazo aumentam à medida que a produção se eleva.

Figura 8–11 Economias de escala e preços mínimos

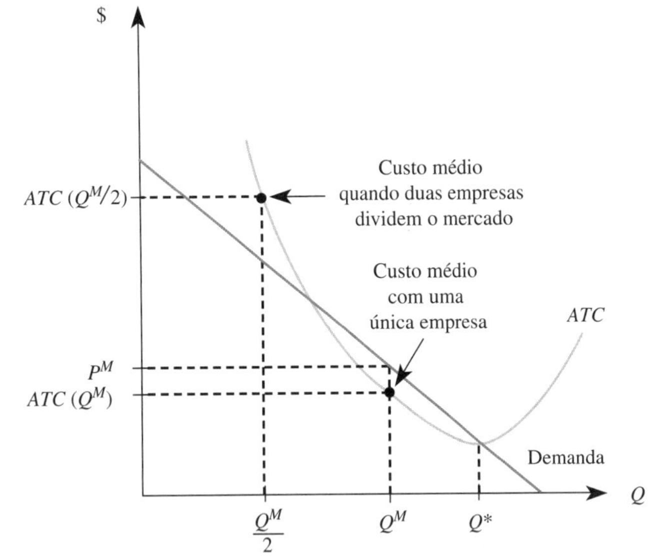

total de $ATC(Q^M/2)$ – um custo médio total mais elevado do que quando uma única empresa era responsável por toda a produção. Observe também na Figura 8–11 que o custo médio de cada organização é maior que P^M, que é o preço que os consumidores estão dispostos a pagar pelo total de Q^M unidades produzidas no mercado. A existência de duas empresas na indústria leva a perdas, mas uma única empresa pode obter lucros positivos porque possui um volume maior e obtém custos médios reduzidos devido a economias de escala. Observamos que as economias de escala podem levar a uma situação em que uma única organização atenda a todo o mercado de um bem.

A análise de economias de escala também revela por que é tão importante definir o mercado relevante ao determinar se uma empresa é ou não monopolista. Como observamos anteriormente, um posto de gasolina pode ser monopolista em uma pequena cidade localizada a centenas de quilômetros de outro posto de gasolina, enquanto um posto de gasolina situado em uma grande cidade não é um monopolista. Em termos da Figura 8–11, a demanda por gasolina em uma pequena cidade tipicamente é baixa em relação a Q^*, o que leva a economias de escala no intervalo relevante (produção abaixo de Q^*). Em grandes cidades, a demanda por gasolina é grande relativamente a Q^*, o que torna possível que diversos postos de gasolina coexistam no mercado.

Economias de escopo

Lembre-se de que *economias de escopo* existem quando o custo total de produzir dois produtos em uma mesma empresa é menor do que quando são produzidos por empresas separadas, isto é, quando é mais barato produzir produtos Q_1 e Q_2 em conjunto.

Em economias de escopo, a produção eficiente requer que uma organização produza diversos produtos em conjunto. Embora organizações de multiprodutos não

economias de escopo
Existem quando o custo total de produzir dois produtos em uma mesma empresa é menor do que quando são produzidos em empresas separadas.

necessariamente tenham maior poder de mercado do que empresas que produzem um único produto, as economias de escopo tendem a encorajar a existência de empresas "maiores". Por sua vez, isso pode oferecer maior acesso a mercados de capitais, em que o capital de giro e os fundos para investimentos são obtidos. Visto que empresas menores têm maior dificuldade na obtenção de fundos do que grandes organizações, os maiores custos de capital podem servir como uma barreira de entrada. Em casos extremos, as economias de escopo podem levar a poder de monopólio.

Complementaridade de custo

Complementaridades de custo existem em funções de custo de multiprodutos quando o custo marginal de produzir um bem é reduzido no caso de a produção de outro bem ser elevada; isto é, quando um aumento na produção do produto 2 diminui o custo marginal de produzir o bem 1.

complementaridades de custo
Existem quando o custo marginal de produzir um bem é reduzido quando a produção de outro bem é aumentada.

Empresas de multiprodutos que têm complementaridades de custo tendem a apresentar menores custos marginais do que aquelas que produzem um único produto. Isso oferece a elas uma vantagem de custos sobre as empresas de um único produto. Na presença de complementaridades de custo, as organizações devem produzir diversos produtos para estarem aptas a competir com aquelas que têm menores custos marginais. Visto que há maiores requisições de capitais para empresas de multiprodutos, tal fato pode limitar a capacidade de pequenas organizações em entrar no mercado. Em casos extremos, essa situação pode resultar em poder de monopólio.

Patentes e outras barreiras legais

As fontes de poder de monopólio que descrevemos são tecnológicas. Em algumas situações, o governo pode oferecer a um indivíduo ou a uma empresa o direito de monopólio. Por exemplo, uma cidade pode impedir que outra empresa concessionária venha a competir com a companhia de serviços local. Outro exemplo é o poder de monopólio potencial gerado pelo sistema de *patentes*.

O sistema de patentes oferece ao inventor de um produto o direito exclusivo de vendê-lo por dado período (veja Por Dentro dos Negócios 8–2). A racionalidade por trás do oferecimento de poder do monopólio a um novo inventor é baseada no seguinte argumento. Invenções demandam muitos anos e consideráveis somas de dinheiro para serem desenvolvidas. Uma vez que uma invenção se torna pública, na ausência de um sistema de patente, outras organizações poderiam produzir o produto e competir com o indivíduo ou com a empresa que o desenvolveu. Como essas organizações não tiveram de despender recursos desenvolvendo o produto, poderiam obter maiores lucros do que o desenvolvedor original. Na ausência de um sistema de patentes, haveria um incentivo reduzido por parte das empresas em desenvolver novas tecnologias e produtos.

É importante enfatizar que patentes raramente levam a um monopólio absoluto, pois os competidores são, com frequência, rápidos para desenvolver produtos ou tecnologias similares a fim de obter uma parcela da ação. Além disso, diversas organizações assumindo diferentes padrões de P&D podem, cada uma, obter patente para um produto que é um substituto próximo de outros patenteados. Por exemplo, os dois maiores medicamentos contra colesterol – o Zocor, da Merck, e o Lipitor, da Pfizer – são competidores, mesmo que ambos os fabricantes tenham "desfrutado" de patentes. Por essas razões, gestores que usufruam de proteções por patente não necessariamente estão imunes a pressões competitivas.

Figura 8–12 Elasticidade da demanda e receitas totais

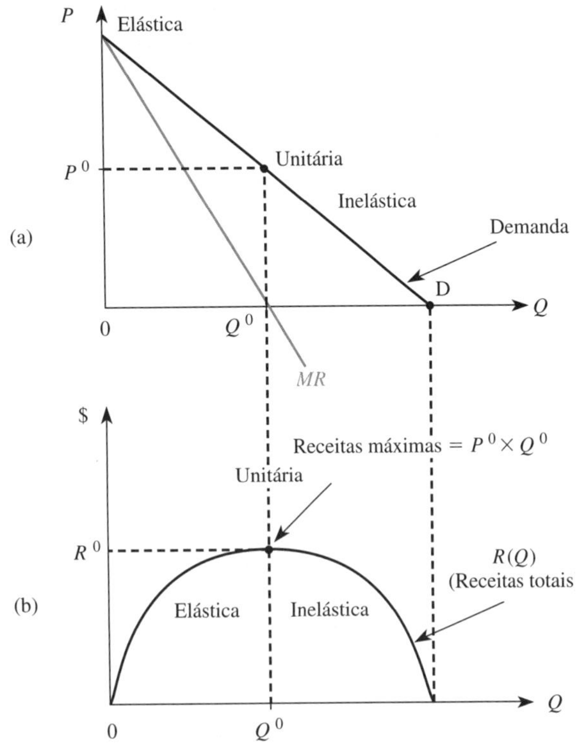

(a) [Gráfico mostrando P no eixo vertical e Q no eixo horizontal, com curva de Demanda D linear decrescente, dividida em regiões Elástica, Unitária (em P^0, Q^0) e Inelástica, e curva MR]

(b) [Gráfico mostrando $ no eixo vertical e Q no eixo horizontal, com curva R(Q) (Receitas totais) em forma de parábola, com Receitas máximas $= P^0 \times Q^0$ no ponto Unitária em Q^0, e regiões Elástica e Inelástica]

Maximizando lucros

Agora que você sabe o que é o poder do monopólio e os fatores que levam a ele, veremos como o gestor de um monopólio pode explorar tal poder para maximizar lucros. Em particular, nesta seção, presumimos que o gestor seja responsável por uma empresa que é um monopólio. Nosso objetivo é caracterizar as decisões de preço e produção que maximizem os lucros do monopolista.

Receita marginal

Suponha que um monopolista se depare com uma curva de demanda para o seu produto como a apresentada na Figura 8–12(a). No Capítulo 3, aprendemos que uma curva de demanda linear é elástica a preços elevados e inelástica a preços baixos. Se o monopolista produzir zero unidades, suas receitas serão zero. À medida que a produção é aumentada acima de zero, a demanda é elástica e o aumento na produção (que implica um preço mais baixo) leva a um incremento na receita total, como mostra a Figura 8–12(b). Isso é consequência do teste da receita total. À medida que a produção é aumentada além de Q^0 dentro da região inelástica da demanda, maiores incrementos na produção efetivamente diminuem a receita total, até que no ponto D o preço seja zero

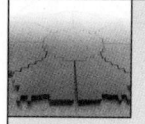

> **Por dentro dos negócios 8-2**
>
> **Patente, marca registrada e proteção de direitos autorais**
>
> Os Estados Unidos garantem a inventores três tipos de proteção por patente: utilidade, desenho e patentes de plantas. Uma "patente de utilidade" protege a forma como uma invenção é utilizada e funciona, enquanto uma "patente de desenho" protege a forma como uma invenção se parece. Uma "patente de planta" protege o inventor que tenha descoberto e reproduzido, assexuadamente, nova variedade de planta (excluindo as plantas propagadas em bulbos ou encontradas em estado não cultivado). Patentes de utilidade e de planta oferecem 20 anos de proteção, enquanto patentes de desenho duram 14 anos.
>
> Marcas registradas diferem de patentes pelo fato de que elas protegem palavras, nomes, símbolos ou imagens usadas em conexão com bens ou serviços. Similarmente, um direito autoral protege o criador de uma forma de expressão (incluindo trabalhos literários, dramatúrgicos, musicais e artísticos). Patentes e marcas registradas são administradas por meio do U. S. Patent and Trademark Office, enquanto o U. S. Copyright Office lida com direitos autorais.
>
> Fontes: United States Patent and Trademark Office; United States Copyright Office.

e as receitas sejam novamente zero. Isso é demonstrado na Figura 8–12(b). A receita total é maximizada a uma produção de Q^0 na Figura 8–12(b). Isso corresponde ao preço de P^0 na Figura 8–12(a), em que a demanda possui elasticidade unitária.

A linha *MR* na Figura 8–12(a) representa a receita marginal para um monopolista. Lembre-se de que a receita marginal é a mudança na receita total em virtude da última unidade de produção; geometricamente, é a inclinação da curva de receita total. Como mostra a Figura 8–12(a), a receita marginal para um monopolista se situa abaixo da curva de demanda; de fato, para uma curva de demanda linear, a receita marginal se situa exatamente na metade entre a curva de demanda e o eixo vertical. Isso significa que, para um monopolista, a receita marginal é menor do que o preço cobrado pelo bem.

Há duas formas de entender por que a receita marginal está abaixo da curva de demanda do monopolista. Considere, primeiro, uma explicação geométrica. A receita marginal é a inclinação da curva de receita total [$R(Q)$] na Figura 8–12(b). À medida que a produção aumenta a partir de zero para Q^0, a inclinação da curva de receita total diminui até que se torna zero em Q^0. Ao longo desse intervalo, a receita marginal diminui até que atinge zero quando a produção é Q^0. Conforme a produção se expande além de Q^0, a inclinação da curva da receita total torna-se negativa e cada vez mais negativa à medida que a produção continua a se expandir. Isso significa que a receita marginal é negativa para níveis de produção acima de Q^0.

Fórmula: receita marginal do monopolista. A receita marginal de um monopolista é dada pela fórmula

$$MR = P\left[\frac{1+E}{E}\right]$$

onde E é a elasticidade da demanda pelo produto do monopolista e P é o preço cobrado pelo produto.

Um cálculo alternativo

A receita do monopolista é

$$R(Q) = P(Q)Q$$

Tomando a derivada com relação a Q, temos

$$\frac{dR}{dQ} = \frac{dP}{dQ}Q + P$$

$$= P\left[\left(\frac{dP}{dQ}\right)\left(\frac{Q}{P}\right) + 1\right]$$

$$= P\left[\frac{1}{E} + 1\right]$$

$$= P\left[\frac{1+E}{E}\right]$$

onde E é a elasticidade da demanda. Se $dR/dQ = MR$,

$$MR = P\left[\frac{1+E}{E}\right]$$

Demonstração 8-3

Mostre que se a demanda é elástica (digamos, $E = -2$), a receita marginal é positiva, mas menor do que o preço. Mostre que se a demanda possui elasticidade unitária ($E = -1$), a receita marginal é zero. Por fim, mostre que se a demanda é inelástica (digamos, $E = -0,5$), a receita marginal é negativa.

Resposta:

Estabelecendo $E = -2$ na fórmula da receita marginal, temos

$$MR = P\left[\frac{1-2}{-2}\right] = \frac{-1}{-2}P$$

então $MR = 0,5P$. Quando a demanda é elástica, a receita marginal é positiva, mas menor do que o preço (neste exemplo, a receita marginal é metade do preço).

Estabelecendo $E = -1$ na fórmula da receita marginal, temos

$$MR = P\left[\frac{1-1}{-1}\right] = 0$$

então $MR = 0$. Quando a demanda possui elasticidade unitária, a receita marginal é zero.

Por fim, estabelecendo $E = -0,5$ na fórmula da receita marginal, temos

$$MR = P\left[\frac{1-5}{-0,5}\right] = P\left[\frac{0,5}{-0,5}\right] = -P$$

então $MR = -P$. Quando a demanda é inelástica, a receita marginal é negativa e menor do que o preço (neste exemplo, a receita marginal é o negativo do preço).

Uma explicação alternativa do porquê de a receita marginal ser menor que o preço para um monopolista é a seguinte. Suponha que um monopolista venda uma unidade de produção ao preço de $4 por unidade, gerando uma receita total de $4. O que aconteceria com a receita se ele produzisse mais uma unidade de produção? A receita aumentaria em menos do que $4. Para entender, observe que o monopolista poderia vender mais de uma unidade de produção apenas ao diminuir o preço, digamos, de $4 para $3 por unidade. A redução necessária para vender mais uma unidade diminuiria o preço recebido sobre a primeira unidade de $4 para $3. A receita total associada com duas unidades de produção seria $6. A mudança na receita em virtude da produção de mais uma unidade seria, portanto, $2, que é menor que o preço cobrado pelo produto.

Como o preço que um monopolista pode cobrar por um produto depende de quanto é produzido, considere que $P(Q)$ representa o preço por unidade pago pelos consumidores por Q unidades de produção. Essa relação resume a mesma informação que uma curva de demanda, mas pelo fato de o preço ser expresso como uma função da quantidade, ela é chamada de *função de demanda inversa*. A função de demanda inversa, representada por $P(Q)$, indica o preço por unidade como uma função da produção da empresa. A função de demanda inversa mais comum é a de demanda linear inversa. A *função de demanda linear inversa* é dada por

$$P(Q) = a + bQ$$

onde a é um número maior que zero e b é um número menor que zero.

Além da fórmula para receita marginal que é válida para todas as funções de demanda, é útil considerar a seguinte fórmula para receita marginal, a qual é válida para o caso especial de uma função de demanda linear inversa.

Fórmula: receita marginal para demanda linear inversa. Para a função de demanda linear inversa, $P(Q) = a + bQ$, a receita marginal é dada por

$$MR = a + 2bQ$$

Um cálculo alternativo

Com uma função de demanda linear inversa, a função de receita é

$$R(Q) = (a + bQ)Q$$

A receita marginal é

$$MR = \frac{dR}{dQ} = a + 2bQ$$

Demonstração 8–4

Suponha que a função de demanda inversa para um produto de um monopolista seja dada por

$$P = 10 - 2Q$$

Qual é o preço máximo por unidade que um monopolista pode cobrar para conseguir vender 3 unidades? Qual a receita marginal quando $Q = 3$?

Resposta:
Primeiro, estabelecemos $Q = 3$ na função de demanda inversa (aqui $a = 10$ e $b = -2$) para obter

$$P = 10 - 2(3) = 4$$

Assim, o preço máximo por unidade que o monopolista pode cobrar para conseguir vender 3 unidades é de \$4. Para encontrarmos a receita marginal quando $Q = 3$, estabelecemos $Q = 3$ na fórmula da receita marginal para a demanda linear inversa para obter

$$MR = 10 - [(2)(2)(3)] = -2$$

A decisão de produção

As receitas são um determinante dos lucros; custos são o outro. Como a receita que o monopolista recebe ao vender Q unidades é $R(Q) = Q[P(Q)]$, os lucros de um monopolista com uma função de custo de $C(Q)$ são

$$\pi = R(Q) - C(Q)$$

Funções de custo e receita típicas são apresentadas na Figura 8–13(a). A distância vertical entre as funções de custo e de receita no painel (a) reflete os lucros para o monopolista em níveis alternativos de produção. Níveis de produção abaixo do ponto A e acima do ponto B implicam perdas, pois a curva de custo se situa acima da curva de receita. Para níveis de produção entre os pontos A e B, a função de receita está acima da função de custo e os lucros são positivos.

A Figura 8–13(b) apresenta a função de lucro, que é a diferença entre R e C no painel (a). Como mostra a Figura 8–13(a), os lucros são maiores a uma produção de Q^M, em que a distância vertical entre as funções de receita e custo é a maior. Isso corresponde ao ponto de lucro máximo no painel (b). Uma propriedade bastante importante do nível de produção maximizador de lucro (Q^M) é que a inclinação da função de receita no painel (a) é igual à inclinação da função de custo. Em termos econômicos, a receita marginal é igual ao custo marginal a uma produção de Q^M.

Princípio

Regra da produção de monopólio
Um monopolista maximizador de lucro deve produzir Q^M de forma que a receita marginal se iguale ao custo marginal:

$$MR(Q^M) = MC(Q^M)$$

Um cálculo alternativo

Os lucros para um monopolista são

$$\pi = R(Q) - C(Q)$$

onde $R(Q)$ é a receita total. Para maximizar lucros, os lucros marginais devem ser zero:

$$\frac{d\pi}{dQ} = \frac{dR(Q)}{dQ} - \frac{dC(Q)}{dQ} = 0$$

ou

$$MR = MC$$

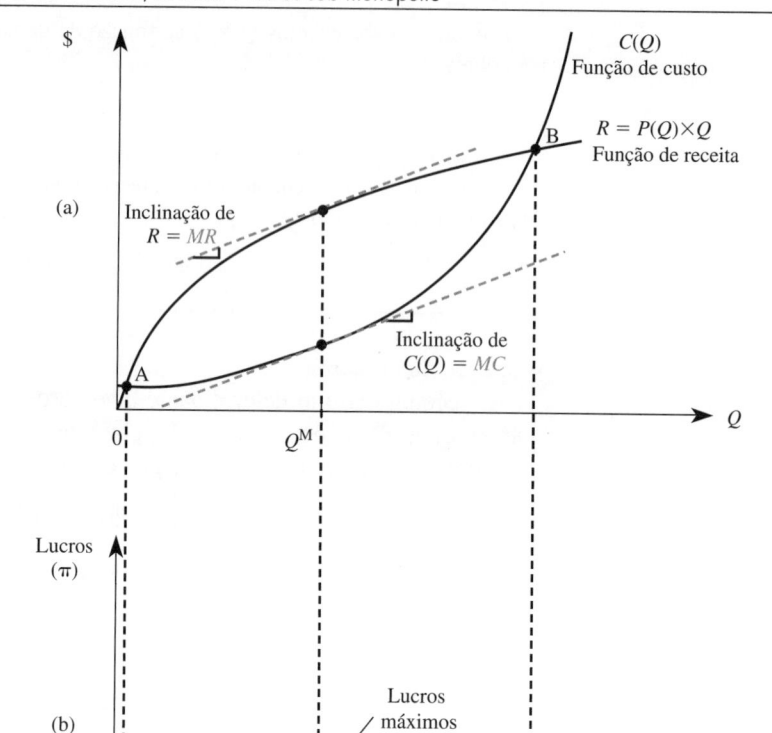

Figura 8–13 Custos, receitas e lucros sob monopólio

(a) — gráfico mostrando $C(Q)$ Função de custo, $R = P(Q) \times Q$ Função de receita, Inclinação de $R = MR$, Inclinação de $C(Q) = MC$, pontos A e B, Q^M.

(b) — gráfico de Lucros (π) com Lucros máximos em Q^M, $\pi = R - C$ Função de lucro.

A intuição econômica por trás dessa importante regra é a seguinte. Se a receita marginal fosse maior que o custo marginal, uma elevação na produção poderia aumentar as receitas mais do que aumentaria os custos. Um gerente maximizador de lucros de um monopólio deve continuar a expandir a produção quando $MR > MC$. Por outro lado, se o custo marginal excedesse a receita marginal, uma redução na produção poderia diminuir os custos mais do que reduziria a receita. Um gerente maximizador de lucros é motivado a produzir no ponto em que a receita marginal é igual ao custo marginal.

Uma descrição alternativa da decisão de produção maximizadora de lucro de um monopólio é apresentada na Figura 8–14. A curva de receita marginal intercepta a curva de custo marginal quando Q^M unidades são produzidas para que o nível de produção maximizador de lucro seja Q^M. O preço máximo por unidade que os consumidores

Figura 8-14 Maximização de lucro sob monopólio

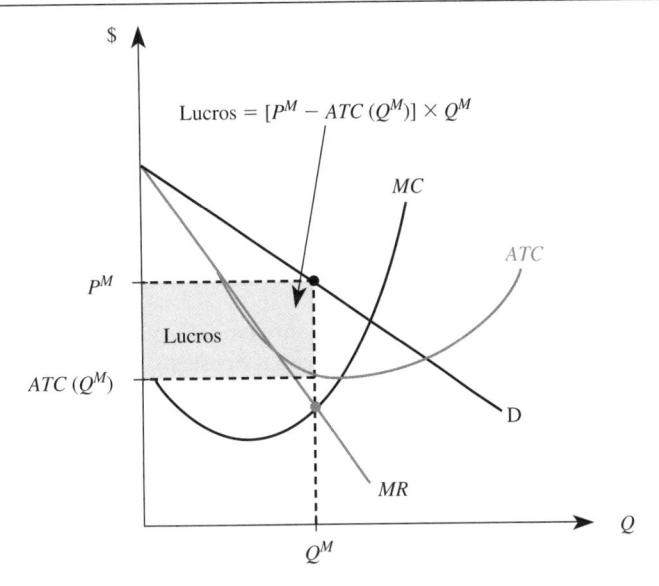

estão dispostos a pagar por Q^M unidades é P^M, de forma que o preço maximizador de lucros é P^M. Os lucros do monopólio são dados pelo retângulo sombreado na figura, o qual é a base (Q^M) vezes a altura $[P^M - ATC(Q^M)]$.

| Princípio | **Regra da precificação no monopólio**
Dado o nível de produção, Q^M, que maximiza lucros, o preço de monopólio é o preço sobre a curva de demanda correspondente a Q^M unidades produzidas:
$$P^M = P(Q^M)$$ |

Demonstração 8-5

Suponha que a função de demanda inversa para o produto de um monopolista seja dada por

$$P = 100 - 2Q$$

e a função de custo seja dada por

$$C(Q) = 10 + 2Q$$

Determine o preço e a quantidade maximizadores de lucros e os lucros máximos.

Resposta:

Usando a fórmula da receita marginal para demanda linear inversa e a fórmula para o custo marginal, vemos que

$$MR = 100 - (2)(2)(Q) = 100 - 4Q$$
$$MC = 2$$

A seguir, estabelecemos $MR = MC$ para encontrar o nível de produção maximizador de lucros:

$$100 - 4Q = 2$$

ou

$$4Q = 98$$

Resolvendo para Q, obtemos a produção maximizadora de lucros de $Q^M = 24,5$ unidades. Encontramos o preço maximizador de lucros estabelecendo $Q = Q^M$ na função de demanda inversa:

$$P = 100 - 2(24,5) = 51$$

O preço maximizador de lucro é de \$51 por unidade. Por fim, os lucros são dados pela diferença entre receitas e custos:

$$\pi = P^M Q^M - C(Q^M)$$
$$= (51)(24,5) - [10 + 2(24,5)]$$
$$= \$1.190,50$$

A ausência de uma curva de oferta

Lembre-se de que uma curva de oferta determina quanto será produzido a determinado preço. Visto que empresas perfeitamente competitivas determinam quanto produzir com base no preço ($P = MC$), as curvas de oferta existem em mercados perfeitamente competitivos. Em contraste, o monopolista determina quanto produzir com base na receita marginal, que é menor que o preço ($P > MR = MC$). Como consequência, não há curva de oferta em mercados servidos por empresas com poder de mercado – assim como em um monopólio.

Decisões de multiplanta

Até este ponto, consideramos que o monopolista é responsável por níveis de produção em um único local. Em muitas situações, no entanto, ele possui diferentes plantas em diferentes locais. Uma questão importante para o gerente de um *monopólio multiplanta* é a determinação de quanto produzir em cada planta.

Suponha que um monopolista produza em duas plantas. O custo de produzir Q_1 unidades na planta 1 é $C_1(Q_1)$, e o custo de produzir Q_2 unidades na planta 2 é $C_2(Q_2)$. Além disso, suponha que os bens produzidos nas duas plantas sejam idênticos, de forma que o preço por unidade que os consumidores estão dispostos a pagar pela produção total das duas plantas seja $P(Q)$, onde

$$Q = Q_1 + Q_2$$

A maximização de lucro implica que o monopolista de duas plantas deve produzir em cada planta até que o custo marginal de produzir em cada uma delas se iguale à receita marginal do produto total.

| Princípio | **Regra de produção multiplanta**
Considere que $MR(Q)$ seja a receita marginal de produzir um total de $Q = Q_1 + Q_2$ unidades de produto. Suponha que o custo marginal de produzir Q_1 unidades de produtos na planta 1 seja $MC_1(Q_1)$ e que o de produzir Q_2 unidades na planta 2 seja $MC_2(Q_2)$. A regra de maximização de lucro para o monopolista de duas plantas é alocar a produção entre as duas plantas de forma que

$$MR(Q) = MC_1(Q_1)$$

$$MR(Q) = MC_2(Q_2)$$ |
|---|---|

| Um cálculo alternativo | Se os lucros são

$$\pi = R(Q_1 + Q_2) - C_1(Q_1) - C_2(Q_2)$$

as condições de primeira ordem para maximização de lucros são

$$\frac{d\pi}{dQ_1} = \frac{dR(Q_1 + Q_2)}{dQ_1} - \frac{dC_1(Q_1)}{dQ_1} = 0$$

$$\frac{d\pi}{dQ_2} = \frac{dR(Q_1 + Q_2)}{dQ_2} - \frac{dC_2(Q_2)}{dQ_2} = 0$$ |
|---|---|

A intuição econômica subjacente à regra de produção multiplanta é precisamente a mesma de todos os princípios de maximização de lucro. Se a receita marginal de produzir bens em uma planta exceder o custo marginal, a empresa adicionará mais à receita do que ao custo ao expandir a produção na planta. À medida que a produção é expandida, a receita marginal declina até que se torne igual ao custo marginal de produzir na planta.

As condições para maximizar lucros em uma situação multiplanta implicam que

$$MC_1(Q_1) = MC_2(Q_2)$$

Isso também possui uma explicação econômica simples. Se o custo marginal de produzir na planta 1 é menor que o de produzir na planta 2, o monopolista pode reduzir os custos ao produzir mais na planta 1 e menos na planta 2. À medida que mais produção é realizada na planta 1, o custo marginal de produção aumenta até que, por fim, se torne igual ao custo marginal de produzir na planta 2.

Demonstração 8-6

Suponha que a demanda inversa para o produto de um monopolista seja dada por

$$P(Q) = 70 - 0{,}5Q$$

O monopolista pode produzir em duas plantas. O custo marginal de produzir na planta 1 é $MC_1 = 3Q_1$, e o custo marginal de produzir na planta 2 é $MC_2 = Q_2$. Quanto deve ser produzido em cada planta para maximizar lucros, e que preço deve ser cobrado pelo produto?

Resposta:

Para maximizar lucros, a empresa deve produzir nas duas plantas de forma que

$$MR(Q) = MC_1(Q_1)$$

$$MR(Q) = MC_2(Q_2)$$

Nessa situação, a receita marginal é dada por

$$MR(Q) = 70 - Q$$

onde $Q = Q_1 + Q_2$. Substituindo esses valores na fórmula para a regra de produção multiplanta, obtemos

$$70 - (Q_1 + Q_2) = 3Q_1$$

$$70 - (Q_1 + Q_2) = Q_2$$

Assim, temos duas equações e dois valores desconhecidos, e devemos encontrar esses dois desconhecidos. A primeira equação implica que

$$Q_2 = 70 - 4Q_1$$

Substituir isso na segunda equação leva a

$$70 - (Q_1 + 70 - 4Q_1) = 70 - 4Q_1$$

Resolvendo essa equação, encontramos que $Q_1 = 10$. Em seguida, substituímos esse valor de Q_1 na primeira equação:

$$70 - (10 + Q_2) = 3(10)$$

Resolvendo essa equação, encontramos que $Q_2 = 30$. Assim, a empresa deve produzir 10 unidades na planta 1 e 30 unidades na planta 2, levando a uma produção total de $Q = 40$ unidades.

Para encontrarmos o preço maximizador de lucros, devemos buscar o preço máximo por unidade que os consumidores pagarão por 40 unidades de produto. Para tanto, estabelecemos $Q = 40$ na função de demanda inversa:

$$P = 70 - 0{,}5(40) = 50$$

Portanto, o preço maximizador de lucro é $50.

Implicações das barreiras à entrada

Nossa análise do monopólio revela que um monopolista pode obter lucros econômicos positivos. Se um monopolista está obtendo lucros econômicos positivos, a presença de barreiras à entrada previne que outras empresas entrem no mercado para se apropriar de parte desses lucros. Os lucros de monopólio, se existem, continuarão ao longo do tempo, de forma que a empresa mantenha seu poder de monopólio. É importante observar, no entanto, que a presença de poder de monopólio não implica lucros positivos; isso depende apenas de onde a curva de demanda está em relação à curva de custo total médio. Por exemplo, o monopolista representado na Figura 8–15 obtém lucros econômicos zero, em função de o preço ótimo ser exatamente igual ao custo médio total de produção. Além disso, a curto prazo, o monopolista pode até mesmo experimentar prejuízos.

Figura 8–15 Um monopolista obtendo lucro zero

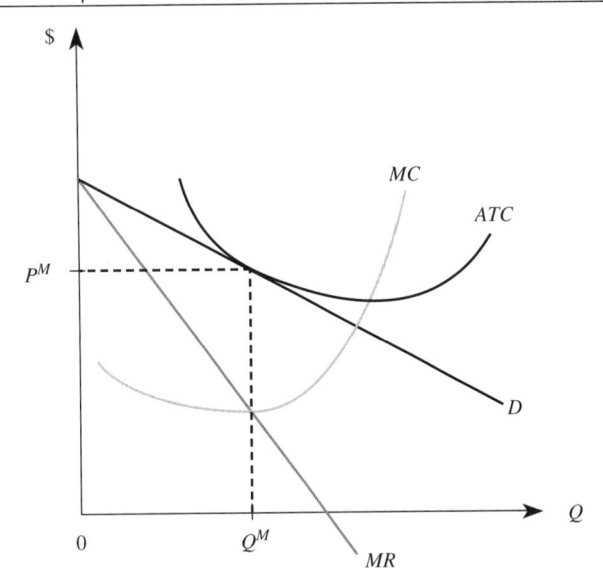

Figura 8–16 Perda de peso morto do monopólio

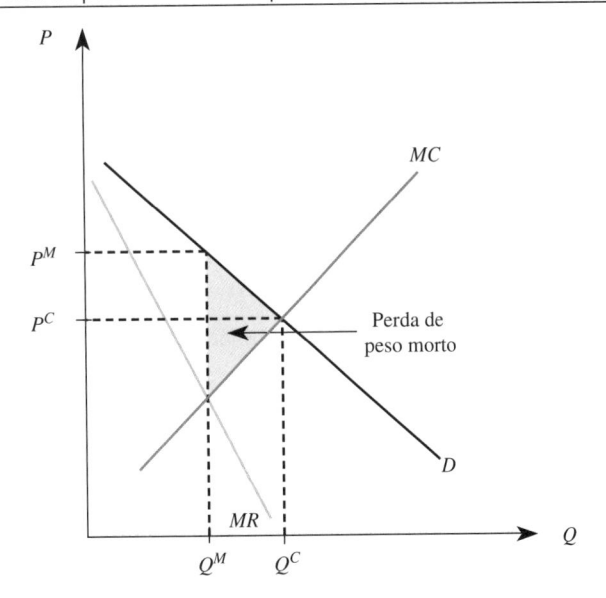

O poder de monopólio que o monopolista desfruta frequentemente envolve alguns custos à sociedade. Considere, por exemplo, as curvas de demanda, receita marginal e custo marginal do monopolista apresentadas na Figura 8–16. Por simplicidade, essas curvas são desenhadas como funções lineares da produção, e a posição da curva de custo médio é suprimida por enquanto. O monopolista maximizador de lucros produz Q^M unidades do produto e cobra um preço de P^M.

A primeira coisa a notar a respeito do monopólio é que o preço excede o custo marginal de produção: $P^M > MC$. O preço em um mercado reflete o valor, para a sociedade, de outra unidade de produção. O custo marginal reflete o custo, para a sociedade, dos recursos necessários para produzir uma unidade adicional. Uma vez que o preço excede o custo marginal, o monopolista produz menos bens do que é socialmente desejável. Com efeito, a sociedade pode estar disposta a pagar mais por uma unidade de produção do que custaria para produzir essa unidade. Porém, o monopolista se recusa a agir assim, porque isso poderia reduzir seus lucros. Isso se deve ao fato de a receita marginal para o monopolista estar abaixo da curva de demanda e, então, $MR < MC$ nesse nível de produção.

Em contraste, dadas as mesmas condições de demanda e custo, uma empresa em uma indústria perfeitamente competitiva poderia continuar a produzir acima do ponto em que o preço é igual ao custo marginal; isso corresponde a uma produção e preço na indústria de Q^C e P^C sob competição perfeita. O monopolista produz menos e cobra um preço mais elevado do que em uma indústria perfeitamente competitiva. A área sombreada na Figura 8–16 representa a *perda de peso morto do monopólio*, isto é, o bem-estar perdido pela sociedade pelo fato de o monopolista produzir abaixo do nível competitivo. Para entender melhor, lembre-se, do Capítulo 2, que a diferença vertical entre a demanda e o custo marginal (oferta competitiva) a cada quantidade representa a mudança no bem-estar social associado a cada unidade incremental de produção. Somar as distâncias verticais para todas as unidades entre a produção de monopólio (Q^M) e a competitiva (Q^C) estabelece o triângulo sombreado na Figura 8–16 e representa o bem-estar perdido pela sociedade (em dinheiro) devido à monopolização do mercado.

perda de peso morto do monopólio
Os excedentes do consumidor e do produtor perdidos em razão do fato de o monopolista cobrar um preço excedente ao custo marginal.

Competição monopolística

mercado monopolisticamente competitivo
Um mercado no qual (1) existem muitos compradores e vendedores; (2) cada empresa produz um bem diferenciado; e (3) existe livre entrada e saída.

Uma estrutura de mercado que existe entre os extremos de um monopólio e de competição perfeita é a *competição monopolística*. Essa estrutura de mercado exibe algumas características presentes tanto na competição perfeita quanto no monopólio.

Condições para a competição monopolística

Uma indústria é monopolisticamente competitiva se:

1. Existem muitos compradores e vendedores.
2. Cada empresa na indústria produz um bem diferenciado.
3. Há livre entrada e saída da indústria.

Existem numerosas indústrias nas quais as empresas produzem bens substitutos próximos, e o mercado de hambúrgueres é um exemplo clássico. Muitos restaurantes de *fast-food* produzem hambúrgueres, mas eles diferem entre uma empresa e outra. Além disso, é relativamente fácil para novas empresas entrarem no mercado de hambúrgueres.

A principal diferença entre os modelos de competição monopolística e competição perfeita é que, em um mercado com competição monopolística, cada empresa produz um bem que difere levemente dos produtos de outras empresas. Os produtos são substitutos próximos, mas não perfeitos. Por exemplo, tudo o mais constante, alguns consumidores preferem hambúrgueres do McDonald's enquanto outros preferem comer no Wendy's, no Burger King ou em um dos muitos outros restaurantes que servem hambúrgueres. Se o preço de um hambúrguer do McDonald's aumentar, alguns consumidores o substituirão pelo de outras empresas. Mas alguns consumidores podem continuar a comer os hambúrgueres do McDonald's mesmo que o preço seja mais alto. O fato de os produtos não serem substitutos perfeitos em uma indústria monopolisticamente competitiva implica que cada empresa se depara com uma curva de demanda negativamente inclinada por seu produto. Para vender mais a organização deve diminuir o preço. Nesse sentido, a curva de demanda com que se depara uma empresa monopolisticamente competitiva se parece mais com a demanda pelo produto de um monopolista do que com a demanda pelo produto de uma organização competitiva.

Existem duas diferenças importantes entre um mercado monopolisticamente competitivo e aquele servido por um monopólio. Primeiro, enquanto uma empresa monopolisticamente competitiva se depara com uma demanda negativamente inclinada por seu produto, há outras que vendem produtos similares. Segundo, em uma indústria monopolisticamente competitiva não existem barreiras à entrada. Como veremos posteriormente, as empresas só entrarão no mercado se as organizações existentes obtiverem lucros econômicos positivos.

Maximização de lucro

A determinação do preço e da produção maximizadores de lucro sob competição monopolística é precisamente a mesma daquela de uma empresa operando sob monopólio. Para entender, considere a curva de demanda para uma empresa monopolisticamente competitiva apresentada na Figura 8–17. Uma vez que a curva de demanda possui inclinação positiva, a curva da receita marginal se encontra abaixo dela, assim

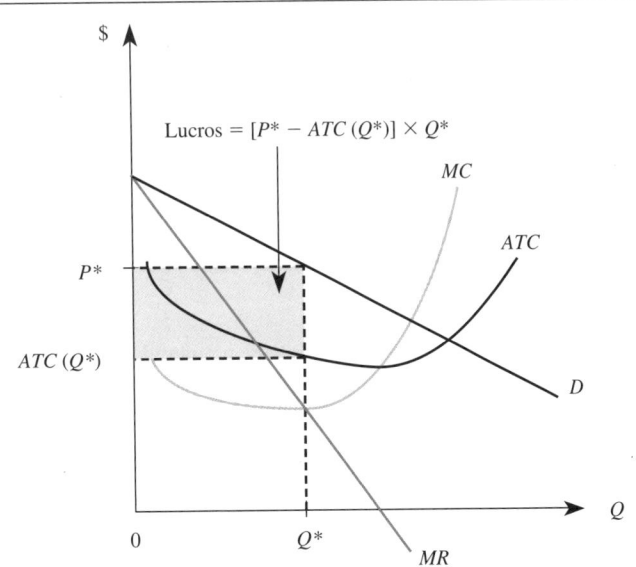

Figura 8–17 Maximização de lucro sob competição monopolística

Lucros = $[P^* - ATC(Q^*)] \times Q^*$

como no monopólio. Para maximizar lucros, a empresa monopoliticamente competitiva produz no ponto em que a receita marginal se iguala ao custo marginal. Esse produto é dado por Q^* na Figura 8–17. O preço maximizador de lucro é o preço máximo que os consumidores estão dispostos a pagar por Q^* unidades do produto, chamado P^*. Os lucros da empresa são dados pela região sombreada.

Agora que você sabe que os princípios básicos da maximização de lucros são os mesmos sob competição monopolística e sob monopólio, é necessário ressaltar uma diferença importante na interpretação de nossa análise. As curvas de demanda e de receita marginal usadas para determinar a produção e o preço maximizadores de lucro de empresas monopolisticamente competitivas são baseadas não na demanda de mercado pelo produto, mas na demanda pelo produto da empresa individual. A curva de demanda com a qual se depara o monopolista, por outro lado, é a curva de demanda de mercado.

Na verdade, uma vez que as empresas em uma indústria monopolisticamente competitiva produzem bens diferenciados, o conceito de curva de demanda de uma indústria ou mercado não é bem-definido. Para encontrar a demanda de mercado, deve-se adicionar as quantidades compradas de todas as empresas no mercado a cada preço. Mas em mercados monopolisticamente competitivos, cada organização produz um bem que difere dos produtos de outras organizações. Somar esses diferentes produtos seria o mesmo que somar maçãs e laranjas.

Princípio

Regra de maximização de lucro para competição monopolística

Para maximizar lucros, uma empresa monopolisticamente competitiva produz no ponto em que a receita marginal se iguala ao custo marginal. O preço maximizador de lucro é o preço máximo por unidade que os consumidores estão dispostos a pagar pelo nível de produção maximizador de lucro. Em outras palavras, a produção maximizadora de lucro, Q^*, é tal que

$$MR(Q^*) = MC(Q^*)$$

e o preço maximizador de lucro é

$$P^* = P(Q^*)$$

Demonstração 8–7

Suponha que a função de demanda inversa pelo produto de uma organização monopolisticamente competitiva seja dada por

$$P = 100 - 2Q$$

e a função de custo seja dada por

$$C(Q) = 5 + 2Q$$

Determine o preço e a quantidade maximizadores de lucro e os lucros máximos.

Resposta:

Usando a fórmula da receita marginal para a demanda linear inversa e a fórmula para custo marginal, vemos que

$$MR = 100 - (2)(2)(Q) = 100 - 4Q$$
$$MC = 2$$

Em seguida, estabelecemos $MR = MC$ para encontrar o nível de produção maximizador de lucro:

$$100 - 4Q = 2$$

ou

$$4Q = 98$$

Resolvendo para Q, encontra-se a produção maximizadora de lucro de $Q^* = 24,5$ unidades. O preço maximizador de lucro é encontrado estabelecendo-se $Q = Q^*$ na função inversa de demanda:

$$P^* = 100 - 2 \times 24,5 = 51$$

Portanto, o preço maximizador de lucro é $51 por unidade. Por fim, os lucros são dados pela diferença entre as receitas e os custos:

$$\pi = P^*Q^* - C(Q^*)$$
$$= (51)(24,5) - [5 + 2(24,5)]$$
$$= \$1.195,50$$

Equilíbrio de longo prazo

Como há livre entrada em mercados monopolisticamente competitivos, se as empresas obtêm lucros de curto prazo em uma indústria monopolisticamente competitiva, outras organizações entrarão na indústria a longo prazo para capturar uma parte desses lucros. Similarmente, se as empresas existentes incorrerem em perdas, a longo prazo algumas delas sairão da indústria.

Por dentro dos negócios 8-3

Diferenciação de produto, canibalização e o sorriso Colgate

Em 1896, o creme dental Colgate foi apresentado em tubos similares àqueles que utilizamos agora. Hoje, a marca Colgate-Palmolive de pasta de dente é líder de mercado em todo o mundo (à frente da marca Crest, vendida pela Procter & Gamble, lançada em 1955).

Embora a Colgate e a Crest usufruam a maior participação do mercado de pasta de dentes, se você examinar as prateleiras de higiene pessoal na farmácia ou no supermercado, encontrará mais de cem diferentes tipos de pastas de dentes. A Colgate sozinha oferece mais de 40 variedades, vendidas sob nomes que variam de *Looney Tunes Bubble Fruit* a *Colgate Herbal White*.

Por que uma companhia líder de mercado como a Colgate escolheria vender tantas variedades de pastas de dentes – variedades que competem entre si pelos dólares dos consumidores?

O alto nível de diferenciação de produto no mercado de pastas de dentes leva as empresas a apresentarem novas variedades na tentativa de aumentar seus lucros econômicos. Em ambientes em que os fabricantes de outras marcas (como Crest) podem facilmente entrar em segmentos lucrativos do mercado, uma estratégia é buscar rapidamente cobrir aquele segmento (introduzindo a pasta de dente *Looney Tunes Bubble Fruit*, por exemplo) para obter lucros de curto prazo, enquanto as outras organizações entram para dividir aquele espaço. Embora o lançamento de novas variedades possa canibalizar as vendas de seus produtos, canibalizar as próprias vendas é melhor do que tê-las roubadas para um competidor.

Fontes: Sites da Colgate-Palmolive Company, da Procter & Gamble e *Hoover's Online*.

Para explicar o impacto da entrada e da saída em mercados monopolisticamente competitivos, suponha uma empresa que esteja obtendo lucros econômicos positivos. O potencial para lucros induz outras empresas a entrar no mercado e a produzir leves variações do produto da organização existente. À medida que novas empresas entram no mercado, alguns consumidores passarão a comprar o produto da nova empresa. Portanto, pode-se esperar que as empresas já existentes percam uma fatia do mercado quando novas entram.

Para tornar essa noção mais precisa, suponha uma empresa monopolisticamente competitiva que venda a marca X diante de uma curva de demanda inicial de D^0 na Figura 8–18. Se a curva de demanda se encontra acima da curva ATC, a organização está obtendo lucros econômicos positivos. Isso, é claro, leva mais empresas à indústria. À medida que mais empresas entram, a demanda pelo produto dessa organização diminuirá pelo fato de alguns consumidores substituírem o seu produto por novos produtos oferecidos pelas entrantes. A entrada continua até que a curva de demanda diminua para D^1, onde esta é apenas tangente à curva de custo médio da organização. Nesse ponto, as firmas na indústria estão obtendo lucros econômicos zero, e não há incentivo para outras entrarem na indústria.

A história é similar se as organizações na indústria inicialmente estiverem incorrendo em prejuízos. No entanto, nessa situação, elas sairão da indústria e a demanda pelos produtos oferecidos pelas que permanecerem aumentará. Esse processo leva à elevação nos lucros (ou, mais precisamente, à redução de prejuízos) para as remanescentes. Por fim, as organizações param de sair da indústria quando as remanescentes obtêm lucros econômicos zero.

Figura 8–18 Efeito da entrada na demanda de uma empresa monopolisticamente competitiva

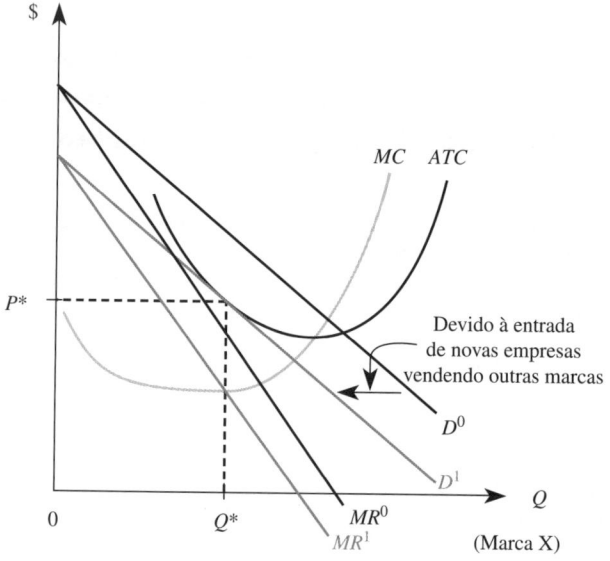

Figura 8–19 Equilíbrio de longo prazo sob competição monopolística

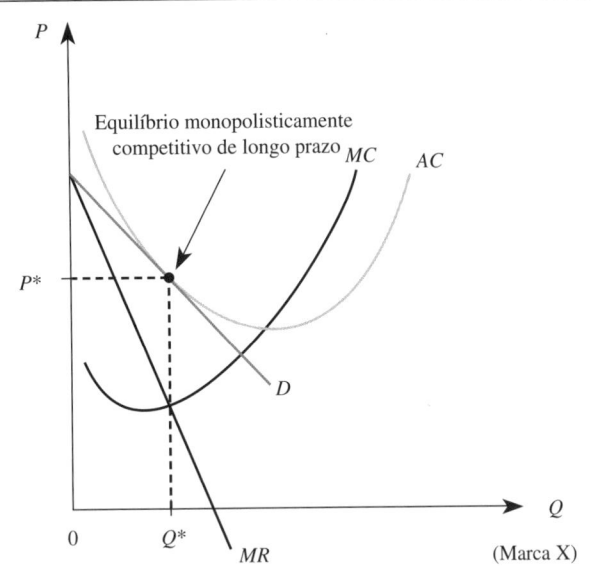

O equilíbrio de longo prazo em uma indústria monopolisticamente competitiva é caracterizado pela situação da Figura 8–19. Cada empresa obtém lucros econômicos zero, mas cobra o preço que excede o custo marginal de produção do bem.

Princípio	**A competição monopolística e o longo prazo** A longo prazo, as organizações monopolisticamente competitivas produzem um nível de bens tal que 1. $P > MC$ 2. $P = ATC >$ custos médios mínimos.

Como no caso do monopólio, o fato de o preço exceder o custo marginal implica que as empresas monopolisticamente competitivas produzam menos bens do que o socialmente desejável. Em essência, os consumidores estão dispostos a pagar mais por outra unidade do que a empresa gastaria para produzir outra unidade; ainda assim, ela não produzirá mais bens em função de sua preocupação com os lucros.

Uma vez que o preço se iguala aos custos médios, a organização obtém lucro econômico zero, assim como aquelas em mercados perfeitamente competitivos. Ainda que empresas tenham algum controle sobre o preço, a competição entre elas leva a uma situação em que nenhuma obtém mais do que o custo de oportunidade de produzir.

Por fim, observe que o preço do produto excede o ponto mínimo na curva de custo médio. Ou seja, as empresas não obtêm vantagem plena das economias de escala na produção. De certo modo, existem muitas organizações na indústria para permitir que qualquer uma obtenha a vantagem plena das economias de escala na produção. Por outro lado, argumenta-se que este é apenas o custo para a sociedade de ter uma variedade de produtos. Se existissem menos empresas, as economias de escala poderiam ser plenamente exploradas, mas poderia haver menor variedade de produtos no mercado.

Implicações da diferenciação de produto

A principal diferença entre competição perfeita e competição monopolística é a consideração de que as empresas produzem *produtos diferenciados*. Se existem muitos produtos em uma indústria monopolisticamente competitiva, a única razão pela qual as empresas têm algum controle sobre seus preços é que os consumidores veem os produtos como diferenciados. A demanda pelo produto é menos elástica quando os consumidores percebem os produtos de outras empresas como fracos substitutos a ele. Quanto menos elástica a demanda pelo produto, maior o potencial para a obtenção de lucros.

Por essa razão, muitas organizações em indústrias monopolisticamente competitivas continuamente buscam convencer os consumidores de que seus produtos são melhores do que os oferecidos por outras empresas. Inúmeros exemplos vêm rapidamente à mente: restaurantes de *fast-food*, pastas de dentes, sabonetes, gasolina, aspirina – sem dúvida, você pode adicionar outras indústrias à lista. Cada uma delas consiste em muitas empresas, e as diferentes marcas oferecidas em cada indústria são como substitutos bastante próximos. Em algumas situações, as organizações apresentam grande variedade de produtos; cada produtor de refrigerantes, por exemplo, produz uma variedade de refrigerantes à base de cola e outro tipos.

Empresas em indústrias monopolisticamente competitivas empregam duas estratégias para persuadir os consumidores de que seus produtos são melhores do que os oferecidos pelos competidores. Primeiro, despendem consideráveis montantes em campanhas publicitárias. Em geral, essas campanhas envolvem *propaganda comparativa* desenvolvida para diferenciar a marca daquelas vendidas por empresas competidoras. A propaganda comparativa é comum na indústria de *fast-food*, em que empresas como McDonald's buscam estimular a demanda por seus hambúrgueres diferenciando-os das marcas competidoras. Se a propaganda comparativa for efetiva, pode induzir os consumidores a pagar um prêmio por uma marca particular. O valor adicional que uma marca acrescenta ao produto é conhecido como *valor da marca*.

Segundo, empresas em indústrias monopolisticamente competitivas quase sempre apresentam novos produtos ao mercado para se diferenciarem ainda mais. Isso inclui não apenas produtos "novos, melhorados", como uma versão "melhorada" de um detergente, mas linhas de produtos completamente diferentes. Empresas monopolisticamente competitivas podem também criar produtos que atinjam necessidades especiais no mercado. Essa estratégia – chamada *marketing de nicho* – envolve produtos ou serviços dirigidos a grupos específicos de consumidores. Por meio do *marketing verde*, por exemplo, as empresas criam produtos "amigos do ambiente" em uma tentativa de capturar o segmento de mercado preocupado com questões ambientais. Exemplos de produtos verdes incluem marcas que, de forma destacada,

---

propaganda comparativa
Uma forma de propaganda em que se busca aumentar a demanda por uma marca ao diferenciar seu produto do de marcas competidoras.

valor da marca
O valor adicional somado a um produto em função de sua marca.

marketing **de nicho**
Uma estratégia de *marketing* em que bens e serviços são desenvolvidos para atender às necessidades de um segmento particular do mercado.

marketing **verde**
Uma forma de *marketing* de nicho em que as empresas direcionam produtos a consumidores preocupados com questões ambientais.

indicam que um brinquedo é feito de plástico reciclado ou que determinado detergente é biodegradável.

Como o gerente de uma empresa em uma indústria monopolisticamente competitiva, é importante você se lembrar de que a longo prazo outras organizações entrarão no mercado se a sua empresa obtiver lucros de curto prazo. Enquanto você obtém lucros de curto prazo ao introduzir uma nova linha de produtos, a longo prazo outras imitarão o seu produto e/ou introduzirão novas linhas de produtos, e seus lucros econômicos diminuirão a zero.

Decisões publicitárias ótimas

Quanto uma empresa deve despender em propaganda para maximizar lucros? A resposta depende, em parte, da natureza da indústria na qual a empresa opera. Organizações que operam em mercados perfeitamente competitivos em geral não acham lucrativo fazer propaganda, porque os consumidores já têm informação necessária a respeito do grande número de substitutos que existem para dado produto. Um produtor de trigo que opera uma pequena fazenda familiar, por exemplo, não consideraria lucrativo despender os recursos em uma campanha publicitária projetada para incrementar a demanda pelo trigo da família. Por outro lado, empresas com poder de mercado – como as monopolistas e monopolisticamente competitivas – geralmente considerarão lucrativo despender uma fração de suas receitas em propaganda.

Como em qualquer decisão econômica, o montante ótimo de propaganda considera os benefícios marginais e os custos marginais: para maximizar os lucros, os gerentes devem fazer propaganda até o ponto em que a receita incremental da propaganda se iguale ao custo incremental. O custo incremental da propaganda é simplesmente o custo, em dinheiro, dos recursos necessários para aumentar o nível de propaganda. Esses custos incluem taxas pagas por espaço publicitário adicional e o custo de oportunidade dos recursos humanos necessários para realizar uma campanha publicitária. A receita incremental é a receita extra que a empresa obtém como resultado de uma campanha publicitária. Essas receitas extras dependem do número de unidades adicionais a serem vendidas como resultado de uma campanha de publicidade e de quanto é ganho em cada uma dessas unidades. Felizmente, existe uma fórmula simples para permitir aos gerentes determinar o nível ótimo de propaganda.

Fórmula: o índice propaganda-vendas maximizador de lucros. O índice propaganda-vendas maximizador de lucros (A/R) é dado por

$$\frac{A}{R} = \frac{E_{Q,A}}{-E_{Q,P}}$$

onde $E_{Q,P}$ representa a elasticidade-preço da demanda pelo produto da empresa, $E_{Q,A}$ é elasticidade-propaganda da demanda pelo produto, A representa as despesas em propaganda e $R = PQ$ denota o valor, em dinheiro, das vendas (isto é, as receitas da empresa).

Um cálculo alternativo

Os lucros são receitas menos custos de produção e despesas com propaganda. Se considerarmos que A representa as despesas de propaganda, $Q = Q(P, A)$ denota a demanda pelo produto e $C(Q)$ denota os custos de produção, o lucro da empresa é uma função de P e A:

$$\pi(P, A) = Q(P, A) P - C[Q(P, A)] - A$$

As condições de primeira ordem para maximização de lucros requerem

$$\frac{\partial \pi}{\partial P} = \frac{\partial Q}{\partial P} P + Q - \frac{\partial C}{\partial Q} \frac{\partial Q}{\partial P} = 0 \qquad (8\text{--}1)$$

e

$$\frac{\partial \pi}{\partial A} = \frac{\partial Q}{\partial A} P - \frac{\partial C}{\partial Q} \frac{\partial Q}{\partial A} - 1 = 0 \qquad (8\text{--}2)$$

Observando que $\partial C/\partial Q = MC$ e $E_{Q,P} = (\partial Q/\partial P)(P/Q)$, podemos escrever a Equação (8–1) como

$$\frac{P - MC}{P} = \frac{-1}{E_{Q,P}} \qquad (8\text{--}3)$$

Similarmente, usando o fato de que $E_{Q,A} = (\partial Q/\partial A)(A/Q)$, a Equação (8–2) implica

$$\frac{A}{R} = \left(\frac{P - MC}{P}\right) E_{Q,A} \qquad (8\text{--}4)$$

Substituir a Equação (8–3) na Equação (8–4) resulta na fórmula anterior.

Dois aspectos dessa fórmula merecem ser ressaltados. Primeiro, quanto mais elástica a demanda pelo produto de uma empresa, menor o índice ótimo propaganda-vendas. No caso extremo em que $E_{Q,P} = -\infty$ (competição perfeita), a fórmula indica que o índice ótimo propaganda-vendas é zero. Segundo, quanto maior a elasticidade-propaganda, maior o índice ótimo propaganda-vendas. Empresas com poder de mercado (como as monopolistas e monopolisticamente competitivas) se deparam com uma curva de demanda não perfeitamente elástica. Como consequência, elas geralmente considerarão importante se engajar em algum grau de propaganda. A quantia exata que tais empresas devem despender em propaganda, no entanto, depende do impacto quantitativo da propaganda na demanda. Quanto mais sensível a demanda for à propaganda (isto é, quanto maior a elasticidade-propaganda), maior o número de unidades adicionais vendidas em função de dado aumento nas despesas com propaganda, ou seja, maior o índice ótimo propaganda-vendas.

Demonstração 8–8

A Corpus Industries produz um bem com um custo marginal constante, vendido em um mercado monopolisticamente competitivo. Em uma tentativa de alavancar os lucros, o gerente contratou uma economista para estimar a demanda por seu produto. Ela descobriu que a demanda pelo produto é log-linear, com uma elasticidade-preço da demanda de -10 e uma elasticidade-propaganda da demanda de 0,2. Para maximizar lucros, que fração das receitas a empresa deve gastar em propaganda?

Resposta:

Para encontrarmos o índice propaganda–vendas maximizador de lucros, consideramos $E_{Q,P} = -10$ e $E_{Q,A} = 0,2$ na fórmula do índice ótimo venda-propaganda:

$$\frac{A}{R} = \frac{E_{Q,A}}{-E_{Q,P}} = \frac{0,2}{10} = 0,02$$

Portanto, o índice ótimo propaganda-vendas da Corpus Industries é 2% – para maximizar lucros, ela deve gastar 2% de suas receitas em propaganda.

Respondendo à manchete

O "New Tastes Menu" do McDonald's não deve ter um impacto sustentável em sua linha-chefe. Como observado anteriormente neste capítulo, o ramo de *fast-food* possui muitas características de competição monopolística. Na verdade, o proprietário de uma franquia típica do McDonald's compete não apenas com o Burger King ou Wendy's, mas com uma série de outros estabelecimentos, como KFC, Arby's, Taco Bell e Popeyes. Embora cada um desses estabelecimentos ofereça refeições rápidas a preços razoáveis, os produtos são claramente diferenciados. Isso fornece a esses negócios algum poder de mercado.

Embora um negócio monopolisticamente competitivo como o McDonald's deva obter lucros econômicos positivos a curto prazo ao introduzir novos produtos mais rapidamente do que os seus rivais, a longo prazo seus competidores buscarão imitar as estratégias lucrativas. Assim, enquanto o "New Tastes Menu" do McDonald's pode levar a lucros de curto prazo, a longo prazo outras empresas possivelmente copiarão a estratégia se ela se revelar um sucesso. Esse tipo de entrada pelas empresas rivais deve reduzir a demanda pelos alimentos do McDonald's e, por fim, resultar em lucros econômicos de longo prazo iguais a zero. Uma cadeia similar de eventos ocorreu em 1978, quando o McDonald's, com sucesso, lançou o seu Egg McMuffin. Outros restaurantes de *fast-food* responderam lançando seus próprios itens de café da manhã, até que o McDonald's teve reduzida sua participação no mercado de café da manhã, bem como seus lucros econômicos.

Resumo

Neste capítulo, examinamos as decisões empresariais em três ambientes de mercado: competição perfeita, monopólio e competição monopolística. Cada uma dessas estruturas de mercado oferece a um gestor diferentes configurações de variáveis que podem influenciar seus lucros. Um gestor pode precisar prestar particular atenção a diferentes parâmetros de decisão, pelo fato de que diferentes estruturas de mercado permitem o controle de apenas algumas dessas variáveis. Gestores que reconhecem quais variáveis são relevantes para uma indústria em particular gerarão mais lucros para suas empresas.

Gerentes em mercados perfeitamente competitivos devem se concentrar na produção da quantidade adequada e na manutenção de custos baixos. Como mercados perfeitamente competitivos contêm um grande número de empresas que produzem substitutos perfeitos, um gerente nesse mercado não possui controle sobre o preço. Um gerente em um monopólio, ao contrário, precisa reconhecer a relação entre preço e quantidade. Ao estabelecer uma quantidade à qual o custo marginal se iguala à receita marginal, o gerente de um monopólio maximizará lucros. Isso também é verdadeiro em um mercado monopolisticamente competitivo, no qual o gerente também deve avaliar seu produto periodicamente para se assegurar de que seja diferenciado de outros no mercado. Em muitas situações, o gerente de uma organização monopolisticamente competitiva considerará vantajoso mudar sensivelmente o produto de tempos em tempos para aumentar sua diferenciação.

Conceitos e palavras-chave

competição monopolística
complementaridades de custo
curva de demanda da empresa
deseconomias de escala
diferenciação de produto
economias de escala
economias de escopo
função de demanda inversa
função de demanda linear inversa
livre entrada
livre saída

marketing de nicho
mercado perfeitamente competitivo
marketing verde
monopólio
monopólio multiplanta
patentes
perda de peso morto do monopólio
propaganda comparativa
receita marginal
valor da marca

Questões conceituais e computacionais

1. O gráfico a seguir apresenta a demanda e os custos para uma empresa que opera em um mercado perfeitamente competitivo.
    a. Que nível de produção ela deve produzir a curto prazo?
    b. Que preço ela deve cobrar a curto prazo?
    c. Qual é o seu custo total nesse nível de produção?
    d. Qual é o seu custo variável total nesse nível de produção?
    e. Qual é o seu custo fixo nesse nível de produção?
    f. Qual será o seu lucro se ela produzir esse nível de produção?
    g. Qual será o seu lucro se ela parar de produzir?
    h. A longo prazo, essa empresa deve continuar a operar ou deve fechar?

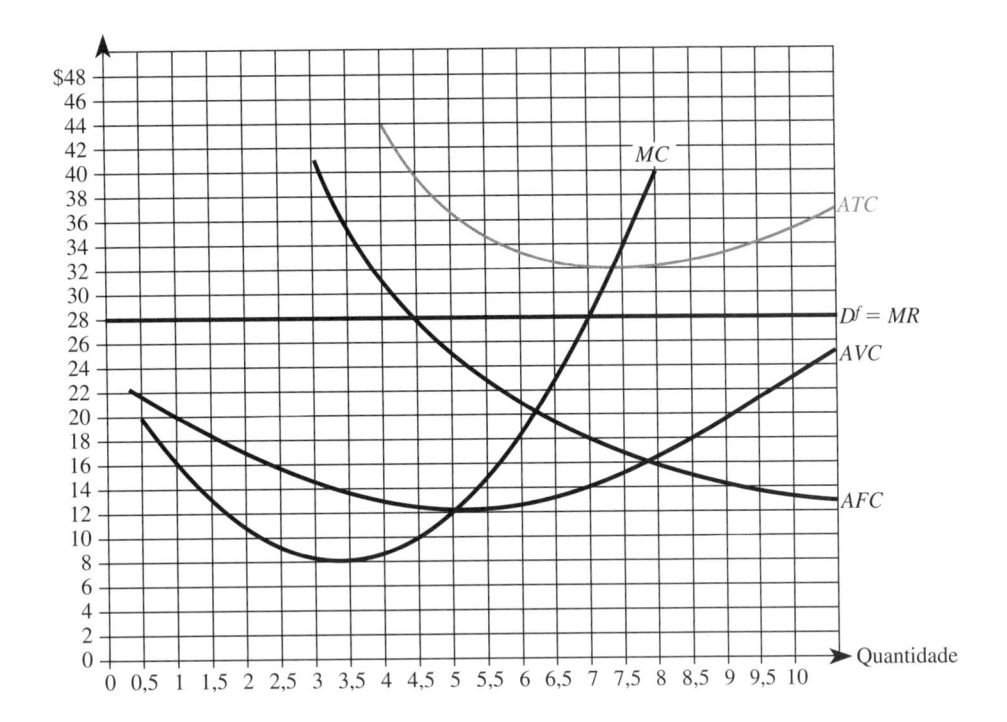

2. Uma empresa vende seu produto em um mercado perfeitamente competitivo em que outras cobram o preço de $80 por unidade. Os custos totais da empresa são $C(Q) = 40 + 8Q + 2Q^2$.
   a. Quanto ela deve produzir a curto prazo?
   b. Que preço deve cobrar a curto prazo?
   c. Quais são seus lucros de curto prazo?
   d. Que ajustes devem ser previstos a longo prazo?

3. O gráfico a seguir resume a demanda e os custos de uma empresa que opera em um mercado monopolisticamente competitivo.
   a. Qual é a produção ótima da empresa?
   b. Qual é o seu preço ótimo?
   c. Quais são seus lucros máximos?
   d. Que ajustes o gerente deve prever?

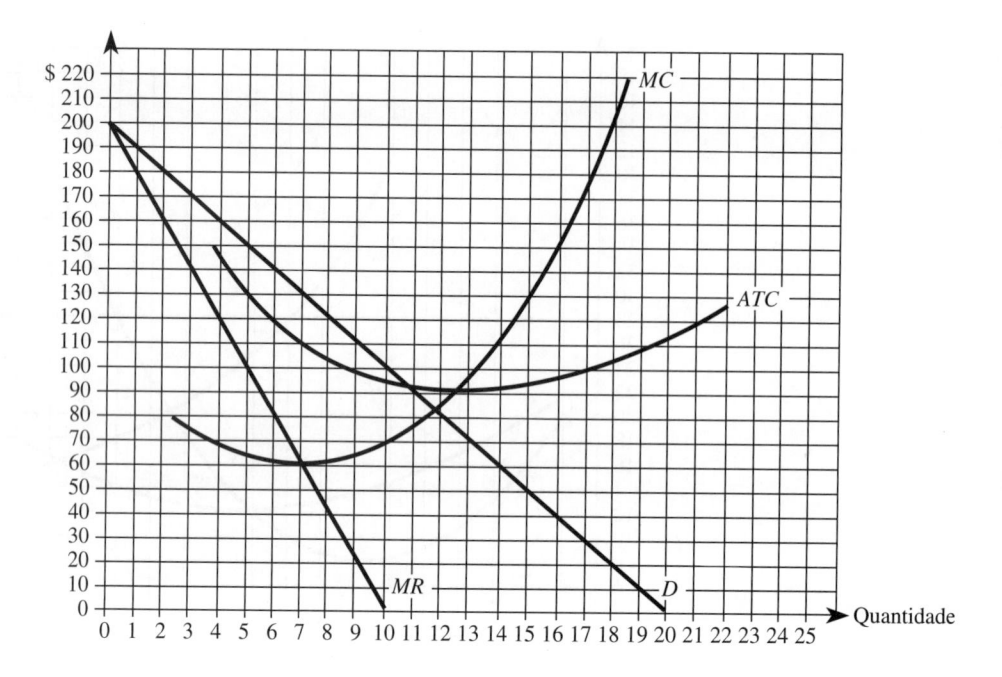

4. Você é o gerente de um monopólio, e suas funções de demanda e custo são dadas por $P = 200 - 2Q$ e $C(Q) = 2.000 + 3Q^2$, respectivamente.
   a. Que combinação preço-quantidade maximiza os lucros da sua empresa?
   b. Calcule o lucro máximo.
   c. A demanda é elástica, inelástica ou unitária na combinação preço-quantidade maximizadora de lucros?
   d. Que combinação preço-quantidade maximiza a receita?
   e. Calcule as receitas máximas.
   f. A demanda é elástica, inelástica ou unitária na combinação preço-quantidade que maximiza a receita?

5. Você é o gerente de uma empresa que produz um bem de acordo com a função de custo $C(q_i) = 100 + 50q_i - 4q_i^2 + q_i^3$. Determine a função de oferta de curto prazo se:
   a. Você administra um negócio perfeitamente competitivo.
   b. Você administra um monopólio.
   c. Você administra um negócio monopolisticamente competitivo.

6. O diagrama a seguir mostra a demanda, a receita marginal e o custo marginal de um monopolista.
   a. Determine a produção e o preço maximizadores de lucro.
   b. Que preço e produção prevaleceriam se o produto fosse vendido por empresas tomadoras de preços em um mercado perfeitamente competitivo?
   c. Calcule a perda de peso morto desse monopólio.

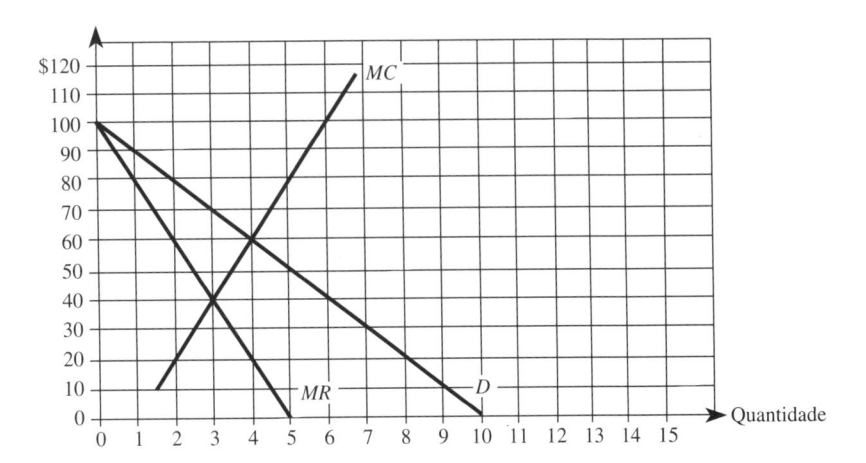

[Gráfico: eixo vertical de $0 a $120, eixo horizontal Quantidade de 0 a 15; curvas MC, MR e D]

7. Você é o gerente de uma empresa monopolisticamente competitiva, e suas funções de demanda e custo são dadas por $Q = 20 - 2P$ e $C(Q) = 104 - 14Q + Q^2$.
   a. Encontre a função de demanda inversa para o produto da sua organização.
   b. Determine o preço e o nível de produção maximizadores de lucro.
   c. Calcule os lucros máximos da sua organização.
   d. Que ajuste de longo prazo você deve esperar? Explique.
8. A elasticidade da demanda pelo produto de uma empresa é -2 e a elasticidade-propaganda da demanda é 0,1.
   a. Determine o índice ótimo propaganda-vendas.
   b. Se as receitas forem de $50.000, qual é o seu nível de propaganda maximizador de lucros?

Problemas e aplicações

9. O CEO de uma grande montadora de automóveis escutou um de seus gerentes de divisão fazer a seguinte afirmação com relação aos planos de produção: "Para maximizar lucros, é essencial que operemos no ponto mínimo de nossa curva de custo médio total". Se você fosse o CEO da montadora, elogiaria ou repreenderia o gerente? Explique.
10. Você é o gerente de uma pequena empresa norte-americana que vende pregos em um mercado norte-americano competitivo (os pregos que você vende são uma *commodity* padronizada; as lojas os consideram idênticos às centenas de outros disponíveis). Você está preocupado com relação a dois eventos sobre os quais recentemente leu em publicações especializadas: (1) a oferta geral de mercado de pregos diminuirá em 2% devido à saída de competidores estrangeiros; (2) devido ao crescimento da economia dos Estados Unidos, a demanda geral de mercado por pregos aumentará em 2%. Com base nessa informação, você deve planejar aumentar ou diminuir sua produção de pregos? Explique.

11. Quando a Pizza Hut abriu suas portas em 1958, ofereceu aos consumidores um estilo de pizza: sua Original Thin Crust Pizza. Desde sua modesta inauguração, a Pizza Hut estabeleceu-se como líder de uma indústria de pizza de $25 bilhões. Atualmente, a Pizza Hut oferece cinco estilos de pizza, incluindo a Original Thin Crust Pizza, a Pan Pizza e seu Hand-Tossed Style. Explique por que a Pizza Hut expandiu sua oferta de pizza ao longo das últimas cinco décadas e discuta a lucratividade de longo prazo de tal estratégia.

12. Você é o gerente de uma pequena companhia farmacêutica que obteve a patente de um novo remédio três anos atrás. Apesar das fortes vendas ($125 milhões no último ano) e de um baixo custo marginal de produzir o produto ($0,25 por comprimido), sua companhia tem ainda de apresentar lucro por meio da venda dos remédios. Isto se deve, em parte, ao fato de que a companhia gastou $1,2 bilhão desenvolvendo o remédio e obtendo aprovação do FDA. Um economista estimou que, ao preço corrente de $1,25 por comprimido, a elasticidade-preço da demanda pelo remédio é $-2,5$. Com base nessa informação, o que você pode fazer para alavancar os lucros? Explique.

13. A segunda maior empresa de utilidade pública do país é o único fornecedor de eletricidade em 32 municípios no sul da Flórida. Para atender à demanda mensal por eletricidade nesses municípios, a qual é dada pela função de demanda inversa $P = 1.000 - 5Q$, a empresa estabeleceu duas plantas geradoras de energia: Q_1 quilowatts são produzidos na planta 1 e Q_2 quilowatts são produzidos na planta 2 (assim, $Q = Q_1 + Q_2$). Os custos de produzir eletricidade em cada planta são dados por $C_1(Q_1) = 10.050 + 5Q_1^2$ e $C_2(Q_2) = 5.000 + 2Q_2^2$, respectivamente. Determine os montantes de eletricidade maximizadores de lucro a produzir nas duas plantas, o preço ótimo e os lucros da empresa.

14. Você é gerente da College Computers, uma fábrica de computadores personalizados que atendem às especificações requeridas pela universidade local. Mais de 90% da sua clientela consiste nos estudantes da universidade. A College Computers não é a única empresa que produz computadores para atender às especificações da universidade. Na verdade, ela compete com muitos fabricantes *on-line* e com varejistas tradicionais. Para atrair a grande clientela de estudantes, a College Computers faz um anúncio semanal no jornal dos estudantes oferecendo seus "serviços gratuitos após a venda", uma política para diferenciar-se dos competidores. A demanda semanal por computadores produzidos pela College Computers é dada por $Q = 1.000 - P$, e seu custo semanal de produzir computadores é $C(Q) = 2.000 + Q^2$. Se outras organizações na indústria vendem PCs a $600, que preço e quantidade de computadores você deve produzir para maximizar seus lucros? Que ajustes de longo prazo deve prever? Explique.

15. Você é o gerente geral de uma empresa que produz computadores pessoais. Devido a questões econômicas, a demanda por PCs caiu 50% em relação ao ano anterior. O gerente de vendas da sua empresa identificou apenas um cliente potencial, do qual recebeu cotas de 10 mil novos PCs. De acordo com o gerente de vendas, o cliente está disposto a pagar $650 para cada um dos 10 mil novos PCs. Sua linha de produção está atualmente ociosa, de forma que você pode facilmente produzir essas unidades. O departamento contábil apresentou-lhe a

seguinte informação a respeito do custo unitário (ou médio) de produzir três quantidades potenciais de PCs:

	10.000 PCs	15.000 PCs	20.000 PCs
Materiais (componentes dos PCs)	$500	$500	$500
Depreciação	200	150	100
Trabalho	100	100	100
Custo unitário total	$800	$750	$700

Com base nessa informação, você deve aceitar a oferta de produzir 10 mil PCs a $650 cada? Explique.

16. Você é um gerente na Spacely Sprockets – uma pequena empresa que produz dardos tipo A e tipo B. Os departamentos de contabilidade e de *marketing* apresentaram-lhe a seguinte informação a respeito dos custos unitários e demanda pelos dardos tipo A:

Dados contábeis para dardos tipo A		Dados do marketing para dardos tipo A	
Item	Custo unitário	Quantidade	Preço
Materiais e mão de obra	$2,75	0	$10
Despesas gerais	5,00	1	9
		2	8
Custo total por unidade	$7,75	3	7
		4	6
		5	5

Materiais e mão de obra são obtidos em um mercado competitivo conforme são necessários, e os custos por unidade dos materiais e mão de obra são constantes ao longo do intervalo relevante de produção. Os custos unitários divulgados refletem os $10 despendidos no último mês em máquinas, divididos pela produção projetada de 2 unidades, planejadas quando as máquinas foram compradas. Além dessa informação, você sabe que a linha de produção não pode produzir mais do que cinco dardos. Uma vez que a empresa também produz dardos tipo B, isso significa que cada dardo tipo A produzido reduz o número de dardos tipo B a serem produzidos em uma unidade; o número total de dardos tipo A e B produzidos não pode exceder 5 unidades. Uma ligação feita a uma fonte confiável de informações revelou que o custo unitário de produzir dardos tipo B é idêntico ao de produzir dardos tipo A, e que os dardos tipo B podem ser vendidos ao preço constante de $4,75 por unidade. Determine seu custo marginal relevante de produzir dardos tipo A e sua produção maximizadora de lucros de dardos tipo A.

17. Em uma declaração aos acionistas da Gillette, o presidente e CEO James Kilts afirmou que: "Apesar do lançamento de diversos novos produtos, a relação

propaganda-vendas da Gillette caiu drasticamente para 6,5% no último ano. As despesas com propaganda da Gillette, de fato, estão entre as menores em nosso grupo de empresas que produzem bens para o consumidor final". Se a elasticidade da demanda para os consumidores dos produtos da Gillette for similar à de outras empresas no seu grupo de concorrentes (cuja média é de $-4,5$), qual será a elasticidade-propaganda da Gillette? A demanda da Gillette é mais ou menos sensível à propaganda do que outras firmas em seu grupo de concorrentes? Explique.

18. De acordo com a *American Metal Markets Magazine*, o preço de mercado à vista do aço enrolado nos Estados Unidos atingiu $580 por tonelada. Há menos de um ano, custava apenas $260. Diversos fatores são citados para explicar o grande aumento de preço. A combinação da demanda aquecida da China por aço bruto – em virtude de expansão de sua base manufatureira e mudanças de infraestrutura a fim de se preparar para os Jogos Olímpicos de Pequim de 2008 – e o enfraquecimento do dólar norte-americano frente ao euro e o yuan explicam parcialmente a espiral ascendente nos preços do aço bruto. Mudanças no lado da oferta também afetaram drasticamente o preço do aço bruto. Nos últimos 20 anos houve um rápido movimento das grandes usinas de aço integradas para pequenas usinas. O processo menor de produção substitui o ferro bruto como seu principal insumo bruto por metal recortado. Hoje, as pequenas usinas respondem por aproximadamente 52% de toda a produção de aço dos Estados Unidos. No entanto, o movimento mundial para o modelo de produção de pequenas usinas elevou o preço do aço recortado. Em dezembro, o preço por tonelada do aço recortado estava em torno de $156 e subiu para $302 apenas dois meses depois. Suponha que, como resultado dessa elevação no preço do aço recortado, a oferta de aço bruto tenha mudado de $Q^s_{bruto} = 4.900 + 5P$ para $Q^s_{bruto} = 100 + 5P$. Assumindo que o mercado de aço bruto é competitivo e que a demanda atual corrente por aço é $Q^d_{bruto} = 8.800 - 10P$, compute o preço e a quantidade de equilíbrio quando o preço do aço recortado por tonelada era de $156, e a combinação preço-quantidade de equilíbrio quando o preço atingiu $302 por tonelada. Suponha que a função de custo de uma pequena usina representativa seja $C(Q) = 1.000 + 10Q^2$. Compare a mudança na quantidade de aço bruto trocada no nível do mercado com a mudança no aço bruto produzida por uma empresa representativa. Como você explica a diferença?

19. O governo francês anunciou planos de converter as poderosas firmas EDF e GDF, de propriedade do Estado, em companhias limitadas separadas que operem em mercados geograficamente distintos. A BBC News noticiou que a France's CFT Union respondeu organizando um movimento em massa, o qual despertou grandes paralisações em alguns subúrbios de Paris. O sindicato dos trabalhadores está preocupado com o fato de que privatizar setores de utilidade pública possa levar à perda de trabalho em larga escala e à interrupção de poder similar à experimentada em partes da costa oeste dos Estados Unidos e em parte da Itália em 2003. Suponha que anteriormente à privatização, o preço por quilowatt-hora de eletricidade era de €0,105 e que a demanda inversa por eletricidade em cada uma dessas duas regiões da França seja $P = 1,255 - 0,001Q$ (em euros). Além disso, para ofertar eletricidade a essa região particular da França, custa a cada empresa $C(Q) = 100,625 + 0,105Q$ (em euros). Uma

vez privatizada, cada empresa terá incentivos para maximizar lucros. Determine o número de quilowatts-hora de eletricidade que cada firma produzirá e ofertará ao mercado e o preço por quilowatt-hora. Calcule a elasticidade-preço da demanda na combinação preço-quantidade maximizadora de lucros. Explique por que a elasticidade-preço faz sentido na combinação preço-quantidade maximizadora de lucros. Compare a combinação preço-quantidade antes e depois da privatização. Quanto mais de lucro cada empresa obterá como resultado da privatização?

20. A proprietária de um restaurante italiano acabou de ser notificada por seu senhorio de que o aluguel mensal do prédio em que o restaurante opera aumentará 20% no início do próximo ano. Seus preços correntes são competitivos com os restaurantes próximos de qualidade similar. No entanto, ela agora está considerando aumentá-los em 20% para fazer frente à elevação em seu aluguel mensal. Você recomendaria essa elevação de preços? Explique.

21. No último mês, você assumiu a posição de gerente em uma grande concessionária de automóveis. A característica que distingue essa concessionária é sua estratégia de preço "sem negociação"; os preços (em geral bastante abaixo dos tabelados) são colocados nas janelas, e sua área de vendas possui uma reputação de não negociar com os clientes. No último ano, sua companhia gastou $1 milhão em propagandas para informar os clientes a respeito de sua política "sem negociação" e teve receita de vendas de $25 milhões. Um estudo recente de uma agência na Madison Avenue indica que, para cada 2% de aumento nas despesas com propaganda na TV, uma concessionária de automóveis pode esperar vender 10% mais carros – mas que poderia diminuir os preços em 5% para gerar os mesmos 10% de aumento nas unidades vendidas. Considerando que a informação da agência esteja correta, você deve aumentar ou diminuir os níveis de propaganda da sua empresa? Explique.

Exercícios baseados em casos

Seu instrutor pode dar exercícios adicionais (chamados memos), que requerem a aplicação de algumas das ferramentas aprendidas neste capítulo, para fazer recomendações baseadas em cenários reais de negócios. Alguns desses memos acompanham o Caso Time Warner (páginas 548–583 do seu livro). Memos adicionais, assim como dados que podem ser úteis para a sua análise, estão disponíveis *on-line* em www.mhhe.com/baye6e.

Referências

Gal-Or, Esther; Spiro, Michael H. "Regulatory Regimes in the Electric Power Industry: Implications for Capacity." *Journal of Regulatory Economics,* v. 4, n. 3, p. 263–278, set. 1992.

Gius, Mark Paul. "The Extent of the Market in the Liquor Industry: An Empirical Test of Localized Brand Rivalry, 1970–1988." *Review of Industrial Organization,* v. 8, n. 5, p. 599–608, out. 1993.

Lamdin, Douglas J. "The Welfare Effects of Monopoly versus Competition: A Clarification of Textbook Presentations." *Journal of Economic Education,* v. 23, n. 3, p. 247–253, 1992.

Malueg, David A. "Monopoly Output and Welfare: The Role of Curvature of the Demand Function." *Journal of Economic Education,* v. 25, n. 3, p. 235–250, 1994.

Nguyen, Dung. "Advertising, Random Sales Response, and Brand Competition: Some Theoretical and Econometric Implications." *Journal of Business,* v. 60, n. 2, p. 259–279, abr. 1987.

Simon, Herbert A. "Organizations and Markets." *Journal of Economic Perspectives,* v. 5, n. 2, p. 25–44, 1991.

Stegeman, Mark. "Advertising in Competitive Markets." *American Economic Review,* v. 81, n. 1, p. 210–223, mar. 1991.

Zupan, Mark A. "On Cream Skimming, Coase, and the Sustainability of Natural Monopolies." *Applied Economics,* v. 22, n. 4, p. 487–492, abr. 1990.

Apêndice
O cálculo de maximização do lucro

Competição perfeita

Os lucros em uma empresa perfeitamente competitiva são

$$\pi = PQ - C(Q)$$

As condições de primeira ordem para maximização de lucros requerem que os lucros marginais sejam zero:

$$\frac{d\pi}{dQ} = P - \frac{dC(Q)}{dQ} = 0$$

Assim, obtemos a regra para maximização de lucro para uma empresa em competição perfeita:

$$P = \frac{dC}{dQ}$$

ou

$$P = MC$$

A condição de segunda ordem para maximização de lucros requer que

$$\frac{d^2\pi}{dQ^2} = -\frac{d^2C}{dQ^2} = -\frac{dMC}{dQ} < 0$$

Isso significa que $d(MC)/dQ > 0$, ou que o custo marginal deve ser crescente na produção.

Monopólio e competição monopolística

Regra $MR = MC$

Os lucros para uma organização com poder de mercado são

$$\pi = R(Q) - C(Q)$$

onde $R(Q) = P(Q)Q$ é a receita total. Para maximizar lucros, os lucros marginais devem ser zero:

$$\frac{d\pi}{dQ} = \frac{dR(Q)}{dQ} - \frac{dC(Q)}{dQ} = 0$$

ou

$$MR = MC$$

A condição de segunda ordem requer que

$$\frac{d^2\pi}{dQ^2} = \frac{d^2R(Q)}{dQ^2} - \frac{d^2C(Q)}{dQ^2} < 0$$

o que significa que

$$\frac{dMR}{dQ} < \frac{dMC}{dQ}$$

Mas isso simplesmente significa que a inclinação da curva de receita marginal deve ser menor que a inclinação da curva de custo marginal.

Apêndice
A álgebra das funções de oferta perfeitamente competitivas

Este apêndice mostra como obter as funções de oferta de curto prazo da empresa e da indústria com base nos dados de custos. Suponha que existam 500 empresas em uma indústria perfeitamente competitiva, e cada uma apresentando uma função de custo de

$$C(q_i) = 50 + 2q_i + 4q_i^2$$

As funções de custo médio total (ATC), custo variável total (AVC) e custo marginal (MC) correspondentes são

$$ATC_i = \frac{50}{q_i} + 2 + 4q_i$$

$$AVC_i = 2 + 4q_i$$

e

$$MC_i = 2 + 8q_i$$

Lembre-se de que a curva de oferta é a curva de custo marginal da empresa acima do ponto mínimo do custo variável médio. Uma vez que AVC encontra-se em seu mínimo no ponto em que é igual ao custo marginal, para encontrarmos a quantidade em que o custo variável médio é igual ao custo marginal, devemos tornar as duas funções iguais e resolver para q_i. Quando fazemos isso para as equações anteriores, encontramos que a quantidade à qual o custo marginal se iguala ao custo variável médio é $q_i = 0$.

Em seguida, reconhecemos que uma empresa maximiza lucros equacionando $P = MC_i$, de forma que

$$P = 2 + 8q_i$$

Resolvendo para q_i, encontramos a função de oferta da empresa:

$$q_i = -\frac{2}{8} + \frac{1}{8}P$$

Para encontrarmos a curva de oferta para a indústria, simplesmente somamos a equação anterior para todas as 500 empresas no mercado:

$$Q = \sum_{i=1}^{500} q_i = 500\left(-\frac{2}{8} + \frac{1}{8}P\right) = -\frac{1.000}{8} + \frac{500}{8}P$$

ou

$$Q = -125 + 62,5P$$

CAPÍTULO NOVE

Modelos básicos de oligopólios

Manchete

Preço do petróleo bruto cai, mas em algumas áreas os consumidores não observam queda na bomba de combustível

O preço do petróleo bruto diminuiu ao longo do verão de 2006, de cerca de $74 para $64 o barril. Como resultado, os consumidores em muitos locais observaram preços menores na gasolina.

No entanto, nem todos os consumidores aproveitaram os benefícios do menor preço do petróleo. Em algumas áreas isoladas, eles não se beneficiaram porque os revendedores de gasolina não repassaram as reduções aos preços pagos na bomba de combustível. Grupos de consumidores argumentaram que isso corroborou suas reclamações de que os revendedores de gasolina nessas áreas estavam agindo em cartel para obter lucros de monopólio. Por razões óbvias, os revendedores envolvidos rejeitaram as acusações.

Com base na evidência, você acredita que os postos de gasolina nessas áreas estavam em cartel com vistas a obter lucros de monopólio? Explique.

Objetivos didáticos

Ao final deste capítulo, você poderá:

- Responder à pergunta da manchete.

- Explicar como as crenças e a interação estratégica levam a decisões ótimas em ambientes de oligopólio.

- Identificar as condições sob as quais uma empresa opera em oligopólio de Sweezy, Cournot, Stackelberg ou Bertrand, e as ramificações de cada tipo de oligopólio nas decisões ótimas de precificação, produção e lucro.

- Usar funções de reação para identificar decisões ótimas e as prováveis respostas dos competidores em configurações de oligopólio.

- Identificar as condições de um mercado contestável e explicar as ramificações do poder de mercado e a sustentabilidade dos lucros de longo prazo.

Introdução

Até agora, nossa análise dos mercados não examinou o impacto do comportamento estratégico sobre as decisões empresariais. Em um extremo, examinamos a maximização de lucros em mercados competitivos e monopolisticamente competitivos. Nesses tipos de mercados, tantas empresas estão competindo que nenhuma delas tem qualquer efeito sobre as outras no mercado. No outro extremo, examinamos a maximização de lucro em um mercado monopolístico. Nessa situação, existe apenas uma empresa no mercado, e as interações estratégicas entre as organizações são, portanto, irrelevantes.

Este capítulo é o primeiro de dois nos quais examinamos as decisões empresariais em mercados oligopolísticos. Aqui nos concentramos nas decisões básicas de produção e precificação em quatro tipos específicos de oligopólios: Sweezy, Cournot, Stackelberg e Bertrand. No próximo capítulo, desenvolveremos um sistema mais geral para analisar outras decisões, como propaganda, pesquisa e desenvolvimento, entrada em uma indústria e outros. Primeiro, vamos rapidamente rever o que significa *oligopólio*.

Condições para o oligopólio

oligopólio
Uma estrutura de mercado em que existem apenas poucas empresas, cada uma das quais é grande relativamente à indústria como um todo.

Oligopólio refere-se a uma situação em que existem relativamente poucas empresas grandes em uma indústria. Nenhum número explícito de empresas é requerido para o oligopólio, mas geralmente está entre 2 e 10. Os produtos que as empresas oferecem podem tanto ser idênticos quanto diferenciados. Um oligopólio composto por apenas duas organizações é chamado *duopólio*.

Oligopólio talvez seja a mais interessante de todas as estruturas de mercado; de fato, o próximo capítulo é dedicado inteiramente à análise de situações que surgem sob o oligopólio. Mas, pela perspectiva do gerente, uma empresa operando em uma situação de oligopólio é a mais difícil de ser gerenciada. A principal razão é que há poucas empresas em um mercado oligopolístico, e o gerente deve considerar o impacto de suas decisões sobre as de outras empresas na indústria. Além disso, as ações de outras empresas terão um profundo impacto sobre as decisões empresariais ótimas. Deve-se ressaltar que, devido à complexidade do oligopólio, não há um modelo único que seja relevante para todos os oligopólios.

O papel das crenças e a interação estratégica

Para entender a interdependência do oligopólio, considere uma situação em que diversas empresas vendendo produtos diferenciados competem em um oligopólio. Ao determinar que preço cobrar, o gerente deve considerar o impacto de suas decisões sobre as outras organizações na indústria. Por exemplo, se o preço para o produto for reduzido, as outras vão diminuir seus preços ou mantê-los? Se o preço for aumentado, as outras empresas farão o mesmo ou manterão seus preços? A decisão ótima de aumentar ou não os preços dependerá de como o gerente acredita que os outros gerentes responderão. Se outras organizações diminuírem os preços quando a primeira empresa o fizer, ela não venderá tanto quanto se as outras mantivessem seus preços atuais.

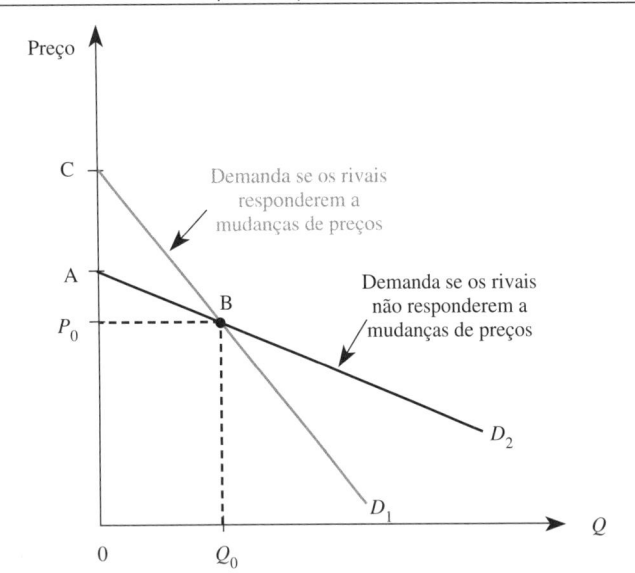

Figura 9–1 A demanda de uma empresa depende das ações dos rivais

Como um ponto de referência, suponha que a empresa inicialmente esteja no ponto B na Figura 9–1, cobrando um preço P_0. A curva de demanda D_1 é baseada na suposição de que os rivais responderão a qualquer mudança de preço, enquanto D_2 é baseada na suposição de que eles não responderão a mudanças de preço. Observe que a demanda é mais inelástica quando os rivais respondem a mudanças de preços do que quando não o fazem. A razão para isso é simples. Para dada redução de preço, uma empresa venderá mais se os rivais não diminuírem seus preços (D_2) do que se diminuírem (D_1). De fato, uma redução de preço aumenta a quantidade demandada apenas suavemente quando os rivais respondem reduzindo seus preços. Do mesmo modo, para dada elevação no preço, uma empresa venderá mais quando os rivais também aumentarem os seus preços (D_1) do que quando os mantiverem (D_2).

Demonstração 9–1

Suponha que o gerente esteja no ponto B da Figura 9–1, cobrando um preço P_0. Se ele acredita que os rivais não responderão a reduções de preços, mas responderão a elevações, como se parecerá a demanda para o produto da empresa?

Resposta:

Se os rivais não responderem a reduções, os preços abaixo de P_0 induzirão quantidades demandadas ao longo da curva D_2. Se os rivais responderem a elevações, preços acima de P_0 gerarão quantidades demandadas ao longo de D_1. Portanto, se o gerente acredita que os rivais não responderão a reduções de preços, mas responderão a elevações, a curva de demanda para o produto será dada por CBD_2.

Demonstração 9–2

Suponha que o gerente esteja no ponto B da Figura 9–1, cobrando um preço P_0. Se ele acredita que os rivais responderão a reduções de preços, mas não responderão a elevações, como deve ser a demanda pelo produto?

Resposta:

Se os rivais responderem a reduções, preços abaixo de P_0 induzirão quantidades demandadas ao longo da curva D_1. Se os rivais não responderem a elevações, preços acima de P_0 induzirão a quantidades demandadas ao longo de D_2. Portanto, se o gerente acredita que os rivais responderão a reduções de preços, mas não a elevações, a curva de demanda para o produto será dada por ABD_1.

A análise anterior revela que a demanda pelo produto de uma empresa em oligopólio depende, de maneira crítica, de como os rivais responderão às decisões de precificação. Se responderem a qualquer mudança no preço, a curva de demanda pelo produto é dada por D_1. Nessa situação, o gerente maximizará lucros no ponto em que a receita marginal associada à curva de demanda D_1 se iguala ao custo marginal. Se os rivais não responderem a qualquer mudança no preço, a curva de demanda pelo produto é dada por D_2. Nessa situação, o gerente maximizará lucros no ponto em que a receita marginal associada à curva de demanda D_2 se iguala ao custo marginal. Em cada caso, a regra de maximização de lucro é a mesma daquela sob monopólio; a única dificuldade para o gerente é determinar se os rivais responderão ou não a mudanças nos preços.

Maximização de lucro em quatro configurações de oligopólio

Nas subseções a seguir, examinaremos a maximização de lucro baseada em considerações alternativas com relação a como os rivais responderão a mudanças em preço ou produção. Cada um desses quatro modelos apresenta implicações diferentes para as decisões ótimas dos gerentes, e estas surgem em função das diferenças na forma como os rivais respondem às ações da empresa.

Oligopólio de Sweezy

oligopólio de Sweezy
Uma indústria em que (1) existem poucas empresas atendendo a vários consumidores; (2) as empresas produzem bens diferenciados; (3) cada empresa acredita que os rivais responderão a uma redução de preço, mas não responderão a uma elevação; e (4) existem barreiras à entrada.

O modelo de Sweezy é baseado em uma consideração bastante específica com relação a como outras empresas responderão a aumentos e a diminuição nos preços. Uma indústria é caracterizada como um *oligopólio de Sweezy* se

1. Existirem poucas empresas no mercado atendendo a vários consumidores.
2. As organizações produzirem bens diferenciados.
3. Cada empresa acredita que os rivais diminuirão seus preços em resposta a reduções nos preços, mas não os aumentarão em resposta a uma elevação no preço.
4. Existirem barreiras à entrada.

Uma vez que o gerente de uma empresa competindo em oligopólio de Sweezy acredita que outras responderão a qualquer diminuição de preço, mas não responderão a

Figura 9–2 Oligopólio de Sweezy

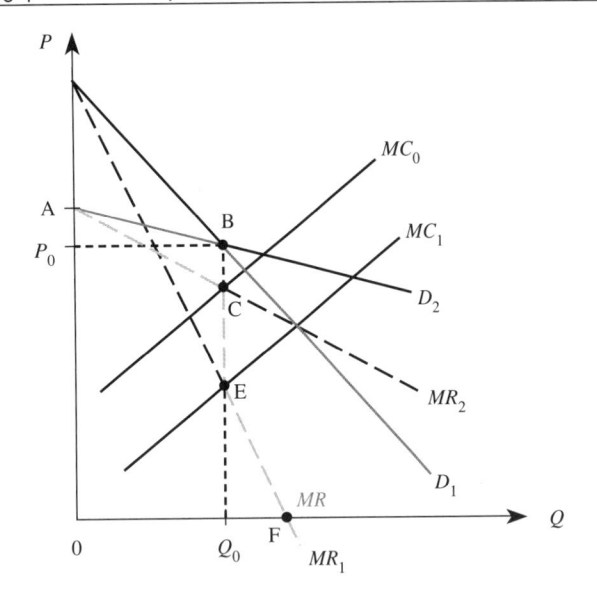

elevações, a curva de demanda para o produto da empresa é dada por ABD_1 na Figura 9–2. Para preços acima de P_0, a curva de demanda relevante é D_2; então, a receita marginal corresponde a essa curva de demanda. Para preços abaixo de P_0, a curva de demanda relevante é D_1 e a receita marginal corresponde a D_1. Assim, a curva de receita marginal (*MR*) com a qual a empresa se depara é inicialmente a curva de receita marginal associada a D_2; em Q_0, ela desce para a curva de receita marginal correspondente a D_1. Em outras palavras, a curva de receita marginal do oligopólio de Sweezy, *MR*, é ACEF na Figura 9–2.

O nível de produção maximizador de lucro ocorre quando a receita marginal se iguala ao custo marginal, e o preço maximizador de lucro é o preço máximo que os consumidores pagarão por aquele nível de produção. Por exemplo, se o custo marginal é dado por MC_0 na Figura 9–2, a receita marginal se iguala ao custo marginal no ponto C. Nesse caso, a produção maximizadora de lucro é Q_0 e o preço ótimo é P_0.

Uma implicação importante no modelo de oligopólio de Sweezy é que existirá um intervalo (CE) ao longo do qual mudanças no custo marginal não afetam o nível de produção maximizador de lucro. Isso é contrário ao que ocorre com empresas competitivas, monopolisticamente competitivas e monopolistas, já que todas elas aumentam a produção quando o custo marginal diminui.

Para entender por que empresas competindo em oligopólio de Sweezy podem não aumentar a produção quando o custo marginal declina, suponha que o custo marginal diminua de MC_0 para MC_1 na Figura 9–2. A receita marginal agora se iguala ao custo marginal no ponto E, mas a produção correspondente a esse ponto ainda é Q_0. Assim, a empresa continua a maximizar lucros ao produzir Q_0 unidades a um preço P_0.

Em um oligopólio de Sweezy, as organizações têm um incentivo para não mudar seu comportamento de preços pelo fato de os custos marginais permanecerem em dado intervalo. A razão para isso surge puramente da consideração de que os rivais responderão a diminuições de preços, mas não a elevações. Firmas em um oligopólio de Sweezy não querem mudar seus preços em função do efeito de mudanças de preços sobre o comportamento das outras empresas no mercado.

O modelo de Sweezy tem sido criticado em função de não oferecer explicações sobre como a indústria estabelece o preço inicial P_0 que gera o ponto na curva de demanda de cada empresa. Apesar disso, ele nos mostra que as interações estratégicas entre as organizações e as crenças do gerente sobre as reações dos rivais podem ter um impacto profundo sobre as decisões de precificação. Na prática, o preço inicial e as crenças do gerente podem estar baseados na experiência desse profissional com os padrões de precificação dos rivais em determinado mercado. Se a sua experiência sugere que os rivais responderão a reduções nos preços, mas não a elevações, o modelo de Sweezy é provavelmente a melhor ferramenta a utilizar na formulação de suas decisões de precificação.

Oligopólio de Cournot

Imagine que um pequeno número de grandes produtores de petróleo deva decidir quanto extrair do solo. O montante total de petróleo produzido certamente afetará o preço de mercado, mas a decisão subjacente de cada firma não é de precificação, e sim sobre a *quantidade* de petróleo a produzir. Se cada empresa deve determinar seu nível de produção ao mesmo tempo em que outras o fazem, ou, de maneira mais geral, se cada empresa espera que sua própria decisão de produção não tenha impacto sobre as decisões de produção rivais, esse cenário descreve um oligopólio de Cournot.

Mais formalmente, uma indústria é um *oligopólio de Cournot* se

1. Existirem poucas empresas no mercado atendendo a vários consumidores.
2. As organizações produzirem tanto bens diferenciados quanto homogêneos.
3. Cada empresa acredita que os rivais manterão sua produção constante se ela mudar sua produção.
4. Existirem barreiras à entrada.

Assim, em contraste com o modelo de oligopólio de Sweezy, o modelo de Cournot é relevante para a tomada de decisão quando os gerentes tomam decisões de produção e acreditam que não afetarão as decisões de produção das empresas rivais. Além disso, o modelo de Cournot se aplica a situações em que os produtos são tanto idênticos quanto diferenciados.

Funções de reação e equilíbrio

Para destacar as implicações do oligopólio de Cournot, suponha que existam apenas duas empresas competindo em um duopólio de Cournot: cada uma deve tomar uma decisão de produção e acredita que sua rival manterá a produção constante à medida que a outra muda sua produção. Para determinar seu nível de produção ótimo, a empresa 1 igualará a receita marginal ao custo marginal. Observe que como este é um duopólio, a receita marginal da empresa 1 é afetada pelo nível de produção da empresa 2. Em particular, quanto maior a produção da empresa 2, menor o preço de mercado, e, consequentemente, menor é a receita marginal da empresa 1. Isso significa que o nível de produção maximizador de lucro para a empresa 1 depende do nível de produção da empresa 2: maior produção pela empresa 2 leva a uma produção maximizadora de lucro menor para a empresa 1. A relação entre a produção maximizadora de lucro da empresa 1 e a produção da empresa 2 é chamada função de melhor resposta ou de reação.

---

oligopólio de Cournot
Uma indústria em que (1) existem poucas empresas atendendo a vários consumidores; (2) as empresas produzem tanto bens diferenciados quanto bens homogêneos; (3) cada empresa acredita que os rivais manterão suas produções constantes se mudar sua produção; e (4) existem barreiras à entrada.

função de melhor resposta (ou de reação)
Uma função que define o nível de produção maximizador de lucro para uma empresa dados os níveis de produção de outra empresa.

Uma *função de melhor resposta* (também denominada *função de reação*) define o nível de produção maximizador de lucros de uma empresa para determinados níveis de produção de outra empresa. Formalmente, o nível de produção maximizador de lucro para a empresa 1 em virtude de a empresa 2 produzir Q_2 unidades de bens é

$$Q_1 = r_1(Q_2)$$

Similarmente, o nível de produção maximizador de lucro para a empresa 2 em virtude de a empresa 1 produzir Q_1 unidades de bens é dado por

$$Q_2 = r_2(Q_1)$$

As funções de reação (melhor resposta) de Cournot são ilustradas na Figura 9–3, em que a produção da empresa 1 é medida no eixo horizontal e a produção da empresa 2 é medida no eixo vertical.

Para entender por que as funções de reação são desenhadas da forma como se apresentam, vamos destacar alguns pontos importantes no diagrama. Primeiro, se a empresa 2 produzisse zero unidades de bens, o nível de produção maximizador para a empresa 1 seria Q_1^M, uma vez que este é o ponto sobre a função de reação da empresa 1 (r_1) que corresponde a zero unidades de Q_2. Tal combinação de produções corresponde à situação em que apenas a empresa 1 está produzindo uma quantidade positiva de bens; então Q_1^M corresponde à situação em que a empresa 1 é um monopolista. Se, em vez de produzir zero unidades de bens, a empresa 2 produzisse Q_2^* unidades, o nível de produção maximizador de lucro para a empresa 1 seria Q_1^*, já que este é o ponto sobre r_1 que corresponde a uma produção de Q_2^* pela empresa 2.

A razão pela qual o nível de produção maximizador de lucro da empresa 1 diminui à medida que a produção da empresa 2 aumenta é a seguinte. A demanda pelo produto da empresa 1 depende da produção de outras organizações no mercado.

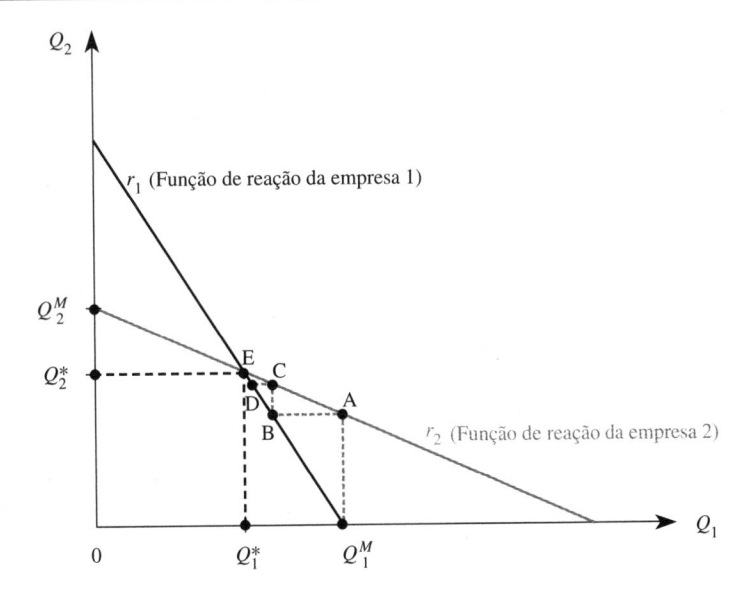

Figura 9–3 Funções de reação de Cournot

Quando a empresa 2 aumenta o seu nível de produção, a demanda e a receita marginal da empresa 1 declinam. A resposta maximizadora de lucros pela empresa 1 é, então, reduzir seu nível de produção.

Demonstração 9-3

Na Figura 9–3, qual é o nível de produção maximizador de lucro para a empresa 2 quando a empresa 1 produz zero unidades de bens? E quando a empresa 1 produz Q_1^* unidades?

Resposta:

Se a empresa 1 produz zero unidades de bens, o nível de produção maximizador de lucro para a empresa 2 será Q_2^M, já que este é o ponto sobre a função de reação da empresa 2 que corresponde a zero unidades de Q_1. A produção de Q_2^M corresponde à situação em que a empresa 2 é um monopolista. Se a empresa 1 produz Q_1^* unidades, o nível de produção maximizador de lucro para a empresa 2 será Q_2^*, já que este é o ponto sobre r_2 que corresponde a uma produção de Q_1^* pela empresa 1.

Para examinar o equilíbrio em um duopólio de Cournot, suponha que a empresa 1 produza Q_1^M unidades. Dada essa produção, o nível de produção maximizador de lucro para a empresa 2 corresponderá ao ponto A sobre r_2 na Figura 9–3. Dado esse nível positivo de produção pela empresa 2, o nível de produção maximizador de lucros para a empresa 1 não será mais Q_1^M, mas corresponderá ao ponto B sobre r_1. Dado esse nível reduzido de produção pela empresa 1, o ponto C será o ponto sobre a função de reação da empresa 2 que maximiza lucros. Dada essa nova produção pela empresa 2, a empresa 1 vai, novamente, reduzir a produção ao ponto D sobre sua função de reação.

Até quando as mudanças na produção continuarão? Até que o ponto E na Figura 9–3 seja atingido. No ponto E, a empresa 1 produz Q_1^* e a empresa 2 produz Q_2^* unidades. Nenhuma empresa possui um incentivo para mudar sua produção, dado que acredita que a outra manterá a produção constante àquele nível. O ponto E, então, corresponde ao equilíbrio de Cournot. *Equilíbrio de Cournot* é a situação em que nenhuma empresa possui incentivo para mudar sua própria produção conforme a produção de outra. Graficamente, essa condição corresponde à interseção das curvas de reação.

Até aqui, nossa análise do oligopólio de Cournot tem sido mais gráfica do que algébrica. No entanto, devido às estimativas de demanda e de custos em um oligopólio de Cournot, podemos explicitamente resolver o equilíbrio de Cournot. Como fazemos isso? Para maximizar lucros, um gerente em um oligopólio de Cournot produz no ponto em que a receita marginal se iguala ao custo marginal. O cálculo do custo marginal é direto; ele é feito da mesma forma que em outras estruturas de mercado que analisamos. O cálculo das receitas marginais é um pouco mais sutil. Considere a fórmula a seguir.

equilíbrio de Cournot
Situação na qual nenhuma empresa possui incentivo para mudar sua produção dada a produção de outra.

Fórmula: receita marginal para o duopólio de Cournot. Se a demanda (inversa) de mercado em um duopólio de Cournot de produtos homogêneos é

$$P = a - b(Q_1 + Q_2)$$

onde a e b são positivos e constantes, então as receitas marginais das empresas 1 e 2 são

$$MR_1(Q_1, Q_2) = a - bQ_2 - 2bQ_1$$
$$MR_2(Q_1, Q_2) = a - bQ_1 - 2bQ_2$$

Um cálculo alternativo

As receitas da empresa 1 são

$$R_1 = PQ_1 = [a - b(Q_1 + Q_2)]Q_1$$

Então,

$$MR_1(Q_1, Q_2) = \frac{\partial R_1}{\partial Q_1} = a - bQ_2 - 2bQ_1$$

Uma análise similar leva à receita marginal para a empresa 2.

Observe que a receita marginal para cada oligopolista de Cournot depende não apenas da produção da própria empresa, mas também da produção das outras. Em particular, quando a empresa 2 aumenta sua produção, a receita marginal da empresa 1 cai. Isso se dá porque o aumento na produção da empresa 2 diminui o preço de mercado, resultando em receita marginal mais baixa para a empresa 1.

Como a receita marginal de cada organização depende de sua própria produção *e* da produção da rival, a produção em que a receita marginal da empresa se iguala ao custo marginal depende do nível de produção da outra empresa. Se igualarmos a receita marginal da empresa 1 a seu custo marginal e resolvermos para a produção da empresa 1 como uma função da produção da empresa 2, obteremos uma expressão algébrica para a função de reação da empresa 1. Similarmente, igualando a receita marginal da empresa 2 ao custo marginal e aplicando um pouco de álgebra, obteremos a função de reação da empresa 2. Os resultados desses cálculos são resumidos a seguir.

Fórmula: funções de reação para o duopólio de Cournot. Para a função de demanda linear (inversa)

$$P = a - b(Q_1 + Q_2)$$

e as funções de custo,

$$C_1(Q_1) = c_1 Q_1$$
$$C_2(Q_2) = c_2 Q_2$$

as funções de reação são

$$Q_1 = r_1(Q_2) = \frac{a - c_1}{2b} - \frac{1}{2}Q_2$$
$$Q_2 = r_2(Q_1) = \frac{a - c_2}{2b} - \frac{1}{2}Q_1$$

Um cálculo alternativo

Para maximizar lucros, a empresa 1 estabelece uma produção tal que

$$MR_1(Q_1, Q_2) = MC_1$$

Para as funções de custo e demanda linear (inversa), isso significa que

$$a - bQ_2 - 2bQ_1 = c_1$$

Resolvendo essa equação para Q_1 em termos de Q_2, temos

$$Q_1 = r_1(Q_2) = \frac{a - c_1}{2b} - \frac{1}{2}Q_2$$

A função de reação da empresa 2 é calculada de maneira similar.

Demonstração 9–4

Suponha que a função de demanda inversa para dois duopolistas de Cournot seja dada por

$$P = 10 - (Q_1 + Q_2)$$

e seus custos sejam zero.

1. Qual é a receita marginal de cada empresa?
2. Quais são as funções de reação para as duas empresas?
3. Quais são as produções de equilíbrio de Cournot?
4. Qual é o preço de equilíbrio?

Resposta:

1. Usando a fórmula para a receita marginal sob duopólio de Cournot, descobrimos que

$$MR_1(Q_1, Q_2) = 10 - Q_2 - 2Q_1$$
$$MR_2(Q_1, Q_2) = 10 - Q_1 - 2Q_2$$

2. Similarmente, as funções de reação são

$$Q_1 = r_1(Q_2) = \frac{10}{2} - \frac{1}{2}Q_2$$
$$= 5 - \frac{1}{2}Q_2$$
$$Q_2 = r_2(Q_1) = \frac{10}{2} - \frac{1}{2}Q_1$$
$$= 5 - \frac{1}{2}Q_1$$

3. Para encontrar o equilíbrio de Cournot, devemos resolver as duas funções de reação para as duas incógnitas:

$$Q_1 = 5 - \frac{1}{2}Q_2$$

$$Q_2 = 5 - \frac{1}{2}Q_1$$

Ao se inserir Q_2 na primeira função de reação resulta em

$$Q_1 = 5 - \frac{1}{2}\left[5 - \frac{1}{2}Q_1\right]$$

Resolvendo para Q_1, temos

$$Q_1 = \frac{10}{3}$$

Para encontrar Q_2, incluímos $Q_1 = 10/3$ na função de reação da empresa 2 para obter

$$Q_2 = 5 - \frac{1}{2}\left(\frac{10}{3}\right)$$

$$= \frac{10}{3}$$

4. A produção total da indústria é

$$Q = Q_1 + Q_2 = \frac{10}{3} + \frac{10}{3} = \frac{20}{3}$$

O preço no mercado é determinado pela demanda (inversa) para esta quantidade:

$$P = 10 - (Q_1 + Q_2)$$

$$= 10 - \frac{20}{3}$$

$$= \frac{10}{3}$$

Curvas de isolucro

Agora que você tem uma compreensão básica a respeito do oligopólio de Cournot, examinaremos como determinar graficamente os lucros. Lembre-se de que os lucros de uma empresa em um oligopólio dependem não apenas do nível de produção que ela escolhe, mas também da produção de outras empresas no oligopólio. Em um duopólio, por exemplo, elevações na produção da empresa 2 reduzirão o preço do produto. Isso se deve à lei da demanda: à medida que maior produção é vendida no mercado, o preço que os consumidores estão dispostos e aptos a pagar pelo bem declina. Isso, é claro, alterará os lucros da empresa 1.

Figura 9–4 Curvas de isolucro para a empresa 1

$\pi_0 < \pi_1 < \pi_2$

r_1 (Função de reação da empresa 1)

Curvas de isolucro para a empresa 1

Ponto de monopólio para a empresa 1

Q_1^M

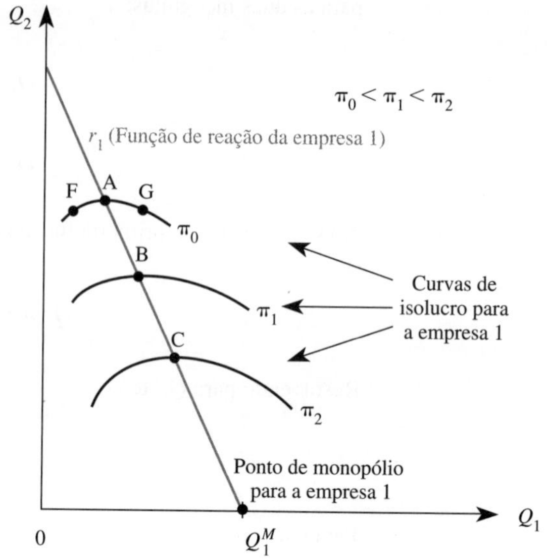

curva de isolucro
Função que define as combinações de quantidades produzidas por todas as empresas que rendem a dada empresa o mesmo nível de lucros.

A ferramenta básica usada para resumir os lucros de uma empresa em um oligopólio de Cournot é uma *curva de isolucro*, a qual define as combinações de produções de todas as firmas que rendem a dada empresa o mesmo nível de lucros.

A Figura 9–4 apresenta a função de reação para a empresa 1 (r_1), juntamente com três curvas de isolucro (intituladas π_0, π_1 e π_2). É importante que se entendam quatro aspectos da Figura 9–4:

1. Todos os pontos em uma curva de isolucro rendem à empresa 1 o mesmo nível de lucros. Por exemplo, os pontos F, A e G estão todos sobre a curva de isolucro π_0; portanto, cada um desses pontos rende lucros de exatamente π_0 à empresa 1.
2. Curvas de isolucro que se situam mais próximas da produção de monopólio Q_1^M da empresa 1 são associadas a lucros mais elevados para essa empresa. Por exemplo, a curva de isolucro π_2 implica maiores lucros do que π_1, e π_1 é associado a lucros mais elevados do que π_0. Em outras palavras, à medida que nos movemos para baixo na função de reação da empresa 1, do ponto A para o ponto C, os lucros dessa empresa aumentam.
3. As curvas de isolucro para a empresa 1 atingem seu ponto máximo quando cruzam a função de reação da empresa 1. Por exemplo, a curva de isolucro π_0 tem o ponto máximo em A, onde ela cruza r_1; π_1 tem o ponto máximo em B, onde ela cruza r_1 e assim por diante.
4. As curvas de isolucro não se cruzam entre si.

Com uma compreensão desses quatro aspectos das curvas de isolucro, oferecemos agora mais detalhes sobre decisões empresariais em um oligopólio de Cournot. Lembre-se de que uma consideração do oligopólio de Cournot é que cada empresa toma como dadas as decisões de produção das rivais e simplesmente escolhe sua produção para maximizar lucros de acordo com a produção das outras. Isso é ilustrado na Figura 9–5,

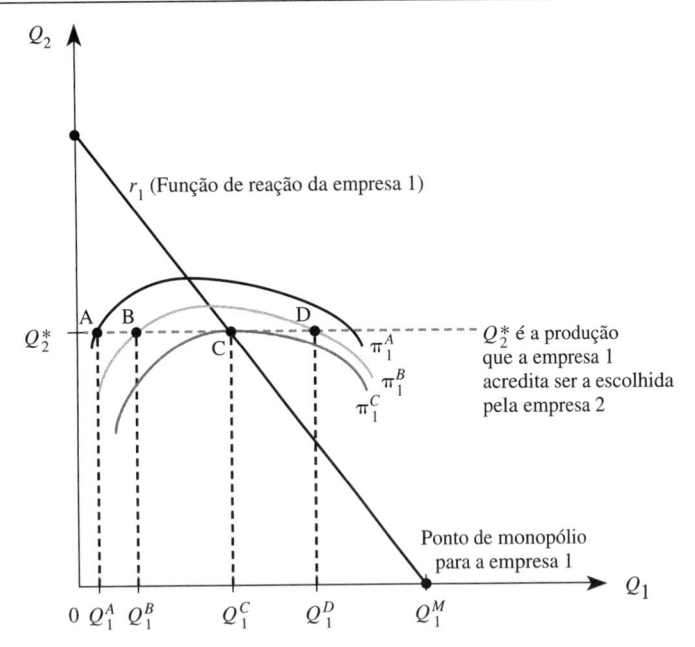

Figura 9–5 Melhor resposta da empresa 1 à produção da empresa 2

em que consideramos que a produção da empresa 2 é dada por Q_2^*. Uma vez que a empresa 1 acredita que a empresa 2 produzirá essa quantidade independentemente do que a empresa 1 faça, ela escolhe seu nível de produção para maximizar lucros quando a empresa 2 produz Q_2^*. Uma possibilidade para a empresa 1 é produzir Q_1^A Q_1^A unidades de bens, que corresponderia ao ponto A sobre a curva de isolucro π_1^A. No entanto, essa decisão não maximiza lucros porque, ao expandir a produção para Q_1^B, a empresa 1 move-se para uma curva de isolucro mais alta (π_1^B, que corresponde ao ponto B). Observe que os lucros podem ser ainda maiores se a empresa expandir a produção para Q_1^C, o qual é associado à curva de isolucro π_1^C.

Não é lucrativo para a empresa 1 aumentar a produção além de Q_1^C, dado que a empresa 2 produz Q_2^*. Para entender isso, suponha que a empresa 1 tenha expandido a produção para, digamos, Q_1^D. Tal fato pode resultar em uma combinação de produções que corresponda ao ponto D, o qual se encontra em uma curva de isolucro que rende lucros mais baixos. Concluímos que a produção maximizadora de lucros para a empresa 1 é Q_1^C sempre que a empresa 2 produzir Q_2^* unidades. Isso não deve surpreendê-lo: esta é exatamente a produção que corresponde à função de reação da empresa 1.

Para maximizar os lucros, a empresa 1 empurra sua curva de isolucro o mais para baixo possível (o mais próximo possível do ponto de monopólio), até que se torne tangente ao nível de produção dado para a empresa 2. A tangência ocorre no ponto C na Figura 9–5.

Demonstração 9–5

Demonstre graficamente as curvas de isolucro para a empresa 2 e explique a relação entre os pontos sobre as curvas de isolucro e a função de reação da empresa 2.

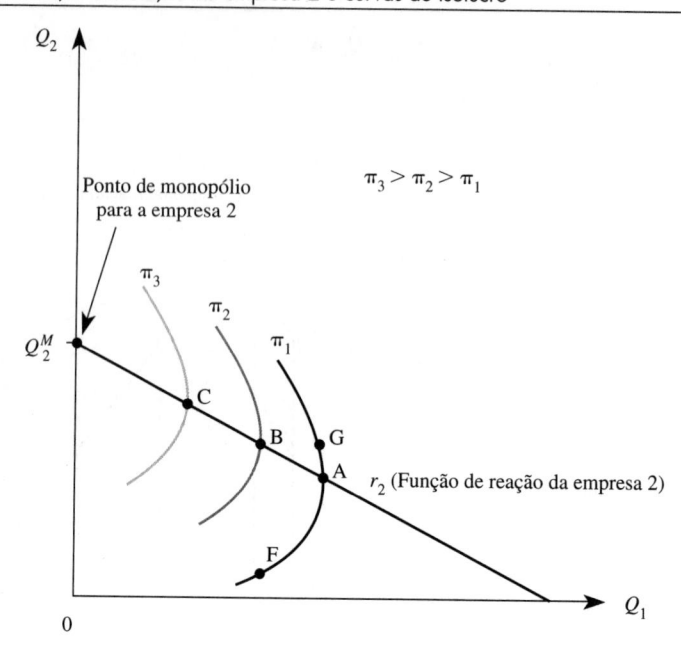

Figura 9–6 Função de reação da empresa 2 e curvas de isolucro

[Figura: eixos Q_2 (vertical) e Q_1 (horizontal); ponto de monopólio para a empresa 2 em Q_2^M; curvas de isolucro π_3, π_2, π_1 com $\pi_3 > \pi_2 > \pi_1$; pontos C, B, G, A, F sobre a função de reação r_2 da empresa 2.]

Resposta:

As curvas de isolucro para empresa 2 são o espelho daquelas para a empresa 1. As curvas de isolucro representativas são demonstradas na Figura 9–6. Os pontos G, A e F estão sobre a mesma curva de isolucro e rendem o mesmo nível de lucro à empresa 2. Esses lucros são π_1, que são menores que aqueles das curvas π_2 e π_3. À medida que as curvas de isolucro se aproximam do ponto de monopólio, o nível de lucro para a empresa 2 aumenta. As curvas de isolucro iniciam uma curva para trás no ponto em que cruzam a função de reação.

Podemos utilizar as curvas de isolucro para ilustrar os lucros de cada empresa em um equilíbrio de Cournot. Lembre-se de que o equilíbrio de Cournot é determinado pela interseção das funções de reação de duas empresas, tal como o ponto C na Figura 9–7. A curva de isolucro da empresa 1 que passa pelo ponto C é dada por π_1^C, e a curva de isolucro da empresa 2, por π_2^C.

Mudanças nos custos marginais

Em um oligopólio de Cournot, o efeito de uma mudança no custo marginal é muito diferente do que no oligopólio de Sweezy. Para entender, suponha que as organizações inicialmente estejam em equilíbrio no ponto E na Figura 9–8, em que a empresa 1 produz Q_1^* unidades e a empresa 2 produz Q_2^* unidades. Agora suponha que o custo marginal da empresa 2 diminua. No nível dado de produção, a receita marginal permanece inalterada, mas o custo marginal é reduzido. Isso significa que, para a empresa 2, a receita marginal excede o custo marginal mais baixo, e é ótimo produzir mais bens para qualquer nível dado de Q_1. Graficamente, isso desloca para cima a função

Figura 9-7 Equilíbrio de Cournot

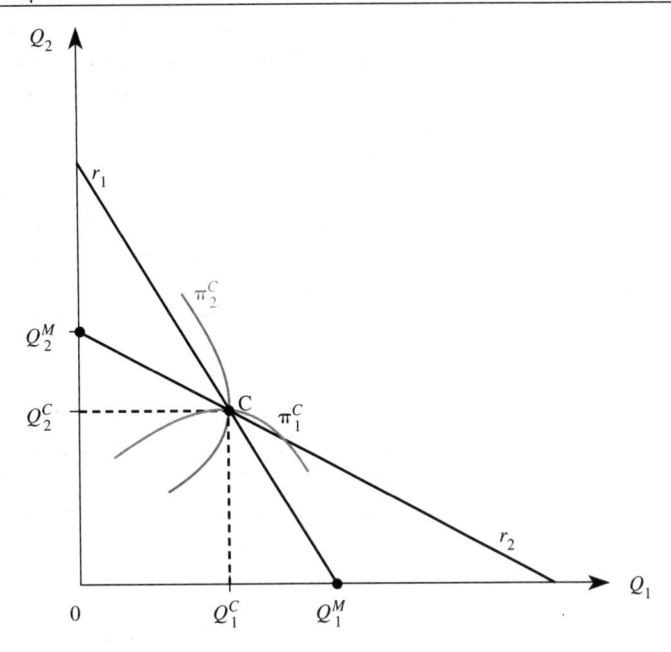

Figura 9-8 Efeito da redução no custo marginal da empresa 2 sobre o equilíbrio de Cournot

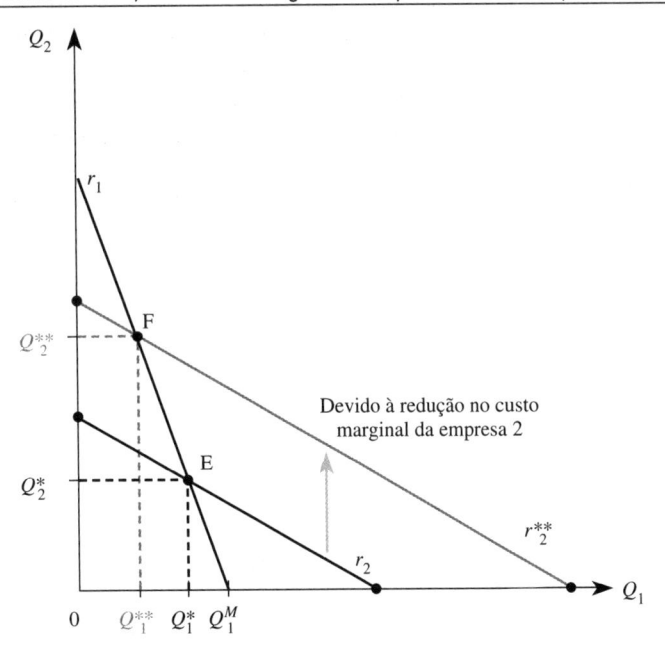

Devido à redução no custo marginal da empresa 2

de reação da empresa 2 de r_2 para r_2^{**}, levando a um novo equilíbrio de Cournot no ponto F. Assim, a redução no custo marginal da empresa 2 leva a um incremento na produção da empresa 2 de Q_2^* para Q_2^{**}, e a um declínio na produção da empresa 1 de Q_1^* para Q_1^{**}. A empresa 2 usufrui maior parcela de mercado devido a sua melhor situação em relação ao custo.

A razão da diferença entre a análise anterior e a análise do oligopólio de Sweezy está na forma como a empresa percebe como as outras responderão a uma mudança em suas decisões. Essas diferenças influem no modo como um gerente deve responder de maneira ótima a uma redução no custo marginal da organização. Se o gerente acredita que as outras empresas seguirão a redução de preços, mas não a elevação, o modelo de Sweezy se aplica. Nessa situação, aprendemos que pode ser ótimo continuar a produzir o mesmo nível de bens, ainda que o custo marginal decline. Se o gerente acredita que as outras empresas manterão seus níveis de produção se sua empresa expandir a produção, o modelo de Cournot se aplica. Nesse caso, é ótimo expandir a produção se o custo marginal diminuir. O ingrediente mais importante nas decisões empresariais em mercados caracterizados por interdependência é ter uma boa compreensão de como as outras organizações responderão às decisões do gerente.

Cartel

Sempre que um mercado é dominado por poucas empresas, elas podem se beneficiar à custa dos consumidores ao "concordarem" em restringir a produção ou, de maneira equivalente, cobrar preços mais altos. Tal ato por parte das empresas é conhecido como *cartel*. No próximo capítulo, daremos atenção considerável ao cartel; por enquanto, é proveitoso utilizar o modelo de oligopólio de Cournot para mostrar por que tal incentivo existe.

Na Figura 9–9, o ponto C corresponde ao equilíbrio de Cournot; ele é o ponto de interseção das funções de reação das duas empresas no mercado. Os lucros de

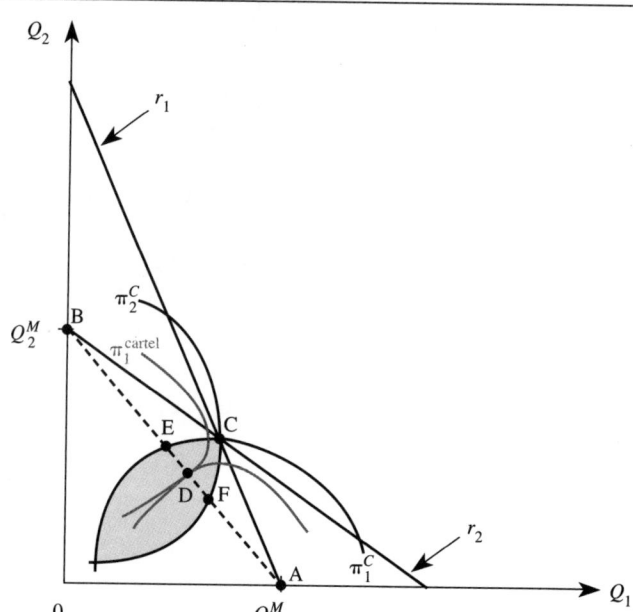

Figura 9–9 O incentivo ao cartel em um oligopólio de Cournot

equilíbrio da empresa 1 são dados pela curva de isolucro π_1^C e aqueles da empresa 2, por π_2^C. Observe que a área sombreada na Figura 9–9 contém níveis de produção para as duas empresas que rendem lucros mais elevados para ambas do que obteriam em um equilíbrio de Cournot. Por exemplo, no ponto D cada organização produz menos bens e obtém maiores lucros, uma vez que as curvas de isolucro de cada uma delas neste ponto estão mais próximas a seus respectivos pontos de monopólio. De fato, se cada empresa concordar em restringir a produção, elas podem cobrar preços mais altos e obter lucros mais elevados. A razão é fácil de entender. Os lucros da empresa 1 seriam maiores no ponto A, em que ela é um monopolista. Os lucros da empresa 2 seriam maiores no ponto B, em que ela é um monopolista. Se cada empresa "concordar" em produzir uma quantidade que, no total, se iguale à produção de monopólio, as organizações terminariam em algum lugar sobre a linha que conecta os pontos A e B. Em outras palavras, qualquer combinação de produções ao longo da linha AB maximizaria os lucros totais da indústria.

As produções sobre a linha segmentada contendo os pontos E e F na Figura 9–9 maximizam os lucros totais da indústria e, como estão dentro da área sombreada, também rendem a ambas as empresas maiores lucros do que obteriam se produzissem no ponto C (o equilíbrio de Cournot). Se realizassem cartel restringindo a produção e dividindo os lucros de monopólio, elas terminariam em um ponto como D, obtendo maiores lucros de π_1^{cartel} e π_2^{cartel}.

Não é fácil, no entanto, atingir tal acordo de cartel. Analisaremos esse ponto em detalhes no próximo capítulo, mas podemos utilizar nosso sistema para entender por que a cartelização é algumas vezes difícil. Suponha que as empresas concordem em fazer cartel, cada uma das quais produzindo a quantidade associada ao ponto D na Figura 9–10 para obter lucros de cartel. Dado que a empresa 2 produz π_2^{cartel},

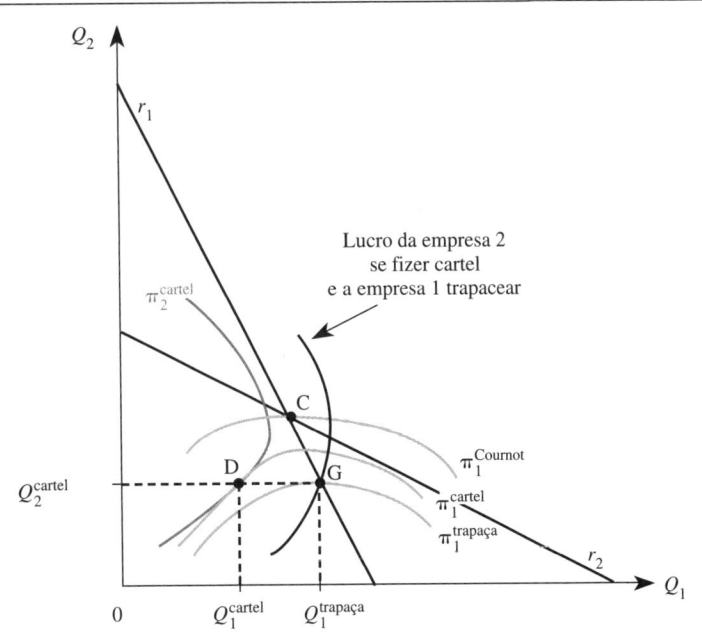

Figura 9–10 O incentivo a desrespeitar acordos de cartel em oligopólio de Cournot

a empresa 1 possui um incentivo para "trapacear" o acordo de cartel ao expandir a produção ao ponto G. Nesse ponto, a empresa 1 obtém lucros ainda maiores do que obteria no cartel, já que $\pi_1^{trapaça} > \pi_1^{cartel}$. Isso sugere que uma empresa pode ganhar ao induzir as outras a restringir a produção e, então, expandir sua própria produção para obter lucros maiores, à custa dos participantes do cartel. Como a organização sabe que esse incentivo existe, é frequentemente difícil para ela realizar acordos de cartel. O problema é ampliado pelo fato de a empresa 2, na Figura 9–10, obter menos no ponto G (em que a empresa 1 trapaceia) do que obteria no ponto C (o equilíbrio de Cournot).

Oligopólio de Stackelberg

Até este ponto, analisamos situações de oligopólio simétricas, nas quais a empresa 1 é "um espelho" da empresa 2. No entanto, em muitos mercados oligopolísticos, as empresas diferem umas das outras. Em um *oligopólio de Stackelberg*, as organizações diferem com relação ao momento de tomar decisões. Especificamente, uma empresa (a líder) é tida como tomadora de decisões de produção antes das outras. De acordo com o conhecimento da produção da líder, todas as outras (as seguidoras) tomam como dada a produção da líder e escolhem produções que maximizem lucros. Em um oligopólio de Stackelberg, cada seguidor se comporta exatamente como um oligopolista de Cournot. Na verdade, o líder não toma as decisões de produção dos seguidores como dadas, mas escolhe um nível de produção que maximiza lucros, ou seja, cada seguidor reagirá à sua decisão de produção, de acordo com uma função de reação de Cournot.

Uma indústria é caracterizada como oligopólio de Stackelberg se:

1. Existirem poucas empresas atendendo a diversos consumidores.
2. As empresas produzirem tanto produtos diferenciados quanto homogêneos.
3. Uma única empresa (a líder) escolher uma produção antes de todas as outras.
4. Todas as outras (as seguidoras) tomarem como dada a produção da líder e escolherem produções que maximizam lucros, em função da produção da líder.
5. Existirem barreiras à entrada.

Para destacar um oligopólio de Stackelberg, consideremos uma situação em que existam apenas duas empresas. A empresa 1 é a *líder* e, então, possui uma vantagem de "primeiro movimento"; isto é, a empresa 1 produz antes da empresa 2. A empresa 2 é a *seguidora* e maximiza lucros de acordo com a produção realizada pela líder.

Uma vez que o seguidor produz após o líder, o nível de produção maximizador de lucro do seguidor é determinado por sua função de reação. Isso é representado por r_2 na Figura 9–11. No entanto, o líder sabe que o seguidor reagirá de acordo com r_2. Consequentemente, o líder deve escolher um nível de produção que maximize seus lucros, pois o seguidor reage ao que o líder faz.

Como o líder escolhe um nível de produção? Na medida em que ele sabe que os seguidores produzirão ao longo de r_2, o líder simplesmente escolhe o ponto sobre a curva de reação dos seguidores que corresponda ao seu mais elevado nível de lucro. Como os lucros do líder aumentam à medida que suas curvas de isolucro se tornam mais próximas da produção de monopólio, a escolha resultante pelo líder será aquela no ponto S na Figura 9–11. Essa curva de isolucro, π_1^S, rende o mais alto lucro

oligopólio de Stackelberg
Uma indústria em que (1) existem poucas empresas atendendo a diversos consumidores; (2) as empresas produzem tanto bens diferenciados quanto bens homogêneos; (3) uma única empresa (a líder) escolhe um nível de produção antes de seus rivais; (4) todas as outras (as seguidoras) assumem a produção da líder como dada e, então, selecionam produções que maximizem lucros, em virtude da produção da líder; e (5) existem barreiras à entrada.

Figura 9–11 Equilíbrio de Stackelberg

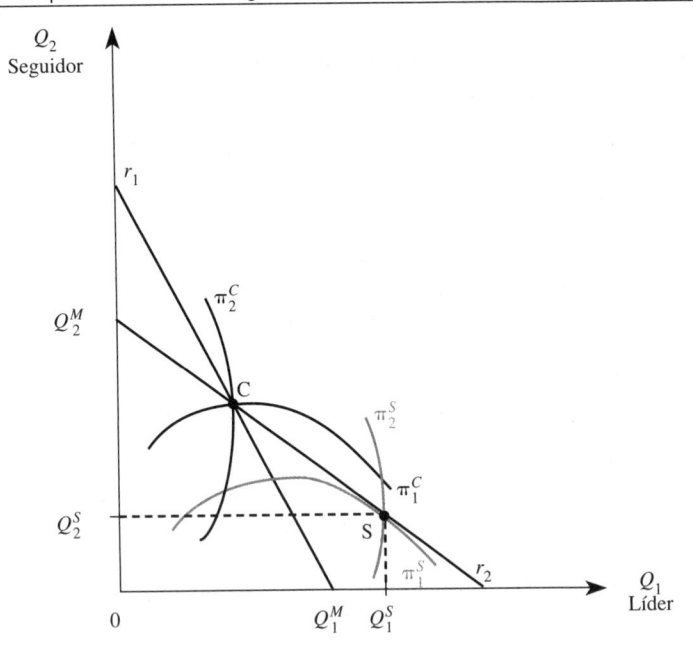

consistente com a função de reação dos seguidores. Ela é tangente à função de reação da empresa 2. Portanto, o líder produz Q_1^S. Os seguidores observam e produzem Q_2^S, que é a resposta maximizadora de lucro a Q_1^S. Os lucros correspondentes ao líder são dados por π_1^S, e os correspondentes aos seguidores por π_2^S. Observe que os lucros do líder são maiores do que seriam no equilíbrio de Cournot (ponto C), e que os lucros dos seguidores são menores do que no equilíbrio de Cournot. Ao tomar o primeiro movimento, o líder obtém lucros mais elevados do que teria em outra situação.

A solução algébrica para o oligopólio de Stackelberg pode também ser obtida por meio das informações das empresas a respeito da demanda de mercado e de custos. Em particular, lembre-se de que as decisões dos seguidores são idênticas às do modelo de Cournot. Por exemplo, com produtos homogêneos, demanda linear e custo marginal constante, a produção dos seguidores é dada pela função de reação

$$Q_2 = r_2(Q_1) = \frac{a - c_2}{2b} - \frac{1}{2}Q_1$$

que é simplesmente a função de reação de Cournot para os seguidores. No entanto, o líder no oligopólio de Stackelberg leva em conta essa função de reação quando seleciona Q_1. Com uma função de demanda inversa e custos marginais constantes, os lucros do líder são

$$\pi_1 = \left\{ a - b\left[Q_1 + \left(\frac{a - c_2}{2b} - \frac{1}{2}Q_1 \right) \right] \right\} Q_1 - c_1 Q_1$$

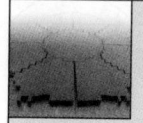

> **Por dentro dos negócios 9–1**
>
> **Comprometimento no oligopólio de Stackelberg**
>
> No modelo de oligopólio de Stackelberg, o líder obtém uma vantagem de primeiro movimento ao comprometer-se a produzir uma grande quantidade de bens. A melhor resposta dos seguidores, ao observarem a escolha do líder, é produzir menos bens. Por isso, o líder ganha participação de mercado e lucros à custa de seus rivais. Evidências do mundo real, bem como experiências em laboratório, sugerem que os benefícios do comprometimento no oligopólio de Stackelberg podem ser significativos – afinal, não é muito custoso para os seguidores observar a produção do líder.
>
> Por exemplo, a companhia de comunicações sul-africana Telkom recentemente obteve uma elevação de 177% em seus lucros líquidos, graças a uma vantagem de primeiro movimento que obteve ao mover-se sobre o seu rival. A Telkom comprometeu-se com a produção de Stackelberg ao assinar contratos de longo prazo com 90% das companhias sul-africanas. Ao comprometer-se com essa elevada produção, a Telkom assegurou-se de que a melhor resposta de seu rival fosse um baixo nível de produção.
>
> O modelo de Stackelberg clássico considera que o seguidor, independentemente dos custos, observa a quantidade do líder. Na prática, no entanto, algumas vezes é custoso para o seguidor obter informação a respeito da quantidade produzida pelo líder. Os professores Morgan e Várdy recentemente conduziram diversos experimentos de laboratório para investigar se os "custos de observação" reduzem a habilidade do líder em assegurar-se de uma vantagem de primeiro movimento. Os resultados dos experimentos indicam que quando os custos de observação são pequenos, o líder captura grande parte dos lucros e mantém uma vantagem de primeiro movimento. À medida que o custo de observação do segundo movimento aumenta, os lucros do líder e dos seguidores se tornam mais próximos.
>
> Fontes: Neels Blom. "Telkom Makes Life Difficult for Any Potential Rival." *Business Day,* Johannesburgo, 9 jun. 2004; J. Morgan e F. Várdy. "An Experimental Study of Commitment in Stackelberg Games with Observation Costs." *Games and Economic Behavior,* v. 20, n. 2, p. 401-423, nov. 2004.

O líder escolhe Q_1 para maximizar sua expressão de lucro. Isso leva ao valor de Q_1 que maximiza os lucros do líder como

$$Q_1 = \frac{a + c_2 - 2c_1}{2b}$$

Fórmula: produções de equilíbrio em oligopólio de Stackelberg. Para a função de demanda linear (inversa)

$$P = a - b(Q_1 + Q_2)$$

e funções de custo

$$C_1(Q_1) = c_1 Q_1$$
$$C_2(Q_2) = c_2 Q_2$$

o seguidor estabelece sua produção de acordo com a função de reação de Cournot

$$Q_2 = r_2(Q_1) = \frac{a - c_2}{2b} - \frac{1}{2}Q_1$$

A produção do líder é

$$Q_1 = \frac{a + c_2 - 2c_1}{2b}$$

Um cálculo alternativo

Para maximizar lucros, a empresa 1 estabelece uma produção para maximizar

$$\pi_1 = \left\{ a - b\left[Q_1 + \left(\frac{a - c_2}{2b} - \frac{1}{2}Q_1 \right) \right] \right\} Q_1 - c_1 Q_1$$

A condição de primeira ordem para maximização de lucros é

$$\frac{d\pi_1}{dQ_1} = a - 2bQ_1 - \left(\frac{a - c_2}{2} \right) + bQ_1 - c_1 = 0$$

Resolvendo para Q_1, obtemos o nível de produção maximizador de lucros para o líder:

$$Q_1 = \frac{a + c_2 - 2c_1}{2b}$$

A fórmula para a função de reação do seguidor é derivada da mesma maneira que aquela para o oligopolista de Cournot.

Demonstração 9-6

Suponha que a função de demanda inversa para duas empresas em um oligopólio de Stackelberg com produtos homogêneos seja dada por

$$P = 50 - (Q_1 + Q_2)$$

e as funções de custo para as duas empresas sejam

$$C_1(Q_1) = 2Q_1$$
$$C_2(Q_2) = 2Q_2$$

A empresa 1 é a líder, e a empresa 2, a seguidora.

1. Qual é a função de reação da empresa 2?
2. Qual é a produção da empresa 1?
3. Qual é a produção da empresa 2?
4. Qual é o preço de mercado?

Resposta:

1. Usando a fórmula da função de reação dos seguidores, encontramos

$$Q_2 = r_2(Q_1) = 24 - \frac{1}{2}Q_1$$

2. Usando a fórmula dada para o líder em Stackelberg, encontramos

$$Q_1 = \frac{50 + 2 - 4}{2} = 24$$

3. Ao colocar a resposta da parte 2 na função de reação da parte 1, encontramos a produção do seguidor como

$$Q_2 = 24 - \frac{1}{2}(24) = 12$$

4. O preço de mercado pode ser encontrado somando-se as produções das duas empresas e colocando-se a resposta na função de demanda inversa:

$$P = 50 - (12 + 24) = 14$$

Oligopólio de Bertrand

Para ilustrar o fato de que não existe um único modelo de oligopólio que um gerente pode utilizar em todas as circunstâncias, assim como para ilustrar que o poder de um oligopólio nem sempre implica que as empresas têm lucros positivos, examinaremos agora o oligopólio de Bertrand. O caso aqui considera que as empresas vendam produtos idênticos e que os consumidores estejam dispostos a pagar o preço de monopólio (finito) pelo bem.

Uma indústria é caracterizada como um *oligopólio de Bertrand* se

1. Existirem poucas empresas no mercado atendendo a muitos consumidores.
2. A empresa produzir bens idênticos a um custo marginal constante.
3. As empresas se engajarem em competição de preço e reagirem otimamente a preços cobrados pelos competidores.
4. Os consumidores tiverem informação perfeita e não existirem custos de transação.
5. Existirem barreiras à entrada.

oligopólio de Bertrand
Uma indústria na qual (1) existem poucas empresas atendendo a diversos consumidores; (2) as empresas produzem bens idênticos a um custo marginal constante; (3) as empresas se engajam em competição de preço e reagem otimamente a preços cobrados pelos competidores; (4) os consumidores têm informação perfeita e não existem custos de transação; e (5) existem barreiras à entrada.

Pela perspectiva do gerente, o oligopólio de Bertrand não é desejável: ele leva a lucro econômico zero mesmo que existam apenas duas empresas no mercado. Pela perspectiva dos consumidores, o oligopólio de Bertrand é desejável: ele leva precisamente à mesma produção que um mercado perfeitamente competitivo.

Para melhor entender as afirmações anteriores, considere um duopólio de Bertrand. Uma vez que os consumidores têm informação perfeita e custo de transação zero, e pelo fato de os produtos serem idênticos, todos os consumidores comprarão da empresa que cobrar o menor preço. Suponha que a empresa 1 cobre o preço de monopólio. Ao diminuir discretamente seu preço, a empresa 2 pode capturar todo o mercado e obter lucros positivos, enquanto a empresa 1 não venderá nada. A partir daí, a empresa 1 pode retaliar ao diminuir o preço cobrado pela empresa 2, recapturando então todo o mercado.

Quando a "guerra de preços" termina? Quando cada empresa cobrar um preço que se iguale ao custo marginal: $P_1 = P_2 = MC$. Dado o preço da outra empresa, nenhuma

Por dentro dos negócios 9-2

Competição de preços e o número de vendedores: evidências *on-line* e de mercados de laboratório

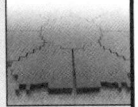

A competição realmente força oligopolistas de Bertrand com produtos homogêneos a precificar no custo marginal? Dois estudos recentes sugerem que a resposta depende, de maneira crítica, do número de vendedores em um mercado.

Os professores Baye, Morgan e Scholten examinaram 4 milhões de preços diários de milhares de produtos vendidos em um importante *site* de comparação de preços. *Sites* de comparação de preços, como Shopper.com, Nextag.com e Kelkoo.com, permitem aos compradores *on-line* obter uma lista de preços que diferentes empresas cobram por produtos homogêneos. A teoria sugere que – em mercados *on-line* em que as empresas vendem produtos idênticos e os consumidores têm informações excelentes referentes aos seus preços – as empresas serão vítimas da "armadilha de Bertrand". Contra essa expectativa, os autores descobriram que a lacuna entre os dois menores preços cobrados por produtos idênticos vendidos *on-line* foi em média de 22% quando apenas duas empresas vendiam o produto, mas caiu para menos de 3% quando mais de 20 empresas listavam os preços dos produtos homogêneos. Ou seja, as organizações no mundo real aparentemente estão aptas a escapar da armadilha de Bertrand quando existem relativamente poucos vendedores, mas se tornam vítimas dessa armadilha quando existem mais competidores.

Os professores Dufwenberg e Gneezy ofereceram evidência experimental que corrobora esse achado. Os autores conduziram uma sequência de experimentos com sujeitos que competiam em um jogo com produtos homogêneos no qual o custo marginal era de $2 e o preço de monopólio (cartel) era de $100. Nos experimentos, os vendedores que ofereciam o menor preço "venceram" e ganharam dinheiro de verdade. Como mostra a figura a seguir, a teoria prediz que um monopolista poderia precificar em $100 e que o preço poderia cair para $2 em mercados com dois, três ou quatro vendedores. Na realidade, o preço médio de mercado (o preço vencedor) era cerca de $27 quando existiam apenas dois vendedores, e caiu para cerca de $9 nas sessões com três ou quatro vendedores. Na prática, preços (e lucros) rapidamente declinam à medida que o número de vendedores se eleva – mas nem de longe de forma tão acentuada quanto previsto pela teoria.

Fontes: Martin Dufwenberg e Uri Gneezy. "Price Competition and Market Concentration: An Experimental Study." *International Journal of Industrial Organization*, n. 18, p. 7–22, 2000; Michael R. Baye, John Morgan e Patrick Scholten. "Price Dispersion in the Small and in the Large: Evidence from an Internet Price Comparison Site." *Journal of Industrial Economics*, n. 52, p. 463–496, 2004.

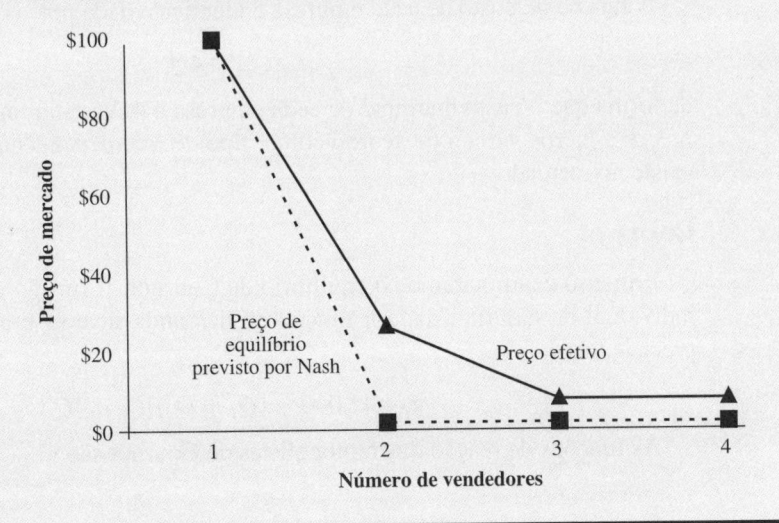

das duas escolheria diminuir seu preço, já que assim seu preço seria menor que o custo marginal e levaria a um prejuízo. Além disso, nenhuma empresa iria querer aumentar seu preço, pois não venderia nada. Resumidamente, o oligopólio de Bertrand e produtos homogêneos levam a uma situação em que cada organização cobra o custo marginal e os lucros econômicos são zero.

Os capítulos 10 e 11 oferecem estratégias que os gerentes podem utilizar para mitigar a "armadilha de Bertrand" – uma competição que ocorre com produtos homogêneos no oligopólio de Bertrand. Como veremos, a chave é tanto cortar custos quanto eliminar a percepção de que os produtos das empresas são idênticos. A diferenciação de produto induzida por essas estratégias permite às empresas cobrar acima do custo marginal sem perder clientes para os rivais. O Apêndice deste capítulo ilustra que, sob competição de preço de produtos diferenciados, as funções de reação são inclinadas positivamente e o equilíbrio ocorre em um ponto em que o preço excede o custo marginal. Isso explica, em parte, por que organizações como Kellogg e General Mills gastam milhões de dólares em propaganda destinada a persuadir os consumidores de que suas marcas de cereais matinais não são idênticas. Se os consumidores não enxergassem as marcas como produtos diferenciados, esses dois fabricantes de cereais matinais teriam de cobrar preços iguais ao custo marginal.

Comparando modelos de oligopólios

Para entender melhor como cada forma de oligopólio afeta as empresas, é útil comparar os modelos abordados neste capítulo em termos de produções das empresas individuais, preços no mercado e lucros por empresa. Para tanto, utilizaremos as mesmas condições de demanda de mercado e custos para cada organização ao examinar os resultados para cada modelo. A função de demanda de mercado inversa que utilizaremos é

$$P = 1.000 - (Q_1 + Q_2)$$

A função de custo de cada empresa é idêntica e dada por

$$C_i(Q_i) = 4Q_i$$

de forma que o custo marginal de cada empresa é 4. Veremos agora como produção, preços e lucros variam de acordo com o tipo de interdependência oligopolística que existe no mercado.

Cournot

Primeiro examinaremos o equilíbrio de Cournot. A função de lucro para a firma individual de Cournot dada a função de demanda inversa e as funções de custos precedentes é

$$\pi_i = [1.000 - (Q_1 + Q_2)]Q_i - 4Q_i$$

As funções de reação dos oligopolistas de Cournot são

$$Q_1 = r_1(Q_2) = 498 - \frac{1}{2}Q_2$$

$$Q_2 = r_2(Q_1) = 498 - \frac{1}{2}Q_1$$

Resolver essas duas funções de reação para Q_1 e Q_2 leva às produções de equilíbrio de Cournot, que são $Q_1 = Q_2 = 332$. A produção total no mercado, então, é 664, o que leva a um preço de \$336. Adicionar esses valores na função de lucros revela que cada empresa obtém lucros de \$110.224.

Stackelberg

Com essas funções de demanda e custos, a produção do líder de Stackelberg é

$$Q_1 = \frac{a + c_2 - 2c_1}{2b} = \frac{1.000 + 4 - 2(4)}{2} = 498$$

Os seguidores tomam esse nível de produção e produzem de acordo com sua função de reação:

$$Q_2 = r_2(Q_1) = \frac{a - c_2}{2b} - \frac{1}{2}Q_1 = \frac{1.000 - 4}{2} - \frac{1}{2}(498) = 249$$

A produção total no mercado, então, é de 747 unidades. Dada a função de demanda inversa, essa produção rende um preço de \$253. A produção total de mercado é maior em um oligopólio de Stackelberg do que em um oligopólio de Cournot. Isso leva a um menor preço no oligopólio de Stackelberg do que no oligopólio de Cournot. Os lucros para os líderes são de \$124.002, enquanto os seguidores obtêm apenas \$62.001 em lucros. O líder se sai melhor em um oligopólio de Stackelberg do que em um oligopólio de Cournot, devido à sua vantagem de primeiro movimento. No entanto, os seguidores obtêm lucros menores em um oligopólio de Stackelberg do quem em um oligopólio de Cournot.

Bertrand

O equilíbrio de Bertrand é simples de calcular. Lembre-se de que cada empresa que se engaja na competição de Bertrand acaba por estabelecer preços iguais ao custo marginal. Além disso, com a função de demanda inversa e as funções de custos dadas, o preço se iguala ao custo marginal (\$4) e os lucros são zero para as empresas. A produção total de mercado é de 996 unidades. Sendo as empresas simétricas, cada uma possui metade do mercado.

Cartel

Por fim, determinaremos a produção de cartel, a qual resulta quando as organizações escolhem produzir para maximizar os lucros totais da indústria. Quando as empresas fazem cartel, a produção total da indústria é o nível de monopólio, com base na curva de demanda inversa de mercado. Uma vez que a curva de demanda inversa de mercado é

$$P = 1.000 - Q$$

a receita marginal associada é

$$MR = 1.000 - 2Q$$

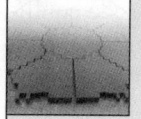

> **Por dentro dos negócios 9-3**
>
> ## Usando uma planilha para calcular as produções de Cournot, de Stackelberg e de cartel
>
> O *site* desta sexta edição do livro, disponível em www.mhhe.com/baye6e, contém três arquivos chamados CournotSolver.xls, StackelbergSolver.xls e CollusionSolver.xls. Você pode utilizá-los para calcular o preço e a quantidade maximizadores de lucros e os lucros máximos para as três situações de oligopólio a seguir.
>
> ### Duopólio de Cournot
>
> Em um duopólio de Cournot, cada empresa acredita que as outras manterão sua produção constante à medida que muda sua própria produção. Além disso, o nível de produção maximizadora de lucros da empresa 1 depende da produção da empresa 2. Cada organização ajustará seu nível de produção maximizador de lucro até o ponto em que as funções de reação das duas empresas sejam iguais. Esse ponto corresponde ao equilíbrio de Cournot. No equilíbrio de Cournot, nenhuma empresa possui um incentivo para mudar sua produção dada a produção da outra. Instruções passo a passo para calcular o equilíbrio de Cournot em termos de produção, preço e lucros são incluídas no arquivo chamado CournotSolver.xls.
>
> ### Duopólio de Stackelberg
>
> O modelo de duopólio de Stackelberg considera que uma empresa é a líder enquanto a outra é a seguidora. O líder possui uma vantagem de primeiro movimento e seleciona seu nível de produção maximizador de lucros, sabendo que o seguidor se moverá em seguida, para, então, reagir a essa decisão, de acordo com a função de reação de Cournot. Dada a decisão de produção do líder, o seguidor toma o nível de produção do líder como dado e escolhe seu nível de produção que maximize lucros. Instruções passo a passo para calcular o equilíbrio de Stackelberg em termos de produção, preço e lucros são incluídas no arquivo chamado StackelbergSolver.xls.
>
> ### Duopólio de Cartel (a solução do monopólio)
>
> Sob cartel, os duopolistas produzem uma quantidade total que corresponde à produção de monopólio. Em uma situação simétrica, as duas empresas dividem o mercado igualmente, cada uma produzindo metade da produção de monopólio. Instruções passo a passo para o cálculo da produção, preço e lucros em cartel (monopólio) são incluídas no arquivo chamado CollusionSolver.xls.

Observe que essa função de receita marginal considera que as empresas agem como uma única empresa maximizando lucro, que nada mais é do que a situação de cartel. Estabelecendo a receita marginal igual ao custo marginal (que é de $4) leva a

$$1.000 - 2Q = 4$$

ou $Q = 498$. Assim, a produção total da indústria sob cartel é de 498 unidades, com cada empresa produzindo metade. O preço sob cartel é

$$P = 1.000 - 498 = \$ 502$$

Cada empresa obtém lucros de $124.002.

A comparação das produções nessas diferentes situações de oligopólio revela o seguinte. A maior produção de mercado é obtida em oligopólio de Bertrand, seguida por Stackelberg, então por Cournot e por fim por cartel. Os lucros são maiores para o líder de Stackelberg e as empresas em cartel, seguidos por Cournot, então pelos seguidores em Stackelberg. Os oligopolistas de Bertrand obtêm o menor nível de lucros. Se você se tornar gerente em um mercado oligopolístico, é importante reconhecer que suas decisões ótimas e seus lucros variarão dependendo do tipo de interação oligopolística que existe no mercado.

Mercados contestáveis

Até aqui, enfatizamos interações estratégicas entre empresas em um oligopólio. A interação estratégica pode também existir entre empresas e potenciais entrantes em um mercado. Para ilustrar a importância dessa interação e sua similaridade com o oligopólio de Bertrand, suponhamos que um mercado seja atendido por uma única organização, mas que exista outra (uma entrante potencial) livre para entrar no mercado quando decidir fazê-lo.

Antes de continuar nossa análise, tornemos mais preciso o que queremos dizer por *livre entrada*. O que temos em mente é o que os economistas chamam de *mercado contestável*. O mercado é contestável se

mercado contestável
Um mercado em que (1) todas as empresas têm acesso à mesma tecnologia; (2) os consumidores respondem rapidamente à mudança nos preços; (3) as empresas existentes não podem responder rapidamente à entrada de novas empresas mediante a redução de preços; e (4) não existem custos irrecuperáveis.

1. Todos os produtores tiverem acesso à mesma tecnologia.
2. Os consumidores responderem rapidamente à mudança nos preços.
3. As empresas existentes não puderem responder rapidamente à entrada reduzindo preços.
4. Não existirem custos irrecuperáveis.

Se essas quatro condições existirem, as empresas não terão poder de mercado sobre os consumidores. Isso é verdadeiro mesmo que exista apenas uma única empresa no mercado.

A razão para esse resultado é a seguinte. Se as organizações cobrarem um preço em excesso para cobrir os custos, uma nova empresa pode imediatamente entrar no mercado com a mesma tecnologia e cobrar um preço sensivelmente mais baixo. Como as empresas não podem responder rapidamente diminuindo seus preços, o entrante pode apropriar-se de todos os consumidores das empresas existentes ao cobrar um preço menor. Se as empresas existentes sabem disso, elas não têm alternativa, a não ser cobrar um preço igual ao custo de produção, para manter o entrante fora do mercado. Se um mercado é perfeitamente contestável, as empresas existentes são disciplinadas pelo medo da entrada de novas empresas.

Uma condição importante para um mercado contestável é a ausência de custos irrecuperáveis. Nesse contexto, *custos irrecuperáveis* são definidos como os que um novo entrante deve ter que não podem ser recuperados com a saída do mercado. Por exemplo, se um entrante paga $100.000 por um caminhão para entrar no mercado de serviços de mudança, mas recebe $80.000 pelo caminhão ao sair do mercado, $20.000 representam os custos irrecuperáveis de entrar no mercado. Similarmente, se uma empresa paga uma taxa não reembolsável de $20.000 por um ano por um direito não transferível de alugar um caminhão para entrar no mercado, isso reflete um custo irrecuperável associado à entrada. Ou se uma pequena empresa deve incorrer em uma perda de $2.000 por mês, por seis meses, enquanto espera que os consumidores "mudem" para essa empresa, ela incorre em $12.000 de custos irrecuperáveis.

Custos irrecuperáveis são importantes pela razão a seguir. Suponha que as empresas estejam cobrando preços altos e um novo entrante calcule que possa obter $70.000 ao entrar no mercado e cobrar um preço mais baixo do que as empresas existentes. Esse cálculo, com certeza, está condicionado ao fato de as empresas existentes continuarem a cobrar seus preços. Suponha que, para entrar, a empresa deva pagar custos irrecuperáveis de $20.000. Se ela entrar no mercado e as empresas continuarem cobrando um preço elevado, a entrada é lucrativa; de fato, a empresa obterá $70.000. No entanto, se as empresas não continuarem a cobrar o preço alto, mas diminuírem seus preços, o entrante pode terminar sem clientes. Nessa situação, o entrante perde o custo irrecuperável de $20.000. Em resumo, se um entrante potencial deve pagar custos irrecuperáveis para entrar em um mercado e tem motivos para acreditar que as empresas responderão à entrada diminuindo seus preços, ele considerará não lucrativo entrar, ainda que os preços estejam altos. O resultado final é que, com custos irrecuperáveis, as empresas existentes podem não se disciplinar pela potencial entrada de novas empresas, prevalecendo preços mais elevados.

Respondendo à manchete

Embora o preço do petróleo tenha caído em 2006, em algumas áreas não houve declínio no preço da gasolina. A manchete pergunta se isso é evidência de cartel por parte dos postos de gasolina em tais áreas. Para responder essa questão, observe que o petróleo é um insumo na produção da gasolina. Uma redução no preço do petróleo leva a uma redução no custo marginal de se produzir a gasolina – digamos, de MC_0 para MC_1. Se os postos de gasolina estivessem em cartel, uma redução no custo marginal poderia levar as empresas a diminuir o preço da gasolina. Para entender isso, lembre-se de que, sob cartel, tanto a produção da indústria quanto o preço são estabelecidos no nível de monopólio. Portanto, se as empresas estivessem em cartel quando o custo marginal era de MC_0, a produção que maximizaria os lucros em cartel ocorreria no ponto em que $MR = MC_0$ na Figura 9–12. Então, Q^* e P^* na Figura 9–12 representam a produção e o preço de cartel quando o custo marginal é MC_0. Uma redução no custo marginal de produzir

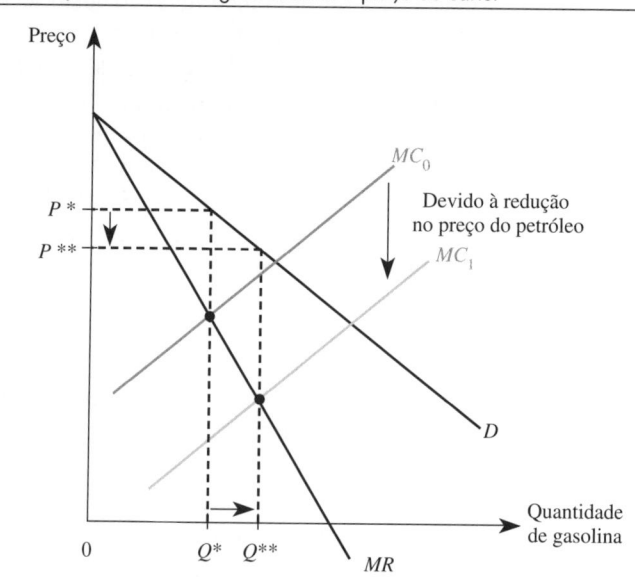

Figura 9–12 Redução no custo marginal diminui o preço de cartel

Figura 9–13 Rigidez de preço no oligopólio de Sweezy

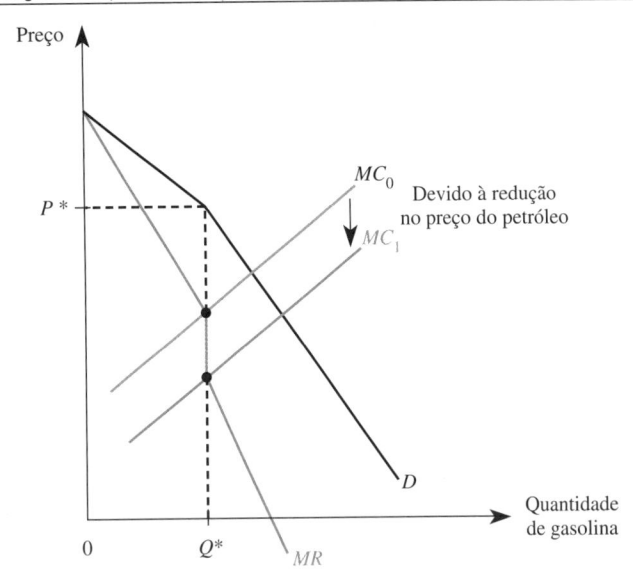

gasolina poderia deslocar para baixo a curva de custo marginal, para MC_1, levando a uma produção maior de cartel (Q^{**}) e a um menor preço (P^{**}). O cartel não pode explicar por que algumas empresas não diminuíram seus preços. Se estivessem em cartel, considerariam lucrativo diminuir o preço da gasolina quando o preço do petróleo caísse.

Uma vez que o cartel não é a razão pela qual o preço da gasolina em algumas áreas não caiu quando o custo marginal da gasolina declinou, pode-se perguntar o que poderia explicar o comportamento da precificação nesses mercados. Uma explicação é que esses produtores de gasolina são oligopolistas de Sweezy. O oligopolista de Sweezy opera considerando que, se aumentar seus preços, os competidores ignorarão a mudança. No entanto, se diminuir seu preço, todos o seguirão e diminuirão seus preços. A Figura 9–13 revela que os oligopolistas de Sweezy não diminuem os preços da gasolina quando o custo marginal cai de MC_0 para MC_1. Eles sabem que não podem aumentar seus lucros ou sua participação de mercado diminuindo seus preços, uma vez que seus competidores também diminuirão preços se eles o fizerem.

Resumo

Neste capítulo, examinamos alguns modelos de mercado que consistem em um pequeno número de empresas estrategicamente interdependentes. Esses modelos ajudam a explicar diversos possíveis tipos de comportamento quando um mercado é caracterizado por oligopólio. Agora você deve estar familiarizado com os modelos de Sweezy, Cournot, Stackelberg e Bertrand.

No modelo de Cournot, uma empresa escolhe quantidade com base em níveis de produção dos competidores. Cada empresa obtém certo lucro econômico. Os competidores de Bertrand, por outro lado, estabelecem preços de acordo com os de seus rivais. Eles terminam cobrando um preço igual ao custo marginal e obtêm lucro zero.

Os oligopolistas de Sweezy acreditam que seus competidores seguirão as diminuições de preços, mas ignorarão as elevações, levando a preços extremamente estáveis, mesmo quando os custos mudam na indústria. Por fim, os oligopolistas de Stackelberg têm um seguidor e um líder. O líder sabe como o seguidor se comportará, e o seguidor apenas maximiza lucros conforme o que o líder escolheu. Isso leva a lucros para cada empresa, mas lucros muito maiores para o líder do que para os seguidores.

O próximo capítulo explicará em mais detalhes como os gerentes atingem o equilíbrio em oligopólio. Por enquanto, deve estar claro que as suas decisões afetarão os outros em seu mercado e que as decisões deles afetarão você também.

Conceitos e palavras-chave

cartel
curva de isolucro
custos irrecuperáveis
duopólio
equilíbrio de Cournot
função de melhor resposta
função de reação
líder

mercado contestável
oligopólio
oligopólio de Bertrand
oligopólio de Cournot
oligopólio de Stackelberg
oligopólio de Sweezy
seguidora

Questões conceituais e computacionais

1. O gráfico que acompanha esta questão ilustra duas curvas de demanda para uma empresa operando em um oligopólio com produto diferenciado. Inicialmente, a empresa cobra um preço de $60 e produz 10 unidades. Uma das curvas de demanda é relevante quando os rivais respondem a mudanças de preço da empresa; a outra curva de demanda é relevante quando os rivais não respondem a mudanças nos preços.

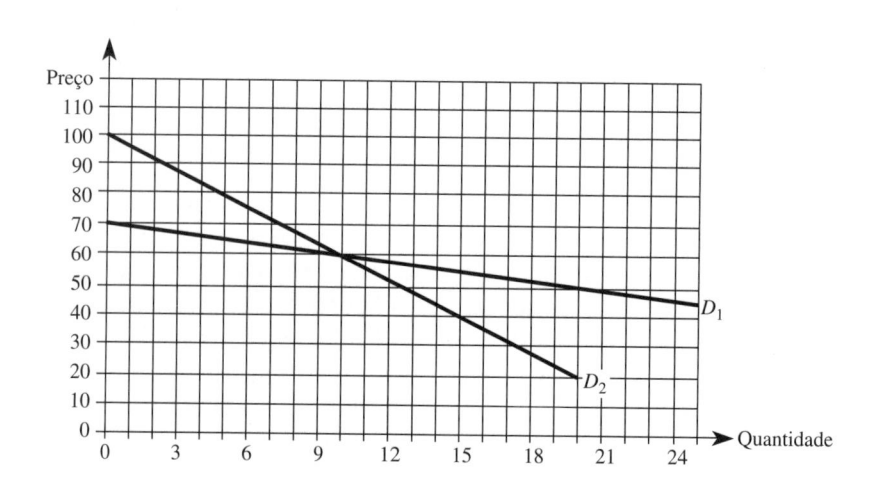

a. Qual curva de demanda é relevante quando os rivais respondem a qualquer mudança no preço?
b. Qual curva de demanda é relevante quando os rivais *não* respondem a qualquer mudança de preço?
c. Suponha que o gerente acredite que os rivais responderão a diminuições nos preços, mas não responderão a elevações nos preços.
   (1) Que preço a empresa estará apta a cobrar se produzir 20 unidades?
   (2) Quantas unidades venderá se cobrar um preço de $70?
   (3) Por qual intervalo no custo marginal ela continuará a cobrar um preço de $60?

2. A demanda inversa de mercado em um duopólio de Cournot com produto homogêneo é $P = 100 - 2(Q_1 + Q_2)$ e os custos são $C_1(Q_1) = 12Q_1$ e $C_2(Q_2) = 20Q_2$.
   a. Determine a função de reação para cada empresa.
   b. Calcule a produção de equilíbrio de cada empresa.
   c. Calcule o preço de mercado de equilíbrio.
   d. Calcule o lucro que cada empresa obtém no equilíbrio.

3. O diagrama a seguir ilustra as funções de reação e as curvas de isolucro para um duopólio de produtos homogêneos no qual cada empresa produz a um custo marginal constante.
   a. Se o seu rival produz 50 unidades, qual é seu nível ótimo de produção?
   b. Em equilíbrio, quanto cada empresa produzirá em oligopólio de Cournot?
   c. Em equilíbrio, qual a produção do líder e do seguidor em oligopólio de Stackelberg?
   d. Quanto seria produzido se o mercado fosse monopolizado?
   e. Suponha que você e seu rival concordem com um arranjo de cartel, no qual cada empresa produza metade da produção de monopólio.
      (1) Qual é a sua produção sob o arranjo de cartel?
      (2) Qual é a sua produção ótima se você acredita que o seu rival sairá do acordo?

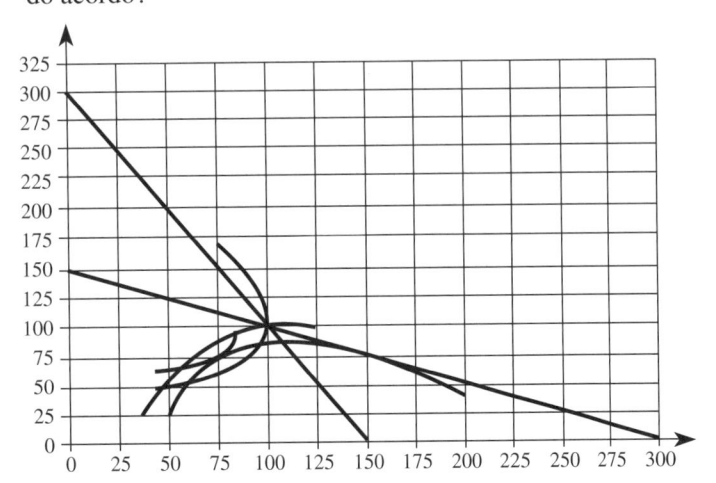

4. A demanda inversa para um duopólio de Stackelberg de produto homogêneo é $P = 20.000 - 5Q$. As estruturas de custos para o líder e para o seguidor são, respectivamente, $C_L(Q_L) = 3.000Q_L$ e $C_F(Q_F) = 4.000Q_F$.
   a. Qual é a função de reação do seguidor?
   b. Determine o nível de produção de equilíbrio tanto para o líder quanto para o seguidor.
   c. Determine o preço de equilíbrio de mercado.
   d. Determine os lucros do líder e do seguidor.

5. Considere o oligopólio de Bertrand consistindo em quatro empresas que produzem um bem idêntico a um custo marginal de $100. A demanda de mercado inversa para esse produto é $P = 500 - 2Q$.
   a. Determine o nível de produção de equilíbrio no mercado.
   b. Determine o preço de equilíbrio de mercado.
   c. Determine os lucros de cada empresa.

6. Apresente um exemplo real de um mercado que se aproxime de cada uma das configurações de oligopólio e explique seu raciocínio.
   a. Oligopólio de Cournot.
   b. Oligopólio de Stackelberg.
   c. Oligopólio de Bertrand.

7. Duas organizações competem em um mercado para vender um produto homogêneo com função de demanda inversa $P = 400 - 2Q$. Cada uma produz a um custo marginal constante de $50 e não possui custos fixos. Use essa informação para comparar os níveis de produção e lucros em configurações caracterizadas por Cournot, Stackelberg, Bertrand e cartel.

8. Considere um duopólio de produto homogêneo em que cada empresa inicialmente produz a um custo marginal de $100 e não existam custos fixos. Determine o que aconteceria com a produção de equilíbrio e lucro de cada empresa se o custo marginal da empresa 2 aumentasse para $110, mas o custo marginal da empresa 1 permanecesse constante em $100, em cada uma das seguintes configurações:
   a. Duopólio de Cournot.
   b. Oligopólio de Sweezy.

Problemas e aplicações

9. Executivos da Ford recentemente anunciaram que a companhia deveria estender seu programa de incentivo mais surpreendente ao longo da história da companhia – o Ford Drive America Program. O programa oferece aos consumidores a devolução de dinheiro ou 0% no financiamento de veículos Ford novos. Como gerente de uma concessionária Ford/Lincoln/Mercury, quanto você deve esperar que esse programa impacte as vendas da sua empresa? Explique.

10. Você é o gerente da BlackSpot Computers, que compete diretamente com a Condensed Computers para vender computadores de alto desempenho para empresas. Pela perspectiva de ambas as empresas, os dois produtos são indistinguíveis. O grande investimento requerido para construir as instalações de produção

proíbe outras empresas de entrarem nesse mercado, e as existentes operam sob a consideração de que a rival manterá a produção constante. A demanda inversa de mercado para computadores é $P = 5.100 - 0,5Q$ e ambas as empresas produzem a um custo marginal de \$750 por computador. Atualmente, a BlackSpot tem receitas de \$6,38 milhões e lucros (líquidos de investimento, P&D e outros custos fixos) de \$1 milhão. O departamento de engenharia da BlackSpot tem trabalhado muito no desenvolvimento de um método de montagem que pode reduzir drasticamente o custo marginal da produção desses computadores de alto desempenho e encontrou um processo que permite manufaturar cada equipamento a um custo marginal de \$500. Como esse avanço tecnológico afetará seus planos de produção e precificação? Como isso afetará os negócios da BlackSpot?

11. A Hull Petroleum Company e a Inverted V são franquias de varejo de gasolina que competem em um mercado local para vender combustível aos consumidores. A Hull e a Inverted V estão localizadas frente a frente na mesma rua, podendo, assim, cada uma observar os preços colocados na marquise da outra. A demanda por gasolina nesse mercado é $Q = 50 - 10P$, e ambas as franquias obtêm gasolina de seu fornecedor a \$1,25 por galão. No dia em que abriram seus negócios, cada proprietário mudou o preço da gasolina anunciado em sua marquise mais de 10 vezes; o proprietário da Hull diminuiu o seu preço para um pouco abaixo do valor cobrado pela Inverted V, e o proprietário da Inverted V diminuiu seu preço anunciado para bater o da Hull. A partir daí, os preços parecem ter-se estabilizado. Sob as condições atuais, quantos galões de gasolina são vendidos no mercado e a qual preço? Sua resposta poderia ser diferente se a Hull tivesse frentistas disponíveis para encher os tanques dos clientes e a Inverted V fosse um posto de gasolina *self-service*? Explique.

12. Você é o gerente da única organização mundial que se especializou na exportação de produtos derivados de peixe para o Japão. Sua empresa compete com várias empresas japonesas que obtêm uma significativa vantagem de primeiro movimento. Recentemente, um de seus clientes japoneses informou-o de que a legislação japonesa está considerando impor uma cota que pode reduzir o número de quilos de produtos derivados de peixe que é permitido embarcar para o Japão a cada ano. Seu primeiro instinto é contatar o representante comercial de seu país para fazer *lobby* contra a cota de importação. Seguir seu primeiro instinto é necessariamente a melhor decisão? Explique.

13. As declarações iniciais no *site* da Organização dos Países Exportadores de Petróleo (OPEP) informam que: "...os 11 membros da OPEP são constituídos por países em desenvolvimento cujas economias são fortemente dependentes das receitas de exportação de petróleo. Eles buscam preços do petróleo estáveis que sejam razoáveis tanto para os produtores quanto para os consumidores". Para atingir tal objetivo, a OPEP pretende coordenar e unificar as políticas de petróleo ao aumentar e diminuir sua produção coletiva. No entanto, o aumento na produção pela Rússia, Omã, México, Noruega e outros países que não fazem parte da organização fez com que o preço do petróleo bruto caísse drasticamente nos últimos anos. Para atingir seu objetivo de estabilidade, o que a OPEP deve fazer para manter o preço do petróleo no seu nível desejado? Você acredita que será fácil para a organização conseguir isso? Explique.

14. A Semi-Salt Industries iniciou sua operação em 1975 e continua sendo a única empresa no mundo que produz e vende poliglutamato comercial. Pelo fato de que praticamente ninguém com diploma de químico pode reproduzir a fórmula da empresa, devido aos custos relativamente elevados, a Semi-Salt decidiu não obter uma patente. Apesar da ausência de proteção por patente, a Semi-Salt tem contabilizado lucros médios de 5,5% sobre o investimento desde que iniciou a produção do poliglutamato – uma taxa comparável à taxa média de juros que os grandes bancos pagam sobre os depósitos ao longo desse período. Você acredita que a Semi-Salt está obtendo lucro de monopólio? Por quê?

15. Você é o gerente de uma empresa que compete com quatro outras em leilões para contratos com o governo. Embora você acredite que seu produto seja melhor do que os dos competidores, para o funcionário de compras do governo eles são idênticos, e ele compra da empresa que oferece o melhor preço. A demanda total do governo é $Q = 750 - 8P$ e todas as cinco empresas produzem a um custo marginal constante de $50. Por razões de segurança, o governo impôs restrições que permitem a um máximo de cinco empresas competirem nesse mercado; assim, a entrada de novas organizações é proibida. Um membro do Congresso está preocupado porque nenhuma restrição foi imposta sobre o preço que o governo paga pelo produto. Ele propôs uma lei que pode beneficiar cada empresa existente em 20%, em um contrato de 270 unidades, a um preço controlado de $60 por unidade. Você apoiaria essa lei? Explique.

16. O mercado de caixas de papelão de tamanho-padrão consiste em duas empresas: CompositeBox e Fiberboard. Como gerente da CompositeBox, você tem uma tecnologia patenteada que permite à sua companhia produzir caixas mais rápido e a um custo menor que a Fiberboard. Você usa essa vantagem para ser o primeiro a escolher seu nível de produção maximizador de lucros no mercado. A função de demanda inversa por caixas é $P = 800 - 4Q$, os custos da CompositeBox são $C_C(Q_C) = 40Q_C$, e os custos da Fiberboard são $C_F(Q_F) = 80Q_F$. Ignorando considerações antitruste, seria lucrativo para sua empresa fundir-se com a Fiberboard? Se não, explique por quê; se sim, faça uma oferta que lhe permita realizar a fusão de maneira lucrativa.

17. Você é o gerente da Taurus Technologies e o seu único competidor é a Spyder Technologies. Os produtos das duas empresas são vistos como idênticos pela maioria dos consumidores. As funções de custo relevantes são $C(Q_i) = 2Q_i$, e a curva de demanda inversa de mercado por esse produto é dada por $P = 50 - Q$. Hoje, você e seu rival estão simultaneamente (mas independentemente) tomando decisões de produção, e o preço que você cobra pelo produto depende do montante total produzido por empresa. No entanto, ao fazer um investimento fixo não recuperável de $40, a Taurus Technologies pode trazer o seu produto ao mercado antes que a Spyder finalize seus planos de produção. Você deve investir os $40? Explique.

18. Durante a década de 1980, a maior parte da oferta mundial de lisina foi feita por uma companhia japonesa chamada Ajinomoto. A lisina é um aminoácido que é um componente importante para alimentos de animais de criação. Nesse período, os Estados Unidos importaram a maior parte da oferta mundial de lisina – mais de

30 mil toneladas – para usar em alimento animal a um preço de $1,65 por libra. O mercado mundial de lisina, no entanto, mudou significativamente em 1991, quando a Archer Daniels Midland (ADM), com sede nos Estados Unidos, começou a produzir o componente – um movimento que dobrou a capacidade mundial de produção. Especialistas conjecturaram que a Ajinomoto e a ADM tinham estruturas de custos similares e que o custo marginal de produzir e distribuir lisina era aproximadamente de $0,70 por libra. A despeito da entrada da ADM no mercado, a demanda permaneceu constante em $Q = 208 - 80P$ (em milhões de libras). Pouco depois de a ADM começar sua produção de lisina, o preço mundial caiu para $0,70; em 1993, no entanto, o preço voltou para $1,65. Use as teorias discutidas neste capítulo para oferecer uma explicação potencial para o que aconteceu no mercado de lisina. Ampare sua resposta com os cálculos apropriados.

19. A PC Connection e a CDW são duas revendedoras *on-line* que competem no mercado de Internet de câmeras digitais. Embora seus produtos sejam similares, elas buscam se diferenciar por meio de políticas de serviços. Ao longo dos últimos dois meses, a PC Connection respondeu às diminuições de preços da CDW, mas não respondeu a suas elevações. Suponha que, quando a PC Connection responde a mudanças de preços da CDW, a função de demanda inversa para as câmeras da CDW seja dada por $P = 1.250 - 2Q$. Quando ela não responde a mudanças nos preços, a curva de demanda inversa da CDW é $P = 800 - 0,50Q$. Com base nessa informação, determine as funções de demanda inversa e de receita marginal da CDW ao longo dos últimos dois meses. Ao longo de que intervalo as mudanças no custo marginal não terão efeitos sobre o nível de produção maximizador de lucros da CDW?

20. Jones é o gerente de uma loja de roupas em um shopping que possui apenas dois estabelecimentos desse tipo. Embora os dois competidores não vendam as mesmas marcas, eles atendem a uma clientela similar. Jones recentemente foi notificado de que o shopping está em vias de implantar um aumento de 10% nos aluguéis de todas as lojas, a contar do próximo mês. Jones deve aumentar seus preços em 10% para fazer frente ao aumento no aluguel mensal? Explique em detalhes.

21. Em uma tentativa de aumentar as receitas de impostos, legisladores de diversos estados têm introduzido leis que devem aumentar os impostos estaduais sobre produtos. Examine o impacto de uma elevação sobre os preços de equilíbrio pagos e as quantidades consumidas pelos consumidores em mercados caracterizados por (1) oligopólio de Sweezy, (b) oligopólio de Cournot e (c) oligopólio de Bertrand e determine quais dessas configurações de mercado devem gerar a maior elevação na receita de impostos.

Exercícios baseados em casos

Seu instrutor pode dar exercícios adicionais (chamados memos), que requerem a aplicação de algumas das ferramentas aprendidas neste capítulo, para fazer recomendações baseadas em cenários reais de negócios. Alguns desses memos acompanham o Caso Time Warner (páginas 548–583 do seu livro). Memos adicionais, assim como dados que podem ser úteis para sua a análise, estão disponíveis *on-line* em www.mhhw.com/baye6e.

Referências

Alberts, William W. "Do Oligopolists Earn 'Noncompetitive' Rates of Return?" *American Economic Review*, v. 74, n. 4, p. 624–632, set. 1984.

Becker, Klaus G. "Natural Monopoly Equilibria: Nash and von Stackelberg Solutions." *Journal of Economics and Business*, v. 46, n. 2, p. 135–139, maio 1994.

Brander, James A.; Lewis, Tracy R. "Oligopoly and Financial Structure: The Limited Liability effect." *American Economic Review*, v. 76, n. 5, p. 956–970, dez. 1986.

Caudill, Steven B.; Mixon, Franklin G., Jr. "Cartels and the Incentive to Cheat: Evidence from the Classroom." *Journal of Economic Education*, v. 25, n. 3, p. 267–269, 1994.

Friedman, J. W. *Oligopoly Theory*. Amsterdã: North Holland, 1983.

Gal-Or, E. "Excessive Retailing at the Bertrand Equilibria." *Canadian Journal of Economics*, v. 23, n. 2, p. 294–304, maio 1990.

Levy, David T.; Reitzes, James D. "Product Differentiation and the Ability to Collude: Where Being Different Can Be an Advantage." *Antitrust Bulletin*, v. 38, n. 2, p. 349–368, 1993.

Plott, C. R. "Industrial Organization Theory and Experimental Economics." *Journal of Economic Literature*, n. 20, p. 1485–1527, 1982.

Ross, Howard N. "Oligopoly Theory and Price Rigidity." *Antitrust Bulletin*, v. 32, n. 2, p. 451–469, 1987.

Showalter, Dean M. "Oligopoly and Financial Structure: Comment." *American Economic Review*, v. 85, n. 3, p. 647–653, jun. 1995.

Apêndice
Oligopólio de Bertrand de produto diferenciado

O modelo de oligopólio de Bertrand apresentado no texto é baseado no tratamento clássico do assunto por Bertrand, o qual considera que os oligopolistas produzem bens idênticos. Uma vez que os oligopolistas que produzem bens diferenciados podem se engajar em competição de preço, este apêndice apresenta o modelo de oligopólio de Bertrand de produto diferenciado.

Suponha que dois oligopolistas produzam bens levemente diferenciados e concorram por meio de preços. Nesse caso, uma empresa não pode capturar todos os consumidores de seu rival cobrando um preço inferior ao preço dele; alguns consumidores terão preferência pelo produto de determinada empresa mesmo que o rival esteja cobrando um preço menor. Então, mesmo que a empresa 2 estivesse em vias de "oferecer o seu produto livremente" (cobrar um preço zero), a empresa 1 geralmente consideraria lucrativo cobrar um preço positivo. Além disso, à medida que a empresa 2 aumentasse seu preço, alguns de seus consumidores mudariam para a empresa 1, de forma que a demanda pelo produto da empresa 1 iria aumentar. Isso elevaria a receita marginal da empresa 1, tornando lucrativo aumentar o seu preço.

Em um oligopólio de produto diferenciado com configuração de preço, a função de reação da empresa 1 define o preço maximizador de lucro da empresa 1 dado o preço cobrado pela empresa 2. Com base na afirmação anterior, a função de reação da empresa 1 tem uma inclinação positiva, como ilustrado na Figura 9–14. Para entender melhor, note que, se a empresa 2 estabelece um preço igual a zero, a empresa 1 considerará lucrativo estabelecer um preço de $P_1^{mín} > 0$, já que alguns consumidores preferirão seu produto ao do rival. Efetivamente, $P_1^{mín}$

Figura 9-14 Funções de reação em um oligopólio de Bertrand de produto diferenciado

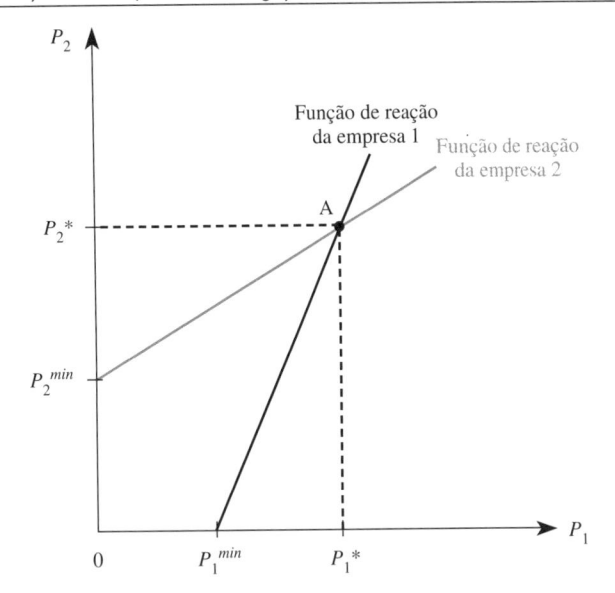

é o preço que maximiza os lucros da empresa 1 quando ela vende apenas a seus clientes leais à marca (clientes que não querem o outro produto, ainda que de graça). Se o rival aumentar o seu preço para, digamos, P_2^*, alguns dos clientes da empresa 2 decidirão mudar para o produto da empresa 1. Consequentemente, quando a empresa 2 aumenta seu preço para P_2^*, a empresa 1 aumentará o seu preço para P_1^* para maximizar lucros, dada a maior demanda. De fato, cada ponto ao longo da função de reação da empresa 1 define o preço maximizador de lucros cobrado pela empresa 1 para cada preço cobrado pela empresa 2. Observe que a função de reação da empresa 1 tem inclinação positiva, diferente do caso do oligopólio de Cournot.

A função de reação da empresa 2, a qual define o preço maximizador de lucro para a empresa 2 dado o preço cobrado pela empresa 1, também é ilustrada na Figura 9-14. Sua inclinação é positiva, pela mesma razão pela qual a função de reação da empresa 1 é positivamente inclinada; de fato, a função de reação da empresa 2 é espelho da empresa 1.

Em um oligopólio de Bertrand de produto diferenciado, o equilíbrio é determinado pela interseção das funções de reação das duas empresas, que corresponde ao ponto A na Figura 9-14. Para entender que o ponto A é, de fato, um equilíbrio, note que o preço maximizador de lucro para a empresa 1 quando a empresa 2 estabelece preço de P_2^* é P_1^*. Similarmente, o preço maximizador de lucro para a empresa 2 quando a empresa 1 estabelece o preço de P_1^* é P_2^*.

Em um oligopólio de Bertrand de produto diferenciado, as organizações cobram preços que excedem o custo marginal. A razão pela qual elas estão aptas a fazê-lo é que os produtos não são substitutos perfeitos. À medida que uma empresa aumenta seu preço, perde alguns consumidores para a empresa rival, mas não todos. Por isso, a função de demanda para o produto de uma empresa individual tem inclinação negativa, similar ao caso da competição monopolística. Porém, diferentemente da competição monopolística, a existência de barreiras à entrada previne que outras organizações entrem no mercado. Isso permite que as empresas entrem em um oligopólio de Bertrand de produtos diferenciados para obter, potencialmente, lucros econômicos positivos a longo prazo.

CAPÍTULO DEZ

Teoria dos jogos: por dentro do oligopólio

Objetivos didáticos

Ao final deste capítulo, você poderá:

- Responder à pergunta da manchete.

- Usar as representações nas formas normal e extensiva de jogos para formular decisões em ambientes estratégicos que incluam precificação, propaganda, coordenação, barganha, inovação, qualidade de produto, monitoramento de empregados e entrada.

- Distinguir entre estratégias de equilíbrio perfeito dominantes, seguras, de Nash, mista, de subjogo e identificá-las em vários jogos.

- Determinar se resultados cooperativos (de cartel) podem ser explicados como o equilíbrio de Nash em um jogo repetido, e explicar as regras de estratégias iniciais, taxa de juros e a presença de um período final indefinido ou incerto no alcance de tais resultados.

Manchete

Companhias aéreas pedem regulamentação governamental sobre bagagem de mão

Muito antes de o governo realizar o rastreamento de bagagens nos aeroportos dos Estados Unidos como resultado dos trágicos eventos de 11 de setembro de 2001, diversas grandes companhias aéreas já estavam considerando mudanças que estabeleceriam limites mais rigorosos sobre o número de itens permitidos na bagagem de mão dos passageiros. A justificativa para as mudanças propostas é óbvia: passageiros que carregam muitas malas para dentro dos aviões tornam o processo de embarque mais lento. Isso atrasa o tempo de partida, irrita os atendentes de bordo, perturba os outros passageiros e, por fim, fere as regras das companhias. Por outro lado, se uma única companhia aérea impusesse limites mais rígidos e forçasse os passageiros a despachar sua bagagem extra, seus resultados poderiam ser prejudicados, pois os passageiros poderiam facilmente mudar para uma "companhia amigável" com uma política mais branda.

A AMR, empresa-mãe da American Airlines, adotou uma abordagem única para esse dilema. Em vez de impor limitações próprias à bagagem, solicitou à Federal Aviation Administration que impusesse regras mais rígidas para limitar o número de malas que um passageiro pode transportar na cabine do avião. Por que você acha que a AMR seguiu esse caminho?

Fonte: Lynn Cowan. "Airlines Struggle with Competition in Curbing Carry-Ons." *The Wall Street Journal Interactive Edition*, 18 nov. 1997.

Introdução

Neste capítulo, continuamos nossa análise da interação estratégica. Como vimos no capítulo anterior, quando poucas empresas competem em um mercado, as ações de apenas uma terão um impacto drástico sobre seus rivais. Por exemplo, as decisões de precificação e produção de uma empresa em um oligopólio em geral afetarão os lucros das outras empresas na indústria. Consequentemente, para maximizar lucros, um gerente deve levar em consideração o impacto esperado de sua decisão sobre o comportamento de outros gerentes na indústria.

Neste capítulo, vamos nos aprofundar em decisões empresariais que surgem na presença da interdependência. Desenvolveremos ferramentas gerais que o ajudarão a tomar decisões em mercados oligopolísticos, incluindo que preços cobrar, quanto de propaganda fazer, quando lançar novos produtos e entrar em um novo mercado. A ferramenta básica que usaremos para examinar essas questões é a *teoria dos jogos*. A teoria dos jogos é uma ferramenta bastante útil para os gerentes. De fato, veremos que pode ser usada para analisar decisões como as relacionadas ao monitoramento e barganha com trabalhadores.

Visão geral de jogos e do pensamento estratégico

Ao pensar em um jogo, talvez algo trivial como jogo-da-velha, xadrez ou roda da fortuna venha à sua mente. A teoria dos jogos é, na verdade, um sistema muito mais geral para ajudar na tomada de decisão quando seus resultados dependem das ações de outros jogadores.

Em um jogo, os jogadores são indivíduos que tomam decisões. Por exemplo, em um mercado oligopolístico consistindo em duas empresas, na qual cada uma deve tomar uma decisão de precificação, as empresas (ou, mais precisamente, os seus gerentes) são os jogadores. As decisões planejadas dos jogadores são chamadas *estratégias*. Os resultados para os jogadores são os lucros ou prejuízos que resultam das estratégias. Devido à interdependência, o resultado para um jogador depende não apenas de sua estratégia, mas também das estratégias empregadas por outros jogadores.

jogo de movimento simultâneo
Jogo no qual cada jogador toma decisões sem conhecimento das decisões do outro jogador.

jogo de movimento sequencial
Jogo em que um jogador realiza um movimento após observar o movimento do outro jogador.

Na análise dos jogos, a ordem na qual os jogadores tomam decisões é importante. Em um *jogo de movimentos simultâneos*, cada jogador toma decisões sem conhecer as do outro jogador. Em um *jogo de movimento sequencial*, o jogador realiza um movimento após observar o movimento do outro jogador. Jogo-da-velha, xadrez e jogo de damas são exemplos de jogos de movimentos sequenciais (dado que os jogadores alternam os movimentos), enquanto jogar moedas, duelos e pedra-papel-tesoura são exemplos de jogos de movimentos simultâneos. No contexto de jogos de oligopólio, se duas empresas devem estabelecer preços sem conhecer as decisões da outra, este é um jogo de movimento simultâneo; se uma empresa estabelece seu preço após observar o preço de sua rival, é um jogo de movimento sequencial.

Também é importante distinguir entre jogos de apenas um estágio e jogos repetidos. Em um *jogo de apenas um estágio*, o jogo é jogado apenas uma vez. Em um *jogo repetido*, o jogo é jogado mais do que uma vez. Por exemplo, se você concorda em jogar uma vez, e apenas uma, um jogo de xadrez com um "rival", está jogando um jogo de apenas um estágio. Se você concorda em jogar xadrez duas vezes com o rival, está jogando um jogo repetido.

Antes de mostrarmos formalmente como a teoria dos jogos pode ajudar os gerentes a tomar decisões de negócios, é instrutivo oferecer um exemplo. Imagine que dois postos de gasolina estejam localizados um ao lado do outro no mesmo quarteirão, de forma que nenhuma das empresas possui vantagem de localização sobre a outra. Os consumidores veem a gasolina de cada posto como substitutos perfeitos e comprarão daquele que oferecer o preço mais baixo. A primeira coisa que o gerente de um posto de gasolina deve fazer pela manhã é telefonar ao frentista para dizer-lhe que preço cobrar. Uma vez que ele deve fazer isso sem conhecer o preço do rival, esse "jogo de precificação" é de movimentos simultâneos e frequentemente é chamado *jogo de duopólio de Bertrand*.

Dada a estrutura do jogo, se o gerente do posto de gasolina A cobrar um preço mais alto que o gerente do posto de gasolina B, os consumidores não comprarão gasolina do posto A. É provável que o gerente do posto A pense: "Acho que vou cobrar $1,50 por litro. Mas se o posto de gasolina B achar que eu cobrarei $1,50, ele cobrará $1,49, então, é melhor eu cobrar $1,48. Mas se o gerente B pensar que eu acho que ele cobrará $1,49, ele tentará 'trapacear' cobrando $1,47. Então seria melhor eu cobrar $1,46. Mas se ele achar que eu acho que ele pensa...". Talvez você já tenha passado por um processo de pensamentos similar ao tentar decidir o quanto estudar para um exame ("o professor não vai nos testar a respeito disso, mas se ele achar que eu acho que ele não vai, ele nos perguntará...").

A teoria dos jogos é uma ferramenta poderosa para analisar situações como estas. Primeiro, no entanto, devemos examinar os fundamentos da teoria dos jogos. Iniciaremos com o estudo de movimentos simultâneos e jogos de apenas um estágio.

Jogos de apenas um estágio e de movimentos simultâneos

Esta seção apresenta as ferramentas básicas usadas para analisar movimentos simultâneos e jogos de apenas um estágio. Lembre-se de que em um jogo de movimento simultâneo, os jogadores devem tomar decisões sem conhecimento daquelas tomadas por outros jogadores. O fato de um jogo ser "de apenas um estágio" significa, simplesmente, que os jogadores participarão do jogo apenas uma vez.

O conhecimento de movimentos simultâneos em jogos de apenas um estágio é importante para gerentes que tomam decisões em um ambiente de interdependência. Por exemplo, pode ser utilizado para analisar situações em que os lucros de uma empresa dependem não apenas da sua ação, mas também das ações das rivais. Antes de examinarmos as aplicações específicas de movimentos simultâneos e jogos de apenas um estágio, analisaremos a teoria geral utilizada para estudar tais decisões.

Teoria

Iniciamos com duas definições importantes. Primeiro, uma *estratégia* é uma regra de decisão que descreve as ações que um jogador tomará em cada ponto de decisão. Segundo, a representação de *forma normal* de um jogo indica os jogadores, as possíveis estratégias dos jogadores e os *payoffs* que resultarão de estratégias alternativas.

Talvez a melhor maneira de entender o que significa *estratégia* e *forma normal de jogo* seja examinar um exemplo simples. A forma normal de um jogo de movimento simultâneo é apresentada na Tabela 10–1. Existem dois jogadores, aos quais

estratégia
Em teoria dos jogos, uma regra de decisão que descreve as ações que um jogador tomará a cada ponto de decisão.

forma normal de jogo
Uma representação de um jogo que indica os jogadores, suas estratégias possíveis e os *payoffs* resultantes de alternativas estratégicas.

Tabela 10–1 Forma normal de um jogo

		Jogador B	
	Estratégia	Esquerda	Direita
Jogador A	Para cima	10, 20	15, 8
	Para baixo	–10, 7	10, 10

chamaremos A e B, para enfatizar que a teoria é completamente geral; isto é, os jogadores podem ser quaisquer duas entidades que estejam engajadas em uma situação de interação estratégica. Se você desejar, pense nos jogadores como gerentes de duas empresas competindo em um duopólio.

O jogador A tem duas estratégias possíveis: ele pode escolher *para cima* ou *para baixo*. Similarmente, as estratégias possíveis para o jogador B são *esquerda* ou *direita*. Novamente, ao chamar as estratégias de *para cima*, *para baixo* e assim por diante, enfatizamos que essas ações podem representar praticamente quaisquer decisões. Por exemplo, *para cima* pode representar a elevação do preço e *para baixo*, diminuição no preço, ou *para cima*, um nível elevado de propaganda, e *para baixo*, um baixo nível de propaganda.

Os *payoffs* dos dois jogadores são dados pelas entradas em cada célula da matriz. A primeira entrada refere-se ao *payoff* para o jogador A; a segunda entrada indica o *payoff* para o jogador B. É importante observar, a respeito da descrição do jogo, que o *payoff* para o jogador A depende crucialmente da estratégia que o jogador B escolhe. Por exemplo, se A escolhe *para cima* e B escolhe *esquerda*, os *payoffs* resultantes são 10 para A e 20 para B. Similarmente, se a estratégia do jogador A é *para cima*, enquanto a estratégia do jogador B é *direita*, o *payoff* de A é 15, enquanto o *payoff* de B é 8.

Uma vez que o jogo na Tabela 10–1 é um movimento simultâneo, um jogo de apenas um estágio, os jogadores devem tomar uma, e apenas uma, decisão, e elas devem ser tomadas ao mesmo tempo. Para o jogador A, a decisão é simplesmente *para cima* ou *para baixo*. Além disso, os jogadores não podem tomar decisões condicionais; por exemplo, A não pode escolher *para cima* se B escolher *direita*, ou *para baixo* se B escolher *esquerda*. O fato de os jogadores tomarem decisões ao mesmo tempo impede que cada jogador baseie sua decisão no que o outro faz.

Qual é a estratégia ótima para um jogador em um jogo de apenas um estágio, de movimento simultâneo? Essa é uma questão bastante complexa e depende da natureza do jogo em execução. Existe uma situação, no entanto, em que é fácil caracterizar a decisão ótima – uma situação que envolve uma estratégia dominante. Uma estratégia é considerada *estratégia dominante* se resulta no mais elevado *payoff*, qualquer que seja a ação do oponente.

Na Tabela 10–1, a estratégia dominante para o jogador A é *para cima*. Para entender melhor, observe que se o jogador B escolhe *esquerda*, a melhor opção para o jogador A é *para cima*, uma vez que 10 unidades de lucro são melhores do que –10, que ele obteria ao escolher *para baixo*. Se B escolhesse *direita*, a melhor opção para A seria *para cima*, uma vez que 15 unidades de lucro são melhores do que as 10 que ele obteria escolhendo *para baixo*. Em resumo, seja a estratégia do jogador B *esquerda* ou *direita*, a melhor escolha para o jogador A é *para cima*. *Para cima* é uma estratégia dominante para o jogador A.

estratégia dominante
Uma estratégia que resulta no mais alto *payoff* para um jogador, qualquer que seja a ação do oponente.

| Princípio | **Usando sua estratégia dominante**
Verifique se você tem uma estratégia dominante. Se você tem uma, utilize-a. |

Em movimentos simultâneos e jogos de apenas um estágio em que um jogador possui uma estratégia dominante, a decisão ótima é escolher a estratégia dominante. Ao fazer isso, você maximizará seu *payoff* independentemente do que seu oponente fizer. Em alguns jogos, um jogador pode não ter uma estratégia dominante, como ilustrado no Demonstração 10–1.

Demonstração 10–1

No jogo apresentado na Tabela 10–1, o jogador B tem uma estratégia dominante?

Resposta:

O jogador B não tem uma estratégia dominante. Observe que se o jogador A escolher *para cima*, a melhor opção para o jogador B deve ser *esquerda*, uma vez que 20 é melhor que o *payoff* de 8 que ele obteria ao escolher *direita*. Mas se A escolhe *para baixo*, a melhor opção para B deve ser *direita*, uma vez que 10 é melhor que o *payoff* de 7 que ele obteria escolhendo *esquerda*. Portanto, não há estratégia dominante para o jogador B; a melhor escolha de B depende do que A faz.

estratégia segura
Uma estratégia que garante o maior *payoff*, dado o pior cenário possível.

O que um jogador deve fazer na ausência de uma estratégia dominante? Uma possibilidade pode ser jogar uma *estratégia segura* – aquela que garante o mais elevado *payoff*, dado o pior cenário possível. Como veremos a seguir, essa abordagem não é normalmente o caminho ótimo em um jogo, mas é útil para explicar a lógica que está por trás dessa estratégia. Ao utilizar uma estratégia segura, um jogador maximiza o ganho que poderia resultar no "pior cenário possível". Em outras palavras, para encontrar uma estratégia segura, um jogador examina o pior *payoff* que pode surgir para cada uma de suas ações e, então, escolhe a ação que possui o maior desses *payoffs*.

Demonstração 10–2

Qual é a estratégia segura para o jogador B no jogo apresentado na Tabela 10–1?

Resposta:

A estratégia segura para o jogador B é *direita*. Ao escolher *esquerda*, B pode garantir um *payoff* de apenas 7, mas escolhendo *direita* pode garantir um *payoff* de 8. Assim, a estratégia segura para o jogador B é *direita*.

Embora útil, o conceito de estratégia segura apresenta duas deficiências. Primeiro, é uma estratégia bastante conservadora e deve ser considerada apenas se você tem uma boa razão para ser extremamente avesso ao risco. Segundo, ela não leva em consideração as decisões ótimas de seus rivais e podem impedi-lo de obter um *payoff* significativamente mais alto. Particularmente, o jogador B na Tabela 10–1 deve reconhecer que uma estratégia dominante para o jogador A é jogar *para cima*. Então, o jogador B deve raciocinar o seguinte: "O jogador A certamente escolherá *para cima*, uma vez que *para cima* é uma estratégia dominante. Por isso, eu não devo escolher minha estratégia segura (*direita*), mas, em vez disso, escolher *esquerda*". Considerando que o jogador A, de fato, escolha a estratégia dominante (*para cima*), o jogador B obterá 20 ao escolher *esquerda*, mas apenas 8 ao escolher a estratégia segura (*direita*).

Princípio	**Coloque-se no lugar de seu rival**
	Se você não possui uma estratégia dominante, observe o jogo a partir da perspectiva de seu rival. Se o seu rival possui uma estratégia dominante, considere que ele a utilizará.

equilíbrio de Nash
Uma situação que descreve um conjunto de estratégias com as quais nenhum jogador pode melhorar seu *payoff* ao unilateralmente mudar sua própria estratégia, dadas as estratégias do outro jogador.

Uma forma bastante natural de formalizar o "resultado final" de tal processo de pensamento é representada na definição do equilíbrio de Nash. Um conjunto de estratégias constitui um *equilíbrio de Nash* se, dadas as estratégias dos outros jogadores, nenhum jogador pode melhorar seu *payoff* ao unilateralmente mudar sua própria estratégia. O conceito de equilíbrio de Nash é bastante importante porque representa uma situação em que todo jogador está fazendo o melhor que pode, dadas as ações dos outros jogadores.

Demonstração 10–3

No jogo apresentado na Tabela 10–1, quais as estratégias de equilíbrio de Nash para os jogadores A e B?

Resposta:

A estratégia de equilíbrio de Nash para o jogador A é *para cima*, e para o jogador B é *esquerda*. Suponha que A escolha *para cima* e B, *esquerda*. Os dois jogadores podem ter algum incentivo para mudar sua estratégia? Não. Dado que a estratégia do jogador A é *para cima*, o melhor que o jogador B pode fazer é escolher *esquerda*. Dado que a estratégia de B é *esquerda*, o melhor que A pode fazer é escolher *para cima*. Consequentemente, dadas as estratégias (*para cima*, *esquerda*), cada jogador está fazendo o melhor que pode considerando-se a decisão do outro jogador.

Aplicações de jogos de apenas um estágio

Decisões de precificação

Vejamos agora como a teoria dos jogos pode ajudar a formar as decisões empresariais ótimas em um duopólio de Bertrand. Considere o jogo apresentado na Tabela 10–2, em que duas empresas se deparam com uma situação em que devem decidir entre cobrar preços baixos ou altos. O primeiro número em cada célula representa os

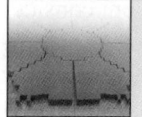

Por dentro dos negócios 10-1

Mente (não tão) brilhante de Hollywood: equilíbrio de Nash ou de "Opie"?

O diretor Ron Howard foi bastante feliz ao estrategicamente lançar *Uma Mente Brilhante* a tempo de ganhar quatro Globos de Ouro em 2002. O filme – baseado livremente na vida do ganhador do Nobel John Forbes Nash Jr., cujo "equilíbrio de Nash" revolucionou a economia e a teoria dos jogos – ganhou nas categorias de melhor filme dramático e melhor roteiro. O ator Russell Crowe também recebeu um Globo de Ouro por sua atuação como o brilhante homem que lutou contra desilusões, doenças mentais e esquizofrenia paranoica, que quase o impediram de receber o Prêmio Nobel de Economia em 1994. Embora alguns conheçam Ron Howard por suas realizações como diretor, ele é mais bem conhecido como a criança que interpretou Opie Taylor e Richie Cunningham nos populares seriados *Andy Griffith* e *Happy Days*. Por essa razão, Eddie Murphy o apelidou de "Little Opie Cunningham" em um esquete do *Saturday Night Live*.

Embora *Uma Mente Brilhante* seja um filme agradável, como biografia de Nash apresenta diferenças em relação ao *best-seller* de mesmo título cuidadosamente documentado de autoria de Sylvia Nasar. Mais relevante para os estudantes da teoria dos jogos: o filme não ilustra de maneira acurada o conceito pelo qual Nash se tornou conhecido. Aviso: não alugue o filme como um substituto para o aprendizado do conceito de equilíbrio de Nash na tomada de decisões em negócios.

Hollywood busca ilustrar o *insight* de Nash na teoria dos jogos em uma cena em um bar na qual o estudioso e seus amigos observam uma loira muito bonita e algumas amigas morenas. Todos os homens preferem a loira. Nash pondera e diz: "Se todos nós formos atrás da loira, nós nos bloquearemos. Nenhum de nós conseguirá tê-la. Então iremos atrás de suas amigas. Mas todas elas nos rejeitarão, porque ninguém gosta de ser a segunda escolha. Mas e se ninguém abordar a loira? Não entraremos no caminho um do outro e não insultaremos as outras garotas. Esta é a única forma de ganharmos". A câmera mostra a loira sentada sozinha no bar enquanto os homens dançam alegremente com as morenas. A cena é concluída com Nash escrevendo um artigo sobre seu novo conceito de equilíbrio.

O que está errado nessa cena? Lembre-se de que o equilíbrio de Nash é uma situação em que *nenhum jogador* pode ganhar ao mudar sua decisão, dadas as decisões dos outros jogadores. No jogo de Hollywood, os homens são jogadores e suas decisões são relativas a que mulher paquerar. Se os outros homens optassem pelas morenas, a loira ficaria sozinha esperando para dançar. Isso significa que a melhor resposta dos demais homens, dadas as decisões dos outros, é perseguir a loira solitária! A cena de dança de Hollywood não ilustra um equilíbrio de Nash, mas exatamente o oposto: uma situação em que qualquer um dos homens pode, unilateralmente, ganhar ao mudar para a loira, dado que os outros homens estão dançando com morenas! Qual é o termo correto para a cena da dança de Hollywood na qual a loira é deixada sozinha? Pessoalmente, gosto do termo "equilíbrio de Opie", porque honra o diretor do filme e soa melhor do que chamá-lo "desequilíbrio".

Hollywood também usa a cena da dança para voltar à sua visão de que "Adam Smith estava errado". Em particular, uma vez que os homens estão em melhor situação dançando com as morenas do que se todos estivessem paquerando a loira, os telespectadores podem concluir que nunca é socialmente eficiente para os indivíduos perseguir seus próprios desejos. Embora o Capítulo 14 deste livro mostre uma série de situações em que os mercados podem falhar, a ilustração de Hollywood não é uma delas. O resultado de seu "equilíbrio de Opie" é, na verdade, *socialmente ineficiente*, pois nenhum dos homens aproveita a companhia da bela loira. Em contraste, um equilíbrio de Nash real para o jogo faz que um homem dance com a loira e os outros dancem com as morenas. Qualquer equilíbrio de Nash para o jogo de Hollywood não apenas tem a propriedade de que cada homem está maximizando sua própria satisfação, dada a estratégia dos outros, mas o resultado é também *socialmente eficiente,* pois não desperdiça uma dança com a loira.

---

lucros da empresa A e o segundo número representa os lucros da empresa B. Por exemplo, se a empresa A cobra um preço alto enquanto a empresa B cobra um preço baixo, A perde 10 unidades de lucro enquanto B ganha 50 unidades de lucro.

Embora os números na Tabela 10–2 sejam arbitrários, sua magnitude relativa é consistente com a natureza da competição de Bertrand. Particularmente, observe que

Tabela 10-2 Jogo de precificação

		Empresa B	
	Estratégia	Preço baixo	Preço alto
Empresa A	Preço baixo	0, 0	50, –10
	Preço alto	–10, 50	10, 10

os lucros de ambas as empresas são maiores quando elas cobram preços altos do que preços baixos, porque em cada situação os consumidores não têm incentivos para mudar para a outra empresa. Por outro lado, se uma empresa cobra um preço alto e a outra diminui o seu preço, a de menor preço roubará todos os clientes da outra e obterá lucros maiores à custa do competidor.

Estamos considerando um jogo de apenas um estágio na Tabela 10–2, isto é, uma situação em que as empresas se encontram uma única vez no mercado. Além disso, é um jogo de movimento simultâneo em que cada empresa toma uma decisão de precificação sem conhecimento da decisão tomada pela outra. No jogo de um estágio, as estratégias de equilíbrio de Nash para cada organização são cobrar o preço baixo. A razão é simples. Se a empresa B cobra um preço alto, a melhor escolha para a empresa A é cobrar um preço baixo, uma vez que 50 unidades de lucro são melhores do que 10 unidades que ela obteria se A cobrasse o preço alto. Similarmente, se a empresa B cobra o preço baixo, a melhor escolha para a empresa A é cobrar o preço baixo, uma vez que zero unidade de lucros é preferível a 10 unidades de prejuízo que resultariam se A cobrasse o preço alto. Argumentos similares são mantidos para a perspectiva da empresa B. A empresa A está sempre melhor cobrando o preço baixo independentemente do que a empresa B faça, e B está sempre em melhor situação cobrando o preço baixo independentemente do que A faça. Para resumir, em uma versão de apenas um estágio, a melhor estratégia é cobrar um preço baixo independentemente da ação da outra empresa. O resultado do jogo é que ambas as empresas cobram preços baixos e obtêm lucros zero.

Claramente, os lucros são menores do que as empresas poderiam obter se tivessem "concordado" em um cartel em cobrar, ambas, preços altos. Por exemplo, na Tabela 10–2, vemos que cada organização poderia obter lucro de 10 unidades se ambas cobrassem preços altos. Este é um resultado clássico em economia e é chamado *dilema*, porque o resultado de equilíbrio de Nash é inferior (pela perspectiva das empresas) à situação em que ambas "concordam" em cobrar preços altos.

Por que as empresas não podem formar cartel e concordar em cobrar preços altos? Uma resposta é que o cartel é ilegal nos Estados Unidos; não é permitido às empresas "conspirar" para cobrar preços altos. No entanto, existem outras razões. Suponha que os gerentes tenham secretamente se encontrado e concordado em cobrar preços altos. Eles poderiam ter um incentivo para descumprir sua promessa? Considere a perspectiva da empresa A. Se ela "trapaceasse" o acordo de cartel diminuindo seu preço, poderia aumentar seus lucros de 10 para 50. Assim, a empresa A possui um incentivo para induzir a empresa B a cobrar preço alto, de forma que ela possa "trapacear" para obter lucros maiores. É claro, a empresa B reconhece esse incentivo, o que a previne de fazer o acordo, dado que pode ser trapaceada.

No entanto, suponha que a gerente da empresa A seja "honesta" e nunca trapaceie uma promessa de cobrar preço alto. (Ela é "honesta" o suficiente para manter sua palavra ao outro gerente, mas não tão honesta a ponto de obedecer às leis anticartel.) O que acontece com a empresa A se o gerente da empresa B trapaceia no acordo de cartel? Se B trapaceia, A obtém prejuízo de $10. Quando os acionistas da empresa A lhe perguntarem por que eles perderam $10 quando a rival obteve lucros de $50, como a gerente pode responder? Ela não pode admitir que foi trapaceada em um acordo de cartel, pois, ao fazê-lo, poderia ser mandada para a cadeia por violação da lei. Qualquer que seja a resposta, ela corre o risco de ser despedida ou ser mandada para a prisão.

Decisões de propaganda e qualidade

Nosso sistema para analisar jogos de movimentos simultâneos de apenas um estágio pode também ser utilizado para analisar decisões de propaganda e qualidade. Em mercados oligopolísticos, as empresas fazem propaganda e/ou aumentam a qualidade de seu produto em uma tentativa de incrementar a demanda por seus bens. Dado que tanto qualidade quanto propaganda podem ser utilizadas para aumentar a demanda por um produto, nossa discussão utilizará propaganda representando tanto qualidade quanto propaganda.

Uma questão importante na avaliação das consequências da propaganda é reconhecer de onde vem o aumento na demanda. Na maioria dos mercados oligopolísticos, a propaganda aumenta a demanda pelo produto de uma empresa capturando consumidores das outras empresas na indústria. Um aumento na propaganda de uma organização incrementa seus lucros à custa das outras empresas no mercado; existe interdependência entre as decisões de propaganda das empresas.

Um exemplo clássico de tal situação é a indústria de cereais matinais, que possui um índice de concentração de quatro empresas de 82%; isto é, quatro empresas produzem 82% de todos os cereais matinais. Ao fazer propaganda de uma marca de cereal, uma empresa em particular não induz muitos consumidores a comer o cereal no almoço ou no jantar; em vez disso, induz os consumidores a mudar de outra marca para a sua. Isso pode levar a uma situação em que cada empresa faz a propaganda com o objetivo de "cancelar" os efeitos da propaganda das outras organizações, resultando em altos níveis de propaganda, nenhuma mudança na demanda da empresa ou indústria e baixos lucros.

Demonstração 10–4

Suponha que sua empresa concorra com outra por clientes. Você e seu rival sabem que seus produtos estarão obsoletos no fim do ano e devem, simultaneamente, fazer ou não propaganda. Em sua indústria, a propaganda não aumenta a demanda total do setor, mas induz os consumidores a mudar entre os produtos de empresas diferentes. Assim, se tanto você quanto seu rival fizerem propaganda, as duas campanhas simplesmente se anularão e você obterá $4 milhões em lucros. Se nenhum de vocês fizer propaganda, cada um obterá $10 milhões em lucros. No entanto, se um de vocês não fizer propaganda e o outro fizer, a empresa que fizer propaganda obterá $20 milhões e a que não fizer obterá $1 milhão em lucros. Sua decisão maximizadora de lucro é fazer propaganda ou não? Quanto você deve esperar obter?

Tabela 10-3 Jogo de propaganda

		Empresa B	
	Estratégia	Fazer propaganda	Não fazer propaganda
Empresa A	Fazer propaganda	$4, $4	$20, $1
	Não fazer propaganda	$1, $20	$10, $10

Resposta:

A descrição do jogo corresponde à matriz apresentada na Tabela 10-3. O jogo é de apenas um estágio. Observe que a estratégia dominante para cada empresa é fazer propaganda, então o único equilíbrio de Nash para o jogo é que cada empresa faça propaganda. A decisão maximizadora de lucro para sua empresa, portanto, é fazer propaganda. Você pode esperar receber $4 milhões. O cartel não funcionaria, porque este é um jogo de apenas um estágio; se você e seu rival "acordarem" em não fazer propaganda (na expectativa de receber $10 milhões cada), cada um terá o incentivo para trapacear no acordo.

Decisões de coordenação

Até aqui nossa análise do oligopólio concentrou-se em situações em que as empresas têm objetivos competitivos: uma empresa pode ganhar apenas à custa de outra. No entanto, nem todos os jogos têm essa estrutura.

Imagine um mundo em que os produtores de aparelhos elétricos têm de escolher qual voltagem colocar em seus equipamentos: 90 volts ou 120 volts. Em um ambiente em que diferentes aparelhos requerem diferentes tomadas, um consumidor que deseje diversos aparelhos deve despender uma considerável soma nas instalações elétricas de sua casa para acomodar todos eles. Isso pode reduzir o montante que o consumidor tem disponível para a compra de equipamentos e, portanto, deve afetar de maneira adversa os lucros dos produtores. Em contraste, se os produtores podem "coordenar" suas decisões (isto é, produzir equipamentos que requerem um mesmo tipo de tomada), eles obterão lucros mais altos.

A Tabela 10-4 apresenta um exemplo hipotético do que é chamado *jogo de coordenação*. Duas empresas devem decidir entre produzir aparelhos que requeiram

Tabela 10-4 Jogo de coordenação

		Empresa B	
	Estratégia	Tomada de 120 volts	Tomada de 90 volts
Empresa A	Tomada de 120 volts	$100, $100	$0, $0
	Tomada de 90 volts	$0, $0	$100, $100

uma voltagem de 120 volts ou de 90 volts. Se elas produzirem aparelhos que requeiram 120 volts, cada uma obterá lucros de $100. Similarmente, se produzirem aparelhos que requeiram 90 volts, cada uma obterá lucros de $100. No entanto, se as duas produzirem aparelhos que requeiram diferentes voltagens, cada empresa obterá lucro zero devido à menor demanda que resultará da necessidade dos consumidores em gastar mais dinheiro nas instalações elétricas de suas residências.

O que você faria se fosse o gerente da empresa A neste exemplo? Se você não sabe o que a empresa B está fazendo, está diante de uma decisão difícil. Tudo o que pode fazer é "adivinhar" o que B fará. Se você acha que B produzirá aparelhos de 120 volts, também deve produzir aparelhos de 120 volts. Se você acha que B produzirá aparelhos de 90 volts, deve fazer o mesmo. Você, então, maximizará lucros fazendo o que a empresa B fizer. Efetivamente, o melhor que você e a empresa B poderão fazer é "coordenar" as decisões.

O jogo na Tabela 10–4 possui dois equilíbrios de Nash: um em que cada empresa produz aparelhos de 120 volts; e o outro em que cada empresa produz aparelhos de 90 volts. A questão é como as empresas chegarão a um desses equilíbrios. Se as organizações podem "conversar" entre si, podem acordar em produzir sistemas de 120 volts. Como alternativa, o governo pode estabelecer um padrão em que as redes elétricas operem em 120 volts. De fato, isso pode permitir às empresas "coordenarem" suas decisões. Observe que, uma vez que tenham acordado em produzir aparelhos de 120 volts, não há incentivo para trapacear no acordo. O jogo da Tabela 10–4 não é análogo aos de precificação ou propaganda analisados anteriormente; este é um jogo de coordenação, e não um jogo de interesses conflitantes.

Monitorando funcionários

A teoria dos jogos também pode ser utilizada para analisar interações entre trabalhadores e gerentes. No Capítulo 6, discutimos o problema principal-agente e argumentamos que podem existir objetivos conflitantes entre trabalhadores e gerentes. Os gerentes desejam que os trabalhadores trabalhem arduamente, enquanto os trabalhadores desejam ter lazer.

Em nossa discussão dos problemas principal-agente e gerente-trabalhador no Capítulo 6, notamos que uma maneira pela qual o gerente pode reduzir os incentivos dos trabalhadores a ter baixo empenho é fazer verificações "aleatórias" no local de trabalho. A teoria dos jogos oferece uma forma de entender por que isso pode funcionar. Considere o jogo entre um trabalhador e um gerente. O gerente tem duas ações possíveis: (1) monitorar o trabalhador ou (2) não monitorar o trabalhador. O trabalhador tem duas decisões: (1) trabalhar ou (2) enrolar. Essas possíveis ações e os *payoffs* resultantes são apresentados na Tabela 10–5.

Tabela 10–5 Jogo sem equilíbrio de Nash

		Trabalhador	
Gerente	Estratégia	Trabalhar	Enrolar
	Monitorar	−1, 1	1, −1
	Não monitorar	1, −1	−1, 1

A interpretação da forma normal deste jogo é a seguinte. Se o gerente faz o monitoramento enquanto o trabalhador trabalha, o trabalhador "ganha" e o gerente "perde". O gerente despendeu tempo monitorando um trabalhador que já estava, de fato, trabalhando. Nesse caso, suponha que o *payoff* do gerente seja −1 e que o *payoff* do trabalhador seja 1. Os *payoffs* são os mesmos se o gerente não monitorar o trabalhador e o trabalhador enrolar; o trabalhador vence porque está sempre enrolando.

Em contraste, se o gerente monitorar enquanto o trabalhador enrolar, o gerente ganha 1 e o trabalhador surpreendido perde 1. Similarmente, se o trabalhador trabalha e o gerente não monitora, o gerente ganha 1 e o trabalhador perde 1. Os números na Tabela 10–5 são, é claro, puramente hipotéticos, mas são consistentes com os ganhos relativos que surgem em tais situações.

Observe que o jogo na Tabela 10–5 não tem um equilíbrio de Nash, ao menos no sentido usual do termo. Suponha que a estratégia do gerente seja monitorar o trabalhador. Então, a melhor escolha para o trabalhador é trabalhar. Mas se o trabalhador trabalhar, o gerente estará em melhor situação mudando sua estratégia: escolhendo não monitorar. Então, "monitorar" não é parte de uma estratégia de equilíbrio de Nash. O paradoxo, no entanto, é que "não monitorar" também não é parte de um equilíbrio de Nash. Para entender por quê, suponha que a estratégia do gerente seja "não monitorar". O trabalhador maximizará seu *payoff* enrolando. Dado que o trabalhador enrola, o gerente estaria em melhor situação mudando sua estratégia para "monitorar", para aumentar seu *payoff* de −1 para 1. Portanto, vemos que "não monitorar" também não é parte de uma estratégia de equilíbrio de Nash.

O que temos a observar neste exemplo é que tanto o trabalhador quanto o gerente querem manter suas ações "secretas"; se o gerente sabe o que o trabalhador está fazendo, isso será ruim para o trabalhador, e vice-versa. Em tais situações, os jogadores consideram interessante entrar numa *estratégia mista* (*aleatória*). Isso significa que os jogadores mudam entre suas estratégias disponíveis "aleatoriamente"; por exemplo, o gerente joga uma moeda para determinar se deve ou não monitorar. Ao fazê-lo, o trabalhador não pode prever se o gerente estará presente para monitorá-lo e, consequentemente, não tem como conhecer as decisões do gerente.

Aqueles que já fizeram testes de múltipla escolha tiveram uma experiência com estratégias aleatórias. Se o seu professor colocou *a* como a resposta correta mais frequentemente do que *b*, *c* ou *d*, você pode ganhar respondendo *a* naquelas situações em que não sabe a resposta correta. Isso pode permitir-lhe obter maior nota do que mereceria com base no conhecimento do assunto em questão. Para evitar que essa estratégia funcione, os professores tornam aleatórias as opções com a resposta correta, de forma que você não possa adivinhar sistematicamente a resposta correta em um exame.

Barganha de Nash

A aplicação final dos movimentos simultâneos e jogos de apenas um estágio que consideraremos é um simples jogo de barganha. Em um jogo de *barganha de Nash*, dois jogadores "barganham" sobre o mesmo objeto de valor. Em um movimento simultâneo, um jogo de apenas um estágio, os jogadores têm apenas uma chance para atingir um acordo, e as ofertas feitas na barganha são realizadas simultaneamente.

Suponha que a gerência e o sindicato dos trabalhadores estejam barganhando sobre quanto de um lucro de $100 dar aos trabalhadores. Suponha, por simplificação,

---

estratégia mista (aleatória)
Uma estratégia por meio da qual um jogador toma decisões aleatoriamente, entre duas ou mais ações possíveis, para evitar que os rivais possam prever sua ação.

Tabela 10-6 Jogo de barganha

		Sindicato		
	Estratégia	0	50	100
Gestão	0	0, 0	0, 50	0, 100
	50	50, 0	50, 50	-1, -1
	100	100, 0	-1, -1	-1, -1

que os $100 só possam ser divididos em dois montantes de $50. Os jogadores têm um estágio para atingir um acordo. As partes simultaneamente escrevem o montante que desejam em um pedaço de papel (0, 50 ou 100). Se a soma dos montantes que cada parte pedir não exceder $100, os jogadores obtêm os montantes especificados. Porém, se a soma dos montantes requeridos exceder $100, a barganha termina em um empate. Suponhamos que os atrasos ocasionados por esse empate custem tanto ao sindicato quanto à gerência $1.

A Tabela 10-6 apresenta a forma normal desse jogo de barganha hipotético. Se você fosse o gerente, que montante pediria? Suponha que você escreva $100. Então, a única forma de você obter qualquer quantia é se o sindicato tiver pedido zero. Observe que se a gerência tivesse pedido $100 e o sindicato tivesse pedido $0, nenhuma parte teria incentivo para mudar seus montantes; estaríamos em um equilíbrio de Nash.

Antes de concluir que você deve pedir $100, pense novamente. Suponha que o sindicato escreva $50. A melhor resposta do gerente a esse movimento é pedir $50. E, dado que o gerente pediu $50, o sindicato não tem incentivo a mudar seu montante. Então, uma divisão de 50-50 dos $100 também deve ser um equilíbrio de Nash.

Por fim, suponha que a gerência tenha pedido $0 e que o sindicato tenha pedido todos os $100. Isso também constitui um equilíbrio de Nash. Nenhuma parte pode melhorar seu *payoff* mudando a estratégia dada a estratégia da outra.

Assim, existem três resultados de equilíbrio de Nash para esse jogo de barganha. Um resultado divide o dinheiro entre as partes, enquanto os outros dois oferecem todo o dinheiro para o sindicato ou para a gerência.

Esse exemplo ilustra que os resultados de jogos de barganha de movimentos simultâneos são difíceis de prever porque apresentam, em geral, múltiplos equilíbrios de Nash. A multiplicidade de equilíbrios leva a ineficiências quando as partes fracassam em "coordenar" em um equilíbrio. Na Tabela 10-6, por exemplo, seis dos nove potenciais resultados são ineficientes, dado que resultam em *payoffs* totais menores do que o montante a ser dividido. Três desses resultados levam a *payoffs* negativos, devido ao empate. Infelizmente, o empate é comum em disputas trabalhistas: os acordos com frequência fracassam, ou são demorados, porque os dois lados pedem mais (no total) do que existe para dividir.

Evidências experimentais sugerem que aqueles que barganham em geral percebem uma divisão de 50-50 como "justa". Como consequência, muitos jogadores no mundo real tendem a escolher estratégias que resultem em uma divisão, mesmo que saibam que existem outros equilíbrios de Nash. Claramente, para o jogo da Tabela 10-6, se você espera que o sindicato peça $50, você, como gerente, deve pedir $50.

Demonstração 10-5

Suponha que uma nota de $1 deva ser dividida entre dois jogadores por meio de um movimento simultâneo em um jogo de barganha de um estágio. Há um equilíbrio de Nash para o jogo de barganha se a menor unidade na qual o dinheiro pode ser dividido for de $0,01? Considere que, se os jogadores pedirem mais, no total, do que está disponível, eles vão para casa de mãos vazias.

Resposta:

Sim, de fato existem muitos equilíbrios de Nash. Qualquer montante que os jogadores pedirem cujas somas cheguem a $1 constitui o equilíbrio de Nash. Como exemplos, um jogador pede $0,01 e o outro pede $0,99; um jogador pede $0,02 e o outro pede $0,98 e assim por diante. Em cada caso, nenhuma parte pode ganhar pedindo mais, dado o que o outro jogador pediu.

Jogos repetidos infinitamente

Com base em nossa análise de jogos de precificação e propaganda em um estágio, pode-se acreditar que o cartel é impossível em uma indústria. Essa conclusão, no entanto, é errada, e deriva do fato de que as empresas em algumas indústrias não participam de jogo de apenas um estágio. Em vez disso, competem semana após semana, ano após ano. Nessas situações, o modo apropriado de análise é considerar uma situação em que um jogo é repetido ao longo do tempo. Nesta seção, analisamos uma situação em que os jogadores interagem perpetuamente.

Um *jogo repetido infinitamente* é jogado continuamente para sempre. Os participantes recebem *payoffs* durante cada repetição do jogo.

jogo repetido infinitamente
Um jogo que é jogado repetidamente, para sempre, e no qual os participantes recebem *payoffs* durante cada rodada.

Teoria

Quando se joga repetidas vezes, os participantes recebem *payoffs* durante cada repetição do jogo. Em função do valor do dinheiro no tempo, um dólar recebido durante a primeira repetição do jogo tem valor maior do que um dólar recebido nas últimas repetições; os jogadores devem, apropriadamente, descontar os *payoffs* futuros quando tomam decisões atuais. Por essa razão, vamos rever os aspectos principais da análise de valor presente antes de iniciar o exame de jogos repetidos.

Revisão do valor presente

O valor de uma empresa é o valor presente de todos os lucros futuros obtidos. Se a taxa de juros é i, π_0 representa os lucros hoje, π_1 os lucros daqui a um ano, π_2 os lucros daqui a dois anos e assim por diante, o valor de uma empresa em funcionamento por T anos é

$$PV_{Empresa} = \pi_0 + \frac{\pi_1}{1+i} + \frac{\pi_2}{(1+i)^2} + \cdots + \frac{\pi_T}{(1+i)^T} = \sum_{t=0}^{T} \frac{\pi_t}{(1+i)^t}$$

Tabela 10–7 Jogo de precificação repetido

		Empresa B	
	Preço	Baixo	Alto
Empresa A	Baixo	0, 0	50, –40
	Alto	–40, 50	10, 10

Se os lucros obtidos pela empresa forem os mesmos em cada período ($\varpi_t = \varpi$ para cada período, t) e o horizonte for infinito ($T = \infty$), essa fórmula é simplificada para

$$PV_{Empresa} = \left(\frac{1+i}{i}\right)\pi$$

Como veremos, essa fórmula é bastante útil na análise de decisões em jogos repetidos infinitamente.

Apoiando o cartel com estratégias de gatilho

Considere, agora, o jogo de precificação de Bertrand de movimento simultâneo apresentado na Tabela 10–7. O equilíbrio de Nash em um jogo de apenas um estágio é cada empresa cobrar preços baixos e obter lucro zero. Suponhamos que a empresa participe do jogo na Tabela 10–7 dia após dia, semana após semana, eternamente. Assim, estamos considerando um jogo de precificação de Bertrand repetido infinitamente, e não um jogo de apenas um estágio. Nesta seção, examinaremos o impacto de jogadas repetidas sobre o resultado de equilíbrio do jogo.

Quando as empresas repetidamente se deparam com uma matriz tal como a da Tabela 10–7, é possível que formem "cartel" sem medo de serem trapaceadas. Elas fazem isso utilizando estratégias de gatilho. Uma *estratégia de gatilho* é aquela que é contingente com as jogadas anteriores em determinado jogo. Um jogador que adota uma estratégia de gatilho continua a escolher a mesma ação até que algum outro participante tome uma ação que "dê início" a uma ação diferente pelo primeiro jogador.

Para entender como estratégias de gatilho podem ser utilizadas para suportar resultados de cartel, suponha que a empresa A e a empresa B secretamente tenham se encontrado e concordado em seguir o acordo: "Cobraremos, cada uma, o preço alto, dado que nenhuma de nós 'trapaceou' no passado (isto é, cobrou o preço baixo em algum período prévio). Se uma de nós trapacear e cobrar o preço baixo, a outra vai 'punir' a infratora cobrando preço baixo em todos os períodos a partir de então". Assim, se a empresa A trapacear, ela dá "início" à cobrança do preço baixo pela empresa B para sempre, e vice-versa. Isso estabelece que, se ambas adotarem tal estratégia de gatilho, existem condições sob as quais nenhuma empresa possua incentivos para trapacear o acordo de cartel. Antes de mostrar isso formalmente, examinemos um exemplo básico.

Se nenhuma das empresas na Tabela 10–7 trapacear o acordo de cartel, cada uma obterá $10 a cada período para sempre. Mas se uma empresa jogar conforme o acordo, a outra pode trapacear e obter um lucro imediato de $50 em vez de $10. Assim, há ainda o benefício imediato para a empresa trapacear o acordo. No entanto, em virtude de as empresas competirem repetidamente ao longo do tempo, há um custo futuro da trapaça. Conforme

estratégia de gatilho (*trigger strategy*)
Uma estratégia que é contingente com a jogada anterior de determinado jogo, e na qual alguma ação particular anterior "dá início" a uma ação diferente por parte do primeiro jogador.

o acordo, se uma delas trapacear, a outra cobrará um preço baixo em todos os períodos futuros. Assim, o melhor que a empresa que trapaceou pode fazer é obter $0 nos períodos após a trapaça, em vez de $10 que poderia obter se não tivesse rompido o acordo.

Em resumo, o benefício de trapacear hoje o acordo de cartel é obter $50 em vez de $10 hoje. O custo de trapacear hoje é obter $0 em vez de $10 em cada período futuro. Se o valor presente do custo da trapaça exceder o benefício de um período de trapaça, não vale a pena trapacear, e os altos preços podem ser mantidos.

Vamos, agora, formalizar essa ideia. Suponha que as organizações concordem com um plano de cartel estabelecido e a empresa A acredite que a empresa B abandonará o acordo. A empresa A tem um incentivo para trapacear e cobrar um preço baixo? Se a empresa A trapaceia cobrando um preço baixo, seus lucros serão de $50 hoje, mas $0 em todos os períodos subsequentes, uma vez que a trapaça hoje levará a empresa B a cobrar um preço baixo em todos os períodos futuros. A melhor escolha para a empresa A quando a empresa B cobra o preço baixo nos períodos futuros, é cobrar o preço baixo para obter $0. Assim, se a empresa A trapaceia hoje, o valor presente dos seus lucros futuros será

$$PV^{Empresa\ A}_{trapaceia} = \$\ 50 + 0 + 0 + 0 + 0 + \cdots$$

Se a empresa A não trapacear, ela obtém $10 a cada período para sempre. Assim, o valor presente dos lucros da empresa A se ela "coopera" (não trapaceia) é

$$PV^{Empresa\ A}_{coopera} = 10 + \frac{10}{1+i} + \frac{10}{(1+i)^2} + \frac{10}{(1+i)^3} + \cdots = \frac{10(1+i)}{i}$$

onde i é a taxa de juros. A empresa A não possui incentivo para trapacear se o valor presente dos seus resultados da trapaça for menor do que o valor presente dos seus resultados de não trapacear. Para os números neste exemplo, não existe incentivo para trapacear se

$$PV^{Empresa\ A}_{trapaceia} = 50 \leq \frac{10(1+i)}{i} = PV^{Empresa\ A}_{coopera}$$

que é verdadeiro se $i \leq 1/4$. Em outras palavras, se a taxa de juros for menor que 25%, a empresa A perderá mais (em valor presente) ao trapacear do que ganhará. Como os incentivos da empresa B são simétricos, o mesmo é verdadeiro para a empresa B. Assim, quando empresas oligopolísticas competem repetidamente ao longo do tempo, é possível que formem cartel e cobrem preços altos para obter $10 a cada período. Tal processo as beneficia à custa dos consumidores e também leva a perdas de peso morto. Isso explica por que existem leis contra o cartel.

De maneira geral, podemos estabelecer o seguinte princípio:

Princípio	**Sustentando resultados cooperativos com estratégias de gatilho** Suponha que um jogo de apenas um estágio seja repetido infinitamente e que a taxa de juros seja i. Além disso, suponha que o ganho de um estágio "cooperativo" para um jogador seja $\varpi^{Cooperar}$, o *payoff* máximo de um estágio se o jogador trapacear o cartel seja $\varpi^{Trapacear}$, o *payoff* de equilíbrio de Nash de um estágio seja ϖ^N, e $$\frac{\pi^{Trapacear} - \pi^{Cooperar}}{\pi^{Cooperar} - \pi^N} \leq \frac{1}{i}$$

Então o resultado do cooperativo (de cartel) pode ser sustentado no jogo infinitamente repetido com a seguinte estratégia de gatilho: "Cooperar, dado que nenhum jogador jamais trapaceou no passado. Se qualquer jogador trapacear, 'punir' o jogador escolhendo, para sempre, a estratégia de equilíbrio de Nash de um estágio após a trapaça".

A condição escrita no Princípio anterior possui uma interpretação bastante intuitiva. Ela pode ser reescrita como

$$\pi^{Trapacear} - \pi^{Cooperar} \leq \frac{1}{i}(\pi^{Cooperar} - \pi^N)$$

O lado esquerdo dessa equação representa o ganho de um estágio em quebrar o acordo de cartel hoje. O lado direito representa o valor presente daquilo a que se abdica no futuro ao trapacear hoje. Dado que o ganho de um período é menor que o valor presente daquilo a que se abdicaria ao trapacear, os jogadores consideram de seu interesse continuar no acordo.

Demonstração 10–6

Suponha que as empresas A e B repetidamente se deparem com a situação apresentada na Tabela 10–7 e que a taxa de juros seja de 40%. As empresas acordam em cobrar alto preço a cada período, dado que nenhuma delas trapaceou o acordo no passado.

1. Quais são os lucros da empresa A se ela trapacear o acordo de cartel?
2. Quais são os lucros da empresa A se ela não trapacear o acordo de cartel?
3. Resulta-se um equilíbrio em que as empresas cobrem um preço alto a cada período?

Resposta:

1. Se a empresa B seguir o acordo de cartel, mas a empresa A trapacear, a empresa A obterá $50 hoje e zero para sempre depois disso.
2. Se a empresa B seguir o acordo e a empresa A não trapacear, o valor presente dos lucros da empresa A será

$$10 + \frac{10}{1+0,4} + \frac{10}{(1+0,4)^2} + \frac{10}{(1+0,4)^3} + \cdots = \frac{10(1+0,4)}{0,4} = 35$$

3. Uma vez que 50 > 35, o valor presente dos lucros da empresa A é maior se A trapacear no acordo do que se não o fizer. Dado que a matriz é simétrica, cada empresa possui um incentivo para trapacear no acordo de cartel, mesmo que acredite que a outra não trapaceará. Em equilíbrio, cada organização cobrará o preço baixo a cada período para obter lucros de $0 a cada período.

Em resumo, em um jogo de apenas um estágio não existe amanhã; quaisquer ganhos devem ser obtidos hoje ou nunca. Em um jogo repetido infinitamente sempre existe um amanhã, e as empresas devem pesar os benefícios das ações atuais contra os custos futuros de tais ações. O resultado principal dos jogos repetidos infinitamente é que quando a taxa de juros é baixa, as empresas podem considerar vantajoso formar cartel e cobrar preços altos, diferentemente do caso do jogo de apenas um estágio. A razão básica para esse importante resultado é a seguinte: se um jogador se desvia da "estratégia de cartel", ele é punido nos períodos futuros o tempo suficiente para anular os ganhos de ter se desviado do resultado de cartel. A ameaça de punição faz a cooperação funcionar em jogos repetidos. Naqueles de apenas um estágio não existe amanhã, e as ameaças não têm força.

Fatores que afetam o cartel em jogos de precificação

É fácil sustentar acordos de cartel através de estratégias de punição estabelecidas previamente, quando as organizações sabem (1) quem são seus rivais, de forma que sabem quem punir se for necessário; (2) quem são os clientes de seus rivais, de forma que se a punição for necessária, podem roubar esses consumidores, cobrando preços menores; e (3) quando seus rivais se desviam do acordo de cartel, de forma que sabem quando iniciar a punição. Além disso, elas devem (4) estar aptas a punir com sucesso os rivais por se desviar dos acordos de cartel, dado que, se isso não fosse possível, a ameaça da punição não funcionaria. Esses fatores são relativos a diversas variáveis refletidas na estrutura e conduta da indústria.

Número de empresas

A cartelização é mais fácil quando existem poucas empresas. Se existem n empresas na indústria, o montante de monitoramento para sustentar o acordo de cartel é $n \times (n-1)$. Por exemplo, consideremos que as empresas sejam chamadas A, B, C,... Se existem apenas duas na indústria, para punir uma empresa por se desviar, cada uma delas deve saber se seu rival se desviou do acordo e, se sim, onde os seus clientes estão, de forma que possa punir o rival roubando alguns de seus clientes. Para tanto, cada organização deve observar o seu rival. Com duas empresas essa informação pode ser obtida se A monitorar B e B monitorar A.

O número total de monitores necessários no mercado cresce muito rapidamente à medida que o número de empresas aumenta. Por exemplo, se existem cinco empresas, cada uma delas deve monitorar quatro outras, de forma que o número total de monitores necessários no mercado é $5 \times 4 = 20$. O custo de monitorar os rivais reduz os ganhos do cartel. Se o número de empresas é "grande o suficiente", os custos de monitoramento tornam-se tão altos em relação aos lucros de cartel que não compensam a ação de monitorar as outras empresas. Nessas circunstâncias, a "ameaça" usada para sustentar o resultado de cartel não é crível, e o cartel acaba. Esta é uma razão pela qual é mais fácil duas empresas formarem cartel do que é, digamos, para quatro o fazerem.

Tamanho da empresa

Existe economia de escala no monitoramento. Custos de monitoramento e policiamento constituem uma fatia muito maior dos custos totais para empresas pequenas do que para grandes. Assim, pode ser mais fácil para uma empresa grande monitorar uma pequena do que para uma pequena monitorar uma grande. Por exemplo, uma

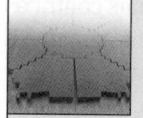

> **Por dentro dos negócios 10–2**
>
> ## Estratégias de gatilho na indústria do desperdício
>
> Para as estratégias de gatilho funcionarem, os jogadores devem estar aptos a monitorar as ações dos rivais, para que saibam quando tomar ações punitivas. Para que as punições detenham a trapaça, os jogadores não devem efetivamente punir os trapaceiros para sempre. Devem puni-los o tempo suficiente para anular os lucros obtidos pela trapaça; desse modo, nenhum jogador considerará lucrativo trapacear. Nesse caso, os jogadores podem atingir os resultados de cartel. As empresas do mundo real reconhecem esses pontos.
>
> Empresas que recolhem lixo no condado de Dade, Flórida, estabeleceram um mecanismo para utilizar estratégias de gatilho para forçar preços altos em um mercado de Bertrand. Para se assegurarem de que os competidores não diminuiriam seus preços, monitoraram as outras de perto.
>
> Uma companhia contratou diversas pessoas para seguir os caminhões das rivais a fim de se certificar de que não roubariam seus consumidores diminuindo seu preço. O que a empresa poderia fazer se verificasse que um competidor estivesse servindo um de seus clientes? Ela tomaria cinco ou 10 dos clientes do competidor para cada um que tivesse sido perdido para punir o rival por roubar seus consumidores. Isso foi possível ao oferecer a esses consumidores um preço mais favorável que o do competidor. Após um período, os competidores aprenderam que não valia a pena roubar os consumidores dessa organização. Ao final, houve pouca trapaça, e as empresas no mercado cobraram preços de cartel.
>
> Antes de você decidir adotar métodos similares, esteja ciente de que este exemplo foi tirado de registros da Corte Distrital Norte-Americana do Sudeste da Flórida, na qual os envolvidos na conspiração foram julgados. Em situações com interação repetida, estratégias de gatilho podem ser utilizadas para aumentar lucros –, mas é ilegal se envolver em tais práticas.
>
> Fonte: Documento n. 84-6107-Cr-KING (MISHLER), 17 mar. 1986. Corte Distrital Norte-americana do Sudeste da Flórida, Divisão Miami.

organização (com, digamos, vinte lojas) pode monitorar os preços cobrados por um pequeno competidor (com uma loja) ao simplesmente verificar os preços naquela loja. Mas para verificar os preços de seu rival, a empresa menor deve contratar indivíduos para monitorar vinte lojas.

Histórico do mercado

Uma questão importante não apresentada até aqui é como as empresas se entendem para formar um cartel. Uma possibilidade é a empresa explicitamente se encontrar com as rivais e verbalmente alertá-las para não roubar seus clientes, sob ameaça de punição. Como alternativa, as organizações podem não se encontrar, mas, em vez disso, entender-se à medida que o jogo transcorre, e então formar um "cartel tácito". *Cartel tácito* ocorre quando as empresas não conspiram explicitamente para formar o cartel, mas indiretamente seguem um cartel. Por exemplo, em muitas situações elas aprendem, por experiência, como outras empresas se comportarão em um mercado. Se uma empresa observa, ao longo do tempo, que é "punida" cada vez que cobra um preço baixo ou busca roubar consumidores da rival, cedo ou tarde aprenderá que não vale a pena cobrar preços baixos. Nessas situações, o resultado é um cartel tácito.

Em contraste, se uma empresa aprende ao longo do tempo que seus oponentes não estão aptos a puni-la por reduzir preços, o cartel tácito provavelmente não ocorrerá. Se as empresas nunca executam suas ameaças, o histórico da indústria será tal que o cartel pelo medo de represália não será um equilíbrio. Mas se as organizações observam que os rivais de fato executam suas ameaças, o "histórico" resultará em cartel.

Mecanismos de punição

Os mecanismos de precificação utilizados também afetam a capacidade de punir os rivais que não cooperam. Por exemplo, em um mercado de preços fixados, em que um único preço é cobrado de todos os clientes de uma empresa, o custo de punir o oponente é maior do que em mercados nos quais diferentes clientes pagam diferentes preços. A razão é a seguinte. Se um único preço é cobrado de todos os clientes, uma organização que deseja punir um rival roubando seus clientes não apenas deve cobrar um preço mais baixo para o cliente do rival, como também deve diminuir o seu preço para os seus próprios clientes. Isso é o que um varejista deve fazer para evitar que seus clientes comprem de outro varejista. Em contraste, em uma indústria na qual diferentes preços são cobrados de diferentes clientes, uma empresa pode punir seu rival cobrando um preço baixo do cliente do rival, enquanto continua a cobrar de seus próprios clientes um preço mais alto. Isso, é claro, reduz substancialmente o custo de praticar a punição.

Uma aplicação de jogos repetidos infinitamente na qualidade dos produtos

A teoria de jogos repetidos infinitamente pode ser utilizada para se analisar até que ponto são desejáveis políticas empresariais tais como garantias e ameaças. Efetivamente, um jogo ocorre entre consumidores e empresas: os consumidores desejam produtos duráveis e de alta qualidade a um preço baixo, enquanto as empresas desejam maximizar lucros. Em um jogo de apenas um estágio, quaisquer lucros obtidos pela empresa devem ser obtidos hoje; não há perspectiva de negócios repetidos. Em um jogo de apenas um estágio, uma empresa pode ter um incentivo a vender produtos de má qualidade. Isso é particularmente verdadeiro se os consumidores não podem determinar a qualidade dos produtos antes da compra.

Para entender melhor, considere a forma normal do jogo na Tabela 10–8. Ele ocorre entre um consumidor e uma empresa. O consumidor tem duas estratégias: comprar o produto ou não comprá-lo. A empresa pode produzir um produto de baixa qualidade ou um produto de alta qualidade. Em uma rodada do jogo, a estratégia do equilíbrio de Nash para a empresa é produzir um produto de baixa qualidade e o consumidor evitar o produto. Observe que, se o consumidor decidisse comprá-lo, a empresa deveria se beneficiar vendendo um produto de baixa qualidade, uma vez que lucros de 10 são melhores que de 1, que ela obteria ao produzir um produto de alta qualidade. Dado o produto de baixa qualidade, o consumidor escolhe não comprar, uma vez que 0 é melhor do que perder 10 comprando um produto de má qualidade. Mas a partir do momento que o consumidor escolher não comprar, ele não paga para a empresa produzir um produto de alta qualidade. Em um jogo de apenas um estágio, o consumidor escolhe não comprar o produto porque sabe que a empresa vai "pegar o dinheiro e sair correndo".

Tabela 10–8 Jogo de qualidade de produto

		Empresa	
	Estratégia	Produto de baixa qualidade	Produto de alta qualidade
Consumidor	Não comprar	0, 0	0, –10
	Comprar	–10, 10	1, 1

A história é diferente se o jogo for repetido infinitamente. Suponha que o consumidor diga à empresa: "Eu comprarei o seu produto e continuarei a comprar se ele tiver boa qualidade. Mas pararei de comprar se ele se tornar de má qualidade; além disso, direi a todos os meus amigos para nunca comprar qualquer coisa de vocês novamente". De acordo com essa estratégia do consumidor, qual é a melhor decisão da empresa? Se a taxa de juros não for muito alta, a melhor alternativa é vender um produto de alta qualidade. A razão é simples. Ao vender um produto de má qualidade, a empresa obtém 10 em vez de 1 naquele período. Este é "o ganho da trapaça" (vender um produto de baixa qualidade). O custo de vender um produto de má qualidade, no entanto, é obter zero a partir de então, e para sempre, dado que a reputação da empresa será arruinada por ter vendido tal produto. Quando a taxa de juros é baixa, o ganho de um período será maior do que as vendas futuras perdidas. Não será válido para a empresa "trapacear" vendendo produtos ruins.

A lição a ser tirada desse exemplo é dupla. Primeiro, se a sua organização se preocupa com "continuidade", isto é, viver infinitamente, não vale a pena "trapacear" os clientes se o ganho de um período for maior do que a perda de vendas futuras. Observe que isso é verdadeiro mesmo se sua empresa não puder ser processada ou se não existir regulação governamental contra a venda de mercadorias de má qualidade.

Segundo, você deve reconhecer que qualquer processo de produção deve ter "momentos ruins" dado que alguns produtos de baixa qualidade são produzidos indevidamente. Observe, nesse exemplo, que mesmo que a empresa "tentasse" produzir mercadoria de alta qualidade, mas devido a um erro uma unidade saísse defeituosa, esse erro poderia arruinar a empresa. Para se resguardar, muitas organizações oferecem garantias de que o produto será de alta qualidade. Se houver um erro na produção, o consumidor pode obter um novo item, ficar satisfeito e não "punir" a empresa espalhando a notícia de que ela vende mercadorias ruins.

Jogos repetidos finitamente

Até aqui consideramos dois extremos: jogos que são realizados apenas uma vez e aqueles que são jogados infinitamente. Esta seção resume as implicações importantes de jogos repetidos um número finito de vezes, isto é, jogos que em dado momento terminam. Consideraremos duas classes de *jogos repetidos finitamente*: (1) aqueles nos quais os jogadores não sabem quando o jogo terminará e (2) aqueles nos quais os jogadores sabem quando terminará.

Jogos com um período final incerto

Suponha que dois duopolistas participem repetidamente do jogo de precificação da Tabela 10–9, até que seus produtos se tornem obsoletos, ponto em que o jogo termina. Estamos considerando um jogo repetido finitamente. Suponha que as empresas não saibam a data exata na qual seus produtos se tornarão obsoletos. Assim, existe incerteza com relação ao período final do jogo.

Suponha que a probabilidade de que o jogo termine após dada jogada seja θ, onde $0 < \theta < 1$. Quando a empresa toma uma decisão de precificação hoje, existe a chance de que o jogo se realize novamente amanhã; se o jogo acontecer novamente

Tabela 10–9 Jogo de precificação repetido finitamente

		Empresa B	
Empresa A	Preço	Baixo	Alto
	Baixo	0, 0	50, –40
	Alto	–40, 50	10, 10

amanhã, há uma chance de que ocorra novamente no dia seguinte e assim por diante. Por exemplo, se $\theta = 1/2$ há uma chance 50–50 de que o jogo termine após uma jogada, uma chance de 1/4 de que ele termine após duas jogadas e uma chance de 1/8 de que ele termine após três jogadas, ou, de maneira geral, uma chance $(\frac{1}{2})^t$ de que termine após t jogadas. É como se uma moeda fosse jogada ao final de cada rodada, e se a moeda desse cara, o jogo terminaria. O jogo terminaria após t jogadas se a primeira cara ocorresse após t jogadas consecutivas da moeda.

Quando existe incerteza com relação ao momento preciso em que o jogo terminará, o exemplo na Tabela 10–9 espelha nossa análise de jogos repetidos infinitamente. Para entender melhor, suponha que as empresas adotem estratégias de gatilho, em que cada uma concorde em cobrar um preço alto, dado que a outra não cobrou um preço baixo em qualquer período prévio. Se uma delas se desvia do combinado, cobrando um preço baixo, a outra vai "puni-la" cobrando um preço baixo até que o jogo termine. Para simplificar, consideremos que a taxa de juros seja zero, de forma que as organizações não descontem os lucros futuros.

Dadas tais estratégias de gatilho, a empresa A tem um incentivo para trapacear cobrando um preço baixo? Se A trapacear cobrando um preço baixo quando B cobra um preço alto, os lucros de A são de $50 hoje, mas zero em todos os períodos remanescentes do jogo. Isso se deve ao fato de que trapacear hoje "dá início" à cobrança de um preço baixo pela empresa B em todos os períodos futuros, e o melhor que A pode fazer nesses períodos é obter $0. Assim, se a empresa A trapaceia hoje, ela obtém

$$\Pi_{trapaceia}^{Empresa\ A} = \$50$$

independentemente de o jogo terminar após uma, duas ou qualquer rodada.

Se a empresa A não trapacear, ela obtém $10 hoje. Além disso, há a probabilidade de $1 - \theta$ de que o jogo acontecerá novamente; nesse caso a empresa obterá outros $10. Existe também a probabilidade de $(1 - \theta)^2$ de que o jogo não termine após duas rodadas, caso em que A obterá ainda outros $10. Considerando tal fato para todas as datas possíveis nas quais o jogo termina, observamos que a empresa A pode esperar obter

$$\Pi_{trapaceia}^{Empresa\ A} = 10 + (1-\theta)10 + (1-\theta)^2 10 + (1-\theta)^3 10 + \cdots = \frac{10}{\theta}$$

se ela não trapacear. Nessa equação, θ é a probabilidade de que o jogo termine após uma rodada. Observe que, quando $\theta = 1$, a empresa A está certa de que o jogo terminará após uma rodada; nesse caso, os lucros de A, se ela cooperar, são de $10. Mas se $\theta < 1$, a probabilidade de que o jogo termine após uma rodada é menor que 1 (há uma chance de que eles joguem novamente), e os lucros da cooperação são maiores que $10.

O importante a observar é que, quando o jogo é repetido um número finito mas incerto de vezes, os benefícios de cooperar parecem exatamente os benefícios de cooperar em um jogo repetido infinitamente, os quais são

$$PV_{Firm A}^{Coop} = 10 + \frac{10}{1+i} + \frac{10}{(1+i)^2} + \frac{10}{(1+i)^3} + \cdots = \frac{10(1+i)}{i}$$

onde i é a taxa de juros. Em um jogo repetido com um ponto de término incerto, $1 - \theta$ representa o papel de $1/(1+i)$; os jogadores descontam o futuro não em função da taxa de juros, mas de não estarem certos de que ocorrerão jogadas futuras.

Em um jogo repetido finitamente com um ponto final desconhecido, a empresa A não tem incentivo para trapacear se ela esperar obter menos ao trapacear do que ao não trapacear. Para os números de nosso exemplo, a empresa A não possui incentivo para trapacear se

$$\Pi_{Firm A}^{Cheat} = 50 \leq \frac{10}{\theta} = \Pi_{Firm A}^{Coop}$$

que é verdadeiro se $\theta \leq 1/5$. Em outras palavras, se após cada rodada do jogo a probabilidade de ele terminar for menor que 20%, a empresa A, ao trapacear, perderá mais do que ganhará. Uma vez que os incentivos para a empresa B são simétricos, o mesmo é verdadeiro para B. Então, quando empresas oligopolísticas competem um número finito mas incerto de vezes, é possível que formem cartel e cobrem preços altos – para obter $10 a cada período –, assim como podem fazer quando sabem que o jogo acontecerá para sempre. A chave é que deve haver uma probabilidade suficientemente alta de que o jogo ocorra em períodos subsequentes. No caso extremo em que $\theta = 1$, os jogadores estão certos de que jogarão apenas uma vez. Ou seja, os lucros de trapacear ($50) são muito maiores do que os de cooperar ($10), e o cartel pode não funcionar. Isso não deve ser uma surpresa para você; quando $\theta = 1$, o jogo é realmente de apenas um estágio, e a estratégia dominante para cada empresa é cobrar o preço baixo.

Demonstração 10–7

Duas fabricantes de cigarros jogam repetidamente o seguinte jogo de movimentos simultâneos de *outdoors* publicitários. Se ambas fizerem propaganda, cada uma obtém lucros de $0 milhão. Se nenhuma realizar propaganda, cada uma obtém lucros de $10 milhões. Se uma realizar propaganda e a outra não, a empresa que fizer propaganda obterá $20 milhões e a outra perderá $1 milhão. Se há uma chance de 10% de que o governo proibirá as vendas de cigarro em qualquer ano, as empresas devem formar "cartel" concordando em não realizar propaganda?

Resposta:

A forma normal do jogo de apenas um estágio repetido um número incerto de vezes é apresentada na Tabela 10–10. Suponha que os jogadores tenham adotado uma estratégia de gatilho, na qual ambos concordam em não realizar propaganda, dado que a outra empresa não realizou

Tabela 10–10 Jogo de outdoors publicitários

		Empresa B	
	Estratégia	**Fazer propaganda**	**Não fazer propaganda**
Empresa A	**Fazer propaganda**	0, 0	20, −1
	Não fazer propaganda	−1, 20	10, 10

propaganda em quaisquer períodos prévios. Se uma empresa fugir do acordo realizando propaganda, a outra vai "puni-la" realizando propaganda até que o jogo termine. Se a empresa A trapaceia no acordo, seus lucros são de $20 hoje, mas $0 em todos os períodos subsequentes, até que o jogo termine. Se a empresa A não trapaceia, ela pode esperar obter

$$\Pi_{Firm\,A}^{Coop} = 10 + (0{,}90)10 + (0{,}90)^2\,10 + (0{,}90)^3\,10 + \cdots = \frac{10}{0{,}10} = 100$$

(considerando que a taxa de juros seja zero). Uma vez que $20 < $100, a empresa A não possui incentivo para trapacear. Os incentivos para a empresa B são simétricos. Portanto, as empresas podem formar cartel usando esse tipo de estratégia de gatilho.

Jogos repetidos com um período final conhecido: o problema de final de período

Suponha agora que um jogo seja repetido um número finito conhecido de vezes. Para simplificar, iremos considerar que o jogo na Tabela 10–11 seja repetido duas vezes. No entanto, os argumentos a seguir aplicam-se mesmo quando um jogo é repetido um número grande de vezes (por exemplo, mil vezes), dado que os jogadores sabem precisamente quando o jogo terminará e o jogo possui apenas um equilíbrio de Nash.

O importante a respeito de repetir duas vezes o jogo na Tabela 10–11 é que na segunda rodada do jogo não existe amanhã e, então, cada empresa tem um incentivo para usar a mesma estratégia durante aquele período que utilizaria em uma versão do jogo com apenas um estágio. Como não há possibilidade de jogo no terceiro período, os participantes não podem punir seus rivais por ações

Tabela 10–11 Jogo de precificação

		Empresa B	
	Preço	**Baixo**	**Alto**
Empresa A	**Baixo**	0, 0	50, −40
	Alto	−40, 50	10, 10

tomadas no segundo período. Para esse jogo, cada jogador cobrará um preço baixo no período 2; mesmo que a empresa B pense que a empresa A pode "cooperar" cobrando um preço alto durante o segundo período, A pode maximizar seus lucros cobrando um preço baixo durante o último período. Não há nada que B possa fazer no futuro para "punir" A por fazer isso. De fato, A deve ficar muito feliz se B cobrar um preço alto no segundo período; se isso fosse feito, A poderia cobrar um preço baixo e obter lucros de $50.

É claro, a empresa B sabe que a empresa A possui um incentivo para cobrar um preço baixo no período 2 (o último período) e também desejará cobrar um preço baixo nesse período. Uma vez que ambos os jogadores sabem que seu oponente cobrará um preço baixo no segundo período, o primeiro é essencialmente o último período. Existe um amanhã, mas ele é o último período, e cada jogador sabe o que o oponente fará. Assim, no período 1, cada jogador possui um incentivo para escolher a mesma estratégia, como em uma versão de um único estágio do jogo, ou seja, cobrar um preço baixo. Em resumo, o equilíbrio de Nash para a versão de dois estágios do jogo na Tabela 10–11 é cobrar um preço baixo a cada período. Cada jogador obtém lucro zero durante cada um dos dois períodos.

Na verdade, o cartel pode não funcionar mesmo que o jogo aconteça por 3 períodos, 4 ou até 1.000 períodos, caso as empresas saibam precisamente quando ele terminará. A principal razão pela qual as empresas não podem fazer cartel na versão do jogo repetido finitamente, com o ponto final conhecido da Tabela 10–11, é que, em certo momento, surgirá um ponto em que ambos os jogadores estarão certos de que não vai haver amanhã. Nesse ponto, quaisquer promessas de "cooperar" realizadas durante os períodos anteriores serão quebradas, já que não há como um jogador ser punido amanhã por ter quebrado a promessa. Efetivamente, um jogador possui incentivo a quebrar uma promessa do segundo ao último período, dado que não há punição efetiva durante o último período. Se todos os jogadores sabem disso, efetivamente não existe amanhã no terceiro período, a partir do último. Esse tipo de "descoberta retrógrada" continua até que os jogadores percebam que nenhuma punição efetiva poderá ocorrer durante qualquer período. Os jogadores cobram preços baixos em todos os períodos, até o último período conhecido.

Demonstração 10–8

Você e seu rival participarão do jogo da Tabela 10–11 duas vezes. Suponha que sua estratégia seja cobrar um preço alto em cada período, dado que seu oponente nunca cobrou um preço baixo em qualquer período prévio. Quanto você ganhará? Considere que a taxa de juros é zero.

Resposta:

Dada sua estratégia, a melhor do seu oponente é cobrar um preço alto no primeiro período e um preço baixo no segundo período. Para entender por quê, observe que, se ele cobrar um preço alto em cada período, obterá 10 no primeiro e 10 no segundo, somando um total de 20 unidades de lucro. Ele estará em melhor situação cobrando um preço alto no primeiro período (ganhando 10 unidades) e um preço baixo no segundo (obtendo 50 unidades), somando um total de 60 unidades de lucro. Você ganhará 10 unidades no primeiro período, mas perderá 40 unidades no segundo, resultando em uma perda total de 30 unidades. Se um de vocês sabe exatamente quando o jogo terminará, estratégias de gatilho não aumentarão seus lucros.

Aplicações do problema de final de período

Quando os jogadores sabem precisamente quando um jogo repetido terminará, surge o que é conhecido como *problema de final de período*. No período final não existe amanhã e não há como "punir" um jogador por ter feito algo "errado" no último período. Consequentemente, no último período os jogadores se comportarão como fariam em um jogo de apenas um estágio. Nesta seção, examinaremos algumas implicações do problema de final de período para as decisões empresariais.

Demissões e saídas

Como discutido no Capítulo 6, uma razão pela qual os trabalhadores consideram de seu interesse trabalhar arduamente é que estão implicitamente preocupados com a perspectiva de serem demitidos se forem pegos enrolando. À medida que, para os trabalhadores, os benefícios de enrolar são menores do que o custo de ser demitidos, eles considerarão interessante trabalhar arduamente.

Quando um trabalhador anuncia que planeja sair da empresa, digamos, amanhã, o custo de enrolar, para ele, é consideravelmente reduzido. Especificamente, uma vez que o trabalhador não planeja trabalhar amanhã, os benefícios de enrolar no último dia em geral excederão os custos esperados. Em outras palavras, se o trabalhador não planeja aparecer amanhã, a "ameaça" de ser demitido não existe.

O que o gerente pode fazer para resolver esse problema? Uma possibilidade é "demitir" o trabalhador assim que ele anuncia o plano de sair. Embora em algumas situações existam restrições legais contra essa prática, há uma razão mais fundamental pela qual uma empresa não deve adotar tal política. Se você, como gerente, adota a estratégia de demitir os trabalhadores assim que eles o notificam de que planejam sair, como os trabalhadores responderão? A melhor estratégia para o trabalhador pode ser esperar e dizer-lhe apenas no final do dia que planeja sair! Mantendo o plano de sair em segredo, o trabalhador vai ao trabalho por mais tempo do que iria de outra maneira. Observe que o incentivo do trabalhador para enrolar é tão forte quanto seria se você não adotasse tal política. Consequentemente, você não resolverá o problema de final de período; em vez disso, será continuamente "surpreendido" por pedidos de demissão, sem tempo suficiente para encontrar novos trabalhadores para assumir os seus lugares.

A melhor estratégia empresarial é oferecer alguma recompensa para o bom trabalho, que se estenda além do término do emprego. Por exemplo, você pode deixar claro para o trabalhador que é muito bem relacionado e não se oporá a escrever uma carta de recomendação de que ele possa necessitar no futuro. Desse modo, você envia um sinal aos trabalhadores de que sair não é realmente o final do jogo. Se um trabalhador toma vantagem do problema de final de período, você, sendo bem relacionado, pode "puni-lo" informando outros potenciais empregadores desse fato.

O vendedor de "óleo de cobra"

Nos velhos filmes de bangue-bangue, vendedores de "óleo de cobra" vão de cidade em cidade, vendendo frascos de um elixir que promete curar qualquer doença conhecida da humanidade. Infelizmente, os compradores do "remédio" logo descobrem que ele não presta. Apesar de tudo, esses vendedores ganham a vida vendendo a substância inútil porque vão se mudando de uma cidade para outra. Desse modo, eles se asseguram de que os compradores não podem "puni-los" por vender frascos de fluidos inúteis.

Em contraste, se um comerciante local vendesse remédios sem valor, os consumidores poderiam puni-lo recusando-se a comprar dele no futuro. Como vimos anteriormente, essa ameaça pode ser utilizada para induzir as empresas a vender produtos de boa qualidade. Mas nos dias do vendedor de "óleo de cobra" tal ameaça não era possível.

Para a punição funcionar, deve haver alguma forma de ligar o passado, o presente e o futuro relacionados ao vendedor. As redes de comunicação inadequadas do Velho Oeste impediam os consumidores de espalhar a informação a respeito do vendedor de "óleo de cobra" aos futuros clientes; assim, a perda de sua "reputação" não era uma ameaça. No entanto, ao longo do tempo os consumidores aprenderam, das experiências passadas, a não confiar em tais vendedores, e quando um novo vendedor chega à cidade eles podem "colocá-lo para fora".

Talvez você tenha aprendido com experiências anteriores que "vendedores de calçada" vendem produtos inferiores. A razão, como você pode reconhecer agora, é que os consumidores não têm formas de localizar tais vendedores no caso de o produto ser inferior. Esses comerciantes, na verdade, tiram vantagem do problema de final de período.

Jogos de multiestágio

Uma classe alternativa de jogo é chamada *jogos de multiestágio*. Eles diferem das classes de jogos examinadas anteriormente no sentido de que o tempo é muito importante. Em particular, o sistema multiestágio permite aos jogadores tomar decisões sequenciais em vez de simultâneas.

Teoria

forma extensiva de jogo
Representação de um jogo que indica os jogadores, a informação disponível a eles a cada estágio, as estratégias disponíveis a eles, a sequência dos movimentos e os *payoffs* resultantes de estratégias alternativas.

Para entender como jogos de multiestágio diferem daqueles de um estágio ou infinitamente repetidos, é útil apresentar a forma extensiva de um jogo. Uma *forma extensiva de jogo* mostra quem são os jogadores, a informação disponível a eles a cada estágio do jogo, a estratégia disponível aos jogadores, a ordem dos movimentos do jogo e os *payoffs* que resultam das estratégias alternativas.

Novamente, a melhor maneira de entender a representação da forma extensiva de um jogo é por meio de um exemplo. A Figura 10–1 representa a forma extensiva de um jogo. Os círculos são chamados *pontos de decisão*, e cada círculo indica que naquele

Figura 10–1 Jogo de movimento sequencial na forma extensiva

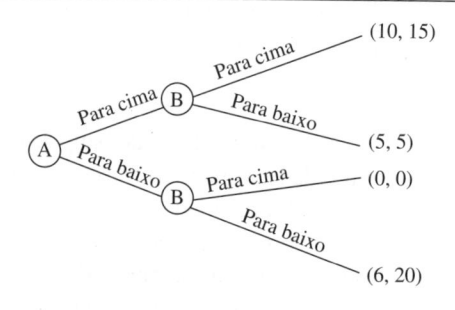

```
                    Para cima
              B  ─────────────── (10, 15)
      Para cima │
         ╱       Para baixo
        ╱     ──────────────── (5, 5)
    A
        ╲       Para cima
         ╲   ──────────────── (0, 0)
      Para baixo │
              B
                    Para baixo
                 ─────────────── (6, 20)
```

estágio o jogador deve escolher uma estratégia. O ponto singular (chamado A) em que todas as linhas se originam é o início do jogo, e os números nos finais de cada ramificação representam os *payoffs* ao final do jogo. Por exemplo, neste jogo o jogador A se move primeiro. As estratégias possíveis para A são *para cima* ou *para baixo*. Uma vez que o jogador A se move, é a vez do jogador B. O jogador B deve, então, decidir se se move *para cima* ou *para baixo*. Se ambos se moverem *para cima*, o jogador A recebe um *payoff* de 10 e o jogador B recebe um *payoff* de 15. Se o jogador A se move *para cima* e o jogador B se move *para baixo*, ambos recebem um *payoff* de 5. O primeiro número nos parênteses reflete o *payoff* para o jogador A (o primeiro a se mover no jogo), enquanto o segundo número refere-se ao *payoff* do jogador B (o segundo a se mover).

Assim como em jogos com movimentos simultâneos, o *payoff* de cada jogador depende não apenas de sua ação, mas também da ação do outro jogador. Por exemplo, se o jogador A se move *para baixo* e o jogador B se move *para cima*, o *payoff* resultante para A é 0. Mas se o jogador B se move *para baixo* quando o jogador A se move *para baixo*, A recebe 6.

Há, no entanto, uma diferença importante entre o jogo de movimento sequencial representado na Figura 10–1 e os jogos de movimentos simultâneos examinados nas seções anteriores. Como o jogador A deve tomar uma decisão antes do jogador B, A não pode tomar ações condicionadas ao que B fizer. A pode escolher apenas *para cima* ou *para baixo*. Em contraste, B deve tomar uma decisão após A. Consequentemente, uma estratégia para o jogador B especificará uma ação para ambos os seus pontos de decisão. Se o jogador A escolhe *para cima*, o jogador B pode escolher tanto *para cima* quanto *para baixo*. Se A escolhe *para baixo*, B pode escolher tanto *para cima* quanto *para baixo*. Um exemplo de estratégia para B é escolher *para cima* se A escolhe *para cima*, e *para baixo* se A escolhe *para baixo*. Observe que é permitido que a estratégia do jogador B dependa do que o jogador A tenha feito, já que este é um jogo de movimentos sequenciais e B se move em segundo. Em contraste, não existe "se" condicional na estratégia do jogador A.

Para ilustrar como as estratégias funcionam em jogos de movimentos sequenciais, suponha que a estratégia do jogador B seja "escolher *para baixo* se o jogador A escolher *para cima*, e *para baixo* se o jogador A escolher *para baixo*". Dada essa estratégia, qual a melhor escolha para o jogador A? Se A escolhe *para cima*, obtém 5, uma vez que B escolherá *para baixo*. Se A escolhe *para baixo*, obtém 6, uma vez que B escolherá *para baixo*. Dada uma escolha entre ganhar 5 e 6, o jogador A prefere 6 e, portanto, escolherá *para baixo*.

Se o jogador A escolhe *para baixo*, o jogador B tem um incentivo para mudar sua estratégia? A estratégia de B especifica que ele escolhe *para baixo* se A escolhe *para baixo*. Ao escolher *para baixo*, B obtém 20, enquanto obteria 0 ao escolher *para cima*. Vemos, então, que o jogador B não tem incentivo para mudar sua estratégia se o jogador A escolher *para baixo*.

Uma vez que nenhum jogador possui um incentivo para mudar suas estratégias, encontramos um equilíbrio de Nash para o jogo na Figura 10–1. Essas estratégias são:

Jogador A: *para baixo*.

Jogador B: *para baixo* se o jogador A escolher *para cima*, e *para baixo* se o jogador A escolher *para baixo*.

Os *payoffs* que resultam desse equilíbrio são 6 para o jogador A e 20 para o jogador B.

Você deve estar se perguntando se este é um resultado razoável para o jogo. Em particular, observe que o maior *payoff* para o jogador A resulta quando A escolhe *para cima* e B também escolhe *para cima*. Por que o jogador A, então, não escolhe *para cima*? Porque o jogador B "ameaçou" escolher *para baixo* se A escolher *para cima*. O jogador A deve acreditar nessa ameaça? Se ele escolhe *para cima*, a melhor escolha para o jogador B é *para cima*, já que o *payoff* de 15 é melhor para B do que o *payoff* de 5 que resulta da escolha *para baixo*. Mas se B escolhe *para cima*, A ganha 10. Esse *payoff* é maior do que o que resultou no equilíbrio de Nash que examinamos anteriormente.

O que concluímos de tudo isso? Existe, de fato, outro equilíbrio de Nash para esse jogo. Em particular, suponha que a estratégia de B seja "escolher *para cima* se o jogador A escolher *para cima*, escolher *para baixo* se o jogador A escolher *para baixo*". De acordo com essa estratégia do jogador B, o jogador A ganha 10 escolhendo *para cima* e 6 ao escolher *para baixo*. Claramente, a melhor resposta de A é *para cima*. Se o jogador A escolhe *para cima*, o jogador B não possui incentivo para mudar sua estratégia, e assim temos outro equilíbrio de Nash. Nesse equilíbrio de Nash, o jogador A ganha 10 e o jogador B ganha 15.

Qual desses dois equilíbrios de Nash resultantes é o mais razoável? A resposta é o segundo. A razão é a seguinte. No primeiro equilíbrio de Nash, o jogador A escolhe *para baixo* porque o jogador B ameaçou jogar *para baixo* se A escolhesse *para cima*. Mas o jogador A deve reconhecer que a ameaça não é realmente merecedora de crédito. Se esse estágio do jogo (ponto de decisão) fosse de fato atingido, o jogador B poderia ter um incentivo para voltar atrás em sua ameaça de escolher *para baixo*. Escolher *para baixo* nesse estágio poderia resultar em menores lucros para B do que ao escolher *para cima*. O jogador B, portanto, não tem incentivo para fazer o que ele disse que faria. No jargão da teoria dos jogos, o equilíbrio de Nash no qual o jogador A ganha 6 e o jogador B ganha 20 não é um equilíbrio perfeito de subjogo. Um conjunto de estratégias constitui um *equilíbrio perfeito de subjogo* se (1) é um equilíbrio de Nash e (2) a cada estágio do jogo (ponto de decisão) nenhum jogador pode melhorar o seu *payoff* mudando a própria estratégia. Assim, um equilíbrio perfeito de subjogo é um equilíbrio de Nash que envolve apenas ameaças críveis. Para o jogo na Figura 10–1, o único equilíbrio perfeito de subjogo é o jogador A escolher *para cima* e o jogador B seguir o movimento *para cima*.

A análise desta seção é normalmente difícil de ser compreendida na primeira ou segunda leitura, de forma que eu encorajo você a revê-la se não tiver os conceitos claros em sua mente. Antes de você fazer isso, ou seguir para a próxima seção, apresentarei uma história que pode ajudá-lo a entender o conceito de equilíbrio perfeito de subjogo.

Uma adolescente recebe as seguintes instruções de seu pai: "Se você não estiver em casa à meia-noite, queimarei a casa e você perderá tudo que possui". Se a adolescente acreditar em seu pai, estará certa de que será interessante voltar para casa antes da meia-noite, uma vez que não quer perder tudo que possui. Se a adolescente retornar antes da meia-noite, o pai não terá queimado a casa, de forma que não existe custo ao pai para fazer a ameaça. A ameaça do pai e o retorno da filha antes da meia-noite são estratégias de equilíbrio de Nash. No entanto, não há estratégias de equilíbrio de subjogo perfeitas. A ameaça do pai em queimar a casa, que é o que levou a adolescente a escolher voltar antes da meia-noite, não é crível. O pai não terá interesse em queimar sua própria casa se a filha voltar mais tarde. Se a filha souber disso, perceberá que a ameaça não é crível, e tal fato não afetará sua decisão de voltar ou não para casa antes da meia-noite. Se o equilíbrio de Nash é obtido por uma ameaça que não é crível, este não é um equilíbrio perfeito de subjogo.

equilíbrio perfeito de subjogo
Situação que descreve um conjunto de estratégias que constituem um equilíbrio de Nash e não permitem a nenhum jogador melhorar seu próprio *payoff*, a qualquer estágio do jogo, ao mudar suas estratégias.

Figura 10-2 Jogo de entrada

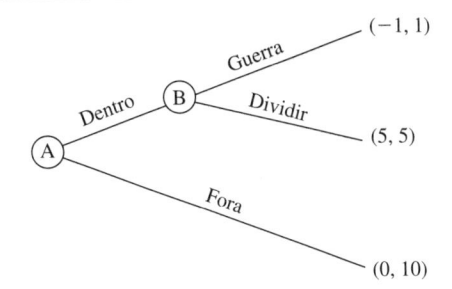

```
                    Guerra
              B ───────────── (−1, 1)
        Dentro    Dividir
      A ─────── ─────────── (5, 5)
        Fora
         ─────────────────── (0, 10)
```

Aplicações de jogos de multiestágio

Jogo de entrada

Para ilustrar o uso da teoria de jogos de multiestágio em um mercado, considere a forma extensiva apresentada na Figura 10–2. Aqui, a empresa B é uma empresa existente no mercado e a empresa A é uma entrante potencial. A empresa A deve decidir se entra no mercado (*dentro*) ou sai (*fora*). Se A decide ficar fora do mercado, a empresa B mantém seu comportamento e obtém lucros de $10 milhões, enquanto A obtém $0. Mas se A decide entrar no mercado, B deve decidir se entrará em uma guerra de preços (*guerra*) ou se simplesmente dividirá o mercado (*dividir*). Ao escolher *guerra*, a empresa B se assegura de que a empresa A incorre em um prejuízo de $1 milhão, mas B obtém apenas $1 milhão em lucros. Por outro lado, se a empresa B escolhe *dividir* após A entrar, A obtém metade do mercado e cada empresa obtém lucros de $5 milhões.

Isso mostra que existem dois equilíbrios de Nash para este jogo. O primeiro ocorre quando a empresa B ameaça escolher *guerra* se A entrar no mercado, e então A permanece *fora* do mercado. Para entender que essas estratégias de fato levam a um equilíbrio de Nash, observe o seguinte. Se a estratégia da empresa B é escolher *guerra* se a empresa A entrar, a melhor escolha de A é não entrar. Se A não entra, B pode ameaçar escolher *guerra* se A entrar. Assim, nenhuma empresa possui um incentivo para mudar sua estratégia; a empresa A obtém $0, e B obtém lucros de $10 milhões.

No entanto, esse equilíbrio de Nash envolve uma ameaça que não é crível. A razão pela qual a empresa A escolhe não entrar é que a empresa B ameaça escolher *guerra* se A entrar. B tem um incentivo para levar adiante a ameaça de escolher *guerra* se a empresa A entrar? A resposta é não. Dado que a empresa A entra no mercado, a empresa B ganhará $5 milhões escolhendo *dividir*, mas apenas $1 milhão escolhendo *guerra*. Se a empresa A entrar, não é a melhor decisão da empresa B escolher *guerra*. Assim, o resultado no qual a empresa A permanece fora do mercado porque a empresa B ameaça escolher *guerra* se ela entrar é um equilíbrio de Nash, mas não é um equilíbrio perfeito de subjogo. Ele envolve uma ameaça que não é crível, ou seja, a ameaça da empresa B de se engajar em uma guerra de preços se a empresa A entrar no mercado.

O outro equilíbrio de Nash para este jogo é a empresa A escolher entrar (*dentro*) e a empresa B seguir o movimento escolhendo *dividir*. Particularmente, se a empresa A entrar, a melhor escolha para a empresa B é *dividir* (ao escolher *dividir*, B obtém $5 milhões, em vez de $1 milhão que obteria escolhendo *guerra*). Dado que a empresa B escolhe *dividir* se a empresa A entrar, a melhor opção para A é entrar

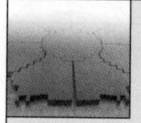

> **Por dentro dos negócios 10–3**
>
> ## Estratégia de entrada em mercados internacionais: *sprinkler* ou *waterfall*?
>
> Estrategistas de *marketing* internacional são frequentemente confrontados com um dilema relativo à entrada em novos mercados: devemos adotar uma estratégia "waterfall" (cascata), na qual entramos em diversos países sequencialmente? Ou é melhor adotar uma estratégia "sprinkler" (borrifo) e entrar em diversos países simultaneamente?
>
> A principal vantagem de uma estratégia *sprinkler* é que ela permite à empresa entrar em diversos mercados ao mesmo tempo, colocando o pé em diferentes países, à frente dos rivais. As desvantagens são que ela frequentemente impede as empresas de tirar vantagens dos efeitos das curvas de aprendizado e tende a despender recursos muito elevados. Em contraste, uma estratégia *waterfall* leva à penetração internacional mais lenta, mas permite projetar produtos para mercados particulares e aprender com as experiências em outros mercados.
>
> A estratégia de penetração ótima, é claro, depende dos benefícios e custos dessas estratégias. Estratégias *sprinkler* são tipicamente ótimas quando os mercados são homogêneos, os efeitos da curva de aprendizado são pequenos e os investimentos específicos são baixos. Estratégias waterfall tendem a funcionar melhor quando investimentos específicos do país são necessários.
>
> Recentemente, os professores Fischer, Clement e Shankar apresentaram evidências de que a ordem de entrada é um fator importante na determinação de estratégias ótimas para a entrada em mercados internacionais. Com base em dados farmacêuticos da Europa, eles descobriram que, se já existem mais do que três empresas no mercado, a entrada sequencial em diferentes países é melhor.
>
> Fonte: Marc Fischer, Michel Clement e Venkatesh Shankar. "International Market Entry Strategy: A Source of Late Mover Advantage." University of Maryland, mar. 2004.

(ao escolher *dentro*, A obtém $5 milhões em vez de $0 que obteria permanecendo fora). Este é um equilíbrio perfeito de subjogo, porque é claramente do interesse da empresa B escolher *dividir* sempre que a empresa A escolher *entrar*. Embora existam dois equilíbrios de Nash para o jogo de entrada, há um único equilíbrio perfeito de subjogo, no qual a empresa A escolhe *dentro* e a empresa B escolhe *dividir*.

Inovação

Nossa análise do jogo de entrada revela uma lição importante para futuros gerentes: não vale a pena prestar atenção a ameaças feitas por rivais quando não são críveis. Também podemos usar a teoria dos jogos sequenciais ou de multiestágio para analisar decisões de inovação, como ilustra o próximo problema.

Demonstração 10–9

Sua empresa deve decidir se lança ou não um novo produto. Se você lançar o produto, seu rival terá de decidir se vai clonar ou não o novo produto. Se não lançar o produto, você e seu rival ganharão $1 milhão cada. Se lançar o produto e o seu rival o clonar, você perderá $5 milhões e seu rival ganhará $20 milhões (você gastou muito dinheiro em pesquisa e desenvolvimento, e seu rival não precisará fazer investimento para competir com esse clone). Se lançar o produto e o seu rival não o clonar, você ganhará $100 milhões e seu rival ganhará $0.

Figura 10-3 Jogo de inovação

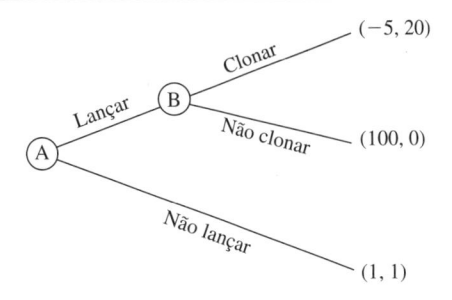

```
              Clonar
                  ────── (−5, 20)
         Lançar B
      ╱          Não clonar
    A ──────────────────── (100, 0)
      ╲
        Não lançar
              ────────── (1, 1)
```

1. Mostre a forma extensiva deste jogo.
2. Você deve lançar o novo produto?
3. Como sua resposta muda se o seu rival "prometer" não clonar seu produto?
4. O que você faria se as leis de patente impedissem seu rival de clonar seu produto?

Resposta:

1. O jogo de novo produto é apresentado na Figura 10-3. Observe que é um jogo de multiestágio no qual sua empresa (A) move-se primeiro, seguida por seu rival (B).
2. Se você lançar o produto, a melhor escolha para B é cloná-lo; nesse caso, sua empresa perde $5 milhões. Se não lançar o produto, você ganha $1 milhão. Sua decisão maximizadora de lucros é não lançar o produto.
3. Se você acredita na "promessa" do seu rival de não clonar, ganhará $100 milhões lançando o novo produto e apenas $1 milhão se não lançá-lo. No entanto, a promessa de B não é crível; B adorará que você gaste dinheiro desenvolvendo o produto para que ele o possa clonar e obter lucros de $20 milhões. Nesse caso, você perde $5 milhões. Uma vez que a promessa não é crível, é melhor pensar duas vezes antes de permitir que isso afete seu comportamento.
4. Se você pode obter uma patente para o seu novo produto, B será forçado por lei a desistir de clonar. Nesse caso, você deve lançar o produto para ganhar $100 milhões. Isso mostra que a possibilidade de patentear um novo produto frequentemente induz as empresas a lançar produtos que não lançariam na ausência de um sistema de patentes.

Barganha sequencial

A aplicação final de jogos de multiestágio que vamos analisar é um *jogo de barganha de movimento sequencial*. Especificamente, suponha que uma empresa e um sindicato estejam engajados em negociações sobre quanto de um resultado de $100 irá para o sindicato e quanto irá para a gestão. Considere que a gerência (G) se move primeiro oferecendo um montante ao sindicato (S). Dada a oferta, o sindicato deve decidir aceitá-la ou rejeitá-la. Se a oferta for rejeitada, nenhuma das partes recebe nada.

Figura 10–4 Jogo de barganha de movimento sequencial

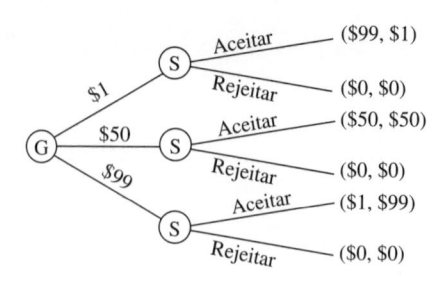

```
                    Aceitar ── ($99, $1)
              ┌─ S ─┤
           $1 │      Rejeitar ── ($0, $0)
              │
              │      Aceitar ── ($50, $50)
         G ──┼─ S ─┤
          $50│      Rejeitar ── ($0, $0)
              │
              │      Aceitar ── ($1, $99)
           $99└─ S ─┤
                    Rejeitar ── ($0, $0)
```

Se a oferta for aceita, o sindicato obtém um montante especificado e a gerência fica com o resíduo. Para simplificar, suponha que a gerência possa oferecer ao sindicato um de três montantes: $1, $50 ou $99.

A forma extensiva deste jogo é apresentada na Figura 10–4. Observe que o sindicato deve tomar sua decisão após saber da oferta da gerência. Por exemplo, se a gerência oferecer ao sindicato $1 e o sindicato aceitar a oferta, a gerência ficará com $99 e o sindicato com $1. Se o sindicato rejeitar a oferta, ambas as partes ficam com $0.

Considere que você seja o gerente e o sindicato faça a seguinte afirmação antes de sua oferta: "Dê $99 ou rejeitaremos a oferta". O que você deve fazer? Se acreditar no sindicato e oferecer um montante menor, ele rejeitará a oferta e você ficará sem nada. Dada a estratégia do sindicato, sua melhor escolha é oferecer $99, uma vez que tal ação oferece a você um *payoff* de $1 em vez de $0. Se você oferece ao sindicato $99, a melhor escolha dele é aceitar a oferta. Assim, um equilíbrio de Nash resultante desse processo de barganha sequencial rende $1 para a gerência e $99 para o sindicato.

Isso significa que a ação ótima para a gestão é oferecer $99 ao sindicato? A resposta é não. Observe que o equilíbrio é suportado por uma ameaça, por parte do sindicato, que não é crível. De acordo com o sindicato, se a gerência lhe oferecesse $1, o sindicato rejeitaria a oferta. Mas ao rejeitar uma oferta, o sindicato obteria $0 em vez de $1 que obteria aceitando a oferta. Assim, não é do interesse do sindicato rejeitar a oferta.

De fato, o único equilíbrio perfeito de subjogo para este jogo de barganha sequencial é a gerência oferecer ao sindicato $1 e o sindicato aceitar a oferta. Observe que, se a gerência oferecesse ao sindicato $1, a melhor escolha do sindicato seria aceitar, uma vez que $1 é preferível a $0 que receberia ao rejeitar a oferta. Neste jogo de barganha de movimento sequencial, o único equilíbrio perfeito de subjogo é a gerência ficar com $99 e o sindicato com $1.

Demonstração 10–10

Considere o jogo de barganha descrito, mas suponha que a ordem de jogadas seja invertida: o sindicato deve fazer uma oferta e, então, a gerência decide se a aceita ou rejeita. Qual é o equilíbrio perfeito de subjogo resultante desse processo de barganha?

Resposta:

A escolha maximizadora de lucros para a gerência a qualquer oferta é aceitá-la caso ela ofereça mais do que $0 que ela obteria ao rejeitar a oferta. Portanto, o equilíbrio perfeito de subjogo é o sindicato oferecer à gerência $1 e ficar com $99 para si. Dada essa oferta, a melhor escolha para a gerência é aceitá-la. Qualquer ameaça da gerência de recusar uma oferta de $1 ou $50 não deve ser crível.

Esta seção apresentou uma característica importante de jogos de barganha de dois estágios sequenciais. Efetivamente, o primeiro movimento no jogo de barganha leva a uma "última oferta". O segundo a fazer o movimento pode aceitar a oferta ou rejeitá-la e não receber nada. O jogador que faz a "última oferta" extrai praticamente todos os montantes barganhados. O exemplo a seguir ilustra o princípio.

Suponha que um consumidor deseje comprar um carro que o vendedor avalie em $10 mil. O consumidor avalia o carro em $12 mil. Efetivamente, o jogo de barganha é sobre a diferença de $2 mil entre a valorização do consumidor e o custo do vendedor. Suponha que o consumidor faz a seguinte última oferta ao vendedor: "Pagarei $10.001 pelo carro. Se você não aceitar, comprarei um carro em outra loja". Se o vendedor acreditar na ameaça do consumidor de terminar o processo de barganha se a oferta for rejeitada, ele aceitará a oferta; o vendedor prefere ganhar $1 a ganhar $0 ao não vender o carro. O consumidor compra o carro a $1 acima do custo do vendedor.

Em contraste, suponha que a ordem do processo de barganha seja invertida e que o vendedor diga ao consumidor: "Outro cliente quer o carro. Pague-me $11.999, ou eu o venderei a outro consumidor". Nesse caso, se o comprador acreditar que a ameaça do vendedor de vender o carro a outro comprador é crível e não tiver outras opções, sua melhor escolha é comprar o carro, uma vez que ele custa $1 menos do que a sua avaliação. Assim, o vendedor obtém um belo lucro.

Concluindo esta seção, observamos que diversos aspectos da realidade frequentemente complicam os processos de barganha sequencial. Primeiro, os jogadores nem sempre conhecem os verdadeiros *payoffs* dos outros jogadores. Por exemplo, se o comprador de um carro não conhece o custo do vendedor, ele não pode fazer a última oferta e estar certo de ficar com o carro. Do mesmo modo, se um vendedor não conhece o preço máximo que o consumidor pagará pelo carro, não pode assegurar-se de realizar a venda ao fazer uma última oferta. Em processos de barganha, é meritório investir algum tempo no aprendizado a respeito de seu oponente. Isso explica por que existe um mercado para publicações que se especializam em oferecer informações aos consumidores a respeito dos custos das lojas de automóveis.

Uma consideração importante no processo de barganha analisado nesta seção é que a barganha termina tão logo o segundo jogador rejeita ou aceita uma oferta. Se este não fosse o caso, a pessoa tomando a decisão de aceitar ou rejeitar a oferta poderia pensar o seguinte: "Se eu rejeitar a oferta, talvez a outra parte faça outra oferta mais atrativa". Efetivamente, isso muda o jogo e pode mudar as decisões subjacentes dos jogadores. Por outro lado, um jogador que pode, de maneira crível, fazer a última oferta se sairá muito bem em um jogo de barganha. Mas se a ameaça não for crível, ele pode terminar "de mãos vazias" quando a outra parte fizer uma contraoferta em que o primeiro jogador prefira sair da mesa de negociação.

Respondendo à manchete

Por que a AMR pediu à Federal Aviation Administration que impusesse restrições mais rígidas quanto à bagagem, em vez de impor limites mais rígidos ela mesma? A AMR reconheceu que se impusesse unilateralmente limites mais rígidos, suas rivais poderiam ganhar e ela perderia. Em particular, se a AMR impusesse limites mais rígidos, mas seus rivais não, os clientes mudariam para alguma companhia aérea mais amigável. Isso prejudicaria os negócios da AMR – talvez ela pudesse perder $5 milhões e as outras companhias ganhar $5 milhões. Da mesma forma, a AMR ganharia se as rivais impusessem limites mais rígidos mas ela não – talvez pudesse ganhar $5 milhões e as outras companhias perder $5 milhões. Mas se a AMR e suas rivais impusessem limites mais rígidos, os aviões poderiam decolar na hora programada, traduzindo-se em, talvez, $2 milhões extras para cada companhia aérea. (Observe que, se todas impusessem limites mais rígidos, os clientes não poderiam mudar para uma companhia com uma política mais branda.) Com base nesse cenário, a forma normal de jogo com a qual a AMR se depara é demonstrada na Tabela 10–12, em que os *payoffs* refletem a mudança nos *payoffs* da empresa em relação ao *status quo*. O *status quo* é a situação na qual cada empresa mantém sua política corrente, e a mudança no *payoff* é de $0 para aquela célula da matriz.

Observe que a estratégia dominante para cada participante desse jogo é manter-se em sua política atual. O que quer que os rivais façam, cada companhia estará melhor se não adotar padrões mais rígidos. Se a AMR e suas rivais adotassem padrões mais rígidos, cada uma poderia obter $2 milhões extras, mas, então, qualquer companhia poderia ganhar clientes e lucros ao voltar à política atual. A AMR reconheceu que as companhias não têm incentivos para impor limites de bagagem mais rígidos sobre si próprias, e que a melhor opção da indústria é persuadir o governo a "forçar" todas as companhias aéreas a adotar padrões mais rígidos. Isso pode permitir que as companhias atinjam o resultado de cartel (2, 2) em vez do resultado do equilíbrio de Nash (0, 0) sem ter de se preocuparem a respeito de os rivais relaxarem os padrões em uma tentativa de roubar consumidores. De acordo com o plano da AMR, o governo

Tabela 10–12 Jogo de limite de bagagem

		Rivais	
	Estratégia	Política atual	Normas mais rigorosas
AMR	Política atual	0, 0	5, –5
	Normas mais rigorosas	–5, 5	2, 2

"puniria" qualquer companhia que se desviasse dos padrões mais rígidos, e a ameaça permitiria que as companhias aéreas atingissem o resultado de cartel por meio do decreto governamental.

Resumo

Este capítulo foi aberto com o estudo do equilíbrio de Nash em jogos de movimentos simultâneos de um único estágio. Aprendemos que os *payoffs* resultantes são, algumas vezes, menores do que seriam se os jogadores fizessem cartel. A razão pela qual os *payoffs* mais altos não podem ser atingidos em jogos de apenas um estágio é que cada participante possui um incentivo para trapacear um acordo de cartel. Em muitos jogos, o que principalmente motiva empresas a trapacear é o fato de que a trapaça é uma estratégia dominante. Estratégias dominantes, quando existem, determinam a decisão ótima em um jogo de apenas um estágio.

Examinamos, também, soluções para jogos repetidos infinitamente. O uso de estratégias de gatilho nesses jogos permite aos participantes entrar e forçar a realização de acordos de cartel quando a taxa de juros é baixa. Ao adotarem estratégias que punem trapaceiros através de longos períodos, os acordos de cartel podem ser autoforçados quando o jogo for infinitamente repetido. Outros fatores que afetam o cartel é o número de empresas, o histórico no mercado, a habilidade das empresas em monitorar o comportamento das outras e a habilidade em punir os trapaceiros. Características similares de interação repetida também ajudam os consumidores e as empresas a continuar realizando comércio e manter produtos de alta qualidade.

Por fim, falamos dos jogos repetidos finitamente tanto com períodos terminais conhecidos quanto incertos, bem como jogos de entrada de movimento sequencial e jogos de barganha. Quando a interação entre as partes acontece por um período conhecido, problemas com trapaça no último período podem desatar acordos cooperativos que poderiam ser suportados por estratégias de gatilho em jogos infinitamente repetidos ou jogos com um ponto de término incerto. Em jogos de movimentos sequenciais, deve-se determinar se as ameaças de indução a um resultado particular no jogo são críveis.

Conceitos e palavras-chave

barganha de Nash
barganha sequencial
estratégia de gatilho
equilíbrio de Nash
equilíbrio perfeito de subjogo
estratégias
estratégia dominante
estratégia mista (aleatória)
estratégia segura
forma extensiva de jogo
forma normal de jogo

jogo de apenas um estágio
jogo de coordenação
jogo de movimento sequencial
jogo de movimentos simultâneos
jogo de multiestágio
jogo repetido finitamente
jogo repetido infinitamente
jogo repetido
problema de final de período
teoria dos jogos

Questões conceituais e computacionais

1. Use a seguinte forma normal de jogo de apenas um estágio para responder as questões a seguir:

		Jogador 2		
	Estratégia	D	E	F
Jogador 1	A	100, 125	300, 250	200, 100
	B	250, 0	500, 500	750, 400
	C	0, –100	400, 300	–100, 350

   a. Encontre a estratégia dominante de cada jogador, se existir.
   b. Encontre a estratégia segura de cada jogador.
   c. Encontre o equilíbrio de Nash.

2. Em um jogo de movimento simultâneo de um estágio com dois jogadores, cada participante pode escolher a estratégia *A* ou a estratégia *B*. Se ambos optarem pela estratégia *A*, cada um obterá um *payoff* de $500. Se ambos optarem pela estratégia *B*, cada um obterá um *payoff* de $100. Se o jogador 1 escolhe a estratégia *A* e o 2 a estratégia *B*, o jogador 1 obtém $0 e o jogador 2 obtém $650. Se o jogador 1 escolhe a estratégia *B* e o 2 a estratégia *A*, então o jogador 1 obtém $650 e o jogador 2 obtém $0.

   a. Escreva a forma normal do jogo acima.
   b. Encontre a estratégia dominante de cada jogador, se existir.
   c. Encontre o equilíbrio de Nash (ou equilíbrios) deste jogo.
   d. Elenque os pares de estratégia pelos *payoffs* agregados (do maior para o menor).
   e. O resultado com o maior *payoff* agregado pode ser mantido em equilíbrio? Por que sim ou por que não?

3. Use a matriz de *payoff* a seguir, para o jogo de um estágio de movimento simultâneo, para responder as questões.

		Jogador 2			
	Estratégia	C	D	E	F
Jogador 1	A	25, 15	4, 20	16, 14	28, 12
	B	10, 10	5, 15	8, 6	18, 13

   a. Qual a estratégia ótima do jogador 1? Por quê?
   b. Determine o *payoff* de equilíbrio do jogador 1.

4. Use a forma normal do jogo a seguir para responder as questões.

	Jogador 2		
Estratégia		C	D
Jogador 1 — A		10, 10	60, –5
Jogador 1 — B		–5, 60	50, 50

   a. Identifique o equilíbrio de Nash de um estágio.
   b. Suponha que os jogadores saibam que este jogo será repetido exatamente três vezes. Eles podem obter *payoffs* melhores que os de equilíbrio de Nash de um estágio? Explique.
   c. Suponha que este jogo seja repetido infinitamente e que a taxa de juros seja de 5%. Os jogadores podem obter *payoffs* melhores que os de equilíbrio de Nash de um estágio? Explique.
   d. Suponha que os jogadores não saibam exatamente quantas vezes este jogo será repetido, mas sabem que a probabilidade de que ele terminará após dada jogada é θ. Se θ é suficientemente baixo, os jogadores podem ganhar mais do que ganhariam no equilíbrio de Nash de um estágio?

5. Use a forma normal do jogo a seguir para responder as questões.

	Jogador 2		
Estratégia		C	D
Jogador 1 — A		1, $4-x$	2, 2
Jogador 1 — B		2, 2	$4-x$, 3

   a. Para que valores de x a estratégia D é (estritamente) dominante para o jogador 2?
   b. Para que valores de x a estratégia B é (estritamente) dominante para o jogador 1?
   c. Para que valores de x (B, D) é o único equilíbrio de Nash do jogo?

6. Considere um jogo de movimento sequencial de dois participantes em que cada um pode escolher jogar *direita* ou *esquerda*. O jogador 1 se move primeiro. O jogador 2 observa o movimento do jogador 1 e, então, decide mover-se para a *direita* ou *esquerda*. Se o jogador 1 se move para a *direita*, recebe $0 e o jogador 2 recebe $15. Se ambos se movem para a *esquerda*, o jogador 1 recebe –$10 e o jogador 2 recebe $8. Se o jogador 1 se move para a *esquerda* e o jogador 2 para a *direita*, o jogador 1 recebe $10 e o jogador 2 recebe $10.
   a. Escreva este jogo na forma extensiva.
   b. Encontre os equilíbrios de Nash resultantes deste jogo.
   c. Quais dos equilíbrios resultantes é mais razoável? Explique.

7. Use a forma extensiva do jogo a seguir para responder as questões.
   a. Liste as estratégias possíveis para os jogadores 1 e 2.
   b. Identifique os equilíbrios de Nash para este jogo.
   c. Encontre o equilíbrio perfeito de subjogo.

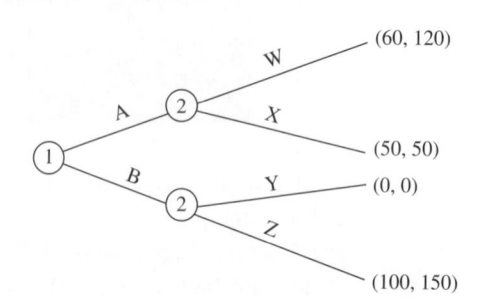

```
                    W
              ┌─────── (60, 120)
         A  ⊙ 2
       ┌────  X
       │      └─────── (50, 50)
     ⊙ 1
       │      Y
       └────  ┌─────── (0, 0)
         B  ⊙ 2
              Z
              └─────── (100, 150)
```

8. Use a matriz de *payoff* a seguir, para o jogo de um estágio, para responder as questões:

		Jogador 2	
	Estratégia	X	Y
Jogador 1	A	5, 5	0, –200
	B	–200, 0	20, 20

a. Determine os resultados de equilíbrio de Nash que surgem se os jogadores tomam decisões de maneira independente, simultaneamente e sem qualquer comunicação. Qual desses resultados você pode considerar mais provável? Explique.
b. Suponha que seja permitido ao jogador 1 "comunicar-se" proferindo uma sílaba antes de os jogadores, simultaneamente e de maneira independente, tomarem suas decisões. O que o jogador 1 deve proferir e que resultado você acha que poderia ocorrer?
c. Suponha que o jogador 2 possa escolher sua estratégia antes do jogador 1, que o jogador 1 observe a escolha feita pelo jogador 2 antes de tomar sua decisão, e que esta estrutura de movimento seja conhecida por ambos os jogadores. Que resultado você pode esperar? Explique.

Problemas e aplicações

9. Embora exista um grau de diferenciação entre varejos de produtos gerais como Target e Kmart, suas propagandas oferecem evidências de que elas se encontram em competição de preços. Isso sugere que Target e Kmart simultaneamente escolham anunciar um de dois preços para dado produto: um preço regular

ou um preço de promoção. Suponha que, quando uma empresa anuncia o preço de promoção e a outra o preço regular para um produto particular, a que anunciou o preço de promoção atrai 50 milhões extras de consumidores, obtendo um lucro de $5 bilhões, comparado aos $3 bilhões recebidos pela que anunciou o preço regular. Quando ambas anunciam o preço de promoção, dividem o mercado igualmente (cada uma obtendo um extra de 25 milhões de consumidores) para obter lucros de $1 bilhão cada. Quando ambas anunciam o preço regular, cada companhia atrai apenas seus 50 milhões de clientes leais, e ganham, cada uma, $3 bilhões em lucros. Se você fosse responsável por estabelecer preços em uma dessas empresas, teria uma estratégia clara de precificação? Em caso afirmativo, explique por quê. Caso contrário, explique por que não e proponha um mecanismo que possa resolver seu dilema. (Sugestão: ao contrário do Wal-Mart, nenhuma dessas duas organizações garante "preços baixos todo dia".)

10. De acordo com um artigo recente do *The Wall Street Journal*, acidentes de carro com impactos laterais estão entre os mais mortais, respondendo por aproximadamente 10 mil mortes por ano. Preocupações com a segurança de crianças evitou que as montadoras de automóveis tornassem os *airbags* laterais equipamentos de série, embora sejam opcionais na maioria dos automóveis médios e grandes. Comentários abertamente críticos feitos por Ron Zarrella, da General Motors, de que os sistemas de *airbags* de outros produtores inflavam muito fortemente e apresentavam perigo potencial às crianças, levaram a indústria a conceber padrões comuns de segurança para sistemas de *airbags* laterais. Parte do estratagema de desenvolver esses padrões que protegerão tanto adultos quanto crianças é fazer com que a indústria concorde em um único conjunto de regras. Suponha que tais regras sejam desenvolvidas e que a Ford e a GM devam simultaneamente decidir tornar os *airbags* laterais equipamentos de série em todos os modelos. Os *airbags* laterais aumentam o preço de cada automóvel em $500. Se tanto a Ford quando a GM tornarem os *airbags* laterais equipamentos de série, cada companhia obterá lucros de $1,5 bilhão. Se nenhuma delas adotar a tecnologia de *airbags* laterais, cada companhia ganhará $0,5 bilhão (devido às vendas perdidas para outros fabricantes). Se uma companhia adota a tecnologia como equipamento de série e a outra não, aquela que o adotar obterá um lucro de $2 bilhões e a outra perderá $1 bilhão. Se você fosse um tomador de decisão na GM, tornaria os *airbags* laterais equipamentos de série? Explique.

11. A Coca-Cola e a PepsiCo são competidores líderes no mercado de produtos de cola. Em 1960, a Coca-Cola lançou a Sprite, que hoje é o líder mundial no mercado de refrigerantes de limão e a quarta entre todos os refrigerantes no mundo. Antes de 1999, PepsiCo não tinha um produto que competisse diretamente com a Sprite e teve de decidir se lançaria tal refrigerante. Ao deixar de lançar um refrigerante de limão, a PepsiCo continuaria a obter $200 milhões em lucros, e a Coca-Cola continuaria a obter $300 milhões em lucros. Suponha que, ao introduzir um novo refrigerante de limão, uma de duas possíveis estratégias poderia ser adotada: (1) a PepsiCo poderia iniciar uma guerra de preços com a Coca-Cola tanto no mercado de cola quanto no mercado de limão, ou (2) a Coca-Cola poderia aquiescer e cada empresa manteria sua fatia de 50/50 do mercado de cola e dividiria o mercado de limão em 30/70 (PepsiCo/Coca-Cola). Se a PepsiCo

lançasse um refrigerante de limão e resultasse na guerra de preços, ambas as companhias obteriam lucros de $100 milhões. Como alternativa, a Coca-Cola e a PepsiCo poderiam obter $275 milhões e $227 milhões, respectivamente, se a PepsiCo lançasse um refrigerante de limão e a Coca-Cola aquiescesse e dividisse os mercados como dito anteriormente. Se você fosse um gerente na PepsiCo, tentaria convencer seus colegas de que lançar um novo refrigerante é a estratégia mais lucrativa? Justifique.

12. O contrato de trabalho da UAW com a General Dynamics expirou em outubro de 2001. Nos meses anteriores à data de expiração, equipes de negociação da UAW e da General Dynamics se encontraram para negociar um novo contrato. Todos os contratos devem ser ratificados pelos membros do sindicato. Algumas das muitas questões na mesa incluíram segurança do trabalho, benefícios de saúde e salários. Se você fosse um executivo responsável pelas questões de recursos humanos na General Dynamics, ganharia mais (*a*) deixando o sindicato arcar com as despesas de elaborar um documento resumindo a sua compensação desejada, ou (*b*) fazendo ao sindicato uma "última oferta"? Explique.

13. Serviços de comparação de preços na Internet são uma forma popular para os varejistas fazerem propaganda de seus produtos, assim como uma maneira conveniente para os consumidores simultaneamente obterem preços de diversas organizações que vendam um produto idêntico. Suponha que você seja o gerente da Digital Camera Inc., uma empresa que se especializou na venda de câmeras digitais aos consumidores que faz propaganda em um serviço de comparação de preços na Internet. No mercado para um modelo de câmera de alta tecnologia particular, você possui apenas uma rival – The Camera Shop –, com a qual competiu nos últimos quatro anos estabelecendo preços diariamente. A facilidade de uso da Internet para monitorar os preços das empresas rivais habilitou você e sua rival a cobrar preços extremamente altos para esse tipo particular de câmera. Em um artigo de jornal, você leu recentemente que a Camera Shop usou todo o seu capital de risco e que nenhum novo investidor está disposto a colocar dinheiro na companhia. Como resultado, a Camera Shop interromperá suas operações no próximo mês. Essa informação vai alterar suas decisões de preço hoje? Explique.

14. Você é o gerente de uma empresa que produz vidros dianteiros e traseiros para a indústria automotiva. Em virtude das economias de escala na indústria, a entrada de novas empresas não é lucrativa. A DaimlerChrysler pediu à sua empresa e a seu único rival para, simultaneamente, submeter cotações de preços para oferecer 100 mil vidros dianteiros e traseiros para o novo Jeep Liberty. Se tanto você quanto seu rival submeterem um preço baixo, cada organização ofertará 50 mil vidros dianteiros e traseiros e obterá lucro zero. Se uma empresa apresentar um preço baixo e a outra um preço alto, a de preço baixo fornecerá os 100 mil vidros dianteiros e traseiros e obterá um lucro de $9 milhões, enquanto a de preço alto não fornecerá nenhum vidro e perderá $1 milhão. Se ambas cotarem um preço alto, cada uma fornecerá 50 mil vidros dianteiros e traseiros e obterá um lucro de $7 milhões. Determine sua estratégia de precificação ótima se você

e seu rival acreditam que o novo Jeep será uma "edição especial" a ser vendida apenas por um ano. Sua resposta seria diferente se você e seu rival fossem requeridos a submeter novamente cotações de preços ano após ano e, em dado ano, houvesse uma chance de 50% de que a DaimlerChrysler descontinuasse o Jeep Liberty? Explique.

15. Na época em que a demanda por cereais prontos para consumo estava estagnada, um profissional da Kellogg's afirmou que "...nos últimos anos, o crescimento de nossa empresa se deu às escondidas, sem que nossos colegas soubessem". A Kellogg's produz cereais desde 1906 e continua a implementar estratégias que a tornam líder na indústria. Suponha que, quando a Kellogg's e sua maior rival fazem propaganda, cada companhia obtenha $0 bilhão em lucros. Quando nenhuma companhia faz propaganda, cada uma obtém lucros de $8 bilhões. Se uma companhia faz propaganda e a outra não, a que faz propaganda obtém $48 bilhões e a que não o faz perde $1 bilhão. Sob que condições essas organizações poderiam usar estratégias de gatilho para suportar o nível de propaganda correspondente ao cartel?

16. Você é um gerente de preços na Argyle Inc., uma empresa de médio porte que recentemente lançou um novo produto no mercado. O único competidor da Argyle é a Baker Company, significativamente menor que a Argyle. A gestão da Argyle decidiu perseguir uma estratégia de curto prazo para maximizar suas vendas trimestrais, e você é o responsável por formular tal estratégia. Após conversar com um funcionário recentemente demitido da Baker Company, você ficou sabendo que (a) a Baker é forçada a cobrar $10 ou $20 por seu produto, (b) o objetivo da Baker é maximizar seus lucros trimestrais, e (c) os custos unitários relevantes da Baker são idênticos aos seus. Você foi autorizado a precificar o produto em dois possíveis níveis ($5 ou $10) e sabe que seus custos relevantes são de $2 por unidade. O departamento de *marketing* ofereceu a seguinte informação a respeito do número esperado de unidades vendidas (em milhões) este trimestre a vários preços, para ajudá-lo a formular sua decisão:

Preço da Argyle	Preço da Baker	Quantidade da Argyle (milhões de unidades)	Quantidade da Baker (milhões de unidades)
$5	$10	3	2
5	20	3	1
10	10	1	2
10	20	1	1

A Argyle e a Baker atualmente estabelecem preços ao mesmo tempo. No entanto, a Argyle pode fazer o primeiro movimento ao gastar $2 milhões em equipamentos de informática que lhe permitam estabelecer seu preço antes da Baker. Determine o preço ótimo da Argyle e se você deve investir os $2 milhões.

17. Você é o gerente da GearNet e deve decidir quantos *hubs* de Internet produzir para maximizar o lucro de sua empresa. A GearNet e sua única rival (*NetWorks*) vendem *hubs* de Internet *dual-speed* que, para os consumidores, são idênticos. O preço de mercado para *hubs* depende da quantidade total produzida pelas duas empresas. Uma pesquisa revelou que o preço de mercado dos *hubs* depende da produção total do mercado como a seguir:

Produção combinada de *hubs* da GearNet e da NetWorks	Preço de mercado de *hubs* (por unidade)
500 unidades	$120
750 unidades	100
1.000 unidades	90

A GearNet e a NetWorks utilizam trabalho, material e máquinas para produzir seus bens. A GearNet adquire trabalho e materiais à medida que é necessário; suas máquinas foram compradas há três anos e estão sendo depreciadas de acordo com o método linear. O departamento contábil da GearNet ofereceu as seguintes informações a respeito de seus custos unitários de produção:

Item	Custo unitário da GearNet para uma produção de:	
	250 unidades	500 unidades
Mão de obra direta	$40	$40
Materiais diretos	30	30
Despesa de depreciação	80	40

Relatórios de especialistas da indústria sugerem que a estrutura de custos da NetWorks é similar à estrutura de custos da GearNet e que restrições tecnológicas requerem que cada organização produza 250 ou 500 *hubs*. Identifique os custos relevantes para a sua decisão e determine se a GearNet deve produzir 250 *hubs* ou 500 *hubs*.

18. Suponha que a norte-americana Qualcomm e a europeia T-Mobile estejam contemplando investimentos em infraestrutura em um mercado de telefonia móvel em desenvolvimento. A Qualcomm atualmente usa uma tecnologia de acesso múltiplo por divisão de código (CDMA), que cerca de 67 milhões de usuários nos Estados Unidos utilizam. Em contraste, a T-Mobile usa uma tecnologia global para comunicação móvel (GSM) que se tornou padrão na Europa e na Ásia. Cada companhia deve (simultânea e independentemente) decidir qual dessas duas tecnologias lançar no mercado. A Qualcomm estima que custará $900 milhões para instalar sua tecnologia CDMA e $1,8 bilhão para instalar a tecnologia

GSM. A T-Mobile projetou o custo de instalação da tecnologia GSM em $950 milhões, enquanto o custo de instalar a tecnologia CDMA foi estimado em $2,5 bilhões. Como mostra a tabela a seguir, cada companhia projetou receitas dependendo não apenas da tecnologia que adotará, mas também da tecnologia adotada por seu rival.

Receitas projetadas para diferentes combinações de padrões de tecnologia móvel (em bilhões)

Padrões (Qualcomm-T-Mobile)	Receitas da Qualcomm	Receitas da T-Mobile
CDMA-GSM	$12,9	$8,95
CDMA-CDMA	$16,9	$14,5
GSM-CDMA	$15,8	$9,5
GSM-GSM	$14,8	$18,95

Construa a forma normal deste jogo. Depois explique as forças econômicas que dão origem à estrutura de *payoffs* e quaisquer dificuldades que as companhias devam encontrar ao buscarem o equilíbrio de Nash no novo mercado.

19. De acordo com estatísticas do governo, o Japão importou aproximadamente 223.246 toneladas de carne de porco durante abril e maio. O governo cita a descoberta do primeiro caso da doença da vaca louca – encefalopatia espongiforme bovina (BSE) – nos Estados Unidos e a gripe aviária na Ásia como a principal razão para o alto nível de importação japonesa de porcos. O governo japonês está considerando uma nova tarifa sobre os produtos derivados de porco importados dos Estados Unidos em uma tentativa de reduzir a dependência japonesa em relação ao porco norte-americano. Devido a pressões políticas em virtude do fato de que 30 siderúrgicas norte-americanas faliram desde 1997, os representantes do International Trade Representative's (ITR) dos Estados Unidos também estão considerando uma nova tarifa sobre o aço importado do Japão. Tanto o governo japonês quanto o norte-americano devem estimar as ramificações de bem-estar social de suas decisões tarifárias. Relatórios de um grupo de especialistas confiáveis indicam o seguinte: se nenhum país impuser uma nova tarifa, a assistência social na economia japonesa permanecerá em $4,8 bilhões e a assistência social nos Estados Unidos permanecerá em $44 bilhões. Se ambos os países impuserem uma nova tarifa, a assistência social nos Estados Unidos declinará 0,5%, para $43,78 bilhões, enquanto assistência social no Japão declinará 0,8%, para $4,76 bilhões. Se o Japão não impuser uma tarifa, mas os Estados Unidos o fizerem, a assistência social projetada no Japão será de $4,66 bilhões, enquanto o bem-estar nos Estados Unidos será de $44,2 bilhões. Por fim, se os Estados Unidos não impuserem uma tarifa, mas o Japão o fizer, a assistência social será projetada em $43,66 bilhões nos Estados Unidos e $4,85 bilhões no Japão. Determine o equilíbrio de Nash resultante quando os políticos nos dois países, simultânea mas independentemente, tomam decisões de tarifa em um cenário míope (um estágio). É possível para os dois países aumentar sua assistência social "concordando" com estratégias diferentes? Explique.

20. Uma gerente de escritório está preocupada com uma queda de produtividade. Apesar do fato de monitorar regularmente seu pessoal administrativo quatro

vezes por dia – às 9h, 11h, 13h e, novamente, às 15h –, a produtividade do escritório caiu 30% desde que ela assumiu a função um ano atrás. Você recomendaria à gerente do escritório investir mais tempo monitorando a produtividade de seu pessoal administrativo? Explique.

21. Você gerencia uma companhia que compete em uma indústria composta por cinco empresas de mesmo tamanho. Um relatório recente da indústria indica que uma tarifa sobre importações deve impulsionar os lucros da indústria em $30 milhões – e que isso deve custar apenas $5 milhões em gastos com atividades (legais) de *lobby* para induzir o Congresso a implementar tal tarifa. Discuta sua estratégia para aumentar os lucros de sua companhia.

Exercícios baseados em casos

Seu instrutor pode dar exercícios adicionais (chamados memos), que requerem a aplicação de algumas das ferramentas aprendidas neste capítulo, para fazer recomendações baseadas em cenários reais de negócios. Alguns desses memos acompanham o Caso Time Warner (páginas 548–583 do seu livro). Memos adicionais, assim como dados que podem ser úteis para a sua análise, estão disponíveis *on-line* em www.mhhe.com/baye6e.

Referências

Bolton, Gary E. "A Comparative Model of Bargaining: Theory and Evidence." *American Economic Review* v. 81, n. 5, p. 1096–1136, dez. 1991.

Friedman, James W. (Ed.). *Problems of Coordination in Economic Activity.* Boston: Kluwer Academic, 1994.

Gardner, Roy; Ostrom, Elinor. "Rules and Games." *Public Choice,* v. 70, n. 2, p. 121–149, maio 1991.

Gilbert, Richard J. "The Role of Potential Competition in Industrial Organization." *Journal of Economic Perspectives,* v. 3, n. 3, p. 107–128, 1989.

Hansen, Robert G.; Samuelson, William F. "Evolution in Economic Games." *Journal of Economic Behavior and Organization,* v. 10, n. 3, p. 315–338, out. 1988.

Morrison, C. C.; Kamarei, H. "Some Experimental Testing of the Cournot-Nash Hypothesis in Small Group Sivalry Situations." *Journal of Economic Behavior and Organization,* v. 13, n. 2, p. 213–231, mar. 1990.

Rasmusen, Eric. *Games and Imormation:* An Introduction to Game Theory. Nova York: Basil Blackwell, 1989.

Rosenthal, Robert W. "Rules of Thumb in Games." *Journal of Economic Behavior and Organization,* v. 22, n. 1, p. 1–13, set. 1993.

CAPÍTULO ONZE

Estratégias de precificação para empresas com poder de mercado

Manchete

Mickey Mouse leva você para passear "de graça" na Disney World

Os parques temáticos de Walt Disney World oferecem aos visitantes uma grande variedade de tipos de ingressos. Um ponto em comum dessas opções de ingressos é a cobrança de uma taxa de entrada fixa e a possibilidade de os clientes andarem nos brinquedos quantas vezes quiserem sem qualquer custo adicional. Por exemplo, ao comprar um ingresso de um dia por cerca de $66, o cliente obtém acesso ilimitado ao parque de sua escolha por um dia.

A Disney não obteria lucros maiores se cobrasse dos visitantes, digamos, $11 toda vez que andassem em um brinquedo?

Objetivos didáticos

Ao final deste capítulo, você poderá:

- Responder à pergunta da manchete.

- Usar as fórmulas de *markup* baseadas na elasticidade para determinar preços maximizadores de lucros em ambientes em que uma empresa detém poder de mercado, incluindo monopólio, competição monopolística e oligopólio de Cournot.

- Implementar estratégias de precificação que permitam às organizações extrair excedente adicional dos consumidores – incluindo discriminação de preço, precificação bipartite, precificação em bloco e venda casada – e explicar as condições necessárias para cada uma dessas estratégias render lucros maiores do que a precificação-padrão.

- Implementar estratégias de precificação que aumentam lucros para estruturas especiais de custos e demanda – tais como fixação de preços de pico, subsídios cruzados e preços de transferência – e explicar as condições necessárias para que cada estratégia funcione.

- Explicar como garantias de compatibilidade de preços, programas de fidelização e estratégias de precificação aleatória podem ser usados para aumentar lucros em mercados com intensa competição de preços.

Introdução

Neste capítulo, vamos lidar com decisões de precificação por parte de empresas que têm algum poder de mercado: empresas em monopólios, competição monopolística e oligopólio. Como aprendemos no Capítulo 8, empresas em competição perfeita não têm controle sobre os preços que cobram por seus produtos; eles são determinados pelas forças de mercado. A decisão de precificação em competição perfeita é simples: cobrar o mesmo preço que as outras empresas no mercado cobram por seus produtos.

Por outro lado, organizações com poder de mercado têm alguma influência sobre os preços que cobram. É importante para você, como gerente, aprender algumas estratégias de precificação básicas para maximizar os lucros de uma empresa. Este capítulo oferece conselhos práticos para implementar tais estratégias de precificação, por meio de dados que estejam prontamente disponíveis aos gerentes. Por exemplo, veremos como um gerente pode utilizar informação publicamente disponível a respeito das elasticidades da demanda para determinar o *markup* maximizador de lucros utilizado para estabelecer o preço do produto.

As decisões de precificação ótimas variarão de empresa para empresa dependendo da estrutura de mercado da indústria e dos instrumentos disponíveis (como propaganda). Iniciaremos com estratégias de precificação básicas utilizadas em monopólio, competição monopolística e oligopólio para estabelecer o preço que maximize lucros. Desenvolveremos estratégias de precificação mais sofisticadas que permitem à organização extrair lucros ainda maiores. Ao ler este capítulo, lembre-se de que algumas dessas estratégias de precificação mais avançadas podem funcionar em certas situações, mas não em outras. Você deve se familiarizar não apenas com a implementação das estratégias, mas também com as condições sob as quais cada tipo de estratégia é factível.

Estratégias de precificação básicas

Nesta seção examinaremos a estratégia de precificação mais básica utilizada por empresas com poder de mercado: cobrar um único preço de todos os consumidores, de forma que a receita marginal se iguale ao custo marginal. Iniciaremos com uma revisão do embasamento econômico para tal estratégia de precificação e discutiremos como pode ser facilmente implementada em um monopólio, em competição monopolística e no oligopólio de Cournot.

Revisão da regra básica de maximização de lucro

Empresas com poder de mercado se deparam com uma demanda negativamente inclinada por seus produtos. Isso significa que, ao cobrarem um preço mais alto, elas reduzem o montante que venderão. Assim, existe um *trade-off* entre vender muitas unidades a um preço baixo e vender apenas poucas unidades a um preço alto.

No Capítulo 8, aprendemos como o gerente de uma empresa com poder de mercado equilibra essas duas forças: a produção é estabelecida no ponto em que a receita marginal (MR) se iguala ao custo marginal (MC). O preço maximizador de lucros é o preço máximo por unidade que os consumidores pagarão por esse nível de produção. O problema a seguir resume o que aprendemos no Capítulo 8 a respeito da decisão de precificação maximizadora de lucros de uma empresa com poder de mercado.

Demonstração 11-1

Suponha que a demanda (inversa) pelo produto de uma empresa seja dada por

$$P = 10 - 2Q$$

e a função de custo seja

$$C(Q) = 2Q$$

Qual será o nível de produção e de preço maximizadores de lucro para essa empresa?

Resposta:

Para essa função de demanda (inversa), a receita marginal é

$$MR = 10 - 4Q$$

e o custo marginal é

$$MC = 2$$

Estabelecendo $MR = MC$, temos

$$10 - 4Q = 2$$

Assim, o nível de produção maximizador de lucros é $Q = 2$. Substituir isso na função de demanda inversa leva ao preço maximizador de lucro

$$P = 10 - 2(2) = \$6$$

Uma regra simples de precificação para monopólio e competição monopolística

Como vimos na seção anterior, em situações em que um gerente possui estimativas das funções de demanda e de custo para o produto da empresa, o cálculo do preço maximizador de lucro é direto. Em alguns casos, o gerente não tem acesso a uma forma estimada das funções de demanda ou de custo. Isso é particularmente verdadeiro para gerentes de pequenas empresas que não têm departamentos de pesquisa ou recursos para contratar economistas que estimem funções de demanda e custo.

Felizmente, nem tudo está perdido nessas situações. Acontece que a partir de informações mínimas a respeito da demanda e dos custos, um gerente pode realizar um trabalho razoável em determinar que preço cobrar por um produto. Especificamente, a maioria dos varejistas tem uma estimativa aproximada do custo marginal de cada item vendido. Por exemplo, o gerente de uma loja de roupas sabe quanto a loja paga ao fornecedor de cada calça jeans e, então, possui informação a respeito do custo marginal do jeans vendido. (Essa informação é "aproximada", pois o custo para a empresa de comprar o jeans subestimará ligeiramente o verdadeiro custo marginal da venda do jeans, uma vez que não inclui o custo dos vendedores etc.)

O gerente da loja de roupas também possui alguma informação aproximada a respeito da elasticidade da demanda por jeans em sua loja. O Capítulo 7 apresentou tabelas com estimativas da elasticidade da demanda para uma "empresa representativa" em diversas indústrias. Por exemplo, a Tabela 7-3 mostrou um estudo que estimava a elasticidade-preço da demanda pelo produto de uma empresa de acessórios

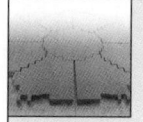

> **Por dentro dos negócios 11-1**
>
> ## Markups de precificação utilizados como regra básica
>
> Muitos shoppings e pequenos bazares patrocinam feiras às quais produtores domésticos e artesãos levam seus produtos a fim de se divertir e lucrar. A maioria desses negócios é dirigida por artesãos com pouco ou nenhum conhecimento de economia, e mesmo assim frequentemente obtêm grandes lucros. De que maneira eles encontram o preço que maximiza seus lucros – se é que o fazem?
>
> Se você lhes perguntar, descobrirá que a maioria desses artistas usa uma estratégia de *markup* experimental. Aos preços dos materiais, adicionam uma taxa de salário por hora para si próprios, então cobram de 1,5 a 5 vezes seu custo marginal. Como determinam o preço a cobrar? Através de tentativa e erro e conversas informais entre si.
>
> Quem tem *markups* maiores e quem tem *markups* menores? Produtos exclusivos e que mostram um alto grau de habilidade artesanal têm os maiores *markups*, enquanto aqueles que praticamente qualquer pessoa pode copiar têm os menores *markups*. Isso é exatamente o que a teoria econômica prevê. Produtos mais exclusivos terão poucos substitutos e, assim, uma demanda mais inelástica do que os mais facilmente copiados. Tal fato, por sua vez, implica um maior *markup* maximizador de lucro.

representativa em −4,1. Na ausência de informação melhor, o gerente de uma loja de roupas pode utilizar essa estimativa para calcular aproximadamente a elasticidade da demanda por jeans vendidos em sua loja.

Mesmo pequenas empresas podem obter alguma informação a respeito da demanda e dos custos por meio de dados publicamente disponíveis. Tudo o que resta é mostrar como essa informação pode ser utilizada para decisões de precificação. O principal é lembrar a relação entre elasticidade da demanda pelo produto de uma empresa e a receita marginal, apresentada no Capítulo 8. Essa relação se resume na seguinte fórmula.

Fórmula: receita marginal para uma empresa com poder de mercado. A receita marginal para uma empresa com poder de mercado é dada por

$$MR = P\left[\frac{1 + E_F}{E_F}\right]$$

onde E_F é a elasticidade-preço da demanda pelo produto da organização e P é o preço cobrado.

Dado que o nível de produção maximizador de lucro é aquele em que a receita marginal se iguala ao custo marginal, a fórmula implica que

$$P\left[\frac{1 + E_F}{E_F}\right] = MC$$

no nível de produção maximizador de lucro. Se resolvermos essa equação para P, obtemos o preço maximizador de lucros para uma empresa com poder de mercado:

$$P = \left[\frac{E_F}{1 + E_F}\right]MC$$

Em outras palavras, o preço que maximiza lucros é um número K vezes o custo marginal:

$$P = (K)MC$$

onde $K = E_F/(1 + E_F)$. O número K pode ser visto como o fator de *markup* maximizador de lucro. Para o caso da loja de roupas, a melhor estimativa do gerente a respeito da elasticidade da demanda é $-4{,}1$, então $K = -4{,}1/(1 - 4{,}1) = 1{,}32$. Nesta situação, o preço maximizador de lucros é 1,32 vezes o custo marginal:

$$P = (1{,}32)MC$$

Princípio

Markup **maximizador de lucros para monopólio e competição monopolística**
O preço que maximiza lucro é dado por

$$P = \left[\frac{E_F}{1 + E_F}\right]MC$$

onde E_F é a elasticidade-preço da demanda pelo produto da empresa e MC é o custo marginal da empresa. O termo entre os colchetes é o fator de *markup* ótimo.

Um gerente deve perceber duas questões importantes a respeito dessa regra de precificação. Primeiro, quanto mais elástica a demanda pelo produto da empresa, menor o *markup* maximizador de lucros. Como a demanda é mais elástica quando existem muitos substitutos disponíveis para um produto, os gerentes que vendem tais produtos devem ter um *markup* relativamente baixo. No caso extremo em que a elasticidade da demanda é perfeitamente elástica ($E_F = -\infty$), essa regra de *markup* revela que o preço a ser estabelecido deve ser igual ao custo marginal. Isso não é de surpreender, dado que aprendemos no Capítulo 8 que uma organização perfeitamente competitiva que se depara com uma curva de demanda perfeitamente elástica cobra um preço igual ao custo marginal.

A segunda questão a observar é que, quanto maior o custo marginal, maior o preço maximizador de lucro. Tudo o mais constante, empresas com custos marginais maiores cobrarão preços mais altos do que aquelas com custos marginais menores.

Demonstração 11–2

O gerente de uma loja de conveniência em um mercado monopolisticamente competitivo compra refrigerantes à base de cola de um fornecedor ao preço de \$1,25 por litro. Ele acredita que pelo fato de existirem diversos supermercados na vizinhança, a demanda pelos refrigerantes vendidos em sua loja é levemente mais elástica do que a elasticidade para as lojas de alimentos representativas apresentadas na Tabela 7–3 do Capítulo 7 (que é de $-3{,}8$). Com base nessa informação, ele percebe que a elasticidade da demanda por refrigerantes à base de cola vendidos em sua loja é de -4. Que preço ele deve cobrar por um litro de refrigerante de cola para maximizar lucros?

Resposta:

O custo marginal do refrigerante de cola para a empresa é de \$1,25, ou 5/4 por litro, e $K = 4/3$. Utilizando a regra de precificação para uma empresa monopolisticamente competitiva, o preço maximizador de lucro é

$$P = \left[\frac{4}{3}\right]\left[\frac{5}{4}\right] = \frac{5}{3}$$

ou cerca de \$1,67 por litro.

Uma regra de precificação simples para o oligopólio de Cournot

Lembre-se de que no oligopólio de Cournot existem poucas organizações no mercado atendendo a muitos consumidores. As empresas produzem tanto bens diferenciados quanto bens homogêneos, e cada uma acredita que as rivais manterão sua produção constante se ela mudar a sua própria produção.

No Capítulo 9, vimos que, para maximizar lucros, um gerente em um oligopólio de Cournot produz no ponto em que a receita marginal se iguala ao custo marginal. Também vimos como calcular o preço maximizador de lucros e a quantidade a partir de informações a respeito das curvas de demanda e de custo. Lembre-se de que esse procedimento requer informação completa a respeito da demanda e dos custos de todas as organizações na indústria e é complicado pelo fato de a receita marginal de um oligopolista de Cournot depender dos níveis de produção de todas as empresas no mercado. No fim, a solução é baseada na interseção das funções de reação.

Felizmente, também há uma regra de precificação simples que os gerentes podem utilizar em oligopólios de Cournot. Suponha que uma indústria consista em N oligopolistas de Cournot, cada um apresentando estruturas de custos idênticas e produzindo bens similares. Nessa situação, o preço maximizador de lucro no equilíbrio de Cournot é dado por uma fórmula simples.

Princípio

***Markup* maximizador de lucro para oligopólio de Cournot**
Se existem N empresas idênticas em um oligopólio de Cournot, o preço maximizador de lucro para cada uma nesse mercado é

$$P = \left[\frac{NE_M}{1 + NE_M}\right]MC$$

onde N é o número de empresas na indústria, E_M é a elasticidade da demanda de mercado e MC é o custo marginal.

Um cálculo alternativo

Em vez de memorizar essa fórmula, podemos substituir a relação entre a elasticidade-preço da demanda do oligopolista de Cournot e a do mercado na fórmula da regra de *markup* para monopólio e competição monopolística. Em particular, para um oligopólio de Cournot de produto homogêneo com N empresas, mostraremos que a elasticidade da demanda pelo produto de uma empresa individual é N vezes aquela da elasticidade da demanda de mercado:

$$E_F = NE_M$$

Quando substituímos por E_F na fórmula de precificação para monopólio e competição monopolística, o resultado é a fórmula de precificação para o oligopólio de Cournot.

Para entender que $E_F = NE_M$, precisamos de um pouco de cálculo. Especificamente, se

$$Q = \sum_{i=1}^{N} Q_i$$

é a produção total da indústria e a demanda da indústria é $Q = f(P)$, a elasticidade-preço da demanda de mercado é

$$E_M = \frac{dQ}{dP}\frac{P}{Q} = \frac{df(P)}{dP}\frac{P}{Q}$$

A demanda com a qual se depara uma empresa individual (digamos, a empresa 1) é

$$Q_1 = f(P) - Q_2 - Q_3 - \ldots - Q_N$$

Como a empresa considera fixa a produção das outras empresas, a elasticidade da demanda para uma empresa individual é

$$E_F = \frac{\partial Q_1}{\partial P}\frac{P}{Q_1} = \frac{df(P)}{dP}\frac{P}{Q_1}$$

Mas com empresas idênticas $Q_1 = Q/N$, então

$$E_F = \frac{df(P)}{dP}\frac{PN}{Q} = NE_M$$

que é o que precisávamos estabelecer.

A regra de precificação dada para uma empresa no oligopólio de Cournot possui uma justificativa bastante simples. Quando empresas em um oligopólio de Cournot vendem produtos idênticos, a elasticidade da demanda pelo produto de uma empresa individual é N vezes a elasticidade da demanda de mercado:

$$E_F = NE_M$$

Se $N = 1$ (monopólio) há apenas uma empresa na indústria e a elasticidade da demanda pelo seu produto é a mesma que a elasticidade da demanda de mercado ($E_F = E_M$). Quando $N = 2$ (duopólio de Cournot) há duas empresas no mercado e a elasticidade da demanda de cada uma é duas vezes mais elástica que aquela do mercado ($E_F = 2E_M$). Assim, a fórmula de *markup* para o oligopólio de Cournot é realmente idêntica àquela apresentada na seção anterior, exceto pelo fato de estarmos utilizando a relação entre elasticidade da demanda pelo produto de uma empresa individual e aquela do mercado.

Três aspectos da regra de precificação para oligopólio de Cournot são dignos de destaque. Primeiro, quanto mais elástica a demanda de mercado, mais próximo o preço maximizador de lucro está do custo marginal. No caso extremo em que o valor absoluto da elasticidade da demanda de mercado é infinito, o preço maximizador de lucro é o custo marginal, independentemente de quantas empresas existam na indústria. Segundo, observe que à medida que o número de empresas aumenta, o preço maximizador de lucro se aproxima do custo marginal. Observe que, no caso-limite em que existem um número infinito de organizações ($N = \infty$), o preço maximizador de lucro é exatamente igual ao custo marginal. Isso é consistente com nossa análise da competição perfeita: quando muitas empresas produzem um bem homogêneo, o preço é igual ao custo marginal. Assim, a competição perfeita pode ser vista como o caso-limite do oligopólio de Cournot, à medida que o número de empresas se aproxima do infinito. Por fim, observe que, quanto maior é o custo marginal, mais alto é o preço maximizador de lucro no oligopólio de Cournot.

Demonstração 11-3

Suponha que três empresas sejam competidoras em uma indústria de Cournot com produtos homogêneos. A elasticidade da demanda de mercado pelo produto é -2 e o custo marginal de produção de cada empresa é de \$50. Qual é o preço de equilíbrio maximizador de lucro?

Resposta:

Simplesmente estabelecemos $N = 3$, $E_M = -2$ e $MC = \$50$ na fórmula de *markup* para o oligopólio de Cournot para obter

$$P = \left[\frac{(3)(-2)}{1 + (3)(-2)}\right]\$50 = \$60$$

Estratégias que rendem lucros ainda maiores

A análise na seção anterior demonstrou como um gerente pode implementar a regra já familiar $MR = MC$ para estabelecer o preço que maximize lucro. Dadas as estimativas das funções de custo e de demanda, tal preço pode ser computado diretamente. Como alternativa, um gerente pode implementar a regra ao utilizar a fórmula de *markup* apropriada, dadas as estimativas publicamente disponíveis de elasticidades da demanda.

Em alguns mercados, os gerentes podem aumentar os lucros simplesmente ao cobrarem um preço único por unidade de todos os consumidores. Como veremos nesta seção, diversas estratégias de precificação podem ser usadas para render lucros acima daqueles obtidos por cobrar um preço único, em que a receita marginal se iguala ao custo marginal.

Extraindo excedente dos consumidores

As primeiras quatro estratégias que discutiremos – discriminação de preço, precificação bipartite, precificação em bloco e venda casada – são apropriadas para organizações com várias estruturas de custo e graus de interdependência de mercado. Essas estratégias podem aumentar os lucros de empresas em indústrias com estruturas monopolísticas, monopolisticamente competitivas ou oligopolísticas. As estratégias de precificação discutidas nesta seção aumentam os lucros ao permitirem à organização extrair excedente adicional dos consumidores.

Discriminação de preço

discriminação de preço
Prática de cobrar dos consumidores preços diferentes pelo mesmo bem ou serviço.

Até este ponto, nossa análise de decisões de precificação presume que a empresa deva cobrar o mesmo preço por unidade que os consumidores compram no mercado. Algumas vezes, no entanto, as empresas podem obter lucros maiores ao cobrarem preços diferentes pelo mesmo produto ou serviço, uma estratégia referida como *discriminação de preço*. Os três tipos básicos de discriminação de preço – discriminação de preço de primeiro, segundo e terceiro graus – são examinados a seguir. Como veremos, cada tipo requer que o gerente tenha diferentes espécies de informação a respeito dos consumidores.

Idealmente, a empresa gostaria de praticar *discriminação de preço de primeiro grau* – isto é, cobrar de cada consumidor o preço máximo que ele estaria disposto a pagar por unidade do bem comprado. Ao adotar essa estratégia, ela extrai todo o excedente dos consumidores e obtém os maiores lucros possíveis. Infelizmente para os gerentes, a discriminação de preço de primeiro grau (também chamada discriminação de preço perfeita) é extremamente difícil de implementar, porque requer que se conheça precisamente o preço máximo que cada consumidor está disposto e apto a pagar por quantidades alternativas do produto.

Apesar disso, alguns negócios relativos a serviços, incluindo concessionárias de automóveis, oficinas mecânicas, médicos e advogados, praticam com sucesso uma forma de discriminação de preço de primeiro grau. Por exemplo, a maioria das concessionárias anuncia preços dos carros que estão bem acima do custo marginal efetivo da loja, mas oferecem "descontos" aos consumidores caso a caso. Os melhores vendedores sabem distinguir os consumidores para determinar o desconto mínimo necessário para lhes vender o carro. Dessa forma estão aptos a cobrar diferentes preços de diferentes consumidores, dependendo dos desejos e das capacidades de pagamento de cada consumidor. Tal prática lhes permite vender mais carros e obter lucros maiores do que obteriam se cobrassem o mesmo preço de todos os consumidores. Similarmente, a maioria dos profissionais cobra taxas por seus serviços que variam de acordo com os desejos e capacidades de pagamento dos clientes.

O painel (a) da Figura 11-1 mostra como a discriminação de preço de primeiro grau funciona. Cada ponto sobre a curva de demanda de mercado reflete o preço máximo que os consumidores estariam dispostos a pagar por unidade adicional de produção. Os consumidores começam com 0 unidades do bem, e a empresa pode vender a primeira

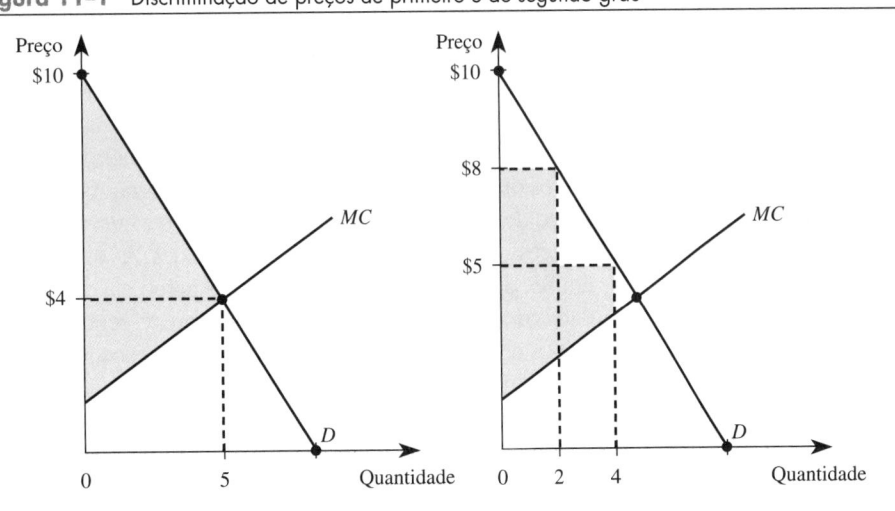

Figura 11-1 Discriminação de preços de primeiro e de segundo grau

(a) Discriminação de preço de primeiro grau   (b) Discriminação de preço de segundo grau

unidade adicional por $10. Uma vez que a curva de demanda tem inclinação negativa, o preço máximo que a empresa pode cobrar por unidade adicional declina, finalmente chegando a $4 correspondentes à produção de 5 unidades. A diferença entre cada ponto sobre a curva de demanda e o custo marginal representa os lucros obtidos a cada unidade adicional vendida. Assim, a área sombreada entre a curva de demanda e a curva de custo marginal reflete o lucro total da empresa quando cobra de cada consumidor o preço máximo que ele está disposto a pagar por pequenos aumentos de produção entre 0 e 5 unidades. Essa estratégia permite a obtenção de lucros máximos possíveis. Observe que os consumidores não recebem excedente sobre as 5 unidades que eles compram: a organização extrai todo o excedente sob a discriminação de preço de primeiro grau. Como visto anteriormente, no entanto, esse resultado favorável (da perspectiva da empresa) pode ocorrer apenas se o gerente possuir informação perfeita a respeito do preço que cada consumidor está disposto e apto a pagar para cada unidade adicional de produção.

Em situações em que a empresa não conhece o preço máximo que cada consumidor pagará por um bem, ou quando não é prático estabelecer uma agenda contínua de preços para cada unidade adicional comprada, ela pode empregar a discriminação de preços de segundo grau para extrair parte do excedente dos consumidores. A *discriminação de preço de segundo grau* é a prática de estabelecer uma agenda discreta de preços declinantes para diferentes intervalos de quantidades. É bastante comum na indústria de serviço de energia elétrica, em que as empresas tipicamente cobram uma taxa maior sobre os primeiros 100 quilowatts-hora de eletricidade usados do que sobre as unidades subsequentes. A principal vantagem dessa estratégia é que a empresa pode extrair algum excedente dos consumidores sem a necessidade de conhecer, de antemão, a identidade daqueles que comprarão pequenos montantes (e, com isso, estão dispostos e aptos a pagar maior preço por unidade). Dada a agenda de preços estabelecida, os consumidores se localizam de acordo com seus desejos de pagar por quantidades alternativas do bem. A empresa cobra diferentes preços de diferentes consumidores, mas não precisa conhecer características específicas dos consumidores individuais.

Para ilustrar como a discriminação de preços de segundo grau funciona, suponha que a Acme CD Company cobre dos consumidores $8 por unidade pelas primeiras duas caixas de CDs compradas, e $5 por unidade para as caixas de CDs compradas acima das duas primeiras unidades. A área sombreada no painel (b) da Figura 11–1 mostra os lucros que a Acme obtém com essa estratégia. As primeiras unidades são vendidas a um preço de $8, e a região entre esse preço e a curva de custo marginal reflete os lucros da empresa sobre as duas primeiras unidades. As segundas duas unidades são precificadas em $5, de forma que a região entre o preço e a curva de custo marginal entre 2 e 4 unidades de produção reflete os lucros sobre as segundas duas unidades vendidas. Observe que os consumidores terminam com maior excedente do consumidor, o que significa que a discriminação de preço de segundo grau rende lucros menores para a empresa do que se ela estivesse apta a discriminar os preços perfeitamente. Apesar disso, os lucros ainda são maiores do que se a empresa tivesse utilizado a estratégia simples de cobrar o mesmo preço por todas as unidades vendidas. De fato, os consumidores que compram pequenas quantidades (ou aqueles que possuem valorações marginais maiores) pagam preços maiores do que os que compram em grande quantidade.

O tipo final de discriminação de preço é normalmente praticado por empresas que reconhecem que a demanda por seus produtos difere sistematicamente entre os consumidores em diferentes grupos demográficos. Nessas situações, as organizações podem lucrar cobrando dos diferentes grupos de consumidores diferentes preços pelo mesmo produto, uma estratégia conhecida como *discriminação de preço de terceiro grau*. Por exemplo, é comum as lojas oferecerem "descontos a estudantes" e hotéis e restaurantes oferecerem "descontos a idosos". Essas práticas efetivamente significam que estudantes e idosos pagam menos do que outros consumidores pelos mesmos bens. Do mesmo modo, as companhias telefônicas cobram taxas menores à noite, significando que as empresas devem pagar preços maiores por serviços telefônicos do que as famílias. Alguém pode pensar que tais estratégias de precificação são instituídas para beneficiar estudantes, idosos e famílias, mas há uma razão mais forte: aumentar os lucros da companhia.

Para entender por que a discriminação de preço de terceiro grau aumenta lucros, suponha que uma empresa com poder de mercado possa cobrar dois preços diferentes de dois grupos de consumidores e as receitas marginais das vendas para o grupo 1 e o grupo 2 sejam MR_1 e MR_2, respectivamente. A regra básica de maximização de lucro é produzir uma quantidade tal em que a receita marginal seja igual ao custo marginal. Esse princípio ainda é válido, mas a presença de duas funções de receita marginal introduz alguma ambiguidade.

Isso estabelece que, para maximizar lucros, a empresa deve igualar a receita marginal da venda de produção para cada grupo ao custo marginal: $MR_1 = MC$ e $MR_2 = MC$. Para entender melhor, suponha que $MR_1 > MC$. Se a empresa produzisse uma unidade adicional e a vendesse ao grupo 1, ela poderia aumentar a receita mais do que aumentariam os custos. À medida que produção adicional é vendida ao grupo 1, a receita marginal declina até que finalmente se iguale ao custo marginal.

Uma vez que $MR_1 = MC$ e $MR_2 = MC$, a empresa alocará a produção entre os dois grupos de maneira que $MR_1 = MR_2$. Ou seja, suponha que a receita marginal para o grupo 1 seja 10 e a receita marginal para o grupo 2 seja 5. Se uma unidade a menos fosse vendida para o grupo 2, a receita desse grupo cairia em 5. Se a unidade extra da produção fosse vendida ao grupo 1, a receita aumentaria em 10. Assim, é interessante para a empresa alocar a produção ao grupo com maior receita marginal. À medida que a produção adicional é alocada ao grupo, sua receita marginal cai até que, em equilíbrio, a receita marginal dos dois grupos é exatamente igual.

Para entender a base para discriminação de preços de terceiro grau, suponha que dois grupos de consumidores tenham elasticidade de demanda de E_1 e E_2, e a empresa possa cobrar do grupo 1 um preço de P_1 e do grupo 2 um preço de P_2. Usando a fórmula da receita marginal de uma organização com poder de mercado, a receita marginal da venda do produto ao grupo 1 ao preço de P_1 é

$$MR_1 = P_1\left[\frac{1+E_1}{E_1}\right]$$

enquanto a receita marginal da venda ao grupo 2 ao preço de P_2 é

$$MR_2 = P_2\left[\frac{1+E_2}{E_2}\right]$$

Como mencionado, uma empresa maximizadora de lucro deve igualar a receita marginal de cada grupo ao custo marginal, o que implica que $MR_1 = MR_2$. Usando a fórmula da receita marginal, essa condição pode ser reescrita como

$$P_1\left[\frac{1+E_1}{E_1}\right] = P_2\left[\frac{1+E_2}{E_2}\right]$$

Se $E_1 = E_2$, os termos nos colchetes são iguais, e a empresa maximizará lucros cobrando de cada grupo o mesmo preço. Se a demanda do grupo 1 é mais elástica que a do grupo 2, $E_1 < E_2 < 0$. Nessa situação, a empresa deve cobrar um preço menor do grupo 1, uma vez que possui uma demanda mais elástica que o grupo 2.

Para que a discriminação de preço de terceiro grau aumente os lucros, devem existir diferenças na elasticidade da demanda de vários consumidores. Nos exemplos citados, há razões para acreditar que os cidadãos idosos tenham uma demanda mais elástica por um quarto de hotel ou uma refeição em um restaurante do que outros consumidores. A maioria dos indivíduos aposentados possui renda fixa e, portanto, são muito mais sensíveis aos preço do que as pessoas que ainda trabalham. O fato de que são cobrados preços menores deles por um quarto de hotel é uma implicação simples da discriminação de preço de terceiro grau, isto é, cobrar um preço menor das pessoas com demanda mais elástica.

Outra condição que deve existir para que a discriminação de preço de terceiro grau seja efetiva é que a empresa deve possuir alguma forma de identificar a elasticidade da demanda de diferentes grupos de consumidores; caso contrário, não tem como saber de que grupo de consumidores deve cobrar o preço mais alto. Na prática, não é algo difícil de fazer. Os hotéis solicitam aos indivíduos que buscam descontos para idosos que apresentem provas de sua idade, como a carteira de motorista. Isso efetivamente identifica o indivíduo como tendo uma demanda mais elástica por um quarto de hotel.

Por fim, observe que nenhum tipo de discriminação de preço funcionará se os consumidores que compram a preços menores puderem revender seus produtos a indivíduos dos quais sejam cobrados preços maiores. Nessa situação, os consumidores que compram o bem a um preço mais baixo podem comprar unidades adicionais e revendê-las àqueles que se deparam com preços maiores. A organização não venderá nada ao grupo do qual é cobrado o preço maior, uma vez que esses consumidores poderiam economizar comprando de consumidores que compraram a preço mais baixo. Em essência, a possibilidade de revender torna os bens comprados pelos consumidores dos quais foi cobrado um preço baixo um substituto perfeito para o produto da empresa. Esses consumidores podem cobrar preços menores que o instituído pela empresa que está cobrando do outro grupo, reduzindo, assim, os lucros da empresa.

Fórmula: regra de discriminação de preço de terceiro grau. Para maximizar lucros, uma empresa com poder de mercado produz a quantidade na qual a receita marginal de cada grupo se iguala ao custo marginal:

$$\underbrace{P_1\left[\frac{1+E_1}{E_1}\right]}_{MR_1} = MC$$

$$\underbrace{P_2\left[\frac{1+E_2}{E_2}\right]}_{MR_2} = MC$$

Demonstração 11-4

Você é gerente de uma pizzaria que produz a um custo marginal de $6 por pizza. A pizzaria é um monopólio local próximo ao *campus* (não existem outros restaurantes em um raio de 800 quilômetros). Durante o dia, apenas estudantes comem em seu estabelecimento. À noite, enquanto os estudantes estão em aula, os funcionários da faculdade estão na pizzaria. Se os estudantes têm uma elasticidade da demanda por pizza de -4 e os funcionários de -2, que política de precificação você deve adotar para maximizar lucros?

Resposta:

Considerando que os funcionários não estão dispostos a comprar pizzas frias dos estudantes, as condições para a discriminação de preço ser efetiva são mantidas. Será lucrativo cobrar um preço – digamos, P_L – no "menu de almoço" (efetivamente, o preço para os estudantes) e outro preço, como P_D, no "menu do jantar" (efetivamente, o preço para os funcionários). Para determinar precisamente que preço cobrar em cada menu, observe que as pessoas que compram pizza no almoço têm uma elasticidade da demanda de -4, enquanto as que compram no jantar têm uma elasticidade da demanda de -2. As condições para maximização de lucros requerem que a receita marginal de venda de pizza a cada grupo se iguale ao custo marginal. Usando a regra de discriminação de preço de terceiro grau, isso significa que

$$P_L \left[\frac{1+E_L}{E_L} \right] = MC$$

e

$$P_D \left[\frac{1+E_D}{E_D} \right] = MC$$

Estabelecendo $E_D = -2$, $E_L = -4$ e $MC = 6$, temos

$$P_L \left[\frac{1-4}{-4} \right] = 6$$

$$P_D \left[\frac{1-2}{-2} \right] = 6$$

que pode ser simplificado como

$$P_L \left[\frac{3}{4} \right] = 6$$

$$P_D \left[\frac{1}{2} \right] = 6$$

Resolvendo essas duas equações, temos $P_L = \$8$ e $P_D = \$12$. Para maximizar lucros, você deve precificar uma pizza no almoço em $8 e uma pizza no jantar em $12. Como os estudantes têm uma demanda mais elástica por pizza do que os funcionários da faculdade, deve ser cobrado deles um preço menor para maximizar lucros.

Figura 11-2 Comparações de precificação padrão de monopólio e precificação bipartite

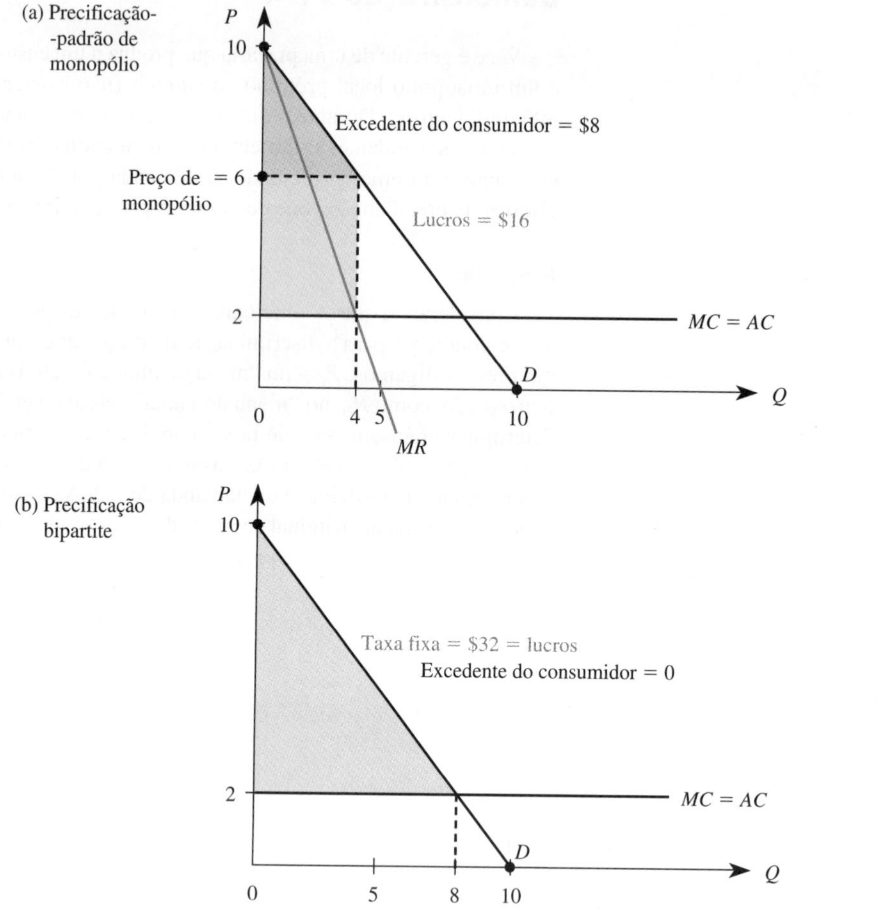

(a) Precificação-padrão de monopólio

- P = 10
- Excedente do consumidor = $8
- Preço de monopólio = 6
- Lucros = $16
- MC = AC em 2
- D em Q = 10
- Q = 4, 5
- MR

(b) Precificação bipartite

- P = 10
- Taxa fixa = $32 = lucros
- Excedente do consumidor = 0
- MC = AC em 2
- D em Q = 8, 10
- Q = 5

Precificação bipartite

Outra estratégia que empresas com poder de mercado podem usar para aumentar lucros é a *precificação bipartite*. Com a precificação bipartite a organização cobra uma taxa fixa pelo direito de compra de seus bens mais um valor unitário para cada unidade comprada. Ela é normalmente usada por agremiações esportivas para aumentar lucros. Clubes de golfe e spas, por exemplo, normalmente cobram uma "taxa de entrada" fixa mais uma taxa (por mês ou por visita) para uso dos serviços. Nesta seção, veremos como tal estratégia de precificação pode aumentar os lucros de uma empresa.

A Figura 11–2(a) apresenta um diagrama da demanda, da receita marginal e do custo marginal para uma empresa com poder de mercado. Aqui a função de demanda é $Q = 10 - P$ e a função de custo é $C(Q) = 2Q$. Se a empresa adotasse uma estratégia de precificação de cobrar um preço único de todos os consumidores, o nível de produção maximizador de lucro seria $Q = 4$ e o preço maximizador de lucro seria $P = 6$.

precificação bipartite
Estratégia de precificação na qual é cobrada dos consumidores uma taxa fixa pelo direito de comprar um produto mais uma taxa "por unidade" para cada unidade comprada.

Essa combinação preço-quantidade corresponde ao ponto em que a receita marginal se iguala ao custo marginal. Observe que os lucros da empresa são dados pelo retângulo sombreado, que é

$$(\$6 - \$2)4 = \$16$$

Note que o excedente do consumidor recebido por todos os consumidores no mercado – o valor recebido, mas não pago – corresponde ao triângulo superior na Figura 11–2(a), que é

$$\frac{1}{2}[(\$10 - \$6)4] = \$8$$

Em outras palavras, o consumidor recebe um valor total de $8 das quatro unidades compradas pelas quais não teve de pagar.

Assim como a discriminação de preço de primeiro grau, a precificação bipartite permite à empresa extrair todo o excedente do consumidor de seus clientes. Em particular, suponha que a função de demanda na Figura 11–2(a) seja a de um indivíduo com quem a organização utilize o esquema de precificação a seguir: uma taxa fixa de $32, que dá ao consumidor o direito de comprar o produto a um custo unitário de $2. Essa situação é apresentada na Figura 11–2(b) para as mesmas funções de demanda e custo da Figura 11–2(a). Com uma cobrança por unidade de $2, o consumidor comprará oito unidades e receberá um excedente do consumidor de

$$\frac{1}{2}[(\$10 - \$2)8] = \$32$$

Ao cobrar uma taxa fixa de $32, a empresa extrai todo o excedente do consumidor. Ela vende cada unidade a seu custo marginal de $2 e não obtém lucro em cada unidade vendida a esse preço. Mas a empresa também recebe o pagamento fixo de $32, que é puramente lucro. Os $32 em lucros obtidos com o uso do esquema de precificação bipartite é maior do que os $16 que obteria ao usar uma estratégia de precificação simples.

Princípio	**Precificação bipartite** Uma empresa pode aumentar lucros ao praticar precificação bipartite: cobrar um preço por unidade que se iguale ao custo marginal mais uma taxa fixa igual ao excedente do consumidor que cada consumidor recebe a esse preço unitário.

Mencionamos que agremiações esportivas frequentemente praticam precificação bipartite. Elas cobram uma taxa de ingresso mais uma taxa por unidade para cada visita às instalações. Observe que se o custo marginal for baixo, a taxa ótima por unidade também será baixa. No caso extremo em que o custo marginal é zero, a estratégia de precificação bipartite maximizadora de lucros de uma agremiação será cobrar $0 para cada visita mais uma taxa fixa de entrada igual ao excedente do consumidor. Com a precificação bipartite todos os lucros são derivados da taxa fixa. Estabelecer a taxa unitária igual ao custo marginal assegura que o excedente seja tão grande quanto possível, permitindo, assim, a maior taxa fixa consistente com a maximização de lucros.

Existem diversos outros exemplos de estratégias de precificação bipartite. Clubes de compras são um excelente exemplo. Ao pagar uma taxa de filiação em um clube de compras, os membros podem comprar produtos "a preço de custo". Observe que, se a taxa de filiação é igual ao excedente de cada consumidor, o proprietário de um clube de compras efetivamente obtém lucros maiores do que obteria ao cobrar o preço de monopólio.

Demonstração 11-5

Suponha que a demanda mensal total pelos serviços de golfe seja $Q = 20 - P$. O custo marginal da empresa a cada rodada é de \$1. Se essa função de demanda se baseia nas demandas individuais de 10 jogadores, qual será a estratégia de precificação bipartite ótima para a empresa de serviços de golfe? Que lucro ela obterá?

Resposta:

A taxa unitária ótima é o custo marginal. A esse preço, $20 - 1 = 19$ rodadas de golfe serão jogadas a cada mês. O excedente total do consumidor recebido por todos os 10 jogadores a esse preço é

$$\frac{1}{2}[(20 - 1)19] = \$180{,}50$$

Como este é o excedente total do consumidor obtido por todos os 10 consumidores, a taxa fixa ótima é o excedente do consumidor obtido por um jogador individual (\$180,50/10 = \$18,05 por mês). A estratégia de precificação bipartite ótima é que a empresa cobre uma taxa mensal de cada jogador de \$18,05 mais taxas de \$1 por rodada. Os lucros totais da empresa são \$180,50 por mês menos os seus custos fixos.

A precificação bipartite permite à organização obter lucros maiores do que obteria ao cobrar um preço por unidade vendida. Ao cobrar uma taxa fixa, ela está apta a extrair o excedente do consumidor, aumentando, assim, os lucros. Diferentemente da discriminação de preços, a precificação bipartite não requer que os consumidores tenham elasticidades da demanda diferentes pelo produto da empresa. Ao cobrar uma taxa unitária para cada unidade comprada, os consumidores podem variar os montantes que compram de acordo com suas demandas individuais pelo produto.

Precificação em bloco

Outra forma pela qual uma organização com poder de mercado pode aumentar lucros é praticar *precificação em bloco*. Se você já comprou papel higiênico em pacotes de quatro rolos ou latas de refrigerantes em pacotes com seis unidades, já teve uma experiência com a precificação em bloco.

Vejamos como a precificação em bloco pode aumentar os lucros da empresa. Suponha que a função de demanda de um consumidor seja $Q = 10 - P$ e que os custos da empresa sejam $C(Q) = 2Q$. A Figura 11-3 apresenta as curvas relevantes. Vemos que, se a organização cobra um preço de \$2 por unidade, ela venderá oito unidades ao consumidor. Observe, no entanto, que o consumidor receberá um excedente equivalente ao triângulo superior, que é

$$\frac{1}{2}[(\$10 - \$2)8] = \$32$$

precificação em bloco
Estratégia de precificação na qual produtos idênticos são embalados juntos *com objetivo de* aumentar os lucros, ao forçar os consumidores a tomar uma decisão de comprar tudo ou nada.

Figura 11-3 Precificação em bloco

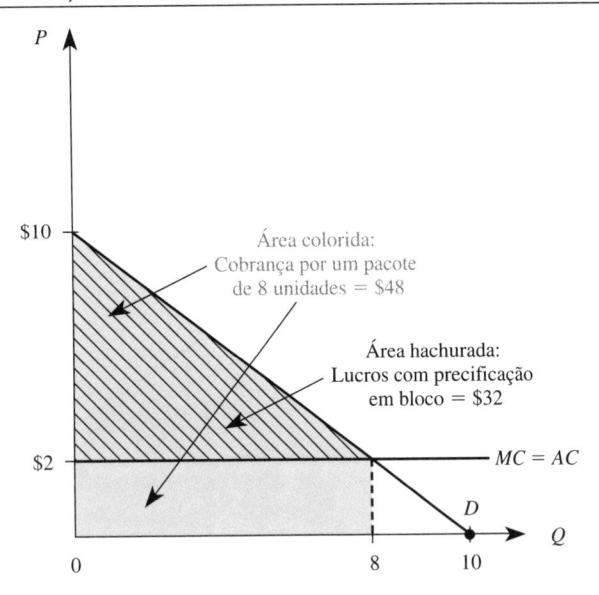

[Gráfico: Eixo P vertical, eixo Q horizontal. Reta de demanda D começa em P=$10 (Q=0) e termina em Q=10. Linha horizontal MC = AC em P=$2. Interseção em Q=8. Área colorida (triângulo + retângulo até Q=8): Cobrança por um pacote de 8 unidades = $48. Área hachurada (triângulo acima de $2): Lucros com precificação em bloco = $32.]

Esse excedente do consumidor reflete o valor que o consumidor recebe acima do custo de comprar as oito unidades. Na verdade, nesse caso, o consumidor paga $2 × 8 = $16 à empresa pelas oito unidades, mas recebe excedente adicional de $32. O valor total para o consumidor das oito unidades é $16 + $32 = $48.

A precificação em bloco oferece uma forma pela qual a empresa pode fazer com que o consumidor pague o valor pleno pelas oito unidades. Isso funciona de maneira bastante simples. Suponha que a empresa tenha empacotado oito unidades de seu produto e cobrado um preço pelo pacote. Nesse caso, o consumidor tem de tomar uma decisão entre comprar as oito unidades ou não comprar nada. Acabamos de ver que o valor total para o consumidor das oito unidades é de $48. Já que o preço pelo pacote de oito unidades não é maior que $48, esse consumidor considerará interessante comprar o pacote.

Assim, o preço maximizador de lucro para a empresa cobrar pelo pacote de oito unidades é $48. Ao cobrar esse preço por um pacote de oito unidades, em vez de precificar cada unidade separadamente e deixar o consumidor escolher quantas unidades comprar, ela obtém $32 em lucros – o valor que seria correspondente ao excedente do consumidor quando o preço é de $2.

Princípio	**Precificação em bloco** Ao agrupar unidades de um produto e vendê-las como um pacote, a organização obtém mais do que se estabelecesse um simples preço por unidade. O preço maximizador de lucros sobre um pacote é o valor total que o consumidor recebe pelo pacote, incluindo o excedente do consumidor.

Figura 11-4 Precificação em bloco ótima com custo marginal zero

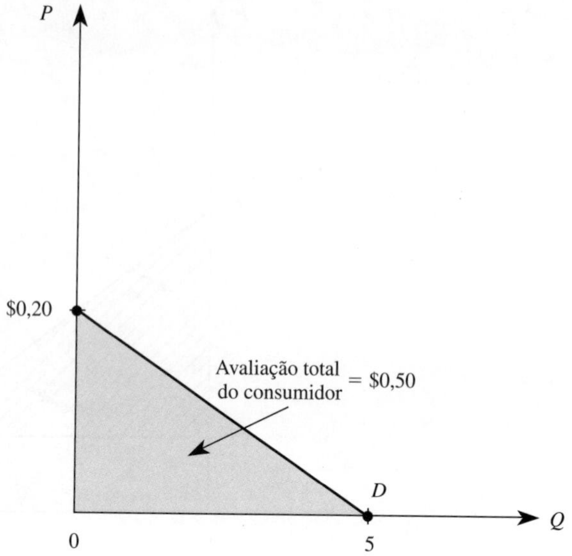

Demonstração 11-6

Suponha que a função de demanda (inversa) de um consumidor por chicletes produzidos por uma empresa com poder de mercado seja dada por $P = 0,2 - 0,04Q$ e que o custo marginal seja zero. Que preço a empresa deve cobrar por um pacote com cinco chicletes?

Resposta:

Quando $Q = 5$, $P = 0$; quando $Q = 0$, $P = 0,2$. Essa demanda linear é apresentada na Figura 11-4. O valor total para o consumidor dos cinco chicletes é

$$\frac{1}{2}[(\$0,2 - \$0)5] = \$0,50$$

que corresponde à área sombreada na Figura 11-4. A empresa extrai todo o seu excedente ao cobrar um preço de $0,50 por um pacote de cinco chicletes.

A precificação em bloco aumenta os lucros ao forçar os consumidores a tomar uma decisão de tudo ou nada ao comprarem unidades de um bem. Diferentemente da discriminação de preços, a precificação em bloco pode aumentar os lucros mesmo em situações nas quais os consumidores tenham demandas idênticas pelo produto de uma empresa.

venda casada
A prática de agrupar diversos produtos diferentes e vendê-los a um único "preço de pacote".

Venda casada

Outra estratégia que os gerentes podem utilizar para aumentar lucros é a *venda casada*. Venda casada refere-se à prática de agrupar dois ou mais produtos diferentes e vendê-los a um único "preço de pacote". Por exemplo, companhias de viagens frequentemente vendem "pacotes turísticos" que incluem passagem aérea, hotel e refeições

Tabela 11-1 Venda casada

Consumidor	Valor do computador	Valor do monitor
1	$2.000	$200
2	1.500	300

a um preço fechado, em vez de precificar cada componente de um passeio separadamente. Empresas de computadores agrupam computadores, monitores e *software* e os vendem a um preço de pacote. Muitas concessionárias de veículos agrupam opcionais, como ar-condicionado, controle de tração e transmissão automática, e os vendem a um "preço especial" de pacote. Vejamos como essas práticas podem aumentar lucros.

Suponha que o gerente de uma empresa de computadores saiba que existem dois consumidores que valorizam seus computadores e monitores de maneira diferente. A Tabela 11-1 mostra o montante máximo que os dois consumidores pagariam por um computador e um monitor. O primeiro consumidor está disposto a pagar $2.000 por um computador e $200 por um monitor. O segundo consumidor está disposto a pagar $1.500 por um computador e $300 por um monitor. No entanto, o gerente não conhece a identidade de cada consumidor; ele não pode discriminar preços cobrando de cada consumidor um preço diferente.

Suponha que o gerente tenha precificado cada componente separadamente: um preço por um computador, P_C, e outro preço por um monitor, P_M. (Para simplificar a computação dos lucros, suponha que o custo da empresa de computadores e monitores seja zero.) Se a empresa cobrasse $2.000 por um computador, venderia um computador apenas para o consumidor 1 e obteria $2.000, uma vez que o consumidor 2 está disposto a pagar apenas $1.500. Se cobrasse $1.500 por um computador, ambos os consumidores comprariam um computador, o que renderia à empresa $3.000. Claramente, a estratégia de preço maximizadora de lucro é cobrar $1.500 por um computador.

Similarmente, se a organização precificasse os monitores em $300, apenas o consumidor 2 compraria um monitor, porque o consumidor 1 pagaria só $200 pelo monitor. Ao precificar os monitores em $200, ela venderia dois monitores e obteria $400. O preço maximizador de lucros a cobrar por um monitor é, assim, $200.

A princípio, o máximo que a empresa poderá obter é $3.400 ao precificar os computadores em $1.500 e os monitores em $200. Nesse caso, ela venderá dois computadores e dois monitores. No entanto, pode obter lucros maiores ao agrupar computadores e monitores e vender o pacote a um preço de $1.800. Para entender por quê, observe que o valor total para o primeiro consumidor de um computador e um monitor é $2.000 + $200 = $2.200, e o valor total para o segundo consumidor de um computador e um monitor é $1.500 + $300 = $1.800. Ao agrupar um computador e um monitor e vender o pacote por $1.800, a empresa venderá um pacote para ambos os consumidores e obterá $3.600 – um total de $200 a mais do que obteria se não praticasse venda casada.

Esse exemplo ilustra que a venda casada pode aumentar lucros quando consumidores diferem com relação aos montantes que estão dispostos a pagar por produtos diferentes vendidos por uma empresa. É importante enfatizar que a venda casada pode aumentar lucros mesmo quando o gerente não consegue distinguir entre os montantes que os diferentes consumidores estão dispostos a pagar. Se o gerente conhecesse precisamente quanto cada consumidor está disposto a pagar por produto, poderia

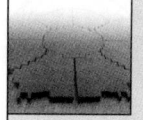

> **Por dentro dos negócios 11-2**
>
> ## Agrupamento e "estrutura de preços" em mercados *on-line*
>
> Consumidores que compram de empresas *on-line* e de vendas por correio que não possuem uma presença física estão, em essência, adquirindo um "pacote" que inclui tanto o produto quanto a entrega em domicílio. A maneira como o vendedor exibe o preço de tal pacote afeta suas vendas? Companhias que fazem propaganda na TV de produtos "não vendidos em lojas" parecem pensar assim. Por exemplo, uma oferta de um conjunto de dez peças das facas Ginsu é vendida por "apenas" $39,95 mais $9,95 de custos de entrega. Se os consumidores fossem perfeitamente racionais, as vendas das facas Ginsu dependeriam apenas do preço efetivo (total) do "pacote" – o preço do produto mais a taxa de entrega ($49,90) – e não dos preços de cada componente.
>
> Para testar os efeitos de diferentes "formas" de preços, Hossain e Morgan leiloaram pares de CDs de música popular e jogos de Xbox no eBay. Para cada produto, um dos leilões começou a um preço de abertura de $4 e a entrega era gratuita. O outro leilão abriu ao preço de $0,01, mas tinha um custo de entrega $3,99. Assim, o preço de início efetivo em ambos os leilões era de $4. As descrições dos itens de ambos os leilões claramente estabeleciam que os bens seriam enviados por meio de serviço de entrega de primeira classe.
>
> Hossain e Morgan descobriram que os leilões com preço de abertura de $0,01 consistentemente atraíram mais lances e renderam receitas significativamente maiores do que leilões com preço de abertura de $4 – mesmo que os preços efetivos, considerando o custo de entrega, fossem os mesmos em todos esses leilões. Resultados similares foram obtidos para leilões de jogos de Xbox quando $2 foram adicionados ao lance de abertura e ao custo de transporte. Assim, parece que os consumidores do mundo real usam algum tipo de sistema de conta mental que favorece pacotes com preços do produto menores – mesmo que esses preços menores estejam associados a custos de entrega maiores.
>
> Fonte: Tanjim Hossain e John Morgan. ". . .Plus Shipping and Handling: Revenue (Non) Equivalence in Field Experiments on eBay." *Advances in Economic Analysis & Policy*, v. 6, n. 2, 2006.

obter lucros ainda maiores ao praticar discriminação de preços – cobrando preços maiores daqueles consumidores dispostos a pagar mais por seus produtos.

Demonstração 11-7

Suponha que três compradores de um carro novo atribuam os seguintes valores aos opcionais:

Consumidor	Ar-condicionado	Freios ABS
1	$1.000	$500
2	800	300
3	100	800

Os custos da empresa são zero.

1. Se o gerente conhecesse os valores e a identidade de cada consumidor, qual seria a estratégia de precificação ótima?
2. Suponha que o gerente não conheça a identidade dos compradores. Quanto a empresa obterá se o gerente vender freios ABS e ar-condicionado por $800 cada, mas oferecer um pacote especial de opcionais (freios ABS e ar-condicionado) por $1.100?

Resposta:

1. Se o gerente conhece a identidade dos compradores, ele maximizará lucros por meio da discriminação de preços, uma vez que a revenda dos produtos é improvável; é cobrado do consumidor 1 o valor de $1.500 por ar-condicionado e freios ABS. Cobra-se do consumidor 2 $1.100 por ar-condicionado e freios ABS, e cobra-se do consumidor 3 $900 por ar-condicionado e freios ABS. Os lucros da empresa serão de $3.500. Não faz diferença se o gerente cobrar do consumidor um preço de pacote igual ao seu valor total de ar-condicionado e freios ABS ou cobrar um preço separado por componente que se iguale à avaliação do consumidor.

2. O valor total de um pacote contendo ar-condicionado e freios ABS é de $1.500 para o consumidor 1, $1.100 para o consumidor 2 e $900 para o consumidor 3. Assim, os consumidores 1 e 2 comprarão o pacote de opcionais porque o pacote com ar-condicionado e freios ABS é avaliado por eles a, pelo menos, $1.100. A empresa obtém $2.200 desses consumidores. O consumidor 3 não comprará o pacote porque o custo total é maior do que a avaliação do consumidor ($900). No entanto, o consumidor 3 comprará freios ABS ao preço de $800. Assim, a empresa obterá $3.000 com essa estratégia de precificação – $2.200 vêm dos consumidores 1 e 2, os quais compram o pacote especial de opcionais por $1.100 cada, e $800 vêm do consumidor 3, o qual escolhe comprar apenas os freios ABS.

Estratégia de precificação para estruturas especiais de custo e demanda

As estratégias de precificação que discutiremos nesta seção – fixação de preços de pico e subsídio cruzado – aumentam os lucros de empresas com estruturas especiais de custo e demanda.

Fixação de preços de pico

Muitos mercados têm períodos nos quais a demanda é alta e períodos nos quais a demanda é baixa. Os pedágios de estradas tendem a ter mais tráfego durante a hora do *rush* do que em outras horas do dia; empresas de serviços públicos tendem a ter demanda mais elevada durante o dia do que durante a madrugada; e as companhias aéreas tendem a ter tráfego mais intenso durante a semana do que durante os fins de semana. Quando a demanda durante horários de pico é tão alta que a capacidade da empresa não consegue atender todos os consumidores ao mesmo preço, o mais lucrativo é praticar *fixação de preços de pico*.

fixação de preços de pico
Estratégia de precificação na qual preços mais altos são cobrados durante períodos de pico.

A Figura 11–5 ilustra um caso clássico. Observe que o custo marginal é constante até Q_A, em que se torna vertical. Nesse ponto, a empresa está operando em sua capacidade plena e não pode oferecer unidades adicionais a preço algum.

As duas curvas de demanda na Figura 11–5 correspondem à demanda de pico e fora de pico pelo produto: D_{Baixa} é a demanda fora de pico, que é menor do que D_{Alta}, a demanda de pico. Em geral, quando há dois tipos de demanda, uma empresa maximizará lucros cobrando diferentes preços dos diferentes grupos de consumidores. No caso da precificação de pico, os "grupos" referem-se àqueles que compram em diferentes horas durante o dia.

Na Figura 11–5, por exemplo, a demanda durante os períodos normais é tal que a receita marginal se iguala ao custo marginal no ponto Q_B. Assim, o preço maximizador de lucros durante períodos normais é P_B. Ao contrário, durante períodos de pico,

Figura 11-5 Precificação de pico

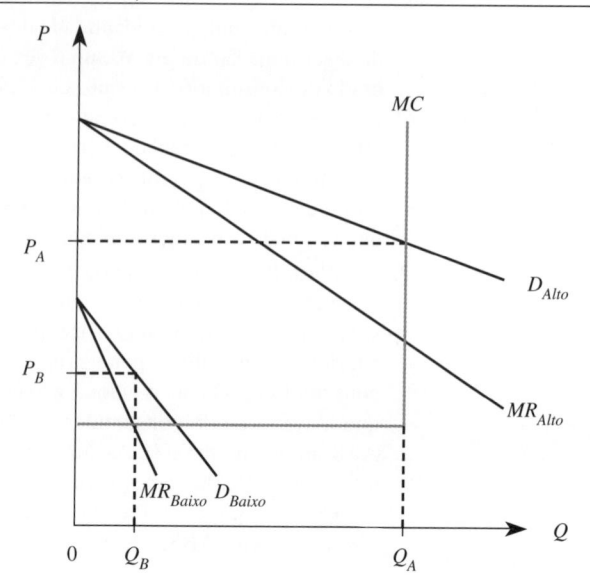

a receita marginal se iguala ao custo marginal no ponto Q_A, o qual corresponde à capacidade plena da companhia. O preço maximizador de lucros durante os períodos de pico é P_A. Assim, como no caso da discriminação de preços, a empresa cobra dois preços diferentes: um baixo durante a demanda normal e um alto durante a demanda de pico.

Observe na Figura 11–5 que, se a empresa cobrasse o preço alto P_A durante todas as horas do dia, ninguém compraria durante os períodos normais. Ao diminuir o preço durante esses períodos, mas cobrar um preço alto durante os períodos de pico, ela aumenta seus lucros ao vender aos consumidores durante os períodos normais. Similarmente, se cobrasse um preço baixo durante todas as horas do dia, perderia dinheiro nos horários de pico, quando os consumidores estão dispostos a pagar preços mais altos pelos serviços.

Princípio	**Fixação de preços de pico** Quando a demanda é maior em alguns momentos do dia, uma empresa pode aumentar seus lucros fixando preços de pico – cobrando um preço mais alto nos horários de pico do que em outros horários.

Demonstração 11-8

Os aeroportos normalmente cobram um preço maior por estacionamento durante as férias do que em outros períodos do ano. Por quê?

Resposta:

Vale a pena para os aeroportos adotar a precificação de pico. Como a demanda por estacionamento é muito maior nas férias, quando os viajantes passam longos períodos com suas famílias, os estacionamentos tendem a lotar durante essa época. Se os aeroportos cobrassem um preço alto ao longo de todo o ano, observariam vagas na maior parte do tempo. Por outro lado, se cobrassem preços baixos durante todo o ano, perderiam o montante adicional que os consumidores estão dispostos a pagar nas férias. Assim, com a precificação de pico, os aeroportos obtêm lucros maiores.

Subsídios cruzados

A próxima estratégia de precificação que discutiremos é relevante em situações em que uma empresa possui complementaridades de custos e a demanda dos consumidores por um grupo de produtos é interdependente. Uma empresa que pratica uma estratégia de *subsídios cruzados* usa os lucros obtidos com um produto para subsidiar as vendas de outro produto.

subsídio cruzado
Estratégia de precificação em que os lucros obtidos com a venda de um produto são usados para subsidiar as vendas de um produto relacionado.

Por exemplo, a Adobe cobra preços drasticamente diferentes por dois de seus produtos. Um produto – o *Acrobat Reader* – pode ser obtido "gratuitamente" por qualquer pessoa disposta a fazer o *download* do *software* do *site* da Adobe na internet. Esse *software* permite aos usuários visualizar documentos criados no formato pdf. Por outro lado, os indivíduos que desejam criar arquivos em pdf devem *pagar* por um *software* chamado *Adobe Acrobat*.

A Adobe adota o subsídio cruzado em função das complementaridades na demanda e nos custos, que tornam a ação lucrativa. Mais especificamente, a Adobe aproveita economias de escopo e complementaridades de custo ao produzir os dois produtos em conjunto (é mais barato desenvolver e distribuir ambos os tipos de *software* dentro de uma única empresa). Além disso, os dois produtos são complementares: quanto maior o número de pessoas que usam o *Acrobat Reader* para visualizar documentos, maior o montante que estará disposto a pagar para utilizar o *Adobe Acrobat* para a criação de documentos. Em resumo, a Adobe considera lucrativo precificar o *Acrobat Reader* abaixo do custo, pois, ao fazê-lo, estimula a demanda por seu *software* complementar, permitindo-se cobrar um preço significativamente mais alto pelo *Adobe Acrobat* do que estaria apta a cobrar em outra situação. Como veremos no Capítulo 13, uma variedade de estratégias de precificação similares (como precificação de penetração) pode ser usada para aumentar os lucros em ambientes estratégicos (incluindo leilões *on-line*) em que os efeitos de rede estão presentes.

Princípio

Subsídio cruzado
Sempre que as demandas por dois produtos produzidos por uma empresa são inter-relacionadas por meio de custos ou demanda, ela pode aumentar seus lucros ao adotar subsídio cruzado – vendendo um produto abaixo do custo e o outro acima do custo.

Preço de transferência

Até aqui, nossa análise de decisões de precificação presumiu que um único gerente está a cargo das decisões de precificação e produção. No entanto, a maior parte das grandes empresas tem gerentes de níveis diferentes, que devem tomar decisões de produção e preços para suas próprias divisões. Por exemplo, montadoras de automóveis como a General Motors têm gerentes de diferentes etapas do processo produtivo que controlam a produção de insumos (como motores) produzidos em *divisões upstream*. Esses insumos são "transferidos" para *divisões downstream*, em que os gerentes operam fábricas que usam os insumos para produzir o bem final (automóveis). Uma questão importante nessa configuração é o *preço de transferência* ótimo – o preço interno ao qual uma das divisões deve vender seus insumos para as outras divisões a fim de maximizar os lucros da empresa.

preço de transferência
Estratégia de precificação em que uma empresa estabelece o preço interno de forma ótima, ao qual uma divisão *upstream* vende um insumo a uma divisão *downstream*.

O preço de transferência é importante porque a maior parte dos gerentes de divisões possui incentivos para maximizar os lucros de suas próprias divisões. Como veremos, se os proprietários de uma empresa não estabelecem preços de transferência ótimos, mas, em vez disso, deixam os gerentes de divisões estabelecerem os preços dos insumos manufaturados internamente para maximizar os lucros de sua divisão, o resultado pode ser lucros gerais menores para a empresa.

Para ilustrar, suponha que não exista mercado externo para o insumo produzido por uma divisão *upstream*, e que os gerentes sejam instruídos a maximizar seus lucros. Nesse caso, o gerente possui poder de mercado e maximiza os lucros de sua divisão produzindo no ponto em que a receita marginal, derivada da venda para a divisão *downstream*, se iguala ao custo marginal da divisão em produzir o insumo. Em função do poder de monopólio usufruído pela divisão *upstream*, o insumo é vendido à divisão *downstream* a um preço que excede o custo marginal efetivo da empresa. Dado o preço do insumo, o gerente da divisão *downstream* pode maximizar seus lucros produzindo no ponto em que a receita marginal que obtém no mercado do produto final (MR_d) se iguala a seu custo marginal. Isso implica que, ainda assim, os preços estejam acima do custo marginal. Além disso, uma vez que o preço que a divisão *downstream* paga à divisão *upstream* pelo insumo é maior que o verdadeiro custo marginal do insumo, a divisão *downstream* termina por cobrar pelo produto final um preço maior que aquele que maximizaria os lucros gerais da companhia. Em resumo, quando ambas as divisões estabelecem seus preços acima do custo marginal, ocorre a *marginalização dobrada* e o resultado são lucros gerais menores que os ótimos à empresa.

Para contornar o problema da marginalização dobrada, os preços de transferência devem ser estabelecidos de forma que maximizem o valor geral da empresa, em vez dos lucros da divisão *upstream*. Suponha que a divisão *downstream* requeira uma unidade do insumo (digamos, um motor) para produzir uma unidade do produto final (um carro). Considere que a divisão *downstream* tenha um custo marginal de montar o produto final, representado por MC_d, que é adicional ao custo de adquirir o insumo da divisão *upstream*. Nesse caso, os lucros gerais são maximizados quando a divisão *upstream* produz motores de forma que seu custo marginal, MC_u, se iguale à receita marginal líquida da divisão *downstream* (NMR_d):

$$NMR_d = MR_d - MC_d = MC_u$$

Para entender por quê, observe que produzir outra unidade do insumo custa MC_u à empresa. Esse insumo pode ser convertido em outra unidade de produto e vendido para gerar receitas adicionais de MR_d no mercado do produto final apenas após a divisão *downstream* despender um MC_d adicional para converter o insumo no produto final. Assim, o benefício marginal efetivo, para a empresa, em produzir outra unidade do insumo é NMR_d. Igualar isso ao custo marginal de produzir o insumo maximiza os lucros gerais da companhia.

Agora que conhecemos as condições necessárias para maximizar os lucros gerais, vamos mostrar como uma empresa pode instituir um sistema de incentivos que induza os gerentes de divisão a, de fato, maximizar os lucros gerais da companhia. Suponha que os altos executivos determinem que um nível de produção final que maximize os lucros gerais seja Q^*. Eles estabelecem o preço de transferência, P_T, igual ao custo marginal da divisão *upstream* de produzir o montante de insumos requeridos pela divisão *downstream* para produzir Q^* unidades de produto final. De acordo com esse esquema de precificação interna, o gerente *downstream* pode, agora, comprar tantas unidades do insumo quantas desejar da divisão *upstream* a um preço fixo de P_T por unidade. Os gerentes *upstream* e downstream são instruídos a maximizar os lucros das divisões, tomando como dado o preço de transferência estabelecido pelos altos executivos da empresa.

Uma vez que a divisão *upstream* agora deve vender o insumo internamente a um preço fixado de P_T por unidade, ela se comporta como uma empresa perfeitamente competitiva e maximiza lucros produzindo no ponto em que o preço se iguala ao custo marginal: $PT = MC_u$. Uma vez que uma unidade do insumo é requerida para cada unidade de produção, o custo marginal da divisão *downstream* de produzir um produto final é, agora, $MC = MC_d + P_T$. O gerente *downstream* maximiza os lucros da divisão produzindo no ponto em que a receita marginal se iguala ao custo marginal: $MR_d = MC_d + P_T$. Como $P_T = MC_u$, podemos reescrever isso como $MR_d - MC_d = MC_u$, que é exatamente nossa condição para maximização dos lucros gerais da companhia. Assim, vemos que, ao estabelecermos o preço de transferência igual ao custo marginal da divisão *upstream* de produzir a quantidade do insumo maximizadora de lucros da empresa, o problema da marginalização dobrada é evitado, mesmo que os gerentes das divisões operem de maneira independente para maximizar os lucros de suas divisões.

Um exemplo concreto ajudará a ilustrar como uma empresa pode implementar preços de transferência ótimos. Suponha que a demanda (inversa) pelos aviões monomotores da Aviation General seja dada por $P = 15.000 - Q$. Sua divisão *upstream* produz motores a um custo de $C_u(Q_e) = 2,5Q_e^2$, e o custo da divisão *downstream* de montar o avião é $C_d(Q) = 1.000Q$. Vamos derivar o preço de transferência ótimo quando não existe mercado externo por motores.

O preço de transferência ótimo é estabelecido no ponto em que a receita marginal da empresa na produção de motores se iguala ao custo marginal da divisão *upstream* de produzir os motores. A receita marginal e o custo marginal *downstream* são $MR_d = 15.000 - 2Q$ e $MC_d = 1.000$, respectivamente, enquanto o custo marginal da divisão *upstream* de produzir motores é $MC_u = 5Q_e$. Dado que é necessário um motor para produzir um avião ($Q = Q_e$), igualar NMR_d e MC_u implica

$$NMR_d = 15.000 - 2Q_e - 1.000 = 5Q_e$$

Resolvendo para Q_e, vemos que, para maximizar os lucros gerais da empresa, a divisão *upstream* deve produzir 2.000 motores. Dado que $Q_e = Q$, a divisão *downstream* deve produzir 2.000 aviões para maximizar os lucros gerais. O preço de transferência ótimo é o custo marginal da divisão *upstream* estimado para 2.000 motores, ou $P_T = \$10.000$. Assim, a empresa maximiza seus lucros gerais quando seus contadores estabelecem o preço de transferência (interno) dos motores em $10.000 por unidade e é oferecido aos gerentes de divisão um incentivo para maximizar os lucros das divisões dado esse preço.

Estratégia de precificação em mercados com intensa competição de preços

As estratégias de precificação finais que examinaremos – compatibilidade de preços, indução de fidelização à marca e precificação aleatória – são valiosas para organizações que competem em oligopólio de Bertrand. Lembre-se de que empresas em oligopólio de Bertrand competem em preço e vendem produtos similares. Como aprendemos nos capítulos 9 e 10, nessa situação, a guerra de preços será muito provável, levando a valores que estejam próximos ao custo marginal e lucros que estejam próximos de zero. As estratégias de precificação discutidas nesta seção podem ser usadas em situações outras que vão além do oligopólio de Bertrand; elas são particularmente úteis para mitigar as guerras de preços que frequentemente ocorrem em tal mercado.

Compatibilidade de preços

Nos capítulos 9 e 10 afirmamos que, quando duas ou mais empresas competem em um oligopólio de Bertrand de produtos homogêneos, o equilíbrio de Nash consiste em cada uma cobrar o custo marginal e obter lucro econômico zero. No entanto, no Capítulo 10, mostramos que, se o jogo for infinitamente repetido, as empresas podem manter produções de cartel adotando estratégias de gatilho, as quais punem os rivais que se desviam do preço alto. Em um jogo infinitamente repetido, as punições são ameaçadoras no futuro se uma organização trair um acordo de cartel, e isso pode levar a uma situação em que as empresas acabam cobrando preços altos. Porém, lembre-se de que tal estratégia pode funcionar apenas se a taxa de juros for baixa e as empresas puderem, efetivamente, monitorar o comportamento das outras no mercado.

No caso em que as estratégias de gatilho não funcionam (porque o jogo não é infinitamente repetido ou porque as organizações não podem monitorar o comportamento das outras), há outra maneira pela qual as empresas podem obter lucros mais altos: apresentar uma estratégia de compatibilidade de preço. Uma empresa que usa uma *estratégia de compatibilidade de preço* publica um preço e uma promessa de "igualar" qualquer preço mais baixo oferecido por um competidor.

compatibilidade de preços
Estratégia na qual uma empresa anuncia um preço e uma promessa de igualar qualquer preço mais baixo oferecido por um competidor.

Para ilustrar como tal estratégia pode incrementar os lucros, suponha que as empresas em um mercado participem de um jogo de precificação de Bertrand de um único estágio. No entanto, adicionalmente à publicação do preço, elas publicam um compromisso de igualar qualquer preço menor encontrado no mercado. Tal publicação pode se parecer com o exemplo a seguir:

> Nosso preço é P. Se você encontrar um preço melhor no mercado, cobriremos esse valor. Não perderemos a venda!

Isso parece um bom negócio para os consumidores; de fato, anunciar a estratégia pode induzir alguns consumidores a comprar da empresa para se "assegurarem" de um grande negócio.

No entanto, se todas as empresas no mercado anunciarem tal política, elas podem estabelecer o preço (P) ao preço alto de monopólio e obter grandes lucros, em vez de lucros zero que obteriam no oligopólio de Bertrand de um único estágio usual. Como isso funciona?

Suponha que todas as empresas tenham publicado preços altos de monopólio, mas prometido igualar qualquer preço mais baixo encontrado pelos consumidores. Como todas estão cobrando o mesmo preço alto, os consumidores não conseguem encontrar um preço melhor no mercado. O resultado é que as organizações dividem o mercado, cobram o preço de um monopólio e obtêm lucros altos. Além disso, observe que nenhuma delas possui incentivo em cobrar um preço menor, em uma tentativa de roubar clientes dos rivais.

> **Por dentro dos negócios 11-3**
>
> ## A prevalência de políticas de compatibilidade de preços e outras garantias de preço baixo
>
> Folheie qualquer jornal de domingo e você encontrará propagandas semelhantes à da Sears:
>
> > Nós batemos a concorrência ou dobramos a diferença! Se o nosso preço não bater o preço publicado pelos concorrentes sobre o item idêntico, vamos fazê-lo! Se você encontrar um preço mais baixo publicado por um concorrente até 30 dias após a compra, dobraremos a diferença.[1]
>
> Essa propaganda é um exemplo do que os economistas chamam *garantia de preço baixo* (GPB).
>
> Como observado no texto, GPBs permitem às empresas cobrar preços altos porque a garantia diminui os incentivos dos rivais em cobrar qualquer preço menor que o da loja. Não surpreende que as GPBs estejam se tornando cada vez mais populares entre as lojas de veículos, de materiais de escritório, de eletrônicos, supermercados e uma variedade de outros tipos de varejo. Maria Arbatskaya, Morten Hviid e Greg Shaffer, por exemplo, examinaram a frequência com a qual vendedores de pneus usam GPBs em suas propagandas de jornal. Com base em amostras de mais de 500 propagandas de pneus ao redor do país, cerca de metade continha GPBs.
>
> [1]Trecho de uma propaganda da Sears, *Sunday Herald-Times*, 16 ago. 1998.
>
> Fonte: Maria Arbatskaya. Morten Hviid e Greg Shaffer, "The Effects of Low-Price Guarantees on Tire Prices." *Advances in Applied Microeconomics*, n. 8, p. 123-138, 1999.

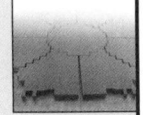

Se uma empresa diminuir o seu preço, os rivais podem igualar aquele preço e obter de volta sua fatia de mercado. Ao diminuir seu preço, ela efetivamente dá início a uma guerra de preços, a qual não resulta em maior parcela do mercado e leva a lucros menores. Se todas as empresas adotarem estratégias de compatibilidade de preços, o resultado é que cada uma cobrará o preço de monopólio e dividirá o mercado para obter lucros altos.

Um aspecto importante das políticas de compatibilidade de preços é que as organizações não precisam monitorar os preços cobrados pelos rivais. Isso contrasta com as estratégias de gatilho, nas quais elas devem monitorar os preços rivais para saber se devem punir um concorrente que tenha cobrado um preço baixo. Com a estratégia de compatibilidade de preço, depende do consumidor mostrar à empresa que algum rival está oferecendo um negócio melhor. Nesse ponto, a companhia pode igualar o preço para esse consumidor. O consumidor que não encontrou um negócio melhor continua a pagar o preço mais alto. Mesmo que alguma outra empresa tenha cobrado um preço baixo, uma empresa utilizando uma estratégia de compatibilidade de preços pode discriminar preços entre aqueles consumidores que encontraram tal preço e aqueles que não o fizeram.

Antes de você optar por adotar uma estratégia de compatibilidade de preço, há dois pontos a considerar. Primeiro, você deve planejar um mecanismo que evite que os consumidores reclamem por terem encontrado um preço mais baixo quando, na verdade, não o fizeram. De outra maneira, os consumidores terão incentivos para lhe dizer que outra empresa está "dando bens praticamente de graça" e pedir a você que iguale o preço menor. Uma forma pela qual as empresas evitam tal fraude é prometer igualar preços que sejam publicados em algum jornal de circulação ampla. Nesse caso, o consumidor deve trazer a propaganda para que o preço seja igualado.

Segundo, você pode ter problemas com uma estratégia de compatibilidade de preços se um concorrente possuir custos menores que o seu. Por exemplo, se o custo marginal de uma televisão do seu concorrente for de $300 e o seu for de $400, o preço (de monopólio) maximizador de lucros estabelecido por sua empresa será maior que o estabelecido pelo rival. Em tal situação, o preço de monopólio estabelecido por seu concorrente poderá ser menor que o seu custo. Nesse caso, se você tiver de igualar o preço de seu rival, incorrerá em perdas em cada unidade vendida.

Induzindo fidelidade à marca

Outra opção para reduzir a tensão da competição de Bertrand é adotar estratégias que induzam *fidelidade à marca*. Clientes leais à marca continuam a comprar o produto de uma empresa mesmo que outra ofereça um preço (ligeiramente) melhor. Ao induzir a fidelidade à marca, uma empresa reduz o número de consumidores que "trocarão" de empresa se ela diminuir o seu preço.

As empresas podem usar diversos métodos para induzir fidelidade à marca. Um dos mais comuns é praticar campanhas publicitárias que promovam o produto como o melhor do mercado. Se as propagandas fazem os consumidores acreditarem que outros produtos no mercado não são substitutos perfeitos, as empresas que praticam competição de preços podem obter lucros maiores. Quando um concorrente cobrar um preço menor, alguns consumidores permanecerão leais à empresa, permitindo-lhe cobrar um preço maior e obter lucros positivos.

Observe, no entanto, que tal estratégia de propaganda não funcionará se os consumidores acreditarem que os produtos são homogêneos. Um posto de gasolina *self-service* teria dificuldade em convencer os consumidores de que seu produto é realmente "diferente" do combustível de mesma bandeira vendido do outro lado da rua. Nessas situações, as companhias podem lançar mão de estratégias alternativas para promover fidelidade à marca.

Alguns postos de gasolina agora têm programas cliente fiel (*frequent-filler*), semelhantes aos iniciados pelas companhias aéreas. Esses programas oferecem ao consumidor um desconto após uma quantidade específica de vezes em que ele enche o tanque. Com essa estratégia, mesmo que os produtos sejam idênticos, o consumidor tem um incentivo a permanecer leal ao mesmo posto de gasolina para maximizar o número de vezes em que obtém o desconto. Por exemplo, suponha que um posto ofereça um desconto de $5 ao consumidor que encher o tanque 10 vezes. Se o cliente encher o tanque em 10 postos diferentes, não obterá o desconto, mas se todas as 10 vezes em que encher o tanque ele o fizer no mesmo posto, obterá $5. Assim, uma estratégia *frequent-filler* oferece ao consumidor um incentivo a permanecer leal a um posto em particular, mesmo que ofereça produtos idênticos aos concorrentes.

Precificação aleatória

precificação aleatória
Estratégia de precificação na qual uma empresa intencionalmente altera seu preço em uma tentativa de "esconder" informações dos consumidores e dos concorrentes.

A opção final que as empresas encontram para aumentar lucros em mercados com intensa competição de preço é praticar em estratégias de precificação aleatória. Com a *estratégia de precificação aleatória*, uma empresa altera o preço a cada hora ou a cada dia. Tal estratégia pode beneficiá-la por duas razões.

Primeiramente, quando as organizações adotam estratégias de precificação aleatória, os consumidores não conseguem saber exatamente qual empresa está cobrando o menor preço. Em alguns dias, uma empresa cobra um menor preço; nos outros dias, alguma outra empresa oferece o melhor negócio. Ao aumentar a incerteza a respeito de onde está o melhor negócio, as organizações reduzem o incentivo ao consumidor em comprar com base na informação de preço. O fato de uma loja oferecer melhor negócio hoje não significa que também oferecerá melhor negócio amanhã. Para continuamente encontrar o melhor preço no mercado,

> **Por dentro dos negócios 11–4**
>
> ## Precificação aleatória no setor aéreo
>
> Existem mais de 215.396 mudanças em tarifas aéreas a cada dia. Isso representa 150 mudanças por minuto. Companhias aéreas domésticas gastam consideráveis somas de dinheiro na tentativa de monitorar os preços das outras. Como observado por Marius Schwartz:
>
> > A Delta Airlines possui 147 funcionários para acompanhar os preços dos concorrentes e selecionar respostas rápidas – em um dia típico, comparam mais de 5 mil mudanças nos preços da indústria em relação às mais de 70 mil tarifas da Delta.
>
> Por que as companhias aéreas tomam medidas tão drásticas para conhecer os preços estabelecidos por seus rivais? As companhias aéreas competem em um mercado de Bertrand. As empresas precisam conhecer os preços dos concorrentes para que possam estabelecer preços menores do que eles. Apesar de alguma lealdade à marca criada por programas de fidelidade, um grande número de clientes escolhe a companhia com base puramente no preço. Para atingir esses consumidores, uma companhia aérea deve cobrar o menor preço no mercado. Ao continuamente monitorarem os preços dos rivais, as companhias aéreas estão em melhor posição para estabelecer preços maximizadores de lucros.
>
> Por que as tarifas aéreas mudam com tanta frequência? Dada a estrutura do mercado aéreo, as companhias consideram lucrativo "tornar aleatórios" seus preços, de forma que os rivais e os consumidores não possam saber exatamente qual o preço de uma rota particular. Ao mudar constantemente os seus preços, uma companhia aérea evita que os concorrentes saibam o preço que eles têm de reduzir para roubar os consumidores. Com preços que variam aleatoriamente ao longo do tempo, uma companhia aérea pode cobrar um preço maior ou menor que o mercado em dado instante. Quando ela cobra um menor preço, vende passagens tanto para clientes preocupados com preços quanto a seus clientes leais. Quando cobra preços altos, vende passagens apenas a seus clientes leais, dado que os clientes preocupados com preços compram passagens de outra companhia aérea.
>
> Fonte: Marius Schwartz. "The Nature and Scope of Contestability Theory." *Oxford Economic Papers,* suplemento 3, p. 46-49, 1986; Michael R. Baye e Casper G. de Vries. "Mixed Strategy Trade Equilibrium." *Canadian Journal of Economics,* n. 25, p. 281-293, maio 1992; *Travel and Leisure,* p. 184, maio 1992.

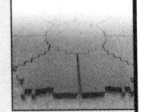

o consumidor deve procurar constantemente por um novo negócio. Na verdade, há apenas um ganho de um único estágio para um consumidor ao se tornar informado, uma vez que a informação torna-se inútil quando novos preços são estabelecidos. Isso reduz o incentivo do consumidor a investir em informação a respeito dos preços. À medida que os consumidores têm menos informação sobre os preços oferecidos pelos concorrentes, as empresas são menos vulneráveis aos rivais roubarem clientes estabelecendo preços mais baixos.

A segunda vantagem de preços aleatórios é que eles diminuem a habilidade dos concorrentes em reduzir o preço cobrado por uma empresa. Lembre-se de que no oligopólio de Bertrand, uma empresa deseja diminuir sensivelmente o preço do concorrente. Se outra empresa oferece um negócio ligeiramente melhor, os consumidores informados mudarão para essa empresa. A precificação aleatória não apenas reduz a informação disponível aos consumidores como evita que os rivais saibam precisamente que preço cobrar para diminuir o preço cobrado por determinada empresa. Estratégias de precificação aleatória tendem a reduzir os incentivos dos rivais a se engajarem em guerras de preços e, assim, podem aumentar os lucros.

Devemos ressaltar que nem sempre é lucrativo praticar estratégias de precificação aleatórias. Em muitas situações, outras opções, como estratégias de gatilho ou compatibilização de preços, podem ser mais efetivas para aumentar lucros. Além disso, em algumas situações, pode não ser factível mudar os preços tão frequentemente quanto a estratégia de precificação aleatória requer. O custo de contratar pessoal para continuamente mudar as etiquetas pode ser proibitivo. A precificação aleatória pode funcionar, no entanto, quando os preços são lançados em um computador,

Figura 11-6 O dilema da Disneylândia

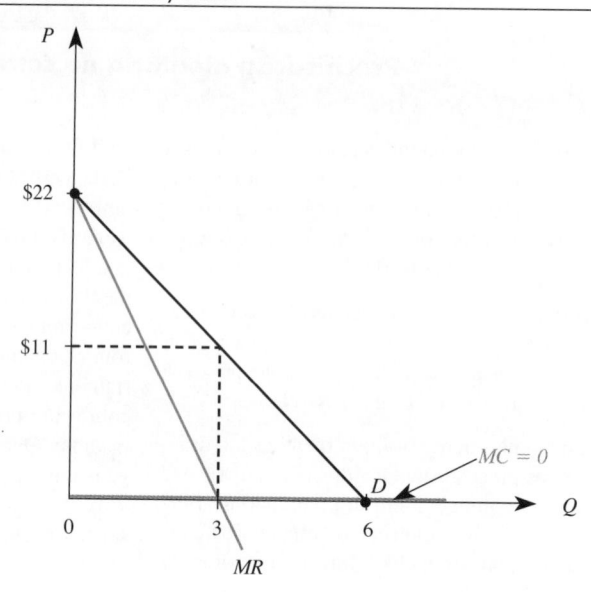

[Figure: Demand curve with P-axis showing $22 and $11, Q-axis showing 3 and 6, with D (demand), MR (marginal revenue), and MC = 0 lines]

e não diretamente nos produtos. Pode também funcionar quando as empresas publicam "ofertas" em um jornal semanal. Nessas situações, os preços divulgados nas ofertas podem ser modificados semanalmente, de maneira que os competidores não saberão que preço publicar para reduzir o valor cobrado pela empresa.

Respondendo à manchete

Por que a Disney World cobra uma taxa de cobertura para entrar no parque e permite a todos que andem de graça nos brinquedos? A resposta recai sobre a habilidade em extrair o excedente do consumidor ao adotar uma precificação bipartite. Em particular, o custo marginal de utilizar um brinquedo em um parque de diversões é próximo a zero, como mostra a Figura 11-6. Se o consumidor médio possui uma curva de demanda como a da Figura 11-6, estabelecer o preço de monopólio resulta em um preço de $11 por brinquedo. Dado que cada cliente poderia ir a três brinquedos, o parque de diversões ganharia $33 por cliente. (Isso ignora os custos fixos, os quais devem ser pagos independentemente da estratégia de precificação.) Por outro lado, isso deixaria o consumidor médio com um excedente de $16,50. Ao cobrar uma taxa de entrada de $66 e precificar cada brinquedo em $0, cada consumidor brinca em uma média de seis brinquedos e o parque extrai todo o excedente do consumidor e obtém lucros mais altos.[1]

---

[1] Walter Oi. "A Disneyland Dilemma: Two-Part Tariffs for a Mickey Mouse Monopoly." *Quarterly Journal of Economics*, n. 85, p. 77-96, fev. 1971.

Resumo

Este capítulo apresentou estratégias de precificação usadas pelas empresas com algum poder de mercado. Diferentemente de empresas em um mercado perfeitamente competitivo, quando existe um pequeno número de empresas e os produtos são ligeiramente diferenciados, um gerente pode utilizar estratégias que levarão a lucros econômicos positivos. Essas estratégias variam de simples regras de *markup* a estratégias de precificação bipartite mais complexas, que permitem à organização extrair todo o excedente do consumidor.

Este capítulo mostrou como surgem regras de *markup*. Se uma empresa é monopolista ou monopolisticamente competitiva, a elasticidade da função de demanda pode ser usada para encontrar o fator de *markup* que maximizará seus lucros. Se um gerente opera em um oligopólio de Cournot, a elasticidade-preço da empresa é simplesmente o número de empresas no mercado vezes a elasticidade de mercado. Sabendo disso, um gerente pode facilmente calcular a regra de *markup* apropriada para suas estratégias de precificação.

Em alguns mercados, o gerente pode fazer melhor do que o preço de monopólio único. Isso pode ser consumado por meio da discriminação de preços ou da precificação bipartite. Outras estratégias de precificação que aumentam lucros incluem fixação de preços de pico, precificação em bloco, venda casada, subsídio cruzado e preço de transferência ótimo. O capítulo conclui com descrições de estratégias que podem ajudar os gerentes em um oligopólio de Bertrand a evitar a tendência a zero dos lucros econômicos.

Conceitos e palavras-chave

compatibilidade de preços
discriminação de preço
discriminação de preço de primeiro grau
discriminação de preço de segundo grau
discriminação de preço de terceiro grau
divisão *downstream*
divisão *upstream*
fixação de preços de pico

fidelidade à marca
marginalização dobrada
precificação aleatória
precificação bipartite
precificação em bloco
preço de transferência
subsídios cruzados
venda casada

Questões conceituais e computacionais

1. Com base nas melhores estimativas econométricas disponíveis, a elasticidade da demanda de mercado pelo produto da sua empresa é $-1,5$. O custo marginal de produzir o produto é constante em \$75, enquanto o custo médio total no nível de produção atual é de \$200. Determine seu preço ótimo por unidade se:
   a. Você for um monopolista.
   b. Você compete com outra empresa em um oligopólio de Cournot.
   c. Você compete com outras 19 empresas em um oligopólio de Cournot.

2. Com base no gráfico a seguir (que apresenta a demanda, a receita marginal e os custos relevantes para o seu produto), determine a produção, o preço ótimo e os lucros resultantes para cada um destes cenários:

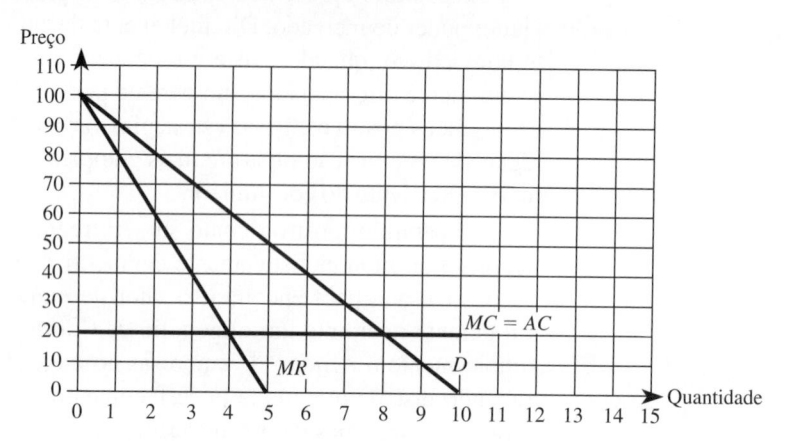

a. Você cobra um mesmo preço unitário de todos os consumidores.
b. Você pratica discriminação de preço de primeiro grau.
c. Você pratica precificação bipartite.
d. Você pratica precificação em bloco.

3. Você é o gerente de uma empresa que cobra dos clientes $16 por unidade pela primeira unidade comprada e $12 por unidade adicional comprada. O gráfico a seguir apresenta sua demanda e seus custos relevantes.
a. Qual é o termo econométrico para a estratégia de precificação de sua empresa?
b. Determine os lucros que você obtém dessa estratégia.
c. Quanto de lucro adicional você poderia obter se fosse capaz de discriminar preços perfeitamente?

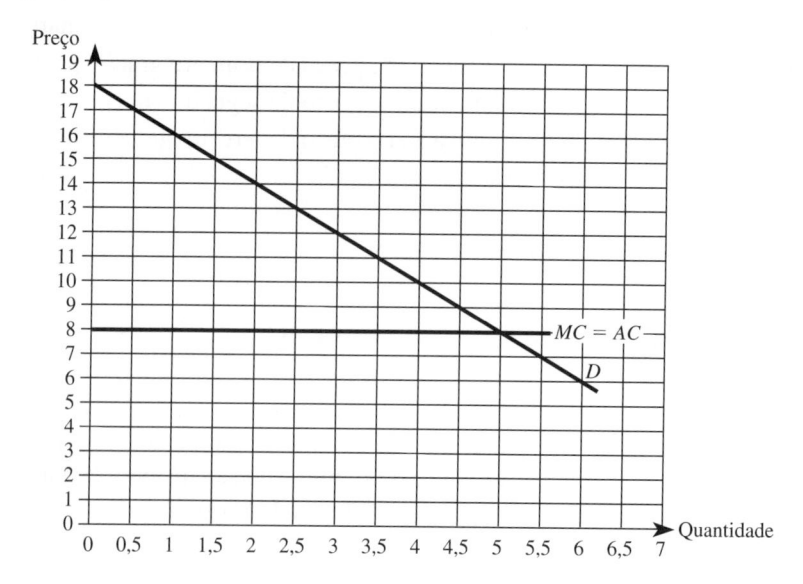

4. Você é o gerente de um monopólio que vende um produto para dois grupos de consumidores em diferentes partes do país. A elasticidade da demanda do grupo 1 é −2, enquanto a elasticidade do grupo 2 é −6. Seu custo marginal de produzir o bem é de $10.
   a. Determine seus preços em *markups* ótimos sob discriminação de preços de terceiro grau.
   b. Identifique as condições sob as quais a discriminação de preços de terceiro grau aumenta os lucros.

5. Você é o gerente de um monopólio. A função de demanda inversa de um consumidor típico pelo produto de sua empresa é $P = 100 - 20Q$ e sua função de custo é $C(Q) = 20Q$.
   a. Determine a estratégia de precificação bipartite ótima.
   b. Quanto de lucro adicional você obtém usando a estratégia de precificação bipartite, comparada com a cobrança de um preço por unidade desse consumidor?

6. Um monopólio está considerando vender diversas unidades de um produto homogêneo como um único pacote. A demanda de um consumidor típico pelo produto é $Q^d = 50 - 0{,}25P$ e o custo marginal da produção é de $120.
   a. Determine o número ótimo de unidades a colocar em um pacote.
   b. Quanto a empresa deve cobrar por esse pacote?

7. Você é o gerente de uma empresa que fabrica os produtos X e Y a um custo zero. Você sabe que diferentes tipos de consumidores valorizam seus dois produtos de maneiras diferentes, mas não consegue identificar tais consumidores individualmente na hora da venda. Em particular, sabe que existem três tipos de consumidores (mil de cada tipo) com as seguintes avaliações para os dois produtos:

Consumidor tipo	Produto X	Produto Y
1	$60	$50
2	50	125
3	25	140

   a. Quais serão os lucros de sua empresa se você cobrar $25 pelo produto X e $50 pelo produto Y?
   b. Quais serão seus lucros se você cobrar $60 pelo produto X e $140 pelo produto Y?
   c. Quais serão os seus lucros se você cobrar $110 por um pacote contendo uma unidade do produto X e uma unidade do produto Y?
   d. Quais serão os lucros de sua empresa se cobrar $175 por um pacote contendo uma unidade de X e uma unidade de Y, mas também se vender os produtos individualmente ao preço de $60 pelo produto X e $140 pelo produto Y?

8. Uma grande empresa possui duas divisões: a divisão *upstream* que é um fornecedor monopolista de um insumo, cujo único mercado é a divisão *downstream*, que produz o produto final. Para produzir uma unidade do produto final, a divisão *downstream* requer uma unidade do insumo. Se a demanda inversa pelo produto final é $P = 1.000 - 80Q$, o valor da companhia pode ser maximizado ao pagar aos gerentes das divisões *upstream* e *downstream* uma porcentagem dos lucros de suas divisões? Explique.

Problemas e aplicações

9. Você é o proprietário de uma concessionária Saturn que compete com duas outras empresas (concessionárias Ford e Chrysler). Ao contrário delas, você se orgulha de suas políticas de vendas "sem pechincha". No último ano, sua empresa obteve lucro recorde de $1,5 milhão. No entanto, de acordo com a câmara de comércio local, seus lucros foram 10% menores do que de seus competidores. Em seu mercado, a elasticidade-preço da demanda por automóveis Saturn de médio porte é de −4,5. Em cada um dos últimos cinco anos, sua concessionária vendeu mais automóveis de médio porte do que qualquer outra concessionária Saturn no país. Tal fato permitiu à sua concessionária um desconto adicional de 30% sobre o preço de revenda sugerido pelo seu fabricante a cada ano. Considerando o desconto, seu custo marginal de um automóvel de médio porte é de $11 mil. Que preço deve cobrar por um automóvel de médio porte se você espera manter suas vendas recordes?

10. Você é um analista de preços da QuantCrunch Corporation, uma companhia que recentemente gastou $10 mil para desenvolver um *software* estatístico. Hoje você tem apenas um cliente. Um estudo interno recente revelou que a demanda do cliente pelo seu *software* é $Q^d = 100 - 0,1P$ e que custa a você $500 por unidade para instalar e manter o *software* na empresa dele. O CEO da sua companhia pediu-lhe que elaborasse um relatório que comparasse (1) o lucro resultante da cobrança desse cliente de um preço unitário único com (2) o lucro resultante de cobrar $900 das primeiras 10 unidades e $700 de cada unidade adicional dos *softwares* comprados. Elabore o relatório, incluindo uma recomendação que pode resultar em lucros ainda maiores.

11. Você é o gerente de uma loja de materiais esportivos que recentemente comprou um carregamento de 60 esquis e fixações de botas a um custo total de $30 mil (seu fornecedor no atacado não permitiu que comprasse os esquis e as fixações separadamente nem que comprasse menos de 60 conjuntos). A cidade na qual sua loja está localizada contém muitos tipos de esquiadores, variando de iniciantes a avançados. Em função de sua experiência no ramo, você sabe que diferentes esquiadores valorizam esquis e fixações diferentemente. No entanto, você não pode discriminar preços de maneira lucrativa porque não pode evitar a revenda. Existem cerca de 20 esquiadores avançados que valorizam os esquis a $350 e fixações a $250; 20 esquiadores intermediários que valorizam os esquis a $250 e as fixações a $375; e 20 esquiadores iniciantes que valorizam os esquis a $175 e as fixações a $325. Determine sua estratégia de precificação ótima.

12. De acordo com a Cahner's In-Stat Group, o número de assinantes de telefones móveis mundiais em breve atingirá a marca de 1 bilhão. Nos Estados Unidos, projeta-se que o número de assinantes de telefone móvel cresça cerca de 17 milhões de assinantes por ano pelos próximos cinco anos. Contribuindo para esse crescimento extensivo estão os preços mais baixos, a cobertura geográfica maior, os serviços pré-pagos e os telefones habilitados para a Internet. Embora o custo efetivo de um telefone móvel básico seja cerca de $75, a maioria das companhias telefônicas oferece a seus clientes um telefone "grátis" vinculado a um contrato de serviço de um ano. Essa estratégia de precificação é racional? Explique.

13. A American Baker's Association informa que as vendas anuais de produtos de panificação no último ano aumentaram 15%, estimuladas por um aumento de 50% na demanda por bolinhos de milho. A maior parte do aumento foi atribuída a uma reportagem que defende que uma dieta rica em milho ajuda a prevenir certos tipos de câncer. Você é o gerente de uma padaria que produz e empacota bolinhos de milho, e atualmente os vende em pacotes de três unidades. No entanto, como resultado desse novo relatório, a demanda inversa de um consumidor típico pelos seus bolinhos de milho é, agora, $P = 3 - 0{,}5Q$. Se o seu custo de produzir os bolinhos é $C(Q) = Q$, determine o número ótimo de bolinhos de milho a vender em um único pacote, bem como o preço ótimo do pacote.

14. Você possui uma franquia de agência de aluguel de veículos na Flórida. Recentemente, leu um relatório indicando que cerca de 80% de todos os turistas visitam a Flórida durante os meses de inverno em qualquer ano, assim como 60% de todos os turistas que viajam à Flórida de avião alugam automóveis. Viajantes que não planejam seu passeio frequentemente têm maior dificuldade em encontrar carros de aluguel devido à alta demanda. No entanto, durante os meses fora do inverno o turismo cai drasticamente e os viajantes não têm problema se não reservarem carros com antecedência. Determine a estratégia de precificação ótima e explique por que ela é a melhor.

15. A Blue Skies Aviation é uma fabricante de pequenos aviões monomotores. A companhia é pequena e se orgulha de ser a única produtora de aviões customizados. O alto padrão de qualidade é atribuído à sua opção de não comprar motores de vendedores externos, e preserva sua vantagem competitiva recusando-se a vender motores para os competidores. Para atingir eficiência máxima, ela se organizou em duas divisões: uma que fabrica motores e outra que fabrica as estruturas e monta os aviões. A demanda pelos aviões customizados da Blue Skies é dada por $P = 610.000 - 2.000Q$. O custo de produzir motores é $C_e(Q_e) = 4.000Q_e^2$, e o custo de montar os aviões é $Ca(Q) = 10.000Q$. Que problemas poderiam ocorrer se os gerentes de cada divisão recebessem incentivos para maximizar os lucros separadamente? Que preços os proprietários da Blue Skies devem estabelecer para os motores para evitar esse problema e maximizar os lucros gerais?

16. Como gerente de uma cadeia de cinemas que são monopólios em seus respectivos mercados, você observou uma demanda muito maior nos fins de semana do que durante a semana. Em função disso, conduziu um estudo que revelou duas diferentes curvas de demanda em seus cinemas. Nos fins de semana, a função de demanda inversa é $P = 15 - 0{,}001Q$; durante a semana, é $P = 10 - 0{,}001Q$. Você adquiriu os direitos legais dos produtores de cinema para exibir seus filmes a um custo de $20 mil por filme mais um "royalty" de $2 para cada cliente que entre em seu cinema para assistir ao filme (o cliente médio no seu mercado assiste a um filme apenas uma vez). Apresente uma estratégia de precificação para maximizar os lucros de sua empresa.

17. Muitos varejistas de produtos para construção como Home Depot e Lowes têm políticas de garantia de preço baixo. No mínimo, elas prometem igualar os preços

dos concorrentes, e algumas prometem cobrir o menor preço publicado em dada porcentagem. Esses tipos de estratégias de precificação resultam em competição acirrada de Bertrand e lucros econômicos zero? Se não, por quê? Se sim, sugira uma estratégia de precificação alternativa que permita a essas empresas obter lucros econômicos positivos.

18. A BAA é uma companhia privada que opera nos sete maiores aeroportos do Reino Unido, incluindo Heathrow e Gatwick. Desde 1987, a BAA investiu cerca de £1 milhão por dia para manter suas operações no Reino Unido seguras e eficientes. Heathrow é o aeroporto internacional mais movimentado do mundo, atendendo a mais de 62 milhões de passageiros que viajam para mais de 200 destinos a cada ano. Cerca de 90 diferentes companhias aéreas competem por portões nas duas principais pistas de Heathrow. Suponha que a BAA recentemente tenha contratado sua equipe de consultores para preparar um relatório sobre o movimento em Heathrow. Seu relatório indica que Heathrow deve sofrer movimento significativo entre julho e setembro, mais do que em outros períodos do ano. Com base em suas estimativas, a demanda é $Q_1^d = 450 - 0{,}2P$, em que mQ_1^d é a quantidade demandada por portões entre julho e setembro. A demanda durante os outros nove meses do ano é $Q_2^d = 218{,}75 - 0{,}125P$, em que Q_2^d é a quantidade demandada por portões. O custo adicional em que a BAA incorre toda vez que cada uma das 90 diferentes companhias aéreas utiliza a pista é de £950, dado que 70 ou menos aviões usam a pista em determinado dia. Quando mais de 70 aviões usam as pistas de Heathrow, o custo adicional assumido pela BAA é de £5 bilhões (o custo de construir um terminal e uma pista adicionais). A BAA atualmente cobra das companhias aéreas uma taxa fixa de £1.412,50 toda vez que a pista é utilizada. Como um consultor da BAA, apresente um plano de precificação que possa aumentar a lucratividade de Heathrow.

19. A Comissão Federal de Comércio recentemente investigou uma proposta de fusão entre duas das maiores destiladoras de uísque. Com base na definição de alguns economistas do mercado, as duas empresas obtiveram uma fatia de mercado combinada de cerca de dois terços, enquanto outra empresa essencialmente controlou o restante do mercado. Suponha que a elasticidade da demanda de mercado (no atacado) por uísque seja de $-1{,}2$ e que custe $15,40 para produzir e distribuir cada litro de uísque. Com base apenas nesse dado, ofereça estimativas quantitativas dos preços pré e pós-fusão no mercado de atacado de uísque. À luz de suas estimativas, você está surpreso com o fato de que a Comissão Federal de Comércio tenha se preocupado a respeito de potenciais efeitos anticompetitivos da fusão proposta? Explique detalhadamente.

20. Um analista da FoodMax estima que a demanda por sua batata *chips* "Marca X" é dada por $Q_X^d = 10{,}34 - 3{,}2 \ln P_X + 4P_Y + 1{,}5 \ln A_X$, onde Q_X e P_X são, respectivamente, a quantidade e o preço para um saco com quatro pacotes da batata *chips* Marca X, P_Y é o preço de um saco de seis pacotes vendidos por seu único concorrente e A_X é o nível de propaganda da FoodMax com a batata *chips* Marca X.

No último ano, a FoodMax vendeu 5 milhões de sacos de batatas Marca X e gastou $0,25 milhão em propaganda. O aluguel de sua fábrica é de $2,5 milhões (o contrato anual inclui os serviços públicos) e sua taxa de depreciação por bens de capital foi de $2,5 milhões; pagamentos aos funcionários (todos eles receberam salários anuais) somaram $500 mil. Os únicos outros custos associados à manufatura e distribuição da batata Marca X são os custos da batata, do óleo e das embalagens; no último ano, a FoodMax gastou $2,5 milhões nesses itens, os quais foram comprados em mercados de insumo competitivos. Com base nessa informação, qual é o preço maximizador de lucros de um pacote de batata *chips* Marca X?

21. Você gerencia uma companhia que compete em uma indústria que é composta por cinco empresas de mesmo tamanho que produzem produtos similares. Um relatório da indústria indica que o mercado está bastante saturado, de forma que um aumento de 10% no preço levaria a um declínio de 22% nas unidades vendidas por todas as empresas na indústria. Atualmente, o Congresso está analisando uma lei que pode impor uma tarifa sobre um insumo essencial usado pelo setor. Sua melhor estimativa é que, se a lei for aprovada, seu custo marginal aumentará em um dólar. Com base nessa informação, que aumento de preço você deve recomendar se a lei de tarifa for aprovada no Congresso? Explique.

Exercícios baseados em casos

Seu instrutor pode dar exercícios adicionais (chamados memos), que requerem a aplicação de algumas das ferramentas aprendidas neste capítulo, para fazer recomendações baseadas em cenários reais de negócios. Alguns desses memos acompanham o Caso Time Warner (páginas 548–583 do seu livro). Memos adicionais, assim como dados que podem ser úteis para a sua análise, estão disponíveis *on-line* em www.mhhe.com/baye6e.

Referências

Adams, William J.; Yellen, Janet I. "Commodity Bundling and the Burden of Monopoly." *Quarterly Journal of Economics,* n. 90, p. 475-498, ago. 1976.

Baum, T.; Mudambi, R. "An Empirical-Analysis of Oligopolistic Hotel Pricing." *Annals of Tourism Research*, n. 22, p. 501-516, 1995.

Cain, Paul; Macdonald, James M. "Telephone Pricing Structures: The Effects on Universal Service." *Journal of Regulatory Economics*, v. 3, n. 4, p. 293-308, dez. 1991.

Carroll, K.; Coates, D. "Teaching Price Discrimination: Some Clarification." *Southern Economic Journal*, v. 66, p. 466-480, out. 1999.

Jeitschko, T. D. "Issues in Price Discrimination: A Comment on and Addendum to 'Teaching Price Discrimination' by Carroll and Coates." *Southern Economic Journal*, n. 68, p. 178-186, jul. 2001.

Karni, Edi; Levin, Dan. "Social Attributes and Strategic Equilibrium: A Restaurant Pricing Game." *Journal of Political Economy*, v. 102, n. 4, p. 822-840, ago. 1994.

Masson, Robert; Shaanan, Joseph. "Optimal Oligopoly Pricing and the Threat of Entry: Canadian Evidence." *International Journal of Industrial Organization*, v. 5, n. 3, p. 323-339, set. 1987.

McAfee, R. Preston; McMillan, John; Whinston, Michael D. "Multiproduct Monopoly, Commodity Bundling, and Correlation of Values." *Quarterly Journal of Economics*, v. 104, n. 2, p. 371-383, maio 1989.

Oi, Walter Y. "A Disneyland Dilemma: Two-Part Tariffs for a Mickey Mouse Monopoly." *Quarterly Journal of Economics*, n. 85, p. 77-96, fev. 1971.

Romano, Richard E. "Double Moral Hazard and Resale Price Maintenance." *Rand Journal of Economics*, v. 25, n. 3, p. 455-466, 1994.

Scitovsky, T. "The benefits of Asymmetric Markets." *Journal of Economics Perspectives*, v. 4, n. 1, p. 135-148, 1990.

CAPÍTULO DOZE

A economia da informação

Manchete

Empresas abandonam leilão de banda de frequência da FCC

O Congresso dos Estados Unidos aprovou uma lei requerendo que a FCC abandonasse seu formato de distribuição de licenças de banda de frequência por meio de "audiências públicas". Como resultado da lei, a FCC agora leiloa direitos de banda de frequência; o maior arrematante no leilão obtém direitos exclusivos a bandas de frequência por um período de dez anos. Em seu primeiro leilão, a FCC leiloou dez licenças, rendendo ao Tesouro dos Estados Unidos $600 milhões em recebimentos provenientes dos concorrentes vencedores.

Para empresas como Bell South e McCaw (agora parte da AT&T), o formato de leilão envolveu considerável incerteza. Embora o valor de uma dada licença fosse praticamente idêntico para todos os concorrentes, nenhuma empresa sabia com certeza quais poderiam ser seus lucros se ela vencesse o leilão. Cada empresa tinha suas próprias estimativas privadas do valor de uma licença, mas estas diferiam entre os participantes.

A estimativa privada de valor de uma licença para uma empresa era de $85 milhões. Isso significa que a empresa estimou que poderia obter $85 milhões acima de todos os custos (em termos de valor presente) se ela obtivesse a licença. Ainda assim, abandonou os lances quando o preço de leilão atingiu $80 milhões.

Por que você acha que a empresa abandonou o leilão quando o preço estava abaixo de sua estimativa privada do valor de uma licença?

Objetivos didáticos

Ao final deste capítulo, você poderá:

- Responder à pergunta da manchete.

- Identificar estratégias para gerenciar risco e incerteza incluindo diversificação e estratégias de pesquisa ótimas.

- Determinar a produção e o preço maximizadores de lucros em um ambiente de incerteza.

- Explicar por que a informação assimétrica a respeito de "ações ocultas" ou "características ocultas" pode levar a risco moral e seleção adversa, bem como identificar estratégias para mitigar esses problemas potenciais.

- Explicar como regras diferenciadas de leilão e estrutura de informação afetam os incentivos em leilões, assim como determinar as estratégias de lance ótimo em uma variedade de leilões com valores independentes ou correlacionados.

Introdução

Ao longo da maior parte deste livro consideramos que os participantes no processo de mercado – tanto consumidores quanto empresas – aproveitam os benefícios da informação perfeita. Não é necessário examinar com atenção o mundo real para observar que essa hipótese é mais fictícia do que verdadeira. No entanto, nossa análise nos capítulos anteriores pode nos ajudar a entender o processo de mercado. De fato, essa é a base para análises mais complicadas que incorporam os efeitos da incerteza e da informação imperfeita.

Cursos mais avançados em economia se embasam nos fundamentos estabelecidos nos capítulos anteriores deste livro, deixando de lado a hipótese de que as pessoas se deparam com informação perfeita. Embora os modelos formais teóricos de tomada de decisão diante de informação imperfeita estejam bastante além do escopo e propósito deste livro, é útil apresentar uma visão geral de alguns dos mais importantes aspectos da tomada de decisão sob incerteza. Primeiro, descreveremos o que queremos dizer por *incerteza* e estudaremos seu impacto sobre o comportamento do consumidor. Em seguida, iremos brevemente demonstrar maneiras pelas quais o gerente pode lidar com o risco. Por fim, analisaremos implicações bastante importantes da incerteza sobre o processo de mercado, incluindo mercados de leilão.

A média e a variância

O caminho mais fácil para resumir a informação a respeito de resultados incertos é utilizar os conceitos estatísticos de média e de variância de uma variável aleatória. Mais especificamente, suponha que exista alguma incerteza com relação ao valor de alguma variável. A variável aleatória, x, pode representar lucros, o preço da produção ou a renda do consumidor. Como x é uma variável aleatória, não podemos estar certos de qual é o seu valor efetivo. Tudo que sabemos é que, com determinadas probabilidades, diferentes valores da variável aleatória ocorrerão. Por exemplo, suponha que alguém prometa pagar-lhe (em dinheiro) qualquer número que aparecer quando um dado for jogado. Se x representa um pagamento, é claro que você não pode estar certo de quanto lhe será pago. Se tiver sorte, obterá um 6 e receberá $6. Se não tiver sorte, jogará 1 e receberá $1. A probabilidade de que qualquer número entre 1 e 6 seja obtido é 1/6, uma vez que existem seis faces em um dado. O valor esperado (ou média) de x é dado por

$$Ex = \frac{1}{6}(\$1) + \frac{1}{6}(\$2) + \frac{1}{6}(\$3) + \frac{1}{6}(\$4) + \frac{1}{6}(\$5) + \frac{1}{6}(\$6) = \$3,50$$

Em outras palavras, embora você não saiba com certeza quanto receberá ao jogar o dado, na média receberá $3,50.

A *média* ou *valor esperado* de uma variável aleatória, x, é definido como a soma das probabilidades de que diferentes resultados ocorram vezes os *payoffs* resultantes. Formalmente, se os resultados possíveis da variável aleatória são $x_1, x_2, \ldots, x_n$ e as probabilidades correspondentes dos resultados são $q_1, q_2, \ldots, q_n$, o valor esperado de x é dado por

$$Ex = q_1 x_1 + q_2 x_2 + \ldots + q_n x_n$$

média (valor esperado)
A soma das probabilidades de ocorrência de diferentes resultados multiplicada pelos *payoffs* resultantes.

onde $q_1 + q_2 + \ldots + q_n = 1$.

A média de uma variável aleatória resume a informação a respeito da probabilidade de diferentes resultados em uma única estatística. Essa é uma forma bastante conveniente de economizar o montante de informação necessária para tomar decisões.

A média oferece informação a respeito do valor médio de uma variável aleatória, mas não fornece informação a respeito do grau de risco associado à variável aleatória. Para ilustrar a importância de considerar o risco em tomadas de decisões, considere as duas opções a seguir:

Opção 1: Jogar uma moeda. Se o resultado for cara, você recebe $1; se for coroa, você paga $1.
Opção 2: Jogar uma moeda. Se o resultado for cara, você recebe $10; se for coroa, você paga $10.

Embora as apostas sejam muito maiores na opção 2 do que na opção 1, cada uma possui um valor esperado de 0. Na média, você não ganhará nem perderá dinheiro em qualquer opção. Para entender melhor, observe que existe uma chance 50–50 de que a moeda jogada resultará em cara. Assim, o valor esperado da opção 1 é

$$E_{Opção1}[x] = \frac{1}{2}(\$1) + \frac{1}{2}(-\$1) = 0$$

e o valor esperado da opção 2 é

$$E_{Opção2}[x] = \frac{1}{2}(\$10) + \frac{1}{2}(-\$10) = 0$$

As duas opções têm um mesmo valor esperado, mas são diferentes por natureza. Ao resumirmos a informação a respeito das opções utilizando a média, perdemos alguma informação a respeito dos riscos associados às duas opções. Independentemente de qual opção você escolha, ganhará ou perderá dinheiro ao jogar a moeda. Sob a opção 1, metade das vezes você ganhará $1 acima da média e metade das vezes ganhará $1 abaixo da média. Sob a opção 2, o desvio da média do ganho ou perda efetivos é muito maior: metade das vezes você ganhará $10 a mais do que a média, e metade das vezes perderá $10 a mais do que a média. Dado que os desvios em relação à média são muito maiores sob a opção 2 do que sob a opção 1, é natural pensar na opção 2 como a mais arriscada.

Embora a discussão anterior ofereça um raciocínio para chamar a opção 2 de mais arriscada do que a opção 1, é conveniente para o gestor ter um número que resuma um risco associado a resultados aleatórios. A medida mais comum de *risco* é a variância, a qual depende de maneira especial dos desvios dos resultados possíveis em relação à média. A *variância* de uma variável aleatória é a soma das probabilidades de que diferentes resultados ocorram vezes os quadrados dos desvios em relação à média da variável aleatória. Formalmente, se os resultados possíveis da variável aleatória são $x_1, x_2, \ldots, x_n$, suas probabilidades correspondentes são $q_1, q_2, \ldots, q_n$ e o valor esperado de x é dado por Ex, então a variância de x é dada por

$$\sigma^2 = q_1(x_1 - Ex)^2 + q_2(x_2 - Ex)^2 + \ldots + q_n(x_n - Ex)^2$$

variância
A soma das probabilidades de ocorrência de diferentes resultados multiplicada pelo quadrado dos desvios em relação à média da variável aleatória.

desvio-padrão
A raiz quadrada da variância.

O *desvio-padrão* é simplesmente a raiz quadrada da variância:

$$\sigma = \sqrt{\sigma^2} = \sqrt{q_1(x_1 - Ex)^2 + q_2(x_2 - Ex)^2 + \ldots + q_n(x_n - Ex)^2}$$

Apliquemos essas fórmulas a nossos exemplos da moeda para entender como a variância pode ser utilizada para obter um número que resuma o risco associado às opções. Em cada caso, apenas dois resultados possíveis ocorrem com iguais probabilidades, de forma que $q_1 = q_2 = 1/2$. A média de cada opção é zero. Assim, a variância da opção 1 é

$$\sigma^2_{Opção1} = \frac{1}{2}(1 - 0)^2 + \frac{1}{2}(-1 - 0)^2 = \frac{1}{2}(1) + \frac{1}{2}(1) = 1$$

A variância da opção 2 é

$$\sigma^2_{Opção2} = \frac{1}{2}(10 - 0)^2 + \frac{1}{2}(-10 - 0)^2 = \frac{1}{2}(100) + \frac{1}{2}(100) = 100$$

Uma vez que

$$\sigma^2_{Opção1} = 1 < \sigma^2_{Opção2} = 100$$

a opção 2 é mais arriscada do que a 1. Pelo fato de o desvio-padrão ser a raiz quadrada da variância, o desvio-padrão da opção 1 é 1 e da opção 2 é 10.

Demonstração 12-1

O gerente da companhia XYZ está lançando um novo produto que renderá $1.000 em lucros se a economia não entrar em recessão. No entanto, se houver recessão, a demanda pelo bem normal cairá tanto que a empresa perderá $4.000. Se os economistas projetam que existe uma chance de 10% de que a economia entre em recessão, quais são os lucros esperados para a companhia XYZ ao lançar o novo produto? Quão arriscado é o lançamento do novo produto?

Resposta:

Se existe a chance de 10% de recessão, há chance de 90% de que não haverá recessão. Usando a fórmula para o valor esperado de uma variável aleatória, os lucros esperados do lançamento do novo produto são dados por

$$Ex = q_1x_1 + q_2x_2 = 0{,}1(-\$4.000) + 0{,}9(\$1.000) = \$500$$

Assim, os lucros esperados do lançamento do novo produto são de $500. Usando a variância como uma medida de risco,

$$\sigma^2 = 0{,}1(-4.000 - 500)^2 + 0{,}9(1.000 - 500)^2 = 2.250{,}000$$

Incerteza e comportamento do consumidor

Agora que você sabe calcular a média e a variância de um resultado incerto, veremos como a presença de *incerteza* afeta as decisões econômicas tanto de consumidores quanto de gestores.

Aversão ao risco

No Capítulo 4, consideramos que os consumidores tinham preferências por cestas de bens, as quais eram conhecidas. Agora estenderemos nossa análise para preferência sobre resultados incertos.

Considere que F e G representem duas probabilidades. F pode representar as probabilidades associadas à compra de cem ações da companhia F e G as associadas à compra de cem ações da companhia G. Quando você compra uma ação, está incerto a respeito de qual será seu efetivo lucro ou perda; tudo o que sabe é que há uma média e uma variância no retorno associado a cada ação. Diferentes pessoas exibem diferentes preferências pelo mesmo conjunto de probabilidades. Você pode preferir F a G, enquanto um colega prefere G a F. É apenas uma questão de gosto por probabilidades arriscadas.

Como as atitudes em relação ao risco diferirão entre consumidores, devemos introduzir uma terminologia para diferenciar tais atitudes. Primeiro, uma pessoa *avessa ao risco* prefere um montante certo de $M a uma perspectiva arriscada com um valor esperado de $M. Um indivíduo *amante do risco* prefere uma perspectiva arriscada com valor de $M a um montante certo de $M. Por fim, um indivíduo *indiferente ao risco* é indiferente entre uma perspectiva arriscada com um valor esperado de $M e um montante certo de $M.

É possível que para algumas perspectivas os indivíduos sejam mais amantes do risco, enquanto outros sejam mais avessos ao risco. Para pequenas apostas, as pessoas são em geral amantes do risco, enquanto para grandes apostas são avessas ao risco. Você pode estar disposto a apostar 25 centavos como pode adivinhar se uma moeda jogada resultará em cara ou coroa. O valor esperado dessa aposta é zero. Nessa situação, você está se comportando como amante do risco: prefere a aposta com o *payoff* esperado zero a não jogar (recebendo zero com certeza). Se a aposta for aumentada para, digamos, $25 mil, você provavelmente escolherá não apostar. Nessa situação, preferirá não apostar (zero com certeza) a apostar com um valor esperado zero.

Decisões empresariais com consumidores avessos ao risco

Para apostas com resultados não triviais, a maior parte dos indivíduos é avessa ao risco. Estabeleceremos, aqui, algumas implicações de consumidores avessos ao risco sobre decisões empresariais ótimas.

Qualidade do produto. A análise de risco pode ser utilizada para examinar situações em que os consumidores estão incertos a respeito da qualidade do produto. Por exemplo, suponha que um consumidor compre regularmente uma marca de cera automotiva e esteja certo a respeito da qualidade e das características do produto. Se o consumidor é avesso ao risco, quando ele estará disposto a comprar uma cera automotiva recentemente lançada no mercado?

Um consumidor avesso ao risco prefere algo seguro a uma probabilidade de igual valor esperado. Assim, se o consumidor espera que a nova cera funcione tão bem

---

avesso ao risco
Preferência por um montante certo de $M a uma perspectiva arriscada com um valor esperado de $M.

amante do risco
Preferência por uma perspectiva arriscada com um valor esperado de $M a um montante certo de $M.

indiferente ao risco
Indiferença entre uma perspectiva arriscada com um valor esperado de $M e um montante certo de $M.

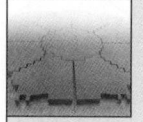

> **Por dentro dos negócios 12-1**
>
> ## Aversão ao risco e o valor de venda da empresa: o paradoxo de São Petersburgo
>
> Corporações em geral são vendidas a um preço que parece muito abaixo do valor esperado dos lucros futuros. Antes que você conclua que o mercado não é racional, pergunte-se quanto estaria disposto a pagar pelo direito de jogar uma moeda quando:
>
> - Você recebe 2 centavos se a primeira cara aparecer na primeira jogada.
> - Você recebe 4 centavos se a primeira cara aparecer na segunda jogada.
> - Você recebe 8 centavos se a primeira cara aparecer na terceira jogada.
> - De maneira mais geral, você recebe 2^n centavos se a primeira cara aparecer na enésima jogada.
>
> Como jogadas de moedas são eventos independentes, o valor esperado de participar dessa aposta de jogo de moeda é:
>
> $$Ex = \left(\frac{1}{2}\right)2 + \left(\frac{1}{2}\right)^2 2^2 + \left(\frac{1}{2}\right)^3 2^3 + \left(\frac{1}{2}\right)^4 2^4 + \ldots$$
> $$= 1 + 1 + 1 + 1 + \ldots$$
> $$= \infty \text{ centavos}$$
>
> Assim, o valor esperado da aposta é infinito: na média, você terá um montante infinito de dinheiro se participar do jogo. É claro, sei que ninguém está disposto a abrir mão de tudo para participar desse jogo. Em uma classe de 200 estudantes, o valor máximo que eles pagariam é de $2, quantia consideravelmente mais baixa que o valor esperado infinito da aposta. Esse resultado é conhecido como *paradoxo de São Petersburgo*.
>
> A resposta a esse paradoxo é que a vantagem que o indivíduo recebe ao ganhar uma aposta, e não o dinheiro em si, é que é importante. A satisfação de ganhar seu primeiro $1 milhão é muito maior do que a de ganhar seu segundo $1 milhão, e assim por diante. A vantagem marginal decrescente da renda dá lugar à aversão a risco, indicando que os indivíduos estão dispostos a pagar menos do que o valor esperado. Para o caso do lançamento da moeda, a diferença entre o valor esperado e o montante que o indivíduo está disposto a pagar é substancial. O mesmo pode ser verdadeiro quando as corporações são colocadas à venda.

quanto aquela que ele regularmente compra, tudo o mais constante, ele não comprará o novo produto. A razão é que existe um risco associado ao uso de um novo produto; a nova cera pode melhorar muito o visual do carro em comparação com a velha cera, ou pode danificar a pintura. Quando o consumidor pesa essas possibilidades e conclui que é esperado que a nova cera seja tão boa quanto aquela que ele utiliza agora, decide não comprar o novo produto. O consumidor prefere algo seguro (a marca atual) à perspectiva arriscada (um novo produto).

As empresas usam duas táticas principais para induzir consumidores avessos ao risco a experimentar o novo produto. Primeiro, o gerente pode diminuir o preço do novo produto em relação ao produto existente para compensar o consumidor pelo risco associado ao experimento do novo produto. Quando empresas fornecem amostras grátis, essencialmente usam essa técnica para transmitir ao consumidor a sensação de que o novo produto tem um preço zero.

Como alternativa, o gerente pode induzir o consumidor a acreditar que a qualidade esperada do novo produto seja superior à do velho produto. Tipicamente, as companhias fazem isso por meio de propaganda comparativa. Por exemplo, uma propaganda pode mostrar 50 carros sendo encerados com uma nova cera e 50 carros sendo encerados com produtos de empresas concorrentes; depois os carros são repetidamente lavados até que apenas os 50 carros encerados com o novo produto permaneçam brilhantes. Se os consumidores forem convencidos por tal propaganda, podem comprar o novo produto, pois a maior qualidade esperada compensa o risco associado ao experimento de um novo produto.

Redes de lojas. A aversão ao risco também explica por que pode ser interessante para uma empresa tornar-se parte de uma rede de lojas em vez de permanecer independente. Por exemplo, suponha que um consumidor vá até Smalltown, nos Estados Unidos, e decida comer um lanche. Existem dois restaurantes na cidade. Um local e um pertencente a uma rede nacional de lanchonetes. Caso o consumidor não saiba nada a respeito do restaurante local, sua experiência sugere que esses tipos de estabelecimento são muito bons ou muito ruins. Por outro lado, redes nacionais de lanchonetes têm menus e ingredientes padronizados; o tipo e a qualidade do produto oferecido são relativamente certos, independentemente da qualidade média. Uma vez que o consumidor é avesso ao risco, ele escolherá comer na rede nacional, a menos que espere que o produto do restaurante local seja suficientemente melhor do que o da rede.

Não há nada especial a respeito do exemplo do restaurante; casos similares se aplicam a lojas de varejo e outros tipos de comércio. Embora existam algumas exceções, visitantes tipicamente preferem fazer compras em redes de lojas. Consumidores locais estão em melhor posição para conhecer com certeza o tipo e a qualidade dos produtos em estabelecimentos da sua cidade e podem comprar na loja local em vez da rede. O principal ponto a observar é que, embora a loja local ofereça um produto melhor, a rede nacional pode permanecer nos negócios se o número de visitantes for grande o suficiente.

Seguro. O fato de que os consumidores são avessos ao risco implica que estão dispostos a pagar para evitar riscos. É precisamente em função disso que os indivíduos optam por fazer seguro de suas casas e automóveis. Ao fazê-lo, abrem mão de um pequeno montante (relativamente às perdas potenciais) de dinheiro para eliminar o risco associado a uma perda catastrófica. Por exemplo, se uma casa de $100 mil pegasse fogo, o proprietário sem seguro perderia $100 mil; se a casa não pegasse fogo, o proprietário não perderia nada. A maior parte dos proprietários está disposta a pagar diversas centenas de dólares para evitar o risco. Se a casa pegar fogo, a companhia de seguro reembolsa o proprietário pela perda. Para um consumidor, o seguro representa uma compra de "algo seguro" – uma casa que vale $100 mil, independentemente de pegar fogo ou não.

Algumas organizações oferecem seguro aos consumidores por meio de "garantia de dinheiro de volta". Outras vendem uma forma de seguro aos consumidores. Por exemplo, muitas montadoras de veículos vendem planos de garantia estendida aos consumidores em que a companhia concorda em pagar por custos de reparos. Isso elimina o risco associado à propriedade de um veículo, tornando-a mais atrativa aos consumidores avessos ao risco.

Pesquisa do consumidor

Até agora, assumimos que os consumidores conhecem os preços dos bens. A análise é mais complicada em situações em que eles não conhecem os preços cobrados por diferentes empresas pelo mesmo produto.

Suponha que os consumidores não conheçam os preços cobrados por produtos homogêneos. Suponha que existam diversas lojas cobrando diferentes preços por determinado relógio. Um consumidor gostaria de comprar o produto da loja que cobra o menor preço, mas não conhece o preço cobrado por outras lojas. Considere que c representa o custo de obter informação a respeito do preço cobrado por uma loja. Por exemplo, c pode representar o custo de uma ligação telefônica, o custo de ir a uma loja para descobrir o preço que ela cobra por um relógio, o custo de procurar o preço em um catálogo.

Suponha que três quartos das lojas no mercado cobrem $100 por uma marca de relógio e um quarto cobre $40. Se o consumidor localizar uma loja que venda o relógio por $40, claramente deve parar de procurar; nenhuma loja cobra abaixo de $40.

O que um consumidor indiferente ao risco deve fazer se visita uma loja que cobra $100? Suponha que ele procure com *retorno livre* e com *substituição*. Por retorno livre queremos dizer que o consumidor é livre para retornar à loja a qualquer momento para comprar o relógio por $100. O fato de que busca por substituição significa que a distribuição de preços cobrados por outras lojas não muda uma vez que o consumidor já sabe que um estabelecimento cobra $100 por um relógio. Sob essa hipótese, se o consumidor procura novamente, um quarto das vezes ele encontrará um preço de $40 e economizará $100 − $40 = $60. Mas três quartos das vezes encontrará um preço de $100, e o ganho de ter procurado será zero. O benefício esperado de uma pesquisa adicional é

$$EB = \frac{1}{4}(\$100 - \$40) + \frac{3}{4}(0) = \$15$$

Em outras palavras, se o consumidor procura por um preço menor que $100, um quarto das vezes ele economizará $60 e três quartos das vezes não economizará nada. O benefício esperado de procurar por um preço mais baixo é, então, de $15.

O consumidor deve procurar por um preço mais baixo até que os benefícios esperados sejam maiores do que o custo de uma pesquisa. Por exemplo, se o custo de cada pesquisa é de $5, o consumidor considerará interessante prosseguir em busca de um preço mais baixo. Mas se o custo de pesquisar por um preço mais baixo for de $20, não valerá a pena continuar a procura.

Esse exemplo revela que os benefícios esperados da pesquisa dependem do menor preço encontrado durante as pesquisas prévias. Se o menor preço conhecido é p, os benefícios esperados (EB) da pesquisa por um preço menor que p se inclinam positivamente, como mostra a Figura 12–1. De maneira intuitiva, à medida que preços menores são encontrados, as economias associadas a esses preços diminuem.

A Figura 12–1 também ilustra a estratégia de pesquisa ótima para um consumidor. O custo de cada pesquisa é a linha horizontal c. Se o consumidor encontra um preço maior que R, os benefícios da pesquisa são maiores que o custo, e o consumidor deve rejeitá-lo (continuar a procurar por um preço mais baixo). Por outro lado, se o consumidor encontrar um preço abaixo de R, é melhor aceitá-lo (parar de pesquisar e comprar o produto). Isso acontece porque os benefícios esperados de pesquisar por um preço ainda mais baixo são menores do que o custo da pesquisa. Se o consumidor encontrou um preço de R, ele deve ser indiferente entre comprar e continuar a pesquisar por um preço mais baixo.

O *preço de reserva*, R, é o preço ao qual o consumidor é indiferente entre comprar por aquele valor e pesquisar por um preço mais baixo. Formalmente, se $EB(p)$ é o

preço de reserva
O preço ao qual um consumidor é indiferente entre comprar por aquele valor e pesquisar por um preço mais baixo.

Figura 12–1 A estratégia de pesquisa ótima

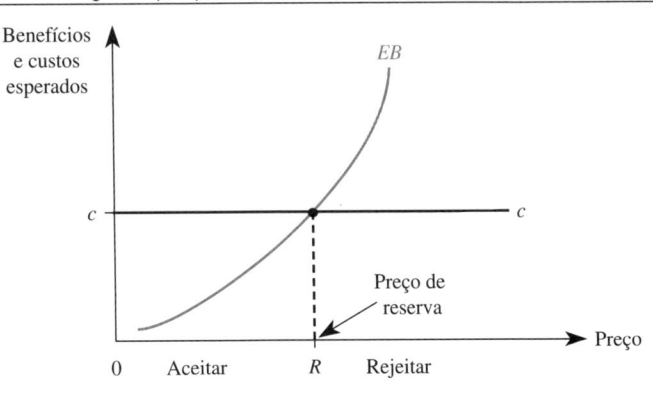

benefício esperado de pesquisar por um preço mais baixo que *p*, e *c* representa o custo da pesquisa, o preço de reserva satisfaz à condição

$$EB(R) = c$$

Princípio	**A regra de pesquisa do consumidor**

A regra de pesquisa ótima é tal que o consumidor rejeita valores acima do preço de reserva (*R*) e aceita valores abaixo do preço de reserva. Em outras palavras, a estratégia de pesquisa ótima é pesquisar por um preço melhor quando o cobrado por uma empresa está acima do preço de reserva, e parar de pesquisar quando um preço abaixo do preço de reserva é encontrado.

O que acontece se o custo de pesquisa aumenta? Como mostra a Figura 12–2, um aumento nos custos de pesquisa desloca para cima a linha horizontal, para c^*, resultando em um preço de reserva mais alto, R^*. Isso significa que o consumidor

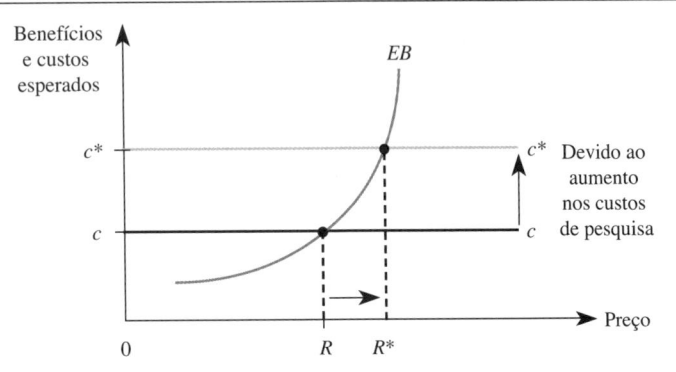

Figura 12–2 Aumento nos custos de pesquisa aumenta o preço de reserva

encontrará agora mais preços aceitáveis e pesquisará menos intensivamente. De maneira semelhante, se o custo de pesquisar por preços mais baixos cai, o consumidor procurará mais arduamente por preços menores.

Nossa análise da decisão de um consumidor por comprar a preços mais baixos pode ser usada para ajudar os gerentes a fixar os preços. Em geral, quando consumidores têm informação imperfeita a respeito de preços e os custos de pesquisas são baixos, os preços ótimos estabelecidos por um gerente serão menores do que quando os custos de pesquisas são altos. Além disso, os gerentes devem ser cuidadosos para não precificar seus produtos acima dos preços de reserva dos consumidores; ao fazê-lo induzirão os consumidores a buscar valores mais baixos em outras empresas. Se você observa um grande número de consumidores "pesquisando" em sua loja, mas não fazendo compras, isso pode ser um sinal de que seus preços estão acima dos preços de reserva deles, e que eles decidiram pesquisar um valor mais baixo.

Incerteza e a empresa

Vimos que a presença de incerteza possui impacto direto sobre o comportamento do consumidor e que o gerente deve levar esses efeitos em consideração para entender a natureza da demanda do consumidor. A incerteza também afeta as decisões de insumo e produção do gerente. Nesta seção, examinaremos as implicações das incertezas sobre as decisões de produção. É importante estabelecer que nossa análise do impacto da incerteza sobre o comportamento do consumidor é diretamente aplicável ao gerente da empresa. Discutiremos rapidamente extensões da análise da incerteza para ilustrar sua influência sobre as decisões empresariais.

Aversão ao risco

Assim como os consumidores possuem preferências com relação a perspectivas arriscadas, os gerentes também possuem. Um gerente indiferente ao risco está interessado em maximizar os lucros esperados; a variância dos lucros não afeta suas decisões. Se o gerente é avesso ao risco, ele pode preferir um projeto arriscado com um baixo valor esperado, que possui menor risco do que algum com valor esperado mais alto. Se tiver de escolher entre um projeto arriscado com um retorno esperado de $1 milhão e um retorno certo de $1 milhão, um gerente avesso ao risco preferirá a opção segura. Para se dispor a aceitar um projeto arriscado, este deve oferecer um retorno esperado mais alto do que um projeto semelhante "seguro". O tamanho do retorno depende da disposição do gerente em correr riscos.

Sempre que um gerente se deparar com uma decisão de escolha entre projetos arriscados, é importante avaliar os riscos e os retornos esperados dos projetos e documentar a avaliação. A razão é simples. Perspectivas arriscadas podem resultar em más consequências. É menos provável que um gerente seja demitido em função de um resultado ruim se ele oferecer evidências de que, com base na informação disponível no momento da decisão, faz uma boa escolha. Uma forma conveniente de fazer isso é utilizar a análise da média-variância, como o Demonstração 12–2 ilustra.

Por dentro dos negócios 12–2

O valor da informação em mercados *on-line*

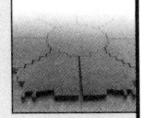

Compradores que usam *sites* de comparação de preços como o Shopper.com, Nextag.com ou Kelkoo.com obtêm informação de preços que diferentes lojas *on-line* cobram por determinado produto. Isso lhes permite clicar no *site* da empresa que possui o menor preço a fim de adquirir o item. Aqueles que não buscam essas informações pagam, na média, preços mais altos do que consumidores "informados". O valor da informação é a economia média que um consumidor informado obtém como resultado de estar apto a comprar pelo menor preço.

Se você visitar o *site Nash-equilibrium.com* poderá rastrear o valor da informação e uma variedade de outras medidas relacionadas a mercados de varejo *on-line*. Esse *site* tem como base pesquisas acadêmicas realizadas por professores da Kelley School of Business da Universidade de Indiana, Berkeley Haas Business School e Business School do Bentley College. Os gráficos são baseados em milhões de preços para milhares de produtos vendidos *on-line*. Os dados apresentados nos gráficos são atualizados todos os dias, embora as medidas publicamente visualizáveis e os índices sejam postados apenas ao final de cada semana.

A tela abaixo mostra dados históricos para o valor da informação. Como você pode ver no gráfico, o valor da informação flutuou entre 16% e 19% entre os anos de 2006 e 2007. Isso significa que, durante o período, consumidores que usaram *sites* de comparação de preço para coletar informações economizaram uma média de 16% a 19% em suas compras, comparados àqueles que não usaram tais *sites*.

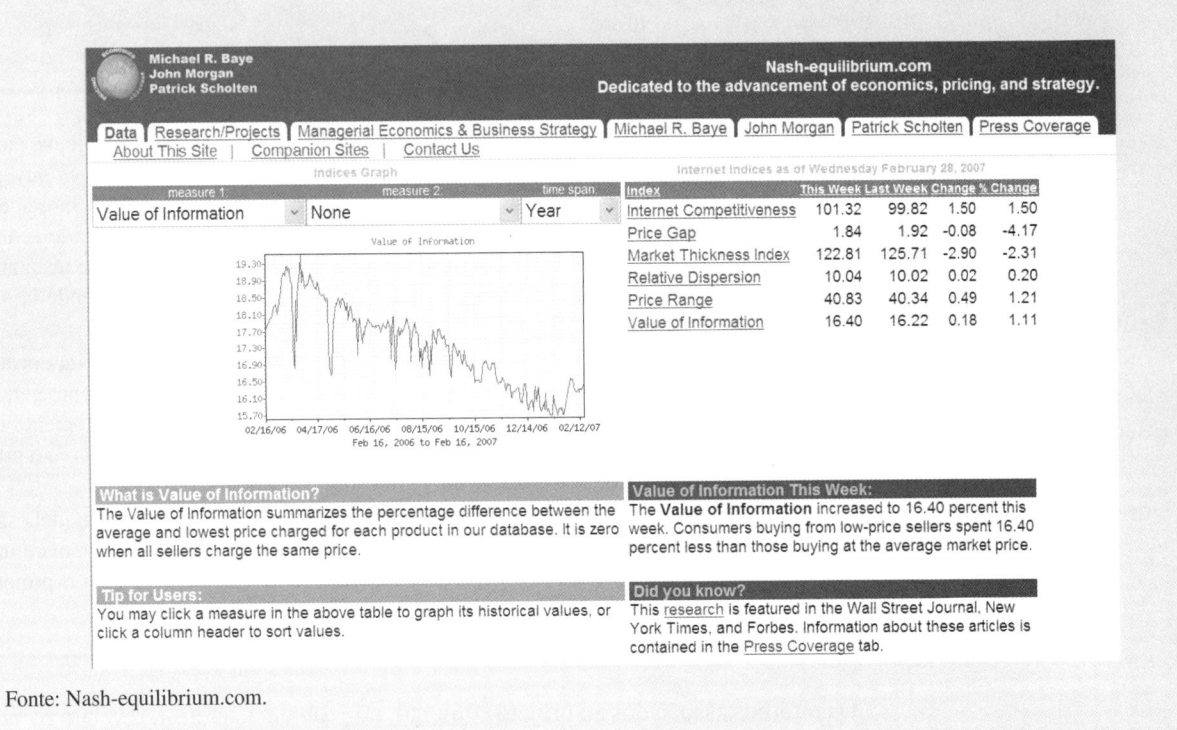

Fonte: Nash-equilibrium.com.

Demonstração 12-2

Um gerente avesso ao risco está considerando dois projetos. O primeiro envolve expandir o mercado de mortadela; o segundo envolve expandir o mercado de caviar. Existe uma chance de 10% de recessão e uma chance de 90% de crescimento econômico. Durante um crescimento, o projeto mortadela perderá $10 mil enquanto o projeto caviar ganhará $20 mil. Durante a recessão, o projeto mortadela ganhará $12 mil e o projeto caviar perderá $8 mil. Se a alternativa é ganhar $3 mil em um ativo seguro (digamos, um título do Tesouro), o que o gerente deve fazer? Por quê?

Resposta:

A primeira coisa a fazer é resumir a informação disponível para documentar as alternativas relevantes:

Projeto	Crescimento (90%)	Recessão (10%)	Média	Desvio-padrão
Mortadela	−$10.000	$12.000	−$7.800	6.600
Caviar	20.000	−8.000	17.200	8.400
Conjunto	10.000	4.000	9.400	1.800
Título do Tesouro	3.000	3.000	3.000	0

A opção "conjunto" reflete o que aconteceria se o gerente adotasse ambos os projetos, mortadela e caviar. As entradas sob essa opção são obtidas somando-se verticalmente os *payoffs* das opções individuais. Por exemplo, se o gerente adotasse em conjunto os projetos mortadela e caviar, durante um crescimento a empresa poderia perder $10 mil no projeto mortadela, mas obteria $20 mil no projeto caviar. Assim, durante um crescimento o projeto conjunto resultaria em um retorno de $10 mil. Cálculos similares revelam que o projeto conjunto renderia um retorno de $4 mil durante a recessão.

Com base na tabela anterior, o que um gerente prudente deve fazer? A primeira coisa a observar é que o gerente não deve investir em um título do Tesouro. O projeto conjunto gerará lucros de $4 mil durante a recessão e $10 mil durante o crescimento. Independentemente do que aconteça com a economia, o gerente estará seguro de obter pelo menos $4 mil com o projeto conjunto, que é maior do que o retorno de $3 mil sobre o título do Tesouro.

A segunda coisa a observar é que os lucros esperados (médios) do projeto mortadela são negativos. Um gerente avesso ao risco não deve nunca escolher esse projeto (tampouco um gerente indiferente ao risco). Então, o gerente deve adotar ou o projeto caviar ou o projeto conjunto. Precisamente sua escolha vai depender de suas preferências por risco.

Os retornos associados ao projeto conjunto, no problema anterior, revelam o conceito importante da *diversificação*, um ensinamento básico em cursos de finanças empresariais. Ao investir em diversos projetos, o gerente pode conseguir reduzir o risco. Isso é meramente uma versão técnica do velho ditado "não coloque todos os seus ovos em uma cesta". Como o exemplo revela, existem benefícios provenientes da diversificação, mas se é ótimo diversificar depende da preferência de risco de um gerente e dos incentivos oferecidos a ele para evitar risco.

Embora muitos gerentes sejam avessos ao risco, em geral os proprietários da empresa (acionistas) querem que o gerente se comporte de maneira indiferente ao risco. Um gerente indiferente ao risco se preocupa apenas quanto ao valor esperado de um projeto arriscado, não com o risco subjacente. Mais especificamente, o objetivo é tomar medidas que maximizem o valor presente esperado da empresa, isto é, ações que maximizem os lucros esperados. Um gerente indiferente ao risco pode escolher uma opção arriscada em vez de uma opção segura em decorrência de os lucros esperados da probabilidade arriscada excederem àqueles da opção segura.

Por que os acionistas podem querer que os gestores tomem medidas que maximizem os lucros ainda que possam se envolver em risco considerável? Os acionistas podem diversificar riscos ao comprarem ações de diferentes empresas para eliminar o risco sistemático associado às operações da empresa. Portanto, para os gerentes é ineficiente despender tempo e dinheiro buscando diversificar contra riscos quando, ao fazer isso, reduzem os lucros esperados. Apesar de os proprietários serem avessos ao risco, eles preferem gerentes que tomem decisões indiferentes ao risco.

Um exemplo simples ilustrará por que os acionistas desejam ter gerentes que se comportem de maneira indiferente ao risco. Suponha que um gerente venha a decidir entre dois projetos. O primeiro é arriscado, com uma chance 50–50 de render lucros de $2 milhões ou zero. O segundo renderá um retorno certo de $900 mil. Os lucros esperados pelo projeto arriscado são de $1 milhão, superiores aos do projeto que rende um retorno certo. Mas a variância do projeto arriscado é maior do que a do projeto certo; metade das vezes os lucros serão zero, metade das vezes serão de $2 milhões. Por que os acionistas poderiam querer que o gerente aceitasse o projeto arriscado, ainda que com o maior risco? A resposta é que os acionistas podem comprar ações de muitas empresas. Se os gerentes de cada uma delas escolherem o projeto arriscado, aqueles que não gerarão resultados para algumas empresas gerarão para outras. Se os lucros obtidos por uma companhia são independentes dos obtidos por outras, na média, os resultados desfavoráveis obtidos por algumas empresas serão mais do que sobrepostos pelos resultados favoráveis das outras. Essa situação é similar a jogar uma moeda: jogue uma moeda uma vez e você não pode estar seguro de que o resultado será cara; jogue uma moeda muitas vezes e você pode estar certo de que metade das vezes o resultado será cara. Quando os acionistas possuem muitas ações de empresas diferentes, cada uma das quais assumindo projetos arriscados, eles podem estar certos de que metade delas ganhará $2 milhões.

Por essas razões, como um gerente, você tem um incentivo para maximizar os lucros esperados de sua empresa. Se você recebe tais incentivos, irá se comportar de maneira indiferente ao risco ainda que você e os proprietários sejam avessos ao risco.

Pesquisa do produtor

Assim como consumidores procuram por lojas que cobram preços baixos, produtores procuram por baixos preços de insumos. Quando existe incerteza com relação aos preços dos insumos, companhias otimizadoras empregam estratégias de pesquisa ótimas. A estratégia de pesquisa para um gerente indiferente ao risco será a mesma que aquela de um consumidor indiferente ao risco. Em vez de repetir a teoria básica, é mais útil ilustrar esses conceitos com um exemplo.

Demonstração 12-3

Um gerente indiferente ao risco está buscando contratar um trabalhador. Todos os trabalhadores no mercado possuem qualidade idêntica, mas diferem com relação ao salário ao qual estão dispostos a trabalhar. Suponha que metade dos trabalhadores esteja disposta a trabalhar por um salário de $40 mil e metade aceitará um salário de $38 mil. O gerente passa três horas entrevistando um trabalhador e valoriza seu tempo em $300. O primeiro trabalhador que o gerente entrevista diz que apenas trabalhará se receber $40 mil. O gerente deve fazer uma oferta a ele ou entrevistar outro trabalhador?

Resposta:

Este é um problema de pesquisa ótima com um custo de pesquisa de $300. Se o gerente pesquisar outro trabalhador, metade das vezes ele encontrará alguém disposto a trabalhar por $38 mil e, então, economizará $2 mil. Mas metade das vezes o gerente encontrará um trabalhador exatamente como aquele que escolheu não contratar, de forma que o esforço terá sido em vão. Assim, o benefício esperado de entrevistar outro trabalhador é

$$EB = \frac{1}{2}(\$2.000) + \frac{1}{2}(0) = \$1.000$$

Como o resultado é maior do que o custo de $300, o gerente não deve contratar o trabalhador, mas, em vez disso, deve procurar alguém disposto a trabalhar por $38 mil.

Maximização de lucro

Os princípios básicos de maximização de lucro também podem ser modificados para lidar com incerteza. Para ilustrar como esses princípios são afetados pela presença da incerteza, suponhamos que o gerente seja indiferente ao risco e a demanda seja incerta. Lembre que o objetivo de um gerente indiferente ao risco é maximizar os lucros esperados.

O gerente indiferente ao risco deve determinar que quantidade produzir antes que esteja certo da demanda pelo produto. Como a demanda é incerta, as receitas são incertas. Isso significa que, para maximizar os lucros esperados, o gerente deve igualar a receita marginal esperada ao custo marginal ao estabelecer a produção:

$$EMR = MC$$

A razão é simples. Se a receita marginal esperada exceder o custo marginal, o gerente deve aumentar os lucros esperados expandindo a produção. A produção de outra unidade de bem deve, na média, adicionar mais receita do que custos. Similarmente, se a receita marginal esperada fosse menor do que o custo marginal, o gerente deveria reduzir a produção. Isso se deve ao fato de que, ao reduzir a produção, a empresa poderia reduzir custos mais do que reduziria a receita esperada.

Vemos que, quando o gerente é indiferente ao risco, a maximização de lucro sob demanda incerta é bastante similar à maximização de lucro sob certeza. Tudo o que o gerente precisa fazer é ajustar a fórmula correspondente para representar a receita marginal esperada.

Demonstração 12–4

A Appleway Industries produz suco de maçã e vende em um mercado competitivo. O gerente deve determinar quanto de suco produzir e qual será o preço (competitivo) de mercado. Economistas estimam que existe uma chance de 30% de que o preço de mercado seja de $2 por litro e 70% de chance de que seja de $1 quando o suco for ao mercado. Se a função de custo da empresa é $C = 200 + 0{,}0005Q^2$, quanto suco deve ser produzido para maximizar os lucros esperados? Quais são os lucros esperados da Appleway Industries?

Resposta:

Os lucros da Appleway Industries são dados por

$$\pi = pQ - 200 - 0{,}0005Q^2$$

Como o preço é incerto, as receitas e os lucros da empresa são incertos. Para uma empresa competitiva, $MR = p$; assim, a receita marginal também é incerta. O custo marginal é dado por $MC = 0{,}001Q$. Para maximizar os lucros esperados, o gerente iguala o preço esperado ao custo marginal:

$$Ep = 0{,}001Q$$

O preço esperado é dado por

$$Ep = 0{,}3(2) + 0{,}7(1) = 0{,}60 + 0{,}70 = \$1{,}30$$

Igualando ao custo marginal, obtemos

$$1{,}30 = 0{,}001Q$$

Resolvendo para Q, encontramos que a produção que maximiza os lucros esperados é $Q = 1.300$ litros. Os lucros esperados da Appleway Industries são

$$E\pi = EpQ - 200 - 0{,}0005Q^2$$
$$= 1{,}30(1.300) - 200 - 0{,}0005(1.300)^2$$
$$= 1.690 - 200 - 845 = \$645$$

Assim, a Appleway Industries pode esperar obter $645 em lucros.

Embora nossa análise de maximização de lucros sob incerteza esteja longe de ser exaustiva, muito do que já apresentamos pode ser facilmente estendido para lidar com incerteza. De fato, essas extensões são tópicos importantes em cursos mais avançados de economia.

Incerteza e o mercado

A presença de incerteza pode ter um impacto profundo sobre a capacidade dos mercados em alocar recursos eficientemente. Nesta seção, examinamos alguns problemas criados em mercados quando existe incerteza. Também mostramos como os gerentes e outros participantes do mercado podem superar alguns desses problemas.

Informação assimétrica

Quando algumas pessoas no mercado têm melhor informação do que outras, aquelas com menos informação podem escolher não participar do mercado. Para entender por que isso acontece, suponha que alguém queira vender-lhe uma caixa cheia de dinheiro. Você não sabe quanto dinheiro há na caixa, mas ele sabe. Você deve escolher comprar a caixa?

A resposta é não. Como o vendedor sabe quanto dinheiro existe nela, ele nunca irá vendê-la a não ser que você lhe ofereça mais do que há dentro dela. Suponha que a caixa contenha $10. Se você oferecesse $6, ele não teria incentivo na transação. Se você oferecesse $12, ele a venderia alegremente, e você perderia $2.

Como o exemplo anterior revela, a *informação assimétrica* pode resultar em uma situação em que a pessoa com menos informação racionalmente se recusa a participar do mercado. Se você pensasse na caixa do exemplo como uma companhia cujas ações são negociadas na Nasdaq ou na New York Stock Exchange, ficaria claro o porquê de existir muita preocupação a respeito do comércio privilegiado – a compra e venda de ações por indivíduos que têm informação privilegiada a respeito da empresa. Se algumas pessoas sabem com certeza que uma ação será vendida amanhã (digamos, devido a uma aquisição) e outras não, há informação assimétrica. A única situação em que os detentores de informação privilegiada comprarão a ação é quando sabem que ela está sendo vendida a um preço abaixo do que vale; os detentores de informação privilegiada apenas venderão a ação quando souberem que estão vendendo com um prêmio sobre o que ela vale. Se as pessoas soubessem que os detentores de informações privilegiadas regularmente negociam no mercado de ações, aqueles que não detêm as informações poderiam racionalmente escolher permanecer fora do mercado para evitar pagar muito por uma ação ou vender por muito pouco. Em casos extremos, essa situação pode destruir completamente o mercado de ações, visto que ninguém estaria disposto a comprar ou vender ações. Por essa razão, há leis que impedem pessoas com informação privilegiada a respeito de uma companhia de comprar suas ações.

A informação assimétrica entre consumidores e a empresa pode afetar os lucros dela. Por exemplo, suponha que uma empresa invista no desenvolvimento de um novo produto que ela sabe que é superior aos existentes no mercado. Os consumidores, por outro lado, dificilmente sabem se o novo produto é realmente superior aos produtos existentes ou se a empresa está falsamente anunciando que o produto é superior. Se o grau de informação assimétrica for severo o suficiente, os consumidores podem se recusar a comprar o novo produto, ainda que ele seja realmente melhor do que os outros. A razão é que eles não sabem se o produto é, de fato, superior.

A informação assimétrica afeta muitas outras decisões empresariais, incluindo a contratação de trabalhadores e a disponibilização de crédito aos consumidores. Em particular, os indivíduos que procuram trabalho têm informação muito melhor a res-

---

informação assimétrica
Situação que ocorre quando algumas pessoas estão mais bem informadas do que outras.

peito de suas próprias capacidades do que o responsável por contratar novos trabalhadores. Um indivíduo que está procurando trabalho que se declara com excelentes habilidades pode estar mentindo ou dizendo a verdade; o gerente de pessoal possui menos informação do que o trabalhador. É por isso que as empresas gastam consideráveis somas em testes de avaliação de candidatos. A razão básica para esses tipos de despesas é oferecer à empresa melhor informação a respeito das capacidades e tendências de alguém que esteja procurando emprego. Similarmente, um consumidor que deseje fazer uma compra a crédito tem muito melhor informação a respeito de sua habilidade em pagar o credor. É claro, todo consumidor que busca comprar a crédito declara que pagará o débito. A informação assimétrica torna difícil para a empresa saber se a pessoa efetivamente pagará o débito. As companhias pagam somas consideráveis às agências de crédito para obter melhor informação a respeito de seus clientes de crédito. Essas despesas reduzem a informação assimétrica e tornam mais difícil aos consumidores tomar vantagem dela.

Com essa visão geral de alguns problemas que podem surgir na presença de informação assimétrica, voltamos agora a duas manifestações específicas desse tipo de informação: seleção adversa e risco moral. Esses dois conceitos são frequentemente difíceis de distinguir, de forma que é útil primeiro distinguir os meios de informação assimétrica que em geral levam à seleção adversa e ao risco moral.

A seleção adversa geralmente surge quando um indivíduo possui *características ocultas* – características que ele conhece, mas que são desconhecidas pela outra parte em uma transação econômica. Em nosso exemplo da busca por trabalho, o trabalhador conhece suas próprias habilidades, mas o empregador não. A habilidade do trabalhador reflete uma característica oculta. Em contraste, o risco moral quase sempre ocorre quando uma parte toma *ações ocultas* – ações que ele sabe que a outra parte não pode observar. Por exemplo, se o gerente de uma empresa não pode monitorar o esforço de um trabalhador, o esforço desse profissional representa uma ação oculta. Assim como é frequentemente difícil distinguir entre habilidade (uma característica) e esforço (uma ação), é algumas vezes difícil distinguir entre seleção adversa e risco moral.

Seleção adversa

A *seleção adversa* refere-se a uma situação em que um processo de seleção resulta em um conjunto de indivíduos com características economicamente não desejáveis. Um simples exemplo ilustra as questões básicas envolvidas na seleção adversa.

Considere uma indústria na qual todas as empresas concedam a seus empregados cinco dias de licença médica remunerada. Suponha que uma empresa decida aumentar o número de dias da licença médica remunerada de cinco para dez para atrair mais trabalhadores. Se os trabalhadores têm características ocultas – isto é, se a empresa não pode distinguir entre os trabalhadores saudáveis e os não-saudáveis –, o plano provavelmente atrairá muitos trabalhadores de outras empresas. Mas que tipo de trabalhadores terá mais chances de atrair? Aqueles que sabem que ficam frequentemente doentes e, assim, valorizam mais a licença médica. Trabalhadores que sabem que nunca ficam doentes terão pouco incentivo para sair de seus trabalhos atuais. Sob a perspectiva da companhia, a política atrai trabalhadores indesejáveis. Em termos econômicos, a política resulta em uma seleção adversa.

A seleção adversa explica por que pessoas com maus históricos como motoristas têm dificuldades em fazer seguro de automóvel. Suponha que existam dois tipos de motoris-

---

características ocultas
Coisas que uma parte em uma transação sabe sobre si própria, mas que são desconhecidas da outra parte.

ação oculta
Ação tomada por uma parte em um relacionamento que não pode ser observada pela outra parte.

seleção adversa
Situação em que os indivíduos têm características ocultas, na qual um processo de seleção resulta em um conjunto de indivíduos com características não desejadas.

tas com essa característica: (1) aqueles que dirigem mal e sofrem muitos acidentes e (2) aqueles que são bons motoristas, mas, devido puramente à má sorte, se envolveram em acidentes no passado. Acidentes por parte de maus motoristas resultam de seus hábitos de condução e são bons indicadores do número de acidentes futuros. Acidentes por parte de bons motoristas, por outro lado, não representam um bom indicador do número esperado de acidentes futuros; eles meramente refletem má sorte, e não uma situação usual.

Uma companhia de seguros possui informação assimétrica; ela não sabe se uma pessoa com mau histórico de motorista é, de fato, um mau motorista, ou se os acidentes foram raros eventos devido à má sorte. Considerando que aqueles que têm maus históricos como motoristas conhecem seu próprio tipo, temos uma situação em que um lado do mercado de seguros possui características ocultas. Suponha que uma companhia de seguros decida assegurar motoristas com maus registros de direção, mas a um prêmio muito alto para cobrir as reclamações futuras antecipadas decorrentes da má direção. A companhia deve cobrar de todos os motoristas com maus históricos a mesma taxa de seguro, já que não consegue distinguir entre os bons e os maus motoristas. Ao cobrar o mesmo preço de ambos, ocorre a seleção adversa. À medida que a companhia de seguro aumenta a taxa para cobrir as perdas dos maus motoristas, as únicas pessoas que estarão dispostas a pagar o preço mais alto são aquelas que sabem que têm grande probabilidade de sofrer acidentes. Os bons motoristas, que sabem que seus acidentes passados foram eventos incomuns, não estarão dispostos a pagar a taxa alta. Assim, a companhia terminará vendendo seguro apenas para os motoristas com maior probabilidade de baterem seus carros. Como o seguro funciona apenas quando existem alguns motoristas que pagam os prêmios, mas não batem seus automóveis, as empresas de seguro consideram interessante cobrar preços menores pelo seguro e se recusar a assegurar qualquer motorista com registro de mau condutor. Fazer algo diferente poderia levar à seleção adversa dentro do conjunto de motoristas com maus históricos.

Risco moral

risco moral
Situação na qual uma parte de um contrato toma uma ação oculta que a beneficia à custa da outra parte.

Algumas vezes uma parte concorda em proteger de perdas econômicas outra parte em um contrato. Se um contrato induz a parte que está protegida da perda a tomar uma ação oculta que prejudique a outra parte, dizemos que existe *risco moral*.

Considere, por exemplo, o problema agente-principal que examinamos no Capítulo 6. Nessa configuração o proprietário contrata um gerente para operar a empresa, cujos lucros obtidos podem variar aleatoriamente em função das condições econômicas. Infelizmente, os lucros também dependem do esforço do gerente, que não é observável por parte do proprietário. Assim, o esforço do gerente representa uma ação oculta. Observe que se o proprietário concorda em pagar ao gerente um salário fixo de $50 mil (o contrato), o gerente estará completamente protegido de qualquer perda econômica que possa surgir devido às flutuações econômicas nos lucros da companhia. O gerente agora possui um incentivo para passar menos tempo no escritório (a ação oculta), e seu esforço reduzido resulta em lucros mais baixos para a empresa (e, então, afeta o proprietário). Em outras palavras, o contrato de salário fixo, combinado com a ação oculta do gerente, resulta em risco moral. Como aprendemos no Capítulo 6, o proprietário pode solucionar o problema ao monitorar o gerente (evitando a ação oculta) ou ao condicionar seu pagamento aos lucros da empresa (tirando do gerente o seguro contra perdas econômicas).

Como você pode suspeitar, a natureza dos mercados torna as companhias de seguros particularmente vulneráveis ao problema do risco moral. Como discutimos anteriormente neste capítulo, o fato de os indivíduos serem avessos ao risco oferece-lhes um incentivo para comprar seguros contra grandes perdas. A maior parte das pessoas possui seguro de suas casas e automóveis, bem como alguma forma de seguro-saúde. Em geral, a probabilidade de uma perda depende do esforço oculto despendido pelo assegurado em evitá-la. Assim, há o risco moral: quando os indivíduos estão plenamente assegurados, têm um incentivo reduzido a se esforçar para evitar uma perda.

Por exemplo, suponha que uma companhia alugue carros e que assegure totalmente os locatários contra danos aos veículos. Obviamente, ela não pode observar o esforço dos locatários em evitar danos aos veículos locados. Uma vez que os locatários estão plenamente assegurados e podem tomar ações ocultas que resultem em danos, eles são indiferentes entre retornar com o rádio roubado e devolver o carro em perfeitas condições. Se um rádio é roubado, o custo de reposição é pago pela companhia. Quando o carro está plenamente assegurado, o motorista não tem incentivo em despender tempo para trancá-lo ou para evitar estacioná-lo em áreas onde o roubo é provável. Se o carro não estivesse assegurado, o motorista teria de repor os itens roubados e, com isso, provavelmente seria muito mais cuidadoso. Se a companhia assegurar os locatários contra danos, os motoristas serão menos cuidadosos com os veículos. Em termos econômicos, existe um risco moral.

Uma forma pela qual as companhias de seguro de carro buscam reduzir o risco moral é requerendo uma dedução sobre todos os itens assegurados. Se a dedução é de $200, os primeiros $200 em perdas são pagos pelos assegurados. Isso significa, na verdade, que a pessoa que compra um seguro deve pagar algo em caso de perda e, portanto, possui um incentivo para tomar medidas para reduzir a probabilidade da perda.

O risco moral é um fator que contribuiu para aumentar os custos médicos durante a década passada. Quando alguém tem plano de saúde ou pertence a uma organização de manutenção de saúde (HMO), não paga por todo o custo marginal dos serviços médicos. Como consequência, os indivíduos estarão mais propensos a visitar um médico quando tiverem uma doença irrelevante (digamos, um resfriado) do que se tivessem de pagar o custo marginal pleno de ir ao médico.

Tal fato possui dois efeitos. Primeiro, o risco moral resulta em um aumento na demanda por serviços médicos, levando a um preço de equilíbrio mais alto dos serviços. Isso se deve ao fato de os indivíduos não pagarem o custo pleno de uma visita ao médico e, então, usarem os serviços com mais frequência. Segundo, as companhias de seguro têm de aumentar as taxas que cobram por seguro médico para cobrir os custos mais altos de reclamações devido às visitas mais frequentes. Isso pode levar aqueles que sabem que têm boa saúde a decidir contra a cobertura de seguro, o que significa que os prêmios mais altos dos seguros médicos também levam à seleção adversa. Nesse caso, a companhia de seguro é levada a assegurar um conjunto de indivíduos menos saudáveis, o que exacerba o problema. O risco moral e a seleção adversa podem ser parcialmente responsáveis pelos aumentos recentes nos custos do seguro-saúde.

Sinalização e classificação

Aprendemos que os contratos de incentivos podem ser usados para mitigar problemas de risco moral que surgem das ações ocultas. Mostraremos agora como os gerentes e outros participantes do mercado podem usar a sinalização e a classificação para abrandar alguns dos problemas que surgem quando uma parte em uma transação possui características ocultas.

sinalização
Tentativa de uma parte informada de enviar um indicador observável de suas características ocultas a uma parte não informada.

A *sinalização* ocorre quando uma parte informada envia um sinal (ou indicador) de suas características ocultas a uma parte não informada como uma tentativa de oferecer dados a respeito dessas características ocultas. Em mercado de produtos, as empresas usam um conjunto de dispositivos para sinalizar a qualidade dos produtos aos consumidores: garantias de devolução de dinheiro, períodos de teste e rótulos de embalagem que indicam que o produto ganhou um "prêmio especial" ou que o produtor está nos negócios desde 1933. Em mercados de trabalho, candidatos a empregos buscam sinalizar suas habilidades por meio de currículos e mostram seu "pedigree" (a escola na qual obtiveram graduação) ou o fato de que obtiveram grau avançado como MBA ou PhD.

Para um sinal oferecer informação a outra parte, ele precisa ser notado por esta. Além disso, deve ser um indicador confiável da característica subjacente não observável e difícil para que partes com outras características possam imitar facilmente. De maneira concreta, considere um gerente que deseja contratar um trabalhador de um grupo de empregados que consista em dois tipos de indivíduos: (1) trabalhadores não produtivos, que não produzem nada; e (2) trabalhadores produtivos, os quais têm um valor de produto marginal de $80 mil por ano. Obviamente, se o mercado de trabalho for perfeitamente competitivo e o gerente puder observar a qualidade dos trabalhadores antes de contratá-los, os trabalhadores não produtivos obterão um salário zero e os produtivos terão um salário que se iguale ao valor do seu produto marginal – $80 mil por ano.

A situação é drasticamente diferente quando os gerentes não podem observar a produtividade de um trabalhador ao simplesmente olhar para ele. Suponha que, quando da decisão de contratação, os trabalhadores saibam se são ou não produtivos, mas os gerentes não. Sob a perspectiva do gerente, há uma chance 50–50 de que determinado trabalhador seja produtivo ou improdutivo. Uma vez que o valor do produto marginal esperado de um trabalhador seja $0,5(0) + 0,5(\$80.000) = \$40.000$, um gerente indiferente ao risco estará disposto a pagar apenas um salário de $40 mil para contratar um trabalhador com características não observáveis. Observe que o trabalhador improdutivo obtém mais do que obteria se suas características fossem observáveis pelo gerente, e os trabalhadores produtivos obtêm menos do que obteriam se o gerente soubesse que eles são produtivos. A lacuna de informação por parte do gerente, nesse caso, beneficia os trabalhadores improdutivos à custa dos produtivos.

Uma vez que os trabalhadores produtivos são prejudicados pela falta de informação por parte do gerente, é de seu interesse buscar oferecer informações ao gerente que revelem que, de fato, eles são produtivos; ao fazê-lo, aumentarão seu salário de $40 mil para $80 mil. Como podem sinalizar sua produtividade ao gerente? Você pode pensar que seria suficiente para os trabalhadores produtivos apenas dizer ao gerente que são produtivos. O problema com essa abordagem é que a conversa não pode ser comprovada; se os trabalhadores produtivos pudessem aumentar seus ganhos em $40 mil ao declararem "eu sou produtivo", os trabalhadores não produtivos poderiam facilmente imitar a estratégia para obter $40 mil extras. Por essa razão, um gerente racional deve ignorar essa conversa – todos têm incentivos para se declararem produtivos, de forma que essa mensagem não revela nada a respeito das características dos trabalhadores.

A fim de aumentar os salários dos trabalhadores produtivos, eles devem emitir um sinal que não possa ser facilmente imitado pelos trabalhadores não produtivos. Por exemplo, suponha que os trabalhadores produtivos tenham habilidades natas que lhes facilitem a obtenção de determinado grau de estudo, e os trabalhadores improdutivos tenham baixas habilidades natas que lhes dificultem (ou, de maneira mais geral, tornem muito custoso a eles) a obtenção de um grau de estudo. Nesse caso, aqueles indivíduos que sabem que são produtivos podem obter um elevado grau de estudo para "sinalizar" aos gerentes que são, de fato, produtivos. Como os tipos improdutivos não podem imitar esse sinal, os gerentes podem inferir que trabalhadores com elevado grau de estudo são do tipo produtivo. Como consequência, as pressões competitivas resultarão em graduados ganhando $80 mil. A sinalização funciona porque os trabalhadores improdutivos não podem (ou, em geral, não estão dispostos a pagar o custo requerido de) imitar esse sinal; os gerentes sabem que qualquer um com sinalização de estudo é, de fato, um trabalhador produtivo.

A *classificação* ocorre quando uma parte não informada busca selecionar indivíduos de acordo com suas características. Essa seleção pode ser atingida por meio de um *dispositivo de autosseleção:* indivíduos que têm informação a respeito de suas próprias características são apresentados a um conjunto de opções, e as opções que eles escolhem revelam suas características à parte não informada.

Um exemplo simples ilustrará como o gerente não informado pode usar um dispositivo de autosseleção para obter características ocultas de trabalhadores. Suponha dois trabalhadores – Fred e Mitchell – que tenham diferentes características. Fred é o melhor administrador e Mitchell é o melhor vendedor. Fred e Mitchell sabem o que fazem de melhor, mas seu diretor de pessoal não. Especificamente, Fred sabe que os lucros da empresa poderiam aumentar em $20 mil se ele fosse contratado como administrador e que não poderia gerar quaisquer vendas se ele fosse contratado como vendedor. Mitchell sabe que os lucros da empresa poderiam aumentar em $15 mil se ele fosse contratado como administrador e que poderia gerar $1 milhão em vendas se ele fosse contratado como vendedor. A diretora de pessoal, Natalie, quer colocar cada trabalhador na posição em que adiciona maior valor à empresa, mas não tem a informação necessária para tomar tal decisão.

Natalie pode resolver a falta de informação ao oferecer a Fred e Mitchell diferentes opções de emprego e deixar-lhes a escolha do trabalho que seja melhor tanto aos candidatos quanto à empresa. Em particular, suponha que Natalie use um dispositivo de autosseleção em que anuncie a seguinte compensação para os administradores e vendedores: os administradores podem ganhar um salário fixo de $20 mil; os vendedores obtêm uma comissão de 10% das vendas. Confrontado com essas opções, Fred analisa que poderia receber $0 como vendedor e, então, autosselecionará a opção que lhe oferece o melhor pagamento: a posição administrativa. Mitchell optará pela posição de vendas, já que os $100 mil que obtém como vendedor (10% de $1 milhão de vendas que ele gera) excede os $20 mil que obteria como administrador. Embora Natalie não saiba qual dos dois indivíduos seria o melhor administrador e o melhor vendedor, o dispositivo de autosseleção escolhe os trabalhadores nas posições que ela poderia ter estabelecido se conhecesse as características de Fred e Mitchell.

classificação
Tentativa de uma parte não informada de selecionar indivíduos de acordo com suas características.

dispositivo de autosseleção
Mecanismo no qual é apresentado um conjunto de opções a partes informadas, e as opções escolhidas revelam suas características ocultas a uma parte não informada.

Demonstração 12–5

A One-Jet Airlines possui cem clientes e é a única companhia aérea que atende duas cidades no Meio-Oeste. Metade dos clientes da One-Jet viaja em férias e a outra metade viaja a negócios. Os viajantes a negócios dispõem-se a pagar $600 por um bilhete que não requeira permanência no sábado e $100 por um bilhete que requeira a permanência no sábado. Os viajantes em férias são mais flexíveis: dispõem-se a pagar $300 por um bilhete independentemente de requerer ou não a permanência no sábado. A One-Jet não está apta a determinar se um cliente em particular é um viajante a negócios ou a lazer. Consequentemente, a política de precificação corrente da companhia aérea é cobrar $300 por todos os bilhetes. Como um consultor de precificação da One-Jet Airlines, você pode oferecer um mecanismo de autosseleção que permita à empresa aumentar as receitas e continuar a servir todos os seus clientes? Explique.

Resposta:

Sim. A One-Jet pode oferecer dois tipos de bilhete: um bilhete de $300 "supereconômico" que requeira a permanência no sábado e um bilhete de $600 "tarifa cheia" que não requeira a permanência no sábado. Dadas as opções, os viajantes a lazer selecionarão o bilhete supereconômico e os viajantes a negócios selecionarão o bilhete de tarifa cheia. Esse dispositivo de seleção não apenas seleciona os viajantes por suas características, como aumenta as receitas da One-Jet de $30 mil (computados como $100 \times \$300$) para $45 mil (computados como $50 \times \$300 + 50 \times \$600$).

Leilões

Em um *leilão*, potenciais compradores competem pelo direito de ter um bem, serviço ou, de maneira mais geral, qualquer item de valor. Leilões são usados para vender uma variedade de coisas, incluindo arte, títulos do Tesouro, móveis, imóveis, corporações, eletricidade e inúmeros bens de consumo em *sites* de leilões na Internet. Quando o leiloeiro é um vendedor em um leilão de arte, ele deseja obter o maior preço possível pelo item. Os compradores, por outro lado, buscam obter o item pelo menor preço possível. Em algumas situações, o leiloeiro é a pessoa que busca lances de potenciais fornecedores. Por exemplo, uma empresa que necessita de um novo equipamento pode fazer um leilão no qual potenciais fornecedores lançam preços que refletem o que estão dispostos a cobrar pelo equipamento. Em leilões com múltiplos lançadores, a competição entre os lançadores leva a termos mais favoráveis ao leiloeiro.

Os leilões são importantes para os gerentes entenderem por que em muitas situações as companhias participam tanto como leiloeiro quanto como lançador no processo. Em outras palavras, uma empresa pode desejar vender um bem ou comprar um bem (o insumo) em um leilão. Por essa razão é importante aos gerentes compreenderem as implicações de leilões sobre as decisões empresariais.

Embora as preferências por risco dos lançadores possam afetar as estratégias de lances e a renda esperada que o leiloeiro receberá, consideraremos, ao longo desta seção, que os lançadores são indiferentes ao risco. Essa suposição é satisfeita em muitos tipos de leilão, uma vez que os participantes podem abrandar o risco geral ao participarem de um grande número de leilões. Antes de explicarmos quando um lançador indiferente ao risco deve fazer um lançamento, descreveremos as regras de alguns dos tipos diferentes de leilão e a natureza da informação que os lançadores podem ter a respeito do item pelo qual estão competindo.

Tipos de leilão

Existem quatro tipos básicos de leilão: inglês (lance crescente); primeiro preço, lance selado; segundo preço, lance selado; e holandês (lance decrescente). Esses leilões se diferem no que diz respeito (1) ao tempo das decisões do lançador (se os lances são feitos simultaneamente ou sequencialmente) e (2) ao montante que o vencedor é requerido a pagar. Mantenha em mente essas duas fontes de diferenças de leilões à medida que discutimos cada tipo de leilão.

Leilão inglês

O leilão com o qual você provavelmente está familiarizado é o leilão inglês. Em um *leilão inglês*, um único item é vendido pelo maior lance. O leilão começa com um lance de abertura. Dado o conhecimento do lance de abertura, o leiloeiro pergunta se alguém está disposto a pagar um preço mais alto. Os lances continuam a aumentar de forma sequencial até que nenhum outro participante deseje aumentar o lance. O lançador mais elevado – o único lançador restante – paga ao leiloeiro o seu lance e toma posse do bem.

Observe que em um leilão inglês os participantes continuamente obtêm informação a respeito do lance dos outros. Dada essa informação, se eles acharem que o item vale mais que o lance corrente, aumentarão seus lances. O leilão termina quando nenhum dos outros lançadores estiver disposto a pagar mais pelo item do que o lance mais alto. Por essa razão, em um leilão inglês a pessoa que termina com o item é aquele que atribui o maior valor ao item.

Para ilustrar, suponha que três empresas estejam competindo pelo direito de comprar uma máquina em um leilão inglês em uma oferta de falência. A empresa A avalia a máquina em $1 milhão, a empresa B a avalia em $2 milhões e a empresa C a avalia em $1,5 milhão. Que companhia adquirirá a máquina e a qual preço?

Todas as três farão lances de até $1 milhão pela máquina. Uma vez que o lance estiver acima desse montante, a empresa A sairá, visto que avalia a máquina em $1 milhão. Quando o lance atinge $1,5 milhão, a empresa C sairá, o que significa que a empresa B levará a máquina por $1,5 milhão (ou, talvez, $1,5 milhão mais $0,01). Efetivamente, o vencedor do leilão deve cobrir o segundo maior valor da máquina.

Leilão de primeiro preço com lance selado

Em um *leilão de primeiro preço com lance selado* (fechado), o lançador escreve seu lance em pedaços de papel, sem conhecimento dos lances feitos pelos outros participantes. O leiloeiro coleta os lances e entrega o item ao lançador mais alto. O lançador mais alto paga ao leiloeiro o montante que ele escreveu no pedaço de papel.

Assim, em um leilão de primeiro preço com lance selado, o maior lançador obtém o item, assim como em um leilão inglês. No entanto, ao contrário de um leilão inglês, o lançador não conhece os lances dos outros participantes. Como veremos, essa característica pode afetar o comportamento do lançador e, consequentemente, o preço obtido pelo leiloeiro.

---

leilão inglês
Um leilão de lances sequenciais ascendentes no qual os participantes observam os lances dos outros e decidem se aumentam ou não o lance. O leilão termina quando um único lançador permanece; o lançador obtém o item e paga ao leiloeiro o montante do lance.

leilão de primeiro preço com lance selado
Um leilão de movimento simultâneo no qual os lançadores simultaneamente submetem lances em pedaços de papel. O leiloeiro entrega o item ao maior lançador, que paga o montante lançado.

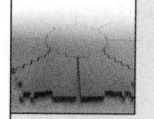

Por dentro dos negócios 12-3
Leilões de segundo preço no eBay

Em um leilão de segundo preço, a estratégia dominante é lançar sua verdadeira valoração do item. Se você já participou de um leilão no eBay, provavelmente já viu de perto um leilão de segundo preço.

O mecanismo de lances do eBay permite aos lançadores submeter seus preços de reserva ou "lance máximo". Esse montante é mantido em segredo pelo sistema do eBay. O sistema automaticamente atualiza o lance, usando o menor incremento requerido acima do último lance mais alto. O processo continua até que o lance requerido exceda o preço de reserva.

Esse ambiente é essencialmente um leilão de segundo preço, e o preço de reserva ótimo a submeter inicialmente em um leilão é a sua verdadeira valoração do item. Como o eBay explica em seu *site*:

> O eBay sempre recomenda lançar o valor máximo que alguém esteja disposto a pagar por um item no leilão. O eBay usa um sistema em que se pode lançar o valor mais alto que se deseja, mas o lance corrente registrado será um pequeno incremento acima do próximo mais baixo. O restante do lance máximo é mantido, pelo sistema, para ser usado na eventualidade de que alguém queira cobri-lo [...] Assim, se algum participante tem seu lance coberto, ele deve pelo menos ser ambivalente a respeito disso. Ao final, alguém estará disposto a pagar mais pelo item. Se um participante der um lance mais alto que o seu nos últimos minutos de um leilão, você poderá se sentir injustiçado, mas se você informou seu lance máximo antes de o sistema de lance funcionar, o resultado não é baseado no tempo.

Fontes: http://pages.ebay.co.uk/help/community/notabuse.html, acesso em: 8 jun. 2004. Alvin E. Roth e Axel Ockenfels, "Last-minute bidding and the rules for ending second-price auctions: evidence from eBay and Amazon auctions on the Internet", *American Economic Review*, p. 1.093–1.103, set. 2002.

---

leilão de segundo preço com lance selado
Um leilão de movimento simultâneo no qual os participantes simultaneamente submetem lances. O leiloeiro entrega o item ao maior lançador, que paga o montante lançado pelo segundo maior lançador.

Leilão de segundo preço com lance selado

Um *leilão de segundo preço com lance selado* é similar ao leilão de primeiro preço com lance selado, em que os participantes submetem lances sem conhecer os lances submetidos por outros. A pessoa que submete o lance mais alto vence, mas tem de pagar apenas o montante lançado pelo segundo lançador mais alto. Considere, por exemplo, a situação em que uma máquina é leiloada para uma de três empresas em um leilão de segundo preço com lance selado. Se a empresa A lança $1 milhão, a empresa B lança $2 milhões e a empresa C lança $1,5 milhão, então o maior lançador – empresa B – obtém o item. Mas ela paga apenas o segundo lance mais alto, isto é, $1,5 milhão.

leilão holandês
Leilão de lances sequenciais descendentes no qual o leiloeiro começa com um preço alto e gradualmente o reduz até que um lançador anuncie o desejo de pagar aquele preço pelo item.

Leilão holandês

No *leilão holandês* o vendedor inicia pedindo um preço muito alto pelo item (tão alto que está certo de que ninguém estará disposto a pagar). O leiloeiro gradualmente diminui o preço até que um comprador indique o desejo de adquirir o item àquele preço. Nesse ponto, o leilão está terminado: o lançador compra o item ao menor preço anunciado. Leilões holandeses são usados extensivamente na Holanda para leiloar flores, como as tulipas. Vendedores de carros algumas vezes usam o leilão holandês; o preço de um veículo é anunciado cada dia em um letreiro, e o valor é diminuído diariamente até que alguém o compre.

A informação disponível aos lançadores em um leilão holandês é idêntica àquela de um leilão de lance selado. Em particular, nenhuma informação está disponível a respeito dos lances dos outros participantes até que o leilão tenha terminado, isto é, quando o primeiro lançador se pronuncia. Consequentemente, um leilão holandês é estrategicamente equivalente ao de primeiro preço com lance selado. A razão é que, em ambos os tipos, os lançadores não conhecem os lances dos outros participantes. Além disso, em cada caso o lançador paga o que ele lança pelo item. Em termos de comportamento ótimo de lançador e lucros obtidos pelo leiloeiro, o leilão holandês e o leilão de primeiro preço com lance selado são idênticos.

Princípio	**Equivalência estratégica de leilões holandeses e de primeiro preço** Os leilões holandeses e de primeiro preço com lance selado são estrategicamente equivalentes; isto é, os lances ótimos por parte dos participantes são idênticos em ambos os tipos de leilão.

Estruturas de informação

Os quatro tipos básicos de leilões diferem com relação à informação que os lançadores têm a respeito dos lances dos outros participantes. Em um leilão inglês, os participantes conhecem o lance corrente e podem escolher aumentá-lo, se desejarem. Nos outros três tipos de leilão, os participantes fazem lances sem conhecer os dos outros participantes; eles não podem decidir aumentar seus próprios lances com base nos lances feitos pelos outros.

Ao se analisar um leilão, também é importante considerar a informação que os participantes têm a respeito de suas avaliações do item a ser leiloado. Uma possibilidade é que cada lançador conheça com certeza o valor do item e, além disso, todos os participantes conheçam os valores lançados naquele leilão. Por exemplo, se um título de $5 estivesse sendo leiloado, todos os lançadores deveriam saber que o item vale $5 para cada lançador. Esse é o caso da *informação perfeita*.

Raramente os lançadores se deparam com informação perfeita. Mesmo em situações nas quais o participante sabe em quanto cada um valoriza o item, é improvável que outros lançadores tenham acesso a essa informação. Além disso, os indivíduos podem estar incertos quanto ao verdadeiro valor do item e devem basear-se em qualquer informação que tenham para formar uma estimativa própria. Essas circunstâncias refletem situações de informação assimétrica: cada lançador possui informação a respeito de sua avaliação, ou valor estimado, que é desconhecido pelos outros lançadores. Estruturas de informações são discutidas a seguir.

Valores privados independentes

Considere um leilão de antiguidades no qual os lançadores são consumidores que desejam adquirir uma peça para uso pessoal. As avaliações dos lançadores pelo item são determinadas por seus gostos individuais. Enquanto um lançador conhece seus próprios gostos, não conhece as preferências dos outros participantes. Desse modo, existe informação assimétrica.

Esse tipo de leilão é aquele no qual os lançadores têm *valores privados independentes*. O termo *valor privado* refere-se ao fato de que o valor do item para um lançador individual é determinado pelos gostos pessoais, conhecidos apenas por ele. O fato de os valores privados serem *independentes* significa que não dependem das avaliações dos outros: ainda que um participante possa obter informação a respeito da avaliação dos outros, sua avaliação do objeto não se altera. Essa informação pode, no entanto, induzi-lo a lançar diferentemente no leilão.

valores privados independentes
Ambiente de leilão no qual cada lançador conhece sua própria avaliação do item, mas desconhece as dos outros participantes, e no qual a avaliação de cada um não depende da avaliação do item pelos outros lançadores.

De maneira concreta, imagine que o item seja uma mesa antiga, a qual você avalia em $200 porque sabe que ela pode tornar o estudo de economia de empresas mais agradável. Você se depara com outro lançador que, sem conhecê-lo, avalia a mesa em $50. (Ele apenas quer a mesa para colocar coisas.) Observe a informação assimétrica presente com relação a esses valores privados – cada um de vocês sabe quanto atribui de valor à mesa, mas desconhece o valor atribuído pelo outro. Esses valores são também independentes: ainda que você soubesse que o outro lançador atribuiu $50 à mesa, isso não afetaria o valor que você atribuiu à peça. Obviamente, a informação a respeito do outro lançador pode induzi-lo a lançar de maneira menos agressiva.

Estimativas de valor correlacionadas

Em muitos tipos de leilão, os lançadores não estão certos do verdadeiro valor de um item. Eles podem ter acesso a diferentes informações e, então, podem informar diferentes estimativas do valor do item. Considere um leilão de arte em que a autenticidade do artista seja incerta. Nesse caso, os lançadores, muito provavelmente, têm diferentes estimativas do valor da pintura, por duas razões. Primeiro, os gostos individuais podem levar alguns indivíduos a valorizar a pintura mais do que outros. Segundo, os lançadores podem ter diferentes estimativas quanto à autenticidade da pintura. Além disso, as estimativas dos participantes pelo valor da pintura provavelmente são independentes. A sua estimativa provavelmente seria maior se soubesse como os outros avaliam a pintura, uma vez que você possuirá uma pintura que é admirada por outros. Da mesma forma, sua avaliação poderia ser maior se soubesse como os outros avaliaram a pintura em função da informação que eles têm a respeito da autenticidade da pintura.

Esse exemplo ilustra um ambiente no qual os lançadores têm *valores estimados afiliados* (ou *correlacionados*). Cada lançador deve basear sua decisão em uma estimativa (ou palpite) de sua avaliação do item. Além disso, as estimativas dos lançadores são correlacionadas ou, mais precisamente, *afiliadas*: quanto maior o valor estimado por um lançador, maior a probabilidade de que outros participantes também tenham altos valores estimados.

Um caso especial desse ambiente, o leilão de *valor comum*, surge quando o verdadeiro valor subjacente do item é o mesmo para todos os lançadores. Nesse caso, os gostos individuais não desempenham qualquer papel no estabelecimento do valor estimado dos lançadores. A incerteza permanece pelo fato de que diferentes lançadores usam diferentes informações para formar suas estimativas do valor comum do item.

Um bom exemplo é o uso de leilões, pelo governo, para leiloar direitos sobre petróleo, gás e minerais a empresas prospectivas. O verdadeiro valor desses direitos (o montante de petróleo, gás ou o minério debaixo da terra) é desconhecido pelos lançadores, mas, qualquer que seja o montante, o valor é o mesmo para todos os participantes. Cada lançador forma uma estimativa do verdadeiro valor comum ao examinar relatórios sísmicos e realizar outros tipos de testes. Ainda que o valor seja o mesmo para todos os lançadores, cada um provavelmente obterá diferentes estimativas por meio de seus próprios testes.

Estratégias de lance ótimas para lançadores indiferentes ao risco

Esta seção apresenta estratégias de lance ótimas para lançadores indiferentes a risco, isto é, estratégias que maximizam os lucros esperados por um lançador. Como

---

valores estimados afiliados (ou correlacionados)
Ambiente de leilão em que os lançadores não conhecem sua própria avaliação do item ou a avaliação dos outros. Cada lançador usa suas próprias informações para estimar seu valor, e essas estimativas são afiliadas: quanto maior a estimativa por um lançador, maior a chance de que outros participantes também tenham altas estimativas de valor.

valor comum
Ambiente de leilão em que o verdadeiro valor do item é o mesmo para todos os lançadores, mas esse valor comum é desconhecido. Os lançadores usam suas próprias informações (privadas) para formar uma estimativa do verdadeiro valor comum do item.

veremos, a estratégia de lance ótima depende não apenas do tipo de leilão, mas da informação disponível aos lançadores quando fazem seus lances.

Estratégia para leilões de valores privados independentes

É mais fácil caracterizar estratégias de lance ótimo para ambientes nos quais os lançadores têm valores privados independentes. Nesse caso, cada lançador já sabe quanto atribui de valor ao item antes que o leilão comece, de forma que os lançadores não aprendem nada de útil a partir de seus próprios valores durante o processo de leilão.

Considere primeiro um leilão inglês, no qual o leiloeiro começa com um preço baixo e gradualmente o aumenta até que apenas um lançador permaneça. O participante que permanece no leilão após o preço exceder sua avaliação de risco tem de pagar mais pelo item do que havia avaliado. Um lançador que saia do leilão antes que o preço atinja o seu valor perde a oportunidade de obter o item a um preço abaixo de sua avaliação. A estratégia de lance ótima em um leilão inglês é cada lançador permanecer ativo até que o preço exceda sua própria valoração do objeto. O lançador com maior avaliação obterá o objeto e pagará um montante ao leiloeiro, que se iguala ao segundo maior valor (o preço ao qual o último competidor saiu do leilão).

> **Princípio**
>
> **A estratégia de lance ótima em um leilão inglês**
> A estratégia de lance ótima para o participante de um leilão inglês com avaliações privadas independentes é permanecer ativo até que o preço exceda sua própria avaliação do objeto.

Em seguida, considere um leilão de segundo preço com lance selado: o lançador mais alto vence e paga o montante lançado pelo segundo lançador mais alto. Nesse caso, algo importante acontece: cada participante possui incentivo para lançar precisamente sua própria avaliação do item. Como cada participante lança seu próprio valor, o montante efetivamente pago pelo lançador mais alto é o valor do segundo lançador mais alto, assim como no leilão inglês.

Por que os participantes devem lançar seu verdadeiro valor em um leilão de segundo preço? A razão é bastante simples. Se o participante pagar o lance do segundo lançador mais alto e não o seu próprio, não valerá a pena aos jogadores lançar mais ou menos que o seu próprio valor. Suponha que um participante eleve seu lance acima do valor que o item possui para ele, com o objetivo de aumentar a possibilidade de que tenha o maior lance. Se o segundo maior lance estiver abaixo de sua avaliação, essa estratégia não renderá qualquer retorno adicional; ele também poderia ter ganhado se tivesse lançado seu verdadeiro valor. Se o segundo lance estiver acima de sua avaliação, ao lançar mais do que sua avaliação ele pode, de fato, vencer. Mas se vencer, pagará o segundo lance, o que está acima da sua própria valoração! Nesse caso, pagará mais pelo item do que o item vale para ele. Não vale a pena para um participante lançar acima de sua avaliação em um leilão de segundo preço. Um participante irá de fato lançar menos do que sua avaliação? Não. Um participante que lança menos meramente reduz suas chances de vencer, uma vez que o participante nunca paga o seu próprio lance! Por essa razão, a estratégia dominante para os lançadores em um leilão de segundo preço com lance selado é lançar seu próprio valor.

> **Princípio**
>
> **Estratégia de lance ótima para um leilão de segundo preço com lance selado**
> Em um leilão de segundo preço com lance selado e com valores privados independentes, a estratégia ótima de um participante é lançar seu próprio valor pelo item. De fato, essa é uma estratégia dominante.

Por fim, considere um leilão de primeiro preço (o qual, como vimos, é estrategicamente equivalente a um leilão holandês). Nesse caso, o lançador mais alto vence e paga o seu próprio lance. Se os participantes não conhecem as avaliações ou lances dos outros, que devem pagar os seus próprios lances se vencerem, eles têm um incentivo a lançar menos do que sua própria valoração do item. Ao lançar menos do que sua própria avaliação do item, o participante reduz a probabilidade de submeter o lance mais alto. Mas o lucro que o lançador obtém se vencer mais do que compensa a probabilidade reduzida de vencer. O montante no qual o lançador diminui o seu lance depende de quantos outros lançadores estão competindo pelo item. Quanto mais competitivo o leilão (isto é, maior o número de outros lançadores), mais próximo de sua verdadeira avaliação um participante deve lançar. O princípio a seguir inclui uma fórmula para que você possa, explicitamente, computar seu lance ótimo em situações nas quais você e outros lançadores percebem que a menor avaliação possível dos outros lançadores é L e a maior avaliação possível é H.

> **Princípio**
>
> **Estratégia de lance ótima para um leilão de primeiro preço com lance selado**
> Em um leilão de primeiro preço com lance selado com valores privados independentes, a estratégia ótima do lançador é lançar menos do que a sua avaliação do item. Se existem n lançadores que percebem que as avaliações são uniformemente distribuídas entre uma menor avaliação possível de L e uma maior avaliação possível de H, o lance ótimo para um participante cujo valor próprio seja v é dado por
>
> $$b = v - \frac{v - L}{n}$$
>
> em que b denota o lance ótimo do participante.

Nessa fórmula, observe que quanto maior o número de lançadores (n) ou mais próxima a avaliação do lançador está da menor avaliação possível (isto é, quanto mais próximo $v - L$ é de zero), mais próximo o lance ótimo (b) está da verdadeira avaliação efetiva do participante pelo item (v). O demonstração a seguir mostra como você pode usar tal fórmula para determinar seu lance ótimo em leilões holandeses e de primeiro preço.

Demonstração 12–6

Considere um leilão em que os lançadores têm valores privados independentes. Cada participante percebe que as avaliações são distribuídas uniformemente entre $1 e $10. Sam sabe que sua avaliação é de $2. Determine a estratégia ótima de Sam em (1) um leilão de primeiro preço com lance selado com dois lançadores, (2) um leilão holandês com três lançadores e (3) um leilão de segundo preço com lance selado com 20 lançadores.

Resposta:

1. Com apenas dois lançadores, $n = 2$, a menor avaliação possível é $L = \$1$ e a avaliação de Sam é $v = \$2$. Assim, o lance ótimo de Sam é

$$b = v - \frac{v - L}{n} = 2 - \frac{2 - 1}{2} = \$1{,}50$$

2. Uma vez que o leilão holandês é estrategicamente equivalente a um leilão de primeiro preço com lance selado, podemos utilizar essa fórmula para determinar o preço ao qual Sam deve declarar o seu desejo de comprar o item. Aqui, $n = 3$, a menor avaliação possível é $L = \$1$ e a avaliação de Sam é $v = \$2$. Assim,

$$b = v - \frac{v - L}{n} = 2 - \frac{2 - 1}{3} = \$1{,}67$$

A estratégia ótima de Sam é deixar o leiloeiro continuar diminuindo o preço até que atinja $1,67 e ele grite "Meu!".

3. Sam deve lançar seu verdadeiro valor, o qual é $2.

Estratégias para leilões com valores correlacionados

Estratégias ótimas com valores afiliados (ou correlacionados) são mais difíceis de descrever por duas principais razões. Primeiro, o lançador não conhece a sua própria avaliação do item, sem falar das avaliações dos outros. Isso não apenas dificulta aos participantes determinar quanto lançar, mas, como veremos, os torna vulneráveis ao que é chamado de *maldição do vencedor*. Segundo, o processo de leilão por si próprio pode revelar informação a respeito de quanto os outros lançadores atribuem ao objeto. Quando as estimativas de valor dos participantes são afiliadas, o lance ótimo requer que os participantes usem essa informação para atualizar suas próprias estimativas de valor durante o processo de leilão.

Para ilustrar, suponha que cem empresas façam lances pelo direito de arrendamento de petróleo em um leilão de primeiro preço com lance selado de valores comuns. Cada lançador está incerto a respeito do verdadeiro montante de petróleo debaixo da terra, o qual, apesar disso, vale o mesmo para cada lançador. Antes de participar de um processo de lance, cada empresa realiza um teste independente para obter uma estimativa do montante de petróleo na terra. Naturalmente, essas estimativas variam aleatoriamente de empresa para empresa.

Suponha que as diferenças nas estimativas no montante de petróleo na terra sejam decorrentes de variações aleatórias nos procedimentos de testes. Algumas companhias acreditam que há mais petróleo na área do que outras, não porque estejam mais bem informadas, mas em virtude de uma chance aleatória. Nesse caso, a empresa que submete o lance vencedor é aquela com a estimativa mais otimista a respeito do montante de petróleo na área. Em outras palavras, um dos prejuízos da vitória em um leilão de valores comuns é a *maldição do vencedor*: ganhar transmite a notícia ao vencedor de que todas as empresas acham que o arrendamento vale menos do que ele pagou por isso. A chance de que as outras 99 empresas estejam erradas e o vencedor esteja certo é, de fato, pequena. Observe que se os lançadores pudessem "juntar" suas informações e tirar a média delas, eles teriam uma estimativa mais precisa do verdadeiro montante de petróleo na região.

maldição do vencedor
A "má notícia" dada ao vencedor de que sua estimativa do valor do item excede as estimativas de todos os outros lançadores.

A maldição do vencedor apresenta um perigo que gerentes prudentes devem evitar. Suponha que um geólogo de uma das empresas citadas estime que o arrendamento valha $50 milhões. O gerente dessa empresa, sendo ingênuo, ignora o fato de que $50 milhões representam apenas uma estimativa do valor comum. De fato, ele calcula o lance usando a forma descrita anteriormente para um leilão de primeiro preço com lance selado com valores privados independentes. Ele conhece o número de lançadores ($n = 100$), reconhece que algumas empresas podem pensar que não há petróleo na terra ($L = 0$) e estabelece $v = \$50$ milhões na fórmula para chegar a um lance de $49,5 milhões. O gerente submete o lance e vence, mas verifica que o segundo maior lance foi apenas de $40 milhões. Pelas regras do leilão, sua empresa deve pagar $49,5 milhões pelo arrendamento que o geólogo acredita valer $50 milhões. As chances são de que o arrendamento valha milhões de dólares menos do que sua estimativa de $50 milhões, uma vez que as outras 99 empresas não estavam dispostas a pagar mais de $40 milhões pelo arrendamento. O gerente deveria ter percebido que a única forma com a qual poderia vencer com um lance de $49,5 milhões é se as outras 99 empresas obtivessem valores estimados mais pessimistas. Por essa razão, um participante que submete um lance baseado puramente na sua estimativa de valor inicial pagará, na média, mais pelo item do que ele vale. Para evitar a maldição do vencedor, um lançador deve revisar para baixo seu valor estimado, para levar em conta tal fato.

Princípio	**Evitando a maldição do vencedor** Em um leilão de valores comuns o vencedor é o lançador mais otimista a respeito do valor do item. Para evitar a maldição do vencedor, o lançador deve revisar para baixo sua própria estimativa privada do valor, para levar em conta tal fato.

A maldição do vencedor é mais comum em leilões de lance selado porque os participantes não descobrem nada a respeito das estimativas de valor dos outros participantes até que seja muito tarde para agir em função disso. Em contraste, em um leilão inglês, o processo oferece informação aos lançadores. Cada lançador oferece uma estimativa inicial do valor do item. Durante o processo, cada participante obtém informação a respeito do valor do item e pode revisar sua própria estimativa em função disso. Especificamente, à medida que o preço se torna mais alto e os lances dos outros participantes permanecem ativos, você deve se dar conta de que os lançadores também estimam que o objeto seja de alto valor – se sua informação privada sugere que o objeto era de baixo valor, eles já teriam saído do leilão. Em função da afiliação, revise para cima sua estimativa do valor do item, já que estimativas de valores mais altos por outros lançadores tornam mais provável que o valor para você também seja alto. Reciprocamente, se você observa que muitos lançadores saíram do leilão a um preço baixo, revise para baixo sua estimativa privada. A estratégia ótima em um leilão inglês com valores estimados afiliados é continuar a fazer lances enquanto o preço não exceder o valor estimado, obtido por você com base não apenas na informação privada, mas também na informação ganha ao longo do processo de leilão.

Receitas esperadas em tipos alternativos de leilões

Agora que você tem uma compreensão básica de estratégia de lances em leilões, podemos comparar os preços que resultam, em média, em cada tipo de leilão. Em particular, suponha que um leiloeiro esteja interessado em maximizar seus lucros esperados. Que tipo de leilão gerará os lucros mais altos: inglês, segundo preço, primeiro preço ou holandês? Como mostra a Tabela 12–1, o "melhor" leilão sob a perspectiva do leiloeiro depende da natureza da informação dos lançadores.

A primeira linha da Tabela 12–1 indica que, com valores privados independentes, as receitas esperadas pelos leiloeiros são as mesmas para os quatro tipos de leilão. A razão para esse resultado, conhecido como *equivalência de receita,* é apresentada a seguir.

Com valores privados independentes, os participantes já conhecem suas próprias avaliações e, portanto, não aprendem nada de útil a respeito do valor do item durante o processo de leilão. Como vimos na seção anterior, o preço efetivamente pago pelo vencedor em um leilão inglês é o segundo maior valor – o preço ao qual o último competidor saiu do leilão. Esse também é o caso em um leilão de segundo preço. Em particular, cada participante lança seu próprio valor e, assim, o preço pago pelo vencedor (o segundo maior preço) é o segundo maior valor. Segue-se que, com valores privados independentes, a receita obtida pelo leiloeiro é a mesma em um leilão inglês e em um leilão de segundo preço.

Em um leilão de primeiro preço, cada lançador possui um incentivo para ocultar seu lance. De fato, cada lançador estima quão abaixo o seu próprio valor está da próxima avaliação mais alta e, então, muda seu lance para aquele montante. O participante que vence o leilão é aquele com a maior avaliação e, portanto, paga o montante para o leiloeiro, que é, na média, igual à segunda maior avaliação. Com valores privados independentes, a receita esperada obtida pelo leiloeiro em um leilão de primeiro preço é idêntica à daquela dos leilões de segundo preço e inglês. Uma vez que o leilão holandês é estrategicamente equivalente a um leilão de primeiro preço, as receitas esperadas sob os dois leilões são as mesmas. Por essas razões, todos os quatro leilões geram as mesmas receitas esperadas para o leiloeiro quando os lançadores têm valores privados independentes.

A Tabela 12–1 mostra que a equivalência de receita não é mantida com valores afiliados. Os participantes retraem seus lances para baixo daquilo que poderiam lançar com base em suas estimativas privadas de valor, para evitar a maldição do vencedor. Em um leilão inglês os participantes ganham maior informação a respeito

TABELA 12–1 Comparação das receitas esperadas em leilões com lançadores indiferentes ao risco

Estrutura de informação	Receitas esperadas
Valores privados independentes	Inglês = Segundo preço = Primeiro preço = Holandês
Valores estimados afiliados	Inglês > Segundo preço > Primeiro preço = Holandês

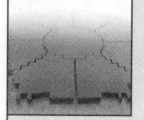

> **Por dentro dos negócios 12-4**
>
> ## Leilões com lançadores avessos ao risco
>
> A aversão ao risco afeta o comportamento dos lançadores em alguns tipos de leilão, mas não em outros. Considere o caso de valores privados independentes. Em um leilão inglês, os participantes conhecem suas próprias avaliações e observam os lances dos outros. Em função disso, a aversão ao risco não tem papel real na análise de estratégia de lance: os lançadores avessos ao risco permanecerão ativos até que o preço exceda sua avaliação e, então, saem. O vencedor pagará um montante igual à segunda maior avaliação. Da mesma maneira, em um leilão de segundo preço, a estratégia dominante para um lançador avesso ao risco é lançar sua verdadeira avaliação, de forma que, dado esse tipo de leilão, também resulta em um preço que se iguale à segunda avaliação mais alta.
>
> Em contraste, a aversão ao risco induz os participantes a lançar mais agressivamente em um leilão de primeiro preço com valores privados independentes. Para entender por quê, lembre que lançadores indiferentes ao risco ocultam seus próprios lances em um leilão de primeiro preço. Isso aumenta as chances de que algum outro participante ofereça um lance maior que ele, mas lançadores indiferentes ao risco estão dispostos a aceitar esse risco em função dos maiores lucros que obtêm se ganharem. Lançadores avessos ao risco são menos dispostos a aceitar esse risco e, portanto, diminuem seus lances a um montante menor. Consequentemente, com lançadores avessos ao risco e valores privados independentes, a receita esperada do leiloeiro é maior em leilões de primeiro preço e holandês e menor em leilões de segundo preço e inglês:
>
> Primeiro preço = Holandês > Segundo preço = Inglês
>
> O que acontece quando lançadores avessos ao risco têm valores estimados afiliados? Lembre que a informação revelada em um leilão inglês minimiza a maldição do vencedor. A redução no risco induz os lançadores avessos ao risco a lançar mais agressivamente, na média, em um leilão inglês do que em um leilão de segundo preço. Consequentemente, o leilão inglês sempre gera receitas esperadas maiores do que o leilão de segundo preço. Isso pode, de fato, gerar valores ainda maiores do que o leilão de primeiro preço ou holandês:
>
> Inglês > Segundo preço ≧ Primeiro preço = Holandês

das estimativas de valor dos outros, e a informação adicional mitiga a maldição do vencedor em algum grau. Assim, os lançadores diminuem menos seus lances em um leilão inglês do que em leilões holandeses ou de lance selado. Em contraste, em leilões holandeses e de primeiro preço, os participantes não descobrem nada a respeito das estimativas de valor uns dos outros durante o processo de leilão. Os lançadores, então, diminuem seus lances mais nos leilões de primeiro preço e holandês. Em um leilão de segundo preço, os lançadores também não descobrem nada a respeito das estimativas de valor dos outros. No entanto, o vencedor não tem de pagar o seu próprio lance, mas o montante de lance oferecido pelo segundo lançador mais alto. O fato de que o segundo lance mais alto é vinculado à informação que outro lançador tem a respeito do valor da avaliação do item mitiga, de alguma forma, a maldição do vencedor, induzindo os participantes a diminuir menos seus lances do que fariam em um leilão de primeiro preço. Como resultado, com estimativas de valor afiliado o leiloeiro obtém receitas esperadas maiores em um leilão inglês do que em um leilão de segundo preço, e menores receitas são esperadas em um leilão de primeiro preço ou holandês.

Demonstração 12-7

Suponha que sua empresa precise de dinheiro e planeje leiloar uma subsidiária ao maior lançador. Que tipo de leilão maximizará as receitas de sua empresa pela venda se (1) os lançadores são indiferentes ao risco e têm avaliações privadas independentes? (2) Os lançadores são indiferentes ao risco e têm valores estimados afiliados?

Resposta:

1. Com avaliações privadas independentes, todos os quatro tipos de leilão levarão a receitas esperadas idênticas sob essas condições.
2. Com valores estimados afiliados e lançadores indiferentes ao risco, o leilão inglês gerará as maiores receitas esperadas.

Respondendo à manchete

A manchete de abertura perguntou se alguma das empresas no leilão da FCC saiu dos lances antes que o preço atingisse $85 milhões por uma licença. Como o leilão de direitos de banda de frequência era de valor comum ou um leilão com valores estimados afiliados, a empresa que tivesse a maior estimativa privada seria aquela com estimativa mais otimista do verdadeiro valor da licença. Se as companhias como um todo formam expectativas corretas do valor, isso significa que o valor estimado pelo vencedor provavelmente superestimou o verdadeiro valor da licença. Nesse caso, uma companhia que lança sua estimativa privada pode esperar perder dinheiro ao longo dos dez anos de vida da licença. Para evitar a maldição do vencedor, a empresa, corretamente, saiu do leilão antes que o preço atingisse sua estimativa privada de $85 milhões.

Resumo

Neste capítulo examinamos algumas das complicações que a incerteza e a informação assimétrica adicionam à tomada de decisão empresarial. Deve estar claro que em muitas decisões os consumidores e os gerentes têm informação imperfeita a respeito das funções de demanda, de custos, de fontes de produtos e qualidade dos produtos. As decisões são mais difíceis de tomar porque os resultados são incertos. Se sua informação é probabilística por natureza, você precisará de tempo para encontrar a média, a variância e o desvio-padrão dos resultados procedentes de ações alternativas. Ao fazê-lo, você poderá utilizar a análise marginal para tomar decisões ótimas.

Consumidores e produtores têm diferentes preferências por risco. Algumas pessoas gostam de ir às montanhas para praticar esqui, enquanto outras preferem sentar na sacada e apreciar a paisagem. Similarmente, alguns indivíduos têm preferências por projetos arriscados, enquanto outros são avessos ao risco. Se você ou a empresa para a qual trabalha tem uma preferência por não assumir riscos (isto é, aversão ao risco), você aceitará projetos com baixos retornos esperados, dado que o risco correspondente é mais baixo do que em projetos com retornos esperados mais altos. No entanto, se o ato de assumir riscos lhe agrada, você estará disposto a assumir projetos arriscados.

As estruturas de risco e o uso da média, variância e desvio-padrão também ajudam a identificar como os consumidores responderão a perspectivas incertas. Por exemplo, aqueles indivíduos que buscam ativamente seguros e estão dispostos a pagar mais por eles frequentemente caracterizam o mau risco. Isso resulta em seleção adversa. Além disso, uma vez que os indivíduos obtêm seguros, eles tendem a tomar menores precauções para evitar perdas, comparativamente à situação em que não estivessem assegurados. Isso cria um risco moral. Contratos de incentivo, sinalização e seleção podem ser usados para reduzir alguns dos problemas associados à informação assimétrica.

Também examinamos como os consumidores reagirão à incerteza a respeito de preços ou qualidade através do comportamento de pesquisa. Consumidores trocarão sua pesquisa por qualidade e "preços de bens" baseados tanto em suas percepções da probabilidade de encontrar um melhor negócio, quanto no valor do seu tempo. Utilizar essa informação pode ajudá-lo a manter seus consumidores. Quando seus consumidores não valorizam o tempo, você sabe que precisará diminuir os preços para mantê-los, em função de o custo de oportunidade da pesquisa ser baixo.

Por fim, examinamos leilões, os quais desempenham um papel central nas economias capitalistas. Tratamos de quatro tipos de leilões: o leilão inglês; o leilão holandês; o leilão de primeiro preço com lance selado; e o leilão de segundo preço com lance selado. As estratégias de lance e receitas esperadas variam, dependendo do tipo de leilão e do fato de os lançadores terem valores privados independentes ou estimativas de valor afiliadas.

Conceitos e palavras-chave

- ações ocultas
- amante do risco
- avesso ao risco
- características ocultas
- desvio-padrão
- dispositivo de autosseleção
- diversificação
- equivalência de receita
- incerteza
- indiferente a risco
- informação assimétrica
- informação perfeita
- leilão de primeiro preço com lance selado
- leilão de segundo preço com lance selado
- leilão holandês
- leilão inglês
- maldição do vencedor
- preço de reserva
- reposição
- retorno livre
- risco
- risco moral
- seleção
- seleção adversa
- sinalização
- valor comum
- valor médio (esperado)
- valores estimados afiliados (ou correlacionados)
- valores privados independentes
- variância

Questões conceituais e computacionais

1. Considere as duas opções na tabela a seguir, em que ambas têm resultados aleatórios:

Opção 1		Opção 2	
Probabilidade de resultado	Resultados possíveis ($)	Probabilidade de resultado	Resultados possíveis ($)
1/16	100	1/5	80
4/16	200	1/5	170
6/16	50	1/5	1.000
4/16	200	1/5	170
1/16	100	1/5	80

a. Determine o valor esperado de cada opção.
   b. Determine a variância e o desvio-padrão de cada opção.
   c. Qual é a opção mais arriscada?
2. Para cada um dos cenários a seguir, determine se o tomador de decisão é indiferente a risco, avesso ao risco ou amante do risco.
   a. Um gerente prefere uma chance de 10% de receber $1.000 e uma chance de 90% de receber $100 a receber com certeza $190.
   b. Um acionista prefere receber $775 com certeza a uma chance de 75% de receber $1.000 e uma chance de 25% de receber $100.
   c. Um consumidor é indiferente entre receber $550 com certeza e uma loteria que paga $1.000 metade das vezes e $100 a outra metade.
3. A sua loja vende um item desejado por um consumidor. O consumidor está usando uma estratégia de pesquisa ótima; o gráfico a seguir mostra os benefícios esperados pelo consumidor e o custo de pesquisa por um preço mais baixo.

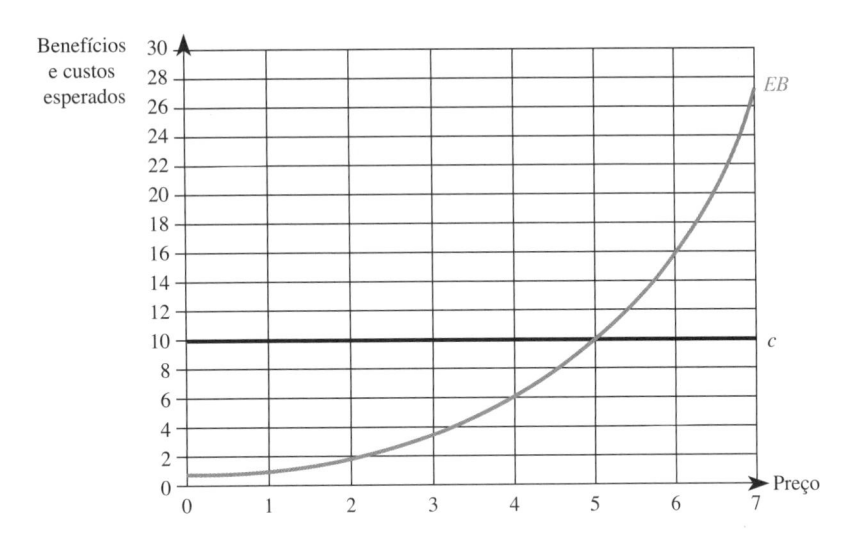

   a. Qual é o preço de reserva do consumidor?
   b. Se o seu preço é de $3 e o consumidor visita sua loja, ele comprará o item ou continuará a pesquisar? Explique.
   c. Suponha que o custo de cada pesquisa para o consumidor aumente para $16. Qual o preço mais alto que você pode cobrar e ainda vender o item ao consumidor se ele visitar sua loja?
   d. Suponha que o custo de cada pesquisa para o consumidor caia para $2. Se o consumidor encontra uma loja cobrando $3, ele comprará a esse preço ou continuará a pesquisar?
4. Você é gerente de uma empresa que vende uma *commodity* em um mercado que se aproxima da competição perfeita e a sua função de custo é $C(Q) = Q + 2Q^2$. Infelizmente, devido às defasagens de produção, você deve tomar sua decisão

de produção antes de conhecer com certeza o preço que será prevalecente no mercado. Você acredita que existe uma chance de 60% de que o preço de mercado seja $1.000 e 40% de chance de que seja $200.

   a. Calcule o preço esperado de mercado.
   b. Que quantidade você deve produzir para maximizar os lucros esperados?
   c. Quais são seus lucros esperados?

5. Um consumidor indiferente a risco está decidindo se compra um produto homogêneo de uma entre duas empresas. Uma empresa produz um produto não confiável e a outra um produto confiável. Quando da compra, o consumidor não está apto a distinguir entre os produtos das duas empresas. Sob a perspectiva do consumidor, existe uma chance igual de que o produto de uma das empresas seja confiável ou não confiável. O montante máximo que o consumidor pagará por esse produto não confiável é de $0, enquanto pagará $50 por um produto confiável.

   a. Dada essa incerteza, quanto é o máximo que o consumidor pagará para comprar uma unidade do produto?
   b. Quanto esse consumidor estará disposto a pagar pelo produto se a empresa que oferece o produto confiável incluir uma garantia que protegerá o consumidor? Explique.

6. Você é um lançador em um leilão de valores privados independentes e valoriza o objeto em $2.500. Cada lançador percebe que as avaliações são uniformemente distribuídas entre $1.000 e $10 mil. Determine sua estratégia de lance ótima em um leilão de primeiro preço com lance selado quando o número total de lançadores (incluindo você) é:

   a. 2.
   b. 10.
   c. 100.

7. Você é um dos cinco lançadores indiferentes a risco que estão participando de um leilão de valores privados independentes. Cada lançador percebe que a avaliação de todos os outros participantes pelo item é igualmente distribuída entre $50 mil e $80 mil. Para cada um dos tipos de leilão a seguir, determine sua estratégia de lance ótima se você avalia o item em $75 mil.

   a. Leilão de primeiro preço com lance selado.
   b. Leilão holandês.
   c. Leilão de segundo preço com lance selado.
   d. Leilão inglês.

8. O texto aponta que a informação assimétrica pode ter efeitos deletérios sobre os resultados de mercado.

   a. Explique como a informação assimétrica a respeito de uma ação oculta ou uma característica oculta pode levar ao risco moral ou à seleção adversa.
   b. Discuta algumas táticas que os gerentes podem usar para resolver esses problemas.

Problemas e aplicações

9. A FCC contratou você como consultor para criar um leilão para vender direitos de banda de frequência sem fio. A FCC indica que o objetivo é usar os leilões para vender os direitos a fim de gerar receitas. Uma vez que a maior parte dos lançadores são companhias de telecomunicações, você racionalmente supõe que

os participantes do leilão sejam indiferentes a risco. Que tipo de leilão – primeiro preço, segundo preço, inglês ou holandês – você poderia recomendar se todos os participantes avaliassem os direitos de banda de frequência de maneira idêntica, mas tivessem estimativas diferentes do verdadeiro valor subjacente dos direitos da área? Explique.

10. Como gerente da Smith Construction, você precisa tomar uma decisão quanto ao número de casas a construir em uma nova área residencial em que é o único construtor. Infelizmente, as casas devem ser construídas antes que se saiba quão forte será a demanda nessa grande vizinhança. Existe uma chance de 50% de baixa demanda e uma chance de 50% de alta demanda. As funções de demanda correspondentes (inversas) nesses dois cenários são $P = 200.000 - 250Q$ e $P = 400.000 - 250Q$, respectivamente. Sua função de custo é $C(Q) = 110.000 + 200.000Q$. Quantas casas você deve construir e que lucro pode esperar?

11. Companhias de seguro de vida requerem que os candidatos se submetam a um exame físico como prova de assegurabilidade antes de assinar as políticas de seguro de vida padrão. Em contraste, companhias de cartão de crédito oferecem a seus consumidores um tipo de seguro chamado "seguro de crédito de vida", o qual paga o saldo do cartão de crédito se o portador morrer. Você deve esperar que os prêmios de seguro sejam maiores (por dólares de benefício por morte) em políticas padrão de seguro de vida ou de crédito de vida? Explique.

12. A BK Books é uma livraria *on-line* que também tem 10 mil lojas físicas ao redor do mundo. Você é um gerente indiferente a risco da divisão financeira da empresa e está precisando de um novo analista financeiro. Até o momento, você apenas entrevistou estudantes de programas de MBA em sua área. Graças a seus mecanismos de classificação e contatos, os estudantes entrevistados diferiram, de fato, apenas no que diz respeito a qual salário estão dispostos a aceitar. Cerca de 5%o dos candidatos aceitáveis estão dispostos a aceitar um salário de $60 mil, enquanto 95% aceitariam um salário de $110 mil. Existem duas fases no processo de entrevista pelas quais todo candidato deve passar. A fase 1 é uma entrevista inicial de uma hora no *campus*. Todos os candidatos entrevistados na fase 1 também são convidados para a fase 2, a qual consiste em uma visita de cinco horas ao escritório. Ao todo, você passa seis horas entrevistando todos os candidatos e valoriza esse tempo em $750. Além disso, o processo custa $4.250 em despesas de viagem para entrevistar cada candidato. Você está bastante impressionado com a primeira candidata que completou as duas fases de entrevistas da BK Books, e ela indicou seu salário de reserva como $110 mil. Você deve fazer-lhe uma oferta com esse salário ou continuar o processo de entrevistas? Explique.

13. O Congresso promulgou o Health Insurance Portability and Accountability Act (HIPAA) para potencialmente ajudar os empregados a ganhar acesso ao seguro de vida em grupo. A provisão-chave do HIPAA requer que as companhias de seguro e planos de saúde administrados por empregados que sejam autoassegurados ofereçam a todos os empregados acesso a seguro-saúde, independentemente de condições médicas prévias. Essa provisão é conhecida como "condição garantida" e é um tópico controverso na indústria de seguros. Explique por que a legislação é controversa.

14. Desde o final da década de 1990, mais de 25 companhias domésticas de aço faliram. Uma combinação de baixos preços com forte competição de concorrentes estrangeiros e os chamados "custos de legado" dos sindicatos são citados como as principais razões pelas quais muitas companhias de aço estão falindo. Em 2002, quando a Brownstown Steel Corp. estava em processo de reestruturação dos empréstimos para evitar a falência, seus credores exigiram que a empresa disponibilizasse informação plena a respeito de suas receitas e custos. Explique por que a gerência da Brownstown estava relutante em apresentar essas informações a seus credores.

15. No ano passado a Used Imported Autos vendeu poucos carros e perdeu cerca de $500 mil. Como consequência, seu gerente está contemplando duas estratégias para aumentar o volume de vendas. A estratégia de baixo custo envolve mudar o nome da concessionária para Quality Used Imported Autos, sinalizando aos consumidores que a companhia vende carros de alta qualidade. A estratégia de alto custo envolve lançar uma inspeção de veículos de dez pontos sobre todos os carros usados e oferecer aos consumidores uma garantia de 30 dias sobre todos os carros usados vendidos. Qual dessas duas estratégias você acredita que possa ter o maior impacto no volume de vendas? Explique.

16. A clientela da Pelican Point Financial Group consiste em dois tipos de investidores. O primeiro tipo de investidor faz muitas transações a cada ano e possui um valor líquido de mais de $1 milhão. Esses investidores buscam acesso ilimitado a consultores de investimentos e estão dispostos a pagar até $10 mil anualmente por transações sem taxas, ou, alternativamente, $25 por transação. Outro tipo de investidor também possui um valor líquido de mais de $1 milhão, mas faz poucas transações a cada ano e, em função disso, está disposto a pagar $100 por transação. Como gerente da Pelican Point Financial Group você não tem como determinar se um dado indivíduo é um investidor de alto ou baixo volume de transação. Trace um mecanismo de autosseleção que lhe permita identificar cada tipo de investidor.

17. A *CPT* Inc. é um produtor local de sistemas conversores. No último ano, vendeu cerca de $2 milhões de sistemas conversores que renderam à companhia $100 mil em lucros líquidos. A matéria-prima e o trabalho são as maiores despesas da *CPT* Inc. Sozinha, a despesa em aço estrutural somou cerca de $500 mil, ou 25% das vendas totais. Em um esforço para reduzir custos, a *CPT* agora usa um processo de procura *on-line*, descrito como leilão de primeiro preço com lance selado. Os lançadores nesses leilões utilizam o aço para uma grande variedade de propósitos, variando de arte até arranha-céus. Isso sugere que os lançadores avaliam o aço independentemente, embora seja percebido que as avaliações dos lançadores são uniformemente distribuídas entre $5 mil e $20 mil. Você é o gerente de compras da *CPT* e está fazendo lances por três toneladas de aço de 6 polegadas contra outros lançadores. A sua companhia avalia as três toneladas de aço em $12 mil. Qual é o seu lance ótimo?

18. Recentemente, a PeopleSoft anunciou que a sua receita líquida do segundo trimestre caiu cerca de 70%. O CEO da companhia atribui o fraco desempenho a uma batalha de *aquisição* hostil em andamento contra seu rival, a Oracle (a PeopleSoft supostamente gastou cerca de $10,5 milhões para se defender). Os analistas, no entanto, notam que as estimativas de receita da PeopleSoft foram ajustadas para baixo, de aproximadamente $680 milhões para $660 milhões. Suponha

que a Oracle perceba que existe uma probabilidade de 70% de que o declínio da receita da PeopleSoft seja meramente o resultado transitório dos esforços de lutar contra a *aquisição*. Nesse caso, o valor presente do fluxo de lucros da PeopleSoft é de $10 bilhões. No entanto, a Oracle percebe que há uma chance de 30% de que as receitas líquidas mais baixas da PeopleSoft sejam decorrentes de mudanças estruturais de longo prazo na demanda pelos serviços da empresa, e que o valor presente do seu fluxo de lucros seja apenas de $2 bilhões. Você é um tomador de decisão na Oracle e sabe que o seu lance de *aquisição* atual é de $7 bilhões. Você acabou de saber que um lançador rival – SAP – acredita que há uma probabilidade de 80% de o valor de lucro da PeopleSoft ser de $80 bilhões e uma probabilidade de 20% de ser de apenas $2 bilhões. Com base nessa informação, você deve aumentar seu lance ou manter a oferta de $7 bilhões? Explique em detalhes.

19. Você está considerando um investimento de $500 mil na indústria de *fast-food* e reduziu sua escolha entre um McDonald's e uma franquia da Penn Station East Coast Subs. O McDonald's indica que, com base na localização onde você esteja se propondo a abrir a nova lanchonete, existe uma probabilidade de 25% de que os lucros agregados de dez anos (líquidos do investimento inicial) sejam de $10 milhões, uma probabilidade de 50% de que os lucros sejam de $5 milhões e uma probabilidade de 25% de que os lucros sejam de −$1 milhão. As projeções de lucro agregadas de dez anos (líquidas do investimento inicial) para uma franquia da Penn Station East Coast Subs são de $30 milhões com 2,5% de probabilidade, $5 milhões com 95% de probabilidade e −$30 milhões com 2,5% de probabilidade. Considerando tanto o risco quanto a lucratividade esperada dessas duas oportunidades, qual o melhor investimento? Explique em detalhes.

20. Programas de MBA *on-line* reduzem significativamente o custo do curso para os gerentes, visto que permitem aos estudantes manter sua residência e continuar a trabalhar enquanto estudam para obter seu diploma. Com base em seu conhecimento de economia da informação e das características dos estudantes, compare as prováveis características dos estudantes envolvidos em programas tradicionais de MBA com aqueles envolvidos em programas de MBA *on-line*, e discuta como os empregadores potenciais podem usar informação a respeito de um candidato que obteve seu MBA para selecionar potenciais candidatos a trabalho.

21. Promotores públicos representando a Comissão de Valores Mobiliários recentemente anunciaram acusações criminais contra 13 indivíduos por participarem de negociações com informações privilegiadas. De acordo com um diretor da CVM, esse tipo de negociação com informação privilegiada "compromete a integridade do mercado e a confiança dos investidores...". Explique por quê.

Exercícios baseados em casos

Seu instrutor pode dar exercícios adicionais (chamados memos), que requerem a aplicação de algumas das ferramentas aprendidas neste capítulo, para fazer recomendações baseadas em cenários reais de negócios. Alguns desses memos acompanham o Caso Time Warner (páginas 548–583 do seu livro). Memos adicionais, assim como dados que podem ser úteis para a sua análise, estão disponíveis *on-line* em www.mhhe.com/baye6e.

Referências

Bikhchandani, Sushil; Hirshleifer, David; Welch, Ivo. "A Theory of Fads, Fashion, Custom, and Cultural Change in Informational Cascades." *Journal of Political Economy,* v. 100, n. 5, p. 992–1.026, out. 1992.

Cummins, J. David; Tennyson, Sharon. "Controlling Automobile Insurance Costs." *Journal of Economic Perspectives,* v. 6, n. 2, p. 95–115, 1992.

Hamilton, Jonathan H. "Resale Price Maintenance in a Model of Consumer Search." *Managerial and Decision Economics,* v. 11, n. 2, p. 87–98, maio 1990.

Kagel, John; Levine, Dan; Battalio, Raymond. "First Price Common Value Auctions: Bidder Behavior and the 'Winner's Curse'." *Economic Inquiry,* n. 27, p. 241–258, abr. 1989.

Lind, Barry; Plott, Charles. "The Winner's Curse: Experiments with Buyers and with Sellers." *American Economic Review,* n. 81, p. 335–346, mar. 1991.

Lucking-Reiley, David. "Auctions on the Internet: What's Being Auctioned, and How?" *Journal of Industrial Economics,* v. 48, n. 3, p. 227–252, set. 2000.

Machina, Mark J. "Choice Under Uncertainty: Problems Solved and Unsolved." *Journal of Economic Perspectives,* n. 1, p. 121–154, 1987.

McAfee, R. Preston; McMillan, John. "Auctions and Bidding." *Journal of Economic Literature,* v. 25, n. 2, p. 699–738, jun. 1987.

McMillan, John. "Selling Spectrum Rights." *Journal of Economic Perspectives,* v. 8, n. 3, p. 145–162, 1994.

Milgrom, Paul. "Auctions and Bidding: a Primer." *Journal of Economic Perspectives,* v. 3, n. 3, p. 3–22, 1989.

Riley, John G. "Expected Revenues from Open and Sealed-bid Auctions." *Journal of Economic Perspectives,* v. 3, n. 3, p. 41–50, 1989.

Salop, Steven. "Evaluating Uncertain Evidence with Sir Thomas Bayes: A Note for Teachers." *Journal of Economic Perspectives,* n. 1, p. 155–159, 1987.

CAPÍTULO TREZE
Tópicos avançados em estratégia de negócios

Manchete

Barkley e Sharpe anunciam planos em feira de negócios

A Barkley Enterprises compete com a Sharpe Products no mercado de equipamentos de gravação digital de alta tecnologia. A maior parte dos especialistas concorda que o mercado irá, de fato, suportar apenas uma empresa e que o movimento final ocorrerá este ano. Analistas da indústria estão esperando que as duas empresas anunciem se seus últimos lançamentos serão comercializados a usuários profissionais ou domésticos. Tais anúncios são tradicionalmente feitos em uma feira de negócios anual. A deste ano acontecerá daqui a seis meses em Phoenix, Arizona. Todas as apostas concentram-se na Sharpe, a qual espera-se que ganhe $100 milhões com sua estratégia de promoção.

Roger Planter, o executivo de *marketing* da Barkley, está agora examinando uma planilha que lhe foi enviada por *e-mail*, e não gosta do que vê. Com base nos números, aparentemente, ainda que a Barkley adote sua estratégia dominante e anuncie na feira que a companhia está se direcionando aos usuários domésticos, a empresa perderá $2 milhões. De repente, Roger vê uma saída. Ele pega o telefone e inicia uma conversa: "Tenho um plano que nos proporcionará $10 milhões e tirará a Sharpe do mercado, mas temos de nos mover depressa". Qual é o plano de Roger? (As perspectivas de lucros que Roger estava examinando estão resumidas a seguir.)

Objetivos didáticos

Ao final deste capítulo, você poderá:

- Responder à pergunta da manchete.

- Explicar as bases econômicas da precificação-limite, bem como identificar as condições sob as quais uma empresa pode lucrar com tal estratégia.

- Explicar as bases econômicas da precificação predatória, bem como suas ramificações legais.

- Mostrar como um gerente pode, de maneira lucrativa, diminuir a competição ao aumentar os custos dos concorrentes.

- Determinar se os lucros de uma empresa podem ser aumentados ao mudar o momento das decisões ou a ordem dos movimentos estratégicos, e se fazer isso cria vantagens de primeiro ou segundo movimento.

- Oferecer exemplos de redes e externalidades de redes, bem como determinar o número de conexões possíveis em uma rede em forma de estrela com n usuários.

- Explicar por que as redes frequentemente levam a vantagens de primeiro movimento, assim como usar estratégias, tais como precificação de penetração, para favoravelmente mudar o ambiente estratégico.

		Sharpe	
	Objetivo de *marketing*	**Usuários profissionais**	**Usuários domésticos**
Barkley	**Usuários profissionais**	$10, −$10	−$10, −$20
	Usuários domésticos	$20, $3	−$2, $100

Introdução

Em nosso exame da busca por estratégias de negócios lucrativos, em geral tomamos o ambiente de negócios (o número de competidores, o momento das decisões e as decisões dos concorrentes) como definitivo e fora do controle do gerente. Este capítulo muda tudo isso. Identificamos estratégias que os gerentes podem usar para mudar o ambiente de negócios a fim de aumentar os lucros de longo prazo da empresa. Em resumo, o tema deste capítulo é: "Se você não gosta do jogo do qual está participando, busque estratégias para mudá-lo".

A primeira parte deste capítulo identifica três estratégias que os gerentes podem utilizar para mudar o ambiente de negócios. Duas estratégias de precificação –

Figura 13–1 Precificação de monopólio

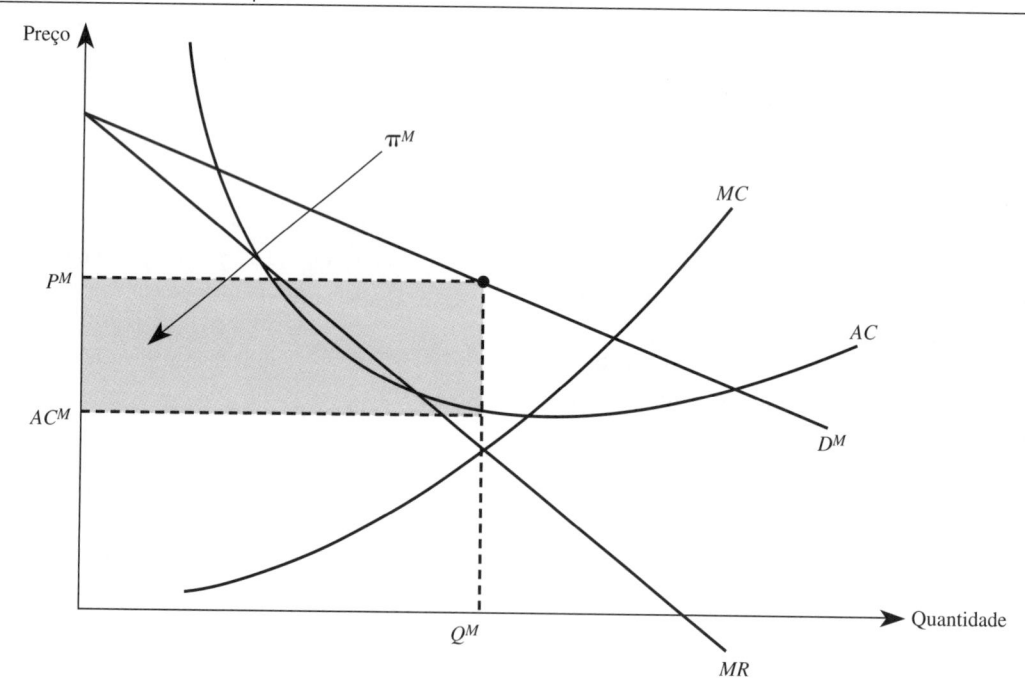

precificação-limite e precificação predatória – são identificadas como ferramentas potenciais para reduzir o número de competidores. Uma terceira estratégia reduz a competição ao aumentar os custos fixos ou marginais dos concorrentes. Infelizmente, todas elas envolvem *trade-offs* econômicos. Antes de implementar uma dada estratégia, o gerente deve determinar se os benefícios potenciais das estratégias excedem os custos associados.

A segunda parte deste capítulo enfoca as vantagens de primeiro e segundo movimento e explica quando é lucrativo mudar o ambiente de negócios ao alterar o momento ou a sequência das decisões. Concluímos mostrando por que as vantagens de primeiro movimento são tipicamente fortes em indústrias de rede (como telecomunicações, companhias aéreas e Internet). A precificação de penetração é uma estratégia que os entrantes podem usar para "mudar o jogo" a fim de superar esses obstáculos potenciais.

Precificação-limite para prevenir a entrada

Uma das consequências ruins da gestão de sucesso é que ela frequentemente leva à imitação ou entrada de outras empresas no mercado. É claro, a entrada de competidores afeta adversamente os lucros das empresas existentes. Ao se deparar com uma ameaça de entrada, o gerente deve considerar uma estratégia como a precificação-limite. Ela muda o ambiente de negócios ao reduzir o número de competidores.

precificação-limite
Estratégia em que uma empresa existente mantém o preço abaixo do nível de monopólio para impedir entradas.

Formalmente, a *precificação-limite* ocorre quando um monopolista (ou outra companhia com poder de mercado) estabelece preços abaixo do preço do monopólio para evitar que outras empresas entrem no mercado. Como veremos, a precificação-limite não é sempre uma estratégia de negócio lucrativa e é preciso extremo cuidado ao adotá-la.

Base teórica para a precificação-limite

Considere uma situação na qual um monopolista controle todo o mercado. A curva de demanda pelo produto do monopolista é D^M na Figura 13–1. Os lucros de monopólio são maximizados ao preço P^M, e os lucros de monopólio são dados por π^M. Infelizmente para essa empresa, se um potencial entrante viesse a saber a respeito de sua oportunidade de lucro e possuísse o *know-how* tecnológico para produzir o bem ao mesmo custo que a empresa existente, os lucros dos monopolistas poderiam ser corroídos se o entrante potencial pudesse, lucrativamente, entrar no mercado. A entrada pode mover a indústria do monopólio para o duopólio e reduzir os lucros da empresa existente. Ao longo do tempo, se mais organizações entrarem no mercado, os lucros seriam ainda mais corroídos.

Uma estratégia para a empresa existente é cobrar um preço abaixo do de monopólio, de forma que desencoraje o entrante. Para entender essa estratégia, suponha que os custos do entrante sejam idênticos aos da empresa existente e que o entrante tenha informação completa a respeito desses custos, bem como da demanda pelo produto. Em outras palavras, imagine que o entrante potencial conheça todas as informações desfrutadas pela empresa existente.

Para limitar o preço, a empresa existente produz Q^L (que excede a produção de monopólio de Q^M) e cobra um preço P^L que é menor que o de monopólio. Essa situação

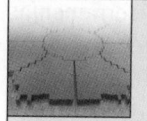

> **Por dentro dos negócios 13-1**
>
> **Estratégias de negócio na Microsoft**
>
> Em 18 de maio de 1998, o Departamento de Justiça dos Estados Unidos moveu uma representação contra a Microsoft – a maior fornecedora de *software* para computadores pessoais do mundo – sob as seções 1 e 2 do Sherman Antitrust Act. O governo alegou que a Microsoft empregou diversas estratégias de negócios anticompetitivas, incluindo atrelar outros *softwares* da empresa ao sistema operacional Microsoft Windows; lançar mão de acordos excludentes, evitando que companhias distribuíssem, promovessem, comprassem ou usassem produtos dos competidores ou potenciais competidores dos *softwares* da Microsoft; e acordos de exclusão restringindo o direito de companhias de oferecer serviços ou recursos aos competidores ou potenciais competidores dos softwares da Microsoft.
>
> De acordo com o governo, a Netscape detinha uma parcela de 70% a 80% do mercado de *browser* para Internet no início da década de 1990. A Microsoft investiu centenas de milhões de dólares para desenvolver, testar e promover o Internet Explorer, mas se deparou com desafios sérios de fazer os consumidores mudarem do Netscape Navigator para o Internet Explorer. De acordo com o governo, um alto executivo da Microsoft – vice-presidente da Platforms Group – resumiu a estratégia da companhia da seguinte forma: "Vamos cortar o oxigênio deles. Tudo que eles estão vendendo, ofereceremos gratuitamente". O governo também alegou que Bill Gates fez ameaças à Netscape e disse: "Nosso modelo de negócio funciona ainda que todos os *softwares* de Internet sejam livres. [...] Ainda estamos vendendo sistemas operacionais. O que parece o modelo de negócio da Netscape? Não muito bom".
>
> Muita coisa aconteceu desde 1998. A Microsoft perdeu o caso; a Netscape fundiu-se com a America Online; a America Online fundiu-se com a Time Warner. No fim, apenas o tempo dirá se as estratégias da Microsoft tiveram sucesso.
>
> Fontes: Antitrust Complaint: *United States of America* v. *Microsoft Corporation*, 18 maio, 1998; *The Wall Street Journal Online Edition*, p. 1, 9 out. 2001; "AOL Time Warner to drop 'AOL' from corporate name", *The Wall Street Journal*, 11 set. 2003.

é apresentada na Figura 13–2. Se o entrante potencial acredita que a empresa existente continuará a produzir Q^L unidades se ele entrar no mercado, a *demanda residual* pelo produto do entrante será a demanda de mercado, D^M, menos o montante (Q^L) produzido

Figura 13–2 Precificação-limite e demanda residual

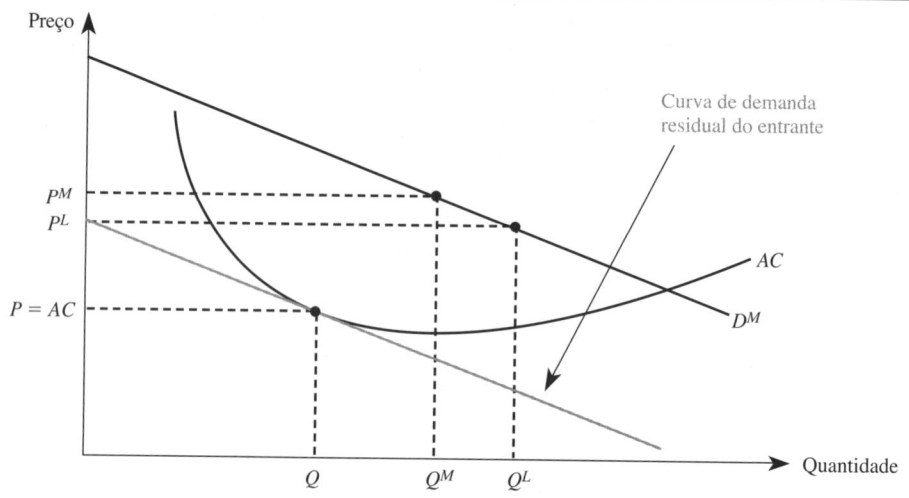

pela organização existente. Essa diferença, $D^M - Q^L$, é a curva de demanda residual do entrante e é traçada na Figura 13–2. Essa curva começa ao preço P^L (já que $D^M - Q^L$ é zero a esse preço). Para cada preço abaixo de P^L a distância horizontal entre a curva de demanda residual do entrante e a curva de demanda monopolista é Q^L a cada preço.

Como a curva de demanda residual do entrante na Figura 13–2 se situa abaixo da curva de custo médio, a entrada não é lucrativa. Para entender isso, observe que o entrante perde dinheiro se entrar e produzir mais ou menos bens do que Q unidades. Ao entrar e produzir Q unidades, a produção total de mercado aumenta para $Q + Q^L$. Isso empurra o preço para baixo ao ponto em que $P = AC$ para o entrante, de forma que os lucros econômicos são zero. Assim, o entrante não consegue obter lucros positivos ao entrar no mercado. Além disso, se a entrada envolve qualquer custo extra (ainda que um centavo), o entrante terá um forte incentivo a permanecer fora do mercado. A precificação-limite evita a entrada e a empresa existente obtém lucros mais altos do que aqueles obtidos na presença da entrada (mas os lucros sobre a precificação-limite são menores do que em um monopólio incontesto).

Precificação-limite pode não conseguir deter a entrada

Agora que você conhece a lógica básica da precificação-limite, examinemos mais criticamente essa estratégia. Em nosso exemplo, o entrante potencial era tido como possuidor de informação perfeita a respeito da demanda e dos custos, de forma que a estratégia de precificação-limite não "escondia" nada a respeito da lucratividade da linha de negócios da empresa existente. De fato, o menor preço cobrado pela empresa existente não desenvolveu qualquer papel real em prevenir a entrada: o entrante optou por permanecer fora porque acreditou que a empresa existente poderia produzir ao menos Q^L unidades se ele entrasse.

À luz dessa observação, uma melhor estratégia para a organização existente poderia ser cobrar o preço de monopólio (P^M), produzir a quantidade de monopólio (Q^M), mas *ameaçar* expandir a produção para Q^L se houvesse entrada. Se o entrante potencial acreditar nessa ameaça e permanecer fora do mercado, a empresa existente obterá lucros maiores em função dessa estratégia do que sob a precificação-limite. Infelizmente, não é possível à empresa existente produzir uma quantidade Q^L se houver a entrada. Em particular, a entrada reduz a receita marginal da empresa existente, levando a uma produção ótima menor do que Q^L. Assim, a empresa existente não tem incentivo para repudiar sua ameaça de produzir Q^L se houver a entrada. Reconhecendo isso, um entrante racional consideraria lucrativo entrar no mercado se a empresa existente estabelecesse o seu preço em P^L.

Para efetivamente prevenir a entrada, a empresa existente deve se engajar em uma atividade que diminua os lucros pós-entrada do entrante. No exemplo anterior, os lucros pós-entrada são completamente independentes do preço pré-entrada cobrado pela empresa existente. Isso, somado ao fato de que a "ameaça" de manter a produção em Q^L em face da entrada não é plausível, significa que a precificação-limite não protegerá os lucros da organização existente, a menos que estejam presentes outros fatores que liguem os preços pré-entrada aos lucros pós-entrada.

Princípio	**Precificação-limite efetiva** Para a precificação-limite efetivamente prevenir a entrada por parte de competidores racionais, o preço pré-entrada deve estar vinculado aos lucros pós-entrada dos entrantes potenciais.

Vinculando o preço pré-entrada aos lucros pós-entrada

Em muitas configurações de negócios do mundo real, o preço pré-entrada pode estar vinculado aos lucros pós-entrada por meio de comprometimentos feitos pelas empresas existentes, efeitos de curvas de aprendizado, informação incompleta ou efeitos de reputação. Como discutido a seguir, a precificação-limite pode ser lucrativa se uma ou mais dessas condições forem atendidas, mas deve-se tomar cuidado na avaliação dos efeitos dinâmicos da precificação-limite para se assegurar de que deter a entrada é efetivamente a melhor estratégia.

Mecanismo de comprometimento

Retornando ao exemplo da Figura 13-2, o preço pré-entrada não está ligado aos lucros pós-entrada, uma vez que os entrantes racionais reconhecem que as empresas existentes não têm incentivos para manter a produção pós-entrada de Q^L. A empresa existente pode superar esse problema ao se comprometer a produzir pelo menos Q^L unidades. Mais especificamente, se a organização existente pode, de alguma forma, "atar suas próprias mãos" e, de maneira crível, comprometer-se a não reduzir a produção em face da entrada – e se esse compromisso é conhecido pelo entrante potencial – então a estratégia irá, de fato, bloquear a entrada.

A empresa existente deve fazer tal comprometimento construindo uma fábrica que seja incapaz de produzir menos do que Q^L unidades de produto. Nesse caso, a empresa existente pode estar apta a produzir mais do que Q^L unidades; a chave é que todos os entrantes potenciais saibam que ela não pode produzir *menos* que esse montante. A empresa existente pode então estabelecer o seu preço em P^L (o qual corresponde à produção Q^L), para que o preço pré-entrada esteja vinculado (através de Q^L) aos lucros pós-entrada do entrante. Como os entrantes percebem que a organização existente continuará a produzir pelo menos Q^L unidades após a entrada, sua curva de demanda residual permanece abaixo dos custos médios. Desse modo, não é lucrativo para os entrantes potenciais entrar no mercado.

Pode parecer estranho que a empresa existente obtenha lucros mais altos ao "atar suas mãos" e comprometer-se a produzir pelo menos Q^L em vez de manter a flexibilidade de ajustar a produção como poderia ocorrer. Para entender melhor por que o *comprometimento* é uma estratégia lucrativa, considere a representação na forma extensiva do jogo de entrada apresentado na Figura 13-3. Aqui, a empresa existente possui uma vantagem de primeiro movimento que lhe permite decidir (1) comprometer-se ao construir uma fábrica que seja incapaz de produzir menos do que Q^L unidades de bens ou (2) não se comprometer e construir uma fábrica que pode

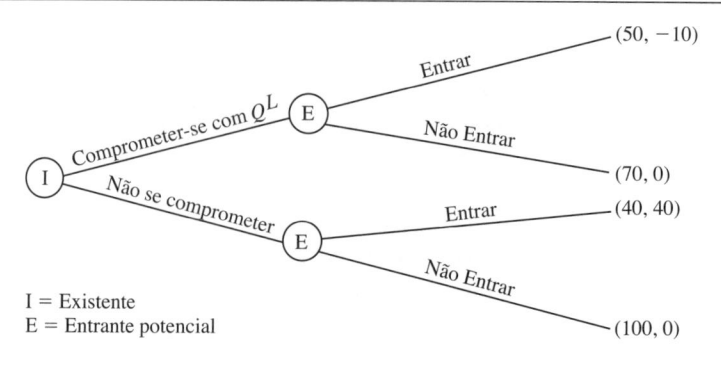

Figura 13-3 O valor do comprometimento

I = Existente
E = Entrante potencial

produzir qualquer intervalo de produção. Uma vez que essa decisão é tomada, o entrante decide entrar ou não, dada a decisão da companhia existente. Os *payoffs* em parênteses representam os lucros que a empresa existente e o entrante obtêm, respectivamente, em cada cenário possível. Por exemplo, se uma empresa existente não se compromete com Q^L e o entrante potencial não entra, a existente obtém lucros de $100 (lucros de monopólio) e o entrante potencial obtém $0.

Observe na Figura 13–3 que o *payoff* de monopólio de $100 é o *payoff* mais alto possível para uma empresa existente. No entanto, qualquer tentativa por parte dela de realizar esse *payoff* (ao não se comprometer com Q^L) oferece ao entrante um incentivo a entrar, já que a entrada rende ao entrante $40 em vez de $0 obtido ao não entrar. Assim, vemos que se a empresa existente não se comprometer, obterá $40 em vez dos lucros de monopólio de $100 porque terminará dividindo o mercado com a outra empresa.

Em contraste, se uma existente se compromete a produzir Q^L, ela altera os incentivos com que se confronta o entrante potencial de uma maneira que muda favoravelmente o ambiente de negócios. Mais especificamente, o comprometimento muda os *payoffs* pós-entrada do entrante e torna a entrada uma estratégia não lucrativa. Para entender, suponha que a empresa existente tome uma decisão irreversível de comprometer-se a produzir Q^L. O entrante potencial agora obtém um *payoff* de –$10 se ele entrar e $0 se permanecer fora do mercado. Nesse caso, a estratégia racional por parte do entrante é não entrar, uma vez que ela é melhor do que os $10 perdidos que obterá se entrar no mercado. No vocabulário da teoria dos jogos, o único equilíbrio perfeito de subjogo de Nash para o jogo na Figura 13–3 resulta em não-entrada; a empresa existente obtém um *payoff* de equilíbrio de $70 ao comprometer-se a produzir Q^L. Embora o *payoff* da empresa existente seja menor do que o *payoff* de monopólio de $100 (o qual não pode ser atingido em equilíbrio), ele é maior que o *payoff* de $40 que obteria pelo não-comprometimento por parte da empresa existente.

Efeitos de curva de aprendizado

efeitos de curva de aprendizado
Quando uma empresa desfruta custos menores devido a conhecimento obtido de suas decisões de produção passadas.

Em alguns processos de produção, o custo de produzir um bem ou serviço depende do nível de experiência da empresa. Organizações com níveis históricos de produção maiores têm mais experiência e podem produzir de maneira mais eficiente do que empresas com pouca ou nenhuma experiência passada na produção do bem. Esses efeitos são conhecidos como *efeitos de curva de aprendizado*.

Os efeitos de curva de aprendizado oferecem uma ligação entre o preço pré-entrada e os lucros pós-entrada e, dessa forma, podem permitir a uma empresa existente usar a precificação-limite para bloquear a entrada. De maneira concreta, considere uma companhia existente que tenha a vantagem de um período sobre um entrante potencial. Essa vantagem de primeiro movimento permite-lhe produzir e vender uma quantidade de produção por um período antes que o entrante tenha a chance de entrar no mercado. Nesse caso, a empresa existente pode considerar lucrativo produzir mais do que a produção de monopólio no primeiro período. Fazer isso leva a lucros menores no primeiro período, mas a produção extra oferece à organização mais experiência e permite-lhe produzir no segundo período a um custo mais baixo. Se os efeitos de curva de aprendizado forem suficientemente fortes, a vantagem de custo pode induzir o entrante potencial a permanecer fora do mercado. Observe que ao produzir mais quantidade no primeiro período a empresa existente direciona para baixo o preço do primeiro período. Como o menor preço está vinculado aos lucros pós-entrada (por meio da produção e do efeito da curva de aprendizado), essa forma de precificação-limite pode ser eficaz em desencorajar a entrada.

Informação incompleta

A suposição de que um entrante e uma empresa existente desfrutam informação completa claramente não é aplicável a todas as situações. É geralmente custoso aos empreendedores e outros potenciais entrantes encontrar oportunidades de negócios lucrativas. À medida que os preços pré-entrada ou os lucros são um sinal que diminui os custos dos entrantes potenciais em identificar oportunidades lucrativas, um vínculo entre preço e lucros pós-entrada pode ser forjado. A precificação-limite pode ajudar a "esconder" informação a respeito de lucros de entrantes potenciais, e isso pode atrasar ou (em casos raros) eliminar completamente a entrada, dependendo de quão custoso é para os potenciais entrantes obter informação de outras fontes.

De forma concreta, imagine uma pequena cidade com um advogado monopolista no mercado local de serviços legais. Na ausência de entrada, o advogado está apto a obter um salário espetacular de $500 mil por ano. Se o advogado possui uma coleção impressionante de carros esportivos e regularmente viaja a lugares exóticos (já que ele cobra o preço de monopólio), os adolescentes da cidade que se graduam em escolas de direito podem decidir voltar para casa e obter uma parte desse mercado. Por outro lado, se o advogado viver um estilo de vida mais modesto (por cobrar menos do que o preço de monopólio), é menos provável que atraia tanta atenção. Nesse último caso, o advogado está praticando a precificação-limite em uma tentativa de "ocultar" informação de entrantes potenciais. À medida que essa tática torna mais custoso aos novos graduados em direito reconhecer as excelentes oportunidades de lucros nessa pequena cidade, a estratégia pode retardar ou eliminar a entrada.

Como alternativa, considere uma situação na qual o entrante potencial não conhece com certeza os custos da empresa existente. Se o entrante potencial conhece ou sabe que a empresa existente possui custos altos, ele considerará lucrativo entrar no mercado. Se o entrante potencial sabe que os custos da existente são baixos, por outro lado, considerará o mercado não lucrativo para entrar. Se o entrante não conhece os custos da existente, possui um incentivo para usar qualquer informação que esteja disponível para inferir os custos da existente. Por exemplo, quando a organização existente cobra um preço baixo, o entrante pode inferir que os custos sejam baixos e concluir que não vale a pena entrar no mercado. Em situações como essa, uma empresa existente pode estar apta a induzir o entrante potencial a permanecer fora do mercado ao precificar abaixo do preço de monopólio. Nesse caso, há um vínculo entre o preço pré-entrada e os lucros pós-entrada, e a precificação-limite pode ser usada para, lucrativamente, deter a entrada.

Efeitos de reputação

Aprendemos no Capítulo 10 que incentivos em jogos de um único estágio são diferentes daqueles em jogos repetidos. Em jogos indefinidamente repetidos, estratégias de gatilho ligam o comportamento passado dos participantes aos *payoffs* futuros. No contexto da entrada, tais *efeitos de reputação* podem oferecer um vínculo entre o preço pré-entrada cobrado em um mercado e os lucros pós-entrada. Permitir a entrada hoje provavelmente encorajará a entrada em períodos futuros por outros entrantes potenciais. Dependendo dos custos e benefícios relativos da entrada futura, pode valer a pena para uma empresa investir em uma reputação de ser "agressiva" com os entrantes para deter a entrada futura de outras empresas. Visto que cobrar um preço baixo hoje (para punir um entrante) desencoraja a entrada de outras organizações, tal estratégia pode aumentar os lucros a longo prazo.

Considerações dinâmicas

Ainda que uma empresa existente possa estabelecer um vínculo entre o preço pré-entrada e os lucros pós-entrada para prevenir a entrada, ela pode obter lucros maiores ao permitir que a entrada ocorra. Para entender isso, lembre que quando a taxa de juros é i e π^M representa os lucros correntes de um monopolista ao cobrar P^M, o valor presente dos lucros correntes e futuros se a empresa mantiver o *status* de monopólio indefinidamente é

$$\Pi^M = \pi^M + \left(\frac{1}{1+i}\right)\pi^M + \left(\frac{1}{1+i}\right)^2 \pi^M + \left(\frac{1}{1+i}\right)^3 \pi^M + \ldots$$

$$= \left(\frac{1+i}{i}\right)\pi^M$$

Suponha que, ao observar o preço do período corrente (P^M), um novo entrante decida entrar no mercado para competir com o monopolista (existente). A entrada estimula a competição no mercado do produto durante o segundo período e dos períodos seguintes, e isso reduz os lucros do monopolista existente do nível de monopólio (π^M) ao nível de duopólio (π^D). Embora diferentes configurações de oligopólio levem a diferentes lucros de duopólio, em todos os casos os lucros de duopólio são menores que aqueles obtidos sob monopólio: $\pi^D < \pi^M$. Se houver entrada, o valor presente dos lucros corrente e futuro do monopolista existente cai para

$$\Pi^{MD} = \pi^M + \left(\frac{1}{1+i}\right)\pi^D + \left(\frac{1}{1+i}\right)^2 \pi^D + \left(\frac{1}{1+i}\right)^3 \pi^D + \ldots$$

$$= \pi^M + \frac{\pi^D}{i}$$

Em particular, o monopolista existente obtém o lucro de monopólio durante o primeiro período, mas isso induz a entrada – a qual reduz os lucros para π^D em todos os períodos remanescentes. O termo $\pi^{D/i}$ reflete o valor presente da perpetuidade dos lucros de duopólio. É claro que $\Pi^{MD} < \Pi^M$, de forma que a entrada prejudica o monopolista existente.

Suponha que (por meio de comprometimento, efeitos de curva de aprendizado, informação incompleta ou efeitos de reputação) o monopolista existente possa, com sucesso, frustrar a entrada ao cobrar um preço-limite. Tal estratégia é lucrativa? Sob a estratégia de precificação-limite, o monopolista existente obtém lucros de π^L em cada período em que $\pi^L < \pi^M$. Assim, sob precificação-limite, o valor presente do fluxo de lucros da empresa é

$$\Pi^L = \pi^L + \left(\frac{1}{1+i}\right)\pi^L + \left(\frac{1}{1+i}\right)^2 \pi^L + \left(\frac{1}{1+i}\right)^3 \pi^L + \ldots$$

$$= \left(\frac{1+i}{i}\right)\pi^L$$

Uma condição necessária para a especificação-limite ser uma estratégia ótima é o valor presente dos lucros sob a precificação-limite exceder aqueles sob a entrada: $\pi^L > \pi^{MD}$.

Rearranjar as equações anteriores para Π^L e Π^{MD} revela que a precificação-limite é lucrativa ($\Pi^L > {}^{MD}$) sempre que

$$\frac{(\pi^L - \pi^D)}{i} > \pi^M - \pi^L$$

O lado esquerdo dessa não-igualdade representa o valor presente dos benefícios da precificação-limite, e o lado direito representa os custos iniciais da precificação-limite. Observe que uma condição necessária para a precificação-limite ser lucrativa é que os lucros por período sob a precificação-limite (π^L) excedam os de duopólio por período (π^D). No entanto, só isso não é suficiente para garantir a precificação-limite. Além disso, o valor presente desses benefícios deve exceder os custos iniciais de gerar o fluxo de lucros. Nesse caso, o custo inicial é o lucro perdido ao se adotar a precificação-limite no primeiro período em vez de cobrar o preço de monopólio.

Com base nessa análise, é claro que a precificação-limite é mais atrativa em situações em que (a) a taxa de juros é baixa, (b) os lucros de monopólio são significativamente menores do que os lucros sob o preço-limite, e (c) os lucros de duopólio são significativamente menores do que os lucros sob o preço-limite. Na ausência dessas condições, não será de interesse da empresa combater a entrada através da precificação-limite. Quando uma empresa se depara com entrantes, mas opta contra a precificação-limite, seu preço irá gradualmente declinar ao longo do tempo à medida que mais e mais empresas entrem no mercado. A U. S. Steel é um exemplo de organização que não considera lucrativo combater a entrada por meio da precificação-limite (veja Por Dentro dos Negócios 13–2).

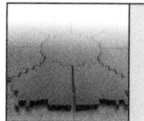

Por dentro dos negócios 13–2

Precificação-limite dinâmica

Em 1901, a United States Steel Corporation controlava cerca de 70% do mercado dos Estados Unidos e desfrutava lucros (como porcentagem das vendas) de 25%. Em vez de proteger sua fatia de mercado por meio da precificação-limite, a U. S. Steel adotou uma estratégia de estabelecer o preço maximizador de lucro a cada período e desfrutou lucros de curto prazo maiores associados a tal estratégia. Como seria de esperar, essa estratégia resultou na entrada de empresas menores, as quais essencialmente tomaram o preço estabelecido pela U. S. Steel como dado e maximizaram seus próprios lucros. Ao longo do tempo, à medida que a margem competitiva cresceu, a U. S. Steel gradualmente considerou ótimo diminuir seu preço – não como na estratégia de precificação-limite, mas porque sua reduzida participação de mercado e demanda mais elástica levaram a um preço ótimo menor. Desde 1930, a participação de mercado da U. S. Steel diminuiu para cerca de 30% e seus lucros (como porcentagem das vendas) caíram para menos de 10%.

Examinando os fluxos de caixa descontados, a maioria dos economistas concorda que a política da U. S. Steel de cobrar um preço alto e aceitar a entrada de outras empresas foi provavelmente a melhor estratégia. Entre outras coisas, a U. S. Steel não desfrutou qualquer vantagem de custo significativa sobre os concorrentes e não pôde se comprometer a manter uma alta parcela de mercado em face da entrada. Consequentemente, tentativas frustradas de entrada através de precificação-limite poderiam ter reduzido os lucros imediatos da empresa sem substancialmente retardar a entrada. Mais recentemente, McCraw e Reinhardt apontaram outra razão pela qual a U. S. Steel não tentou limitar o preço: ela temia que ações legais (antitruste) pudessem ser aplicadas se ela evitasse agressivamente a entrada.

Fontes: T. K. McCraw e F. Reinhardt, "Losing to Win: U.S. Steel's Pricing, Investment Decisions, and Market Share, 1901–1938", *Economic History*, n. 49, p. 593–619, 1989; H. Yamawaki, "Dominant Firm Pricing and Fringe Expansion: The Case of the U. S. Iron and Steel Industry, 1907–1930", *The Review of Economics and Statistics*, v. 67, n. 3, p. 429–437, 1985.

Demonstração 13-1

A Baker Enterprises opera uma companhia de médio porte especializada na produção de um tipo único de *chip* de memória. Ela é atualmente a única empresa no mercado e obtém $10 milhões por ano ao cobrar o preço de monopólio de $115 por *chip*. A Baker está preocupada que uma nova empresa possa brevemente clonar o produto. Se obtiver sucesso, isso pode reduzir o lucro da Baker para $4 milhões por ano. As estimativas indicam que se a Baker aumentar sua produção para 28 mil unidades (o que poderia diminuir o seu preço para $100 por *chip*), o entrante permanecerá fora do mercado e a Baker obterá lucros de $8 milhões por ano por um futuro indefinido.

1. O que a Baker deve fazer para, de maneira razoável, deter a entrada por meio da precificação-limite?
2. Faz sentido para a Baker limitar o preço se a taxa de juros é de 10%?

Resposta:

1. A Baker deve "atar suas mãos" para prevenir-se de cortar sua produção abaixo de 28 mil unidades se houver a entrada, e esse compromisso deve ser observável pelos entrantes potenciais antes que tomem suas decisões de entrar ou não.
2. A precificação-limite é lucrativa se

$$\frac{(\pi^L - \pi^D)}{i} > \pi^M - \pi^L$$

ou neste caso

$$\frac{(\$8 - \$4)}{0,1} > \$10 - \$8$$

Como que a não igualdade se mantém, a precificação-limite é lucrativa: o valor presente dos benefícios da precificação-limite (o lado esquerdo) é de $40 milhões, enquanto os custos iniciais (o lado direito) são de apenas $2 milhões.

Precificação predatória para reprimir a competição

precificação predatória
Estratégia em que uma empresa temporariamente precifica abaixo de seu custo marginal para tirar os competidores do mercado.

Embora a precificação-limite mude o ambiente de negócios ao prevenir *potenciais* competidores de entrar no mercado, a precificação predatória reprime a competição ao eliminar competidores *existentes*. Mais formalmente, a *precificação predatória* surge quando uma empresa cobra um preço abaixo de seu próprio custo marginal para tirar um concorrente do mercado. Uma vez que a "presa" (o concorrente) sai do mercado, o "predador" (a empresa que se engaja na precificação predatória) pode aumentar seu preço, graças à menor competição. Assim, a precificação predatória envolve um *trade-off* entre lucros correntes e futuros: é lucrativa apenas quando o valor presente dos lucros futuros mais altos supera as perdas requeridas para tirar o concorrente do mercado.

Como a precificação predatória tem efeitos não apenas sobre a presa mas também sobre o predador, seu sucesso depende, de maneira crítica, da hipótese de que o predador seja "mais saudável" que a presa. Uma companhia que pratica precificação predatória deve ter "bolsos profundos" (maiores recursos financeiros do que a presa) para que sobreviva. Os efeitos da reputação aumentam os benefícios da precificação predatória. Levando em conta que as ações de hoje tiram um competidor do mercado, em um contexto de jogo repetido, isso pode facilitar a expulsão dos competidores futuros do mercado; estabelecer uma reputação por jogar agressivamente contra as empresas existentes pode induzir as outras organizações a permanecerem fora do mercado. Pode, também, oferecer aos concorrentes menores um incentivo a se "vender" para uma grande empresa a um preço de barganha, em vez de correr o risco de serem colocados para fora do mercado por meio da predação.

Diversas contraestratégias por parte da presa podem reduzir significativamente a lucratividade da precificação predatória. Como o predador está vendendo o produto abaixo do seu próprio custo, a presa pode parar a produção inteiramente (em cujo caso o predador perderá mais dinheiro do que a presa a cada período) ou comprar o produto do predador e estocá-lo para vender quando a precificação predatória cessar. O ponto é que a estratégia da precificação predatória é tipicamente mais custosa ao predador do que à presa. É improvável que seja uma forma lucrativa de eliminar um concorrente que está similarmente situado (em termos de tamanho, custos, recursos financeiros e apelo de produto), mas pode ser útil para tirar pequenos competidores (com "bolsos vazios") do mercado.

Embora as empresas que praticam precificação predatória estejam vulneráveis a ser processadas sob o Sherman Antitrust Act, a precificação predatória é frequentemente difícil de ser provada em juízo. Por exemplo, no início da década de 2000, a American Airlines se defendeu com sucesso contra uma acusação da divisão antitruste do Departamento de Justiça dos Estados Unidos. O Departamento de Justiça alegava que, de maneira violenta, a American havia tirado pequenas companhias aéreas iniciantes do Aeroporto Internacional de Dallas/Ft. Worth ao saturar suas rotas com voos adicionais e o corte de tarifas. Ainda que o governo tenha afirmado que a American Airlines aumentou suas tarifas depois de ter tirado do mercado um novo entrante, a American Airlines ganhou na justiça. Muitos economistas (e juízes) acreditam que diversas práticas que podem ser consideradas "predatórias" sob definições legais são, de fato, práticas legítimas de negócios. A entrada em geral aumenta a competição e resulta em precificação mais competitiva. Em situações em que existem custos fixos substanciais, o resultado final da árdua competição de preço será a saída das empresas mais fracas, e a empresa sobrevivente aumentará seu preço. Esforços para impedir tal competição podem encorajar a entrada por parte de empresas ineficientes. Ainda pior, a aplicação estrita de regras contra precificação predatória pode levar a uma situação de conluio na qual as companhias teriam medo de competir pelo fato de que tais ações poderiam ser consideradas predatórias, levando-as a processo.

Além disso, empresas que buscam penetrar em um mercado com um novo produto frequentemente consideram vantajoso vendê-lo a um preço baixo ou mesmo oferecê-lo de graça inicialmente, aumentando o preço uma vez que os consumidores reconheçam o valor do produto. Como veremos até o final deste capítulo, a estratégia de vender produtos abaixo do custo não precisa ser motivada por um desejo de tirar os concorrentes dos negócios. Na verdade é o contrário: tais estratégias são algumas vezes essenciais para os novos entrantes competirem, com sucesso, contra organizações bem estabelecidas.

Concluímos destacando que a definição técnica (legal) da precificação predatória requer que o predador estabeleça o preço abaixo de seu próprio custo marginal (e assim sustente perdas para infringir danos à sua presa) entanto, estratégias similares podem ser utilizadas quando o predador possui uma vantagem de custo sobre sua presa. Nesse caso, o predador não tem de estabelecer preço abaixo de seu próprio custo marginal para tirar um concorrente menos eficiente do mercado. Ele meramente pode estabelecer seu preço abaixo do custo do concorrente. Similar à precificação predatória, a empresa mais eficiente pode aumentar seu preço após a menos eficiente sair do mercado.

Demonstração 13-2

A Baker Enterprises opera uma companhia de médio porte especializada na produção de um tipo único de *chip* de memória. Se a Baker fosse uma monopolista, ela poderia obter $10 milhões por ano por um período indefinido de tempo ao cobrar o preço de monopólio de $115 por *chip*. Apesar de a Baker poder retardar a entrada de potenciais concorrentes ao adotar a precificação-limite (veja o Demonstração 13-1), ela optou por não fazer isso, e agora está em uma situação de duopólio, obtendo lucros anuais de $4 milhões por ano pelo futuro previsível. Se a Baker estabelecer o seu preço em $68 por *chip* e o mantiver por um ano, estará apta a tirar a outra empresa do mercado e retornar à sua posição de monopólio indefinidamente. Ao longo do ano no qual ela pratica precificação predatória, no entanto, a Baker perderá $60 milhões. Ignorando considerações legais, a precificação predatória é uma estratégia lucrativa? Considere que a taxa de juros seja de 10% e, para simplificar, que os lucros ou perdas de qualquer período corrente ocorram imediatamente (no início do ano).

Resposta:

Se a Baker não praticar precificação predatória, o valor presente de seus ganhos (incluindo seus ganhos correntes de $4 milhões) será Π^D, em que

$$\Pi^D = \$4 + \left(\frac{1}{1+0{,}1}\right)(\$4) + \left(\frac{1}{1+0{,}1}\right)^2(\$4) + \left(\frac{1}{1+0{,}1}\right)^3(\$4) + \ldots$$

$$= \left(\frac{1+0{,}1}{0{,}1}\right)(\$4)$$

$$= (11)(\$4)$$

$$= \$44 \text{ milhões}$$

Se a Baker utilizar a precificação predatória, o valor presente de seus lucros corrente e futuro será

$$\Pi^P = -\$60 + \left(\frac{1}{1+0{,}1}\right)(\$10) + \left(\frac{1}{1+0{,}1}\right)^2(\$10) + \left(\frac{1}{1+0{,}1}\right)^3(\$10) + \ldots$$

$$= -\$60 + \frac{\$10}{0{,}1}$$

$$= -\$60 + \$100$$

$$= \$40 \text{ milhões}$$

Uma vez que $\Pi^P < \Pi^D$, a Baker obtém menos ao se engajar na precificação predatória do que ao não usá-la (isto é, mantendo a situação de duopólio). Não vale a pena adotar a precificação predatória porque é caro demais tirar a outra empresa do mercado.

Aumentando o custo dos concorrentes para reprimir a competição

aumentando os custos dos concorrentes
Estratégia na qual uma empresa ganha vantagem sobre os competidores ao incrementar os custos deles.

Outra forma por meio da qual um gerente pode estar apto a mudar lucrativamente o ambiente de negócios é *aumentar os custos do concorrente*. Ao fazê-lo, a empresa altera os incentivos de tomada de decisão do concorrente, e isso pode efetivamente afetar seus preços, produção e decisões de entrada. Contanto que os custos de implementar tal estratégia sejam suficientemente baixos, a empresa que aumenta os custos do concorrente pode ganhar à custa das outras organizações.

Por exemplo, considere uma grande empresa de *software* que seja a única produtora do sistema operacional mais popular. Essa empresa também tem uma presença em outros mercados de *software*; ela compete com concorrentes menores que vendem marcas diferentes de processadores de texto. O maior fabricante de *software* pode buscar aumentar os custos dos concorrentes que produzem os processadores de texto dificultando-lhes o acesso do código do sistema operacional. Em casos extremos, a empresa grande pode se recusar a informar o código do sistema operacional àquelas que competem em outros mercados de *software*. Em ambos os casos, isso aumenta o custo dos concorrentes de criar e atualizar seus próprios processadores de textos, com pouco ou nenhum aumento nos custos da empresa grande. Além de aumentar o custo fixo dos concorrentes de produzir *software*, essa estratégia pode elevar o custo marginal deles de vender seu *software*, à medida que os consumidores estão mais propensos a requerer seu suporte técnico para resolver conflitos e outros problemas.

Uma companhia também pode elevar os custos dos concorrentes ao tornar-lhes mais custoso distribuir seus produtos através da rede de varejistas. Por exemplo, no famoso caso da Microsoft, o governo alegou que a empresa assinou contratos exclusivos com fornecedores de PCs, evitando a instalação do *browser* da Netscape em PCs alimentados com sistema operacional Windows. Essa estratégia presumivelmente aumentou o custo da Netscape de distribuir seu *browser* em relação ao custo da distribuição do *browser* da Microsoft.

Estratégias envolvendo custo marginal

Para ilustrar como uma companhia pode ganhar ao aumentar o custo marginal de um concorrente, considere a Figura 13–4, que mostra um duopólio de Cournot (veja o Capítulo 9). Lembre que r_1 e r_2 são as funções de reação das duas empresas competidoras. As empresas produzem as quantidades Q_1 e Q_2, e as funções de reação resumem a produção maximizadora de lucros de cada uma, dada a produção do concorrente. Por exemplo, r_1 identifica a produção maximizadora de lucro da empresa 1 para cada nível potencial de produção da empresa 2. Essas funções de reação são negativamente inclinadas porque cada organização produz suas quantidades simultaneamente e o preço de mercado se ajusta para absorver qualquer produção que seja colocada no mercado. Quanto maior o montante de produção que a empresa 2 leva ao mercado, menor o preço de mercado resultante e, assim, menor o nível ótimo de produção da empresa 1.

Figura 13–4 Aumentando o custo marginal de um concorrente

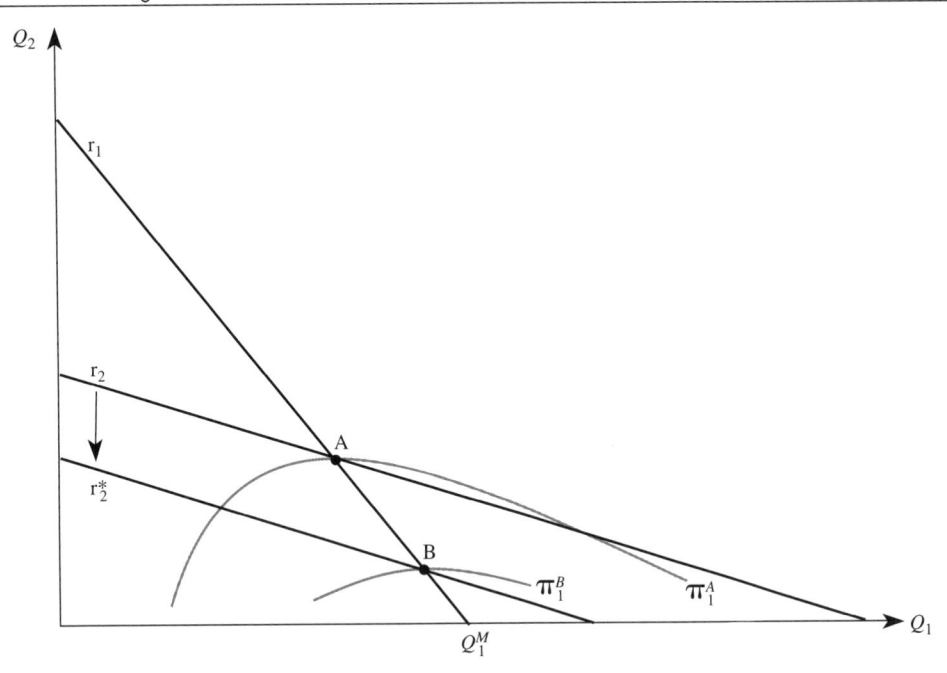

[Gráfico: eixos Q_2 (vertical) e Q_1 (horizontal). Curvas de reação r_1, r_2 e r_2^* (deslocada para baixo). Ponto A na interseção de r_1 e r_2; ponto B na interseção de r_1 e r_2^*. Curvas de isolucro π_1^B e π_1^A. No eixo Q_1: Q_1^M.]

O ponto A na Figura 13–4 representa o equilíbrio inicial de Cournot. Os lucros da empresa 1 são π_1^A e estão associados à curva de isolucro através do ponto A. Esses lucros são claramente menores do que seriam se a empresa 1 fosse uma monopolista (o ponto em que a empresa 1 produz Q_1^M unidades de produto e a empresa 2 produz zero unidades).

Agora suponha que a empresa 1 use uma tática de negócio que aumente o custo marginal de produção do seu concorrente. Devido ao custo mais alto, a empresa 2 agora possui um incentivo para produzir menos do que antes. Geometricamente, ao aumentar o custo marginal de seu concorrente, a empresa 1 desloca a função de reação do concorrente para baixo, para r_2^* na Figura 13–4. O novo equilíbrio move-se para o ponto B. Devido ao seu custo marginal mais alto, a empresa 2 reduz sua produção, o que tem o efeito de aumentar o preço de mercado, e a empresa 1 obtém vantagem de seu preço mais alto ao expandir a própria produção. Por fim, a empresa 1 termina com maior fatia de mercado e lucros maiores. Em particular, observe que os lucros da empresa 1 no ponto B são π_1^B. Como esse nível de lucros está associado a uma curva de isolucro que está mais próxima do ponto de monopólio, a empresa 1 se beneficia ao aumentar o custo marginal de seu concorrente.

Estratégias envolvendo custos fixos

Uma empresa também pode ganhar ao aumentar os custos fixos de seus concorrentes. Talvez de maneira surpreendente, tais benefícios podem ser acumulados mesmo quando a estratégia também aumenta o próprio custo da empresa. Para entender melhor, considere uma empresa que obtém lucros de monopólio de $200 se nenhuma outra organização entrar no mercado. No entanto, se um concorrente entra no mercado, a competição resultante reduz o lucro da empresa existente para $70, com o entrante também obtendo $70. Como o entrante obtém zero se ele não entrar, mas obtém $70 ao entrar, o monopolista não está apto a sustentar seu lucro de monopólio, a menos que possa, com sucesso, mudar o ambiente de negócios.

Suponha que a empresa existente, com sucesso, faça *lobbies* por uma regulamentação que requeira que qualquer empresa operando no mercado (incluindo a si própria) obtenha uma licença do governo que custe $90. Observe que a empresa existente aumentou seu próprio custo fixo em $90, mas, mais importante, também aumentou o custo do concorrente em $90. Agora, se o concorrente entrar no mercado, perderá $20 (os $70 originais menos a taxa de licença de $90). Uma vez que o concorrente obtém $0 ao não entrar, a estratégia de aumentar os custos de todas as empresas em $90 muda a decisão de entrada do concorrente e a empresa existente mantém sua posição de monopólio. Observe que os lucros resultantes da empresa existente são de $110 (os lucros originais de monopólio de $200 menos a taxa de licença de $90). Embora não seja tão lucrativo quanto antes da licença e quando a empresa desfrutava um monopólio ($200), é melhor do que os $70 que poderiam ser obtidos se nenhuma licença fosse requerida e o concorrente entrasse.

Esse cenário é representado na forma extensiva mostrada na Figura 13–5. Aqui, a empresa existente possui duas estratégias: suportar uma taxa de licença de $90 ou não suportá-la. O entrante potencial deve observar se há uma taxa de licença antes de tomar sua decisão de entrada. Na ausência de uma taxa de licença, o entrante possui um incentivo a entrar e, assim, a empresa existente obtém lucros de apenas $70. Se a empresa existente suportar os $90 da taxa de licença, a melhor estratégia para o entrante é permanecer fora do mercado (já que $0 > -$20). Nesse caso a empresa existente obtém $110. Essa é claramente a melhor estratégia para a empresa existente, e vemos que ela obtém $110 no único equilíbrio perfeito de subjogo para este jogo.

Estratégias para empresas verticalmente integradas

No Capítulo 6, aprendemos que empresas verticalmente integradas produzem tanto no mercado *upstream* (insumo) quanto no mercado *downstream* (produto final). Uma empresa verticalmente integrada com poder de mercado em um mercado *upstream* pode estar apta a explorar seu poder para aumentar os custos dos concorrentes em mercados *downstream*. Em particular, as ações tomadas pela empresa verticalmente

Figura 13–5 Aumentando o custo fixo de um concorrente

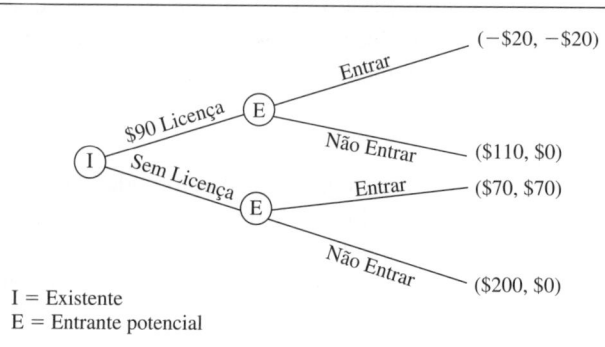

```
                           Entrar        (-$20, -$20)
              $90 Licença  E
                           Não Entrar    ($110, $0)
          I
              Sem Licença  Entrar        ($70, $70)
                           E
                           Não Entrar    ($200, $0)
```

I = Existente
E = Entrante potencial

integrada para aumentar os preços dos insumos no mercado *upstream* aumentarão os custos dos concorrentes competindo nos mercados *downstream*. A seguir, discutimos duas estratégias desse tipo: distanciamento vertical e aperto preço-custo.

Distanciamento vertical

distanciamento vertical
Estratégia na qual uma empresa verticalmente integrada cobra de concorrentes *downstream* um preço proibitivo de um insumo essencial, forçando-os assim a usar substitutos mais custosos ou sair dos negócios.

Uma forma extrema de aumentar os custos dos concorrentes, chamada *distanciamento vertical*, ocorre quando uma empresa que controla um insumo *upstream* essencial compete contra outras no mercado *downstream*. Ao se recusar a vender para outras empresas *downstream* o insumo necessário, ela as força a buscar substitutos menos eficientes. Isso aumenta seus custos de produção. Quando nenhum substituto está disponível, os concorrentes são completamente tirados do mercado *downstream* porque não estão aptos a adquirir o insumo essencial.

Embora o distanciamento vertical possa ser lucrativo em algumas situações, não é sempre a estratégia mais vantajosa. Em particular, ao cobrar preços tão altos pelos insumos que levam as empresas não integradas para fora do mercado, a empresa verticalmente integrada abdica dos lucros *upstream* da venda do insumo. O distanciamento vertical é lucrativo apenas quando os lucros mais altos obtidos no mercado *downstream* (devido ao poder de mercado aumentado) mais do que compensam os lucros perdidos no mercado de insumo *upstream*.

O aperto preço-custo

aperto preço-custo
Tática usada por uma empresa verticalmente integrada para apertar as margens de seus competidores.

Outra forma pela qual uma empresa verticalmente integrada pode potencialmente beneficiar-se do aumento dos custos dos concorrentes é por meio de um *aperto preço-custo*. Aqui, a empresa verticalmente integrada aumenta os custos dos concorrentes no lado do insumo enquanto mantém constante (ou mesmo diminui) o preço cobrado pelo produto final. Isso aperta as margens dos competidores *downstream*. O efeito final de um aperto preço-custo severo é similar àquele sob precificação predatória: tira os competidores do mercado. Como essa tática requer que a empresa verticalmente integrada cubra preços que não maximizem os lucros correntes nos mercados *upstream* e *downstream*, ela troca os lucros mais baixos de curto prazo pelos lucros futuros mais altos potenciais, uma vez que os concorrentes saiam do mercado *downstream*. Dependendo da magnitude desse *trade-off* e do nível das taxas de juros, um aperto preço-custo pode ser lucrativo.

O aperto preço-custo também pode ser usado por grandes empresas verticalmente integradas para "punir" concorrentes que não participem da divisão de mercado e outros arranjos de conluio em mercados *downstream*. Embora a empresa verticalmente integrada possa perder lucros de curto prazo ao usar o aperto preço-custo para disciplinar os concorrentes, por ser "agressivo", esse investimento em reputação pode gerar lucros futuros mais altos em mercados em que existe interação repetida.

Discriminação de preço como uma ferramenta estratégica

A lucratividade da precificação predatória, da precificação-limite e da elevação dos custos dos concorrentes depende dos benefícios e dos custos relativos de tais estratégias. A atratividade relativa dessas táticas é aumentada quando o perpetrador pode efetivamente discriminar preços entre seus vários clientes. Lembre que a discriminação de preço (discutida em detalhes no Capítulo 11) é a prática de cobrar preços diferentes dos diferentes consumidores pelo mesmo produto.

Na ausência de discriminação de preço, é mais custoso para a empresa praticar precificação-limite ou precificação predatória. Ao diminuir seu preço para prevenir a entrada ou tirar um competidor do mercado, a empresa não discriminadora deve diminuir seu preço para todos os seus clientes. Em contraste, se ela pode discriminar, pode "objetivar" cortes de preços para aqueles consumidores ou mercados que produzirão os maiores danos ao concorrente (no caso da precificação predatória) ou entrantes potenciais (no caso da precificação-limite). Enquanto isso, a companhia pode continuar a cobrar o preço de monopólio de seus outros clientes.

De maneira semelhante, uma empresa que discrimine preço e use distanciamento vertical ou um aperto preço-custo pode objetivar aumento nos preços dos insumos para aquelas empresas que representam as ameaças mais sérias em mercados *downstream*. Ao mesmo tempo, ela pode continuar a cobrar menores preços dos insumos para compradores que não estabeleçam ameaças nesses mercados. Isso lhe permite maximizar lucros por meio de vendas de insumos para clientes que não estabeleçam ameaças, enquanto aumentam os custos das organizações concorrentes no mercado *downstream*.

Por essas razões, a discriminação de preço pode ser usada como uma ferramenta estratégica para facilitar a precificação-limite, a precificação predatória ou aumentar os custos dos concorrentes.

Mudando o momento das decisões ou a ordem dos movimentos

Outra forma pela qual um gerente pode lucrativamente mudar o ambiente de negócios é mudando o momento das decisões ou a ordem dos movimentos. Ilustramos o processo a seguir.

Vantagens de primeiro movimento

Uma *vantagem de primeiro movimento* permite a uma empresa obter um *payoff* mais alto ao comprometer-se com uma decisão antes que seus concorrentes tenham a chance de se comprometer com as suas. O modelo de oligopólio de Stackelberg que examinamos no Capítulo 9 é um exemplo clássico de ambiente estratégico no qual o primeiro a se movimentar desfruta de vantagem. Lembre-se de que, nessa configuração, uma empresa (chamada líder de Stackelberg) se compromete com um nível mais alto de produção antes que os seus concorrentes (seguidores) tomem suas próprias decisões de produção. O líder de Stackelberg obtém lucros mais altos do que obteria se não tivesse a oportunidade de se mover primeiro.

O raciocínio ao mudar o momento das decisões para obter vantagem de primeiro movimento pode ser facilmente ilustrado. Considere duas empresas (empresa A e empresa B) que devem tomar decisões de produção (alta ou baixa). Consideraremos dois cenários. Na primeira situação, ambas tomam suas decisões simultaneamente (e, assim, não há escopo para uma vantagem de primeiro movimento). Veremos que o resultado do jogo muda na segunda situação, em que a empresa A toma sua decisão antes da empresa B.

A representação na forma normal para a versão de movimentos simultâneos do jogo é apresentada na Tabela 13–1. Para cada par de estratégias das empresas A e B, o primeiro número em cada célula representa o *payoff* da empresa A, enquanto a segunda entrada representa o *payoff* da empresa B. Por exemplo, se a empresa A produz um baixo nível de produção e a empresa B produz um baixo nível de produção, a empresa A obtém $30 e a empresa B obtém $10.

Tabela 13–1 Jogo de produção de movimento simultâneo

		Empresa B	
	Estratégia	**Baixa produção**	**Alta produção**
Empresa A	**Baixa produção**	$30, $10	$10, $15
	Alta produção	$20, $5	$1, $2

No jogo de movimento simultâneo, a empresa A possui uma estratégia dominante: independentemente de a empresa B produzir um baixo ou um alto nível de produção, os lucros da empresa A são maiores se ela produzir um baixo nível de produção. A empresa B, sendo racional, reconhece que possui um incentivo para produzir a quantidade alta (uma vez que os $15 obtidos ao fazer isso excedem os $10 que poderiam ser obtidos se ela produzisse uma baixa quantidade). Concluímos que o único equilíbrio de Nash nesse jogo de produção de movimento simultâneo é a empresa A produzir uma baixa quantidade e a empresa B produzir uma alta quantidade. Em equilíbrio, a empresa A obtém lucros de $10 e a empresa B obtém lucros de $15.

Agora, suponha que a empresa A mude o momento de sua decisão de forma que se movimente antes da empresa B. Considere que a empresa B efetivamente observe a decisão da empresa A antes de tomar sua própria decisão e a empresa A saiba disso. A forma extensiva desse jogo de produção de movimento sequencial é apresentada na Figura 13–6. Observe que os *payoffs* ao final da árvore do jogo são idênticos àqueles na Tabela 13–1. A única diferença entre os jogos é que na Figura 13–6 a empresa A se movimenta antes e a empresa B observa a decisão da empresa A antes de tomar sua própria decisão.

O que a empresa A deve fazer quando tem o primeiro movimento? Se escolher um baixo nível de produção, a melhor resposta da empresa B pode ser gerar um alto nível de produção. Se ela fizer isso, a empresa A obtém um *payoff* de $10. No entanto, se a empresa A escolher um alto nível de produção, a melhor resposta da empresa B será um baixo nível de produção. Nesse caso, a empresa A obtém um *payoff* de $20. Assim, o único equilíbrio perfeito de subjogo no jogo da Figura 13–6 é a empresa A gerar um alto nível de produção. A empresa B observa e responde com um baixo nível de produção. O *payoff* de equilíbrio da empresa A é de $20 e o *payoff* de equilíbrio da empresa B é de $5.

O fato de o *payoff* de equilíbrio da empresa A ser mais alto ($20) quando ela tem o primeiro movimento comparado ao seu *payoff* de equilíbrio no jogo de movimentos

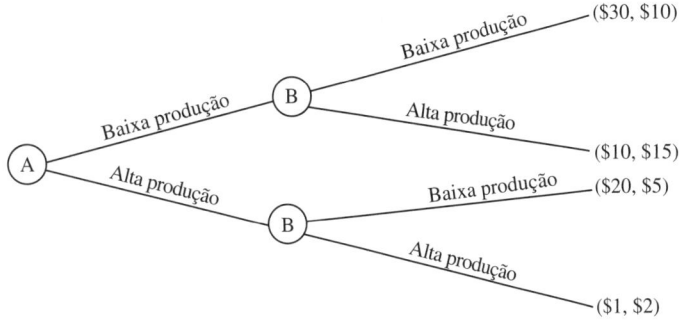

Figura 13–6 Jogo de produção de movimento sequencial

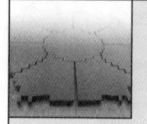

> **Por dentro dos negócios 13-3**
>
> ### Primeiro a vender, primeiro a ter sucesso?
> ### Ou primeiro a fracassar?
>
> No início da era dos computadores pessoais, as companhias não conseguiam projetar acuradamente a demanda por PCs. Como resultado, muitas empresas perderam vendas para competidores ou foram surpreendidas com estoques não vendidos. Isso tudo mudou em 1984, quando Michael Dell fundou a Dell Computer Corporation. O modelo de negócios da Dell permitiu-lhe vender um computador de 15 megahertz por $1.995, comparado ao preço de $3.995 que a IBM cobrava por uma máquina de 6 megahertz. Por fim, a Dell foi a primeira a adotar o modelo de vendas diretas de computadores (vendendo computadores diretamente aos usuários finais) e depois expandiu esse modelo de vendas à Internet. Embora muitas outras companhias tenham tentado imitar a estratégia (a Compaq começou a vender diretamente em 1998), a vantagem de primeiro movimento da Dell a colocou no topo da indústria em 2000, em termos de vendas e crescimento de lucros. A Dell é um exemplo de empresa que capitalizou com sucesso sobre sua vantagem de primeiro movimento (embora, devido à entrada, a indústria esteja se tornando mais competitiva a cada dia).
>
> Infelizmente, ser o primeiro a vender uma ideia ou produto não garante sucesso. Diversas companhias conhecidas foram as primeiras a introduzir novos produtos, mas ser a primeira nem sempre forma a base para uma "vantagem". A primeira fralda descartável – um produto chamado Chux – levou a Procter & Gamble a amargar perdas, mas depois apresentou a Pampers. Uma companhia chamada Ampex foi a primeira a lançar o gravador de vídeo, mas muitos se lembram da Sony como tendo o primeiro movimento ao introduzir VCRs baseados no formato Beta. No fim das contas, a JVC ganhou mercado com seu formato VHS. A Prodigy Services foi a principal visionária no que se refere a serviços *on-line*, mas a America Online agora domina o mercado. A Apple foi a primeira companhia a lançar PCs (o Apple) e dispositivos *handheld* (o Newton) aos usuários domésticos, mas os PCs compatíveis da IBM (vendidos pela Dell e outras companhias) e dispositivos *handheld* compatíveis com a Palm agora dominam esses dois mercados de produto.
>
> Percebeu? Ser o primeiro nem sempre é uma vantagem; algumas vezes vale a pena ser paciente.
>
> Fontes: "Being There First Isn't Good Enough", *The Wall Street Journal*, 8 jun. 1996; Michael Dell, *Direct from Dell*, Harper Collins, 1999; vários sites de companhias na Internet.

simultâneos ($10) representa uma vantagem de primeiro movimento. De fato, a capacidade de se mover primeiro oferece à empresa A uma vantagem sobre o seu concorrente. Em contraste, observe que a empresa B sofre uma desvantagem de segundo movimento: ela obtém $5 quando se move em segundo, que é menor do que os $15 a serem obtidos quando ambas as empresas tomam decisões simultaneamente.

É importante enfatizar que a vantagem de primeiro movimento da empresa A neste exemplo recai sobre três aspectos cruciais: (1) a decisão da empresa A em se comprometer com um alto nível de produção é irreversível, (2) a empresa B observa essa decisão antes de tomar sua própria decisão de produção, e (3) ambos os fatos são de conhecimento comum (a empresa B sabe que a decisão da empresa A é irreversível, e a empresa A sabe que a empresa B sabe disso).

As vantagens de primeiro movimento são comuns em muitos ambientes de negócios. Considere um inovador que seja o primeiro a vender um produto. Ser o primeiro pode permitir-lhe aproveitar os lucros de monopólio durante a vida da patente. Devido aos defeitos de curvas de aprendizado, os benefícios adicionais do primeiro movimento podem aumentar na forma de custos menores. As vantagens de primeiro movimento devido aos efeitos de curva de aprendizado podem persistir após a patente expirar, e também podem estar presentes ainda que não haja uma patente. Na última parte deste capítulo veremos que as vantagens de primeiro movimento são particularmente poderosas em indústrias com efeitos de rede significativos.

Vantagens de segundo movimento

Ser o primeiro nem sempre é vantajoso; algumas vezes as *vantagens de segundo movimento* são ainda maiores. Por exemplo, ser o segundo a lançar um novo produto pode render *payoffs* mais altos do que ser o primeiro se isso permitir ao segundo "pegar carona" nos investimentos feitos pelo primeiro. Isso permite ao segundo produzir a um custo mais baixo do que a empresa que se moveu primeiro. Além disso, o segundo pode ter uma vantagem porque pode aprender por meio dos erros do primeiro. Nesse caso, o segundo a movimentar pode ser capaz de produzir um produto melhor a um custo mais baixo do que a empresa que se move primeiro. Por Dentro dos Negócios 13-3 documenta o fato de que, enquanto muitas empresas se beneficiaram em ser as primeiras, algumas se beneficiaram em ser as segundas.

Demonstração 13-3

Determine quanto você está disposto a pagar pelo privilégio de se mover primeiro nestes dois jogos diferentes:[1]

1. Existem dois jogadores, você e seu concorrente. O jogador anunciando o maior valor inteiro positivo obtém um *payoff* de $10, enquanto o outro jogador obtém $0.
2. Existem dois jogadores, você e seu concorrente. O jogador anunciando o menor valor inteiro positivo obtém um *payoff* de $20, enquanto o outro jogador obtém $2.

Resposta:

1. Esse jogo possui uma vantagem de segundo movimento; o segundo jogador pode garantir um *payoff* de $10 ao simplesmente anunciar um número positivo inteiro maior do que aquele anunciado pelo primeiro a se movimentar. Uma vez que não há vantagem de primeiro movimento, você não deve estar disposto a pagar qualquer coisa para se mover primeiro (mas observe que estaria disposto a pagar até $10 pelo direito de ter o segundo movimento).
2. Esse jogo possui uma vantagem de primeiro movimento; o primeiro a se movimentar pode garantir um *payoff* de $20 ao anunciar "1". Como há vantagem de primeiro movimento e você espera obter mais $18 ao preferir se mover primeiro a fazê-lo em segundo, deve estar disposto a pagar até $18 pelo direito de se mover primeiro nesse jogo.

Precificação de penetração para superar efeitos de rede

Em muitas indústrias (incluindo companhias aéreas, de energia elétrica e mercados de leilão pela Internet), um fenômeno conhecido como efeitos de rede oferece às empresas existentes vantagens de primeiro movimento que são difíceis de superar pelos potenciais entrantes. À luz da importância crescente das redes no cenário

---

[1] Ao resolver este problema, observe que os positivos inteiros consistem em números {1, 2, 3, 4,...} e o "infinito" não é um inteiro.

econômico global, concluímos com uma visão geral de redes e explicamos por que externalidades de rede levam a significativas vantagens de primeiro movimento. Também mostramos como os entrantes podem usar estratégias de precificação de penetração para mudar o ambiente de negócios e potencialmente superar obstáculos criados por externalidades de rede.

O que é uma rede?

Uma *rede* consiste em ligações que conectam diferentes pontos (chamados *ligações*) no espaço econômico ou geográfico. As redes desempenham um papel profundo na organização de muitas indústrias, incluindo ferrovias, companhias aéreas, transportes viários, telecomunicações e um conjunto de outros setores da "nova" economia, tal como a Internet.

O tipo mais simples de rede é a *rede de caminho único*, na qual os serviços fluem em apenas uma direção. Os serviços de água residencial são um exemplo normalmente usado de rede de caminho único: a água flui em um único caminho, da companhia de água local para as residências. Não surpreende que redes de caminho único podem levar a vantagens de primeiro movimento em função de economias de escala ou escopo. Uma vez que um provedor (a companhia de água local) frequentemente desfruta economias de escala na criação de uma rede para entregar serviços aos seus clientes, novos entrantes normalmente considerarão difícil construir uma que supere os serviços de rede de um existente bem estabelecido. A característica que distingue uma rede de caminho único é o fato de que o valor para cada usuário não depende *diretamente* de quantas pessoas usam a nova rede.

Como veremos, esse não é o caso de redes de dois caminhos (como sistemas de telefonia, *e-mail* ou muitas facetas da Internet, incluindo mensagens instantâneas). Em uma *rede de dois caminhos*, o valor para cada usuário depende *diretamente* de quantas pessoas usam a rede. Isso pode permitir a um provedor de rede de dois caminhos desfrutar significativas vantagens de primeiro movimento mesmo na ausência de quaisquer economias de escala significantes.

Um exemplo de rede de dois caminhos é a *rede em forma de estrela* mostrada na Figura 13–7. Os pontos C_1 a C_7 são ligações representativas – por exemplo, consumidores que possuem um telefone. O ponto no meio (H) representa o *hub* – por exemplo, um equipamento possuído pela companhia telefônica. O consumidor 1 pode chamar o consumidor 2 através da conexão C_1HC_2. Redes em forma de estrela são

Figura 13-7 Uma rede na forma de estrela

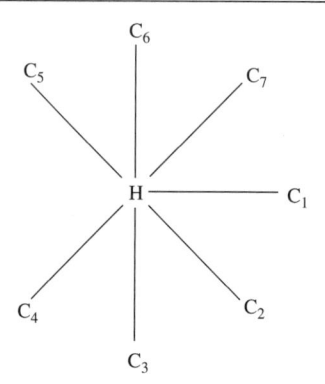

comuns não apenas em telecomunicações, mas também em outros setores da economia, incluindo a indústria de companhias aéreas. Por exemplo, um consumidor que deseje voar de Indianápolis a Boston pela Delta Airlines primeiro voa de Indianápolis a Atlanta (um dos *hubs* da Delta) e, então, de Atlanta a Boston.

Externalidades de redes

externalidade de rede direta
O valor direto desfrutado pelo usuário de uma rede, dado que outros usuários também usam a rede.

Redes de dois caminhos que ligam os usuários exibem externalidades positivas chamadas *externalidades de redes diretas*: o valor por unidade dos serviços oferecidos por uma rede aumenta à medida que o tamanho da rede aumenta. Uma rede de telefone com apenas um usuário não tem valor. Uma rede de telefone que conecta dois usuários tem maior valor, mas vale menos para cada consumidor do que uma rede que conecta três usuários e assim por diante. Com apenas dois usuários, há dois serviços de conexão potenciais criados pela rede: o usuário 1 pode chamar o usuário 2 e o usuário 2 pode chamar o usuário 1. Adicionar mais um usuário incrementa o número de serviços de conexões potenciais de dois para seis: o usuário 1 pode chamar o usuário 2, o usuário 1 pode chamar o usuário 3, o usuário 2 pode chamar o usuário 1, o usuário 2 pode chamar o usuário 3, o usuário 3 pode chamar o usuário 1 e o usuário 3 pode chamar o usuário 2. De maneira geral, se existem n usuários, existem $n(n-1)$ serviços de conexões potenciais. Adicionar um usuário à rede beneficia diretamente todos os usuários ao adicionar $2n$ conexões potenciais.

Princípio	**Externalidades de redes diretas** Uma rede de dois caminhos ligando n usuários oferece $n(n-1)$ serviços de conexão potenciais. Se um novo usuário se juntar à rede, todos os usuários existentes se beneficiam diretamente, já que o novo usuário adiciona $2n$ serviços de conexão potenciais à rede.

externalidade de rede indireta (complementaridades de rede)
O valor indireto desfrutado pelo usuário de uma rede, dadas as complementaridades entre o tamanho da rede e a disponibilidade de produtos ou serviços complementares.

Além das externalidades diretas presentes em redes de dois caminhos, também podem existir *externalidades de redes indiretas*. Externalidades indiretas que surgem do crescente uso de uma rede particular são chamadas de *complementaridades de redes* e podem surgir tanto em redes de caminho único como em redes de dois caminhos. Por exemplo, o crescente uso da Internet levou a diversos produtos e serviços complementares, como *software* de teleconferência. Devido aos custos fixos consideráveis requeridos para desenvolver tal *software*, um grande número de usuários de Internet é necessário para justificar os custos de desenvolvimento associados ao *software*. À medida que mais e mais *software* são desenvolvidos para uso na Internet, as complementaridades de redes tornam a Internet ainda mais valiosa para cada usuário.

Similarmente, o crescente uso da eletricidade no início do século 20 levou ao desenvolvimento de milhões de diferentes tipos de equipamentos elétricos. A disponibilidade desses equipamentos e as complementaridades de redes associadas aumentaram o valor das redes de eletricidade. Externalidades indiretas análogas surgem em indústrias que não sejam redes. Por exemplo, a crescente popularidade de aparelhos de DVD tem levado ao aumento no número de títulos de filmes lançados em DVDs que podem ser alugados ou comprados no mercado.

Externalidades negativas como *gargalos* também podem surgir em redes. À medida que o tamanho de uma rede cresce, ela pode eventualmente atingir um ponto em que a infraestrutura existente não suporta os usuários adicionais. Além desse ponto, usuários adicionais criam congestionamentos. Isso dificulta aos usuários fazer conexões de rede, e o valor por usuário dos serviços oferecidos pela rede declina. Exemplos de gargalos incluem excesso de tráfego em redes de alta velocidade, atrasos em aeroportos, sinais ocupados em serviços de telecomunicações, respostas lentas na Internet e interrupções no fornecimento de eletricidade em redes locais.

Vantagem de primeiro movimento em virtude de aprisionamento do consumidor

Em função das externalidades de rede, em geral é difícil às novas redes substituir ou competir com redes existentes – ainda que a nova rede seja tecnologicamente superior à existente. Em particular, como a rede estabelecida provavelmente tem muitos usuários e serviços complementares, o seu valor total será maior para cada usuário (devido às externalidades de rede diretas e/ou indiretas) do que uma nova rede com relativamente poucos usuários ou serviços complementares.

Para entender a natureza do problema, considere a rede simples de dois caminhos da Figura 13–8(a), que oferece serviços de conexão entre os usuários C_1 e C_2. Imagine que ela seja propriedade de um monopolista identificado pelo *hub* H_1 e que cada usuário valorize esses serviços em \$10 por mês.

Agora suponha que outra empresa decida entrar no mercado para competir com a rede monopolista existente. Uma vez que a criação de tal rede provavelmente envolverá substanciais custos fixos, suponhamos que a nova empresa possua uma tecnologia superior à da atual e que, a plena capacidade, cada usuário valorize a nova rede em \$20 por mês. Uma vez que a nova rede é construída, a situação se parece com aquela da Figura 13–8(b), em que H_1 e H_2 representam os *hubs* duopolistas. Nessa figura, as duas redes são exclusivas. Isso significa que ambos os consumidores devem assinar a mesma rede para que os serviços dela sejam úteis (ver Por dentro dos negócios 13–4).

Figura 13-8 A entrada cria uma rede competidora (mas exclusiva)

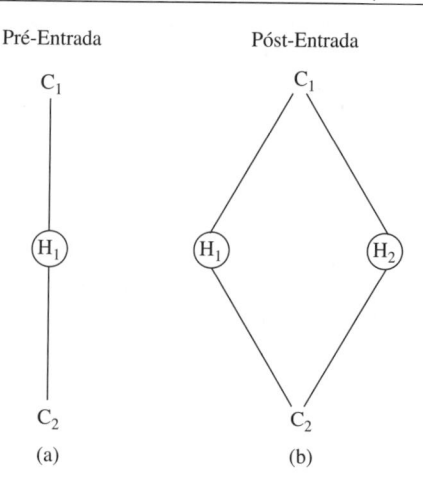

Tabela 13–2 Um jogo de rede

	Provedor da rede	Usuário 2 H_1	Usuário 2 H_2
Usuário 1	H_1	$10, $10	$0, $0
	H_2	$0, $0	$20, $20

O novo entrante estará apto a entrar no mercado com essa tecnologia superior? A Tabela 13–2 ilustra as questões subjacentes. Os participantes desse jogo são usuários que devem escolher um provedor de rede. Ambos os usuários estão inicialmente utilizando o provedor de rede H_1, graças à sua vantagem de primeiro movimento. Na situação inicial, cada usuário recebe $10 em valor a cada mês pela rede. Observe que, quando a nova rede se torna disponível, nenhum usuário possui um incentivo unilateral para mudar de provedor. Dada a escolha do outro usuário, nenhum usuário possui incentivo para mudar para H_2, apesar de que, se ambos os consumidores mudassem simultaneamente, eles ficariam em melhor situação. Esse é um problema clássico de coordenação (veja o Capítulo 10). As externalidades de rede criariam um consumidor *aprisionado*: os consumidores estão aprisionados em uma situação (equilíbrio) em que utilizam a rede inferior.

Por dentro dos negócios 13-4

Externalidades de rede e precificação de penetração em leilões da Yahoo!

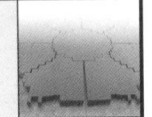

Leilões *on-line* são um exemplo clássico de *rede exclusiva*. Em particular, companhias como o eBay podem ser vistas como *hubs* que oferecem conexões entre compradores e vendedores. Quanto mais compradores visitam o *site*, mais valioso ele é para os vendedores. De maneira semelhante, quanto mais vendedores listam itens para venda no *site*, mais valioso ele é para os compradores.

Uma vez que o primeiro a movimentar se estabelece como "o *site*" para compra e vendas de itens na Internet, pode ser muito difícil para o novo entrante ganhar uma disputa com um *site* de leilão competidor. Afinal, se nenhum vendedor listar seus produtos no novo *site*, os compradores não encontrarão incentivo para visitá-lo. E, se nenhum comprador visitar o *site*, os vendedores não terão incentivo para pagar pelo privilégio de listar seus itens para venda. Dessa maneira, o primeiro a movimentar em leilões *on-line* (como o eBay) pode ser capaz de sustentar o poder de mercado por meio de efeitos de rede e sua vantagem de primeiro movimento.

Esse cenário apresentou um desfio para a Yahoo! no final da década de 1990. A empresa desejou entrar no mercado de leilões *on-line* para competir com o eBay. Reconhecendo o problema de efeitos de rede e a vantagem do primeiro movimento do eBay, a Yahoo! adotou uma estratégia de precificação de penetração, permitindo tanto a compradores quanto a vendedores usar seu site de leilões gratuitamente. Ela pensou que, em virtude do fato de a eBay cobrar dos vendedores uma taxa, essa estratégia poderia permitir ao *site* de leilões da Yahoo! criar seu público mínimo necessário. Uma vez que um número suficientemente grande de compradores e vendedores começasse a usar os *sites*, os efeitos de rede poderiam ser colocados de lado e a Yahoo! estaria apta a cobrar taxas por seus serviços de leilão.

A estratégia aparentemente funcionou de alguma maneira; em 10 de janeiro de 2001, a Yahoo! começou a cobrar dos vendedores uma taxa de listagem quando eles submetiam um item para leilão através de sua rede.

Fontes: Michael R. Baye e John Morgan, "Information Gatekeepers on the Internet and the Competitiveness of Homogeneous Product Markets". *American Economic Review*, v. 91, n. 3, p. 454-474, jun. 2001; Yahoo! Site de l eilão, disponível em: –http://help.yahoo.com/help/auctions/asell/, acesso em: 6 out. 2001.

Usando a precificação de penetração para "mudar o jogo"

Ainda que o aprisionamento com apenas dois usuários possa ser facilmente resolvido pela comunicação entre eles (cada consumidor concordando em mudar para outra rede), os custos de transação de tal estratégia a torna inviável quando há centenas ou potencialmente milhões de usuários que não se conhecem. Nessas configurações mais realistas, o que uma empresa como a empresa 2 pode fazer para estabelecer sua rede?

Uma estratégia chamada *precificação de penetração* consiste em cobrar um preço inicial muito baixo – até mesmo oferecendo o produto gratuitamente ou *pagando* aos consumidores para testar o novo produto – para obter um número mínimo necessário de consumidores. Isso protege os usuários do risco de que outros não mudarão para a nova tecnologia: os usuários podem manter seu uso da rede existente enquanto experimentam a nova rede.

Para entender como a estratégia de precificação de penetração pode ajudar a empresa 2 a atrair um número mínimo necessário de usuários para a sua rede, observe que o valor para os usuários de ter acesso a ambas as redes é pelo menos tão grande quanto o valor de utilizar as redes individualmente. Desse modo, se o novo provedor efetivamente pagar aos usuários um pequeno montante (digamos $1) para testar o seu serviço, durante o período de "teste" o jogo com que se deparam os consumidores poderia mudar daquele da Tabela 13–2 para o representado na Tabela 13–3. Nesse caso, cada consumidor possui incentivo para testar a nova rede uma vez que a escolha "H_1 & H_2" é uma estratégia dominante para cada usuário.

Quando os consumidores testarem as duas redes, logo perceberão que H_2 é melhor e, por fim, deixarão de usar H_1. A partir do momento em que um número mínimo necessário de usuários (nesse caso, ambos os usuários) começa a usar H_2, o proprietário da rede H_2 pode eliminar o pagamento de $1 (e efetivamente aumentar o preço cobrado para o acesso à sua rede), pois cada consumidor agora recebe $20 em benefícios de H_2, em vez dos $10 em benefícios quando ambos os consumidores usavam H_1. O novo entrante pode usar a precificação de penetração para superar a vantagem de primeiro movimento da empresa existente que recai sobre as externalidades de rede. Examinando mais uma vez a Tabela 13–2, a precificação de penetração é a ferramenta necessária para tirar os consumidores do equilíbrio na célula superior esquerda para a célula inferior direita.

precificação de penetração
A cobrança de um preço inicialmente baixo para penetrar em um mercado e ganhar um número mínimo necessário de consumidores; útil quando fortes efeitos de rede estão presentes.

Tabela 13–3 Um jogo de rede com precificação de penetração

		Usuário 2	
	Provedor da rede	H_1	H_1 & H_2
Usuário 1	H_1	$10, $10	$10, $11
	H_1 & H_2	$11, $10	$21, $21

Demonstração 13–4

Uma empresa está contemplando o estabelecimento de uma rede de dois caminhos ligando cem usuários. Um estudo de viabilidade revela que cada usuário está disposto a pagar uma média de $1 para cada serviço de conexão oferecido pela rede. Se o custo total de estabelecer a rede é de $500 mil, a empresa deve estabelecê-la? Explique.

Resposta:

Uma rede ligando cem usuários oferece $100(100 - 1) = 9.900$ serviços de conexão potencial. Valorizados a uma média de $1 cada, a empresa pode gerar receitas de $9.900 de cada usuário que assina a rede. Se ela consegue que os cem usuários assinem a rede, suas receitas totais serão de $990 mil, o que claramente excede os $500 mil em custos requeridos para estabelecer a rede. No entanto, note que a companhia obtém os $490 mil em lucros apenas se todos os usuários assinarem. Devido aos efeitos de rede e ao aprisionamento do consumidor, não há garantia de que esses lucros serão alcançados. A precificação de penetração ou algum outro método provavelmente será necessário para oferecer o "pontapé inicial" à rede. Isso, obviamente, afetará as receitas e os lucros da empresa a curto prazo.

Respondendo à manchete

O plano de Roger é mudar de um jogo de movimentos simultâneos (no qual a Barkley e a Sharpe simultaneamente anunciam suas estratégias de *marketing* na feira de negócios anual) para um jogo de movimento sequencial, no qual a Barkley se move primeiro. Como apresentado na Figura 13–9, isso oferecerá à Barkley vantagens de primeiro movimento. Ao anunciar o mais cedo possível seus planos para atingir os profissionais (e comprometer-se de forma crível com tal estratégia), ela se sobreporá à Sharpe. Quando a Sharpe observar esse comprometimento será tarde: sua melhor resposta estará em concentrar-se em profissionais, uma vez que minimizará suas perdas ($-\$10 > -\$20$). Obviamente, o plano depende, de maneira crítica, da habilidade da Barkley em se mover muito rapidamente (a feira de negócios acontece daqui a seis meses), bem como de sua habilidade em se comprometer com tal estratégia. Se a Barkley puder fazer isso, provavelmente obterá lucros de $10 milhões e forçará a Sharpe a sair do mercado.

Figura 13–9 Vantagem de primeiro movimento em *marketing*

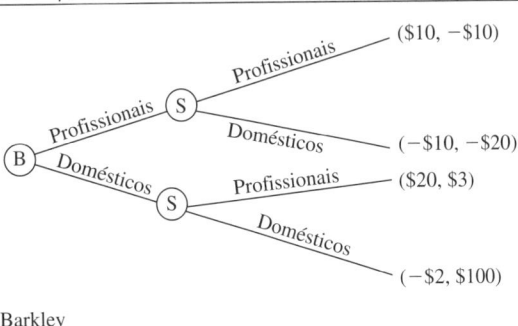

```
                    Profissionais
              ┌─── S ───────────── ($10, −$10)
              │     └── Domésticos
  Profissionais│                  ── (−$10, −$20)
  ┌── B ──┤
  │   Domésticos
  │        └── S ── Profissionais
  │              ──────────────── ($20, $3)
  │              └── Domésticos
  │                            ── (−$2, $100)
```

B = Barkley
S = Sharpe

Resumo

Neste capítulo, exploramos diversas estratégias que as empresas podem utilizar para mudar o ambiente no qual operam. Estratégias como precificação-limite e precificação predatória são criadas para eliminar a competição no mercado. Para a precificação-limite ser eficaz, uma empresa deve estar apta a vincular seu preço pré-entrada aos lucros pós-entrada dos entrantes potenciais. Similarmente, a precificação-limite e a precificação predatória envolvem *trade-offs* entre os lucros correntes e futuros e, portanto, a lucratividade de tais estratégias depende da taxa de juros e de outras variáveis.

Também aprendemos que, em situações em que não é possível eliminar a competição, outras táticas podem ser usadas para mudar o ambiente para aumentar lucros. Exemplos de tais estratégias incluem o aumento dos custos dos concorrentes para diminuir a competição, mudar o momento das decisões para criar vantagens de primeiro ou segundo movimento, bem como precificação de penetração. A precificação de penetração é particularmente útil em indústrias de rede, em que os consumidores são aprisionados devido ao fato de as externalidades diretas e indiretas de rede oferecerem às empresas existentes uma vantagem substancial sobre novos entrantes.

Conceitos e palavras-chave

aperto preço-custo
aprisionamento
aumento nos custos dos concorrentes
complementaridade de rede
comprometimento
demanda residual
distanciamento vertical
efeitos de curva de aprendizado
efeitos de reputação
externalidade de rede direta
externalidade de rede indireta
gargalo

hub
ligação
precificação de penetração
precificação-limite
precificação predatória
rede
rede de dois caminhos
rede de caminho único
rede em forma de estrela
rede exclusiva
vantagem de primeiro movimento
vantagem de segundo movimento

Questões conceituais e computacionais

1. Um entrante potencial pode produzir ao mesmo custo que o monopolista da figura a seguir. A curva de demanda do monopolista é dada por D^M e sua curva de custo médio é AC.
    a. Qual nível de produção o monopolista deve adotar para fazer com que o entrante se depare com a curva de demanda residual, D^R?
    b. Que lucro o monopolista obterá se ele se comprometer com a produção que gera a curva de demanda residual, D^R?
    c. O monopolista pode, de maneira lucrativa, deter a entrada ao se comprometer com um nível diferente de produção? Explique.

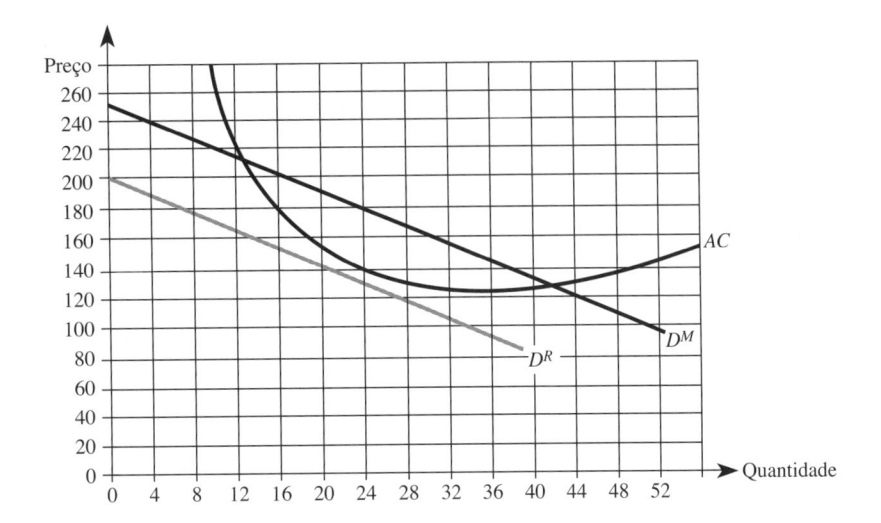

[Gráfico: eixo Preço (0 a 260) vs eixo Quantidade (0 a 52), mostrando curvas AC, D^M e D^R.]

2. Um monopolista obtém $40 milhões anualmente e manterá esse nível de lucro indefinidamente, contanto que nenhuma outra empresa entre no mercado. No entanto, se outra empresa entrar no mercado, o monopolista obterá $40 milhões no período corrente e $10 milhões anualmente após esse período. O custo de oportunidade dos fundos é de 20%, e os lucros em cada período são obtidos no início de cada período.

    a. Qual o valor presente dos lucros corrente e futuro se houver entrada?

    b. Se o monopolista pode lucrar $8 milhões indefinidamente através da precificação-limite, ele deve fazer isso? Explique.

3. Considere o seguinte jogo de movimento simultâneo:

	Estratégia	Jogador 2 Sim	Jogador 2 Não
Jogador 1	Sim	200, 225	400, 100
Jogador 1	Não	100, 100	350, 200

    a. Qual o montante máximo que o jogador 1 deve estar disposto a pagar pela oportunidade de se mover primeiro em vez de se mover ao mesmo tempo que o jogador 2? Explique detalhadamente.

    b. Qual o montante máximo que o jogador 2 deve estar disposto a despender para evitar que o jogador 1 tenha o primeiro movimento?

4. Uma empresa está considerando construir uma rede de dois caminhos que conecte dez usuários. O custo de construir a rede é de $6 mil.

    a. Quantos serviços de conexão potenciais essa rede oferece?

    b. Se cada usuário está disposto a pagar $100 para se conectar à rede, a empresa lucrará ao construí-la?

c. Se cada usuário está disposto a pagar uma média de $10 para cada serviço de conexão potencial oferecido pela rede, a empresa lucrará ao construí-la?

d. O que acontece com o número de serviços potenciais de conexão se um usuário adicional se junta à rede?

5. Duas empresas competem em modelo de Cournot. A empresa 1 se engaja com sucesso em uma atividade que aumenta o custo marginal de produção do concorrente.

    a. Ofereça dois exemplos de atividades que podem aumentar os custos marginais do concorrente.

    b. Para que a estratégia seja benéfica, é necessário ao gerente da empresa 1 prejudicar o concorrente? Explique.

6. O mercado de serviços de táxi em uma cidade do Meio-Oeste é monopolizado pela empresa 1. Atualmente, quaisquer empresas de serviços de táxi devem comprar uma licença de $40 mil da cidade para poder oferecer seus serviços. Um entrante potencial (empresa 2) está considerando entrar no mercado. Uma vez que a entrada pode afetar de maneira adversa os lucros da empresa 1, seu proprietário planeja falar com seu amigo, o prefeito, para pleitear a mudança na taxa de licença para $F mil. A representação é resumida no gráfico a seguir (todos os *payoffs* estão em milhares de dólares e incluem a taxa corrente de licença de $40 mil). Observe que quando $F > 0$, a taxa de licença aumenta e os lucros declinam; quando $F < 0$, a taxa é reduzida e os lucros aumentam.

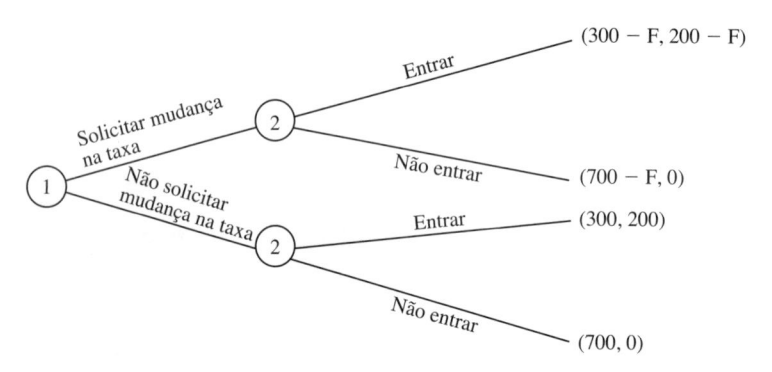

    a. Quais os lucros da empresa 1 se ela não requisitar a mudança da taxa (isto é, se optar por uma estratégia de manter o *status quo*)?

    b. Quanto a empresa 1 obterá se convencer o prefeito a *diminuir* a taxa de licença em $40 mil ($F = -\$40$) de forma que seja inteiramente eliminada?

    c. Quanto a empresa 1 obterá se ela convencer o prefeito a *aumentar* a taxa em $300 mil ($F = \$300$)?

    d. Determine a mudança na taxa que maximiza os lucros da empresa 1.

    e. Você acha que será politicamente plausível ao gerente da empresa 1 implementar a mudança em (d)? Explique.

7. Duas empresas competem em um mercado de produto homogêneo em que a função de demanda inversa é $P = 10 - 2Q$ (a quantidade é medida em milhões). A empresa 1 está nos negócios há um ano, enquanto a empresa 2 entrou recentemente no mercado. Cada empresa possui uma obrigação legal de pagar

um aluguel de um ano de $1 milhão independentemente de sua decisão de produção. O custo marginal da empresa 1 é de $2 e o custo marginal da empresa 2 é de $6. O preço de mercado corrente é de $8 e foi estabelecido de maneira ótima no último ano, quando a empresa 1 era a única no mercado. Hoje, cada companhia possui uma fatia de 50% do mercado.

   a. Por que você acha que o custo marginal da empresa 1 é menor que o custo marginal da empresa 2?
   b. Determine os lucros correntes das duas empresas.
   c. O que poderia acontecer com os lucros correntes de cada empresa se a empresa 1 reduzisse seu preço para $6 enquanto a empresa 2 continuasse a cobrar $8?
   d. Suponha que, ao diminuir o seu preço para $6, a empresa 1 esteja apta a tirar a empresa 2 completamente do mercado. Após a empresa 2 sair do mercado, a empresa 1 tem incentivos para aumentar o seu preço? Explique.
   e. A empresa 1 está engajada em precificação predatória quando corta o seu preço de $8 para $6? Explique.
8. Na manchete deste capítulo, vimos que a Barkley Enterprises se beneficia ao anunciar antes da feira de negócios que seu novo plano de *marketing* será direcionado a clientes profissionais. Suponha que você seja um executivo da Sharpe e que, por feliz casualidade eletrônica, seu telefone celular receba a ligação de Roger Planter. Como resultado, você descobre que a Barkley anunciará seu plano de direcionar o último lançamento aos usuários profissionais em dois meses. Que plano de ação você deve adotar? Explique.

Problemas e aplicações

9. O UNIX é um sistema operacional multiuso poderoso desenhado para uso com servidores. A popularidade do UNIX cresceu desde que foi desenvolvido pela Bell Labs em 1969, à medida que números recordes de usuários estão se conectando à Internet. Mais recentemente, no entanto, uma versão de outro sistema operacional se tornou disponível. Esse produto, chamado Red Hat Linux, é um potencial substituto do UNIX e outros bem conhecidos sistemas operacionais. Se você fosse responsável pela precificação na Red Hat, que estratégia deveria perseguir? Explique.
10. Entre 1995 e 1997, a American Airlines competiu no aeroporto de Dallas/Fort Worth com diversas outras companhias de baixo custo. Em resposta a essas companhias, a American Airlines reduziu seu preço e incrementou o serviço em rotas selecionadas. Como resultado, uma das empresas interrompeu os serviços, levando a American Airlines a aumentar seu preço. Por que um processo foi movido contra a American Airlines? Por que a American Airlines ganhou no tribunal?
11. Por diversos anos, a Palm foi a produtora dominante de PDAs (assistentes pessoais digitais). No entanto, diversos outros fabricantes entraram no mercado de PDAs, dividindo a fatia de mercado e os lucros da Palm. Suponha que antes de as outras empresas entrarem no mercado, a Palm tenha obtido lucros de $100 milhões por ano. Ao reduzir seus preços de PDAs em 50%, a Palm poderia desencorajar a entrada em "seu" mercado, mas desse modo faria com que seus lucros caíssem para –$5 milhões. Ao precificar de forma que as outras empresas

estivessem aptas a entrar no mercado, os lucros da Palm poderiam cair para $75 milhões pelo futuro indefinido. À luz dessas estimativas, você acha que poderia ter sido lucrativo para a Palm praticar precificação-limite? É necessária qualquer informação adicional para formular uma resposta a essa pergunta? Explique.

12. Nos primeiros dias da Internet, a maioria das pontocom foi mais conduzida pelas receitas do que pelos lucros. Um grande número foi dirigido por "hits" mais do que por receitas de seus *sites*. No entanto, isso tudo mudou no início de 2000, quando os preços das ações das pontocom não lucrativas mergulharam em Wall Street. A maior parte dos analistas atribuiu isso a um retorno à racionalidade, com investidores focados novamente nos fundamentos, como o crescimento dos lucros. Isso significa que, durante a década de 1990, as pontocom que focaram "hits" em vez de se concentrar em receitas ou lucros tinham maus planos de negócios? Explique.

13. Diversas associações profissionais, como American Medical Association e American Bar Association, estabeleceram regulações que tornaram mais custoso a seus membros (por exemplo, médicos e advogados) praticar seus serviços. Embora algumas dessas regulações possam se originar de um genuíno desejo por maior qualidade nos serviços médicos e legais, o interesse pessoal também pode ter um papel. Explique.

14. A Barnacle Industries obteve uma patente há 15 anos para um resistente limpador industrial que remove cracas e outras partículas dos cascos dos navios. Graças a essa posição de monopólio, a Barnacle obteve mais de $160 milhões ao longo da última década. Seus clientes – variando de transportadoras marítimas a cruzeiros marítimos – usam o produto porque ele reduz sua conta de combustível. A função de demanda anual (inversa) pelo produto da Barnacle é dada por $P = 220 - 0,000006Q$ e a função de custo da Barnacle é $C(Q) = 200Q$. Graças a subsídios derivados de um projeto de lei de energia aprovado pelo Congresso há aproximadamente duas décadas, a Barnacle não possui quaisquer custos fixos: o governo federal essencialmente paga pela planta e pelo equipamento requerido para fazer esse produto que economiza energia. Na ausência desse subsídio, os custos fixos da Barnacle poderiam ser de cerca de $9 milhões anuais. Sabendo que a patente da companhia em breve expirará, Marge, gerente da Barnacle, está preocupada com que os entrantes se qualifiquem para o subsídio, entrem no mercado e produzam um substituto perfeito a custo idêntico. Com taxas de juros em 5%, Marge está considerando uma estratégia de precificação-limite. Se você fosse a gerente, que estratégia deveria buscar? Explique.

15. Durante o final da década de 1990, diversas fusões entre corretoras resultaram no pagamento de um prêmio da ordem de $100, efetuado pela empresa adquirente, para cada um dos clientes da empresa adquirida. Há alguma lógica de negócios para tal estratégia? Você acredita que essas circunstâncias sejam conhecidas nos negócios de corretagem? Explique.

16. A Argyle é uma grande empresa verticalmente integrada que manufatura suéteres de um tipo raro de lã, produzida em suas criações de ovelhas. A Argyle adotou uma estratégia de vender lã para companhias que competem com ela no mercado de suéteres. Explique por que essa estratégia pode, de fato, ser racional. Além disso, identifique ao menos duas outras estratégias que poderiam permitir à Argyle obter lucros mais altos.

17. Você é o gerente da 3D Designs – uma grande empresa de imagem que faz trabalhos gráficos para a Disney e outras companhias. Você e seu único compe-

tidor estão contemplando a compra de um novo dispositivo de imagem 3D. Se apenas um de vocês adquirir o dispositivo, tal empresa obterá lucros de $15 milhões e a outra perderá $10 milhões. Infelizmente, existe apenas um dispositivo de imagem 3D no mundo, e dispositivos adicionais não estarão disponíveis no futuro próximo. Reconhecendo esse fato, um vendedor oportunista da fabricante do dispositivo liga para você e informa que, por um pagamento inicial adiantado de $24 milhões (não incluído nos valores acima), a empresa entregará o dispositivo à sua companhia amanhã. Por outro lado, ele faz o mesmo com seu competidor. Você deve aceitar ou declinar a oferta? Explique.

18. De acordo com Oligopolywatch.com, o Wachovia é o quarto maior banco dos Estados Unidos. Através de uma série de fusões e aquisições, a rede de agências e de caixas eletrônicos do Wachovia se estende de Connecticut à Flórida. Suponha que os 12 milhões de clientes do Wachovia hoje tenham acesso a 10 mil caixas eletrônicos apenas de propriedade da companhia na Costa Oeste. O Bank of America é o segundo maior banco dos Estados Unidos, com ativos superiores a $1 bilhão. Embora os principais clientes do Bank of America estejam localizados na Costa Oeste e na região sudoeste dos Estados Unidos, a companhia está se expandindo para a Costa Leste. Suponha que o Bank of America tenha 15 milhões de clientes e que eles possam usar qualquer um de seus 14 mil caixas eletrônicos. O Wachovia e o Bank of America estão considerando entrar em um acordo de compatibilidade que pode permitir aos usuários de cada banco acesso aos caixas eletrônicos do outro banco. Usando a ideia de externalidade de rede, descreva como um acordo entre o Wachovia e o Bank of America pode beneficiar os consumidores.

19. No final de 1995, a fatia do mercado de *browser* para Internet da Netscape cresceu para 90%, ao continuamente melhorar seu produto para incluir novas características como capacidades relativas a *e-mail* e vídeo. Logo em seguida, a Microsoft apresentou e distribuiu uma nova versão de seu sistema operacional que incluía o Internet Explorer sem nenhum custo. Além disso, a Microsoft, presumivelmente, impôs diversas restrições aos fabricantes de equipamentos, provedores de serviços de Internet e provedores de conteúdo de Internet com a intenção de (1) assegurar que quase todo novo computador tivesse uma versão do Internet Explorer e (2) dificultar aos consumidores mudar para a Netscape nos novos computadores. Em 18 de maio de 1998, o governo apresentou uma representação contra a Microsoft. Com base no que você aprendeu neste capítulo, discuta brevemente os méritos (se existem) da representação do governo contra a Microsoft.

20. O CEO de uma companhia aérea regional recentemente identificou que seu único competidor está sofrendo uma significativa redução de fluxo de caixa. O executivo se dá conta de que os dias do seu competidor estão contados e solicita a você uma recomendação sobre diminuir significativamente suas tarifas para "acelerar a saída do rival do mercado". Apresente sua recomendação.

21. Avalie o seguinte: "Uma vez que o preço e a produção maximizadores de lucro de um concorrente dependem de seu custo *marginal* e não de seus custos fixos, uma empresa não pode de maneira lucrativa reprimir a competição implementando uma estratégia que aumente os *custos fixos* de seus concorrentes".

Exercícios baseados em casos

Seu instrutor pode dar exercícios adicionais (chamados memos), que requerem a aplicação de algumas das ferramentas aprendidas neste capítulo, para fazer recomendações baseadas em cenários reais de negócios. Alguns desses memos acompanham o Caso Time Warner (páginas 548–583 do seu livro). Memos adicionais, assim como dados que podem ser úteis para a sua análise, estão disponíveis *on-line* em www.mhhe.com/baye6e.

Referências

Bental, Benjamin; Spiegel, Menahem. "Network Competition, Product Quality, and Market Coverage in the Presence of Network Externalities." *Journal of Industrial Economics*, v. 43, n. 2, p. 197–208, jun. 1995.

Bolton, Patrick; Dewatripont, Mathias. "The Firm as a Communication Network." *Quarterly Journal of Economics*, v. 109, n. 4, p. 809–839, nov. 1994.

Brueckner, Jan K.; Dyer, Nichola J.; Spiller, Pablo T. "Fare Determination in Airline Hub-and-Spoke Networks." *RAND Journal of Economics*, v. 23, n. 3, p. 309–333, 1992.

Economides, N. "The Economics of Networks." *International Journal of Industrial Organization*, n. 14, p. 673–699, out. 1996.

Gabel, David. "Competition in a Network Industry: the telephone industry, 1894–1910." *Journal of Economic History*, v. 54, n. 3, p. 543–572, set. 1994.

Gilbert, Richard J. "The Role of Potential Competition in Industrial Organization." *Journal of Economic Perspectives*, v. 3, n. 3, p. 107–127, 1989.

LeBlanc, Greg. "Signaling Strength: Limit Pricing and Predatory Pricing." *RAND Journal of Economics*, v. 23, n. 4, p. 493–506, 1992.

Liebowitz, S. J.; Margolis, Stephen E. "Network Externality: an Uncommon Tragedy." *Journal of Economic Perspectives*, v. 8, n. 2, p. 133–150, 1994.

MacKie-Mason; Jeffrey K.; Varian, Hal. "Economic FAQs About the Internet." *Journal of Economic Perspectives*, v. 8, n. 3, p. 75–96, 1994.

Milgrom, Paul; Roberts, John. "Limit Pricing and Entry Under Incomplete Information: an Equilibrium Analysis." *Econometrica*, v. 50, n. 2, p. 443–460, mar. 1982.

Salop, Steven C. "Exclusionary Vertical Restraints Law: Has Economics Mattered?." *American Economic Review*, v. 83, n. 2, p. 168–172, maio 1993.

Strassmann, Diana L. "Potential Competition in the Deregulated Airlines." *Review of Economics and Statistics*, v. 72, n. 4, p. 696–702, nov. 1990.

Vickers, John. "Competition and Regulation in Vertically Related Markets." *Review of Economic Studies*, v. 62, n. 1, p. 1–17, jan. 1995.

Weinberg, John A. "Exclusionary Practices and Technological Competition." *Journal of Industrial Economics*, v. 40, n. 2, p. 135–146, jun. 1992.

CAPÍTULO CATORZE

Um guia sobre a interferência governamental no mercado

Manchete

FTC aprova condicionalmente fusão de $10,3 bilhões

Em 2001, a Comissão Federal de Comércio (FTC) moveu uma representação contra a Nestlé e a Ralston Purina alegando que a fusão proposta entre as duas companhias poderia violar, entre outras coisas, a Seção 7 do Clayton Act. Embora essas duas companhias vendam muitos produtos que não geram preocupações antitrustes, a FTC argumentou que a Ralston e a Nestlé controlavam 34% e 11% do mercado de alimentos para gatos, respectivamente, de forma que uma fusão entre as duas companhias poderia substancialmente aumentar a concentração nesse mercado. Mais especificamente, a FTC alegou que a fusão poderia elevar o IHH em mais de 750 pontos, para mais de 2.400, e aumentar a probabilidade de que a companhia fundida pudesse unilateralmente exercer poder de mercado e elevar preços no mercado de alimentos para gatos. Em dezembro de 2001, no entanto, a FTC aprovou condicionalmente a fusão de $10,3 bilhões entre as duas companhias. À luz das preocupações da FTC, como você acha que as partes obtiveram a aprovação?

Objetivos didáticos

Ao final deste capítulo, você poderá:

- Responder à pergunta da manchete.

- Identificar quatro fontes de falha de mercado.

- Explicar por que o poder de mercado reduz o bem-estar social e identificar dois tipos de políticas governamentais destinadas a reduzir o peso morto.

- Mostrar como as externalidades podem levar mercados competitivos a oferecer quantidades socialmente ineficientes de bens em serviços; explicar como políticas governamentais como a Lei do Ar Limpo podem melhorar a alocação de recursos.

- Mostrar por que os mercados competitivos não conseguem oferecer níveis socialmente eficientes de bens públicos; explicar como o governo pode mitigar essas ineficiências.

- Explicar por que a informação incompleta compromete a eficiência dos mercados e identificar cinco políticas governamentais destinadas a mitigar esses problemas.

- Explicar por que as tentativas do governo de resolver falhas de mercado podem levar a ineficiências adicionais, devido às atividades de "caçador de renda".

- Mostrar como políticas do governo em mercados internacionais, como cotas e tarifas, afetam os preços e as quantidades dos bens e serviços domésticos.

Introdução

Ao longo da maior parte deste livro, tratamos o mercado como um lugar em que as empresas e os consumidores se encontram para trocar bens e serviços sem intervenção do governo. Mas, como você sabe, regras e regulações que são aprovadas e impostas pelo governo têm importância em praticamente todas as decisões tomadas por empresas e consumidores. Na posição de gerente, é importante compreender as regulações aprovadas pelo governo, por que elas são aprovadas e como afetam as decisões empresariais ótimas.

Iniciaremos examinando quatro razões pelas quais os mercados livres podem falhar em oferecer as quantidades socialmente eficientes de bens: (1) poder de mercado, (2) externalidades, (3) bens públicos e (4) informação incompleta. Nossa análise inclui uma visão geral das políticas governamentais elaboradas para suavizar as "falhas de mercado" e uma explicação de como as políticas afetam as decisões empresariais. O poder dos políticos em instituir programas que afetem a alocação de recursos em muitos mercados oferece àqueles afetados adversamente incentivo a praticarem *lobby*. Ilustraremos as razões subjacentes a esses tipos de atividades de caça à renda. Por fim, examinaremos como as atividades podem levar os políticos a impor restrições como cotas e tarifas em mercados afetados pelo comércio internacional.

Falha de mercado

Uma das principais razões para que o governo se envolva no mercado é que o mercado livre nem sempre resulta nas quantidades socialmente eficientes de bens a preços socialmente eficientes. Nesta seção, analisaremos por que os mercados nem sempre levam a resultados socialmente eficientes e examinaremos como políticas governamentais elaboradas para corrigir "falhas de mercado" afetam as decisões empresariais. Iniciaremos examinando falhas de mercado decorrentes da presença de poder de mercado.

Poder de mercado

poder de mercado
A habilidade de uma empresa em estabelecer seu preço acima do custo marginal.

Uma empresa possui *poder de mercado* quando vende produtos a um preço que excede o seu custo marginal de produção. Em tais situações, o valor à sociedade de uma unidade adicional do bem é maior do que o custo dos recursos necessários para produzir a unidade; existiria um ganho líquido à sociedade se a produção adicional fosse realizada. Nessas situações, o governo pode interferir no mercado e regulamentar as ações das empresas em uma tentativa de aumentar *o bem-estar social*.

Para compreender os benefícios sociais da intervenção do governo em um mercado, considere um monopólio. A Figura 14–1 mostra as curvas de demanda com que se depara o monopolista, seu custo marginal e a receita marginal. Considerando que o monopolista deva cobrar o mesmo preço de todos os consumidores no mercado, a produção maximizadora de lucros é Q^M e as unidades são vendidas ao preço de monopólio de P^M. A esse preço, os consumidores pagam mais pela última unidade de produção do que os custos do produtor em manufaturar e vendê-la. O bem-estar social total sob o monopólio é a soma do excedente do produtor e do consumidor, demonstrado pela região W na Figura 14–1.

Figura 14-1 Bem-estar e peso morto sob monopólio

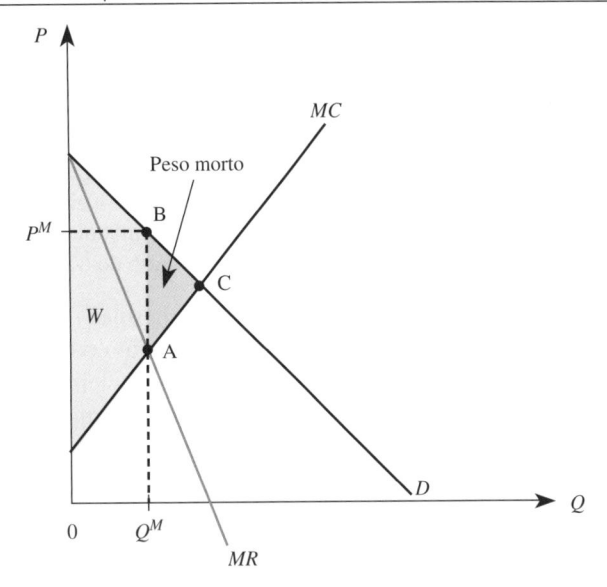

Observe na Figura 14–1 que a área do triângulo ABC é o *peso morto* do monopólio – o bem-estar que poderia advir à sociedade se a indústria fosse perfeitamente competitiva, mas não é obtido em função do poder de mercado que o monopolista usufrui. A falha do mercado em maximizar plenamente o bem-estar social decorre do poder de mercado; o triângulo do peso morto oferece uma medida desse bem-estar perdido pela sociedade.

O governo usa políticas antitruste para decretar e aplicar leis que restrinjam a formação de monopólios. A lógica para essas políticas é que ao impedir a força do monopólio o peso morto do monopólio pode ser evitado. Em algumas situações, no entanto, a presença de economias de escala torna desejável permitir a formação de um monopólio. Nesses casos, o governo busca reduzir o peso morto ao regulamentar o preço cobrado pelo monopolista.

Política antitruste

política antitruste
Políticas governamentais destinadas a evitar que empresas monopolizem seus mercados.

A *política antitruste* busca eliminar o peso morto do monopólio ao tornar ilegal aos gerentes praticarem atividades que levem ao poder de mercado, como acordos de fixação de preço e outras práticas de conluio. A pedra fundamental da política antitruste dos Estados Unidos está contida nas Seções 1 e 2 do *Sherman Antitrust Act* de 1890:

Seção 1

Todo contrato, combinação na forma de confiança ou em qualquer outra forma, ou conspiração, na restrição de comércio entre os diversos estados ou com nações estrangeiras é declarado ilegal. Cada pessoa que faça qualquer contrato que exerça qualquer combinação ou conspiração será acusada de crime e, como pena, deve ser punida com multa não superior a cinco mil dólares (um milhão de dólares se for uma corporação, ou, se qualquer outra pessoa, cem mil dólares), ou com prisão não superior a um (três) ano(s), ou por ambas as penas, conforme decisão do tribunal.

Seção 2

Qualquer pessoa que monopolize, ou tente monopolizar, ou combinar, ou conspirar com qualquer pessoa ou pessoas, para monopolizar qualquer parte do comércio entre os vários estados ou com nações estrangeiras, será acusada de crime e, como pena, deve ser punida com multa não superior a cinco mil dólares (um milhão de dólares se empresa ou, qualquer outra pessoa, cem mil dólares), ou com prisão não superior a um (três) ano(s), ou por ambas as penas, a critério do tribunal.[1]

Entre outras coisas, o Sherman Act torna ilegal aos gerentes de companhias norte-americanas formar conluio com outras empresas domésticas ou estrangeiras. Embora a OPEP não esteja sujeita às leis dos Estados Unidos (ela é composta por nações estrangeiras), o gerente de uma empresa petrolífera norte-americana não pode, legalmente, participar do cartel do petróleo da Organização.

A interpretação de política antitruste é largamente discutida pelas cortes, que regulamentam sobre ambiguidades na lei e casos prévios. Por exemplo, o primeiro uso com sucesso do Sherman Antitrust Act aconteceu em 1897, quando a Suprema Corte definiu que acordos de taxa eram ilegais na ação *United States versus Trans-Missouri Freight Association*. Essa decisão foi novamente acolhida em *United States versus Joint Traffic Association* (1898). A Corte estendeu sua interpretação para incluir lances de conluio em *Addyston Pipe & Steel Company* v. *United States* (1899). O poder pleno do Sherman Antitrust Act não foi obtido até a conclusão de *United States* v. *Standard Oil of New Jersey* em 1911. O último caso é interessante e oferece ressalvas a futuros gerentes.

A Standard Oil de New Jersey, junto com a Standard Oil de Ohio, foi acusada de tentativa de fixar os preços dos produtos de petróleo e os preços aos quais os produtos deveriam ser embarcados. A Standard Oil, em particular, foi acusada de inúmeras atividades para aumentar o poder de monopólio: uso de ameaças físicas a transportadores e a outros produtores, formação de empresas fictícias, uso de espionagem para subornar empregados de outras companhias, prática de restrições de comércios e diversas tentativas de monopolizar a indústria do petróleo. Os gerentes, é claro, deveriam evitar todas essas práticas; como resultado das ações, a corte dividiu a Standard Oil em 33 subsidiárias, muitas das quais sobrevivem hoje sob os nomes Exxon, Mobil, Chevron, Amoco e BP America. Mais importante do que quebrar o Standard Oil Trust, no entanto, foi a nova *regra de razão* da Suprema Corte, como definida na opinião do ministro da Justiça:

> Assim, não especificando, a contemplação indubitável e a requisição de uma norma, segue-se que se pretendia que a norma da razão que fora aplicada ao direito comum e, neste país, ao lidar com temas de caráter determinados pelo estatuto, foi destinada a se tornar a medida utilizada para fins de estabelecer se, em um caso, certo ato havia ou não trazido o mal contra o que o estatuto fornecia.

---

[1] As sanções foram alteradas duas vezes, em 1955 e em 1970. As sanções entre parênteses representam as mudanças de 1970.

A regra da razão, desde então, se tornou o código de tomada de decisão usado na corte para determinação de casos antitruste. Efetivamente, a regra da razão estipula que nem todas as restrições ao comércio são ilegais; em vez disso, apenas aquelas "não justificáveis" são proibidas. Por exemplo, na aplicação dessa regra, a corte determinou que o tamanho de uma empresa, por si só, não é evidência suficiente para condenar uma empresa sob a Seção 2 do Sherman Act:

> Manter o contrário poderia requerer a conclusão de que todo contrato, ato ou combinação de qualquer tipo ou natureza seria operado na restrição de comércio, estando dentro do estatuto.

Efetivamente, isso significa que uma empresa deve tomar uma ação explicitamente projetada para diminuir a competição antes de ser considerada culpada ou ser acusada de violar a Seção 2 do Sherman Act. Por exemplo, a regra da razão foi usada na decisão contra a American Tobacco, que foi julgada culpada de monopolizar o mercado de cigarros nos Estados Unidos ao praticar precificação predatória – precificação explicitamente planejada para prejudicar outras empresas e, assim, aumentar seu poder de monopólio.

O problema com a regra da razão é que ela dificulta aos gerentes saber antecipadamente se estratégias de precificação particulares usadas para aumentar lucros estão, de fato, violando a lei. O Congresso buscou esclarecer essa questão por meio de definições mais precisas de ações ilegais no *Clayton Act* (1914) e sua emenda, o *Robinson Patman Act* (1936). Por exemplo, a Seção 2(a) do Robinson Patman Act retifica a Seção 2 do Clayton Act e torna a discriminação de preço ilegal, se esta for elaborada para enfraquecer a competição ou criar monopólio:

Seção 2(a)
> Torna-se ilegal, para qualquer pessoa envolvida no comércio, no decurso de tal, quer direta ou indiretamente, a discriminação de preços entre compradores de *commodities* com grau e qualidade equivalentes, [...] em que essa discriminação pode ser substancialmente destinada a diminuir a competição ou tender a criar um monopólio na linha de comércio, ou causar injúria, destruir ou impedir competição.

A discriminação de preço que surge devido a diferenças de custo ou qualidade é permitida sob o ato, assim como a discriminação de preço quando necessária para atingir o preço de um competidor no mercado. Ainda existe considerável ambiguidade relativa a se um tipo particular de discriminação de preço é ilegal sob a lei.

O Clayton Act contém mais de vinte seções que, entre outras coisas, tornam ilegal às empresas (1) esconder subornos na forma de comissões ou taxas de corretagem; (2) oferecer descontos, a menos que eles estejam disponíveis a todos os consumidores; (3) praticar distribuição exclusiva com um fornecedor, a menos que o fornecedor acione a oferta feita ao comprador e/ou ofereça a todos os outros potenciais fornecedores; (4) fixar preços ou utilizar contratos de exclusividade, em que tal prática leve à diminuição de competição em um monopólio; e (5) adquirir uma ou mais outras empresas cuja aquisição leve à diminuição da competição.

O *Cellar-Kefauver Act* (1950) reforçou a Seção 7 do Clayton Act ao tornar mais difícil às empresas se envolverem em fusões e aquisições sem violar a lei:

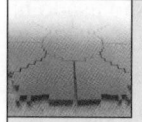

> **Por dentro dos negócios 14-1**
>
> **Comissão Europeia pede explicações a companhias aéreas a respeito de práticas de discriminação de preços**
>
> Em 19 de dezembro de 2003, a Comissão Europeia divulgou uma nota à imprensa indicando que havia escrito a 18 companhias aéreas europeias perguntando-lhes se e por que cobravam diferentes preços, de voos idênticos, para residentes de diferentes países da União Europeia. A comissão recebeu diversas reclamações de cidadãos da UE que se sentiram discriminados ao comprar passagens aéreas. De acordo com a nota, essa prática dentro da União Europeia *pode* representar uma "...brecha nas posições do tratado de não-discriminação e do mercado interno".
>
> Enquanto a base econômica para discriminação de preços dos Estados Unidos é clara – a maximização de lucros dita cobrar preços mais altos de clientes em países em que a demanda é mais baixa –, a base legal na Europa aparentemente não é. Como indicou a Comissão Europeia em 9 de junho de 2004, as companhias norte-americanas pararam de discriminar preços como resultado da investigação da Comissão.
>
> Fontes: Site da Comissão Europeia; John Leyden, "Airlines ground online ticket gouging", *The Register*, 9 jun. 2004.

Seção 7

Que nenhuma corporação engajada no comércio adquira, direta ou indiretamente, toda ou qualquer parte das transações de parcela no capital, e que nenhuma corporação sujeita à jurisdição da Comissão Federal de Comércio deva adquirir o todo, ou qualquer parte, dos ativos de outra corporação engajada também no comércio, em que qualquer linha de comércio em qualquer estado do país o efeito de tal aquisição possa ser substancialmente diminuir a competição ou tender a criar um monopólio.

A política de fusões mudou, no entanto, quando novas regras de fusão horizontal foram escritas em 1982, retificadas em 1984 e revisadas em 1992 e em 1997. As regras são baseadas no *índice Herfindahl-Hirschman (IHH)*, que é a soma dos quadrados das fatias de mercado de cada empresa em um mercado particular vezes 10.000:

$$IHH = 10.000 \sum_{i=1}^{N} w_i^2$$

Sob as *Horizontal Merger Guidelines*, uma fusão que leve a níveis moderados ou altos de concentração pode ser questionada (potencialmente impedida). Mercados nos quais o IHH pós-fusão se situe abaixo de 1.000 são considerados não concentrados e as fusões são normalmente aceitas ou permitidas. Mercados nos quais o IHH pós-fusão se situa entre 1.000 e 1.800 são considerados moderadamente concentrados. Em mercados moderadamente concentrados, fusões que incrementem o IHH em mais de 100 pontos potencialmente levam a preocupações antitruste. Mercados nos quais o IHH pós-fusão exceda 1.800 são tidos como altamente concentrados. Nos mercados altamente concentrados, um aumento no IHH em mais de 50 pontos potencialmente leva a preocupações competitivas significantes. De maneira importante, quando o IHH pós-fusão excede 1.800, é *presumido* que fusões que produzam um aumento no IHH em mais de 100 pontos muito provavelmente aumentarão o poder de mercado ou facilitarão o seu exercício.

É importante salientar que essas são apenas orientações; fusões são frequentemente permitidas mesmo que os índices IHH sejam grandes, contanto que haja significativa competição estrangeira, nova tecnologia emergente, eficiência aumentada, ou uma das empresas tenha problemas financeiros.

O tema principal das *Horizontal Merger Guidelines* é resumido a seguir:

> Para a economia, o principal benefício das fusões é sua potencial eficiência, que pode aumentar a competitividade de empresas e resultar em preços menores aos consumidores [...] Na maior parte dos casos, as orientações permitirão às empresas atingir eficiências através de fusões, sem interferência do Departamento.[2]

A revisão de 1997 das *Horizontal Merger Guidelines* reconhece que eficiências são difíceis de verificar e quantificar. No entanto, é requerido que empresas em fusão substanciem quaisquer declarações de eficiência; declarações "vagas ou especulativas" não contam.

A *Divisão Antitruste do Departamento de Justiça (DOJ)* e a *Comissão Federal de Comércio (FTC)* estão encarregadas das tarefas de fiscalizar as regulamentações antitruste. O *Hart-Scott-Rodino Antitrust Improvement Act* de 1976 requer que partes em uma aquisição notifiquem tanto o DOJ quanto o FTC de sua intenção quanto à fusão quando o valor em dólares da transação exceder certa quantia (atualmente $50 milhões). Seguindo a notificação pré-fusão, as partes devem esperar 30 dias antes de completar a fusão. Se o DOJ ou a FTC decidir que são necessários maiores exames da fusão, uma segunda requisição é imposta: as partes são chamadas a oferecer informação adicional ao governo. Mas a segunda requisição automaticamente estende o período de espera. Uma vez que as partes completamente atendam a segunda requisição, o governo possui 30 dias para revisar a informação e, então, bloquear ou permitir a realização da fusão.

Na prática, menos de 3% de todas as notificações pré-fusão levam a uma segunda requisição. Nos casos em que uma segunda requisição é imposta, o governo e as partes geralmente assinam um acordo antes de irem à corte. Tipicamente, as empresas vendem à terceira parte certos ativos de mercados em que existe considerável sobreposição de empresas. Isso elimina as preocupações antitruste do governo e permite às partes consumar a fusão. Se o governo e as partes não conseguem chegar a um acordo a respeito de quais ativos serão abstraídos, o governo pode mover um processo para bloquear a fusão.

Regulação de preço

Na presença de grandes economias de escala (como é frequentemente o caso de companhias de serviços públicos), pode ser desejável que uma única organização atenda o mercado. Nessas situações, o governo pode permitir a existência de uma empresa como monopólio, mas resolver regular seu preço para reduzir a perda de peso morto. Nesta seção, veremos como tal regulação afeta as decisões empresariais e o bem-estar social.

---

[2]Departamento de Justiça, *Horizontal Merger Guidelines*, 1984, Seção 1.

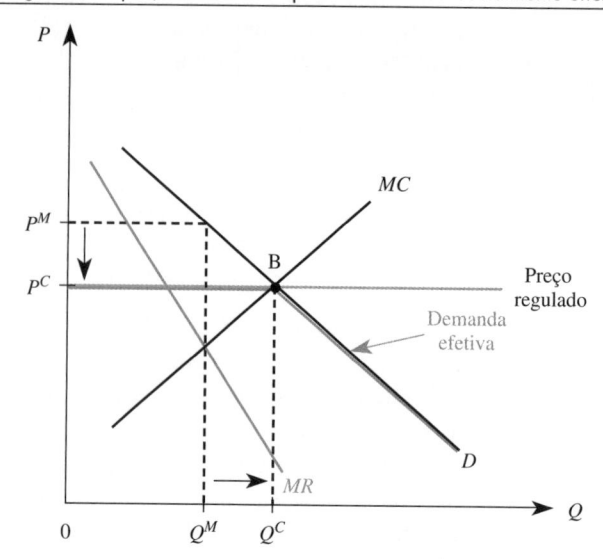

Figura 14–2 Regulando o preço de um monopolista a um nível socialmente eficiente

Considere a situação apresentada na Figura 14–2, em que o monopolista não regulamentado produz Q^M unidades de produto ao preço P^M. Uma indústria competitiva pode produzir Q^C unidades, em que o custo marginal cria uma interseção na curva de demanda. Suponha que o governo tenha estabelecido um preço regulado de P^C, o qual corresponde ao preço que uma indústria competitiva cobraria pelo produto, dadas condições de custo e demanda idênticas. Como o gerente deve responder para maximizar os lucros da empresa?

O monopolista não pode legalmente cobrar um preço acima de P^C, de forma que o preço máximo que ele pode cobrar por unidades inferiores a Q^C é P^C. Para unidades acima de Q^C, o preço máximo a cobrar é o preço ao longo da demanda inversa, uma vez que o montante que os consumidores estão dispostos a pagar é menor do que o teto. Como consequência, a curva de demanda inversa efetiva do monopolista é dada por P^CBD. Observe que para pontos à esquerda de B, a curva de demanda é horizontal, assim como uma empresa perfeitamente competitiva. Mas se o monopolista deseja vender mais do que Q^C unidades de produto, ele apenas pode fazê-lo ao diminuir o preço abaixo de P^C.

Como o monopolista pode vender cada unidade acima de Q^C ao preço P^C, a receita marginal para essas unidades é P^C: cada unidade adicional da produção acima de Q^C adiciona exatamente P^C à receita da empresa. Na verdade, o teto cria uma situação em que a curva de demanda com a qual o monopolista se depara é igual à de uma empresa perfeitamente competitiva para esses níveis de produção. Para maximizar lucros, o monopolista sob regulação produzirá no ponto em que a receita marginal da curva de demanda efetiva (P^C) se iguale ao custo marginal, o que ocorre no ponto B. Isso corresponde a uma produção de Q^C. Quando o preço do monopolista é regulado em P^C na Figura 14–2, a organização maximiza lucros ao produzir Q^C unidades e vender ao preço regulado de P^C.

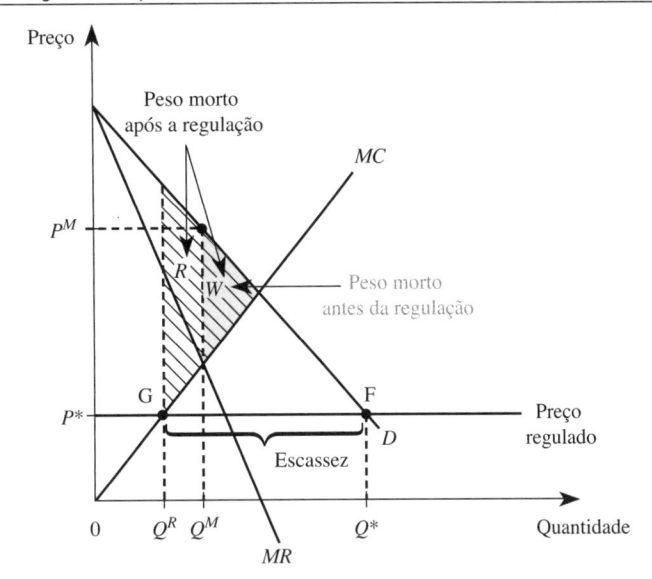

Figura 14–3 Regulando o preço de um monopolista abaixo do nível socialmente eficiente

Observe que o impacto da regulação de preço é induzir o monopolista maximizador de lucros a produzir a quantidade perfeitamente competitiva ao preço perfeitamente competitivo. O resultado da regulação de preço é eliminar completamente o peso morto do monopólio. A política do governo reduz os lucros do monopólio, mas aumenta o bem-estar social.

Com base na Figura 14–2, alguém pode ficar tentado a concluir que é sempre benéfico regular o preço cobrado por um monopolista. No entanto, não é o caso. Para entender por quê, considere a situação de monopólio ilustrada na Figura 14–3. Suponha que o governo regule o preço em um nível P^*. Dado o preço regulado, a curva de demanda efetiva para o monopolista é agora P^*FD e a curva de receita marginal correspondente para unidades produzidas abaixo de Q^* é dada pela linha P^*F. Para maximizar lucros, o monopolista sob regulação produzirá no ponto em que a receita marginal da curva da demanda efetiva (P^*) se iguale ao custo marginal, o que ocorre no ponto G. Isso corresponde a uma produção de Q^R, que é menor do que a produção que o monopolista produziria na ausência de regulação. Além disso, a quantidade demandada a um preço de P^* é Q^*, de forma que existe uma escassez de $Q^* - Q^R$ unidades sob o preço regulado. Além do mais, o peso morto sob esse preço regulado (regiões $R + W$) é efetivamente maior do que o peso morto na ausência de regulação (região W). Se o governo não possui informação precisa a respeito da demanda e dos custos, ou por alguma outra razão regula o preço em um nível muito baixo, ele pode efetivamente reduzir o bem-estar social e criar uma escassez do bem.

É muito importante observar que as análises das Figuras 14–2 e 14–3 suprimem a posição da curva de custo total médio. É importante atentar para a posição da curva de custo total médio antes de tirar conclusões a respeito do bem-estar que surge do monopólio;

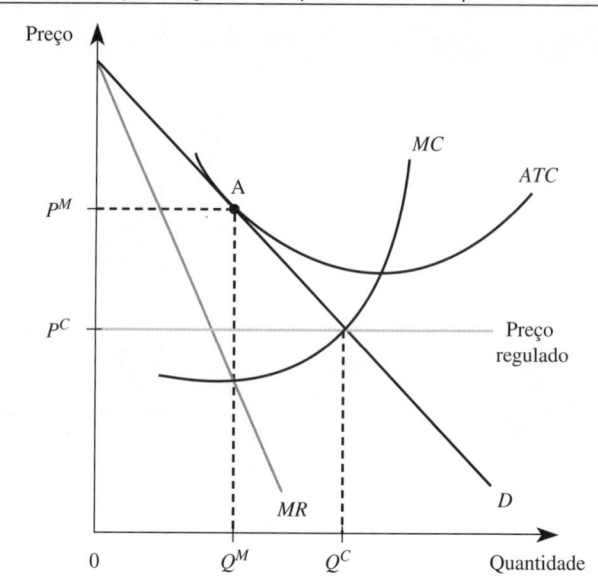

Figura 14–4 Um caso em que a regulação de preço tira o monopolista do mercado

considere a situação da Figura 14–4, em que o monopolista está no seu ponto de equilíbrio A. Nessa situação, um monopolista que não esteja sob regulação produziria Q^M unidades e cobraria um preço P^M. Como o preço é igual ao custo médio total de produção, esse monopolista obtém lucro econômico zero na ausência de regulação.

Agora suponha que o preço seja regulado em P^C. A longo prazo, quanto a empresa produzirá? A resposta é zero. Para entender, repare que, sob o preço regulado, o custo total médio se situa abaixo do preço regulado, de forma que o monopolista obteria perda se produzisse. A longo prazo, o monopolista da Figura 14–4 deveria sair do mercado se o preço fosse regulado em P^C, e todos no mercado deveriam fazer o mesmo (não haveria produto a consumir). Para evitar que isso aconteça, o governo deve subsidiar o monopólio ao concordar em compensá-lo por qualquer perda incorrida. Os fundos poderiam vir de impostos e, então, os consumidores estariam indiretamente pagando pelo preço mais baixo por meio de impostos mais altos. Além disso, o gerente de um monopólio subsidiado não teria incentivo para manter os custos baixos; quaisquer perdas resultantes seriam subsidiadas pelo governo. Consequentemente, o gerente teria incentivo a despender enormes somas de dinheiro em artigos de escritório, jatos corporativos, entre outros, já que as perdas seriam reembolsadas pelo governo.

A análise da Figura 14–4 mostra uma advertência muito importante relativa a comparações de monopólio e competição perfeita. Uma fonte-chave de poder de monopólio é a presença de economias de escala. Estas podem tornar impossível a produção em uma indústria competitiva. Por exemplo, uma indústria competitiva não poderia sustentar uma produção de Q^C na Figura 14–4, uma vez que a interseção das curvas de custo marginal e demanda se situam abaixo da curva de custo médio total.

Um guia sobre a interferência governamental no mercado **519**

Por dentro dos negócios 14-2

Desregulamentação da eletricidade

Historicamente, a economia de escala na indústria de energia elétrica intensiva em capital equilibra os preços da eletricidade por meio de regulamentações de "taxas de retorno". Essas restrições de preços permitiram às companhias elétricas obter lucros baseados no valor de seu capital ou de sua taxa-base (mas as companhias não tinham garantia de lucro). Mais recentemente, no entanto, o Public Utility Regulatory Policies Act (PURPA) de 1978 e o Energy Policy Act de 1992 abriram o mercado de eletricidade para produtores de energia independentes não regulados. Em 1996, a Federal Energy Regulatory Commission (FERC) ordenou que as linhas de transmissão de alta capacidade, que carregavam eletricidade de alta voltagem, fossem abertas geograficamente para qualquer um disposto a ofertar energia ao usuário final. Os planos de desregulamentação diferiram de estado para estado, mas muitos exigiram que as empresas outrora verticalmente integradas alienassem a totalidade ou parte de sua capacidade produtiva, em um esforço para promover a concorrência.

Hoje, cerca de 25 estados permitem a escolha por parte dos consumidores de eletricidade, mas a escolha é limitada unicamente à geração de energia. A *distribuição* de energia elétrica aos usuários finais permanece um monopólio natural devido ao fato de que os "postes e fios" usados para transmitir energia constituem um custo fixo substancial.

Consequentemente, a desregulamentação do setor de energia elétrica acabou se tornando apenas uma "reestruturação". Para os estados que permitiram a desregulamentação, a indústria de energia se tornou menos verticalmente integrada. A geração é teoricamente competitiva, mas desconsiderando quem gera a energia ao consumidor, a companhia de eletricidade local ainda transmite e entrega tal energia, e a cobrança por esse serviço ainda é estabelecida sob regulamentações básicas de "taxa de retorno".

Os consumidores que mais se beneficiaram da escolha na eletricidade são basicamente empresas industriais. Pequenos comércios e clientes residenciais consideraram os custos de mudança significativos e, para a maioria, os benefícios marginais da escolha (menores preços de energia) eram pequenos. Além disso, os comerciantes de energia consideraram que os custos de aquisição para ganhar pequenos consumidores eram maiores do que originalmente esperado, o que diminuiu o incentivo em vender energia a pequenos consumidores em novos mercados. Nos estados que experimentaram a eletricidade desregulamentada, a maior parte dos pequenos consumidores teve pequenas, se é que tiveram, possibilidades de escolha de fornecedores de energia.

Fonte: Entrevista com Vincent Marra, antigo analista financeiro, Delmarva Power, 28 fev. 2007.

Demonstração 14-1

Muitas empresas que vendem em pequenos mercados são efetivamente monopólios; são os únicos provedores de um bem em sua área. A maior parte dessas empresas obtém lucros econômicos positivos, ainda que seja permitido operar como monopólios sem regulação pelo governo. Por quê?

Resposta:

Em situações em que economias de escala são grandes relativamente à demanda de mercado, apenas uma única companhia está apta a atender o mercado. Nessas situações, não é desejável dividir a empresa em empresas menores usando políticas antitruste. Deveria, no entanto, existir um potencial ganho de bem-estar social se o preço da empresa fosse regulamentado no nível socialmente eficiente. Esse ganho deveria ser pesado contra o custo de estabelecer o corpo regulatório para administrar a regulamentação. Se o custo de estabelecer e operar o corpo regulatório exceder o peso morto do monopólio – como provavelmente ocorrerá em pequenos mercados –, existirá uma perda liquida de bem-estar social pela regulação. Nessas situações, o bem-estar social estaria mais bem servido ao deixar a empresa sozinha, ainda que ela crie peso morto. De fato, seria mais custoso resolver o problema do que seria ganho ao eliminar o peso morto.

Externalidades

Infelizmente, alguns processos de produção criam custos para as pessoas que não fazem parte dos processos de produção ou consumo do bem. Os custos externos são chamados de *externalidades negativas*.

externalidades negativas
Custos sofridos por partes que não estão envolvidas na produção ou consumo de um bem.

O exemplo mais comum de uma externalidade negativa é a poluição. Quando uma empresa cria dejetos que não são facilmente biodegradáveis, ou que têm efeitos danosos sobre outros recursos, ela não paga o custo pleno da produção. Por exemplo, uma empresa que produz tecidos geralmente cria resíduos que contêm dioxina, um produto químico que causa câncer. Quando um produtor de tecidos pode despejar esse resíduo "livremente" jogando-o em um rio próximo, ele possui um incentivo a despejar mais resíduos no rio do que é socialmente ótimo. Enquanto a empresa se beneficia do despejo dos resíduos no rio, o resíduo reduz o oxigênio contido na água, altera as rotas normais dos rios e cria problemas de reprodução para pássaros, peixes, répteis e animais aquáticos. Esses resultados afetam negativamente as pessoas que não estão envolvidas no processo de produção ou de consumo.

Para entender por que o mercado falha em oferecer um nível eficiente de produção quando há externalidades, considere a Figura 14–5. Se uma empresa emite poluentes na água, como uma produtora de aço, um custo ou externalidade negativa surge aos membros da sociedade. A Figura 14–5 mostra a externalidade negativa como o custo marginal da poluição à sociedade. Este representa o custo à sociedade pela água poluída devido ao aumento na produção de aço. A produção de pouco aço resulta em apenas menor dano à água, mas à medida que montantes maiores de aço são produzidos, mais e mais poluentes são despejados na água. O custo marginal da poluição à sociedade aumenta à medida que mais aço é produzido.

Considerando que o mercado de aço seja perfeitamente competitivo, a curva de oferta de mercado é S na Figura 14–5, que é a soma dos custos marginais das empresas produzindo na indústria. A curva de oferta é baseada nos custos pagos pelas empresas de aço; se a elas é permitido despejar poluentes na água livremente, o equilíbrio de mercado se situa no ponto B, em que as curvas de demanda e oferta de mercado se interceptam. O resultado é que Q^C unidades serão produzidas e compradas a um preço de P^C por unidade de aço.

No entanto, a essa quantidade de produção, a sociedade paga um preço marginal de A, além do preço de P^C pago às empresas de aço. Esse montante é o custo adicional à sociedade devido à poluição. Em particular, uma vez que as empresas estão despejando poluentes na água livremente, o custo da poluição não é internalizado por aqueles que compram e vendem aço; em vez disso, a sociedade paga pelo despejo de poluentes ao se deparar com água poluída. Se as companhias tivessem de levar em consideração o custo da poluição à sociedade, a soma de suas curvas de custo marginal seria a soma vertical da curva de oferta e do custo marginal da poluição à

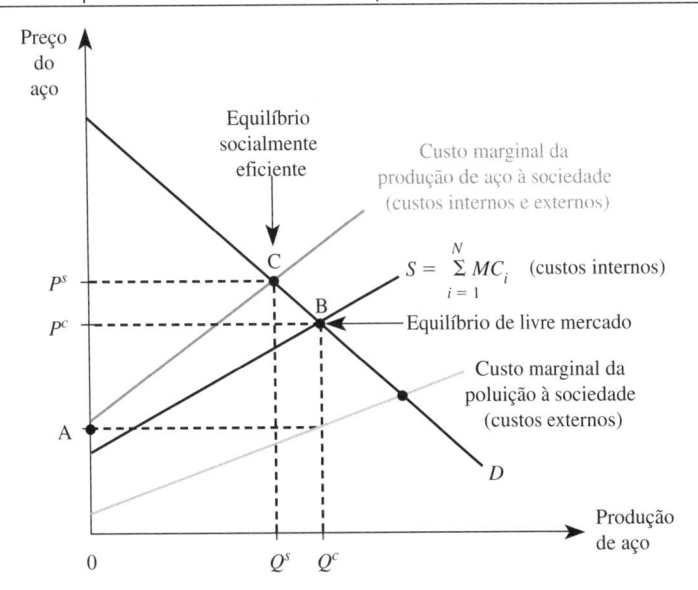

Figura 14-5 O equilíbrio socialmente eficiente na presença de custos externos

sociedade. Essa soma é mostrada como custo marginal à sociedade pela produção de aço na Figura 14–5. O nível de produção socialmente eficiente, que leva em consideração todos os custos e benefícios de produzir aço, se situa no ponto C, em que o custo marginal à sociedade pela produção de aço cruza a curva de demanda de mercado. O nível socialmente eficiente de aço é Q^S, que é menor que a quantidade produzida no mercado perfeitamente competitivo. O preço socialmente eficiente do aço é P^S, que é maior do que o preço perfeitamente competitivo de P^C. Em outras palavras, na presença de custos externos, a produção de equilíbrio de mercado é maior do que o nível socialmente eficiente, e o preço de mercado se situa abaixo do nível socialmente eficiente. Com efeito, os consumidores compram muita produção a um preço muito baixo.

A razão básica para a "falha de mercado" é a ausência de *direitos de propriedade* bem definidos; as empresas de aço acreditam que têm o direito de usar o rio para despejar os resíduos, e os ambientalistas acreditam que têm o direito a um rio limpo. Essa falha frequentemente pode ser resolvida quando o governo se define como proprietário do ambiente. Ele pode utilizar o seu poder para induzir os níveis socialmente eficientes de produção e poluição.

Para induzir o nível de produção socialmente eficiente, o governo pode forçar as empresas a internalizar os custos de emitir poluentes impondo políticas que deslocam o custo interno de produção para cima, ao ponto em que ele efetivamente se iguala ao custo social da produção. Um primeiro exemplo de política governamental projetada para isso é a Lei do Ar Limpo.

A Lei do Ar Limpo

Para resolver o problema de externalidade causado pela poluição, o Congresso aprovou a *Lei do Ar Limpo* em 1970 e uma emenda geral em 1990. A Lei do Ar Limpo retificada abrange 189 poluentes tóxicos do ar e foi a lei antipoluição mais completa aprovada por qualquer país até 1992. A Lei do Ar Limpo agora cobre qualquer indústria que lança mais de dez toneladas por ano de qualquer um dos poluentes listados, ou 25 toneladas por ano de qualquer combinação desses poluentes. A legislação prévia cobria apenas indústrias que lançavam cem toneladas por ano de uma lista muito menor de poluentes, mas a nova lei cobre um conjunto bem mais amplo de indústrias. A emenda à Lei do Ar Limpo é tão volumosa que os guias para acompanhamento normalmente compreendem diversas centenas de páginas. Devido à natureza abrangente da lei, examinaremos apenas um aspecto da nova lei que especificamente usa o mercado como um mecanismo de coerção.

É exigido de uma empresa em uma indústria coberta pela Lei do Ar Limpo que obtenha uma permissão para poluir. Essas permissões são limitadas em disponibilidade e requerem que a empresa pague uma taxa para cada unidade de poluente emitido. Para uma empresa existente, essas permissões aumentam tanto os custos fixos quanto os variáveis na produção de bens. Elas são um custo variável porque, à medida que a produção aumenta, o nível de poluentes emitidos aumenta, e uma taxa deve ser paga sobre cada unidade de poluente. O componente de custo fixo é a taxa requerida para obter a permissão inicial. Junto com a permissão, a Lei do Ar Limpo requer que novos entrantes em uma indústria atinjam, ou melhorem, o sistema de remoção de poluente mais eficaz empregado na indústria. As empresas existentes devem perseguir e melhorar em um período de três anos. Uma vez comprada do governo, a permissão pode ser vendida a outras organizações.

A Lei do Ar Limpo faz com que as empresas internalizem o custo de emissão de poluentes, pois uma taxa deve ser paga para cada unidade emitida. Isso aumenta o custo marginal de cada empresa e as induz a produzir menor quantidade. Como mostra a Figura 14–6, isso leva a um declínio na oferta de mercado do bem; menos do produto estará disponível no mercado a qualquer preço. Como consequência, a Lei do Ar Limpo efetivamente diminui a quantidade de equilíbrio de mercado de Q_0 para Q_1 na Figura 14–6 e aumenta o preço de mercado de P_0 para P_1. A mudança causada

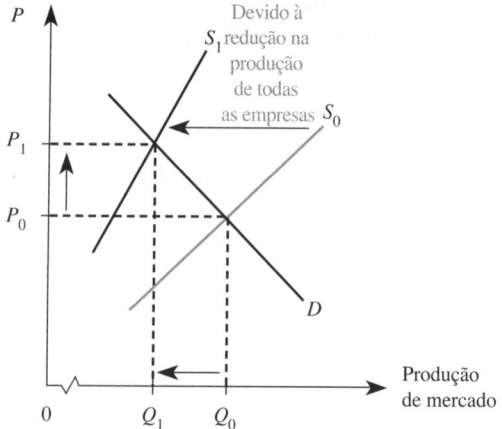

Figura 14–6 Impacto da Lei do Ar Limpo

pela permissão é exatamente o que é necessário, na Figura 14–5, para resolver a externalidade negativa da produção: menos produção a um preço mais alto.

Um aspecto interessante dessa nova legislação é o fato de que a permissão pode ser vendida de uma empresa para outra, tanto dentro de uma indústria quanto entre indústrias. Isso leva a duas coisas que permitem ao mercado reduzir a poluição. Primeiro, possibilita que novas empresas entrem em uma indústria quando a demanda aumenta. Segundo, oferece um incentivo às existentes para investir em nova tecnologia a fim de criar métodos de produção mais limpos.

Para entender o processo, suponha a demanda em uma indústria não poluente. Como resultado, o preço se eleva, os lucros econômicos serão obtidos a curto prazo e, a longo prazo, novas empresas entrarão no mercado até que os lucros econômicos retornem a zero. No entanto, em uma indústria poluente em que não é permitido comprar permissões para poluir, a entrada não pode acontecer; o número fixo de permissões de poluição já está alocado e novos entrantes se deparam com uma barreira à entrada em função de sua impossibilidade de obter uma permissão. Em contraste, se a permissão puder ser comercializada entre indústrias, um entrante potencial pode comprar os direitos de uma empresa em uma outra indústria, ou trazer uma tecnologia menos poluente à indústria existente e comprar alguns direitos de poluição de empresas existentes. Assim, ao tornarem negociáveis os direitos de poluição, as novas companhias podem entrar nos mercados quando as preferências dos consumidores indicarem que mais do bem é desejado. Empresas que desejam entrar em uma indústria que produz um produto altamente valorizado podem comprar permissões de empresas que produzem bens que os consumidores não valorizam tanto assim.

A capacidade de vender as permissões também oferece um incentivo para as empresas desenvolverem novas tecnologias inovadoras que produzam menos poluição. Em particular, uma organização que desenvolva uma tecnologia de redução de poluição pode vender os direitos de poluição que não são mais necessários a empresas e indústrias em que a tecnologia não está disponível. Isso permite à empresa inovadora recuperar uma parcela do custo de desenvolvimento de tecnologias que reduzem a poluição.

Demonstração 14–2

Suponha que o custo marginal externo da produção de aço seja

$$MC_{Externo} = 3Q$$

e o custo marginal interno seja

$$MC_{Interno} = 6Q$$

A demanda inversa por aço é dada por

$$P = 100 - Q$$

1. Qual é o nível de produção socialmente eficiente?
2. Quanto uma indústria competitiva deve produzir?
3. Quanto um monopólio deve produzir?

Resposta:

1. O nível socialmente eficiente de produção ocorre no ponto em que o custo marginal à sociedade da produção de outra unidade se iguala à demanda. O custo marginal social é

$$MC_{Social} = MC_{Externo} + MC_{Interno} = 3Q + 6Q = 9Q$$

Igualando isso ao preço resulta em

$$9Q = 100 - Q$$

ou $Q = 10$ unidades.

2. Uma indústria competitiva produz no ponto em que o custo marginal interno se iguala ao preço:

$$6Q = 100 - Q$$

ou cerca de $Q = 14,3$ unidades. Assim, uma indústria competitiva produz um nível elevado de aço porque ignora o custo que a sociedade paga pela poluição.

3. Um monopolista produz no ponto em que a receita marginal se iguala ao custo marginal interno. Uma vez que $MR = 100 - 2Q$, temos

$$100 - 2Q = 6Q$$

ou $Q = 12,5$ unidades. Assim, dadas essas funções de demanda e custo, o monopolista produzirá mais do que o nível socialmente eficiente de aço com tais condições de custos. Note, no entanto, que, se o monopolista tiver uma tendência a restringir a produção, dadas essas funções de custos e demanda, ele produzirá mais próximo do nível socialmente eficiente do que produziria uma indústria competitiva.

Bens públicos

bem público
Um bem que é não rival e não excludente no consumo.

consumo não rival
Um bem é não rival no consumo se seu consumo por uma pessoa não impedir outra pessoa de também consumi-lo.

consumo não excludente
Um bem ou serviço é não excludente se, uma vez provido, ninguém pode ser excluído de consumi-lo.

Outra fonte de falha de mercado é a provisão de *bens públicos* – bens que são não rivais e não excludentes por natureza e, portanto, beneficiam pessoas além daquelas que os compram. Os bens públicos diferem da maioria dos bens que você consome, que são rivais por natureza. Isso simplesmente significa que quando você consome o bem, outra pessoa é impedida de consumir. Por exemplo, quando você compra e veste um par de sapatos, protege o seu pé, mas impede outra pessoa de vestir o mesmo par; o consumo do sapato é rival por natureza.

Bens *não rivais* incluem sinais de rádio, faróis marítimos, defesa nacional e a proteção da natureza. Quando você recebe um sinal de rádio em seu carro, não impede que outros motoristas escutem a mesma estação em seus carros. Essa situação é exatamente contrária à sua compra de um par de sapatos.

O segundo aspecto de um bem público é que ele é *não excludente*: uma vez que um bem público é tornado disponível, todos irão usufruí-lo; ninguém pode ser excluído de usufruí-lo. A maior parte dos bens e serviços é excludente por natureza. Por exemplo, quando uma montadora produz um carro, ela impede que as pessoas utilizem-no ao colocar uma trava na porta e entregar a chave apenas ao indivíduo que está disposto a pagar pelo carro.

Bens e serviços como o ar limpo, a defesa nacional e as ondas de rádio são bens não excludentes. Por exemplo, quando o ar é limpo, todos podem consumi-lo; ele não pode ser alocado a uma única pessoa.

O que existe nos bens públicos que leva o mercado a oferecê-los em quantidades ineficientes? A resposta é que, dado que todos querem consumir um bem público uma vez que está disponível, os indivíduos têm pouco incentivo a comprá-lo; particularmente, preferem deixar que outra pessoa pague por ele. A partir do momento em que ele se torne disponível, as pessoas podem "pegar carona" nos esforços dos outros em oferecer o bem. Mas se todos pensarem dessa forma, ninguém comprará o bem e ele não estará disponível. Uma pessoa sozinha pode não estar apta a pagar pela compra do bem.

Demonstração 14-3

Todas as vezes em que você vai à copa de sua empresa pegar um copo de café, a jarra está vazia. Por quê?

Resposta:

Há um problema de caronista causado pela natureza de bem público em encher a garrafa de café. Ao encher a garrafa de café quando está vazia, você se beneficia tomando um copo, mas o mesmo acontece com as próximas sete pessoas que vão à copa depois de você. Os indivíduos normalmente esperam que alguém faça o café, o que resulta em uma garrafa de café vazia.

Um exemplo concreto ajudará a entender por que os bens públicos não são oferecidos na quantidade socialmente eficiente. Suponha que os indivíduos valorizem a iluminação pública em seu bairro porque a iluminação pública ajuda a prevenir o crime. Três pessoas vivem no bairro: A, B e C. Os três têm funções de demanda inversa idênticas por iluminação pública: $P_A = 30 - Q$, $P_B = 30 - Q$ e $P_C = 30 - Q$. A curva de demanda inversa revela quanto cada um valoriza outro poste de iluminação pública.

Como a iluminação publica é não excludente e não rival por natureza, todos se beneficiam quando um poste é instalado. Por essa razão, a demanda total por um bem público, como a iluminação, é a soma vertical das curvas de demanda inversas individuais; ela revela o valor de cada poste adicional para todos no bairro. Dadas as demandas individuais de A, B e C, a demanda total por iluminação pública é dada por

$$P_A + P_B + P_C = 90 - 3Q$$

As curvas de demanda individual e total são ilustradas na Figura 14-7. Observe que a curva de demanda total é a soma vertical de todas as três curvas de demanda individuais e, então, todos os pontos ao longo dessa curva são três vezes mais altos do que cada ponto sobre as curvas de demandas individuais.

O nível socialmente eficiente de iluminação pública se situa no ponto A da Figura 14-7, em que o custo marginal de produzir iluminação pública se iguala exatamente à demanda total por ela. Algebricamente, se o custo marginal de prover a iluminação pública é de $54 por poste, a quantidade socialmente eficiente de iluminação pública é a quantidade que iguala

$$54 = 90 - 3Q$$

que é 12 postes.

Figura 14–7 A demanda por um bem público

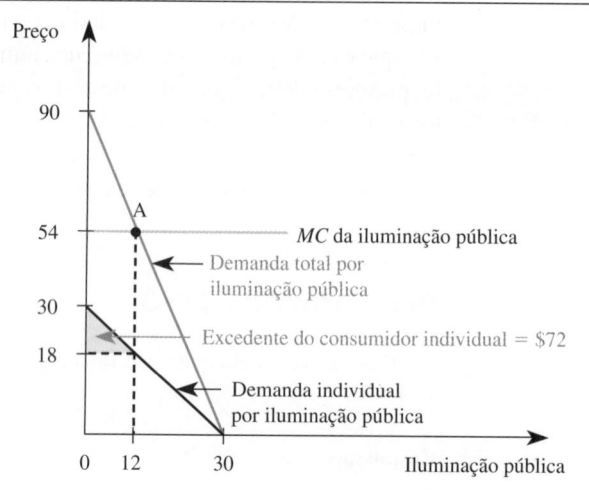

Uma vez que o custo marginal de cada poste é de $54 e se situa acima de cada curva de demanda individual por iluminação pública na Figura 14–7, ninguém estará disposto a pagar nem por um poste. No entanto, se cada pessoa pagasse $18 por poste, juntas poderiam pagar $54 e fariam frente à compra da quantidade socialmente eficiente de postes. A única forma por meio da qual as pessoas nesse bairro podem atingir a quantidade socialmente eficiente de iluminação é juntar seus recursos. Se elas se comprometerem com isso e cada uma pagar $18 por poste, cada uma desfrutará um excedente do consumidor equivalente à região sombreada na Figura 14–7, que é de $72.

O problema, no entanto, é que cada indivíduo pode estar em melhor situação deixando que as outras duas pessoas instalem as luzes. Em particular, é estrategicamente vantajoso para cada pessoa deturpar sua função de demanda (valorização do bem público). Se A dissesse que não desejava a iluminação e deixasse que os outros pagassem por ela, obteria o benefício das luzes da iluminação gratuitamente (devido à natureza não rival e não excludente do bem). Isso é similar a "trapacear" em um acordo cooperativo, e é chamado de *caronismo*.

Para ilustrar a ideia, suponha que, em vez de revelar sua verdadeira demanda pela iluminação pública, A estabeleça que não valoriza em nada a iluminação pública. Se A é a única pessoa que faz isso, a função de demanda revelada seria a soma vertical das funções de demanda inversa de B e C, a qual é apresentada na Figura 14–8(a). Se essa curva de demanda intercepta o custo marginal de $54 dos três postes, B e C teriam de pagar, respectivamente, $27 por poste e comprar os três postes. A, por outro lado, desfrutaria os três postes gratuitamente, dado que deturpou sua verdadeira demanda pela iluminação pública. Ao consumir os três postes gratuitamente, ela desfrutaria um excedente do consumidor de $85,50, que corresponde à região sombreada na Figura 14–8(b). Em contraste, se ela houvesse, de maneira confiável, revelado sua demanda por iluminação pública, seu excedente do consumidor seria de apenas $72 – a região sombreada na Figura 14–7. Assim, A está em melhor situação ao ocultar sua verdadeira preferência por iluminação pública e deixar que B e C paguem por ela.

Figura 14-8 O problema do caronista

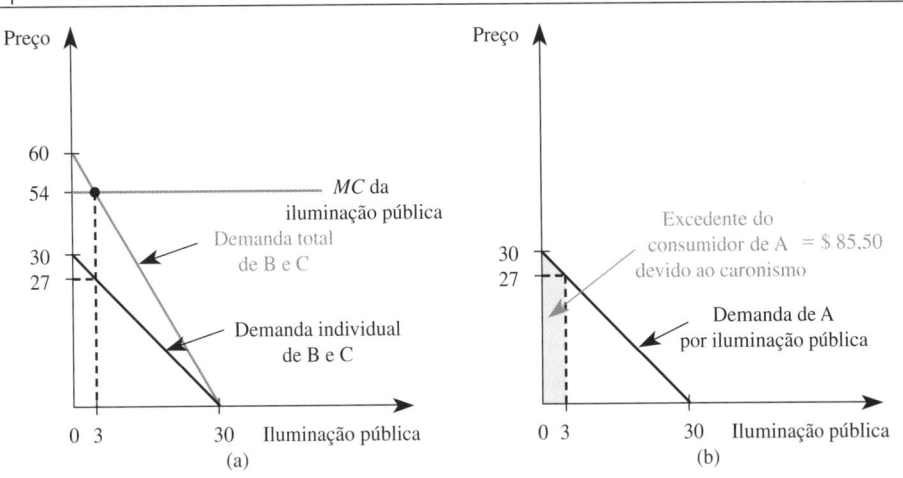

(a) Gráfico mostrando Preço vs Iluminação pública, com valores 60, 54, 30, 27 no eixo de preço e 3, 30 no eixo de quantidade. Curvas: MC da iluminação pública, Demanda total de B e C, Demanda individual de B e C.

(b) Gráfico mostrando Preço vs Iluminação pública, com valores 30, 27 no eixo de preço e 3, 30 no eixo de quantidade. Área sombreada: Excedente do consumidor de A = $ 85,50 devido ao caronismo. Curva: Demanda de A por iluminação pública.

É claro que o mesmo é verdadeiro para os dois outros indivíduos: se acharem que os outros contribuíram para comprar os postes, será cômodo para eles dizer que não desejam isso. E se acharem que ninguém mais pagará pela iluminação, eles também não pagarão, já que o custo é maior do que sua demanda individual própria. No final, nenhuma iluminação é provida; o mercado fracassou em fornecer o bem público.

O governo resolve o problema do bem público ao obrigar todos a pagar impostos, independentemente de um dado cidadão desejar ou não os serviços do governo. O governo usa essa receita para custear projetos públicos como iluminação e defesa nacional, que poderiam não ser providos na ausência de sua intervenção no mercado. Embora poucos de nós gostemos de pagar impostos, eles são uma forma de se obter fundos para os bens públicos.

É importante observar que o governo pode não fornecer a quantidade socialmente eficiente de bens públicos; ele pode, de fato, prover uma quantidade muito elevada deles. A razão é que, quando um agente do governo pergunta a um cidadão quanto de um bem público ele deseja, a pessoa pode deturpar a quantidade desejada. Se a maior parte das pessoas acredita que seu imposto é uma porcentagem extremamente pequena do total de fundos usados para fornecer bens públicos, elas encaram o custo pessoal do bem como zero e reportam ao agente quantas unidades do bem público desejariam se fosse gratuito. Em nosso exemplo da iluminação pública, isso significa que todas as três pessoas diriam que desejam 30 postes – mais de duas vezes a quantidade socialmente eficiente.

Demonstração 14-4

Uma empresa possui 20 funcionários, cada um dos quais deseja um ambiente de trabalho mais agradável. Em função disso, estão considerando plantar arbustos próximo ao estacionamento da empresa. Cada funcionário possui uma demanda inversa por arbustos de $P = 10 - Q$, em que Q é o número de arbustos. O custo marginal de plantar arbustos é de $20 cada.

1. Qual é a quantidade socialmente eficiente de arbustos a plantar?
2. Quanto cada pessoa deve pagar por arbusto para atingir a quantidade eficiente?
3. Quantos arbustos provavelmente serão plantados? Por quê?

Resposta:

1. A demanda total por arbustos (um bem público) é

$$P = 200 - 20Q$$

Igualar isso ao custo marginal de plantar arbustos leva à quantidade socialmente eficiente de arbustos:

$$200 - 20Q = \$20$$

ou $Q = 9$ arbustos.

2. Se cada pessoa pagasse o seu valor marginal de outro arbusto, o qual é

$$P = 10 - 9 = \$1$$

os 20 funcionários juntos pagariam $20 por cada arbusto.

3. Como há um problema de caronista, provavelmente nenhum arbusto será plantado, a menos que o chefe exerça "persuasão moral" e arrecade $9 de cada funcionário para plantar 9 arbustos.

Concluímos pontuando que pode ser vantajoso para uma empresa contribuir para os bens públicos em sua área de mercado. Tomar uma ação, como limpar o parque local ou oferecer dinheiro ao canal de televisão pública, cria uma boa impressão para a empresa e, como resultado, uma lealdade à marca ou aumento da demanda pelo seu produto. Uma vez que os bens públicos são não-rivais e não-excludentes, $1 despendido na limpeza de um parque ou ao subsídio de uma televisão pública é $1 despendido sobre cada um que considere o parque limpo ou a televisão pública atraente. Isso torna a provisão de bens públicos uma forma não dispendiosa de a empresa "beneficiar" diversos consumidores e pode ser uma estratégia de propaganda útil em algumas situações. Outra vantagem é que pode colocar a organização em situação mais favorável com políticos, que têm considerável opinião no que se refere a afetar o ambiente no qual a empresa opera. Infelizmente, não há um caminho fácil para explicitamente calcular o montante ótimo com que uma empresa deve, voluntariamente, contribuir para bens públicos. Mas, no fim das contas, se o seu objetivo for maximizar lucros, o último dólar despendido em contribuições para projetos públicos deve trazer um dólar adicional em receita.

Informação incompleta

Para que os mercados funcionem eficientemente, os participantes devem ter razoavelmente boa informação a respeito de preços, qualidade, tecnologias disponíveis e os riscos associados ao trabalho em certos empregos ou ao consumo de certos produtos. Quando os participantes em um mercado têm *informação incompleta* a respeito de tais questões, o resultado será a ineficiência no uso de insumos e na produção das empresas.

Considere o consumo de cigarros. Se os indivíduos não fossem avisados de que os cigarros são prejudiciais à saúde, algumas pessoas que atualmente não fumam devido aos riscos à saúde poderiam fumar, em função de ignorar os riscos do fumo. A decisão de fumar seria baseada em informação incompleta a respeito do perigo do ato de fumar. Por razões como essa, o governo serve como provedor de informação em muitos mercados, disponibilizando informação aos consumidores a respeito dos ingredientes de certos alimentos, os perigos de certos produtos como drogas e assim por diante. As organizações imprimem algumas dessas informações nos rótulos de seus produtos devido a regulações impostas pelo governo. O governo também regula o ambiente de trabalho ao assegurar que os trabalhadores estejam cientes dos perigos de produtos químicos, como asbestos, e dos benefícios das precauções, como o uso de capacetes em trabalhos na construção civil. Nessas situações as regulações são estabelecidas pelo Occupational Safety and Health Administration (OSHA).

Uma das causas mais graves de falha de mercado é a informação assimétrica, situação em que alguns participantes do mercado têm melhor informação do que outros. Como vimos no Capítulo 12, a presença de informação assimétrica pode levar compradores a se recusarem a comprar de vendedores com medo de que estes estejam desejosos de se livrar do produto porque ele vale menos do que eles estão dispostos a pagar. Em uma situação extrema, o mercado pode entrar em colapso como um todo. Por essa razão, diversas políticas governamentais são projetadas para amenizar os problemas causados pela informação assimétrica. Algumas das políticas que afetam as decisões empresariais são discutidas a seguir.

Regras contra *insider trading*

Um exemplo de regulamentação governamental elaborada para amenizar falhas de mercado em virtude de informação assimétrica é a lei contra *insider trading* no mercado de ações. O objetivo dela é assegurar que a informação assimétrica (melhor informação pelos *insiders*) não destrua os mercados ao tirar deles as pessoas que não detenham informações privilegiadas (*outsiders*).

Por exemplo, suponha que Jane Insider tenha acabado de saber que seu departamento de pesquisa fez uma descoberta que revolucionará a indústria. Se Jane puder manter a descoberta em sigilo por um curto período de tempo, enquanto compra algumas das ações da companhia a seu preço atual, ela formará uma cesta de ações. Quando o anúncio da descoberta é tornado público e os preços de mercado das ações aumentam drasticamente, Jane pode revender as ações e obter um grande lucro. Infelizmente, se potenciais investidores acreditarem que o mercado está dominado por *insiders* que compram e vendem ações com base em informação privilegiada, eles permanecerão fora do mercado. A única vez em que os *insiders* venderão é quando souberem que o preço cairá, e eles comprarão apenas quando souberem que o preço subirá. Não há como os *outsiders* ganharem dinheiro em um mercado dominado por *insiders*, de forma que eles se recusarão a comprar ou vender ações. Isso reduz a negociabilidade de ativos em mercados dominados por *insiders*, o que diminui o bem-estar de todos os potenciais participantes do mercado.

Para evitar que o *insider trading* destrua o mercado de ativos financeiros, o governo estabeleceu regras contra ele. As regulações sobre o *insider trading* vêm da Seção 16 do *Securities and Exchange Act* (1934). Elas sofreram emendas em 1990 e entraram em vigor em 1 de maio de 1991.

Certificação

Outra política que o governo usa para disseminar informação e reduzir a informação assimétrica é a certificação de habilidades e autenticidade. O objetivo da *certificação* é centralizar o custo de coletar informação. Todo licenciamento feito pelo governo recai sob uma certificação; isso inclui todas as organizações não lucrativas, como instituições de caridade. A certificação também pode ser um conjunto mínimo de padrões, como os exigidos para escolas e serviços médicos. O objetivo é assegurar os consumidores de que os produtos ou serviços foram certificados como tendo atendido a certo conjunto mínimo de padrões. Sem uma autoridade central para exercer esse papel de coleta de informação, cada indivíduo teria de pagar o custo de obter o conhecimento a respeito de qualidade de um produto ou serviço. Isso poderia levar a ineficiência devido à duplicação de esforços na coleta de informação.

Escolas são um exemplo de potencial problema de informação assimétrica. Sem o governo certificar uma escola como tendo satisfeito algum padrão mínimo, qualquer pessoa poderia abrir uma instituição desse tipo. Os pais que desejassem educar suas crianças poderiam escolher uma escola com base na aparência, custo, proximidade de sua residência, propaganda e reputação. Quando a escola fosse aberta, poderia parecer um bom negócio. Porém, para economizar dinheiro, a escola poderia escolher usar equipamentos não seguros, contratar professores com baixa qualificação e lotar as salas muito acima do número adequado para conduzir um bom processo de aprendizagem. A longo prazo, o mercado poderia corrigir esses problemas; a sua reputação de má qualidade poderia levar más escolas a sair do mercado. A curto prazo, no entanto, os pais que colocaram seus filhos nessas instituições perderiam seus investimentos em educação e os estudantes teriam despendido um tempo potencialmente valioso.

A certificação médica é outro exemplo dos benefícios de curto prazo provenientes da certificação governamental. Na ausência de certificação médica, uma pessoa com menos reputação poderia colocar um cartaz anunciando "Serviços Médicos Aqui". Se treinada de maneira imprópria, ela poderia prescrever um remédio que deixaria o paciente em situação pior, causar dependência ou mesmo levar à morte. Na presença de um esforço do governo em estabelecer padrões, no entanto, esse cenário de curto prazo é improvável.

Honestidade no empréstimo

Ao longo dos anos, um conjunto de leis tem tornado menos difícil a coleta de informação para fins de realização de empréstimos. A confusão causada pelo *Truth in Lending Act* (1969) levou o Congresso a aprovar o *Truth in Lending Simplification Act (TLSA)* em 1980. O TLSA foi aprovado pelo Federal Reserve Board (FRB). Em 1980, o FRB aprovou a *Regulação Z* para oferecer direcionamento à coerção; e emendou a Regulação Z em 1982.

A Regulação Z e o TLSA requerem que todos os credores se comprometam com o ato. Um credor é definido como qualquer pessoa que empreste dinheiro com base na cobrança de um encargo financeiro, em que o dinheiro deva ser pago de volta em quatro ou mais prestações. O credor deve, também, ser a pessoa para quem a obrigação original é devida. O TLSA possui algumas exceções com relação aos tipos de empréstimos cobertos, sendo os mais destacáveis os empréstimos para negócios, agricultura e comércio.

O TLSA requer que os credores disponibilizem certas informações aos devedores antes da consumação dos empréstimos. As informações incluem uma representação de todos os encargos financeiros, o preço total de compra, a taxa de juros anual cobrada e cerca de 12 outros itens. O objetivo da lei é assegurar a todos os devedores a oportunidade de entender todos os aspectos do empréstimo por parte de um credor, criando assim informação mais simétrica entre emprestadores e tomadores.

O *Truth in Lending Act* afeta tanto a oferta quanto a demanda por crédito. Potenciais tomadores agora têm informação mais completa a respeito do que um empréstimo envolve. Esse maior conhecimento reduz o risco envolvido no reembolso ao credor. O risco reduzido desloca a curva de demanda por empréstimos para a direita. Os ofertantes de empréstimos (credores) são afetados principalmente pelo custo ampliado em atender às regulações do governo. Isso desloca a curva de oferta dos credores para a esquerda. Uma vez que a curva de demanda por empréstimos se desloca para a direita e a curva de oferta se desloca para a esquerda, o efeito da lei é aumentar o preço dos empréstimos (a taxa de juros).

Honestidade na propaganda

Frequentemente as empresas têm melhor informação a respeito de seus produtos do que os consumidores. Essas vantagens podem levá-las a fazer falsas propagandas a respeito dos méritos de seus produtos para capitalizar sobre a falta de informação dos consumidores. Em algumas situações, tais práticas podem levar os consumidores a trocar o produto de uma empresa para o de um competidor. Em casos extremos, a informação assimétrica pode induzir os consumidores a ignorar todas as mensagens de propaganda, em função do medo de que sejam falsas. O governo com frequência pode aliviar essas falhas de mercado ao regular as práticas de propaganda das organizações.

A regulação de propaganda, a qual encoraja a *honestidade na propaganda,* geralmente é reforçada por meio de leis cíveis. Sob a Seção 43 do *Lanham Act*, a propaganda falsa e enganosa é proibida. Tecnicamente, a FTC pode estabelecer um processo contra qualquer falsa propaganda usando o Lanham Act, embora a maior parte dos casos seja movida na corte cível pelos prejudicados pela propaganda enganosa mais do que pelo FTC.

O Lanham Act, em conjunto com o Clayton Act, permite a alguém que se sinta prejudicado por propaganda falsa ou enganosa impedir a prática e receber o triplo dos danos. Se uma empresa considerar que a propaganda enganosa de um competidor reduz a demanda do seu produto, pode reclamar através do Lanham Act. O reclamante deve primeiro provar que a propaganda é falsa ou enganosa aos consumidores. O reclamante também deve provar que a propaganda falsa ou enganosa o prejudicou. Se o reclamante vencer, o acusado deve cessar a propaganda, recolher quaisquer unidades de produtos que tenham a informação falsa ou enganosa em seu rótulo, bem como pagar ao reclamante três vezes o dano que a propaganda lhe causou.

Fiscalização de contratos

Outra forma pela qual o governo resolve problemas de informação assimétrica é por meio de *fiscalização de contratos.* Nos Capítulos 6 e 10, aprendemos que os contratos são escritos para evitar que as partes se comportem de maneira oportunista no período final de um jogo. Por exemplo, suponha que seu chefe tenha "prometido" a você o pagamento pelos seus serviços ao final do mês. Depois de ter trabalhado por um mês, o seu chefe se recusa a pagá-lo – ganhando, dessa forma, um mês do seu trabalho gratuitamente. Nos Capítulos 6 e 10, vimos que esses tipos de problemas não surgem quando a reputação é importante ou quando há potencial para interação repetida entre as partes. Nessas situações, o ganho de um único estágio em se comportar de maneira oportunista será menos que proporcional às perdas futuras.

Em relacionamentos de curto prazo, no entanto, uma ou mais partes podem tomar vantagem do "período final" ao se comportarem de maneira oportunista. Se você soubesse que seu chefe não o pagaria no final do mês, teria se recusado a trabalhar. O problema, no entanto, é que você não sabe o que seu chefe fará, apenas ele. De fato,

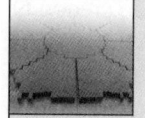

> **Por dentro dos negócios 14-3**
>
> ## Agência de Competição do Canadá
>
> A Agência de Competição é um órgão fiscalizador de lei independente, responsável pela promoção e manutenção de competição justa no Canadá. Sua autoridade surge do *The Competition Act* – uma lei federal que contém provisões tanto criminais quanto cíveis estabelecidas para impedir práticas anticompetitivas no mercado. As principais responsabilidades da Agência de Competição são divididas entre sete seções:
>
> - *A Seção de Práticas de Negócios Justos* administra e aplica a legislação pertinente a representações enganosas, práticas de *marketing* depreciativo, bem como a adequação e praticidade de informação oferecida aos consumidores na rotulação, no empacotamento e na marcação de certos bens de consumo.
>
> - *A Seção de Comunicações* assegura que consumidores, empresas, outras agências governamentais canadenses e a comunidade internacional entendam e apreciem a contribuição crucial da agência à competição no mercado e o crescimento da economia canadense.
>
> - *A Seção de Compliance e Operações* desenvolve o programa de *compliance* da agência, aplicando os serviços de política, treinamento e clientes. Ela também gerencia o centro de informações, planejamento, gestão de recursos, administração e atividades de informática.
>
> - *A Seção de Questões Cíveis* revê reclamações que aleguem comportamento anticompetitivo, como abuso de posição dominante e restrições impostas por fornecedores a seus clientes, como a recusa em ofertar, acordos exclusivos, bem como a venda casada. A seção também é responsável pelas intervenções da agência antes dos corpos regulatórios provinciais, federais e tribunais.
>
> - *A Seção de Política de Competição* circunda as questões internacionais, de economia política e aplicação de questões legislativas. A seção defende os interesses da agência em cooperação internacional, negociações e políticas de desenvolvimento. Ela oferece aconselhamento e *expertise* econômicos, bem como suporte de fiscalização à agência, assegurando que as leis sob sua jurisdição permaneçam relevantes.
>
> - *A Seção de Assuntos Criminais* investiga alegações de comportamento anticompetitivo criminal. Isso inclui conspirações (como fixação de preço), questões relativas a lances em leilões, discriminação de preço, precificação predatória e manutenção de preço.
>
> - *A Seção de Fusões* revê transações de fusões para avaliar se uma redução ou prevenção substancial da competição é resultante de uma fusão.
>
> Fonte: Site da Agência de Competição (Competition Bureau), 24 nov. 2003.

você está incerto quanto a seu chefe ser "honesto" (manter a promessa) ou "desonesto" (quebrar a promessa). A informação assimétrica pode destruir a habilidade dos indivíduos em usar contratos para resolver o problema do oportunismo; ainda que um contrato tenha sido escrito, o chefe pode não honrá-lo. Em função disso, você pode se recusar a trabalhar para o seu chefe ainda que ele seja honesto, porque você não *sabe* se ele é honesto.

Uma solução para esse problema é o governo fiscalizar os contratos. Ao fazê-lo, efetivamente resolve o problema de "final de período" ao requerer que pessoas desonestas honrem os contratos. Nesse caso, ainda que você não saiba se seu chefe é honesto, estará disposto a trabalhar sob o contrato. Se ele se mostrar desonesto, o governo o forçará a pagá-lo. Assim, o reforço de contrato por parte do governo pode resolver a falha de mercado causada pelo problema de final de período.

Caça à renda

caça à renda
Esforços motivados pelo egoísmo para influenciar a decisão da outra parte.

A análise anterior mostra como políticas governamentais podem melhorar a alocação de recursos na economia ao amenizarem os problemas associados ao poder de mercado, externalidades, bens públicos e informação incompleta. É importante notar, no entanto, que as políticas governamentais em geral beneficiam algumas partes à custa de outras. Por essa razão, lobistas despendem consideráveis somas em tentativas de influenciar políticas governamentais. Esse processo é conhecido como *caça à renda*.

Para ilustrar a caça à renda e suas consequências, suponha que um político tenha o poder de regular o monopólio na Figura 14–9. O monopólio atualmente cobra um preço P^M, produz Q^M unidades e obtém os lucros descritos pela região sombreada A. Ao preço e produção de monopólio, o excedente do consumidor é dado pelo triângulo C.

Se os consumidores pudessem persuadir o político a regular o preço do monopolista ao nível competitivo (P^C), o resultado seria uma produção de Q^C. Se isso acontecesse, o monopólio perderia todos os seus lucros (retângulo A). Os consumidores, por outro lado, terminariam com um excedente do consumidor total correspondente às regiões A, B e C.

Uma vez que o monopolista teme perder o retângulo A se a regulação for imposta, ele possui um incentivo para fazer *lobby* arduamente para impedir que isso aconteça. De fato, o monopolista está disposto a despender até o montante A para evitá-la. Essas despesas podem se dar na forma de atividades legais, como contribuições de campanha ou ao político, ou atividades ilegais como subornos.

Observe que os consumidores na Figura 14–9 também estariam dispostos a despender dinheiro para persuadir o político a regular o monopólio. De fato, como um grupo,

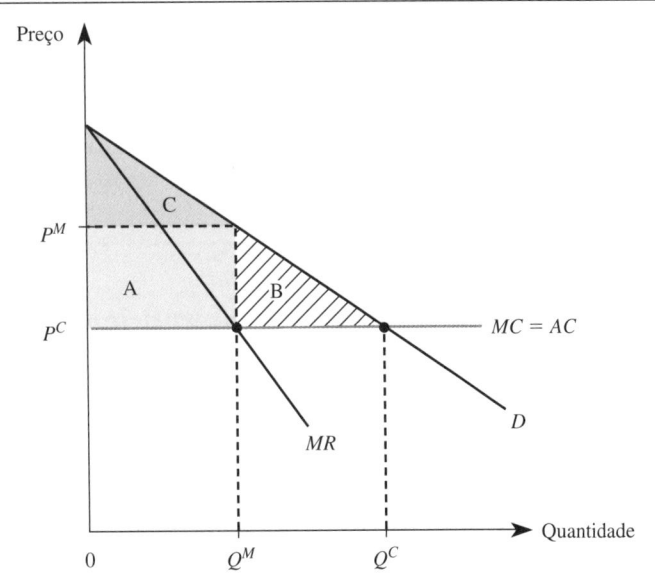

Figura 14–9 Os incentivos para se envolver em atividades de caça à renda

eles poderiam estar dispostos a despender até A + B para impor a solução competitiva, já que esse é o excedente do consumidor adicional aproveitado quando o preço é P^C. É claro que cada consumidor individual espera ganhar muito menos do que o grupo (a regulação é um bem público no sentido de que beneficia todos os consumidores). Consequentemente, cada consumidor possui incentivo para "pegar carona" e, no final, o montante que os consumidores despendem como grupo será muito baixo. O monopolista, por outro lado, é uma entidade única. Evitar a regulação não é um bem público para ele; o monopolista receberá os ganhos privados se puder evitar a legislação. Como resultado, o monopolista despenderá em geral muito mais em atividades de *lobby* do que os consumidores e, assim, frequentemente evitará a legislação ao se envolver em atividades de caça à renda.

Demonstração 14-5

Você é o gerente de um monopólio que se depara com uma curva de demanda inversa de $P = 10 - Q$ e possui uma função de custo $C(Q) = 2Q$. O governo está analisando uma lei que regularia seu preço em um nível competitivo. Qual o montante máximo que você estaria disposto a despender em atividades de *lobby* destinadas a impedir a lei?

Resposta:

Se a regulação for aprovada, o preço da sua empresa será regulado ao custo marginal ($2) e obterá lucro zero. Do contrário, a empresa pode continuar a produzir a quantidade de monopólio e cobrar o preço de monopólio. A produção de monopólio é determinada pelo ponto em que $MR = MC$:

$$10 - 2Q = 2$$

Resolvendo para Q, temos a produção de monopólio de $Q^M = 4$ unidades. O preço de monopólio é obtido ao inserir essa quantidade na função de demanda para obter

$$P^M = 10 - (4) = 6$$

Assim, sua empresa perderá os lucros de monopólio de $P^M Q^M - C(Q^M) = \$16$ se a regulação for aprovada. O máximo que você estaria disposto a despender em atividades de *lobby* seria $16.

Política governamental e mercados internacionais

cota
Restrição que limita a quantidade de bens importados que podem entrar no país legalmente.

Algumas vezes, a caça à renda se manifesta na forma de envolvimento do governo em mercados internacionais. Tais políticas normalmente tomam a forma de tarifas ou cotas que são criadas para beneficiar empresas e trabalhadores específicos à custa de outros. Nesta seção, examinaremos como políticas governamentais de tarifa e cotas afetam as decisões empresariais.

Cotas

O propósito de uma *cota* é limitar o número de unidades de um produto que competidores estrangeiros podem trazer ao país. Por exemplo, uma cota sobre a importação

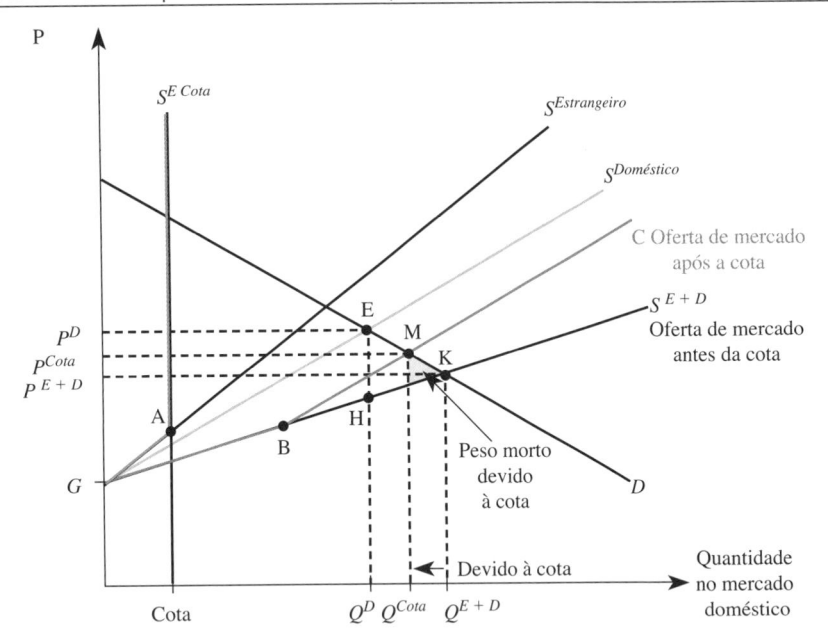

Figura 14-10 O impacto de uma cota de importação sobre o mercado doméstico

de automóveis japoneses limita o número de carros que montadoras japonesas podem vender nos Estados Unidos. Isso reduz a competição no mercado automotivo doméstico, o que resulta em preços de carros mais altos, lucros mais altos para as empresas domésticas, além de menor excedente do consumidor para os consumidores domésticos. Os produtores domésticos, assim, se beneficiam à custa dos consumidores domésticos e produtores estrangeiros.

Para entender por que isso ocorre, considere a Figura 14–10, que mostra o mercado doméstico para um produto. Antes da imposição de uma cota, a curva de demanda doméstica é D, a curva de oferta dos produtores estrangeiros é $S^{Estrangeiro}$, a curva de oferta dos produtores domésticos é $S^{Doméstico}$ e a curva de oferta de mercado – a soma horizontal das curvas de oferta estrangeira e doméstica – é S^{E+D}. O equilíbrio na ausência de uma cota ocorre no ponto K, em que o preço de equilíbrio é P^{E+D} e a quantidade de equilíbrio é Q^{E+D}.

Agora suponha que uma cota seja imposta sobre os produtores estrangeiros, que os impeça de vender mais do que a cota no mercado doméstico. Sob a cota, a oferta estrangeira é $GAS^{E\ Cota}$, enquanto a oferta por parte das empresas domésticas permanece em $S^{Doméstico}$. Assim, a oferta no mercado doméstico após a cota é GBC, resultando em equilíbrio no ponto M. A cota aumenta o preço recebido pelos produtores domésticos para P^{Cota}, e as empresas domésticas agora obtêm lucros mais altos. A área sombreada na Figura 14–10 representa o peso morto devido à cota. O bem-estar total declina como resultado da cota ainda que os produtores domésticos obtenham lucros mais altos. A razão para o declínio do bem-estar total é que os consumidores domésticos e os produtores estrangeiros são prejudicados mais do que os produtores domésticos ganham com a cota. Os produtores domésticos, a partir daí, têm um forte incentivo para fazer *lobby* por cotas sobre os produtos importados em seus mercados.

Demonstração 14-6

Suponha que a oferta de um bem pelas empresas domésticas seja $Q^{SD} = 10 + 2P$ e a oferta por empresas estrangeiras seja $Q^{SE} = 10 + P$. A demanda doméstica pelo produto é dada por $Q^d = 30 - P$.

1. Na ausência de uma cota, qual é a oferta total do bem?
2. Quais são o preço e a quantidade de equilíbrio do bem?
3. Suponha que uma cota de 10 unidades seja imposta. Qual é a oferta total do produto?
4. Determine o preço de equilíbrio no mercado doméstico sob a cota de 10 unidades.

Resposta:

1. A oferta total é a soma das ofertas estrangeira e doméstica, a qual é

$$Q^T = Q^{SD} + Q^{SE} = (10 + 2P) + (10 + P) = 20 + 3P$$

2. O equilíbrio é determinado ao se igualar a demanda total à oferta:

$$30 - P = 20 + 3P$$

Resolvendo para P, temos o preço de equilíbrio de $P = \$2{,}50$. Dado esse preço, as empresas domésticas produzem

$$Q^{SD} = 10 + 2(2{,}5) = 15 \text{ unidades}$$

e as empresas estrangeiras

$$Q^{SE} = 10 + 2{,}5 = 12{,}5 \text{ unidades}$$

levando a uma produção total de equilíbrio $Q^T = 27{,}5$ unidades.

3. Com uma cota de 10 unidades, as empresas estrangeiras venderão apenas 10 unidades no mercado doméstico. Assim, a oferta total é

$$Q^T = Q^{SD} + Q^{SE} = (10 + 2P) + 10 = 20 + 2P$$

4. O equilíbrio é determinado ao se igualar a demanda total à oferta total sob a cota:

$$30 - P = 20 + 2P$$

Resolvendo para P, temos o preço de equilíbrio de $P = \$3{,}33$. A cota aumenta o preço do bem no mercado doméstico devido à redução na competição estrangeira.

tarifa fixa única
Taxa fixa que uma empresa importadora deve pagar ao governo doméstico para ter o direito legal de vender o produto no mercado doméstico.

imposto de importação (unitário)
Imposto que uma empresa importadora deve pagar ao governo doméstico sobre cada unidade trazida ao país.

Tarifas

As tarifas, assim como as cotas, são projetadas para limitar a competição estrangeira no mercado doméstico a fim de beneficiar os produtores domésticos. Os benefícios para os produtores domésticos surgem à custa dos consumidores domésticos e produtores estrangeiros.

Apresentaremos dois tipos de tarifas: a tarifa fixa única e o imposto de importação. A *tarifa fixa única* é uma taxa fixa que as empresas estrangeiras devem pagar ao governo doméstico para poder vender no mercado doméstico. Em contraste, o *imposto de importação* requer que as empresas importadoras paguem ao governo doméstico uma taxa sobre cada unidade trazida ao país.

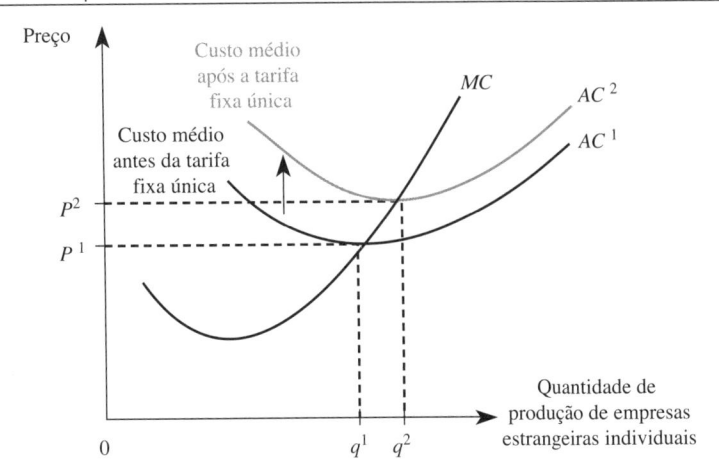

Figura 14–11 Impacto de uma tarifa fixa única sobre uma empresa estrangeira

Tarifas fixas únicas

A Figura 14–11 mostra as curvas de custo médio e marginal para uma empresa estrangeira individual antes e depois da imposição de uma tarifa fixa única. A primeira coisa a observar a respeito da tarifa fixa única é que ela não afeta a curva de custo marginal. Isso se deve ao fato de o importador ter de pagar o mesmo montante de tarifa independentemente de quanto do produto ele traga ao país. Uma vez que a tarifa fixa única aumenta os custos médios de AC^1 para AC^2, um importador não está disposto a pagá-la para entrar no mercado doméstico a não ser que o preço no mercado doméstico seja ao menos P^2.

A Figura 14–12 mostra o efeito de uma tarifa fixa única sobre o mercado. Antes de ela ser imposta, a curva de oferta para os competidores estrangeiros é ES^E, e para os produtores domésticos ES^D, e a curva de oferta de mercado – a soma das ofertas doméstica e estrangeira – é ES^{D+E}. Após a tarifa fixa única ser imposta, a curva de oferta estrangeira se torna AS^E, dado que os importadores não pagarão a tarifa para entrar no mercado doméstico a menos que o preço esteja acima de P^2. Assim, a curva de oferta de mercado na presença de uma tarifa fixa única é dada por $EBCS^{D+E}$. O efeito geral dessa política é remover os competidores estrangeiros do mercado doméstico se a curva de demanda cruzar a curva de oferta doméstica a um preço abaixo de P^2. Uma tarifa fixa única aumenta os lucros dos produtores domésticos se a demanda for baixa, mas não causa efeito sobre seus lucros se a demanda for alta.

Impostos de importação

Se um imposto sobre importação é cobrado sobre os produtores estrangeiros em vez de uma tarifa fixa única, os produtores domésticos se beneficiam em todos os níveis de demanda. Para entender, considere a Figura 14–13, que mostra o efeito de um imposto de importação. S^E é a oferta dos produtores estrangeiros antes da tarifa, S^D é a oferta dos produtores domésticos e ABS^{D+E} é a curva de oferta de mercado antes de um imposto de importação. O equilíbrio na ausência de um imposto se situa no ponto H.

Quando um imposto T é cobrado sobre cada unidade de produto, a curva de custo marginal para as empresas estrangeiras se desloca para cima no montante do imposto, o que

Figura 14-12 Impacto de uma tarifa fixa única sobre a oferta de mercado

por sua vez diminui a oferta de todas as empresas estrangeiras para S^{E+T} na Figura 14–13. A oferta de mercado sob um imposto de importação é, agora, ACS^{D+E+T}, e o equilíbrio resultante se situa no ponto E. O imposto aumenta o preço doméstico que os consumidores devem pagar pelo produto, o que eleva os lucros das empresas domésticas à custa dos consumidores domésticos e produtores estrangeiros.

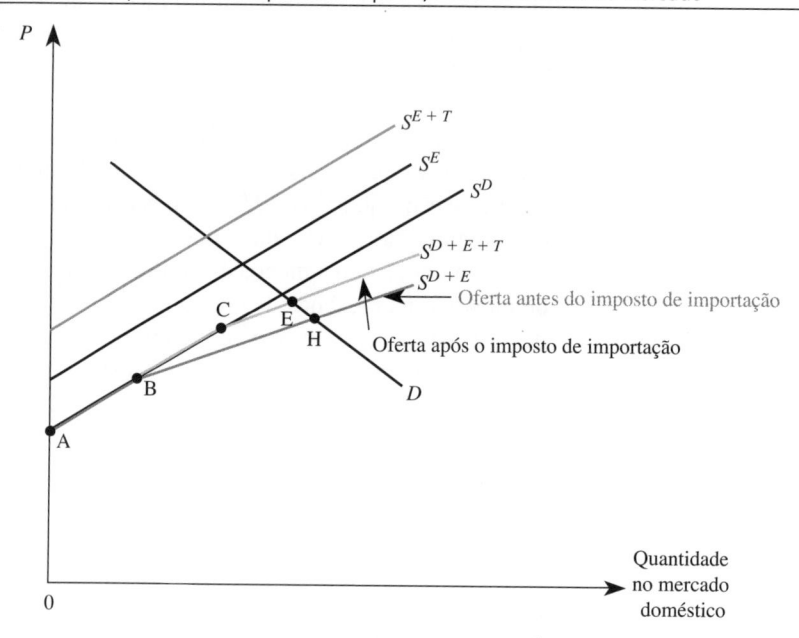

Figura 14-13 Impacto de um imposto de importação sobre a oferta de mercado

Respondendo à manchete

Como a Nestlé e a Ralston obtiveram a aprovação condicional para a sua fusão? Como vimos neste capítulo, a forma mais comum para as partes em uma fusão amenizarem as preocupações antitruste é concordarem em vender ativos nos mercados em que a sobreposição de empresas levaria a um significativa aumento no poder de mercado. Isso é precisamente o que aconteceu nesse caso. A preocupação com a sobreposição foi no mercado de alimentos para gatos, e as partes finalmente obtiveram aprovação condicional ao concordarem em vender as marcas Ralton Meow Mix e a Alley Cat para outra companhia. As partes reconheceram que sua fusão aumentaria os níveis de concentração acima dos permitidos pelas *Horizontal Merger Guidelines*, e que vender esses ativos para ganhar aprovação faria mais sentido do que gastar milhões de dólares em uma batalha legal custosa.

Resumo

Neste capítulo, concentramo-nos nas atividades do governo para corrigir falhas causadas por poder de mercado, externalidades, bens públicos e informação incompleta. A capacidade do governo de regular mercados oferece aos participantes um incentivo a se envolverem em atividades de caça à renda, como *lobby*, para influenciar a política pública. Essas atividades podem se estender aos mercados internacionais, em que o governo impõe tarifas ou cotas sobre produtos importados para aumentar os lucros de interesses especiais.

Nos Estados Unidos, o governo influencia os mercados por meio de dispositivos como legislação antitruste, regulação de preço, restrições a *insider trading* e regulação de honestidade na propaganda e nos empréstimos, bem como políticas projetadas para amenizar falhas de mercado em decorrência de problemas de externalidades ou bens públicos. As regras que afetam as decisões dos futuros gerentes são apresentadas em documentos como o Sherman Antitrust Act, o Clayton Act, o Robinson Patman Act, o Cellar-Kefauver Act, o Lanham Act, o Securities and Exchange Act, a Regulação Z e a Lei do Ar Limpo.

Conceitos e palavras-chave

bem-estar social
bens públicos
caça à renda
caronismo
Cellar-Kefauver Act (1950)
certificação
Clayton Act (1914)
Lei de Ar Limpo (1990)
Comissão Federal de Comércio (FTC)
consumo não excludente
consumo não rival
cotas

direitos de propriedade
Divisão Antitruste do Departamento de Justiça (DOJ)
externalidades negativas
Hart-Scott-Rodino Antitrust Act (1976)
honestidade na propaganda
Horizontal Merger Guidelines
imposto de importação
Índice Herfindahl-Hirschman (IHH)
informação incompleta
insider trading
Lanham Act

peso morto
poder de mercado
política antitruste
reforço de contrato
regra da razão
regulação Z

Robinson Patman Act (1936)
Securities and Exchange Act (1934)
Sherman Antitrust Act (1890)
tarifas fixas únicas
Truth in Lending Act (1969)
Truth in Lending Simplification Act (TLSA) (1980)

Questões conceituais e computacionais

1. Você é o gerente em um mercado composto por cinco empresas, cada uma das quais possui uma fatia de 20% do mercado. Além disso, cada empresa possui uma forte posição financeira e localiza-se a um raio de 160 quilômetros de seus competidores.
   a. Calcule o Índice Herfindahl-Hirschman (IHH) pré-fusão para esse mercado.
   b. Suponha que quaisquer duas dessas empresas se fundam. Qual é o IHH pós-fusão?
   c. Com base apenas na informação contida nesta questão e nas *Horizontal Merger Guidelines* do Departamento de Justiça dos Estados Unidos descritas neste capítulo, você acha que o Departamento de Justiça poderia buscar impedir uma fusão entre quaisquer duas das empresas? Explique.

2. Use o gráfico a seguir para responder as questões.

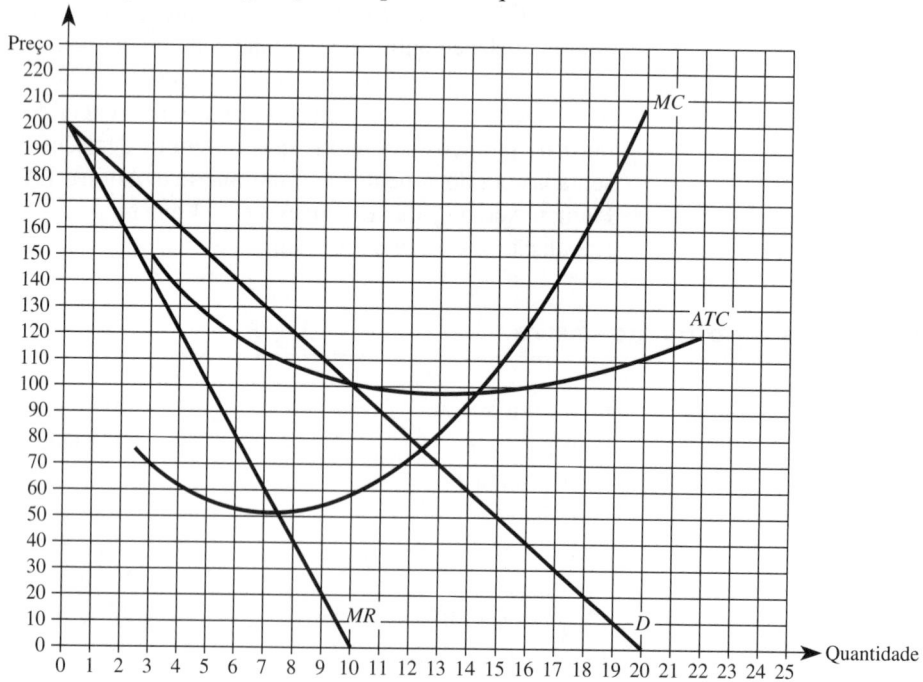

   a. Suponha que esse monopolista não esteja sob regulação.
      (1) Que preço a empresa cobrará para maximizar seus lucros?
      (2) Qual é o nível de excedente do consumidor a esse preço?

b. Suponha que o preço da empresa seja regulado em $80.
   (1) Qual a receita marginal da empresa se ela produzir 7 unidades?
   (2) Se a empresa está apta a cobrir seus custos variáveis ao preço regulado, quanto produzirá a curto prazo para maximizar seus lucros?
   (3) A longo prazo, quanto essa empresa produzirá se o preço permanecer regulado em $80?

3. Você é um analista industrial que se especializou em uma indústria em que a função de demanda inversa de mercado é $P = 100 - 5Q$. O custo marginal externo de produzir é $MC_{Externo} = 10Q$, e o custo interno é $MC_{Interno} = 20Q$.
   a. Qual é o nível socialmente eficiente de produção?
   b. Dados os custos e demanda de mercado, quanto uma indústria competitiva produziria?
   c. Dados os custos e demanda de mercado, quanto um monopolista produziria?
   d. Discuta ações que o governo pode adotar para induzir as empresas nessa indústria a produzir uma quantidade de bens socialmente eficiente.

4. Existem dois trabalhadores. A demanda de cada trabalhador por um bem público é $P = 20 - Q$. O custo marginal de oferecer o bem público é de $24. O gráfico a seguir apresenta informação relevante.

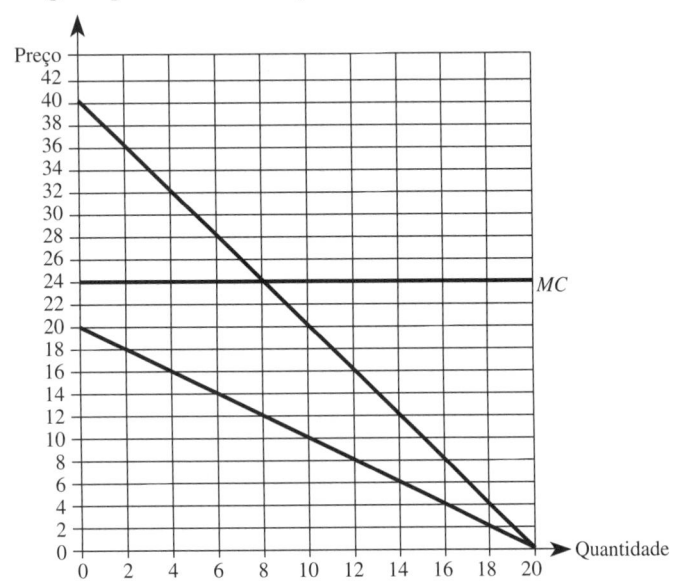

   a. Qual é a quantidade socialmente eficiente desse bem público?
   b. Quanto cada trabalhador terá de pagar por unidade para obter a quantidade socialmente eficiente?
   c. Suponha que os dois trabalhadores contribuam com o montante necessário para oferecer a quantidade do bem público que você identificou nas partes

(*a*) e (*b*). Um terceiro trabalhador valoriza o bem público exatamente como os dois trabalhadores contribuintes, mas ele declara *não* valorizar o bem porque deseja "pegar carona" nos pagamentos dos outros dois trabalhadores.
  (1) Dadas as verdadeiras demandas dos três trabalhadores pelo bem público, o montante de bem público oferecido pelos dois trabalhadores é socialmente eficiente?
  (2) Compare o nível de excedente do consumidor desfrutado pelos três trabalhadores. Quais trabalhadores desfrutam maior excedente?

5. Como gerente em um monopólio, você se depara com uma potencial regulação governamental. Sua demanda inversa é $P = 25 - Q$, e seus custos são $C(Q) = 5Q$.
  a. Determine o preço e a produção de monopólio.
  b. Determine o preço e a produção socialmente eficiente.
  c. Qual o montante máximo que sua empresa deve estar disposta a despender em esforços de *lobby* para impedir que o preço seja regulado ao nível socialmente ótimo?

6. Considere um mercado competitivo atendido por muitas companhias domésticas e estrangeiras. A demanda doméstica por essas empresas é $Q^d = 500 - 1,5P$. A função de oferta das empresas domésticas é $Q^{SD} = 50 + 0,5P$, enquanto aquela para as empresas estrangeiras é $Q^{SE} = 250$.
  a. Determine o preço e a quantidade de equilíbrio sob livre-comércio.
  b. Determine o preço e a quantidade de equilíbrio quando é imposta uma cota de 100 unidades às empresas estrangeiras.
  c. Os consumidores domésticos estarão melhores ou piores como resultado da cota?
  d. Os produtores domésticos estarão em melhor ou pior situação como resultado da cota?

7. Suponha que o Congresso dos Estados Unidos aprove uma lei que imponha uma tarifa fixa única sobre o produto que uma empresa estrangeira exporta para os Estados Unidos.
  a. O que acontece com a curva de custo marginal da empresa estrangeira como resultado da tarifa fixa única?
  b. A tarifa fixa única fará com que a empresa estrangeira exporte mais ou menos do bem? Explique detalhadamente.

8. O diagrama a seguir representa um monopolista cujo preço é regulado em $10 por unidade. Use esta figura para responder as questões a seguir.

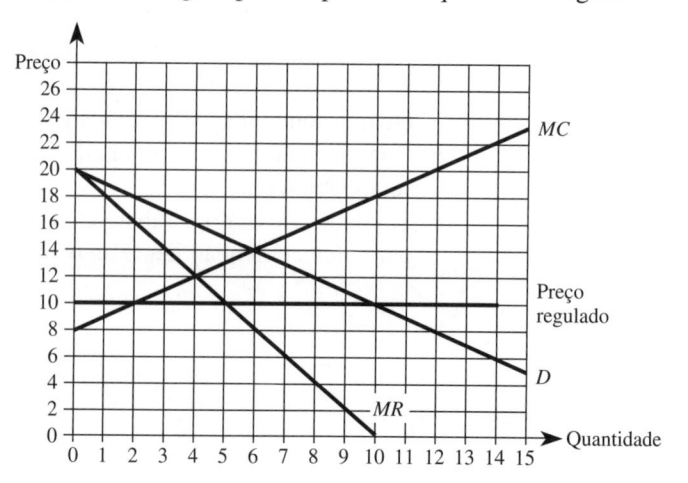

a. Que preço um monopólio não regulado cobrará?
b. Que quantidade um monopólio não regulado produzirá?
c. Quantas unidades um monopólio produzirá quando o preço regulado for de $10 por unidade?
d. Determine a quantidade demandada e o montante produzido ao preço regulado de $10 por unidade. Existe escassez ou excedente?
e. Determine o peso morto à sociedade (se existir) quando o preço regulado for de $10 por unidade.
f. Determine o preço regulado que maximiza o bem-estar social. Há escassez ou excedente a esse preço?

Problemas e aplicações

9. Advogados da Eastman Kodak argumentaram adiante da Suprema Corte dos Estados Unidos em defesa da companhia contra acusações impostas por diversas empresas independentes que ofereciam serviços para máquinas vendidas pela Eastman Kodak. O caso era uma decisão da Kodak de limitar a disponibilidade de peças de reposição para essas empresas, tornando-lhes mais difícil competir contra a Kodak no atendimento a suas máquinas. O reclamante alegou que a Kodak, contra a lei, amarrou a venda de serviços para essas máquinas à venda de peças e, assim, de maneira irregular, buscou monopolizar a venda de serviços e peças para tais máquinas. Sob qual Ato você acredita que a Kodak foi acusada?

10. Entre 1972 e 1981, a Texaco vendeu gasolina para distribuidores independentes ao "preço de varejo de caminhão-tanque", mas ofereceu descontos substanciais aos distribuidores Gull e Dompier. A Gull revendeu a gasolina sob seu próprio nome. A Dompier revendeu o combustível sob a marca Texaco para postos de gasolina e entrou no mercado de varejo diretamente. Dado que nem a Gull nem a Dompier tinham significativos tanques de armazenamento, ambos os distribuidores compravam gasolina diretamente da Texaco e a entregavam a seus postos de gasolina. Como resultado, o volume de vendas aumentou substancialmente nos postos de gasolina que compravam desses distribuidores, enquanto os distribuidores independentes da Texaco sofreram um correspondente declínio nas vendas. Em 1976, os distribuidores independentes da Texaco entraram com uma ação contra ela. Em 1990, a Suprema Corte dos Estados Unidos considerou que a Texaco havia, de fato, violado a lei antitruste. Que lei você acha que a Texaco foi acusada de violar?

11. A Social Dynamo Corporation obteve lucros no ano passado de $49 milhões por meio de vendas de $500 milhões. Durante o mesmo período, seu principal competidor – EIO Corp. – obteve vendas de $490 milhões e lucros de $52 milhões. Atualmente, a Social Dynamo está negociando um acordo no qual poderá adquirir os ativos da EIO em uma transação que Wall Street avalia em $120 milhões. Espera-se que uma fusão de sucesso entre as duas companhias aumente os preços no mercado em 2%. A Social Dynamo é obrigada a notificar o Departamento de Justiça dos Estados Unidos e a Comissão Federal de Comércio de suas intenções de fusão? Explique.

12. Em 2002, um conglomerado bastante conhecido que manufatura diversos produtos não competidores instituiu uma iniciativa corporativa para encorajar os gerentes de suas várias divisões a dividir informação demográfica a respeito

dos consumidores. No entanto, desde que a iniciativa foi implementada, o CEO foi notificado de que menos informação estava disponível do que antes. Por que você acha que o plano do CEO fracassou?

13. Você é o gerente de uma fábrica de papel e foi intimado a comparecer a uma sessão conjunta do Subcomitê de Assuntos de Consumidores do Senado e do Subcomitê Ambiental do Senado. O Subcomitê de Assuntos de Consumidores está interessado em seu testemunho a respeito das práticas de precificação da companhia, pois uma revista de notícias recente publicou que os seus markups são de 250%. O Subcomitê Ambiental está interessado em explorar fórmulas para reduzir a poluição associada à sua empresa. Em particular, você sabe que um senador do Subcomitê Ambiental lhe pedirá para justificar por que não pode ser cobrada uma taxa por unidade da empresa sobre a produção para compensar a poluição que ela despeja em um grande rio. Apresente um plano para responder às questões que serão levantadas na sessão conjunta dos Subcomitês.

14. A seção 16(a) do Securities Exchange Act de 1934, conforme emenda de 1990, requer que executivos, diretores e principais acionistas de companhias divulguem a extensão de sua propriedade de ações da companhia e quaisquer mudanças nesta. A seção 16(b) permite às empresas recuperar lucros de comércio realizados por tais pessoas em funções de transações de curto prazo com os papéis da companhia. Você acredita que, como resultado dessas leis, o governo será forçado a gastar mais dinheiro em suas auditorias e esforços de reforço? Explique.

15. A Enrodes é provedora monopolista de eletricidade residencial em uma região do norte de Michigan. A demanda total dos 2 milhões de residências é $Q^d = 1.000 - P$, e a Enrodes pode produzir eletricidade a um custo marginal constante de \$2 por megawatt/hora. Os consumidores nessa região recentemente reclamaram que a Enrodes está cobrando muito por seus serviços. De fato, alguns clientes estão tão irritados que tentam uma forma de coalizão para fazer *lobby* com o governo local para regular o preço que a Enrodes cobra. Se todos os consumidores se integrassem à coalizão contra a Enrodes, quanto cada um estaria disposto a despender em lobby com o governo local para regular o preço da empresa? Você acha que eles terão sucesso? Explique.

16. É provável que a entrada da China na Organização Mundial do Comércio (OMC) crie mais competição entre empresas locais e estrangeiras, bem como ofereça à China maior acesso ao mercado de produtos exportados. Isso é particularmente verdadeiro no mercado de borracha, já que a China é o segundo maior consumidor mundial do produto. De acordo com a OMC, a China planeja eliminar sua importante cota sobre a borracha ao longo dos próximos cinco anos. Que impacto a redução na cota de importação deve ter sobre o preço da borracha e a quantidade de borracha enviada à China? Que implicações a eliminação da cota sobre a borracha deve ter sobre o bem-estar social na China?

17. O comitê da Comissão de Comércio Internacional dos Estados Unidos é responsável pela investigação de salvaguarda global envolvendo importação de aço, conforme anunciado em suas recomendações enviadas ao presidente. Das 33 categorias de produtos de aço investigadas, 12 obtiveram significativo aumento

na quantidade de aço importado, causando ameaças de sérios danos à indústria de aço dos Estados Unidos. A Comissão recomendou que o presidente impusesse um imposto de 20% sobre as 12 categorias de aço importadas. Se o presidente seguir as recomendações da Comissão, o que acontecerá com a oferta de aço estrangeiro nessas categorias? Que impacto terá sobre a quantidade de equilíbrio de aço vendido (dessas categorias) nos Estados Unidos? O preço de equilíbrio para essas categorias de aço no mercado dos Estados Unidos irá aumentar ou diminuir? Explique.

18. A indústria florestal no Canadá (composta principalmente por aqueles envolvidos na indústria madeireira) emprega diretamente cerca de 370 mil trabalhadores e, indiretamente, 510 mil pessoas em serviços de suporte. Os produtos florestais respondem por aproximadamente 3% do Produto Interno Bruto (PIB) do Canadá e 14,1% de suas exportações. Lobistas dos produtores madeireiros dos Estados Unidos recentemente entraram com uma representação na Comissão Internacional de Comércio (ITC) e no Departamento de Comércio (DOC) dos Estados Unidos alegando que o governo canadense ofereceu subsídios a seus produtores madeireiros e causou danos aos produtores e madeireiras norte-americanos. Como resultado dessas preocupações, um lobista dos Estados Unidos propôs a imposição de um imposto de importação de 15% sobre todos os produtos de madeira canadenses. Determine o provável impacto do imposto de importação de 15% proposto sobre o preço e a quantidade de equilíbrio de madeira comercializada nos Estados Unidos. Os consumidores e produtores domésticos se beneficiariam do imposto proposto? Explique detalhadamente.

19. Suponha que antes da aprovação do Truth in Lending Simplification Act e da Regulação Z, a demanda por empréstimos a consumidores fosse dada por $Q^d_{pré-TLSA} = 10 - 80P$ (em bilhões de dólares) e a oferta de crédito a consumidores por parte de cooperativas de crédito e outras instituições de empréstimos fosse $Q^S_{Pré-TLSA} = 4 + 80P$ (em bilhões de dólares). O TLSA agora requer que os emprestadores ofereçam aos consumidores informação completa a respeito dos direitos e responsabilidades ao entrarem em um relacionamento de empréstimo com a instituição e, como resultado, a demanda por empréstimo aumentou para $Q^d_{pós-TLSA} = 20 - 80P$ (em bilhões de dólares). No entanto, o TLSA também impôs "custos de *compliance*" sobre as instituições de empréstimos, e isso reduziu a oferta de crédito ao consumidor para $Q^S_{pós-TLSA} = 2 + 80P$ (em bilhões de dólares). Com base nessa informação, compare o preço e a quantidade de equilíbrio dos empréstimos ao consumidor antes e depois do Truth in Lending Simplification Act.

20. Avalie esta declaração: "Se os Estados Unidos impusessem um imposto de importação uniforme sobre todas as importações estrangeiras, todas as empresas e os trabalhadores dos Estados Unidos seriam beneficiados. Consequentemente, se a ideia de cobrar um imposto de importação uniforme fosse apresentada ao Congresso dos Estados Unidos, ela seria aprovada unanimemente".

21. A Moses Inc. é uma pequena companhia elétrica que oferece energia a clientes em uma pequena área rural no Sudoeste. A companhia está atualmente maximizando seus lucros ao vender eletricidade aos consumidores a um preço de $0,15 por quilowatt/hora. Seu custo marginal é de $0,05 por quilowatt/hora e seu custo médio é de $0,15 por quilowatt/hora. Um regulador governamental está considerando uma proposta de regular o preço da empresa para $0,05 por quilowatt/hora. Essa política aumentaria o bem-estar social? Explique.

Exercícios baseados em casos

Seu instrutor pode dar exercícios adicionais (chamados memos), que requerem a aplicação de algumas das ferramentas aprendidas neste capítulo, para fazer recomendações baseadas em cenários reais de negócios. Alguns desses memos acompanham o Caso Time Warner (páginas 548–583 do seu livro). Memos adicionais, assim como dados que podem ser úteis para a sua análise, estão disponíveis *on-line* em www.mhhe.com/baye6e.

Referências

Economides, Nicholas; White, Lawrence J. "Networks and compatibility: implications for antitrust." *European Economic Review,* v. 38, n. 34, p. 651–662, abr. 1994.

Elzinga, Kenneth; Breit, William. *The antitrust penalties: a study in law and economics.* New Haven: Yale University Press, 1976.

Formby, John P.; Keeler, James P.; Thistle, Paul D. "X-efficiency, rent seeking and social costs." *Public Choice,* v. 57, n. 2, p. 115–126, maio 1988.

Gradstein, Mark; Nitzan, Shmuel; Slutsky, Steven. "Private provision of public goods under price uncertainty." *Social Choice and Welfare,* v. 10, n. 4, p. 371–382, 1993.

Inman, Robert P. "New research in local public finance: introduction." *Regional Science and Urban Economics,* v. 19, n. 3, p. 347–352, ago. 1989.

McCall, Charles W. "Rule of reason versus mechanical tests in the adjudication of price predation." *Review of Industrial Organization,* v. 3, n. 3, p. 15–44, 1988.

Rivlin, A. M. "Distinguished lecture on economics in government: strengthening the economy by rethinking the role of federal and state governments." *Journal of Economic Perspectives,* v. 5, n. 2, p. 3–14, 1991.

Steiner, R. L. "Intrabrand competition – stepchild of antitrust." *Antitrust Bulletin,* v. 36, n. 1, p. 155–200, 1991.

Nota do autor sobre o caso

O caso a seguir foi escrito especialmente para este livro. Independentemente de você ter estudado um único capítulo ou todos os capítulos do livro, o caso é uma oportunidade para aplicar ferramentas de economia de empresas a uma situação do mundo real. Ele inclui uma diversidade de questões e pode ser usado em uma variedade de caminhos para aprimorar suas habilidades de tomada de decisão.

Por exemplo, seu professor pode escolher utilizar o caso como uma experiência fundamental em que você e/ou os membros da sua equipe apresentem suas análises e façam recomendações à companhia. Por essa razão, ao ler o caso, você observará que ele oferece informações a respeito da empresa e seu ambiente de negócios, mas não identifica problemas nem faz perguntas específicas. Como no mundo dos negócios, a responsabilidade de identificar questões-chave e defender suas recomendações é sua. Diferentes estudantes provavelmente enfocarão diferentes questões e elaborarão diferentes recomendações, dependendo dos capítulos estudados e de seu domínio do material.

Como alternativa ou complemento, seu professor pode utilizar o caso como um "problema estendido" ao longo do curso para ilustrar conceitos desenvolvidos em capítulos específicos. O caso inclui diversos memorandos – alguns no final do caso e outros disponíveis *on-line* em www.mhhe.com/baye6e – que lhe permitem aplicar conceitos capítulo a capítulo.

Espero que você aproveite o caso. Lembre que um componente importante de qualquer exercício desse tipo é utilizar a informação oferecida junto com seu conhecimento de economia de empresas e estratégias de negócios, para identificar questões-chave e guiar suas recomendações e decisões. Considere esse como um caminho prático para quando sair da sala de aula e entrar no mundo dos negócios.

CASO: Desafios na Time Warner[1]

Manchete

Em janeiro de 2003, a AOL Time Warner Inc. anunciou que divulgaria um prejuízo de $98,7 bilhões no ano terminado em 31 de dezembro de 2002, o maior prejuízo corporativo na história dos Estados Unidos. Embora os executivos da companhia descrevessem o fato mais como resultado de mudanças contábeis do que devido a problemas com operações interrompidas, o conglomerado de mídia claramente se deparou com desafios significativos. O preço das ações fechou o mês de janeiro em $11,66, abaixo dos $71 em janeiro de 2000, quando ela anunciou sua fusão com a America Online (AOL).

A gravidade dos acontecimentos dos últimos anos atingiu TJ como um raio. TJ estava voltando à realidade – depois de ter se sentido nas alturas na ocasião em que o presidente a chamara, na semana anterior, para promovê-la a uma nova posição na Time Warner – efetivamente hoje, 1º de setembro de 2004. TJ sentou-se, acompanhada de seu café e do *Wall Street Journal* para rever as operações da empresa antes de responder ao primeiro memorando em sua caixa de entrada.

---

[1] Preparei este caso com Kyle Anderson e Dong Chen para uso mais como uma ferramenta de ensino do que para ilustrar a habilidade efetiva ou não da Time Warner Inc. em lidar com desafios empresariais difíceis. A informação contida aqui baseia-se em informações publicamente disponíveis e que foram coletadas em uma variedade de fontes da indústria. Os memorandos no final deste capítulo – bem como os disponíveis *on-line* em www.mhhe.com/bey6e – foram escritos pelos autores do caso para uso como ferramenta de ensino; eles não representam memorandos verdadeiros da companhia. Qualquer relação entre esses memorandos e aqueles efetivamente enviados por membros da Time Warner ou qualquer outra companhia é mera coincidência.

Histórico

A Time Warner Inc. foi fundada em 1990 pela fusão da editora de revistas Time Inc. e a Warner Communications, inicialmente uma produtora de filmes e programação de televisão. Para reduzir as dívidas, a Time Warner vendeu 25% da Time Warner Entertainment (a qual inclui a HBO, Warner Bros. e parte da Time Warner Cable) para a Media One Group. Em 1996, a Time Warner adquiriu a Turner Broadcasting Systems, expandindo suas redes de programação a cabo significativamente. No final de 1999, a Time Warner teve receitas acima de $27 bilhões e lucro líquido de cerca de $2 bilhões.

Em janeiro de 2000, a AOL e a Time Warner anunciaram sua intenção de se fundirem, e a fusão foi completada um ano depois. A fusão foi a maior na história corporativa dos Estados Unidos, com o valor pré-anunciado da AOL de $163 bilhões e o valor pré-anunciado da Time Warner de $100 bilhões. No entanto, à época em que a fusão foi concluída, o valor da empresa combinada caiu para $165 bilhões. Ambas as companhias esperavam que a junção de conteúdo da Time Warner e da base de Internet da AOL oferecesse oportunidades maiores para o crescimento da nova empresa. Muitas ideias foram apresentadas para mostrar como a AOL e a Time Warner estariam aptas a unir suas operações de Internet e mídia para aumentar o valor da entidade combinada.

Em 2003, a AOL Time Warner conquistou pequenos sucessos na fusão de produtos. A cooperação entre as divisões AOL e Time Warner não existia e os acordos de propaganda foram perdidos devido a conflitos internos. O declínio no valor das ações de tecnologia e uma economia letárgica forçaram a AOL Time Warner a assumir $98,7 bilhões de perdas em 2002, inicialmente em virtude da queda de valor da AOL. Gerald Levin, o presidente e CEO da Time Warner anteriormente à fusão, assumiu o cargo de CEO da AOL Time Warner em 2002. Steve Case, presidente e CEO da AOL, pediu demissão da posição de presidente da AOL Time Warner no início de 2003. Richard Parsons foi promovido de COO da Time Warner para a posição de CEO da empresa. Parsons, que também fora indicado para presidente do conselho quando Case se demitiu, promoveu diversos executivos seniores da Time Warner e aceitou a demissão de alguns dos gerentes seniores da AOL.

Diversos comentaristas e numerosos investidores da Time Warner consideraram a fusão com a AOL um erro; alguns chegaram até a chamá-la de "pior negócio da história". Muitos acreditam que a AOL enganou a Time Warner antes da fusão quanto à perspectiva de propaganda *on-line* e superestimou suas receitas. Em 2003, a Securities and Exchange Commission anunciou uma investigação sobre as alegações de que a AOL usou métodos agressivos e ilegais de reconhecimento de receitas levando à fusão. No início de 2003, a perspectiva de divisão da AOL e da Time Warner, desfazendo a maior fusão da história dos Estados Unidos, era uma possibilidade real.

No entanto, Parsons recusou-se a perder a AOL, e, em função disso, concentrou-se em reduzir as dívidas da companhia e integrar os negócios. A companhia anunciou acordos para vender suas operações de estúdios musicais e publicações, a Warner Music Group, por $2,6 bilhões, e sua divisão de fabricação e distribuição de CDs e DVDs, a Warner Manufacturing, por $1,05 bilhão. Também fechou acordos para vender as operações da Time Life, uma empresa de marketing direto, com prejuízos operacionais líquidos em 2003 de $82 milhões, e seus times Turner de esportes de inverno (o NHL Atlanta Thrashers e o NBA Atlanta Hawks), os quais levaram a prejuízos operacionais de $37 milhões. Em setembro de 2003, a companhia tirou a AOL de seu nome corporativo e retomou suas operações sob o nome Time Warner, Inc.

Enquanto 2003 viu incremento nas operações e um retorno à lucratividade (veja Demonstrativos 1A e 1B no Apêndice), os executivos da Time Warner ainda se deparavam com numerosos desafios em gerenciar a maior companhia de mídia do mundo. A America Online está se deparando com receitas declinantes, a Time Warner Cable está observando mercados saturados e competição acirrada e a indústria de publicação está fraca devido aos baixos níveis de propaganda. O sucesso em suas redes de filmes de entretenimento e programação a cabo ofereceu o único encorajamento.

Visão geral da indústria e das operações da Time Warner

Após a fusão com a AOL, a Time Warner, Inc. tornou-se a maior companhia de mídia do mundo, com receitas acima de $38 bilhões. No entanto, Disney, Viacom, News Corp. e Sony são fortes competidores no segmento de mídia, com vários ativos nos mercados de televisão, publicação, música, Internet e filmes. (Veja o Demonstrativo 2 para uma visão geral de competidores selecionados na indústria de mídia.) Em 2004, a General Electric concordou em fundir a NBC, de sua propriedade, com a Universal, de propriedade da francesa Vivendi, para criar a NBC Universal. A nova entidade é 80% da GE e 20% da Vivendi. Atualmente existe especulação de que a Sony está tentando adquirir a MGM.

Espera-se que a consolidação do segmento de mídia continue devido às recentes revisões quanto às restrições de propriedade de mídia pela Comissão Federal de Comunicações (FCC). Em 2003, a FCC relaxou diversas regulações que restringiam o número de canais de mídia que uma companhia poderia possuir em qualquer mercado local, e também aumentou a audiência nacional que qualquer companhia possa atingir. As regulações de propriedades de mídia são projetadas para prevenir qualquer pessoa ou qualquer companhia de controlar grande parcela desse mercado; elas representam um esforço para assegurar algum nível de diversidade na mídia. Os proponentes das regulações estritas de mídia temem que a concentração levará a maior homogeneidade no conteúdo de mídia, o que seria um desserviço aos consumidores. Aqueles favoráveis ao relaxamento das linhas gerais argumentam que o passo rápido da mudança tecnológica torna impossível para qualquer companhia controlar o fluxo de informações aos consumidores. O *status* das mudanças regulatórias ainda é incerto, dado que o Congresso está analisando leis que podem afetar as regras de propriedade.

As operações da Time Warner, Inc. incluem cinco principais áreas de negócios: AOL, filmes de entretenimento, editora, redes de televisão e sistemas a cabo. A Figura 15–1 oferece uma visão de como essas áreas de negócios contribuíram para o resultado líquido e para as vendas de 2003 da Time Warner, Inc. As operações são discutidas em mais detalhes a seguir.

America Online

Fundada em 1989, a America Online (AOL) estava entre as primeiras companhias nos Estados Unidos a oferecer serviços de Internet aos usuários domésticos. A AOL proveu não apenas conexão à Internet, mas significativo conteúdo relacionado a ela. No início e meados da década de 1990, a World Wide Web estava em seu período inicial, e muito do conteúdo na Internet era difícil de encontrar ou não era confiável. O conteúdo de propriedade da AOL ofereceu grande valor a novos usuários não

Figura 15-1 Contribuições de áreas de negócios às vendas e ao resultado líquido geral da Time Warner, 2003

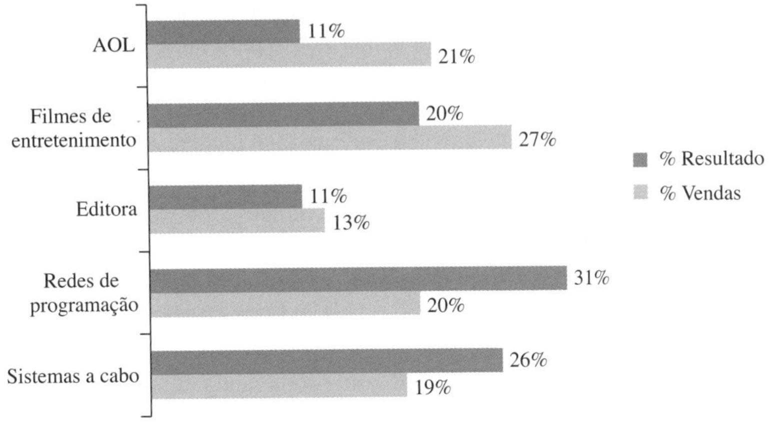

Área	% Resultado	% Vendas
AOL	11%	21%
Filmes de entretenimento	20%	27%
Editora	11%	13%
Redes de programação	31%	20%
Sistemas a cabo	26%	19%

Fonte: Hoover Online, relatórios da companhia e cálculos do autor.

familiarizados com a nova tecnologia. A AOL se tornou a pioneira nos serviços de Internet de *marketing* de massa ao distribuir milhões de discos com seu *software* e oferecer minutos gratuitos a novos usuários.

No final de 1995, a AOL tinha quase 5 milhões de membros e havia lançado a AOL Europa em parceria com a Bertelsmann AG, um conglomerado de mídia alemão. Em 1996, A AOL começou a cobrar uma taxa fixa por seus serviços, a qual aumentou sua popularidade de maneira substancial, mas também resultou em sinais ocupados e congestionamento de rede. Também nesse ano, a AOL lançou sua subsidiária AOL Canada e, por meio de uma *joint venture*, expandiu-se para o Japão. O crescimento rápido no número de assinantes continuou ao longo do final da década de 1990 e a AOL detinha mais de 20 milhões de associados no final de 2000. Em 2003, aparentemente os assinantes da AOL haviam atingido seu número máximo; na verdade, o número de associados caiu de 24,7 milhões para 24,3 milhões ao longo do quarto trimestre.

Condições de mercado

Os usuários domésticos dos Estados Unidos têm diversas opções para obter serviços de Internet. Eles podem utilizar um serviço tradicional discado de um grande número de provedores, incluindo a AOL. Como alternativa, podem obter uma conexão de banda larga, em geral provida por uma companhia de cabo com um modem, ou, ainda, por meio de uma conexão *digital subscriber line* (DSL) através de sua companhia telefônica. Cerca de 63% dos usuários domésticos dos Estados Unidos com conexão à Internet usam uma conexão discada, enquanto os 37% restantes usam conexão de banda larga.

O mercado de provisão de serviços de Internet (ISP) desfrutou incrível crescimento durante sua breve história nos últimos dez anos. Companhias nacionais como AOL, Prodigy e CompuServe foram os primeiros grandes provedores. O Demonstrativo 3 do Apêndice oferece dados de assinatura para os maiores ISPs tradicionais.

Devido a diversos fatores, a AOL está agora sofrendo um declínio em seu número de assinantes. Primeiro, o crescimento na Internet e o número de serviços livres disponíveis nela reduziu o valor do conteúdo de propriedade da AOL. Segundo, ISPs com descontos, como as marcas United Online e Earthlink, têm competido com sucesso com a AOL por clientes de acesso discado, ao cortarem suas taxas mensais e oferecer menos conteúdo. Os consumidores também estão mudando para conexões de Internet via banda larga, para aumentar a velocidade com a qual acessam e baixam informações. À medida que mais consumidores têm migrado para a banda larga, desenvolvedores de *sites* e provedores de conteúdo têm aumentado o montante de imagens e conteúdo para usuários com banda larga. Em 2003, 23,5 milhões de usuários domésticos dos Estados Unidos se conectavam à Internet por meio de serviços de banda larga.

As receitas da AOL são derivadas de serviços de assinatura e de propaganda. Os assinantes podem escolher vários planos de serviços, mas o mais popular inclui acesso discado e minutos ilimitados por $23,95 por mês. Receitas com propaganda advêm tanto de publicidade exibida na tela quanto de taxas que as companhias pagam para ter usuários direcionados a seus *sites*.

As receitas com propaganda da AOL declinaram 40% entre 2002 e 2003. Devido a condições econômicas fracas, muitas grandes companhias reduziram seus orçamentos de propaganda, especialmente propaganda direcionada *on-line*. Além disso, inúmeros negócios de Internet que anteriormente ofereciam à AOL significativa propaganda e receitas advindas de *click-through* também cortaram propaganda ou cessaram todas as operações.

Para combater o declínio no número de assinantes, a AOL trabalhou para oferecer novos produtos, incluindo a criação de seu próprio acesso (BYOA), que permitiu aos consumidores conectar-se à Internet através de outros meios e, então, acessar o conteúdo e os serviços da AOL. O plano BYOA possui taxas menores porque os clientes devem pagar separadamente para obter sua própria conexão à Internet. No entanto, a AOL tentou aumentar o valor aos usuários de banda larga ampliando seu conteúdo de alta velocidade (por exemplo, música e vídeo). Não está claro quantos clientes estão dispostos a pagar separadamente por uma conexão à Internet e uma assinatura pelo conteúdo da AOL.

Operações da AOL

Além do serviço com sua marca *on-line*, as operações da AOL incluem a CompuServe, Netscape, Moviefone, Mapquest e a AOL Instant Messenger. A CompuServ, adquirida pela AOL em 1998, oferece um produto ISP com desconto por meio de seu próprio nome e por meio do serviço de conexão à Internet Wal-Mart.

A Netscape oferece uma variedade de produtos, incluindo serviços de pesquisa, web-mail e oportunidades para comércio eletrônico. A AOL adquiriu a Netscape em 1999 por cerca de $10 bilhões. O *software* da Netscape era a ferramenta dominante no mercado de *software* para a Internet, mas o Microsoft Internet Explorer ganhou espaço. Em 2002 menos de 4% dos usuários de Internet escolheram o Netscape. Em janeiro de 2002, a Netscape moveu um processo contra a Microsoft por violações antitruste, conforme sentença da corte federal de que a Microsoft se engajou em práticas anticompetitivas. O processo foi julgado em maio de 2003, com a Microsoft concordando em pagar à AOL $750 milhões e permitindo à AOL utilizar o browser Internet Explorer sem cobrança por sete anos.

A AOL lançou seu popular AOL Instant Messenger (AIM) em 1996. Serviços de mensagens instantâneas permitem aos usuários enviar mensagens curtas para outros usuários, facilitando uma "conversação" *on-line*. Inicialmente, o uso do AIM estava restrito aos assinantes AOL, mas a competição de outros serviços, como ICQ, e de outras empresas como Yahoo! e Microsoft forçaram a AOL a torná-lo disponível sem cobrança para qualquer usuário da Internet. Em 1999, a Microsoft buscou tornar o MSN compatível com o AIM, mas a AOL a impediu de mudar as configurações em seus servidores. A AOL citou razões de segurança como justificativa para o bloqueio, enquanto a Microsoft considerava que a AOL estava tentando evitar que os clientes de mensagens da Microsoft se comunicassem com os usuários AIM. A divergência foi resolvida em 2003 como parte do julgamento do Netscape, e ambas as empresas concordaram em tornar o AIM e o MSN compatíveis.

AOL Europa

A AOL Europa foi lançada em 1996 em parceria com a Bertelsmann, AG, a qual ficou com 49,5% da entidade. O crescimento na Europa foi muito mais lento que nos Estados Unidos. Diferenças culturais e de linguagem na Europa dificultaram à AOL a criação de um conteúdo com grande apelo. Além disso, não foi fácil para a AOL conseguir acesso ao mercado, uma vez que os consumidores europeus em geral tinham de pagar às companhias telefônicas pelos minutos em que estavam conectados, assim como pagar à AOL. Esses custos mais altos resultaram em uma menor fração de usuários domésticos com acesso à Internet na Europa do que nos Estados Unidos. Companhias de telecomunicações nacionais, como a Deutsche Telekom, France Telecom, Telefonica Espanhola e Telecom Itália, estão agora oferecendo um pacote de telefone e serviços de Internet e têm obtido vantagem sobre a AOL.

Em 2001, a AOL Europa sofreu prejuízos de $600 milhões e receitas de $800 milhões com 2,5 milhões de assinantes. Para piorar as coisas, ela foi forçada a comprar a Bertelsmann por $6,75 bilhões, um prêmio significativo, devido a preocupações antitruste entre os grupos de música e publicação da Time Warner e a Bertelsmann. Existia considerável debate dentro da Time Warner sobre se a AOL Europa seria uma entidade viável.

No entanto, após a compra da Bertelsmann, a AOL Europa teve ganhos significativos. O número de assinantes aumentou para 6,4 milhões, com receitas anuais de $1,5 bilhão (em parte devido a taxas de câmbio favoráveis). Esses ganhos decorrem de diversos movimentos estratégicos. Primeiro, a AOL Europa fez *lobby* para leis de acesso aberto e garantias seguras por paridades nos preços dos serviços de banda larga na Inglaterra, França e Alemanha. As garantias têm aumentado a habilidade da companhia em competir com as empresas de telecomunicações europeias. Segundo, a AOL Europa entrou em um acordo com o Dixons Group (maior vendedor de computadores na Inglaterra) para ser o parceiro de *marketing* exclusivo da companhia. Por fim, a AOL Europa tem trabalhado arduamente para desenvolver seu conteúdo aos clientes de línguas de países e regiões específicos dentro da União Europeia.

Filmes de entretenimento

No início da década de 1900, os quatro irmãos Warner – Jack, Abe, Harry e Sam – criaram a companhia que se tornou a Warner Bros. Entertainment. Eles iniciaram com um cinema no início dos anos 1900 em New Castle, Pensilvânia, e rapidamente se expandiram para a produção e distribuição de filmes. A companhia, então chamada Warner Bros. Studio, primeiro teve sua sede na cidade de Nova York e depois se mudou para Burbank, Califórnia. A Warner Bros. foi produtora do primeiro filme falado divulgado amplamente, *The Jazz Singer*, (Cantor de Jazz) em 1927. Ele foi seguido por uma série de grandes sucessos nas décadas de 1930 e 1940, incluindo *Casablanca* (1942). Da mesma forma como outros grandes estúdios daquela época, a Warner Bros. possuiu grandes ativos em cadeias de cinemas.

O Decreto Paramount de 1948 tornou ilegal aos estúdios de filmes possuírem cinemas, o que efetivamente levou ao declínio da Warner Bros. Em 1966, a companhia foi vendida para a Seven Arts Productions e rebatizada como Warner Brothers-Seven Arts, a qual logo em seguida foi adquirida pelo empreendedor Steven Ross e se tornou a Warner Communications. O negócio de produção de filmes começou sob esse nome e a companhia relançou sucessos como *Superman* (1978) e o vencedor do Oscar *A Cor Púrpura* (1985).

Em 1990, a Warner Communications se fundiu com a Time Inc. e se tornou parte da Time Warner Inc. A produção de filmes e os negócios de produção e distribuição foram operados pela Time Warner Entertainment, uma parceria limitada entre a Time Warner e a AT&T (cuja propriedade depois passou para a Comcast). Do início da década de 1990 até sua reestruturação em 2003, a companhia relançou alguns dos seus maiores sucessos na indústria cinematográfica, como *O Fugitivo* (1993), *Twister* (1996) e as fitas do *Batman* (1989–1997).

Em março de 2003, a Time Warner completou sua reestruturação. Sob a nova estrutura, a Time Warner Inc. obteve propriedade completa dos conteúdos de negócios da Time Warner Entertainment, incluindo a produção e distribuição de filmes. Atualmente, essa parte dos negócios é operada pela Warner Bros. Entertainment Inc.

Produção e distribuição de filmes

A produção e a distribuição de filmes são os principais negócios da Time Warner e são conduzidos principalmente pela Warner Bros. Entertainment, Inc. – uma subsidiária de propriedade unicamente da companhia. A New Line Cinema Corporation é outra produtora e distribuidora de filmes da Time Warner e também tem a companhia como única proprietária, através da Turner Broadcasting System (TBS).

Hoje, a Warner Bros. Entertainment, Inc. é uma das principais distribuidoras do mundo. Todo ano lança cerca de 20 filmes, alguns financiados pela Warner Bros. Entertainment e outros produzidos e financiados por outras produtoras. Alguns sucessos incluem a trilogia *Matrix* (1999–2003), a série *Harry Potter* (2001–2004), *Scooby Doo* (2002) e *O Último Samurai* (2003).

A New Line Cinema Corporation é líder no segmento de produção e distribuição de filmes independentes. Suas operações são conduzidas por meio de duas divisões: a New Line Cinema e a Fine Line Features. A New Line Cinema distribuiu filmes de grande sucesso, como a trilogia *O Senhor dos Anéis* (2001–2003), o ganhador do Oscar *As Confissões de Schmidt* (2002) e filmes como *Hora do Rush 2* (2002) e *Um Duende em Nova York* (2003). A Fine Line Features é especializada na produção e distribuição de filmes de arte. Ela relançou os ganhadores de Oscar *Shine* (1996) e *Dançando no Escuro* (2000).

A indústria de filmes

Em 2003, a receita de bilheteria doméstica nos Estados Unidos em filmes atingiu $9,45 bilhões. Como mostra a Figura 15–2, os ganhos domésticos de bilheteria nos Estados Unidos têm crescido constantemente ao longo dos últimos 20 anos. Somado às receitas de bilheteria, os filmes também geram receitas de vendas posteriores de produtos de vídeo (DVDs e videocassete), licenças para a televisão e outros tipos de mídia e propaganda relacionada. Na média, essas fontes respondem por cerca de 50% das receitas totais do lançamento de um filme.

Figura 15-2 Público e receitas de bilheteria no mercado dos Estados Unidos, 1983–2003

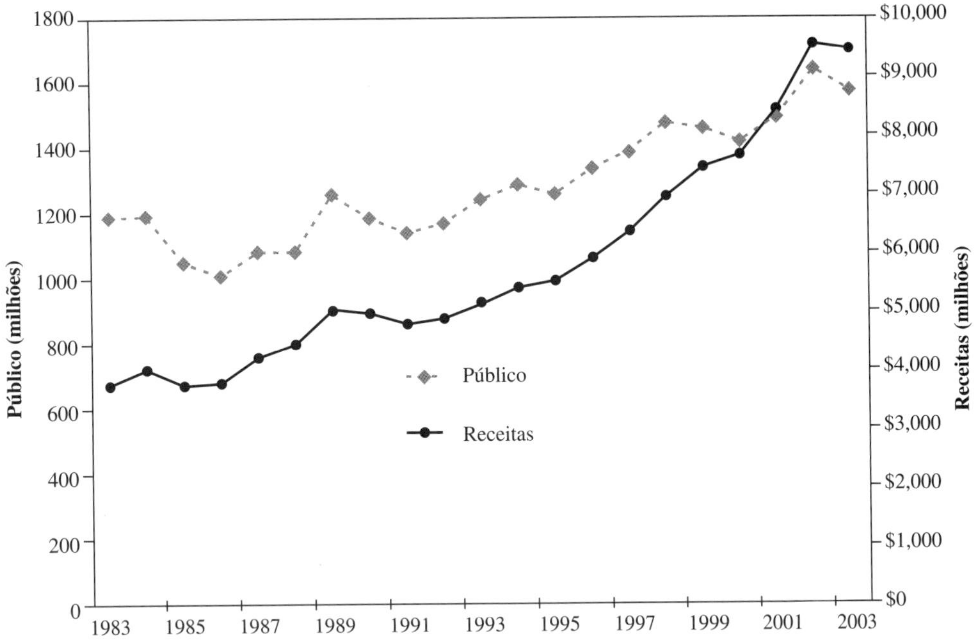

Fonte: Motion Picture Association (2003) e cálculos do autor.

A maior parte das receitas provenientes dos filmes lançados nos Estados Unidos é gerada pelos sete maiores estúdios, coletivamente conhecidos como os "Estúdios de Hollywood". Essas companhias são membros da Motion Picture Association of America (MPAA) e incluem a Buena Vista Pictures Distribution (The Walt Disney Company), Sony Picture Entertainment Inc., Metro-Goldwyn-Mayer Studios Inc. (MGM), Paramount Pictures Corporation, Twentieth Century Fox Film Corporation, Universal City Studios LLP e Warner Bros. Entertainment Inc.

As sete companhias consistentemente dominam a produção e distribuição dos principais filmes. Além das 459 novas fitas lançadas em 2003, os principais estúdios distribuíram 194 filmes. A bilheteria média de um filme lançado por um grande estúdio foi de cerca de $41,6 milhões, comparada com $8,21 milhões de filmes distribuídos por estúdios menores. Dos 20 maiores filmes de 2003, 16 foram distribuídos pelos principais estúdios (veja o Demonstrativo 4).

Os estúdios cinematográficos servem como *distribuidores* de filmes. Ao oferecerem financiamento, distribuição e serviços de *marketing*, eles determinam as estratégias relacionadas ao lançamento, como os tipos de filmes produzidos, seu orçamento e o momento de lançamento. Um estúdio pode produzir um filme por si próprio ou oferecer financiamento a produtores independentes. Em ambos os casos, o estúdio mantém um alto nível de controle sobre a produção. Algumas vezes, pode adquirir filmes que tenham sido terminados por outras produtoras.

Os estúdios não apenas distribuem filmes aos cinemas, mas normalmente retêm direitos de outras formas de distribuição de mídia. Eles assumem a responsabilidade de negociar contratos de exibição com cinemas, produzir campanhas de *marketing* e distribuir filmes em DVDs e outros tipos de mídia.

Os *distribuidores cinematográficos independentes* também são participantes desse mercado. Embora os estúdios independentes coletivamente distribuam mais filmes a cada ano do que os principais estúdios, individualmente eles em geral lançam menos fitas por ano, e os que lançam são geralmente filmes de baixo orçamento, direcionados a mercados de nicho. No entanto, alguns poucos estúdios independentes têm um grande crescimento. Isso inclui a New Line Cinema, a Miramax e a DreamWorks. Conforme observado anteriormente, no entanto, a New Line Cinema e a Fine Line Features são subsidiárias de propriedade da Time Warner, enquanto a Miramax é de propriedade da Walt Disney.

Em 2003, os sete maiores distribuidores responderam por cerca de 75% do total de receitas de bilheteria. A Disney teve a maior parcela (17%), seguida por Sony e Warner Bros. (13% cada), Universal (12%), Twentieth Century Fox (9%), Paramount (7%) e MGM (4%). Os líderes independentes são New Line Cinema (com uma fatia de 10% do mercado geral), Miramax (4%) e DreamWorks (3%). Como mostra a Figura 15–3, quando se leva em consideração o fato de que as duas maiores dessas três distribuidoras independentes são subsidiárias da Time Warner e da Disney, a Time Warner desfrutou a maior fatia do mercado de 2003 (23%), seguida de perto por Disney (21%).

Competição

Diferentemente de muitas indústrias em que as empresas competem através de preço, as companhias cinematográficas competem, principalmente, ao melhorarem a qualidade do produto. Os estúdios pagam montantes cada vez maiores para obter os serviços dos principais roteiristas, diretores e atores. Eles também incorrem em altos custos para criar *sets* mais grandiosos e efeitos especiais mais realistas. Durante os 15 anos

Figura 15–3 Fatias de mercado com base nas receitas brutas de bilheteria de companhias e suas subsidiárias em 2003

Outros 10%
MGM 4%
Paramount 7%
20th Century Fox 10%
Universal 12%
TimeWarner 23%
Disney 21%
Sony 13%

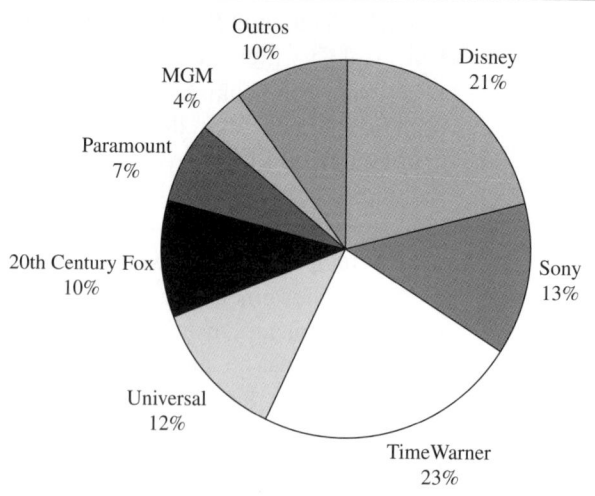

Fonte: Relatórios anuais, Motion Picture Association (2003), Box Office Mojo e cálculos do autor.

do período de 1988 a 2002, o custo de produção médio de um filme nos Estados Unidos aumentou cerca de 312% – significativamente mais do que os 262% de aumento nas receitas médias de bilheteria. O Demonstrativo 5 oferece dados históricos mais detalhados sobre os custos e as receitas de produção médios para filmes lançados.

A demanda por filmes varia radicalmente durante o curso do ano e tende a seguir padrões sazonais. Nos Estados Unidos, a demanda por filmes é maior durante os períodos de verão e Natal. A temporada de verão começa em torno do Memorial Day e termina próximo ao Dia do Trabalho, tendo o pico em 4 de julho. A temporada de Natal é mais curta, começando no feriado de Ação de Graças e terminando no início de janeiro.

A demanda também tende a variar com o ciclo de vida do filme. Por exemplo, para os 20 maiores filmes de 2003, a receita de bilheteria durante o primeiro fim de semana respondeu por cerca de 30% das receitas de bilheteria totais. A porcentagem é ainda maior para filmes de menor sucesso. A sazonalidade da demanda, combinada ao fato de que o grosso das receitas de bilheterias é derivado do primeiro estágio do ciclo de vida de um filme, torna a data de lançamento extremamente importante.

Participantes desse mercado algumas vezes atuam estrategicamente para evitar lançar filmes com temas similares ao mesmo tempo. Isso é principalmente obtido ao anunciarem publicamente os planos de produção em revistas comerciais e outros canais bem antes que a fita esteja pronta para ser lançada. No entanto, a coordenação e o comprometimento raramente são perfeitos; colisões em datas de lançamento de filmes destinados a segmentos similares do mercado inevitavelmente ocorrem de tempos em tempos.

Programação de televisão

A Time Warner também é um provedor líder de programação de televisão. Essa parte dos negócios é conduzida pela Warner Bros. Television, a qual tem produzido algumas das mais populares séries de TV da história dos Estados Unidos. Estas incluem a série de comédia vencedora do Emmy *Friends* e séries de drama como *The West Wing*.

Distribuição doméstica de vídeo

A Time Warner distribui filmes, séries de televisão, eventos esportivos profissionais e outros materiais de entretenimento em DVD e VHS. A programação pode ser produzida (ou adquirida) pelas várias subsidiárias produtoras de conteúdo da Time Warner, como Warner Bros. Pictures, Warner Bros. Television, HBO ou New Line Cinema. Ou pode ser criada por outros produtores de conteúdo, como BBC, PBS ou National Geographic. Em 2003, as receitas totais da Time Warner provenientes de venda de vídeo (incluindo filmes e séries de televisão) atingiram $425 milhões globalmente.

O negócio de distribuição de vídeos da Time Warner é conduzido principalmente pela Warner Home Video. A Warner Home Video lançou aproximadamente 2 mil títulos em DVD, incluindo a série campeã de vendas *Harry Potter*. As vendas de *Harry Potter e a Pedra Filosofal* e *Harry Potter e a Câmara Secreta* foram além de 40 milhões de cópias mundialmente.

Publicação

A Time Inc., subsidiária de publicação da Time Warner, possui cerca de 135 títulos de revistas, incluindo *Time, People, Sports Illustrated, Money, Fortune* e *Entertainment Weekly*. Além disso, a Warner Books e a Little, Brown and Company oferecem uma vasta gama de publicação de livros, incluindo 50 títulos dos *best-sellers* listados em 2003 no *New York Times*. A Time Inc. gerou receitas de $5,5 bilhões e lucro líquido de $664 milhões em 2003.

Publicação de revistas

Embora a Time Inc. publique um grande número de revistas diferentes, quatro títulos (*People, Time, Sports Illustrated* e *Fortune*) respondem por cerca de 80% das receitas de propaganda da Time Inc. Coletivamente, as vendas de revistas da Time Inc. respondem por 25% das receitas da indústria, tornando-a líder no segmento de mercado dos Estados Unidos.

Diversas editoras com uma grande linha de revistas competem com a Time Inc. A Advance Publications opera a Conde Nast Publications (17 revistas, incluindo *Vogue, Wired* e *The New Yorker*), a Fairchild Publications (*Details*) e a Golf Digest Companies. A Hearst Magazines publica 19 títulos, incluindo *Good Housekeeping, Cosmopolitan, Esquire* e *Popular Mechanics*.

O declínio econômico no início da década de 2000 afetou de maneira adversa as receitas de propaganda na indústria e, em menor extensão, reduziu a circulação da maior parte das revistas nos Estados Unidos. Adicionalmente, as principais editoras têm sido atormentadas por diversas tendências recentes. Os consumidores, de maneira crescente, vêm tendo mais escolhas para obter notícias e informações, incluindo um grande número de conteúdo livre na Internet e na televisão. A grande competição contribuiu para um declínio de 6,5% nas vendas de revistas em 2003. Atualmente, cerca de 4 mil títulos de revistas diferentes são vendidos em bancas nos Estados Unidos, incluindo cerca de 900 novos títulos lançados apenas em 2003. À luz do grande número de títulos, é um desafio significativo obter espaço nas prateleiras para uma revista de notícias ou especializada.

Ações de entidades de classe, bem como ações legais promovidas por advogados gerais em diversos estados a respeito de práticas de marketing ilegal, têm comprometido a capacidade da indústria em obter assinantes através das "corridas de cavalos das editoras" que tradicionalmente geram de 25% a 50% das novas assinaturas. Além disso, leis do tipo "não ligue" restringem a habilidade das empresas de telemarketing em vender assinaturas das editoras. A indústria de publicação não identificou um caminho para suplantar esses mecanismos de gerar novas assinaturas.

Alguns na indústria de revistas estão preocupados com que canais a cabo, como Home & Garden Television (HGTV), possam se tornar a principal fonte de informação para consumidores que, de outra forma, teriam assinado diversas revistas de casa e jardim. Da mesma forma, diversos canais a cabo dedicados a esportes, notícias e entretenimento podem ter um impacto duradouro sobre as taxas de circulação de *Sports Illustrated, Time* e *Entertainment Weekly*.

O espaço de varejo para as revistas declinou ao longo dos últimos anos. Os supermercados agora usam espaços outrora reservados para revistas para criar filas de caixa e demonstrar diferentes itens próximo aos caixas (como doces e salgados). Embora a maior parte das revistas tenha nas vendas por assinatura mais relevância do que nas vendas em banca, no geral, as margens para as vendas em bancas são significativamente maiores devido à natureza impulsiva das decisões de compra dos consumidores.

Para complicar mais a situação, há um declínio na leitura; a indústria editorial tem sido atormentada por alegações de que seus números de circulação não são apurados. No outono de 2003, uma disputa legal entre uma pequena empresa de publicação, Gruner + Jahr, e a editora de uma de suas revistas, Rosie O'Donnell, levou a alegações de que as companhias regularmente inflam seus números de circulação. O Audit Bureau of Circulations está atualmente cuidando dessas questões, e as empresas de propaganda estão demandando cada vez mais informação das editoras com relação à circulação e taxas de vendas para cada edição de uma publicação.

Apesar de todas essas más notícias, há alguma razão para o otimismo. Os executivos de propaganda têm expressado preocupações a respeito da produtividade da propaganda em televisão, devido ao crescimento projetado no uso de gravadores de vídeo digitais (DVRs). Muitos temem que os telespectadores irão adiantar os comerciais, tornando a televisão uma fonte menos valiosa de propaganda. Embora isso possa ter um impacto negativo sobre as redes de programação e as companhias a cabo, pode oferecer às editoras de revistas uma vantagem.

Revistas *on-line*

Muitas editoras de revistas apresentam o seu conteúdo na Internet. Com algumas poucas exceções, o conteúdo é em geral livre para qualquer pessoa que decida acessá-lo através do *site* da revista. O *Consumer Reports* obteve sucesso ao construir um *site* pago; no entanto, seu conteúdo fornece dados que não estão disponíveis em nenhuma outra forma. Outras revistas que buscaram restringir o acesso aos usuários pagantes tiveram sucesso limitado.

Em maio de 2003, a Time Inc. anunciou que começaria a restringir o acesso aos *sites* de 13 títulos, incluindo *People* e *Entertainment Weekly*, permitindo acesso exclusivamente aos assinantes pagantes e membros da AOL. Enquanto o tráfego no *site* da *People* caiu de 30% a 40%, o número de assinantes da revista *on-line* aumentou tremendamente. A AOL promove acesso à revista por meio de seu conteúdo, e em retorno paga à Time Inc. $40 milhões. Em retorno, é permitido à AOL vender propaganda a respeito do conteúdo da revista, e aos usuários que visualizam o *site* da revista é oferecida uma assinatura de teste da AOL. A Time Warner espera expandir esse tipo de promoção cruzada dentro da companhia.

Publicação de livros

A Time Warner publica livros sob as marcas Warner Books e Little, Brown and Company. As receitas do grupo de publicações de livros foram de cerca de $400 milhões em 2002. Em contraste, as vendas da Random House (uma subsidiária da Bertelsmann, AG) foram de cerca de $2,2 bilhões. Similarmente, a Harper Collins (uma subsidiária da News Corp.) obteve receitas de $1,1 bilhão ao longo do mesmo período. Em 2003, a receita total para as 20 maiores editoras de livros nos Estados Unidos foi de cerca de $5,5 bilhões, 5% acima do ano anterior.

Os canais de distribuição para editoras de livros incluem livrarias *on-line* e tradicionais (48%), atacadistas (42%), vendas especiais (6%) e vendas diretas ao consumidor (4%). De acordo com a maioria das estimativas, cerca de 10% dos livros são vendidos na Internet. No entanto, as vendas de livros diretamente dos *sites* das editoras representam apenas 0,1% das vendas gerais. A Time Warner Books não vende livros diretamente aos consumidores em seu *site*, mas direciona os clientes a um revendedor *on-line*. Vendas de *e-books* – livros eletrônicos que são baixados para um computador – aumentaram 27% em 2003, para $7,3 milhões.

Redes de programação

A divisão de rede de programação da Time Warner é dividida em três unidades: Turner Broadcasting System, Home Box Office e WB Network. As redes de programação a cabo coletivamente geraram $8,4 bilhões em receitas, com a Turner e a HBO gerando cerca de 54% e 37%, respectivamente.

A Turner se concentra principalmente em suas redes de programação a cabo básicas, incluindo redes de interesse geral (como TNT e TBS), redes de notícias (redes CNN) e redes de interesse especial (como Cartoon Network e Turner Classic Movies). Incluindo redes internacionais, a Turner tem mais de 20 propriedades de rede. Ela opera ainda os *sites* de notícias da CNN e possui o time Atlanta Braves na liga de beisebol dos EUA.

A Home Box Office (HBO) opera 18 redes de programação a cabo *premium* sob os nomes HBO e Cinemax. A HBO produz filmes, minisséries e programas. Cerca de 75% das receitas da HBO vêm de taxas de assinaturas. As receitas remanescentes derivam das vendas de conteúdo, incluindo vendas de vídeos de seriados, como *The Sopranos* e *Sex and the City*. Apesar da popularidade e da aclamação da crítica da programação da HBO, o número de assinantes tem permanecido constante ao longo dos últimos dois anos, devido ao fato de que a HBO implementou aumentos de preço de cerca de 5% por ano. O resultado operacional para a divisão de rede a cabo declinou 2% em 2003.

As redes de programação a cabo básicas contam com duas principais fontes de receitas: taxas de assinaturas cobradas de operadoras a cabo e satélite e propaganda. Taxas de assinaturas são cobradas em uma base por assinantes, por mês, variando de cerca de $1 por redes de programação de alta demanda, como ESPN, a tão pouco quanto $0,03 por redes menores. A TBS possui a maior taxa média para qualquer rede de programação básica da Time Warner, de $0,61 por assinante por mês. As receitas de assinatura respondem por cerca de metade das receitas de rede de programação totais da Turner; as receitas de propaganda respondem por cerca de 40%. Os telespectadores têm mudado de redes não pagas para redes a cabo ao longo dos últimos anos. Essa mudança, especialmente entre os telespectadores jovens desejados pelas empresas de propaganda, contribuiu para um aumento de 10% nas receitas de propaganda da Turner em 2003.

A cada ano, dezenas de novas redes de programação são lançadas e poucas saem do mercado. Em 1994, existiam apenas 106 redes de programação entregues via satélites nacionais nos Estados Unidos, comparados a aproximadamente 340 hoje (veja o Demonstrativo 6). Embora os sistemas a cabo tenham investido pesadamente ao longo da última década para incrementar a infraestrutura, o aumento na capacidade de canais não foi absorvido pelo número de programas disponíveis. Como resultado, as redes de programação a cabo têm de competir para ser distribuídas através de sistemas a cabo. Um sistema a cabo pode ter de tirar uma rede de programação para colocar uma nova. A Time Warner foi beneficiada pelo fato de que a maior parte das companhias a cabo veem as redes de programação TNT e TBS como "essenciais". As taxas de assinatura cobradas para as operadoras a cabo e satélite têm aumentado à taxa de cerca de 5% ao ano ao longo dos últimos anos.

As redes de programação a cabo da Time Warner (como TBS, CNN e HBO) são verticalmente integradas com seus sistemas a cabo (suas operações da Time Warner Cable). Na indústria, cerca de 32% de todas as redes de programação a cabo são verticalmente integradas com operadores de sistema múltiplos (MSO). (Veja o Demonstrativo 6.) As relações verticais entre redes de programação a cabo e MSOs têm aumentado as preocupações a respeito de potenciais fechamentos. Em muitos mercados, os sistemas a cabo são monopolistas, e é possível que, ao alocar o espaço limitado para canais, o sistema a cabo tenda a favorecer suas redes de programação afiliadas à custa das outras. No entanto, as operadoras a cabo argumentam que tal prática é incomum e que, quando ocorre, é feita mais por razões de eficiência do que por estratégias.

Sistemas a cabo

As operações de sistemas a cabo da Time Warner formam a base de sua gama de serviços, como TV a cabo digital e analógica, acesso à Internet de alta velocidade e serviços de telefone. As unidades de sistema a cabo da Time Warner estão se deparando com diversos desafios que surgem de pressões competitivas, bem como de mudanças tecnológicas e regulatórias. Muitos dos desafios são comuns a toda indústria de cabo. O fato de a Time Warner conseguir ou não responder aos desafios e melhorar seu desempenho em relação a seus concorrentes é que vai determinar o futuro dessas unidades.

TV a cabo digital e analógica

O crescimento da indústria de serviços a cabo em uma base analógica tradicional tem sido pequeno nos últimos anos e a base de mercado está praticamente saturada. (Veja o Demonstrativo 7.) Em dezembro de 2003, os sistemas da Time Warner Cable chegaram a aproximadamente 18,8 milhões de residências em 27 estados. Entre essas residências, 10,9 milhões assinaram os serviços de vídeo básicos, o que representa uma taxa de penetração de 58%.

Com o crescimento estagnado em serviços de cabo analógicos tradicionais, a Time Warner Cable se voltou para novos produtos, como serviços digitais, para crescimento das receitas. Devido ao uso mais eficiente desse espectro, resistência robusta a ruídos e flexibilidade, a tecnologia digital permite às operadoras a cabo oferecer uma grande variedade de novos serviços. Enquanto a tecnologia analógica tradicional permite apenas um caminho de comunicação, as redes digitais permitem comunicações de duas vias. Isso abriu a porta a serviços interativos como vídeos sob demanda e Internet de alta velocidade.

A Time Warner Cable começou a atualizar sua infraestrutura no início da década de 1990. As melhorias incluíram o uso de fibras ópticas para redes de estrutura física para Internet, as quais melhoraram substancialmente tanto a qualidade quanto a capacidade de transmissão de programação de vídeo e permitem à companhia oferecer serviços de banda larga. Em 1994, a Time Warner Cable foi a primeira companhia a receber um prêmio Emmy por seu grandioso desenvolvimento tecnológico. A melhoria foi terminada em 2001, após o investimento total de cerca de $5 bilhões. No final de 2003, 99% dos sistemas a cabo operados pela Time Warner estavam aptos a transportar serviços de banda larga de duas vias. Como resultado, a companhia está agora apta a oferecer cabo digital, vídeos sob demanda, televisão de alta definição (HDTV), Internet a cabo e telefonia digital à maior parte de suas áreas de serviço.

A Time Warner cobra taxas adicionais por um *upgrade* digital e é capaz de usar serviços digitais subsidiários (como *pay-per-view*) para gerar receitas adicionais. A taxa de penetração para *upgrades* digitais será um direcionador-chave para o crescimento da receita daqui por diante. Além disso, pelo fato de os sinais digitais serem dez vezes mais compactos para transmitir, as companhias a cabo terão uma capacidade livre significativa uma vez que convertam todos os clientes em recebedores de sinais digitais.

Serviço de Internet de alta velocidade

Atualmente, cerca de 63% das residências dos Estados Unidos com conexão à Internet utilizam serviço discado para acessá-la. O uso de Internet banda larga está crescendo rapidamente, em especial nas cidades maiores. O número total de assinantes de serviços de Internet de alta velocidade nos Estados Unidos era de 23,5 milhões em 2003, um crescimento de 45% sobre o ano anterior.

O acesso a cabo é o método mais popular de obter acesso à banda larga e responde por 58% de todas as conexões de Internet de alta velocidade residenciais. No entanto, os provedores de banda larga a cabo se deparam com a competição cada vez maior de DSL (*digital subscriber line*), que responde por cerca de 33% do mercado de conexão à Internet via banda larga. (Veja o Demonstrativo 8.) No verão de 2003, diversos provedores de serviços DSL lançaram uma campanha agressiva de *marketing* na tentativa de obter uma maior fatia de mercado. Uma das principais táticas usadas é o preço. A Verizon Comunications, SBC Communications e a EarthLink ofereceram uma taxa inicial de $29,95 por seu serviço DSL; as taxas cobradas pelos provedores a cabo variam de $40 a $45. Durante a segunda metade de 2003, o número de assinantes DSL aumentou 27%, comparado aos 24% dos modems a cabo e 23% da indústria de banda larga como um todo. (Veja o Demonstrativo 8.)

Em 2003, a Time Warner Cable era a segunda maior operadora de Internet banda larga nos Estados Unidos, atrás da Comcast. A Time Warner Cable acomoda múltiplos ISPs em sua rede, incluindo sua marca própria Road Runner e outros serviços como a EarthLink e alguns ISPs regionais menores. A fatia do mercado de banda larga da Time Warner Cable é de cerca de 14%.

Historicamente, o principal serviço da AOL tem sido o acesso discado. Consequentemente, quando a Time Warner Cable começou a apresentar agressivamente seus serviços de banda larga Road Runner, ela competiu diretamente com a AOL. A AOL perdeu aproximadamente meio milhão de assinantes apenas no quarto trimestre de 2003. Na tentativa de remediar o problema, a Time Warner Inc. lançou uma promoção cruzada AOL-Road Runner em abril de 2004.

Serviço de telefonia

Voz sobre protocolo de Internet (VoIP) é uma tecnologia que permite que ligações telefônicas sejam transmitidas através da Internet. Em 2003, a Time Warner testou seu produto VoIP, Digital Phone, em Portland, no estado do Maine. As taxas de penetração excederam todas as expectativas, e dentro de um ano a Time Warner obteve um total de cerca de 10% de seus assinantes de serviços básicos a cabo utilizando seus serviços de telefone. Para auxiliar na implantação, a Time Warner fez um acordo de longo prazo com a MCI e com a Sprint. As companhias telefônicas darão assistência fornecendo terminais de tráfego de voz ao público que trocou de rede telefônica, serviço 911 e aos serviços de assistência via operadora, portabilidde de número local e serviços de longa distância. No final de 2004, a Time Warner planeja introduzir o Digital Phone em todos os seus mercados a cabo.

O Digital Phone tem um preço de $44,95 por mês para ligações locais e de longa distância e inclui características populares, como chamada em espera e identificador de chamada. Está disponível aos consumidores que assinam tanto os serviços a cabo da Time Warner quanto os serviços de Internet de alta velocidade, vindo com instalação gratuita e com desconto de $5 para clientes que utilizem todos os três serviços. Embora existam algumas reclamações, como dificuldades em atingir números 800 ou fazer conexão com máquinas de fax, a maior parte dos clientes não tem observado diferença na qualidade da conexão nas ligações por telefone através de Internet comparada aos serviços de telefonia tradicional.

As estimativas de taxas de penetração de mercado para os serviços de telefone VoIP variam amplamente. No entanto, se a Time Warner puder por fim atingir uma taxa de penetração de 10%, as receitas de serviço de telefone impulsionarão de maneira significativa as receitas anuais. No entanto, a competição é árdua; atualmente cerca de 20 companhias oferecem ou estão planejando oferecer serviços VoIP. Muitas dessas companhias não oferecem qualquer tipo de conexão à Internet; os clientes devem obter seu próprio acesso de banda larga.

Competição

Operadoras de satélites de broadcast direto

A Time Warner Cable compete no mercado de distribuição de vídeo com os diferentes operadores de satélite de Broadcast (DBS) como DirecTV e EchoStar. Os custos de equipamentos de DBS têm caído drasticamente nos últimos anos, permitindo às operadoras DBS oferecer serviços a preços atrativos. Em 1999, elas obtiveram o direito legal de entregar sinais de estações de TV locais, através do ar, aos seus assinantes. Muitas das estações de *broadcast* locais são afiliadas a redes nacionais de *broadcast*, como ABC, CBS, Fox e NBC. Essas redes estão entre os canais considerados "obrigatórios" devido à sua programação de alta qualidade e conteúdo local. A inclusão de estações de *broadcast* locais fortaleceu significativamente a posição competitiva das operadoras de DBS. Isso, combinado com as estratégias de preços baixos das operadoras de DBS, tem resultado em um rápido crescimento nas assinaturas de DBS (veja o Demonstrativo 9).

Os preços de serviço de televisão a cabo aumentaram 53,1% desde 1993, comparado a um aumento de 25,5% no índice geral de preços ao consumidor (CPI). À luz desse quadro, as operadoras de DBS têm, com sucesso, utilizado estratégias de preço baixo para atrair clientes. Comparado com a taxa de assinatura média de cerca de $35 por serviços a cabo básicos, a Dish Network (de propriedade da EchoStar Communications) oferece seu pacote básico a menos de $25.

A maior operadora de DBS nos Estados Unidos – a DirecTV, com mais de 12 milhões de assinantes – foi adquirida pela News Corp. em 2003. Um dos maiores conglomerados de mídia do mundo, a News Corp. tem ativos nas áreas de comunicação, entretenimento, *broadcasting* e distribuição a cabo. Ela possui a Fox Entertainment Group, a qual controla a rede Fox broadcast TV, Twentieth Century Fox e outros ativos de entretenimento. A aquisição da DirecTV pela News Corp. torna seu suporte financeiro mais forte e propriedades extensivas de programação de vídeo disponíveis à DirecTV.

Recentemente, as companhias de telefone responderam ao movimento da Time Warner nos serviços de telefonia, ao se associarem aos provedores de DBS para oferecer seu próprio pacote de vídeo, Internet e serviços de telefonia. A Verizon, a Qwest e a BellSouth são parceiras da DirecTV em propaganda e têm relações promocionais cruzadas. A SBC e a EchoStar entraram em uma relação mais complexa, na qual a SBC se responsabiliza por toda a instalação, serviço e cobrança dos assinantes da Dish Network em seus 13 estados servidos.

Overbuilders

Em alguns mercados a Time Warner Cable também se depara com competição de *overbuilders* – novos entrantes que constroem sua própria infraestrutura na presença de uma companhia a cabo existente. Nos primeiros dias da televisão a cabo, os sistemas de cabo locais eram franquias exclusivas, largamente baseadas na hipótese de "monopólio natural". Acreditava-se que, devido aos altos custos fixos, não era viável permitir que mais de um sistema a cabo operasse no mercado local. Em troca, as operadoras a cabo estavam sob regulamentações governamentais severas. As operadoras a cabo permaneceram monopolistas locais até 1992, quando o *Cable Television Consumer Protection and Competition Act* foi aprovado. Essa lei proibiu as autoridades na área de franquia de, sem razão, recusarem-se a permitir franquias adicionais. Além disso, o *Telecommunication Act of 1996* agora permite às companhias telefônicas e elétricas entrar no mercado de distribuição de vídeo para competir com as operadoras a cabo existentes.

Em diversos mercados a Time Warner Cable enfrenta competição proveniente de outras companhias a cabo. Por exemplo, na cidade de Nova York a Time Warner compete cabeça a cabeça com a RCN – empresa que entrou no mercado em 1996 com a aquisição da Liberty Cable. Paradoxalmente, quando a Time Warner revelou seu Time Warner Center em Manhattan, em fevereiro de 2004, o serviço de TV a cabo e Internet banda larga para os novos prédios estava sendo provido pela RCN. Da mesma forma, a Time Warner Cable enfrenta competição por parte da Everest Connection (uma subsidiária da companhia de energia Aquila Inc.) em Kansas City, Missouri.

Diferentemente das operadoras de cabo existentes, cujas redes atingiram capacidades digitais por meio de atualizações, as *overbuilders* praticamente constroem sua infraestrutura a partir do zero. Isso lhes permite desenhar arquiteturas de rede com a ideia de "convergência digital" em mente desde o início – oferecendo televisão a cabo, Internet de alta velocidade e telefonia digital juntos. Como resultado, algumas *overbuilders* estão aptas a oferecer mais áreas de frequência dedicadas e melhor desempenho a preços menores. Apesar dessas vantagens, as *overbuilders* não têm se expandido na maior parte dos mercados dos Estados Unidos. O colapso nos preços das ações de companhias de telecomunicações acabou tirando o capital necessário à construção de novas redes. A competição necessária às operadoras de DBS torna as *overbuilders* hesitantes em entrar em mercados e competir com operadoras a cabo existentes. Das cerca de 10 mil áreas de franquia de cabo dos Estados Unidos, apenas cerca de 2% têm mais de uma operadora a cabo.

Agrupamento

As operadoras de sistemas a cabo têm agrupado múltiplos serviços de programação desde o início da televisão a cabo. Em geral, redes de programação que o sistema a cabo distribui classificam-se em três categorias. O primeiro grupo é chamado de *redes de broadcasting*. Essa categoria inclui a maior parte das redes nacionais, tais como ABC, CBS, NBC e Fox, bem como uma programação de redes locais. Os sinais para essas redes são transmitidos através do ar, capturados por um sistema a cabo e, então, redistribuídos a seus assinantes. O segundo grupo é chamado de *redes a cabo com suporte de propaganda* (ou *básicas*). Estas incluem canais de TV bem conhecidos como MTV e ESPN. O terceiro grupo é chamado de *redes a cabo com base no pagamento* (ou *premium*), as quais incluem HBO, Cinemax e ShowTime. Geralmente, redes a cabo *broadcast* e básicas são oferecidas por um sistema a cabo como um todo (chamado cabo básico), e redes *premium* são oferecidas em uma base *à la carte*.

Recentemente, os advogados dos consumidores têm criticado as práticas de agrupamento das companhias a cabo, argumentando que os consumidores devem ter o direito de adquirir apenas aqueles programas que estão dispostos a comprar, em vez de serem forçados a pagar por canais a que nunca assistem. Como as redes a cabo não estão sujeitas às mesmas regulações da FCC, como as redes de *broadcast*, muitas operadoras a cabo têm conteúdo adulto em sua programação. Grupos conservadores têm reclamado que famílias não devem ser forçadas a pagar por material que consideram obsceno ou impróprio. Essa visão teve eco no governo. Em maio de 2004, diversos membros-chave do Comitê de Comércio da Casa de Representantes, liderados pelo presidente Joe Barton, escreveram ao presidente da FCC, Michael Powell, requisitando que sua agência examinasse a questão e avaliasse a possibilidade de uma precificação *à la carte*.

Grupos minoritários, por outro lado, têm argumentado que, sem a diversidade do agrupamento, a programação declinaria, à medida que redes novas direcionadas a minorias não estariam aptas a atrair telespectadores e companhias de propaganda suficientes e, assim, não sobreviveriam. Por essas razões, as práticas correntes de agrupamento das companhias a cabo têm sido apoiadas por grupos como Minority Media & Telecommunications Council (MMTC), bem como pelas minorias no Congresso.

Embora as operadoras a cabo se oponham à precificação *à la carte*, algumas companhias a cabo vêm se preparando para possíveis mudanças na regulação. A Comcast está planejando uma variante da programação *à la carte* em seu mercado Washington–Baltimore. Diversas outras operadoras a cabo estão considerando planos similares.

Considerações regulatórias

Anteriormente à aprovação do Telecommunication Act de 1996, as operadoras a cabo eram amplamente monopolistas locais. Em função da posição de monopolistas, as operadoras estiveram sob forte regulação governamental. Em particular, as taxas de assinatura foram reguladas por autoridades de franquia. A regulação de preços foi relaxada em 1984 pelo *Cable Communication Policy Act*. O *Telecommunication Act of 1996* eliminou gradualmente todas as regulações de preços e serviços básicos expandidos até março de 1999.

No entanto, devido ao alto crescimento nas taxas de cabo nos anos recentes, muitos grupos de consumidores começaram a pressionar pela regulação das taxas a cabo, bem como por uma precificação *à la carte*. Desde a regulação, os preços a cabo aumentaram duas a três vezes mais rápido do que a taxa de inflação. Os críticos usam esses tipos de estatísticas como evidências de que as operadoras têm poder de monopólio e têm estado aptas a aumentar preços sem perder consumidores. As operadoras a cabo citam as taxas pagas às redes a cabo, especialmente às redes de esportes, como justificativa para os aumentos de preços.

Considerações tecnológicas

Televisão de alta definição (HDTV)

O crescimento da indústria de HDTV tem sido lento, com apenas cerca de 6 milhões de residências nos Estados Unidos possuindo televisores de alta definição. O principal inibidor do crescimento é o alto custo do televisor, que varia de $1 mil a algo em torno de $7 mil. Além desse problema, menos de um terço de todas as redes a cabo transmitem algum programa de alta definição. Os consumidores em geral não estão dispostos a despender um montante significativo de dinheiro por um televisor HDTV, já que há pouca programação para justificar a despesa. Da mesma forma, as redes e os produtores de programas têm relutado em incorrer em custos elevados de transmissão de alta definição quando uma pequena porcentagem das residências possui HDTVs.

Devido à qualidade de imagem superior, é provável que a HDTV obtenha ganhos nos próximos anos. A HDTV oferece resolução de tela muito maior (ao menos 1.280 × 720 pixels) do que a TV analógica convencional no formato NTSC (525 × 427 pixels). A HDTV é transmitida em um *aspect ratio* de 16:9, o mesmo formato que a tela *widescreen* de cinema, comparado com o *aspect ratio* de 4:3 da TV convencional. Por fim, os sinais HDTV são digitais em vez de analógicos, contendo, assim, muito mais informação. Combinado com o *Dolby digital surround sound*, a HDTV oferece aos telespectadores uma experiência muito melhorada de assistir à TV.

A tecnologia de alta definição surgiu no início da década de 1980, embora seu desenvolvimento e implementação tenham sido significativamente retardados devido à ausência de um padrão. Em 1996, a FCC adotou uma tecnologia padrão para rede digital com base em um consenso industrial atingido por participantes de indústrias de transmissão, produção de equipamentos e computadores. Em maio de 1999, a FCC requereu que as principais transmissões de redes de TV (ABC, CBS, Fox e NBC) iniciassem programação em formato HDTV em dez mercados, representando cerca de 30% dos televisores domésticos.

A Time Warner Cable esteve entre as primeiras a explorar a tecnologia HDTV e, em 2003, transmitiu mais programação HDTV do que qualquer outra operadora a cabo nos Estados Unidos. Além das redes de *broadcast* em certas áreas, ela também transmitiu em redes a cabo como HBO, ShowTime, PBS, WB, UPN, Discovery HD Theater e redes de esportes regionais Fox Sports, no formato HDTV sem cobrança adicional. A Time Warner também ofereceu canais HD premium a um custo adicional.

Embora as principais operadoras DBS como DirecTV e EchoStar também ofereçam programação HDTV, em virtude de limitações de área em geral não incluem canais locais em formato de alta definição. As limitações de área podem fazer com que os sinais digitais congelem ou que a tela fique preta quando poucos dados são transmitidos com sucesso. Explorar a frustração dos clientes quanto aos problemas de transmissão por satélite é uma das principais táticas de *marketing* das companhias a cabo.

Gravadores de vídeo digitais (DVRs)

Os DVRs permitem aos consumidores gravar programas de TV e assisti-los em outra hora. Os DVRs têm funcionalidade superior comparados aos VCRs tradicionais, além de serem mais fáceis de operar. O dispositivo permite aos consumidores gravar diversos programas simultaneamente, gravar temporadas inteiras de séries e pausar, adiantar e retroceder eventos ao vivo. Alguns DVRs (por exemplo, aqueles oferecidos pela TiVo), memorizam os gostos de um cliente e gravam programas automaticamente, com base em seus hábitos.

As companhias a cabo inicialmente temiam os DVRs. O receio era que se um grande número de consumidores começasse a pular os comerciais, as receitas com propaganda cairiam. Por diversas razões, no entanto, as operadoras de cabo começaram relutantemente a adotar DVRs. Primeiro, as operadoras de DBS começaram a oferecer DVRs em 1999. Segundo, os DVRs representam uma fonte potencial de receita; eles são normalmente alugados por cerca de $7,00 por dispositivo por mês, e os consumidores que os usam devem pagar para receber o cabo digital, a fim de poder usar um DVR.

A Time Warner Cable foi a primeira grande participante na indústria de mercado a oferecer e promover o DVR à sua base de clientes. Ela apresentou o serviço DVR em julho de 2002 e, no final de 2003, aproximadamente 370 mil dispositivos tinham sido instalados. A Time Warner Cable foi rapidamente seguida por outras grandes operadoras como Comcast, Cox e Charter. As companhias a cabo estão agora diminuindo suas preocupações a respeito da tecnologia que permite pular os comerciais, citando estudos que mostram que números significativos de consumidores não usam esse recurso e que outros estão aptos a reter informação ainda que adiantem os comerciais. Alguns estudos sugerem que os consumidores aumentam o tempo que passam assistindo televisão como resultado do produto.

Desafios

Embora a Time Warner tenha sobrevivido a seus prejuízos recordes, ela ainda enfrenta diversos desafios. Ela não foi capaz de reconhecer as sinergias antecipadas da combinação da AOL com a mídia tradicional da Time Warner. A AOL se depara com uma base declinante de assinantes e um modelo de negócios que pode não ser sustentável. O negócio de produção de filmes é volátil, com o êxito baseado na capacidade de produzir filmes de sucesso em um mercado instável. Ainda que a Time Inc. seja líder na publicação de revistas, a indústria se depara com decréscimo no número de leitores e aumento de competição. As redes de programação da companhia, como TNN e CNN, desfrutaram sucesso, mas enfrentam competição crescente de parte da Fox News e outras redes de programação. A unidade de sistema de cabo da Time Warner enfrenta um mercado saturado e elevada competição. A maneira pela qual a Time Warner gerencia suas operações do dia a dia, desenvolve estratégias para lidar com essas ameaças e cria novas oportunidades vai determinar se sobreviverá como a maior companhia de mídia do mundo.

TJ tomou outro gole de café da caneca com o logotipo da escola de negócios em que obteve seu MBA. Ela observou a chuva pela janela de seu escritório e rapidamente se ateve ao primeiro memorando em sua caixa de entrada. TJ reconheceu que sua resposta poderia afetar o futuro da companhia – e sua carreira.

Exercícios baseados em casos

Os arquivos referidos nos memorandos a seguir estão disponíveis *on-line* em www.mhhe.com/baye6e. Esse *site* também contém dados adicionais que podem ser úteis em sua análise do caso, bem como memorandos que seu instrutor pode escolher como exercícios para solução de problemas.

Memorandos

Leia os memorandos a seguir e use os arquivos disponíveis *on-line* em www.mhhe.com/baye6e para oferecer a informação solicitada.

Memorando 1

Para: Gerente de Preços, Região 1
De: Gerente Regional de Sistemas de Cabo, Região 1
Ref.: Receita proveniente da STARZ

Recentemente adicionamos a STARZ Network ao nosso pacote premium. Atualmente, 852 de nossos assinantes de serviços básicos possuem o serviço. Ao preço atual de $10,50, nossas receitas provenientes desse novo canal são de $8.946 por mês.

Como você sabe, nossa taxa de penetração para a STARZ não é tão alta quanto esperávamos. Comparado com os outros dois serviços pagos que oferecemos (HBO e ShowTime), o número de assinantes da STARZ ainda é muito baixo. Alguns de nossos clientes indicaram que a principal razão pela qual não assinam é o preço.

Para impulsionar as vendas, penso que podemos oferecer um preço promocional para a STARZ a partir de julho. Como essa oferta será parte de nosso plano de promoção de verão e será bem divulgada, o mesmo negócio deve também ser estendido aos assinantes existentes. Minha preocupação é que as assinaturas adicionais geradas pelo preço mais baixo possam não equilibrar plenamente as receitas perdidas provenientes de nossa base de assinantes existente.

O departamento de *marketing* apresentou os dados anexos sobre a demanda e os custos para esse canal em nossa área de serviço da Região 1. Por favor, avalie nossa estratégia de precificação corrente para a STARZ com base nesses dados. Estou particularmente interessado em saber (1) se a diminuição do preço renderá receitas maiores, e (2) uma estimativa das receitas mensais máximas que podemos obter com esse canal.

Anexo: Starz.xls

Memorando 2

Para: Gerente de Preços, Kansas City
De: Vice-Presidente de Marketing
Ref.: Até quanto podemos baixar nosso preço e ainda sermos lucrativos?

Relatórios recentes indicam que a Everest começou uma nova onda de construção na área de Kansas City, depois de ter interrompido sua expansão um ano atrás. Sua saúde financeira aparentemente melhorou ao longo do último ano, permitindo-lhe expandir sua rede de fibra óptica além das áreas de serviços atuais. Embora ainda não esteja claro se a nova expansão está apenas limitada a algumas vizinhanças ou se é parte de esforços maiores para cobrir toda a região metropolitana, estou tentando planejar medidas imaginando o pior cenário possível.

Como você sabe, investimos cerca de $500 milhões para melhorar nossa infraestrutura na área de Kansas City. Isso nos permite oferecer uma linha completa de serviços, incluindo televisão a cabo, Internet banda larga e telefonia digital. Se a Everest pretende se expandir por toda a área, devemos estar aptos a competir com ela oferecendo pacotes de serviços. Atualmente, nos bairros atendidos pela Everest, ela oferece pacotes de serviços começando com $84,95 por mês. Há cerca de 321 mil casas em toda a área de Kansas City, e planejamos precificar com o intuito de manter uma fatia de mercado em torno de 65%.

Além dos custos mensais associados aos $500 milhões (os quais estão sendo amortizados ao longo de 20 anos a 8,7%), acordos com provedores de programas estipulam que devemos pagar-lhes taxas mensais de programação de $32,50 por assinante. Nossos custos mensais de manutenção, serviços e cobrança somam aproximadamente $7,60 por assinante.

Preucupa-me que se entrarmos em uma guerra de preços com a Everest, a precificação no mercado possa nos levar a níveis não lucrativos. Se tudo caminhar para o pior cenário, precisamos de uma estratégia de saída. Até que ponto devemos estar dispostos a baixar nossa precificação antes de fazer sentido encerrarmos nossas operações em Kansas City?

Por favor, apresente suas considerações a respeito desse assunto o mais rápido possível. Obrigado.

Memorando 3

Para: Gerente Nacional de Vendas de Operações de Cabo
De: Vice-Presidente de Operações de Cabo
Ref.: Promoção HDTV

Oferecer um serviço de TV de alta definição (HDTV) é um componente importante de nossa estratégia de cabo digital. Como você sabe, ela oferece significativas melhorias na qualidade visual e de áudio em comparação à TV a cabo tradicional, e o valor agregado é uma nova fonte de receita promissora para a companhia.

Atualmente, oferecemos gratuitamente programação HD com definição padrão de reprodução a nossos assinantes de serviços digitais. Em certas áreas, também oferecemos um pacote separado dedicado exclusivamente à programação HD a um preço mensal de $5,99. Embora não cobremos taxas extras para alguns canais HD, ainda nos beneficiamos em função das maiores receitas de propaganda que estes geram. De acordo com estimativas de nossa divisão de desenvolvimento de produto, a receita extra de propaganda que cada assinante de HDTV nos proporciona é de cerca de $10/mês, comparada à de um cliente de TV tradicional.

O desenvolvimento de nossos negócios HDTV permanece lento. De acordo com uma pesquisa recente feita por nosso departamento de desenvolvimento de produto, dois principais fatores são responsáveis pela morosidade no mercado. O primeiro é o alto preço dos conversores HDTV. Hoje, um conversor HDTV típico custa bem acima de $1 mil; isso impede que muitos clientes atualizem seus equipamentos. O segundo fator é a falta de programação HDTV. Os clientes indicam uma preferência muito forte por assistir a eventos esportivos (como jogos da NFL e da NBA) em formato HD. Esperamos que uma maior programação HDTV impulsione as vendas de conversores HDTV, o que, por sua vez, estimulará assinaturas dos nossos serviços HDTV.

Meu objetivo é que, dentro de três anos, uma fração significativa de nossos assinantes de cabo digital estejam equipados com conversores HDTV e assinem nosso novo pacote de programação dedicado à programação HDTV. Por favor, formule um plano que nos permita, lucrativamente, atingir esse objetivo.

Memorando 4

Para: Vice-Presidente de Estratégia Global
De: Presidente da Divisão de Rede de Televisão
Ref.: Possível aquisição

Para ajudar a fortalecer nossa posição nos Estados Unidos e no exterior, estamos considerando a Fox News como um alvo potencial para aquisição. Como você sabe, nossa divisão CNN é a maior rede de notícias a cabo nos Estados Unidos, com mais de 87,5 milhões de assinantes e mais de $900 milhões de receita. A Fox News poderia nos oferecer 83,6 milhões de assinantes adicionais. Talvez mais relevante seja o fato de que a Fox News tenha apresentado um colossal crescimento de 67,8% nas receitas no último ano, comparado ao crescimento de 12,5% de nossa divisão CNN.

As potenciais sinergias aqui são fenomenais, e a aquisição da Fox News poderia nos colocar em uma excelente posição para expandir nossos mercados na Europa e na Ásia.

Estou anexando uma planilha importante. Apreciaria suas considerações sobre o assunto. Obrigado!

Anexo: Networks.xls

Memorando 5

Para: Diretor Assistente de Estratégia
De: Diretor de Estratégia
Ref.: Análise estratégica

Conforme discutimos na última semana, durante o almoço, estou desenvolvendo uma análise estratégica de nossas linhas de negócios. Para auxiliar no processo, por favor, apresente uma análise competitiva detalhada de nossas cinco principais linhas de negócios. Interesso-me particularmente em respostas às seguintes questões:

- Qual de nossas linhas oferece a melhor oportunidade de crescimento nos lucros da companhia?

- Que linhas de negócios são mais suscetíveis a pressões competitivas ou provavelmente não estão aptas a sustentar o crescimento e a lucratividade correntes? Que outros riscos à lucratividade e/ou crescimento estão presentes para cada uma de nossas linhas de negócios?

- Que movimentos estratégicos você recomendaria à companhia para o crescimento de longo prazo?

Como sempre, por favor, justifique suas recomendações. Obrigado!

Memorando 6

Para: Gerente de Preços, Região 1
De: Gerente Regional de Sistemas de Cabo, Região 1
Ref: Lucros provenientes da STARZ

Recentemente adicionamos a STARZ Network ao nosso pacote de cabo premium. Atualmente, 852 de nossos assinantes de serviços básicos compraram o serviço ao preço corrente de $10,50 por mês.

Como você sabe, nossas contribuições correntes provenientes da STARZ não são tão altas quanto esperávamos. Gostaria que você avaliasse nosso preço corrente para verificar se podemos aumentá-lo ou diminuí-lo para elevar as contribuições da STARZ a nosso negócio.

Em um estudo anterior da possibilidade de adicionar a STARZ, o departamento de *marketing* obteve os dados anexos sobre a demanda e custos para esse canal em nossa Região de serviço 1. Por favor, use esses dados para oferecer sua recomendação. Estou particularmente interessado em (1) uma estimativa do nosso preço maximizador de lucro, e (2) uma estimativa de quanto nosso lucro mensal aumentará se ajustarmos o preço ao nível recomendado por você.

Anexo: Starz.xls

Memorando 7

Para: Gerente de Preços, Distrito 6SW
De: Vice-Presidente de Marketing
Ref.: Decisão estratégica de precificação

Nosso único concorrente no Distrito 6SW oferece um pacote de serviços por $84,95. Atualmente, estamos cobrando um prêmio de 10% sobre esse preço, mas há rumores não confirmados de que eles não estão contemplando um aumento de 10% em seu preço. Não conhecemos sua estrutura de custos, de forma que não sabemos se o potencial aumento de preço é decorrente da elevação de custos ou se é meramente um movimento estratégico da parte deles.

Historicamente, quando ambos cobramos o mesmo preço, nossa fatia de mercado é de cerca de 65%. Quando cobramos um prêmio de 10% sobre o preço deles, nossa fatia de mercado declina para cerca de 60%. Aparentemente, nas situações em que eles cobraram um prêmio de 10% sobre nosso preço, nossa fatia de mercado era de 70%.

Por favor, ofereça uma recomendação relativa a se devemos manter nosso preço corrente ou se devemos reduzi-lo para $84,95. Por favor, considere em sua recomendação que pagamos às redes taxas que somam $32,50 por assinante. Além disso, os custos dos serviços de manutenção e de cobrança são de cerca de $7,60 por assinante. Hoje, existem cerca de 110 mil residências na área relevante.

Memorando 8

Para: Grupo de Estratégia
De: COO
Ref.: Ramificações da alienação da AOL

Necessito de sua informação imediata a respeito do impacto potencial, sobre nosso negócio, de vender a unidade AOL. Por razões óbvias, é imperativo que você trate esta solicitação como confidencial.

Memorando 9

Para: Grupo de Estratégia
De: COO
Ref.: Ramificações da venda de nossas unidades de publicação

Necessito de sua informação imediata a respeito do impacto potencial da venda de nossas unidades de publicação. Tal movimento faria sentido sob a perspectiva dos negócios como um todo?

Por razões óbvias, é imperativo que você trate esta solicitação como confidencial.

Memorando 10

Para: Presidente de Operações Globais
De: COO
Ref.: AOL Europa

Como você sabe, alguns de nossos colegas recomendaram, em segredo, que vendamos as propriedades na AOL Europa. Embora ainda tenha de formar opinião a respeito desse assunto, uma questão importante é a maneira como esse negócio poderia ser realizado. Em particular, se nos movermos nessa direção, como você vislumbra a venda dos ativos – individualmente ou em um único grande negócio?

Memorando 11

Para: Grupo de Estratégia
De: COO
Ref.: Ramificações de alienações na Filmed Entertainment

Necessito de sua informação imediata a respeito do impacto potencial, sobre nosso negócio, de vender as unidades de filmes de entretenimento. Por razões óbvias, é imperativo que você trate esta solicitação como confidencial.

Memorando 12

Para: Departamento de Preços
De: Gerente Regional, Região 3
Ref.: Preparação de novo canal

Estamos pensando em adicionar mais três redes à nossa grade de cabo básica: Bravo, ESPNews e MTV2. Cada uma delas mudaria nossas taxas de programação para um assinante básico, conforme abaixo:

- Bravo – 8 centavos por assinante por mês
- ESPNews – 10 centavos por assinante por mês
- MTV2 – 7,5 centavos por assinante por mês

Para contrabalançar uma parte dessas taxas, cada rede nos permitiria vender alguma propaganda local em suas transmissões. Com base em nossos indíces de audiencia, o departamento de publicidade estima que as receitas mensais com propaganda somariam $1.200 sobre a Bravo, $1.500 sobre a ESPNews e $1.200 sobre a MTV2.

Cerca de 46% dos 110 mil clientes em nossa Região 3 assinam os serviços básicos. Toda vez que a grade básica de canais é ajustada, há uma mudança no número de clientes que assinam o pacote de cabo básico. Tendemos a perder uma pequena parcela de clientes leais a determinados canais sempre que cancelamos um canal e, da mesma forma, ganhamos um novo grupo quando um canal é adicionado. Nosso departamento de *marketing* apresentou estimativas do número de clientes leais a cada canal. Isso envolve uma estimativa do número de clientes de cabo que perderemos se cancelarmos determinado canal. Também foram apresentadas estimativas do número que podemos ganhar ao adicionar um novo canal. Atualmente, não temos a capacidade de adicionar novos canais à nossa grade básica sem cancelar canais existentes. O departamento de *marketing* estima o seguinte aumento nos assinantes ao adicionarmos os novos canais: Bravo – 150, ESPNews – 300, MTV2 – 225. Nossa precificação corrente (não incluindo impostos) para o pacote básico é de $34,99 por mês; as taxas de programação para o pacote básico somam $14,55 por mês.

A grade de cabo básica corrente encontra-se anexa. A lista inclui apenas redes que poderiam, de forma viável, ser substituídas. Ela exclui canais que devem ser mantidos devido à regulação governamental (canais de acesso local etc.), bem como redes de *broadcast*.

Usando essa informação, por favor, faça uma recomendação informando se devemos adicionar qualquer uma das novas redes propostas ao nosso pacote básico.

Anexo: Potential_Changes.xls

Memorando 13

Para: Gerente de Vendas, Região 3
De: Gerente Regional, Região 3
Ref.: Questão de recessão

Um de nossos estagiários de MBA enviou a planilha anexa em resposta a uma questão que levantei relativa ao impacto potencial do declínio de 28,5% projetado para nosso mercado da Região 3. Isso é uma loucura – eles não ensinam mais as pessoas a falar por meio de palavras?

O que esses números significam? Você pode me ajudar? Tudo que preciso saber é: se as receitas declinarem 28,5%, conforme projetado, quanto teremos de cortar os preços para manter nossa base de clientes existente?

Anexo: Output.xls

Memorando 14

Para: Gerente de Preços, Região Meio-Oeste
De: Vice-Presidente de Marketing
Ref.: Alinhamento de preço de novos programas

Em resposta aos crescentes requisitos para uma precificação *à la carte*, decidimos iniciar uma oferta de teste com menores grupos de programas. Como primeiro passo, dois pequenos pacotes de programas serão oferecidos aos usuários de nosso pacote básico. O primeiro é um pacote de esportes que inclui NBA e o Soccer Channel. O segundo é um pacote de música que inclui MTV2 e GAC.

A oferta de teste será limitada apenas aos mercados da Região 1 e da Região 2. Estimamos que nossos custos incrementais relevantes para o pacote de esportes são de $1,45 por assinante e os custos incrementais relevantes para o pacote de músicas são de $1,20 por assinante.

Envio uma pesquisa preliminar realizada por nossa equipe de *marketing* que indica vendas antecipadas a vários pontos de preço. Agradeço por suas recomendações relativas à precificação desses novos grupos de programas. Obrigado.

Anexo: Sports&Music.xlsa

Referências

Angwin, J. "Road Runner, America Online Wage Unsisterly Rivalry." *The Wall Street Journal,* p. B1, 21 nov. 2002.

Angwin, J. "Road Runner, AOL Are to Cooperate after Barrier Lifts." *The Wall Street Journal,* p. B4, 23 abr. 2004.

Angwin, J. "Time Warner Considers Return to Acquisitions." *The Wall Street Journal,* p. C1, 28 abr. 2004.

Angwin, J.; Grant, P.; Wingfield, N. "In Embracing Digital Recorders, Cable Companies Take Big Risk – Viewers Flock to the Devices, but Advertisers May Flee; Debating Ad-Skip Feature – Time Warner's 'Meteorite'." *The Wall Street Journal,* p. A1, 26 abr. 2004.

Ahrens, F. "FCC Asked to Examine À la Carte Cable TV." *BizReport.Com,* 20 maio 2004.

Barnhart, A. "Everest Mounts a Cable Takeover in Kansas City." *Electronic Media,* 14 out. 2002.

Barnhart, A. "Everest Emerges as Competitor for Area Cable, Phone and Web Providers." *Kansas City Star,* 27 out. 2002.

Bates, R. J. *Broadband Telecommunications Handbook.* Boston: McGraw-Hill, 2002.

Belson, K.; Richtel, M. "Hoping to Attract Callers to the Internet." *New York Times,* p. 10, 3 maio 2004.

Consumers Union. "Cable 'À la Carte' Amendment Major Step in Giving Consumers Choice and Control Over Bills, Programming." Consumer Union News Release, 28 abr. 2004.

Consumers Union. "Consumers Union Tells Senate Panel 'A la Carte' Option Needed for Lower Cable TV Bills, Real Choice." Consumer Union News Release, 25 mar. 2004.

Earthlink, Inc. *Annual Report 2003.*

Eggerton, J. "MMTC Opposes À la Carte." *Broadcasting & Cable,* 13 maio 2004.

Everly, S. "Everest Restarts Area Expansion: With Financial Condition Improving, Aquila Subsidiary Sees Brighter Future." *Kansas City Star,* 19 nov. 2003.

Fabrikant, G. "Looking Past Cable's Profits to the Rivals on Its Heels." *New York Times,* p. C10, 3 maio 2004.

Federal Communications Commission. *Annual Assessment of the Status of Competition in the Market for the Delivery of Video Programming.* 2004.

General Accounting Office. *Subscriber Rates and Competition in the Cable Television Industry.* 25 mar. 2004.

General Accounting Office. *Wire-Based Competition Benefited Consumers in Selected Markets.* fev. 2004.

Grant, P. "What's On? The Battle Among Broadband Providers Has Moved to a New Arena: Content." *The Wall Street Journal,* p. R5, 22 mar. 2004.

Grant, P Young, S. "Time Warner Cable Expands Net-Phone Plan." *The Wall Street Journal.* p. A19, 9 dez. 2003.

Kirkpatrick, D. "AOL Europe Emerges as a Bright Spot." *International Herald Tribune,* 8 set. 2003.

Latour, A.; Grant, P. "Verizon May Set Off Price War – Decision to Cut DSL Rates May Put Pressure on Cable Firms." *The Wall Street Journal,* p. B2, 5 maio 2003.

Love, B. "Time Inc./AOL Restrict Access to Magazine Sites: A Breakthrough?" *Circulation Management,* 1º maio 2003.

Mara, Janis "AOL, Road Runner Do Broadband Cross-Promotion." *ClickZNews,* 23 abr. 2004.

Microsoft Corporation. *Annual Report, 2003.*

Motion Picture Association. *US Entertainment Industry: 2003 MPA Market Statistics.*

Parker, A. "Comcast Asks Government to Forgo Cable-TV Regulation." *Philadelphia Inquirer,* 4 maio 2004.

Pasztor, A.; Lippman, J. "Finally, Murdoch Wins DirecTV, but His Prize Has Pitfalls." *The Wall Street Journal,* p. B1, 10 abr. 2003.

Reuters News Service. "AOL, Time Warner Cable to Launch Cable Channel", 22 abr. 2004.

Sayre, A. "Time Warner Chief Doubts Price Controls." *Associated Press Newswire,* 3 mar. 2004.

Shook, D. "AOL Europe: Well, It's Not America." *BusinessWeek Online,* 1º fev. 2002.

SBC Communications Inc. *Annual Report 2003.*

Time Warner Inc. *Annual Reports, 1993–2003.*

Time Warner, Inc. "Time Warner Cable and Fox Sports Net Team Pp to Bring High-Definition NBA and NHL Games throughout the Season to Major Markets from Coast to Coast Beginning Dec. 5." *Time Warner News Release,* 24 nov. 2003.

Time Warner, Inc. "Pioneer & Time Warner Cable Launch National HDTV Retail Promotion." Time Warner News Release, 24 nov. 2003.

Time Warner, Inc. "Time Warner Cable Partners With MCI and Sprint for Nationwide Rollout of Digital Phones." Time Warner News Release, 8 dez. 2003.

Time Warner, Inc. "Time Warner Cable Adds HDNet and HDNet Movies to High-Def Lineup." Time Warner News Release, 16 dez. 2003.

Waterman, D. *Hollywood's Road to Riches.* Cambridge, MA: Harvard University Press, 2005.

Apêndice: Demonstrativos

Demonstrativo 1A Time Warner, Inc. – demonstrativo consolidado de operações – ano terminado em 31 de dezembro (milhões, exceto montantes por ação)

	2003	2002	2001
Receitas:			
Assinaturas	$20.448	$18.959	$15,657
Propaganda	6.182	6.299	6.869
Conteúdo	11.446	10.216	8.654
Outras	1.489	1.840	2.327
Receitas totais	39.565	37.314	33.507
Custos das receitas	(23.285)	(22.116)	(18.789)
Vendas, gerais e administrativa.	(9.862)	(8.835)	(7.486)
Custos de fusões e reestruturações	(109)	(327)	(214)
Amortização de ativos intangíveis	(640)	(557)	(6.366)
Defeito de goodwill	(640))	(44.039)	–
Ganho líquido sobre a venda de ativos	14	6	–
Lucro operacional (prejuízo)	5.365	(38.554)	652
Despesa com juros, líquida	(1.844)	(1.758)	(1.316)
Outras receitas (despesas)	1.210	(2.447)	(3.458)
Receitas com juros minoritários (despesas)	(214)	(278)	46
Provisão para imposto de renda	(1.371)	(412)	(145)
Operações descontinuadas, líquidas de impostos	(495)	(1.012)	(713)
Efeito cumulativo de mudança contábil	(12)	(54.235)	–
Lucro líquido (prejuízo)	2.639	(98.696)	(4.934)
Número de ações ordinárias em circulação	4.623.7	4.454.9	4.429,1
Lucro por ação em circulação	$0,57	$(22,15)	$(1,11)

Demonstrativo 1B Time Warner, Inc. – balanço patrimonial consolidado – ano terminado em 31 de dezembro (milhões)

	2003	2002	2001
Ativos			
Caixa e equivalentes	$3,040	$1,730	$719
Recebíveis, menos subsídios	4,908	4,846	6,054
Estoques	1,390	1,376	1,791
Despesas pré-pagas e outros ativos circulantes	1,255	1,130	1,687
Ativos circulantes de operações descontinuadas	1,675	1,753	–
Total de ativos circulantes	12,268	10,835	10,251
Inventários não circulantes e custos de filmes	4,465	3,739	3,490
Investimentos	3,657	5,094	6,886
Propriedades, plantas e equipamentos	12,559	11,534	12,669
Ativos intangíveis	43,885	40,544	44,997
Goodwill	39,459	36,986	127,420
Outros ativos	2,858	2,418	2,791
Ativos não circulantes de operações descontinuadas	2,632	4,368	–
Total de ativos	$121,783	$115,518	$208,504
Passivo e patrimônio líquido			
Contas a pagar	$1,629	$2,244	$2,266
Participações a pagar	1,955	1,689	1,253
Royalties e custos de programação a pagar	778	600	1,515
Receita diferida	1,175	1,159	1,451
Dívida circulante	2,287	155	48
Outras obrigações circulantes	6,120	5,887	6,443
Obrigações circulantes de operações descontinuadas	1,574	1,730	–
Total de passivos circulantes	15,518	13,464	12,976
Dívida de longo prazo	23,458	27,354	22,792
Imposto de renda diferido	13,291	9,803	11,231
Receita diferida	1,793	1,839	1,048
Ações preferenciais obrigatoriamente conversíveis	1,500	–	–
Outras obrigações	3,883	3,867	4,839
Juros minoritários	5,401	5,038	3,591
Obrigações não circulantes de operações descontinuadas	901	1,336	–
Patrimônio líquido			
Ações ordinárias	46	45	44
Capital subscrito	155,578	155,134	155,172
Outros prejuízos abrangentes líquidos acumulados	(291)	(428)	49
Deficit acumulado	(99,295)	(101,934)	(3,238)
Total de patrimônio líquido	56,038	52,817	152,027
Total de passivo e patrimônio líquido	$121,783	$115,518	$208,504

Demonstrativo 2 Time Warner e Concorrentes selecionados – visão geral

Companhia	Receitas ($ milhões) 2003	Receitas ($ milhões) 2002	Lucro líquido ($ milhões) 2003	Lucro líquido ($ milhões) 2002	Principais áreas de negócios
Disney	$27.061	$25.329	$1.267	$1.236	Redes (ABC, ESPN, Disney, A&E), Produção de filme/TV (Buena Vista, Miramax), Parques temáticos (Disney World), Estações locais de TV (10 afiliadas ABC)
Viacom	$26.585	$24.606	$1.417	$726	Redes (CBS, UPN, MTV, BET, Nick, ShowTime), Produção de filme/TV (Paramount), Publicação (Simon & Schuster)
News Corp.	$19.848	$16.221	$948	($8.269)	Redes de Broadcast/Cabo (Fox, Fox News), Produção de filme/TV (Fox, 21st Century Fox), Jornais (*New York Post, The Times* [RU]), Televisão por satélite.
Comcast	$18.348	$12.460	$3.240	($274)	Cabo (Comcast), Times esportivos (Philadelphia 76ers [NBA])
NBC Universal*	$13.000	$3.000	na	na	Redes de Broadcast/Cabo (NBC, Bravo, USA), Produção de filme/TV (NBC, Universal Studios), Parques temáticos (Universal Studios), Estações locais de TV (14 afiliadas NBC)
Sony	$12.657	$11.993	$521	$419	Filme (Sony Pictures, Columbia Pictures, Tristar), Produção de TV (Columbia Tristar), Música (Columbia, Sony, Epic Records)

*A NBC Universal é o resultado de uma fusão ocorrida em 2004 entre as operações da NBC, de propriedade da General Electric, e as operações da Universal, de propriedade da empresa francesa Vivendi. A GE possui 80% da nova companhia e a Vivendi 20%. As estimativas de receita para 2003 são baseadas nos ativos conjuntos das duas companhias. Os valores divulgados para o lucro líquido refletem uma estimativa do EBITDA e não são comparáveis aos outros valores divulgados sobre lucro líquido.
Fonte: Relatórios Anuais da Companhia.

Demonstrativo 3 Número de assinantes e receitas para ISPs selecionados em 2003

Provedor de serviço de Internet	Número de assinantes (milhares)	Receitas ($ milhões)
AOL	24.300	$8.600
MSN	9.000	$1.953
Earthlink	5.500	$1.400
United Online (Juno, Netzero)	2.900	$185

Fonte: Relatórios Anuais da Companhia.

Demonstrativo 4 Filmes com maior bilheteria, 2003*

Ranking	Título	Distribuidor	Recebimentos brutos de bilheteria em 2003 ($ milhões)	Porcentagem recebida durante o fim de semana de lançamento
1.	Procurando Nemo	Buena Vista	$340	20,7%
2.	Piratas do Caribe	Buena Vista	$305	15,3%
3.	O Senhor dos Anéis: O Retorno do Rei	New Line	$290	25,0%
4.	Matrix Reloaded	Warner Bros.	$282	32,6%
5.	Todo Poderoso	Universal	$243	33,7%
6.	X-Men 2	Fox	$215	39,8%
7.	Um Duende em Nova York	New Line	$171	18,2%
8.	Chicago	Miramax	$161	**
9.	O Exterminador do Futuro 3: A Rebelião das Máquinas	Warner Bros.	$150	29,3%
10.	Bad Boys II	Sony	$138	33,6%
11.	Matrix Revolutions	Warner Bros.	$138	34,6%
12.	Tratamento de Choque	Sony	$134	31,5%
13.	A Casa Caiu	Buena Vista	$133	23,5%
14.	Hulk	Universal	$132	47,0%
15.	+ Velozes + Furiosos	Universal	$127	39,7%
16.	Alma de Herói	Universal	$120	17,4%
17.	S.W.A.T. – Comando Especial	Sony	$117	31,8%
18.	Pequenos Espiões 3D	Miramax	$112	29,9%
19.	Sexta-Feira Muito Louca	Buena Vista	$110	20,1%
20.	Todo Mundo em Pânico 3	Paramount	$110	43,9%

*Os recebimentos de bilheteria refletem os valores brutos apenas de 2003.
**Lançado antes de 2003.
Fonte: Motion Picture Association (2004).

Demonstrativo 5 Custos de produção médios e receitas médias para novos lançamentos de filmes, 1988–2002

Ano	Número de filmes lançados	Custo de produção médio ($ milhões)	Recebimentos médios de bilheteria ($ milhões)	Índice de preço do consumidor
1988	202	$10,3	$16,4	118,3
1989	277	$10,2	$14,7	124
1990	192	$15,9	$22,3	130,7
1991	197	$16,1	$21,4	136,2
1992	174	$18,3	$24,9	140,3
1993	149	$16,6	$25,4	144,5
1994	141	$23,3	$30,7	148,2
1995	163	$23,7	$29,4	152,4
1996	179	$23,6	$26,6	156,9
1997	170	$29	$33,7	160,5
1998	168	$30,9	$34,1	163
1999	216	$30,3	$37,7	166,6
2000	167	$36,1	$44,6	172,2
2001	151	$38,4	$52	177,1
2002	118	$42,4	$59,4	179,9

Fontes: Motion Picture Association (2004); Bureau of Labor Statistics (CPI – Series CUUS0000SA0).

Demonstrativo 6 Número de redes de satélites nacionais, número de redes verticalmente integradas e porcentagem de redes verticalmente integradas, 1994–2003

Ano	Número total de redes	Número de redes verticalmente integradas	Porcentagem de redes verticalmente integradas
1994	106	56	52,8%
1995	129	66	51,2%
1996	145	64	44,1%
1997	172	68	39,5%
1998	245	95	38,8%
1999	283	104	36,7%
2000	281	99	35,2%
2001	194	104	53,6%
2002	308	92	29,9%
2003	339	110	32,4%

Fonte: Federal Communications Commission (2004).

Demonstrativo 7 Crescimento da indústria "a cabo", 1994–2003

Ano	TV Domicílios* (milhões)	Residências cabeadas** (milhões)	Assinantes básicos (milhões)	Penetração do cabo***
1994	95,4	91,6	59,5	0,650
1998	99,4	95,6	65,1	0,681
1999	100,8	97,6	65,9	0,675
2000	102,2	99,1	66,6	0,672
2001	105,4	100,6	66,9	0,665
2002	106,7	102,7	66,1	0,644
2003****	106,7	103,5	65,9	0,637

*Número de casas nos Estados Unidos com ao menos uma televisão.
**Número total de casas aptas a receber serviço de televisão a cabo.
***Taxa do número de assinantes básicos de serviços a cabo em relação ao número de residências cabeadas.
****Em junho de 2003.
Fonte: Federal Communications Commission (2004).

Demonstrativo 8 Número de assinantes de Internet banda larga nos Estados Unidos, por tipo de conexão, 2001–2003

	2001	2002	2003
DSL	2.693.834	5.101.493	7.675.114
Outras linhas a cabo	1.088.066	1.186.680	1.215.713
Cabo coaxial	5.184.141	9.172.895	13.684.225
Fibra	455.593	520.884	575.613
Satélite	194.707	220.588	309.006
Total	9.616.341	16.202.540	23.459.671

Fonte: Federal Communications Commission (2004).

Demonstrativo 9 Tecnologias competidoras, porcentagem de domicílios atendidos por distribuidores de programação de vídeo multicanal (MVPD), anos selecionados

	1993	1998	2003
Cabo	94,89%	85,34%	74,87%
Transmissão direta via satélite (DBS)	0,12%	9,40%	21,63%
Outros MVPDs	4,99%	5,26%	3,50%

Fonte: Federal Communications Commission (2004).

Apêndice A

Respostas dos problemas selecionados de final de capítulo

Capítulo 1

1. A rivalidade consumidor-consumidor ilustra melhor essa situação. Aqui, a Levi Strauss & Co. é um comprador competindo com outros concorrentes pelo direito de obter o jeans antigo.

4. *a.* O valor da empresa antes de ela pagar os dividendos correntes é

$$PV_{empresa} = \$550.000 \left(\frac{1 + 0{,}08}{0{,}08 - 0{,}05} \right)$$

$$= \$19{,}8 \text{ milhões}$$

6. *a.* Os benefícios líquidos são maximizados em $Q = 108$.

8. *a.* Seus lucros contábeis são de $180 mil. Eles são computados como a diferença entre as receitas ($200 mil) e os custos explícitos ($20 mil).

Capítulo 2

1. *a.* Como X é um bem normal, um aumento na renda levará a um aumento na demanda pelo bem X (a curva de demanda pelo bem X se deslocará para a direita).

3. *a.* 50 unidades.

4. *b.* X é um bem normal.

5. *b.* $12.800.

Capítulo 3

2. *a.* A elasticidade-preço da demanda é de $-0{,}44$, de forma que a demanda pelo bem X é inelástica a esse preço. A receita da empresa pode cair se ela cobrar um preço abaixo de $154.

3. *c.* A elasticidade-renda é 1, de forma que o bem X é um bem normal.

4. *a.* A quantidade demandada do bem X diminuirá em 10%.

5. Diminuição em 10%.

Capítulo 4

1. *a.* −0,25.
2. *a.* $Y = 25 - 0,5X$.
6. *c.* 6 unidades.
7. *a.* O consumo do bem X diminuirá e o consumo do bem Y aumentará.

Capítulo 5

1. *c.* $L = 16$.
2. *a.* Trabalho é o insumo fixo enquanto capital é o insumo variável.
4. *a.* $FC = \$50$.
5. *b.* Existem complementaridades de custo, já que $a = -0,25 < 0$.

Capítulo 6

3. *a.* Contrato.
5. *a.* Capital humano.
8. *a.* Reduz os benefícios da integração vertical.

Capítulo 7

1. $C_4 = 0,55$.
3. −1,5.
4. *a.* $\$100$.
7. Em geral, uma fusão entre duas empresas com parcelas de mercado w_i e w_j aumentará o IHH em $2(10.000) w_i w_j$.

Capítulo 8

2. *b.* $\$80$.
4. *a.* $Q = 20$ unidades.
6. *b.* $Q = 4; P = \$60$.
7. *a.* $P = 10 - 0,5Q$.

Capítulo 9

1. *a.* D_2.
5. *b.* $P = MC = \$100$.
6. *c.* Lances competitivos por empreiteiros idênticos.
8. *a.* A produção e o lucro da Empresa 1 aumentaria. A produção e o lucro da Empresa 2 diminuiria.

Capítulo 10

1. *a.* A estratégia dominante do jogador 1 é B. O jogador 2 não possui uma estratégia dominante.
3. *b.* O *payoff* de equilíbrio do jogador 1 é 5.
4. *b.* Não.
5. *a.* $x > 2$.

Capítulo 11

1. *a.* $P = \$225$.
5. *a.* Cobrar uma taxa fixa de $160 mais um valor de $20 por unidade.
6. *b.* $3.200.
7. *a.* $225.000.

Capítulo 12

2. *a.* Amante do risco.
3. *a.* $5.
5. *a.* $25.
6. *a.* $1.750.

Capítulo 13

2. *b.* Não.
4. *a.* 90.
5. *b.* Não. Os benefícios advêm do fato de que, ao aumentar os custos dos concorrentes, estes reduzem suas próprias produções. Isso tende a aumentar o preço de mercado, permitindo-lhe expandir sua própria produção (e fatia de mercado) e obter lucros maiores.
6. *a.* A empresa 2 entrará, de forma que a empresa 1 obterá lucros de $300 mil.

Capítulo 14

1. *a.* IHH = 2.000.
3. *a.* $Q = 100/35$.
5. *a.* $Q = 10$ e $P = \$15$.
7. *a.* Nada.

Apêndice B

Leituras adicionais e referências

Capítulo 1

Arnold, R. Douglas. "Political Control of Administrative Officials." *Journal of Law, Economics and Organization,* v. 3, n. 2, p. 279–286, 1987.

Balachandran, Kashi, R.; Srinidhi, Bin. "A Stochastic Planning Model for Manufacturing Environments." *Atlantic Economic Journal,* v. 20, n. 1, p. 48–56, mar. 1992.

Beck, Paul J.; Zorn, Thomas S. "Managerial Incentives in a Stock Market Economy." *Journal of Finance,* v. 37, n. 5, p. 1151–1167, dez. 1982.

Bryan, William R.; Gruca, Thomas; Linke, Charles M. "The Present Value of Future Earnings: Contemporaneous Differentials and the Performance of Dedicated Portfolios." *Journal of Risk and Insurance,* n. 57, p. 530–539, set. 1990.

Cannings, Kathleen; Lazonick, William. "Equal Employment Opportunity and the 'Managerial Woman' in Japan." *Industrial Relations,* v. 33, n. 1, p. 44–69, jan. 1994.

Chan, Anthony; Chen, Carl R. "How Well do Asset Allocation Mutual Fund Managers Allocate Assets?" *Journal of Portfolio Management,* v. 18, n. 3, p. 81–91, 1992.

Episcopos, Athanasios. "Investment Under Uncertainty and the Value of the Firm." *Economics Letters,* v. 45, n. 3, p. 319–322, jul. 1994.

Gaughan, Patrick; Lerman, Paul; Manley, Donald. "Measuring Damages Resulting From Lost Functionality of Systems." *Journal of Legal Economics,* v. 3, n. 2, p. 11–24, jul. 1993.

Gegax, Douglas; Gerking, Shelby; Schulze, William. "Perceived Risk and the Marginal Value of Safety." *Review of Economics and Statistics,* v. 73 n. 4, p. 589–596, nov. 1991.

Giordano, James N. "A Trucker's Dilemma: Managerial Behavior Under an Operating Ratio Standard." *Managerial and Decision Economics,* v. 10, n. 3, p. 241–251, set. 1989.

Lange, Mark; Luksetich, William; Jacobs, Philip. "Managerial Objectives of Symphony Orchestras." *Managerial and Decision Economics,* v. 7, n. 4, p. 273–278, dez. 1986.

Ling, David C. "Optimal Refunding Strategies, Transaction Costs, and the Market Value of Corporate Debt." *Financial Review,* n. 26, p. 479–500, nov. 1991.

Marcus, Richard D.; Swidler, Steve; Zivney, Terry L. "An Explanation of Why Shareholders' Losses Are So Large After Drug Recalls." *Managerial and Decision Economics,* v. 8, n. 4, p. 295–300, dez. 1987.

Prasnikar, Janez; Svejnar, Jan. "Workers' Participation in Management vs. Social Ownership and Government Policies: Yugoslav Lessons for Transforming Socialist Economics." *Comparative Economic Studies,* v. 33, n. 4, p. 27–45, 1991.

Ravenscraft, David J.; Wagner, Curtis L. III. "The Role of the FTC's Line of Business Data in Testing and Expanding the Theory of the Firm." *Journal of Law and Economics,* v. 34, n. 2, parte 2, p. 703–739, out. 1992.

Saltzman, Cynthia; Duggal, Vijaya G.; Williams, Mary L. "Income and the Recycling Effort: A Maximization Problem." *Energy Economics,* v. 15, n. 1, p. 33–38, jan. 1993.

Sanghvi, Arun P.; Dash, Gordon H. Jr. "Core Securities: Widening the Decision Dimensions." *Journal of Portfolio Management,* v. 4, n. 3, p. 20–24, 1978.

Strong, John S.; Meyer, John R. "An Analysis of Shareholder Rights Plans." *Managerial and Decision Economics,* v. 11, n. 2, p. 73–86, maio 1990.

Tuckman, Howard P.; Chang, Cyril F. "Cost Convergence between for Profit and not for Profit Nursing Homes: Does Competition Matter?" *Quarterly Review of Economics and Business,* v. 28, n. 4, p. 50–65, 1988.

Capítulo 2

Barzel, Yoram. "Rationing by Waiting." *Journal of Law and Economics,* p. 73–96, abr. 1974.

Bell, Frederick W.; Leeworthy, Vernon R. "Recreational Demand by Tourists for Saltwater Beach Days." *Journal of Environmental Economics and Management,* v. 18, n. 3, p. 189–205, maio 1990.

Bohanon, Cecil E.; Lynch, Gerald J.; Van Cott, T. Norman. "A Supply and Demand Exposition of the Operation of a Gold Standard in a Closed Economy." *Journal of Economic Education,* v. 16, n. 1, p. 16–26, 1985.

Burrows, Thomas M. "Pesticide Demand and Integrated Pest Management: A Limited Dependent Variable Analysis." *American Journal of Agricultural Economics,* v. 65, n. 4, p. 806–810, nov. 1983.

Chaloupka, Frank J.; Saffer, Henry. "Clean Indoor Air Laws and the Demand for Cigarettes." *Contemporary Policy Issues,* v. 10, n. 2, p. 72–83, abr. 1992.

Crafton, Steven M.; Hoffer, George E.; Reilly, Robert J. "Testing the Impact of Recalls on the Demand for Automobiles." *Economic Inquiry,* v. 19, n. 4, p. 694–703, out. 1981.

Craig, Ben; Batina, Raymond G. "The Effects of Social Security on a Life Cycle Family Labor Supply Simulation Model." *Journal of Public Economics,* v. 46, n. 2, p. 199–226, nov. 1991.

Duncan, Kevin C.; Prus, Mark J.; Sandy, Jonathan G. "Marital Status, Children and Women's Labor Market Choices." *Journal of Socio Economics,* v. 22, n. 3, p. 277–288, 1993.

Englander, Valerie; Englander, Fred. "The Demand for General Assistance in New Jersey: A New Look at the Deterrence Effect." *Journal of Behavioral Economics,* v. 13, n. 2, p. 53–65, 1984.

Gillespie, Robert W. "Measuring the Demand for Court Services: A Critique of the Federal District Courts Case Weights." *Journal of the American Statistical Association,* v. 69, n. 345, p. 38–43, mar. 1974.

Gulley, O. David; Scott, Frank A., Jr. "The Demand for Wagering on State Operated Lotto Games." *National Tax Journal,* v. 46, n. 1, p. 13–22, mar. 1993.

Kasulis, Jack J.; Huettner, David A.; Dikeman, Neil J. "The Feasibility of Changing Electricity Consumption Patterns." *Journal of Consumer Research,* v. 8, n. 3, p. 279–290, dez. 1981.

Knowles, Glenn; Sherony, Keith; Haupert, Mike. "The Demand for Major League Baseball: A Test of the Uncertainty of Outcome Hypothesis." *American Economist,* v. 36, n. 2, p. 72–80, 1992.

Kridel, Donald J.; Lehman, Dale E.; Weisman, Dennis L. "Option Value, Telecommunications Demand, and Policy." *Information Economics and Policy*, v. 5, n. 2, p. 125–144, jul. 1993.

Martin, Randolph C. Wilder; Ronald P. "Residential Demand for Water and the Pricing of Municipal Water Services." *Public Finance Quarterly*, v. 20, n. 1, p. 93–102, jan. 1992.

Max, Wendy; Lehman, Dale E. "A Behavioral Model of Timber Supply." *Journal of Environmental Economics and Management*, v. 15, n. 1, p. 71–86, mar. 1988.

Millner, Edward L.; Hoffer, George E. "A Re-Examination of the Impact of Automotive Styling on Demand." *Applied Economics*, v. 25, n. 1, p. 101–110, jan. 1993.

Munley, Vincent G.; Taylor, Larry W.; Formby, John P. "Electricity Demand in Multi-Family, Renter-Occupied Residences." *Southern Economic Journal*, v. 57, n. 1, p. 178–194, jul. 1990.

Nickerson, Peter H. "Demand for the Regulation of Recreation: the Case of elk and Deer Hunting in Washington State." *Land Economics*, v. 66, n. 4, p. 437–447, nov. 1990.

O'Neill, June; Brien, Michael; Cunningham, James. "Effects of Comparable Worth Policy: Evidence from Washington State." *American Economic Review*, v. 79, n. 2, p. 305–309, maio 1989.

Parker, Darrell F.; Rhine, Sherrie L. W. "Turnover Costs and the Wage Fringe Mix." *Applied Economics*, v. 23, n. 4A, parte A, p. 617–622, abr. 1991.

Ramagopal, K.; Ramaswamy, Sunder. "Measuring the Efficiency Cost of Wage Taxation With Uncertain Labor Productivity." *Economics Letters*, v. 42, n. 1, p. 77–80, 1993.

Saffer, Henry. "Alcohol Advertising Bans and Alcohol Abuse: An International Perspective." *Journal of Health Economics*, v. 10, n. 1, p. 65–79, maio 1991.

Scahill, Edward. "The Determinants of Average Salaries of Professional Football." *Atlantic Economic Journal*, v. 13, n. 1, p. 103–104, mar. 1985.

Siegfried, John J.; Scott, Charles E. "Recent Trends in Undergraduate Economics Degrees." *Journal of Economic Education*, v. 25, n. 3, p. 281–286, 1994.

Vedder, Richard K.; Gallaway, Lowell. "Racial Differences in Unemployment in the United States, 1890–1990." *Journal of Economic History*, v. 52, n. 3, p. 696–702, set. 1992.

Watkins, Thomas G. "The Shortage of Math and Science Teachers: Are Financial Aid Incentives Enough?" *Journal of Economics (MVEA)*, v. 18, n. 0, p. 29–34, 1992.

Wilson, John Sullivan. "The U.S. 1982–93 Performance in Advanced Technology Trade." *Challenge*, v. 37, n. 1, p. 11–16, jan./fev. 1994.

Wu, Mickey T. C.; Monahan, Dennis. "An Experimental Study of Consumer Demand Using Rats." *Journal of Behavioral Economics*, v. 12, n. 1, p. 121–138, 1983.

Yen, Steven T. "Cross Section Estimation of U.S. Demand for Alcoholic Beverage." *Applied Economics*, v. 26, n. 4, p. 381–392, abr. 1994.

Zuber, Richard A.; Gandar, John M. "Lifting the Television Blackout on no Shows at Football Games." *Atlantic Economic Journal*, v. 16, n. 2, p. 63–73, jun. 1988.

Capítulo 3

Brooking, Carl G.; Taylor, Patrick A. "The Effect of Stochastic Variables on Estimating the Value of Lost Earnings." *Journal of Risk and Insurance*, v. 58, n. 4, p. 647–656, dez. 1991.

Chressanthis, George A. "The Impacts of Tuition Rate Changes on College Undergraduate Headcounts and Credit Hours Over Time. A Case Study." *Economics of Education Review*, v. 5, n. 2, p. 205–217, 1986.

Combs, J. Paul; Elledge, Barry W. "Effects of a Room Tax on Resort Hotel/Motels." *National Tax Journal,* v. 32, n. 2, p. 201–207, jun. 1979.

Dubin, Jeffrey A.; Henson, Steven E. "An Engineering/Econometric Analysis of Seasonal Energy Demand and Conservation in the Pacific Northwest." *Journal of Business and Economic Statistics,* v. 6, n. 1, p. 121–134, jan. 1988.

Dumas, Edward B.; Sengupta, Jati K. "Fundamentals and Fads in Asset Pricing: An Empirical Investigation." *Applied Financial Economics,* v. 4, n. 3, p. 175–180, jun. 1994.

Fox, William F.; Campbell, Charles. "Stability of the State Sales Tax Income Elasticity." *National Tax Journal,* v. 37, n. 2, p. 201–212, jun. 1984.

Heinen, D. "The Structure of Food Demand: Interrelatedness and Duality." *American Journal of Agricultural Economics,* v. 64, n. 2, p. 213–221, maio 1982.

Hsing, Yu. "Estimation of Residential Demand for Electricity with the Cross Sectionally Correlated and Time Wise Autoregressive Model." *Resource and Energy Economics,* v. 16, n. 3, p. 255–263, ago. 1994.

Jones, Clifton T. "A Single Equation Study of U.S. Petroleum Consumption: The Role of Model Specification." *Southern Economic Journal,* v. 59, n. 4, p. 687–700, abr. 1993.

Lange, Mark D.; Luksetich, William A. "Demand Elasticities for Symphony Orchestras." *Journal of Cultural Economics,* v. 8, n. 1, p. 29–47, jun. 1984.

Lee, Joe W.; Kidane, Amdetsion. "Tobacco Consumption Pattern: A Demographic Analysis." *Atlantic Economic Journal,* v. 16, n. 4, p. 92–94, dez. 1988.

Lee, Tong Hun; Kong, Chang Min. "Elasticities of Housing Demand." *Southern Economic Journal,* v. 44, n. 2, p. 298–305, out. 1977.

Lin, An loh; Botsas, Eleftherios N.; Monroe, Scott A. "State Gasoline Consumption in the USA: An Econometric Analysis." *Energy Economics,* v. 7, n. 1, p. 29–36, jan. 1985.

Loeb, Peter D. "Automobile Safety Inspection: Further Econometric Evidence." *Applied Economics,* v. 22, n. 12, p. 1697–1704, dez. 1990.

Matulich, Scott C.; Workman, William G.; Jubenville, Alan. "Recreation Economics: Taking Stock: Problems and solutions in Estimating the Demand for and Value of Rural Outdoor Recreation." *Land Economics,* v. 63, n. 3, p. 310–316, ago. 1987.

Newman, Robert J.; Sullivan, Dennis H. "Econometric Analysis of Business Tax Impacts on Industrial Location: What do We Know, and How do We Know It?" *Journal of Urban Economics,* v. 23, n. 2, p. 215–234, mar. 1988.

Nguyen, Hong V. "Energy Elasticities Under Divisia and Btu Aggregation." *Energy Economics,* v. 9, n. 4, p. 210–214, out. 1987.

Raffiee, Kambiz; Wendel, Jeanne. "Interactions Between Hospital Admissions, Cost Per Day and Average Length of Stay." *Applied Economics,* v. 23, n. 1, parte B, p. 237–246, jan. 1991.

Ramin, Taghi. "A Regression Analysis of Migration to Urban Areas of a Less Developed Country: The Case of Iran." *American Economist,* v. 32, n. 2, p. 26–34, 1988.

Raymond, Richard D.; Sesnowitz, Michael L.; Williams, Donald R. "The Contribution of Regression Analysis to the Elimination of Gender Based Wage Discrimination in Academia: a Simulation." *Economics of Education Review,* v. 9, n. 3, p. 197–207, 1990.

Reaume, David M. "Migration and the Dynamic Stability of Regional Econometric Models." *Economic Inquiry,* v. 21, n. 2, p. 281–293, abr. 1983.

Stine, William F. "Estimating the Responsiveness of Local Revenue to Intergovernmental Aid." *National Tax Journal,* v. 38, n. 2, p. 227–234, jun. 1985.

Tashman, Leonard J.; Leach, Michael L. "Automatic Forecasting Software: A Survey and Evaluation." *International Journal of Forecasting,* v. 7, n. 2, p. 209–230, ago. 1991.

Taube, Paul M.; Huth, William L.; MacDonald, Don N. "An Analysis of Consumer Expectation Effects on Demand in a Dynamic Almost Ideal Demand System." *Journal of Economics and Business,* v. 42, n. 3, p. 225–236, ago. 1990.

White, Michael D.; Luksetich, William A. "Heroin: Price Elasticity and Enforcement Strategies." *Economic Inquiry,* v. 21, n. 4, p. 557–564, out. 1983.

Wilder, Ronald P.; Johnson, Joseph E.; Rhyne, R. Glenn. "Income Elasticity of the Residential Demand for Electricity." *Journal of Energy and Development,* v. 16, n. 1, p. 1–13, 1990.

Capítulo 4

Colburn, Christopher B. "Work Requirements and Income Transfers." *Public Finance Quarterly,* v. 21, n. 2, p. 141–162, abr. 1993.

Danziger, Sheldon; Taussig, Michael K. "The Income Unit and the Anatomy of Income Distribution." *Review of Income and Wealth,* v. 25, n. 4, p. 365–375, dez. 1979.

Giertz, J. Fred; Sullivan, Dennis H. "On the Political Economy of Food Stamps." *Public Choice,* v. 33, n. 3, p. 113–117, 1978.

Goodfellow, Gordon P. Jr.; Sweeney, Vernon E. "Vertically Parallel Indifference Curves With a Non-Constant Marginal Utility of Money." *American Economist,* v. 13, n. 2, p. 81–86, 1969.

Goodman, Allen C. "Estimation of Offset and Income Effects on the Demand for Mental Health Treatment." *Inquiry,* v. 26, n. 2, p. 235–248, 1989.

Johnston, Richard S.; Larson, Douglas M. "Focusing the Search for Giffen Behavior." *Economic Inquiry,* v. 32, n. 1, p. 168–174, jan. 1994.

Kaun, David E. "Writers Die Young: The Impact of Work and Leisure on Longevity." *Journal of Economic Psychology,* v. 12, n. 2, p. 381–399, jun. 1991.

Klingaman, David. "A Note on a Cyclical Majority Problem." *Public Choice,* v. 6, n. 0, p. 99–101, 1969.

Senauer, Ben; Young, Nathan. "The Impact of Food Stamps on Food Expenditures: Rejection of the Traditional Model." *American Journal of Agricultural Economics,* v. 68, n. 1, p. 37–43, fev. 1986.

Capítulo 5

Caves, Douglas W.; Herriges, Joseph A.; Windle, Robert J. "The Cost of Electric Power Interruptions in the Industrial Sector: Estimates Derived from Interruptible Service Programs." *Land Economics,* v. 68, n. 1, p. 49–61, fev. 1992.

Coates, Daniel E.; Mulligan, James G. "Scale Economies and Capacity Utilization: The Importance of Relative Fuel Prices." *Energy Economics,* v. 10, n. 2, p. 140–146, abr. 1988.

Corman, Hope; Joyce, Theodore J.; Grossman, Michael. "Birth Outcome Production Function in the United States." *Journal of Human Resources,* v. 22, n. 3, p. 339–360, 1987.

Dobitz, Clifford P. "Energy Substitution in Irrigation." *Regional Science Perspectives,* v. 14, n. 1, p. 25–29, 1984.

Duchatelet, Martine. "A Note on Increasing Returns to Scale and Learning by Doing." *Journal of Economic Theory,* v. 27, n. 1, p. 210–218, jun. 1982.

Eckard, E. Woodrow. "Cost Competition: New Evidence on an Old Issue." *Applied Economics,* v. 24, n. 11, p. 1241–1250, nov. 1992.

Griffin, Peter. "The Substitutability of Occupational Groups Using Firm Level Data." *Economics Letters,* v. 39, n. 3, p. 279–282, jul. 1992.

Grosskopf, Shawna; Yaisawarng, Suthathip. "Economies of Scope in the Provision of Local Public Services." *National Tax Journal,* v. 43, n. 1, p. 61–74, mar. 1990.

Harris, R. Scott. "Planning, Flexibility, and Joint Specificity of Inputs: The Use of First Refusal Rights." *Zeitschrift für die Gesamte Staatswissenschaft (JITE),* v. 141, n. 4, p. 576–585, dez. 1985.

Hayashi, Paul M.; Ziegler, Lawrence F. "Separability and Substitutability of Inputs in the Production of Police Services and Their Implications for Budgeting." *Journal of Economics (MVEA),* v. 19, n. 1, p. 23–30, 1993.

Holcomb, James H.; Evans, Dorla A. "The Effect of Sunk Costs on Uncertain Decisions in Experimental Markets." *Journal of Behavioral Economics,* v. 16, n. 3, p. 59–66, out. 1987.

Huckins, Larry E. "Capital Labor Substitution in Municipal Government." *Public Finance Quarterly,* v. 17, n. 4, p. 357–374, out. 1989.

Huettner, David A.; Landon, John H. "Electric Utilities: Scale Economies and Diseconomies." *Southern Economic Journal,* v. 44, n. 4, p. 883–912, abr. 1978.

Johnson, Dennis A. "Opportunity Cost: A Pedagogical Note." *Southern Economic Journal,* v. 50, n. 3, p. 866–870, jan. 1984.

Kim, H. Youn; Clark, Robert M. "Economies of Scale and Scope in Water Supply." *Regional Science and Urban Economics,* v. 18, n. 4, p. 479–502, nov. 1988.

Koshal, Rajindar K.; Koshal, Manjulika. "Economies of Scale of State Road Transport Industry in India." *International Journal of Transport Economics,* v. 16, n. 2, p. 165–173, jun. 1989.

Lichtenberg, Frank R.; Siegel, Donald. "The Impact of R&D Investment on Productivity: New Evidence Using Linked R&D LRD Data." *Economic Inquiry,* v. 29, n. 2, p. 203–229, abr. 1991.

MacDonald, James M. "R e D and the Directions of Diversification." *Review of Economics and Statistics,* v. 67, n. 4, p. 583–590, nov. 1985.

Maxwell, W. D. "Production Theory and Cost Curves." *Applied Economics,* v. 1, n. 3, p. 221–224, ago. 1969.

McDonald, J. R. Scott; Rayner, Tony J.; Bates, John M. "Productivity Growth and the U.K. Food System 1954–84." *Journal of Agricultural Economics,* v. 43, n. 2, p. 191–204, maio 1992.

Mullen, John K.; Williams, Martin. "Convergence, Scale and the Relative Productivity Performance of Canadian U.S. manufacturing industries." *Applied Economics,* v. 26, n. 7, p. 739–750, jul. 1994.

Niroomand, Farhang; Sawyer, W. Charles. "The Extent of Scale Economies in U.S. Foreign Trade." *Journal of World Trade,* v. 23, n. 6, p. 137–146, dez. 1989.

Okunade, Albert Ade. "Production Cost Structure of U.S. Hospital Pharmacies: Time Series, Cross Sectional Bed Size Evidence." *Journal of Applied Econometrics,* v. 8, n. 3, p. 277–294, jul./set. 1993.

Olson, Dennis O.; Jonish, James. "The Robustness of Translog Elasticity of Substitution Estimates and the Capital Energy Complementarity Controversy." *Quarterly Journal of Business and Economics,* v. 24, n. 1, p. 21–35, 1985.

Robison, H. David; Silver, Stephen J. "The Impact of Changing Oil Prices on Interfuel Substitution: Ethanol's Prospects in the United States to 1995." *Journal of Policy Modeling,* v. 8, n. 2, p. 241–253, 1986.

Sengupta, Jati K.; Okamura, Kumiko. "Scale Economies in Manufacturing: Problems of Robust Estimation." *Empirical Economics,* v. 18, n. 3, p. 469–480, 1993.

Sexton, Robert L.; Graves, Philip E.; Lee, Dwight R. "The Short and Long Run Marginal Cost Curve: A Pedagogical Note." *Journal of Economic Education,* v. 24, n. 1, p. 34–37, 1993.

Thomas, Janet M.; Callan, Scott J. "An Analysis of Production Cost Inefficiency." *Review of Industrial Organization,* v. 7, n. 2, p. 203–225, 1992.

Toda, Yasushi. "Estimation of a Cost Function When the Cost Is Not Minimum: The Case of Soviet Manufacturing Industries, 1958–1971." *Review of Economics and Statistics,* v. 58, n. 3, p. 259–268, ago. 1976.

Wen, Guanzhong James. "Total Factor Productivity Change in China's Farming Sector: 1952–1989." *Economic Development and Cultural Change,* v. 42, n. 1, p. 1–41, out. 1993.

Williams, Martin; Moomaw, Ronald L. "Capital and Labour Efficiencies: A Regional Analysis." *Urban Studies,* v. 26, n. 6, p. 573–585, dez. 1989.

Capítulo 6

Allen, Bruce T. "Merger Statistics and Merger Policy." *Review of Industrial Organization,* v. 1, n. 2, p. 78–92, 1984.

Arnold, Michael A. "The Principal Agent Relationship in Real Estate Brokerage Services." *American Real Estate and Urban Economics Association Journal,* v. 20, n. 1, p. 89–106, 1992.

Aron, Debra J.; Olivella, Pau. "Bonus and Penalty Schemes as Equilibrium Incentive Devices, with Application to Manufacturing Systems." *Journal of Law, Economics and Organization,* v. 10, n. 1, p. 1–34, abr. 1994.

Atkinson, Scott E.; Stanley, Linda R.; Tschirhart, John. "Revenue Sharing as an Incentive in an Agency Problem: An Example from the National Football League." *Rand Journal of Economics,* v. 19, n. 1, p. 27–43, 1988.

Bull, Clive; Schotter, Andrew; Weigelt, Keith. "Tournaments and Piece Rates: An Experimental Study." *Journal of Political Economy,* v. 95, n. 1, p. 1–33, fev. 1987.

Byrd, John W.; Hickman, Kent A. "Do Outside Directors Monitor Managers? Evidence from Tender Offer Bids." *Journal of Financial Economics,* v. 32, n. 2, p. 195–221, out. 1992.

Cardell, Nicholas Scott; Hopkins, Mark Myron. "Education, Income, and Ability: A Comment." *Journal of Political Economy,* v. 85, n. 1, p. 211–215, fev. 1977.

Cordell, Lawrence R.; MacDonald, Gregor D.; Wohar, Mark E. "Corporate Ownership and the Thrift Crisis." *Journal of Law and Economics,* v. 36, n. 2, p. 719–756, out. 1993.

Cornwell, Christopher; Dorsey, Stuart; Mehrzad, Nasser. "Opportunistic Behavior by Firms in Implicit Pension Contracts." *Journal of Human Resources,* v. 26, n. 4, p. 704–725, 1991.

Dearden, James; Ickes, Barry W.; Samuelson, Larry. "To Innovate or Not to Innovate: Incentives and Innovation in Hierarchies." *American Economic Review,* v. 80, n. 5, p. 1105–1124, dez. 1990.

Erekson, O. Homer; Sullivan, Dennis H. "A Cross Section Analysis of IRS Auditing." *National Tax Journal,* v. 41, n. 2, p. 175–189, jun. 1988.

Hansen, Robert S.; Torregrosa, Paul. "Underwriter Compensation and Corporate Monitoring." *Journal of Finance,* v. 47, n. 4, p. 1537–1555, set. 1992.

Hirao, Yukiko. "Task Assignment and Agency Structures." *Journal of Economics and Management Strategy,* v. 2, n. 2, p. 299–323, 1993.

Honig Haftel, Sandra; Martin, Linda R. "The Effectiveness of Reward Systems on Innovative Output: An Empirical Analysis." *Small Business Economics,* v. 5, n. 4, p. 261–269, dez. 1993.

Ingberman, Daniel E. "Privatization as Institutional Choice: Comment." *Journal of Policy Analysis and Management,* v. 6, n. 4, p. 607–611, 1987.

Janjigian, Vahan; Bolster, Paul J. "The Elimination of Director Liability and Stockholder Returns: An Empirical Investigation." *Journal of Financial Research,* v. 13, n. 1, p. 53–60, 1990.

Kalt, Joseph P.; Zupan, Mark A. "The Apparent Ideological Behavior of Legislators: Testing for Principal Agent Slack in Political Institutions." *Journal of Law and Economics,* v. 33, n. 1, p. 103–131, abr. 1990.

Karpoff, Jonathan M.; Rice, Edward M. "Organizational Form, Share Transferability, and Firm Performance: Evidence From the ANCSA Corporations." *Journal of Financial Economics,* v. 24, n. 1, p. 69–105, set. 1989.

Louie, Kenneth K. T.; Fizel, John L.; Mentzer, Marc S. "CEO Tenure and Firm Performance." *Journal of Economics (MVEA),* v. 19, n. 1, p. 51–56, 1993.

Lyon, Thomas P.; Hackett, Steven C. "Bottlenecks and Governance Structures: Open Access and Long Term Contracting in Natural Gas." *Journal of Law, Economics and Organization,* v. 9, n. 2, p. 380–398, out. 1993.

Majumdar, Sumit K.; Ramaswamy, Venkatram. "Explaining Downstream Integration." *Managerial and Decision Economics,* v. 15, n. 2, p. 119–129, mar./abr. 1994.

Mulherin, J. Harold; Netter, Jeffry M.; Overdahl, James A. "Prices Are Property: the Organization of Financial Exchanges from a Transaction Cost Perspective." *Journal of Law and Economics,* v. 34, n. 2, parte 2, p. 591–644, out. 1992.

Nantz, Kathryn; Sparks, Roger. "The Labor Managed Firm under Imperfect Monitoring: Employment and Work Effort Responses." *Journal of Comparative Economics,* v. 14, n. 1, p. 33–50, mar. 1990.

Shogren, Jason F.; Kask, Susan B. "Exploring the Boundaries of the Coase Theorem: Efficiency and Rationality Given Imperfect Contract Enforcement." *Economics Letters,* v. 39, n. 2, p. 155–161, jun. 1992.

Singh, Nirvikar; Thomas, Ravi. "User Charges as a Delegation Mechanism." *National Tax Journal,* v. 39, n. 1, p. 109–113, mar. 1986.

Zorn, Thomas S.; Larsen, James E. "The Incentive Effects of Flat Fee and Percentage Commissions for Real Estate Brokers." *American Real Estate and Urban Economics Association Journal,* v. 14, n. 1, p. 24–47, 1986.

Capítulo 7

Adrangi, Bahram; Chow, Garland; Gritta, Richard. "Market Structure, Market Share, and Profits in the Airline Industry." *Atlantic Economic Journal,* v. 91, n. 1, p. 98–99, mar. 1991.

Amato, Louis; Wilder, Ronald P. "Market Concentration, Efficiency, and Antitrust Policy: Demsetz Revisited." *Quarterly Journal of Business and Economics,* v. 27, n. 4, p. 3–19, 1988.

Bradley, James W.; Korn, Donald H. "Bargains in Valuation Disparities: Corporate Acquirer versus Passive Investor." *Sloan Management Review,* v. 20, n. 2, p. 51–64, 1979.

Carroll, Sidney L.; Scott, Loren C. "The Modification of Industry Performance through the Use of Government Monopsony Power." *Industrial Organization Review,* v. 3, n. 1, p. 28–36, 1975.

Carter, John R. "Concentration Change and the Structure Performance Debate: An Interpretive Essay." *Managerial and Decision Economics,* v. 5, n. 4, p. 204–212, dez. 1984.

Chang, Winston W.; Chen, Fang Yueh. "Vertically Related Markets: Export Rivalry between DC and LDC Firms." *Review of International Economics,* v. 2, n. 2, p. 131–142, jun. 1994.

Crane, Steven E.; Welch, Patrick J. "The Problem of Geographic Market Definition: Geographic Proximity vs. Economic Significance." *Atlantic Economic Journal,* v. 19, n. 2, p. 12–20, jun. 1991.

Deily, Mary E.; Gray, Wayne B. "Enforcement of Pollution Regulations in a Declining Industry." *Journal of Environmental Economics and Management,* v. 21, n. 3, p. 260–274, nov. 1991.

Diamond, Charles A.; Simon, Curtis J. "Industrial Specialization and the Returns to Labor." *Journal of Labor Economics,* v. 8, n. 2, p. 175–201, abr. 1990.

Dranove, David; Shanley, Mark; White, William D. "Price and Concentration in Hospital Markets: The Switch From Patient Driven to Payer Driven Competition." *Journal of Law and Economics,* v. 36, n. 1, parte 1, p. 179–204, abr. 1993.

Evans, William N.; Kessides, Ioannis. "Structure, Conduct, and Performance in the Deregulated Airline Industry." *Southern Economic Journal,* v. 59, n. 3, p. 450–667, jan. 1993.

Hannan, Timothy H.; McDowell, John M. "The Impact of Technology Adoption on Market Structure." *Review of Economics and Statistics,* v. 72, n. 1, p. 164–168, fev. 1990.

Hartley, Keith; Corcoran, William J. "Short-run Employment Functions and Defence Contracts in the U.K. Aircraft Industry." *Applied Economics,* v. 7, n. 4, p. 223–233, dez. 1975.

Haworth, Charles T.; Reuther, Carol Jean. "Industrial Concentration and Interindustry Wage Determination." *Review of Economics and Statistics,* v. 6, n. 1, p. 85–95, fev. 1978.

Hiebert, L. Dean. "Cost Flexibility and Price Dispersion." *Journal of Industrial Economics,* v. 38, n. 1, p. 103–109, set. 1989.

Jarrell, Stephen. "Research and Development and Firm Size in the Pharmaceutical Industry." *Business Economics,* v. 18, n. 4, p. 26–39, set. 1983.

Kyle, Reuben; Strickland, Thomas H.; Fayissa, Bichaka. "Capital Markets' Assessment of Airline Restructuring Following Deregulation." *Applied Economics,* v. 24, n. 10, p. 1097–1102, out. 1992.

Lane, Sylvai; Papathanasis, Anastasios. "Certification and Industry Concentration Ratios." *Antitrust Bulletin,* v. 28, n. 2, p. 381–395, 1983.

Levin, Sharon G.; Levin, Stanford L.; Meisel, John B. "Market Structure, Uncertainty, and Intrafirm Diffusion: The Case of Optical Scanners in Grocery Stores." *Review of Economics and Statistics,* v. 74, n. 2, p. 345–350, maio 1992.

Mallela, Parthasaradhi; Nahata, Babu. "Effects of Horizontal Merger on Price, Profits, and Market Power in a Dominant Firm Oligopoly." *International Economic Journal,* v. 3, n. 1, p. 55–62, 1989.

Norton, Seth W. "Vertical Integration and Systematic Risk: Oil Refining Revisited." *Journal of Institutional and Theoretical Economics,* v. 149, n. 4, p. 656–669, dez. 1993.

Peoples, James; Hekmat, Ali; Moini, A. H. "Corporate Mergers and Union Wage Premiums." *Journal of Economics and Finance,* v. 17, n. 2, p. 65–75, 1993.

Salinger, Michael. "The Concentration Margins Relationship Reconsidered." *Brookings Papers on Economic Activity,* Special Issue, p. 287–321, 1990.

Sandler, Ralph D.; "Market Share Instability in Commercial Airline Markets and the Impact of Deregulation." *Journal of Industrial Economics,* v. 36, n. 3, p. 327–335, mar. 1988.

Walsh, Carl E. "Taxation of Interest Income, Deregulation and the Banking Industry." *Journal of Finance,* v. 38, n. 5, p. 1529–1542, dez. 1983.

Yandle, Bruce; Hite, Arnold. "Branded Competition and Concentration Measures." *Southern Economic Journal,* v. 43, n. 4, p. 5176–5181, abr. 1977.

Capítulo 8

Benson, Bruce L.; Faminow, M. D. "The Impact of Experience on Prices and Profits in Experimental Duopoly Markets." *Journal of Economic Behavior and Organization,* v. 9, n. 4, p. 345–365, jun. 1988.

Besanko, David; Perry, Martin K. "Exclusive Dealing in a Spatial Model of Retail Competition." *International Journal of Industrial Organization,* v. 12, n. 3, p. 297–329, 1994.

Brastow, Raymond; Rystrom, David. "Wealth effects of the Drug Price Competition and Patent Term Restoration Act of 1984." *American Economist,* v. 32, n. 2, p. 59–65, 1988.

Brown, John Howard. "Airline Fleet Composition and Deregulation." *Review of Industrial Organization,* v. 8, n. 4, p. 435–449, ago. 1993.

Chen, Yu Min; Jain, Dipak C. "Dynamic Monopoly Pricing under a Poisson-Type Uncertain Demand." *Journal of Business,* v. 65, n. 4, p. 593–614, out. 1992.

Cheng, Doris; Shieh, Yeung Nan. "Bilateral Monopoly and Industrial Location: A Cooperative Outcome." *Regional Science and Urban Economics,* v. 22, n. 2, p. 187–195, jun. 1992.

De Bondt, Raymond; Slaets, Patrick; Cassiman, Bruno. "The Degree of Spillovers and the Number of Rivals for Maximum Effective R & D." *International Journal of Industrial Organization,* v. 10, n. 1, p. 35–54, 1992.

Feinberg, Robert M.; Shaanan, Joseph. "The Relative Price Discipline of Domestic versus Foreign Entry." *Review of Industrial Organization,* v. 9, n. 2, p. 211–220, abr. 1994.

Gegax, Douglas; Nowotny, Kenneth. "Competition and the Electric Utility Industry: An Evaluation." *Yale Journal on Regulation,* v. 10, n. 1, p. 63–87, 1993.

Gupta, Barnali; Kats, Amoz; Pal, Debashis. "Upstream Monopoly, Downstream Competition and Spatial Price Discrimination." *Regional Science and Urban Economics,* v. 24, n. 5, p. 529–542, out. 1994.

Holahan, William L.; Schuler, Richard E. "Competitive Entry in a Spatial Economy: Market Equilibrium and Welfare Implications." *Journal of Regional Science,* v. 21, n. 3, p. 341–357, ago. 1981.

Kats, Amoz. "Monopolistic Trading Economies: A Case of Governmental Control." *Public Choice,* n. 20, p. 17–32, 1974.

Kripalani, G. K. "Monopoly Supply." *Atlantic Economic Journal,* v. 18, n. 4, p. 32–37, dez. 1990.

Lau, Lawrence; Ma, Barry K. "The Short-Run Aggregate Profit Function and the Capacity Distribution." *Scandinavian Journal of Economics,* v. 96, n. 2, p. 201–218, 1994.

Levy, David T.; Gerlowski, Daniel A. "Competition, Advertising and Meeting Competition Clauses." *Economics Letters,* v. 37, n. 3, p. 217–221, nov. 1991.

Magas, Istvan; "Dynamics of Export Competition in High Technology Trade: USA, Japan, and Germany 1973–1987." *International Trade Journal,* v. 6, n. 4, p. 471–513, 1992.

Mirman, L. J.; Tauman, I.; Zang, Y. "Cooperative Behavior in a Competitive Market." *Mathematical Social Science,* v. 54, n. 3, p. 227–249, out. 1991.

Oster, Clinton V., Jr.; Strong, John S. "The Worldwide Aviation Safety Record." *Logistics and Transportation Review,* v. 28, n. 1, p. 23–48, mar. 1992.

Peck, J.; Shell, K. "Liquid Markets and Competition." *Games and Economic Behavior,* v. 2, n. 4, p. 362–377, dez. 1990.

Phillips, Owen R.; Schutte, David P. "Identifying Profitable Self Service Markets: A Test in Gasoline Retailing." *Applied Economics,* v. 20, n. 2, p. 263–272, fev. 1988.

Rock, Steven M.; Hall, W. Clayton. "Advertising and Monopoly Power: The Case of the Electric Utility Industry: Comment." *Atlantic Economic Journal,* v. 15, n. 1, p. 67–70, mar. 1987.

Sattler, Edward L.; Scott, Robert C. "Price and Output Adjustments in the Two Plant Firm." *Southern Economic Journal,* v. 48, n. 4, p. 1042–1048, abr. 1982.

Schroeter, John R.; Smith, Scott L.; Cox, Steven R. "Advertising and Competition in Routine Legal Service Markets: An Empirical Investigation." *Journal of Industrial Economics,* v. 36, n. 1, p. 49–60, set. 1987.

Seldon, Barry J.; Doroodian, Khrosrow. "Does Purely Predatory Advertising Exist?" *Review of Industrial Organization,* v. 5, n. 3, p. 45–70, 1990.

Suslow, Valerie Y. "Estimating Monopoly Behavior with Competitive Recycling: An Application to Alcoa." *Rand Journal of Economics,* v. 17, n. 3, p. 389–403, 1986.

Zietz, Joachim; Fayissa, Bichaka. "R&D Expenditures and Import Competition: Some Evidence for the U.S.." *Weltwirtschaftliches Archiv,* v. 128, n. 1, p. 52–66, 1992.

Capítulo 9

Benson, Bruce L.; Hartigan, James C. "An Explanation of Intra-Industry Trade in Identical Commodities." *International Journal of Industrial Organization,* v. 2, n. 2, p. 85–97, jun. 1984.

Buschena, David E.; Perloff, Jeffrey M. "The Creation of Dominant Firm Market Power in the Coconut oil Export Market." *American Journal of Agricultural Economics,* v. 73, n. 4, p. 1000–1008, nov. 1991.

Cremer, Helmuth; Cremer, Jacques. "Duopoly with Employee Controlled and Profit Maximizing Firms: Bertrand vs. Cournot Competition." *Journal of Comparative Economics,* v. 16, n. 2, p. 241–258, jun. 1992.

Darrat, A. F.; Gilley, O. W.; Meyer, D. J. "Petroleum Demand, Income Feedback Effects, and OPEC's Pricing Behavior: Some Theoretical and Empirical Results." *International Review of Economics and Finance,* v. 1, n. 3, p. 247–259, 1992.

Friedman, Daniel. "Producers' Markets: a Model of Oligopoly with Sales Costs." *Journal of Economic Behavior and Organization,* v. 11, n. 3, p. 381–398, maio 1989.

Fuess, Scott M., Jr.; Loewenstein, Mark A. "On Strategic Cost Increases in a Duopoly." *International Journal of Industrial Organization,* v. 9, n. 3, p. 389–395, 1991.

Hamilton, James L. "Joint Oligopsony Oligopoly in the U.S. Leaf Tobacco Market, 1924–39." *Review of Industrial Organization,* v. 9, n. 1, p. 25–39, fev. 1994.

Hartigan, James C.; Kamma, Sreenivas; Perry, Philip R. "The Injury Determination Category and the Value of Relief from Dumping." *Review of Economics and Statistics,* v. 71, n. 1, p. 183–186, fev. 1989.

Hwang, Hae Shin; Schulman, Craig T. "Strategic Non-Intervention and the Choice of Trade Policy for International Oligopoly." *Journal of International Economics,* v. 34, n. 12, p. 73–93, fev. 1993.

Karikari, John A. "Tariffs versus Ratio Quotas under Oligopoly." *International Economic Journal*, v. 6, n. 3, p. 43–48, 1992.

Katz, Barbara G.; Nelson, Julianne. "Product Availability as a Strategic Variable: The Implications of Regulating Retailer Stockouts." *Journal of Regulatory Economics*, v. 2, n. 4, p. 379–395, dez. 1990.

Mai, Chao cheng; Yeh, Chiou nan; Suwanakul, Sontachai. "Price Uncertainty and Production Location Decisions under Free Entry Oligopoly." *Journal of Regional Science*, v. 33, n. 4, p. 531–545, nov. 1993.

Roufagalas, John. "Price Rigidity: an Exploration of the Demand Side." *Managerial and Decision Economics*, v. 15, n. 1, p. 87–94, jan./fev. 1994.

Capítulo 10

Ahlseen, Mark J. "The Impact of Unionization on Labor's Share of Income." *Journal of Labor Research*, v. 11, n. 3, p. 337–346, 1990.

Basu, K. "Duopoly Equilibria When Firms Can Change Their Decisions Once." *Economic Letters*, v. 32, n; 3, p. 273–275, mar. 1990.

Blair, Douglas H.; Crawford, David L. "Labor Union Objectives and Collective Bargaining." *Quarterly Journal of Economics*, v. 99, n. 3, p. 547–566, ago. 1984.

Bowman, Gary W.; Blackstone, Erwin A. "Low Price Conspiracy: Trade Regulation and the Case of Japanese Electronics." *Atlantic Economic Journal*, v. 18, n. 4, p. 59–67, dez. 1990.

Burgess, Paul L.; Marburger, Daniel R. "Do Negotiated and Arbitrated Salaries Differ Under Final Offer Arbitration?." *Industrial and Labor Relations Review*, v. 46, n. 3, p. 548–559, abr. 1993.

Cheung, Francis K.; Davidson, Carl. "Bargaining Structure and Strike Activity." *Canadian Journal of Economics*, v. 24, n. 2, p. 347–371, maio 1991.

Conrad, Cecilia; Duchatelet, Martine. "New Technology Adoption: Incumbent versus Entrant." *International Journal of Industrial Organization*, v. 5, n. 3, p. 315–321, set. 1987.

Hackett, Steven; Schlager, Edella; Walker, James. "The Role of Communication in Resolving Common Dilemmas: Experimental Evidence with Heterogeneous Appropriators." *Journal of Environmental Economics and Management*, v. 27, n. 2, p. 99–126, set. 1994.

Holcomb, James H.; Nelson, Paul S. "Cartel Failure: A Mistake or Do They Do It to Each Other on Purpose?." *Journal of Socio Economics*, v. 20, n. 3, p. 235–249, 1991.

Horowitz, I. "On the Effects of Cournot Rivalry between Entrepreneurial and Cooperative Firms." *Journal of Comparative Economics*, v. 15, n. 1, p. 115–121, mar. 1991.

Koeller, C. Timothy. "Union Activity and the Decline in American Trade Union Membership." *Journal of Labor Research*, v. 15, n. 1, p. 19–32, 1994.

Capítulo 11

Beard, T. Randolph; Sweeney, George H. "Random Pricing by Monopolists." *Journal of Industrial Economics*, v. 42, n. 2, p. 183–192, jun. 1994.

Benson, B. L.; Greenhut, M. L.; Norman, G. "On the Basing Point System." *American Economic Review*, v. 80, n. 3, p. 584–588, jun. 1990.

Blair, Roger D.; Fesmire, James M. "The Resale Price Maintenance Policy Dilemma." *Southern Economic Journal*, v. 60, n. 4, p. 1043–1047, abr. 1994.

Bosch, Jean Claude; Eckard, E. Woodrow, Jr. "The Profitability of Price Fixing: Evidence from Stock Market Reaction to Federal Indictments." *Review of Economics and Statistics,* v. 73, n. 2, p. 309–317, maio 1991.

Braid, Ralph M.; "Uniform versus Peak Load Pricing of a Bottleneck with Elastic Demand." *Journal of Urban Economics,* v. 26, n. 3, p. 320–327, nov. 1989.

DeSerpa, Allan C. "A Note on Second-Degree Price Discrimination and Its Implications." *Review of Industrial Organization,* v. 2, n. 4, p. 368–375, 1986.

Greenhut, John G.; Smith, Dean H. "An Operational Model for Spatial Price Theory." *Review of Regional Studies,* v. 23, n. 2, p. 115–128, 1993.

Halperin, Robert; Srinidhi, Bin. "The Effects of The U.S. Income Tax Regulations' Transfer Pricing Rules on Allocative Efficiency." *Accounting Review,* v. 62, n. 4, p. 686–706, out. 1987.

Horsky, Dan; Nelson, Paul. "New Brand Positioning and Pricing in an Oligopolistic Market." *Marketing Science,* v. 11, n. 2, p. 133–153, 1992.

Koller, Roland H., II. "When is Pricing Predatory?." *Antitrust Bulletin,* v. 24, n. 2, p. 283–306, 1979.

Malko, J. Robert; Lindsay, Malcolm A.; Everett, Carol T. "Towards Implementation of Peak Load Pricing of Electricity: A Challenge for Applied Economics." *Journal of Energy and Development,* v. 3, n. 1, p. 82–102, 1977.

Nahata, Babu; Ostaszewski, Krzysztof; Sahoo, P. K. "Direction of Price Changes in Third-Degree Price Discrimination." *American Economic Review,* v. 80, n. 5, p. 1254–1258, dez. 1990.

Ormiston, Michael B.; Philips, Owen R. "Nonlinear Price Schedules and Tied Products." *Economica,* v. 55, n. 218, p. 219–233, maio 1988.

Page, Frank H.; Sanders, Anthony B. "On the Pricing of Shared Appreciation Mortgages." *Housing Finance Review,* v. 5, n. 1, p. 49–57, 1986.

Sass, Tim R.; Saurman, David S. "Mandated Exclusive Territories and Economic Efficiency: An Empirical Analysis of the Malt Beverage Industry." *Journal of Law and Economics,* v. 36, n. 1, parte 1, p. 153–177, abr. 1993.

Shaanan, Joseph; "A Method for the Estimation of Limit Prices without Entry Data." *Managerial and Decision Economics,* v. 11, n. 1, p. 21–29, fev. 1990.

Taylor, Thomas N.; Schwarz, Peter M. "The Long-Run Effects of a Time of Use Demand Charge." *Rand Journal of Economics,* v. 21, n. 3, p. 431–445, 1990.

Wirl, F. "Dynamic Demand and Noncompetitive Pricing Strategies." *Journal of Economics,* v. 54, n. 3, p. 105–121, 1991.

Young, A. R. "Transactions Cost, Two-Part Tariffs, and Collusion." *Economic Inquiry,* v. 29, n. 3, p. 581–590, jul. 1991.

Capítulo 12

Albrecht, James W.; Vroman, Susan B. "Dual Labor Markets, Efficiency Wages, and Search." *Journal of Labor Economics,* v. 10, n. 4, p. 438–461, out. 1992.

Ballantine, John W.; Cleveland, Frederick W.; Koeller, C. Timothy. "Profitability, Uncertainty, and Firm Size." *Small Business Economics,* v. 5, n. 2, p. 87–100, jun. 1993.

Balvers, Ronald J.; Miller, Norman C. "Factor Demand under Conditions of Product Demand and Supply Uncertainty." *Economic Inquiry,* v. 30, n. 3, p. 544–555, jul. 1992.

Biglaiser, Gary. "Middlemen as Experts." *Rand Journal of Economics,* v. 24, n. 2, p. 212–223, 1993.

Bodvarsson, Orn B. "Educational Screening with Output Variability and Costly Monitoring." *Atlantic Economic Journal,* v. 17, n. 1, p. 16–23, mar. 1989.

Butler, Richard J.; Worrall, John D. "Claims Reporting and Risk Bearing Moral Hazard in Workers' Compensation." *Journal of Risk and Insurance,* v. 58, n. 2, p. 191–204, jun. 1991.

Cabe, Richard; Herriges, Joseph A. "The Regulation of Non-Point Source Pollution under Imperfect and Asymmetric Information." *Journal of Environmental Economics and Management,* v. 22, n. 2, p. 134–146, mar. 1992.

Camerer, Colin; Weigelt, Keith. "Information Mirages in Experimental Asset Markets." *Journal of Business,* v. 64, n. 4, p. 463–493, out. 1991.

Charles, Joni S. James. "Information Externalities: Information Dissemination as a Policy Tool to Achieve Efficient Investment Decisions in a Two-Firm Oil Drilling Industry." *Studi Economici,* v. 44, n. 39, p. 29–49, 1989.

Copeland, Thomas E.; Friedman, Daniel. "The Market Value of Information: Some Experimental Results." *Journal of Business,* v. 65, n. 2, p. 241–266, abr. 1992.

Cotter, Kevin D.; Jensen, Gail A. "Choice of Purchasing Arrangements in Insurance Markets." *Journal of Risk and Uncertainty,* v. 2, n. 4, p. 405–414, dez. 1989.

Dionne, Georges; Doherty, Neil A. "Adverse Selection, Commitment, and Renegotiation: Extension to and Evidence from Insurance Markets." *Journal of Political Economy,* v. 102, n. 2, p. 209–235, abr. 1994.

Eaker, Mark; Grant, Dwight; Woodard, Nelson. "International Diversification and Hedging: A Japanese and U.S. Perspective." *Journal of Economics and Business,* v. 43, n. 4, p. 363–374, nov. 1991.

Engelbrecht Wiggins, Richard; Kahn, Charles M. "Protecting the Winner: Second Price versus Oral Auctions." *Economics Letters,* v. 35, n. 3, p. 243–248, mar. 1991.

Fu, Jiarong. "Increased Risk Aversion and Risky Investment." *Journal of Risk and Insurance,* v. 60, n. 3, p. 494–501, set. 1993.

Giliberto, S. Michael; Varaiya, Nikhil P. "The Winner's Curse and Bidder Competition in Acquisitions: Evidence from Failed Bank Auctions." *Journal of Finance,* v. 44, n. 1, p. 59–75, mar. 1989.

Hausch, Donald B.; Li, Lode. "A Common Value Auction Model with Endogenous Entry and Information Acquisition." *Economic Theory,* v. 3, n. 2, p. 315–334, 1993.

Hayes, James A.; Cole, Joseph B.; Meiselman, David I. "Health Insurance Derivatives: The Newest Application of Modern Financial Risk Management." *Business Economics,* v. 28, n. 2, p. 36–40, abr. 1993.

Hoffer, George E.; Pruitt, Stephen W.; Reilly, Robert J. "Market Responses to Publicly Provided Information: The Case of Automotive Safety." *Applied Economics,* v. 24, n. 7, p. 661–667, jul. 1992.

Holt, Charles A., Jr.; Sherman, Roger. "Waiting Line Auctions." *Journal of Political Economy,* v. 90, n. 2, p. 280–294, abr. 1982.

Horowitz, John K.; Lichtenberg, Erik. "Insurance, Moral Hazard, and Chemical Use in Agriculture." *American Journal of Agricultural Economics,* v. 75, n. 4, p. 926–935, nov. 1993.

Kamma, Sreenivas; Kanatas, George; Raymar, Steven. "Dutch Auction versus Fixed Price Self Tender Offers For Common Stock." *Journal of Financial Intermediation,* v. 2, n. 3, p. 277–307, set. 1992.

Kogut, Carl A. "Recall in Consumer Search." *Journal of Economic Behavior and Organization,* v. 17, n. 1, p. 141–151, jan. 1992.

McCabe, Kevin; Rassenti, Stephen; Smith, Vernon. "Auction Institutional Design: Theory and Behavior of Simultaneous Multiple Unit Generalizations of the Dutch and English Auctions." *American Economic Review*, v. 80, p. 1276–1283, dez. 1990.

Meador, Joseph W.; Madden, Gerald P.; Johnston, David J. "On the Probability of Acquisition of Non-Life Insurers." *Journal of Risk and Insurance*, v. 53, n. 4, p. 621–643, dez. 1986.

Meurer, Michael J.; Stahl, Dale O., II. "Informative Advertising and Product Match." *International Journal of Industrial Organization*, v. 12, n. 1, p. 1–19, 1994.

Rosenman, Robert E.; Wilson, Wesley W. "Quality Differentials and Prices: Are Cherries Lemons?" *Journal of Industrial Economics*, v. 39, n. 6, p. 649–658, dez. 1991.

Schlarbaum, Gary C.; Racette, George A. "Measuring Risk: Some Theoretical and Empirical Issues." *Journal of Business Research*, v. 2, n. 3, p. 349–368, jul. 1974.

St. Louis, Robert D.; Burgess, Paul L.; Kingston, Jerry L. "Reported vs. Actual Job Search by Unemployment Insurance Claimants." *Journal of Human Resources*, v. 21, n. 1, p. 92–117, 1986.

Swaim, Paul; Podgursky, Michael. "Female Labor Supply Following Displacement: A Split Population Model of Labor Force Participation and Job Search." *Journal of Labor Economics*, v. 12, n. 4, p. 640–656, out. 1994.

Tenorio, Rafael. "Revenue Equivalence and Bidding Behavior in a Multiunit Auction Market: An Empirical Analysis." *Review of Economics and Statistics*, v. 75, n. 2, p. 302–314, maio 1993.

Vanderporten, Bruce. "Strategic Behavior in Pooled Condominium Auctions." *Journal of Urban Economics*, v. 31, n. 1, p. 123–137, jan. 1992.

Wiggins, Steven N.; Lane, W. J. "Quality Uncertainty, Search, and Advertising." *American Economic Review*, v. 73, n. 5, p. 881–894, dez. 1983.

Woodland, Bill M.; Woodland, Linda M. "The Effects of Risk Aversion on Wagering: Point Spread versus Odds." *Journal of Political Economy*, v. 99, n. 3, p. 638–653, jun. 1991.

Zorn, Thomas S.; Sackley, William H. "Buyers' and Sellers' Markets: A Simple Rational Expectations Search Model of the Housing Market." *Journal of Real Estate Finance and Economics*, v. 4, n. 3, p. 315–325, set. 1991.

Capítulo 13

Bagwell, Kyle and Ramey, G. "Oligopoly Limit Pricing." *Rand Journal of Economics*, v. 22, n. 2, p. 155–172, 1991.

Bagwell, Kyle; Ramey, G.; Spulber, D. F. "Dynamic Retail Price and Investment Competition." *Rand Journal of Economics*, v. 28, n. 2, p. 207–227, 1997.

Baumol, William J. "Predation and the Logic of the Average Variable Cost Test." *Journal of Law and Economics*, v. 39, n. 1, p. 49–72, abr. 1996.

Biglaiser, Gary; DeGraba, Patrick. "Downstream Integration by a Bottleneck Input Supplier Whose Regulated Wholesale Prices Are Above Costs." *Rand Journal of Economics*, v. 32, n. 2, p. 302–315, 2001.

Bolton, Patrick; Brodley, J. F.; Riordan, M. H. "Predatory Pricing: Response to Critique and Further Elaboration." *Georgetown Law Journal*, v. 89, n. 8, p. 2495–2529, ago. 2001.

Capra, C. M.; Goeree, J. K.; Gomez, R. et al. "Predation, Asymmetric Information and Strategic Behavior in the Classroom: an Experimental Approach to the Teaching of Industrial Organization." *International Journal of Industrial Organization* v. 18, n. 1, p. 205–225, jan. 2000.

Chen, C. P. "Consumer Self-Generation and Monopoly Limit-Pricing under Timing Uncertainty of Deregulation in the Electricity Market." *Journal of Regulatory Economics,* v. 15, n. 3, p. 309–322, maio 1999.

Christian, S. "Limit Pricing When Incumbents Have Conflicting Interests." *International Journal of Industrial Organization,* v. 17, n. 6, p. 801–825, ago. 1999.

Cooper, D. J.; Garvin, S.; Kagel, J. H. "Signaling and Adaptive Learning in an Entry Limit Pricing Game." *Rand Journal of Economics,* v. 28, n. 4, p. 662–683, 1997.

Depken, C. A.; Ford, J. M. "NAFTA as a Means of Raising Rivals' Costs." *Review of Industrial Organization,* v. 15, n. 2, p. 103–113, set. 1999.

Elzinga, Kenneth G.; Mills, D. E. "Predatory Pricing and Strategic Theory." *Georgetown Law Journal,* v. 89, n. 8, p. 2475–2494, ago. 2001.

Fishman, A.; Gandal, N. "Experimentation and Learning with Network Effects." *Economics Letters,* v. 44, n. 1–2, p. 103–108, 1994.

Granitz, E.; Klein, B. "Monopolization by 'Raising Rivals' Costs': The Standard Oil Case." *Journal of Law and Economics,* v. 39, n. 1, p. 1–47, abr. 1996.

Guiltinan, J. P.; Gundlach, G. T. "Aggressive and Predatory Pricing: A Framework for Analysis." *Journal of Marketing,* v. 60, n. 3, p. 87–102, jul. 1996.

Hawker, N. W. "Wal-Mart and the Divergence of State and Federal Predatory Pricing Law." *Journal of Public Policy and Marketing,* v. 15, n. 1, p. 141–147, 1996.

Holmes, T. J. "Can Consumers Benefit from a Policy Limiting the Market Share of a Dominant Firm?" *International Journal of Industrial Organization,* v. 14, n. 3, p. 365–387, maio 1996.

Katz, Michael L.; Shapiro, C. "Systems Competition and Network Effects." *Journal of Economics Perspectives,* v. 8, n. 2, p. 93–115, 1994.

LeBlanc, G. "Signaling Strength - Limit Pricing and Predatory Pricing." *Rand Journal of Economics,* v. 23, n. 4, p. 493–506, 1992.

Lopatka, J. E.; Godek, P. E. "Another Look at Alcoa – Raising Rivals' Costs Does not Improve the View." *Journal of Law and Economics,* v. 35, n; 2, p. 311–329, out. 1992.

Lu, D. "Limit Pricing Under a Vertical Structure." *Canadian Journal of Economics,* v. 29, parte 1, Special Issue, p. S288–S292, abr. 1996.

Majumdar, S. K.; Venkataraman, S. "Network Effects and the Adoption of New Technology: Evidence from the U.S. Telecommunications Industry." *Strategic Management Journal,* v. 19, n. 11, p. 1045–1062, nov. 1998.

Martin, S. "Oligopoly Limit Pricing – Strategic Substitutes, Strategic Complements." *International Journal of Industrial Organization,* v. 13, n. 1, p. 41–65, mar. 1995.

Norton, R. "The Myth of Predatory Pricing – Exposed." *Fortune,* v. 141, n. 3, p. 49, 7 fev. 2000.

Salonen, H. "Entry Deterrence and Limit Pricing under Asymmetric Information about Common Costs." *Games and Economic Behavior,* v. 6, n. 2, p. 312–327, mar. 1994.

Sartzetakis, E. S. "Raising rivals' costs strategies via emission permits markets." *Review of Industrial Organization,* v. 12, n. 5–6, p. 751–765, dez. 1997.

Sawyer, W. C. "NAFTA as a Means of Raising Rivals' Costs: A Comment." *Review of Industrial Organization,* v. 18, n. 1, p. 127–131, fev. 2001.

Werden, G. J. "Network Effects and Conditions of Entry: Lessons from the Microsoft case." *Antitrust Law Journal,* v. 69, n. 1, p. 87–111, 2001.

Wolf, H. "Network Effects of bilaterals: Implications for the German air Transport Policy." *Journal of Air Transportation and Management,* v. 7, n. 1, p. 63–74, jan. 2001.

Capítulo 14

Anthony, Peter Dean. "Regulation and Supply Externalities." *Atlantic Economic Journal,* v. 13, n. 2, p. 86–87, jul. 1985.

Banaian, King; Luksetich, William A. "Campaign Spending in Congressional Elections." *Economic Inquiry,* v. 29, n. 1, p. 92–100, jan. 1991.

Bender, Bruce; Shwiff, Steven. "The Appropriation of Rents by Boomtown Governments." *Economic Inquiry,* v. 20, n. 1, p. 84–103, jan. 1982.

Blackstone, Erwin A.; Bowman, Gary W. "Antitrust Damages: the Loss from Delay." *Antitrust Bulletin,* v. 32, n. 1, p. 93–100, 1987.

Butler, Richard V.; Maher, Michael D. "The Control of Externalities in a Growing Urban Economy." *Economic Inquiry,* v. 20, n. 1, p. 155–163, jan. 1982.

Dearden, James A.; Husted, Thomas A. "Do Governors Get What They Want? An alternative examination of the line item veto." *Public Choice,* v. 77, n. 4, p. 707–723, dez. 1993.

Falkinger, J. "On Optimal Public Good Provision with Tax Evasion." *Journal of Public Economics,* v. 45, n. 1, p. 127–133, jun. 1991.

Fon, Vincy. "Free Riding versus Paying under Uncertainty." *Public Finance Quarterly,* v. 16, n. 4, p. 464–481, out. 1988.

Formby, John P.; Smith, W. James; Thistle, Paul D. "Economic Efficiency, Antitrust and Rate of Return." *Review of Industrial Organization,* v. 5, n. 2, p. 59–73, 1990.

Gallo, Joseph C.; Craycraft, Joseph L.; Bush, Steven C. "Guess Who Came to Dinner? An Empirical Study of Federal Antitrust Enforcement for the Period 1963–1984." *Review of Industrial Organization,* v. 2, n. 2, p. 106–131, 1985.

Greenway, D.; Milner, C. "Fiscal Dependence on Trade Taxes and Trade Policy Reform." *Journal of Development Economics,* v. 27, n. 3, p. 95–132, abr. 1991.

Hanemann, W. M. "Willingness to Pay and Willingness to Accept: How Much Can they Differ?" *American Economic Review,* v. 81, n. 3, p. 635–647, jun. 1991.

Huang, Peter H.; Wu, Ho Mou. "Emotional Responses in Litigation." *International Review of Law and Economics,* v. 12, n. 1, p. 31–44, mar. 1992.

Hwang, H.; Mai, C.-C. "Optimum Discriminatory Tariffs under Oligopolistic Competition." *Canadian Economic Journal,* v. 24, n. 3, p. 693–702, ago. 1991.

Jianakoplos, Nancy Ammon; Irvine, F. Owen. "Did Financial Deregulation Help Consumers? Access to Market Yield Instruments." *Applied Economics,* v. 24, n. 8, p. 813–832, ago. 1992.

Laband, David N.; Sophocleus, John P. "An Estimate of Resource Expenditures on Transfer Activity in the United States." *Quarterly Journal of Economics,* v. 107, n. 3, p. 959–983, ago. 1992.

Lee, Eric Youngkoo; Szenberg, Michael. "The Price, Quantity and Welfare Effects of U.S. Trade Protection: the Case of Footwear." *International Economic Journal,* v. 2, n. 4, p. 95–110, 1988.

Lott, John R., Jr.; Bronars, Stephen G. "Time Series Evidence on Shirking in the U.S. House of Representatives." *Public Choice,* v. 76, n. 12, p. 125–149, jun. 1993.

Lozada, Gabriel A. "The Conservationist's Dilemma." *International Economic Review,* v. 34, n. 3, p. 647–662, ago. 1993.

Marshall, L. "New Evidence on Fiscal Illusion: The 1986 tax 'Windfalls'." *American Economic Review,* v. 81. n. 5, p. 1336–1344, dez. 1991.

Mayshar, J. "On Measuring the Marginal Cost of Funds Analytically." *American Economic Review,* v. 81, n. 5, p. 1329–1335, dez. 1991.

Millner, Edward L.; Pratt, Michael D. "Risk aversion and Rent Seeking: An extension and Some Experimental Evidence." *Public Choice,* v. 69, n. 1, p. 81–92, fev. 1991.

Murthy, N. R. Vasudeva. "Bureaucracy and the Divisibility of Local Public Output: Further Econometric Evidence." *Public Choice,* v. 55, n. 3, p. 265–272, out. 1987.

Nollen, Stanley D.; Iglarsh, Harvey J. "Explanations of Protectionism in International Trade Votes." *Public Choice,* v. 66, n. 2, p. 137–153, ago. 1990.

Pratt, Michael D.; Hoffer, George E. "The Efficacy of State-Mandated Minimum Quality Certification: The Case of Used Vehicles." *Economic Inquiry,* v. 24, n. 2, p. 313–318, abr. 1986.

Rittennoure, R. Lynn; Pluta, Joseph E. "Theory of Intergovernmental Grants and Local Government." *Growth and Change,* v. 8, n. 3, p. 31–37, jul. 1977.

Romer, Thomas; Rosenthal, Howard; Munley, Vincent G. "Economic Incentives and Political Institutions: Spending and Voting in School Budget Referenda." *Journal of Public Economics,* v. 49, n. 1, p. 1–33, out. 1992.

Stanton, Timothy J. "Regional Conflict and the Clean Air Act." *Review of Regional Studies,* v. 19, n. 3, p. 24–30, 1989.

Thistle, Paul D. "United States versus United Shoe Machinery Corporation: On the Merits." *Journal of Law and Economics,* v. 36, n. 1, parte 1, p. 33–70, abr. 1993.

Índice de nomes

Acs, Zoltan J., 200
Adams, William J., 433
Adrangi, Bahram, 594
Ahlseen, Mark J., 597
Ahrens, F., 576
Alberts, William W., 350
Albrecht, James W., 599
Alchian, Armen A., 232
Allen, Bruce T., 593
Amato, Louis, 594
Anders, Gary C., 33
Anderson, Evan E., 200
Anderson, Kyle, 548n
Angwin, J., 576
Anthony, Peter Dean, 603
Antle, Rick, 232
Arbatskaya, Maria, 423
Arnold, Michael A., 593
Arnold, R. Douglas, 587
Aron, Debra J., 593
Atkinson, Scott E., 593
Audretsch, David B., 200
Ault, Richard W., 72

Bagwell, Kyle, 601
Balachandran, Kashi R., 587
Ballantine, John W., 599
Balvers, Ronald J., 599
Banaian, King, 603
Barnhart, A., 576
Barton, Joe, 565
Barzel, Yoram, 588
Basu, K., 598
Bates, John M., 592
Bates, R. J., 576
Batina, Raymond G., 588
Battalio, Raymond C., 33, 153, 474
Baum, T., 433
Baumol, William J., 142, 153, 601
Baye, Michael R., 81, 82, 84, 86, 89, 94, 103, 248, 253, 337, 425, 499
Beard, T. Randolph, 598
Beck, Paul, 587
Becker, Klaus G., 350
Bell, Frederick W., 588
Belson, K., 576
Bender, Bruce, 603
Bennett, Jeff, 170
Benson, Bruce L., 596, 597, 598
Bental, Benjamin, 508
Berger, Mark, 178
Berndt, E., 84
Besanko, David, 591
Biglaiser, Gary, 599, 601
Black, Dan, 178
Blackstone, Erwin A., 598, 603
Blair, Douglas H., 598
Blair, Roger D., 598
Blom, Neels, 334

Bodvarsson, Orn B., 600
Bohanon, Cecil E., 588
Bokhehandani, Sushil, 474
Bolster, Paul J., 594
Bolton, Gary E., 396
Bolton, Patrick, 508, 601
Bosch, Jean Claude, 599
Botsas, Elefherios N., 590
Bowman, Gary W., 598, 603
Bradley, James W., 594
Braid, Ralph M., 599
Brandenberger, Adam M., 10n
Brander, James A., 350
Brastow, Raymond, 596
Breit, William, 546
Brester, G. W., 89
Brien, Michael, 589
Brodley, J. F., 601
Bronras, Stephen G., 603
Brooking, Carl G., 589
Brown, John Howard, 596
Brueckner, Jan K., 508
Bryan, William R., 587
Bui, L., 84
Bull, Clive, 593
Burgess, Paul L., 598, 601
Burrows, Thomas M., 588
Buschena, David E., 597
Bush, Steven C., 603
Butler, Richard J., 600, 603
Byrd, John W., 593

Cabe, Richard, 600
Cain, Paul, 433
Callan, Scott J., 593
Camerer, Colin, 600
Campbell, Charles, 590
Cannan, Edwin, 6n
Cannings, Kathleen, 587
Capra, C. M., 601
Cardell, Nicholas Scott, 593
Carlsson, Bo, 200
Carroll, K., 433
Carroll, Sidney L., 594
Carter, John R., 595
Casadesus-Masanell, Ramon, 220
Case, Steve, 549
Cassiman, Bruno, 596
Caudill, Steven B., 350
Caves, Douglas W., 591
Chaloupka, Frank J., 588
Chan, Anthony, 587
Chang, Cyril F., 588
Chang, Winston W., 595
Charles, Joni S. James, 600
Chen, Carl R., 587, 602
Chen, Fang Yueh, 595
Chen, Yu Min, 200, 596
Cheng, Doris, 596

Cheung, Francis K., 598
Chiles, Ted W., Jr., 116
Chow, Garland, 594
Chressanthis, George A., 589
Christian, S., 602
Clark, Gregory, 33
Clark, Robert M., 592
Clemet, Michael, 382
Cleveland, Frederick W., 599
Coase, Ronald H., 232
Coates, Daniel E., 433, 591
Cochran, Brenda, 114–115
Cochran, Joseph, 114–115
Colburn, Christopher B., 591
Cole, Joseph B., 601
Combs, J. Paul, 590
Commanor, W. S., 81
Conant, John L., 263
Conrad, Cecilia, 598
Cooper, D. J., 602
Copeland, Thomas E., 600
Corcoran, William J., 595
Cordell, Lawrence R., 593
Corman, Hope, 591
Cornwell, Christopher, 593
Cotter, Kevin D., 601
Cox, Stephen R., 597
Crafton, Steven M., 588
Craig, Ben, 588
Crandall, R., 116
Crane, Steven E., 595
Crawford, David L., 598
Crawford, Robert G., 232
Craycraft, Joseph L., 603
Cremer, Helmuth, 597
Cremer, Jacques, 597
Crocker, Keith, 218
Crowe, Russell, 358
Cummins, J. David, 474
Cunningham, James, 589

Dansby, R. E., 252, 263
Danziger, Sheldon, 591
Darrat, A. F., 597
Dash, Gordon H., Jr., 588
Davidson, Carl, 598
Davis, Douglas D., 263
Davis, J., 153
De Bondt, Raymond, 596
De Vries, Casper G., 425
Dearden, James E., 593, 603
DeGraba, Patrick, 601
Deily, Mary E., 595
Dell, Michael, 494
Demsetz, Harold, 232
Depken, C. A., 602
DeSerpa, Allan C., 599
Dewatripont, Mathias, 508
Diamond, Charles A., 595

Índice de nomes

Dionne, Georges, 601
Dobitz, Clifford P., 591
Doherty, Neil A., 601
Dong Chen, 548n
Dorodian, Khosrow, 597
Dorsey, Stuart, 593
Dranove, David, 595
Dubin, Jeffrey A., 590
Duchatelet, Martine, 591, 598
Dufwenberg, Martin, 337
Duggal, Vijaya G., 588
Dumans, Edward B., 590
Duncan, Kevin, 588
Dyer, Nichola J., 508

Eaker, Mark, 601
Eaton, C., 200
Eckard, E. Woodrow, Jr., 592, 599
Economides, Nicholas, 508, 546
Eggerton, J., 576
Elledge, Barry W., 590
Elzinga, Kenneth G., 546, 602
Engelbrecht Wiggins, Richard, 601
Englander, Fred, 588
Englander, Valerie, 588
Episcopos, Athanasios, 587
Erekson, O. Homer, 593
Espana, Juan R., 72
Evans, Dorla A., 592
Evans, William N., 153, 595
Everett, Carol T., 599
Everly, S., 576

Fabrikant, G., 576
Falkinger, J., 603
Faminow, M. D., 596
Fayissa, Bichaka, 595, 597
Feinberg, Robert M., 596
Ferrier, Gary D., 200
Fesmire, James M., 598
Fisher, Marc, 382
Fishman, A., 602
Fizel, John L., 33, 594
Fon, Vincy, 603
Ford, J. M., 602
Forge, Simon, 257
Formby, John P., 546, 589, 603
Fox, William F., 590
Friedman, Daniel, 597, 600
Friedman, James W., 350, 396
Friedman, Milton, 72
Frieze, Irene Hanson, 72
Fu, Jiarong, 601
Fuess, Scott M., Jr., 597

Gabel, David, 508
Gallaway, Lowell, 589
Gallo, Joseph C., 603
Gal-Or, Esther, 311, 350
Gandal, N., 602
Gandar, John M., 589
Gandi, Haren, 170
Gardner, Roy, 396
Garvin, S., 602
Gates, Bill, 478
Gatti, Rupert, 103

Gaughan, Patrick, 587
Gegax, Douglas, 587, 596
Gerking, Shelby, 587
Gerlowski, Daniel A., 596
Gibbons, Robert, 232
Giertz, J. Fred, 591
Gifford, Sharon, 33
Gilad, Benjamin, 153
Gilbert, Richard J., 396, 508
Giliberto, S. Michael, 601
Gillespie, Robert W., 598
Gilley, O. W., 597
Giordano, James N., 587
Gius, Mark Paul, 311
Gneezy, Uri, 337
Godek, P. E., 602
Goeree, J. K., 601
Golbe, Devra L., 263
Gold, B., 200
Gomez, R., 601
Goodfellow, Gordon P., Jr., 591
Goodman, Allen C., 591
Gradstein, Mark, 546
Granitz, E., 602
Grant, Dwight, 601
Grant, P., 576
Graves, Philip E., 593
Gray, Wayne B., 595
Greenhut, John G., 599
Greenhut, M. L., 598
Greenway, D., 603
Griffin, Peter, 592
Gritta, Richard, 594
Gropper, Daniel M., 200
Grosskopf, Shawna, 592
Grossman, Michael, 591
Gruca, Thomas, 587
Guiltinan, J. P., 602
Gulley, O. David, 588
Gundlach, G. T., 602
Gupta, Barnali, 596

Hackett, Steven C., 594, 598
Hall, W. Clayton, 597
Halperin, Robert, 599
Hamilton, James L., 597
Hamilton, Jonathan H., 474
Hanemann, W. M., 603
Hannan, Timothy H., 595
Hansen, Robert G., 396, 593
Hanson, Lord, 7
Harris, R. Scott, 592
Hartigan, James C., 597
Hartley, Keith, 595
Haupert, Mike, 588
Hausch, Donald B., 601
Hawker, N. W., 602
Haworth, Charles T., 595
Hayashi, Paul M., 592
Hayes, James A., 601
Heinen, D., 590
Heknat, Ali, 595
Henson, Steven E., 590
Herriges, Joseph A., 591, 600
Hickman, Kent A., 593
Hiebert, L. Dean, 595

Hirao, Yukiko, 594
Hirschman, Albert O., 263
Hirshleifer, David, 474
Hite, Arnold, 596
Hoffer, George E., 588, 589, 601, 604
Holahan, William L., 596
Holcomb, James H., 592, 598
Holmes, T. J., 602
Holt, Charles A., Jr., 263, 601
Honig Haftel, Sandra, 594
Hopkins, Mark Myron, 593
Horowitz, I., 598
Horowitz, John K., 601
Horsky, Dan, 599
Hossain, Tanjim, 416
Hotelling, Harold, 116
Houthakker, H., 116
Howard, Ron, 358
Hsing, Yu, 590
Huang, Peter H., 603
Huckins, Larry E., 592
Huettner, David A., 588, 592
Husted, Thomas A., 603
Huth, William L., 591
Hviid, Morten, 423
Hwang, Hae Shin, 597, 603

Ickes, Barry W., 593
Iglarsh, Harvey J., 604
Ingberman, Daniel E., 594
Ingrassia, Paul, 156n
Inman, Robert P., 546
Irvine, F. Owen, 603

Jackson, John D., 72
Jacobs, Philip, 587
Jain, Dipak C., 596
Janjigian, Vahan, 594
Jansen, D. W., 81, 82, 86, 89
Jarrell, Stephen, 595
Jeitschko, T. D., 433
Jensen, Gail A., 601
Jensen, Michael C., 232
Jianakoplos, Nancy Ammon, 603
Johnson, Dennis A., 592
Johnson, Joseph E., 591
Johnson, Ralph N., 264
Johnston, David J., 601
Johnston, Richard S., 591
Jones, Clifton T., 590
Jonish, James, 592
Joskow, Paul, 218
Joyce, Theodore J., 591
Jubenville, Alan, 590

Kagel, J. H., 602
Kagel, John H., 153, 474
Kahn, Charles M., 600
Kaish, Stanley, 153
Kalt, Joseph P., 594
Kamerei, H., 396
Kamma, Sreenivas, 597, 600
Kanatas, George, 600
Karikari, John A., 598
Karni, Edi, 433
Karpoff, Jonathan M., 594

Kask, Susan B., 594
Kasulis, Jack J., 588
Kats, Amoz, 596
Kattuman, Paul, 103
Katz, Barbara G., 597
Katz, Lawrence F., 72
Katz, Michael L., 602
Kaun, Daivd E., 591
Keeler, James P., 546
Kessides, Ioannis, 595
Kidance, Amdetsion, 590
Kilts, James, 309
Kim, E. Han, 264
Kim, H. Youn, 592
Kingston, Jerry L., 601
Kirkpatrick, D., 576
Klein, Benjamin, 220, 232, 602
Klingman, David A., 591
Knowles, Glenn, 588
Koeller, C. Timothy, 598, 599
Kogut, Carl A., 33, 153, 600
Kohn, Robert E., 200
Koller, Roland H., 599
Kong, Chang Min, 590
Korn, Donald H., 594
Koshal, Mamjulika, 592
Koshal, Rajindar K., 592
Kridel, Donald, 588
Kripalani, G. K., 596
Kyle, Reuben, 595

Laband, David N., 603
Lamdin, Douglas J., 311
Lancaster, Kelvin, 153
Landon, John H., 592
Lane, Sylvia, 595
Lane, W. J., 601
Lange, Mark D., 587, 590
Larson, Douglas M., 591
Larson, James E., 594
Latour, A., 576
Lau, Lawrence, 596
Lazear, Edward P., 226
Lazonick, William, 587
Leach, Michael L., 590
LeBlanc, Greg, 508, 602
Lee, Dwight R., 593
Lee, Eric Youngkoo, 603
Lee, J. W., 81, 82, 86, 89
Lee, Jae-Woo, 248, 253
Lee, Joe W., 590
Lee, Tong Hun, 590
Leeworthy, Vernon R., 588
Lehman, Dale E., 588, 589
Lerman, Paul, 587
Lerner, A. P., 264
Levin, Dan, 433
Levin, Gerald, 549
Levin, Richard C., 164
Levin, Sharon G., 595
Levin, Stanford L., 200, 595
Levine, Dan, 474
Levy, David T., 350, 596
Lewis, Tracy R., 232, 350
Leyden, John, 514
Li, Lode, 600

Lichtenberg, Erik, 600
Lichtenberg, Frank R., 592
Liebowitz, S. J., 508
Lin, An Ioh, 590
Lind, Barry, 474
Lindsay, Malcolm A., 599
Ling, David C., 587
Linke, Charles M., 587
Lippman, J., 572
Loeb, Peter D., 153, 590
Loewenstein, Mark A., 597
Lopatka, J. E., 602
Lopus, Jane S., 116
Lott, John R., Jr., 603
Louie, Kenneth K. T., 594
Love, B., 576
Lovell, C. A. Knox, 200
Lozada, Gabriel A., 603
Lu, D., 602
Lucking-Reiley, David, 474
Luksetich, William A., 587, 590, 603
Lynch, Gerald J., 588
Lyon, Thomas P., 594

Ma, Barry K., 596
MacDonald, Don N., 591
MacDonald, Gregor D., 593
MacDonald, James M., 433, 592
Machina, Mark J., 474
MacKie-Mason, Jeffrey K., 508
MacKrimmon, Kenneth, 153
Madden, Gerald P., 601
Magas, Istvan, 596
Maher, Michael D., 603
Mai, Chao Cheng, 598, 603
Majumdar, Sumit K., 594, 602
Malko, J. Robert, 599
Mallela, Parthasardhi, 595
Malueg, David A., 312
Maness, R., 84
Manley, Donald, 587
Mara, Janis, 576
Marburger, Daniel R., 598
Marcus, Richard D., 587
Margolis, Stephen E., 508
Marra, Vincent, 519
Marshall, L., 603
Martin, Charles L., 153
Martin, Linda R., 594
Martin, Randolph C., 588
Martin, S., 602
Masson, Robert, 434
Masten, Scott, 211, 218
Matulich, Scott C., 590
Max, Wendy, 589
Maxwell, Nan L., 116
Maxwell, W. D., 592
Mayshar, J., 604
McAfee, R. Preston, 10n, 434, 474
McCabe, Kevin, 601
McCall, Charles W., 546
McCarthy, Patrick S., 87
McCraw, T. K., 484
McDonald, J. R. Scott, 592
McDowell, John M., 595
McMillan, John, 434, 474

McNamara, John R., 33
Meador, Joseph W., 601
Meehan, James, 211
Mehrzad, Nasser, 593
Meisel, John B., 595
Meiselman, David I., 600
Mentzer, Marc S., 594
Mercuro, Nicholas, 33
Meurer, Michael J., 601
Meyer, D. J., 597
Meyer, John R., 588
Milgrom, Paul, 474, 508
Miller, Norman C., 599
Millner, Edward L., 589, 604
Mills, D. E., 200, 602
Milner, C., 604
Mirman, L. J., 597
Mixon, Franklin G., Jr., 350
Moini, A. H., 595
Monahan, Dennis, 589
Monroe, Scott A., 590
Moomaw, Ronald W., 593
Morgan, John, 103, 334, 337, 416, 499
Morrison, C.C., 396
Mount, Randall I., 116
Mudambi, R., 434
Mulherin, J. Harold, 594
Mullen, John K., 592
Mulligan, James G., 591
Munley, Vincent G., 589, 604
Murphy, Eddie, 358
Murphy, Kevin J., 232
Murphy, Kevin M., 72
Murthy, N. R. Vasudeva, 604

Nahata, Babu, 595, 599
Nalebuff, Barry J., 10n
Nantz, Kathryn, 594
Nasar, Sylvia, 358
Nash, John Forbes, Jr., 358
Nelson, Julianne, 598
Nelson, Paul S., 599
Netter, Jeffrey M., 594
Newman, Robert J., 590
Nguyen, Dung, 312
Nguyen, Hong V., 590
Nickerson, Peter H., 589
Niroomand, Farhang, 592
Nitzan, Shmuel, 546
Nollen, Stanley D., 604
Norman, G., 598
Norton, R., 602
Norton, Seth W., 595
Nowotny, Kenneth, 596
Nunnikhoven, Thomas S., 33

Ockenfels, Axel, 458
O'Donnell, Rosie, 559
Ohta, Hiroshi, 33
Oi, Walter Y., 434
Okamura, Kumiko, 593
Okunade, Albert Ade, 592
Olivella, Paul, 593
Olson, Dennis O., 592
Olson, Josephine E., 72
O'Neill, June, 72, 589

O'Neill, Patrick B., 264
Ormiston, Michael B., 599
Ostaszewski, Krzysztof, 599
Oster, Clinton V., Jr., 597
Ostrom, Elinor, 396
Ott, Mack, 250
Overdahl, James A., 594

Page, Frank H., 599
Pal, Debashis, 596
Palmer, Jay, 156n
Papathanasis, Anastasios, 595
Parker, A., 577
Parker, Darrell F., 589
Parkman, Allen M., 264
Parsons, George R., 33
Parsons, Richard, 549
Pasztor, A., 577
Peck, J., 597
Peoples, James, 595
Perloff, Jeffrey M., 597
Perry, Philip R., 597
Philips, Owen R., 597, 599
Phillips, Owen R., 33
Pindyck, Robert S., 33
Plott, Charles R., 350, 474
Pluta, Joseph E., 604
Podgursky, Michael, 601
Polachek, Solomon, 72
Porter, Michael E., 8, 10
Powell, Michael, 565
Prasnikar, Janez, 587
Pratt, Michael D., 604
Pratt, Robert W., Jr., 116
Prendergast, Canice, 226
Prery, Martin K., 596
Pruitt, Stephen W., 600
Prus, Mark H., 588

Racette, George, 601
Rafflee, Kambiz, 590
Ramagopal, K., 589
Ramaswamy, Sunder, 589
Ramaswamy, Venkatram, 594
Ramey, G., 601
Ramin, Taghi, 590
Rasmusen, Eric, 396
Rassenti, Stephen, 601
Ravenscraft, David J., 588
Raymar, Steven, 600
Raymond, Richard D., 590
Rayner, Tony J., 592
Reaune, David M., 590
Reiley, D., 84
Reilly, Robert J., 588, 600
Reinhardt, F., 484
Reitzes, James D., 350
Remak, Jane, 35
Reuther, Carol Jean, 595
Rhine, Sherrie L. W., 589
Rhyne, Glenn R., 591
Rice, Edward M., 594
Richtel, M., 576
Riley, John G., 474
Riordan, M. H., 601
Rittennoure, R. Lynn, 604

Rivlin, A. M., 546
Robbins, Sam, 35
Roberts, John, 508
Robison, H. David, 592
Rock, Steven M., 597
Romano, Richard E., 434
Romer, Thomas, 604
Rosenman, Robert E., 601
Rosenthal, Howard, 604
Rosenthal, Robert W., 396
Ross, Howard N., 350
Ross, Steven, 554
Roth, Alvin E., 458
Rothschild, K. W., 264
Roufagalas, John, 598
Rystrom, David, 596

Saba, Richard P., 72
Sackley, William H., 601
Saffer, Henry, 588, 589
Sahoo, P. K., 599
Sailors, Joel, 33
Salinger, Michael, 591
Salonen, H., 602
Salop, Steven C., 474, 508
Saltzman, Cynthia, 588
Samuelson, Larry, 593
Samuelson, William F., 396
Sanders, Anthony B., 599
Sandler, Ralph D., 591
Sandy, Jonathan G., 588
Sanghvi, Arun P., 588
Santoni, G. J., 250
Sappington, David E. M., 232
Sartzetakis, E. S., 602
Sass, Tim, 599
Sattler, Edward L., 597
Saurman, David S., 599
Sawtelle, Barbara A., 116
Sawyer, W. Charles, 593, 602
Sayre, A., 577
Scahill, Edward, 589
Schaffer, Greg, 423
Schlager, Edella, 598
Schlarbaum, Gary C., 601
Schoenhair, John D., 232
Scholten, Patrick, 337
Schotter, Andrew, 593
Schroeter, John R., 597
Schuler, Richard E., 596
Schulman, Craig T., 597
Schultze, William, 587
Schutte, David P., 597
Schwartz, Marius, 425
Schwarz, Peter M., 599
Scitovsky, T., 434
Scott, Charles E., 589
Scott, Frank A., Jr., 178, 588
Scott, Loren C., 595
Scott, Robert C., 597
Seldon, Barry J., 597
Senauer, Ben, 591
Sengupta, Jati K., 590, 592
Sesnowitz, Michael L., 590
Sexton, Robert L., 593
Shankar, Venkatesh, 382

Shanley, Mark, 595
Shannan, Joseph, 434, 596, 599
Shapiro, C., 602
Shapiro, Matthew D., 248
Shell, K., 597
Sherman, Roger, 600
Sherony, Keith, 588
Shieh, Yeung Nan, 596
Shogren, Jason F., 594
Shook, D., 577
Showalter, Dean M., 350
Shwiff, Steven, 603
Siegel, Donald, 592
Siegfried, John J., 589
Silver, Stephen J., 592
Simon, Curtis J., 595
Simon, Herbert A., 72, 312
Singal, Vijay, 264
Singh, Nirvikar, 594
Slaets, Patrick, 596
Slutsky, Steven, 546
Smart, Denise T., 153
Smith, Abbie, 232
Smith, Adam, 6–7, 358
Smith, Dean H., 599
Smith, Scott L., 597
Smith, Vernon L., 72, 601
Smith, W. James, 603
Snyder, Edward, 211
Sollars, David L., 116
Sophocleus, John B., 603
Sourbis, Haralambos, 33
Sparks, Roger, 589
Spiegel, Menahem, 508
Spiller, Pablo T., 508
Spiro, Michael H., 311
Spulber, Daniel F., 220, 601
Srinidhi, Bin, 587, 599
St. Louis, Robert D., 601
Stahl, Dale O., II, 601
Stanley, Linda R., 593
Stano, Miron, 116
Stanton, Timothy J., 604
Stegeman, Mark, 312
Steiner, R. L., 546
Stine, William F., 590
Strassman, Diana L., 508
Strickland, Thomas H., 595
Strong, John S., 588, 597
Sullivan, Dennis H., 590, 591, 593
Suslow, Valerie Y., 597
Suwanakul, Sontachai, 597
Svenjar, Jan, 587
Swaim, Paul, 601
Sweeney, George H., 598
Sweeney, Vernon E., 591
Swidler, Steve, 587
Szenberg, Michael, 603

Tashman, Leonard J., 591
Taube, Paul M., 590
Tauman, I., 597
Taussig, Michael K., 591
Taylor, Larry W., 116, 589
Taylor, Patrick A., 589
Taylor, Thomas N., 599

Índice de nomes

Tennyson, Sharon, 474
Tenorio, Rafael, 601
Thistle, Paul D., 546, 604
Thomas, Dave, 9
Thomas, Janet M., 593
Thomas, Ravi, 594
Toda, Maseo, 153
Toda, Yasushi, 593
Torregrosa, Paul, 593
Tschirhart, John, 593
Tuckman, Howard P., 588

Urban, G., 84

Van Cott, T. Norman, 588
Vanderporten, Bruce, 601
Varaiya, Nikhil P., 600
Várdy, F., 334
Varian, Hal, 508
Vedder, Richard K., 589
Venkataraman, S., 602
Vickers, John, 508
Viscusi, W. Kip, 153
Vroman, Susan B., 599

Wagner, Curtis L., III, 588
Waldfogel, J., 140
Walker, James, 598
Walsh, Carl E., 591
Warner, Abe, 553
Warner, Harry, 553
Warner, Jack, 553

Warner, Sam, 553
Waterman, D., 577
Watkins, Thomas G., 589
Weigelt, Keith, 593, 600
Weinberg, John A., 508
Weisman, Dennis L., 589
Welch, Ivo, 474
Welch, Patrick J., 595
Wen, Guanzhong James, 593
Wendel, Jeanne, 590
Werden, G. J., 602
Whinston, Michael D., 434
White, Edward D., 512
White, Gregory L., 170
White, Lawrence J., 263, 546
White, Michael D., 591
White, William D., 595
Whiting, Rick, 170
Whitney, Gerald, 33
Wiggins, Steven N., 84, 601
Wilder, Ronald P., 589, 591, 594
Williams, Donald R., 590
Williams, Harold R., 116
Williams, Martin, 592, 593
Williams, Mary L., 588
Williamson, Oliver E., 72, 232
Willig, R. D., 252, 263
Wilson, John Sullivan, 589
Wilson, T. A., 81
Wilson, Wesley W., 601
Windle, Robert J., 591
Wingfield, N., 576

Winn, Daryl N., 232
Wirl, F., 599
Wohar, Mark E., 593
Wohlsenant, M. K., 89
Wolf, H., 602
Woodard, Nelson, 600
Woodland, Bill M., 601
Woodland, Linda M., 601
Workman, William G., 590
Worrall, John D., 600
Wu, Ho Mou, 603
Wu, Mickey T. C., 589
Wu, Yangru, 33

Yaisawarng, Suthathip, 592
Yamawaki, H., 484
Yandle, Bruce, 591
Yeh, Chiou nan, 598
Yellen, Janet I., 434
Yen, Steven T., 589
Young, A. R., 599
Young, Nathan, 591
Young, S., 576

Zang, Y., 597
Zarrella, Ron, 391
Ziegler, Lawrence F., 592
Zietz, Joachim, 597
Zivney, Terry L., 587
Zorn, Thomas S., 587, 594, 601
Zuber, Richard A., 589
Zupan, Mark A., 312, 588

Índice

3M, 262
A Cor Púrpura, 554
ABC, 563
Ação oculta, 451
Acordo de Livre Comércio da América do Norte, 47, 242
Acordo de paralisação, 250
Ad valorem, imposto, 49
Addyston Pipe and Steel Company v. United States, 512
Adobe, *software,* 419
Advance Publications, 558
Advertências contra o cigarro, 528–529
Affiliated Computer Services, 231
Agência de Competição do Canadá, 532
Agfa, 262
ajuste da reta de regressão, 100–102
    desvio-padrão, 99
    estatística F, 102
    estatística t, 99–100
    graus de liberdade residuais, 101–102
    mínimos quadrados, 97
    múltipla, 104–107
    não linear, 102–104
    parâmetros estimados, 97
    planilha, 97–98, 106
    P-valor, 100
    R-quadrado, 100–102
    significância estatística dos coeficientes, 98–100
    Soma dos quadrados dos desvios, 97
Alias Research Inc., 261
Aluguel de veículos, 60
Alvo, 250
Amante do risco, 439
Amcott, 1, 26
America Online, 478; *consulte também* AOL
    desafios, 567
    fusão da Time Warner, 549–550
    incluindo a criação de seu próprio acesso, 552
    operações, 552–553
    revistas, 559
American Airlines, 352, 505
American Metal Markest Magazine, 310
American Seafood Distributors Association, 32

American Tobacco, 513
Amoco, 512
Ampex, 494
AMR, Inc., 352, 386–387
Análise de regressão, 95–107
    alternativa de cálculo, 23
Análise marginal, 19–25
    coeficiente de determinação, 100–102
    decisões contínuas, 22–23
    decisões discretas, 20–22
    decisões incrementais, 24–25
    definição, 19–20
    intervalos de confiança, 99–100
    R-quadrado ajustado, 101–102
Análise quantitativa de demanda, 73–109
    análise de regressão, 95–109
    conceito de elasticidade, 74–75
    elasticidade funções de demanda, 90–95
    elasticidade preço da demanda, 75–85
    elasticidade preço-cruzada, 85–88
    elasticidade-propaganda cruzada, 90
    elasticidade propaganda da demanda, 90
    elasticidade-renda, 88–89
    manchete, 73–74, 107–108
AOL Canadá, 551
AOL Europa, 553
AOL Instant Messenger, 552–553
AOL Time Warner
    origem da, 549–550
    perdas em 2003, 548
Aperto preço-custo, 491
Apple Computer, 494
Aprisionamento do consumidor, 498–499
Aquisição alavancada, 250
Aquisição de insumos
    aquisição de insumos, 205–206, 211–212
    custo de um método ineficiente, 211
    custos de transação, 207–211
    distanciamento vertical, 491
    ótima, 211–219
    pesquisa do produtor, 448
    por integração vertical, 206–207, 216
    por meio de contrato, 206–207, 213–216
    produzidos internamente, 206–207
    trade-off econômico, 216–219
Aquisição de insumos, 205

Arby's, 303
Archer Daniels Midland, 349
Armadilha de Bertrand, 337–338
As Confissões de Schmidt, 554
Asahi Breweries Ltd., 39
Assinantes de Internet banda larga, 583
Assistentes pessoais digitais, 103
Associação dos Policiais de Boston, 230
AT&T, 435, 554
Ativos com vida indefinida, 16–19
Ativos dedicados, 208–209
Atlanta Braves, 560
Atlanta Hawks, 549
Atlanta Thrashers, 549
Audit Bureau of Circulations, 559
Aumentando o custo dos concorrentes, 488–491
    aperto preço-custo, 491
    custo marginal, 488–489
    custos fixos, 489–490
    distanciamento vertical, 491
    empresas verticalmente integradas, 490–491
Autointeresse, 6–7
Automated Data Processing, 231
Aversão a risco
    consumidores, 439–441
    diversificação e, 447
    empresas, 444–447
    lançadores, 466
    paradoxo de São Petersburgo, 440
    qualidade do produto, 439–440
    recrutamento de trabalhadores, 448
    rede de lojas, 441
    seguro, 441
Avis, 61

Bank of America, 507
Barganha custosa, 209
Barnacle Industries, 506
Barreira à entrada, 245
    no monopólio, 280
    preço-limite, 484
Batman, filmes, 554
BellSouth, 115, 563
Bem-estar social, 252–253
    poder de mercado e, 510–511
    preços máximos e, 56–57

Benefício marginal, 21
  os contratos, 214–216
Benefício marginal líquido, 21
Benefícios líquidos, 21–22
  maximização, 33–34
Benefícios superficiais, 178
Bens inferiores, 39–40, 132–133
Bens normais, 39, 132
Bens
  complementares, 131
  inferiores, 39–40, 132–133
  normais, 39, 132
  substitutos, 40, 131
Bens públicos
  falha de mercado e, 524–528
  impostos, 527
  não excludente, 524
  não rival, 524
  nível socialmente eficiente, 525–528
  produção das empresas, 528
Bertelsmann AG, 551, 553, 559
Boeing Group, 230
Boxes, Ltd., 117, 145–147
BP America, 512
Briga outorgada, 250
Bristol-Myers Squibb, 252
Broadcast networks, 564
Buena Vista Pictures Distribution, 555
Burger King, 295, 303
BusinessWeek, 2

Cable Television Consumer Protection and Competition Act, 564
Caça à renda, 533–534
CACI International, Inc., 152
Cahner's In-Stat Group, 430
Caixas eletrônicos, 58
Capital
  função de produção e, 157
  valor marginal de um produto, 162–165
Capital humano, 209
Características ocultas, 451
Cartel tácito, 370
Cartoon Network, 560
Casablanca, 553
Cavaleiro branco, 250
CBS, 563
CDW, Inc., 349
Cellar-Kefauver Act, 513–514
CEO, 12
Certificação médica, 530
Certificação, 529–530

CGI Group, 229
Chevron, 512
China Daily, 54
China
  Peugeot-Citroën na, 274
  privatização na, 54
Chrysler Corporation, 261
Ciclo dos negócios, 135
Cinemax, 560
Classes de produtos, 241–243
Lei do Ar Limpo, 521–523
CNN, 560
Coca-Cola, 40, 69, 242, 391–392
Código da indústria, 242
Código do grupo da indústria, 242
Coeficiente de determinação, 100–102
Coeficientes, estimados, 98–100
Colgate-Palmolive, 297
Combinação ótima de insumos, 201
Comcast, 554, 562, 567
Comissão de Comércio Internacional dos Estados Unidos, 544–545
Comissão de Valores Mobiliários, 473
  investigação da AOL, 549
Comissão Europeia, discriminação de preços, 514
Comissão Federal de Comércio, 509, 515
Comissão Federal de Comunicações, 115, 435, 467
  digital, 566
  mídia, 550
  televisão a cabo e, 564
Comissão Nacional de Promoção e Investigação do Lácteo, 114–115
Comitê de Comércio, 565
Companhias cinematográfica
  competem, 556–557
  custos de produção, 582
  filmes com maior bilheteria, 581
  história da Time Warner, 554
  história, 553–554
  participação de mercado do estúdio, 556
  produção e distribuição, 553–555
  receitas, 554–555
Compaq Computer, 494
Compensação
  abordagem pela curva de indiferença, 232–234
  contratos de incentivo, 222
  empresarial, 219–222
  participação nas receitas, 224–225
  participação nos lucros, 224

problema gerente-trabalhador agente-principal, 224–227
remuneração por desempenho, 226
taxa de produtividade, 225
Compensação empresarial
  curva de indiferença e, 232–234
  lucros da empresa e, 221
  pagamento por desempenho, 226
  salário fixo *versus* participação nos lucros, 232–234
  salário fixo, 221
Competição de preços, 337
Competição monopolística
  autointeresse e, 6–7
  comparação de oligopólios, 338–341
  competição perfeita, 268–272
  condições para, 294–295
  definição, 256, 294
  diferenciação de produtos, 300–301
  equilíbrio de longo prazo, 297–301
  incerteza, 448–449
  manchete, 303
  marketing de nicho, 300
  marketing verde, 300–301
  maximização de lucros, 296
  monopólio, 283–292, 294, 312–313
  oligopólio de Stackelberg, 332–336
  oligopólio de Sweezy, 318–320
  propaganda, 300–302
  propaganda comparativa, 300
  regra básica, 399–401
  regulação de preço, 515–520
  valor da marca, 300
Competição perfeita
  condição de livre entrada e saída, 266–267, 276–277
  condições fundamentais, 266
  curva de demanda, 269
  curvas de oferta, 275–276
  decisão de parar, 273–275
  decisões de longo prazo, 276–278
  decisões de produção de curto prazo, 268–276
  definição, 255–256
  demanda no mercado e níveis de empresa, 267–268
  falta de propaganda, 301
  função de oferta, 313–314
  indústria automobilística, 274
  manchete, 303
  maximizando lucros, 268–272, 312–313
  minimizando perdas, 272–275
  na agricultura, 267

perdas operacionais de curto prazo, 272–273
receita marginal, 268–271
Competition Buerreau, 532
Complementares, 40, 131
   estrutura de cinco forças, 8
Complementaridade, 497
Complementaridade de custo, 189–191
   no monopólio, 282
Comportamento de preços, 247–248
Comportamento do consumidor, 118–123
   amante do risco, 439
   aversão ao risco, 439–441
   curva de indiferença, 119–122
   estoques não vendidos, 41
   incerteza e, 439–444
   indiferente ao risco, 439
   mudanças na renda e, 132–133
   mudanças no preço e, 129–132
   pesquisa, 441–444
   restrições sobre, 123–128
Comportamento individual
   aproximação numérica, 154–155
   consumidores; *consulte* Comportamento do consumidor
   curvas de indiferença e curvas da demanda, 143–145
   curvas de indiferença, 133–143
   equilíbrio do consumidor, 128–129
   escolha renda-lazer, 140–143
   estática comparativa, 129–135
   manchete, 117, 145
   restrições, 123–128
Compra direcionada, 250
Comprador hostil, 250
Comprando *on-line* na Europa, 103
CompuServe, 551–552
Concentração da indústria, 237–243
   fusões, 249–251
   limitações das medidas, 241–243
   medidas de, 238–239
   nos Estados Unidos, 239–241
Concorrência; *consulte também* Barreiras à entrada
   cinema, 556–557
   discriminação de preço, 491–492
   elevação dos custos dos concorrentes, 490–491
   política antitruste e, 511–512
   precificação-limite, 477–484
   precificação predatória, 485–488
   sistemas de cabo, 563–564
Concorrentes *downstream*, 490–491

Conde Nast Publications, 558
Condição de livre entrada e saída
   competição monopolística, 297–298
   competição perfeita, 266–267, 276–277
   condições de mercado, 243, 551–552
Conduta entre indústrias, 246–252
   atividades de fusões e integrações, 248–251
   comportamento de preços, 247–248
   paradigma estrutura-conduta-desempenho, 253–255
   pesquisa e desenvolvimento, 251–252
   publicidade, 252
Congestionamento, 498
Conluio
   comparações, 339–341
   decisões de preço, 359–360
   em jogos de precificação, 369–371
   estratégias de gatilho, 366–369, 370, 373
   jogos repetidos finitamente, 376
   mecanismos de punição, 371
   número de empresas, 369
   oligopólio de Cournot, 330–332
   planilha, 340
   tácito, 370
   tamanho das empresas e, 369–370
Consumer Reports, 559
Consumidores, 118
   informação assimétrica, 450–451
Consumo não excludente, 524
Consumo não rival, 524
Contratos, 206
Contratos de aquisição de insumos, 206
   minimização de custos, 211–216
Contratos de incentivo, 221–222
Contratos de reforço, 531–532
Corel WordPerfect, 85
Cosmopolitan, 558
Cotas, 534–536
Cox Communications, 567
Crise de energia na Califórnia, 196
Crítica de *feedback*, 254
Curta de oferta de curto prazo, 275–276
Curto prazo, 268
   de preços máximos, 57
Curva da demanda residual, 478–479
Curva de custo marginal, 276
Curva de custo médio de longo prazo, 186
Curva de demanda, 37
   análise da curva de indiferença e, 143–145
   demonstrando graficamente, 44

fixação de preços de pico, 417–419
   índice de Rothschild e, 244–245
   mercado, 37–38
   no monopólio, 280
   oligopólio de Sweezy, 318–320
   para determinar o valor, 44–45
   para empresa competitiva, 269
   poder de mercado e, 302
   residual, 478–479
Curva de demanda de mercado, 37–38, 145
   Índice de Rothschild e, 244–245
   preço e, 52–53
Curva de demanda linear, 283
Curva de oferta
   Acordo de Livre Comércio da América do Norte, 47
   definição, 51
   empresa e da indústria no curto prazo, 275–276
   excedente do produtor e, 51–52
   inexistente no monopólio, 290
   mercado, 46
Curva de oferta de mercado, 46, 276
Curva de valor total, 22
Curvas de custos, 182–183
Curvas de indiferença
   aplicações, 135–143
   curvas de demanda e, 143–145
   decisões dos gerentes, 142–143
   demanda de mercado, 145
   demanda individual, 143–144
   dos trabalhadores, 140–142
   equilíbrio do consumidor e, 129
   escolha dos trabalhadores e gerentes, 140–143
   escolha renda-lazer, 140–142
   escolhas do consumidor, 135–140
   gerentes, 142–143
   incentivos gerenciais, 232–234
   pague um, leve dois, 135–136
   preferências por risco, 122
   presentes em dinheiro, 137–140
   presentes em mercadoria, 137–140
   taxa marginal de substituição decrescente, 120–121
   taxa marginal de substituição, 120
   vale-presente, 138–140
   vantagem principal, 131–132
Curvas de isolucro, 325–328, 332–333
Curvas de valor marginal, 22
Custo de oportunidade, 5–6
   preço não pecuniário e, 56

Decisões ótimas de propaganda, 301–303
Custo fixo médio, 180–181
Custo implícito, 5–6
Custo marginal, 21, 181–182, 448–449
    aumentando o custo dos concorrentes, 488–489
    competição monopolística, 295–297
    competição perfeita, 274
    curvas de demanda de mercado e, 52–53
    custo marginal, 278
    custo médio *versus*, 202
    econômico pleno, 56
    equilíbrio, 52–54
    igual a receita marginal, 407
    índice de Lerner, 247–248
    índice de Rothschild e, 244–245
    monopólio, 279, 287, 293–294
    oligopólio de Cournot, 320–330
    oligopólio de Sweezy, 318–320
    preço de barganha, 486
    pré-entrada, 480–482
    propaganda e, 301
    quantidade demandada, 74–75
    tarifas fixas únicas, 537
Custo marginal dos contratos, 214–216
Custo total, 180–181
Custo total médio, 181, 185–187
    no monopólio, 280
Custo variável médio, 181
Custos
    aperto de preço-custo, 491
    dados financeiros, 580
    de longo prazo, 185–187
    econômicos *versus* contábeis, 187
    explícitos, 5–6
    externalidades negativas, 520
    fixo médio, 180–181
    fixos, 178–180
    implícitos, 5–6
    incrementais, 24–25
    marginais, 181–182
    médio, 180–182
    relações entre, 182–183
    total médio 181
Custos contábeis, 187
Custos de curto prazo, 178–180
Custos de longo prazo, 185–187
Custos de transação, 207–211
Custos econômicos, 187
Custos fixos, 178–180
    aumentando o custo marginal de um concorrente, 489–490
    custo irrecuperável e, 183–184
    perdas operacionais de curto prazo, 272–273
    relação entre custos, 182–184
Custos incrementais, 24–25
    da propaganda, 301
Custos irrecuperáveis, 183–184
    mercados contestáveis, 341–342
Custos médicos, e risco moral, 453
Custos médios, 180–182
    custos marginais, 202
Custos variáveis, 178–180

Daimler-Benz, 261
DaimlerChrysler, 392–393
Dançando no Escuro, 554
Data ex-dividendo, 17–18
    de quatro firmas, 238–241
    de Stackelberg, 332–336
    índice Herfindahl-Hirschman, 239
    interação estratégica, 316–318
    limitações, 241–243
    modelo de Sweezy, 318–320
Decisão de parar, 273–275
Decisões, 3; *consulte também* Teoria dos jogos; Análise marginal
    com informação assimétrica, 450–451
    curto prazo *versus* longo prazo, 157–158
    custos irrecuperáveis, 183–184
    declínio na, 47
    dos gerentes, 142–143
    momento das, 492–495
    multiplanta, 290–292
    na propaganda, 301–303
    natureza das, 4
    objetivos e obstáculos, 4–5
Decisões contínuas, 22–23
Decisões de longo prazo, 157–158
    competição perfeita, 276–278
Decisões de multiplanta, 290–292
Decisões de preço, 357–360
Decisões de produção de curto prazo, 268–276
Decisões discretas, 20–22
Decisões incrementais, 24–25
Decreto Paramount de 1948, 554
Defesa de encarceramentos, 250
Del Monte, 262–263
Dell Computer, 11, 229, 257, 494
Demanda, 36–46; *consulte também* Oferta
    com elasticidade unitária, 76
    curva de demanda de mercado, 37–38
    deslocam a, 38

    elástica, 76
    elasticidade em arco, 80
    elasticidade renda, 88–89
    elasticidade-preço cruzada, 85–88
    elevação da, 38
    equilíbrio de mercado e, 52–54
    estimativa, 96–97
    estrutura de mercado, 241–245
    excedente do consumidor, 44–45
    individual, 143–144
    inelástica, 76
    lei da, 37, 44
    manchete, 35, 65
    mercado, 145
    mudanças na, 38, 60–62
    no oligopólio, 316–318
Demanda com elasticidade unitária, 76
Demanda de mercado, 52, 145
Demanda elástica, 76
    perfeita, 79
Demanda esperada, 36
Demanda individual, 143–144
Demanda inelástica, 76
    perfeitamente, 79
    por medicamentos prescritos, 84
Demanda perfeitamente inelástica, 79
Demissões, 377
Departamento Americano de Comércio, 90
Departamento de Justiça dos Estados Unidos, 235, 259
    Divisão Antitruste, 486, 515
    Política de Fusões, 249–251, 514–515
    fusões horizontais e, 249–251
Descontos, 405, 407
Deseconomias de escala, 187
    no monopólio, 280–281
Desempenho; *consulte* Desempenho da indústria
Desempenho da indústria
    bem-estar social, 252–253
    definição, 252
    índice de Dansby-Willig, 252–253
    lucros, 252
Deslocadores de demanda
    definição, 38–42
    expectativas do consumidor, 41
    gostos do consumidor, 40
    mudanças da população, 41
    preços bens relacionados, 40
    propaganda, 40
    renda, 38

Deslocadores de oferta
  expectativas do produtor, 49
  impostos, 48–49
  número de empresas, 48
  preços dos insumos, 47
  regulamentações governamentais, 47
  substitutos na produção, 48
  tecnologia, 47
Desregulação de eletricidade, 519
Desvio-padrão, 438
Details, 558
Deutsche Telekom, 553
Diferenciação de produtos, 10
  competição monopolística, 300–301
  pasta de dente, 297
Digital Phone, Inc., 562–563
Digital subscriber line, 562
Dilema, 359
DirecTV, 563, 566
Direitos autorais, 284
Direitos de propriedade, 521
Discovery, 566
Discriminação de preços, 44, 404–409
  discriminação de preços, 513–514
  elasticidade da demanda e, 408
  ferramenta estratégica, 491–492
  política antitruste, 512
  primeiro grau, 405–406
  regra da razão, 513
  segundo grau, 406
  terceiro grau, 406–408
Discriminação de preços de primeiro grau, 405–406
Discriminação de preços de segundo grau, 406
Discriminação de preços de terceiro grau, 406–408
Dish Network, 563
Dispositivo de autosseleção, 455
Distribuição doméstica de vídeo, 557
Distribuidores independentes, 556
Distribuidores, 555–556
Dividendos, 17–18
Divisão das despesas, 82–83
Divisões *downstream,* 420–421
Divisões *upstream,* 420–421
Dixons Group, 553
Donnelly Corporation, 195
  de curto prazo, 178–180
  dos concorrentes, 488–491
  total, 181
  variáveis, 178–180
Dreamworks, 556

Duopólio, 316, 320; *consulte também*
  Duopólio de Cournot, 340
  Duopólio de Cartel, 340

EchoStar, 563, 566
Econometria, 96–97
Economia, 2–3
Economia de empresas, 1–26
  análise marginal, 19–25
  aprendendo, 25–26
  definição, 3–4
  economia e, 3
  estrutura de cinco forças, 8–11
  funções do gerente, 3
  importância dos lucros, 5
  incentivos, 11–12
  manchete, 1, 26
  maximizar lucros, 17–18
  mercados, 12–14
  motivos para estudar, 2–3
  objetivo e terminologia, 25–26
  objetivos e obstáculos, 4–5
  poder dos compradores, 9
  poder dos fornecedores, 9
  rivalidade na indústria, 8
  substitutos e complementares, 10
  valor do dinheiro no tempo, 14–19
Economia de escala, 187–188
  barreira à entrada, 245
  monopólio, 280–281
Economia global, objetivos da empresa, 7
Economias de escopo, 188–189
Efeito renda, 133–135
  ciclo dos negócios, 135
Efeito substituição, 133–135
Efeitos de curva de aprendizado, 481
Efeitos de reputação, 482
Elasticidade/Elasticidades; *consulte também*
  Elasticidade preço da demanda
  conceito de, 74–75
  definição, 74–75
  funções de demanda, 90–95
  PDAs, 103
  preço-cruzada, 87
  renda, 88–89
  valor absoluta da, 75
Elasticidade da demanda, 80–83
  discriminação de preços e, 407
  e condições de mercado, 243–245
  índice de Rothschild, 244–245
  monopólio, 283–287
Elasticidade da demanda da indústria, 243–246

Elasticidade da demanda em arco, 80
Elasticidade de mercado da demanda, 243–246
Elasticidade e receita total, 76–79
Elasticidade preço da demanda, 76
  divisão das despesas, 82–83
  elasticidade em arco, 80
  fatores de influência, 80–83
  oligopólio de Cournot, 402–403
  receita marginal e, 83–85
  substitutos disponíveis e, 80–82
  tempo e, 82
  teste da receita total e, 76–79
  tipos de demanda, 79
Elasticidade-preço, tempo 82
Elasticidade propaganda, 90
Elasticidade-propaganda cruzada, 90
Elasticidade-preço cruzada, 85–88
Elasticidade-renda, 88–89
Electronic Data Service, 230–231
EMC, 31–32
Emenda de preço justo, 250
Empresa de lixo, 370
Empresas; *consulte também* Organização da empresa
  aversão a risco, 444–447
  comportamento de preços, 247–248
  consumidores avessos a risco, 440–441
  curva de oferta de curto prazo, 275–276
  decisões sobre propaganda, 301–303
  divisões *downstream,* 420–421
  divisões *upstream,* 420–421
  elasticidade da demanda, 243–246
  incerteza e, 444–449
  maiores, 237
  maximização de lucro, 448–449
  multiplanta, 290–292
  objetivos na economia global, 7
  pesquisa do produtor, 448
  poder de mercado, 510
  produtos, 130, 281
  quantidade de, 48, 369
  tamanho das, 236–237, 369–370
  teste da receita total, 77–78
  verticalmente integrada, 490–491
Empresas com vários produtos, 130
Empresas verticalmente integradas, 490–491
Energy Policy Act, 519
Engenharia reversa, 164
Entertainment Weekly, 557–559

Entrada de empresa, 8–9; *consulte também*
  Barreiras à entrada
  potencial, 245
  precificação-limite e, 477–479
Entrada livre, 341
Equilíbrio, 129
  de longo prazo, 277–278
  de Stackelberg, 333
  oligopólio de Cournot, 320–325
Equilíbrio de "Opie", 358
Equilíbrio competitivo de longo prazo, 277–278
Equilíbrio de Cournot, 322, 329–331, 338–339
Equilíbrio de longo prazo sob competição monopolística, 297–300
Equilíbrio de mercado, 52–54
  análise de estática comparativa, 60–65
  competitivo, 54
  preço máximo e, 55–58
  preço mínimo e, 59–60
Equilíbrio de Nash, 357–359, 361–364, 379–380
Equilíbrio do consumidor, 128–129
Equilíbrio em um mercado competitivo, 54
Equilíbrio perfeito de subjogo, 380
Equivalência de receitas, 465–466
Escassez, 3, 52–53
  preço máximo e, 55
  rivalidade consumidor-produtor e, 13
Escassez de gasolina, 55–58
Escolha dos consumidor
  pague um, leve dois, 135–136
  presente em dinheiro/em mercadoria, 137–140
  vale-presente, 138–140
Especificidade de ativos físicos, 208
Especificidade do local, 208
Esquire, 558
Estados Unidos
  concentração da indústria, 239–241
  lucratividade da indústria, 10
Estática comparativa, 129–135
  efeito renda, 133–135
  efeito substituição, 133–135
  mudanças na demanda, 60–62
  mudanças na oferta, 62–63
  mudanças na renda, 132–133
  mudanças nos preço, 129–132
  mudanças simultâneas, 63–65
Estatística F, 102
Estatística t, 99–100

Estimativas de valor correlacionados, 460
  estratégia de, 463–464
Estocagem, 41
Estoques, com preços mínimos, 59
  estratégia de gatilho, 366–369
Estratégia, 353
  de gatilho, 366–369
  dominante, 355–356
  mista, 363
  na teoria do jogo, 354–357
  segura, 356–357
Estratégia dominante, 475–502
  aperto preço-custo, 491
  aumentando o custo fixo do concorrente, 490–491
  discriminação de preços, 412–421
  efeitos de curva de aprendizado, 481
  efeitos de rede, 495–501
  estratégias de custo marginal, 488–491
  estratégias dos custos fixos, 489–490
  introdução, 476–477
  manchete, 475–476, 501
  momento das decisões, 492–495
  na Microsoft, 478
  precificação de penetração, 495–501
  precificação predatória, 485–488
  precificação-limite, 477–484
  vantagens de segundo movimento, 495
  vantagens do pioneiro, 492–494, 498
  verticalmente integradas, 490–491
Estratégia mista (aleatória), 363
Estratégia segura, 356–357
Estratégias
  básicas, 398–404
  competição monopolística, 399–401
  discriminação de preços, 44, 404–409
  divisão *upstream*, 420–421
  divisões *downstream*, 420–421
  em jogos de apenas um estágio, 357–360
  estruturas especiais de custo de demanda, 417–421
  excedente do consumidor extraído, 406–417
  fixação de preços de pico, 417–419
  garantia de preço baixo, 423
  intensa competição de preços, 422–426
  introdução, 398
  lealdade à marca, 425
  manchete, 397, 426
  marginalização dobrada, 420
  mecanismos de punição e, 371
  mercados contestáveis e, 341–342

monopólio, 288–290, 399–401, 477–479
oligopólio, 316–318
oligopólio de Bertrand, 336–338
oligopólio de Cournot, 402–404
oligopólio de Sweezy, 318–320
precificação aleatória, 424–426
precificação bipartite, 410–413
precificação de penetração, 495–501
precificação em bloco, 412–414
precificação predatória, 485–488
preço de transferência, 419–421
preços mais baixos, 425
receita marginal, 400–401
regra básica da maximização de lucro, 398–399, 400–401
subsídios cruzados, 419
Estratégias de gatilho, 366–369, 373, 422–423
  empresas de lixo, 370
Estratégias de nicho, 11
Estrutura de cinco forças, 8–11
  complementares, 10
  efeitos de *feedback*, 255
  entrada, 8–9
  esquema, 10
  estrutura da indústria e, 254–255
  poder dos compradores, 9
  poder dos fornecedores de insumos, 9
  rivalidade da indústria, 10
  substitutos, 10
Estrutura de informação, nos leilões, 459–465
Estrutura de mercado, 236–246
  classes de produtos, 241–243
  competição monopolística, 256, 294–301
  competição perfeita, 255–256, 266–269
  concentração da indústria, 237–243
  decisões ótimas de propaganda, 301–303
  definição, 236
  demanda e condições de mercado, 243–245
  índice de Rothschild, 244
  indústria de computadores, 257
  manchete, 303
  monopólio, 256, 278–294
  oligopólio, 256–258, 316–344
  paradigma estrutura-conduta-desempenho, 253–255
  potencial de entrada, 245

616 Índice

tamanho da empresa, 236–237
tecnologia, 243
visão causal, 254
Excedente
    de preços mínimos, 59–60
    desempenho da indústria e, 252–253
    desempenho, 252–253
    do consumidor, 44–45
    do produtor, 51–52
Expectativas do consumidor, 41
Expectativas do produtor, 49
Externalidades
    como falha do mercado, 520–524
    negativas, 520
    Lei do Ar Limpo, 521–523
Externalidades de rede diretas, 498
Externalidades de redes, 497
Externalidades negativas, 520
Exxon, 512

Fairchild Publications, 558
Falha do mercado
    bens públicos, 524–528
    caça à renda, 533–534
    externalidades, 520–524
    informação assimétrica, 529
    informação incompleta, 528–532
    poder de mercado e, 509–520
Fator de margem, 247–248
Fatores de produção, 157–161
Fatores de produção variáveis, 157–161
Fatores fixos de produção, 157–161
    fatores que afetam a duração de, 218
    fatores que afetam o cartel, 369–371
Federal Aviation Administration 352, 386–387
Fiat, 261–262
Fine Line Features, 556
Fisher Body Company, 220
Florida Power & Light, 196–197
Fluxos de caixa, indefinidos, 16
Forças de mercado; *consulte* Demanda; Oferta
Ford, 157–158, 170, 191, 346, 391
Forey, Inc., 260–261
Forma normal de jogo, 354–355
Fornecedores, 9
Fornecedores de insumos, 9
Fortune, 557–558
Fox Entertainment Group, 563
Fox Sports, 566
France Telecom, 553
Friends, 557
Fuji, 262

Função de custo, 177–193; *consulte também* Funções de custos
    cálculo, 200–202
    cúbica, 184–185, 271
    custo marginal, 180–182
    custos de curto prazo, 178–180
    custos de longo prazo, 185–187
    custos econômicos *versus* contábeis, 187
    custos fixos, 183–184
    custos irrecuperáveis, 183–184
    custos médios, 180–182
    deseconomias de escala, 187
    economias de escala, 187–188
    formas algébricas, 184–185
    manchete, 156, 191
    monopólio, 287
    múltiplos produtos, 188
    relações entre custos, 182–183
    retornos constantes de escala, 187
Função de custo de curto prazo, 179
Função de custo de múltiplos produtos, 188
Função de custo marginal, 185
Função de custo multiproduto quadrática, 189–190
Função de demanda, 42–45
    definição, 42
    elasticidades da, 90–95
    inversa, 44
    linear, 42, 91–92
    log-linear, 93–95
    não linear, 92–93
Função de demanda inversa, 44, 286
    linear, 286–287
Função de demanda linear, 42, 91–92
Função de demanda linear inversa, 286–287
Função de demanda log-linear, 93–95
Função de lucro, monopólio, 287–288
Função de melhor resposta, 321–322
Função de oferta
    inversa, 51
    linear, 50–51
    perfeitamente competitivas, 313–314
Função de oferta inversa, 51
Função de oferta linear, 50–51
Função de produção, 156–177
    cálculo da, 200–202
    capital, 157
    Cobb-Douglas, 166–168, 171
    decisões de curto prazo, 157–158
    decisões de longo prazo, 157–158
    fatores de produção fixos e variáveis, 157–161
    formas algébricas, 165–166

    função gerencial, 161–165
    isocustos, 171–173
    isoquanta, 168–171
    Leontief, 165–166, 170
    linear, 165–167, 170
    manchete, 156, 191
    medidas algébricas de produtividade, 166–168
    medidas de produtividade, 159–161
    minimização de custos, 173–175
    substituição ótima dos insumos, 175–177
    taxa marginal de substituição técnica, 169–171
    trabalho, 157
    uso dos insumos que maximizem lucros, 163–165
    valor marginal do produto, 162–165
Função de produção Cobb-Douglas, 166–168, 171
Função de produção de Leontief, 165–166, 170
Função de produção de proporções fixas, 165
Função de produção linear, 165, 167, 170
Função de utilidade, 154
Funcionários; *consulte também* Trabalhadores
    de empresas inovadoras, 164
    monitoramento no local de trabalho, 226–227
    monitoramento, 362–363
    pagamento por desempenho, 226
    participação nas receitas, 224–225
    participação nos lucros, 224
    relógio de ponto, 227
    taxa de produtividade, 225
Funções de custo cúbica, 184–185, 271
Funções de custo de múltiplos produtos, 188–191
    complementaridade de custo, 189–191
    economias de escopo, 188–189
    quadrática, 189–190
Funções de demanda não linear, 92–95
Funções de reação, 338–339
    oligopólio de Cournot, 320–325
    oligopólio de Stackelberg, 332–333
Fusão horizontal, 249–251
Fusão vertical, 249
Fusões conglomeradas, 251
Fusões e aquisições, 31
    antitruste, 509
    conglomerados, 251
    horizontais, 249–251

Índice **617**

linguagem das, 250
vertical, 249

Garantia de preço baixo, 423
Gateway Computer, 11, 257
General Dynamics, 392
General Electric, 550
General Mills, 338
General Motors, 48, 156, 236–237, 391, 420
Gerenciamento de estoque, 130
Gerentes
    avessos ao risco, 444–447
    consumidores avessos a risco e, 439–441
    contratos de incentivo, 222–223
    estrutura de incentivo, 162
    excedente do produtor, 51
    função, 4
    incentivos externos, 223–224
    incentivos, 232–234
    indiferente ao risco, 444, 447
    maldição do vencedor e, 464
    medo de aquisições, 223–224
    nível certo de insumos, 162–165
    papel no processo de produção, 161–165
    reputação, 223
Gestão, eficaz
    compreender os mercados, 12–14
    entender os incentivos, 11–12
    identificar objetivos e obstáculos, 4–5
    importância dos lucros, 5–11
    poder dos compradores, 9
    poder dos fornecedores, 9
    rivalidade na indústria e, 8
    usar a análise marginal, 19–25
    valor do dinheiro no tempo, 14–19
Gillette Company, 309–310
Globalização e a oferta de refrigerantes, 62
Golf Digest Companies, 558
Good Housekeeping, 558
Goodyear Tire & Rubber, 151, 251
Gostos do consumidor, 40
Graus de liberdade, 101–102
Graus de liberdade residuais, 101–102
Gravadores de vídeos digitais, 566–567
Gruner + Jahr, 559
Guerra de preços, 336–338

Haas School of Business, 103
Hanson PLC, 7
Harper Collins, 559

Harry Potter, 554, 557
Hart-Scott-Rodino Antitrust Improvement Act, 515
HBO, 549–560, 566
HD Theater, 566
Herman Miller, 195
Hertz, 60
Hewlett-Packard, 11
Hipótese de "monopólio natural", 563–564
Hipótese de Baumol, 143
História do mercado, 370
Home & Garden Television, 558
Home Depot, 431
Honestidade na propaganda, 531–532
Honestidade no empréstimo, 530–531
Hora do Rush 2, 554
Horizontal Merger Guidelines, 514–515
Hub, 496
Hynix Semiconductor, 35
Hyundai Heavy Industries Company, 198

IBM, 494
Impostos
    ad valorem, 49
    benefícios superficiais e, 178
    de bens públicos, 527
    de consumo, 48–49
    deslocadores de oferta, 48–49
Incentivos
    aquisições, 223–224
    curva de indiferença, 232–234
    de produção, 162
    entendendo os, 11–12
    externos, 223–224
    pagamento por desempenho, 226
    para "trapacear", 331–332, 359–360, 373–374
    problema gerente-trabalhador principal-agente, 224–227
    problema principal-agente, 219–222
    reputação, 223
    taxa de produtividade, 225
Incerteza
    ações ocultas, 451
    amante do risco, 439
    aversão ao risco, 439–441, 444–447
    características ocultas, 451
    comportamento do consumidor, 439–444
    conceitos estatísticos, 436
    contratando funcionários, 448
    dispositivo de autosseleção, 455
    em leilões, 456–467

    empresas, 444–449
    indiferente ao risco, 439
    informação assimétrica, 450–454
    maximização de lucros, 448–449
    mercados e, 450–456
    mercados *on-line*, 445
    pesquisa do consumidor, 441–443
    pesquisa do produtor, 448
    risco moral, 452–453
    seleção adversa, 451–452
    sinalização, 454–455
Incerteza e o mercado
    ação oculta, 451
    características ocultas, 451
    dispositivo de autosseleção, 455
    informação assimétrica, 450–456
    risco moral, 452–453
    seleção adversa, 451–452
    sinalização, 454–455
Índice de Dansby-Willig, 252–253
Índice de Herfindahl-Hirschman, 239–241, 258
    fusões horizontais e, 249–251
    regras de fusão e, 514–515
Índice de Lerner, 247–248
Índice de Rothschild, 244–256
Índice propaganda-venda maximizador de lucros, 301–302
Indiferente a risco, 439, 447
Indústria/setor; *consulte também,* Estrutura de mercado
    curva de oferta a curto prazo, 275–276
    definições e classes de produtos, 241–243
    demanda e condições de mercado, 243–245
    introdução, 236
    maiores empresas, 237
    manchete, 235, 258
    oligopólio de Bertrand, 336–338
    oligopólio de Cournot, 320–322
    oligopólio de Stackelberg, 332–336
    oligopólio de Sweezy, 318–320
    paradigma estrutura-conduta-desempenho, 253–255
    potencial de entrada, 245
    sistema de classificação, 242
    tamanho da empresa, 236–237
    tecnologia em, 243
    visão causal, 254
Indústria de computadores
    evolução da estrutura de mercado, 257
    lucros, 11

Informação assimétrica, 450–456, 459
   falha de mercado, 529
Informação, economia da, 435–468
   aversão a risco, 439–441, 444–447
   desvio-padrão, 438
   incerteza e a empresa, 444–447
   incerteza e comportamento do consumidor, 439–444
   incerteza e o mercado, 450–456
   informações assimétricas, 450–453
   introdução, 436
   leilões, 456–467
   manchete, 435, 467
   maximização de lucro, 448–449
   média, 436–437
   mercados *on-line*, 445
   pesquisa do consumidor, 441–443
   pesquisa do produtor, 448
   risco moral, 452–453
   sinalização e classificação, 453–456
   valor esperado, 436–437
   variância, 437–438
Informação incompleta, 528–532
   certificação, 529–530
   honestidade na propaganda, 531
   honestidade no empréstimo, 530–531
   preço-limite, 483
   regras contra *insider trading*, 529
Informação perfeita, 459
Informações; *consulte também* Informações incompletas
   assimétrica, 450–456, 459
   mercados *on-line*, 445
   perfeitas, 453
Infosys, 230–231
Insumos
   capital e trabalho, 157
   combinação ótima, 201
   custos de longo prazo, 185–187
   decisões na indústria automobilística, 220
   isocustos, 171–173
   isoquantas, 168–171
   minimização de custo, 173–175
   nível certo de, 162
   uso dos insumos que maximize lucros, 163–165
Integração
   fusões conglomeradas, 251
   horizontal, 249–251
   linguagem, 250
   vertical, 249
Integração horizontal, 249–251

Integração vertical, 203, 206–207, 227, 249
   aumentando o custo do concorrente, 490–491
   para reduzir custos, 216
Integralidade, 119
Intel Corporation, 229
Interação estratégica; *consulte também* Teoria dos jogos
   mercados contestáveis e, 341–342
   oligopólio, 316–318
Interdependência mútua, 256
Internet Explorer, 552
Internet
   assinantes de banda larga, 583
   residências com, 562
   serviço de alta velocidade, 562
Intervalos de confiança, 99
Intervenção governamental
   nos mercados, 13–14
   preço máximo, 55–58
   preço mínimo, 58–59
   regulação, 565
Intuit, 235, 258
Investimentos; *consulte* Investimentos especializados
Investimentos especializados
   ativos dedicados, 208–209
   barganhas custosas, 209
   capital humano, 209
   definição, 208
   especificidade de ativos físicos, 208
   especificidade do local, 208
   implicações, 209–211
   oportunismo, 210–211
   problema de aprisionamento, 210–211
   subinvestimento, 209–210
   substanciais, 217
   tipos de, 208–209
   trocas de relacionamento específico, 210
Isocustos, 171–173
Isoquanta, 168–171
   inclinação da, 200–201

Japão, 39
Jazz Singer, 553
Jogo da inovação, 382–383
Jogo de barganha de movimento sequencial, 383–384
Jogo de barganha de Nash, 363–365
Jogo de coordenação, 361–362
Jogo de duopólio de Bertrand, 354
Jogo de entrada, 381–382

Jogo de movimento sequencial, 353
   forma extensiva, 378–380
   jogo de barganha, 383–386
   primeiro, 493–494
Jogo de movimentos simultâneos, 353; *consulte também* Jogos de apenas um estágio
   vantagens de primeiro, 492–494
Jogo na forma extensiva, 378–380
Jogos de apenas um estágio, 357–360
   aplicações, 357–365
   decisões de coordenação, 361–362
   decisões de preço, 357–360
   decisões de propaganda, 360–361
   decisões de qualidade, 360–361
   equilíbrio de Nash, 357–365
   estratégia, 354
   estratégia dominante, 355–356
   estratégia mista (aleatória), 363
   forma normal de um jogo, 354–355
   monitorando funcionários, 362–363
   teoria, 354–357
Jogos de multiestágio, 378–386
   aplicações, 381–386
   barganha sequencial, 383–386
   equilíbrio de Nash, 379–380
   equilíbrio perfeito de subjogo, 380
   forma extensiva, 378–380
   inovação, 382–383
   jogo de entrada, 381–382
   pontos de decisão, 379
   teoria, 378–380
Jogos repetidos finitamente, 372–378
   demissões e saídas, 377
   período final conhecido, 375–376
   período final incerto, 372–375
   problema do final de período, 375–378
   vendedor de óleo de cobra, 377–378
Jogos repetidos infinitamente, 365–372
   estratégias de gatilho, 366–369
   fatores que afetam o cartel, 369–371
   histórico do mercado, 370–371
   jogos de precificação, 369–371
   mecanismos de punição, 371
   número de empresas, 369
   qualidade dos produtos, 371–372
   tamanho da empresa, 369–370
   teoria, 365–369
   valor presente, 365–366
Jogos repetidos, 353
Joia da coroa, 250
Juniper Networks, 229
Juros, valor presente dos, 14–15

Kalamazoo Brewing Company, 113
Kelley School of Business, 103
Kellogg's, 252, 338, 393
KFC, 303
Kirin Brewery Company Ltd., 39
Kodak, 262, 543
Konica, 262

Lançadores indiferentes ao risco, 460–465
Lanham Act, 531
Lealdade à marca, 425
Leggett and Platt, 236–237
Lei da demanda, 37, 42, 44
Lei da oferta, 46
Lei da taxa marginal de substituição técnica decrescente, 171
Lei de Estabilização do Produto Lácteo, 114–115
Lei do Ar Limpo, 521-523
Leilão com lance selado
   maldição do vencedor, 464
   primeiro preço, 457, 459, 462
   receita, 465–466
   segundo preço, 458, 462
Leilão de primeiro preço, 465–466
Leilão de segundo preço, 465–466
Leilão de valores comuns, 463
   maldição do vencedor, 463–464
Leilão holandês, 458–459, 465–466
Leilão inglês, 457, 461, 465–467
   estratégia de lance ótimo, 461
Leilões, 456–467
   da Yahoo!, 499
   equivalência de receita, 465
   estratégias de lance ótimas, 460–465
   estruturas de informação, 459–460
   holandeses, 458–459, 466
   ingleses, 457, 461, 465–466
   lançadores avessos ao risco, 466
   lançadores indiferentes ao risco, 460–465
   maldição do vencedor, 463–464
   no eBay, 458
   primeiro preço com lance selado, 457, 462
   receitas esperadas, 465–467
   segundo preço com lance selado, 458, 462
   tipos, 457–459
   valor comum, 460
   valor estimado/correlacionado, 460, 464
   valores correlacionados, 463
   valores privados independentes, 459–460
Leilões no eBay, 458, 499
Leilões *on-line*, 499

Leilões pelo governo, 460
Levi Strauss and Company, 27
LG Electronics, 203
Liberty Cable, 564
Licenças de bandas de frequência, 435, 467
Licenciamento
   pelo governo, 529–530
   tecnologia, 164
Linha orçamentária, 123–125
Linhas isocustos, 173
Little, Brown and Company, 557–559
Logaritmo natural, 94n
Lowes, 431
Lucratividade
   paradoxo de São Petersburgo, 440
   terminologia, 439
Lucratividade da indústria, 10
Lucro
   autointeresse e, 6–7
   características da indústria e, 252
   contábil, 5–6
   curto prazo, 18
   econômico, 5–6
   estrutura da indústria, 8–11
   futuro, 17–18
   incentivos, 11–12
   indústria dos computadores, 11
   longo prazo, 18
   no oligopólio de Cournot, 325–328
   oligopólio, 258
   papel do, 6–7
   pós-entrada, 480–482
   sinalizam, 7
   sustentabilidade, 8–10
Lucro contábil, 5–6
Lucro econômico, 5–6, 272
   monopólio, 292–294
Lucro econômico zero, 267, 272, 299
Lucros de longo prazo, maximizar, 18
Lucros pós-entrada, 480–482

Mais é melhor, 119–120
Maldição do vencedor, 463–464
Manipulação de preços, 72
Mão de obra
   função de produção e, 157
   produto marginal da, 159–161
   produto marginal do capital da, 162–165
Mapquest, 552
Marcas registradas, 284
Margem de lucro
   como regra básica, 400
   da competição monopolísta, 400–401

   do monopólio, 400–401
   oligopólio de Cournot, 402
Marginalização dobrada, 420
Marketing de nicho, 300
Marketing verde, 300–301
Maruti Udyog Ltd., 188
Matrix, 554
Matsushita Plasma Display Panel Company Ltd., 188
Maximização de utilidade, 154
Maximizador de lucro, 400–401
   cálculo da, 312–313
   definição, 17
   lucros de longo *versus* curto prazo, 18
   oligopólio de Bertrand, 336–338
   oligopólio de Cournot, 320–322, 402–404
   regra básica da, 398–399
McDonald's, 265, 295, 300, 303, 473
Mecanismo de comprometimento, 480–481
Mecanismos de punição, 371
Media One Group, 549
Média/valor esperado, 436–437
Medicamentos prescritos, 84
Medidas de produtividade
   algébricas, 166–168
   cálculo, 168
   produto marginal, 159–161
   produto médio, 159
   produto total, 159
Medo de aquisição, 223–224
Mercado da Dierberg, 71
Mercado da Schnuck, 71
Mercado de ações, regras contra *insider trading*, 529
Mercado de insumos
   definição, 206
   para aquisição de insumos, 205–206, 211–212
Mercado de preço fixado, 371
Mercado de trabalho e salário-mínimo, 59
Mercado relevante, 279, 281
Mercado *upstream*, 490–491
Mercados
   entendendo, 12–14
   governo e, 13–14
   relevante, 279, 281
   rivalidade, 13
Mercados contestáveis, 341–342
Mercados de laboratórios, 337
Mercados globais
   cotas, 534–536
   medidas de concentração, 241

políticas governamentais, 534–538
tarifas, 536–538
Mercados locais, 241
Mercados nacionais, 241
Mercados *on-line*, 445
preço de pacote, 417
Mercados regionais, 241
Merck and Company, 282
Metro-Goldwyn-Mayer Studios, 555
Microsoft Corporation, 10, 31, 235, 258, 478, 488, 507
Microsoft Word, 85
Mid Towne IGA, 71
Mídia, 550
Miller Brewing Company, 261
Mimeo Corporation, 151
Minimização de custos, 173–175, 204–205
por integração vertical, 216
Minimização de perdas, 272–275
Minority Media & Telecommunications Council, 565
Miramax, 556
Mitsubishi, 198
Mitsui & Co.Ltd., 7
Mobil, 512
Money, 557
Monitoramento no local de trabalho, 226–227
Monitorando funcionários, 362–363
Monopólio
ausência de uma curva de oferta, 290
barreiras de entrada, 282, 292–294
comparado com a competição monopolista, 295
complementaridade de custo, 282
decisão de produção, 287–290
decisões de multiplanta, 290–292
definição, 256, 279
economias de escala, 280–281
economias de escopo, 281–282
lucro econômico, 292–294
lucros econômicos zero, 292–294
marcas registradas, 284
maximizando de lucros, 283–292
patentes, 282, 284
peso morto, 293–294, 511
poder de mercado, 510–511
precificação-limite, 477–479
proteção de direitos autorais, 284
receita marginal, 283–287
regra da produção, 287
regra de precificação, 401–403
regulação de preço, 515–520

Monopólio multiplanta, 290–291
Motion Picture Association of America, 555
Moviefone, 552
MSN, 553
Mudanças
na demanda, 38
na quantidade demandada, 38
Mudanças na renda, 126
comportamento do consumidor e, 132–133
Mudanças nos preços, 126–128
comportamento do consumidor e, 129–132
efeito renda, 133–135
efeito substituição, 133–135
gerência de estoque e, 130
Multiplicador de Lagrange, 154

NASDAQ, 450
Nash-equilíbrium.com, 445
NBC, 550, 563
NBC Universal, 580
Negociações sindicato/gerência, 383–384
Nestlé, 509, 539
Netscape, 478, 488, 507, 552–553
New Line Cinema, 554, 556
New York Stock Exchange, 450
New York Times, 558
News Corp., 550, 559, 563
dados financeiros, 580
no monopólio, 281–282

O Fugitivo, 554
O Senhor dos Anéis, 554
O Último Samurai, 554
Objetivos
identificar, 4–5
na economia global, 7
Occupacional Safety and Health Administration, 529
Oferta, 46–52
aumento na, 47
caso, 35
curva de oferta de mercado, 46
declínio na, 47
equilíbrio de mercado e, 52-54
excedente do produtor e, 51-52
lei da, 46
manchete, 35, 65
mudanças na, 47, 62–63
mudança na quantidade ofertada, 46
Oferta de aquisição, 250
Oferta de dois lados, 250

Oferta de mercado, 52
Oferta e demanda, mudanças simultâneas, 63–65
Oligopólio, 315–351
comparando modelos, 338–341
condições para, 316
crenças e, 316–318
de Bertrand, 336–338
de produtos diferenciados, 316, 351
definição, 256–258
experimentos, 337
introdução, 316
manchete, 315, 342–343
maximização de lucro, 318–341
mercados contestáveis, 341–342
modelo de Cournot, 320
propaganda e qualidade, 360–361
Oligopólio de Bertrand, 336–338
características, 336
comparado modelos, 338–341
competição de preços, 337
estratégia de precificação, 422–426
estratégias de gatilho, 370
jogos de apenas um estágio, 357–360
produto diferenciado, 350–351
Oligopólio de Bertrand de produtos diferenciados, 350–351
Oligopólio de Cournot, 320–332
aumentando o custo dos concorrentes, 488–489
características, 320
cartel, 330–332, 340
comparando modelos, 338–341
curvas de isolucro, 325–328
equilíbrio, 320–325
fórmulas para compreender, 322–324
função de melhor resposta, 321–322
função de reação, 320–325
incentivos para "trapacear", 331–332
mudanças nos custos marginais, 328–330
planilha, 340
receita marginal, 322–323
Oligopólio de produtos diferenciados, 316–318
Oligopólio de produtos homogêneos, 336–338
Oligopólio de Stackelberg
características, 332
comparado modelos, 338–341
comprometimento, 334
função de reação, 332–334
planilha, 340
produções de equilíbrio, 334–336
vantagem da líder, 332, 334, 492

Oligopólio de Sweezy, 318–320
Operadoras de satélites de *broadcast*
　direto, 563
　número de redes, 582
Oportunidades do consumidor, 118
Oportunismo, 210–211
Oracle Corporation, 472–473
Organização da empresa, 203–227
　aquisição de insumos, 205–207
　aquisição ótima de insumos, 211–219
　curva de indiferença e incentivos
　　gerenciais, 233–234
　custos de transação, 207–211
　integração vertical, 203, 206– 207,
　　216, 227
　introdução, 204–205
　investimentos especializados, 208–211
　manchete, 203, 227
　problema gerente-trabalhador principal-
　　agente, 224–227
　problema principal-agente, 219–222
　remuneração empresarial, 219–222
　separação entre propriedade e controle,
　　219–220
Organização dos Países Exportadores de
　Petróleo (OPEP), 347, 512
Organização Mundial do Comércio, 544

Pacotes, sistema a cabo, 564–565
Padrões de consumo, 132–133
Pagamento por desempenho, 226
Pague um, leve dois, 135–136
Palm, 505–506
Panasonic, 188
Papa John's, 261
Paradigma estrutura-conduta-desempenho,
　253–255
　crítica de *feedback*, 254
　estrutura de cinco forças e, 254–255
　visão causal, 254
Parâmetros estimados, 97
Paramount Pictures Corporation, 555
Paraquedas de ouro, 250
Parques temáticos da Disney, 397, 426
Participação nas receitas, 224–225
Participação nos lucros, 222–224, 233–234
Participantes
　avessos ao risco, 466
　no eBay, 458
　preferências por risco, 456–457
Participantes do mercado, 556
Patente, 284
Patente de plantas, 284

Patente de utilidade, 284
Patentes, 164
　monopólio e, 282–283
PBS, 566
PC Connection, 349
PC Solutions, 35, 65
Penn Station East Coast Subs, 473
People, 557–559
PeopleSoft, 472–473
PepsiCo., 40, 69, 242, 391–392
Perda, 170
Perda de peso morto
　em presentes em produtos, 140
　no monopólio, 293–294, 511
Perdas operacionais de curto prazo,
　272–273
Período de incerteza, 372–375
Perpetuidade, 16
　bem-estar social e, 510–511
　curva de demanda, 302
　fusões e aquisições, 513–515
　peso morto e, 511
　receita marginal e, 400–401
　regulação de preço, 515–520
Pesquisa
　consumidor, 441–443
　produtor, 448
Pesquisa do consumidor, 441–444
　regra de pesquisa ótima, 443
　substituição, 442
Pesquisa do produtor, 448
Pesquisa e desenvolvimento, 164
　características da indústria e, 251–252
Peugeot-Citroën, 274
Pfizer, Inc., 262, 282
Philip Morris, 261
Pílula envenenada, 250
Pitney Bowes Office Service Inc., 229
Pizza Hut, 308
Poder de mercado; *consulte também*
　Estratégias de preços
　política antitruste, 511–515
Poder de monopólio, 279–282
　determinação do, 279
　fontes de, 280–281
Poder dos compradores, 9
Política antitruste
　caso da Microsoft, 478
　fusões e aquisições, 507, 513
　interpretação da, 512
Políticas governamentais, 509–539
　bens públicos, 524–528
　caça à renda, 533–534

certificação, 529–530
Comissão Europeia, 514
cotas, 534–536
deslocadores da oferta, 47
externalidades, 520–524
falha de mercado, 510–534
honestidade na propaganda, 531
honestidade no empréstimo, 530–531
informação incompleta, 528–532
introdução, 510
Lei do Ar Limpo, 521–523
manchete, 509, 539
mercados internacionais, 534–538
poder de mercado, 510–520
política antitruste, 511–515
regras contra *insider trading*, 529
regras de fusão, 514–515
regulação de preço, 515–520
tarifas, 536–538
Poluição, 520–523
Pontos de decisão, 378
Popeye's, 303
População, como deslocador
　de demanda, 41
Popular Mechanics, 558
Precificação aleatória, 424–426
Precificação bipartite, 410–412
Precificação de pico, 417–419
Precificação em bloco, 412–414
Precificação padrão, 416
Precificação predatória, 485–488
Precificação-limite dinâmica, 483–485
Preço, 424–426
Preço de equilíbrio, 53–54
　deslocamentos simultâneos na oferta
　　e na demanda, 63–65
　mudanças na oferta e, 62–63
　preço máximo e, 55–58
　preço mínimo e, 59–60
Preço de pacote, 414–417
Preço de penetração
　externalidades de rede, 497–498
　jogo de rede, 499–501
Preço de transferência, 419–421
Preço econômico pleno, 56–57
Preço-limite
　base teórica, 477–479
　considerações dinâmicas, 483–485
　efeitos da reputação, 486
　efeitos de curva de aprendizado, 481
　informação incompleta, 482
　mecanismo de comprometimento,
　　480–481

monopólio, 477–479
  não conseguindo deter a entrada, 479
  poder de mercado e, 477
  vinculando o preço pré-entrada aos lucros pós-entrada, 480–482
Preço mais baixos, 422–424
Preço máximo, 55–58
  ao redor do mundo, 58
Preço não pecuniário, 56
Preço pré-entrada, 480–482
Preço(s)
  armadilha de Bertrand, 337–338
  declínio da indústria de computadores, 11
  efeito das cotas, 535
  efeito das tarifas, 537–538
  na rivalidade consumidor-consumidor, 13
Preços da gasolina, 87
Preços de bens relacionados, 40
Preços mínimos, 59–60
  ao redor do mundo, 58
Preferência por risco, 122
Preferências do consumidor, 118
  curvas de indiferença, 119–120
  função utilidade, 154
  integralidade, 119
  mais é melhor, 119–120
  preferência por risco, 122
  taxa marginal de substituição decrescente, 120–121
  taxa marginal de substituição, 120
  transitividade, 121–123
Prêmio de aquisição, 250
Presente em dinheiro, 137–140
Presentes em mercadoria, 137–140
Primeiro preço com lance selado, 457, 459, 462
  estratégia de lance ótima, 462
Princípio marginal, 22
Privatização na China, 54
Problema de aprisionamento, 210–211
  contratos e, 213
Problema de final de período, 375–376
  aplicações, 377–378
  contrato de reforço, 531–532
Problema gerente-trabalhador principal-agente
  monitoramento no local de trabalho, 226–227
  monitorando funcionários, 362–363
  participação nas receitas, 224–225
  participação nos lucros, 224

relógio de ponto, 227
taxa de produtividade, 225
Problema principal-agente
  definição, 220–221
  gerente-trabalhador, 224–227
  participação nos lucros, 221–223
  problemas principal-agente, 219–222
  remuneração empresarial e, 219–222
Procter & Gamble, 297, 494
Prodigy, 551
Produção
  jogo de movimentos sequenciais, 493–494
  jogo de movimentos simultâneos, 492–494
Produção, decisão de
  competição monopolística, 295–297
  monopólio, 287–290
  multiplanta, 290–292
  oligopólio de Cournot, 320–321
  oligopólio de Stackelberg, 332–336
  perfeitamente competitiva, 267–276
Produção socialmente eficaz, 358, 520–521
  bens públicos e, 525–528
  externalidades, 520–521
Produto marginal, 159–161
Produto médio, 159
Produto total, 159
Produtores brasileiros de camarões, 32
Produtos diferenciados, 300–301
Programa de Selo Alimentício, 150
Programação de televisão, 557
Programas cliente-fiel (*frequent filler*), 424
Propaganda
  características industriais, 252
  comparativa, 300
  decisões ótimas, 301–303
  diferenciação de produto, 300
  elasticidades, 90
  informativa, 40
  jogo de um estágio, 360–361
  persuasiva, 40
  regulação da, 531
Propaganda comparativa, 300
Propaganda enganosa, 531
Propaganda informativa, 40
Propaganda persuasiva, 40
Provedores, 551–552
  número de assinantes, 580
Public Utility Regulatory Policies Act, 519
Publicação de revistas, 558–559
Publicações de negócios, 164
P-valor, 100

Qualcomm, 394–395
Qualidade
  consumidor avesso ao risco, 439–441
  jogos de apenas um estágio, 357–360
  jogos repetidos infinitamente, 371–372
Quantidade de equilíbrio, 53–54
Qwest Communication, 115, 563

Ralston Purina, 509
Random House, 559
Rasna Ltd., 62
RCN, 564
Receita
  esperadas de leilões, 465–467
  incrementais, 24–25
Receita marginal, 448–449
  competição perfeita, 274–279
  elasticidade-preço da demanda e, 83–85
  monopólio, 283–287
  oligopólio de Cournot, 320, 322, 325
  oligopólio de Sweezy, 318–320
  poder de mercado e, 400–401, 407–408
Receitas incrementais, 24–25
Recursos, 3
Red Hat Linux, 505
Rede, 495–501
  caminho único, 496
  complementaridades, 497
  congestionamentos, 498
  de dois caminhos, 496–497
  definição, 496
  em forma de estrela, 496–497
  exclusivas, 498–499
  externalidades, 497–498
  hub, 496
Rede de caminho único, 496
Rede de dois caminhos, 496–497
Rede exclusiva, 498–499
Rede Fox, 563
Rede na forma de estrela, 496–497
Redes a cabo, 564
Redes a cabo básicas, 564
Redes a cabo com suporte de propaganda, 564
Redes a cabo *premium*, 564
Redes de lojas, 441
Regra da produção competitiva, 271
Regra da razão, 512–513
Regra de pesquisa ótima, 443
Regra do uso de insumos para maximização de lucros, 163–165
Regras contra *insider trading*, 529
Regras de Fusões, 249,259
Regressão dos mínimos quadrados, 97

Regressão múltipla, 104–106
Regulação de preço, 515–520
Regulação Z, 530
Relações entre custos, 182–184
Relógio de ponto, 226–227
Renda
    como deslocador da demanda, 39–40
    versus lazer, 140–142
Repelentes de Tubarão, 250
Reputação, 223
Restaurant News, 2
Restaurantes de *fast-food*, 294–295
Restrição Orçamentária, 123–125
Restrições
    identificar, 4–5
    mudanças na renda, 126
    mudanças no preço, 126–128
    orçamentárias, 123–125
    taxa de substituição de mercado, 125
Restrições de preço
    desregulamentação de eletricidade, 519
    preço máximo, 55–58
    preço mínimo, 59–60
Resultados cooperativos, 367–368
Reta de regressão, 96–97
    ajuste geral, 100–102
    log-linear, 103–104
Retornos constantes de escala, 187
Retornos marginais crescentes, 160–161
Retornos marginais decrescentes, 160–161
Retornos marginais negativos, 161
Revistas *on-line*, 559
Riqueza das Nações, A (Smith), 6
Risco moral, 452–453
Rivalidade
    consumidor-consumidor, 13
    consumidor-produtor, 13
    indústria, 10
    produtor-produtor, 13
Road Runner, 562
Robinson Patman Act, 513
R-quadrado, 100–102
    ajustado, 101–102

Safelite Glass Corporation, 226
Saídas, 377
Salário-mínimo, 59
Samsung Electronic Company, 35, 203
Satyam Computer Services, 231
SBC, 115, 563
Scooby Doo, 554
Sears, 423
Securities and Exchange Act, 529

Segundo preço, 458, 462
    estratégia de lance ótimo, 461–462
Seguro, 441
    informação assimétrica, 452
    risco moral, 452–453
Seleção adversa, 451–452
Serviço de Internet de alta velocidade, 562
Serviço de Recenseamento, 241–242
Serviço de telefonia, 562–563
Setor aéreo
    discriminação de preços, 514
    regulamentação sobre bagagem de mão, 352
Setor automobilístico
    competição perfeita, 274
    cotas sobre importação, 534–535
    decisões sobre insumos, 220
    lucratividade, 10
Seven Arts Production, 554
Sex and the City, 560
Shawmut Design and Construction, 230
Sherman Antitrust Act, 478, 486, 511–512
Shine, 554
ShowTime, 566
Significância estatística, 98–100
Silicon Graphics, 261
Sistema de preços, 55
Sistema Norte-Americano de Classificação Industrial, 242
Sistemas a cabo, 561–567
    agrupamento, 564–565
    competição, 563–564
    considerações regulatórias, 565
    considerações tecnológicas, 565–567
    crescimento em 1994–2003, 583
    Internet de alta velocidade, 562
    overbuilders, 563–564
    serviço de telefone, 563
    TV a cabo digital e analógica, 561
Sites de comparação de preços, 337
Softwares de planilha, 97–98
Soma dos quadrados dos desvios, 97
Sony Corporation, 494, 550
Sony Picture Entertainment, 555
    dados financeiros, 580
Southern Shrimp Alliance, 32
Sports Illustrated, 557–558
Standard Oil Trust, 512
Stop'n Shop, 71
Stripper, 250
Subinvestimento, 209–210
Subsídio cruzado, 419

Substituição, 442
    taxa de mercado da, 125
    taxa marginal, 120
    taxa marginal de substituição decrescente da, 120–121
Substituição de insumos, 178
Substituição ótima de insumos, 175–177
Substitutos, 131
    cinco forças, 10
    como deslocadores de demanda, 42
    como deslocadores de oferta, 47
    elasticidade preço da demanda e, 80–82
Superman, 554
Supermarket Business, 2
Suposição de normalidade *iid*, 99, 100
Suprema Corte dos Estados Unidos
    casos antitruste, 512
    regra da razão, 512–513

Taco Bell, 303
Tarifa fixa única, 536–537
Tarifas, 536–538
Taxa de concentração de quatro-firmas, 238–241
Taxa de consumo, 48–49
Taxa de produtividade, 225
Taxa de substituição de mercado, 125
Taxa marginal de substituição, 120, 129, 154–155
Taxa marginal de substituição decrescente, 120–121
Taxa marginal de substituição técnica, 169–171
    lei da, 171
Taxas de concentração, 238–243
TBS, 560
Técnicas de regressão não linear, 102–104
Tecnologia
    como deslocadores de oferta, 47
    estrutura de mercado e, 242
    fonte de, 164
    gravadores de vídeos digitais, 566–567
    televisão de alta definição, 565–566
Telecom Itália, 553
Telecommunication Act, 565
Telefonica Espanhola, 553
Televisão de alta definição, 565–566
Telkom, África do Sul, 334
Teoria dos jogos
    equilíbrio de Nash, 357–364
    introdução, 353
    jogo de movimento sequencial, 353

jogo de movimento simultâneo, 353, 493
jogo do duopólio de Bertrand, 354
jogos de apenas um estágio, 357–360
jogos de multiestágio, 378–386
jogos repetidos finitamente, 372–378
jogos repetidos infinitamente, 365–372
manchete, 352, 386
pensamento estratégico e, 353–354
visão geral, 353–354
Terceirização, 230–231
Texaco, 543
The New Yorker, 558
The Sopranos, 560
Thyssen Inc., 230
Time, 557–558
Time Warner Books, 559
Time Warner Center, 564
Time Warner Entertainment, 549, 554
Time Warner, Inc., 478, 548
    áreas de negócios, 551
    balanço consolidado, 579
    Bertelsmann e, 553
    concorrentes, 580
    dados financeiros, 580
    demonstrativo consolidado, 578
    desafios, 567
    distribuição doméstica vídeo, 557
    redes de programação, 557, 560–561
    sistemas a cabo, 561–567
    visão geral das operações, 550
Time, Inc., 549
    publicação de livros, 559
    revistas, 557–559
    revistas *on-line,* 559
    Warner Brothers, 554
T-Mobile, 394–395
TNT, 560
Tomador de preço, 274
Toray Industries, 188
Tornar-se privada, 250
Toyota Motors, 9
Trabalhadores; *consulte também* Funcionários
    escolha renda-lazer, 140–142
    produtividade, 454–455
    recrutamento de, 448
Trabalhadores da Indústria Automobilística, 156

Trade-off econômico, 216–219
Transitividade, 121–123
Troca de relacionamento específico, 208
Truth in Lending Act, 530–531
Truth in Lending Simplification Act, 530
TRW, Inc., 229–230
Turner Broadcasting System, 560
Turner Classic Movies, 560
TV a cabo digital e analógica, 561
Twentieth Century Fox, 555–556, 563
Twister, 554

U.S. Copyright Office, 284
U.S. Patent and Tradmaker Office, 284
Uma Mente Brilhante, 358
United Food and Commercial Workers Local, 71
United States Steel Corporation, 484
United States versus Standard Oil of New Jersey, 512
United States versus Trans-Missouri Freight Association, 512
United States versus. Joint Traffic Association, 512
Universal Studios, 550, 555–556

Vale-presente, 138–140
Valor da marca, 300
Valor de uma empresa, 16–19
Valor do dinheiro no tempo
    análise do valor presente, 14–16
    valor presente de ativos com vida indefinida, 16–19
Valor esperado, 436–437
Valor estimados/correlacionados, 460
    estratégias, 463–464
Valor futuro, 14–15
Valor marginal do produto, 162–163
Valor presente
    da empresa, 17–19
    de ativos com vida indefinida, 16–19
    de perpetuidade, 16
    de uma série, 15
    definição, 14
    dos lucros futuros, 17–18
    fórmula, 14–16
    jogos repetidos infinitamente, 365–366

Valor presente líquido, 15–16
Valor privado, 459
Valoração de preço, 44
Valores estimados, 460, 463–464
Valores privados independentes, 459–460
    estratégias de lance ótimo, 461–463
    receita, 465–466
Vantagens de primeiro movimento, 492–494
    aprisionamento do consumidor, 498–499
    oligopólio de Stackelberg, 332, 334
Vantagens do segundo movimento, 495
Variância, 437–438
Variável aleatória, 436–438
Variável de controle, 20, 22
Vendas de carros, 87
Vendedor de óleo de cobra, 377–378
Verizon Communications, 115, 563
Viacom, 550
    dados financeiros, 580
Visada, 250
Visão causal da indústria, 254
Vivendi, 550
VMWare, 31–32
Vogue, 558
Voz sobre protocolo de Internet (VoIP), 562–563

Wachovia, 507
Wall Street Journal, 2, 35, 60–61
Walt Disney Company, 550
    dados financeiros, 580
Warner Books, 557–558
Warner Brothers , 553
Warner Brothers Entertainment, 553–555
Warner Brothers-Seven Arts, 554
Warner Communications, 549
Warner Home Video, 557
Warner Manufacturing, 549
Warner Music Group, 549
Warner-Lambert, 262
Wavefront Technologies, 261
WB Network, 560
Wendy's, 9, 295, 303
West Wing, 557
Wipro, 231
Wired, 558

Yahoo!, 499, 552